中國大陸經濟全球化戰略

（戰略目標：發展綜合國力，實現富民強國理想）

作者　楊白全

推薦序 1

　　「戰略:一部歷史」一書的作者勞倫斯.弗里德曼(Lawrence Freedman)定義戰略是一門創造權力的藝術"the art of creating power",並說明「如果沒有戰略的話,那麼在任何問題面前或者為某種目標努力,其實都是一種漫無目的的行為。當然,除非是有可供評估的戰略,否則任何軍事行動、企業投資(經濟行為)或者政府行為都不太可能得到支持」。孫子在二千多年前也說過:「策無略無以為恃,計無策無以為施」,可見戰略在人類發展中所扮演的角色。

　　「中國大陸經濟全球化戰略」是一個既廣又深的議題,非常值得研究,但也充滿挑戰。楊白全君從 2015 年碩士班開始,就對此議題深感興趣,並開始投入進修相關課程及資料的收集;並於 2017 年以交換學生方式到廈大進修,後在 2020 年完成碩士學位,再經兩年的修改,將其論文出書,共約 60 多萬字,供學術界或關心此議題之士參考。

　　本書的研究範圍在時間軸上,主要是對中國大陸從 2001 年至 2022 年推動經濟全球化過程中,相關重大議題的戰略、政策和計畫推動過程,透過詳細的資料閱讀進行層層分析。在議題的空間軸上,本書由人才、資訊網路、製造、貿易、投資、市場、貨幣及文化等方面,探討中國大陸推動的經濟全球化。本書除了資料來源提供註釋外,也整理逾百張的圖表呈現相關數據供讀者參考。

　　本書在探討中國大陸對外經濟發展戰略之前,也先概略的對美國經濟全球化戰略有所描述(第 2 章);然後再探討經濟新常態與革新戰略(第 3 章);中國大陸經濟發展創新的共同基石(第 4 章);後再進入討論中國大陸對內經濟發展戰略(第 5 章)。上述這些章節的議題同樣也是既廣又深的課題,任何一個章節,皆可以再寫成一本書,但作者的主要目的,是先對這些議題相關政策的整理和介紹,以便有興趣者能藉由他對政策推動過程的分析,再進一步深入研究中國經濟全球化的模式,及提升至理論的層次,相信這也是楊白全君的心願。

淡江大學中國大陸研究所前所長 郭建中

推薦序 2

　　個人有幸事先拜讀青出於藍的高足白全兄的巨著:《中國大陸經濟全球化》一書。該書以歷史的視野檢視中國大陸經濟全球化的進程,主要論述雖然係以 2012 年中共總書記習近平主政後的經濟深化改革為重點。但作者為了讓讀者了解全貌,也在書中闡述中國大陸經濟發展的基礎架構,包含 1949 年中共建政後蘇聯提供援助的 156 項工程,促使中國大陸加速工業化歷程,並對 1978 年改革開放後經濟特區的發展模式有簡要敘述,這些都有利於讀者能瞭解中國大陸經濟發展脈絡。此外該書第二章對於美國經濟全球化模式及在二戰後的全球經濟治理模式如巴黎統籌委員會、瓦森納協議及長臂管轄有概要的敘述,使讀者對於美國對中國大陸的科技戰來龍去脈有清楚的概念。

　　書中也提出美國的經濟全球化,是由人才、資訊網路、製造、貿易、投資、市場、貨幣、文化等八大全球化融合而成,而中國大陸經濟全球化則是依循美國八大經濟全球化的路徑,發展出中國特色經濟全球化模式。本書主要內容以中國大陸的人才戰略、互聯網+、五年規劃、中國製造 2025、自由貿易試驗區(FTZ)、國家新型城鎮化規劃、扶貧與鄉村振興、一帶一路戰略、國際產能與裝備製造合作、自由貿易協定(FTA)、人民幣國際化等 11 個研究領域,相關經濟數據與資料豐富,涵蓋前述八大全球化來闡述中國大陸政府的經濟全球化戰略。

　　白全兄敏而好學,不論是在中國大陸研究所就讀期間,或是前往中國大陸進行交換研修,甚而在畢業之後,其對於中國大陸研究的持續專研,乃至第一手資料的蒐集、掌握與詮釋都讓人刮目相看。在中國大陸處於重大的變革與傳行之際,本書不僅為讀者提供了豐富的資料,更提供了詳實的論證,深感與有榮焉。特以為序!

淡江大學兩岸關係研究中心主任 張五岳

作者序

　　2015 年為了深入學習中國大陸經濟發展現況，故選擇進入淡江大學中國大陸研究所進修，在時任所長張五岳教授及指導老師郭建中教授的支持與鼓勵，2017 年曾經以交換學生方式到廈門大學進修，使我能有機會學習到更多的中國大陸經濟的知識，並體驗無現金的互聯網+生活模式，這樣的學習歷程進而啟發我研究中國大陸經濟全球化發展路徑及模式的想法，因而撰寫題為「中國大陸經濟全球化戰略」的碩士論文。

　　在學習中國大陸經濟發展史的過程中，必然瞭解到歐美先進工業化國家的發展模式，因而研究美國經濟全球化路徑及發展模式，故我的碩士論文提出現今的經濟全球化，是由人才全球化、資訊網路全球化、製造全球化、貿易全球化、投資全球化、市場全球化、貨幣全球化、文化全球化等八大全球化，相互間產生相當程度融合後，所形成的世界經濟強權發展的模式。

　　在 2020 年我的碩士論文提出後，因指導老師郭建中教授的鼓勵，故歷經兩年多的時間將碩士論文進行增修為本書，以大量相關經濟數據及研究資料為佐證，期能更為全面地客觀分析中國大陸經濟全球化的發展戰略，故本書將綜合解析中國大陸如何透過「人才戰略」、「互聯網+」、「五年規劃」、「中國製造 2025」、「自由貿易試驗區(FTZ)」、「國家新型城鎮化規劃」、「扶貧與鄉村振興」、「一帶一路戰略」、「國際產能與裝備製造合作」、「自由貿易協定(FTA)」、「人民幣國際化」等，政府主導對內及對外的經濟發展戰略，以形成其經濟全球化的戰略布局。並歸納分析中國大陸經濟全球化路徑與實踐方法及探討中國大陸是否有機會挑戰美國經濟霸權，以供讀者參考。

　　美國前總統川普提出「讓美國再次偉大」（Make America Great Again）使得世界各國對於美國，只顧自身國家利益的質疑不斷加深，已逐步影響美國的世界領導地位。而今的俄羅斯與烏克蘭戰爭，美國拜登政府雖未公開派兵介入，但結合其盟國運用經濟制裁、軍事援助烏克蘭等方式介入該戰爭，使俄、烏兩國迄今無法談判停戰，又因美國政府在新冠肺炎疫情期間大規模印鈔數兆美元(即以擴張美國政府債務規模)救援美國自身經濟，以及發動全面經濟制裁俄羅斯，使得石油及小麥等大宗原物料齊漲，導致嚴重的全球性通貨膨脹問題，且美國政府因國內通貨膨脹嚴重故發動調升利率，產生新一輪的升息循環，全世界美元大幅回流美國，致使美元貨幣對世界各國貨幣大幅升值，世界各國貨幣相對美元貶值造成各國股市大跌，將使全球經濟將面臨新的危機。

　　前美國國家安全顧問布里辛斯基(Zbigniew Brzezinski)所著大棋盤（The Grand Chessboard）一書，認為美國必須駕馭歐洲、亞洲和中東各國家間的關係，不能使另一個超級大國出現，進而威脅到美國的利益。而今年因俄烏戰爭爆發後，

致使中國大陸、俄羅斯及伊朗的加深經濟合作,且中國大陸主導成立的上海合作組織,目前成員國、觀察員國及對話夥伴國約有二十餘國,未來以亞歐大陸為主的成員國及對話夥伴也將不斷增加,布里辛斯基為美國霸權所擔心的亞歐大陸整合趨勢,美國拜登政府正在促使該事實的實現。

筆者認為中國大陸現階段經濟發展戰略,仍是以對內發展綜合國力,實現富民強國目標;對外持續提倡經濟全球化,以發展更強大的經濟影響力,期望達成中華民族偉大復興的理想。為此,中國大陸政府已開展建立各行業及領域的標準化體系,企圖突破美國於二戰後所建立的經濟全球化頂層設計,以形成新一代中國大陸所主導的經濟全球化體系。更避免美國的干涉與掣肘,達成經濟領域獨立自主,如此以期盼於 2049 年逐步實踐偉大中國夢的第二個百年目標,以建成富強、民主、文明、和諧的社會主義現代化國家。

本書之完成感謝岑丞丕、陳澤琪的協助,並特別感謝淡江大學中國大陸研究所前所長郭建中教授與張五岳教授撰寫推薦序,以及許多師長與好友們的鼓勵,使本書得以付梓,亦懇請各界先進不吝指正。

楊白全　謹誌

2022 年 10 月

目錄

圖目錄

圖目錄

表目錄

第一章　緒論

Chapter One ｜ Introduction

以歷史性的全球化思路
對 500 年來貿易與工業革命的經濟全球化
及中國大陸經濟發展脈絡
做概括性的說明

本章內容重點

■ 第一節　研究動機與目的
■ 第二節　研究方法
■ 第三節　基本概念界定與研究思路
■ 第四節　研究架構與章節安排
■ 第五節　研究範圍與限制

▌ 第一節 研究動機與目的

壹、研究動機

　　2012年11月中國共產黨舉行第十八屆全國代表大會後，於11月15日中共「十八屆一中全會」選出25名中央政治局委員，並從中選出7名政治局常委：習近平（中央委員會總書記）、李克強、張德江、俞正聲、劉雲山、王岐山、張高麗。後於2013年3月5日至17日在北京舉行第十二屆全國人民代表大會，選舉產生新一屆中國大陸國家領導人，習近平接任胡錦濤為中華人民共和國主席及中華人民共和國中央軍事委員會主席，任命李克強接任溫家寶為中華人民共和國國務院總理，中國大陸正式由「胡溫時代」進入「習李時代」。

　　綜觀，中國大陸近幾十年的經濟發展，必須探究其歷史發展軌跡與歷程，才能瞭解其「改革開放」的動力與決心。於1981年6月27日中國共產黨第十一屆中央委員會第六次全體會議通過的「關於建國以來黨的若干歷史問題的決議」，該文件明確指出：「1966年5月至1976年10月的文化大革命，使黨、國家和人民遭到建國以來最嚴重的挫折和損失。」該文件亦又表明：「歷史已經判明，文化大革命是一場由領導者錯誤發動，被反革命集團利用，給黨、國家和各族人民帶來嚴重災難的內亂。」[1]這是中共中央對於十年文革總結的概述，在文革的嚴重破壞之後，曾經是中共領導人之一的鄧小平再次復出，帶領中國共產黨及中國大陸政府逐步扭轉整個局勢。

　　1976年10月文化大革命結束後，鄧小平與陳雲、李先念、彭真等中共元老，經過兩年多一連串的革新與調整，在1978年12月，中國共產黨召開第十一屆中央委員會第三次全體會議（簡稱：中共第十一屆三中全會），於1978年12月22日通過中國共產黨第十一屆中央委員會第三次全體會議公報指出：「全會決定，鑒於中央在二中全會以來的工作進展順利，全國範圍的大規模的揭批林彪、四人幫的群眾運動已經基本上勝利完成，全黨工作的著重點應該從1979年轉移到社會主義現代化建設上來。」又該文件提出明確目標：「全會要求全黨、全軍和全國各族人民同心同德，進一步發展安定團結的政治局面，並且立即動員起來，鼓足幹勁，群策群力，為在本世紀內把我國建設成為社會主義的現代化強國而進行新的長征。」[2]因而確立了中國大陸經濟「改革開放」的目標與方向，此後中國大陸開啟近三十年經濟持續高速增長的發展過程。

　　而中國大陸自1978年改革開放後，經濟改革的發展道路並非一帆風順，期間也歷經許多黨內的路線鬥爭，直到1992年鄧小平南巡講話後，才使中共黨內一致繼續往經濟改革開放的路線前進。在中國大陸對外經濟開放上，歷經數年與世界各國談判後，終在2001年加入世界貿易組織（World Trade Organization, WTO），使得中國大陸進一步邁向對外開放的步伐，外資加速大舉進入中國大陸投資，並將中低端製造產業移入中國大陸，利用中國大陸較低廉的人工與土地等生產要素，進一步使得中國大陸成為世界工廠，也使中國大陸與世界經濟的連結程度逐步加深，成為全球中低端製造產業鏈重要的一環，加速中國大陸經濟全球化的進程。

　　由於2008年美國次級貸款風暴引發全球金融危機，世界各國貿易受到嚴重影響，中國大陸經濟增長速度放緩，當時中國大陸政府提出4兆人民幣的振興經濟方案，對於鐵路、公路、機場等基礎建設再進行大量投資，並在家電、汽車等民生產品補貼或降稅促進內需消費，然雖度過金融危機，但大量資金在極短時間內流入市場，也對中國大陸內部經濟造成了不小的問題。

　　此外，於2010年中國大陸國內生產總值（Gross Domestic Product,GDP）超越日本成為世界第二大經濟體，促使美國政府逐步重視導中國大陸經濟力量的崛起。且中國大陸每年對美國達數千億美元的貿易順差，使美國與中國大陸的貿易摩擦逐步加深，又美國的國內逐步興起反對經濟全球化的保護主義，也顯示中國大陸經濟力量的崛起，使得美國倍感威脅。

　　但是，從中國大陸改革開放後，經濟走向全球化的背景分析，也僅是參與美國在二次大戰後，所建立在全世界各國於製造、投資、貿易、市場及貨幣相互連結的全球化經濟體系。中國大陸在經濟全球化的過程中並無主導地位，也使中國大陸在經濟高速發展過程中，付出非常高的環境成本、勞工高工時低工資、給予外資低稅負等，相當高的代價。在內外經濟因素的環繞之下，使中國大陸整體經濟需要轉型與調整。

　　2012年11月中共總書記習近平上任後，為使中國大陸整體經濟再次轉型與升級，於2013年11月中國共產黨第十八屆中央委員會第三次全體會議上，決定成立「中央全面深化改革領導小組」。而作為中共十八屆三中全會文件起草小組成員的中國大陸知名經濟學家張卓元表示：「中央全面深化改革領導小組是為督促頂層改革的落實而設立的，級別非常高，負責改革總體設計、統籌協調、整體推進、督促落實。」[3] 由此可知，中國大陸領導層及其幕僚們，於當時就已深知大陸經濟面臨再次轉型的重要，必須做好頂層設計與規劃，並由最高領導人集中權力，排除既得利益者的干擾才可能使經濟再次轉型成功。

　　然而，此時期中國大陸的經濟轉型，不再像過去三十多年，主要是以經濟的對外「改革開放」為主軸，此時期則是以對內經濟的「深化改革」為主軸，加上對外與美國、歐盟、日本等，各大經濟體間的經濟與貿易關係的改變，為達到較為全面客觀的分析中國大陸經濟全球化發展戰略，故本文將從人才、互聯網、製造、貿易、市場及貨幣等，經濟層面的發展歷程與規劃，探討中國大陸的經濟全球化戰略，供對中國大陸經濟發展有興趣的人及研究者參考。

貳、研究目的

　　基於上述研究動機與研究經濟發展脈絡的延續性，故本文將簡述中國大陸自1949年中國共產黨建立中華人民共和國後與1978年中共十一屆三中全會改革開放後，重要的經濟規劃與發展歷程，連結2012年中共總書記習近平主政後，中共中央及中國大陸政府所發布之各項重要經濟政策與規劃，並嘗試連結與剖析各項經濟策略規劃間的關係，解析在中國大陸在經濟新常態下，其所發展之經濟全球化戰略。本文期望達成以下之研究目

的：

一、經由相關資料收集與彙整，瞭解美國經濟全球化路徑與實踐方法，以及簡述1949年中共建政到1978年改革開放後，中國大陸經濟發展的歷史進程、經濟規劃及其脈絡與影響，以為研究目的二的背景。

二、本文主軸為分析與探討中共總書記習近平上臺後，提出人才、互聯網、製造、貿易、投資、市場、貨幣及文化等，重要經濟策略與規劃的執行成效，以求歸納出中國大陸經濟全球化戰略的路徑與實踐方法。

▋ 第二節 研究方法

　　本文採用的研究方法，將參考北京大學國家發展研究院林毅夫教授的「新結構經濟學理論」的部分內涵，運用「文獻分析法」作為主要研究方法。本文蒐集中國大陸政治與經濟相關政策與統計資料及國內外學者研究文獻，進行綜合性整理與分析，系統性歸納出中國大陸經濟全球化發展戰略。

壹、理論基礎部分

　　由於中國大陸經濟發展具有其特殊歷史背景與制度特色，筆者遍尋各類經濟發展理論，難以找到完全符合中國大陸經濟發展的理論框架，故本文研究僅能參考北京大學國家發展研究院林毅夫教授提出的「新結構經濟學理論」部分的理論，作為本文的為分析理論參考，核先敘明。

　　「新結構經濟學理論」是由「發展經濟學理論」所衍生形成的。現代的經濟發展理論，興起於1940年代末，以後逐漸形成一門學科，稱為發展經濟學，它以發展中國家的經濟發展問題為研究對象。甚麼是發展中國家？諾貝爾經濟學獎獲得者，著名的發展經濟學家威廉·阿瑟·劉易斯（William Arthur Lewis）曾經回答說：「就是人均產出低於1980年美元價值2,000美元的國家。」[4]

　　另外，從質的方面去界定發展中國家，一般認為它們具有六個共同特徵：1.低下的生活水平，2.低下的生產率，3.高人口增長率和高瞻養負擔比（即兒童和老人人數與勞動力人數之比），4.嚴重的勞動力不得其用的狀況，5.對農業生產和初級產品的高度依賴，6.在國際經濟體系中處於依附及受支配和脆弱的地位。總體來說，貧困和落後是發展中國家的普遍現象。[5]

　　發展經濟學所關心的問題，是如何幫助一個國家實現快速的經濟發展。[6]而從發展經濟學衍生之新結構經濟學，以企業自生能力為微觀分析基礎，以每一個時點給定的要素稟賦結構為切入點，提出經濟發展是一個動態的結構變遷過程，需要依靠「有效的市場」來形成能夠反映要素稀缺的價格體系，以誘導企業按此比較優勢來選擇產業、技術從而形成競爭優勢，也要有「有為的政府」來解決結構變遷過程中，必然出現的外部性問題和軟硬基礎設施完善的協調問題，一個國家只有同時用好市場和政府兩隻手，才能實現快速、包容、可持續的增長。[7]

　　林毅夫教授在新結構經濟學，提出了一個「增長甄別和因勢利導」的六步驟框架：[8]

一、對過去二、三十年經濟發展較快，而且人均收入比自己高1～2倍的其他經濟體的各種可貿易產品和服務作出甄別。選取產品和服務在國內、國際市場上有需求，而自己生產成本較低，因而具有潛在比較優勢的產業。

二、分析本地民營企業在上述產業中的哪些產業比較活躍，查找可能阻礙它們提升產品

質量、降低交易費用的障礙，以及阻礙企業進入的基礎設施或制度環境障礙。政府可以採取政策措施消除這些障礙，以幫助產業做大做強。

三、對本地企業尚未進入的新產業，政府可以到上述第一步確認的經濟體中招商引資，鼓勵外地或國外企業前來投資，並消除這些新產業發展的軟、硬障礙，培育新的增長點。

四、充分利用本地的資源稟賦或全球範圍內的技術突破帶來的機遇，密切關注本地民營企業展現出獲利能力的新產業，幫助這些星星之火成為燎原之勢。

五、在基礎設施落後、企業經營環境不佳的地方，政府可以設立經濟特區或產業園區，改善基礎設施和經營環境，鼓勵企業前來投資於具有潛在比較優勢的產業。建立產業園區或特區，還有利於促進產業集群的形成，提高產業競爭力。

六、給予目標產業的先行企業，一定時限的稅收優惠或信貸擔保，以補償其風險。根據這樣的步驟，甄選出來的目標產業符合當地比較優勢，企業具有自生能力，給予先行企業的激勵只需有限的財務成本和時間。

　　林毅夫教授並指出，新結構經濟學以發展中經濟體自身為參照系，考察發展中國家自身的要素稟賦和比較優勢。政府的作用則是幫助企業把它們自己能做好的產業做大做強，在市場競爭的基礎上積小勝為大勝，逐步縮小和發達國家的差距，實現對發達國家的追趕。[9]

　　因此，中國大陸的經濟發展戰略在實行上，著重在政府以政策與規劃引領與市場發展，中國大陸政府派遣留學生出國留學，亦同時鼓勵人民出國留學，學習外國的知識與技術，中國大陸政府透過百人計劃、千人計劃、黨校等一系列的人才戰略，積極為國家與政府培養人才。且政府制定政策及規劃運用國有企業及民營企業，大量建立水、電、公路、鐵路、機場、網際網路、電子商務平臺等基礎設施，吸引境外企業及資金投入中國大陸，發展國內市場並開拓海外市場。

　　在發展中國大陸製造業成為世界工廠後，中國大陸政府提出中國製造2025規劃推動製造業換代升級，以各項政策補貼及稅賦減免，誘導企業提升產業技術形成競爭優勢，進而有能力與國際企業競爭攻佔海外市場，目標使中國大陸整體製造業，能發躍身世界製造強國前列。

　　中國大陸提出自由貿易試驗區政策（Free Trade Zone，FTZ），作為深化經濟體制改革的試驗點，取消許多政府審批制度，推動政府結構性改革，將過往的管理體制政府往服務體制政府改革，發揮「有為的政府」來解決結構變遷過程中，必然出現的外部性問題和軟硬基礎設施完善的協調問題，使政府成為推動市場發展的利器。

　　此外，中國大陸政府又將傳統城鎮化發展，在結構的調整規劃下，改變為新型城鎮化結合扶貧及鄉村振興，規劃利用城市群、特大城市、大城市、中城市、小城市、城鎮及鄉村，形成區域型發展型態，促使人口減少往特大城市及大城市集中，亦藉由改善農

村基礎建設，注入電子商務發展新的農村產業，減少貧困人口，形成新市場。引導部分人口由農村走向城鎮、小城市及中城市，產生許多不同的區域型態市場，使人口不過於集中少數特大城市及大城市，充分運用中國大陸14億人口的優勢，發展有效的市場運作體系。

以現階段2020年全球經濟以國內生產總值（GDP）排名，中國大陸雖為世界第二大經濟體，但就人均GDP而言，中國大陸在2020年人均GDP約為10,400美元，仍屬發展中國家。因而，中國大陸政府仍一再表示：「我國仍處於並將長期處於社會主義初級階段，仍是世界最大發展中國家，發展不平衡不充分的一些突出問題尚未解決。」[10]

中共中央及中國大陸政府設定目標，要於2020年達成兩不愁三保障（即不愁吃、不愁穿，保障義務教育、基本醫療、住房安全），實現全面小康社會，截至2020年底，中國大陸政府公佈農村貧困人口全數脫貧 （按照每人每年2,300元人民幣的農村貧困標準計算）[11]。

1987年10月，中共前總書記趙紫陽在中國共產黨第十三次全國代表大會上提出的報告表示：「在社會主義初級階段，我們黨的建設有中國特色的社會主義的基本路線是：領導和團結全國各族人民，以經濟建設為中心，堅持四項基本原則，堅持改革開放，自力更生，艱苦創業，為把我國建設成為富強、民主、文明的社會主義現代化國家而奮鬥。堅持社會主義道路、堅持人民民主專政、堅持中國共產黨的領導、堅持馬克思列寧主義毛澤東思想這四項基本原則，是我們的立國之本。堅持改革開放的總方針，是十一屆三中全會以來黨的路線的新發展，它賦予四項基本原則以新的時代內容。」[12]

由此可知中國大陸整體經濟發展，主要由中國共產黨及政府主導，中共中央與政府透過各項計畫與規劃與相關政策引導，使企業投資能跟著政府的政策規劃發展，並成為市場調節功能的重要功能。因而，研究大陸經濟常有「國進民退」與「國退民進」之說，亦可知國有企業與民營企業，都屬於協助經濟發展的角色。足證，中國大陸是屬國家運用政府與市場，兩隻手的發展策略。

綜上所述，本文將參考林毅夫教授提出的「新結構經濟學理論」中，有關政府政策與引導企業發展，以促進經濟成長的理論思維，作為思考與分析中國大陸經濟發展戰略的研究基礎。

貳、文獻分析法

本文採用的文獻，將特別著重於中國共產黨及中國大陸官方發佈的各項重大規劃與計劃，領導人發表的文章與其參與國內外重要會議講稿、中國大陸政府智庫的出版品及政府智庫學者的研究成果。包括從中國共產黨、中國大陸國務院、國家發展和改革委員會（後簡稱「國家發改委」）、外交部、商務部、教育部、人力資源和社會保障部、統計局等網站，蒐集其領導人對外講話、政府公告、及官方發表之經濟數據；並參考政府智庫如中國大陸社會科學院、北京大學等研究機構的出版品與學者發表之期刊論文，及國

內外各類專書與論文。

　　依上述各項研究主題，本文將探討中國大陸發佈關於本文研究主題相關之官方各項重大規劃與計劃，以及針對中國大陸與世界各國簽署的重要聲明與宣言、政治、外交與經濟的文件作解析，並蒐集研究主題相關著作、期刊論文、研究報告、報章雜誌及網路新聞等資料，將相關文獻依研究主題予以系統分類、綜合分析，再歸納彙整出結論。

▌第三節 基本概念界定與研究思路

壹、經濟全球化的概念

全球化是在市場經濟和科技進步的雙輪驅動下，不同國家、地區之間相互影響、相互滲透、相互依賴，最終突破區域限制，全世界成為一個統一的發展整體。[13]

經濟全球化是世界各國經濟在生產、分配、交換、消費環節的全球一體化趨勢，是生產力和資源在全球範圍內的轉移活動。由於人們從不同的角度看待和研究全球化問題，因而對經濟全球化的概念和含義也有不同的理解。[14]

對於經濟全球化的定義，經濟合作與發展組織（Organization for Economic Cooperation and Development，OECD）認為：經濟全球化可以被看作是一種過程。在一過程中，經濟市場、技術與通訊形式都越來越具有「全球性」的特徵，民族性或地方性減少。[15]國際貨幣基金組織（International Monetary Fund，IMF）認為：經濟全球化是跨國商品與服務交易及國際資本流動規模和形式的增加，以及技術的廣泛迅速傳播使世界各國經濟的相互依賴性增強。[16]

綜上，可知經濟全球化，為全世界各經濟體，在人類全球化發展的過程中，由原為傳統的生產、分配、交換、消費等經濟模式，逐步轉變為全世界各經濟體的合作分工。且透過工業化與資訊科技的運用，使得生產全球化、貿易全球化、投資全球化、消費全球化、金融全球化、文化全球化相互影響，觸發原本分散的各級產業與各類產業，相互之間逐步產生一定程度的融合，也促使某些產業逐步深度融合，成為世界經濟發展重要的新模式。

貳、國家經濟戰略概述

中國大陸學者郭萬超認為：「國家經濟發展戰略，是一個國家整體的經濟發展戰略，它是對一個國家的經濟發展過程中，政府所選定的發展目標，以及為了達到這個目標，所規劃的戰略步驟、確定的戰略任務和重點、謀劃的戰略佈局、採取的戰略方針，以及制定的戰略對策的概括和統稱。」[17]

由於國家經濟發展戰略強烈的實踐性，以及內容上的繼承性，若要明確地區分出某個經濟發展戰略是十分困難，我們只能從經濟發展戰略的基本特徵[18]，及政府政策與規劃，作概念性區別與論述，以瞭解該國家經濟戰略。

歐、美、日等先進工業化國家，亦有其經濟發展戰略，以美國為例，在19世紀的西部大開發，除了從法國購買大片土地，亦侵略印度安人的土地與墨西哥國土，獲得北美洲龐大的土地與礦產資源，為美國成為世界大國奠定重要的經濟基礎，可謂美國經濟發展戰略。

再以日本為例，在19世紀中葉的明治維新運動，開啟日本整體國家的現代化進程，

日本政府派出考察團遊歷歐美工業化國家後，制定出整套改變日本的戰略規劃，以富國強兵、殖產興業及文明開化為發展目標。引進歐美人才，亦派出留學生赴歐美國家，大力為國家培養人才，並逐步推動義務教育，為日本的工業化及經濟發展打下堅實基礎。

本文以中國大陸經濟全球化戰略為研究核心，中國大陸相較歐、美、俄、日為後發展之工業化國家，且中國大陸經濟發展方向，主要由中共中央及中國大陸政府制定政策及規劃，並由中共從政同志、黨員、政府官員，加上國有企業及民營企業合力完成，較資本主義國家或是其他社會主義國家，具有更強的規劃、約束及執行力，此為中國大陸國家經濟發展的獨特性，故將會著重敘述，並予以論述分析，以闡明中國大陸經濟全球化戰略。

參、歷史性的全球化思路

本世紀初，中國大陸中央電視臺曾製作一部重要的歷史紀錄片「大國崛起」，記錄了 15 世紀後葡萄牙、西班牙、荷蘭、英國、法國、德國、日本、俄羅斯、美國等九個世界大國相繼崛起與被取代的過程，並分別總結各大國發展與沒落的歷史經驗，作為中國大陸未來國家發展與轉型思考的借鏡。

從歷史發展軌跡來分析，15 世紀葡萄牙、西班牙、荷蘭等國為拓展與東方國家的貿易，開啟大航海時代，隨著美洲、澳洲等地理大發現，全球貿易的發展加速歐洲各國殖民地的擴張，而此時期殖民地的發展，主要以貿易與資源的掠奪為主要目的。再因科學與技術的發展，18 世紀中葉，英國人瓦特改良蒸汽機，使得蒸汽機的創新與運用得以拓展，人類由手工與畜力生產逐步走向機器生產時代，史稱第一次工業革命。而英國在第一次工業革命後製造業生產力大增，至 1860 年英國在世界工業生產中所占份額已達19.9%，成為第一工業強國。[19]因此，對於原料與市場有極大的需求，加速對外殖民地的發展與全球貿易的拓展，在歐美各工業化國家的相互爭奪下，到 19 世紀末英國成為全世界掌控最多殖民地的國家，使得英鎊成為世界上除黃金與白銀外最重要的計價貨幣。

19 世紀中葉後，科學技術突飛猛進的發展，主要在電力、內燃機的發明及化學工業的建立，並迅速被應用在工業生產，促進經濟的發展，這就是第二次工業革命。[20]此時，西歐各國、美國、日本等搭上第二次工業革命的列車，大幅開展工業化進程，成為世界領先的工業化國家，然這些先進工業化國家，為經濟發展上，製造業所需原料與市場，相互間爭奪殖民地與領土，引爆第一次世界大戰與第二次世界大戰。而美國到 19 世紀末，已佔世界工業生產總值近四分之一，超過英國居世界首位[21]，是具有強大經濟實力的大國，且美國在兩次大戰初期都曾販賣大批戰略物資給交戰雙方，進一步促成美元的大量使用，並都是最後參戰的大國，成為兩次大戰中獲得最大利益的戰勝國，又在第二次大戰後主導新經濟貿易體制的建立，使得美元逐步成為世界第一的計價、流通與儲存貨幣。

由於對日抗戰與國共內戰，使得整個中國大陸經濟凋敝，重要工業設施幾乎毀壞殆盡，整體經濟必須重建。中共領導人毛澤東於 1949 年 6 月 30 日，提出論人民民主專政

一文，指出：「一邊倒，是孫中山的四十年經驗和共產黨的二十八年經驗教給我們的，深知欲達到勝利和鞏固勝利，必須一邊倒。積四十年和二十八年的經驗，中國人不是倒向帝國主義一邊，就是倒向社會主義一邊，絕無例外。騎牆是不行的，第三條道路是沒有的。」[22]這就是當年毛澤東所提出的中國大陸「一邊倒」策略。

其後，1949 年 10 月 1 日中國共產黨在中國大陸建立政權，毛澤東以中國大陸國家主席身分於 1949 年 12 月底訪問蘇聯，在毛澤東訪問蘇聯近 2 個月期間，中國大陸與蘇聯歷經多次談判，於 1950 年 2 月雙方簽署《中蘇友好同盟互助條約》及各項合作協議。在《關於蘇聯貸款給中華人民共和國的協定》中規定：「蘇聯以年利 1 % 的優惠條件，向中國大陸提供 3 億美元的貸款。」蘇聯就是用這筆貸款向中國大陸提供首批 50 個大型工程項目，包括煤炭、電力等能源專案，鋼鐵、有色金屬、化工等基礎工業專案以及國防工業項目。[23]1950 年 6 月韓戰（中國大陸稱抗美援朝戰爭）爆發後，美軍第七艦隊進入臺灣海峽後，中國大陸派遣中國人民志願軍進入朝鮮作戰，於朝鮮半島上形成朝鮮、中國大陸、蘇聯與美國所領導聯合國多國部隊的戰爭，中國大陸全面倒向蘇聯的勢態就此產生。

1953 年 5 月 15 日中國大陸與蘇聯簽署《蘇聯政府援助中國政府發展中國國民經濟的協定》，蘇聯承諾在 1953～1959 年內援助中國大陸新建和改建 91 個規模巨大的工程項目。協定還規定，連同 1950 年簽訂的 50 個項目共 141 個企業，將在 1953～1959 年期間分別開工。1954 年 10 月，蘇聯共產黨中央委員會第一書記赫魯雪夫，率團參加中華人民共和國成立五周年慶典期間，雙方就旅順口問題、中蘇科學技術合作問題，以及蘇聯政府幫助中國大陸新建和擴建企業等問題舉行會談，共簽署包括《關於蘇聯政府幫助中華人民共和國政府新建十五項工業企業和擴大原有協定的 141 項企業設備的供應範圍的議定書》在內的 10 項文件。至此，蘇聯援助中國大陸專案共計 156 項，通稱「156 項工程」。由蘇聯援建的「156 項工程」是中國大陸政府所規劃的《中華人民共和國國民經濟和社會發展第一個五年計劃（1953 年～1957 年）》建設的核心，[24]使得中國大陸初步建立起輕工業、重工業及軍事工業，形成一個國家工業經濟體系，奠定中國大陸科學技術現代化、工業現代化及國防現代化的基礎。

1958 年 5 月，中國共產黨第八次全國代表大會第二次會議，正式提出社會主義建設的總路線，強調在繼續完成經濟、政治和思想戰線上的社會主義革命的同時，逐步實現技術革命和文化革命；在重工業優先發展的條件下，工業和農業同時並舉；盡快地把中國大陸建設成為一個具有現代工業、現代農業和現代科學文化的社會主義國家。同年 6 月，毛澤東指出：「沒有現代化工業，哪有現代化國防？自力更生為主，爭取外援為輔，破除迷信，獨立自主地幹工業、幹農業、幹技術革命和文化革命，打倒奴隸思想，埋葬教條主義，認真學習外國的好經驗，也一定研究外國的壞經驗——引以為戒，這就是我們的路線。經濟戰線上如此，軍事戰線上也完全應當如此。」1958 年 7 月 7 日，周恩來在新會縣幹部會議上提出：「把中國建設成為一個具有現代工業、現代農業、現代科學文化、現代國防的強大的社會主義國家。」這是關於「四個現代化」的較早的比較完整的提法。1959 年 12 月 19 日，毛澤東在讀蘇聯《政治經濟學教科書》時講道：「建設社

會主義，原來要求是工業現代化，農業現代化，科學文化現代化，現在要加上國防現代化。」中共中央兩位主要領導人形成一致的思想，標誌著「四個現代化」比較完整的提法基本形成。[25]足證，中共在中國大陸建政後，對於中國大陸整體經濟建設，逐步探索出以工業現代化、農業現代化、科學文化現代化、國防現代化，「四個現代化」的國家發展戰略。

1956年4月25日毛澤東在《論十大關係》指出：「我國的工業過去集中在沿海。所謂沿海，是指遼寧、河北、北京、天津、河南東部、山東、安徽、江蘇、上海、浙江、福建、廣東、廣西。我國全部輕工業和重工業，都有約70%在沿海，只有30%在內地。這是歷史上形成的一種不合理的狀況。沿海的工業基地必須充分利用，但是，為了平衡工業發展的佈局，內地工業必須大力發展。在這兩者的關係問題上，我們也沒有犯大的錯誤，只是最近幾年，對於沿海工業有些估計不足，對它的發展不那麼十分注重了。這要改變一下。」[26]

其後，由於中國大陸與蘇聯外交關係的破裂，蘇聯對中國大陸援助全面中斷，且中國大陸與蘇聯的邊界問題，致使雙方產生衝突，中國大陸東北重工業區域與東部沿海已形成的既有工業製造區域，分別遭受蘇聯與美國的戰略威脅。因而，中共領導人毛澤東，將原來的發展西部的思路進一步強化，形成中國大陸工業建設的佈局，沿海的一線、中部的二線、西部和西北部的三線並存，而把三線作為建設重點的新思路。根據毛澤東的指示，1964年5月15日到6月17日中共中央召開的工作會議上，作出三線建設的重大戰略決策。1964年8月，中央書記處會議決定集中人力、物力、財力建設三線。從1965年起，開始把沿海一些工業企業向西部地區搬遷，當年新建專案則大多集中投放在西部地區。這樣做的目的只有一個，在較短的時間內，儘快在西部地區建立起一個敵人戰略武器打不到，並能為國防和農業服務，及實行工農結合的工業特別是軍事工業基地，進而形成一個比較完整的後方工業體系。[27]逐步形成中國大陸工業發展的「三線建設」戰略布局。

從宏觀上看，如果不算1964年中共中央作出三線建設決策之前，中國大陸中央政府對西部地區的投資，僅從1964年至1980年的17年間，中國大陸中央政府向三線建設投入的資金為2,052 億元人民幣。通過三線建設，中國大陸建成1,100多個大中型工業交通企業、國防科技工業企業、科研院所和大專院校，基本形成交通、電力、煤炭、化工、石油、建材、鋼鐵等生產部門相互配套的體系，並且與地方中小企業連成一個生產系統，同時，形成了自上而下的生產指揮系統。[28]雖然，中國大陸整體民生經濟，經歷十年文革動亂的破壞，但通過三線建設戰略，逐步開展西部交通建設，並將沿海重工業等產業與部分學校及科研機構內遷三線城市，使得中國大陸重工業仍維持相當程度的發展，奠定中國大陸整體工業製造發展的基礎。

中國大陸在1976年文化大革命後，中共中央批准的國家級政府經濟代表團有四個，分別赴西歐、東歐、日本、英屬香港及葡屬澳門地區訪問[29]，逐步形成中共中央推動改革開放的戰略思維。1978年12月中國共產黨第十一屆中央委員會第三次全體會議，確立

中國大陸「改革開放」政策。中共於1982年9月中國共產黨第十二次全國代表大會提出，中國共產黨在現階段的總任務是：團結全國各族人民，自力更生，艱苦奮鬥，逐步實現工業、農業、國防和科學技術現代化，把我國建設成為高度文明、高度民主的社會主義國家。」[30]再次將四個現代化，即工業、農業、國防和科學技術現代化於中共黨代表大會提出，以明確作為中共中央帶領中國大陸政府的發展目標。

中國大陸在既有重工業的發展基礎下，加速追趕整體製造業的工業化進程，並大力發展對外貿易，同時拓展國內及國外市場，前期主要依托歐、美、日等先進工業化國家市場，逐步拓展亞洲、非洲等發展中國家市場。中國大陸歷經 30 餘年經濟高速發展，整體經濟面臨必須轉型的態勢，故於 2014 年中共總書記習近平提出中國大陸「經濟新常態」之表述，其主要有 3 個特點：「一是從高速增長轉為中高速增長。二是經濟結構不斷優化升級，第三產業消費需求逐步成為主體，城鄉區域差距逐步縮小，居民收入佔比上升，發展成果惠及更廣大民眾。三是從要素驅動、投資驅動轉向創新驅動。」[31]

因此，中共中央及中國大陸政府對於經濟轉型與升級，提出許多相當龐大的改革與發展規劃，故本文將認為較為重要且相互連結性較高的改革與發展規劃，作為整合研究之標的，從經濟戰略所涉及人才、互聯網、工業製造、投資、貿易、市場與貨幣等，中國大陸政府所提出之政策與規劃及執行成效，綜合分析中國大陸經濟全球化戰略。

▌第四節 研究架構與章節安排

壹、研究架構

本文研究先檢視經濟學相關理論，從「發展經濟學理論」瞭解其探討「經濟增長」與「經濟發展」等內涵，逐步尋找出「新結構經濟學理論」的部分理論做為研究與分析參考。並經由 1949 年中共在中國大陸建立中華人民共和國政府後，整體經濟發展的軌跡，來探討中國大陸整體經濟發展的脈絡。

然中華人民共和國政府成立 70 多年來，中國大陸整體經濟發展的前 30 年，主要在蘇聯與共產主義意識形態主導下，以發展國防及重工業為目標，故發展出兩彈一星（核彈、飛彈和人造衛星）及核潛艇。而農業及民生工業等發展，雖比 1949 年中華人民共和國政府成立之初有進步，但整體發展對比於歐、美、日等工業國家仍顯有大幅落後，又在文化大革命的影響之下，中國大陸整體經濟發展受到嚴重遲滯，使得整體中國大陸經濟發展處於發展中國家階段，需要大幅度經濟改革，才能使中國大陸經濟走向發達國家。

1979 年改革開放後，中共中央再次提出發展四個現代化（即工業、農業、國防和科學技術現代化），顯示中國大陸戮力發展綜合國力。中共中央在檢討前三十年，以共產主義模式經濟發展的利弊得失後，再參照歐、美、日等資本主義國家的發展經驗，除仍重視現代科技與現代工業對製造業發展的影響外，也開始重視發展貿易、發展市場及運用貨幣，來推動中國大陸整體經濟發展。

總結，近五百年來歐、美、日等先發展國家的經濟全球化經驗，得知一個國家的經濟發展，並須在人才、貿易、市場、科技、製造、貨幣等逐步累積發展經驗，才可能形成強大的綜合國力，故本文著重探討中國大陸政府在人才、貿易、市場、科技、製造、貨幣及文化等方面的政策與發展成效，對於中國大陸經濟全球化戰略的影響。

古人云：「人才為立國之本。」故本文以人才培養與運用為主軸，研究中國大陸的「人才戰略」之發展，中國大陸政府為中國共產黨領導，其有一套特殊的幹部培養制度與特殊的人才吸引與運用模式。且因為歷次的工業革命不斷發展之下，使得 21 世紀的經濟發展，已經離不開互聯網的影響，因此本研究分析再以「互聯網+」，作為所有經濟戰略與發展的聯結，未來幾年將進入第五代通訊系統時代（5G），逐步進入萬物聯網的「物聯網」世界，互聯網加物聯網將引導未來世界經濟的發展。其後，再區分中國大陸對內與對外經濟發展戰略，以詳細說明相關規劃佈局與其相互間之相輔相成的發展模式。

在對內經濟發展戰略部分的研究，先中華人民共和國國民經濟和社會發展歷次五年（計劃）規劃為分析脈絡，並以「中華人民共和國國民經濟和社會發展第十三個五年規劃綱要（以下簡稱：十三五規劃）」及「中華人民共和國國民經濟和社會發展第十四個五年規劃綱要（以下簡稱：十四五規劃）」為主軸，主要研究範圍分為：「中國製造2025」、「自由貿易試驗區（FTZ）」、「國家新型城鎮化規劃」與「扶貧及鄉村振興」等

四項。

　　由於中國大陸製造業整體水準，在世界各工業化國家比較上仍屬於中低端水準，製造業整體需要轉型與升級，因而中國大陸政府提出「中國製造2025」，目標期望從「製造大國」轉變成為「製造強國」。且對外貿易一直為中國大陸過去四十年來經濟發展的主要動力，在中國大陸經濟進入新常態的狀況下，中國大陸推動「自由貿易試驗區」的改革與試點，是為找尋貿易，投資與創新製造業發展的新路線。由於中國大陸擁有十四億多的人口，對於每年對於資源的消耗也是非常龐大，為了有效運用如此龐大的人口資源，亦必須推動「國家新型城鎮化」，將人口資源與產業資源有效整合在各大、中、小的城市，並規劃各種基礎設施與產業規劃，為經濟轉型與發展找出突破口。

　　中國大陸實施「中國特色社會主義」，其改革開放總設計師鄧小平曾說：「農村、城市都要允許一部分人先富裕起來，勤勞致富是正當的。一部分人先富裕起來，部分地區先富裕起來，是大家都擁護的新辦法，新辦法比老辦法好。」[32]現在中國大陸沿海許多城市與農村的經濟發展，使得當地人民經濟生活較為富裕，然而內陸許多農村還是非常貧困，故中國大陸國務院於2016年12月2日發布《十三五脫貧攻堅規劃》、2018年9月26日中共中央、國務院發布《鄉村振興戰略規劃（2018～2022年）》及於2019年6月28日發布《關於促進鄉村產業振興的指導意見》，從上述三文件內容得知，中國大陸政府除欲解決偏遠山區與農村人民貧困問題外，這將是經濟轉型與發展的最好策略，將基礎設施深入偏遠山區與農村，並對當地有更多適應性產業規劃，企圖將農村、城鎮及城市經濟的連結加以優化，例如扶植旅遊產業及當地特色農業，使更多人口脫貧成為新的消費人口，城市人群的消費能直接由店商平臺的連結深入農村，有效擴大中國大陸的內需市場，帶動未來中國大陸內需經濟的發展。

　　在對外經濟發展戰略部分的研究，先以「絲綢之路經濟帶和21世紀海上絲綢之路的願景與行動（以下簡稱：一帶一路戰略）」為主軸，主要研究範圍分為：「國際產能與裝備製造合作」、「自由貿易協定（FTA）」、「人民幣國際化」等三項。

　　由於中國大陸改革開放後，吸引大量外資設廠，並不斷對國營企業進行改革，使生產力大增導致整體製造業產能過剩，為解決國內天然資源不足與製造業產能過剩問題，故提出「國際產能與裝備製造合作」，期望取得更多天然資源並將過剩產能輸出國外，亦將中國大陸良好的製造業裝備輸出海外。然此時必須適時的配合「自由貿易協定（FTA）」與「人民幣國際化」的相關布局，以降低關稅等貿易障礙，並減低美元匯率的干擾，否則在現階段美元獨霸的狀況下，中國大陸與其他國家資源交換或是裝備製造合作上，將會陷入龐大的匯兌損失，因此簽訂自由貿易協定，並加速人民幣走出去在這時機就是最適當的機會。然而在拓展與深化國際與區域間各項投資、貨物與服務的貿易的往來，就必須透過「自由貿易協定（FTA）」的布局，這也是世界各大經濟體的發展戰略。

　　上述均涉及中國大陸對內與對外的經濟發展戰略，涵蓋對於農業、製造業與服務業三個產業結構的調整與升級，若能仔細分析研究相關規劃與布局，亦可探知其各項規劃相互連結，若是將各個戰略與發展規劃分開研究，則如「瞎子摸象」只知一隅，無法窺

知全貌，也就難以準確分析中國大陸經濟發展的方向與戰略布局。

故本文，綜合解析中國大陸政府如何透過「人才戰略」、「互聯網+」、「五年（計劃）規劃」、「中國製造 2025」、「自由貿易試驗區（FTZ）」、「國家新型城鎮化規劃」、「扶貧及鄉村振興」、「一帶一路戰略」、「國際產能與裝備製造合作」、「自由貿易協定（FTA）」、「人民幣國際化」等政策，形成其經濟全球化的戰略布局。進一步對於中國大陸面對其兩個一百年的奮鬥目標，與中國大陸是否能挑戰美國經濟霸權，做整體分析與論述。

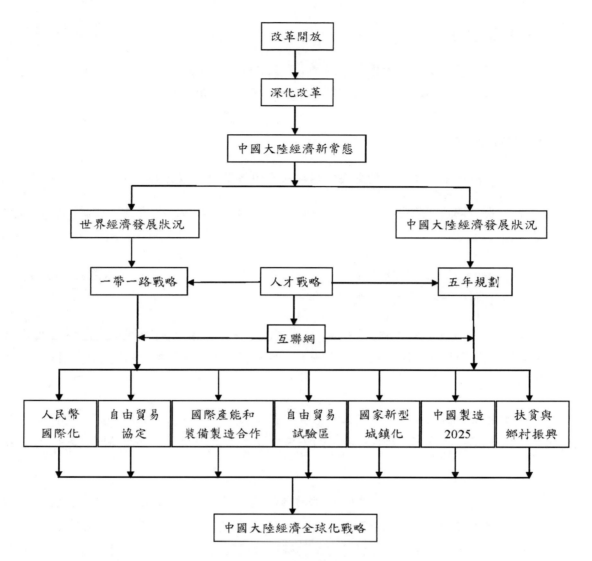

圖 1-1 研究架構圖

貳、章節安排

本研究議題範圍上，著重於「中國大陸經濟全球化戰略」之研究，本研究針對中國大陸領導人（決策者）在「改革開放初期」與「經濟新常態時期」的經濟發展策略，其兩個階段經濟發展策略之延續性，著重闡述中國大陸推動經濟全球化戰略的進程與路徑及實踐方法。

本文分為七章，每一章的主要內容與內在邏輯關係，敘述如下：

第一章介紹研究的動機、目的、研究方法，闡述研究思路，界定研究範圍、與陳述章節安排。

第二章研究探討美國經濟全球化路徑與實踐方法，以瞭解美國全球經濟治理模式，作為研究中國大陸經濟全球化路徑之參考。

第三章先對於中國大陸自1978年改革開放以來的經濟發展與現階段世界主要經濟體發展狀況作概述，以研究探討在中國大陸經濟新常態下，所推動供給側結構性改革之目標。

第四章研究探討中國大陸經濟發展創新的共同基石即「人才戰略」與「互聯網+」，由人才培養與新一代科技網路，探究對未來中國大陸對內與對外經濟發展將產生的影響。

第五章研究探討中國大陸對內經濟發展戰略，以「五年（計劃）規劃」頂層設計為主軸，主要著重於「中國製造2025」、「國家新型城鎮化」、「自由貿易試驗區」、「扶貧及鄉村振興」的研究，探討這些重要經濟政策與規劃，對中國大陸內部經濟發展之影響。

第六章研究探討中國大陸對外經濟發展戰略，以「一帶一路戰略」為主軸，主要著重於「國際產能和裝備製造合作」、「自由貿易協定」、「人民幣國際化」的研究，探討這些重要經濟政策與規劃，對中國大陸外部經濟發展之影響。

第七章為結論中國大陸經濟全球化戰略路徑、實踐與挑戰，綜合整理本研究的發現，說明中國大陸經濟全球化路徑與實踐方法，及遇到的內部阻力、外部挑戰與未來發展趨勢。

▍第五節　研究範圍與限制

壹、研究範圍

一、時間範圍

本文研究時間主要以 2012 年習近平接任中共總書記，推動中國大陸經濟「深化改革」為起點，迄至 2022 年 9 月為止。

但由於一個國家的經濟發展過程，是一個連續性的發展歷程，前階段發展過程必將影響後階段的發展。因而本文在論述與資料佐證上，必將由 1949 年中國共產黨建立中華人民共和國政府後的經濟政策，及 1976 年中國大陸文化大革命結束後，鄧小平復職開始推動政治與經濟改革，使得中國大陸邁入「改革開放」時代，其發展過程做經濟發展脈絡的簡述。

且中國大陸由於是由中國共產黨長期執政，中共中央的決策對各項經濟發展規劃影響甚鉅，又因中國大陸黨政一體的特殊性，各項經濟政策相較其它國家較具有延續性。

所以本文試圖以中國大陸在 2012 年中國共產黨第十八屆全國代表大會，習近平上任總書記後，提出的各項經濟規劃與政策及實踐成效予以論述，以深入瞭解中國大陸的經濟全球化戰略發展路徑與實踐方法。

二、主題範圍

本文主要探討中國大陸在經濟新常態下，如何藉由供給側結構性改革，發展「經濟全球化戰略」？ 所以著重選擇，有關中國大陸政府對內及對外重要經濟發展戰略，包括「人才戰略」、「互聯網+」、「五年（計劃）規劃」、「一帶一路戰略」、「中國製造 2025」、「新型城鎮化」、「自由貿易試驗區」、「扶貧及鄉村振興」、「國際產能與裝備製造合作」、「自由貿易協定」、「人民幣國際化」等進行研究與分析，以限縮研究範圍。

且由於上述研究內容資料繁多且複雜，所蒐集相關資料實無可能悉數仔細閱讀及參考引用，又本文研究角度側重在「中國大陸經濟全球化的發展路徑與實踐方法」，故僅以宏觀方式進行系統性分析，對於各項政策與規劃相關細節則無法詳細論述，唯將盡力蒐集相關重要資料予以分析解釋。本文將體現中國大陸以發展綜合國力為目標，達到經濟全球化的戰略目的。

貳、研究限制

由於中國大陸幅員遼闊、人口眾多，政府組織相當龐大，經濟政策非常複雜與廣泛，且因研究架構與篇幅限制，故本文只能將中國大陸最重要又影響最大的國內外政治與經濟政策列入研究範圍。

本文探討涵蓋「人才戰略」、「互聯網+」、「五年（計劃）規劃」、「一帶一路戰略」、

「中國製造 2025」、「新型城鎮化」、「自由貿易試驗區」、「扶貧及鄉村振興」、「國際產能與裝備製造合作」、「自由貿易協定」、「人民幣國際化」等，列為其經濟戰略的範圍。探討這些重要經濟政策及規劃相互間的關聯性與影響，期望能解析中國大陸經濟全球化的戰略布局。除此之外，中國大陸其他重要經濟政策及規劃，則非筆者研究能力所及，故無法納入研究範圍探討。

再者，由於筆者亦無法訪談中國大陸制定經濟政策及規劃的幕僚人員，因此所有資料僅能由中國大陸政府及相關單位公開的政策及規劃資料、領導人談話、政府公報、專書、學術論文、新聞資料等，來進行中國大陸相關政策的分析，試圖建立最完整的研究分析內容。

而不可否認的，在許多生活經驗、知識背景、教育文化的差異，分析上難免帶有許多主觀認知因素，以至於某些論點可能偏頗，此為筆者自身研究的限制。但筆者會盡最大努力，希望藉由多元資料與文獻的探索，將所蒐集到的資料做完整的呈現，並將筆者多年的研究結果提出來供大家研究參考，期望創造出對於中國大陸經濟發展研究的一個新視野。

第二章　美國經濟全球化戰略概述

Chapter 2 ｜ Overview of the US Economic Globalization Strategy

解析美國經濟全球化
的路徑、實踐方法
及全球經濟治理模式

本章內容重點

■ 第一節　美國經濟全球化路徑與實踐方法
■ 第二節　美國全球經濟治理模式

▌第一節 美國經濟全球化路徑與實踐方法

壹、前言

　　自15世紀起歐洲國家，為避開中東地區的諸伊斯蘭帝國，拓展與亞洲國家香料、絲綢等商品貿易，開啟大航海時代。此後，葡萄牙、西班牙、荷蘭等國逐步在世界各地以武裝力量建立海外殖民地，其後英國、法國等歐洲其他國家，也因見到葡萄牙、西班牙、荷蘭等國海外貿易與殖民地的拓展獲得龐大利益，紛紛加入貿易與海外殖民地的拓展的行列。

　　隨著科技的發展，18世紀中葉英國發生人類史上第一次工業革命，蒸汽機的改良與發展逐步使機器取代傳統的人力與獸力，使得如煤礦開採及交通運輸等行業取得長足的進步。

　　19世紀中葉，歐美國家因科技研究的創新與進步，開啟以電力與化學等新技術的第二次工業革命。而英國在貿易、工業化與殖民地的拓展上，逐步打敗歐洲大多數國家，在歐洲、美洲、亞洲、非洲、澳洲等地構建龐大的殖民地，形成全球化的貿易網絡，成為人類史上的第一個日不落帝國，也使得英語成為世界通用語言，並使英鎊成為通行世界主要的強勢貨幣。

　　於1776年7月4日，北美洲英屬13個殖民地代表，在費城簽署《獨立宣言》，宣布脫離英國獨立，宣告美利堅合眾國誕生，經過數年與英國的戰爭，於1783年9月3日，美國與英國在法國巴黎正式簽屬《巴黎和約》，英國正式承認美國獨立。使北美洲13個原英國殖民地，成為美國建國初期的13個州，國土面積約90萬平方公里。

　　此後，美國持續國土擴張，不斷侵吞北美洲原住民印第安人的土地，又向法國買法屬北美的殖民地，打敗西班牙佔領其北美洲的殖民地，打敗墨西哥佔領其國土，向俄國購買阿拉斯加土地，不到100年在北美洲形成一個橫跨大西洋與太平洋的大國。

　　19世紀中葉，美國歷經南北戰爭與解放黑奴，加上搭上第二次工業革命的列車，逐漸發展成為一個現代化的工業國家，且其西部大開發吸引大量歐洲與部分亞洲人移民，逐步吸收世界人才。隨著第二次工業革命的發展，1880年代，美國的工業能力超越英國，在世界工業生產中躍居第一。德國的鋼鐵及化學工業迅速發展，增長速度僅次於美國，表現出強勁的發展態勢，以最快的速度追趕並超越英國。俄國和日本也都搭上第二次工業革命的列車，在工業發展上有明顯的成就，與英國的距離縮小，法國的工業發展同樣對英國形成巨大的壓力。[33]

　　19世紀末到20世紀初，英國逐步喪失 「世界工廠 」的地位。從1880年到1913年，英國在全世界製造業總產量的比重，從22.9%減少到13.6%，在世界貿易中所佔分額也從23.2%下降到14.1%。美國和德國的工業生產，已經相繼超過英國。1899至1913年，英國的工業出口增長率只有48%，而美國的工業出口增長率為100%、德國的工業出口增長率

為121%、日本的工業出口增長率為151%，均超越英國。1901年，美國和德國的鋼產量都遠超過英國。1913年和1830年相比，英國棉紡織工業產量，在世界總產量中所佔的分額下降了將近2/3，英國紡織業的重地蘭開郡，已經被排擠出歐洲和美國的大部分市場。1913年，英國的機器生產量，在世界整額中所佔比重已經不到1/8，而美國佔到一半以上、德國也佔到1/5。在電氣設備、有機化工、內燃機等新工業產品方面，英國更是落在美國和德國之後。[34]顯示，工業製造實力是國家經濟實力的重要基礎之一，國家的工業化程度，影響著一國經濟的發展程度。

隨著工業的不斷發展，使美國自19世紀後期，持續保持著貿易順差，但到1914年時，美國仍然是淨債務國，即外國在美國的投資，超過美國在外國的投資。1914年6月30日，外國對美國的組合投資與直接投資總量達到71億美元，相當於美國GNP的近20%，其淨對外負債也達到36億美元，是當時世界上最大的債務國。第一次世界大戰爆發後，歐洲各國大量撤出其在美國的證券投資，根據Mira Wilkins的估算，從一戰爆發到1915年底，歐洲人就出售15.5億美元的美國證券，外國在美國的長期投資減少41億美元。同時，美國的銀行家在戰爭期間，擴張其國際放貸，美國政府也在參戰後，向其盟國發放巨額貸款。隨著對外投資的上升與外國投資的減少，美國由戰前最大的債務國，搖身一變成為主要的債權國，到1918年末，美國的淨對外資產達到107億美元[35]，對外負債則減至30億美元。

20世紀初，發生人類史上的第一次世界大戰，幾乎絕大多數的歐洲工業化國家都捲入戰爭，並將世界上主要大國及殖民地都捲入戰爭，但因主戰場在歐洲大陸，使得歐洲各工業化國家，由戰爭帶來的生命與經濟損失相當龐大。在第一次世界大戰中，歐洲各國共有1,000多萬人喪生，經濟損失高達1,700多億美元，英國更是在這場戰爭中加速衰落，在這次大戰中，英國連同其殖民地投入950萬兵力，其中600萬兵力出自英國本土，戰爭結束後，英軍傷亡人數達80萬，軍費開支則將近100億英鎊，龐大的軍費開支，造成財政赤字劇增，英國政府只能依靠增發國債和紙幣填補虧空，並停止實行兌現黃金的「金本位」政策。英國在國外的投資損失達25%，而這些投資在戰前高達40億英鎊，佔國際投資總額41%，英國不得不向美國借債，使英國從美國的債權國，轉變成美國的債務國。與此同時，美國向戰爭雙方提供軍事物資，商品出口總值翻1倍，國內生產總值（GDP）從249.2億美元，增加到639.7億美元，增長156.7%，也使美國逐步掌握世界黃金儲備達40%。第一次世界大戰前，美國尚欠歐洲60多億美元的債務，戰爭結束後統計，全世界在大戰時期，有二十個國家積欠美國的債務，其中歐洲各國共欠美國94億美元，美國從債務國一躍變成債權國。[36]

在第一次世界大戰前，以英、法、德為首的歐洲大國，本為世界淨債權國，戰後卻成世界淨債務國，尤其為戰爭各項物資需求，大量向美國大量購買武器及糧食等戰略物資，資金不足則又向美國貸款，造成各國負債累累，使得美國在第一次世界大戰後，一躍成為世界軍事與經濟強權。

然而，歐洲各國憑藉上百年的工業化根基，在第一次世界大戰後，快速恢復生產，

歐、美、日等工業化國家，工業製造發達，各類商品大量生產，大量消費也促使各國經濟成長快速，迎來1920年代的一段經濟榮景。工業的大量製造，也造成商品生產過剩，各國的國內市場趨於飽和，且國際上除歐洲、美洲、亞洲的日本約十餘個國家，屬於工業化國家，生活與消費水平較高。世界上大多數國家均未工業化，經濟不發達，生活水準也低，更無能力消費，歐洲、美洲、亞洲的日本約十餘個工業化國家，所生產的大量各類商品，無處銷售產生大量剩餘。因此，各國為保護國內產業紛紛提高關稅，形成「關稅壁壘」，更促使國際貿易額大降，造成1930年代世界經濟大蕭條，間接導致第二次世界大戰的爆發。

第二次世界大戰，由於日本在亞洲對中國及東南亞國家，發起大規模侵略戰爭，德國也在歐洲向英國、法國、荷蘭、比利時、盧森堡等國發動戰爭，而後又與蘇聯開戰，陸續捲入世界數十個國家與眾多殖民地，戰場遍及歐洲、亞洲與非洲、造成數千萬人死傷，參戰各國多數成為戰場，破壞及其嚴重。

而在第一次大戰中，基本沒有受到戰爭侵襲的英國本土，卻在第二次世界大戰中，受到德國空軍的密集轟炸，英國的重要城市幾乎變成一片瓦礫。包括德國、法國、義大利在內的歐洲各國，也是遍地狼藉，在戰爭中英軍死亡約30萬人，大約50%的英國商船被摧毀，英國出售45億英鎊海外資產，喪失了許多海外市場。第二次世界大戰結束時，英國的黃金、美元儲備和海外資產已經接近零，並欠下巨額外債，僅欠美國的賬款，就高達210多億美元，英國數百年積攢起來的豐厚國本，在第二次世界大戰結束時，已經耗費殆盡。這時候再也沒有國家可以與美國抗衡，使得美國政府可以順理成章地，開始考慮制定國際政治與經濟的新秩序。[37]

綜上可知，英國在第一次工業革命後崛起，其藉由強大的工業製造能力，以及龐大的軍事力量，在全世界拓展貿易，並開拓殖民地，取得龐大的原物料產地，以及廣闊的市場，使得英鎊能大規模流通，亦使英語成為全世界流通的語言，成人類史上第一個經濟全球化的國家。

而美國是繼英國之後崛起的工業化國家之一，其是擁有廣闊領土及天然資源的大國。19世紀中葉美國內部的南北戰爭結束後，順勢搭上第二次工業革命的列車，製造業大規模興起，發展出強大的工業實力。美國屬於後起大國，經濟實力累積到19世紀末才形成龐大國力，當時全世界殖民地，早已被英國、法國、德國、西班牙、葡萄牙等歐洲強國刮分殆盡。僅透過1898年美國與西班牙戰爭，在美洲及菲律賓等地，打敗歐洲舊強權西班牙，藉此強迫西班牙簽訂《巴黎和約》，割讓波多黎各和關島等原殖民地給美國，並以2,000萬美元的價格，把菲律賓賣給美國，使美國能在亞洲擁有一個殖民地，作為進入亞洲的戰略基地。

在美國立國後，由第一任總統華盛頓提出孤立主義的外交原則，使美國不主動介入歐洲國家相互間的戰爭，也因此美國在第一次世界大戰與第二次世界大戰，都是較晚參戰的國家。最終，因德國攻擊美國船隻，使得美國參加第一次世界大戰，再因日本攻擊美國珍珠港，又使美國參加第二次世界大戰。雖然美國參加兩次大戰，付出許多生命與

財產損失，最終美國還是因為參加兩次的世界大戰，獲得戰爭的最後勝利與最大利益，因而崛起成為世界強權。

美國自19世紀中葉，南北戰爭結束後，趁勢搭上第二次工業革命發展的列車，國內工業快速發展，至一次大戰前已成為世界工業大國。且美國在第一次世界大戰與第二次世界大戰參戰前，銷售許多戰略物資給交戰雙方國家，使得美國各類商品及工業產品，經由貿易大量進入世界各國，逐步壯大美國的貿易地位。由於許多交戰國家，因戰爭將國家累積的資產消耗殆盡，遂向美國舉債，美國大量借出美元給盟國，逐漸成為世界各大工業國家的債權人，也使得美元走向國際貨幣，進而鋪開美國經濟全球化的道路。

美國在第二次世界大戰期間，其製造、貿易、貨幣已逐步形成強大的經濟實力，成為名副其實的世界經濟強國，使美國可以主導成立聯合國、國際貨幣基金組織、世界銀行、關稅暨貿易總協定（現為世界貿易組織）等國際政治與經濟組織。美國藉由對這四大組織的規則制定，使其在這些組織中，均享有優勢權力，且戰後全球大多數國家，逐步參與這四大組織，故第二次世界大戰後，形成以美國為主導的國際政治與經濟的新秩序，顯示美國運用龐大的綜合國力，逐步取代英國成為世界第一經濟強權。

表2-1 1914年～1915年估算美國對外資產與對外負債表

日期	1914年 6月30日	1918年 12月31日	1929年 12月31日	1914年 12月31日
對外資產	35 億美元	137 億美元	271 億美元	139 億美元
對外負債	71 億美元	30 億美元	58 億美元	79 億美元
當年GNP	364 億美元	764 億美元	1,031 億美元	2,115 億美元
對外負債/ GNP	19.5%	3.9%	5.6%	3.7%

資料來源：

中國社會科學網，王志軍，〈 美國近百年來的對外負債 〉，http：

//www.cssn.cn/gj/gj_gjwtyj/gj_mg/201310/t20131026_593607.shtml，檢索時間2019年6月2日。

貳、第二次世界大戰後美國建立的世界經濟體系

第二次世界大戰期間，因1941年12月日本發動海軍航母艦隊，偷襲美國夏威夷海軍基地珍珠港成功，使得美國對日本、德國、義大利等軸心國宣戰，加入中國、英國、法國、蘇聯為首的同盟國。因美國本土未遭受到戰爭破壞，工業製造能力強大，成為同盟國的兵工廠，又在歐洲、亞洲、非洲各地，派出大量美軍支援盟國作戰，展現出美國強大的綜合國力。

至第二次世界大戰末期，盟軍在世界各地進行反攻，最終勝利即將到來，美國政府遂於1944年7月，邀集45個國家及其政府代表，在美國新罕布什爾州的布雷頓森林公園召開會議，決定成立國際貨幣基金組織和國際復興開發銀行，為戰後國際經濟新秩序展

開布局。

1945年12月，參加會議的29國代表簽署《布雷頓森林協定》，決議實行以黃金－美元為基礎的、可調整的固定匯率制，規定美元按照35美元等於1盎司黃金與黃金保持固定比價，其他貨幣釘住美元，各國政府可以隨時用美元向美國政府兌換黃金，初步建立美元的國際地位。[38]

這標誌著以布雷頓森林體系為代名詞的戰後國際金融秩序正式建立。美國憑藉世界第一強國和擁有全球70%的黃金儲備，確立美元在這一秩序中的核心地位。美元作為唯一的法定貨幣與黃金掛鉤，其他成員國的貨幣與美元，保持可調整的固定匯率關係。與此同時，美國作為國際貿易中重要的順差國，並為國際貨幣基金組織，提供最大份額的資金，相應也獲得一票獨大的決策權。[39]

其後，在美國主導下又成立聯合國、世界銀行、關稅暨貿易總協定（現為世界貿易組織）等國際組織，第二次世界大戰後，在美國與蘇聯的主導下，使得歐美各國在亞洲與非洲的殖民地紛紛獨立，世界多數國家或經濟體，逐步直接或間接參與這四大組織。

且美國政府在二次大戰後，於歐洲地區推動馬歇爾計劃，以美元援助與貸款方式幫助歐洲親美國家重建，在亞洲地區則是因在1950年出兵朝鮮，故開始以美援扶持日本作為美國盟軍的後勤生產與服務的基地，致使美元得以大量輸出，美國政府並大力推動全球貿易自由化，主導世界各國加入關稅暨貿易總協定（General Agreement on Tariffs and Trade，GATT），其為世界貿易組織（World Trade Organization，WTO）的前身，且在此同時美國亦將大量工業產品售往國外，推進美元的大量使用，加速美元國際化進程。

從歷史來觀察，美國促使美元的國際化歷程，與其前宗主國英國將英鎊國際化有其相似之處，英國自16世紀開始與歐洲各國在海上爭霸，並在美洲等地建立殖民地，17、18世紀逐一打敗歐洲海陸強權荷蘭、西班牙、葡萄牙、法國等，又因其為第一次工業化發展國家之一，非常需要大量的原物料與龐大市場，故加速在全世界的侵略並廣建殖民地，藉此拓展全球貿易，也使英鎊逐步取得世界貨幣霸主的地位。在二次大戰後，英國因二戰破壞國力大為衰弱，再因其殖民地紛紛獨立，其大英帝國逐漸解體，美元趁勢而起，逐漸取代英鎊成為國際貨幣的霸主地位。[40]

由於美國在19世紀中葉，第二次工業革命後高度工業化，經濟實力顯著提升，第二次世界大戰期間，美國本土並未遭受戰爭破壞，吸引世界各地人才如德國籍科學家愛因斯坦、義大利籍科學家恩里科·費米等數萬人，到美國躲避戰爭與破害，使得美國得以聚積大量人才。

且1945年5月德國戰敗，美軍俘獲到德火箭工廠的100多枚V-2火箭、大批設計資料和重要儀器設備等，包括492名德國火箭專家。最終，華納·馮·布朗（Wernher von Braun）、瓦爾特·羅伯特·多恩伯格（Walter Robert Dornberger）和魯道夫·內貝爾（Rudolf Nebel）等120多名專家，和他們製造的火箭被送到美國，在美國航太計畫中，發揮非常重要的作用。[41]

於1945年8月日本戰敗，美軍又俘獲日軍七三一部隊，該部隊主要任務是在中國大陸東北做人體細菌實驗，美國政府指派由諾伯特·菲爾（Norbert Fell）博士於1947年6月20日出具《日本細菌戰活動最新資料概要》的調查總結報告。這個總結報告，涵蓋由19人撰寫的細菌戰活動報告書、關於農作物疾病研究方面的英文報告，以及石井四郎撰寫的關於整個細菌戰項目的論文。而且諾伯特·菲爾（Norbert Fell）博士接收七三一部隊提交的8,000個病理切片，及700餘頁的印刷資料，以及七三一部隊進行炭疽、鼠疫、傷寒、甲乙型副傷寒、痢疾、霍亂、馬鼻疽菌的人體實驗資料報告。[42]這些研究資料，對於美國的生物科技發展有非常大幫助，因而七三一部隊的犯案石井四郎等人，則在美國庇護下逃過軍事審判。

而且第二次世界大戰後，因戰爭破壞，全世界多國必須大規模重建，使經濟持續快速發展。再因科技的發展，使得美國的資訊軟體產業及半導體電子製造業興起，促使20世紀中葉第三次工業革命產生，帶動歐洲及亞洲各國家的資訊軟體及半導體電子相關產業鏈發展，對各個產業發展產生極大影響。

在美國主導的佈雷頓森林體系下，成員國約定保持1盎司黃金兌換35美元的固定平價，其他國家貨幣與美元掛鉤，上下波動幅度不超過 1%，實行的是可調節的釘住匯率制度。[43]但美國在1960年代陷入越戰，花費數千億美元的軍費開支，造成政府龐大的負擔。1969年末，理察·米爾豪斯·尼克森（Richard Milhous Nixon）任職總統的第1年，美國經濟衰退現象凸顯，為改善當前美國經濟發展，扭轉美國國內經濟低迷態勢，美國不得以大幅降低利率，投資者開始將資金轉移至歐洲等地，尋求相較於美元更高的短期利益。1971年5月，美國首次出現月貿易逆差，不可避免的對美元信譽產生巨大衝擊。1971年8月，美國政府為挽救美元，重新恢複美國在世界金融體系中的地位，同時也為保障美國的能源和財政安全，單方面撕毀布雷頓森林體系，正式宣佈美元與黃金脫鉤。這代表著美元持有國，日後無法使用美元，兌換美國的黃金儲備。1973年中東戰爭爆發隨即出現全球範圍內的第一次石油危機。1974年為緩解石油危機，美國總統理察·米爾豪斯·尼克森（Richard Milhous Nixon）出訪沙烏地阿拉伯，並與之簽署「不可動搖協定」，美元在石油中的地位確立，「石油美元」機制至此初步形成。[44]

以美國向沙烏地阿拉伯出售軍事武器，同時保障沙烏地阿拉伯國土安全不受以色列侵犯，沙烏地阿拉伯則接受美元，作為出口石油唯一的計價和結算貨幣。隨後，美國財政部與沙烏地阿拉伯貨幣局，於1975年12月在利雅德達成協議，向沙烏地阿拉伯開放美國國債的認購，並保證沙烏地阿拉伯在認購時的排他性優先權。美國與沙烏地阿拉伯達成協議後，美國又與歐佩克（OPEC）其他成員國逐一達成諒解，徹底確立美元在歐佩克（OPEC）國家，出口石油計價和結算貨幣中的壟斷地位，「石油美元」機制正式誕生，美元變成「石油美元」，石油變成 「美元石油」。[45]

當美國與石油輸出大國沙烏地阿拉伯達成協議，將原本以多國貨幣計價的石油，改以美元計價，並協議沙烏地阿拉伯將石油收入購買美國公債，藉此使美元回流美國。使得當前世界經濟的縮略圖可以概括為，「美國出口美元，出口石油，進口美元和商品，東

亞出口商品，進口美元和石油」。在這樣一種圖景中，居於世界金融主導地位的美國可以通過金融市場或貨幣政策調整等手段，將經濟政策的風險轉嫁給為石油美元或貿易美元尋求避險與增值的國家，包括中國大陸在內的新興經濟體則要背負起世界經濟調整的主要成本，於是財富就從新興經濟體轉移到美國手中[46]，使美國獲得龐大的鑄幣稅利益。

　　20世紀中葉，石油逐漸取代煤炭，成為世界上最重要的能源與產業，在人類的生活上幾乎無所不在，除汽車、船舶、飛機等需要大量石油，在化學工業甚至製作衣服等有人造纖維都是石油相關副產品。而美元掛鉤上石油，逐步使美元成為世界上最重要的貨幣，加上在第二次世界大戰後美國推動新一波的經濟全球化，逐步將中低端產業如普通鋼鐵製造、電視、製衣、製鞋、玩具等外移到亞洲國家，充分運用亞洲低廉的勞動力與土地等資源，建立起世界的分工體系，也促使日本、韓國、臺灣、香港、新加坡等經濟體的快速發展。

　　尤其在20世紀中葉，在美國發生以資訊、半導體等科技為主導的第三次工業革命，數十年來逐步帶動電子、資訊、網路、通訊等相關產業的發展，美國帶領歐洲與日本等先進工業化國家，主導相關產業鏈的規格與標準製定。自第二次世界大戰後，美國不斷大量吸引世界各國人才，深化製造業發展，擴大對全世界各國的貿易往來，讓美元透過與石油的掛鉤，強化美元在世界上影響力，並透過好萊塢電影工業輸出美國文化，使美國在世界政治、貿易、金融、科技等領域佔有優勢地位，形成美國主導的人才全球化、資訊網路全球化、製造全球化、投資貿易全球化、市場全球化、貨幣全球化、文化全球化態勢，使美國成為世界經濟的霸權。

參、美國經濟霸權對日本經濟崛起的經濟戰略攻勢

　　1945年第二次世界大戰結束，日本宣布無條件投降，以美國為主導的同盟國軍隊進入日本，主導建立新的日本政治與經濟體制，解散日本軍隊後，僅同意日本建立自衛隊組織。因此，日本在第二次世界大戰結束後，幾乎無軍事開支，可戮力戰後重建發展經濟。直到1952年《舊金山和約》生效後，同盟國正式結束針對日本的軍事佔領。

　　第二次世界大戰後，美國與蘇聯因意識形態不同，逐步形成冷戰對峙局面，1960年1月美國政府與日本政府簽訂，《美利堅合眾國與日本國之間互相合作與安全保障條約》（簡稱，美日安保條約），使得美軍迄今仍然繼續駐在日本，形同日本為美國的保護國。

　　由於19世紀中葉，日本政府推動明治維新，跟上歐美國家第二次工業革命的步伐，建立起完善的人才培養機制與強大的工業體系。在這樣基礎上，使得日本能在第二次世界大戰後，迅速重建遭受盟軍轟炸的日本本土，恢復工業生產與經濟。又因1950年韓戰（中國大陸稱抗美援朝戰爭）爆發，美國軍隊後勤保障基地，設在鄰近朝鮮半島的日本，使美國加速扶助日本基礎工業建設，也日本藉機發一筆龐大的戰爭財，更有利於日本經濟的復甦。

　　第二次世界大戰後初期，指導日本經濟的主要理論是「下村理論」。其中，「資本產出系數」和「進口依存度」是「下村理論」的兩根支柱。日本政府根據這一理論在1950年代末期，制定《國民收入倍增計畫》（1960～1970年）。該計劃實際上是一種國家壟斷資本主義政策，它的目的是通過增加政府投資、擴大公共事業與提高社會福利等途徑，為私人資本投資創造有利條件，擴大國內外市場。其後，日本政府又先後制定六個長期經濟計畫，這些計畫的實施使日本實現世界產出經濟和出口經濟強國的目標，國際收支從逆差轉為順差。[47]

　　1957年日本制定《電子工業振興臨時措施法》，有效促進日本企業在學習美國先進技術的基礎上，積極發展本國的半導體產業。1971年日本又制定 《特定電子工業及特定機械工業振興臨時措施法》，成功地幫助日本企業通過加強自身研發、生產能力，有效抵禦歐美半導體廠商的衝擊，使日本半導體製品不斷走向世界。此外，在1978年日本還制定《特定機械情報產業振興臨時措施法》，進一步加強以半導體為核心的資訊產業的發展。日本的電腦很快就對IBM和其他美國公司構成嚴重的威脅。[48]

　　而美國是半導體產業的鼻祖，在1950年代，為爭奪太空發展優勢，適應研製新型導彈和太空飛行器的需求，美國開始重點研發和扶持積體電路產業。積體電路是所有電腦、通信產品、消費類產品的核心。1960年，美國積體電路開始大規模投產，1960年代中期，幾乎全部積體電路產品和40%的半導體器件，都由美國的國防部購買，這對積體電路和半導體產業的發展起了至關重要的作用。但是，1980年代日本半導體產業開始崛起，美國半導體在品質、可靠度等方面的競爭力漸漸不及日本，這導致美國在半導體領域的霸主地位岌岌可危。[49]

　　第二次世界大戰後初期，日本經濟屬於重建階段，美國控制日本出口的97.4%，進口的74.8%，日本貿易逆差規模較大。進入1960年代中期以後，美國對日本貿易開始出現逆差，1965年僅為4.4億美元。其後不斷增加，1969年增到15.6億美元，1972年又增到49億美元，占美國當年貿易逆差總額的53%。進入1980年代，美日貿易逆差迅速增加，1987年達598億美元。到1990年代由於美國對日本採取了一系列措施，且由於美日兩國經濟實力此長彼消，美國對日本的貿易逆差也時降時升。1998年美國對日本的貿易逆差升至630億美元，創歷史最高記錄，占當年美國對外貿易逆差1,686億美元的27.2%　（按美國統計占40%　）。[50]

　　根據日本第一次《通商白皮書》的統計，1945年9月至1946年12月，日本對美國的出口占其出口總額的77%　，從美國的進口占日本進口總額的97.5%，而出口額只有進口額的1/3左右。進入1960年代以後，隨著工業現代化的進展，日本的對外貿易得到長足發展。在1950～1975年的25年間，日本出口貿易擴大67倍，平均增長率為19%，進口貿易擴大58倍。在日本的出口中，美國是其主要的市場，1950年代主要是雜品和紡織品，1960年代起重化工業產品迅速增多，到1970年代初已經占對美國出口總額的70%　左右，並且都是資本密集型工業品。隨著技術的不斷革新和提高，日本向美國出口商品的品種越來越多，數量也越來越大，美國成為日本最大的出口市場。而進口主要是來自亞洲國家的

價格較低的初級產品。這種對外貿易的特殊結構，造成美國與日本貿易順差不斷增加，美國與日本矛盾不斷加深，摩擦不斷。[51]

　　1968年日本的國民生產總值超過西德，成為僅次於美國的全球第二經濟大國。而1971年時任美國總統理察·米爾豪斯·尼克森（Richard Milhous Nixon），宣佈美元與黃金脫鉤，美國出現第二次世界大戰以來的首次貿易赤字，雖然只有15億美元，但是引發舉國上下的震動。許多國會議員認為，美國正在遭遇其他國家不公平貿易的威脅。於是在1974年，美國國會通過《貿易法》，藉此法律美國政府可以單方面認定，其他國家的貿易行為是「不公平」、「不公正」或「不合理」，並由此展開貿易報復，這就是著名的「301條款」，隨後美國國會又對這一方案進行多次擴展性修訂，衍生出「特別301條款」和「超級301條款」，但關稅暨貿易總協定（GATT）畢竟是為全球貿易樹立自由貿易的大框架，美國的貿易保護措施，最終還是沒能挽救本國產業的步步衰退。[52]

　　由於第二次世界大戰後，美國與蘇聯爆發冷戰，全世界許多國家政治與經濟體制結構，分裂在美國資本主義陣營與蘇聯社會主義陣營為首的兩大陣營，日本作為美國在亞洲的政治與軍事盟友，於是日本在經濟上也成為美國推動經濟全球化的一個環節，由於日本生產成本較美國低，且日本企業技術提升快速，間接導致美國和日本於1950～1990年代，在行業層面之間，共發生過六次較大規模的貿易摩擦，分別是：[53]

1. 於1957～1972年的紡織品行業：日本紡織品從1950年代開始搶佔美國市場，是最早進入美國貿易保護者視線的日本商品。1956年1月日本開始對向美國出口的棉織品實行自願限制，1957年美國與日本雙方簽署《美日棉織品協定》、1971年簽署《美日紡織品協議》，美國與日本紡織品貿易爭端得以解決。

2. 於1968～1978年的鋼鐵行業：1970年代日本鋼鐵行業成為對美國出口主力，從而遭到美國鋼鐵行業工會的強烈阻擊。1977年美國發起反傾銷起訴，此次貿易爭端最終以日本「自願限制出口」告終，10年內日本鋼鐵業3次被迫自主限制對美出口。

3. 於1970～1980年的彩色電視行業：1970年日本家電行業開始崛起，在1970年代後期取代鋼鐵行業成為對美出口主力，最高時對美國的彩色電視機出口占日本彩色電視機出口總額的90%，佔據美國彩色電視機市場超過30%的份額。由此，1970年8月起美國對日本製造的電視機及相關產品先後採取停止驗關、認定傾銷、要求日本自願限制出口、徵收傾銷稅等措施，抵制日本彩色電視機進口。1977年，美日簽訂貿易協定，日本「自願限制出口」。

4. 於1979～1987年的汽車行業：這一時期，具有節能省油等特點的日本汽車在美國暢銷，對美國出口迅速增長，成為日本獲取高額貿易順差的核心產業。最終，以日本汽車廠家赴美投資、日本自願限制汽車對美出口和取消國內關稅等妥協措施告終。

5. 於1987～1991年的半導體行業：在半導體行業發展早期，日本憑藉其低價晶片對美國本土的半導體產品銷售造成衝擊，隨後美國以反傾銷、反投資、反並購等手段進行貿易保護，最高時對從日本進口的半導體產品加收100%關稅。於1986年美國逼迫日本

簽訂《日美半導體貿易協定》，要求：日本減少半導體產品的出口[54]、日本半導體不得低於美國商務部規定價格、日本應擴大對美國半導體的進口，確保美國半導體在日本市場佔有率從 8.5%提高到 20%。[55]

6.於1982～1995 年的電信行業：於1980年代，美國運用一系列貿易保護條款，強制要求日本電信行業對外開放。1985年，美國總統隆納·威爾遜·雷根（Ronald Wilson Reagan）與日本首相中曾根康弘峰會上，共同宣佈電信行業開放，自此除去日本電信業的貿易壁壘，並開放市場，但事實上美國摩托羅拉公司（Motorola Company）在市場拓展中卻面臨一系列的結構性障礙，如標準規格、測試與驗證及牌照申領等。1989年美國與日本簽署行動電話及無線通信協定，1994年3月12日日本同意在行動電話協議上讓步，以日本移動通訊公司與美國摩托羅拉公司的民間協議為藍本，而達成政府間協議，由日本郵政大臣神崎武法與美國駐日本大使Mondale在日本移動通信公司與摩托羅拉的協議上背書，促使美日兩家企業合作共同拓展日本行動電話市場。[56]

在1986年美國逼迫日本簽訂《日美半導體貿易協定》後，由於美國要求日本減少半導體產品的出口，影響歐洲共同體國家權益，認為日本半導體的出口大量減少後，歐洲共同體國家將不得不購買價錢更高的美國產品，這對歐洲共同體國家電子工業是個重大打擊[57]。於是歐洲共同體根據《關稅及貿易總協定》第23條第2款的規定請求「關稅及貿易總協定組織」成立專家小組解決這項爭端，1988年關稅及貿易總協定專家小組的調查報告，日本減少半導體產品的出口，構成違反《關稅及貿易總協定》第11條的規定，在締約國全體上獲得一致通過，使得《日美半導體貿易協定》中，美國要求日本減少半導體產品的出口條款失效。[58]

1979年爆發第二次石油危機後，以省油和低價著稱的日本汽車熱銷美國，日本也超越美國成為世界第一汽車生產國，「汽車王國」這頂桂冠一直是美國最看重的榮譽，此時美國政府再也按捺不住，決定採用新的武器來打贏與日本的貿易戰。且日本連續保持22年之久的 「360日圓兌換1美元」的固定匯率，使得日本企業在20多年內，不必理會匯率變化的風險，將全部精力集中在提高勞動生產率、提高產品品質、開發新產品、擴大產品出口等方面，這個固定匯率為日本經濟發展立下了汗馬功勞。[59]

在1985年前後，作為全球第二大經濟體，日本進行日圓國際化，引起美國強烈的不安，日本與美國貿易摩逐年加劇。根據統計1960年代中期，日本與美國貿易總額，開始出現不平衡現象。1960年代美國對日本的貿易逆差，僅僅只有幾億美元，到1970年代則上升為幾十億美元，在1980年代進而上升至幾百億美元，整個1990年代美國對日本貿易逆差，基本上在500億美元上下波動，大約佔到美國整體對外貿易逆差的50%左右。從日本與美國兩國貿易摩擦涉及的商品分析 ，1950年代以紡織品為主，1960年代以鋼鐵為主、1970年代和1980年代以彩色電視機和汽車為主。[60]

1980年代初期，電子、半導體被譽為未來的朝陽產業，全球龐大的需求量，顯示它將成為美國新的經濟增長點，但日本並沒有因為紡織品、鋼鐵、彩色電視機、汽車等產業，連續30年的日本與美國貿易摩擦，而放棄對美國電子、半導體市場的進攻。[61]

　　1980年代美國哈佛大學著名的日本問題研究專家傅高義（Ezra Feivel Vogel）教授，出版一本名為《日本第一》的研究專著。此書一出，立即在美國造成轟動，成為當年美國最暢銷的書籍之一，從一般的美國市民、學者到國會議員、政府官員，乃至五角大廈的軍人都爭相閱讀，　美國媒體也對此書大肆炒作。這本書能夠迅速成為當時美國的暢銷書，也證明日本的經濟進攻給美國國民帶來壓力。[62]

　　1985年9月應美國雷根政府財政部長詹姆斯·艾迪生·貝克三世（James Addison Baker III）的邀請，美國、日本、西德、法國、英國五國財政部長及五國中央銀行行長，在美國紐約市廣場飯店舉行會議。會議達成五國政府聯合干預外匯市場，使美元對其他主要貨幣的匯率有秩序下調，以解決美國巨額貿易赤字的問題，這就是著名的「廣場協議」，協議規定日圓與馬克，應大幅升值以挽回被過分高估的美元價格。[63]

　　五國開始按照協定的約定大量拋售美元，然而這一舉動立刻引起市場投資者的跟進，引發拋售美元的狂潮。「廣場協議」兩年以後，英鎊對美元升值37.2%，法郎對美元升值50.8%，德國馬克對美元升值70.5%，而日圓對美元則升值高達86.1%，由242日圓兌換1美元升值到130日圓兌換1美元[64]。日圓幾年間，大幅升值，加速日本房地產的大幅漲價，形成泡沫化危機，也使日本許多中低端依靠外銷的製造產業，競爭力下降而大幅外移到東南亞，導致1990年代之後日本經濟長期處於低迷的情況。

　　綜上，由於日本在明治維新時期，跟上第二次工業革命的發展，在工業技術人才培養上立下根基，使得日本在第二次世界大戰後，亦能跟隨美國制定的製造業與國際貿易規則，開展經濟全球化的步伐。日本政府制定各項計劃，優先發展製造業，對美國開展國際貿易，累積大量美元外匯，形成一定規模的資本積累，不斷投資深化製造業升級發展，使日本工業製造實力與龐大貿易規模，成為日圓國際化的強大後盾。

　　美國為壓制日本崛起，對日本先後實施貿易戰與金融戰，由於日本的製造業強大，美國多次對日本實行關稅與非關稅障礙，卻無法達到壓制日本製造業的實質效果，而美國對日本貿易逆差，仍逐步由數億美元擴大為數百億美元。最後，美國對日本施以金融戰，利用「廣場協議」誘導日圓對美元大幅升值，不僅打擊日圓國際化，連帶打擊日本製造業、金融業、房地產業，使日本許多產業受到極大傷害，美國對日本施以金融戰獲得相當的效果，有效壓制日本經濟全球化步伐。此外，美國也扶持韓國及臺灣地區發展電子及半導體產業，藉以遏制日本電子及半導體產業的茁壯，形成一套美國規格、日本原料、韓國與臺灣地區大規模製造的階層體系，以美元霸權及美國技術規格為框架，致使日本經濟整體一直處於美國掌控範圍，無法脫離美國對日本製造業與金融業的頂層控制。

▎第二節 美國全球經濟治理模式

壹、美國全球經濟治理概述

全球經濟治理的本質在於提供一種制度安排。關於制度，道格拉斯·諾斯（Douglass C·North）將其定義為「博弈規則」，它是「為決定人們的相互關係而人為設定的一些制約」。因此，從這個意義上講，全球經濟治理制度是為解決國際無政府狀態下的全球經濟問題而設計的一系列的規則、程式和機構。全球經濟治理是一項公共品，國家始終處於治理體系中心。當前的全球經濟治理制度是由美國霸權主導設計的，後由日本與歐洲國家追隨，反映的是西方發達國家的利益訴求，而新興經濟體和發展中國家一直處於治理邊緣，有些國家甚至根本沒有資格參與經濟治理。[65]

於 1976 年成立的七大工業國組織（Group of Seven，G7），成員為美國、英國、法國、德國、日本、義大利及加拿大，每年召開領導人峰會，商議全世界主要政治和經濟議題，就是當前以美國為首的全球經濟治理組織，故意排除世界上許多重要的發展中經濟體參與，突顯出當前全球經濟治理制度的嚴重缺失。

一、華盛頓共識

1970 年代，西方國家出現的「停滯性通貨膨漲」危機，使得凱恩斯主義（Keynesianism）神話破滅，政府干預理論也受到激烈的批評。1980 年代末，拉丁美洲國家因陷入債務危機而急需進行經濟改革。美國國際經濟研究所邀請國際貨幣基金組織、世界銀行、美洲開發銀行和美國財政部的研究人員以及拉丁美洲國家代表，在華盛頓召開一個研討會，旨在為拉丁美洲國家經濟改革提供方案和對策。英國經濟學家、華盛頓國際經濟研究所高級研究員、國際貨幣基金顧問約翰·威廉姆遜（John Williamson）於 1989 年在其《拉美政策改革的進展》一書中，整理出他認為當時華盛頓的政策圈（包括美國政府、國際經濟組織如 IMF 等）主張拉丁美洲國家應采取的經濟改革措施，包括與上述機構所達成的 10 點共識：1.約束財政。2.將公共支出轉移到教育、健康和基礎設施上。3.稅制改革，降低邊際稅率和拓展稅基。4.利率自由化。5.實行競爭匯率。6.貿易自由化。7.FDI自由化。8.私有化。9.放鬆管制，消除企業自由進入以及競爭的障礙。10.保護產權。由於會議召開和國際組織都在華盛頓，這一共識被稱作「華盛頓共識（ Washington Consensus）」。然「華盛頓共識」，主要特點為反對發展經濟學所提出的不完全競爭和政府干預觀點，主張經濟自由和個人行為的最優均衡，強調將政府干預減到最小。[66]

從約翰·威廉姆遜（John Williamson）所彙整的 10 項「華盛頓共識」，可明確知道，這是 1980 年代美國向全世界各國政府，所鼓吹的經濟政策，從字面上看像是美好的政策，但是真正實行時，必須有高素質的政府行政官僚，制定一整套法規制度及實施方案，才可能有效執行相關政策。否則以俄羅斯為例，聽從美國經濟學家傑弗里·薩克斯（Jeffrey Sachs）的建議，由政府高度管制的經濟體制，突然放開一切經濟管制，緊縮貨幣和財政，加快私有化步伐，放棄擴張性經濟政策，實行自由貿易，放開物價等政策，幾乎都符合

「華盛頓共識」的理念，完全沒有仔細研究俄羅斯的政府體制狀況，以及俄羅斯的民情，貿然大幅改變原有政策，使得通貨膨脹嚴重，許多國有企業被少數人低價收購，俄羅斯整體經濟快速崩潰，陷入十多年的經濟困境。

二、軍工複合體

美國總統德懷特·大衛·艾森豪（Dwight David Eisenhower）在 1961 年 1 月 17 日的《告別演說》中曾經指出：「在政府各部門，我們必須防止軍工複合體有意或無意地尋求不應當有的影響力。權力錯位進而造成災難性結果的可能性是存在的，而且還將繼續存在下去。」[67]

而美國的軍事─工業複合體，是在第二次世界大戰後發展起來的，構成軍事─工業複合體的社會實體主要由 4 部分構成：行政部門內的軍事機構、工商業、國會、學術和科學團體。這 4 個部分之間是有組織的互補的利益關係。無論是戰爭年代還是和平年代，軍工景氣是美國經濟發展的「秘訣」和原動力之一，也是軍工複合體影響外交決策的基本動因。1990 年代以來，美國憑藉唯一超級大國的影響力和先進的技術水準，雄居世界第一大軍火出口國地位。據統計，以 1990 年的不變價格計算，美國的軍火交易額平均每年達 110 多億美元，占全球軍火交易總額的近一半。其中 1992 年交易額高達 138 億美元，1997 年為 77 億美元，1998 年為 103 億美元，1999 年已升至 118 億美元，年增幅高達 14%。美國 2000 年軍火銷售契約總值 186 億美元，佔據全球軍貿總額 369 億美元的一半以上。全球 10 大軍火商中，美國占 7 家，前 3 名為洛克希德·馬丁公司（Lockheed Martin corp）、波音公司（The Boeing Company）、雷神公司（Raytheon Company）。2000 年全球 10 大軍火商的國防收益為 914 億美元，其中美國占 70％。在美國有三分之一的企業與軍工生產有著千絲萬縷的聯繫。911 事件讓美國的軍火企業迎來了良好的發展機遇。事發後不久，全美幾乎所有的產業股價全部下跌，而各大軍工企業的股價平均都上升 30% 以上。[68]根據 SIPRI 年鑑 2020 軍備、裁軍和國際安全報告，據估計 2019 年世界軍費開支總計 19,170 億美元，這也達到 SIPRI 進行世界軍費總額估算以來的峰值水準，美國連續第二年增長，2019 年達到 7,320 億美元，為世界第二大軍費支出國中國大陸 2,610 億美元的 2.7 倍。[69]美國常年軍費開支位居世界第一，此與軍事─工業複合體在美國政府及國會的政治影響力有相當關係。

然美國在整體國防軍工科技產業，領先全世界各國，如洛克希德·馬丁公司（Lockheed Martin corp.）、波音公司（The Boeing Company）等公司，除製造戰機、飛彈各類軍工產品外，也製造許多民用商品如民用客機、衛星等。這些軍事工業公司，每年銷售到世界各地的武器及民用客機等產品，其龐大產值也是美國經濟發展動力來源之一，故美國總統走到其世界各地的盟國，幾乎都會推銷該國家的軍工產品，像是日本及南韓為防禦北韓與中國大陸，時常向美國採購高價戰機、軍艦等武器，還有中東地區最大君主專制國家沙烏地阿拉伯，為維持其在中東的軍事優勢地位，也時常向美國採購大量戰機、軍艦、坦克等軍事武器。顯見，美國外交並不以其所謂「民主原則」，反而是向軍工複合體傾斜，也難怪 2017 年川普政府上臺後，在出訪盟國要求其增加國防開支購買美

國軍火，並增加美國國防部購買武器的軍費支出，除維持其軍事霸權，也期望能支撐美國的世界經濟霸權地位。

三、巴黎統籌委員會

從第二次世界大戰後，形成以美國為首資本主義集團與蘇聯為首社會主義集團的冷戰時代。1949 年美國及其北約的大部分盟友為建立一套高端科技與工業管制制度，設立「巴黎統籌委員會」正式名稱為輸出管制統籌委員會（Coordinating Committee for Multilateral Export Controls），管制對蘇聯集團和中國大陸的出口，「巴黎統籌委員會」最後擴展到 17 個國家，包括北約成員國（冰島除外），再加上日本和澳大利亞。中立國奧地利、瑞士和荷蘭與「巴黎統籌委員會」合作，但沒有加入。「巴黎統籌委員會」的總部設在美國駐法國大使館的一角，有大約 20 名工作人員，每週在地下室 L 的房間裡召開一次會議。[70]這樣的作法，有效控制美國及其盟國高端科技與工業技術，對於蘇聯集團和中國大陸的輸出，建立起相當程度的貿易壁壘。

美國對於「巴黎統籌委員會」的操作方法，為其後建立的多邊出口管制制度確立幾項先例：[71]

1. 「巴黎統籌委員會」不是基於國際條約和國際法、而是建立在共識基礎之上的非正式的組織。它是一個自願的組織，沒有建立強迫成員國接受其建議的機制。

2. 「巴黎統籌委員會」制定「國際原子能清單」、「國際軍品清單」、包括兩用物項和技術的「工業清單」。從清單中增加或刪除某一物項需要獲得成員國的一致同意。「工業清單」引起的爭議最大。

3. 「巴黎統籌委員會」建立進口證明和發貨後核查制度，以加強執行出口管制的力度。「巴黎統籌委員會」解散後，其建立的一系列先例仍在多邊管制制度中被廣泛應用。

從美國運作北約及日本等工業化較先進的盟國，建立「巴黎統籌委員會」，就可知美國早在 1950 年代起，就重視高端科技與先進工業技術的管制，避免敵對國家獲得美國及其盟友，所擁有的先進工業設備及先進技術，使美國在科技上具有的優勢地位受到威脅。

四、瓦森納協議

1996 年 11 月起，在美國主導下實施《瓦森納協議》（The Wassenaar Arrangement）的新控制政策，有美國、英國等 33 個創始成員，秘書處位於奧地利首都維也納。該協議主要用於管制常規軍品和兩用物項出口的多邊管制機制，其內容主要包括控制清單和資訊交換規則。其中的「兩用品與技術清單」限制內容包括 9 大類： 第 1 類，先進材料；第 2 類，材料加工；第 3 類，電子設備；第 4 類，電腦；第 5 類，電信（第I部分：電信；第II部分：資訊安全）；第 6 類，感測器和雷射器；第 7 類，導航與航空電子；第 8 類，船舶；第 9 類，推進系統與航天器。每一類的限制內容又具體劃分為 5 組，即設備、組件與部件；測試、檢驗與生產設備；材料；軟體；技術。[72]

　　至 2020 年 4 月《瓦森納協議》成員國，已包括世界主要武器生產國和出口國，包括美國、英國、阿根廷、澳大利亞、奧地利、比利時、保加利亞、加拿大、克羅地亞、捷克共和國、丹麥、愛沙尼亞、芬蘭、法國、德國、希臘、匈牙利、印度、愛爾蘭、意大利、日本、拉脫維亞、立陶宛、盧森堡、馬耳他、墨西哥、荷蘭、新西蘭、挪威、波蘭、葡萄牙、大韓民國、羅馬尼亞、俄羅斯聯邦、斯洛伐克、斯洛文尼亞、南非、西班牙、瑞典、瑞士、土耳其、烏克蘭等共 42 個國家。[73]而《瓦森納協議》沒有正式列舉被管制的國家，只在口頭上將伊朗、伊拉克、朝鮮和利比亞 4 國列入管制對象。[74]

　　但是，實際上《瓦森納協議》，除了影響伊朗、伊拉克、朝鮮和利比亞等國外，更嚴重影響著中國大陸與該協議其成員國之間，開展的尖端技術國際合作，如 2003 年中國大陸向法國政府購買解析度 1 米以下的偵察衛星，便是以受《瓦森納協議》清單限制為由而受阻。2004 年捷克政府曾批准捷克武器出口公司，向中國大陸出售 10 部總價值為 5,570 萬美元的「維拉」雷達系統，但在美國的壓力下，取消這契約。2006 年中國大陸與義大利阿萊尼亞空間公司，曾簽署發射義大利衛星的合作協定，但由於美國的干預，義大利不惜經濟和信譽損失而最終取消合作協議。[75]

　　《瓦森納協議》是蘇聯及東歐社會主義國家崩解後的產物，該協議運作於 1996 年 11 月後，取代「巴黎統籌委員會」在一定程度上，反映美國作為世界唯一超級大國，該協議限制向美國認為可能存在核武器擴散、恐怖主義等，對美國安全威脅的國家，其技術及產品出口。再進一步分析其規範可知，《瓦森納協議》是構成美國出口管制制度完整性的重要部分。且在中國大陸與美國技術合作方面，美國總是從其全球安全戰略考慮，並以出口限制政策為藉口，嚴格限制尖端技術向中國大陸出口，兩國雖然在能源、環境、可持續發展等領域科技合作比較活躍，但是在航空、航太、資訊、生物技術等尖端技術領域幾乎沒有合作。美國遏制中國大陸等不同社會制度國家的科技發展，控制歐洲並阻撓歐盟等國的對外軍售解禁和高科技對外出口，並將《瓦森納協議》納入到美國出口管制制度的限制體系中，是美國主導《瓦森納協議》的真正原因。[76]

　　這也顯示美國能成為世界經濟霸權，在於其科技、工業、航空、航太、資訊、生物技術等，有許多的尖端技術領域領先世界各國，為有效壓制其他國家崛起，必須聯合擁有尖端技術領域國家，將尖端技術予以封鎖，避免他國學習後超越美國，對美國產生制衡或威脅，進而不受美國所掌控。

五、環球銀行金融電信協會

　　第二次世界大戰後，美國加速推動經濟全球化，各國貿易往來頻繁，對於跨國匯款需求大增，金融機構間需要有一個跨國匯兌的資訊交換平臺。隨著電子資訊科技的發展，於 1973 年由美國、法國、比利時、英國、荷蘭等 15 個國家的 239 家銀行，共同組成環球銀行金融電信協會（Society for Worldwide Interbank Financial Telecommunication，SWIFT），總部位於比利時的布魯塞爾[77]，至 2022 年已有 200 多個國家及地區的 11,000 多個金融機構，加入該組織[78]。

SWIFT 協會現由 25 位成員組成董事會（目前董事成員國家配置概況：美國 2 位、英國 2 位、法國 2 位、比利時 2 位、瑞士 2 位、德國 2 位、義大利 1 位、瑞典 1 位、盧森堡 1 位、荷蘭 1 位、西班牙 1 位、俄羅斯 1 位、南非 1 位、新加坡 1 位、中國大陸 1 位、加拿大 1 位、澳大利亞 1 位、日本 1 位、香港 1 位。）G10 國家（G10 國家包括美國、比利時、荷蘭、加拿大、瑞典、法國、德國、英國、義大利、日本及瑞士；瑞士於 1964 年加入，惟 G10 名稱仍維持不變。）之央行及歐洲央行等共同監管。SWIFT 提供銀行迅速、安全之通訊系統，以傳輸金融訊息，但不持有資金亦不管理帳戶。[79]

環球同業銀行金融電訊協會（SWIFT）在荷蘭阿姆斯特丹、美國紐約分別設立兩個交換中心（swifting center），其主要設施包括一個資訊平臺、一套電腦代碼系統和一套金融標準體系，為各會員國專門設有集線中心（National Concentration），成為國際銀行業同業間的資訊、資料、交易和清算的樞紐中心，這兩個中心可以即時共享所有資訊。2009 年之後，為加強對歐洲資料中心的保護，在瑞士又成立第三個交換中心。此後，歐洲的資料存儲在荷蘭和瑞士中心，跨大西洋資料則儲存在美國和瑞士中心。[80]

SWIFT 系統係全球跨境支付最主要之金融訊息傳輸系統 ，並非支付清算系統， 目前提供傳輸之金融訊息類別如下：1.交易確認：包括外匯交易、存放款交易、證券投資、貴金屬買賣等。2.支付通知 ：客戶匯款、銀行間資金調撥匯款、託收、旅行支票等。3.授信通知：聯合貸款、跟單信用狀及保證函開立或修改等。4.銀行帳務：對帳單、帳戶餘額通知等。2021 年 SWIFT 系統國際支付使用幣別前五名分別為美元 39.4%、歐元 37.4%、英鎊 6.1%、日圓 3.0%及人民幣 2.2%合計約 88.1%。[81]

自 1970 年代，美元與石油貿易掛勾後，已成為世界上最主要的交易、計價、融資及外匯儲備的貨幣，尤其國際貿易的交易與結算更是離不開美元，具有世界貨幣的優勢地位。大部分以美元計價的國際貿易，其跨境交易都是通過 SWIFT 系統，因此美國利用其龐大的影響力，將 SWIFT 作為其制裁他國的工具。

自 2003 年伊朗成功提煉出濃縮鈾，逐步發展核子武器，美國陸續推動聯合國安理會，通過四項制裁伊朗的決議，即 2006 年第 1737 號、2007 年第 1747 號、2008 年第 1803 號與 2010 年第 1929 號決議。為強化對伊朗原有制裁措施的效果，2011 年 12 月 31 日，美國公佈《2012 財政年度國防授權法》，重點強化對伊朗中央銀行及相關銀行的金融制裁。法案第 1245 條規定，自 2012 年 6 月 28 日起，如果某個國家的金融機構，繼續通過伊朗中央銀行從伊朗購買石油，美國就切斷該國所有金融機構與美國銀行體系的聯繫，這是美國第一次將金融制裁擴大到所有外國金融機構，目的是切斷伊朗中央銀行與全球金融體系的聯繫。根據該制裁條文，伊朗與位於比利時的國際電子銀行網路「環球同業銀行金融電訊協會」（SWIFT）的業務管道被切斷，金融業務與對外貿易遭受重創。[82]

2014 年烏克蘭總統亞努科維奇，因政變下臺出逃俄羅斯，烏克蘭東部主要俄語地區人民因支持亞努科維奇，遂與烏克蘭政府，產生軍事抗爭。隨後，屬於烏克蘭自治區的克里米亞，尋求獨立後併入俄羅斯。為此，美國開始對俄羅斯實施制裁，主要集中於四

個領域：1.是凍結相關人員的資產 2.是禁止對俄出口軍事技術裝備 3.是禁止向俄石油工業提供特種技術設備 4.是封閉俄羅斯企業和金融機構進入全球主要金融市場的通道。[83]

2015 年美國提出對俄羅斯，關閉環球同業銀行金融電訊協會（SWIFT）的動議，而被踢出 SWIFT 即意味著美元貿易結算的通道被封閉，由於俄羅斯出口業務嚴重依賴美歐的金融體系，90％的結算以歐元或美元計價，如果歐美制裁導致這兩種貨幣交易受到限制，不僅俄對歐美出口，甚至對中國大陸等亞洲國家的出口也將受到影響。因此，封閉俄羅斯的美元支付通道，也就意味著俄羅斯進口生活必需品和出口經濟命脈的石油、資源等物資變得異常困難。[84]。

SWIFT 協會儘管受到美國的壓力，但是該組織的管理層，對協會的決策有著較大的影響。SWIFT 協會的多數從業人員，從該組織的長遠發展著眼，反對將 SWIFT 系統，轉變為美俄進行對抗的工具，希望保持 SWIFT 的政治中立和專業屬性。最終，SWIFT 認為美國「切斷同俄羅斯金融機構聯繫」的建議，「侵犯會員權利，損害相關方利益」，沒有採取行動。[85]

美國憑藉其全球經濟霸權地位，對與其對抗的國家予以單方經濟制裁，若制裁效果無法恫嚇，便會想要利用環球同業銀行金融電訊協會（SWIFT），做核彈級的金融制裁，以此癱瘓敵對國家經濟。從伊朗及俄羅斯遭美國經濟制裁的案例可知，美元作為全球貨幣的霸權地位，已令世界各國感到恐懼，有能力的經濟大國如中國大陸、歐盟、日本、俄羅斯等，紛紛發展其獨立自主的全球支付體系，避免美國的威攝。

六、美國政府與法院的長臂管轄

美國長臂管轄的法律判例，最早可追溯到 1877 年的「彭諾耶訴納夫案」（Pennoyer v.Neff），到了 1955 年伊利諾州率先制定《長臂管轄權法令》，美國各州遂紛紛效仿。1980 年「世界大眾汽車公司訴伍德森案」（World-Wide Volkswagen Corp. v. Woodson），美國最高法院將「有意接受」（purposefulavailment）作為判定「最低聯繫」基本標準之一，考慮被告的「主動」訴求，即如若被告為自身利益、有目的地利用法院地的商業或其他條件，以取得在法院地州從事某種活動的權利，進而得到該州法律上的利益與保護，類似於「自願服從」，則該州法院可以行使管轄權。2015 年美國 50 個州都以法律形式，確立長臂管轄原則。[86]

此後，美國的長臂管轄逐步從州法向聯邦法律延伸，其使用情境也由跨州爭端的解決向跨國爭端的解決擴展，甚至在某種程度上成為一種國際競爭的手段。美國涉及長臂管轄的國際法制領域，主要包括以下三類：[87]

1.國際貿易相關法律法規：主要包括 1974 年《美國貿易法》（TRA）第 301 條（即「一般 301 條款」）、1988 年《綜合貿易與競爭法》（OTCA）「特別 301 條款」（即「廣義 301 條款」）、《海外反腐敗法》（FCPA,1977，也稱《反海外賄賂法》）、《出口控制法》（EAA,1969，也稱《出口管理法》）、《愛國者法案》（PATRIOT Act,2001）、《多德-弗蘭克華爾街改革與消費者保護法》（Dodd-Frank Act,2010，也稱「多德-弗蘭克法案」）、

《美國外國賬戶稅收合規法》（FATCA,2014）等。

2.民事相關法律法規，包括《聯邦民事訴訟程式條例》（FRCP,1938）、《外國人侵權索賠法》（ATCA,1789）等。

3.刑責相關法律法規，主要包括《與敵國貿易法》（TWEA,1917）、《戰時權力法案》（WPR,1973，也稱《戰爭權力法案》）、《國際緊急狀態經濟權力法》（IEEPA,1977）等。

然而，除美國法院享有長臂管轄權，美國政府的貿易代表對於「301 條款」，所涉及的貿易政策審查種類（如貿易政策公平性、貿易法案合理性、貿易行為合規性以及與貿易相關行為的合法性等）適用，具有廣泛性和任意性的特徵，即美國貿易代表對任意國家的任意領域的企業或國家行為，均可基於最低聯繫地原則，進行審查和評估，對其中違反國際條約、雙邊協定，甚至僅涉及違反美國法律、法令或禁令的行為，作出否定性評價，並根據不同等級，施加不同層級的報復措施。[88]

而美國政府時常藉由其國內法律受予的長臂管轄權，對於其他國家及地區的企業，以各種法律理由實施行政調查，若發現涉嫌違反相關法律，不需法院再做二次審查，即發布行政命令，處理高額罰款。近年來著名案例有 2011 年日本的日揮株式會社，被控在境外銷售過程中存在行賄行為，被美國政府處 2.2 億美元罰款。2012 年荷蘭國際集團，被控向美國實施制裁措施的伊朗、古巴等國，提供跨境轉移資金的服務，被美國政府處 6.2 億美元罰款。2013 年日本的三菱東京日聯銀行，被控向美國實施制裁措施的國家，進行不當交易，被美國政府處 5.7 億美元罰款。2014 年英國的蘇格蘭皇家銀行，被控操縱倫敦同業拆借利率，被美國政府處 4.8 億美元罰款。2015 年德國商業銀行，被控違反美國制裁禁令及反洗錢的相關規定，被美國政府處 14.5 億美元罰款。2016 年臺灣的兆豐銀行，被控與巴拿馬違反美國反洗錢的相關規定，被美國政府處 1.8 億美元罰款。2017 年中國大陸中興通訊，被控違反美國對伊朗的制裁禁令，被美國政府處 11.9 億美元罰款。[89]

此外，美國政府亦利用國內法即「301 條款」（Section 301 of the Trade Act of 1974）列黑名單，將美國視為敵對或是不友善的國家或地區，加以實施各類制裁手段。遭美國全面制裁，即全方位的出口管制和經濟制裁的國家與地區，有古巴、伊朗、朝鮮、敘利亞、蘇丹、克里米亞地區。遭美國有限制裁，即不適用屬地原則，制裁針對個人和企業的國家與地區，有白俄羅斯、布隆迪、中非、剛果、伊拉克、黎巴嫩、利比亞、俄羅斯、烏克蘭、委內瑞拉、索馬里、葉門、辛巴威、南蘇丹地區。[90]

美國在製造、投資、貿易、市場、金融等領域均居世界前列，使美國擁有世界經濟霸權地位，讓美國政府與法院可以不顧及國際法的規範，以其參議院與眾議院所立的國內法，對全世界各國家、企業及個人，任意予以罰款或制裁，這樣的作法使得全世界各國家、企業及個人，敢怒敢言卻又無可奈何，除非有能力逃避美國的控制，否則只能乖乖就範。

　　再者，由於美國從 19 世紀中葉，第二次工業革命後，逐步累積強大的工業製造力量，拓展了貿易、投資、貨幣、人才、互聯網的全球化，形成強大的綜合國力，成為全球經濟實力最強的國家，也支撐美國在全球 4,755 座的軍事基地（2018 財年統計）。其中，美國本土有 4,150 座軍事基地，海外則在 45 個國家有 625 座軍事基地（主要分別在德國 194 座、日本 121 座、韓國 83 座）[91]，每年數兆美元的軍事開支，都是美國全球經濟治理強大的後盾。

　　綜上，足證現代的美國政府，把從大航海時代傳統歐洲國家興起，以戰爭為手段的殖民地掠奪模式，轉變以制定法律規則為手段，加上軍事實力為支撐，新型態經濟侵略模式。對於敢與美國對抗，或有損美國利益的各國家、企業及個人，以所謂的美國法律與軍事力量加以制裁，美國的霸權逐漸引起世界各國家、企業及個人恐懼與敵視，未來若有國家提出反制措施，將可能遭到世界許多國家的聯合反制。

貳、結論：美國的經驗與模式對中國大陸經濟發展的啟發

　　於第二次世界大戰後，美國主導成立國際貨幣基金組織、世界銀行、關稅暨貿易總協定（現為世界貿易組織）等全球經濟治理體系，又為因應全球經濟問題召開 G7、G8、G20 等部長級會議或元首會議。而這些機構或會議的規則制定，幾乎都是美國所主導，然而美國自認的優越性，卻無法消滅一再產生的經濟風暴，例如 1980 年代發生拉丁美洲債務危機、1997 年發生亞洲金融風暴，甚至連美國本身於 2007 年發生次級房貸風暴，進而引發 2008 年全球金融風暴。

　　整體分析第二次世界大戰後美國的全球經濟治理，除推動關稅暨貿易總協定（現為世界貿易組織）對全球貿易自由化貢獻較大外，在國際貨幣基金組織、世界銀行的運作上藉由貸款等金融協助，對他國內政行干涉之實，為世界各國所詬病，以 1997 年亞洲金融風暴時期為例，國際貨幣基金組織貸款予韓國，卻要求韓國許多企業宣告破產，使得許多企業遭受歐美外資低價收購，遭批圖利外資損害韓國整體利益，顯見當前美國的全球經濟治理問題，仍未有良好的模式，可以解決世界經濟問題。

　　且在深入研究可知，美國於第二次世界大戰後，建立全球化貿易體系，是以美國利益為核心的「工業技術製造貿易體系」，而非其所稱之「自由貿易體系」。美國提倡所謂「華盛頓共識」（Washington Consensus），對應美國其國內的「軍工複合體」的利益，加上國際上運用「巴黎統籌委員會」及《瓦森納協議》對他國科技技術及工業產品的管制，以及對於環球同業銀行金融電訊協會（SWIFT） 的利用，又以美國的國內法長臂管轄權監管世界各國家、企業及個人，更是與美國對全世界所宣傳民主價值、公平貿易、自由貿易等價值大相違背。

　　由前述可知，美國受益於第二次工業革命與第三次工業革命，掌握全世界多數的尖端科技技術，並有許多高科技產業的規格制定權，以此獲取全球貿易體系中最多的經濟利益，並將多數中低端重度汙染的工業製造產業移出美國，由亞洲、非洲及中南美洲等國家，承接這些中低端重度汙染的工業製造產業，賺取非常微薄的利益，形成一個極不

平等的世界貿易體系。

而後，美國政府再以貿易逆差為理由，對享有美國貿易順差較大的經濟體如日本、德國、韓國、中國大陸、印度、越南等，以公平貿易為理由，施以關稅報復。然而，這些經濟體之所以對美國會有較大貿易順差，是因為像日本、德國、韓國的高端工業產品，例如汽車或精密機械等，較美國生產具優勢競爭力，使美國大舉進口。或是因為像中國大陸、印度、越南、墨西哥，許多外資到當地投資建廠與當地廠商形成龐大產業鏈，製造電腦、手機、醫療耗材、生活日用品等，各類中低端產品，再外銷到美國，使美國得以獲得低廉的生活必需品，或各類可加工之初階材料，這都是在美國所架構的全球化貿易體系運作。

深究美國貿易順逆差根本原因，是美國政府從未想辦法調整國內製造業的產業結構，強化各類產業競爭力，過於依賴文化娛樂產業、建築房地產業、金融業創造其國內生產總值（GDP），卻一味將貿易逆差歸罪於他國，與其所主張全球化的自由貿易原則大相違背，如此導致其傳統盟國如德國、日本、韓國、墨西哥等，對其愈不信任，未來許多國際經濟政策，將不再聽從美國主導，這將使美國自損其超級經濟強權地位。

雖美國的全球經濟治理，產生許多重大弊端，但由於美國現今仍吸收全世界人才，科技創新與研發能力仍強，在其強大的國力與經濟力支撐下，於許多先進科技製造產業，擁有標準制定權，也是世界重要貿易大國，美國市場消費力仍強，加上美元獨霸全球，足以穩定其在世界經濟的強權地位。

中國大陸自1978年底宣布改革開放，以摸著石頭過河的方式，漸進式地推動經濟上往市場化方向改革，大力發展製造業及國際貿易，成了世界工廠，融入美國推動的經濟全球化體系，也逐步參與美國主導成立國際貨幣基金組織、世界銀行、世界貿易組織。

中共中央及中國大陸政府在1990年代初期，看到蘇聯的解體，分裂成15個共和國，且經濟改革因推行所謂休克療法（shock therapy）也隨之崩解。在蘇聯分解後各共和國的國營企業，多數落入私人或是歐美財團之手，造成少數財團壟斷及失業嚴重等，嚴重的國家經濟問題。

因此，中共中央及中國大陸政府在市場化改革上，雖推動國有企業改革，但仍堅持發展國有企業與民營企業的兩手策略，對外資的開放也是漸進模式，如此穩定了城鎮的許多就業，對於後來的經濟建設與發展也產生許多積極作用，例如國有三大電信公司，中國移動、中國聯通、中國電信在通訊及網路基礎建設上，跟著中國大陸政府的政策在全中國大陸不計成本全方位鋪開建設，使中國大陸成為全世界通訊網路基礎建設排名前列的國家之一。

而美國製造業優先發展，然後推動國際貿易及國際投資，開拓國際市場及國際投資的經濟發展模式，給予中國大陸改革開放後，推動的經濟發展模式，有了較好的依循路徑。再者，美國對於人才的培養與運用，也使中國大陸在改革開放初期就開始推動人才培養戰略。而美國資訊、通訊、網路產業的發展首屈一指，中國大陸政府深知這是未來

發展趨勢，遂緊跟美國腳步大力發展資訊、通訊、網路產業，每年培養數百萬數學及理工相關人才，以利相關產業發展。

此外，還有特殊利益團體，美國的軍事―工業複合體，由美國行政部門內的軍事機構、工商業、國會、學術和科學團體構成軍事―工業複合體的社會實體，是美國經濟發展的「秘訣」和原動力之一，美國的國防部藉由每年數千億美元的國防預算，向美國的洛克希德·馬丁公司（Lockheed Martin corp）、波音公司（The Boeing Company）等數十家軍事設備公司採購，將這些公司培養成全世界研發國防科技前列的巨頭。而中國大陸的政治與社會經濟體制是黨、政、軍、國家科研、國有企業一體化的結構，參照美國軍事―工業複合體中集合力量戮力發展的優點，於2017年中共中央成立中央軍民融合發展委員會，由中共中央統籌決策和協調軍民融合發展重大問題，統一領導軍民融合深度發展，結合一切力量發展自身的國防與高端科學技術，以求有效突破美國的科技封鎖，達成中國大陸科技自主研發的目標。

由於美國爆發過許多次的金融危機，且美國也曾運用金融及貨幣等手段，攻擊日本、韓國等國家。因此，中國大陸對於金融及貨幣的開放進程則更為緩慢，深知若是金融與貨幣過於自由化，則會使實體經濟造成重大的影響。所以在金融與貨幣的國際化腳步，更是一步一腳印，以穩扎穩打的方式，推動漸進式的金融與貨幣改革。

中國大陸為經濟後發展國家，參考美國這個較為成功的經濟發展模式，可以瞭解經濟發展必須經歷的路徑，更有利於趨吉避害，雖無法躲避所有經濟發展過程中，可能造成的環境污染、低工資問題，以及貪污舞弊等，各類社會問題。但是，能透過科技與管理技術的提升經濟發展的速度，適時改善經濟發展所產生的問題，使得發展階段的陣痛期能縮短，並透過研究美國經濟發展的問題及成果，能找出更好的方法與模式，以利中國大陸推動經濟永續發展，及有助於中國大陸發展經濟全球化戰略。

第三章 經濟新常態與革新戰略

Chapter 3 │ Economic New Normal and Innovation Strategies

說明世界與中國經濟新常態
及供給側結構性改革

本章內容重點

■ 第一節 國內與國外經濟發展狀況
■ 第二節 中國大陸經濟新常態推動供給側結構性改革

第一節 國內與國外經濟發展狀況

壹、國內經濟發展狀況概述

一、前言

中國大陸自 1978 年改革開放後，經濟持續高速增長，政府逐步廢除物價控制，因民生物資缺乏，迅速產生通貨膨脹等經濟問題，中共黨內對於改革開放的路線仍有不少爭議。

於 1987 年 10 月中國共產黨舉行第十三次全國代表大會，在大會上通過中共總書記趙紫陽發表《沿著有中國特色的社會主義道路前進》的報告，這個報告闡述了社會主義初級階段理論，提出了中國共產黨在社會主義初級階段的基本路線，制定了到 21 世紀中葉分三步走、實現現代化的發展戰略。在經濟建設的戰略部署大體分三步走，第一步，實現國民生產總值比 1980 年翻一翻，解決人民的溫飽問題。這個任務已經基本實現。第二步，到本世紀末（20 世紀末），使國民生產總值再增長一倍，人民生活達到小康水準。第三步，到下個世紀（21 世紀）中葉，人均國民生產總值達到中等發達國家水準，人民生活比較富裕，基本實現現代化。[92]

此次大會決議，確立中國共產黨在經濟建設戰略的發展目標，並作為中國大陸政府未來數十年經濟發展綱要，故在中共總書記趙紫陽於 1989 年下臺後，中共經歷三任總書記，江澤民及胡錦濤到現在習近平，仍然堅持這個經濟發展戰略。

二、中國大陸改革開放後經濟發展概況

而世界各國的經濟發展經常使用國內生產總值（Gross Domestic Product，GDP），作為統計數據與比較指標。

從中國大陸 1978 年至 2021 年國內生產總值（GDP）總量與 GDP 成長率統計表可知，中國大陸從 1978 年改革開放後，前 30 年的經濟發展 GDP 成長率平均在 10 ％以上，直到 2008 年美國發生次貸風暴引發全球金融危機後，經濟成長率逐漸下降，不在維持高成長。

且從該數據顯示，中國大陸國內生產總值（GDP）從 2010 年超過 40 兆人民幣，到 2020 年超過 100 兆人民幣，國內生產總值（GDP）總量已相當龐大，要維持每年 GDP 成長率達 8 ％以上的高成長幾乎是不可能，且從同樣是經濟大國的美國發展經驗來看，當美國在 2000 年國內生產總值（GDP）總量達 10 兆美元後，歷年來美國的經濟成長率就沒有一年高 7 ％。

再從 1978 年至 2021 年中國大陸進出口貿易數據可知，自 1978 年改革開放後進出口貿易金額逐年不斷增加，而 1980 年代到 1990 年代初期，由於中國大陸製造產業較為落後，尚未建立龐大的製造產業鏈，因而整體對外需求龐大，貨物進口總額時常大於出口總額，故時常產生貨物貿易逆差。

在 1992 年鄧小平南巡講話後，經濟改革開放路線再次確立，中國大陸經濟情勢明顯轉變，1993 年進口總額就突破 1,000 億美元，1994 年出口總額直接突破 1,200 億美元，且開始

穩定產生貨物貿易順差。

　　而 2001 年中國大陸加入世界貿易組織（World Trade Organization，WTO）後，進出口貨物貿易總量均快速增加，六年後 2007 年出口貿易總額直接突破 1 兆 2,000 億美元，2008 年進口貿易總額也突破 1 兆 1,000 億美元，進出口貿易總額雙雙突破 1 兆美元大關，又於 2012 年出口總額突破 2 兆美元。

　　然在 1978 年中國大陸 GDP 總量 3,678.7 億元人民幣，占全球總產值 1.8%；到 2005 年中國大陸 GDP 總量 187,318.9 億元人民幣，超越法國成為世界第 5；到 2006 年中國大陸 GDP 總量 21,9438.5 億元人民幣，超越英國成為世界第 4；到 2007 年中國大陸 GDP 總量 270,232.3 億元人民幣，超越德國成為世界第 3；到 2010 年中國大陸 GDP 總量 413,030.3 億元人民幣，超越日本成為世界第 2，且 2010 年中國大陸已占全球總產值 9%，[93]成為僅次於美國的世界第二大經濟體。

　　此外，從 1978 年～2021 年中國大陸進出口貿易數據表可知，2021 年中國大陸以美元計價進口額高達 27,238 億美元，比 2020 年成長率高 31.85%，及出口額亦高達 34,090 億美元，比 2020 年成長率高 31.62%，在全世界新冠肺炎疫情嚴重期間，僅有中國大陸在高級別防疫政策下能供應世界各國大量商品，使得全球必須依靠中國大陸製造的產品來度過新冠肺炎疫情，促使中國大陸在 2021 年的進口及出口貨物貿易較 2020 年增幅高達三成，這也體現出中國大陸造業旺盛的生產力。

表3-1 1978年～2021年中國大陸人口與GDP總量及GDP成長率統計表

年份	人口總數（萬人）	GDP總量（單位：億元人民幣）	GDP增長率（%）	第一產業增加值增長率（%）	第二產業增加值增長率（%）	第三產業增加值增長率（%）
1978	96,259	3,678.7	11.7%	4.1%	15%	13.7%
1979	97,542	4,100.5	7.6%	6.1%	8.2%	7.9%
1980	98,705	4,587.6	7.8%	-1.5%	13.6%	6.0%
1981	100,072	4,935.8	5.2%	7.0%	1.9%	10.4%
1982	101,654	5,373.4	9.1%	11.5%	5.6%	13.0%
1983	103,008	6,020.9	10.9%	8.3%	10.4%	15.2%
1984	104,357	7,278.5	15.2%	12.9%	14.5%	19.3%
1985	105,851	9,098.9	13.5%	1.8%	18.6%	18.2%
1986	107,507	10,376.2	8.8%	3.3%	10.2%	12.0%
1987	109,300	12,174.6	11.6%	4.7%	13.7%	14.4%
1988	111,026	15,180.4	11.3%	2.5%	14.5%	13.2%
1989	112,704	17,179.7	4.1%	3.1%	3.8%	5.4%
1990	114,333	18,872.9	3.8%	7.3%	3.2%	2.3%
1991	115,823	22,005.6	9.2%	2.4%	13.9%	8.9%
1992	117,171	27,194.5	14.2%	4.7%	21.2%	12.4%
1993	118,517	35,673.2	14.0%	4.7%	19.9%	12.2%
1994	119,850	48,637.5	13.1%	4.0%	18.4%	11.1%
1995	121,121	61,339.9	10.9%	5.0%	13.9%	9.8%
1996	122,389	71,813.6	10.0%	5.1%	12.1%	9.4%
1997	123,626	79,715.0	9.3%	3.5%	10.5%	10.7%
1998	124,761	85,195.5	7.8%	3.5%	8.9%	8.4%
1999	125,786	90,564.4	7.6%	2.8%	8.1%	9.3%
2000	126,743	100,280.1	8.4%	2.4%	9.4%	9.7%
2001	127,627	110,863.1	8.3%	2.8%	8.4%	10.3%
2002	128,453	121,717.4	9.1%	2.9%	9.8%	10.4%
2003	129,227	137,422.0	10.0%	2.5%	12.7%	9.5%
2004	129,988	161,840.2	10.1%	6.3%	11.1%	10.1%
2005	130,756	187,318.9	11.3%	5.2%	12.1%	12.2%
2006	131,448	21,9438.5	12.7%	5.0%	13.4%	14.1%
2007	132,129	270,232.3	14.2%	3.7%	15.1%	16.0%
2008	132,802	319,515.5	9.6%	5.4%	9.9%	10.4%
2009	133,450	349,081.4	9.2%	4.2%	9.9%	9.6%

年份	人口總數（萬人）	GDP 總量（單位：億元人民幣）	GDP 增長率（%）	第一產業增加值增長率（%）	第二產業增加值增長率（%）	第三產業增加值增長率（%）
2010	134,091	413,030.3	10.4%	4.3%	12.3%	9.8%
2011	134,916	489,300.6	9.3%	4.3%	10.3%	9.4%
2012	135,922	540,367.4	7.7%	4.3%	7.9%	8.1%
2013	136,726	595,244.4	7.7%	3.8%	7.8%	8.3%
2014	137,646	641,281.0	7.3%	4.1%	7.3%	8.1%
2015	138,326	685,993.0	6.9%	3.9%	6.0%	8.3%
2016	139,232	740,061.0	6.7%	3.3%	6.1%	7.8%
2017	140,011	832,026.0	6.8%	3.9%	6.1%	8.0%
2018	140,541	919,281.0	6.7%	3.5%	5.8%	7.6%
2019	141,008	986,515.0	6.0%	3.1%	5.7%	6.9%
2020	141,212	1,013,567	2.2%	3.0%	2.6%	2.1%
2021	141,260	1,143,670	8.1%	7.1%	8.2%	8.2%

資料來源：

整理自-

1、李揚主編，《2016 經濟藍皮書》（北京：社會科學文獻出版社，2015 年），頁 332、333。

2、2013 年～ 2017 年數據，中國大陸國家統計局網站 http：//xn--fiqs8sqpe525buln.cn/，檢索時間 2020 年 7 月 6 日。

3、2018 年～ 2021 年數據，中國大陸國家統計局網站 https：//data.stats.gov.cn/index.htm，檢索時間 2022 年 3 月 10 日。

4、中國統計年鑑 2021，中國大陸國家統計局網站 http：//www.stats.gov.cn/tjsj/ndsj/2021/indexch.htm，檢索時間 2022 年 4 月 5 日。

表3-2 1978年～2021年中國大陸進出口貿易數據表

年份	進口總額（億美元）	進口總額增長率（%）	出口總額（億美元）	出口總額增長率（%）	貨物貿易順差（億美元）
1978 年	108.9	51.0	102.0	34.4	-7
1979 年	156.8	44.0	135.8	33.1	-21
1980 年	200.2	27.7	181.2	33.4	-19
1981 年	220.1	10.0	220.1	21.5	0
1982 年	192.9	-12.4	223.2	1.4	30
1983 年	213.9	10.9	22.3	-0.4	8
1984 年	274.1	28.1	261.4	17.6	-133
1985 年	422.5	54.1	273.5	4.6	-149
1986 年	429.0	1.5	309.4	13.1	-120
1987 年	432.2	0.7	394.4	27.5	-38
1988 年	552.8	27.9	475.2	20.5	-78
1989 年	591.4	7.0	525.4	10.6	-66
1990 年	533.5	-9.8	620.9	18.2	87
1991 年	637.9	19.6	719.1	15.8	81
1992 年	805.9	26.3	849.4	18.1	44
1993 年	1,039.6	29.0	917.4	8.0	-122
1994 年	1,156.4	11.2	1,210.1	31.9	54
1995 年	1,320.8	14.2	1,487.8	22.9	167
1996 年	1,388.3	5.1	1,510.5	1.5	122
1997 年	1,423.7	2.5	1,827.9	21.0	404
1998 年	1,402.4	-1.5	1,837.1	0.5	435
1999 年	1,657.0	18.2	1,949.3	6.1	292
2000 年	2,250.9	35.8	2,492.0	27.8	241
2001 年	2,435.5	8.2	2,661.0	6.8	226
2002 年	2,951.7	21.2	3,256.0	22.36	304
2003 年	4,127.6	39.8	4,382.3	34.6	255
2004 年	5,612.3	36.0	5,933.3	35.4	321
2006 年	6,599.5	17.6	7,619.5	28.4	1,020
2007 年	9,561.2	20.8	12,204.6	26.0	2,643
2008 年	11,325.7	18.5	14,306.9	17.2	2,981
2009 年	10,059.2	-11.2	12,016.1	-16.0	1,957
2010 年	13,962.4	38.8	15,777.5	31.3	1,815

年份	進口總額（億美元）	進口總額增長率（%）	出口總額（億美元）	出口總額增長率（%）	貨物貿易順差（億美元）
2011 年	17,435	24.9	18,983.8	20.3	1,549
2012 年	18,178	4.3	20,489	7.9	2,303
2013 年	19,499	7.3	22,090	7.8	2,590
2014 年	19,592	0.5	23,422	6.0	3,830
2015 年	16,795	-14.2	22,734	-2.9	5,939
2016 年	15,879	-5.4	20,976	-7.7	5,097
2017 年	18,437	16.1	22,633	7.9	4,195
2018 年	21,357	15.8	24,866	9.9	3,509
2019 年	20,784	-2.7	24,994	0.1	4,210
2020 年	20,659	-1.0	25,899	3.7	5,240
2021 年	27,238	31.85	34,090	31.62	6,852

資料來源：

整理自-

1、1978 年～2012 年數據，李揚主編，《2016 經濟藍皮書》（北京：社會科學文獻出版社，2015 年），頁 341、342。

2、2013 年～ 2018 年數據，中國大陸國家統計局網站 http：//xn--fiqs8sqpe525buln.cn/，檢索時間 2020 年 7 月 6 日。

3、2019 年～2020 年數據，中國大陸國家統計局網站 https：//data.stats.gov.cn/index.htm，檢索時間 2022 年 3 月 10 日。

4、2021 年數據（本文以中國外匯交易中心 12 月 31 日受權公佈 6.3757 元人民幣對 1 美元換算），中國大陸國家統計局網站 https：//data.stats.gov.cn/index.htm，檢索時間 2022 年 4 月 5 日。

　　再從世界如歐洲、美國、日本等已開發國家的發展經驗來看，經濟高速增長時期，會產生許多產業結構與社會發展的結構性問題，例如工業製造業的嚴重汙染及製造業產業工資低工資等問題，促使工業已開發國家將落後本國的工業製造產業移往開發中國家生產，這些製造產業大多是屬於高汙染的產業，並運用發展中國家較低的人工成本及土地成本生產所需的產品，再將這些產品輸往已開發國家的市場，形成一個所謂全球化的高、中、低端產業鏈，而發展中國家又因城市與農村經濟發展極不均衡，產生極大社會與經濟問題。

　　自 1978 年中國大陸政府逐步實施改革開放政策後，中國大陸沿海城市如深圳、廈門、東莞、佛山等率先接收由先發展的工業國家或經濟體如日本、香港地區等的低端製造業轉移，作為中國大陸經濟對外開放製造業改革的試點，發展「三來一補」的製造業生產及對外貿易的經濟發展模式，而「三來」是指來料加工、來樣加工、來件裝配，「一補」是指補償貿易，使得中國大陸在長時期重工業發展後，轉型發展輕工業製造彌補民生工業生產不足的問題，中國大陸也藉由外資的投資大力發展對外貿易並逐步拓展製造業的全產業鏈，再以西部大開發、中部崛起及振興東北等經濟規劃，逐步將製造業革新推廣到全中國大陸各省市自治區，使得中國大陸各省市自治區的經濟能快速發展，使中國大陸形成龐大的綜合製造實力。

　　又從中國大陸國家統計局 2020 年所公布中國大陸各省、市及自治區生產總值、財政支出、人口數等經濟基本資料可知，中國大陸各省、市及自治區經濟發展程度極為不均衡，北京、上海、天津、重慶等直轄市及沿海廣東、浙江、江蘇、山東等經濟發達省分 GDP 總量及財政支出，都比內陸經濟較不發達省分高出許多，這也是中國大陸整體經濟必須調整及深化改革的因素之一。

表3-3 2020年中國大陸各省市及自治區基本資料表

地區	國內生產總值 （億元/人民幣）	財政支出 （億元/人民幣）	人口數 （萬人）	陸地面積 （平方公里）
北京市	36,102.6	7,116.18	2,189	16,411
天津市	14,083.7	3,150.61	1,387	11,920
河北省	36,206.9	9,021.74	7,461	190,000
山西省	17,651.9	5,110.95	3,492	156,700
內蒙古自治區	17,359.8	5,268.22	2,405	1,183,000
遼寧省	25,115.0	6,001.99	4,259	148,000
吉林省	12,311.3	4,127.17	2,407	187,400
黑龍江省	13,698.5	5,449.39	3,185	469,000
上海市	38,700.6	8,102.11	2,487	6,340.50
江蘇省	102,719.0	13,682.47	8,475	102,658
浙江省	64,613.3	10,081.87	6,457	104,141
安徽省	38,680.6	7,470.96	6,103	140,100
福建省	43,903.9	5,214.62	4,154	124,000
江西省	25,691.5	6,666.10	4,519	166,900
山東省	73,129.0	11,231.17	10,153	157,126
河南省	54,997.1	10,382.77	9,937	167,000
湖北省	43,443.5	8,439.04	5,775	185,900
湖南省	41,781.5	8,402.70	6,644	211,829
廣東省	110,760.9	17,484.67	12,601	179,800
廣西壯族自治區	22,156.7	6,155.42	5,013	236,700
海南省	5,532.4	1,973.89	1,008	35,354
重慶市	25,002.8	4,893.94	3,205	82,400
四川省	48,598.8	11,200.72	8,367	488,000
貴州省	17,826.6	5,723.27	3,856	176,000
雲南省	24,521.9	6,974.01	4,721	394,000
西藏自治區	1,902.7	2,207.77	365	1,220,000
陝西省	26,181.9	5,933.78	3,953	205,800
甘肅省	9,016.7	4,154.90	2,502	454,430
青海省	3,005.9	1,933.28	592	721,000
寧夏回族自治區	3,920.5	1,483.01	720	66,400
新疆維吾爾自治區	13,797.6	5,453.75	2,585	1,664,897
中國大陸地區	1,015,986.0	210,492.47	140,977	約 960,000

資料來源：中國大陸國家統計局網站 https：//data.stats.gov.cn/index.htm，檢索時間 2021 年 7 月 20 日。

三、小結

當前，中國大陸經濟發展的內在支撐條件和外部需求環境都已發生了深刻的變化，要求經濟增長速度進行「換擋」，要求經濟增長目標向合理區間進行「收斂」[94]。且中國大陸經濟面臨內外重大變化，一是全球經濟格局深刻調整，中國大陸外部需求出現常態萎縮。二是國際創新驅動競爭更為激烈，中國大陸產業轉型升級滯後。三是中國大陸傳統人口紅利逐漸減少，資源環境約束正在加強。四是中國大陸面臨跨越「中等收入陷阱」的挑戰，改革紅利有待強力釋放。[95]

在這些因素產生之下，中國大陸政府面臨極大的經濟轉型壓力，若不進行經濟深化改革，則整體經濟將無法轉型與升級，經濟快速下行的風險將會遽增，恐將面臨嚴重的經濟與社會危機。所以中國大陸政府為因應經濟實際的發展狀況，提出「經濟新常態」一詞，解釋中國大陸現階段及未來一段時間的經濟發展態勢。

中國大陸政府對內實施中華人民共和國國民經濟和社會發展第十三個五年規劃（簡稱十三五規劃）、中華人民共和國國民經濟和社會發展第十四個五年規劃（簡稱十四五規劃）、互聯網+、中國製造2025、新型城鎮化、自由貿易試驗區、扶貧及鄉村振興等重要政策規劃，就是為了大力調整國內經濟整體的發展，涉及國內製造、貿易、市場三大經濟結構的調整與產業升級，並對農業、工業、服務業等三級產業做整體的改造與革新，以及對於城鎮與農村產業及貧困問題做整體的解決方案，顯見此等規劃，非頭痛醫頭腳痛醫腳的局部性改革，而是全面有系統的經濟深化改革規劃。

貳、國外經濟發展狀況概述

一、前言

從1970年代末以來，西方國家持續推行新自由主義政策，促使世界各國放鬆金融管制，極大地便利了國際資本的全球流動。在這一政策的作用下，國際金融體系的規模、範圍和流動性得到巨大擴張，世界經濟因為金融全球化背景下資本的高效率配置得以迅速增長，跨國金融資本在此過程中博得超級收益。與此同時，無論是發展中經濟體還是發達經濟體都變得更易受金融危機和金融市場不穩定的影響。同時，隨著各經濟體之間相互依賴程度的提高，跨國熱錢的累積和投機性流動使得全世界面臨著系統性的金融風險。資本天生的逐利與貪婪、放縱資本流竄投機的逐利制度和對金融衍生品與「影子銀行」的監管空白共同催生了2008年席捲全球的金融危機。[96]

而儘管金融危機已經過去多年，但世界經濟依然在困難中掙扎，經濟復甦異常疲軟，一系列問題不斷衝擊著本已經脆弱不堪的世界經濟，全球貿易投資增長放緩，從債務問題到貨幣利率風險，再到全球能源和其他大宗商品市場的跌宕起伏，隨著原有世界經濟增長動能的弱化，風險增加。世界經濟整體呈現「三低、三失衡、三分化」的總括特點，其中，三低，即低速增長、低利率、低通脹；三失衡，即收支失衡、貧富失衡、宏觀經濟政策的協調機制失衡；三分化，即經濟增長速度分化、貨幣政策分化、全球貿易格局

分化。[97] 此外，美國與歐盟、日本、中國大陸等世界各大經濟體大打貿易與關稅戰，使全球經濟發展陷入更不穩定狀態。

再者，全球貿易和投資是世界經濟增長的重要引擎，但是這個引擎正在弱化。據統計，多年以來國際貿易的增長速度都快於 GDP 增長速度，自 1990 年以來國際貿易平均增長率為 5.1%，為全球 GDP 增長率的 2 倍，但從 2011 年開始，國際貿易增長率已經持續 5 年下滑，據世界貿易組織（WTO） 報告顯示，2014 年國際貿易量增長率只有 2.8%，2012 年至 2014 年增長幅度平均只有 2.4%，低於同期世界 GDP 的增長水準，這將是自 1980 年代以來「最糟糕」的時期，國際貿易連續 5 年放緩，與全球 GDP 增長率一樣低迷，表明國際貿易拉動經濟增長的動力在減弱。[98]

綜上，可知 2008 年世界金融危機之後，世界經濟格局以發生顯著變化，工業與金融發達國家在此次危機中首當其衝，經濟、社會和政治環境都受到較為沉重的打擊，世界經濟也因此進入緩速增長期，發展中國家在世界經濟中的占比不斷增大，對於全球治理權的訴求也越來越強烈。且自 2008 年國際金融危機至今，世界經濟增長已趨於平緩，按照國際貨幣基金組織（International Monetary Fund，IMF）的資料，2009 年全球經濟平均增長率為-0.6%，2010 年快速反彈至 5.1%，2011 年 3.9%、2012 年 3.1%、2013 年 3.2%、2014 年 3.4%、2015 年 3.1%、2016 年 3.1%、2017 年 3.8%，世界經濟將逐漸復甦，但會在較長時期保持低速增長，這一狀態的主要特徵：1、經濟增速在 3%左右徘徊，失業率居高不下。2、經濟震盪幅度不會過大，儘管可能在某些年份出現小的經濟景氣。3、寬鬆的貨幣政策環境可能滋生出一定的通貨膨脹壓力，導致金融市場不均衡，但爆發新輪金融危機的可能性很小，世界經濟未來 10 -15 年將低速增長。[99]

然全球經濟長期低速增長的原因，主要是基於當前的世界經濟困境兼具週期性和結構性雙重原因，前者主要體現為居民消費需求不足，企業的投資積極性尚未充分恢復，國際市場需求低迷。後者主要體現為人口老齡化程度不斷上升，經濟結構相對陳舊，新的適用性技術還在醞釀中，尚未出現新一輪的技術突破以形成新的經濟增長點。週期性因素要求實施寬鬆的貨幣政策以及積極的財政政策，從而可以在較短時期內發揮作用，促使經濟復甦。結構性因素可能導致出現停滯性通貨膨脹，需要從供給端進行深層體制改革，目前經濟政策需要從需求和供給兩同時著力，政策組合難度較大，需要較高的靈活性。[100]

綜上，可知中國大陸政府的智庫，早已預估到全球經濟發展將走向一段長期的低增漲狀態，因而向中國大陸政府提出供給側結構性改革的政策建議，期望在全球經濟迷時期深化中國大陸經濟改革，促使中國大陸內部的經濟能持續穩定增長，在人工智慧及 5G 技術的進一步發展，亦可推動全球經濟的新一波增長期。

表3-4 2008年～2020年世界重要經濟體經濟成長率資料表

年度	2008	2009	2010	2011	2012
全球	3.1%	-0.6%	5.1%	3.9%	3.1%
中國大陸	9.0%	9.1%	10.3%	9.2%	7.8%
美國	1.1%	-2.4%	2.9%	1.7%	2.2%
歐元區	0.8%	-4.1%	1.8%	1.5%	-0.6%
日本	-0.7%	-5.2%	4.0%	-0.7%	1.9%
韓國	2.2%	0.2%	6.1%	3.6%	2.0%
臺灣地區	0.1%	-1.9%	10.8%	4.0%	1.3%
新加坡	1.1%	-1.3%	14.5%	4.9%	1.3%
香港特區	2.1%	-2.8%	6.8%	5.0%	1.4%
年度	2013	2014	2015	2016	2017
全球	3.2%	3.4%	3.1%	3.1%	3.8%
中國大陸	7.7%	7.4%	6.9%	6.7%	6.9%
美國	1.9%	2.4%	2.4%	1.6%	2.2%
歐元區	-0.4%	0.8%	1.6%	1.7%	2.4%
日本	1.5%	-0.1%	0.5%	1.0%	1.9%
韓國	2.8%	3.3%	2.6%	2.8%	3.1%
臺灣地區	2.1%	3.7%	0.7%	1.4%	2.9%
新加坡	4.1%	2.9%	2.0%	2.0%	3.6%
香港特區	2.9%	2.3%	2.4%	1.9%	3.8%
年度	2018	2019	2020	-	-
全球	3.6%	2.56%	-3.37%	-	-
中國大陸	6.6%	5.98%	2.31%	-	-
美國	2.9%	2.16%	-3.40%	-	-
歐元區	1.9%	1.3%	-6.45%	-	-
日本	0.3%	0.28%	-4.54%	-	-
韓國	2.7%	2.04%	-0.85%	-	-
臺灣地區	2.8%	2.96%	3.36%	-	-
新加坡	3.4%	0.73%	-5.38%	-	-
香港特區	2.8%	-2.1%	-6.25%	-	-

資料來源：

經濟部網站，https：//www.moea.gov.tw/Mns/populace/introduction/EconomicIndicator.aspx？menu_id=150，檢索時間 2022 年 3 月 23 日。

二、歐美日先進工業化國家經濟發展概述

全球經濟發展陷入低成長狀態，先進工業與金融發達國家的經濟發展也進入瓶頸，其集體陷入所謂「日本病」，主要表現特徵：1、是陷入流動性陷，美國、歐洲和日本利率水準普遍非常低，都在 1％左右甚至更低。各國紛紛採取非常規的貨幣政策，如美國的量化寬鬆、日本央行擴大購買債券等。2、是深陷債務危機，歐洲國家剛從歐債危機中掙脫出來，經濟仍需較長時間才能恢復動力，日本、美國的總體負債率甚至比歐洲債務危機國更高，居高不下的政府債務水準，使得政府刺激經濟的能力大大減弱。3、是人口老齡化，日本、歐洲人口老齡化現象日趨嚴重，美國「嬰兒潮」時期出生的人群現在大部分已經退休，未來的老齡化壓力也將趨升。[101]使歐美日等先進工業化國家，陷入前所未有的經濟發展危機。

再根據國際貨幣基金組織的資料，以匯率計算，工業金融發達國家的經濟總量占世界經濟總量的比重，已從 1992 年的 83.6％下降至 2012 年的 61.9％，而非西方國家在同期則從 16.4％提升到 38.1％。如果按購買力平價計算，工業金融發達國家的經濟總量占世界經濟總量的比重從同期的 64％下降至 49.8％，非西方國家則從 35.9％上升至 49.9％，歷史性地在經濟總量上超過西方世界。[102]

美國國家情報局 2012 年發佈的《世界趨勢展望 2030》報告指出，歐洲、日本、俄羅斯的經濟將持續緩慢衰退。美國、歐洲、日本在全球收入中的總份額將從現在的 56％下降至 2030 年的 50％以下。如果 GDP、人口規模、軍事開支以及技術投資等綜合起來考慮，那麼在這種「全球權力」方面，2030 年亞洲將超過北美洲和歐洲的總和。[103]

綜上，可知歐美日等先進工業化國家歷經上百年的工業化進程後，整體經濟發展已陷入人口老齡化與政府債務偏高的危機，而這兩大影響經濟發展的潛在問題已經產生，歐美日等先進工業化國家政府卻沒拿出可以因應的對策，且近年來為維持經濟增長與政府運作，透過不斷的發行國家債券使政府債務不斷膨脹，雖可解決眼前政府的財政問題，但卻是將危機的引爆點向後遞延，未來將形成全球另一個巨大的經濟危機。

三、新興發展中國家經濟發展概述

自 1990 年代以來，以「金磚五國」（中國大陸、巴西、俄羅斯、印度、南非）為代表的發展中大國，由於經濟增長的速度普遍高於西方發達國家，經過 20 餘年的發展，在世界經濟中的重要性已經達到了一個新的高度。主要反映在三個方面：其一是發展中大國在世界經濟總量中所占比重和人均 GDP 日益上升；其二是發展中大國在要素國際流動中的重要性日益上升；其三是發展中國家在世界經濟中的發言權達到一個新的高度。在 1992 年「金磚五國」的 GDP 總額僅有 1.7 兆美元，占主要發達經濟體 GDP 總量的 9.15％。但 2002 年十年間翻一倍，達到了 2.9 兆美元，上升為主要發達經濟體的 12.13％。從 2002 年到 2012 年，「金磚五國」的 GDP 總量又擴大 5 倍，達到了 14.7 兆美元，為主要發達經濟體的 48.14％。[104]

又「金磚五國」在國際貿易比重的上升，於 1994 年「金磚五國」的貿易總額僅有 0.32

兆美元,在國際貿易總額的占比僅有 5.12 %;而到 2011 年「金磚五國」的外貿總額已經達到了 3.62 兆美元,在國際貿易總額中的占比也已經高達 14.53 %,在國際貿易中已經成為一支不可忽視的力量。且金磚國家吸引外資能力的增強,在 1992 年「金磚五國」吸引的外國直接投資總量和其在同期世界對外直接投資總額中的比例分別是 144.9 億美元和 8.7 %;到 2002 年這兩個數據分別是 799.9 億美元和 15.0 %;而到 2011 年,這兩個資料更是上升到 2,808.8 億美元和 18.4%。隨著經濟實力的顯著提高,金磚國家為首的一些發展中大國,在國際經濟事務中的話語權已經得到很大程度的提高。[105]

然而,2008 年全球金融危機後,歐美日先進工業化國家經濟陷入低迷與困境,連帶使得新興經濟體集體進入調整期,一些國家出現了資金外流、通貨膨脹、經濟增速回落等現象,新興經濟體的經濟表現隨著經濟自主性的不同而出現升化,俄羅斯、巴西等過度依賴資源能源價格的國家,經濟增長速度出現明顯下降。印度儘管受國際貿易影響幅度較小,但其脆弱的金融體系在國際資金外逃情況下受到了嚴重衝擊。[106]而經過多年來經濟調整後,多數新興發展國家經濟雖未能有大幅成長,但經濟惡化有漸趨緩之勢,印度則是再次異軍突起,經濟成長率連年超過 7 %,形成良好發展態勢。

此外,再從經濟增量看 2008 至 2013 年,近 90%全球經濟總量的增長來自發展中國家。在未來工業化、城市化和資訊化過程中,新興經濟體增長潛力巨大。它對全球資源、技術、海外市場和跨境投資的巨大需求,將成為推動全球化的重要推動力量。而且,隨著新興經濟體國家,生活水準的提升和中產階層的大量出現,新興經濟體將成為未來消費增長的新亮點,為全球化帶來新的增長動力和市場機遇。[107]

由於美國、歐洲、日本工業金融發達國家的經濟增長動力逐漸趨緩,而亞洲、非洲等新興經濟體則逐步成為未來經濟新增長動力,這對於中國大陸數十年來在亞洲、非洲的政治與經濟布局有相當助益。且現階段中國大陸仍不斷推動一帶一路經濟發展戰略,對亞洲、非洲等新興發展國家持續大規模投資,也促使美、日及歐洲國家等相繼跟進投資,成為新興發展國家經濟發展的成長動力來源,對於全球經濟的增長有相當的助益。

四、小結

雖然從 2000 年以來,新興國家的發展速度快於發達國家,但是從世界總體經濟發展層面來分析,各國經濟發展仍極為不平衡,主要體現在經濟發展要素在世界範圍內分配的不均衡,而經濟發展要素分佈的不均衡,主要體現在人力資本積累、物質財富積累、科技創新能力等方面。1、就人力資本積累狀況看,發達國家憑藉優越的教育積累和教育體制,幾乎消滅了文盲,每萬人口中受過高等教育的人口高達數千;而許多發展中國家的文盲人數超過人口的一半,受過高等教育的人占總人口的比重僅有幾個百分點。2、物質財富積累的程度更是差距非凡,發達國家許多基礎設施百年前就已經完善,憑藉 200多年來的巧取豪奪、精心佈局,把握著世界上大部分財富的所有權和使用權。而發展中國家則錯過了一波又一波的發展機會,再加上在一次次爭奪中的失敗和賠償,在這個世界上以多數的人口掌握著少數的財富。3、科技創新能力也有著和物質財富積累一樣的情況,由於歷史的原因,發達國家掌握和發展了人類最前沿的科學技術,從而也掌握了

從前沿繼續向前推進的能力與創新能力；反之，新興發展中國家在絕大部分情況下只能作為跟隨者。[108]

　　綜上，可知現今世界經濟發展仍極為不均衡，歐洲、美國、日本等工業化發達國家在經濟發展上陷入低增長的困境，社會福利支出龐大政府債務不斷累積，而新興發展中國家則大多數在人力資本積累、物質財富積累、科技創新能力等方面顯著落後，致使經濟發展程度仍與工業發達國家有相當大差異，整體世界的經濟發展仍有許多問題無法有效解決，歐美許多國家經濟與貿易保護主義再次興起，經濟全球化的步伐恐有倒退之虞，致使當前世界經濟發展陷入困境。而歷史的經驗顯示，只有消除保護主義思維，不斷改革問題，並運用科技創新，才可能使經濟持續不斷增長，避免各國經濟衰退，引發世界經濟危機。

▌第二節 中國大陸經濟新常態推動供給側結構性改革

壹、中國大陸經濟新常態概述

一、前言

中國大陸自 1978 年改革開放後，經濟發展快速，連續三十多年的 GDP 年均增長率達近 10%，創造了世界經濟史上的「中國奇蹟」。[109]然而在 2008 年美國次級貸款風暴引發全球金融危機後，歐洲又有許多國家發生政府債務危機，對外出口貿易突然大減，整體世界經濟局勢丕變，中國大陸政府提出 4 兆人民幣的經濟振興方案，並持續推動高速公路、高速鐵路、電力及水利建設等，使中國大陸經濟度過危機，使經濟得以持續高速發展。

全球金融危機後，美國及歐洲等國經濟危機持續的爆發，致使對中國大陸貿易的突然大量減少，讓中國大陸政府意識到必須對於內部經濟環境有重大的調整，國家整體經濟發展的動力不能過於依賴對外貿易，經濟結構必須調整及轉向，應更重視經濟結構的調整與發展廣大的國內市場，有必要將傾斜於外貿出口的經濟發展模式，調整成為內需與外貿並重的經濟發展模式。

且中國大陸經濟學者馬光遠指出，中國大陸經濟發展中的風險起碼有四：1.刺激依賴症 2.不改革的風險 3.過去刺激政策導致的產生過剩和企業債務 4.房地產全面調整帶來的風險。[110]顯示，中國大陸經濟在高速發展後，外部與內部經濟都產生許多問題，若整體經濟做結構性不加以調整與改革，將產生重大經濟風險。

二、中國大陸經濟新常態

2014 年 11 月 9 日中國大陸國家主席習近平在亞太經合組織工商領導人峰會開幕式上的演講指出：「中國經濟呈現出新常態，有幾個主要特點，1.是從高速增長轉為中高速增長。2.是經濟結構不斷優化升級，第三產業、消費需求逐步成為主體，城鄉區域差距逐步縮小，居民收入佔比上升，發展成果惠及更廣大民眾。3.是從要素驅動、投資驅動轉向創新驅動。新常態將給中國帶來新的發展機遇。」[111]這是由中國大陸國家主席習近平在亞太經合組織工商領導人峰會開幕式上的公開演講，具有非常大的宣示意義，顯示中國大陸將要邁出新一波經濟深化改革的步伐。

而中國大陸經濟面臨轉型與調整，由中共總書記習近平提出「經濟新常態」，蘊含著對以下幾個方面因素的考量：[112]

1、全球經濟格局深刻調整，中國大陸外部需求出現常態萎縮：

支撐中國大陸三十多年經濟高速增長的重要因素之一，就是因為走的是不斷擴大出口的外向型經濟發展道路。但從 2008 年國際金融危機以來，世界經濟呈現出「總量需求增長緩慢、經濟結構深度調整」的特徵，使得中國大陸的外部需求出現常態

性萎縮。

2、國際創新驅動競爭更為激烈，中國大陸產業結構轉型升級滯後：

當前，第三次工業革命正迎面走來，主要發達國家紛紛加快發展戰略性新興產業，力圖搶佔未來科技創新和產業發展的制高點，這些新挑戰倒逼著中國大陸的經濟發展方式要加快向創新驅動型轉換。但長期以來，中國大陸產業發展方式粗放，存在著「跑馬占荒」等諸多問題，而科技創新能力不足，科技與產業的融合力度不夠，使得很多產業競爭力不強、核心技術受制於他人。因此，政府投資就成了穩定經濟增長的關鍵因素，由此而來的政府對市場的干預，很容易導致市場信號的失靈。

3、中國大陸傳統人口紅利逐漸減少，資源環境約束正在加強：

中國大陸的經濟增長結構正在發生歷史性變化。目前，東部發達地區的勞動力供給短缺情況更加明顯，「路易斯拐點」（Lewis turning point）[113]正在到來，帶動外向型經濟的傳統人口紅利正在逐步減弱。中國大陸過度依靠投資和外需的經濟增長模式，已使得能源、資源、環境的制約影響越來越明顯。過去能源資源和生態環境空間相對較大，可以放開手腳大幹，現在環境承載能力已經達到或接近上限，石油、天然氣等重要礦產資源的對外依存度在不斷提高，要素的邊際供給增量已難以支撐傳統的經濟高速發展路子，這也在客觀上促使中國大陸經濟逐步回落到一個新的平穩增長區間。

4、中國大陸面臨跨越「中等收入陷阱」的挑戰，改革紅利有待強力釋放：

2013 年中國大陸人均 GDP 超過 6,000 美元，已進入上中等收入國家行列，當前正處於跨越「中等收入陷阱」的關鍵歷史階段。從國際經驗看，處在這個階段的國家和地區，需要經濟結構的優化升級，由此帶動社會結構的變革，從而有利於打破利益固化的藩籬，增強社會流動性，使經濟社會充滿活力。反之，則可能落入「中等收入陷阱」。經濟新常態下，中國大陸必須逐步調整高速增長的經濟發展模式，尋求新的增長動力，保障和改善民生，努力實現改革與發展紅利的全民共享。

上述足以顯示，中共中央與中國大陸政府，對於當前全球經濟格局與中國大陸經濟所面臨的狀態有相當的瞭解，並對於中國大陸經濟在對外貿易、製造產業、人口結構、環境污染等重大問題提出示警，列為中國大陸政府下一步改革的目標與方向。

且以習近平為總書記的中共中央對當前經濟形勢，做出「三期疊加」的判斷，此為中國大陸「經濟新週期」的主要經濟特徵：[114]

1、「經濟增速換擋期」：

指的是中國大陸經濟正在由原先年均 10%左右的高速增長階段，穩步向年均7%左右的中高速增長階段過渡，能 7%左右的平均增速將成為中國大陸今後十幾、二十幾年經濟增長常態。

2、「結構調整陣痛期」：

指經濟結構調整的根本目的，是以數量、速度換品質、效益，以短期陣痛換長遠發展。經濟結構內含豐富，包括產業結構的升級、區域結構的平衡、增長動力的轉換、財富分配的調節、要素投入結構的調整、排放結構的優化等諸多方面。

3、「前期刺激政策消化期」：

主要是指為了應對 2008 年國際金融危機的不利影響，中國大陸政府採取的總計 4 兆人民幣的拉動內需、振興產業等一攬子刺激計畫，這些刺激政策為中國大陸經濟迅速企穩回升產生了良好的效果，也對世界經濟起到了「壓艙石」的作用。

而任何政策都有兩面性，然「前期政策後遺症」是由於 4 兆人民幣刺激計畫是中國大陸在特殊時期採取的特殊政策，它在保證中國大陸經濟過關邁檻的同時，也確實帶來了一些問題，增加了後期宏觀調控的難度：[115]

1、通脹壓力增大：

4 兆人民幣計畫的大部分是以銀行信用方式投入市場的，市場流動性激增，經濟發展面臨較大通脹壓力，特別是在經濟增速明顯放緩的情況下，既要保增長又要防通脹，宏觀調控難度較大。

2、產業結構逆動：

4 兆人民幣計畫出臺後第二產業比重顯著上升，第三產業比重不升反降，一些重化工行業產能過剩問題加劇，產業結構調整壓力進一步增加。

3、地方政府債務問題凸顯：

地方政府搭上中央刺激計畫的「順風車」後，地方債務急劇膨脹容易引發系統性風險，也容易對民間投資產生擠出效應，弱化刺激政策的實際效果。

上述，顯示中國大陸經濟在歷經高速發展後，出現經濟增速換擋期、結構調整陣痛期、前期刺激政策消化期等「三期疊加」的經濟結構問題。從近年中國大陸經濟將走向中高速發展階段，並在經濟上將對於產業結構的升級、區域結構的平衡、增長動力的轉換、財富分配的調節、要素投入結構等將逐步進行調整，將前期經濟發展所產生的各類重大問題，予以調整與改革。顯示，中共中央明確瞭解中國大陸經濟發展現狀與改革方向，並對於未來經濟發展與調整方向有明確目標。

中國大陸經濟智囊群對於中國大陸在面臨「經濟新常態」的狀態下，歸納出其特徵、要求、經濟結構優化主攻方向、內涵等相關表述：[116]

1.經濟新常態的基本特徵：經濟增長速度由高速向中高速轉換。

2.經濟新常態的基本要求：經濟發展方式從規模速度型粗放增長，向質量效率型集

約增長轉換。

3.經濟新常態下經濟結構優化主攻方向：產業結構由中低端水平，向中高端水平轉換。

4.經濟新常態的核心內涵：增長動力由要素驅動投資驅動，向創新驅動轉換。

5.經濟新常態的機制保障：資源配置由市場起基礎作用，向市場起決定性作用轉換。

6.經濟新常態的發展結果：經濟福祉由非均衡型，向包容共享型轉換。

上述六項表述，足以顯示中國大陸經濟智囊群對於經濟新常態的特徵與未來經濟發展與改革的方向，均提出明確的闡釋，並對於中國大陸政府未來的經濟發展政策，產生極大的影響。

表3-5 中國大陸經濟舊常態與新常態比較表

特點	經濟舊常態	經濟新常態
1.經濟增長速度（基本特徵）	高速增長	中高速增長
2.經濟發展方式（基本要求）	規模速度型粗放增長	質量效率型集約增長
3.經濟結構優化主攻方向	中低端水平	中高端水平
4.經濟增長動力（核心內涵）	要素驅動、投資驅動	創新驅動
5.資源配置（資源配置）	市場起基礎作用	市場起決定性作用
6.經濟福祉（發展結果）	非均衡型	包容共享型

資料來源：

整理自-國家行政學院經濟教研部編著，《中國供給側結構性改革》（北京：人民出版社，2016年），頁6～8。

三、小結

中共講求「實事求是」的理論方針，既然發現問題，就必須提出解決方案，解決所面臨之問題。中國大陸處於經濟新常態的經濟發展階段，面對「三期疊加」的經濟發展困境，中共總書記習近平提出：「我們要堅持改革開放正確方向，我們要敢於啃硬骨頭，敢於涉險灘，敢於向積存多年的頑瘴痼疾開刀，切實做到改革不停頓、開放不止步。以全面深化改革促進中國大陸經濟轉入新常態，這是新常態下的戰略選擇和戰略方向。中國共產黨第十八屆三中全會對我國全面深化改革作出了全域性的戰略部署，涉及 15 個領域、330 多項重大改革舉措。但應當看到，經濟新常態下，我國全面深化改革的任務將會更加艱巨，改革的難度將會前所未有，改革事業已進入攻堅期、深水區。」[117]

中共中央與中國大陸政府不斷研究世界先進經濟體發展趨勢，明確知道經濟高速發展一段期間後，必將面臨重大的轉型與改革，現今中國大陸面臨經濟新常態的挑戰，已不斷推出經濟改革政策應對這個經濟局勢，使得中國大陸 GDP 經濟成長率不致立即大幅腰斬，而是以緩降的方式持續保持經濟持續發展，期望未來一段期間內形成經濟中高

速增長的發展趨勢，使中國大陸經濟轉型與增長能同時兼顧，達成經濟深化改革的目標。

貳、中國大陸供給側結構性改革概述

一、前言

1978 年，中國大陸國內生產總值（GDP）只有 1,482 億美元，居世界第 10 位。至 2014 年中國大陸國內生產總值（GDP）初步核算為 63.6 兆元人民幣，估計達到 10 兆美元，穩居世界第二位，占世界經濟總量的 13.3%。而東部沿海一些省市的經濟總量或人均 GDP 已接近或超過世界上一些中等發達國家的水準。[118]顯示，中國大陸在改革開放後整體經濟發展極為快速，成為具有世界經濟影響力的龐大經濟體。

再根據聯合國的統計，到 2014 年底，中國大陸鋼、煤、水泥、棉布等 200 多種工業品產量居世界第 1 位，中國大陸製造業大國的地位基本確立。中國大陸改革開放三十多年創造了世界經濟史上的增長奇蹟，已成為名副其實的經濟大國，這是經濟進入新階段的重要特徵。[119]

中國大陸改革開放四十餘年，經濟在高速增長的發展下，成功步入中等收入國家行列，已成為名副其實的經濟大國，但隨著人口紅利衰減、中等收入陷阱風險累積、國際經濟格局深刻調整等，一系列內因與外因的作用，經濟發展處於轉型與調整的經濟新常態。

雖然中國大陸已是一個經濟大國，但還不是經濟強國。經濟規模大並不代表國際競爭力強。站在從經濟大國向經濟強國邁進的歷史起點上，應當更加重視產業結構優化和經濟質量提升，只有這樣才能真正提升國家競爭力，才能真正實現經濟強國的偉大目標。[120]

因而，中國大陸經濟智囊對於為什麼要進行「供給側改革」，提出供給體系出現的六大問題即 1.中低端產品過剩 2.高端產品不足 3.傳統產業產能過剩 4.結構性的有效供給不足 5.房地產庫存嚴重 6.地方政府債務風險累積等，這是本文從中國大陸國家行政學院經濟教研部編著的《中國供給側結構性改革》一書所摘錄的內容，這也顯示中國大陸政府對於中國大陸改革開放後，由於經濟高速發展，無可避免地產生與累積的六項極為嚴重經濟問題，成為未來經濟深化改革的主軸與目標。

二、中國大陸供給側結構性改革

2013 年 1 月賈康、徐林、李萬壽、姚余棟、黃劍輝、劉培林、李宏瑾等人在《財政研究》刊上，發表〈中國需要構建和發展以改革為核心的新供給經濟學〉一文，標誌著中國新供給經濟學正式來到，2013 年 3 月華夏新供給經濟學研究院成立。同年，新供給經濟學 50 人論壇成立。在此後的兩年多時間裡，全國有一百多位經濟學專業人士陸續聚集在新供給研究的旗幟之下，出版和發表了大量的專著、論文、研究報告等，逐漸形成了引人注目的新供給經濟學學派。[121]

又〈中國需要構建和發展以改革為核心的新供給經濟學〉一文明確指出：「三十餘年的中國奇蹟是依靠全面開放、利用人口紅利參與全球分工和競爭，但更主要的是依靠改革調動了相關經濟資源的積極潛力。市場經濟在逐步替代計劃經濟、降低交易成本、提高經濟效率的同時，其制度優化進程還存在不對稱的地方。目前，中國大陸一般產品市場已基本完全放開，但要素市場和大宗基礎能源、資源市場仍然存在嚴重扭曲，人為壓低要素價格，從而粗放地促進經濟增長。但也正是如此，對生產者和投資者的補貼，使得經濟嚴重依賴投資和出口，經濟結構失衡的矛盾可能會越來越突出。因此，我們必須在實質性推進頂層規劃下的全面配套改革中對經濟結構進行調整，從而合理地運用市場和政府力量的結合，順利實現向較高水準的常規經濟增長路徑和可持續增長路徑轉變。」[122]這也顯示中國大陸經濟高速發展三十餘年後到了一個瓶頸，必須透過大規模結構性的改革與轉型，整體經濟才能持續往增長的方向前進。

而且 2012 年 11 月中共總書記胡錦濤在中國共產黨第十八次全國代表大會題目為《堅定不移沿著中國特色社會主義道路前進，為全面建成小康社會而奮鬥》的報告指出：「我們必須清醒認識到，中國大陸處於並將長期處於社會主義初級階段的基本國情沒有變，人民日益增長的物質文化需要同落後的社會生產之間的矛盾這一社會主要矛盾沒有變，中國大陸是世界最大發展中國家的國際地位沒有變。」這三個沒有變，體現的國情特徵以及中國大陸 13 億人口的消費品市場的供給端呈現為本國生產為主，海外進口為輔的特點（與美國全球供給、海外進口為主，本國生產為輔的市場結構有本質不同），決定了中國大陸在相當長時期內經濟領域的主要矛盾是在供給端。從經濟生活的實際情況看，2012 年十一國慶期間火車票一票難求、高速公路車滿為患、旅遊景點人聲鼎沸等現象，以及房價房租不斷上漲的趨勢、看病難看病貴、上學難學費貴等問題，清楚地表明瞭中國大陸有著巨大的真實需求，而結構性供給不足的矛盾十分突出且將長期存在。[123]

這也明確指出現階段中國大陸經濟展的問題所在，並比較中國大陸與美國兩大國截然不同的經濟運行模式，亦顯示中國大陸將深化結構性改革的目標與方向是在供給側的結構性改革，中國大陸政府必須藉由政策的調整，加速供給端的優化，將基礎建設及政府服務不斷優化，不但將供給量大幅度增加，更須提升整體服務的水準。

由於中國大陸的經濟發展為政府引領及市場為輔的發展模式，而新供給經濟學立足於發揮政府促進經濟發展的關鍵作用，對傳統經濟學、制度經濟學、轉軌經濟學、發展經濟學和信息進行了整合，認為有效供給比有效需求更能促進經濟的長期增長。其核心觀點是，政府應當以推動機制創新為切入點，以結構優化為側重點，著力從供給端入手推動中國大陸新一輪改革，有效化解「滯脹（經濟增長停滯甚至倒退，通貨膨脹率極度嚴重）」與「中等收入陷阱」等潛在風險，實現中國大陸彌合「二元經濟」、趨向現代化的新一輪經濟可持續健康發展與品質提升，故學者專家出了「八雙」與「五並重」的政策主張。[124]

表3-6 「八雙」與「五並重」的政策主張彙整表

一、「雙創」：走創新型國家之路和大力鼓勵創業。
二、「雙化」：推進新型城鎮化和促進產業優化。
三、「雙減」：加快實施以結構性減稅為重點的稅費改革和大幅度地減少行政審批。
四、「雙擴」：對外開放格局和新的國際競爭局面之下，擴大中國對亞洲、非洲、拉丁美洲的開放融合，以及適度擴大在增長方面基於品質和結構效益的投資規模。
五、「雙轉」：儘快實施我國人口政策中從放開城鎮體制內一胎化管制向逐步適當鼓勵生育的轉變，積極促進國有資產收益和存量向社保與公共服務領域的轉置。
六、「雙進」：在國有、非國有經濟發揮各自優勢協調發展方面，應該是共同進步，需要摒棄那種非此即彼截然互斥的思維，在混合所有制的重要概念之下，完善以共贏為特徵的社會主義市場經濟基本經濟制度的現代化實現形式。
七、「雙到位」：促使政府、市場發揮各自應有作用，雙到位地良性互動、互補和合作。
八、「雙配套」：儘快實施新一輪價、稅、財配套改革，積極地、質性地推進金融配套改革。
第一、「五年規劃」與「四十年規劃」並重，研究制定基於全球視的國家中長期發展戰略。
第二、「法治經濟」與「文化經濟」並重，注重積極逐步打造國家實力。
第三、「海上絲綢之路」和「陸上絲綢之路」並重，有效應對全球治經濟格局演變。
第四、「柔性參與TPP」與「獨立開展經濟合作區談判」並重，主動參與國際貿易和投資規則的制定。
第五、「高調推動國際貨幣體系改革」與「低調推進人民幣國際化」並重。

資料來源：

整理自-國家行政學院經濟教研部編著，《中國供給側結構性改革》（北京：人民出版社，2016年），頁20～21。

　　又《中國需要構建和發展以改革為核心的新供給經濟學》一文特別論述：「"雙創"是發展的靈魂和先行者；"雙化"是發展的動力與升級過程的催化劑；"雙減"則代表著側重於提升供給效率、優化供給結構以更好適應和引導需求結構變化的制度基礎；"雙擴"是力求擴大供給方在國際、國內的市場空間；"雙進"是明確供給主體在股份制現代企業制度安排演進中的合理資本金構成；"雙到位"是要在政府與市場這一核心問題上明確長期困擾相關各方的合理定位。」以「雙創、雙化、雙減、雙擴、雙進、雙到位」來粗線條地、突出重點地表達我們在以改革為核心的新供給經濟學思路上所強調的基本政策主張。[125]

　　新供給經濟學是中國大陸本土經濟學理論的重大創新，與西方主流經濟學相比，新供給經濟學特別重視「供給管理」和政府在經濟發展與經濟繁榮中的關鍵作用，而這正是各方已直覺地認識到的中國經濟學可能有別於已有西方經濟學的主要方面。新供給經濟學的思想淵源，固然有西方成分，但更有中國傳統文化的滋養，因為強調和重視政府在促進經濟增長中的作用，是自古以來中國的傳統特色。由於新供給經濟學立足和針對的是中國自己的經濟問題，並提出了相對系統的制度創新與政策優化方案，有很強的應用價值，因此受到決策層的重視和採用。[126]

　　這也顯示，中國大陸推動經濟改革開放的模式，並不迷信西方經濟學理論，除了鄧小平所說的「摸著石頭過河」的方法，在中國大陸經濟學界專家學者的努力研究下，參考國際上美、日、德等多國的發展經驗，運用資本主義自由競爭的發展方式，並研究中國大陸實際狀況，提出政府在供給側調整的改革方案，來解決超額供給與劣質供給的問題。

　　2015 年 11 月 10 日，中共總書記習近平在中央財經領導小組第 11 次會議上講話，首次提出「供給側改革」。11 月 11 日李克強總理主持召開國務院常務會議，部署以消費升級促進產業升級，培育形成新供給新動力擴大內需。11 月 17 日李克強在《十三五規劃綱要》編制工作會議上強調，在供給側和需求側兩端發力促進產業邁向中高，11 月 18 日習近平在 APEC 會議上再次提及「供給側改革」，12 月的中央經濟工作會議強調，要著力推進供給側結構性改革，推動經濟持續健康發展。按照創新、協調、綠色、開放、共享的發展理念，加大結構性改革力度，矯正要素配置扭曲，擴大有效供給，提高供給結構適應性和靈活性，提高全要素生產率。習近平總書記在會議上明確作出戰略部署，提出要實施相互配合的五大政策支柱：即宏觀政策要穩、產業政策要準、微觀政策要活、改革政策要實、社會政策要托底，並提出「抓好去產能、去庫存、去槓桿、降成本、補短板五大任務」（簡稱：三去一降一補）。[127]

　　2016 年 1 月習近平於省部級主要領導幹部學習貫徹黨的十八屆五中全會精神專題研討班上的講話再指出：「我們提的供給側改革，完整地說是「供給側結構性改革」，我在中央經濟工作會議上就是這樣說的。「結構性」三個字十分重要，簡稱「供給側改革」也可以，但不能忘了「結構性」三個字。供給側結構性改革，重點是解放和發展社會生產力，用改革的辦法推進結構調整，減少無效和低端供給，擴大有效和中高端供給，增強供給結構對需求變化的適應性和靈活性，提高全要素生產率。我們講的供給側結構性改革，既強調供給又關注需求，既突出發展社會生產力又注重完善生產關系，既發揮市場在資源配置中的決定性作用又更好發揮政府作用，既著眼當前又立足長遠。」又於 2016 年 1 月 26 日在中央財經領導小組第十二次會議上說：「供給側結構性改革的根本目的是提高社會生產力水平，落實好以人民為中心的發展思想。要在適度擴大總需求的同時，去產能、去庫存、去槓桿、降成本、補短板，從生產領域加強優質供給，減少無效供給，擴大有效供給，提高供給結構適應性和靈活性，提高全要素生產率，使供給體系更好適應需求結構變化。」[128]

　　因此,可知推進供給側結構性改革,就是要從生產端入手,重點是促進產能過剩有效化解,促進產業優化重組,降低企業成本,發展戰略性新興產業和現代服務業,增加公共產品和服務供給,提高供給結構對需求變化的適應性和靈活性。簡言之,就是去產能、去庫存、去槓桿、降成本、補短板。這五大重點任務相互關聯、環環相扣。去產能、去庫存、去槓桿,是為了調整供求關系、緩解工業品價格下行壓力,也是為了企業去槓桿,既減少實體經濟債務和利息負擔,又在宏觀上防範金融風險,為經濟發展留出新空間。降成本、補短板,是為了提高企業競爭力、改善企業發展外部條件,加快發展新技術、新產業、新產品,為經濟增長培育新動力。根本途徑是深化改革,就是要完善市場在資源配置中起決定性作用的體制機制,深化行政管理體制改革,打破壟斷,健全要素市場,使價格機制真正引導資源配置,同時要加強激勵、鼓勵創新,增強微觀主體內生動力,提高盈利能力,提高勞動生產率,提高全要素生產率,提高潛在增長率。[129]

　　故供給側結構性改革的意義,供給側改革是相對需求側管理而言的,主要側重提升經濟增長的品質和效率,增強企業長期創新活力,注重經濟長期、持續的發展。未來中國大陸經濟要實現平穩較快增長,在注重需求管理的同時,需要更加注重供給側的結構性改革和創新。在供給側結構性改革過程中,破除生產要素和商品在全國範圍內的自由流通障礙、大量的過剩產能和經濟結構性問題等,都是需求側管理所無法解決,而在供給側結構性改革方面多做些工作,則可以為經濟平穩較快增長奠定基礎。因此,加大供給側結構性改革,是中共中央在形勢、新常態下抓好經濟治理工作的新思路。[130]

表3-7 供給側結構性改革的五大重點任務彙整表

1.化解產能過剩: (1) 央企與國企改革逐級推進。   (2) 加快一帶一路進程。   (3) 調整產業結構,淘汰落後產能和殭屍企業。
2.提高全要素生產力: (1) 技術進步,提高裝備水平。   (2) 融資體制改革,解決融資動能問題。   (3) 鼓勵生產創新。   (4) 加大教育投入,提高勞動力素質。   (5) 完善市場體系。
3.降低企業成本: (1) 結構性減稅。   (2) 資源品價格改革。   (3) 養老保險體系改革。   (4) 行政體制改革,簡政放權。   (5) 利率市場化。

4.消化地產庫存。
(1) 戶籍制度改革，開放二胎。
(2) 政府回購商品房，以增加保障房供給。
(3) 土地制度改革，增加土地供給。
5.防範金融風險。
(1) 金融改革，形成健康的股票市場。

資料來源：

整理自-國家行政學院經濟教研部編著，《中國供給側結構性改革》（北京：人民出版社，2016 年），頁 98。

三、小結

中國大陸政府因國際經濟情勢的轉變，為適應國內外「經濟新常態」，推動政府與企業端的「供給側結構性改革」，來調整中國大陸整體經濟的轉型，將企業過剩產能、過剩庫存及高槓桿問題逐漸去除調整整個產業結構，期望由低端大規模生產轉向高端高質量製造，發展戰略性新興產業和現代服務業，同時深化政府體制改革實施簡政、放權及減稅等政策，使「供給側結構性改革」發生根本性效用，解決當前企業產能過剩、庫存過剩、槓桿過高、成本高、技術與管理競爭力不足的短板問題。

然而，「供給側結構性改革」是屬於深化改革，並非一蹴可及，必須在突破原有思想框架的束縛後，提出改革方案並貫徹實行，才可能達成政策目標。故中共中央及中國大陸政府，不斷在歷次會議中強調「供給側結構性改革」的重要，並不斷提出去產能、去庫存、去槓桿、降成本、補短板等五大重點任務相關改革政策，例如一帶一路、國際產能與裝備製造合作、中國製造 2025、自由貿易試驗區等，深化「走出去」與「引進來」戰略，進行經濟體制的深化改革，企圖突破中等收入陷阱的危機，實現從開發中國家向已開發國家經濟轉型的遠程目標。

第四章 中國大陸經濟發展創新的共同基石

Chapter 4 │ The Common Cornerstone of Economic Development and Innovation in China

以五年規劃、
中國製造 2025、
國家新型城鎮化、
自由貿易試驗區(FTZ)、
及扶貧與鄉村振興
解析中國大陸對內經濟發展戰略

本章內容重點

■ 第一節 人才戰略
■ 第二節 互聯網+

▌第一節　人才戰略

壹、前言

　　古有明訓：「人才為立國之本。」兩千多年前，李斯在寫給秦王嬴政之〈諫逐客書〉中提到：「昔穆公求士，西取由余於戎，東得百里奚於宛，迎蹇叔於宋，求丕豹、公孫支於晉。此五子者，不產於秦，而穆公用之，并國二十，遂霸西戎。孝公用商鞅之法，移風易俗，民以殷盛，國以富彊，百姓樂用，諸侯親服獲楚、魏之師，舉地千里，至今治強。惠王用張儀之計，拔三川之地，西并巴蜀，北收上郡，南取漢中。包九夷，制鄢郢，東據成皋之險，割膏腴之壤，遂散六國之從，使之西面事秦，功施到今。昭王得范雎，廢穰侯，逐華陽，強公室，杜私門，蠶食諸侯，使秦成帝業。此四君者，皆以客之功。由此觀之，客何負於秦哉！向使四君卻客而不內，疏士而不與，是使國無富利之實，而秦無強大之名也。」就告知秦王嬴政，秦國之所以強大進而開疆拓土就是因為廣納他國之人才，如今秦國將非秦國籍人才逐出秦國，未來秦國將無法強大，秦王聽從李斯之言，故收回逐客之命令。

　　由上述可知，春秋戰國時期，列國爭霸，土地與天然資源匱乏的秦國可以強大，就是依靠運用人才的戰略，除運用秦國自身的人才也吸引列國的人才入秦為其所用，最後秦國統一列國，建立了中國第一個統一的帝國，這也顯示人才對於一個帝國的興起產生非常大的作用，反觀六國人才紛紛入秦受到重用，各國內部又不團結，最後被秦國各個擊破以致亡國，足證人才戰略對一個國家的發展產生非常大的作用。

貳、中國共產黨幹部管理制度概述

一、中共黨管幹部歷史淵源：

　　1920 年共產國際在《關於共產黨在無產階級革命中的作用》文件中指出：「共產黨必須建立在民主集中制的基礎上。民主集中制的主要原則是，上級組織由下級組織選舉產生，下級組織必須絕對執行上級組織的一切指示，在代表大會閉會期間設有黨內一切領導同志所公認的權威的黨中央。」[131]又中國共產黨的第一代中央領導集體強調「民主集中制原則」是革命與建設取得勝利的基本保證。毛澤東強調把黨的集中、黨的紀律與黨的民主結合起來。1938 年 10 月他在《中國共產黨在民族戰爭中的地位》一文中就指出：「必須重申黨的紀律：1.個人服從組織。2.少數服從多數。3.下級服從上級。4.全黨服從中央。」[132]故在中國共產黨的制度裡，必須黨員個人服從黨組織、少數服從多數、下級服從上級，最重要的是全黨服從中央，不得公開發表和散布與中央決定相反的意見。

　　中共其「黨管幹部原則」是指由黨來管理幹部的原則，幹部是黨的事業的骨幹，黨管幹部是實現黨的領導的重要組織保證，是黨的幹部建設的一條重要原則，更是堅持黨的領導的根本原則。且黨管幹部原則必須適應黨所處的環境和政治任務的需要，不斷地

進行調整和變化。革命戰爭年代，黨的主要任務是奪取政權，發動和組織人民群眾進行革命戰爭。根據戰爭環境和任務的特點，黨的幹部除軍隊系統是單獨管理外，全部由中央及各級黨委的組織部來統一管理。這種由黨委和組織部門統一任命、統一調配幹部的方法，與當時革命鬥爭任務是適應的，它有利於黨委和組織部門根據鬥爭形勢發展的需要來統一使用幹部力量，並有利於保守幹部工作機密，防止敵人破壞。建政以後，黨的主要任務由領導革命戰爭轉變為領導社會主義建設事業。幹部種類趨於複雜化，幹部專業化程度不斷提高，戰爭年代一攬子管理幹部的方式已難以適應新形勢與環境的需要了。根據這種變化了的情況，黨改變了過去由黨委和組織部門統一管理幹部的制度，實行分級分部管理幹部的制度，使幹部管理工作同檢查業務的工作結合起來。[133]

足證，中共為實現黨的領導，對於黨的幹部管理有其一套實行模式，透過黨管幹部進行有組織性的各種行為與活動，在革命戰爭年代、1949 年建政後及 1978 年改革開放後等，各個不同時期，達成中共中央所定立政治、軍事及經濟等工作之目標。

二、中共幹部管理之分類

1949 年中共建立政權後，時任中共中央組織部常務副部長的安子文，向毛澤東和劉少奇建議，「擬仿照蘇共的幹部職務名單制的辦法」，建立中國大陸的幹部管理制度。按照這套辦法，黨、政和社會團體中，所有重要職務以及任職幹部都必須登記在冊；調動任免時，需根據名單，對幹部進行預先審查、選拔推薦、批准任命。1952 年，劉少奇在中國共產黨第一次全國組織工作會議上說：「從最初級到最高級的幹部，每個人都要有一定的機關來管理。這個制度，我們稱之為幹部職務名單制。」[134]

依據 1953 年 11 月中共中央發出「關於加強幹部管理工作的決定」，因中共中央認為需按工作需要，將「幹部」劃分為九類，在中央及各級黨委的組織部統一管理下，由中央及各級黨委的各部門分別管理。

「關於加強幹部管理工作的決定」，指出在建立黨委各部分管幹部制度之後，中央及各級黨委的各部除各自原有的業務外，有兩項共同的任務：1.管理幹部：採取各種實際可行的方法，深入地、系統地考察、瞭解幹部的政治品質和業務能力，並以此為依據來正確地挑選和提拔幹部。2.檢查黨的政策、決議在有關部門中的執行情況。並在建立黨委各部分管幹部制度之後，中央及各級黨委的組織部，除直接管理幹部的範圍從負責管理全部幹部縮小為負責管理黨、群工作幹部及其他暫時還無專門部門管理的幹部外，原有其他任務不變。且中共中央及各級組織部，在中央及各級黨委的領導下，負責擬訂統一審查、調配幹部的計畫和黨校培養、訓練幹部的計畫，檢查各部門培養、訓練幹部計畫的執行情況，並負責建立統一的幹部檔案制度與統計制度。[135]

表4-1 中共中央發出「關於加強幹部管理工作的決定」之幹部分類表

第一類：軍隊幹部，由軍委的總幹部部、總政治部和軍隊中的各級幹部部、政治部負責管理。
第二類：文教工作幹部，由黨委的宣傳部負責管理。
第三類：計畫、工業工作幹部，由黨委的計畫、工業部負責管理。
第四類：財政、貿易工作幹部，由黨委的財政貿易工作部負責管理。
第五類：交通、運輸工作幹部，由黨委的交通、運輸部負責管理。
第六類：農、林、水利工作幹部，由黨委的農村工作部負責管理。
第七類：少數民族的黨外上曾代表人物、宗教界的黨外上層代表人物、政協機關、民主黨派機關、工商聯、佛教協會、伊斯蘭教協會和回民文化協會的機關幹部，由黨委的統戰工作部負責管理。
第八類：政法工作幹部，由黨委的政法工作部負責管理。
第九類：黨群工作幹部和上述沒有包括在內的其他各類幹部，由黨委的組織部負責管理。

資料來源：

人民網，〈中共中央關於加強幹部管理工作的決定〉，http：

//cpc.people.com.cn/GB/64184/64186/66658/4492867.html，檢索時間 2019 年 3 月 24 日。

　　1955 年 1 月，中共頒布第一份幹部名單〈中共中央管理的幹部職務名稱表〉。這份名單囊括當時地廳級以上所有幹部，全部交由中共中央組織部直接負責管理。在組織系統內部，這些幹部被統稱為「中管幹部」。並從 1955 年 9 月開始，各個省和部委倣傚中央，制定各自管理的幹部職務名稱表。全國逐步建立起由中央和各級黨委領導、中組部和各級組織部，統一管理的分部分級管理幹部的制度。簡單講，中國大陸的幹部管理體制就是兩條，第一條是「黨管幹部」，第二條是「職務名單表」。各級組織部按「權限」，管理自己「名單」上的幹部。[136]

　　中共在建政之初，依其執政之所需，改變幹部管理方式，由中共「黨管幹部」原則，改為中共中央組織部及中共地方組織部，各自建立「職務名單表」，更有系統及組織的管理及培訓幹部，以利其在中國大陸長期執政，並確保中共中央各項政策有效貫徹到地方。

　　依據中國大陸官方網站之介紹，「國家幹部」是指列入幹部編制、享受幹部待遇，從事各種公共管理工作的公職人員，主要包括以下六類人員：1.國家機關的領導和工作人員；2.中國共產黨的工作幹部，各民主黨派的領導和機關工作人員；3.在軍隊中擔任排級以上職務的現役軍人；4.社會政治團體與群眾組織的領導與工作人員；5.專業技術幹部；6.國有企、事業單位中從事管理工作的人員。[137]

　　從上述資料可知，中國大陸在中國共產黨領導下，建立一套「具有中國特色的黨政

幹部管理制度」，所以中共中央所決定的政策與規劃，可以特過這套黨政幹部管理制度，將政策與規劃由中央到地方，達到相當程度的實行，這也是中國大陸黨政一體化體制的優勢。

1953 年，中共中央就提到要傚傚幹部職務名單制，建立後備幹部名單制度，「將發現培養和提高後備幹部的工作，看作各級黨委和一切管理幹部部門的經常任務之一」。1964 年，毛澤東多次提出了培養接班人的問題。中組部牽頭，啟動「接班人」計劃。但這項工作被後來的「文化大革命」所中斷。[138]而文化大革命的發生，也使得中共許多優秀幹部在鬥爭中遇害，但也因在文化大革命期間的上山下鄉運動，磨練出一大批具有基層工作經驗的中共黨政幹部，現任中國大陸國家主席習近平與國務院總理李克強，在文革期間都曾經下鄉歷練。

1978 年改革開放後，培養接班人，成為中組部一項極為重要的戰略任務。中共元老、曾在延安時期擔任中組部部長的陳雲曾多次強調：「幹部隊伍保持梯隊的結構，可以使黨的事業後繼有人，代代相傳。」1982 年在陳雲的提議下，中共中央組織部成立青年幹部局，專門負責後備幹部的選拔和任用。青年幹部局對後備幹部的管理也是通過「名單」來實現的。中組部原青年幹部局局長李志民說：「到 1985 年"名單"上的各級後備幹部人數已超過 10 萬人。其中，中組部掌握的省部級後備幹部 1,054 人，各省組織部、各部委人事司管理的地廳級後備幹部 18,000 人，餘下的 96,000 人則是地市州組織部負責的縣處級後備幹部。不過，與「幹部職務名單」不同的是，「後備幹部名單」上的幹部本人並不知道自己在這份名單上。」[139]

中共組織部考察瞭解幹部的方式，包括被考察對像談話、座談會、心理學量表測試和計算機應用技術等方法。在與幹部談話中，有時還會讓被考察對像即興寫點東西，如開列一個自己讀過的書目、寫一個簡短的自我評價等等，以盡可能全面、詳細地掌握被考察對象的各方面情況。而座談會，這種方式的優勢，是可以對多個被考察對像進行比較、篩選。於 1980 年代中組部曾數次以人事部的名義，組織考察團出國出境考察，美國、瑞士、日本和香港等管理先進的國家和地區，都在考察之列。1986 年為更客觀、更科學地評價和選拔幹部，中組部啟動一項名為「幹部工作新方法研究」的計劃，研究內容包括對幹部能力素質的測評、考核幹部的方式和方法以及提高幹部能力素質的方法等等。這個計劃吸收大跨國公司，當時在發達國家都非常前沿的心理學量表測試和計算機應用技術。[140]

由此可知，中共在幹部考核上，相當重視考核方法，參照歐、美、日等先發展國家的管理考核模式，改進幹部管理制度，以求隨著時代進步，拔擢優秀幹部為中國共產黨及中國大陸各級政府與國有事業等機構工作，不斷力求強化幹部素質的提升，使得中共黨政幹部能有效服務國家。

現今，中共中組部在選拔、培養接班人上，傾向於更重視那些有大局意識、有能力總攬全局的幹部。因為，現在的環境比以往更複雜，有很多不確定因素，領導幹部光懂專業，顯然已遠遠不夠了。必須有能力應付各種局面，包括在條件不完全具備的情況下，

保證政策的落實。且現在幹部更注重綜合素質，而不是某項專業技能，位於「黨政主線」
上的幹部，更容易得到提拔。所謂主線幹部，就是鄉、鎮、縣、市和省的黨政一把手。
在中組部看來，這些「主線幹部」有大局觀，具備綜合處理各方面事務的能力和經驗。
[141]

　　中共中組部認為，掌控全局的能力和經驗，與專業沒有太大關係，必須在工作中培
養和積累，尤其是經過基層的磨煉。因此，中組部在提拔省部一級的幹部時，很少考慮
其專業背景。幹部從基層幹起、履歷比較完整，更容易得到提拔。組織系統中流行著一
句話：能管好一個縣，就能管好一個市；能管好一個市，才能管好一個省。曾任國家副
主席、中組部原部長李源潮，曾引用古語「宰相必起於州郡，猛將必發於卒伍」，來強調
基層經驗的重要性。[142]

　　以中國共產黨第十九屆中央委員會第一次全體會議，選出的 7 名中共中央常務委員
習近平、李克強、栗戰書、汪洋、王滬寧、趙樂際和韓正等人，除王滬寧一人屬於學者
從政，並無歷練黨政基層幹部外，其餘六人皆由基層，經歷黨政幹部職位幾十年的歷練，
才得以被選任中國共產黨和中國大陸國家領導人階層的職務，這也是具有中國特色的黨
政幹部任用與培養制度。

　　2009 年中共中組部的一項統計顯示，中央機關的司局級幹部中，來自應屆高校畢業
生的高達 44.6%，而具有縣、鄉基層領導工作經歷的僅佔 12.5 %。很多機關幹部也因此
被稱為「三門幹部」—出了家門進校門，出了校門進衙門。為扭轉這一局面，經中共中
央批准，中共中組部 2009 年下發文件，要求到 2015 年，中央機關和省級機關工作部門
領導班子成員中，要有一半具有基層領導工作經歷；中央機關司局級領導幹部和省級機
關處級領導幹部，要有三分之二具有兩年以上基層工作經歷，且為了避免能力單一，中
組部開始有意識讓一些重要崗位的領導幹部，跨地區、跨部門任職，以提高其領導水平。
再者，出國培訓，也被認為是綜合素質培養的一種有效途徑，每年有數萬名中共黨政官
員在中共組織部門的安排下，前往美國、新加坡等發達國家求學，培訓的課程包括媒體
如何運作、談判策略、社交媒體等。除上課外，學員還有機會訪問參觀聯合國、世界銀
行以及國際貨幣基金組織。[143]

　　顯示，中共培養黨政幹部，可堪比跨國企業在培訓企業經理人，也由於中國大陸屬
於黨政一體化運作模式，中國共產黨是中國大陸的唯一執政黨，必須帶領中國大陸與全
世界各國競爭，在所有黨政幹部的培養，必須達到現代化與科學化的標準，才能與時俱
進，達成中國共產黨與中國大陸政府各項政策與規劃所預設的目標。

　　2013 年 7 月 1 日中共建黨紀念日前夕，中共總書記習近平在全國組織工作會議上
提出好幹部的「五項要求」， 即信念堅定、為民服務、勤政務實、敢於擔當、清正廉
潔。過去幾十年，中共中央頒布的用人標準，在提法上出現過幾次大的變化，從 1949
年建政之初的「又紅又專」，到「文革」後的幹部「四化」（革命化、年輕化、知識
化、專業化），再到之後的「德、能、勤、績、廉」和「德才兼備、以德為先」。[144]

　　中共為貫徹落實黨的十八大關於全面深化改革的戰略部署，於 2013 年 11 月 12 日中國共產黨第十八屆中央委員會第三次全體會議，通過《中共中央關於全面深化改革若干重大問題的決定》，明確指出：「全面深化改革必須加強和改善黨的領導，充分發揮黨總攬全域、協調各方的領導核心作用，建設學習型、服務型、創新型的馬克思主義執政黨，提高黨的領導水準和執政能力，確保改革取得成功。」[145]顯示，中共其黨的領導模式，為因應 21 世紀新時代的需要調整為建設學習型、服務型、創新型的執政黨，以期提高領導水準和執政能力，確保經濟深化改革能取得成功。

　　且《中共中央關於全面深化改革若干重大問題的決定》仍重點強調黨管幹部原則，指出：「全面深化改革，需要有力的組織保證和人才支撐。堅持黨管幹部原則，深化幹部人事制度改革，構建有效管用、簡便易行的選人用人機制，使各方面優秀幹部充分湧現。發揮黨組織領導和把關作用，強化黨委（黨組）、分管領導和組織部門在幹部選拔任用中的權重和幹部考察識別的責任，改革和完善幹部考核評價制度，改進競爭性選拔幹部辦法，改進優秀年輕幹部培養選拔機制，區分實施選任制和委任制幹部選拔方式，堅決糾正唯票取人、唯分取人等現象，用好各年齡段幹部，真正把信念堅定、為民服務、勤政務實、敢於擔當、清正廉潔的好幹部選拔出來。」[146]

　　於 2014 年《黨政領導幹部選拔任用工作條例》頒布，總計 71 項條款。這一條例，對幹部提拔做出具體的硬性規定。比如，晉陞縣長，需要 5 年以上的工齡，和 2 年以上基層工作經歷、大學專科以上文憑，以及在黨校接受過規定時間的培訓。但這些規定又具有很大的彈性。條例同時允許，因特殊情況在提任前未達到培訓要求的，可以在提任後再補課；被認為是「特別優秀的年輕幹部」，可以不論資歷得到提拔。標準量化，但核心仍然沒有變。首先，政治上必須是堅定的，要堅持黨性原則，要有正派的作風，要出於公心去工作。[147]

　　中共依然堅持黨管幹部的原則，以改革和完善幹部考核評價制度、改進競爭性選拔幹部辦法，及改進優秀年輕幹部培養選拔機制等方式，不斷完善黨政幹部的選拔，以期培養新一代優秀的執政團隊，執行中共深化改革的政策與相關規劃等目標。

　　中共中央關於國家人才培養與吸引國際人才的規劃，於《中共中央關於全面深化改革若干重大問題的決定》中也指出：「建立集聚人才體制機制，擇天下英才而用之。打破體制壁壘，掃除身份障礙，讓人人都有成長成才、脫穎而出的通道，讓各類人才都有施展才華的廣闊天地。完善黨政機關、企事業單位、社會各方面人才順暢流動的制度體系。健全人才向基層流動、向艱苦地區和崗位流動、在一線創業的激勵機制。加快形成具有國際競爭力的人才制度優勢，完善人才評價機制，增強人才政策開放度，廣泛吸引境外優秀人才回國或來華創業發展。」[148]

　　因此，由《中共中央關於全面深化改革若干重大問題的決定》可知，中共運用黨的領導，建立黨管幹部原則，聚集大陸內部人才為黨及國家所用，並欲加大政策吸引境外人才到大陸就業與創業，期望能擇天下英才而用之，以達成中國大陸全面深化改革的政策目標。

三、中共黨組織與黨員之發展

中國大陸政府由中國共產黨領導，在黨政一體的制度之下，中國共產黨其對於人才的培養與管理自有一套獨特的制度。依據中國大陸公佈的 2019 年國民經濟和社會發展統計公報，年末全中國大陸總人口 140,005 萬人[149]，而當年末中國共產黨的黨員總數為 9,191.4 萬人，故中國共產黨黨員佔中國大陸總人口約 6.57 %，為中國大陸最大政治團體，亦為全世界最大政黨。

由於〈中國共產黨黨章〉第 5 條規定：「發展黨員，必須把政治標準放在首位，經過黨的支部，堅持個別吸收的原則。申請入黨的人，要填寫入黨志願書，要有兩名正式黨員作介紹人，要經過支部大會通過和上級黨組織批准，並且經過預備期的考察，才能成為正式黨員。介紹人要認真瞭解申請人的思想、品質、經歷和工作表現，向他解釋黨的綱領和黨的章程，說明黨員的條件、義務和權利，並向黨組織作出負責的報告。黨的支部委員會對申請入黨的人，要注意徵求黨內外有關群眾的意見，進行嚴格的審查，認為合格後再提交支部大會討論。上級黨組織在批准申請人入黨以前，要派人同他談話，作進一步的瞭解，並幫助他提高對黨的認識。在特殊情況下，黨的中央和省、自治區、直轄市委員會可以直接接收黨員。」[150]

上述可知，〈中國共產黨黨章〉第 5 條嚴格規定，加入中國共產黨除須填寫入黨相關資料，另必須有兩名正式黨員作介紹人，要經過支部大會通過和上級黨組織批准，並且經過預備期的考察，才能成為正式黨員，並且要接受相關考察與上級黨組織的談話才可能獲准入黨，入黨後還必須參加相關黨的組織生活與受黨的規範，如此受規範的黨員，是必須具有相當的服從性與組織紀律性。

再從本文所彙整 2012 年至 2020 年中國共產黨黨員統計資料、2012 年至 2020 年中國共產黨黨組織統計資料，及 2020 年中國共產黨黨員及黨組織統計資料可知，近年來中國共產黨的黨員數仍不斷增加，且大專及以上學歷黨員比例也不斷增加，由 2012 年 3,408.1 萬人，佔比 40%，攀升至 2020 年的 4,951.3 萬人，佔比 52%，佔中共黨員半數以上，僅 8 年就實質增加 1,543.2 萬人，顯見中國共產黨黨員主體，已由早期革命時期的農民與工人，轉變成為現在以知識分子為主體的政黨。

且中國共產黨的黨組織，分布於全中國大陸中央到地方政府、機關單位、事業單位、國有企業、民營企業及社會組織，其總數超過 500 萬以上。在中國大陸形成一個除政府外的一個完整的組織體系，也吸收了全中國大陸各行各業與各階層的人才，為中國共產黨所用。

然而，中國共產黨為中國大陸的執政黨，在黨中央及地方均設有組織部，負責幹部的選拔與考核，且在中共黨組織的培養下，素質優秀的黨員將可能被提拔為黨的幹部，使得黨員在政治及職業生涯上都有較大的發展機會，這也形成一個「具有中國特色的人才培育體制」。

表4-2 2012年～2020年中國共產黨黨員統計資料表

年度	2012 年	2013 年	2014 年
黨員總數	8,512.7 萬人	8,668.6 萬人	8,779.3 萬人
女性黨員（占比）	2,026.9 萬人（23.8%）	2,109.0 萬人（24.3%）	2,167.2 萬人（24.7%）
少數民族黨員（占比）	580.2 萬人（6.8%）	595.4 萬人（6.9%）	605.1 萬人（6.9%）
大專及以上學歷黨員（占比）	3,408.1 萬人（40%）	3,606.8 萬人（41.6%）	3,775.5 萬人（43.0%）
年度	2015 年	2016 年	2017 年
黨員總數	8,875.8 萬人	8,944.7 萬人	8,956.4 萬人
女性黨員（占比）	2,227.8 萬人（25.1%）	2,298.2 萬人（25.7%）	2,388.8 萬人（26.7%）
少數民族黨員（占比）	618.0 萬人（7.0%）	630.0 萬人（7.0%）	651.4 萬人（7.3%）
大專及以上學歷黨員（占比）	3,932.4 萬人（44.3%）	4,103.1 萬人（45.9%）	4,328.6 萬人（48.3%）
年度	2018 年	2019 年	2020 年
黨員總數	9,059.4 萬人	9,191.4 萬人	9,514.8 萬人
女性黨員（占比）	2,466.5 萬人（27.2%）	2,559.9 萬人（27.9%）	2,745.0 萬人（28.8%）
少數民族黨員（占比）	664.5 萬人（7.3%）	680.3 萬人（7.4%）	713.5 萬人（7.5%）
大專及以上學歷黨員（占比）	4,493.7 萬人（49.6%）	4,661.5 萬人（50.7%）	4,951.3 萬人（52.0%）

資料來源：

整理自-共產黨員網，＜黨內統計公報＞，http：//www.12371.cn/，檢索時間 2021 年 7 月 20 日。

表4-3 2014年～2021年中國共產黨黨組織統計資料表

年度	2014 年	2015 年	2016 年	2017 年
省（區、市）黨委	31 個	31 個	31 個	31 個
市（地、州）黨委	397 個	391 個	396 個	397 個
縣（市、區、旗）黨委	2,790 個	2,784 個	2,780 個	2,780 個
黨的基層組織（基層黨委、總支部、支部）	436.0 萬	441.3 萬	451.8 萬	457.2 萬
機關單位	23.6 萬	23.3 萬	23.2 萬	23.2 萬
事業單位	50.6 萬	51.1 萬	51.5 萬	51.6 萬
公有制企業	19.4 萬	19.2 萬	18.9 萬	18.5 萬
非公有制企業	157.9 萬	160.2 萬	185.5 萬	187.7 萬
社會組織	18.4 萬	20.4 萬	28.9 萬	30.3 萬
年度	2018 年	2019 年	2020 年	2021 年
省（區、市）黨委	31 個	31 個	31 個	31 個
市（地、州）黨委	398 個	397 個	397 個	397 個
縣（市、區、旗）黨委	2,779 個	2,774 個	2,771 個	2,770 個
黨的基層組織（基層黨委、總支部、支部）	461.0 萬	468.1 萬	486.4 萬	493.6 萬
機關單位	23.0 萬	72.3 萬	74.2 萬	74.5 萬
事業單位	51.5 萬	91.3 萬	93.3 萬	94.9 萬
公有制企業	18.1 萬	147.7 萬	151.3 萬	153.2 萬
非公有制企業	158.5 萬			
社會組織	26.5 萬	14.2 萬	16.2 萬	17.1 萬

資料來源：

整理自-共產黨員網，〈黨內統計公報〉，

http：//www.12371.cn/，檢索時間 2022 年 6 月 30 日。

表4-4 2020年中國共產黨黨員及黨組織統計資料表

一、中國共產黨黨員總數為：**9,514.8 萬名（較 2019 年增加黨員 323.4 萬名）**。

　　1、大專及以上學歷黨員：4,951.3 萬名，占黨員總數的 52 ％。

　　2、黨員職業：

　　　　(1) 工人（工勤技能人員）：648.1 萬名。

　　　　(2) 農牧漁民：2,581.7 萬名。

　　　　(3) 企事業單位、社會組織專業技術人員：1,507.5 萬名。

　　　　(4) 企事業單位、社會組織管理人員：1,061.2 萬名。

　　　　(5) 黨政機關工作人員：777.3 萬名。

　　　　(6) 學生：306.7 萬名。

　　　　(7) 其他職業人員：720.5 萬名。

　　　　(8) 離退休人員：1,911.8 萬名。

二、黨組織：

　　1、黨的各級地方委員會 3,199 個：

　　　　（1）省（區、市）黨委：31 個。

　　　　（2）市（地、州）黨委：397 個。

　　　　（3）縣（市、區）黨委：2,771 個。

　　2、黨的基層組織 486.4 萬個。

　　3、城市街道、鄉鎮、社區（居委會）、建制村黨組織：

　　　　全國 8,942 個城市街道、29,693 個鄉鎮、113,268 個社區（居委會）、491,748

　　　　個行政村已建立黨組織，覆蓋率均超過 99.9%。

　　4、機關、事業單位基層黨組織：

　　　　（1）機關基層黨組織 74.2 萬個。

　　　　（2）事業單位基層黨組織 93.3 萬個。

　　5、企業基層黨組織 151.3 萬個。

　　6、社會組織黨組織 16.2 萬個。

資料來源：

整理自-共產黨員網，〈 2020 年中國共產黨黨內統計公報〉， https：

//www.12371.cn/2021/06/30/ARTI1625021390886720.shtml，檢索時間 2022 年 4 月 7 日。

表4-5 2021年中國共產黨黨員及黨組織統計資料表

一、中國共產黨黨員總數為：**9,671.2 萬名（較 2020 年增加黨員 343.4 萬名）。**

　1、大專及以上學歷黨員：5,146.1 萬名，占黨員總數的 53.2 %。

　2、黨員職業：

　　　（1）工人（工勤技能人員）：659.4 萬名。

　　　（2）農牧漁民：2,592.3 萬名。

　　　（3）企事業單位、社會組織專業技術人員：1,548.7 萬名。

　　　（4）企事業單位、社會組織管理人員：1,094.8 萬名。

　　　（5）黨政機關工作人員：780.5 萬名。

　　　（6）學生：305.2 萬名。

　　　（7）其他職業人員：748.2 萬名。

　　　（8）離退休人員：1,942.1 萬名。

二、黨組織：

　1、黨的各級地方委員會 3,198 個：

　　　（1）省（區、市）黨委：31 個。

　　　（2）市（地、州）黨委：397 個。

　　　（3）縣（市、區）黨委：2,770 個。

　2、黨的基層組織 493.6 萬個。

　3、城市街道、鄉鎮、社區（居委會）、建制村黨組織：

　　全國 9,034 個城市街道、29,649 個鄉鎮、114,065 個社區（居委會）、491,129
　　個行政村已建立黨組織，覆蓋率均超過 99.9%。

　4、機關、事業單位基層黨組織：

　　　（1）機關基層黨組織 74.5 萬個。

　　　（2）事業單位基層黨組織 94.9 萬個。

　5、企業基層黨組織 153.2 萬個。

　6、社會組織黨組織 17.1 萬個。

資料來源：

整理自-共產黨員網，〈2021 年中國共產黨黨內統計公報〉，https：

//www.12371.cn/2022/06/29/ARTI1656497888734984.shtml，檢索時間 2022 年 6 月 30 日。

叁、中國大陸黨政體制概述

一、中國大陸憲法之規定

中國大陸《憲法》前言中所述:「中國新民主主義革命的勝利和社會主義事業的成就,是中國共產黨領導中國各族人民,在馬克思列寧主義、毛澤東思想的指引下,堅持真理,修正錯誤,戰勝許多艱難險阻而取得的。我國將長期處於社會主義初級階段。國家的根本任務是,沿著中國特色社會主義道路,集中力量進行社會主義現代化建設。中國各族人民將繼續在中國共產黨領導下,在馬克思列寧主義、毛澤東思想、鄧小平理論、三個代表重要思想、科學發展觀、習近平新時代中國特色社會主義思想指引下,堅持人民民主專政,堅持社會主義道路,堅持改革開放,不斷完善社會主義的各項制度,發展社會主義市場經濟,發展社會主義民主,健全社會主義法治,貫徹新發展理念,自力更生,艱苦奮鬥,逐步實現工業、農業、國防和科學技術的現代化,推動物質文明、政治文明、精神文明、社會文明、生態文明協調發展,把我國建設成為富強民主文明和諧美麗的社會主義現代化強國,實現中華民族偉大復興。」又該《憲法》第一條:「中華人民共和國是工人階級領導的、以工農聯盟為基礎的人民民主專政的社會主義國家。社會主義制度是中華人民共和國的根本制度。中國共產黨領導是中國特色社會主義最本質的特徵。禁止任何組織或者個人破壞社會主義制度。」[151]

可知,中國大陸的政治及社會制度為社會主義制度,中國共產黨在中國大陸為具有領導地位的執政黨。而在中國大陸除中國共產黨之外,還有八個參政黨,分別為中國國民黨革命委員會、中國民主同盟、中國民主建國會、中國民主促進會、中國農工民主黨、中國致公黨、九三學社、臺灣民主自治同盟等,形成中國大陸以中國共產黨領導,八大參政黨為輔的政治體制。

二、中共現行黨政領導體制簡述

中共中央於 1995 年印發《黨政領導幹部選拔任用工作暫行條例》,該條例共計 11 章 54 條。該條例第一條明確指出:「為認真貫徹執行黨的幹部路線、方針、政策,建立科學規範的黨政領導幹部選拔任用制度,形成富有生機與活力的用人機制,推進幹部隊伍的革命化、年輕化、知識化、專業化,保證黨的基本路線的全面貫徹執行和建設有中國特色社會主義事業的順利發展,根據《中國共產黨章程》和國家有關法律、法規,制定本條例。」[152]

在 1978 年改革開放,歷經十餘年摸著石頭過河的經驗積累後,中共對於黨政幹部隊伍選拔要求革命化、年輕化、知識化、專業化四化原則,以保證黨的基本路線的全面貫徹執行,這就是中共適應時代發展,面對 21 世紀選拔黨政幹部的基本要求,若僅看年輕化、知識化、專業化三化原則,亦像是企業在培養骨幹及經理人的先進思維,這也是中共培養幹部與時俱進的表徵。

又《黨政領導幹部選拔任用工作暫行條例》第 2 條規定:「選拔任用黨政領導幹部,

必須堅持之原則為　1.黨管幹部的原則；2.德才兼備、任人唯賢的原則；3.群眾公認、注重實績的原則；4.公開、平等、競爭、擇優的原則；5.民主集中制的原則；6.依法辦事的原則。」[153]

　　且在選拔任用黨政領導幹部上，中共除仍堅持黨管幹部原則及民主集中制原則傳統外，提出群眾公認、注重實績、公開、平等、競爭、擇優的原則，以改變過往在選拔人才上的缺失與不足，期望能更加綜合考核，從黨內選拔出更優秀的人才，使其能成為未來重要的黨政領導幹部。

　　中國大陸實行黨政合一的制度，故《黨政領導幹部選拔任用工作暫行條例》第4條規定：「本條例適用於選拔任用中共中央、全國人大常委會、國務院、全國政協、中央紀律檢查委員會、最高人民法院、最高人民檢察院的工作部門的領導成員，地方縣級以上（含縣級）黨委、人大常委會、政府、政協、紀委、法院、檢察院及其工作部門的領導成員。」[154]從中央到地方將中國共產黨的黨組織與政府機構，各重要部門的領導幹部全部納入規範，以符合中共黨政合一的體制運作模式。

　　而中國大陸在黨政領導職務人才選拔規範上，《黨政領導幹部選拔任用工作暫行條例》第七條規定：「提拔擔任黨政領導職務的，應當具備以下資格：1.提任縣（處）級領導職務的，應當具有五年以上工齡和兩年以上基層工作經歷；2.提任縣（處）級以上領導職務的，一般應當具有在下一級兩個以上職位任職的經歷；3.提任副縣（處）級以上領導職務的，由副職提任正職，一般要在副職崗位上工作兩年以上，由下級正職提任上級副職，一般要在下級正職崗位上工作三年以上；4.一般應當具有大學專科以上文化程度，其中，省部級領導幹部一般應當具有大學本科以上文化程度；5.必須經過黨校、行政院校或者其他培訓機構三個月以上的培訓；6.身體健康；7.提任黨的領導職務的，除具備上列規定資格外，還應當符合《中國共產黨章程》規定的黨齡要求。」[155]

　　上述可知，中共在對於黨政領導職務人才選拔上，仍依循其大革命時期累積的鬥爭經驗，非常重視黨政領導幹部的實務工作的歷練，使中共黨政幹部能在各個工作上，累積各項事務的處理經驗。且中共黨政幹部，必須再經過中共黨校的幹部培訓，才得以逐級提升黨政領導職務，在實務工作與黨校培訓並重之下，中共得以培養出大批具有相當實務與理論相結合的黨政幹部隊伍，有助於中國大陸經濟的發展與轉型。

　　此外，中共黨政幹部實施「民主推薦制」，於《黨政領導幹部選拔任用工作暫行條例》第9條規定：「選拔任用黨政領導幹部，應當經過民主推薦提出考察物件。民主推薦由同級黨委（黨組）或上級組織（人事）部門主持。換屆時，民主推薦按照領導班子職位的設置全額推薦；個別提拔任職時，按照擬任的職位推薦。黨委（黨組）或者組織（人事）部門在民主推薦的基礎上，集體研究確定考察對象。確定考察對象時，要把民主推薦的結果作為重要依據之一，同時要防止簡單地以票取人。」[156]

　　又《黨政領導幹部選拔任用工作暫行條例》第10條規定：「換屆時，民主推薦由下列人員參加：1.黨委成員；2.人大常委會、政府、政協的黨組成員或者全體領導成員；3.

紀委領導成員；4.人民法院、人民檢察院、黨委工作部門、政府工作部門、人民團體的主要領導成員；5.下一級黨委和政府的主要領導成員；6.其他需要參加的人員。推薦人大常委會、政府、政協領導成員人選，應有民主黨派主要領導成員和無黨派人士中的代表人物參加。」[157]

且《黨政領導幹部選拔任用工作暫行條例》第 11 條規定：「換屆時，民主推薦應當經下列程式：1.制定推薦工作方案，公佈推薦職務、任職條件、推薦範圍和有關要求；2.採取召開推薦會、個別談話、填寫推薦表等方式進行推薦；3.由同級黨委或者上級黨委組織部門匯總推薦情況； 4.向上級黨委彙報推薦情況。」[158]

從《黨政領導幹部選拔任用工作暫行條例》規範可知，中共黨政幹部除要有黨政職務的實務歷練與黨校培訓外，還必須透過「民主推薦制」的考察等相關程序，進行推薦與選拔，組成各級黨委、黨組及政府領導班子推行各項黨務及政務，如此形成黨內人才的競爭與合作機制，亦有助於貫徹黨與政府的政策與規劃，使各級政府能有效運作。

在試行《黨政領導幹部選拔任用工作暫行條例》七年後，於 2002 年 7 月，中共中央正式頒布《黨政領導幹部選拔任用工作條例》，並於 2014 年 1 月及 2019 年 3 月修改，該條例對於中共黨政幹部選拔任用條件、民主推薦（談話調研推薦和會議推薦）、考察、討論決定、任職（選任制、委任制，部分專業性較強的領導職務可以實行聘任制）、依法推薦、提名和民主協商、交流、回避、免職、辭職、降職、紀律和監督均有明確規定，且該條例明定由中共中央組織部負責解釋。[159]

由此可知，《黨政領導幹部選拔任用工作條例》規範中國共產黨及中國大陸政府黨政幹部的選拔及任用，並且經由瞭解該條例的運作與實行模式，可明確知悉中國大陸黨政一體化機制與集體領導機制，如何有效在中國大陸實行的基本運作模式。

三、中國大陸集體領導體制概述

中國大陸清華大學國情研究院的院長胡鞍鋼認為：「中國特色的集體領導制就是指由多人組成的中央政治局常委會及其領導機制，中央政治局常委又分別代表黨和國家的不同領導機構，形成了分工合作與協調的集體領導制。」並指出，中國特色的集體領導制體現在五大機制：「集體分工協作機制、集體交班機制、集體學習機制、集體調研機制、集體決策機制。」[160]

而中國特色的集體領導制的根本特徵就是中國共產黨及其國家機構實行的民主集中制。[161]這五個機制構成了一整套的制度安排，它們相互聯繫，相互作用，也相互影響，最核心的機制是集體決策機制，實踐反覆證明，既有著內部的分工合作和協商決策、又有著對外的團結一致和高度統一，既能夠確保權力平穩交接、又同國家建設實踐和智庫諮詢力量有著廣泛聯繫的中共中央集體領導機制。[162]

中共從 1949 年在中國大陸建政後，迄今已執政 70 餘年，從其政治宣傳得知，已歷經毛澤東、鄧小平、江澤民、胡錦濤等四代領導人，現今習近平為中共第五代領導人，

且由於中國大陸屬中央集權制國家,其非聯邦制國家,因而中央政府擁有較大政治權力,國家主要政策與規劃均由中央擬定,再由各地方政府分層執行,然政府管理事務相當龐雜,加上擁有 14 億人口,領導人無法事必躬親,各級政府運作必須組成具有相當執行力的領導班子,以維持政府有效運作。中共實行黨政合一體制,強調高效運作模式,經由集體分工協作機制、集體交班機制、集體學習機制、集體調研機制、集體決策機制,逐步演變與形成中國特色集體領導制的運行機制。

表4-6　中國特色集體領導制的運行機制表

一、集體分工協作機制: 　　是指中央政治局常委會成員從黨總攬全局、協調各方的領導核心作用出發、既分別代表不同機構、分管不同工作、同時又協調合力進行重大決策的運行機制。最終形成較低水準資訊不對稱性下的、科學性和正確性得到高度保障的、對外高度統一的,中共中央重大決策。
二、集體交接班機制: 　　是指將黨和國家的領導權力從一屆領導集體手中平穩交接到下一屆領導集體手中的制度安排。這一安排拋棄了毛澤東時期個人指定接班人、將最高權力從個人移交給個人的封建式做法,以權力風險的分散化和權力交接的制度化為核心,要求黨的幹部一般應走完擔任省區市委書記以獲得鍛煉提高、為在任領導集體成員擔任助手以進一步培養考察兩個臺階,才能夠成為新一屆中央領導集體成員。這一機制是確保黨和國家領導集體權力穩定交接、確保「集體領導制」順利繼承和延續的一項重要制度保障,其主要標誌是中央領導人新老換屆交替的制度化、規範化和程序化。
三、集體學習機制: 　　是指中央政治局常委會定期(基本每月次)邀請國家智庫成員(主要來自專業科研機構、高等院校、國家機關下設的研究機構及專業委員會),圍繞國民經濟與社會發展重要領域、重大問題,向中央政治局常委會全體成員作專題授課的工作機制。在這一機制下,中央政治局常委會通過集體學習,與決策諮詢和政策評估部門展開積極互動,匯總多元背景資訊,群策群智完成資訊分享與綜合判斷,促進政治共識的達成,孕育中央領導集體的決策創新。
四、集體調研機制: 　　是指中央政治局常委會全體成員為瞭解實際情況而親身深入全國各地基層,進行實地查看或邀請瞭解實際情況的人進行座談的工作機制。這一機制極大地加強了中央領導人從實踐向認識轉變的聯繫環節,它促進了中央領導集體的「田野工作」,確保中央領導集體密切聯繫實際、聯繫群眾,也有效降低了中央領導集體相對於基層在掌握實際情況方面的資訊不對稱性,降低了中央重大決策出現失誤的風險。
五、集體決策機制: 　　是指黨中央領導集體在重大問題上堅持集體討論、集體決策、按照集體領導、民主集中、個別醞釀、會議決定的決策原則,完善重大決策規則程式,堅持嚴格按照決策規則和程式進行決策的工作機制,這一機制有效降低了領導集體成員之間關於

決策資訊的不對稱性、不確定性程度，增加了決策資訊的透明度，促進了充分分享資訊、及時交流信息、坦誠交換資訊，強化了按照民主程序，根據多數意見形成政治決策的規則，發展和健全了中央領導集體決策的民主集中制，有力推動了黨內政治生活的民主化、制度化。

資料來源：

胡鞍鋼著，《中國集體領導體制》（北京：中國人民大學出版社，2014年），頁16～17。

　　中國共產黨為中國大陸的執政黨，因此其黨中央組織系統及人事安排對於中國大陸的政治與經濟發展具有絕對的影響力，尤其以五年一次的全國黨代表大會，更是觀察中共政治與經濟等政策方向的最佳時機點。依據《中國共產黨黨章》第20條規定：「黨的全國代表大會的職權是：聽取和審查中央委員會的報告；審查中央紀律檢查委員會的報告；討論並決定黨的重大問題；修改黨的章程；選舉中央委員會；選舉中央紀律檢查委員會。」[163]中共開全國黨代表大會期間，中共總書記會代表黨中央向黨代表大會提出報告，除總結前五年的成果外，也會宣示未來五年的發展規劃。

　　由於中共實行「民主集中制」，黨中央擁有較大上級對下級的領導權，而這每五年的黨代表大會同時會進行黨領導群體的換屆選舉，以近第18及19屆中共黨代會為例：2012年11月中國共產黨舉行第十八屆全國代表大會後，於11月15日中共「十八屆一中全會」選出25名中央政治局委員，並從中選出7名政治局常委：習近平（中央委員會總書記）、李克強、張德江、俞正聲、劉雲山、王岐山、張高麗。2013年中國大陸召開第十二屆全國人民代表大會第一次會議及中國人民政治協商會議第十二屆全國委員會第一次會議選舉或任命，習近平為國家主席、李克強為國務院總理、張德江為全國人民代表大會常務委員會委員長、俞正聲為中國人民政治協商會議全國委員會主席、張高麗為國務院副總理，中共五位政治局常委擔任中國大陸政府主要機構領導人。

　　2017年11月中國共產黨舉行第十九屆全國代表大會後，於11月15日中共「十九屆一中全會」選出25名中央政治局委員，並從中選出7名政治局常委：習近平、李克強、栗戰書、汪洋、王滬寧、趙樂際、韓正。2018年中國大陸召開第十三屆全國人民代表大會第一次會議及中國人民政治協商會議第十三屆全國委員會第一次會議選舉或任命，習近平為國家主席、李克強為國務院總理、栗戰書為全國人民代表大會常務委員會委員長、汪洋為中國人民政治協商會議全國委員會主席、韓正為國務院副總理，中共5位政治局常務委員，擔任中國大陸政府主要機構領導人，亦明確顯示中國大陸為黨政一體化的政治體制。

四、小結

　　中國共產黨以黨領政與黨政一體的治理模式，其擁有9,000餘萬黨員，以中共中央組織部及各地方組織部，為最重要的人事管理單位。又中共、中國大陸政府省部級以上幹部及央企一定層級以上等人員，均歸中共中央組織部列檔管理稱之為「中管幹部」，人事考核與派任也由中央組織部負責，故其有中國大陸國家公務員局牌子，並在各黨、

政、企業、組織機關設立黨委或黨組，以利執行黨的政策與管理黨、政、企業、組織幹部。

　　且中共對於黨政幹部的培養也有其政策與制度，故成立中共中央黨校及多個幹部學院，定期或不定期培訓黨政幹部，除在國內黨校及大學院校培養外，也會送往新加坡、美國等外國大學，參與短期課程或是學位課程訓練。顯見，中國共產黨對於黨內人才培養及訓練相當的重視，也使中共黨政幹部有能力適應快速變遷的新時代，亦能制定和實行合乎新時代運行的政策與規劃，使中共能保持長期執政的優勢地位。

　　中共中央透過黨及政府系統，統治中國大陸 14 餘億人口、960 多萬平方公里的國土面積，涵蓋北京、上海等 31 個省市自治區，以及香港與澳門 2 個特別行政區，需要設立非常龐大的黨組織與政府機關單位，瞭解民情制定政策與規劃，且相互之間要能縱向與橫向聯繫，才可能上令下達，又需要有良好的協調機制推才能動政策與規劃。

　　故中國共產黨實行民主集中制，在集體分工協作機制、集體交班機制、集體學習機制、集體調研機制、集體決策機制下，使得黨政能一體化運作，創造出改革開放四十年的經濟奇蹟。然胡鞍鋼教授也明確指出：「這一制度也不是沒有缺陷的，更不是完美無缺的，這就需要不斷改進，不斷完善，不斷進步。」[164]因此，中共黨政幹部在黨政實務運作與黨校理論研究發展的交互運作下，不斷完善其黨務與政治體制革新，使中國大陸的政治能有效運作，經濟得以持續發展。

肆、中國大陸改革開放後的人才培養

一、前言

　　中國大陸文化大革命後，鄧小平再次復出工作推動四個現代化，對於文革十年造成中國大陸人才培養斷層，於 1977 年 5 月的談話曾說：「我們要實現現代化，關鍵是科學技術要能上去。發展科學技術，不抓教育不行。靠空講不能實現現代化，必須有知識，有人才。沒有知識，沒有人才，怎麼上得去？科學技術這麼落後怎麼行？要承認落後，承認落後就有希望了。現在看來，同發達國家相比，我們的科學技術和教育整整落後了二十年。科研人員美國有一百二十萬，蘇聯九十萬，我們只有二十多萬，還包括老弱病殘，真正頂用的不很多。日本人從明治維新開始注意科技，注意教育，花了很大力量。明治維新是新興資產階級幹的現代化，我們是無產階級，應該也可能幹得比他們好。」[165]

　　中國大陸於文化大革命後，鄧小平明確指出，中國大陸在科學技術和教育整整落後發達國家二十年，且中國大陸在知識與人才的儲備上，嚴重落後於美國、蘇聯、日本等先進工業化國家，必須注重教育，著重培養人才。

　　鄧小平又說：「定要在黨內造成一種空氣：尊重知識，尊重人才。要反對不尊重知識份子的錯誤思想。不論腦力勞動，體力勞動，都是勞動。從事腦力勞動的人也是勞動者。將來，腦力勞動和體力勞動更分不開來。發達的資本主義國家有許多工人的工作就是按

電鈕，一站好幾小時，這既是緊張的、聚精會神的腦力勞動，也是辛苦的體力勞動。要重視知識，重視從事腦力勞動的人，要承認這些人是勞動者。科技和教育，各行各業都要抓。大的企業都要有科學技術研究機構，有科學技術研究人員，每個部門都要進行科學研究。」[166]

由於中國大陸文化大革命期間，許多知識份子在政府政策的推動下，自願與非志願的經歷上山下鄉的勞苦歷練，鄧小平將腦力勞動與體力勞動並重的這些話，對於剛經歷過文化大革命的中國大陸知識份子而言，具有相當的激勵作用，也顯示中國大陸將改變政策，重新重視知識分子在社會上的地位，為知識人才的培養奠定基礎。

同時，鄧小平又指出：「抓科技必須同時抓教育，從小學抓起，一直到中學，大學。我希望從現在開始做起，五年小見成效，十年中見成效，十五年二十年大見成效。辦教育要兩條腿走路，既注意普及，又注意提高。要辦重點小學、重點中學、重點大學，要經過嚴格考試，把最優秀的人集中在重點中學和大學。」[167]鄧小平此段談話，也闡明中國大陸在文化大革命後，對於教育上撥亂反正的改革方向。

鄧小平對於教育方針改革的談話，使得當時中國大陸教育的改革，產生一個極大的動力，在這談話後不久，1977年10月12日中國大陸國務院批轉《關於教育部1977年高等學校招生工作的意見》，並隨即在1977年底恢復高等學校招生考試（即大學入學考試），約有570萬青年參加了高等學校招生考試，各大專院校從中擇優錄取了27.3萬名學生。[168]自此，中國大陸恢復了停止十年的高等學校（即大學）入學考試制度，使中國大陸人才培養進入了嶄新的時代，也為改革開放奠定了堅實的人才基礎。

歷經1978年中共十一屆三中全會後，中國大陸正式啟動改革開放的列車，由於文革十年對中國大陸整體經濟的破壞，在教育與人才培養上產生嚴重的斷層，整個中國大陸需要歷經一段時間的調整與改革，才可能恢復經濟的活力，有了充足的財政來源後，政府也才有更多的資金投入人才的培養計畫。

而改革開放初期的前十餘年間，中國大陸政府內部對於經濟改革的路線，仍產生不少鬥爭，期間爆發1989年天安門事件，使得改革開放的進程險些受阻。但在1992年鄧小平南巡講話指出：「要堅持黨的十一屆三中全會以來的路線、方針、政策，關鍵是堅持一個中心（指經濟建設為中心）、兩個基本點（指堅持四項基本原則，堅持改革開放），不堅持社會主義，不改革開放，不發展經濟，不改善人民生活，只能是死路一條。基本路線要管一百年，動搖不得，只有堅持這條路線，人民才會相信你，擁護你。誰要改變三中全會以來的路線、方針、政策，老百姓不答應，誰就會被打倒。」[169]

自此，中國大陸內部反對改革開放的聲音幾乎被完全壓制，從中央到地方政府及人民均不會再質疑政策會倒退，整個中國大陸加速經濟改革的步伐，且1994年中國大陸政府實施分稅制改革，使得中央政府財政收入大幅增加，能有更多政府支出用於國內人才培養與吸引國外人才，也得以讓中共中央、中國大陸政府各部門及相關科研機關，能出臺許多國內人才培養政策與吸引海外人才政策，進而使中國大陸整個國家經濟邁向高

速發展，整體國力大幅提高。

二、中國大陸人才培養戰略概述

在國際人才競爭的大背景下，政府和企業，是國際人才爭奪與使用的兩大主體。一般分析，國際人才競爭多為政府主導、政策保障、市場資源配置。國際人才競爭的加劇，從根本上說是由全球化的進程所決定，尤其是全球經濟的一體化以及分工協作的深化，必然要求作為高級生產要素的人才走向自由流動，形成能夠跨越國界的世界人才市場。同時，經濟全球化與人才國際化又相互促進，全球化導致人才國際競爭，這種國際人才競爭又主宰著各國在全球化中的命運。[170]

因此，在經濟全球化的競爭環境，國家想要發展，除由國家內部培養人才之外，更得吸引本國留學生、外國留學生及世界各的專業人才，為國家所用，而非築起留學或是移民的高牆，害怕外國高階人才，到本國學習或是就業參與競爭。

美國、加拿大、澳大利亞以及歐盟各國等屬於傳統發達國家，各方面基礎和條件優勢明顯，爭取外籍人才通常是通過經濟技術移民、提供雙重國籍、擴大接受外國留學生、提供工作簽證、增加科研經費等常規手段來吸引國際人才。2006 年聯合國秘書長報告指出，截至 2005 年全世界大約 30 個國家制訂了便利高技能人才入境的政策或計畫，其中約 17 個是發達國家。1990 年至 2000 年，美國一共接受 415 萬受過高等教育的移民人才，歐盟當時 15 個成員國 11 年間，也接受了受過高等教育的移民人 200 多萬。此外，以擴大招收留學生，也是常規手段之一，而中國大陸與印度則是數量最大的提供國，在日本、德國、英國、加拿大、澳大利亞，中國大陸留學生都是最大的外國學生群體，留學生選擇留下的比例比其他主要國家都高。[171]

於二次大戰結束初期，日本、韓國等新興發達國家及臺灣地區，過去都曾有大量人才流失，但隨著經濟的發展與政府對產業政策的推動，所以對海外人才回歸與國際人才的吸引，都產生重大的影響，並對經濟持續發展的效果顯著。而新加坡政府，則是以建立國家國際人才獵頭機構，在海外設立 8 個「接觸新加坡聯絡處」，專門從事海外人才的招聘工作。以色列則專門設立移民吸引部，地位與司法部、國防部並列。海外人才大量回歸，也創造了韓國大德研究城、臺灣新竹工業園等，著名的世界新興科技中心，是這些國家和地區高科技產業的發動機。[172]

上述國家與地區的人才吸引與培養的發展經驗，都能讓中國大陸政府獲得相當寶貴的借鏡，使中國大陸政府能在研究其他國家與地區人才培養經驗上，建立一套適合中國大陸國情的人才培養模式，並藉由後發優勢，有效運用國家政策與規劃，大規模的培養與儲備人才，為中國大陸推動改革開放所用。

1978 年底，中國大陸實施改革開放政策，中國大陸政府開始派遣公費留學生到美國等地留學，並逐步開放自費留學政策，使得中國大陸大批留學生赴海外留學。而當時中國大陸的經濟環境與政府財政上，都還未能有相當條件吸引高階人才。除非該人才具有相當愛國情操，如林毅夫於 1982 年從中國大陸赴美留學，取得了芝加哥大學經濟系博

士學位，後於 1987 年回到中國大陸，成為大陸改革開放以來第一位從美國學成歸來的
經濟學博士。

　　而於 1950 年代初期至 1980 年代初期，臺灣地區有句順口溜：「來來來，來臺大；
去去去，去美國。」然而，這句順口溜到了 1970 年代末期至 1990 年代初期，在中國大
陸改變成另一個順口溜：「來來來，來北大；去去去，去美國。」顯示，在未開發或是發
展中國家或地區的高端人才，易被已開發國家以良好得學習環境、優質的經濟生活及未
來更好的發展機會所吸引，所以一個國家要吸引本國留學人才或是外國人才，必須先使
國家有良好得學習環境、優質的經濟生活及未來更好的發展機會，否則難以吸引人才流
入，若人才不斷流出，國家的發展將難以為繼。

　　依中國大陸教育部發布《中國留學回國就業藍皮書 2015》統計顯示，自 1978 年改
革開放以來，中國大陸出國留學人數穩步增長，到 2015 年底，中國大陸累計出國留學
人數已經達到 404.21 萬人，年均增長率 19.06%。同時，回中國大陸人數也不斷增加，
從 1978 年的 248 人，增加到 2015 年 40.91 萬人，累計回國人數達到 221.86 萬人，年均
增長率 22.46%。雖然其人數比例僅占中國大陸每年高等院校畢業生總數的大約 5%，但
留學回國人員已經成為中國大陸人才市場備受關注的群體。[173]

　　顯然，中國大陸經濟高速發展，讓中國大陸逐漸有好的經濟生活，及優於國外的更
好的發展機會，使得中國大陸留學外國人才，願意回到國內就業的人數逐年增加，也為
中國大陸的整體的改革與發展，注入更多高端人才，也是促使中國大陸經濟不斷發展的
動力。

　　再根據《中國留學回國就業藍皮書 2015》調研資料分析，中國大陸留學回國就業人
員中，女性比例高於男性，占 59.16%。年齡主要分佈在 23 歲到 33 歲之間，占 95%。
留學回國就業人員的平均年齡為 27.04 歲，其中碩士為 26.56 歲、博士為 32.09 歲。80.70%
的留學回國就業人員具有碩士研究生學歷，9.49% 為博士研究生學歷，9.81% 具有本科和
專科學歷。留學回國就業人員中，管理學、理學、經濟學是最為熱門學科方向，其次是
工學、文學和法學。不同學歷背景的人群專業方向存在較大差異，博士學位的主要專業
方向有化學、材料、經濟學、電子與電氣工程、機械工程和電腦科學。而碩士研究生學
歷人群中，人數比例較高的專業方向為金融、會計、工商管理、管理學和國際商務等。
本科和專科的專業構成接近於碩士研究生學歷組，主要為工商管理、經濟學、會計等。
留學回國就業人群的留學國家較多，按人數比例排列，主要留學國家為英國、美國、澳
大利亞、韓國、日本、法國、德國、俄羅斯、加拿大、烏克蘭、新加坡、荷蘭和瑞典。
留學回國就業人員平均在國外學習的時間為 21.47 個月。博士研究生所花時間最長，為
46.30 個月，碩士研究生平均所花時間最短，為 16.17 個月。本科和專科的平均留學時間
為 36.62 個月。[174]

　　從《中國留學回國就業藍皮書 2015》統計資料可知，中國大陸留學回國就業人群，
為到已開發國家如美國、英國、澳大利亞屬於英語系國家的比例較為高，這或許也是因
為現階段英語仍屬於國際上最通用的語言。而中國大陸學生從小學、初中、高中時期普

遍學習英語，且英語也是主要學習科目之一，到出國留學階段選擇英語系國家學習顯然就較為普遍。

表4-7 中國大陸留學回國就業人群資料統計表

排名	博士研究生學歷	碩士研究生學歷	本科和專科學歷
1	美國 28.95%	英國 42.52%	韓國 21.27%
2	日本 12.90%	美國 18.83%	英國 10.63%
3	英國 9.95%	澳大利亞 10.41%	美國 9.56%
4	法國 6.48%	法國 4.24%	澳大利亞 8.86%
5	德國 5.57%	韓國 3.26%	加拿大 8.54%
6	韓國 4.91%	日本 3.04%	日本 7.97%
7	新加坡 4.58%	德 2.40%	俄羅斯 7.72%
8	澳大利亞 3.60%	俄羅斯 1.65%	馬來西亞 4.49%
9	加拿大 2.49%	加拿大 1.19%	紐西蘭 3.10%
10	其他國家 （0.57%	其他國家 12.46%	其他國家 17.86%
	合計 100%	合計 100%	合計 100%

資料來源：

整理自-《中國留學回國就業藍皮書 2015》，http：

//www.moe.gov.cn/jyb_xwfb/xw_fbh/moe_2069/xwfbh_2016n/xwfb_160325_01/160325_sfcl01/201603/t20160325_235214.html，檢索時間 2019 年 4 月 8 日。

　　2017 年中國大陸保持公派留學為引領，自費留學為主體的留學工作格局，國家公派出國留學全年派出 3.12 萬人，分赴 94 個國家，訪問學者 1.28 萬人，碩博研究生 1.32 萬人，單位公派留學瞄準行業需求達到 3.59 萬人，培養了一大批具有國際視野和競爭能力的緊缺人才和戰略後備人才，全年出國留學人數首次突破 60 萬人大關，達 60.84 萬人，持續保持世界最大留學生生源國地位，同年留學人員回國人數達到 48.09 萬人。[175]

　　2018 年度中國大陸出國留學人員總數為 66.21 萬人。其中，國家公派 3.02 萬人，單位公派 3.56 萬人，自費留學 59.63 萬人。2018 年度各類留學回國人員總數為 51.94 萬人。其中，國家公派 2.53 萬人，單位公派 2.65 萬人，自費留學 46.76 萬人。2018 年度與 2017 年度的統計資料相比較，出國留學人數增加 5.37 萬人，增長 8.83%；留學回國人數增加 3.85 萬人，增長了 8.00%。[176]

　　2019 年度中國大陸出國留學人員總數為 70.35 萬人，較上 2018 年度增加 4.14 萬人，增長 6.25%；各類留學回國人員總數為 58.03 萬人，較 2018 年度增加 6.09 萬人，增長 11.73%。[177]

　　此外，再從 2012 年至 2018 年中國大陸各類留學回國人員統計表，可知自 2013 年起中國大陸海外歸國留學生突破 30 萬人以上，且每年回國人數不斷遞增，到 2018 年當

年度已高達 51.94 萬人。

<h3 style="text-align:center">表4-8 2012年～2018年中國大陸各類留學回國人員統計表</h3>

年度	2012 年	2013 年	2014 年	2015 年
各類留學回國人員總數	81.84 萬	144.5 萬	180.96 萬	221.86 萬
全年留學回國人員總數	18.62 萬	35.4 萬	36.48 萬	40.91 萬
年度	2016 年	2017 年	2018 年	-
各類留學回國人員總數	265.11 萬	313.2 萬	365.14 萬	-
全年留學回國人員總數	43.25 萬	48.09 萬	51.94 萬	-
單位：人				

資料來源：

整理自-中華人民共和國人力資源和社會保障部網站，＜2012 年～2018 年度人力資源和社會保障事業發展統計公報＞

http：//www.mohrss.gov.cn/SYrlzyhshbzb/zwgk/szrs/tjgb/，檢索時間 2020 年 6 月 10 日。

　　自 1978 年到 2019 年底，中國大陸各類出國留學人員累計達 656.06 萬人。其中 165.62 萬人正在國外進行相關階段的學習和研究；490.44 萬人已完成學業；423.17 萬人在完成學業後選擇回國發展，占已完成學業群體的 86.28%。[178]

　　顯示，中國大陸經濟及社會不斷的改革，整體社會發展狀況及居住環境，足以吸引大批中國大陸海外留學生，使中國大陸海外留學生不在像過往，多數留在歐美等工業發達國家找尋就業及創業機會，而是越來越多人選擇歸國尋求就業及創業發展機會，為中國大陸未來的整體發展，奠定更良好的人才基礎。

　　綜上，中國大陸隨著經濟發展態勢良好，留學生回國發展人數以不斷攀升，從過去臺灣地區經濟發展經驗，海外留學生回歸人數不斷攀升，將其所學的新科技與新知識帶回推廣，使各行各業產生質的改變，有助整體經濟與產業的快速發展。中國大陸在改革開放初期，各行各業均缺乏大量人才，在經歷一波海外留學後的人才回歸潮，更促使中國大陸各行各業獲得大量的海外歸國人才挹注，引發中國大陸科技與產業的創新，使得中國大陸經濟得以持續高速發展，國家發展逐步茁壯。

伍、中國大陸改革開放後人才培養政策施行成效

一、前言

　　中國大陸在 1978 年實施改革開放後，不斷派遣人才出國留學，亦訂定各項人才吸引計劃，希望招募人才回到中國大陸。為了落實國家科教興國戰略，提升整體科研水準，中國大陸政府陸續推出了各種人才引進計畫，吸引海外優秀人才回國。而中國科學院作為中國大陸最高學術機構，於 1994 年啟動了「百人計劃」，希望到 20 世紀末，吸引百餘名海內外優秀青年人才，培養出一批跨世紀的學術帶頭人。「百人計劃」的推出開闢了中國大規模海外優秀人才引進計畫的先河。[179]

　　從 1994 年到 2004 年，中國科學院越來越多的研究所引進「百人計劃」人員，到 2004 年中國科學院所有 81 個研究所都引進「百人計劃」人員。各研究所引進「百人計劃」人數也越來越多，1994 年引進最多的研究所只有 2 位「百人計劃」人員，2004 年引進最多的研究所有 86 位「百人計劃」人員。隨著中國大陸政府為「百人計劃」提供國家人才專項撥款，計畫的經費越來越充足，其專案也逐漸細分，從 1997 年開始分為引進國外傑出人才和國內「百人計劃」， 2001 年增設「海外知名學者計畫」，2007 年增設「專案百人計畫」，2011 年設立「自籌百人計畫」。截至 2012 年「百人計劃」為中科院彙聚了將近 3,000 名優秀人才。[180]

　　顯見，中國科學院在中國大陸政府政策的支持下，逐步引進大量海外人才進行科技研究工作，使中國大陸科技得以快速發展，加速中國大陸科技研發與工業製造技術快速進步，也帶動中國大陸經濟快速騰飛，邁入製造大國之列，並逐步成為世界工廠。

　　隨後，中國大陸政府陸續推出了一系列人才培養與引進計劃，如「長江學者獎勵計劃」、「千人計畫」等。與此同時，地方政府也紛紛效仿，出臺各種人才培養與引進計畫。到目前為止，已有 27 個省市先後出臺了 58 個計劃，這些計劃使中國大陸海外留學人才回流，對於中國大陸科研及經濟發展起到舉足輕重的作用。[181]

表4-9　中國大陸重要人才培養與吸引人才政策彙整表

公告年度	發布單位	計畫名稱
1994 年	中國科學院	《百人計劃》
1994 年	國家自然科學基金委員會	《國家傑出青年科學基金》
1996 年	教育部	《春暉計畫學術休假專案》
1998 年	教育部	《長江學者獎勵計畫》
1998 年	教育部	《面向 21 世紀教育振興行動計畫》
2003 年	中國科協與 35 家海外科技團體共同發起	《海外智力為國服務行動計畫》（簡稱：海智計畫）
2004 年	教育部	關於印發《高等學校高層次創造性人才計畫實施方案》和有關實施辦法的通知
2005 年	教育部	《教育部國家外國專家局高等學校學科創新引智計畫十一五規劃》
2008 年	中共中央組織部	《中央人才工作協調小組關於實施海外高層次人才引進計畫的意見》簡稱「千人計畫」。
2009 年	人力資源社會保障部	《關於實施海外赤子為國服務行動計畫的通知》
2010 年	中共中央、國務院	《國家中長期人才發展規劃綱要（2010～2020 年）》
2011 年	中共中央組織部、人力資源和社會保障部	關於印發《專業技術人才隊伍建設中長期規劃（2010～2020 年）》的通知

2012 年	中共中央組織部	關於印發《國家高層次人才特殊支持計畫》的通知》（又稱「萬人計畫」）
2012 年	科技部	《創新人才推進計畫》
2012 年	教育部	《教育信息化十年發展規劃（2011～2020 年）》
2016 年	教育部	《教育信息化十三五規劃的通知》
2017 年	國務院	《關於印發國家教育事業發展十三五規劃的通知》
2018 年	教育部	《教育信息化 2.0 行動計畫的通知》
2019 年	中共中央、國務院	《中國教育現代化 2035》
2019 年	中共中央、國務院	《加快推進教育現代化實施方案（2018～2022 年）》
2020 年	中共中央、國務院	《深化新時代教育評價改革總體方案》
2021 年	中共中央辦公廳、國務院辦公廳	《關於加快推進鄉村人才振興的意見》
2021 年	中共中央辦公廳、國務院辦公廳	《關於推動現代職業教育高品質發展的意見》

整理自-中國政府網

表4-10 中國大陸重要人才培養計劃內容摘要表

一、1994 年中國科學院，《百人計劃》計劃要點：

1.以每人 200 萬元人民幣的資助力度從國外吸引並培養百餘名優秀青年學術帶頭人。

2.招聘對象：以科學（工程）中心、開放實驗室、青年實驗室、等為主要基地，按需要招聘人才。

3.申請辦法：申請者可按照中科院定期發佈的「百人計劃」招聘指南，由他人推薦或自薦。具體辦法、招聘指南以及《中國科學院百人計劃候選人推薦（自薦）表》可向中科院「百人計劃」辦公室或我駐外使（領）館教育處（組）索取。

4.受聘後待遇：中科院將根據學科（工程）發展需要和本人條件，給予較強的一次性啟動經費，主要用於購置必需的儀器設備、本人住房等。入選人員的工資待遇，除按國家規定發給的外，中科院將予特別津貼，津貼額度視具體情況確定。[182]

二、1994 年國家自然科學基金委員會，《國家傑出青年科學基金，The National Science Fund for Distinguished Young Scholars，簡稱：傑青基金》計劃要點：

1.為促進青年科學和技術人才的成長，鼓勵海外學者回國工作，加速培養造就一批進入世界科技前沿的優秀學術帶頭人而特別設立的科學基金。

2.「十五」計畫期間，國家傑出青年科學基金每年資助優秀青年學者 160 名左右，每人資助經費一般為 80～100 萬元，研究期限為 4 年。

3.資助全職在中國內地工作的優秀華人青年學者從事自然科學基礎研究工作。

4.本基金所指的中國內地，系指中國除港、澳、臺地區之外的各省、自治區和直轄市。

5.國家傑出青年科學基金每年受理一次。[183]

三、1996 年教育部，《春暉計畫學術休假專案》計劃要點：

1.為貫徹國家留學工作方針，支持在外留學人員以多種方式報效祖國並為其創造必要條件，設立「春暉計畫」海外留學人才學術休假回國工作項目，以鼓勵海外留學人員利用學術休假年回國在高校從事講學和研究，為國內創建世界一流大學、高水準大學和學科，培養高層次人才服務。

2.本專案面向「211工程」的大學，為實施《面向21世紀教育振興行動計畫》服務，加快「211工程」建設，大力提高大學的知識創新能力。

3.招聘對象應是在國外著名大學或大學強項學科任助理教授以上專業技術職務，並在專業取得國內外同行公認重要成就的海外留學人才,回國工作領域應屬於國家重點發展的領域和高新技術、新興交叉學科、高校重點學科，它們包括資訊科學、生命科學、材料科學、資源環境科學以及農業、能源、法律、經濟與管理科學等，受聘的海外留學人才在國內招聘高校工作期限為6個月至1年。[184]

四、1998年教育部，《長江學者獎勵計畫》計劃要點：

1.為落實科教興國戰略，延攬海內外中青年學界精英，培養造就高水準學科帶頭人，帶動國家重點建設學科趕超或保持國際先進水準,以提高大學的學術地位和競爭實力。

2.是中華人民共和國教育部與香港愛國實業家李嘉誠先生為提高中國高等學校學術地位，振興中國高等教育，共同籌資設立的專項計畫。

3.包括特聘教授、講座教授崗位制度和長江學者成就獎。 [185]

五、1998年教育部，《面向21世紀教育振興行動計畫》計劃要點：

1.實施「跨世紀素質教育工程」，提高國民素質。

2.實施「跨世紀園丁工程」，大力提高教師隊伍素質。

3.實施「高層次創造性人才工程」，加強高等學校科研工作，積極參與國家創新體系建設。

4.繼續並加快進行「211工程」建設，大力提高高等學校的知識創新能力。

5.創建若干所具有世界先進水準的一流大學和一批一流學科。

6.實施「現代遠端教育工程」，形成開放式教育網路，構建終身學習體系。

7.實施「高校高新技術產業化工程」，帶動國家高新技術產業的發展，為培育經濟新的增長點做貢獻。

8.貫徹《高等教育法》，積極穩步發展高等教育，加快高等教育改革步伐，提高教育品質和辦學效益。

9.積極發展職業教育和成人教育，培養大批高素質勞動者和初中級人才，尤其要加大教育為農業和農村工作服務的力度。

10.深化辦學體制改革，調動各方面發展教育事業的積極性。

11.依法保證教育經費的「三個增長」（即各級政府教育財政撥款的增長要高於同級財政經常性收入的增長，在校學生人均教育經費逐步增長，教師工資和學生人均公用經費逐步增長），切實增加教育的有效投入。高舉鄧小平理論的偉大旗幟，加強高等學校黨的建設和思想政治工作，把高等學校建設成為社會主義精神文明建設的重要陣地。[186]

六、2003 年中國科協與 35 家海外科技團體共同發起，《海外智力為國服務行動計畫（簡稱「海智計畫」）》計劃要點：

1. 2004 年 2 月啟動實施海智計畫旨在發揮橋樑紐帶作用，加強與海外華人科技團體的聯繫，充分發揮海外人才和智力優勢，發動全國學會和地方科協共同參與，為海外人才回國工作、為國服務搭建平臺。

2. 海智計畫和海外科技團體本著「團結奮鬥，愛國奉獻」的精神，遵循「平等、互利、開放、務實、守法、共贏」的原則開展合作，通過開展多種形式的學術交流、項目合作、技術諮詢、技術引進和專項考察等活動，為國家社會和經濟建設貢獻力量。

3. 海智計畫工作得到中組部、人社部的支援和肯定，中國科協主要領導主抓海智工作，各有關部門積極參與，各省市自治區和主要城市科協都把海智作為重要工作抓手；中國科協十二五規劃中，海智計畫被列為重點任務之一。[187]

七、2004 年教育部，關於印發《高等學校「高層次創造性人才計畫」實施方案》和有關實施辦法的通知計劃要點：

1. 實施「高層次創造性人才計畫」是貫徹落實全國人才工作會議精神，推進高等學校落實科教興國戰略和人才強國戰略的一項重大舉措，是執行《2003～2007 年教育振興行動計畫》中推進高水準大學和重點學科建設的重要內容，也是促進高等學校實現人才強校的戰略抓手。

2. 「高層次創造性人才計畫」主要包括三個層次的人才培養與支援體系。

　　（1）第一層次：著眼於吸引、遴選和造就一批具有國際領先水準的學科帶頭人，形成一批優秀創新團隊，重點實施「長江學者和創新團隊發展計畫」。

　　（2）第二層次：著眼於培養、支持一大批學術基礎扎實、具有突出的創新能力和發展潛力的優秀學術帶頭人，重點實施「新世紀優秀人才支持計畫」。

　　（3）第三層次：著眼於培養數以萬計的青年骨幹教師，帶動教師隊伍整體素質的提升，主要由高等學校組織實施「青年骨幹教師培養計畫」。[188]

八、2005 年教育部，《教育部國家外國專家局高等學校學科創新引智計畫「十一五」規劃》計劃要點：

1. 抓住政治和經濟實力迅速提高的歷史機遇，推進高等學校建設世界一流大學的進程，故教育部、國家外國專家局決定聯合實施高等學校學科創新引智計畫（以下簡稱「111 計畫」）。

2. 「111 計畫」以建設學科創新引智基地為手段，加大成建制引進海外人才的力度，進一步提升大學引進國外智力的層次，促進引進海外人才與國內科研骨幹的融合，開展高水準的合作研究和學術交流，共同培養博士研究生，在大學彙聚一批世界一流人才，率先建立起一批具有原始性創新能力的學科創新引智基地，全面提升高等學校科技創新能力和綜合競爭實力。

3. 分步實施：「111 計畫」是專案、人才、基地三位一體緊密結合的計畫，創新引智基地的佈局採取分批的方式，積極穩妥地推進。

　　（1）第一批：2006 年度設立 25 個左右創新引智基地，遴選範圍為已進入國家「985

工程」的大學。

（2）第二批：2007 年度設立 40 個左右創新引智基地，遴選範圍為進入國家「985 工程」、「211 工程」的大學。

（3）第三批：2008 年度設立 35 個左右創新引智基地，遴選範圍為進入國家「985 工程」、「211 工程」的高等學校及部分有國家重點學科的大學。[189]

九、2008 年中共中央組織部，《中央人才工作協調小組關於實施海外高層次人才引進計畫的意見》簡稱「千人計畫」，計劃要點：

1. 中共中央組織部人才工作局設立海外高層次人才引進工作專項辦公室，作為工作小組的日常辦事機構，負責千人計畫的具體實施。

2. 海外高層次人才引進工作小組負責千人計畫的組織領導和統籌協調，工作小組由中共中央組織部、人力資源和社會保障部會同教育部、科技部、中國人民銀行、國資委、中國科學院、中央統戰部、外交部、發改委、工業和信息化部、公安部、財政部、僑辦、中國工程院、自然科學基金委、外專局、共青團中央、中國科協等單位組成。

3. 圍繞國家發展戰略目標，用 5 到 10 年時間，在國家重點創新專案、重點學科和重點實驗室、中央企業和金融機構、以高新技術產業開發區為主的各類園區等，有重點的引進並支持一批海外高層次人才回國（來華）創新創業。[190]

十、2009 年人力資源社會保障部，關於實施《海外赤子為國服務行動計畫的通知》計劃要點：

1. 留學人才是我國人才資源的重要組成部分，是國家的寶貴財富。在人才國際化進程不斷加快，國際人才競爭日趨激烈的新形勢下，按照「拓寬留學管道，吸引人才回國，支持創新創業，鼓勵為國服務」的留學工作新要求，在做好吸引一大批海外高層次人才回國工作的同時，積極順應人才國際化的新形勢，不斷適應留學回國工作的新情況，抓住有利時機，鼓勵在海外學習和工作的暫時不能回國的留學人員以其掌握的先進科技和管理知識，通過多種方式為祖國建設服務，是當前一項十分重要和迫切的任務。

2. 具體包括以下六類：

（1）人力資源社會保障部組織的示範性留學人員為國服務活動。

（2）人力資源社會保障部留學人員和專家服務中心組織的留學人員為國服務活動。

（3）人力資源社會保障部與各地方人民政府聯合主辦大型留學人員人才專案交流及為國服務活動。

（4）人力資源社會保障部資助支持由地方人力資源社會保障部門具體組織的留學人員為國服務活動。

（5）人力資源社會保障部資助支援由有關部門具體組織的留學人員為國服務活動。

（6）人力資源社會保障部資助支持由海外留學人員團體具體組織的為國服務活動。

3.各地、各部門要充分認識做好「海外赤子為國服務行動計畫」實施工作的重要性和
緊迫性，提高工作的主動性和積極性，及時研究解決實施過程中出現的新情況、新
問題，大力吸引廣大留學人員智力報國，加強國際交流，積極引進國外資金、先進
技術和管理經驗，為促進國內改革與發展服務。[191]

**十一、2010 年中共中央、國務院，國家中長期人才發展規劃綱要（2010～2020 年）
計劃要點：**

1.實施人才強國戰略的總體要求，著眼於為實現全面建設小康社會奮鬥目標提供人
才保證。

2.人才發展的指導方針是：服務發展、人才優先、以用為本、創新機制、高端引領、
整體開發。

3.戰略目標：到 2020 年，我國人才發展的總體目標是：培養和造就規模宏大、結構
優化、佈局合理、素質優良的人才隊伍，確立國家人才競爭比較優勢，進入世界人
才強國行列。

4.人才隊伍建設主要任務：

（1）突出培養造就創新型科技人才發展目標：圍繞提高自主創新能力、建設創新
型國家，以高層次創新型科技人才為重點，努力造就一批世界水準的科學家、
科技領軍人才、工程師和高水準創新團隊，注重培養一線創新人才和青年科
技人才，建設宏大的創新型科技人才隊伍。到 2020 年，研發人員總量達到 380
萬人年，高層次創新型科技人才總量達到 4 萬人左右。

（2）大力開發經濟社會發展重點領域急需緊缺專門人才發展目標：適應發展現代產
業體系和構建社會主義和諧社會的需要，加大重點領域急需緊缺專門人才開發
力度。到 2020 年，在裝備製造、資訊、生物技術、新材料、航空航太、海洋、
金融財會、國際商務、生態環境保護、能源資源、現代交通運輸、農業科技等
經濟重點領域培養開發急需緊缺專門人才 500 多萬人；在教育、政法、宣傳思
想文化、醫藥衛生、防災減災等社會發展重點領域培養開發急需緊缺專門人才
800 多萬人。經濟社會發展重點領域各類專業人才數量充足，整體素質和創新
能力顯著提升，人才結構趨於合理。

（3）統籌推進各類人才隊伍建設：

A.黨政人才隊伍發展目標：按照加強黨的執政能力建設和先進性建設的要求，
以提高領導水準和執政能力為核心，以中高級領導幹部為重點，造就一批善
於治國理政的領導人才，建設一支政治堅定、勇於創新、勤政廉潔、求真務
實、奮發有為、善於推動科學發展的高素質黨政人才隊伍。到 2020 年，具
有大學本科及以上學歷的幹部占黨政幹部隊伍的 85%，專業化水準明顯提
高，結構更加合理，總量從嚴控制。

B.企業經營管理人才隊伍發展目標：適應產業結構優化升級和實施「走出去」
戰略的需要，以提高現代經營管理水準和企業國際競爭力為核心，以戰略企
業家和職業經理人為重點，加快推進企業經營管理人才職業化、市場化、專
業化和國際化，培養造就一大批具有全球戰略眼光、市場開拓精神、管理創

新能力和社會責任感的優秀企業家和一支高水準的企業經營管理人才隊伍。到 2015 年，企業經營管理人才總量達到 3,500 萬人。到 2020 年，企業經營管理人才總量達到 4,200 萬人，培養造就 100 名左右能夠引領中國企業躋身世界 500 強的戰略企業家；國有及國有控股企業國際化人才總量達到 4 萬人左右；國有企業領導人員通過競爭性方式選聘比例達到 50%。

C.專業技術人才隊伍發展目標：適應社會主義現代化建設的需要，以提高專業水準和創新能力為核心，以高層次人才和緊缺人才為重點，打造一支宏大的高素質專業技術人才隊伍。到 2015 年，專業技術人才總量達到 6,800 萬人。到 2020 年，專業技術人才總量達到 7,500 萬人，占從業人員的 10%左右，高級、中級、初級專業技術人才比例為 10:40:50。

D.高技能人才隊伍發展目標：適應走新型工業化道路和產業結構優化升級的要求，以提升職業素質和職業技能為核心，以技師和高級技師為重點，形成一支門類齊全、技藝精湛的高技能人才隊伍。到 2015 年，高技能人才總量達到 3,400 萬人。到 2020 年，高技能人才總量達到 3,900 萬人，其中技師、高級技師達到 1,000 萬人左右。

E.農村實用人才隊伍發展目標：圍繞社會主義新農村建設，以提高科技素質、職業技能和經營能力為核心，以農村實用人才帶頭人和農村生產經營型人才為重點，著力打造服務農村經濟社會發展、數量充足的農村實用人才隊伍。到 2015 年，農村實用人才總量達到 1,300 萬人。到 2020 年，農村實用人才總量達到 1,800 萬人，平均受教育年限達到 10.2 年，每個行政村主要特色產業至少有 1～2 名示範帶動能力強的帶頭人。

F.社會工作人才隊伍發展目標：適應構建社會主義和諧社會的需要，以人才培養和崗位開發為基礎，以中高級社會工作人才為重點，培養造就一支職業化、專業化的社會工作人才隊伍。到 2015 年，社會工作人才總量達到 200 萬人。到 2020 年，社會工作人才總量達到 300 萬人。

（4）重大人才工程

A.創新人才推進計畫。

B.青年英才開發計畫。

C.企業經營管理人才素質提升工程。

D.高素質教育人才培養工程。

E.文化名家工程。

F.全民健康衛生人才保障工程。

G.海外高層次人才引進計畫。

H.專業技術人才知識更新工程。

I.國家高技能人才振興計畫。

J.現代農業人才支撐計畫。

K.邊遠貧困地區、邊疆民族地區和革命老區人才支援計畫。

L.高校畢業生基層培養計畫。[192]

十二、2011 年中共中央組織部、人力資源和社會保障部，關於印發《專業技術人才隊伍建設中長期規劃（2010～2020 年）的通知》計劃要點：

1. 人才是我國經濟社會發展的第一資源。專業技術人才是我國人才隊伍的骨幹力量，在建設創新型國家和全面建設小康社會偉大事業中發揮著重要作用。全面加強專業技術人才隊伍建設，是我們應對激烈的國際競爭，提高自主創新能力，實現經濟社會又好又快發展的必然要求。

2. 為實現專業技術人才隊伍建設的戰略目標，從現在起到 2020 年，我國專業技術人才隊伍建設的主要任務是：著力提升專業技術人才素質能力、著力擴大專業技術人才隊伍規模、著力調整專業技術人才隊伍整體結構、著力創新專業技術人才管理體制機制、著力優化專業技術人才發展環境。

3. 著眼於解決存在的主要問題，實現專業技術人才發展的目標任務，採取以下政策措施：

   （1）以構建國家高級專家培養選拔體系為核心，加強高層次創新型專業技術人才隊伍建設。

   （2）以推動博士後事業發展為抓手，大力加強青年專業技術人才培養。

   （3）以實施專業技術人才知識更新工程為龍頭，全面提升專業技術人才的能力素質。

   （4）以高層次留學人才為重點，加大海外留學人才吸引力度。

   （5）以深化職稱制度改革為動力，實現對專業技術人才的科學評價。

   （6）以「萬名專家服務基層行動計畫」為平臺，加強基層專業技術人才隊伍建設。

   （7）以建設專家服務基地和繼續教育基地為基礎，加強專業技術人才公共服務體系建設。

   （8）以完善市場配置機制為導向，促進專業技術人才的合理流動。

   （9）以深化企事業單位人事制度改革為保障，完善專業技術人才用人制度。

   （10）以加大投入為根本，完善專業技術人才保障激勵機制。

4. 在中央人才工作協調小組的領導下，人力資源社會保障部負責本規劃的統籌協調和落實工作，加強對規劃實施的全程管理，制定和實施與規劃相配套的管理制度，確定管理標準和要求，重點抓好規劃的實施協調和監督管理。各地區、各部門要以本規劃為基礎，制定貫徹落實的工作計畫和實施細則，形成上下貫通、左右銜接的全國專業技術人才規劃實施體系。[193]

十三、2012 年中共中央組織部，關於印發《國家高層次人才特殊支持計畫》的通知（又稱「萬人計畫」）計劃要點：

1. 「國家高層次人才特殊支持計畫」（以下簡稱「國家特支計畫」）是與引進海外高層次人才的「千人計畫」並行、面向國內高層次人才的重點支持計畫。實施這項計畫，是統籌國際國內兩種人才資源、造就宏大的高層次創新創業人才隊伍、為創新型國家建設提供人才支撐的重大舉措。

2. 目標任務：圍繞建設創新型國家的戰略部署，從 2012 年起，用 10 年左右時間，有

計劃、有重點地遴選支援一批自然科學、工程技術和哲學社會科學領域的傑出人才、領軍人才和青年拔尖人才，形成與「千人計畫」相互銜接的高層次創新創業人才隊伍建設體系。

3. 「國家特支計畫」傑出人才：計畫支持 100 名，每年遴選一批，每批 10 名左右，具體標準為，研究方向處於世界科技前沿領域，基礎學科、基礎研究有重大發現，具有成長為世界級科學家的潛力，能夠堅持全職潛心研究。重視遴選中青年傑出人才。

4. 「國家特支計畫」領軍人才：計畫支持 8,000 名包含科技創新領軍人才、科技創業領軍人才、哲學社會科學領軍人才、教學名師、百千萬工程領軍人才、青年拔尖人才等。

5. 「國家特支計畫」青年拔尖人才：計畫支持 2,000 名，具體標準為：35 周歲以下，具有特別優秀的科學研究和技術創新潛能，課題研究方向和技術路線有重要創新前景。[194]

十四、2012 年科技部，「創新人才推進計畫」計劃要點：

1. 設立科學家工作室：為積極應對國際科技競爭，提高自主創新能力，重點在我國具有相對優勢的科研領域設立 100 個科學家工作室，支援其潛心開展探索性、原創性研究，努力造就世界級科技大師及創新團隊。

2. 造就中青年科技創新領軍人才：瞄準世界科技前沿和戰略性新興產業，重點培養和支持 3000 名中青年科技創新人才，使其成為引領相關行業和領域科技創新發展方向、組織完成重大科技任務的領軍人才。

3. 扶持科技創新創業人才：著眼於推動企業成為技術創新主體，加快科技成果轉移轉化，面向科技型企業，每年重點扶持 1,000 名運用自主智慧財產權或核心技術創新創業的優秀創業人才，培養造就一批具有創新精神的企業家。

4. 建設重點領域創新團隊：依託國家重大科研專案、國家重點工程和重大建設專案，建設 500 個重點領域創新團隊，通過給予持續穩定支持，確保更好地完成國家重大科研和工程任務，保持和提升我國在若干重點領域的科技創新能力。

5. 建設創新人才培養示範基地：以高等學校、科研院所和科技園區為依託，建設 300 個創新人才培養示範基地，營造培養科技創新人才的政策環境，突破人才培養體制機制難點，形成各具特色的人才培養模式，打造人才培養政策、體制機制「先行先試」的人才特區。

整理自-中國政府網

　　從上述整理，可知中國大陸政府自 1994 年起中國科學院提出「百人計劃」，到 2012 年人力資源和社會保障部「國家百千萬人才工程實施方案」等 10 餘個，人才吸引與培養政策與計劃，使中國大陸得以吸引許多海內外人才到中國大陸發展。此外，中國大陸政府也不斷運用相關政策培養國內的人才，在海內外人才共同研究、創新與發展的努力下，使中國大陸能在科學、工程、社會人文等各項領域，快速與歐美各國接軌，進而使中國大陸整體學術研究能高速發展，趕上歐、美、日等先進工業化國家

的研究水準。

二、千人計劃與萬人計劃之執行與成效

中國大陸為加強高層次創新創業人才隊伍建設,主要依靠兩種方式,一靠海外引進,二靠國內培養。中共中央人才工作協調小組辦公室負責人表示:「〈千人計劃〉面向國外,負責引進;〈萬人計劃〉面向國內,負責培養支持。兩個計劃併行實施,協同推進。由中央人才工作協調小組統一領導、中央組織部牽頭、各有關部門共同實施。這兩個計劃的設計和實施主要有三個特點:1、堅持高端性,圍繞國家需要,突出重點對象,采取特殊政策措施給予強力支持,加速打造一支領軍型隊伍。2、體現綜合性,充分運用中央人才工作協調小組統籌人才工作全域的機制,協調各方力量,集成政策資源,提升號召力和影響力。3、注重示範性,帶動國家重大人才工程,引領各地各部門人才計劃,促進人才工作政策和機制創新。[195]

2008 年 12 月,中共中央決定實施引進海外高層次人才的「千人計劃」,圍繞國家發展戰略目標,用 5 到 10 年時間,在國家重點創新項目、重點學科和重點實驗室、中央企業和金融機構、以高新技術產業開發區為主的各類園區等,有重點的引進並支持一批海外高層次人才回國(來華)創新創業。並由海外高層次人才引進工作小組,負責「千人計劃」的組織領導和統籌協調,在中央組織部人才工作局設立海外高層次人才引進工作專項辦公室,作為工作小組的日常辦事機構,負責「千人計劃」的具體實施。該工作小組由中共中央組織部、人力資源和社會保障部會同教育部、科技部、中國人民銀行、國資委、中國科學院、中央統戰部、外交部、發改委、工業和信息化部、公安部、財政部、僑辦、中國工程院、自然科學基金委、外專局、共青團中央、中國科協等單位組成。截止目前,「千人計劃」已分 12 批引進 6,000 餘名高層次創新創業人才,在科技創新、技術突破、學科建設、人才培養和高新技術產業發展等方面發揮了積極作用,正成為創新型國家建設的一支重要生力軍,。[196]

中國大陸政府為吸引海外人才及培養國內人才,在中共中央與中國大陸政府的強力推動下,由中共中央組織部、人力資源和社會保障部等領頭,橫向與縱向跨越超過 20 個部委、局及民間單位共同戮力執行,使得中國大陸的各項人才計劃能大力實行,這也是中國大陸黨政一體化下的人才戰略實行特色。

三、國家傑出青年科學基金之執行與成效

中國大陸政府設立國家傑出青年科學基金,是面向新世紀,培養高層次科技人才管理創新的積極實踐,是凝聚海內外青年才俊,激勵廣大科技工作者勇攀科學高峰的重大戰略決策。從 1994 年到 2004 年的 10 年間,國家傑出青年科學基金始終得到了中共和政府領導人的關懷和有關部門以及科學界的大力支持。1995 年 4 月中國大陸總理李鵬接見了首批國家傑出青年科學基金獲得者,1999 年 6 月中國大陸總理朱鎔基等國務院官員出席了國家傑出青年科學基金實施 5 周年座談會,聽取工作彙報。中國大陸政府先後三次撥出專款增加投入,1994 年到 2003 年累計資助經費達 11.7 億元人民幣,使該項

基金的資助規模和強度都有了較大增加，資助強度從初期的每人 60 萬元人民幣，提高到目前的每人 100 萬元人民幣，資助規模從初期的每年 50 人，增加到目前的每年 160 人左右。1994 年到 2003 年國家傑出青年科學基金共受理中青年學者申請 5,489 人次，資助 1,174 人。在獲資助者中，有 1,116 人具有博士學位，其中在國內獲博士學位的為 750 人，占總數的 67.2%，國外獲博士學位的為 306 人，佔總數的 32.8%。[197]

　　且中國大陸設立國家傑出青年科學基金設立之始，便定位於支持青年科技工作者在國內開展基礎研究，培養和造就跨世紀的優秀中青年學科領導者，經過 10 年的成功實踐，該項基金使得海內外優秀青年學者為中國大陸科技事業獻身的熱忱，穩定基礎研究隊伍，吸引海外留學人員回國服務，培養和造就活躍在世界科學前沿的中青年學科領導者，培育創新研究群體以及提升中國大陸基礎研究整體水準等方面發揮了重要作用，培養和造就了一大批優秀的學科領導者。在 1997 年至 2003 年間，有 23 名國家傑出青年科學基金獲得者當選為中國科學院院士，7 人當選為中國工程院院士。近幾年中國科學院國內新增選的院士中，50 歲以下的全部為國家傑出青年基金的獲資助者。又近 4 年來有 15 位國家傑出青年科學基金獲資助者的成果獲國家自然科學獎二等獎，並呈逐年增長趨勢，2000 年度 2 項，2001 年度 3 項，2002 年度 5 項，2003 年度 5 項。還有在已批准實施的 160 項國家重大基礎研究規劃專案（973 專案）中，有 50 個項目的 58 名首席科學家由獲國家傑出青年科學基金資助者擔任。[198]

　　中國科學院資料顯示，該院共有 73 個單位 414 人獲得國家傑出青年科學基金的資助，他們已經成為知識創新工程的中堅力量。近 3 年，已有 36 人次主持中國大陸國家自然科學基金重點專案，占全院同期此類專案的 1/4。22 人次主持科學基金重大專案或重大專案的二級以上項目占 1/6。在知識創新工程一期專案中，主持重大專案占 1/8，主持重要方向專案占 30%，70 人擔任所級主管者，其中 35 人擔任所長及以上主管職務，占全院基地型研究所的 40%。且北京大學資料也顯示，該校有 80 位青年者獲國家傑出青年科學基金的資助，其中 37 人入選國家教育部「長江學者計畫」，6 人被聘為「973」項目首席科學家，20 人獲國家和省部級科技獎勵，4 人獲中國青年科學家獎。以他們為核心，形成一批活躍在科學前沿、具有學科交叉特點的創新研究群體。[199]

　　又南京大學以國家傑出青年科學基金獲得者王牧教授擔任學術領導人的研究群體，獲得國家自然科學基金首批創新研究群體經費資助後的 3 年內，共發表高水準的研究論文 100 餘篇，申請專利 7 項，參加國際會議 20 餘次，作邀請或特邀報告 17 次，群體中又有 4 位學者獲得國家傑出青年科學基金的資助。此外，中國科學院上海有機化學研究所麻生明研究員，1997 年在國家傑出青年科學基金資助下回國後，在老一代科學家的支援下，在現代合成化學研究領域取得了顯著成績，在國際一流學術期刊發表近百篇論文，擔任了「973」專案的首席科學家，並且團結和凝聚了一支生氣勃勃的研究群體，當中獲國家傑出青年科學基金資助的 6 人，入選中國科學院百人計劃的 3 人。[200]

　　顯見，中國大陸政府設立國家傑出青年科學基金，帶動了中國大陸科研單位及大學院校大批的科學研究，產生了難以計量的科學研究成果，使得中國大陸各類科學技術研

究有長足的進步。

四、春暉計畫的執行與成效

中國大陸教育部 1996 年出臺「春暉計畫」資助海外留學人才短期為國服務，隨著形勢的發展，2000 年底，教育部又增設「春暉計畫海外留學人才學術休假回國工作專案」，10 年來受「春暉計畫」資助，成千上萬的海外優秀留學人才回國參加國際性學術會議、赴高校和科研院所合作科研和講學、聯合培養人才，以團隊形式赴西部、東北等省區集中開展專案合作和回國參加大型的「創業周」、「留學人員科技交流會」，掀起了一輪又一輪服務的熱潮。十年來「春暉計畫」共支持海外回國服務團組 200 多個，有海外優秀留學人才 12,000 多人次回國工作或服務。以西部和東北省區為重心兩部和東北地區，是中國大陸的經濟科技教育相對落後的地區，為了保證中國大陸經濟科技教育的均衡發展，政府制定西部大開發與振興東北老工業基地計劃，與國家整體的發展戰略相配合，「春暉計畫」將工作重心放在中國大陸西部省區和東北，資助大量的海外優秀留學人才和服務團組到西部省區和東北開展為國服務活動。海外留學人才同這些地方的政府、高校、企事業單位展開了多種形式的交流與合作，通過開展專案合作、科研開發人才培養、國有企業技術改造、搭建科技平臺、留學人才到西部掛職等形式，為中國大陸的西部開發和東北老工業基地的振興提供支援。[201]

從 1997 年開始，「春暉計畫」在西部省區逐漸展開。「春暉計畫」的第一個專案「留法學者參加西部建設項目」，首先在甘肅啟動。此後，美國、德國、加拿大、澳大利亞等國留學人員，多次赴甘肅開展為國服務活動。2005 年中國大陸教育部「春暉計畫」工作基地在蘭州大學成立，成為中國大陸第一個教育部「春暉計畫」工作基地，輻射並帶動了蘭州交通大學、蘭州理工大學、甘肅農業大學、甘肅農科院等高校和科研機構「春暉計畫」專案的開展。1998 年「春暉計畫」團組來到重慶，「重慶市環境保護和治理工程」的 69 個專案在「春暉計畫」的支持下順利啟動。從 1999 年到 2004 年，「春暉計畫」相繼在貴州、新疆、陝西、雲南、青海、西藏、廣西、內蒙古、四川等省區展開。2005 年「春暉計畫」涉足寧夏回族自治區，由「春暉計畫」資助的「南非學者寧夏服務團」一行 4 人，到寧夏煤業集團和寧夏大學進行技術交流，為寧夏煤業集團就「煤變油」技術開展諮詢服務，與寧夏大學化工學院簽署了合作意向書，並與寧夏回族自治區教育廳達成了長期合作意向，探討項目合作，至此，「春暉計畫」，覆蓋了西部所有省區。東北地區開展「春暉計畫」也於 1997 年開展，當年組織海外留學人員幫助遼寧省國有大中型企業解決技術難題被列入「春暉計畫」重點資助項目。2004 年初，中國大陸教育部把吸引留學人員支援建設東北老工業基地列入「春暉計畫」資助範圍，並先後從遼寧、黑龍江省選調工作人員到教育部國際司工作，參與「春暉計畫」支持東北地區專案的實施工作。2005 年，荷蘭專業微電子服務團赴東北老工業區。在東北期間，服務。在東北期間，服務團應邀訪問了吉林大學、哈爾濱工業大學、大連理工大學、東北林業大學等 12 所院校，進行了學術交流及科技和人才培養合作專案的洽談。[202]

為求實效，「春暉計畫」採取「集團式、捆綁制、基地化」為主的模式，組織留學人

員服務團對西部省區和東北進行服務，這些回國服務團組具有極強的針對性。留日、留瑞典學者共同參與的「重慶市三峽庫區固體廢棄物利用與綜合治理系統工程研究」的專案成果，為制定三峽庫區壩前135米蓄水位將要淹沒的沿江堆存固體廢物綜合處理規劃，為中國大陸國務院三峽建設委員會和國家環保總局，所頒佈的三峽工程二期蓄水庫底清庫實施規範，提供依據及具體處置方案。2001 年以加拿大魁北克大學盧煥章教授，牽頭的留加學人工作組與中科院地球化學所合作，在貴州發現了「濁積岩型金礦」，這在中國大陸尚屬首次。2005 年赴新疆的農業服務團向當地介紹了一種「非水溶性高效、新型複合灌溉肥適用技術」。該技術是一種全新理念的灌溉施肥解決方案，可使農作物產量在現有基礎上提高 10～20%。新疆有 105.5 萬公頃棉田，如果有 1/3 採用該方案，每年可節約肥料成本 3.5 億元人民幣。受「春暉計畫」資助的海外留學人才在同西部和東北省份的高校進行對接後，普遍開展了與高校聯合培養人才的工作，通過專案合作培養碩士生、博士生，十年來，共聯合培養研究生 500 多名。[203]

從上述資料可知，中國大陸教育部出臺的「春暉計畫」，有效運用海外留學人才，短期回國開展專案工作，使得中國大陸西部地區及東北老工業區能得到海外留學人才的協助，在大學院校及科研單位的人才培養、企業發展、農業及工礦業的發展，都獲得許多顯著的成果。

五、長江學者獎勵計劃與創新人才推進計畫的執行與成效

於 1998 年開始啟動的「長江學者獎勵計劃」，按照中國大陸政府發佈的資料，長江學者獎勵計畫在培養學術帶頭人方面起到了很好的效果，截止 2012 年中國大陸大學共聘任長江學者 1,801 人，其中特聘教授 1,190 人、講座教授 611 人，26 名華人學者榮獲「長江學者成就獎」。先後有 85 名長江學者當選中國科學院、中國工程院院士，170 人成為「973」首席科學家。另外，還有 25 名長江學者獲得國家級教學名師獎。[204]

2012 年中國大陸科技部，出臺「創新人才推進計畫」旨在通過創新體制機制、優化政策環境、強化保障措施，培養和造就一批具有世界水準的科學家、高水準的科技領軍人才和工程師、優秀創新團隊和創業人才，打造一批創新人才培養示範基地，加強高層次創新型科技人才隊伍建設，引領和帶動各類科技人才的發展，為提高自主創新能力、建設創新型國家提供有力的人才支撐。自 2012 年開始實施至 2013 年底，「創新人才推進計畫」已經確定 3 個科學家工作室的首席科學家人選，共遴選支持中青年科技創新領軍人才 474 名、重點領域創新團隊 155 個、科技創新創業人才 306 名、創新人才培養示範基地 56 個。2014 年經申報推薦、形式審查、專家評議和公示等環節，確定 306 名中青年科技創新領軍人才、213 名科技創新創業人才、52 個重點領域創新團隊和 33 個創新人才培養示範基地入選。2015 年共有 307 名中青年科技創新領軍人才、51 個重點領域創新團隊、214 名科技創新創業人才和 34 個創新人才培養示範基地入選。2016 年共314 名中青年科技創新領軍人才、67 個重點領域創新團隊、203 名科技創新創業人才和33 個創新人才培養示範基地入選。[205]

中國大陸政府運用長江學者獎勵計劃培養中國大陸與多學術界的領頭人，也使中國

大陸在學術的發展上，有著驚人的進步速度。推動創新人才推進計畫，則是培養許多科技創新人才，使中國大陸科研人才不斷投入創新領域，帶動中國大陸科技與製造業的創新與實踐。

六、中國大陸專利研發成果

　　從上述中國大陸學者的研究可知，自 1994 年啟動了「百人計劃」後，中央及地方政府等機關及科技研發單位，執行數十項人才引進與培養計畫劃，成效遍及全中國大陸各省市及自治區，對中國大陸整體科技與經濟的發展產生非常大的影響。

　　再由中國大陸統計局所公布 2012 年至 2021 年中國大陸研發經費來分析，由 2012 年占國內生產總值（GDP）的 1.97％，增加到占國內生產總值（GDP）的 2％以上，且隨著國內生產總值（GDP）成長研發經費總額也不斷增加，從 2012 年 10,240 億元人民幣增長到 2021 年 27,864 億元人民幣，總額增長 17,624 億元人民幣，增長比率高達 172.11％。

　　另可從近年來中國大陸專利申請數、授權專利數及有效專利數的不斷增長來分析，2012 年中國大陸授予專利權數 125.5 萬件、有效專利權數為 350.9 萬件，到 2021 年授予專利權數 460.1 萬件（增長比率 266.61％）、有效專利權數為 1542.1 萬件（增長比率 339.47％），顯見中國大陸引進人才與人才培養相關政策與計劃，在 20 餘年的運作後，使得中國大陸科技研發取得顯著的成效。

表4-11 2012年～2021年中國大陸研發經費及專利統計資料表

年度	2012 年	2013 年	2014 年
研發經費	10,240 億	11,906 億	13,312 億
GDP	540,367 億	595,244 億	641,281 億
占 GDP 比重	1.97%	2.09%	2.09%
申請專利權	205.1 萬件	237.7 萬件	236.1 萬件
授予專利權	125.5 萬件	131.3 萬件	130.3 萬件
有效專利權	350.9 萬件	419.5 萬件	464.3 萬件
年度	2015 年	2016 年	2017 年
研發經費	14,220 億	15,500 億	17,500 億
GDP	685,993 億	740,061 億	820,754 億
占 GDP 比重	2.10%	2.08%	2.12%
申請專利權	279.9 萬件	346.5 萬件	369.8 萬件
授予專利權	171.8 萬件	175.4 萬件	183.6 萬件
有效專利權	547.8 萬件	682.5 萬件	714.8 萬件
年度	2018 年	2019 年	2020 年
研發經費	19,657 億	21,737 億	24,426 億

GDP	919,281 億	986,515 億	1,013,567 億
占 GDP 比重	2.18%	2.19%	2.40%
申請專利權	432.3 萬件	438 萬件	-
授予專利權	244.7 萬件	259.2 萬件	363.9 萬件
有效專利權	838.1 萬件	972.2 萬件	1,219.3 萬件
年度	2021 年	-	-
研發經費	27,864 億	-	-
GDP	1,143,670 億	-	-
占 GDP 比重	2.44%	-	-
申請專利權	-	-	-
授予專利權	460.1 萬件	-	-
有效專利權	1,542.1 萬件	-	-
單位：元人民幣			

資料來源：

整理自-中國大陸統計局 http：//data.stats.gov.cn/，檢索時間 2022 年 3 月 10 日。

七、中國大陸政府的中長期人才發展策略

於 2010 年 6 月中共中央、國務院發布《國家中長期人才發展規劃綱要（2010～2020 年）》該序言中指出：「在人類社會發展進程中，人才是社會文明進步、人民富裕幸福、國家繁榮昌盛的重要推動力量。當今世界正處在大發展大變革大調整時期。世界多極化、經濟全球化深入發展，科技進步日新月異，知識經濟方興未艾，加快人才發展是在激烈的國際競爭中贏得主動的重大戰略選擇。我國正處在改革發展的關鍵階段，深入貫徹落實科學發展觀，全面推進經濟建設、政治建設、文化建設、社會建設以及生態文明建設，推動工業化、資訊化、城鎮化、市場化、國際化深入發展，全面建設小康社會，實現中華民族偉大復興，必須大力提高國民素質，在繼續發揮我國人力資源優勢的同時，加快形成我國人才競爭比較優勢，逐步實現由人力資源大國向人才強國的轉變。」[206]

且《國家中長期人才發展規劃綱要（2010～2020 年）》指出：「進入新世紀新階段，黨中央、國務院作出了實施人才強國戰略的重大決策，人才強國戰略已成為我國經濟社會發展的一項基本戰略，人才發展取得了顯著成就。科學人才觀逐步確立，以高層次人才、高技能人才為重點的各類人才隊伍不斷壯大，有利於人才發展的政策體系進一步完善，市場配置人才資源的基礎性作用初步發揮，人才效能明顯提高，黨管人才工作新格局基本形成。」且又明確說到：「當前我國人才發展的總體水準同世界先進國家相比仍存在較大差距，與我國經濟社會發展需要相比還有許多不適應的地方，主要是：高層次創新型人才匱乏，人才創新創業能力不強，人才結構和佈局不盡合理，人才發展體制機制障礙尚未消除，人才資源開發投入不足，等等。」[207]

顯然，中國大陸政府對於當前中國大陸面臨各項人才缺乏的情況非常清楚，故啟動《國家中長期人才發展規劃綱要（2010～2020 年）》，企圖在 2020 年前培養和造就規模

宏大、結構優化、佈局合理、素質優良的人才隊伍，確立國家人才競爭比較優勢，進入世界人才強國行列，為本世紀中葉基本實現社會主義現代化奠定人才基礎。

表4-12　中國大陸發展人才隊伍目標彙整表

一、黨政人才隊伍： 　　2020年具有大學本科及以上學歷的幹部占黨政幹部隊伍的85%，專業化水準明顯提高，結構更加合理，總量從嚴控制。
二、企業經營管理人才隊伍： 　1.　到2015年企業經營管理人才總量達到3,500萬人。 　2.　到2020年企業經營管理人才總量達到4,200萬人。
三、專業技術人才隊伍： 　1.　到2015年專業技術人才總量達到6,800萬人。 　2.　到2020年專業技術人才總量達到7,500萬人。
四、高技能人才隊伍： 　1.　到2015年高技能人才總量達到3,400萬人。 　2.　到2020年高技能人才總量達到3,900萬人。
五、農村實用人才隊伍： 　1.　到2015年農村實用人才總量達到1,300萬人。 　2.　到2020年農村實用人才總量達到1,800萬人
六、社會工作人才隊伍： 　1.　到2015年社會工作人才總量達到200萬人。 　2.　到2020年社會工作人才總量達到300萬人。

資料來源：

整理自-中國政府網，《國家中長期人才發展規劃綱要（2010～2020年）》，http：//www.gov.cn/jrzg/2010-06/06/content_1621777.htm，檢索時間2019年3月26日。

表4-13 2012年～2021年中國大陸研究生及大學生統計資料表

年度	2012年	2013年	2014年
在學研究生	172.0萬人	179.4萬人	184.8萬人
畢業研究生	48.6萬人	51.4萬人	53.6萬人
在校大學生	2,391.3萬人	2,468.1萬人	2,547.7萬人
畢業大學生	624.7萬人	638.7萬人	659.4萬人
年度	2015年	2016年	2017年
在學研究生	191.1萬人	198.1萬人	263.9萬人
畢業研究生	55.2萬人	56.4萬人	57.8萬人
在校大學生	2,625.3萬人	2,695.8萬人	2,753.6萬人
畢業大學生	680.9萬人	704.2萬人	735.8萬人

年度	2018 年	2019 年	2020 年
在學研究生	273.1 萬人	286.4 萬人	314.0 萬人
畢業研究生	60.4 萬人	64.0 萬人	72.9 萬人
在校大學生	2,831 萬人	3,031.5 萬人	3,285.3 萬人
畢業大學生	753.3 萬人	758.5 萬人	797.2 萬人
年度	2021 年	-	-
在學研究生	333.2 萬人	-	-
畢業研究生	77.3 萬人	-	-
在校大學生	3,496.1 萬人	-	-
畢業大學生	826.5 萬人	-	-

資料來源：

整理自-中國大陸統計局 http：//data.stats.gov.cn/，檢索時間 2022 年 3 月 10 日。

表4-14 2012年～2020年中國大陸博士後工作站及培養博士後人員統計表

年度	2012 年	2013 年	2014 年
博士後科研工作站總數	2,129 個	2,773 個	2,759 個
博士後科研流動站總數	2,703 個	2,703 個	3,011 個
全年招收博士後研究人員	1.25 萬人	1.4 萬人	1.4 萬人
累計招收培養博士後	-	-	-
年度	2015 年	2016 年	2017 年
博士後科研工作站總數	3,383 個	3,396 個	3,396 個
博士後科研流動站總數	3,011 個	3,010 個	3,010 個
全年招收博士後研究人員	-	-	-
累計招收培養博士後	15 萬餘	16 萬餘人	18 萬餘人
年度	2018 年	2019 年	2020 年
博士後科研工作站總數	3,728 個	3,719 個	3,850 個
博士後科研流動站總數	2,994 個	3,332 個	3,318 個
全年招收博士後研究人員	-	-	-
累計招收培養博士後	20.7 萬人	23.3 萬人	26.1 萬人

資料來源：

整理自-中華人民共和國人力資源和社會保障部網站，http：//www.mohrss.gov.cn/SYrlzyhshbzb/zwgk/szrs/tjgb/，檢索時間 2022 年 3 月 10 日。

從《國家中長期人才發展規劃綱要（2010～2020 年）》發展人才隊伍目標表可知，要發展如此龐大的人才隊伍，大學及研究所以上學歷人員必然要大量增加，因此從 2012 年至 2021 年中國大陸研究生及大學生統計資料表，可知在中國大陸政府的政策引導下，每年在校大學生、研究生及畢業大學生、研究生均逐年增加，到 2021 年在學研究生總

數達 333.2 萬人、當年研究生畢業 77.3 萬人，2021 年在校大學生總數達 3,496.1 萬人、當年畢業大學生 826.5 萬人，為整個中國大陸黨、政府、企業、科研單位、農村等，培養各類人才隊伍做準備。

再進一步分析，中國大陸 2016 年開始，每一年大學畢業生超過 700 萬人，暫不計算未來每年增加的人數，到 2026 年累計就能超過 7,000 萬的大學畢業生（相當一個中等以上國家的人口數，2018 年法國人口約 6,700 多萬人），這還未計算之前已有大學學歷的人數，這樣龐大的大學以上畢業人數，可以調整中國大陸的整體人力素質結構。

此外，中國大陸政府對於博士後研究人員，提供許多科學工作研究站，給博士後研究人員做科學研究的機會，自 2012 年至 2020 年中國大陸博士後工作站已培養博士後研究人員達 26.1 萬人，對於科學研究與科技研發也產生許多貢獻。

於 2019 年中共中央、國務院印發《加快推進教育現代化實施方案（2018～2022 年）》及《中國教育現代化 2035》，推動中國大陸教育體制改革，期望教育能著力深化改革、激發活力，著力補齊短板、優化結構，更好發揮教育服務國計民生的作用，確保完成決勝全面建成小康社會教育目標任務。並期望到 2035 年，總體實現教育現代化，邁入教育強國行列，推動中國大陸成為學習大國、人力資源強國和人才強國。

中國大陸政府運用教育提升整體人民素質，並大力培養大學本科以上高素質人才，對中國大陸的十三五規劃、十四五與 2035 願景規劃、新型城鎮化規劃、中國製造 2025、自由貿易試驗區、一帶一路戰略、國際產能與裝備製造合作、自由貿易區、人民幣國際化、互聯網+、扶貧及鄉村振興等，都有非常龐大的助力，更能帶動中國大陸經濟轉型與發展，對未來中國大陸整體綜合國力提升產生無限的作用。

八、小結

19 世紀中葉，日本經歷黑船事件後，江戶幕府與美國簽訂《神奈川條約》被迫開港通商。其後日本開啟近代工業化的改革，於明治維新之初，派遣大量的知識份子赴海外學習，並學習歐美工業化國家重視發展國民教育，不斷培育國內人才使得日本能搭上 19 世紀中葉的第二次工業革命列車，快速學習歐美各類基礎製造工業，在短短數十年內，發展為亞洲強國。

日本在第二次世界大戰前，就已具有製造汽車、坦克、軍艦、飛機及航空母艦的高端工業製造水準，但因國家發展戰略嚴重錯誤，侵略亞洲各國成為第二次大戰的侵略國，且二戰期間日本各都市在美國轟炸機大規模轟炸之下，致使日本各大都市幾乎成為廢墟，但依靠其數十年培養的人才資源，於二戰後藉由韓戰（中國大陸稱抗美援朝戰爭）契機，再次憑藉美國的扶持快速興起，成為世界重要經濟強權。

二次大戰後隨即進入美國與蘇聯兩陣營對抗的年代，亞洲四小龍（韓國、臺灣、香港及新加坡）在培養人才與吸引人才上，均著力甚深，並搭上美國所推動的經濟全球化列車，使得經濟與產業發展獲得顯著成績。然而，這些國家或地區經濟體，基本缺乏龐

大的自然資源做依靠，是以人才戰略為本，在經濟與產業發展各獨樹一幟。

　　相比之下，所謂金磚國家除中國大陸外，其他的印度、巴西、俄羅斯、南非等國，主要是依靠自然資源與礦產的貿易，作為經濟發展主軸，依此成為世界經濟大國，但無法成為經濟強國，只要世界發生經濟危機或原物料產業價格下滑，這些國家經濟時常大幅動盪，使許多人民生活陷入困境。

　　再以日本為例，該國缺乏龐大的自然資源，但是非常注重人才的培養，雖歷經 1990 年代初期的經濟泡沫危機，使得二十多年來國內經濟成長率及低，但至今國內生產總值（GDP）仍為世界第三大經濟體。可見，依靠自然資源的國家，要持續維持經濟的發展是非常困難，體現出人才立國，才是經濟發展的根本之道。

　　1978 年中國大陸改革開放後，實行「人才走出去與引進來的戰略」，學習日本、韓國、臺灣、香港及新加坡等國家與地區的經濟發展經驗，經由政府派遣及鼓勵大量留學生往歐、美、日等國家學習。在 1990 年代中期，中國大陸改革開放路線穩固與財政收入逐漸增長後，中國大陸政府啟動一連串的人才政策，吸引留學生及海外人才，到中國大陸參與建設及進行各項科技研究，使全世界大量人才逐步流向中國大陸，進而促成現階段改革開放四十年發展的成就。

　　然而，未來中國大陸仍處於經濟新常態下，期望保持經濟中高速增長，中國大陸政府正持續推動供給側結構性改革，關於人才的供給素質的提升，也是中國大陸人才供給側結構性改革的一環。如前所述，中國大陸《百人計劃》、《千人計劃》、《萬人計劃》、《國家中長期人才發展規劃綱要（2010～2020 年）》、《加快推進教育現代化實施方案（2018～2022 年）》及《中國教育現代化 2035》等，數十項人才政策之執行，已產生相當大的成效，使中國大陸從 1978 年改革開放初期，整體經濟落後於歐美日等先進工業化國家，發展迄今已成為具有相當科技實力的世界第二大經濟體。

　　另外，從菲律賓、巴西等中南美洲發展中國家研究，可知由於這些國家人民整體素質無法有效提升，導致國家經濟發展難以轉型，跌入中等收入陷阱危機中，迄今國家經濟仍然無法有效提振與發展。而在可預見的未來，中國大陸整體人民素質的提升，將能使中國大陸產業逐步轉型，使中國大陸經濟能突破中等收入陷阱。

　　雖然 2021 年中國大陸國內生產總值（GDP）已高達 1,143,670 億人民幣，人均 GDP 約 12,500 美元，但城鄉的貧富差距仍然非常大，改善這個問題的方法唯有從教育著手，政府必須戮力將貧困人民的教育水準提升，使其有能力融入農業、工業及服務業等產業，產生相當的謀生能力，脫離低收入的群體。而今中國大陸政府及相關科研單位，仍不斷努力持續優化與執行上述人才政策，培養內部人才與吸引外部人才，由人才的發展戰略來調整中國大陸整體經濟結構，使中國大陸能從現今世界經濟大國，未來逐步邁向世界經濟強國。

第二節 互聯網+

壹、歷次工業革命發展概述

迄今，近代人類工業史上，發生三次工業革命。第一次工業革命，以蒸汽機作為動力被廣泛使用，開創以機器對手工勞動的替代，解放體力勞動，推動人類社會邁入「機器時代」。伴隨詹姆斯·瓦特（James Watt）對蒸汽機的發明和改進，紡織工業、採礦工業、冶金工業和運輸業把握住機遇，在這次革命中迅速壯大起來。源起於英國的工業革命，是技術進步在生產領域滲透和擴散的過程，其影響涉及人類社會生活的各個方面，使人類社會取得了巨大的進步。1764 年紡織工人詹姆斯·哈格里夫斯（James Hargreaves）發明「珍妮紡紗機」，並在棉紡織業進行應用，在提高棉紡織業勞動生產率的情況下引發進行技術革新的連鎖反應，揭開工業革命的序幕。[208]

第二次工業革命，發生在 19 世紀中期，其中西歐（包括英國、德國、法國、低地國家和丹麥）和美國，以及 1870 年後的日本，工業得到飛速發展。此次工業革命中科學技術的突出發展，主要表現在三個方面，即電力的廣泛應用、內燃機和新交通工具的創制、新通信手段的發明。在這次工業革命中，電氣、化學、石油等行業蓬勃興起，人類進入「電氣與化工時代」。由於 1870 年代以後發電機、電動機相繼發明，遠距離輸電技術出現，電氣工業迅速發展起來，電力在生產和生活中得到廣泛的應用。內燃機的出現及 1890 年代以後的廣泛應用，為汽車和飛機工業的發展提供了可能，也推動石油工業的發展。化學工業是這一時期新出現的工業部門，從 1880 年代起，人們開始從煤炭中提煉氨、苯、人造燃料等化學產品、塑膠、絕緣物質、人造纖維、無煙火藥也相繼發明並投入生產和使用。[209]

第三次工業革命，是人類文明史上繼蒸汽技術革命和電力技術革命之後，科技領域裡的又一次重大飛躍。第三次工業革命以原子能機、空間技術和生物工程的發明和應用為主要標誌，涉及資訊技術、新能源技術、 新材料技術、生物技術、 空間技術和海洋技術等諸多領域的一場資訊控制技術革命。其中，電子科技與電腦的廣泛使用是第三次科技革命的核心，而電腦網路技術的發展使電腦產業成為最有前途的發展方向，推動人類進入了資訊化時代。那些握住時代脈搏的勇者，再次成為人們關注的焦點。[210]

於第二次世界大戰結束後，世界分為以美國資本主義集團與蘇聯社會主義集團為首的兩個集團進入冷戰時代，因著美國與蘇聯兩強在軍事上展開對抗，使資訊工業產業在國防的強大需求下開始蓬勃發展。1957 年蘇聯發射人類的第一顆人造衛星上太空，隨後1958 年美國也發射人造衛星上太空，雙方因國家安全需求開始進入資訊產業發展的競爭時期，美國憑藉在人才與市場的發展優勢，從國防資訊產業逐步發展到個人電腦資訊科技產業，並建立了設計、生產到製造龐大的資訊科技工業化的產業鏈，又綜合運用美、歐、日本、韓國、臺灣地區的人力、土地、資本等各種資源，使資訊科技及網際網路整個產業發展迅速。

　　然在 1990 年代前後，蘇聯及東歐等共產政權垮臺，俄羅斯等東歐國家經歷一場長達近十餘年的經濟大震盪，更無多餘資源發展資訊科技及網際網路產業，與美國、歐盟、日本、韓國、臺灣等國家及經濟體形成龐大的經濟發展落差。2000 年代初期，中國大陸已歷經改革開放 20 餘年，經濟上雖蓬勃發展，但仍屬於從重工業回頭補輕工業發展的時期，此時的中國大陸資訊科技及網際網路產業的發展，仍屬於發展的初級階段。

　　現在全世界知名的阿里巴巴公司，在 1999 年由馬雲等人所創立，在當年面臨資金與各項產業資源的極度缺乏時期，屬於前景不明的小型網路公司，然誰都無法預料中國大陸這樣一個在杭州成立的小網路公司，在 10 多年後能成為中國大陸甚至世界的網路巨頭，回頭探究其原因，就得深入研究中國大陸政府對資訊科技及網路產業的政策與規劃，才得以瞭解中國大陸網路快速發展的模式。

貳、中國大陸資訊網路產業規劃概述

一、前言

　　2000 年美國引發的網路泡沫危機，但中共中央及中國大陸政府卻看到未來全球將走向資訊網路的時代，於 2001 年所出臺之《中華人民共和國國民經濟和社會發展第十個五年計劃綱要（2001 年～2005 年）》，在該綱要第二篇經濟結構的第六章提出加速發展資訊產業，大力推進資訊化，並指出應廣泛應用資訊技術、建設資訊基礎設施、發展電子資訊產品製造業三大重點。

　　其後，在《中華人民共和國國民經濟和社會發展第十一個五年計劃綱要（2006 年～2010 年）》，第三篇提出推進工業結構優化升級策略，其第十五章指出要積極推進資訊化，堅持以資訊化帶動工業化，以工業化促進資訊化，提高經濟社會資訊化水準。強調要加快製造業資訊化、深度開發資訊資源、完善資訊基礎設施、強化資訊安全保障，由於當時是使用 2G 通訊網路將發展 3G 通訊與網路時代，該《十一五計劃綱要》提出建設完善資訊基礎設施，顯示將運用政府資源大量建設資訊化的基礎設施，以推動資訊網路產業的發展。

　　中國大陸於 2010 年國內生產總值（GDP）超越日本，成為世界第二大經濟體，在《中華人民共和國國民經濟和社會發展第十二個五年規劃綱要（2011 年～2015 年）》第三篇提出轉型升級提高產業核心競爭力，其第十三章指出要全面提高資訊化水準，三大重點為構建下一代資訊基礎設施、加快經濟社會資訊化、加強網路與資訊安全保障。當時 3G 通訊與網路帶動各個產業發展，並正邁入 4G 通訊與網路發展階段，雖全世界經濟剛從美國次貸危機，所引發的全球經融風暴中復甦。而此時，中國大陸政府把構建下一代資訊基礎設施，引導建設寬頻無線城市，推進城市光纖入戶，加快農村地區寬頻網路建設，全面提高寬頻普及率和接入頻寬，做為政府重要建設目標，使資訊化通訊網路成為如同水、電、道路，同等重要的基礎設施。

　　自 2012 年習近平接任中共總書記後，中國大陸政府 2016 年 3 月所公布制定的《中

華人民共和國國民經濟和社會發展第十三個五年規劃綱要（2016 年～2020 年）》，更把資訊科技與網路發展由一章的規劃，提升為一篇四章更深入的整體規劃，《十三五規劃剛要》第六篇拓展網路經濟空間，其第二十五章指出要構建泛在高效的信息網路（完善新一代高速光纖網路、構建先進泛在的無線寬頻網、積極推進第五代移動通信（5G）和超寬頻關鍵技術研究、推進寬頻網路提速降費），第二十六章發展現代互聯網產業體系（積極推進雲計算和物聯網發展、組織實施「互聯網+」重大工程），第二十七章實施國家大數據戰略（加快政府數據開放共享、促進大數據產業健康發展），第二十八章強化資訊安全保障 （加強數據資源安全保護、科學實施網路空間治理、全面保障重要資訊系統安全），明確要以國家力量提前布局發展 5G 通訊網路系統，顯示中國大陸要在資訊通信及網路的發展上，追趕上歐美先進發展國家。

2021 年 3 月中國大陸政府公布制定的《中華人民共和國國民經濟和社會發展第十四個五年規劃和 2035 年遠景目標綱要 》，延續《中華人民共和國國民經濟和社會發展第十三個五年規劃綱要（2016 年～2020 年）》對資訊科技與網路發展的規劃加以升級擘劃，以第五篇加快數位化發展建設數字中國，其第十五章指出要打造數字經濟新優勢（加強關鍵數位技術創新應用、加快推動數位產業化、推進產業數字化轉型），第十六章加快數位社會建設步伐（提供智慧便捷的公共服務、建設智慧城市和數位鄉村、構築美好數位生活新圖景），第十七章提高數字政府建設水準（加強公共數據開放共享 推動政務資訊化共建共享 提高數位化政務服務效能），第十八章營造良好數位生態（建立健全數據要素市場規則 營造規範有序的政策環境 加強網路安全保護 推動構建網路空間命運共同體）。推動數字經濟重點產業涵蓋：1.雲計算、2.大數據、3.物聯網、4.工業互聯網、5.區塊鏈、6.人工智慧、7.虛擬實境和增強現實等。且在數位化應用場景的運用推動：1.智能交通、2.智慧能源、3.智能製造、4.智慧農業及水利、5.智慧教育、6.智慧醫療、7.智慧文旅、8.智慧社區、9.智慧家居、10.智慧政務等。

從中國大陸政府十四五規劃和 2035 年遠景目標綱要對於資訊網路的規劃配合 5G 通訊網路系統的功能運用，涵蓋雲計算及大數據的強大功能運算，使得物聯網、人工智慧、區塊鏈及虛擬實境等，各類工業製造、農業生產及生活服務等運用，在未來幾乎使中國大陸的人民可以全方位的運用資訊網路，如此不僅能提升經濟發展也使人民生活更加便利。

二、工業 4.0 簡述

近年來科技與製造業興起第四次工業革命，即所謂工業 4.0，簡單來講就是利用網路和雲科技，將更為龐大的機器群連接起來，讓機器之間自相控制、自行優化、智慧生產，從而大大減少從事重複勞動和經驗工作的人力數量，使生產品質和效率提升到一個新階段。其中物聯網、服務網、數據網將取代傳統封閉性的製造系統，是工業 4.0 和智慧工廠的基礎。在德國「工業 4.0 工作組」，2013 年 4 月發佈的最終報告《保障德國製造業的未來：關於實施工業 4.0 戰略的建議》中認為，在製造業領域，技術的突破和發展將工業革命分為四個階段，前三次工業革命分別是機械化、電力和資訊技術的結果，

而目前物聯網和製造業服務化,宣告著第四次工業革命--工業 4.0 的到來。在工業 4.0 時代,虛擬世界將與現實世界相融合,通過計算、自主控制和物聯網,人、機器和資訊能夠互相連接,融為一體。從消費意義上來講,工業 4.0 就是將一個生產原料、智慧工廠、物流配送和消費者編織在一起的大網。消費者通過手機下訂單,網路開通自動化和個性化要求發送給智慧工廠進行生產,由其採購原料、設計並生產,再通過網路配送交給消費者使用的全過程。智慧工廠的定制通過 App 完成。到那時,我們的消費方式和消費內容將徹底被顛覆。[211]

由上述可知,未來工業 4.0 將透過智慧工廠、智慧生產、智慧物流與物聯網、雲端運算、大數據的結合,將生產、製造到銷售整個流程,更加緊密的融合,使製造業與服務業相結合,透過大數據、雲端運算可知消費者的需求,減少不必要商品的生產,加上高效的製造與配送流程,能提升整體製造與銷售的效能。

三、中國大陸互聯網+行動指導意見概述

2015 年 7 月 4 日中國大陸國務院發布《關於積極推進互聯網+行動的指導意見》,序言明確指出:「互聯網+是把互聯網的創新成果與經濟社會各領域深度融合,推動技術進步、效率提升和組織變革,提升實體經濟創新力和生產力,形成更廣泛的以互聯網為基礎設施和創新要素的經濟社會發展新形態。」[212]顯示,未來中國大陸實體經濟的發展要將互聯網,像過去的公路、鐵路、機場一樣列為國家建設最基礎的設施,藉互聯網來提升實體經濟創新和生產力提升,使經濟能持續發展。

且《關於積極推進互聯網+行動的指導意見》亦展望未來稱:「在全球新一輪科技革命和產業變革中,互聯網與各領域的融合發展具有廣闊前景和無限潛力,已成為不可阻擋的時代潮流,正對各國經濟社會發展產生著戰略性和全域性的影響。」[213]足證,中國大陸政府深知在未來產業的變革中,互聯網與各領域的融合發展,佔有相當的主導地位,政府對於互聯網的運用,必須有策略性規劃與運用。

又《關於積極推進互聯網+行動的指導意見》指出,中國大陸當前互聯網發展的問題:「近年來,我國在互聯網技術、產業、應用以及跨界融合等方面取得了積極進展,已具備加快推進互聯網+ 發展的堅實基礎,但也存在傳統企業運用互聯網的意識和能力不足、互聯網企業對傳統產業理解不夠深入、新業態發展面臨體制機制障礙、跨界融合型人才嚴重匱乏等問題,極待加以解決。」[214]

然而,為解決前述所發現知問題,《關於積極推進互聯網+行動的指導意見》規劃 11 個重點行動包括:互聯網＋創業創新、互聯網＋協同製造、互聯網＋現代農業、互聯網＋智慧能源、互聯網＋普惠金融、互聯網＋益民服務、互聯網＋高效物流、互聯網＋電子商務、互聯網＋便捷交通、互聯網＋綠色生態、互聯網＋人工智慧等。顯示,中國大陸政府發展互聯網+的目標,是要超越德國工業 4.0 戰略,企圖使中國大陸未來整個社會融入互聯網的生態系統。

《關於積極推進互聯網+行動的指導意見》規劃將互聯網整體涵蓋政府便民服務,

並遍及製造業、電商、金融、農業、能源、交通物流服務等多項產業，政府運用政策與推動中國移動、中國聯通及中國電信等國有企業，提供高速的移動網路與固定網路建設，並培養華為、中興等，資通訊設備與手機生產商，促使企業在產業創新運用上發展，打造萬物與服務聯網的新時代。

　　為此，中國大陸政府出臺許多關於互聯網發展政策及規劃，期望在 2018 年到 2025 年，建成網路化、智慧化、服務化、協同化的「互聯網+」產業生態體系，使「互聯網+」成為經濟社會創新發展的重要驅動力量，企圖形成一個資通訊服務與製造等創新產業鏈，為經濟發展與產業轉型提供一個明確的方向。

表4-15　國務院關於積極推進「互聯網＋」行動的指導意見摘要表

一、總體思路
1、順應世界「互聯網+」發展趨勢，充分發揮我國互聯網的規模優勢和應用優勢，推動互聯網由消費領域向生產領域拓展，加速提升產業發展水準，增強各行業創新能力，構築經濟社會發展新優勢和新動能。 2、堅持改革創新和市場需求導向，突出企業的主體作用，大力拓展互聯網與經濟社會各領域融合的廣度和深度。 3、著力深化體制機制改革，釋放發展潛力和活力；著力做優存量，推動經濟提質增效和轉型升級；著力做大增量，培育新興業態，打造新的增長點；著力創新政府服務模式，夯實網路發展基礎，營造安全網路環境，提升公共服務水準。
二、基本原則
1、堅持開放共享：營造開放包容的發展環境，將互聯網作為生產生活要素共享的重要平臺，最大限度優化資源配置，加快形成以開放、共享為特徵的經濟社會運行新模式。 2、堅持融合創新：鼓勵傳統產業樹立互聯網思維，積極與「互聯網+」相結合。推動互聯網向經濟社會各領域加速滲透，以融合促創新，最大程度彙聚各類市場要素的創新力量，推動融合性新興產業成為經濟發展新動力和新支柱。 3、堅持變革轉型：充分發揮互聯網在促進產業升級以及資訊化和工業化深度融合中的平臺作用，引導要素資源向實體經濟集聚，推動生產方式和發展模式變革。創新網路化公共服務模式，大幅提升公共服務能力。 4、堅持引領跨越：鞏固提升我國互聯網發展優勢，加強重點領域前瞻性佈局，以互聯網融合創新為突破口，培育壯大新興產業，引領新一輪科技革命和產業變革，實現跨越式發展。 5、堅持安全有序：完善互聯網融合標準規範和法律法規，增強安全意識，強化安全管理和防護，保障網路安全。建立科學有效的市場監管方式，促進市場有序發展，保護公平競爭，防止形成行業壟斷和市場壁壘。
三、發展目標
1、2015 年到 2018 年，互聯網與經濟社會各領域的融合發展進一步深化，基於互聯

網的新業態成為新的經濟增長動力，互聯網支撐大眾創業、萬眾創新的作用進一步增強，互聯網成為提供公共服務的重要手段，網路經濟與實體經濟協同互動的發展格局基本形成。

2、2018 年到 2025 年，網路化、智慧化、服務化、協同化的「互聯網+」產業生態體系基本完善，「互聯網+」新經濟形態初步形成，「互聯網+」成為經濟社會創新發展的重要驅動力量。

3、經濟發展進一步提質增效：互聯網在促進製造業、農業、能源、環保等產業轉型升級方面取得積極成效，勞動生產率進一步提高。基於互聯網的新興業態不斷湧現，電子商務、互聯網金融快速發展，對經濟提質增效的促進作用更加凸顯。

4、社會服務進一步便捷普惠：健康醫療、教育、交通等民生領域互聯網應用更加豐富，公共服務更加多元，線上線下結合更加緊密。社會服務資源配置不斷優化，公眾享受到更加公平、高效、優質、便捷的服務。

5、基礎支撐進一步夯實提升：網路設施和產業基礎得到有效鞏固加強，應用支撐和安全保障能力明顯增強。固定寬頻網路、新一代移動通信網和下一代互聯網加快發展，物聯網、雲計算等新型基礎設施更加完備。人工智慧等技術及其產業化能力顯著增強。

6、發展環境進一步開放包容：全社會對互聯網融合創新的認識不斷深入，互聯網融合發展面臨的體制機制障礙有效破除，公共數據資源開放取得實質性進展，相關標準規範、信用體系和法律法規逐步完善。

四、重點行動

1、「互聯網+」創業創新：

目標：強化創業創新支撐、積極發展眾創空間、發展開放式創新，達到充分發揮互聯網的創新驅動作用，以促進創業創新為重點，推動各類要素資源聚集、開放和共享，大力發展眾創空間、開放式創新等，引導和推動全社會形成大眾創業、萬眾創新的濃厚氛圍，打造經濟發展新引擎。（發展改革委、科技部、工業和信息化部、人力資源社會保障部、商務部等負責，列第一位者為牽頭部門）

（1）強化創業創新支撐
（2）積極發展眾創空間。
（3）發展開放式創新。

2、「互聯網+」協同製造：

目標：大力發展智慧製造、發展大規模個性化定制、提升網路化協同製造水準、推動互聯網與製造業融合，提升製造業數位化、網路化、智慧化水準，達到加強產業鏈協作，發展基於互聯網的協同製造新模式。並在重點領域推進智慧製造、大規模個性化定制、網路化協同製造和服務型製造，打造一批網路化協同製造公共服務平臺，加快形成製造業網路化產業生態體系。（工業和信息化部、發展改革委、科技部共同牽頭）

（1）大力發展智慧製造。
（2）發展大規模個性化定制。

（3）提升網路化協同製造水準。

（4）加速製造業服務化轉型。

3、「互聯網+」現代農業。

目標：構建新型農業生產經營體系、發展精準化生產方式、提升網路化服務水準、完善農副產品品質安全追溯體系，達成利用互聯網提升農業生產、經營、管理和服務水準，培育一批網路化、智慧化、精細化的現代「種養加」生態農業新模式，形成示範帶動效應，加快完善新型農業生產經營體系，培育多樣化農業互聯網管理服務模式，逐步建立農副產品、農資品質安全追溯體系，促進農業現代化水準明顯提升。（農業部、發展改革委、科技部、商務部、質檢總局、食品藥品監管總局、林業局等負責）

（1）構建新型農業生產經營體系。

（2）發展精準化生產方式

（3）提升網路化服務水準。

（4）完善農副產品品質安全追溯體系。

4、「互聯網+」智慧能源。

目標：推進能源生產智慧化、建設分散式能源網路、探索能源消費新模式、發展基於電網的通信設施和新型業務，期望通過互聯網促進能源系統扁平化，推進能源生產與消費模式革命，提高能源利用效率，推動節能減排。並加強分散式能源網路建設，提高可再生能源占比，促進能源利用結構優化。加快發電設施、用電設施和電網智慧化改造，提高電力系統的安全性、穩定性和可靠性。（能源局、發展改革委、工業和信息化部等負責）

（1）推進能源生產智慧化。

（2）建設分散式能源網路。

（3）探索能源消費新模式。

（4）發展基於電網的通信設施和新型業務。

5、「互聯網+」普惠金融。

目標：探索推進互聯網金融雲服務平臺建設、鼓勵金融機構利用互聯網拓寬服務覆蓋面、積極拓展互聯網金融服務創新的深度和廣度，達成促進互聯網金融健康發展，全面提升互聯網金融服務能力和普惠水準，鼓勵互聯網與銀行、證券、保險、基金的融合創新，為大眾提供豐富、安全、便捷的金融產品和服務，更好滿足不同層次實體經濟的投融資需求，培育一批具有行業影響力的互聯網金融創新型企業。（人民銀行、銀監會、證監會、保監會、發展改革委、工業和信息化部、網信辦等負責）

（1）探索推進互聯網金融雲服務平臺建設。

（2）鼓勵金融機構利用互聯網拓寬服務覆蓋面。

（3）積極拓展互聯網金融服務創新的深度和廣度。

6、「互聯網+」益民服務。

目標：創新政府網路化管理和服務、發展便民服務新業態、推廣線上醫療

衛生新模式、促進智慧健康養老產業發展、探索新型教育服務供給方式，要充分發揮互聯網的高效、便捷優勢，提高資源利用效率，降低服務消費成本。並大力發展以互聯網為載體、線上線下互動的新興消費，加快發展基於互聯網的醫療、健康、養老、教育、旅遊、社會保障等新興服務，創新政府服務模式，提升政府科學決策能力和管理水準。（發展改革委、教育部、工業和信息化部、民政部、人力資源社會保障部、商務部、衛生計生委、質檢總局、食品藥品監管總局、林業局、旅遊局、網信辦、信訪局等負責）

（1）創新政府網路化管理和服務。

（2）發展便民服務新業態。

（3）推廣線上醫療衛生新模式。

（4）促進智慧健康養老產業發展。

（5）探索新型教育服務供給方式。

7、「互聯網+」高效物流。

目標：構建物流資訊共享互通體系、建設深度感知智慧倉儲系統、完善智能物流配送調配體系，要加快建設跨行業、跨區域的物流資訊服務平臺，提高物流供需資訊對接和使用效率。並鼓勵大數據、雲計算在物流領域的應用，建設智慧倉儲體系，優化物流運作流程，提升物流倉儲的自動化、智慧化水準和運轉效率，降低物流成本。（發展改革委、商務部、交通運輸部、網信辦等負責）

（1）構建物流資訊共享互通體系。

（2）建設深度感知智慧倉儲系統。

（3）完善智能物流配送調配體系。

9、「互聯網+」電子商務。

目標：積極發展農村電子商務、大力發展行業電子商務、推動電子商務應用創新、加強電子商務國際合作，達成鞏固和增強我國電子商務發展領先優勢，大力發展農村電商、行業電商和跨境電商，進一步擴大電子商務發展空間。使電子商務與其他產業的融合不斷深化，網路化生產、流通、消費更加普及，標準規範、公共服務等支撐環境基本完善。（發展改革委、商務部、工業和信息化部、交通運輸部、農業部、海關總署、稅務總局、質檢總局、網信辦等負責）

（1）積極發展農村電子商務。

（2）大力發展行業電子商務。

（3）推動電子商務應用創新。

（4）加強電子商務國際合作。

9、「互聯網+」便捷交通。

目標：提升交通運輸服務品質、推進交通運輸資源線上集成、增強交通運輸科學治理能力，達成加快互聯網與交通運輸領域的深度融合，通過基礎設施、運輸工具、運行資訊等互聯網化，推進基於互聯網平臺的便捷化交通運輸服務發展，顯著提高交通運輸資源利用效率和管理精細化水準，全面提升交通運輸行業服務品質和科學治理能力。（發展改革委、交通運輸部共同牽頭）

（1）提升交通運輸服務品質。

（2）推進交通運輸資源線上集成。

（3）增強交通運輸科學治理能力。

10、「互聯網＋」綠色生態。

　　目標：加強資源環境動態監測、大力發展智慧環保、完善廢舊資源回收利用體系、建立廢棄物線上交易系統，大力推動互聯網與生態文明建設深度融合，完善污染物監測及資訊發佈系統，形成覆蓋主要生態要素的資源環境承載能力動態監測網路，實現生態環境數據互聯互通和開放共享。並充分發揮互聯網在逆向物流回收體系中的平臺作用，促進再生資源交易利用便捷化、互動化、透明化，促進生產生活方式綠色化（發展改革委、環境保護部、商務部、林業局等負責）

（1）加強資源環境動態監測。

（2）大力發展智慧環保。

（3）完善廢舊資源回收利用體系。

（4）建立廢棄物線上交易系統。

11、「互聯網＋」人工智慧。

　　目標：培育發展人工智慧新興產業、推進重點領域智慧產品創新、提升終端產品智慧化水準，依託互聯網平臺提供人工智慧公共創新服務，加快人工智慧核心技術突破，促進人工智慧在智慧家居、智慧終端機、智慧汽車、機器人等領域的推廣應用，培育若干引領全球人工智慧發展的骨幹企業和創新團隊，形成創新活躍、開放合作、協同發展的產業生態。（發展改革委、科技部、工業和信息化部、網信辦等負責）

（1）培育發展人工智慧新興產業。

（2）推進重點領域智慧產品創新。

（3）提升終端產品智慧化水準。

五、保障支撐

1、夯實發展基礎：

（1）鞏固網路基礎：加快實施「寬頻中國」戰略，組織實施國家新一代資訊基礎設施建設工程，推進寬頻網路光纖化改造，加快提升移動通信網路服務能力，促進網間互聯互通，大幅提高網路訪問速率，有效降低網路資費，完善電信普遍服務補償機制，支援農村及偏遠地區寬頻建設和運行維護，使互聯網下沉為各行業、各領域、各區域都能使用，人、機、物泛在互聯的基礎設施。增強北斗衛星全球服務能力，構建天地一體化互聯網路。加快下一代互聯網商用部署，加強互聯網協議第 6 版（IPv6）位址管理、標識管理與解析，構建未來網路創新試驗平臺。研究工業互聯網網路架構體系，構建開放式國家創新試驗驗證平臺。（發展改革委、工業和信息化部、財政部、國資委、網信辦等負責）

（2）強化應用基礎：適應重點行業融合創新發展需求，完善無線傳感網、行業

雲及大數據平臺等新型應用基礎設施。實施雲計算工程，大力提升公共雲服務能力，引導行業資訊化應用向雲計算平臺遷移，加快內容分發網路建設，優化數據中心佈局。加強物聯網網路架構研究，組織開展國家物聯網重大應用示範，鼓勵具備條件的企業建設跨行業物聯網運營和支撐平臺。（發展改革委、工業和信息化部等負責）

（3）做實產業基礎：著力突破核心晶片、高端伺服器、高端存放裝置、數據庫和中介軟體等產業薄弱環節的技術瓶頸，加快推進雲作業系統、工業控制即時操作系統、智慧終端機作業系統的研發和應用。大力發展雲計算、大數據等解決方案以及高端感測器、工控系統、人機交互等軟硬體基礎產品。運用互聯網理念，構建以骨幹企業為核心、產學研用高效整合的技術產業集群，打造國際先進、自主可控的產業體系。（工業和信息化部、發展改革委、科技部、網信辦等負責）

（4）保障安全基礎：制定國家資訊領域核心技術設備發展時間表和路線圖，提升互聯網安全管理、態勢感知和風險防範能力，加強資訊網路基礎設施安全防護和使用者個人資訊保護。實施國家資訊安全專項，開展網路安全應用示範，提高「互聯網＋」安全核心技術和產品水準。按照資訊安全等級保護等制度和網路安全國家標準的要求，加強「互聯網＋」關鍵領域重要資訊系統的安全保障。建設完善網路安全監測評估、監督管理、標準認證和創新能力體系。重視融合帶來的安全風險，完善網路數據共享、利用等的安全管理和技術措施，探索建立以行政評議和協力廠商評估為基礎的數據安全流動認證體系，完善數據跨境流動管理制度，確保數據安全。（網信辦、發展改革委、科技部、工業和信息化部、公安部、安全部、質檢總局等負責）

2、強化創新驅動：

（1）加強創新能力建設：鼓勵構建以企業為主導，產學研用合作的「互聯網＋」產業創新網路或產業技術創新聯盟。支持以龍頭企業為主體，建設跨界交叉領域的創新平臺，並逐步形成創新網路。鼓勵國家創新平臺向企業特別是中小企業線上開放，加大國家重大科研基礎設施和大型科研儀器等網路化開放力度。（發展改革委、科技部、工業和信息化部、網信辦等負責）

（2）加快制定融合標準：按照共性先立、急用先行的原則，引導工業互聯網、智慧電網、智慧城市等領域基礎共性標準、關鍵技術標準的研製及推廣。加快與互聯網融合應用的工控系統、智慧專用裝備、智慧型儀器表、智慧家居、車聯網等細分領域的標準化工作。不斷完善「互聯網＋」融合標準體系，同步推進國際國內標準化工作，增強在國際標準組織（ISO）、國際電子電機委員會（IEC）和國際電信聯盟（ITU）等國際組織中的話語權。（質檢總局、工業和信息化部、網信辦、能源局等負責）

（3）強化智慧財產權戰略：加強融合領域關鍵環節專利導航，引導企業加強智慧財產權戰略儲備與佈局。加快推進專利基礎資訊資源開放共享，支援線上智慧財產權服務平臺建設，鼓勵服務模式創新，提升智慧財產權服務附加值，

支援中小微企業智慧財產權創造和運用。加強網路智慧財產權和專利執法維權工作，嚴屬打擊各種網路侵權假冒行為。增強全社會對網路智慧財產權的保護意識，推動建立「互聯網+」智慧財產權保護聯盟，加大對新業態、新模式等創新成果的保護力度。（智慧財產權局牽頭）

（4）大力發展開源社區：鼓勵企業自主研發和國家科技計畫（專項、基金等）支援形成的軟體成果通過互聯網向社會開源。引導教育機構、社會團體、企業或個人發起開源項目，積極參加國際開源項目，支援組建開源社區和開源基金會。鼓勵企業依託互聯網開源模式構建新型生態，促進互聯網開源社區與標準規範、智慧財產權等機構的對接與合作。（科技部、工業和信息化部、質檢總局、智慧財產權局等負責）

3、營造寬鬆環境：

（1）構建開放包容環境：貫徹落實《中共中央國務院關於深化體制機制改革加快實施創新驅動發展戰略的若干意見》，放寬融合性產品和服務的市場准入限制，制定實施各行業互聯網准入負面清單，允許各類主體依法平等進入未納入負面清單管理的領域。破除行業壁壘，推動各行業、各領域在技術、標準、監管等方面充分對接，最大限度減少事前准入限制，加強事中事後監管。繼續深化電信體制改革，有序開放電信市場，加快民營資本進入基礎電信業務。加快深化商事制度改革，推進投資貿易便利化。（發展改革委、網信辦、教育部、科技部、工業和信息化部、民政部、商務部、衛生計生委、工商總局、質檢總局等負責）

（2）完善信用支撐體系：加快社會徵信體系建設，推進各類信用資訊平臺無縫對接，打破資訊孤島。加強信用記錄、風險預警、違法失信行為等資訊資源線上披露和共享，為經營者提供信用資訊查詢、企業網上身份認證等服務。充分利用互聯網積累的信用數據，對現有征信體系和評測體系進行補充和完善，為經濟調節、市場監管、社會管理和公共服務提供有力支撐。（發展改革委、人民銀行、工商總局、質檢總局、網信辦等負責）

（3）推動資數據源開放：研究出臺國家大數據戰略，顯著提升國家大數據掌控能力。建立國家政府資訊開放統一平臺和基礎數據資源庫，開展公共數據開放利用改革試點，出臺政府機構數據開放管理規定。按照重要性和敏感程度分級分類，推進政府和公共資訊資源開放共享，支援公眾和小微企業充分挖掘資訊資源的商業價值，促進互聯網應用創新。（發展改革委、工業和信息化部、國務院辦公廳、網信辦等負責）

（4）加強法律法規建設：針對互聯網與各行業融合發展的新特點，加快「互聯網+」相關立法工作，研究調整完善不適應「互聯網+」發展和管理的現行法規及政策規定。落實加強網路資訊保護和資訊公開有關規定，加快推動制定網路安全、電子商務、個人資訊保護、互聯網資訊服務管理等法律法規。完善反壟斷法配套規則，進一步加大反壟斷法執行力度，嚴格查處資訊領域企業壟斷行為，營造互聯網公平競爭環境。（法制辦、網信辦、發展改革委、工業

和信息化部、公安部、安全部、商務部、工商總局等負責）

4、拓展海外合作：

（1）鼓勵企業抱團出海：結合「一帶一路」等國家重大戰略，支援和鼓勵具有競爭優勢的互聯網企業聯合製造、金融、資訊通信等領域企業率先走出去，通過海外並購、聯合經營、設立分支機搆等方式，相互借力，共同開拓國際市場，推進國際產能合作，構建跨境產業鏈體系，增強全球競爭力。（發展改革委、外交部、工業和信息化部、商務部、網信辦等負責）

（2）發展全球市場應用：鼓勵「互聯網+」企業整合國內外資源，面向全球提供工業雲、供應鏈管理、大數據分析等網路服務，培育具有全球影響力的「互聯網+」應用平臺。鼓勵互聯網企業積極拓展海外用戶，推出適合不同市場文化的產品和服務。（商務部、發展改革委、工業和信息化部、網信辦等負責）

（3）增強走出去服務能力：充分發揮政府、產業聯盟、行業協會及相關仲介機搆作用，形成支援「互聯網+」企業走出去的合力。鼓勵仲介機構為企業拓展海外市場提供資訊諮詢、法律援助、稅務仲介等服務。支援行業協會、產業聯盟與企業共同推廣中國技術和中國標準，以技術標準走出去帶動產品和服務在海外推廣應用。（商務部、外交部、發展改革委、工業和信息化部、稅務總局、質檢總局、網信辦等負責）

5、加強智力建設：

（1）加強應用能力培：鼓勵地方各級政府採用購買服務的方式，向社會提供互聯網知識技能培訓，支援相關研究機構和專家開展「互聯網+」基礎知識和應用培訓。鼓勵傳統企業與互聯網企業建立資訊諮詢、人才交流等合作機制，促進雙方深入交流合作。加強製造業、農業等領域人才特別是企業高層管理人員的互聯網技能培訓，鼓勵互聯網人才與傳統行業人才雙向流動。（科技部、工業和信息化部、人力資源社會保障部、網信辦等負責）

（2）加快複合型人才培養：面向「互聯網+」融合發展需求，鼓勵高校根據發展需要和學校辦學能力設置相關專業，注重將國內外前沿研究成果儘快引入相關專業教學中。鼓勵各類學校聘請互聯網領域高級人才作為兼職教師，加強「互聯網+」領域實驗教學。（教育部、發展改革委、科技部、工業和信息化部、人力資源社會保障部、網信辦等負責）

（3）鼓勵聯合培養培訓：實施產學合作專業綜合改革專案，鼓勵校企、院企合作辦學，推進「互聯網+」專業技術人才培訓。深化互聯網領域產教融合，依託高校、科研機構、企業的智力資源和研究平臺，建立一批聯合實訓基地。建立企業技術中心和院校對接機制，鼓勵企業在院校建立「互聯網+」研發機構和實驗中心。（教育部、發展改革委、科技部、工業和信息化部、人力資源社會保障部、網信辦等負責）

（4）利用全球智力資源：充分利用現有人才引進計畫和鼓勵企業設立海外研發中心等多種方式，引進和培養一批「互聯網+」領域高端人才。完善移民、簽證等制度，形成有利於吸引人才的分配、激勵和保障機制，為引進海外人才提

供有利條件。支持通過任務外包、產業合作、學術交流等方式，充分利用全球互聯網人才資源。吸引互聯網領域領軍人才、特殊人才、緊缺人才在我國創業創新和從事教學科研等活動。（人力資源社會保障部、發展改革委、教育部、科技部、網信辦等負責）

6、加強引導支持：

（1）實施重大工程包：選擇重點領域，加大中央預算內資金投入力度，引導更多社會資本進入，分步驟組織實施「互聯網+」重大工程，重點促進以移動互聯網、雲計算、大數據、物聯網為代表的新一代資訊技術與製造、能源、服務、農業等領域的融合創新，發展壯大新興業態，打造新的產業增長點。（發展改革委牽頭）

（2）加大財稅支持：充分發揮國家科技計畫作用，積極投向符合條件的「互聯網+」融合創新關鍵技術研發及應用示範。統籌利用現有財政專項資金，支持「互聯網+」相關平臺建設和應用示範等。加大政府部門採購雲計算服務的力度，探索基於雲計算的政務資訊化建設運營新機制。鼓勵地方政府創新風險補償機制，探索「互聯網+」發展的新模式。（財政部、稅務總局、發展改革委、科技部、網信辦等負責）

（3）完善融資服務：積極發揮天使投資、風險投資基金等對「互聯網+」的投資引領作用。開展股權眾籌等互聯網金融創新試點，支援小微企業發展。支持國家出資設立的有關基金投向「互聯網+」，鼓勵社會資本加大對相關創新型企業的投資。積極發展智慧財產權質押融資、信用保險保單融資增信等服務，鼓勵通過債券融資方式支持「互聯網+」發展，支援符合條件的「互聯網+」企業發行公司債券。開展產融結合創新試點，探索股權和債權相結合的融資服務。降低創新型、成長型互聯網企業的上市准入門檻，結合證券法修訂和股票發行註冊制改革，支持處於特定成長階段、發展前景好但尚未盈利的互聯網企業在創業板上市。推動銀行業金融機構創新信貸產品與金融服務，加大貸款投放力度。鼓勵開發性金融機構為「互聯網+」重點專案建設提供有效融資支援。（人民銀行、發展改革委、銀監會、證監會、保監會、網信辦、開發銀行等負責）

7、做好組織實施：

（1）加強組織領導：建立「互聯網+」行動實施部際聯席會議制度，統籌協調解決重大問題，切實推動行動的貫徹落實。聯席會議設辦公室，負責具體工作的組織推進。建立跨領域、跨行業的「互聯網+」行動專家諮詢委員會，為政府決策提供重要支撐。（發展改革委牽頭）

（2）開展試點示範：鼓勵開展「互聯網+」試點示範，推進「互聯網+」區域化、鏈條化發展。支持全面創新改革試驗區、中關村等國家自主創新示範區、國家現代農業示範區先行先試，積極開展「互聯網+」創新政策試點，破除新興產業行業准入、數據開放、市場監管等方面政策障礙，研究適應新興業態特點的稅收、保險政策，打「互聯網+」生態體系。（各部門、各地方政府負責）

（3）有序推進實施：各地區、各部門要主動作為，完善服務，加強引導，以動態發展的眼光看待「互聯網+」，在實踐中大膽探索拓展，相互借鑒「互聯網＋」融合應用成功經驗，促進「互聯網+」新業態、新經濟發展。有關部門要加強統籌規劃，提高服務和管理能力。各地區要結合實際，研究制定適合本地的「互聯網+」行動落實方案，因地制宜，合理定位，科學組織實施，杜絕盲目建設和重複投資，務實有序推進「互聯網+」行動。（各部門、各地方政府負責）

資料來源：

整理自-《國務院關於積極推進「互聯網+」行動的指導意見》（北京：人民出版社，2015）。

表4-16 中國大陸重要互聯網政策及規劃彙整表

公告年度	發布單位	政策名稱
2013 年	國務院	《關於促進資訊消費擴大內需的若干意見》
2015 年	國務院	《關於積極推進「互聯網+」行動的指導意見》
2015 年	國務院	《關於大力發展電子商務加快培育經濟新動力的意見》
2015 年	國務院	《關於印發促進大數據發展行動綱要的通知》
2016 年	中共中央、國務院	《國家信息化發展戰略綱要》
2016 年	國務院	《關於印發「十三五」國家信息化規劃的通知》
2016 年	國務院	《關於加快推進「互聯網+政務服務」工作的指導意見》
2016 年	國務院	《關於深化製造業與互聯網融合發展的指導意見》
2016 年	工業和信息化部	《信息化和工業化融合發展規劃（2016-2020）》
2016 年	工業和信息化部、財政部	《智能製造發展規劃（2016-2020 年）》
2016 年	國務院辦公廳	《關於深入實施「互聯網+流通」行動計畫的意見》
2017 年	國務院	《關於深化「互聯網+先進製造業」發展工業互聯網的指導意見》
2017 年	國務院	《關於進一步擴大和升級資訊消費持續釋放內需潛力的指導意見》
2017 年	國家發展與改革委員會	《關於印發「十三五」國家政務資訊化工程建設規劃的通知》
2017 年	國務院	《新一代人工智慧發展規劃》
2018 年	國務院	《於加快推進全國一體化線上政務服務平臺建設的指導意見》

2018 年	國務院辦公廳	《關於促進「互聯網+醫療健康」發展的意見》
2021 年	工業互聯網專項工作組	《工業互聯網創新發展行動計畫（2021-2023年）》
2021 年	中央網路安全和信息化委員會辦公室、國家發展和改革委員會、工業和信息化部	《關於加快推進互聯網協議第六版（IPv6）規模部署和應用工作的通知》
2021 年	網信辦秘書局、工業和信息化部辦公廳、公安部辦公廳、市場監管總局辦公廳	《常見類型移動互聯網應用程式必要個人資訊範圍規定》的通知
2021 年	工業和信息化部	《「十四五」資訊化和工業化深度融合發展規劃》
2021 年	商務部、中央網信辦、工業和信息化部	《數字經濟對外投資合作工作指引》
2021 年	商務部、中央網信辦、國家發展和改革委員會	《「十四五」電子商務發展規劃》
2021 年	國家發展和改革委員會、中央網信辦、工業和信息化部、國家能源局	《全國一體化大數據中心協同創新體系算力樞紐實施方案的通知》

整理自-中國政府網

四、中國大陸互聯網建設與發展概況：

21 世紀以來，中國大陸政務資訊化經過《十一五規劃》全面建設、《十二五規劃》轉型發展，基本實現部門辦公自動化、重點業務資訊化、政府網站普及化，跨部門、跨地區共建工程逐步成為政務資訊化工程建設的主要形態，成為支撐「放管服」（即簡政放權、加強監管、優化服務）改革的重要平臺。資訊共享、績效評估等一批創新性制度和辦法頒佈實施，一定程度上改善了部門系統分割、資源分散的局面，政務資訊化日益成為政府高效履職行政的重要手段。[215]由於中國大陸政府重視互聯網建設與互聯網的運用，使得政府效能大幅提升，並在政府政策引導下，使整體社會資源大幅投入互聯網產業，促使中國大陸整體互聯網產業高速發展。

因中國大陸經濟發展迅速，加上中國大陸政府在基礎電信及網路的大舉投資，使得電信及網路發展迅速，固定寬帶上網及移動寬帶上網人數不斷增加。再依中國大陸工業

和信息化部所公佈之統計資料指出，到 2019 年底中國大陸行動電話用戶總數超 16 億戶，行動電話基站總數達 841 萬個，其中 4G 基站總數達到 544 萬個，5G 基站總數超過 13 萬個，光纜線路總長度高達 4,750 萬公里。[216]2020 年行動電話用戶總數 15.94 億戶，4G 用戶總數達到 12.89 億戶，占行動電話用戶數的 80.8%。全國農村寬頻用戶總數達 1.42 億戶，全年淨增 712 萬戶，比上年末增長 5.3%。全國行政村通光纖和 4G 比例均超過 98%，電信普遍服務試點地區平均下載速率超過 70M，農村和城市實現「同網同速」。[217]

截至 2021 年底，中國大陸行動電話使用者規模 16.43 億戶，人口普及率升至 116.3 部/百人，高於全球的 104.3 部/百人。其中，4G 用戶 10.69 億戶和 5G 用戶 3.55 億戶，兩者合計在行動電話用戶數中合計占比達 86.7%。且累計建成並開通 5G 基站 142.5 萬個，建成全球最大 5G 網，實現覆蓋全國所有地級市城區、超過 98% 的縣城城區和 80% 的鄉鎮區，並逐步向有條件、有需求的農村地區逐步推進。中國大陸 5G 基站總量占全球 60% 以上；每萬人擁有 5G 基站數達到 10.1 個，比上年末提高近 1 倍。全年 5G 投資 1,849 億元人民幣，占電信固定資產投資比達 45.6%。全中國大陸有超過 300 個城市啟動千兆光纖寬頻網路建設，全年互聯網寬頻接入投資比上年增長 40%。並已建成 10G PON 埠 786 萬個，已具備覆蓋 3 億戶家庭的能力。基礎電信企業加強雲網建設和部署，建設泛在融合、雲邊協同的算力網路，提升雲網融合服務的能力，2021 年實現數據中心客戶規模翻一翻。資訊技術加速賦能傳統行業。5G 行業應用創新案例超 10,000 個，覆蓋工業、醫療等 20 多個國民經濟行業，應用環節從生產輔助環節向核心環節滲透，「5G+工業互聯網」的典型應用場景逐步向規模化複製演進。全國蜂窩物聯網用戶 13.99 億戶，快速逼近行動電話使用者規模，兩者差距由 2020 年 4.58 億戶快速縮小至 2021 年 2.44 億戶。物聯網終端廣泛應用于智慧公共事業、智慧製造、智慧交通等領域，這 3 個重點領域部署的物聯網終端分別達 3.14 億、2.54 億和 2.18 億戶。[218]

以中國大陸 2012 年～2021 年電信及網路用戶量統計表分析，2014 年固定寬帶上網用戶 20,048 萬戶，到 2021 年固定寬帶上網用戶已達 53,579 萬戶，增加 33,531 萬戶，增比高達 167.25%。2014 年手機上網人數 6.88 億人，到 2021 年手機上網人數更高達 10.29 億人，以中國大陸 14.12 億人來分析，全中國大陸 72.87% 的人使用手機上網，使得中國大陸互聯網經濟能蓬勃發展。

僅 10 年時間，中國大陸固定寬帶上網用戶與手機上網用戶，均大幅度成長，形成一個龐大的資訊網路大國，帶動 BAT（百度、阿里巴巴、騰訊）等網路資訊巨頭的快速發展，更有助於形成一個巨大的網路支付體系，更使得移動支付寶、微信支付、淘寶、美團、拼多多、滴滴打車、共享單車等，各類食、衣、住、行、育、樂等行業的蓬勃發展，使中國大陸互聯網產業成為經濟發展的新動力。

表4-17 2012年～2021年中國大陸電信及網路用戶量統計表

年度	2012 年	2013 年	2014 年
固定電話	27,815 萬	26,699 萬	24,943 萬
移動電話	111,216 萬戶	122,911 萬戶	128,609 萬戶
固定互聯網寬帶用戶	-	-	20,048 萬
移動互聯網寬帶用戶	-	-	58,254 萬
互聯網上網人數	5.64 億人	6.18 億人	6.49 億人
手機上網人數	-	5.0 億人	5.57 億人
年度	2015 年	2016 年	2017 年
固定電話	23,099 萬	20,663 萬	19,376 萬
移動電話	130,574 萬戶	132,193 萬	141,749 萬
固定互聯網寬帶用戶	21,337 萬	29,721 萬	34,854 萬
移動互聯網寬帶用戶	78,533 萬	94,075 萬	113,152 萬戶
互聯網上網人數	6.88 億人	7.31 億人	7.72 億人
手機上網人數	6.20 億人	6.95 億人	7.53 億人
年度	2018 年	2019 年	2020 年
固定電話	18,225 萬	19,104 萬	18,551 萬
移動電話	156,610 萬	160,134 萬	159,407 萬
固定互聯網寬帶用戶	40,738 萬	44,928 萬	45,414 萬
移動互聯網寬帶用戶	130,565 萬戶	128,000 萬戶	-
互聯網上網人數	-	-	-
手機上網人數	-	-	9.86 億人
年度	2021 年	-	-
固定電話	18,070 萬	-	-
移動電話	164,283 萬	-	-
固定互聯網寬帶用戶	53,579 萬	-	-
移動互聯網寬帶用戶	-	-	-
互聯網上網人數	10.32 億人	-	-
手機上網人數	10.29 億人	-	-
固定電話、移動電話、固定互聯網寬帶用戶、移動互聯網寬帶用戶，皆以戶數為單位。			

資料來源：

整理自-國家統計局網站， http://www.stats.gov.cn/，檢索時間 2022 年 3 月 10 日。

五、中國大陸共享經濟發展概況：

（一）前言

2015 年中國大陸手機上網人數 6.20 億人，已形成一個龐大的移動互聯網的潛在市場，且中國大陸政府在第十二個五年規劃期間，對於寬頻網路與 4G 無線網路，及高速公路、高速鐵路、鄉村道路與電力等基礎建設的投資亦是相當巨大，使得中國大陸成為一個適合發展網路經濟的巨量型市場，根據統計中國大陸共享經濟各領域直接融資規模總額 2015 年 620 億元人民幣，到 2016 年 1,291 億元人民幣，增長率 108.22 ％，再到 2017 年 1,941 億元人民幣，增長率 50.34 ％，僅三年間中國大陸共享經濟各領域直接融資規模累計總額高達 3,852 億元人民幣，如此龐大的直接融資金額，使得中國大陸移動互聯網產業蓬勃發展。

2019 年中國大陸市場共享經濟交易總規模，達 32,828 億元人民幣，在發展結構上分析，交易規模位居前三名的領域為，生活服務 17,300 億元人民幣、生產能力 9,205 億元人民幣、知識技能 3,063 億元人民幣。而增長率最高的三個領域，分別為共享住宿增幅 36.4 ％、知識技能增幅 30.2 ％、共享醫療增幅 22.7 ％。[219]

同年，中國大陸共享經濟參與者人數約 8 億人，其中服務提供者人數約 7,800 萬人，平臺企業員工約 623 萬人。[220]其絕大多數都是兼職人員，但隨著市場的發展，部分領域的服務提供者出現專職化趨勢，一批基於共享平臺的專職司機、房東、騎手、主播等開始大量湧現。同時，共享經濟平臺也成為「雙創」活動的重要平臺，為一批有夢青年的創業式就業提供了大量機會。[221]

2020 年中國大陸市場共享經濟交易總規模約為 33,773 億元人民幣，同比增長約 2.9%。交易規模位居前三名的領域為，生活服務 16,175 億元人民幣、生產能力 10,848 億元人民幣、知識技能 4,010 億人民幣。[222]

同年，共享經濟參與者人數約為 8.3 億人，其中服務提供者約為 8,400 萬人，同比增長約 7.7%；平臺企業員工數約 631 萬人，同比增長約 1.3%。從發展速度上看，新冠肺炎疫情對不同領域共享經濟產生的影響明顯不同。知識技能和共享醫療兩個領域交易規模同比分別增長 30.9%和 27.8%；共享住宿、共享辦公和共享出行三個領域交易規模出現顯著下降，同比分別下降 29.8%、26%和 15.7%；生活服務領域同比下降 6.5%。[223]

2021 年中國大陸市場共享經濟交易總規模約為 36,881 億元人民幣，同比增長約 9.2%。交易規模位居前三名的領域為，生活服務 17,118 億元人民幣、生產能力 12,368 億元人民幣、知識技能 4,540 億元人民幣。[224]從中國大陸居民消費的角度看，2021 年網約車用戶規模為 39,651 萬人、共享住宿用戶規模為 8,141 萬人和線上外賣用戶規模為 46,859 萬人，在網民中的普及率分別為 39.23%、8.05%和 46.36%。[225]

2021 年以來，中國大陸境內疫情雖有零散爆發，但總體可控，經濟運行穩中有進。從2017～2021年中國大陸共享經濟發展情況表主要領域共享市場交易規模的變化觀察，

除共享住宿領域外，其餘領域在 2021 年都比 2020 年實現同比正增長。其中，辦公空間、生產能力、知識技能領域的增速較快，分別為 26.2%、14%和 13.2%。共享住宿領域市場交易規模同比下降 3.8%，主要受兩大因素影響：一是疫情影響。中國大陸境內幾次區域性疫情爆發均發生在旅遊旺季，造成旅遊住宿業恢復速度放緩。文化和旅遊部抽樣調查統計結果顯示，2021 年國內旅遊總收入僅恢復到 2019 年的 51.0%。同時中國大陸境外疫情形勢堪憂，跨境與跨國出行的需求仍被嚴重抑制，一些平臺業務結構調整成效尚未顯現。二是監管政策影響。除了平臺經濟領域強化數據監管的共性政策外，部分過去市場需求和交易規模較大的城市出臺了更為嚴格的短租房監管政策。[226]

隨著共享經濟領域從出行、住宿等生活服務領域，向工業製造、農業等生產領域持續擴展，新的共享經濟平臺不斷湧現，平臺企業的員工數從 2016 年的 585 萬人[227]增長到 2020 年的 631 萬人[228]，增長約 7.86%。共享經濟提供社會特定群體就業管道，在滴滴平臺上的網約車司機中有 6.7%是建檔立卡的貧困人員，12%是退役軍人，超過 21%的司機是家裡唯一的就業人員，新就業形態為全國百萬家庭，帶來較為穩定收入來源。2018 年有 270 萬騎手在美團外賣獲得收入，其中 77％來自農村，有 67 萬騎手來自貧困縣。[229]此外，2019 年統計數據顯示，滴滴平臺上兼職司機大約占到 9 成，78.9％的兼職司機每天線上時間少於 5 小時，美團平臺上 52％的騎手每天工作 4 個小時以下，愛彼迎（Airbnb）平臺上近 9 成的中國房東是兼職。[230]

顯見，中國大陸新興發展的網路產業，不僅可以帶動基於網路共享平臺產生的專職、兼職司機、房東、騎手及主播等，各類新興產業的發展，亦可使傳統建築或製造業等，勞動人口轉向網路產業所帶動發展的新興產業，因而增加許多新型態就業機會，取代舊產業消失的工作機會，為中國大陸經濟的轉型與發展，提供良好的新動能。

表4-18 2015年～2021年中國大陸共享經濟各領域直接融資規模表

領域	2015 年	2016 年	2017 年	2018 年
交通出行	313	700	1,072	419
共享住宿	34	13	37	33
知識技能	73	199	266	464
生活服務	155	325	512	185
共享醫療	42	44	19	147
共享辦公	-	-	-	41
生產能力	4	10	34	203
總計	620	1,291	1,941	1,490
領域	2019 年	2020 年	2021 年	-
交通出行	78.7	115	486	-
共享住宿	1.5	1	6	-
知識技能	314	467	253	-
生活服務	221.5	269	750	-

共享醫療	38.1	88	372	-
共享辦公	12.0	68	1	-
生產能力	48.2	186	270	-
總計	714	1,185	2,137	-

單位：億元。

幣別：人民幣。

資料來源：

1.《2021 中國共享經濟發展報告》，（國家資訊中心分享經濟研究中心，2021 年），頁 14。

2.《2022 中國共享經濟發展報告》，（國家資訊中心分享經濟研究中心，2022 年），頁 13。

表4-19 2017年～2021年中國大陸共享經濟發展情況表

領域	2017 年	2018 年	2019 年	2020 年	2021 年
交通出行	2,010	2,478	2,700	2,276	2,344
共享住宿	120	165	225	158	152
知識技能	1,382	2,353	3,063	4,010	4,540
生活服務	12,924	15,894	17,300	16,175	17,118
共享醫療	56	88	108	138	147
共享辦公	110	206	227	168	212
生產能力	4,170	8,236	9,205	10,848	12,368
總計	20,772	29,420	32,828	33,773	36,881

單位：億元。

幣別：人民幣。

資料來源：

1.《2021 中國共享經濟發展報告》，（國家資訊中心分享經濟研究中心，2021 年），頁 6。

2.《2022 中國共享經濟發展報告》，（國家資訊中心分享經濟研究中心，2022 年），頁 2。

（二）中國大陸餐飲業網路外賣發展概況

近年來，中國大陸隨著互聯網技術的不斷滲透各個產業，餐飲服務產業的傳統商家積極轉型，網路外賣品類不斷拓展，品質亦不斷提升，配送服務持續優化，消費者體驗越來越好，手機線上外賣市場發展迅速，成為餐飲業中越來越重要的新業態，手機線上外賣營業額不斷攀升，占中國大陸餐飲業比重越來越高。[231]

2017 年整體網路線上外賣收入超過 3,000 億元人民幣，占中國大陸餐飲業收入的比重為 7.6%，較 2016 年增加 1,337 億元人民幣，增幅高達八成。又據統計 2019 年線上外賣收入占全國餐飲業收入比重約為 12.8%，2020 年線上外賣收入占全國餐飲業收入比重約為 16.6%，逐年不斷上升。[232]顯示，中國大陸移動互連網產業使得餐飲傳統產業開始進入新的變革，未來將可能加速餐飲業的轉型。

表4-20 2017～2018年中國大陸線上外賣與全國餐飲業收入統計表

領域	線上外賣收入	全國餐飲業收入	線上外賣收入占比
2018 年	4,712 億元	44,591 億元	10.6%
2017 年	3,000 億元	39,644 億元	7.6%
2016 年	1,663 億元	35,799 億元	4.7%
2015 年	458 億元	32,310 億元	1.4%
單位：人民幣。			
資料來源：			
1、2015-2017 年全國餐飲業收入資料來自中國飯店協會發佈的歷年《中國餐飲業年度報告》。			
2、2018 年為估計數。			

資料來源：

《2019 中國共享經濟發展年度報告》，（國家資訊中心分享經濟研究中心，2019 年），頁22。

（三）中國大陸交通業網路約車發展概況

中國大陸網路出行龍頭滴滴出行，2018 年共有超過千萬名網約車司機在滴滴平臺上獲得收入，運送乘客超過 100 億人次，用戶行程總里程達 488 億公里。[233]再從中國大陸政府公布 2015-2018 年網約車客運量統計表與 2015～2018 年城鎮居民交通支出統計表資料可知，自 2017 年起網約車出行佔出租車客運總量已高達 3 成，總客運量亦高達 157 億人次，城鎮居民共享出行服務支出達 2,010 億元人民幣，未來逐年勢必不斷增加，使得該產業得以成長茁壯，中國大陸居民出行更加便利，將促使商務交流更頻繁，旅遊產業更發達。

2018 年滴滴出行成立人工智慧實驗室（DiDiAI Labs），主要探索 AI 領域技術難題，重點發力機器學習、自然語言處理、計算器視覺、運籌學、統計學等領域的前沿技術研究及應用，積極佈局下一代技術，用技術構建智慧出行新生態。在技術創新基礎上，滴滴出行發佈兼備雲計算、AI 技術、交通大數據和交通工程的智慧交通戰略產品「交通大腦」，滴滴出行和 31 家汽車產業鏈企業發起成立「洪流聯盟」，廣泛與汽車全產業鏈合作，共建汽車運營商平臺，推進新能源化、智慧化、共享化的產業發展，協力建設面向未來出行使用者與車主的服務平臺。[234]

在 2019 年 10 月滴滴出行發布《滴滴網約車安全標準》，涵蓋公司在安全責任制，駕駛員與車輛管理、安全響應處置、隱患治理與風險管控、安全績效管理等，各方面的詳細要求，共包含 96 項條款和 19 項安全制度。[235]滴滴出行在車上安全功能方面，司機端行程錄音已覆蓋所有訂單，錄影功能覆蓋約 40％的訂單，錄音錄影數據可用率達 85%，在警企合作方面 98%的定取證務工作單，都在 10 分鐘內完成，平臺上的案件保持高達 100%破案率。[236]

中國大陸共享出行領域，按照相關制度規定，網約車營運須同時滿足平臺擁有「網

約車平臺經營許可證」、車輛擁有「網路預約出租車運輸證」、司機擁有「網路預約出租車駕駛員證」，三證缺一不可。中國大陸交通部全國網約車監管資訊交互平臺資料顯示，2021 年 6 月訂單量超過 30 萬單的網約車平臺共 13 家，其中有的平臺訂單合規率僅為16%左右；2021 年 7 月份共收到訂單資訊 77,656.4 萬單，環比上升 10.7%；訂單量增加的同時合規率卻在下滑，當月訂單合規率環比下降的平臺近 6 成，相關部門也曾就合規問題多次約談網約車平臺企業。[237]

據中國大陸全國網約車監管資訊交互平臺統計，截至 2021 年 12 月 31 日共有 258 家網約車平臺公司取得網約車平臺經營許可，環比增加 3 家；各地共發放網約車駕駛員證 394.8 萬本、車輛運輸證 155.8 萬本，環比分別增長 2.2%、3.9%。全國網約車監管資訊交互平臺 2021 年 12 月共收到訂單資訊 68,123 萬單，環比上升 9.3%。2021 年 12 月訂單量超過 30 萬單的網約車平臺共 17 家，其中訂單合規率最高的是享道出行，最低的是花小豬出行。與 2021 年 11 月份相比，伴個桔子從 11 月訂單量超過 30 萬單降到 30 萬單以下，新增招招出行 1 家網約車平臺訂單量超過 30 萬單。按訂單合規率（指駕駛員和車輛均獲得許可的訂單量占比）從高到低的分別是享道出行、如祺出行、T3 出行、攜華出行、藍道出行、陽光出行、妥妥 E 行、招招出行、及時用車、神州專車、曹操出行、首汽約車、幫邦行、美團打車、萬順叫車、滴滴出行、花小豬出行。2021 年 12 月訂單合規率增長前 3 名的依次是 T3 出行、攜華出行、幫邦行；增長最後 3 名的依次是招招出行（－3.3%）、及時用車（－6.2%）、神州專車（－6.5%）。在各主要中心城市中，廣州、廈門、杭州、深圳、合肥、南昌、重慶、鄭州、南京 9 個城市訂單合規率均在 80%以上。2021 年 12 月訂單合規率增長前 3 名的依次是寧波、海口、濟南；增長最後 3 名的依次是西安（－2.3%）、大連（－2.4%）、石家莊（－3.3%）。[238]

綜上，可知中國大陸在網約車的蓬勃與快速發展下，產生了許多新的監管問題，過去出租車的監管模式已經不適合網約車的監管，所以中國大陸政府相關監管部門快速的另訂新法規加以規範，以適應新的網約車經營型態，使得網約車產業能有更好的發展。此外，網約車的蓬勃發展也累積龐大的交通出行大數據，使得中國大陸在互聯網＋交通產業得以快速的發展，未來將形成一個龐大的新興型態的互聯網＋交通的產業鏈，對於未來人類出行模式，將會產生更便捷的創新模式。

表4-21 2015～2018年中國大陸網約車與出租車客運量統計表

年份	網約出租車訂單量	網約出租車客運量	巡遊出租車客運量	出租車客運總量	網約出租車客運量占比
2018 年	100 億單	200 億人次	350.7 億人次	550.7 億人次	36.3%
2017 年	78.5 億單	157 億人次	365.4 億人次	522.4 億人次	30.1%

2016 年	37.6 億單	75.2 億人次	377.4 億人次	452.6 億人次	16.6%
2015 年	20.9 億單	41.8 億人次	396.7 億人次	438.5 億人次	9.5%

資料來源：

1.網約車平臺訂單量根據主要平臺調研資料估算所得，客運量數據按每個訂單平均 2 人計算。

2.2015 年至 2017 年巡遊出租車客運量數據來自中國大陸交通部統計公報，2018 年 為估計數。

資料來源：

《2019 中國共享經濟發展年度報告》，（國家資訊中心分享經濟研究中心，2019 年），頁 20。

表4-22 2015～2018年中國大陸城鎮居民交通支出統計表

年份	共享出行服務支出	城鎮居民交通支出	共享出行服務支出占比
2018 年	2,487 億元	24,061 億元	10.3%
2017 年	2,010 億元	20,939 億元	9.6%
2016 年	1,280 億元	18,348 億元	7.0%
2015 年	1,000 億元	16,016 億元	6.2%

單位：人民幣

資料來源：

1.2015～2017 年城鎮居民交通支出根據城鎮居民人均交通支出和城鎮居民人口數 計算得出。

2.城鎮居民人均交通支出根據國家統計局公佈的城鎮居民人均交通通信支出扣除工 信部公佈的人均電信消費支出計算得出。

3.2018 年為估計數。

資料來源：

《2019 中國共享經濟發展年度報告》，（國家資訊中心分享經濟研究中心，2019 年），頁 21。

（四）中國大陸共享住宿平臺發展概況

中國大陸在共享住宿平臺發展上，途家平臺通過信用認證、評論展示、7X24 客服、普及智慧硬體使用、設立專項基金等多個方面的措施，加強平臺的安全保障。1.是引入商戶芝麻信用分，作為商戶（房東）經營擔保，間接降低安全風險；2.是雙向保險：為房東提供財產保險，為房客提供人身意外保險，雙向保障人身和財產的安全；3.是通過建立專項基金，在用戶遇到安全等重大問題時，在第一時間提供資金保障，可實現優先賠；4.是設置優選 PRO 打造民宿標杆，通過對民宿硬體設施、安全衛生、服務保障等內容的規範化，推動民宿品質服務標準化落地。[239]

　　榛果民宿平臺於 2017 年成立「榛果管家」，為 8 個城市房東提供保潔+布草的標準化服務；對評價體系進行優化，對評價內容中的敏感詞進行監和過濾，確保綠色網路環境；對全量房源進行分層，建立了民宿品牌館，引入高品質房源，進一步提升房客入住體驗；在全國 11 個城市開展了 20 次房東大會，共觸達 10,000 名房東，主動向房東輸出服務規範和安全意識，指導房東有序經營。2018 年下半年，榛果民宿還通過線上聊天系統、智慧門鎖、房東房客身份證真實性識別等多項科技技術提升了網路服務安全，進一步優化民宿行業服務安全環境。[240]

　　2019 年途家代營運房源有 1.6 萬套以上，線上代運營主打市郊、鄉村民宿、城市民宿的分時段管理，線下代運營包括清潔、洗滌等服務，優於房屋託管模式。且途家旗下的智慧門鎖運用人臉識別、定位對比等現代技術，並通過與相關政府部門的資訊共享，將門鎖與安全資訊相結合，可實現對入住者的身分查核。且途家民宿與河北省豐寧縣合作佇立旅遊扶貧，安排營銷專家為村民開展大講堂，對當地民宿從業人員進行線上與線下的培訓，即時解答商戶在操作中遇到的問題，有效提升當地民宿的運營品質，鼓勵更多村民經營民宿，帶動當地產業並增加收入，以平臺運營能力之長，補鄉村旅遊之短，緩解民宿獲客渠道少及運營質量不穩定等問題，從而助力鄉村振興。[241]

　　自 2017 年起，愛彼迎（Airbnb）在桂林龍脊地區進行了共享民宿的旅遊扶貧實踐，總結並提出了「共享旅遊扶貧」新模式。為進一步發揮旅遊新業態在鄉村振興中的積極作用，愛彼迎（Airbnb）於 2020 年 10 月上線了「鄉村民宿品質提升」遠端學習系統，作為旅遊扶貧和鄉村振興公益項目對全社會免費開放。該遠端學習系統是基於「龍勝旅遊扶貧專案」培訓經驗的總結，並結合行業專家多年的教學成果形成的，為中國鄉村居民、在校大學生以及其他希望從事鄉村民宿經營者而設計的民宿經營入門必修內容學習工具。該系統分為《現代鄉村民宿經營與管理實務》實體教材和《鄉村民宿經營與管理基礎》線上課程兩部分。目前，《鄉村民宿經營與管理基礎》線上課程已在中國大學 MOOC 網正式推出，「鄉村民宿管家線上課程品牌運營」線上課堂已在愛彼迎房東學院上線，供全社會免費學習。[242]

　　2020 年 6 月，愛彼迎（Airbnb）聯合了浙江省文化和旅遊廳、桂林市文化廣電和旅遊局，以及浙江、桂林等地的旅遊民宿協會，宣傳當地精品鄉村民宿和民宿旅遊線路，以鄉村遊和城市周邊遊為抓手，將政府和協會推薦的精品鄉村民宿在平臺上線，進行有針對性的市場推廣和展示，把握旅遊業回暖趨勢，吸引更多遊客赴鄉村旅遊休閒，發揮旅遊業在鄉村振興中的積極作用。此次宣傳活動中，愛彼迎（Airbnb）還聯合了快手，利用短視頻推廣和直播的形式，推出「住進可愛中國」系列主題的傳播活動，第一批選擇了浙江、桂林兩條鄉村旅遊線路結合當地精品民宿，通過開展慢直播、製作短視頻等形式，展現本地人原汁原味的慢生活場景和當地原生態的生活內容。[243]

　　以中國大陸的途家平臺與榛果民宿平臺及愛彼迎（Airbnb）為例，中國大陸政府鼓勵其發展創新經營模式，使得共享住宿經濟得以蓬勃發展，有助於經濟的活絡，並透過民宿平臺幫助扶貧，使得貧困農村的農民，得以開闢副業經營民宿，為農村找到新的經

濟發展模式。然而，對比臺灣地區的民宿發展，又因利益集團的阻擾，使得政府相關法規擬定與修改緩慢，導致這個民宿發展陷入困境，致使新興產業再度於臺灣地區夭折，創新型態經營模式無法生存。

（五）中國大陸綜合性互聯網生活服務平臺發展概況－以美團為例

中國大陸的美團網路公司是一家綜合性互聯網生活服務平臺，業務覆蓋面廣，服務涵蓋餐飲、外賣、打車、共享單車、酒店旅遊、電影、休閒娛樂等 200 多個品類。其中，具有典型共享經濟屬性的業務包含以下幾類：美團外賣、美團打車、摩拜單車、榛果民宿、家政、美業等。[244]2018 年美團實現營業收入 652.3 億元人民幣，研發投入達 70.7 億元人民幣，占收入 10.8%，交易用戶數 4 億，活躍商家 580 萬家，覆蓋全中國大陸 2,800 個縣區市。[245]又截至 2019 年 9 月 30 日止，過去十二個月美團年度交易使用者總數達 4.4 億，平臺活躍商家總數達 590 萬。[246]

據中國人民大學勞動人事學院課題組的研究，2018 年美團點評帶動就業機會 1,960 萬個，其中包括 270 萬配送就業機會，也帶動商戶就業機會 1,600 多萬個。美團通過帶動生活服務類需求的增長，促進了更多新職業的誕生，外賣騎手、美業培訓師、育嬰師、汽車美容師、「吃官」等都是其中的典型代表，為生活服務業創造了大量新就業崗位和形態。為了向高品質發展的行業和現代化的經濟體系提供技能人才支撐，美團整合集團及行業內優勢資源，積極打造數位職業技能培訓公共服務平臺（https：//daxue.meituan.com/），開設了餐飲學院、袋鼠學院、美酒學院、麗人美業學院、親子商學院等多個職業培訓平臺，通過線上知識共享平臺和線下培訓課程，為生活服務業從業人員提供專業化、體系化的培訓資源，以幫助其提升數位化能力、學習行業趨勢、通過數位化產品的運用優化各個環節的效率、制定滿足消費者需求的行銷策略、提供更為精準的客戶服務、制定有效的企業管理準則等，從而帶動轉崗提質就業。目前，美團擁有超過 700 位專業講師，累計培訓超過 1,100 萬人次，開發了實操、運營、管理、行業動態等 2,000 多門課程，累計輸出課時超過 9,000 小時，線下課程培訓覆蓋全國超過 400 個城市。[247]截至 2020 年末，美團有內部課程 1,335 門，內部講師 3,178 人，2020 年雇員的平均內部培訓（含網路學習及面授學習）時數為 23.04 小時。[248]

2018 年超過 270 萬騎手在美團外賣獲得收入，比 2017 年的 220 多萬增加近 50 萬，有效帶動社會就業，全國 832 個貧困縣中，美團外賣平臺騎手覆蓋 781 個，覆蓋率高達 94%，帶動貧困縣 67 萬騎手就業（有單騎手數基準），占總體騎手人數比例的 25%，騎手工作時間靈活，為兼做兩份工作增加收入提供了可能，35% 的美團騎手有其他收入來源，呈現當地或周邊就業趨勢，53%的騎手選擇在本省省內工作。又美團外賣騎手以 1980 後、1990 後的年輕人為主，其中男性騎手占 92%，有 15%的騎手擁有大學學歷，超過 40%的外賣騎手在過去一年中注重學習提高，其中 15% 讀書、15% 和同行同事交流、9%線上學習、2%報名線下大學或培訓班，45%的騎手每天接單數量超過 20 單，40% 的騎手每天行駛距離大於 50 千米，有超過 50%的外賣騎手是家庭收入的主要來源，16% 的騎手是家庭收入的全部來源。[249]

　　美團外賣自主研發的智慧調度系統，可以在不同配送場景下，根據騎手即時位置、交通路況、商家出餐速度等資訊進行訂單匹配，高峰期每小時執行約 29 億次路徑規劃演算法，確保運力系統處於最優狀態。依託人工智慧和物聯網體系，美團利用語義理解、聲紋識別、大數據、室內定位等多項核心技術，為騎手打造了智慧電動車、安全頭盔、語音助手等全套智慧化裝備，通過人機耦合的方式，為騎手賦能，讓送餐更高效、更安全。

　　此外，2018 年美團在雄安新區和江蘇常州的部分園區內開展了無人配送試運營。同時，美團在北京、深圳等城市已經使用機器人為使用者提供配送服務。美團通過一系列前沿技術的深度應用，極大的提升社會配送效率，解決以往餐廳自雇傭配送人員帶來的人力成本上升、供需不匹配、配送效率低下等難題。[250]為更好地服務中國大陸 1,700 萬盲人群體，美團還特別推出了「美團語音盲人定制應用」，讓視障使用者可以通過語音對話模式，完成外賣下單全流程，解決以往依賴讀屏軟體點外賣不夠便捷的問題，通過更友好的「無障礙外賣」方式，説明視障群體更充分享受互聯網產品帶來的福利。[251]

　　2018 年美團外賣佔據中國大陸市場份額 62 %，得益於消費者和商家對送餐選擇多樣性和服務需求的持續上升，美團在商戶覆蓋數和配送網路方面的優勢正持續推動用戶體驗改善；同時，其在供給側改革方面率先為商戶提供的綜合服務正在進一步構建競爭壁壘。[252]美團正通過推動大數據、人工智慧和生活服務業的深度融合，深入產業鏈上游，推動電子商務從流通型向供應鏈型、全產業鏈型轉變，為商戶提供營銷、技術、物流、供應鏈、金融等服務。[253]

　　截至 2018 年底，美團在中國大陸和其他國家或地區持有超過 1,000 件注冊商標、300 餘件授權專利及大量著作權及商業秘密，並不斷完善智慧財產權培訓、專利獎勵等內部機制，培養員工的智慧財產權意識和技術創新能力，鼓勵員工積極參與發明創造。且公司舉辦了逾 100 場智慧財產權相關的新員工基礎培訓及進階技能培訓，累計培訓員工逾萬人。同時，通過公司專利牆、內部公眾號、世界智慧財產權日主題活動等方式表彰和激勵公司參與專利創新的員工，公司已累計有 1,300 餘名員工參與專利申請，獲得公司「專利創客」的稱號，其中，80 餘名員工申請超過 5 件以上專利，獲得公司「專利達人」的稱號。[254]

　　2018 年 6 月美團推出了美團公益平臺，作為中國大陸民政部指定的慈善組織互聯網募捐資訊平臺之一，美團公益平臺是定位於「互聯網+ 公益」的服務平臺，致力於通過創新科技，為線民搭建起安全、簡單、便捷的公益募捐管道，將公益慈善融入到線民的日常消費行為中，同時也為慈善組織及公益專案提供更多資源支援，推動中國大陸公益慈善事業發展，共創美好生活。截至 2018 年底，美團公益平臺已為全國 19 個省份的 55 家慈善組織提供募捐服務，帶動美團生態的 25 萬人次、近 3 萬商戶參與公益事業，在上線半年的時間內所募資金總額達 1,152 萬元人民幣，在營養健康、扶老助殘、兒童發展等領域幫助困境群體改善生存和發展現狀。[255]2020 年美團公益平臺帶動 388 萬用戶，籌款額 3,690 萬元人民幣，美團持續推進「美團公益商家計畫」，將公益融入到商戶

日常經營行為當中。截至 2020 年底,該計畫已覆蓋餐飲、酒店、外賣和門票等業務,參與商戶共計超過 39 萬家。[256]

美團依託旗下快驢進貨平臺,解決中小餐廳在食材及餐飲相關產品上的一站式採購需求,優化生活服務業商家供應鏈管理。截至 2019 年底,快驢進貨覆蓋全國 22 個省、45 座城市、350 個區縣,服務超過百萬商家,平均為商戶降低成本 5%～10%。並針對傳統中小微企業普遍面臨的經營管理難題,為商家提供選址租賃、採購耗材、招聘培訓等全流程服務,並與其分享產業趨勢、管理方法,提高生活服務業商家經營管理效率。又通過深耕大數據應用,以真實場景觸達客戶,用行為數據反應信用,精準扶持小微商家,提供無擔保、方便快捷的信用貸款,解決其貸款難、貸款貴的核心痛點,服務實體經濟,共建普惠金融新生態。截至 2019 年 12 月底,美團生意貸覆蓋全中國大陸 2,591 個縣城,其中包括 391 個貧困縣,累計申請客戶超過 500 萬。[257]

美團自主研發「入網經營商戶電子檔案系統」稱「天網」,以及「餐飲評價大數據系統」稱「天眼」。使用「天網」系統,通過「入網審核、在網監管、退網追蹤」三大環節,對入網餐飲商戶建立電子檔案,進行全生命週期管理,將商家的餐飲服務許可證、營業執照等檔案全部電子化,並進行及時跟蹤比對,確保平臺商戶資訊真實可靠。再運用「天眼」系統,將消費者輸出的評價數據通過智慧分析形成負面資訊線索庫,作為食品安全監管的重要線索,讓政府的抽查有的放矢,通過與政府部門資訊共享、資源對接,利用大數據分析等新技術,成為推進食品安全社會共治的新生力量。[258]

為推進新經濟平臺社會共治,美團打造供各級市場監管部門使用的雲端數位化監管服務系統美團「政企通」,將自身在生活服務行業積累的大數據能力、商戶觸達能力與政府部門的行政執法能力進行深度結合,借助科技的力量實現行業共治。該系統從「助力小店經濟」、「促進協同治理」出發,提供商戶培訓與考試、線上證照辦理、宣傳直通車、行業數據分析、核驗資質導入、食安天眼等七個功能。例如,「政企通」能夠為有辦證需求的新商戶提供一套商家線上辦理證照解決方案,作為政府官方線上證照辦理管道的補充方案,提高轄區內商戶辦證效率。此外,食安天眼本質是一套餐廳市民評價大數據系統,它以美團的消費者點評數據為基礎,通過語義識別技術將食品安全信息量化,實現「數據視覺化、趨勢可預測、問題可預警」的市場監督管理體系,做到食品安全問題的精準靶向監管。截至 2020 年 12 月 31 日,美團「政企通」在北京、遼寧、浙江、海南、廣州、蘇州、東莞等全國 30 多個省級和地市級市場監管部門落地使用,與 20 餘個市場監管部門正在合作對接中。[259]

2020 年美團連接全國 5.1 億年交易使用者與 680 萬活躍商戶,積累近 80 億線上評價數據和超過 100 億線上圖片。美團商業大腦是面向生活服務業商戶的大數據分析決策知識圖譜平臺,依託美團千億量級知識數據,用 AI 技術讓機器「閱讀」使用者評論和行為數據,理解使用者的菜品、價格、服務、環境等喜好,發現商戶的競爭優劣勢、用戶對商戶的總體印象趨勢、商戶菜品的受歡迎程度變化等。商戶可使用美團商業大腦查看本店即時經營狀態,獲得多維營業診斷及經營方向建議,實現新店推廣、效率提升、

降低成本、會員行銷、流量扶持、大數據選址六大能力提升，合理使用美團餐飲系統後，商戶很容易實現門店人員效率提升 20%，食材成本降低 5%。[260]

2019 年美團升級系列措施，為騎手提供更好的工作保障和職業成長機會，為保障騎手安全、提升送餐效率，使用智慧電動車、智慧安全頭盔、智慧語音助手等騎手智慧裝備。並推出「騎手關懷計畫」，為因疾病身故或罹患 100 種特定大病的騎手提供關懷基金。又推出「袋鼠寶貝公益計畫」，為全行業騎手家庭提供幫助。日常安全培訓覆蓋全國騎手、站長、合作商人員、美團員工超過 400 萬人次。截至 2019 年 12 月「騎手關懷計畫」已為 29 個家庭撥付關懷基金 125 萬，「袋鼠寶貝公益計畫」已幫扶 33 個孩子不幸罹患大病的外賣騎手家庭，為他們提供緊急醫療救助金。[261]2020 年 5 月美團發起員工公益月捐計畫，宣導雇員每人每天捐出 1 元錢，用於袋鼠寶貝公益計畫，幫助騎手孩子，該計畫自 2020 年 5 月 28 日上線至 2020 年 12 月 31 日，累計加入 10,033 人，共計捐贈 835,843 元人民幣，袋鼠寶貝公益計畫捐贈支出 835,000 元人民幣，協助幫扶袋鼠寶貝 22 人。[262]

2019 年通過美團獲得收入的騎手總數達到 399 萬人，同比增長了 23.3%，共有 56.8% 的外賣騎手實現本省就業，總占比接近六成。河南、山西、廣西、江西、安徽、黑龍江六個省份的本省就業率最高，均超過 90%。據測算，美團平均每個餐飲經營單位吸納就業 5 人。調查結果還顯示，上線後 25.16% 的業主招聘了專門負責網路運營的人才。[263]2020 年在美團平臺上獲得收入的騎手超 470 萬人。2020 年 1 月 20 日至 3 月 18 日新增騎手來源中，工廠工人排名第一，占比 18.6%；銷售人員其次，占比為 14.3%；創業或自己做小生意或餐飲業從業人員排名第三。2020 年上半年 58% 騎手實現本省就業，占比近六成。2020 年上半年在單車維修部門從業者中，約 21% 的就業困難人員屬於城鎮零就業家庭失業人員；在電單車運營與維修部門從業者中，37.5% 屬於城鎮零就業家庭失業人員。[264]

美團外賣使用美團超腦系統，這是全球超大規模、高複雜度的多人多點即時智慧配送調度系統，使用者每下一個訂單，系統會基於海量數據和人工智慧演算法，綜合考慮商圈、天氣、路況、消費者預計送達時間、商家出餐時間等 100 多個變數，給最合適的外賣小哥發送「最優配送指令」，既保證使用者等的時間短，又讓騎手跑的路程短。美團超腦系統每天調度全國逾 80 萬騎手，每日配送量最高超過 4,000 萬個訂單。高峰期，系統每小時執行約 29 億次路徑規劃演算法。[265]

2019 年摩拜單車全面皆入美團 APP，更名為美團單車，在全中國大陸實施無門檻免押金的營運模式，並與相關企業合作打造共享單車綠色回收產業鏈，在設計、採購、生產、投放、營運、報廢等全環節，實現廢舊單車 100 %回收再利用。[266]為解決共享單車、電單車亂停亂放問題，美團推出電子圍欄技術，提升判斷車輛停放位置的準確性，實現共享單車停放的高效管理，也便於用戶查詢停車點和車輛。電子圍欄上線後，禁停區內美團共享電單車違停數量下降超過 70%，部分區域下降高達 90%，累計提醒停放在禁停區域內的使用者百萬人次。[267]美團單車在行業率先提出並踐行全生命週期環保理念，

在設計、採購、生產、投放、運營、報廢等全環節，貫徹「3R 原則」（Reduce 減少，Reuse 再利用，Recycle 迴圈），廢舊單車 100% 回收再用。2020 年美團單車發起「共享單車變球場項目」，捐贈 8 個單車廢舊輪胎再生球場，累計超過 148 萬個單車輪胎完成翻新複用。[268]

2019 年 1 月《深圳市民用微輕型無人機管理暫行辦法》發佈，無人機管理進入有章可循階段。2020 年美團在深圳龍華區建設觀瀾湖展示基地，用於向各方演示無人機配送從美團 App 下單至觸達使用者的全流程。2020 年 1 月美團無人機在觀瀾湖基地完成首條真實場景航線的非商業飛行測試。於 2019 年初美團啟動高校科研課題合作計畫，與國內外超過 20 所知名高校及科研機構的學者，圍繞人工智慧、無人駕駛、運籌優化、大數據、互聯網基礎架構等領域開展合作，並已在相關領域的國際頂級會議、期刊發表上百篇論文，在國際頂級賽事多次獲得冠亞軍。在過去一年合作的科研課題裡，語音合成、人臉圖像識別、知識圖譜、智慧對話、門臉招牌識別等多項技術已經在多項業務裡得到落地應用。[269]

從 2019 年起在清華正式開課，每年 9 月美團大數據技術團隊與清華大學電子系合作開設了研究生學分課程《大數據技術的商業應用與實踐》，課程面向清華大學各院系研一同學及部分高年級本科生，以大數據獲取、存儲、分析與挖掘技術作為線索，結合大數據在美團的商業應用與實踐，通過課堂理論講授、商業應用與案例介紹、基於實際系統的課程專題相結合的方式，說明同學們全面理解和掌握大數據技術及其實際應用。2020 年美團與清華大學共開設了四門正式學分課程，分別是《大數據技術的商業應用與實踐》、《互聯網產品管理》、《美團智慧無人配送》、《資訊設計實踐》，累計聽課人數超過千人。自 2020 年初開始，美團博士後工作站啟動首批人才招收計畫，聚焦人工智慧、無人駕駛、機器學習等方向，是美團推進產學研結合、增強企業創新能力的重要平臺，目前有 4 名在站博士。[270]

2021 年 2 月美團打車全面升級老年人出行服務，在上海、南京兩地試運營「一鍵叫車」功能。行程前，無需輸入起始位址，直接「一鍵叫車」，呼叫周邊車輛，上車後告知司機目的地。行程中，向子女親友分享行程資訊，行程異常提醒、110 報警等功能保障出行安全。行程結束後，可使用現金支付，並支援子女幫老年人線上付款，降低支付難度。在使用者介面上，美團打車根據老年群體視力特點進行優化，突出重點資訊，放大字體，加大字體和背景的色差，減少閱讀障礙；上線「智慧語音助手」功能，每步操作都有真人語音提示，說明老年人順利完成每個環節。[271]

美團將知名度較高、侵權風險較大的品牌加入重點品牌保護庫，對未經授權的山寨門店進行智慧攔截。2020 年共有 20 多萬門店入駐時觸發了重點品牌保護詞，其中 80% 的門店被有效攔截，其餘 20% 經提交授權或整改後上線。又美團打造智慧財產權維權平臺，將傳統的線下投訴整合至線上，透明展示所有的投訴進度和結果。目前，維權平臺已有 6,800 多家品牌入駐，接收並處理侵權投訴 4 萬多條。美團針對不法分子利用互聯網電商平臺進行「刷單」等行為的黑灰產業，始終堅持「零容忍」打擊態度，通過開

展「清風行動」，政府與企業聯合整治「刷單手」。2020 年「清風行動」協助全國各地的監管和執法部門查處了多起網路「刷單炒信」案件，共處理違規評價 3,369 萬條，處罰違規商戶 4.5 萬家，處罰違規用戶 4.4 萬個，極大地遏制了違規內容、黑色產業鏈的蔓延與擴張，維護了網路秩序。[272]

從美團手機 APP 服務平臺的實際運行可知，現在中國大陸城鎮居民，只要會使用手機上網，幾乎可以在手機上完成食、衣、住、行、育、樂等生活需求，在 10 多年前的中國大陸，是非常難以想像會有這樣快的發展速度。且近幾年美團公司，透過成立近十年來不斷累積的商家與客戶及騎手等，在互聯網上使用美團相關平臺的大數據，建構出一整套運用及監管的數位化雲端平臺，使得用戶、商家、平臺公司及政府都能獲得實益。美團公司之案例，已可實際證明中國大陸 14 億龐大的人口，已形成龐大的消費市場，若是各類產業能結合科技發展加以運用，必然能發展出新興的產業運用模式，對於中國大陸經濟轉型與成長必然有所助益。

（六）中國大陸共享醫療發展概況

中國大陸人民醫療需求的最大痛點為「看病貴，看病難」。在醫療行業醫療資源稀缺的大環境下，優質醫療資源被固化在少數三甲醫院手中，而基層醫院診療水準很難滿足人們的醫療需求。人們習慣於「小病進大醫院」，但中國大陸基層三級醫院數量占比僅為 7.7%，診療人數卻高達 14.98 億人。優質資源集中於一二線三甲醫院，人們卻對基層優質醫療資源需求更大，二者配置嚴重失衡。原先定位於「收治疑難雜症」的優質醫院因為小疾病的泛化導致資源未能合理運用，進而醫療模式固化。[273]在醫療資源的稀缺下，中國大陸互聯網與手機的快速發展，加上人民龐大的醫療需求，促使共享醫療在中國大陸崛起。

2018 年 4 月 28 日中國大陸國務院辦公廳，發布《關於促進「互聯網+醫療健康」發展的意見》，加速發展「互聯網+」醫療服務。鼓勵醫療機構應用互聯網等資訊技術拓展醫療服務空間和內容，構建覆蓋診前、診中、診後的線上線下一體化醫療服務模式。允許依託醫療機構發展互聯網醫院。醫療機構可以使用互聯網醫院作為第二名稱，在實體醫院基礎上，運用互聯網技術提供安全適宜的醫療服務，允許線上開展部分常見病、慢性病複診。醫師掌握患者病歷數據後，允許線上開具部分常見病、慢性病處方。支持醫療衛生機構、符合條件的協力廠商機構搭建互聯網資訊平臺，開展遠端醫療、健康諮詢、健康管理服務，促進醫院、醫務人員、患者之間的有效溝通。[274]

然而發展共享醫療是以互聯網平臺為載體，整合海量、分散的專業化醫療資源，以便捷高效的方式滿足多樣化醫療服務需求的一類經濟活動，是共享模式與醫療服務，融合發展的結果。[275]

在「互聯網+」背景下，共享醫療以資訊共享為出發點，打造「互聯網+健康醫療」模式。線上通過醫療大數據，打通數據底層，構建互通的數據平臺，線下醫生上門和分級診療機制逐漸完善，醫療資源合理配置。最終迎來線上線下，融合人的智慧醫院，提

供診療服務供應、醫療資源配置和醫藥線的全要素環節配置。[276]

由於互聯網浪潮的帶動下，21 世紀初中國大陸部分創業者，開始進入醫療共享領域，丁香園（2000 年）、快速問醫生（2002 年）、就醫 160（2005 年）、好大夫線上（2006 年）等，醫療共享網站陸續成立，這一時期主要以 PC 端為主，應用水準相對較低。2009 年至 2013 年間，基於移動互聯網的醫療共享開始興起，春雨醫生（2011 年）、杏樹林（2011 年）、趣醫院（2013 年）等，帶有共享經濟基因的企業開始出現，這一時期出現的企業以掛號、線上問診或健康諮詢為主。2014 年以來，共享醫療覆蓋領域進一步擴大，開始從掛號、問診向手術、陪診等領域滲透，平安好醫生（2014 年）、名醫主刀（2015 年）、e 陪診（2015 年）等均在此期間成立。少數發展較快的企業，開始從線上向線下延伸，並與保險公司合作探尋新的盈利模式。[277]

根據中國大陸國家資訊中心分享經濟研究中心的研究，將中國大陸共享醫療平臺，按照分享內容和連接主體進行劃分。按分享內容大致劃分三類：第一類是醫療知識和技能的共享，目前這類服務是醫療共享領域的主流，代表性平臺有 Zocdoc、Practo、Medicast、微醫集團、春雨醫生、就醫 160、平安好醫生、名醫主刀等。第二類是護理服務的共享，如陪診、看護，代表性平臺有 e 陪診、貼心小護、醫護到家等；第三類是醫療設備的共享，代表性平臺有 Cohealo、芯聯達、卓健科技等。按連接主體大致劃分為兩類：第一類是連接醫生與患者的平臺，如輕問診、網上預約手術、家庭醫生等；第二類是連接醫生與醫生的平臺。以醫生集團和醫生社區為主，其中醫生集團主要是幫助醫生實現跨地域、跨醫院、跨科室協同合作，隨時為全國的患者提供服務，代表性平臺有健康微能量。醫生社區主要是醫生之間進行科研交流和病例共享，代表性平臺有丁香園、杏樹林等。[278]

中國大陸發展較快的共享醫療平臺主要有平安好醫生、微醫集團、好大夫線上、春雨醫生、名醫主導等。其中規模最大的平臺為「平安好醫生」，截至 2018 年 6 月末，「平安好醫生」生註冊用戶數達 2.28 億，期末月活躍用戶數達 4,860 萬，是國內覆蓋率第一的移動醫療應用。其主要業務內容是打造領先的一站式醫療健康生態平臺，利用「移動醫療+AI」技術為每一個家庭提供一位家庭醫生，並為每一位消費者制訂一份專屬電子健康檔案和一份健康管理計畫。通過 AI 人工智慧技術，實現全天候線上諮詢，為用戶提供輔助診斷、康復指導及用藥建議；在平臺的 PC 端和移動端介面，可以方便地找到各類服務專案，包括線上問診、預約掛號、免費健康諮詢、醫學問題解答、專家團隊服務等。為了更好地打通線上與線下服務的通道，「平安好醫生」與線下約 3,100 多家醫院（包括逾 1,200 家三甲醫院）合作，為患者提供後續分診轉診、線下首診及複診隨訪服務。此外，「平安好醫生」還與線下 2,000 多家體檢機構、牙醫診所、醫療美容機構，以及 1,000 多家藥店合作，為患者提供線上諮詢、線下購買藥品與就醫的服務。[279]

名醫主刀是一個將手術環節互聯網化的平臺，通過整合三甲醫院的頂尖醫生資源和二、三甲醫院及高端民營醫院的空閒床位資源，為有手術需求的患者提供專業、高效、安全的手術預約服務。目前，該平臺已覆蓋中國大陸 25 個省，簽約三甲醫院副主任級

別及以上的醫師達 30,000 餘人。為快速精準地回應患者需求,名醫主刀將醫院、疾病、專家以及手術式的名稱,進行標準化處理,對每位專家擅長治療的疾病用 2～3 個標籤描述,突出該專家的特長。依託平臺上積累的大量醫患數據,在接收到患者請求以後,平臺會根據患者描述,在病例庫、術式庫和專家庫中,進行自動匹配。在人工審核的基礎上,一般來說,簡單病例 1 分鐘、複雜病例只需半小時,就能為患者找到最合適的專家,回應速度極高。隨著資料庫的不斷完善和資料處理能力的提升,人工智慧的精準匹配程度將進一步提高。[280]

由於名醫主刀平臺上,彙聚中國大陸 30,000 餘名,三甲醫院副主任級別及以上的醫師,通過與國內多家三甲醫院、二甲醫院、民營醫院合作,整合了 10,000 多張空閒床位。基層首診患者通過名醫主刀平臺,可對接三甲醫院醫生,在有閒置床位資源的二甲醫院或者民營醫院進行手術治療,緩解了三甲醫院的就診壓力,實現基層醫院閒置的床位等醫療資源的高效使用。[281]

丁香園是中國大陸最大的醫療學術論壇,擁有超過 500 萬專業用戶,其中包含 200 萬醫生用戶,137 萬認證醫生,通過該平臺醫生之間可以探討病例、分析疑難雜症、交流前沿醫學知識,為醫科人才的培養和成長提供了有益的幫助。[282]

綜上,中國大陸近 10 多年來在互聯網與醫療產業的結合下,發展出龐大共享醫療的新興產業,也使得中國大陸醫療領域進步迅速。且近年來由於醫療技術的進步,加上科技的輔助,衍生出精準醫療領域,透過醫療大數據與雲計算,可以使得病患獲得準確地診斷與治療,未來中國大陸在共享醫療的發展下,逐步累積 14 億人的醫療大數據,對於中國大陸醫療發展將產生非常大的助益,亦將能有效緩解病人求醫困難的問題。

(七)中國大陸製造業產能共享發展概況

製造業產能共享主要是指以互聯網平臺為基礎,以使用權共享為特徵,圍繞製造過程各個環節,整合和配置分散的製造資源和製造能力,最大化提升製造業生產效率的新型經濟形態。從共享的範圍來看,製造業產能共享貫穿於設計、研發、生產、管理、服務等製造活動全鏈條;從共享的物件來看,製造業產能共享涵蓋設備工具、物料、倉儲、知識、技術、人力等製造資源,以及設計、試驗、生產、管理、維護等製造能力;從共享的效果來看,有利於打造產業鏈縱向集成、跨產業橫向交融的製造業生態圈。[283]

當前中國大陸製造業產能共享主要有四個主要模式[284]:1.仲介型共享平臺,是指為製造的供需雙方提供對接服務的協力廠商平臺,平臺自身不擁有諸如設備、廠房等製造資源,平臺充分整合多方資源,促進供需雙方對接,需求方可以尋找多個生產方實現眾包生產,生產方也可以根據自身產能同時接受多個訂單。目前典型的仲介型共享平臺有阿里巴巴旗下的淘工廠、硬蛋科技等。[285]2.眾創型共享平臺,是由大型製造企業搭建的開放性平臺,通過整合平臺上的研發、製造、物流、分銷等能力以及財務、人力、金融等服務,打造面向企業內部和社會的創新創業生態系統,大型製造企業搭建眾創型共享平臺,一方面是彙聚行業內優勢資源,激發企業內部創新活力,推動企業運營和組織向

平臺化轉型，滿足企業轉型發展的內在需求；另一方面向社會開放自身優勢資源，搭建起「人人創客」的創業生態系統，助力中小企業創新創業，降低社會創新創業成本。目前典型的平臺有海爾「海創匯」、航太雲網等。[286]3.服務型共享平臺，由工業技術型企業搭建的平臺，以工業系統、軟體、智慧控制、工業雲等技術服務共享為中心，提供全方位的生產服務，在服務型共享平臺中，設備共享是基礎，一般通過以租代買、按時計費、按件計費、增值服務等方式把設備租賃給不同的生產方，減少閒置率，降低中小企業用戶的生產成本。平臺除了提供設備租賃服務外，更重要的是為製造過程提供各種技術服務，包括資訊數據共享、設備和工廠維護、生產控制、產品管理等。發揮互聯網對於資源的統籌整合能力，使企業可以根據數據調整產品結構和服務類型，讓行業提質增效、轉型升級。目前典型平臺主要有瀋陽機床廠 i5 平臺、上海明匠等。[287]4.協同型共享平臺，是指多個企業共同使用雲服務、生產設備、工廠生產線、辦公空間、工人等資源，實現訂單共享、協同生產的平臺，協同型平臺的搭建有兩種方式，一是由協力廠商企業主導，平臺承接訂單，通過需求拆解將其眾包給合適的小微製造企業，典型企業如生意幫等；另一種由小微企業共同搭建產能資源平臺，以租賃和購買服務的方式共享平臺上的資源，如各類「共享工廠」。[288]

又共享製造的發展形成「平臺+工業電子商務」，經過整體分析後，有以下三種特徵：[289]

1.交易對象：從實體產品向製造能力遷移工業電子商務是電商服務從消費領域向工業領域延伸的高級形態，面向原材料、零部件、設備等標準化產品，為眾多工業企業提供線上交易場所。工業電子商務正以供應鏈為核心形成資訊流、商流、物流、資金流等業務數據閉環，亟需加強與生產端數據全面對接，擴展服務範圍，創新價值創造機制。而工業互聯網平臺作為工業全要素、全產業鏈、全價值鏈的連接中樞，可即時、準確彙聚研發、生產、運維等核心製造能力，通過與工業電子商務數據互聯互通，實現製造能力線上發佈、智慧檢索和精準對接，優化製造資源配置效率，提高產業鏈整體協作水準。

2.商業模式：從產品交易向使用者交互遷移，傳統工業電子商務以即時性的產品交易為核心，容易導致商業模式單一、使用者粘性較低、後市場服務體系不健全等問題。隨著互聯網、大數據、人工智慧、5G 等新一代資訊技術不斷突破和應用，經濟社會步入萬物互聯時代，各類產品網聯化、智慧化發展水準不斷提高，為獲取產品全生命週期數據創造了有利條件。工業互聯網平臺與工業電子商務平臺融合融通發展，有利於協調產業鏈各環節，以用戶為中心提供高品質、有溫度、全流程的交互服務，提高使用者滿意度和忠誠度，打造供需雙方協同互動、共創共贏的產業新生態，深刻重塑工業電子商務運行模式。

3.經濟範式：從規模經濟向範圍經濟遷移，工業電子商務在各行業中的普及應用，有效簡化了行銷層級，縮減了產品流通環節，打通了用戶與企業直接溝通管道，可助力企業精準採集用戶定制需求。工業互聯網平臺在製造業各領域的快速滲透，可協同驅動設計、生產、倉儲、物流等部門敏捷回應定制需求，推動生產方式由單一品種大批量生

產向多品種大規模定制轉變。在工業互聯網平臺和工業電子商務的共同作用下，製造業產品和服務的多樣性將得到全面提升，高效滿足用戶個性化、差異化定制需求，帶動經濟發展範式由規模經濟向範圍經濟遷移，推動全社會範圍內資源無縫對接，為經濟發展注入新動能。

當前中國大陸產能共享發展現狀如下：1.於 2017 年製造業產能共享市場規模約為 4,120 億元，比 2016 年增長約 25%，通過平臺提供服務的企業數超過 20 萬家；2.產能共享成為「互聯網+製造」重點發展方向，中國共產黨第十九次全國代表大會報告和多份國家政策文件裡，都提出鼓勵發展面向製造業的共享經濟；3.雲計算、人工智慧等技術成為產能共享重要支撐；4.傳統製造企業開始佈局共享平臺，加快了互聯網與製造業的深度融合，帶動了傳統企業技術和產業升級；5.實現降本增效，有助於降低企業尤其是小微企業生產成本，提高生產效率。[290]

2018 年中國大陸製造業產能共享市場規模約 8,236 億元人民幣，較 2017 年 4,170 億元人民幣，增長 97.5%，成為新的發展亮點，生產能力共享的基礎設施日益完善。然而，生產能力共享之所以能夠實現快速增長，一方面得益於政策的引導和推動，推動先進製造業和現代服務業深度融合，促進資源要素向實體經濟集聚、政策措施向實體經濟傾斜、工作力量向實體經濟加強，是當前和今後一個時期深化供給側結構性改革、推動經濟高品質發展的要求；另一方面也是企業積極探索的結果。近幾年共享經濟在製造業領域的拓展步伐不斷加快，越來越多的企業開始佈局產能共享，實踐中湧現出多種產能共享模式和一批創新型共享平臺，有力地推動了產能共享的發展。又中國大陸工信部於 2018 年圍繞要素彙聚、能力開放、模式創新、區域合作等四個領域，共遴選實施了涉及冶金、食品、鋼鐵、電子、機械、家電等行業 116 個製造業「雙創」平臺試點示範項目，引導和支持冶金、食品、鋼鐵、電子、機械、家電等行業企業「雙創」平臺建設，構建產業創新生態。[291]

截至 2018 年 7 月，中國大陸中央企業建成各類互聯網「雙創」平臺 121 個，為超過 200 萬中小微企業提供創新創業服務。「雙創」平臺正成為技術聯合攻關和人才培養的高地、資源協同與供需對接的核心載體。服務型產能共享，日益成為生產性服務新模式。瀋陽機床集團推出的 i5 智慧共享機床，加工時產生的數據可廣泛用於商業、管理和技術開發，並與互聯網共享生產力平臺，即時連接實現生產力共享，提高加工總效率 40%以上，提升中國大陸基礎工業水準。目前兩萬多臺價值 49 億元人民幣的 i5 智慧共享機床，為中國大陸 26 省、161 市的 2,000 餘家企業客戶提供服務，已連接互聯網的智慧裝備 10,643 臺，服務機時 269 萬小時。仲介型產能共享開啟「無工廠」製造模式。2018 年世界盃吉祥物及周邊衍生品生產中，「淘工廠」快速組織了三十多家核心工廠，地處廣東、浙江、湖南、江西、安徽、福建等 10 個省份，借助線上數據，按照供應商的訂單要求快速實現了按需生產。100 多個批次、100 萬件世界盃吉祥物在 2018 年 5 月 24 日全部完工下線。且截至 2018 年 9 月底，製造業重點行業骨幹企業「雙創」平臺普及率超 75%，已培育形成 50 餘傢俱有一定影響力的工業互聯網平臺，部分平臺工業設備連接數量超過 10 萬套，湧現一批創新工業 APP 並實現商業化應用。眾創型產能共享

成為大型骨幹企業創新發展的重要方向。[292]

於 2019 年 10 月 22 日中國大陸工業和信息化部發布《關於加快培育共享製造新模式新業態促進製造業高品質發展的指導意見》，指出：「共享製造是共享經濟在生產製造領域的應用創新，是圍繞生產製造各環節，運用共享理念將分散、閒置的生產資源集聚起來，彈性匹配、動態共享給需求方的新模式新業態。發展共享製造，是順應新一代資訊技術與製造業融合發展趨勢、培育壯大新動能的必然要求，是優化資源配置、提升產出效率、促進製造業高品質發展的重要舉措。」[293]

《關於加快培育共享製造新模式新業態促進製造業高品質發展的指導意見》，列出兩階段目標，第一階段到 2022 年，形成 20 家創新能力強、行業影響大的共享製造示範平臺，資源集約化水準進一步提升，製造資源配置不斷優化，共享製造模式認可度得到顯著提高。推動支持 50 項發展前景好、帶動作用強的共享製造示範專案，共享製造在產業集群的應用進一步深化，集群內生產組織效率明顯提高。支撐共享製造發展的信用、標準等配套體系逐步健全，共性技術研發取得一定突破，數位化發展基礎不斷夯實，共享製造協同發展生態初步形成。第二階段到 2025 年，共享製造發展邁上新臺階，示範引領作用全面顯現，共享製造模式廣泛應用，生態體系趨於完善，資源數位化水準顯著提升，成為製造業高品質發展的重要驅動力量。[294]

《關於加快培育共享製造新模式新業態促進製造業高品質發展的指導意見》，並按照產業價值鏈三大主要環節，結合共享製造現實發展需求，以製造能力共享為重點，以創新能力、服務能力共享為支撐，提出了三大發展方向。一是製造能力共享。主要包括生產設備、專用工具、生產線等製造資源的共享。二是創新能力共享。主要包括產品設計與開發能力等智力資源分享，以及科研儀器設備與實驗能力共享等。三是服務能力共享。主要圍繞物流倉儲、產品檢測、設備維護、驗貨驗廠、供應鏈管理、數據存儲與分析等企業普遍存在的共性服務需求的共享。[295]

以中國大陸規模最大的鐵路機車檢修試驗設備製造企業，唐山百川集團為例，不但依託現有資源，運用共享理念將分散、閒置的生產資源聚集後彈性匹配給 170 家中小企業，還配套引進多家專業服務機構協同向中小企業提供集研發、試驗、製造、成果轉化、成果交易、行銷支援、綜合服務於一身的聯合服務，打造出了有百川特色的共享製造模式。[296]

唐山百川集團基本形成以製造能力共享為重點，以創新能力、服務能力共享為支撐的協同發展格局。在製造能力共享上，百川聚焦加工製造能力的共享創新，整體擁有各種現代化生產加工設備 268 臺（套），生產加工能力完全滿足中小製造企業各種共性、個性生產製造需求，同時提供以租代售、按需使用的設備共享服務。為中小製造企業提高加工效率 30% 以上，節省成本可達 25% 以上。在創新能力共享上，圍繞中小製造企業靈活多樣且低成本的創新需求，除自有創新能力資源外，百川成功引進中科院文獻情報中心等 16 家京津科技服務機構入駐，構建起了具備技術轉移、農業科技、研究開發、智慧財產權、科技金融、科技諮詢等服務功能的一站式綜合創新服務體系。同時將自有

實驗室免費提供給中小製造企業使用，實現實驗室共享。在服務能力共享上，圍繞物流倉儲、產品檢測、設備維護、驗貨驗廠、供應鏈管理、數據存儲與分析等企業普遍存在的共性服務需求，百川建設完成生產製造與物資採購平臺，年採購量 3.5 億左右，平臺配有線上運營管理服務系統，專業服務人員 40 餘人，建有 500 平米倉庫，採購種類已達 1,300 餘種。平臺所提供 90% 以上的同品質、同規格服務均低於市場價 10% 以上。唐山百川集團所融入的不僅是與其行業—鐵路機車檢修試驗設備製造相關的中小工業企業，而是融入金融、物流、專業知識服務、律師事務所、會計師事務所、檢驗檢測、採購服務、共享實驗室服務、銷售管道整合服務等等近二十家產業鏈和生態鏈上的社會組織。[297]因此，使傳統製造產業向科技製造產業轉型，形成各企業間更緊密合作，而達到共享製造的一個成功案例。

且技術共享加速中小企業數位化進程，以百度、華為為代表的科技企業秉持開源開放精神，用人工智慧、雲計算等新型技術不斷賦能中小企業，推動產業智慧化升級、促進實體經濟實現高品質發展。百度基於飛槳深度學習平臺為中小企業提供 AI 能力和工具，目前百度大腦 AI 開放平臺已開放 270 多項核心 AI 技術能力，集聚超過 260 萬開發者，服務了超過 10 萬家企業，廣泛應用於互聯網、工業、農業、金融、城市、醫療、能源、教育等諸多行業。另一方面，市場主體依託共享平臺重塑製造業發展模式與生態，相關企業可通過雲端工廠、App（應用程式）搶單等途徑，實現訂單、設備等生產數據共享。[298]

2020 年在滿足中國大陸抗疫應急之需、助力企業戰「疫」和復工復產等方面，依託工業互聯網發展起來的共享製造發揮了重要作用，突發疫情倒逼傳統製造業企業積極探索和嘗試共享製造新模式，大型互聯網平臺企業也在共享製造領域積極佈局，共享製造的優勢在抗疫的非常時期得到凸顯。依託工業互聯網平臺，大量的製造商、供應商、開發者等主體得以聚合，工業設備、產品、系統、服務實現更全面的連接，消費與生產、供應與製造、產品與服務之間的數據流程被打通，研發設計、生產製造、運維服務等海量製造資源線上彙聚和沉澱，形成基於平臺的製造能力開放共享和業務協同，促進社會化製造資源的網路化動態配置，構建起柔性、靈活、穩定的產業鏈供應鏈。疫情期間，徐工漢雲平臺為武漢火神山醫院建設緊急調配了線上設備進行馳援，通過即時監測 72 臺工程機械，有效開展「雲監工」。三一根雲平臺為西安、廣西等地的應急醫院建設提供了重要技術支援，通過對工程設備開展遠端監控，最大限度加快了施工進度。富士康利用工業互聯網平臺進行了醫療物資的快速柔性轉產，僅三天就建成口罩生產線，為緩解口罩供給壓力提供了重要支援。阿里雲、華為等通過開放計算能力、彙聚優質資源、運用相關模型，為藥物篩選與研製起到了重要促進作用，也為疫情防控爭取到了寶貴時間。[299]

再以中國大陸知名電信與電子製造商為例，2021 年華為和運營商、合作夥伴一起，在港口、製造、煤礦、鋼鐵、化工等 20 多個行業實踐數位化轉型升級，累計簽署了超過 3,000 個 5G 行業應用商用契約。在港口，通過 5G+高清視頻，實現龍門吊的遠端控制，操作人員不再需要爬上爬下，風吹日曬，以及每天 10 到 12 個小時的長時間俯視作

業，大幅改善了工作環境與體驗，吸引更多年輕人加入龍門吊司機的行列；在煉鋼車間，5G 遠端操控讓工人脫離嘈雜、高溫的工作環境，在提升生產效率的同時，讓工人享有安全、舒適的工作環境；在面臨易燃、易爆、高溫等挑戰的化工行業，通過 5G 機器人巡檢、5G 移動作業監控等手段對廠區的全要素進行視頻採集和全天候分析，使得安全預判效率得到巨大提升。[300]依託端管雲協同的 ICT 基礎設施技術優勢，加速構建共生共創共享的數位生態，助力各行各業數位化轉型，全球已有 700 多個城市、267 家世界 500 強企業選擇華為作為數位化轉型的夥伴，華為企業市場合作夥伴超過 30,000 家。作為全球增速最快的主流雲服務廠商，華為雲持續使能千行百業，已上線 220 多個雲服務、210 多個解決方案，聚合全球超過 3 萬家合作夥伴，發展 260 萬開發者，雲市場上架應用超過 6,100 個。華為雲發佈開天 aPaaS，以開發者為核心，提供全流程、一站式開放平臺，聚合夥伴能力，實現經驗即服務，使能行業場景化創新，加速行業數位化轉型。[301]

又共享製造可以形成柔性供應鏈在 1.品質追溯上，可運用大數據技術評測供應鏈不同節點的生產製造能力、品質保障能力、交付進度、合格率等指標，健全品質管制體系，完善品質追溯制度，實現對供應鏈各環節產品品質的精確管控。2.「零庫存」模式，基於平臺對接供應鏈和生產計畫，推動原材料供應、備品備件、生產計畫、生產操作與市場需求的高度協同，增強上下游企業應對市場變化的反應速度和調整能力，實現原材料和半成品的「零庫存」，降低企業資金成本。3.全價值鏈服務上，通過深度應用區塊鏈等技術實現「一物一碼」，廣泛彙聚設計、生產、流通、消費等全供應鏈的工業大數據，為企業提供數位化行銷，以及訂單牽引的全供應鏈協同、全價值場景應用，提供信用、貸款、保險等金融服務。例如，徐工集團基於漢雲工業互聯網平臺，實現備品備件的計畫、採購、庫存、供銷、追溯功能一體化，通過大數據分析持續優化備品備件管理體系，打破生產商和分銷商資訊孤島，提升分揀效率 8%，提升倉庫利用率 6%，降低備件庫存 8%，提高庫存周轉率 5%。浪潮集團依託雲洲工業互聯網平臺推出基於標識解析的品質碼服務。高鐵復興號上使用的 380 鎖具，在品質碼的支撐下，可在生產過程中實現數據連接與共享製造、流通過程中實現供應商管理和供應鏈折疊、消費過程中保證品質追溯與後服務延展。[302]

目前中國大陸已建成 70 多個具有跨行業和區域影響力的工業互聯網平臺，連接工業設備達到 4,000 萬臺/套，平臺服務工業企業共 40 萬家，行業賦能效果凸顯。利用海爾、用友、浪潮等工業互聯網平臺開展業務的中小企業已超過百萬，顯著降低了數位化改造門檻，跨行業綜合型平臺引領作用不斷增強。中國大陸已打造形成融通型和專業資本集聚型特色載體的開發區 101 個，製造業重點行業骨幹企業「雙創」平臺普及率超過 80%，推動形成「龍頭企業+孵化」共生共贏生態。共享製造發展的基礎設施持續完善。依託全球領先的 4G 網路和光纖寬頻網路，應用 5G 等新型網路技術，加快構建低時延、廣覆蓋、高可靠的工業互聯網外網體系，已經覆蓋 300 個城市、連接 18 萬家工業企業。工業互聯網平臺已廣泛應用到包括工程機械、鋼鐵、石化等在內的 30 餘個國民經濟重點行業。一批數位化車間和智慧工廠初步建成。截至 2020 年 6 月中國大陸製造業重點領域企業關鍵工序數控化率達 51.1%，數位化研發設計工具普及率亦達 71.5%。工業互

聯網網路體系加速建設，鼓勵工業企業運用 5G、時間敏感網路（TSN）、邊緣計算等新技術建設企業內網，「5G+工業互聯網」內網改造在建專案超過 800 個。工業互聯網標識解析體系實現了從 0 到 1 的突破。[303]

　　生產資料共享使企業尤其是廣大中小企業獲取和使用資源的成本進一步降低。共享經濟通過網路平臺調配社會及企業等各類主體閒置資源實現最大化利用，國家發改委等部門聯合印發的《關於支援新業態新模式健康發展啟動消費市場帶動擴大就業的意見》明確提出，要「探索生產資料共享新模式，盤活空餘雲平臺車間廠房等」。在共享理念的影響下，越來越多中小企業結合自身情況，開始探索通過共享庫存、共享生產資料、共享用工、共享辦公等方式，節約企業經營成本和提高資金使用效率，以實現企業物流、資金流、資訊流、商貿流的有機配合。隨著數位技術的快速滲透，共享工廠等創新模式成為生產資料共享的新方向。依託數位基礎設施和共享平臺載體，生產資料共享有望不斷向數位化、平臺化、無人化方向發展。[304]

　　綜上，可知中國大陸政府自 2015 年推動「互聯網+」協同製造，迄今已有初步成效，中國大陸政府在此基礎下出臺政策，運用政府的政策大力鼓勵企業在共享製造上發展，近兩年通訊網路進入 5G 時代，整個中國大陸在政策環境與技術資源的整合下，製造業結合大數據、雲計算及物聯網，不但使製造業產能共享的效益極大化，在新冠肺炎疫情期間更以極高的速度建設防疫醫院及相關防疫物資生產線，保住上億人的生命安全，在可見的未來幾年「互聯網+」協同製造將使中國製造 2025 相關產業，能有突破性的發展。

參、中國大陸互聯網產業監管概述

　　近年來中國大陸網路產業裡，共享經濟相關行業發展迅速，但也產生許多問題，部分領域問題的集中性爆發，以及一些影響重大的惡性事件的出現，加之公眾和輿論對共享經濟規範發展的訴求更加強烈，監管成為重中之重，監管之嚴、範圍之廣前所未有，行政、法律、技術等監管手段多管齊下，規範發展成為中國大陸內部各方共識。[305]

　　因此，中國大陸政府於 2018 年在共享用經濟主要領域出現的強監管態勢，是多種因素綜合作用的結果，也是共享經濟健康、規範、可持續發展的必然要求。1.是在網約車、共享單車、共享金融、網路內容共享等，共享經濟主要領域問題集中爆發，加之一些影響重大的惡性事件的出現，無疑是引發強監管的導火索。2.是隨著實踐的深入發展，共享經濟模式趨向成熟，發展中存在的問題暴露的越來越充分，社會各界對共享經濟的理念、模式及其經濟社會影響的認識不斷深化，對監管的必要性、現實性以及監管的目標和手段等日益形成社會共識，成為規範發展的重要認知基礎。3.是監管機制和監管手段不斷完善，在許多領域，有關部門都建立起了多部門橫向聯動、中央和地方縱向聯動、重點專項整治與常規化管理相結合的監管機制。4.是公眾和輿論壓力明顯加大，共享經濟發展中存在的問題以及涉及人身財產安全的惡性事件的發生，引發了輿論的廣泛關注和公眾的強烈不滿，積極回應社會關注和訴求也是引發有關部門強監管的重要原因。[306]

　　以網約車滴滴打車平臺為例，因出現多起司機侵害乘客事件，中國大陸政府對滴滴

打車進行專項企業平臺改革方案，現在乘客以手機運用滴滴打車軟體叫車，在乘客上車後手機開啟全程錄音模式，並有一鍵求救按鈕，運用現行衛星定位與網路手機科技保護乘客安全，這樣創新的科技運用，使得中國大陸網約車產業能更健康發展。

總體分析，2018 年中共中央及中國大陸政府應大陸社會各界呼聲，展開互聯網產業整治工作，並出臺相關法規，使共享經濟發展的制度環境進一步完善，規範化、制度化和法治化的監管框架開始建立，平臺企業合規化水準明顯提高，多方協同的安全保障和應急管理體系建設取得積極進展，社會各界對共享經濟的信任和信心進一步提升，為共享經濟長期更快更好發展奠定了堅實基礎。[307]

2019 年中國大陸政府出臺了一系列與平臺經濟發展密切相關的政策，涉及營商環境、競爭和反壟斷、信用體系建設等多個方面，也針對共享經濟領域當前發展的現狀和問題，各政府單位出臺相關的監管政策。[308]

2019 年 1 月國際標準化組織（International Organization for Standardization，ISO），正式批准成立國際標準化組織共享經濟技術委員會（ISO/TC324），中國大陸成為積極成員國之一。2019 年 6 月 ISO/TC 324/第一次全體會議召開，會上成立 ISO/TC 324/AHG1 特別任務組，中國大陸成為特別任務組的聯合召集人之一。2019 年 12 月，ISO/TC 324 共享經濟平臺第二次全體會議召開，會議通過了中國大陸提出的《共享經濟平臺入駐審核》提案，[309]使得中國大陸在國際上的共享經濟領域取得實質影響力。

中國大陸政府對網路行銷和交易行為等的規範。針對直播電商發展中出現的假冒偽劣產品、虛假宣傳、流量造假等擾亂市場秩序和侵害消費者權益問題，2020 年 11 月以來，國家市場監督管理總局、網信辦、廣電總局均出臺了相關制度，從不同角度對網路直播予以規範：1.對網路直播行銷活動中的各個主體，即網路平臺、商品經營者、直播者等的責任和義務做出明確規定，包括直播平臺應當對商品進行目錄化管理、直播帳號分級分類、建立主播黑名單制度等；2.明確直播禁止發佈的內容，並加大對網路直播行銷活動中違法行為的查處力度，包括侵犯消費者合法權益、產品品質違法、不正當競爭、食品安全違法、廣告違法、價格違法等。在共享住宿領域，2020 年 8 月文化和旅遊部發佈《線上旅遊經營服務管理暫行規定》，從線上旅遊經營的應急預案、網路安全、內容審查、資質核驗、資訊發佈、正當評價、資訊收集、公平交易、行政監管、協作治理、應急救助等方面，明確了線上旅遊經營者、旅遊者等各方主體的行為規範、擔責依據，尤其是對一些包括大數據殺熟、不合理低價遊等在內的社會旅遊熱點或旅遊頑疾問題進行了回應，對平臺的監管義務和責任進行規定，提出應當保障旅遊者的正當評價權、避免價格歧視、保護旅遊者個人資訊數據安全等。[310]

又中國大陸政府對對青少年等重點群體立法特別保護，2020 年 10 月中國大陸全國人大常委會通過了修訂後的《未成年人保護法》，新增「網路保護」專章，除了對網路素養教育、網路沉迷預防和網路欺凌防治等突出問題進行了全面規範，還重點關注了網路直播、網路音視頻等領域存在的問題，明確服務提供者應當設置相應的時間管理、許可權管理、消費管理等功能。2020 年 11 月廣電總局發佈文件，明確禁止未成年用戶打賞；

國家網信辦相關制度則要求，未滿十六周歲的人不得參與直播間運營和直播行銷。12 月中央網信辦、教育部等聯合發出通知，明確提出未成年人網課平臺不得推送不適宜未成年人的資訊或廣告引流內容。[311]

此外，中國大陸政府對平臺經濟進行科學有效的反壟斷監管已成大勢所趨，並呈現出新的特點：1.是重視維護各方合法利益，將侵害消費者、平臺內經營者等其他主體的權益作為壟斷行為認定和規制中的重要因素；2.是著力預防和制止大平臺有礙市場創新活力的行為；3.是加強對平臺協同行為的監管，防止包括同一企業的關聯公司、產業鏈上下游企業達成協議以排除市場競爭等。監管的重點主要包括平臺企業壟斷行為認定、數據收集使用管理、經營者集中申報、消費者權益保護等。[312]

2021 年面向規範交易行為和監管經營活動，中國大陸國家市場監管總局出臺《網路交易監督管理辦法》；面向新就業形態勞動者權益保障，人社部等八部門聯合發佈了《關於維護新就業形態勞動者勞動保障權益的指導意見》；針對演算法治理，中央網信辦等九部門聯合發佈了《關於加強互聯網資訊服務演算法綜合治理的指導意見》；針對網路不正當競爭行為，國務院反壟斷委員會發佈《關於平臺經濟領域的反壟斷指南》等。隨著一系列文件的出臺，平臺主體責任與義務的劃分逐漸明晰，平臺治理法治環境日趨完善，為平臺全面履行公平競爭、勞動保護、消費者權益保護、安全風險管理等責任提供了指引。[313]

2020 年 12 月美國國會最終通過《外國公司問責法案》，該法案對外國公司在美上市提出額外的資訊披露要求，規定任何一家外國公司連續三年未能遵守美國公眾公司會計監督委員會（PCAOB）的審計要求將禁止上市。PCAOB 要求享有定期檢查在美註冊的會計師事務所的權力，包括可以自由查閱審計工作底稿。同時，該法案還要求在美上市公司證明其「不是由外國政府擁有和控制」、要求「發行人必須在 PCAOB 無法進行上述檢查的每一年份，向 SAC 披露國有股比例屬於中國共產黨官員的董事的姓名等資訊」。[314]

再以歐盟為例，自《通用資料保護條例》（GDPR）生效以來，歐盟資料保護監管機構對科技巨頭的監管要求一直在加強，已在歐洲對 Google 公司、Facebook 公司、蘋果公司和微軟公司進行了嚴格的審查。GDPR 規定，企業在使用個人資料前必須征得同意，如果保護使用者個人資料不力，重者可被罰兩千萬歐元或前一年全球營業收入的 4%，具體罰款額為「兩值中取大者」。2020 年 11 月，歐盟認定亞馬遜違反歐盟反壟斷法，利用賣家資料為其自營業務牟利。2021 年 7 月 16 日，美國電商巨頭亞馬遜公司被負責監管其資料保護的盧森堡國家資料保護委員會處以 8.866 億美元罰款，因其對個人資料的處理違反歐盟 GDPR 的相關規定。監管備案文件顯示，除罰款外，盧森堡國家資料保護委員會還要求亞馬遜進行整改。[315]

美國及歐盟對跨國網路公司的監管，促使許多國家意識到數位經濟將是新的國際政治博弈的重要領域，而且各國政府和民眾對資料安全和隱私資料保護的日益重視，紛紛提出自身的治理主張和標準規則，試圖搶佔全球數位經濟領域的規則制定權和博弈主動

權。[316]

　　中國大陸互聯網產業，歷經多年的自由發展後，在中國大陸政府各項立法對於互聯網涉及的各個行業大力整頓下，將逐步走入正軌，且中國大陸互聯網產業的實際運用與發展模式，已走在世界各國家與地區的前端，中國大陸政府對於網路產業相關的立法，對於其他國家與地區網路產業的立法，將具有極大的參考價值，這也使得中國大陸在網路產業的話語權顯著提升，對未來全世界的網路產業發展將有很大的影響力。

　　現今世界超大網路公司如 Google 公司、Facebook 公司、阿里巴巴公司、滴滴出行公司、字節跳動（Byte Dance）公司等，大多是美國企業或是中國大陸企業獨缺歐洲企業，而美國政府的《外國公司問責法案》顯然是針對中國大陸在美國上市的網路公司，歐盟則是緊握超大資訊網路產業的跨國公司監管權，以確保歐盟成員國人民的資料不被濫用，顯見未來全球網路產業頂層監管權的爭奪，將會是中國大陸、美國及歐盟三大經濟體的博弈。

表4-23 2018年中國大陸政府網路領域專項整治行動表

領域	相關部門	主要內容
一、網約車	交通部、中央政法委、網信辦等 10 部門。	1.進駐式聯合安全專項檢查。 2.平臺企業整改。
二、共享單車	北京、廣州、成都等多個城市的交通、城管、街道辦等部門。	1.清理廢棄單車。 2.總量控制、動態監測、運營考核。
三、網路視頻	國家廣播電視總局、地方廣電局等。	1.清理問題帳號。 2.刪除相關節目及連結。 3.關停涉事帳號節目上傳功能。 4.平臺內部責任追究。
四、網路直播	中宣部、網信辦、文化部、國家廣播電視總局、全國「掃黃打非」工作小組辦公室。	1. 立案調查問題平臺。 2. 封禁問題主播。 3. 關停問題帳號。
五、互聯網新聞	網信辦等。	1.清理問題自媒體帳號
六、網路侵權	國家版權局、國家互聯網信息辦公室、工信部、公安部。	1.網路轉載版權整治。 2.短視頻版權整治。 3.其他重點領域版權整治。

資料來源：《2019 中國共享經濟發展年度報告》，（國家資訊中心分享經濟研究中心，2019 年），頁 16。

表4-24 2018年中國大陸政府出臺網路平臺經濟發展相關政策彙整表

領域	時間	部門	法規與政策名稱
網約車	2018 年 6 月	交通運輸部	《計程車服務品質信譽考核辦法》
網約車	2018 年 9 月	交通運輸部、公安部	《關於進一步加強網路預約計程車和私人小客車合乘安全管理的緊急通知》
網約車	2018 年 9 月	交通運輸部	《關於開展網約車平臺公司和私人小客車合乘資訊服務平臺安全專項檢查工作的通知》
線上外賣	2018 年 1 月	國家食品藥品監督管理總局	《網路餐飲服務食品安全監督管理辦法》
線上外賣	2018 年 7 月	國家市場監管管理總局	《餐飲服務食品安全操作規範》
互聯網醫療	2018 年 4 月	國務院辦公廳	《關於促進「互聯網+醫療健康」發展的意見》
互聯網醫療	2018 年 7 月	國家衛健委和國家中醫藥管理局	《互聯網診療管理辦法（試行）》《互聯網醫院管理辦法（試行）》《遠端醫療服務管理規範（試行）》
網路內容	2018 年 2 月	中央網信辦	《微博客資訊服務管理規定》
網路內容	2018 年 8 月	全國「掃黃打非」辦公室聯合多部門	《關於加強網路直播服務管理工作的通知》

資料來源：

《2019 中國共享經濟發展年度報告》，（國家資訊中心分享經濟研究中心，2019 年），頁 17。

表4-25 2019年中國大陸政府出臺網路平臺經濟發展相關政策彙整表

時間	部門	法規與政策名稱
2019 年 6 月	國家市場監督管理總局	《禁止壟斷協議暫行規定》
2019 年 6 月	國家市場監督管理總局	《禁止濫用市場支配地位行為暫行規定》
2019 年 6 月	國家市場監督管理總局	《制止濫用行政權力排除、限制竟爭行為暫行規定》
2019 年 7 月	國務院辦公廳	《關於加快推進社會信用體系建設構建以信用為基礎的新型監管機制的指導意見》
2019 年 8 月	國務院辦公廳	《關於促進平臺經濟規範健康發展的指導意見》
2019 年 9 月	國務院	《關於加強和規範事中事後監管的指導意見》
2019 年 10 月	國務院	《優化營商環境條例》
2019 年 12 月	國務院	《關於進一步做好穩就業工作的意見》

資料來源：

《2020 中國共享經濟發展報告》，（國家資訊中心分享經濟研究中心，2020 年），頁 20。

表4-26 2020年中國大陸政府出臺網路平臺經濟發展相關政策彙整表

時間	部門	法規與政策名稱
2020 年 3 月	國家互聯網信息辦公室	《網路信息內容生態治理規定》
2020 年 10 月	全國人民代表大會常務委員會	《中華人民共和國未成年人保護法》第二次修訂
2020 年 10 月	文化和旅遊部	《在線旅遊經營服務管理暫行規定》
2020 年 11 月	國家廣播電視總局	《關於加強網路秀場直播和電商直播管理的通知》
2020 年 11 月	網信辦、教育部	《關於進一步加強涉未成年人網課平臺規範管理的通知》

資料來源：

整理自-中國政府網，http：//www.gov.cn/，檢索時間 2022 年 4 月 12 日。

表4-27 2021年中國大陸政府出臺網路平臺經濟發展相關政策彙整表

時間	部門	法規與政策名稱
2021 年 1 月	全國人民代表大會	《中華人民共和國民法典》
2021 年 5 月	市場監督管理總局	《網路交易監督管理辦法》
2021 年 5 月	國家互聯網信息辦公室、公安部、商務部、文化和旅遊部、國家稅務總局、國家市場監督管理總局、國家廣播電視總局	《網路直播營銷管理辦法（試行）》
2021 年 6 月	全國人民代表大會常務委員會	《中華人民共和國數據安全法》
2021 年 8 月	全國人民代表大會常務委員會	《中華人民共和國個人信息保護法》
2021 年 9 月	國務院	《關鍵信息基礎設施安全保護條例》

資料來源：

整理自-中國政府網，http：//www.gov.cn/，檢索時間 2022 年 4 月 12 日。

肆、中國大陸互聯網支付業發展概述

中國大陸網路購物、外賣、手機打車、共享單車等，各類網路服務產業蓬勃發展，而使得中國大陸網路產業能發展快速，除了因為實體的網路基礎設施的建設較許多國家普及之外，再來就是依靠網路支付產業與金融業的相互合作。

隨著中國大陸網路產業的快速發展，網路交易金額也不斷擴大，為發展與管理如此龐大的新興網路支付產業，中國大陸政府於 2011 年 5 月 23 日於北京成立全國性非營利社會團體法人「中國支付清算協會（Payment & Clearing Association of China，PCAC）」，該協會是中國大陸支付清算服務行業自律組織，主管單位為中國人民銀行。該協會規定，凡經中國銀行保險監督管理委員會批准設立的、具有獨立法人資格的銀行業金融機構及財務公司、經人民銀行等相關監管部門批准設立的支付清算機構、取得人民銀行頒發的「支付業務許可證」的非金融機構以及符合協會要求的其他法人機構，均可申請加入中國支付清算協會成為會員單位。或經相關監管機構批准，在民政部門登記註冊的各省（自治區、直轄市）支付清算類協會，承認《中國支付清算協會章程》，亦可申請加入中國支付清算協會成為准會員單位。[317]

中國支付清算協會日常辦事機構為秘書處，該處設立綜合部、政策研究與宣傳部、法律與權益保護部、會員與培訓部、業務協調一部、業務協調二部、業務協調三部、技術與標準部、統計與資訊部、反欺詐實驗室等 10 個部門。根據工作需要，該協會設立 9

個工作（專業）委員會，包括銀行卡基支付工作委員會、預付卡工作委員會、網路支付應用工作委員會、移動支付工作委員會、技術標準工作委員會、票據工作委員會、金融科技專業委員會、SWIFT 用戶專業委員會和反欺詐工作委員會。[318]

且中國大陸支付清算行業服務組織體系，是以中國人民銀行為核心、銀行業金融機構為基礎、特許清算機構和非銀行支付機構為補充的多元化支付服務組織體系。根據統計截至 2017 年底，全中國大陸有銀行業金融機構 4,500 家，設立的 22 萬多個營業網點，構建起龐大的業內支付網路和面對面業務管道，保障了支付業務創新和快速發展，並為支援其他零售支付服務商的專業化服務奠定了基礎，且非銀行支付機構有 243 家，合計總數 4,743 家，形成一個完善的支付清算體系。[319]

從中國大陸第三方支付產業如支付寶、微信支付的發展來觀察，中國大陸政府仍以摸著石頭過河的方式，先放任該產業自行發展，待該產業形成規模與發展雛形後，再參照世界各國法規與中國大陸該產業發展模式，訂定政策與管理規則來引導該產業邁向更健康的發展方向。

表4-28 2012年～2020年中國大陸銀行與非銀行支付機構數量統計表

年度	2012 年	2013 年	2014 年
銀行金融機構	3,747 家	3,949 家	4,091 家
非銀行業	197 家	250 家	269 家
合計	3,944 家	4,199 家	4,360 家
年度	2015 年	2016 年	2017 年
銀行金融機構	4,262 家	4,270 家	4,500 家
非銀行業	268 家	255 家	243 家
合計	4,530 家	4,525 家	4,743 家
年度	2018 年	2019 年	2020 年
銀行金融機構	4,500 多家	4,607 家	4,604 家
非銀行業	238 家	237 家	232 家
合計	約 4,738 家	4,844 家	4,836 家

資料來源：

整理自-

1、《2018 中國支付清算行業社會責任報告》，（中國支付清算協會，2018 年），頁 11。

2、《2019 中國支付清算行業社會責任報告》，（中國支付清算協會，2019 年），頁 10、11。

3、《2020 中國支付清算行業社會責任報告》，（中國支付清算協會，2020 年），頁 10。

4、《2021 中國支付清算行業社會責任報告》，（中國支付清算協會，2021 年），頁 10。

中國大陸資訊消費主要包括資訊產品消費和資訊服務消費。其中，資訊產品包括智慧手機、可穿戴設備、數位家庭等各類聯網產品；資訊服務包括通信服務、互聯網

資訊服務、軟體應用服務等。近年來，資訊產品與資訊服務在國民經濟各領域的滲透和應用日益廣泛，孕育形成了新的經濟增長點，開闢了更為廣闊的消費空間。[320]

從中國大陸 2013 年～2017 年資訊消費規模統計表分析，可知資訊消費規模從 2013 年 2.2 兆元人民幣增加到 2017 年 4.5 兆元人民幣，5 年增幅高達 1.04 倍。再從中國大陸 2012 年～2019 年移動支付業務規模統計表分析，於 2012 年移動支付業務規模僅 2.49 兆元人民幣，共 26.48 億筆，到 2019 年移動支付業務規模高達 601.64 兆元人民幣，共 8,080.38 億筆，總金額 8 年增幅高達 240.62 倍，筆數則增幅高達 304.15 倍。又從中國大陸 2012 年～2019 年互聯網支付業務規模統計表分析，在 2012 年互聯網支付規模已達 829.89 兆元人民幣，共 296.56 億筆，到 2019 年互聯網支付規模更高達 2,186.71 兆元人民幣，共 1,464.39 億筆。

如此龐大的移動支付及互聯網支付規模，除帶動美團外賣、滴滴打車、共享單車、共享移動電源、共享雨傘等，各類互聯網新興產業的發展，也因此產生非常龐大的網路交易大數據資料，成為中國大陸未來推展全球移動支付與網路支付產業發展的根基。

中國大陸政府於 2001 年所出臺的《中華人民共和國國民經濟和社會發展第十個五年計劃綱要（2001 年～2005 年）》，就提出加速發展資訊產業的規劃，大力推進國家整體資訊化發展，並運用政府政策，大力發展資訊網路產業。而且持續列為國家重點發展項目，又在《中華人民共和國國民經濟和社會發展第十一個五年規劃綱要（2006 年～2010 年）》將資訊網路列為國家基礎建設，打造資訊高速公路，再結合實體高速公路、高速鐵路、航空、港口等交通網絡，軟體與硬體的相互結合，使得中國大陸國內互聯網產業鏈得以高速發展，網路交易幾乎遍及各行各業，有效推動各產業的轉型與發展。

《中華人民共和國國民經濟和社會發展第十二個五年規劃綱要（2011 年～2015 年）》提出全面提高資訊化水準，加快建設寬頻、融合、安全、泛在的下一代國家資訊基礎設施，推動資訊化和工業化深度融合，推進經濟社會各領域資訊化。構建下一代資訊基礎設施，統籌佈局新一代移動通信網、下一代互聯網、數位廣播電視網、衛星通信等設施建設，形成超高速、大容量、高智慧國家幹線傳輸網路。引導建設寬頻無線城市，推進城市光纖入戶，加快農村地區寬頻網路建設，全面提高寬頻普及率和接入頻寬。推動物聯網關鍵技術研發和在重點領域的應用示範。加強雲計算服務平臺建設。以廣電和電信業務雙向進入為重點，建立健全法律法規和標準，實現電信網、廣電網、互聯網三網融合，促進網路互聯互通和業務融合。

《中華人民共和國國民經濟和社會發展第十三個五年規劃綱要（2016 年～2020 年）》提出拓展網路經濟空間，牢牢把握資訊技術變革趨勢，實施網路強國戰略，加快建設數位中國，推動資訊技術與經濟社會發展深度融合，加快推動資訊經濟發展壯大。構建泛在高效的資訊網路，加快構建高速、移動、安全、泛在的新一代資訊基礎設施，推進資訊網路技術廣泛運用，形成萬物互聯、人機交互、天地一體的網路空間。完善新一代高速光纖網路，構建現代化通信骨幹網路，提升高速傳送、靈活調度和智慧適配能力。推進寬頻接入光纖化進程，城鎮地區實現光網覆蓋，提供 1,000 兆比特每秒以上接入服務

能力，大中城市家庭用戶頻寬實現 100 兆比特以上靈活選擇；98%的行政村實現光纖通達，有條件地區提供 100 兆比特每秒以上接入服務能力，半數以上農村家庭用戶頻寬實現 50 兆比特以上靈活選擇。建立暢通的國際通信設施，優化國際通信網路佈局，完善跨境陸海纜基礎設施。建設中國—阿拉伯國家等網上絲綢之路，加快建設中國—東盟資訊港。

《中華人民共和國國民經濟和社會發展第十四個五年規劃和2035年遠景目標綱要》提出加快數位化發展建設數位中國，迎接數位時代，啟動數據要素潛能，推進網路強國建設，加快建設數位經濟、數位社會、數位政府，以數位化轉型整體驅動生產方式、生活方式和治理方式變革。打造數位經濟新優勢，充分發揮海量數據和豐富應用場景優勢，促進數位技術與實體經濟深度融合，賦能傳統產業轉型升級，催生新產業新業態新模式，壯大經濟發展新引擎。加強關鍵數位技術創新應用，聚焦高端晶片、作業系統、人工智慧關鍵演算法、感測器等關鍵領域，加快推進基礎理論、基礎演算法、裝備材料等研發突破與反覆運算應用。加強通用處理器、雲計算系統和軟體核心技術一體化研發。加快佈局量子計算、量子通信、神經晶片、DNA 存儲等前沿技術，加強資訊科學與生命科學、材料等基礎學科的交叉創新，支持數位技術開源社區等創新聯合體發展，完善開源智慧財產權和法律體系，鼓勵企業開放軟體原始程式碼、硬體設計和應用服務。加快推動數位產業化，培育壯大人工智慧、大數據、區塊鏈、雲計算、網路安全等新興數位產業，提升通信設備、核心電子元器件、關鍵軟體等產業水準。構建基於 5G 的應用場景和產業生態，在智慧交通、智慧物流、智慧能源、智慧醫療等重點領域開展試點示範。鼓勵企業開放搜索、電商、社交等數據，發展協力廠商大數據服務產業。促進共享經濟、平臺經濟健康發展。

在一帶一路戰略的引領之下，中國大陸互聯網產業已走至境外，支付寶在境外香港、澳門、臺灣、日本、韓國、新加坡、馬來西亞、泰國、柬埔寨、越南、寮國、菲律賓、印度尼西亞、澳大利亞、紐西蘭、義大利、瑞士、奧地利、比利時、荷蘭、愛爾蘭、英國、法國、德國摩納哥、西班牙、希臘、瑞典、丹麥、挪威、芬蘭、俄羅斯、捷克、南非、美國、加拿大等 38 個國家和地區可以使用。且微信支付跨境業務，已登陸包括香港、澳門、臺灣、日本、韓國等在內的 20 個境外國家和地區。[321]

中國大陸人民可以在境外數十個國家與地區，使用支付寶及微信支付對旅遊及購物等需求直接付款，避免信用卡可能帶來的盜刷風險，以及支付國外信用卡機構，跨境消費的手續費等，不必要的額外支出，更使人民幣得以行動支付的新型方式邁向國際化。在沒有支付寶及微信支付跨境服務前，中國大陸人民出境旅遊，通常須換外幣現鈔或使用銀聯卡、信用卡，支付境外消費款項。現今，中國大陸人民在中國大陸境外，使用支付寶及微信支付的消費金額不斷增加，必然使得未來人民幣在國際上影響力大增，對於人民幣的國際化將有更大助益。

表4-29 2013年～2017年中國大陸資訊消費規模統計表

年度	2013 年	2014 年	2015 年	2016 年	2017 年
金額	2.2 兆	2.7 兆	3.4 兆	3.9 兆	4.5 兆
資訊服務消費占比	72.7 %	63.0 %	58.8 %	53.8 %	53.3 %
資訊產品消費占比	27.3 %	37.0 %	41.2 %	46.2 %	46.7 %
單位：人民幣。					

資料來源：

國家發展和改革委員會，《2017 年中國居民消費發展報告》（北京：人民出版社，2018 年），頁 15。

表4-30 2012年～2020年中國大陸移動支付業務規模統計表

年度	2012 年	2013 年	2014 年
金額	2.49 兆	10.8 兆	30.83 兆
筆數	26.48 億	54.5 億	198.55 億
年度	2015 年	2016 年	2017 年
金額	130.18 兆	208.56 兆	308.04 兆
筆數	536.98 億	1,227.61 億	2,768.14 億
年度	2018 年	2019 年	2020 年
金額	445.22 兆	601.64 兆	733.28 兆
筆數	5,328.14 億	8,080.38 億	9,074.31 億
單位：人民幣。			
筆數：億筆。			

資料來源：

整理自-

1. 《2018 中國支付清算行業社會責任報告》，（中國支付清算協會，2018 年），頁 13。

2. 《2019 中國支付清算行業社會責任報告》，（中國支付清算協會，2019 年），頁 14。

3. 《2021 中國支付清算行業社會責任報告》，（中國支付清算協會，2021 年），頁 13。

表4-31 2012年～2020年中國大陸互聯網支付業務規模統計表

年度	2012 年	2013 年	2014 年
金額	829.89 兆	1,069.7 兆	1,393.07 兆
筆數	296.56 億	386.8 億	501.04 億
年度	2015 年	2016 年	2017 年
金額	2,042.39 兆	2,139.2 兆	2,113.82 兆

筆數	697.7 億	1,225.08 億	969.06 億
年度	**2018 年**	**2019 年**	**2020 年**
金額	2,176.45 兆	2,186.71 兆	2,229.07 兆
筆數	1,270.64 億	1,464.39 億	1,838.65 億
單位：人民幣。			
筆數：億筆。			

資料來源：

整理自-

1. 《2018 中國支付清算行業社會責任報告》,（中國支付清算協會,2018 年）,頁 14。

2. 《2019 中國支付清算行業社會責任報告》,（中國支付清算協會,2019 年）,頁 13。

3. 《2021 中國支付清算行業社會責任報告》,（中國支付清算協會,2021 年）,頁 13。

伍、結論

中國大陸國家主席習近平強調,要主動參與和推動國家級全球化進程,發展更高層次的開放型經濟,推動形成全面開放新格局。中國大陸的互聯網產業,顯然是中國大陸在全世界最具競爭力的產業。中國大陸網約車龍頭滴滴出行,深入貫徹落實中共中央和中國大陸政府的戰略決策,2018 年加快國際化業務佈局,先後收購巴西 99,在墨西哥、澳洲等地上線網約車服務,在香港、日本等國家和地區市場上線計程車服務。[322]這也是中國大陸在全球占有領先地位產業走出去的例證。

又中國大陸在 WiFi 連接領域,相關連接上網路方式,仍舊在不斷探索,並於 2018年 11 月底發佈衛星計畫,通過創新模式將民用航太和互聯網有機結合,把為用戶提供的上網矩陣資源進一步延伸至太空。2019 年計畫發射中國大陸第一顆 WiFi 試驗衛星,通過衛星網路實現快速、經濟的網路接入,進一步實現「讓全世界人民免費上網」的願景。[323]

顯示,中國大陸政府對於互聯網+的整體規劃,不僅是在中國大陸境內商業運作與發展,未來則是要透過中國大陸互聯網基礎建設與互聯網產業走到全世界各地,從中國大陸境內一張網,擴大成全球一張網,並將涵蓋互聯網及物聯網的全球網路大布局。

中國大陸電子商務交易額 2020 年達到 37.2 兆元人民幣,比 2015 年增長 70.8%；網上零售額達到 11.8 兆元人民幣,年均增速高達 21.7%。網路購物成為居民消費重要管道,實物商品網上零售額對社會消費品零售總額增長貢獻率持續提升,帶動相關市場加快發展。快遞業務量從 2015 年 206.7 億件增至 2020 年 833.6 億件,非銀行支付網路支付交易金額從 2015 年 49.兆元人民幣增至 2020 年 294.6 兆元人民幣,均穩居全球首位。[324]

中國大陸電子商務加速線上線下融合、產業鏈上下游融合、國內外市場融合發展。傳統零售企業數位化轉型加快,連鎖百強企業線上銷售規模占比達到 23.3%。服務業數

位化進程加快，線上展會、遠端辦公、電子簽約日益普及，線上餐飲、智慧家居、共享出行便利了居民生活。農村電商暢通了工業品下鄉、農產品進城管道，農業數位化加速推進，2020 年中國大陸農村網路零售額達 1.79 兆元人民幣，是 2015 年的 5.1 倍。跨境電商蓬勃發展，2020 年跨境電商零售進出口總額達 1.69 兆元人民幣。電子商務以數據為紐帶加快與製造業融合創新，推動了智慧製造發展。電子商務成為創新創業、靈活就業、普惠就業新管道，電子商務相關從業人數超過 6,000 萬，比 2015 年增加 2,700 餘萬，年均增長 13%。[325]

又中國大陸跨境電商綜試區達到 105 家，跨境電商零售進口試點擴大至 86 個城市及海南全島，國家電子商務示範基地達到 127 家，商務部遴選 2 批共 393 家電子商務示範企業、確認數字商務企業 108 家，先行先試成效顯著，形成一批成熟經驗做法。社會信用基石不斷夯實，電子商務誠信工作不斷推進，電子商務公共服務體系基本形成，數據共享、惠民惠企、人才培養等取得積極進展。[326]

從中國大陸政府所公布的「十四五」電子商務發展規劃可知，未來中國大陸將持續的快速發展電子商務市場，且著重在工業電子商務、農村電子商務及跨境電子商務三大領域的拓展，尤其在工業電子商務上運用人工智慧、大數據、雲端及 5G 等技術的融合運用形成萬物互聯的新時代，企圖發動第四次工業革命，建立一套工業互聯網的頂層設計與規則，引領人類的工業化的再次飛躍。此外，中國大陸政府將繼續發展農村電子商務及跨境電子商務，深挖這兩個尚未飽和的市場領域，中國大陸境內已全面奔小康，且鄉村振興正在持續進行中，未來農村人民的收入與支出將藉由農村電子商務的發展持續增加，又中國大陸仍將持續推動一帶一路的貿易發展，除傳統的貿易模式外，將持續藉由跨境電子商務，增加對一帶一路國家在電子商務上的合作，推廣中國大陸境內的電子商務發展經驗與模式，創新未來全球貿易的新模式，逐步佔領跨境電商領域的高地，運用中國製造與中國市場優勢，形成中國大陸買全球賣全球的跨境電商貿易模式，亦可形成傳統貿易模式外的另一藍海市場。

中國大陸移動互聯網技術隨著實際商業運營，以摸著石頭過河方式，逐步探索出自身的發展道路，對比臺灣地區的移動互聯網發展，雖然比中國大陸較早擁有互聯網技術與資訊產業及設備生產技術，但受限於利益集團的阻擾，及相關法規擬定與修改緩慢等，眾多複雜的因素，導致移動互聯網產業發展緩慢，失去主導該產業發展的先機。

綜上所述，中國大陸政府在政策思維開放下，透過政府政策引領，鼓勵國有企業與民營企業，大力發展互聯網+各類產業，將 14 億人的各種網路使用紀錄，透過大數據與雲計算做整合分析，未來將結合北斗系統與 5G 通訊的運用與發展，使中國大陸許多產業如共享汽車、共享住宿、共享醫療、共享工廠等，透過互聯網+走向全世界，未來中國大陸互聯網產業，將有機會成為全球新興互聯網產業的領導者。

表4-32「十四五」電子商務發展主要指標表

類別	指標名稱	2020 年	2025 年	備註
總規模	電子商務交易額（兆元人民幣）	37.2	46	預期性
	全國網上零售額（兆元人民幣）	11.8	17	預期性
	相關從業人數（萬人）	6,015	7,000	預期性
分領域	工業電子商務普及率（％）	63.0	73	預期性
	農村電子商務交易額（兆元人民幣）	1.79	2.8	預期性
	跨境電子商務交易額（兆元人民幣）	1.69	2.5	預期性

資料來源：商務部、中央網信辦、發展改革委《「十四五」電子商務發展規劃》，2021 年，頁 12。

第五章 中國大陸對內經濟發展戰略

Chapter 5 China's Domestic Economic Development Strategy

以五年規劃、
中國製造 2025、
國家新型城鎮化、
自由貿易試驗區(FTZ)、
及扶貧與鄉村振興
解析中國大陸對內經濟發展戰略

本章內容重點

▋第一節 中國大陸國民經濟和社會發展第十三個五年規劃及第十四個五年規劃和 2035 年遠景目標綱要

壹、中國大陸國民經濟和社會發展五年計劃（規劃）概述

一、前言

1945 年二次世界大戰結束後，在當時的國際情勢發展下，逐步形成以美國資本主義與蘇聯社會主義為首的兩陣營，各自使用一套政治經濟模式主導著各陣營內的各國發展。在這樣的歷史背景下，中國共產黨在蘇聯的幫助下，於 1949 年在中國大陸建立中華人民共和國政權，形成以中國共產黨領導的多黨合作和政治協商制度體系，除中國共產黨為執政黨外有八個參政黨即中國國民黨革命委員會、中國民主同盟、中國民主建國會、中國民主促進會、中國農工民主黨、中國致公黨、九三學社、臺灣民主自治同盟等，並學習蘇聯的經濟發展模式，在經濟發展上也學習蘇聯的計劃經濟體制。

蘇聯共產黨在 1929 年 4 月第十六次全國代表大會上，制定並通過 1928 到 1932 年的國民經濟計劃，標誌第一個五年計劃在蘇聯的誕生，到 1937 年蘇聯第二個五年計劃完成，實現以重工業為中心的工業化，使蘇聯的重工業生產能追趕上歐美國家的發展程度。1949 年中國共產黨在中國大陸建立政權後，中華人民共和國與蘇維埃社會主義共和國聯邦，於 1950 年 2 月簽定《中蘇友好同盟互助條約》，蘇聯依該條約給予中國大陸許多經濟援助，後又因韓戰（中國大陸稱抗美援朝戰爭）的爆發使得中國大陸與蘇聯在政治、經濟及軍事上有更緊密的合作。

且因中國大陸在八年抗戰與國共內戰的因素下，對整個社會經濟產生大規模破壞。在中共建政後，極力想學習蘇聯模式，快速推動工業化發展，加速中國大陸實現工業化進程。在雙方簽定《中蘇友好同盟互助條約》後，中國大陸在蘇聯的幫助下，中國大陸政府開始制定第一個《中華人民共和國國民經濟和社會發展五年計畫》（簡稱：《一五計劃》），於 1953 年開始實施《一五計劃》，期間除 1963 年～1965 年的調整其外，都無一例外實施五年計劃，成為每隔五年一次的政策循環。[327]

自 1953 年起到 2015 年止，已完成總共十個五年計劃（《一五計劃》至《十五計劃》）及兩個五年規劃（《十一五規劃》及《十二五規劃》），並於 2016 年開始執行《十三五規劃》。綜觀，《一五計劃》至《十三五規劃》，每一個五年計劃或是五年規劃，所涉及層面都非常廣泛，涵蓋政府各部門機關的所有工作，體現中國大陸國家的整體發展方向，這樣龐大的計劃與規劃，不可能有極少數人可以完成，必然透過各級政府官員及相關學者專家等，共同討論所編製而成，若能貫徹施行必然有所成效。

在中共建政初期，《一五計劃》有蘇聯協助，使重工業的發展較為迅速，但後因中國大陸與蘇聯關係惡化，蘇聯專家全面撤離，導致重工業發展遇到瓶頸，而《二五計劃》、《三五計劃》及《四五計劃》，因內部政治路線問題鬥爭嚴重，多數未能依照計劃進行，

導致經濟大衰退。

　　此外，因國際間冷戰因素，中國大陸政府將資源多數投入於國防軍事工業發展，使得中國大陸在兩彈一星（核彈、飛彈與人造衛星）的發展上較快。中國大陸在國內政治紛爭與國際爭鬥下，內部產業發展嚴重不均，使農業與民生基礎的輕工業發展遲滯。因此，1978年改革開放初期，在經濟發展上，大力發展農業與民生基礎的輕工業，以改善人民生活水平，並吸引國外資金、技術及人才，逐步重整中國大陸工業化體系，借鑒美、日、歐等先進工業國家發展經驗，再依照中國大陸以公有制為主體的國情狀況，對國有企業進行改革，並發展民營企業，形成具有中國特色的社會主義制度。

表5-1　中華人民共和國國民經濟和社會發展五年計畫與規劃簡述表

時期	計畫與規劃
1953 年～1957 年	《中華人民共和國國民經濟和社會發展第一個五年計畫》（簡稱：《一五計劃》）　工業增速　超英趕美
1958 年～1962 年	《中華人民共和國國民經濟和社會發展第二個五年計畫》（簡稱：《二五計劃》）　大躍進　大倒退
1966 年～1970 年	《中華人民共和國國民經濟和社會發展第三個五年計畫》（簡稱：《三五計劃》）　三線建設　備戰備荒
1971 年～1975 年	《中華人民共和國國民經濟和社會發展第四個五年計畫》（簡稱：《四五計劃》）　嚴重失控　調整戰略
1976 年～1980 年	《中華人民共和國國民經濟和社會發展第五個五年計畫》（簡稱：《五五計劃》）　新躍進　大轉折
1981 年～1985 年	《中華人民共和國國民經濟和社會發展第六個五年計畫》（簡稱：《六五計劃》）　走向改革開放
1986 年～1990 年	《中華人民共和國國民經濟和社會發展第七個五年計畫》（簡稱：《七五計劃》）　改革闖關　治理整頓
1991 年～1995 年	《中華人民共和國國民經濟和社會發展第八個五年計畫》（簡稱：《八五計劃》）　小平南巡　改革潮湧
1996 年～2000 年	《中華人民共和國國民經濟和社會發展第九個五年計畫》（簡稱：《九五計劃》）　宏觀調控　經濟軟著陸
2001 年～2005 年	《中華人民共和國國民經濟和社會發展第十個五年計畫》（簡稱：《十五計劃》）　指令計劃退場　市場配置資源
2006 年～2010 年	《中華人民共和國國民經濟和社會發展第十一個五年規劃》（簡稱：《十一五規劃》）　改革開放　堅定不移
2011 年～2015 年	《中華人民共和國國民經濟和社會發展第十二個五年規劃》（簡稱：《十二五規劃》）　輝煌「十二五」
2016 年～2020 年	《中華人民共和國國民經濟和社會發展第十三個五年規劃》（簡稱：《十三五規劃》）　深化體制改革　全面奔小康

2021 年～2025 年	《中華人民共和國國民經濟和社會發展第十四個五年規劃和 2035 年遠景目標綱要》 開啟全面建設社會主義現代化國家新征程
筆者註：中國大陸政府從「十一五」開始將「計畫」改成「規劃」。	

資料來源：

整理自-中國共產黨新聞網，〈歷次五年規劃（計劃）資料庫〉，http：//dangshi.people.com.cn/BIG5/151935/204121/，檢索時間 2019 年 2 月 27 日。

二、中國大陸五年計劃（規劃）決策類型概述

　　1949 年後中國大陸在中國共產黨長期執政下，由於國際時空環境與內部環境的變化，中國大陸學者王紹光、鄢一龍將五年計劃與規劃的決策，分為政府內部集體決策模式、非制度化的一言堂決策模式、諮詢決策模式、集思廣益決策模式等四類決策模式，來分析中國大陸十個五年計劃（《一五計劃》至《十五計劃》）及兩個五年規劃（《十一五規劃》及《十二五規劃》）的決策模式。

　　在《一五計劃》到《六五計劃》的規劃期間，由於時代背景因素與中國大陸內部政治路線鬥爭，基本上以政府內部集體決策、程序化決策方式及少數國家領導人隨意性決策方式在變動，當內部鬥爭激烈時，就會變成少數國家領導人隨意性決策方式，當內部鬥爭較平緩時，又回復到政府內部集體決策、程序化決策方式。

　　直到《七五計劃》規劃時期，中國大陸已經歷數年改革開放，為取得更好的經濟發展開始嘗試新的發展方式，以政府與外部菁英為主決策主體，採用集體決策、程序化決策、協商決策等方式，以期加快改革步伐擺脫經濟困境。

　　到《十五計劃》規劃期間，中國大陸改革開放已有初步成效，外資不斷流入經濟快速發展，海外留學人才也逐漸歸國，時任中共總書記江澤民提出三個代表（即中國共產黨要始終代表中國先進生產力的發展要求、中國共產黨要始終代表中國先進文化的前進方向、中國共產黨要始終代表中國最廣大人民的根本利益）。中國共產黨在不斷革新，必須納入更廣泛的群眾入黨，所以在政府計劃決策主體除政府與外部菁英外納入公眾，並以集體決策、程序化決策、協商決策強調中國特色民主化模式。

表5-2　中國大陸五年計劃與規劃決策類型彙整表

決策類型	計畫時期	決策主體	決策方式	決策特點
一、政府內部集體決策	一五計劃時期、二五計劃前期、五五計劃時期、六五計劃時期。	政府內部	集體決策、程序化決策	民主集中、實事求是
二、非制度化的一言堂決策	二五計劃後期、三五計劃時期、四五計劃時期。	少數國家領導人	隨意性決策	突出個人權威、跟風效應

三、諮詢決策	七五計劃時期、八五計劃時期、九五計劃時期。	政府＋外部菁英	集體決策、程序化決策、協商決策	民主集中、實事求是，更為強調決策科學化
四、集思廣益決策	十五計劃時期、十一五規劃時期、十二五規劃時期、十三五規劃時期。	政府＋外部菁英＋公眾	集體決策、程序化決策、協商決策	民主集中、實事求是，強調決策科學化、民主化

資料來源：

王紹光、鄢一龍《大智興邦—中國如何制定五年規劃》（北京：中國人民大學出版社，2015年），頁90。

　　中國大陸學者王紹光、鄢一龍將《十二五規劃》「集思廣益」的決策過程，歸納分為五階段模型：1.屈群策：在政策起草前期動員各方建言獻策。2.集眾思：起草人員對徵集來的資訊進行分析和吸納，起草階段性政策文本。3.廣納言：階段性政策草案形成後，向各方徵求意見並對草案進行修改。4.合議決：在不同決策層面，通過集體商討最終形成正式政策文件。5.告四方：將已經形成的政策文件向各方傳達，並進行宣傳和動員，這一簡單的模型體現了中國大陸五年規劃「民主，集中，再民主，再集中」的決策邏輯與模式。[328]整體觀之，中國大陸政府的《十二五規劃》，有效整合政府＋外部菁英＋公眾的思維，已形成一種科學化與民主化的決策方式，也體現中國特色的經濟決策制度。

　　又中國大陸政府從《十五計畫》開始引入中期評估，《十一五規劃》編制時期正式確立中期評估制度，並引入了第三方評估。《十二五規劃》中期評估由國家發展和改革委員會牽頭，組織政府各部門和各地方開展內部評估，邀請清華大學國情研究院、中國經濟改革研究基金會國民經濟研究所開展第三方獨立評估，通過調查研究、發放問卷的方式廣泛徵求意見，並會同國家統計局及有關部門對單項指標監測評價報告及初步評價結果進行審核。在充分集思廣益的基礎上，由國家發展和改革委員會集中各方的意見，負責起草《十二五規劃綱要》實施中期評估報告，提請國家《十二五規劃》專家委員會論證後，連同論證意見，上報國務院審核，經國務院審核通過後，提交全國人大常委會審議、全國人大財經委通過實地調研，聽取彙報，初步審查報告的形式，開展《十二五規劃》中期評估預審查。[329]

　　中國大陸政府的《十三五規劃》時期，基本上依照《十二五規劃》時期步驟進行，《十三五規劃》時期分為四個階段： 第一階段2013年3月至2013年12月，為中期評估。第二階段2014年，為基本思路研究。第三階段2015年初至十八屆五中全會，為黨中央《十三五規劃建議》編制。第四階段2015年10月至2016年3月，為正式編制《十三五規劃綱要》。[330]

　　且《十三五規劃》時期，可再細分為十個步驟，1.中期評估 2.前期調研 3.形成基本

思路 4.中共中央《十三五規劃建議》起草 5.通過中共中央《十三五規劃建議》6.起草《中華人民共和國國民經濟和社會發展第十三個五年規劃綱要（草案）》7.公眾建言獻策 8.銜接論證 9.廣泛徵求內外部意見 10.審批與發佈《十三五規劃綱要》。[331]

　　《十三五規劃》經過前期調研後完成規畫的基本思路，由中共中央起草《十三五規劃建議》，再經中共中央政治局召開多次會議審議並通過，之後再經由公眾建言獻策與廣泛徵求內外部意見等方式，最終由人民代表大會審議通過實行。足證，在中共中央、中國大陸政府與智庫的不斷完善下，形成一個具科學化，完整的國家經濟規劃編制流程。

三、小結

　　中國大陸政府於《十五計畫》，引入中期評估，於《十一五規劃》編制時期，又確立中期評估制度，並引入了第三方評估，如此形成一個科學模式的編制與審核流程，使得政府編制國家整體經濟規劃政策不致於流於形式，而是形成可以評估執行成果的規劃案，並可為下一期規劃，做先行的前期規劃與評估，使每一期的五年規劃，成為中國大陸政府可不斷延續的經濟發展規劃。

　　綜上可知，中國大陸基本上每一期五年計劃或規畫，都是經過調查與研究，並依照前一期計劃或規畫修改與增訂，逐步深入改革與完善相關政策。且近年來在中國大陸政府智庫不斷的推進下，中共中央與中國大陸政府亦參照企業化的經營模式，對五年規劃進行科學化的編制作業，再以中國特色的民主制度由公眾建言獻策與廣泛徵求內外部意見等方式，不斷完善每一期的五年規畫，致使中國大陸經濟得以持續快速發展，取得舉世矚目的發展成果。

表5-3　十三五規劃編制模式表

一、四個階段：
第一階段
2013 年 3 月至 2013 年 12 月，為中期評估。
第二階段
2014 年，為基本思路研究。
第三階段
2015 年初至十八屆五中全會，為黨中央《十三五規劃建議》編制。
第四階段
2015 年 10 月至 2016 年 3 月，為正式編制《十三五規劃綱要》。
二、十個步驟：
1.中期評估：
自 2013 年 3 月至 2013 年 12 月，從《「十五」計畫》開始引入中期評估，《「十一五」規劃》編制時期正式確立中期評估制度，並引入了第三方評估。《「十二五」規劃》中期評估由國家發展和改革委員會牽頭，組織政府各部門和各地方開展內部評估，邀請清華大學國情研究院、中國經濟改革研究基金會國民經濟研究所開展第三

方獨立評估，通過調查研究、發放問卷的方式廣泛徵求意見，並會同國家統計局及有關部門對單項指標監測評價報告及初步評價結果進行審核。在充分集思廣益的基礎上，由國家發展和改革委員會集中各方的意見，負責起草《「十二五」規劃綱要》實施中期評估報告，提請國家《「十二五」規劃》專家委員會論證後，連同論證意見，上報國務院審核，經國務院審核通過後，提交全國人大常委會審議、全國人大財經委通過實地調研，聽取彙報，初步審查報告的形式，開展《「十二五」規劃》中期評估預審查。 2013 年 12 月 25 日，十二屆全國人大常委會第六次會議審議了《「十二五」規劃綱要》實施中期評估報告，由國家發展和改革委員會主任徐紹史代表國務院報告。

2.前期調研：

自 2013 年底至 2014 年底在中期評估的基礎上，2013 年底，國家發展和改革委員會直接委託有關機構開展《「十三五」規劃》前期重大問題及基本思路研究。在 2013 年底召開的中央經濟工作會議上，習近平總書記強調，要著手啟動《「十三五」規劃》前期準備工作。2014 年 4 月 17 日，經國務院批准，全國《「十三五」規劃》編制工作電視電話會議在京召開，2014 年 4 月 23 日國家發展和改革委員會發佈了 25 個前期研究的重大課題，通過公開招標方式組織社會力量開展研究，其中有 27 個單位的選題入選。與此同時，國家發展和改革委員會還開展了基礎調查、資訊搜集、重的選題入選。與此同時，國家發展和改革委員會還開展了基礎調查、點課題調研以及納入規劃重大項目的論證等前期工作。

3.形成基本思路：

自 2014 年底到 2015 年 3 月，根據前期研究成果，各部門及地方同步開展各自的基本思路研究並上報國家發展和改革委員會，由國家發展和改革委員會起草基本思路意見稿，形成初稿後徵求各方面意見。於 2014 年 9 月 2 日，李克強總理主持召開國務院組成部門和相關單位負責人會議，研究部署《「十三五」規劃》編制工作。2014 年 9 月 20 日，國家發展和改革委員會在杭州召開《「十三五」規劃》基本思路研究座談會徵求九省區的意見，2014 年底《「十三五」規劃》的基本思路初步形成，提交中共中央和國務院。

4.中共中央《「十三五」規劃建議》起草：

為中共中央 《「十三五」規劃建議》起草（2015 年初至 2015 年 10 月）。中國共產黨的《「十三五」規劃建議》由中央財經領導小組牽頭成立起草小組編制，並直接在中共中央政治局常委領導下開展工作。從《「十二五」規劃》起草小組成員構成來看，全國人大、全國政協、國務院相關部門負責人，以及一些地方官員和學者都參與其中起草工作進行中開展了大量的調研。起草組、全國人大、全國政協等機構都開展了密集的調研。特別是領導人親身開展調研，2015 年以來中央政治局常委共開展了 26 次調研，足跡遍佈 19 個省份。《「十三五」規劃建議》的形成需要廣泛徵求各方意見。以《「十二五」規劃》徵求意見為例，總共進行了兩輪。第一輪是 8 月份初稿形成之後，向 120 多個單位、部分黨內老同志、黨的代表徵求意見，第二輪是在十七屆五中全會審議期間，向中共黨代表、黨外人士、政協委員徵求意見。

5.通過中共中央《十三五規劃建議》：

於 2015 年 7 月 20 日，中共中央政治局召開會議，決定 2015 年 10 月在北京召開中國共產黨第十八屆中央委員會第五次全體會議，研究關於制定《國民經濟和社會發展第十三個五年規劃的建議義》，十八屆五中全會將審議和通過《中共中央關於制定國民經濟和社會發展第十二個五年規劃的建議》，並正式對外公佈。據《「十二五」規劃建議》的編制情況來看，這是一個集體決策的過程，總共召開了 4 次中央政治局常委會會議、2 次中央政治局會議、1 次中央全會討論和審議《「十二五」規劃建議》的編制。據悉，《「十三五」規劃建議》的編制共有兩輪集體決策，第一輪是 2015 年 6-7 月間，，《「十三五」規劃建議》形成送審稿以後，進行審議指導，為隨後的一定範圍徵求意見做準備，第二輪是 2015 年 9-10 月間，圍繞著十八屆五中全會召開而進行的集體審議。

6.起草《中華人民共和國國民經濟和社會發展第十三個五年規劃綱要（草案）》：

在中國共產黨中央編制《「十三五」規劃建議》的同時，國家發展和改革委員會同步編制《「十三五」規劃綱要》框架。2015 年 5 月 5 日，國家發展和改革委員會主任徐紹史主持召開全委《「十三五」規劃綱要》編制工作領導小組和起草小組第一次全體會議，啟動和部署《「十三五」規劃綱要》編制工作。同時開展專題調研，例如國家發展和改革委員會副主任胡祖才率隊赴新疆、中國工程院開展專題調研在中共中央《「十三五」規劃建議》正式公佈之後，形成《「十三五」規劃綱要》草案編制的初稿。《「十三五」規劃綱要》草案編制要一直持續到 2016 年人大政協兩會之前，這也是一個集思廣益的過程。

7.公眾建言獻策：

依據此前已經建立的固定程式，可以預期最後四個步驟將如何展開比如，《「十二五」規劃》制期間，依託國家資訊中心設置了《「十二五」規劃》建言獻策辦公室，公眾可以通過網站留言、電子郵件、手機短信、來電、來函、來訪等多種形式、多種管道，提出對《「十二五」規劃》編制的建議。同時，國家發展和改革委員會還請全國總工會、共青團、婦聯、科協、貿促會、殘聯、工商聯、企業家協會，共同協助開展《「十二五」規劃》建言獻策活動，並召開專場討論會聽取各黨群機構代表的建議，100 名左右不同行業、不同系統的代表參加了座談會，規劃起草組成員聽取了他們的建議。

8.銜接論證：

規劃編制期間還需要和各部門、各地方進行規劃指標、規劃佈局涉及的專案，規劃實施手段的銜接，以便不同類型和不同層級的規劃相互配合、形成合力，避免相互抵消。在規劃草案的基礎上，組織規劃專家委員會對規劃進行諮詢並提出諮詢報告，該報告將隨《「十三五」規劃綱要》一同提交全國人大審議。論證我國五年規劃編制在《「十五」計畫》編制期間就有專家審議會制度，《「十一五」規劃》編制時期正式規定，規劃編制必須經過專家論證，並成立了專家委員會。專家委員會的構成特別強調不同專業背景，以及學術型專家和實務型專家的結合，《「十三五」規劃綱要》專家委員會延續了這一特徵，55 位專家涵蓋了經濟、科技、公共管理、法學、

環保等不同領域的學科背景，同時除了學者之外，還有具有豐富規劃編制經驗的實務型專家。因此《「十三五」規劃綱要》首次將 4 名企業家納入專家委員會。

9.廣泛徵求內外部意見：

於 2015 年底形成《「十三五」規劃綱要》徵求意見稿，開始廣泛徵求各方面的意見。根據《「十二五」規劃》編制的經驗將比較集中地開展兩輪徵求意見：第一輪是在 2015 年 12 月上旬小範圍徵求意見，主要徵求地方、部門以及專家的意見，以更好地編制《「十三五」規劃綱要》草案。第二輪是 2016 年 1 月中旬開始大範圍地徵求地方、部門、專家、人大、政協、黨外人士以及企業和基層群眾代表的意見，為 2016 年 3 月人大與政協兩會審議工作做準備。

10.審批與發佈《「十三五」規劃綱要》：

在 2016 年 3 月，發佈的《「十三五」規劃綱要》之集體議決的過程，先由國務院常務會議、政治局常委會會議聽取彙報，然後由全國人大財經委員會進行預審查，接著由國務院全體會議審議並提請全國人大審議，後經中共中央政治局常委會會議批准，最後在 2016 年 3 月由十二屆全國人大四次會議審議通過。於 2016 年人大政協兩會之後，新華社將受權正式發佈《中華人民共和國國民經濟和社會發展第十三個五年規劃綱要》。隨後，全國各部門、各地區將廣泛開展學習《「十三五」規劃綱要》的活動。

資料來源：

整理自-王紹光、鄢一龍《大智興邦——中國如何制定五年規劃》（北京：中國人民大學出版社，2015 年），2～5 頁。

貳、中國大陸國民經濟和社會發展第十三個五年規劃綱要概述

一、前言

2016 年 3 月中國大陸第十二屆全國人民代表大會第四次會議，正式通過《中華人民共和國國民經濟和社會發展第十三個五年（2016～2020 年）規劃綱要》，該綱要前言：「根據《中共中央關於制定國民經濟和社會發展第十三個五年規劃的建議》編制，主要闡明國家戰略意圖，明確經濟社會發展宏偉目標、主要任務和重大舉措，是市場主體的行為導向，是政府履行職責的重要依據，是全國各族人民的共同願景。」[332]

又《中華人民共和國國民經濟和社會發展第十三個五年（2016～2020 年）規劃綱要》闡明未來五年的發展目標，指出：「十三五時期是全面建成小康社會決勝階段，必須認真貫徹黨中央戰略決策和部署，準確把握國內外發展環境和條件的深刻變化，積極適應把握引領經濟發展新常態，全面推進創新發展、協調發展、綠色發展、開放發展、共享發展，確保全面建成小康社會。」[333]

這是 2012 年習近平接任中共總書記及中國大陸國家主席後的第一個五年規劃，與前任領導人胡錦濤時期的《十二五規劃綱要》共十六篇六十二章的規劃相比較，《十三五規劃綱要》以共二十篇八十章的規劃，展現更進一步的延續政策，並深化中國大陸整

體政治、經濟、社會、文化、教育、國防、外交、兩岸等全面性的改革與發展。

《十三五規劃綱要》,也是中國共產黨與中國大陸政府 2016 年到 2020 年間的施政藍圖,從中央到地方每個政府部門都必須依著十三五規劃綱要,制定執行綱要與細節,中共幹部與政府官員升遷、獎賞、處罰,也都跟政策的執行息息相關,這也是瞭解中國大陸未來整體發展的最明確的資料。

二、十三五規劃綱要重要內容簡述

(一)國內外情勢分析

中共中央與中國大陸政府全面分析,十三五時期(2016～2020 年)國際與國內經濟情勢,顯示國內外發展環境將更加錯綜複雜,在分析國際局勢明確指出:「從國際看,和平與發展的時代主題沒有變,世界多極化、經濟全球化、文化多樣化、社會資訊化深入發展。」[334]

主要有以下四個特點:1.國際金融危機衝擊和深層次影響在相當長時期依然存在,世界經濟在深度調整中曲折復蘇、增長乏力。2.主要經濟體走勢和宏觀政策取向分化,金融市場動盪不穩,大宗商品價格大幅波動,全球貿易持續低迷,貿易保護主義強化,新興經濟體困難和風險明顯加大。3.新一輪科技革命和產業變革蓄勢待發,國際能源格局發生重大調整,全球治理體系深刻變革,發展中國家群體力量繼續增強,國際力量對比逐步趨向平衡,國際投資貿易規則體系加快重構,多邊貿易體制受到區域性高標準自由貿易體制挑戰。4.局部地區地緣博弈更加激烈,傳統安全威脅和非傳統安全威脅交織,國際關係複雜程度前所未有,外部環境不穩定不確定因素明顯增多,我國發展面臨的風險挑戰加大。」[335]

中共中央與中國大陸政府在分析國內局勢明確指出:「從國內看,經濟長期向好的基本面沒有改變,發展前景依然廣闊,但提質增效、轉型升級的要求更加緊迫。1.經濟發展進入新常態,向形態更高級、分工更優化、結構更合理階段演化的趨勢更加明顯。消費升級加快,市場空間廣闊,物質基礎雄厚,產業體系完備,資金供給充裕,人力資本豐富,創新累積效應正在顯現,綜合優勢依然顯著。2.新型工業化、資訊化、城鎮化、農業現代化深入發展,新的增長動力正在孕育形成,新的增長點、增長極、增長帶不斷成長壯大。全面深化改革和全面推進依法治國正釋放新的動力、激發新的活力。3.必須清醒認識到,發展方式粗放,不平衡、不協調、不可持續問題仍然突出,經濟增速換擋、結構調整陣痛、動能轉換困難相互交織,面臨穩增長、調結構、防風險、惠民生等多重挑戰。有效需求乏力和有效供給不足並存,結構性矛盾更加凸顯,傳統比較優勢減弱,創新能力不強,經濟下行壓力加大,財政收支矛盾更加突出,金融風險隱患增大。4.農業基礎依然薄弱,部分行業產能過剩嚴重,商品房庫存過高,企業效益下滑,債務水準持續上升。城鄉區域發展不平衡,空間開發粗放低效,資源約束趨緊,生態環境惡化趨勢尚未得到根本扭轉。5.基本公共服務供給仍然不足,收入差距較大,人口老齡化加快,消除貧困任務艱巨。6.重大安全事故頻發,影響社會穩定因素增多,國民文明素質和社

會文明程度有待提高，法治建設有待加強，維護社會和諧穩定難度加大。」³³⁶

中共中央與中國大陸政府，綜合判斷指出：「我國發展仍處於可以大有作為的重要戰略機遇期，也面臨諸多矛盾疊加、風險隱患增多的嚴峻挑戰。1.必須準確把握戰略機遇期內涵和條件的深刻變化，增強憂患意識、責任意識，強化底線思維，尊重規律與國情，積極適應把握引領新常態。2.堅持中國特色社會主義政治經濟學的重要原則，堅持解放和發展社會生產力、堅持社會主義市場經濟改革方向、堅持調動各方面積極性。3.堅定信心，迎難而上，繼續集中力量辦好自己的事情，著力在優化結構、增強動力、化解矛盾、補齊短板上取得突破，切實轉變發展方式，提高發展品質和效益，努力跨越「中等收入陷阱」，不斷開拓發展新境界。」³³⁷

從上述《十三五規劃綱要》內容可知，中共中央及中國大陸政府，全面分析國際與國內經濟情勢後，對於經濟全球化、國際金融危機、貿易保護主義強化、新一輪科技革命和產業變革、局部地區地緣博弈等分析精確。其國內經濟面臨經濟發展進入新常態，在農業基礎依然薄弱、部分行業產能過剩嚴重、商品房庫存過高、企業效益下滑、債務水準持續上升、城鄉區域發展不平衡、空間開發粗放低效、源約束趨緊、生態環境惡化趨勢尚未得到根本扭轉等問題上，提出解決方案。

（二）十三五規劃重要經濟指標與發展策略

《十三五規劃綱要》訂定主要目標有經濟保持中高速增長、創新驅動發展、發展協調性、人民生活水準和品質普遍提高、國民素質和社會文明程度顯著提高、生態環境品質總體改善、各方面制度更加成熟更加定型。

執行項目十八大項：分為實施創新驅動發展戰略、構建發展新體制、推進農業現代化、優化現代產業體系、拓展網絡經濟空間、構築現代基礎設施網絡、推進新型城鎮化、推動區域協調發展、加快改善生態環境、構建全方位開放新格局、深化內地和港澳、大陸和臺灣地區合作發展、全力實施脫貧攻堅、提升全民教育和健康水平、提高民生保障水平、加強社會主義精神文明建設、加強和創新社會治理、加強社會主義民主法治建設、統籌經濟建設和國防建設等。

再從十三五規劃主要指標來分析，仍以國內生產總值（GDP）為發展為主架構，在以人為核心的新型城鎮化、科技創新專利發明、互聯網基礎設施的建設、養老保險、耕地、森林等指標，規劃各層面方展方向。並對於農村貧困人口 5,575 萬脫貧、城鎮棚戶區住房改造 2,000 萬套等，以約束性指標規定，政府必須於十三五規劃的最後一年，即 2020 年達成全面建成小康社會的目標。

此外，從《十三五規劃綱要》指出其發展主線，為貫徹落實新發展理念、適應把握引領經濟發展新常態：1.必須在適度擴大總需求的同時，着力推進供給側結構性改革，使供給能力滿足廣大人民日益增長、不斷升級和個性化的物質文化和生態環境需要。2.必須用改革的辦法推進結構調整，加大重點領域關鍵環節市場化改革力度，調整各類扭曲的政策和制度安排，完善公平競爭、優勝劣汰的市場環境和機制，最大限度激發微觀

活力，優化要素配置，推動產業結構升級，擴大有效和中高端供給，增強供給結構適應性和靈活性，提高全要素生產率。3.必須以提高供給體系的質量和效率為目標，實施宏觀政策要穩、產業政策要准、微觀政策要活、改革政策要實、社會政策要托底的政策支柱，去產能、去庫存、去槓桿、降成本、補短板，加快培育新的發展動能，改造提升傳統比較優勢，夯實實體經濟根基，推動社會生產力水平整體改善。[338]主要仍強調，推進供給側結構性改革，運用政府與市場的力量，深化經濟結構改革，有效提升中國大陸整體經濟發展質量，期望中國大陸能從世界經濟大國邁向世界經濟強國。

為達到前述經濟改革，可知《十三五規劃綱要》中對於 1.實施創新驅動發展戰略（強化科技創新引領作用、實施人才優先發展戰略）。2.優化現代產業體系（實施製造強國戰略中國製造 2025、支持戰略性新興產業發展）。3.拓展網絡經濟空間（構建泛在高效的信息網絡、發展現代互聯網產業體系、實施國家大數據戰略）。4.構築現代基礎設施網絡（完善現代綜合交通運輸體系、建設現代能源體系）。5.推進新型城鎮化（加快農業轉移人口市民化、優化城鎮化布局和形態）。6.構建全方位開放新格局（完善對外開放戰略布局深入推進國際產能和裝備製造合作、健全對外開放新體制完善境外投資管理體制、推進「一帶一路」建設、積極參與全球經濟治理推動完善國際經濟治理體系）。7.全力實施脫貧攻堅（推進精準扶貧精準脫貧、支持貧困地區加快發展、完善脫貧攻堅支撐體系）。等七大項目特別重視，中共中央及中國大陸政府對於如人才規劃、中國製造 2025、互聯網+、新型城鎮化、一帶一路、十三五脫貧攻堅規劃等持續出臺相關政策與規劃，要求政府機關、國企、民企、民間團體等依其各自分管事項或是專業領域，全力配合達成政府各項政策。

表5-4 十三五規劃主要指標彙整表

指標	2015 年	2020 年（規劃）	屬性
1. 國內生產總值（GDP）	67.7 兆元人民幣	>92.7 兆元人民幣	預期性
2. 常住人口城鎮化率	56.1%	60%	預期性
3. 戶籍人口城鎮化率	39.9%	45%	預期性
4. 每萬人口發明專利擁有量	6.3 件	12 件	預期性
5. 互聯網固定寬頻家庭普及率	40%	70%	預期性
6. 互聯網移動寬頻用戶普及率	57%	85%	預期性
7. 基本養老保險參保率	82%	90%	預期性
8. 耕地保有量	18.65 億畝	18.65 億畝	約束性
9. 森林覆蓋率	21.66%	23.04%	約束性
10. 森林蓄積量	151 億立方米	165 億立方米	約束性

資料來源：

整理自-《中華人民共和國國民經濟和社會發展第十三個五年規劃綱要》（北京：人民出版社，2016 年），頁 1～5。

三、小結

　　從《十三五規劃綱要》所發布關於中國大陸國內及國外經濟發展環境的分析，可以得知中共中央及中國大陸政府，對於整體國內外經濟環境的優缺點與實際情況，是有明確的認知，且提出各項改革方向。並在《十三五規劃綱要》指導思想與遵循原則上，堅持發展是第一要務，提出全面建成小康社會、全面深化改革、全面依法治國、全面從嚴治黨的四個全面戰略佈局，強調落實創新、協調、綠色、開放、共享的新時代發展理念，並將國家治理體系和治理能力現代化，及形成開放型經濟新體制，定為中國大陸發展的長遠目標。

　　又《十三五規劃綱要》是中國大陸政府 2016 年至 2020 年的執行綱領，在此規劃剛要之外，對於重點領域如人才規劃、中國製造 2025、互聯網+、新型城鎮化、一帶一路、十三五脫貧攻堅規劃等，都有更多專項政策、規劃及計畫，要求相關政府部門貫徹執行，並設有專項指標與明確時間必須達成。而很多細部執行計劃雖未公佈，但從中國大陸相關新聞資料發布，還是能獲知部分訊息，例如：2020 年北斗衛星導航系統 30 顆衛星發射組網需於完成，又 2020 年必須將所有中國大陸的貧困人口脫貧等。

　　綜上，中共中央與中國大陸政府運用規劃、訂立目標、執行、考核，再修訂規劃、再訂立目標、再執行、再考核，不斷循環形成一種類似企業的發展模式。從中國大陸的歷次五年計劃或規劃，中國大陸運用黨政一體化加上企業目標規劃管理，創造出異於歐美國家所推行議會政治的治理模式，形成特殊的「中國特色國家治理模式」。

表5-5　十三五（2016～2020年）規劃綱要摘要彙整表

一、國內外發展環境

　　十三五時期，國內外發展環境更加錯綜複雜：

1、從國際看，和平與發展的時代主題沒有變，世界多極化、經濟全球化、文化多樣化、社會資訊化深入發展。

（1）國際金融危機衝擊和深層次影響在相當長時期依然存在，世界經濟在深度調整中曲折復蘇、增長乏力。

（2）主要經濟體走勢和宏觀政策取向分化，金融市場動盪不穩，大宗商品價格大幅波動，全球貿易持續低迷，貿易保護主義強化，新興經濟體困難和風險明顯加大。

（3）新一輪科技革命和產業變革蓄勢待發，國際能源格局發生重大調整。全球治理體系深刻變革，發展中國家群體力量繼續增強，國際力量對比逐步趨向平衡，國際投資貿易規則體系加快重構，多邊貿易體制受到區域性高標準自由貿易體制挑戰。

（4）局部地區地緣博弈更加激烈，傳統安全威脅和非傳統安全威脅交織，國際關係複雜程度前所未有，外部環境不穩定不確定因素明顯增多，我國發展面臨的風險挑戰加大。

2、從國內看，經濟長期向好的基本面沒有改變，發展前景依然廣闊，但提質增效、轉型升級的要求更加緊迫。

　　（1）經濟發展進入新常態，向形態更高級、分工更優化、結構更合理階段演化的趨勢更加明顯。消費升級加快，市場空間廣闊，物質基礎雄厚，產業體系完備，資金供給充裕，人力資本豐富，創新累積效應正在顯現，綜合優勢依然顯著。

　　（2）新型工業化、資訊化、城鎮化、農業現代化深入發展，新的增長動力正在孕育形成，新的增長點、增長極、增長帶不斷成長壯大。全面深化改革和全面推進依法治國正釋放新的動力、激發新的活力。

　　（3）必須清醒認識到，發展方式粗放，不平衡、不協調、不可持續問題仍然突出，經濟增速換擋、結構調整陣痛、動能轉換困難相互交織，面臨穩增長、調結構、防風險、惠民生等多重挑戰。有效需求乏力和有效供給不足並存，結構性矛盾更加凸顯，傳統比較優勢減弱，創新能力不強，經濟下行壓力加大，財政收支矛盾更加突出，金融風險隱患增大。

　　（4）農業基礎依然薄弱，部分行業產能過剩嚴重，商品房庫存過高，企業效益下滑，債務水準持續上升。城鄉區域發展不平衡，空間開發粗放低效，資源約束趨緊，生態環境惡化趨勢尚未得到根本扭轉。

　　（5）基本公共服務供給仍然不足，收入差距較大，人口老齡化加快，消除貧困任務艱巨。

　　（6）重大安全事故頻發，影響社會穩定因素增多，國民文明素質和社會文明程度有待提高，法治建設有待加強，維護社會和諧穩定難度加大。

3、綜合判斷，我國發展仍處於可以大有作為的重要戰略機遇期，也面臨諸多矛盾疊加、風險隱患增多的嚴峻挑戰。

　　（1）必須準確把握戰略機遇期內涵和條件的深刻變化，增強憂患意識、責任意識，強化底線思維，尊重規律與國情，積極適應把握引領新常態。

　　（2）堅持中國特色社會主義政治經濟學的重要原則，堅持解放和發展社會生產力、堅持社會主義市場經濟改革方向、堅持調動各方面積極性。

　　（3）堅定信心，迎難而上，繼續集中力量辦好自己的事情，著力在優化結構、增強動力、化解矛盾、補齊短板上取得突破，切實轉變發展方式，提高發展品質和效益，努力跨越「中等收入陷阱」，不斷開拓發展新境界。

二、指導思想與遵循原則

1、高舉中國特色社會主義偉大旗幟，全面貫徹黨的十八大和十八屆三中、四中、五中全會精神，以馬克思列寧主義、毛澤東思想、鄧小平理論、「三個代表」重要思想、科學發展觀為指導，深入貫徹習近平總書記系列重要講話精神。

2、四個全面：全面建成小康社會、全面深化改革、全面依法治國、全面從嚴治黨的戰略佈局。

3、堅持發展是第一要務，落實創新、協調、綠色、開放、共享的發展理念，以提高發展品質和效益為中心。

4、 以供給側結構性改革為主線,擴大有效供給,滿足有效需求,加快形成引領經濟發展新常態的體制機制和發展方式。

5、 保持戰略定力,堅持穩中求進,統籌推進經濟建設、政治建設、文化建設、社會建設、生態文明建設和黨的建設,確保如期全面建成小康社會,為實現第二個百年奮鬥目標、實現中華民族偉大復興的中國夢奠定更加堅實的基礎。

6、 遵循原則:

(1) 堅持人民主體地位,人民是推動發展的根本力量,實現好、維護好、發展好最廣大人民根本利益是發展的根本目的。必須堅持以人民為中心的發展思想,把增進人民福祉、促進人的全面發展作為發展的出發點和落腳點,發展人民民主,維護社會公平正義,保障人民平等參與、平等發展權利,充分調動人民積極性、主動性、創造性。

(2) 堅持科學發展,發展是硬道理,發展必須是科學發展。我國仍處於並將長期處於社會主義初級階段,基本國情和社會主要矛盾沒有變,這是謀劃發展的基本依據。必須堅持以經濟建設為中心,從實際出發,把握發展新特徵,加大結構性改革力度,加快轉變經濟發展方式,實現更高品質、更有效率、更加公平、更可持續的發展。

(3) 堅持深化改革,改革是發展的強大動力。必須按照完善和發展中國特色社會主義制度、推進國家治理體系和治理能力現代化的總目標,健全使市場在資源配置中起決定性作用和更好發揮政府作用的制度體系,以經濟體制改革為重點,加快完善各方面體制機制,破除一切不利於科學發展的體制機制障礙,為發展提供持續動力。

(4) 堅持依法治國,法治是發展的可靠保障。必須堅定不移走中國特色社會主義法治道路,加快建設中國特色社會主義法治體系,建設社會主義法治國家,推進科學立法、嚴格執法、公正司法、全民守法,加快建設法治經濟和法治社會,把經濟社會發展納入法治軌道。

(5) 堅持統籌國內國際兩個大局,全方位對外開放是發展的必然要求。必須堅持打開國門搞建設,既立足國內,充分運用我國資源、市場、制度等優勢,又重視國內國際經濟聯動效應,積極應對外部環境變化,更好利用兩個市場、兩種資源,推動互利共贏、共同發展。

(6) 堅持黨的領導,黨的領導是中國特色社會主義制度的最大優勢,是實現經濟社會持續健康發展的根本政治保證。必須貫徹全面從嚴治黨要求,不斷增強黨的創造力、凝聚力、戰鬥力,不斷提高黨的執政能力和執政水準,確保我國發展航船沿著正確航道破浪前進。

三、 主要目標

1、 經濟保持中高速增長:

（1）在提高發展平衡性、包容性、可持續性基礎上,到 2020 年國內生產總值和城鄉居民人均收入比 2010 年翻一番,主要經濟指標平衡協調,發展品質和效益明顯提高。

（2）產業邁向中高端水準，農業現代化進展明顯，工業化和資訊化融合發展水準進一步提高，先進製造業和戰略性新興產業加快發展，新產業新業態不斷成長，服務業比重進一步提高。

2、創新驅動發展：

（1）創新驅動發展戰略深入實施，創業創新蓬勃發展，全要素生產率明顯提高。

（2）科技與經濟深度融合，創新要素配置更加高效，重點領域和關鍵環節核心技術取得重大突破，自主創新能力全面增強，邁進創新型國家和人才強國行列。

3、發展協調性：

（1）消費對經濟增長貢獻繼續加大，投資效率和企業效率明顯上升。

（2）城鎮化品質明顯改善，戶籍人口城鎮化率加快提高。

（3）區域協調發展新格局基本形成，發展空間佈局得到優化。

（4）對外開放深度廣度不斷提高，全球配置資源能力進一步增強，進出口結構不斷優化，國際收支基本平衡。

4、人民生活水準和品質普遍提高：

（1）就業、教育、文化體育、社保、醫療、住房等公共服務體系更加健全，基本公共服務均等化水準穩步提高。

（2）教育現代化取得重要進展，勞動年齡人口受教育年限明顯增加。

（3）就業比較充分，收入差距縮小，中等收入人口比重上升。

（4）我國現行標準下農村貧困人口實現脫貧，貧困縣全部摘帽，解決區域性整體貧困。

5、國民素質和社會文明程度顯著提高：

（1）中國夢和社會主義核心價值觀更加深入人心，愛國主義、集體主義、社會主義思想廣泛弘揚，向上向善、誠信互助的社會風尚更加濃厚，國民思想道德素質、科學文化素質、健康素質明顯提高，全社會法治意識不斷增強。

（2）公共文化服務體系基本建成，文化產業成為國民經濟支柱性產業，中華文化影響持續擴大。

6、生態環境品質總體改善：

（1）生產方式和生活方式綠色、低碳水準上升。

（2）能源資源開發利用效率大幅提高，能源和水資源消耗、建設用地、碳排放總量得到有效控制，主要污染物排放總量大幅減少。

（3）主體功能區佈局和生態安全屏障基本形成。

7、各方面制度更加成熟更加定型：

（1）國家治理體系和治理能力現代化取得重大進展，各領域基礎性制度體系基本形成。

（2）人民民主更加健全，法治政府基本建成，司法公信力明顯提高。

（3）人權得到切實保障，產權得到有效保護。

（4）開放型經濟新體制基本形成。

（5）中國特色現代軍事體系更加完善。

（6）黨的建設制度化水準顯著提高。

四、執行項目

1.實施創新驅動發展戰略

（1）強化科技創新引領作用：推動戰略前沿領域創新突破、優化創新組織體系、提升創新基礎能力、打造區域創新高地。

（2）深入推進大眾創業萬眾創新：建設創業創新公共服務平臺、全面推進眾創眾包眾扶眾籌。

（3）構建激勵創新的體制機制：深化科技管理體制改革、完善科技成果轉化和收益分配機制、構建普惠性創新支持政策體系。

（4）實施人才優先發展戰略：建設規模宏大的人才隊伍、促進人才優化配置、營造良好的人才發展環境。

（5）拓展發展動力新空間：促進消費升級、擴大有效投資、培育出口新優勢。

2. 構建發展新體制

（1）堅持和完善基本經濟制度：大力推進國有企業改革、完善各類國有資產管理體制、積極穩妥發展混合所有制經濟、支持非公有制經濟發展。

（2）建立現代產權制度。

（3）健全現代市場體系：健全要素市場體系、推進價格形成機制改革、維護公平競爭。

（4）深化行政管理體制改革：深入推進簡政放權、提高政府監管效能、優化政府服務。

（5）加快財稅體制改革：確立合理有序的財力格局、建立全面規範公開透明的預算制度、改革和完善稅費制度、完善財政可持續發展機制。

（6）加快金融體制改革：豐富金融機構體系、健全金融市場體系、改革金融監管框架。

（7）創新和完善宏觀調控：強化規劃戰略導向作用、改進調控方式和豐富政策工具、完善政策制定和決策機制、深化投融資體制改革。

3.推進農業現代化

（1）增強農產品安全保障能力：提高糧食生產能力保障水平、加快推進農業結構調整、推進農村一二三產業融合發展、確保農產品質量安全、促進農業可持續發展、開展農業國際合作。

（2）構建現代農業經營體系：發展適度規模經營、培育新型農業經營主體、健全農業社會化服務體系。

（3）提高農業技術裝備和信息化水平：提升農業技術裝備水平、推進農業信息化建設。

（4）完善農業支持保護制度：持續增加農業投入、完善農產品價格和收儲制度、創新農村金融服務。

4.優化現代產業體系

（1）實施製造強國戰略：全面提升工業基礎能力、加快發展新型製造業、推動傳統產業改造升級、加強質量品牌建設、積極穩妥化解產能過剩、降低實體經濟企業成本。

（2）支持戰略性新興產業發展：提升新興產業支撐作用、培育發展戰略性產業、構建新興產業發展新格局、完善新興產業發展環境。

（3）加快推動服務業優質高效發展：促進生產性服務業專業化、提高生活性服務業品質、完善服務業發展體制和政策。

5.拓展網絡經濟空間

（1）構建泛在高效的信息網絡：完善新一代高速光纖網絡、構建先進泛在的無線寬帶網、加快信息網絡新技術開發應用、推進寬帶網絡提速降費。

（2）發展現代互聯網產業體系：夯實互聯網應用基礎、加快多領域互聯網融合發展。

（3）實施國家大數據戰略：加快政府數據開放共享、促進大數據產業健康發展。

（4）強化信息安全保障：加強數據資源安全保護、科學實施網絡空間治理、全面保障重要信息系統安全。

6.構築現代基礎設施網絡

（1）完善現代綜合交通運輸體系：構建內通外聯的運輸通道網絡、建設現代高效的城際城市交通、打造一體銜接的綜合交通樞紐、推動運輸服務低碳智能安全發展。

（2）建設現代能源體系：推動能源結構優化升級、構建現代能源儲運網絡、積極構建智慧能源系統。

（3）強化水安全保障：優化水資源配置格局、完善綜合防洪減災體系。

7.推進新型城鎮化

（1）加快農業轉移人口市民化：深化戶籍制度改革、實施居住證制度、健全促進農業轉移人口市民化的機制。

（2）優化城鎮化布局和形態：加快城市群建設發展、增強中心城市輻射帶動功能、加快發展中小城市和特色鎮。

（3）建設和諧宜居城市：加快新型城市建設、加強城市基礎設施建設、加快城鎮棚戶區和危房改造、提升城市治理水平。

（4）健全住房供應體系：完善購租並舉的住房制度、促進房地產市場健康發展、提高住房保障水平。

（5）推動城鄉協調發展：發展特色縣域經濟、加快建設美麗宜居鄉村、促進城鄉公共資源均衡配置。

8.推動區域協調發展

（1）深入實施區域發展總體戰略：深入推進西部大開發、大力推動東北地區等老工業基地振興、促進中部地區崛起、支持東部地區率先發展、健全區域協調發展機制。

（2）推動京津冀協同發展：有序疏解北京非首都功能、優化空間格局和功能定
　　位、構建一體化現代交通網絡、擴大環境容量和生態空間、推動公共服務共建共
　　享。

（3）推進長江經濟帶發展：建設沿江綠色生態廊道、構建高質量綜合立體交通走
　　廊、優化沿江城鎮和產業布局。

（4）扶持特殊類型地區發展：支持革命老區開發建設、推動民族地區健康發展、
　　推進邊疆地區開發開放、促進困難地區轉型發展。

（5）拓展藍色經濟空間：壯大海洋經濟、加強海洋資源環境保護、維護海洋權
　　益。

9.加快改善生態環境

（1）加快建設主體功能區：推動主體功能區布局基本形成、健全主體功能區配套
　　政策體系、建立空間治理體系。

（2）推進資源節約集約利用：全面推動能源節約、全面推進節水型社會建設、強
　　化土地節約集約利用、加強礦產資源節約和管理、大力發展循環經濟、倡導勤儉
　　節約的生活方式、建立健全資源高效利用機制。

（3）加大環境綜合治理力度：深入實施污染防治行動計劃、大力推進污染物達標
　　排放和總量減排、嚴密防控環境風險、加強環境基礎設施建設、改革環境治理基
　　礎制度。

（4）加強生態保護修復：全面提升生態系統功能、推進重點區域生態修復、擴大
　　生態產品供給、維護生物多樣性。

（5）積極應對全球氣候變化：有效控制溫室氣體排放、主動適應氣候變化、廣泛
　　開展國際合作。

（6）健全生態安全保障機制：完善生態環境保護制度、加強生態環境風險監測預
　　警和應急響應。

（7）發展綠色環保產業：擴大環保產品和服務供給、發展環保技術裝備。

10.構建全方位開放新格局

（1）完善對外開放戰略布局：完善對外開放區域布局、深入推進國際產能和裝備
　　製造合作、加快對外貿易優化升級、提升利用外資和對外投資水平。

（2）健全對外開放新體制：營造優良營商環境、完善境外投資管理體制、擴大金
　　融業雙向開放、強化對外開放服務保障。

（3）推進「一帶一路」建設：健全「一帶一路」合作機制、暢通「一帶一路」經
　　濟走廊、共創開放包容的人文交流新局面。

（4）積極參與全球經濟治理：維護多邊貿易體制主渠道地位、強化區域和雙邊自
　　由貿易體制建設、推動完善國際經濟治理體系。

（5）積極承擔國際責任和義務。

11.深化內地和港澳、大陸和臺灣地區合作發展

（1）支持香港澳門長期繁榮穩定發展：支持港澳提升經濟競爭力、深化內地與港
　　澳合作。

（2）推進兩岸關係和平發展和祖國統一進程：促進兩岸經濟融合發展、加強兩岸人文社會交流。

12.全力實施脫貧攻堅

（1）推進精準扶貧精準脫貧：創新扶貧開發方式、健全精準扶貧工作機制。

（2）支持貧困地區加快發展：加強貧困地區基礎設施建設、提高貧困地區公共服務水平。

（3）完善脫貧攻堅支撐體系：強化政策保障、健全廣泛參與機制、落實脫貧工作責任制。

13.提升全民教育和健康水平

（1）推進教育現代化：加快基本公共教育均衡發展、推進職業教育產教融合、提升大學創新人才培養能力、加快學習型社會建設、增強教育改革發展活力。

（2）推進健康中國建設：全面深化醫藥衛生體制改革、健全全民醫療保障體系、加強重大疾病防治和基本公共衛生服務、加強婦幼衛生保健及生育服務、完善醫療服務體系、促進中醫藥傳承與發展、廣泛開展全民健身運動、保障食品藥品安全。

14.提高民生保障水平

（1）增加公共服務供給：促進基本公共服務均等化、滿足多樣化公共服務需求、創新公共服務提供方式。

（2）實施就業優先戰略：推動實現更高質量的就業、提高公共就業創業服務能力。

（3）縮小收入差距：完善初次分配製度、健全再分配調節機制、規範收入分配秩序。

（4）改革完善社會保障制度：完善社會保險體系、健全社會救助體系、支持社會福利和慈善事業發展。

（5）積極應對人口老齡化：促進人口均衡發展、健全養老服務體系。

（6）保障婦女未成年人和殘疾人基本權益：促進婦女全面發展、 關愛未成年人健康成長、提升殘疾人服務保障水平。

15.加強社會主義精神文明建設

（1）提升國民文明素質：培育和踐行社會主義核心價值觀、推進哲學社會科學創新、傳承發展優秀傳統文化、深化群眾性精神文明創建活動。

（2）豐富文化產品和服務：繁榮發展社會主義文藝、構建現代公共文化服務體系、加快發展現代文化產業、建設現代傳媒體系、加強網絡文化建設、深化文化體制改革。

（3）提高文化開放水平：拓展文化交流與合作空間、加強國際傳播能力建設。

16.加強和創新社會治理

（1）完善社會治理體系：提升政府治理能力和水平、增強社區服務功能、發揮社會組織作用、增強社會自我調節功能、完善公眾參與機制、健全權益保障和矛盾化解機制。

（2）完善社會信用體系：健全信用信息管理制度、強化信用信息共建共享、健全守信激勵和失信懲戒機制、培育規範信用服務市場。

（3）健全公共安全體系：全面提高安全生產水平、提升防災減災救災能力、創新社會治安防控體系、強化突發事件應急體系建設。

（4）建立國家安全體系：健全國家安全保障體制機制、保障國家政權主權安全、防範化解經濟安全風險、加強國家安全法治建設。

17.加強社會主義民主法治建設

（1）發展社會主義民主政治。

（2）全面推進法治中國建設：完善以憲法為核心的中國特色社會主義法律體系、加快建設法治政府、促進司法公正、全面推進法治社會建設。

（3）加強黨風廉政建設和反腐敗鬥爭。

18.統籌經濟建設和國防建設

（1）全面推進國防和軍隊建設。

（2）推進軍民深度融合發展。

五、強化規劃實施保障

1、發揮黨的領導核心作用。

2、形成規劃實施合力：加強規劃協調管理、完善規劃實施機制、強化財力保障、充分調動全社會積極性。

資料來源：

整理自-《中華人民共和國國民經濟和社會發展第十三個五年規劃綱要》（北京：人民出版社，2016年），頁2～11。

叁、中國大陸國民經濟和社會發展第十四個五年規劃和 2035 年遠景目標綱要概述

一、前言

2021年3月中國大陸第十三屆全國人民代表大會第四次會議，正式通過《中華人民共和國國民經濟和社會發展第十四個五年規劃和 2035 年遠景目標綱要》，該綱要前言：「根據《中共中央關於制定國民經濟和社會發展第十四個五年規劃和 2035 年遠景目標的建議》編制，主要闡明國家戰略意圖，明確政府工作重點，引導規範市場主體行為，是我國開啟全面建設社會主義現代化國家新征程的宏偉藍圖，是全國各族人民共同的行動綱領。」[339]

又《中華人民共和國國民經濟和社會發展第十四個五年規劃和 2035 年遠景目標綱要》闡明未來五年的發展目標指出：「「十四五」時期推動高品質發展，必須立足新發展階段、貫徹新發展理念、構建新發展格局。把握新發展階段是貫徹新發展理念、構建新發展格局的現實依據，貫徹新發展理念為把握新發展階段、構建新發展格局提供了行動指南，構建新發展格局則是應對新發展階段機遇和挑戰、貫徹新發展理念的戰略選擇。

必須堅持深化供給側結構性改革，以創新驅動、高品質供給引領和創造新需求，提升供給體系的韌性和對國內需求的適配性。必須建立擴大內需的有效制度，加快培育完整內需體系，加強需求側管理，建設強大國內市場。必須堅定不移推進改革，破除制約經濟迴圈的制度障礙，推動生產要素迴圈流轉和生產、分配、流通、消費各環節有機銜接。必須堅定不移擴大開放，持續深化要素流動型開放，穩步拓展制度型開放，依託國內經濟循環體系形成對全球要素資源的強大引力場。必須強化國內大循環的主導作用，以國際迴圈提升國內大循環效率和水準，實現國內國際雙迴圈互促共進。」[340]

　　對於未來十五年的規畫願景指出：「展望 2035 年，我國將基本實現社會主義現代化。經濟實力、科技實力、綜合國力將大幅躍升，經濟總量和城鄉居民人均收入將再邁上新的大臺階，關鍵核心技術實現重大突破，進入創新型國家前列。基本實現新型工業化、資訊化、城鎮化、農業現代化，建成現代化經濟體系。基本實現國家治理體系和治理能力現代化，人民平等參與、平等發展權利得到充分保障，基本建成法治國家、法治政府、法治社會。建成文化強國、教育強國、人才強國、體育強國、健康中國，國民素質和社會文明程度達到新高度，國家文化軟實力顯著增強。廣泛形成綠色生產生活方式，碳排放達峰後穩中有降，生態環境根本好轉，美麗中國建設目標基本實現。形成對外開放新格局，參與國際經濟合作和競爭新優勢明顯增強。人均國內生產總值達到中等發達國家水準，中等收入群體顯著擴大，基本公共服務實現均等化，城鄉區域發展差距和居民生活水準差距顯著縮小。平安中國建設達到更高水準，基本實現國防和軍隊現代化。人民生活更加美好，人的全面發展、全體人民共同富裕取得更為明顯的實質性進展。」[341]

　　這是 2012 年習近平接任中共總書記及中國大陸國家主席後的第二個五年規劃，《十三五規劃綱要》用共二十篇八十章的規劃，在延續歷次五年規劃（計劃）基本實現了中國共產黨第一個百年目標，全面奔小康的社會發展進程。而《十四五年規劃和 2035 年遠景目標》則用共十九篇六十五章的規劃，開啟全面建設社會主義現代化國家新征程，預定於 2035 年使中國大陸基本實現社會主義現代化，並持續向第二個百年奮鬥目標前進，建成富強民主文明的社會主義國家。

二、十四五年規劃和 2035 年遠景目標綱要重要內容簡述

（一）國內外情勢分析

　　中共中央與中國大陸政府全面分析，2021 年之後的國際局勢明確指出：「當今世界正經歷百年未有之大變局，新一輪科技革命和產業變革深入發展，國際力量對比深刻調整，和平與發展仍然是時代主題，人類命運共同體理念深入人心。」[342]

　　主要有以下四個特點：1.國際環境日趨複雜，不穩定性不確定性明顯增加，新冠肺炎疫情影響廣泛深遠，世界經濟陷入低迷期。2.經濟全球化遭遇逆流，全球能源供需版圖深刻變革。3.國際經濟政治格局複雜多變，世界進入動盪變革期。4.單邊主義、保護主義、霸權主義對世界和平與發展構成威脅。」[343]

　　中共中央與中國大陸政府在分析國內局勢明確指出：「我國已轉向高品質發展階段，

制度優勢顯著，治理效能提升，經濟長期向好，物質基礎雄厚，人力資源豐富，市場空間廣闊，發展韌性強勁，社會大局穩定，繼續發展具有多方面優勢和條件。同時，我國發展不平衡不充分問題仍然突出，重點領域關鍵環節改革任務仍然艱巨，創新能力不適應高品質發展要求，農業基礎還不穩固，城鄉區域發展和收入分配差距較大，生態環保任重道遠，民生保障存在短板，社會治理還有弱項。」[344]

中共中央與中國大陸政府，綜合判斷國內外之局勢指出：「必須統籌中華民族偉大復興戰略全域和世界百年未有之大變局，深刻認識我國社會主要矛盾變化帶來的新特徵新要求，深刻認識錯綜複雜的國際環境帶來的新矛盾新挑戰，增強機遇意識和風險意識，立足社會主義初級階段基本國情，保持戰略定力，辦好自己的事，認識和把握發展規律，發揚鬥爭精神，增強鬥爭本領，樹立底線思維，準確識變、科學應變、主動求變，善於在危機中育先機、於變局中開新局，抓住機遇，應對挑戰，趨利避害，奮勇前進。」[345]

從上述《十四五年規劃和 2035 年遠景目標綱要》內容可知，中國大陸政府深刻認識到國內社會在經濟發展上各地區貧富的差距產生不小的內部矛盾，以及美國川普政府上臺後逐步開啟單邊主義、保護主義、霸權主義的威脅，且 2020 年美國拜登政府接任後亦持續川普政府的政策，使得國際經濟政治格局更加複雜多變，故中國大陸政府認為世界進入動盪變革期，必須增強機遇意識和風險意識，以保持戰略定力的方式，運用準確識變、科學應變、主動求變的方式，來應對未來一段期間與美國的全球經濟戰略博弈。

（二）十四五規劃重要經濟指標與發展策略

《十四五規劃》訂定主要目標為改革開放邁出新步伐、社會文明程度得到新提高、生態文明建設實現新進步、國家治理效能得到新提升，將《十四五規劃》期間的發展成效加以鞏固及提升。

執行項目分為十七大項：堅持創新驅動發展全面塑造發展新優勢、加快發展現代產業體系鞏固壯大實體經濟根基、形成強大國內市場構建新發展格局、加快數位化發展建設數字中國、全面深化改革構建高水準社會主義市場經濟體制、堅持農業農村優先發展全面推進鄉村振興、完善新型城鎮化戰略提升城鎮化發展品質、優化區域經濟佈局促進區域協調發展、發展社會主義先進文化提升國家文化軟實力、推動綠色發展促進人與自然和諧共生、實行高水準對外開放開拓合作共贏新局面、提升國民素質促進人的全面發展、增進民生福祉提升共建共治共享水準、統籌發展和安全建設更高水準的平安中國、加快國防和軍隊現代化實現富國和強軍相統一、加強社會主義民主法治建設健全黨和國家監督制度、堅持「一國兩制」推進祖國統一等。

再從十四五規劃主要指標來分析，由於十三五規劃時期中國大陸已完成貧困人口脫貧的目標全面建成小康社會，故十四五規劃則是以持續深化改革與發展為目標，不再設定國內生產總值（GDP）增長目標，而是以整體社會發展質量的提升為目標，例如提升高價值發明專利擁有量、勞動年齡人口平均受教育年限、每千人口擁有執業（助理）醫師人數、基本養老保險參保率、森林覆蓋率、糧食綜合生產能力、能源綜合生產能力等，

使中國大陸社會能全面走向高質量的發展，邁向社會主義現代化國家之路。

表5-6 十四五規劃主要指標彙整表

指標	2020 年	2025 年（規劃）	屬性
1.國內生產總值（GDP）增長	2.3	-	預期性
2.常住人口城鎮化率	60.6＊	65	預期性
3.每萬人口高價值發明專利擁有量	6.3 件	12 件	預期性
4.勞動年齡人口平均受教育年限	10.8 年	11.3 年	預期性
5.每千人口擁有執業（助理）醫師數（人）	2.9	3.2	
6.基本養老保險參保率	91%	95%	預期性
7.森林覆蓋率	23.2%	24.1%	約束性
8.糧食綜合生產能力	-	＞6.5 億噸	約束性
9.能源綜合生產能力	-	＞46 億噸標準煤	約束性

資料來源：

整理自-《中華人民共和國國民經濟和社會發展第十四個五年規劃和 2035 年遠景目標綱要》。

三、小結

從《十四五規劃和 2035 年遠景目標綱要》所發布關於中國大陸國內及國外經濟分析，可以得知中國大陸已經完成小康社會的初步目標，且未來將以創新、協調、綠色、開放、共享的新發展理念，推動中國大陸整體社會走向高品質發展為目標。然而，國際局勢卻走向單邊主義、保護主義、霸權主義，並對世界和平與發展構成威脅。為此，中共中央及中國大陸政府，提出各項應對的改革政策，要求各級政府努力達成各項規畫目標，確保中國大陸的經濟穩定與持續的深化供給側改革。

中國大陸政府訂定 2035 年的遠景目標，要基本實現社會主義現代化，故必須在經濟實力、科技實力、綜合國力有大幅的躍升，並在經濟總量和城鄉居民人均收入，再邁上新的大臺階，於科技上關鍵核心技術實現重大突破，進入創新型國家前列，才能使中國大陸基本實現新型工業化、信息化、城鎮化、農業現代化，達到建成現代化經濟體系的戰略目標。

綜上可知中共中央與中國大陸政府在建政七十餘年來，經過蘇聯式的共產主義社會經濟發展模式的試煉，又在 1978 年改革開放後引進美國的資本主義經濟發展模式作為發展動力，最終在摸著石頭過河的經驗累積下，以中國特色的社會主義發展模式，於 2020 年努力達成小康社會的初步目標。未來中共中央與中國大陸政府，將持續遵循著中國特色的社會主義發展模式，逐步提升中國大陸國民素質和社會文明程度，以建成文化強國、

教育強國、人才強國、體育強國、健康中國為戰略新目標，使得人民生活更加美好，並確保全體人民共同富裕能，取得更為明顯的實質性進展，實現中國特色社會主義國家的理想目標。

表5-7　十四五（2021～2025年）規劃和2035年遠景目標綱要摘要彙整表

一、國內外發展環境
1、中國大陸進入新發展階段，發展基礎更加堅實，發展條件深刻變化，進一步發展面臨新的機遇和挑戰。 （1）經濟運行總體平穩，經濟結構持續優化，國內生產總值突破100兆元。創新型國家建設成果豐碩，在載人航太、探月工程、深海工程、超級計算、量子資訊、「復興號」高速列車、大飛機製造等領域取得一批重大科技成果。 （2）決戰脫貧攻堅取得全面勝利，5,575萬農村貧困人口實現脫貧，困擾中華民族幾千年的絕對貧困問題得到歷史性解決，創造了人類減貧史上的奇蹟。農業現代化穩步推進，糧食年產量連續穩定在1.3兆斤以上。1億農業轉移人口和其他常住人口在城鎮落戶目標順利實現，區域重大戰略紮實推進。 （3）污染防治力度加大，主要污染物排放總量減少目標超額完成，資源利用效率顯著提升，生態環境明顯改善。金融風險處置取得重要階段性成果。對外開放持續擴大，共建「一帶一路」成果豐碩。 （4）人民生活水準顯著提高，教育公平和品質較大提升，高等教育進入普及化階段，城鎮新增就業超過6,000萬人，建成世界上規模最大的社會保障體系，基本醫療保險覆蓋超過13億人，基本養老保險覆蓋近10億人，城鎮棚戶區住房改造開工超過2,300萬套。 （5）新冠肺炎疫情防控取得重大戰略成果，應對突發事件能力和水準大幅提高。公共文化服務水準不斷提高，文化事業和文化產業繁榮發展。 （6）國防和軍隊建設水準大幅提升，軍隊組織形態實現重大變革。國家安全全面加強，社會保持和諧穩定。
2、當前和今後一個時期，中國大陸發展仍然處於重要戰略機遇期，但機遇和挑戰都有新的發展變化。 （1）當今世界正經歷百年未有之大變局，新一輪科技革命和產業變革深入發展，國際力量對比深刻調整，和平與發展仍然是時代主題，人類命運共同體理念深入人心。 （2）國際環境日趨複雜，不穩定性不確定性明顯增加，新冠肺炎疫情影響廣泛深遠，世界經濟陷入低迷期，經濟全球化遭遇逆流，全球能源供需版圖深刻變革，國際經濟政治格局複雜多變，世界進入動盪變革期，單邊主義、保護主義、霸權主義對世界和平與發展構成威脅。
3、綜合判斷，中國大陸已轉向高品質發展階段，制度優勢顯著，治理效能提升，經濟長期向好，物質基礎雄厚，人力資源豐富，市場空間廣闊，發展韌性強勁，社會大局穩定，繼續發展具有多方面優勢和條件。同時，發展不平衡不充分問題仍然突出，

重點領域關鍵環節改革任務仍然艱巨，創新能力不適應高品質發展要求，農業基礎還不穩固，城鄉區域發展和收入分配差距較大，生態環保任重道遠，民生保障存在短板，社會治理還有弱項。

（1）必須統籌中華民族偉大復興戰略全域和世界百年未有之大變局，深刻認識我國社會主要矛盾變化帶來的新特徵新要求。

（2）深刻認識錯綜複雜的國際環境帶來的新矛盾新挑戰，增強機遇意識和風險意識，立足社會主義初級階段基本國情，保持戰略定力，辦好自己的事。

（3）認識和把握發展規律，發揚鬥爭精神，增強鬥爭本領，樹立底線思維，準確識變、科學應變、主動求變，善於在危機中育先機、於變局中開新局，抓住機遇，應對挑戰，趨利避害，奮勇前進。

二、 指導思想與遵循原則

1、高舉中國特色社會主義偉大旗幟，深入貫徹黨的十九大和十九屆二中、三中、四中、五中全會精神，堅持以馬克思列寧主義、毛澤東思想、鄧小平理論、「三個代表」重要思想、科學發展觀、習近平新時代中國特色社會主義思想為指導。

2、全面貫徹黨的基本理論、基本路線、基本方略，統籌推進經濟建設、政治建設、文化建設、社會建設、生態文明建設的總體佈局。

3、協調推進全面建設社會主義現代化國家、全面深化改革、全面依法治國、全面從嚴治黨的戰略佈局。

4、堅定不移貫徹創新、協調、綠色、開放、共享的新發展理念，堅持穩中求進工作總基調，以推動高品質發展為主題，以深化供給側結構性改革為主線，以改革創新為根本動力，以滿足人民日益增長的美好生活需要為根本目的，統籌發展和安全。

5、加快建設現代化經濟體系，加快構建以國內大循環為主體、國內國際雙迴圈相互促進的新發展格局，推進國家治理體系和治理能力現代化，實現經濟行穩致遠、社會安定和諧，為全面建設社會主義現代化國家開好局、起好步。

6、遵循原則：

（1）堅持黨的全面領導：堅持和完善黨領導經濟社會發展的體制機制，堅持和完善中國特色社會主義制度，不斷提高貫徹新發展理念、構建新發展格局能力和水準，為實現高品質發展提供根本保證。

（2）堅持以人民為中心：堅持人民主體地位，堅持共同富裕方向，始終做到發展為了人民、發展依靠人民、發展成果由人民共享，維護人民根本利益，激發全體人民積極性、主動性、創造性，促進社會公平，增進民生福祉，不斷實現人民對美好生活的嚮往。

（3）堅持新發展理念：把新發展理念完整、準確、全面貫穿發展全過程和各領域，構建新發展格局，切實轉變發展方式，推動品質變革、效率變革、動力變革，實現更高品質、更有效率、更加公平、更可持續、更為安全的發展。

（4）堅持深化改革開放：堅定不移推進改革，堅定不移擴大開放，加強國家治理體系和治理能力現代化建設，破除制約高品質發展、高品質生活的體制機制障礙，強化有利於提高資源配置效率、有利於調動全社會積極性的重大改革

開放舉措，持續增強發展動力和活力。

（5）堅持系統觀念：加強前瞻性思考、全域性謀劃、戰略性佈局、整體性推進，統籌國內國際兩個大局，辦好發展安全兩件大事，堅持全國一盤棋，更好發揮中央、地方和各方面積極性，著力固根基、揚優勢、補短板、強弱項，注重防範化解重大風險挑戰，實現發展品質、結構、規模、速度、效益、安全相統一。

7、戰略導向：

（1）「十四五」時期推動高品質發展，必須立足新發展階段、貫徹新發展理念、構建新發展格局。把握新發展階段是貫徹新發展理念、構建新發展格局的現實依據，貫徹新發展理念為把握新發展階段、構建新發展格局提供了行動指南，構建新發展格局則是應對新發展階段機遇和挑戰、貫徹新發展理念的戰略選擇。

（2）必須堅持深化供給側結構性改革，以創新驅動、高品質供給引領和創造新需求，提升供給體系的韌性和對國內需求的適配性。

（3）必須建立擴大內需的有效制度，加快培育完整內需體系，加強需求側管理，建設強大國內市場。

（4）必須堅定不移推進改革，破除制約經濟循環的制度障礙，推動生產要循環流轉和生產、分配、流通、消費各環節有機銜接。

（5）必須堅定不移擴大開放，持續深化要素流動型開放，穩步拓展制度型開放，依託國內經濟循環體系形成對全球要素資源的強大引力場。

（6）必須強化國內大循環的主導作用，以國際循環提升國內大循環效率和水準，實現國內國際雙循環互促共進。

三、2035 年遠景目標

1. 展望 2035 年，中國大陸將基本實現社會主義現代化。經濟實力、科技實力、綜合國力將大幅躍升，經濟總量和城鄉居民人均收入將再邁上新的大臺階，關鍵核心技術實現重大突破，進入創新型國家前列。

2. 基本實現新型工業化、信息化、城鎮化、農業現代化，建成現代化經濟體系。

3. 基本實現國家治理體系和治理能力現代化，人民平等參與、平等發展權利得到充分保障，基本建成法治國家、法治政府、法治社會。

4. 建成文化強國、教育強國、人才強國、體育強國、健康中國，國民素質和社會文明程度達到新高度，國家文化軟實力顯著增強。

5. 廣泛形成綠色生產生活方式，碳排放達峰後穩中有降，生態環境根本好轉，美麗中國建設目標基本實現。

6. 形成對外開放新格局，參與國際經濟合作和競爭新優勢明顯增強。

7. 人均國內生產總值達到中等發達國家水準，中等收入群體顯著擴大，基本公共服務實現均等化，城鄉區域發展差距和居民生活水準差距顯著縮小。

8. 平安中國建設達到更高水準，基本實現國防和軍隊現代化。

9. 人民生活更加美好，人的全面發展、全體人民共同富裕取得更為明顯的實質性進

展。

四、「十四五」時期經濟社會發展主要目標

1、經濟發展取得新成效：

發展是解決我國一切問題的基礎和關鍵，發展必須堅持新發展理念，在品質效益明顯提升的基礎上實現經濟持續健康發展，增長潛力充分發揮，國內生產總值年均增長保持在合理區間、各年度視情提出，全員勞動生產率增長高於國內生產總值增長，國內市場更加強大，經濟結構更加優化，創新能力顯著提升，全社會研發經費投入年均增長 7%以上、力爭投入強度高於「十三五」時期實際，產業基礎高級化、產業鏈現代化水準明顯提高，農業基礎更加穩固，城鄉區域發展協調性明顯增強，常住人口城鎮化率提高到 65%，現代化經濟體系建設取得重大進展。

2、改革開放邁出新步伐：

社會主義市場經濟體制更加完善，高標準市場體系基本建成，市場主體更加充滿活力，產權制度改革和要素市場化配置改革取得重大進展，公平競爭制度更加健全，更高水準開放型經濟新體制基本形成。

3、社會文明程度得到新提高：

社會主義核心價值觀深入人心，人民思想道德素質、科學文化素質和身心健康素質明顯提高，公共文化服務體系和文化產業體系更加健全，人民精神文化生活日益豐富，中華文化影響力進一步提升，中華民族凝聚力進一步增強。

4、生態文明建設實現新進步：

國土空間開發保護格局得到優化，生產生活方式綠色轉型成效顯著，能源資源配置更加合理、利用效率大幅提高，單位國內生產總值能源消耗和二氧化碳排放分別降低 13.5%、18%，主要污染物排放總量持續減少，森林覆蓋率提高到 24.1%，生態環境持續改善，生態安全屏障更加牢固，城鄉人居環境明顯改善。

5、民生福祉達到新水準：

實現更加充分更高品質就業，城鎮調查失業率控制在 5.5%以內，居民人均可支配收入增長與國內生產總值增長基本同步，分配結構明顯改善，基本公共服務均等化水準明顯提高，全民受教育程度不斷提升，勞動年齡人口平均受教育年限提高到 11.3 年，多層次社會保障體系更加健全，基本養老保險參保率提高到 95%，衛生健康體系更加完善，人均預期壽命提高 1 歲，脫貧攻堅成果鞏固拓展，鄉村振興戰略全面推進，全體人民共同富裕邁出堅實步伐。

6、國家治理效能得到新提升：

社會主義民主法治更加健全，社會公平正義進一步彰顯，國家行政體系更加完善，政府作用更好發揮，行政效率和公信力顯著提升，社會治理特別是基層治理水準明顯提高，防範化解重大風險體制機制不斷健全，突發公共事件應急處置能力顯著增強，自然災害防禦水準明顯提升，發展安全保障更加有力，國防和軍隊現代化邁出重大步伐。

五、執行項目

1.堅持創新驅動發展 全面塑造發展新優勢

（1）強化國家戰略科技力量：整合優化科技資源配置、加強原創性引領性科技攻關、持之以恆加強基礎研究、建設重大科技創新平臺。

（2）提升企業技術創新能力：激勵企業加大研發投入、支援產業共性基礎技術研發、完善企業創新服務體系。

（3）激發人才創新活力：培養造就高水準人才隊伍、激勵人才更好發揮作用、優化創新創業創造生態。

（4）完善科技創新體制機制：深化科技管理體制改革、健全智慧財產權保護運用體制、積極促進科技開放合作。

2.加快發展現代產業體系　鞏固壯大實體經濟根基

（1）深入實施製造強國戰略：加強產業基礎能力建設、提升產業鏈供應鏈現代化水準、推動製造業優化升級、實施製造業降本減負行動。

（2）發展壯大戰略性新興產業：構築產業體系新支柱、前瞻謀劃未來產業。

（3）促進服務業繁榮發展：推動生產性服務業融合化發展、加快生活性服務業品質化發展、深化服務領域改革開放。

（4）建設現代化基礎設施體系：加快建設新型基礎設施、加快建設交通強國、構建現代能源體系、加強水利基礎設施建設。

（5）暢通國內大循環：提升供給體系適配性、促進資源要素順暢流動、強化流通體系支撐作用、完善促進國內大循環的政策體系。

（6）促進國內國際雙迴圈：推動進出口協同發展、提高國際雙向投資水準。

（7）加快培育完整內需體系：全面促進消費、拓展投資空間。

3.加快數位化發展　建設數字中國

（1）打造數字經濟新優勢：加強關鍵數位技術創新應用、加快推動數位產業化、推進產業數位化轉型。

（2）加快數字社會建設步伐：提供智慧便捷的公共服務、建設智慧城市和數位鄉村、構築美好數位生活新圖景。

（3）提高數字政府建設水準：加強公共數據開放共享、推動政務資訊化共建共享、提高數位化政務服務效能。

（4）營造良好數字生態：建立健全數據要素市場規則、營造規範有序的政策環境、加強網路安全保護、推動構建網路空間命運共同體。

4.全面深化改革　構建高水準社會主義市場經濟體制

（1）激發各類市場主體活力：加快國有經濟佈局優化和結構調整、推動國有企業完善中國特色現代企業制度、健全管資本為主的國有資產監管體制、優化民營企業發展環境、促進民營企業高品質發展。

（2）建設高標準市場體系：全面完善產權制度、推進要素市場化配置改革、強化競爭政策基礎地位、健全社會信用體系。

（3）建立現代財稅金融體制：加快建立現代財政制度、完善現代稅收制度、深化金融供給側結構性改革。

（4）提升政府經濟治理能力：完善宏觀經濟治理、構建一流營商環境、推進監管能力

現代化。

5.堅持農業農村優先發展　全面推進鄉村振興

（1）提高農業品質效益和競爭力：增強農業綜合生產能力、深化農業結構調整、豐富鄉村經濟業態。

（2）實施鄉村建設行動：強化鄉村建設的規劃引領、提升鄉村基礎設施和公共服務水準、改善農村人居環境。

（3）健全城鄉融合發展體制機制：深化農業農村改革、加強農業農村發展要素保障。

（4）實現鞏固拓展脫貧攻堅成果同鄉村振興有效銜接：鞏固提升脫貧攻堅成果、提升脫貧地區整體發展水準。

6.完善新型城鎮化戰略　提升城鎮化發展品質

（1）加快農業轉移人口市民化：深化戶籍制度改革、健全農業轉移人口市民化機制。

（2）完善城鎮化空間佈局：推動城市群一體化發展、建設現代化都市圈、優化提升超大特大城市中心城區功能、完善大中城市宜居宜業功能、推進以縣城為重要載體的城鎮化建設。

（3）全面提升城市品質：轉變城市發展方式、推進新型城市建設、提高城市治理水準、完善住房市場體系和住房保障體系。

7.優化區域經濟佈局　促進區域協調發展

（1）優化國土空間開發保護格局：完善和落實主體功能區制度、開拓高品質發展的重要動力源、提升重要功能性區域的保障能力。

（2）深入實施區域重大戰略：加快推動京津冀協同發展、全面推動長江經濟帶發展、積極穩妥推進粵港澳大灣區建設、提升長三角一體化發展水準、扎實推進黃河流域生態保護和高品質發展。

（3）深入實施區域協調發展戰略：推進西部大開發形成新格局、推動東北振興取得新突破、開創中部地區崛起新局面、鼓勵東部地區加快推進現代化、支援特殊類型地區發展、健全區域協調發展體制機制。

（4）積極拓展海洋經濟發展空間：建設現代海洋產業體系、打造可持續海洋生態環境、深度參與全球海洋治理。

8.發展社會主義先進文化　提升國家文化軟實力

（1）提高社會文明程度：推動理想信念教育常態化制度化、發展中國特色哲學社會科學、傳承弘揚中華優秀傳統文化、持續提升公民文明素養。

（2）提升公共文化服務水準：加強優秀文化作品創作生產傳播、完善公共文化服務體系、提升中華文化影響力。

（3）健全現代文化產業體系：擴大優質文化產品供給、推動文化和旅遊融合發展、深化文化體制改革。

（4）提升生態系統品質和穩定性：完善生態安全屏障體系、構建自然保護地體系、健全生態保護補償機制。

（5）持續改善環境品質：深入開展污染防治行動、全面提升環境基礎設施水準、嚴密防控環境風險、積極應對氣候變化、健全現代環境治理體系。

（6）加快發展方式綠色轉型：全面提高資源利用效率、構建資源迴圈利用體系、大力發展綠色經濟、構建綠色發展政策體系。

9.實行高水準對外開放　開拓合作共贏新局面

（1）建設更高水準開放型經濟新體制：加快推進制度型開放、提升對外開放平臺功能、優化區域開放佈局、健全開放安全保障體系。

（2）推動共建「一帶一路」高品質發展：加強發展戰略和政策對接、推進基礎設施互聯互通、深化經貿投資務實合作、架設文明互學互鑒橋樑。

（3）積極參與全球治理體系改革和建設：維護和完善多邊經濟治理機制、構建高標準自由貿易區網路、積極營造良好外部環境。

10.提升國民素質　促進人的全面發展

（1）建設高品質教育體系：推進基本公共教育均等化、增強職業技術教育適應性、提高高等教育品質、建設高素質專業化教師隊伍、深化教育改革。

（2）全面推進健康中國建設：構建強大公共衛生體系、深化醫藥衛生體制改革、健全全民醫保制度、推動中醫藥傳承創新、建設體育強國、深入開展愛國衛生運動。

（3）實施積極應對人口老齡化國家戰略：推動實現適度生育水準、健全嬰幼兒發展政策、完善養老服務體系。

11.增進民生福祉　提升共建共治共享水準

（1）健全國家公共服務制度體系：提高基本公共服務均等化水準、創新公共服務提供方式、完善公共服務政策保障體系。

（2）實施就業優先戰略：強化就業優先政策、健全就業公共服務體系、全面提升勞動者就業創業能力。

（3）優化收入分配結構：拓展居民收入增長管道、擴大中等收入群體、完善再分配機制。

（4）健全多層次社會保障體系：改革完善社會保險制度、優化社會救助和慈善制度、健全退役軍人工作體系和保障制度。

（5）保障婦女未成年人和殘疾人基本權益：促進人口均衡發展、健全養老服務體系、提升殘疾人服務保障水準。

（6）保障婦女未成年人和殘疾人基本權益：促進男女平等和婦女全面發展、提升未成年人關愛服務水準、加強家庭建設、提升殘疾人保障和發展能力。

（7）構建基層社會治理新格局：夯實基層社會治理基礎、健全社區管理和服務機制、積極引導社會力量參與基層治理。

12.統籌發展和安全　建設更高水準的平安中國

（1）加強國家安全體系和能力建設。

（2）強化國家經濟安全保障：實施糧食安全戰略、實施能源資源安全戰略、實施金融安全戰略。

（3）全面提高公共安全保障能力：提高安全生產水準、嚴格食品藥品安全監管、加強生物安全風險防控、完善國家應急管理體系。

（4）維護社會穩定和安全：健全社會矛盾綜合治理機制、推進社會治安防控體系現代

化。

13.加快國防和軍隊現代化　實現富國和強軍相統一

（1）提高國防和軍隊現代化品質效益。

（2）促進國防實力和經濟實力同步提升。

14.加強社會主義民主法治建設　健全黨和國家監督制度

（1）發展社會主義民主。

（2）全面推進依法治國。

（3）完善黨和國家監督體系。

15.堅持「一國兩制」　推進祖國統一

（1）保持香港、澳門長期繁榮穩定：支持港澳鞏固提升競爭優勢、支持港澳更好融入
　　國家發展大局。

（2）推進兩岸關係和平發展和祖國統一：深化兩岸融合發展、加強兩岸人文交流。

六、加強規劃實施保障

1、加強黨中央集中統一領導。

2、健全統一規劃體系：強化國家發展規劃的統領作用、加強規劃銜接協調。

3、完善規劃實施機制：落實規劃實施責任、加強規劃實施監測評估、強化政策協同保
　　障、加快發展規劃立法。

資料來源：

整理自-《中華人民共和國國民經濟和社會發展第十四個五年規劃和2035年遠景目標綱要》。

第二節 中國製造 2025

壹、前言

　　1950 年 2 月中國大陸與蘇聯簽署《中蘇友好同盟互助條約》等協議，雙方並陸續簽署《關於蘇聯貸款給中華人民共和國的協定》、《蘇聯政府援助中國政府發展中國國民經濟的協定》、《關於蘇聯政府幫助中華人民共和國政府新建 15 項工業企業和擴大原有協定的 141 項企業設備的供應範圍的議定書》等經濟援助協議，在蘇聯有條件的援助下，使中國大陸在 1950 年代得以大力發展各類基礎工業，中國大陸通稱「156 項工程」。

　　1950 年代末，中國大陸與蘇聯因意識形態歧見、領土爭議等因素，雙方逐步交惡，蘇聯撤回派駐中國大陸所有技術人員，使得中國大陸工業化進程遭受困境，由依靠蘇聯發展模式，改為全面獨立自主發展模式。且中國大陸因介入韓戰（中國大陸稱抗美援朝戰爭）與越戰，與美國關係仍屬敵對，又中國大陸與蘇聯雙方交惡後，在領土上爆發多次零星衝突，為避免戰爭發生後，使中國大陸東北及東部沿海地區，已發展的工業基礎設施遭受破壞，1964 年中共中央作出三線建設的重大戰略決策，將許多工業基礎建設，由沿海及沿邊的一線省分地區，向內陸省份地區做戰略性轉移，使得內陸省份的工業得到了發展機會。

　　從宏觀上看，從 1964 年至 1980 年的 17 年間，中國大陸中央政府向三線建設投入的資金為 2,052 億元人民幣，建成 1,100 多個大中型工業交通企業、國防科技工業企業、科研院所和大專院校，基本形成交通、電力、煤炭、化工、石油、建材、鋼鐵等生產部門相互配套的體系。[346]

　　再從微觀上看，中國大陸政府在三線建設戰略上，開展下列數百項關於交通、電力、煤炭、化工、石油、建材、鋼鐵、大學等建設：[347]

1. 在鐵路建設方面，從 1964 年 8 月決定修建成昆鐵路等 6 條鐵路線算起，到 1980 年，共建成成昆鐵路、湘黔鐵路、焦柳鐵路、襄渝鐵路、川黔鐵路、貴昆鐵路，既使整個西北、西南地區自身連成交通網絡，還使西南地區與華中地區、西北地方和華北華中華南地區的交通網絡連為一體。同時，還配合鐵路建設，建成許多公路網路，從根本上改變中國大陸西部地區交通運輸落後的狀況，為西部地區的礦產開發、物資流轉、工業建設、國防建設創造交通條件。

2. 在國防工業建設方面，在重慶地區建成常規兵器工業生產基地，在四川和貴州建成了電子工業生產基地，在四川和陝西建成了戰略武器科研、生產基地，在貴州和陝西、鄂西地區建成航空和航太工業生產基地，在長江上、中游地區建成船舶工業科研、生產基地，在西昌建成了衛星試驗、發射中心。將東北、華北地區老軍事工業企業的一部分搬遷到西部地區建新廠，基本上達到將重要軍工企業「一分為二」的目的。電子工業形成了生產門類齊全、元器件與整機配套、軍民相容、生產和科研相結合的體系。航太工業實現地區配套，建成完整的戰略和戰術導彈研製基地，形成具有世界先進水

準的發射中心；航空工業生產體系也在西部地區形成，在西部地區形成幾個殲擊機、運輸機生產中心，生產能力占全國航空工業的 2/3。

3. 原材料工業、能源工業、機械工業方面，在西部地區形成大中小相結合的原材料工業體系，建成攀枝花鋼鐵基地、重慶鋼鐵基地、成都地區鋼鐵工廠、貴州水城鋼鐵廠等大型企業，新建西北銅加工廠、蘭州連城鋁廠、蘭州鋁廠、冥河鋁鎂冶煉加工廠、西北鋁加工廠和重慶西南鋁加工廠。

4. 為與國防工業配套，還建設了重水、炸藥、樹脂、橡膠、醫藥企業。建成西南煉焦煤基地、西北煤炭基地、平頂山、焦作、鶴壁等礦區；新建 10 萬千瓦以上電站 68 座。241 個機械工業工廠、研究所、設計院搬遷到西部地區後，又新建、擴建大中型專案 124 個，累計投資 94 .72 億元，占全國機械工業同期投資的 53 %。

5. 新建第二汽車製造廠、陝西汽車製造廠、四川汽車製造廠，同時新了一批配套工廠，使西部地區形成軍民結合的輕、重型汽車批量生產的能力。

6. 新建 12 個重型機械工業製造廠，使西部地區形成很強的重型機械製造能力

7. 電機電器工業發展起來，建成四川東方電機廠、東方汽輪機廠、東方鍋爐廠、東風電機廠，形成年產 80 萬千瓦成套發電機組的能力。

8. 輕紡工業方面，造紙、制糖、制鹽、自行車、縫紉機、手錶、合成洗滌劑、塑膠製品、皮革製品、棉紡織、毛紡織、絲綢、印染、針織、化纖、紡織機械等生產企業在西部地區全面鋪開，新建 5 萬錠以上的棉紡織廠有 7 個，大中型維尼綸廠有 5 個。

9. 西部地區建成 100 多個部屬儲備性倉庫。

10. 西部地區建成 15 個大型廣播電視專案。

　　自 1978 年中國大陸改革開放以來，製造業在原有三線建設工業基礎上，並引進新技術，持續快速發展，總體規模躍居世界首位，有力地支撐中國大陸綜合實力和國際競爭力的顯著提升。從工業規模總量看，2010 年以來，中國大陸製造業總量一直保持全球第一，工業製成品出口額蟬聯全球首位。2015 年，中國大陸全部工業增加值 228,974 億元人民幣，占國內生產總值（GDP）的比重達到 33.8%。從工業體系完整度看，中國大陸共擁有 39 個工業大類、191 個中類、525 個小類，是全世界唯一擁有聯合國產業分類中，全部工業門類的國家。從重點產業競爭力看，中國大陸在高鐵、核電、通信設備等部分重點領域競爭力明顯提升。高速軌道交通、百萬千瓦核電裝備、百萬千瓦水電機組、特高壓輸變電設備、萬米深海石油鑽探設備、移動通信系統設備等高端裝備製造業，已經初步具備了全球競爭力。[348]

　　但中國大陸整體製造業發展，仍未達美國、歐盟及俄羅斯等新進製造業國家的工業水準，在精密機械製造、飛機引擎製造、電子精密儀器製造、晶圓製造機臺等，許多高科技製造業發展仍顯落後，必須藉由政府力量規劃，整合相關製造產業鏈，改變現有發

展困境，形成一波新的發展動能，才能進一步推動中國大陸製造業的升級與發展。

美國是世界上較早運用產業政策的國家之一，儘管美國很少承認實行產業政策，但事實上美國政府實施了比官方說法多得多的產業政策，這些產業政策的範疇，從推進技術創新到政府採購、對特定部門和企業的補貼，以及關稅保護、貿易協定等，為增強美國產業競爭力發揮了重要作用。自 2009 年起，美國針對重點領域研究制定一系列發展高端製造業產業政策，其中包括《重振美國製造業框架》、美國製造業促進法案》、《美國製造業促進法案》等，十多個產業發展政策與法案。這些政策提出，要調整優化政府投資，加大對製造業投資的力度；加強政府對商品的採購；為出口企業提供信貸支持，拓展國際市場；資助製造業重點領域創新等具體措施。[349]然而，中國大陸政府為發展先進製造產業，學習美國經驗研究規劃適合中國大陸國情，有關製造業升級與轉型發展的中國製造 2025 規劃方案，進而引發美國政府對於壓制中國大陸製造業發展的貿易戰、關稅戰及科技戰。

近年來，美國政府以中國大陸每年對美國超過3,000億美元的龐大貿易順差為理由，發起對中國大陸關稅制裁，但實際上是劍指中國大陸政府制定的中國製造 2025 的產業發展政策，否則解決雙方貿易順差最好方式，就是將中國大陸缺乏的尖端科技產品，如各類戰機、航母、潛艇、先進晶圓製造機臺等，以高價格賣給中國大陸，可立即解決中國大陸對美國的數千億美元貿易順差問題。

然而，大國間的經濟發展與爭霸，並非如此單純。以 1980 年代美國對付日本為例，當年日本是僅次於美國的經濟大國，日本對美國也是有龐大的貿易順差，美國媒體不斷宣傳日本第一，誘發美國人民的反日風潮，且美國政府為壓制日本發展，遂對日本掀起貿易戰，除壓迫日元升值外，也要求日本開放金融與資本市場，促使日元大幅度升值，且日本土地資產大幅飆升等各項因素，造成日本製造業大量外移，引發 1990 年代日本的金融泡沫，更使日本製造產業陷入危機。

而中國大陸政府與學界深知美國政府的大國博弈戰略，且自 1979 年中國大陸與美國建交後，截至 2018 年底美國對中國大陸直接投資額達 851.91 億美元，美資企業在中國大陸年銷售金額達 7,000 億美元，利潤超過 500 億美元，而中國大陸在美國直接投資額也高達 731.7 億美元。2018 年兩國服務與貨物貿易總額超過 7,500 億美元，互為第一大貿易夥伴，雙方間投資與貿易依存度相當高。[350]這和 1990 年代前後，美國與日本兩國的經貿依純度有顯著差異，故中國大陸與美國間的貿易談判，未來將走向相互妥協之路，而雙方間的博弈將會持久而漫長。

表5-8 美國重要製造業產業政策彙整表

年份	政策名稱
2009 年	《重振美國製造業框架》
2010 年	《美國製造業促進法案》
2011 年	《先進製造業夥伴計畫》

2011 年	《美國製造業復興——促進增長的 4 大目標》
2011 年	《美國創新戰略》
2011 年	《電網現代化計畫》
2012 年	《先進製造業國家戰略計畫》
2013 年	《美國製造業創新網路：初步設計》
2013 年	《美國清潔能源製造計畫》
2013 年	《從互聯網到機器人——美國機器人路線圖》
2013 年	《金屬增材製造（3D 列印）技術標準路線圖》
2016 年	《美國人工智慧研究與發展戰略計畫》
2018 年	《美國機器智慧國家戰略》

資料來源：

中華人民共和國國務院新聞辦公室網站，<《關於中美經貿摩擦的事實與中方立場》白皮書>，http：

//www.scio.gov.cn/zfbps/32832/Document/1638292/1638292.htm，檢索時間 2019 年 3 月 17 日。

貳、中國製造 2025 概述

一、中國製造 2025 政策規劃簡述

21 世紀初，中國大陸執政黨中國共產黨於 2002 年 11 月召開第十六次全國代表大會，從全面建設小康社會、加快推進社會主義現代化建設的全域出發，要求制定國家科學和技術長遠發展規劃，中國大陸國務院據此制定，國家中長期科學和技術發展規劃綱要（2006～2020 年）。提出今後 15 年，科技工作的指導方針是：自主創新，重點跨越，支撐發展，引領未來。[351]

並進一步闡明，自主創新，就是從增強國家創新能力出發，加強原始創新、集成創新和引進消化吸收再創新。重點跨越，就是堅持有所為、有所不為，選擇具有一定基礎和優勢、關係國計民生和國家安全的關鍵領域，集中力量、重點突破，實現跨越式發展。支撐發展，就是從現實的緊迫需求出發，著力突破重大關鍵、共性技術，支撐經濟社會的持續協調發展。引領未來，就是著眼長遠，超前部署前沿技術和基礎研究，創造新的市場需求，培育新興產業，引領未來經濟社會的發展。這一方針是我國半個多世紀科技發展實踐經驗的概括總結，是面向未來、實現中華民族偉大復興的重要抉擇。故在前沿技術上，提出發展 1.生物技術 2.信息技術 3.新材料技術 4.先進製造技術 5.先進能源技術 6.海洋技術 7.鐳射技術 8.空天技術等重點項目[352]，明確指出中國大陸未來科技發展的重點。

經歷十年，國家中長期科學和技術發展規劃綱要（2006～2020 年）的實踐後，在中國大陸科技與製造業高速發展的基礎下，中國大陸國務院於 2015 年 5 月 8 日發佈《中國製造 2025》的通知，該通知前言明確指出：「製造業是國民經濟的主體，是立國之本、興國之器、強國之基。18 世紀中葉開啟工業文明以來，世界強國的興衰史和中華民族的

奮鬥史一再證明，沒有強大的製造業，就沒有國家和民族的強盛。打造具有國際競爭力的製造業，是我國提升綜合國力、保障國家安全、建設世界強國的必由之路。新中國成立尤其是改革開放以來，我國製造業持續快速發展，建成了門類齊全、獨立完整的產業體系，有力推動工業化和現代化進程，顯著增強綜合國力，支撐我世界大國地位。然而，與世界先進水準相比，我國製造業仍然大而不強，在自主創新能力、資源利用效率、產業結構水準、資訊化程度、品質效益等方面差距明顯，轉型升級和跨越發展的任務緊迫而艱巨。當前，新一輪科技革命和產業變革與我國加快轉變經濟發展方式形成歷史性交匯，國際產業分工格局正在重塑。必須緊緊抓住這一重大歷史機遇，實施製造強國戰略，加強統籌規劃和前瞻部署，力爭通過三個十年的努力，到新中國成立一百年時，把我國建設成為引領世界製造業發展的製造強國，為實現中華民族偉大復興的中國夢打下堅實基礎。《中國製造 2025》，是我國實施製造強國戰略第一個十年的行動綱領。」[353]

《中國製造 2025》的通知，並指出：「中國大陸仍處於工業化進程中，與先進國家相比還有較大差距。製造業大而不強，自主創新能力弱，關鍵核心技術與高端裝備對外依存度高，以企業為主體的製造業創新體系不完善；產品檔次不高，缺乏世界知名品牌；資源能源利用效率低，環境污染問題較為突出；產業結構不合理，高端裝備製造業和生產性服務業發展滯後；資訊化水準不高，與工業化融合深度不夠；產業國際化程度不高，企業全球化經營能力不足。推進製造強國建設，必須著力解決以上問題。」[354]

顯示，中國大陸政府明確認知，工業化是強國的重要根本之一，中國大陸製造業雖規模龐大，但有自主創新能力弱、高端裝備製造業和生產性服務業發展滯後等問題，因而製造產業仍落後於歐美先進工業化國家，故中國大陸政府提出中國製造 2025，期望能在 2049 年（即中華人民共和國建政 100 年）時，達到世界製造強國前列。

2015 年 5 月由中國大陸國務院公布「中國製造 2025」規劃方案，提出五大基本方針分別為創新驅動、品質為先、綠色發展、結構優化、人才為本。訂定三步走戰略目標，其核心，包括九大戰略任務、十大重點領域、五項重大工程，以智能製造為主攻方向，核心為創新驅動發展模式，其整體推動重點及方向如下：[355]

1. 三步走戰略目標：計劃用 30 年的時間，通過三步走，實現製造強國的戰略目標。

    第一步，到 2025 年邁入「製造強國」行列；

    第二步，到 2035 年製造業整體達到世界「製造強國」陣營中等水準；

    第三步，到「新中國」成立一百年時，進入世界「製造強國」前列。

2. 九大戰略任務：明確製造業發展的戰略任務和重點，包括：提高國家製造業創新能力（完善以企業為主體、市場為導向、政產學研用相結合的製造業創新體系；加強關鍵核心技術研發及標準體系建設）、推進資訊化與工業化深度融合（加快推動新一代資訊技術與製造技術融合發展；深化互聯網在製造領域的應用）、強化工業基礎能力（統籌推進核心基礎零部件、先進基礎工藝、關鍵基礎材料和產業技術基礎等發展，並制

定工業強基實施方案）、加強品質品牌建設（完善質量管理機制及質量監管體系，推進製造業品牌建設）、全面推行綠色製造（強化產品全生命週期綠色管理，努力構建高效、清潔、低碳、循環的綠色製造體系，推進資源高效循環利用）、大力推動重點領域突破發展（引導社會各類資源集聚，推動優勢和戰略產業快速發展）、深入推進製造業結構調整（推動傳統產業向中高端邁進，促進大企業與中小企業協調發展）、積極發展服務型製造和生產性服務業（加快製造與服務的協同發展，推動商業模式創新和業態創新；大力發展與製造業緊密相關的生產性服務業，推動服務功能區和服務平臺建設）、提高製造業國際化發展水準（實行積極的開放戰略，推動重點產業國際化佈局）等。

3. 十大重點領域及五項重大工程：推動包括新一代資訊技術（集成電路及專用裝備；資訊通訊設備；操作系統及工業軟體）、高端數控機床和機器人、航空航太裝備、海洋工程裝備及高技術船舶、先進軌道交通裝備、節能與新能源汽車、電力裝備、新材料、生物醫藥及高性能醫療器械、農業機械裝備等十大重點領域，並編制重點領域發展綠皮書（預計每兩年發佈一次）等十大重點領域；以及實施製造業創新中心（工業技術研究基地）建設工程、智能製造工程、工業強基工程、綠色製造工程、高端裝備創新工程等五大重點工程。

此外，中國大陸政府在《中國製造2025》規劃中，訂定創新能力、質量效益、兩化融合[356]、綠色發展等四類，2020年和2025年製造業主要指標表，目標使中國大陸整體製造業從規模化向高質量化提升。

再者，中國大陸政府將不斷要求相關政府部門與機關單位，逐年修訂有關《中國製造2025》，所涉及的產業規劃與政策通知，如《促進裝備製造業品質品牌提升專項行動指南的通知》、《發展服務型製造專項行動指南的通知》、《關於印發資訊產業發展指南的通知》、《關於印發新材料產業發展指南的通知》等，逐步使中國大陸製造業，由數量優勢走向質量優勢，達到製造業整體產業升級的目標。

表5-9　中國大陸《中國製造2025》相關政策彙整表

公告年度	發布單位	政策名稱
2014年	工業和信息化部、發展改革委、交通運輸部、質檢總局、旅遊局、民航局	《關於促進旅遊裝備製造業發展的實施意見》
2015年	國務院	《關於印發中國製造2025的通知》
2015年	國務院辦公廳	《關於成立國家製造強國建設領導小組的通知》
2015年	工業和信息化部辦公廳、	《關於組織開展2015年工業轉型升級強基工程的通知》

公告年度	發布單位	政策名稱
	財政部辦公廳	
2016 年	工業和信息化部、發展改革委、科技部、 財政部	《關於印發製造業創新中心等 5 大工程實施指南的通知》 附件 1：製造業創新中心建設工程實施指南 附件 2：工業強基工程實施指南 附件 3：智慧製造工程實施指南 附件 4：綠色製造工程實施指南 附件 5：高端裝備創新工程實施指南
2016 年	工業和信息化部 質檢總局、 國防科工局	《促進裝備製造業品質品牌提升專項行動指南的通知》
2016 年	工業和信息化部、 國家發展和改革委員會、中國工程院	《發展服務型製造專項行動指南的通知》
2016 年	工業和信息化部、 國家發展和改革委員、科學技術部、 商務部、 國家衛生和計畫生育委員會、 國家食品藥品監督管理局	《關於印發醫藥工業發展規劃指南的通知》
2016 年	工業和信息化部、 國家發展改革委	《關於印發資訊產業發展指南的通知》
2016 年	工業和信息化部、 發展改革委、科技部、財政部	《關於印發新材料產業發展指南的通知》
2017 年	國務院	《關於深化「互聯網+先進製造業」發展工業互聯網的指導意見》
2017 年	國務院辦公廳	《關於創建中國製造 2025 國家級示範區的通知》
2018 年	國家製造強國建設領導小組辦公室	《關於印發「中國製造 2025」國家級示範區評估指南（暫行）的通知》
2018 年	工業和信息化部辦公廳	《關於開展 2018 年智慧製造試點示範專案推薦的通知》
2019 年	工業和信息化部	《工業互聯網網路建設及推廣指南的通知》

公告年度	發布單位	政策名稱
2019 年	工業和信息化部、國家標準化管理委員會	《工業互聯網綜合標準化體系建設指南的通知》
2019 年	工業和信息化部辦公廳	《關於印發「5G+工業互聯網」512 工程推進方案的通知》
2020 年	工業和信息化部	《關於工業大數據發展的指導意見》
2021 年	工業和信息化部	《新型數據中心發展三年行動計畫（2021-2023 年）的通知》
2021 年	工業和信息化部國家標準化管理委員	《國家智慧製造標準體系建設指南（2021 版）的通知》
2022 年	工業和信息化部、科學技術部、生態環境部	《環保裝備製造業高品質發展行動計畫（2022—2025 年）》
2022 年	工業和信息化部辦公廳	《車聯網網路安全和數據安全標準體系建設指南》
2022 年	工業和信息化部辦公廳	《關於印發車聯網網路安全和數據安全標準體系建設指南的通知》

資料來源：

整理自－中國大陸中央政府門戶網站、中國大陸工業和信息化部網站。

二、國家製造強國建設領導小組

　　2015 年 6 月，中國大陸國務院辦公廳發布「關於成立國家製造強國建設領導小組的通知」，以當時任中共中央政治局委員及國務院副總理馬凱為組長，副組長為當時任工業和信息化部部長苗圩、國務院副秘書長肖亞慶、發展改革委副主任林念修、科技部副部長曹健林、財政部副部長劉昆，成員包含時任工業和信息化部副部長（兼任辦公室主任）毛偉明、教育部副部長魯昕、人力資源社會保障部副部長湯濤等，20 位相關部會機關之官員。[357]

中國大陸國務院國家製造強國建設領導小組的主要負責任務：[358]

1.為推進實施製造強國戰略，加強對有關工作的統籌規劃和政策協調。

2.審議推動製造業發展的重大規劃、重大政策、重大工程專項和重要工作安排。

3.加強戰略謀劃，指導各地區、各部門開展工作，協調跨地區、跨部門重要事項。

4.加強對重要事項落實情況的督促檢查。（註：領導小組辦公室設在工業和信息化部，承

擔領導小組的日常工作。）

又為細化落實《中國製造2025》，著力突破製造業發展的瓶頸和短板，搶佔未來競爭制高點，國家製造強國建設領導小組啟動了「1+X」規劃體系的編制工作，為加強《中國製造 2025》「1+X」體系的落實，將細化分解重點任務和責任分工，以目標為導向，圍繞重點任務、重大工程、重點領域梳理凝練一批重點工作，明確時間節點，落實配套政策，與《中國製造2025》實施形成全域統籌、重點推進的工作合力。[359]

從中共中央及中國大陸政府，安排中共中央政治局委員及副總理層級擔任國家製造強國建設領導小組之小組長，該小組副組長及小組成員，涵蓋超過 20 位以上各部會官員，有利於跨部會協調、整合與執行《中國製造2025》及相關規劃案，並領導各級政府、企業、科研院所、大專院校、金融機構等，共同戮力執行《中國製造2025》。

綜上，顯示中共中央及中國大陸政府，非常重視《中國製造2025》相關規劃，為達成整體製造業轉型與升級，中國大陸整體投注相當大的人力與物力資源，以期望在各個規劃期間內，依照規畫進度逐步達成，使中國大陸能完成從製造大國，邁向製造強國的戰略目標。

三、中國製造 2025「1+X」規劃體系簡述

中國大陸政府規劃的中國製造 2025「1+X」規劃體系，其「1」是指《中國製造2025》，「X」是指 11 個配套的實施指南、行動指南和發展規劃指南為：[360]

1.製造業創新中心建設工程實施指南（2016～2020 年）。

2.工業強基工程實施指南（2016～2020 年）。

3.智慧製造工程實施指南（2016～2020）。

4.綠色製造工程實施指南（2016～2020 年）。

5.高端裝備創新工程實施指南（2016～2020 年）。

6.發展服務型製造專項行動指南。

7.促進裝備製造業品質品牌提升專項行動指南。

8.醫藥工業發展規劃指南。

9.製造業人才發展規劃指南。

10.新材料產業發展指南。

11.資訊產業發展指南。

可劃分為，國家製造業創新中心建設、工業強基、智慧製造、綠色製造、高端裝備創新等 5 大工程實施指南，發展服務型製造和裝備製造業品質品牌 2 個專項行動指南，

以及新材料、資訊產業、醫藥工業和製造業人才 4 個發展規劃指南。

　　編制「1+X」規劃體系的目的，是要通過加強政府引導，凝聚行業共識，彙集社會資源，圍繞重點、破解難點，著力突破製造業發展的瓶頸短板，搶佔未來競爭制高點。X 的編制過程中廣泛徵求有關專家、企業和各方面意見，且國家製造強國建設戰略諮詢委員會設立專業小組，積極參加相關指南的調研、討論、起草和論證評估；其中，新材料、資訊產業、製造業人才等 3 個指南，還經過中國大陸國務院審定。[361]

　　11 個 X 的關係是各有側重，互為支撐，既有前瞻佈局，也有基礎突圍，既有面向關鍵共性問題的統籌引導，也有針對重點行業領域的系統謀劃。11 個 X 不是指令性而是引導性的，旨在充分發揮市場在資源配置中的決定性作用，在具體實施中還需要各級政府、企業、科研院所、大專院校、金融機構等有關方面廣泛參與，共同努力。[362]

　　綜上，可知中國大陸政府對於製造業的發展，有明確的產業發展目標，現階段中國大陸的製造業，已擁有 39 個工業大類，191 個中類，525 個小類，是全世界唯一擁有聯合國產業分類中，全部工業門類的國家。而未來中國大陸將以製造業人才發展為中心，除增強高端及智慧製造外，則著重醫藥工業、新材料產業、資訊產業發展，企圖追趕上歐、美、日等先進工業化國家，在這類高端產業的發展層次，逐步增強新一代中國大陸製造業，使得中國大陸製造業不再僅是屬於中低端製造，期望未來能引領世界高端製造發展。

四、小結

　　中國大陸境內涵蓋 31 個省、市與自治區，總人口超過 14 億，2021 年全年國內生產總值（GDP）總量高達 1,143,670 億人民幣，僅次於美國，為世界第二大經濟體。但各個省、市與自治區因區域環境及經濟發展條件不同，經濟發展程度明顯有所差異。

　　因此，中國大陸境內僅有二十餘個省、市與自治區，分別依照中央政府的《中國製造 2025》規劃，依各自的經濟條件與發展狀況，訂定《（中國製造 2025）北京行動綱要》、河北省《關於深入推進（中國製造 2025）的實施意見》、《（中國製造 2025）吉林實施綱要》、《（中國製造 2025）江蘇行動綱要》、《（中國製造 2025）浙江行動綱要》、《福建省實施（中國製造 2025）行動計劃》、《（中國製造 2025）山東省行動綱要》、《（中國製造 2025）廣東實施意見》、《（中國製造 2025）海南實施意見》、《（中國製造 2025）上海行動綱要》、《（中國製造 2025）山西行動綱要》、《（中國製造 2025）安徽篇》、《（中國製造 2025）江西實施意見》、《（中國製造 2025）河南行動綱要》、《（中國製造 2025）湖北行動綱要》、《（中國製造 2025）湖南行動計劃》、《（中國製造 2025）廣西實施意見》、《（中國製造 2025）四川行動計劃》、《（中國製造 2025）雲南實施意見》、《（中國製造 2025）陝西實施意見》、《（中國製造 2025）甘肅行動綱要》、《（中國製造 2025）青海行動方案》、《（中國製造 2025）新疆行動方案》等方案，將中國大陸中央政府《中國製造 2025》因地制宜的落實到地方上。

　　如此才能使中國大陸中央政府提出《中國製造 2025》規劃，逐層向下拓展到大多數

省、市與自治區，逐步使中國大陸整體製造產業，能透過資訊化與工業化結合，達到垂直與縱向的整合，有效推動中國大陸整體製造業的轉型與升級。

表5-10中國大陸中央及各省市「中國製造2025」發展目標及重點領域簡表

序號	中央及省市（自治區）	規劃名稱及目標及重點領域
1	國務院	**《中國製造2025》的通知** **一、實現製造強國的戰略目標：** 1. 第一步：力爭用十年時間，邁入製造強國行列。 （1）到2020年，基本實現工業化，製造業大國地位進一步鞏固，製造業信息化水平大幅提升。掌握一批重點領域關鍵核心技術，優勢領域競爭力進一步增強，產品質量有較大提高。製造業數字化、網絡化、智能化取得明顯進展。重點行業單位工業增加值能耗、物耗及污染物排放明顯下降。 （2）到2025年，製造業整體素質大幅提升，創新能力顯著增強，全員勞動生產率明顯提高，兩化（工業化和信息化）融合邁上新臺階。重點行業單位工業增加值能耗、物耗及污染物排放達到世界先進水平。形成一批具有較強國際競爭力的跨國公司和產業集群，在全球產業分工和價值鏈中的地位明顯提升。 2. 第二步：到2035年，我國製造業整體達到世界製造強國陣營中等水平。創新能力大幅提升，重點領域發展取得重大突破，整體競爭力明顯增強，優勢行業形成全球創新引領能力，全面實現工業化。 3. 第三步：新中國成立一百年時，製造業大國地位更加鞏固，綜合實力進入世界製造強國前列。製造業主要領域具有創新引領能力和明顯競爭優勢，建成全球領先的技術體系和產業體系。 **二、重點領域：** 1. 新一代信息技術。 2. 高檔數控機床和機器人。 3. 航空航天裝備。 4. 海洋工程裝備及高技術船舶。 5. 先進軌道交通裝備。 6. 節能與新能源汽車。 7. 電力裝備。 8. 農業機械裝備。

序號	中央及省市 （自治區）	規劃名稱及目標及重點領域
		9. 新材料。 10. 生物醫藥及高性能醫療器械。
2	北京	《（中國製造 2025）北京行動綱要》 一、發展目標： 　1.第一個五年（到 2020 年），保持產值和財政貢獻（雙穩定），實現創新能力和質量效益（雙提升），製造業高端發展態勢顯現。 　2. 第二個五年（到 2025 年），環境友好創新驅動、高端發展、集約高效、第一個五年（到 2020 年），保持產值和財政貢獻（雙穩定），實現創新能力和質量效益（雙提升），製造業高端發展態勢顯現的發展新格局形成，真正成為優勢產業聚集區。 二、重點領域： 　1.新智能汽車。 　2.集成電路。 　3.智能製造系統和服務。 　4.自主可控信息系統。 　5.雲計算和大數據。 　6.新一代移動互聯網。 　7.新一代健康診療與服務。 　8.通用航空與衛星運用。
3	河北	《關於深入推進（中國製造 2025）的實施意見》 一、發展目標： 　1.第一階段（到 2017 年）打造綠色、循環、低碳的現代化產業體系。 　2.第二階段（到 2020 年）優勢互補、分工協作、創新驅動、環境友好的產業格局基本形成。 　3.第三階段（到 2025 年）製造業素質大幅提升，網絡化、智能化、服務化、協同化。 二、重點領域： 　1. 新一代信息技術產業。 　2. 軍民結合產業。 　3. 現代醫藥產業。 　4. 先進製造業。 　5. 新材料產業。 　6. 節能環保產業。

序號	中央及省市（自治區）	規劃名稱及目標及重點領域
		7. 新能源產業。
4	吉林	《（中國製造 2025）吉林實施綱要》 一、發展目標： 　1.第一步力爭八大領域取得重點突破。 　2.第二步（到 2035 年）八大領域具有明顯競爭優勢。 　3. 第三步（到新中國成立一百年）實現吉林製造向吉林智造、吉林創造跨越。 二、重點領域： 　1.節能與新能源車。 　2.先進軌道交通設備。 　3.航空航天裝備。 　4.機器人與智能裝備。 　5.農機裝備。 　6.生物醫療和高性能醫療器械。 　7.新一代信息技術。 　8.新材料。
5	江蘇	《（中國製造 2025）江蘇行動綱要》 一、發展目標： 　1.第一個五年（至 2020 年）製造強省建設取得重要進展。 　2.第二個五年（至 2025 年）建成國內領先、有國際影響力的製造強省。 二、重點領域： 　1.集成電路及專用設備。 　2.網絡通信設備。 　3.操作系統及工業軟件。 　4.雲計算、大數據和物聯網。 　5.智能製造裝備。 　6.先進軌道交通裝備。 　7.海洋工程裝備和高端船。 　8.新型電力裝備。 　9.航空航天裝備。 　10.工程和農業機械。 　11.節能環保裝備。 　12.節能型和新能源汽車。 　13 新能源。

序號	中央及省市（自治區）	規劃名稱及目標及重點領域
		14.新材料。 15.生物醫藥和醫療器械。
6	浙江	《〈中國製造2025〉浙江行動綱要》 一、發展目標： 　1. 第一個五年（至2020年）製造強省建設取得重要進展。 　2. 第二個五年（至2025年）建成國內領先、有國際影響力的製造強省。 二、重點領域： 　1.新材料。 　2.通信網絡與智能終端。 　3.物聯網、雲計算大數據和工業軟件。 　4.生物醫藥和高性能醫療器械。 　5.新能源與節能環保裝備。 　6.高端船舶與海洋工程裝備。 　7.綠色石油化工。 　8.專用集成電路與新型元器件。 　9.新能源汽車與現代交通裝備。 　10.時尚輕紡業。 　11.機器人與智能裝備。
7	福建	《福建省實施〈中國製造2025〉行動計劃》 一、發展目標： 　1.到2020年基本實現工業化，向製造大省建邁進。 　2. 到2025年，工業化水平大幅提升，向製造強省邁進。 二、重點領域： 　1.新一代信息技術產業。 　2.高端數控機床和機器人。 　3.節能與新能源汽車。 　4.海洋工程裝備及高端技術船舶。 　5.先進軌道交通設備和電力裝備。 　6.航空工業。 　7.特色農機裝備。 　8.新材料。 　9.石化基礎材料。 　10.生物醫藥。
8	山東	《〈中國製造2025〉山東省行動綱要》

序號	中央及省市（自治區）	規劃名稱及目標及重點領域
		一、發展目標： 1.第一步（到 2025 年）基本實現製造業強省目標。 2.第二步（到 2035 年）山東製造整體達到國內製造強省前列，世界製造強國中等以上水平。 3.第三步（到新中國成立一百周年）山東製造整體達到國內製造強省領先水平、世界製造前列水平。 二、重點領域： 1.新一代信息技術與裝備。 2.高檔數控機床和機器人。 3.海洋工程裝備和高技術船舶。 4.軌道交通裝備。 5.汽車及零部件。 6.電力裝備。 7.現代農業機械。 8.工程機械。 9.專用設備。 10.節能環保裝備。 11.新材料。 12.生物醫藥及高性能醫療器械。 13.紡織服裝。 14.食品。 15.家電。 16.造紙及紙製品。 17.輪胎。 18.石油化工。 19.建材。 20.冶金。
9	廣東	《〈中國製造 2025〉廣東實施意見》 一、重點領域： 1.新一代信息技術產業。 （1）集成電路及關鍵元器件。 （2）信息通信設備。 （3）操作系統及工業軟件。 （4）新型平板顯示。 2.先進裝備製造業。 （1）智能製造裝備。

服務組合輸出持續深入，簽約澳大利亞雙層客車增購、烏茲別克斯坦電力機車等項目，海外業務實現由單一產品出口到「產品、資本、技術、管理、服務」多種組合輸出轉變。出口理念實現從產品「走出去」到產能「走進去」、品牌「走上去」轉變。馬來西亞製造中心成為東盟地區經貿合作的亮點和「一帶一路」示範基地，為當地提供軌道交通裝備產品維保服務。「天狼星號」動車組捷克上線，是中國動車組首次進入歐盟。積極開展戰略合作，開展協力廠商市場合作，形成品牌合作協同效應，與泰雷茲等續簽合作協定；聯合出海，高標準推進印尼雅萬高鐵車輛設計、製造與售後維保，推廣好高鐵「金名片」。[422]

表 5-14 中國中車股份有限公司主要產品資料表

主要產品	產品資料
動車組	主要包括時速 200 公里及以下、時速 200 公里-250 公里、時速 300 公里～350 公里及以上各類電動車組，內燃動車組，主要用於幹線鐵路和城際鐵路客運服務。在「引進、消化、吸收、再創新」的基礎上，以「復興號」為代表的動車組產品具有自主智慧財產權。
機車	主要包括最大牽引功率達 12000KW、最高時速達 200 公里的各類直流傳動、交流傳動電力機車和內燃機車，這些機車作為牽引動力主要用於幹線鐵路客運和貨運服務，公司機車產品具有自主智慧財產權。
客車	主要包括時速 120～160 公里座車、臥車、餐車、行李車、發電車、特種車、高原車及雙層鐵路客車等，主要用於幹線鐵路客運服務，公司客車產品具有自主智慧財產權。
貨車	主要包括各類鐵路敞車、棚車、平車、罐車、漏斗車及其他特種貨物運輸貨車，主要用於幹線鐵路或工礦企業貨物運輸。公司貨車產品具有自主智慧財產權。
城市軌道車輛	主要包括地鐵車輛、輕軌車輛、市域（通勤）車輛、單軌車、磁浮車及有軌電車、膠輪車等，主要用於城市內和市郊通勤客運服務，公司城市軌道車輛產品具有自主智慧財產權。
通用機電	主要包括牽引電傳動與網路控制系統、柴油機、制動系統、冷卻與換熱系統、列車運控系統、旅客資訊系統、供電系統、齒輪傳動裝置等，主要與公司幹線鐵路和城際鐵路動車組與機車、城市軌道車輛、軌道工程機械等整機產品配套，部分產品以部件的方式獨立向協力廠商客戶提供，公司上述產品具有自主智慧財產權。

資料來源：

中國中車股份有限公司，《2018 年年度報告》，頁 11。

中國中車在集團龐大的資產與科技研發基礎下，開展新興業務，發揮核心技術優勢，

按照「相關多元、高端定位、行業領先」原則，以新能源、新材料、環境治理、動力裝置、海工裝備為重點，聚焦細分市場，整合資源，加快市場開發，培育新的增長極。又中國中車在海外併購的德國 BOGE 公司、英國 SMD 公司等，對拓展汽車、船舶、海工等業務領域成效顯著，特種變壓器首次進入船舶領域，國產淨化槽汙水處理裝備成功下線，環保汙水處理總包業務穩步增長，新產業業務不斷發展壯大。[423]

　　中國大陸政府大力推動「一帶一路」戰略及《國際產能與裝備製造合作》，鼓勵中國大陸企業向國際市場發展，中國中車在國際業務上把握「一帶一路」、「走出去」發展機遇，大力實施國際化戰略，積極拓展海外市場，推進出口產品由中低端向中高端轉變。創新經營模式，持續推進「產品+技術+服務+資本+管理」組合輸出，簽約新加坡地鐵翻新專案，軌道車輛維保服務訂單實現新突破。加強海外資源配置，深入開展本土化製造、本土化採購、本土化用工、本土化維保、本土化管理「五本模式」，海外市場基地的本土化製造持續推進，首批具有自主智慧財產權的橙線地鐵列車，在美國波士頓生產基地成功下線，標誌中國大陸高端裝備在發達國家「製造+技術+服務」全方位合作實現新突破；土耳其、南非海外研發中心實現掛牌，海外研發中心達到 15 個，研發資源整合利用、市場開發能力不斷增強。[424]這些成果均顯示，中國中車的裝備製造能力已達相當製造水準，才得以在國際市場上佔有一席之地。

　　2018 年中國中車研發投入共 111.79 億元人民幣，占營業收入 5.10%。全年踐行創新驅動發展戰略，公司擁有一支由 14 名中車科學家、77 名首席技術專家、467 名資深技術專家、2,248 名技術專家為核心的技術人才隊伍，使自主研發能力穩步提升。公司全年專利授權總數為 2,497 項，其中發明專利授權數量為 1,145 項，海外專利授權數量為60 項。11 個定向「先進軌道交通」重點專項任務取得階段性成果，京張智慧動車組完成樣車研製，引領未來發展潮流的全球首輛全碳纖維複合材料地鐵車體研製成功，時速160 公里快速磁浮列車、深海機器人等新產品先後下線，高速列車轉向架用軸承、IGBT晶片重大攻關專案開始實施。推進互聯網、大數據、人工智慧和實體經濟深度融合，智慧製造專案取得積極進展，智慧物流在產業鏈中廣泛推廣應用。蒂森克虜伯磁技術研究室入住國家高速列車技術創新中心，國家高速列車產業計量測試中心正式獲得批准籌建。[425]在大量資金與人才投入下，中國中車在軌道交通的科技研究與發展上，逐步獲得不錯的成績。

　　2019 年 12 月 30 日中國大陸開通世界上最先進的智能高速鐵路之路段，為北京到張家口的京張高速鐵路，此路段全長 174 公里，設計運行時速 350 公里。高鐵列車，運用北斗衛星系統導航，並實現區間自動運行、到站自動停車、停車自動開門，當高鐵列車進入隧道時，可智能控制車內壓力，提前調節燈光、車窗顏色等，在世界上首次實現復興號智能動車組時速 350 公里自動駕駛。且京張高速鐵路全線打造「智慧車站」，應用雲計算、物聯網、5G 通信等科技。旅客可通過「刷臉」進站，並可用手機掃二維碼，將 1.6 米長的滑雪闆存入專用櫃。[426]顯示，中國大陸的高鐵系統，領先全世界各國高鐵系統，率先進入無人化的科技智能新時代。

2020 年中國中車研發投入共 135.79 億元人民幣，占銷售收入 5.96%。組織實施「國家先進軌道交通重點專項」7 個研發方向共 13 個項目；圍繞磁浮、新材料、新能源、輕量化、健康管理等前沿領域組建 7 個協同創新團隊；全力開展關鍵核心技術攻關， 2020 年新立機車、貨車、城軌車輛等軌道交通新產品、關鍵系統和零部件研發專案 302 個，年內專案進展順利，有力地支撐了公司持續健康發展。[427]

中國大陸軌道交通裝備，在通信信號裝備方面，雖已經構建了 CTCS 列控系統技術體系，初步掌握了系統技術和部分關鍵技術，但還有一些關鍵技術及硬體平臺目前還依賴國外供應商，城際鐵路通信信號裝備目前只是處於研製階段，尚未形成成熟的應用經驗，現代有軌電車信號控制技術已完成自主化研發並投入運營，但缺乏統一的技術標準，系統的功能定位元不規範。在關鍵核心部件方面，與轉向架、牽引傳動、制動、列車網路控制及列車運行控制等系統相關的部分關鍵零部件創新成果仍需進行試驗驗證和運營考核，均是未來研究發展方向。[428]

此外，中國大陸整體軌道交通裝備產業標準體系尚未形成，當前以德國、法國和日本為代表的世界軌道交通裝備製造強國，均建立較為完善的軌道交通裝備產業標準體系。其中，歐洲鐵路行業協會制定和頒發的國際鐵路行業標準（International Railway Industry Standard, IRIS）得到龐巴迪、阿爾斯通、西門子等軌道交通裝備製造商的大力支持，已成為全球認可的一套針對鐵路裝備部件供應商、系統集成商，乃至運營商的品質、管理和服務標準體系。中國大陸軌道交通裝備在設計、製造和認證等方面尚需進一步建立規範、統一和完善的標準體系，土建工程、車輛和機電設備標準還需進一步統一，標準的適用性、配套性和時效性有待進一步提高。儘管總成、轉向架和牽引制動等相科技成果已形成國內行業標準，但還未得到國際認可，企業在國際工程項目投標軌道交通裝備產品出口中往往處於不利地位。因此，中國大陸標準動車組和大功率機車的技術標體系還需進一步完善。[429]

三、小結

中國大陸的軌道交通裝備，則是在舊有的傳統鐵路建設基礎下，進一步發展高速鐵路系統與地鐵等系統，而中國大陸高速鐵路的發展模式，是以龐大高鐵的建設市場，取得與歐洲以德、法為主的高鐵技術合作，在十餘年來，迄今中國大陸高鐵已累計超過 40,000 公里的規劃、建設、運營等技術實力，顯然在世界各國高鐵建設標案上，具有相當競爭能力。

2013 年 9 月和 10 月，中國大陸國家主席習近平在出訪中亞和東南亞國家期間，先後提出共建「絲綢之路經濟帶」和「21 世紀海上絲綢之路」（簡稱「一帶一路」）的重大倡議[430]，中國大陸政府推動一帶一路國家基礎設施互聯互通，軌道交通裝備走出去，將成為中國大陸基礎建設走向世界的一張新名片。

中國大陸有十餘萬公里的各類軌道交通建設與發展經驗，其建造成本又低於歐、日、韓等主要競爭國家，且在軌道建設與相關設備建造上，又有中國大陸國家開發銀行等多

個國有銀行的融資渠道,在國家各種政策優勢配合下,使得中國大陸軌道交通建設產業,得以具有相當優勢走向國際市場競爭。

以中國中車股份有限公司為例,到 2021 年營業收入已高達 225,731,755,000 元人民幣,淨利潤亦高達 10,302,605,000 元人民幣,新簽訂單約 2,210 億元人民幣,其中國際業務新簽訂單約 350 億元人民幣;期末在手訂單約 2,203 億元人民幣,其中國際業務在手訂單約 860 億元人民幣。在鐵路業務方面,拉林鐵路開通,「復興號」成功進藏,時速 600 公里高速磁浮列車正式下線,「瑞雪迎春」智慧型「復興號」高速動車組服務北京冬奧會。中國中車克服新冠疫情帶來的一系列不利影響,成功突破盧森堡、希臘、象牙海岸三個新市場。斬獲阿聯酋、巴基斯坦、澳大利亞、紐西蘭、荷蘭、幾內亞、智利、阿根廷等國家和地區新訂單。獲得中老鐵路集中動力動車組增購訂單,高標準、高品質完成中老(寮)鐵路「瀾滄號」車輛製造與交付,保障了中老(寮)鐵路年內順利開通,為打造「一帶一路、中老(寮)友誼的標誌性工程」貢獻中車力量,同時,進一步增強了公司在「一帶一路」沿線市場影響力和示範效應,「走出去」模式不斷成功實踐,實現市場可持續拓展。[431]

中國中車在《中國製造 2025》研發策略帶動下,在通信信號裝備上必將能突破技術困境,達成自主研發關鍵技術。再隨著一帶一路戰略與國際產能與裝備製造合作引領下,從東南亞、中亞、中東、中東歐及非洲等發展中國家的軌道交通規劃與建設,未來的實質影響力將會不斷擴大,亦可逐步完善中國大陸所主導的軌道交通裝備產業標準體系。

伍、結論

中國大陸自 1978 年改革開放後,繼續朝四個現代化(農業、工業、國防和科學技術的現代化)目標邁進,故引進大量中國大陸境外的資金、技術、人才,結合中國大陸本身的勞動力、土地等資源,再運用國家經濟發展政策,不斷興建基礎建設,大力發展製造業,並鼓勵出口貿易,使中國大陸經濟得以高速發展三十餘年。

回顧中國大陸改革開放後四十餘年的製造業發展史,可以瞭解到中國大陸政府不斷運用稅賦及土地等優惠政策,吸引全球製造產業遷往中國大陸各地設廠,如此不但可以解決內部就業問題,還能借外商投資設廠帶進的技術人才,在工廠裡經由實務工作歷練,培養中國大陸內部的製造業人才,逐步建立出一套完整的工業體系。

以工業體系完整度分析,中國大陸共擁有 39 個工業大類、191 個中類、525 個小類,是全世界唯一擁有聯合國產業類別中,全部工業門類的國家。但是,中國大陸政府深知,中國大陸製造業問題在於整體製造產業發展極為不均衡,中低階製造業產業群龐大,高階製造產業群較少,因而在許多關鍵零組件的設計與製造,仍受制於外國企業,並需要靠進口才能彌補許多不足的關鍵零組件。

為提升及改善中國大陸整體製造業,2015 年中國大陸政府學習歐、美、日等工業發達國家經驗,制定《中國製造 2025》的產業升級與發展計劃,創新驅動、品質為先、綠

色發展、結構優化、人才為本等五大基本方針，期望用三十餘年的時間，使中國大陸從「製造大國」，轉變成為與歐、美、日、俄等國並列的「製造強國」。

而《中國製造 2025》主要涵蓋 10 個重點發展領域，包括新一代資訊通信技術產業、高級數控機床和機器人、航空航太裝備、海洋工程裝備及高技術船舶、先進軌道交通裝備、節能與新能源汽車、電力裝備、農業裝備、新材料、生物醫藥及高性能醫療器械。然中國大陸政府深知，資訊通信技術產業是提升整體製造業的關鍵利器，故將新一代資訊通信技術產業列為 10 個重點發展領域首位，未來 5G 甚至 6G 的資通訊技術發展，整個世界將進入大數據、雲計算及萬物聯網的新時代。高級數控機床和機器人、航空航太裝備、海洋工程裝備及高技術船舶、節能與新能源汽車、電力裝備、農業裝備、高性能醫療器械等產業發展，將會隨著各產業與資通訊產業結合的發展程度，影響其發展速度。在新材料、生物醫藥及等產業發展，則必須依靠中國大陸在相關領域人才的培養，才可能加速該領域的發展。

現階段中國大陸經濟發展，已由高速增長階段轉向中高速增長階段，中國大陸政府深知國內整體製造業中低端產能龐大，但高端製造產能不足，必須透過整體製造業轉型的供給側結構性改革，來促進中國大陸整體經濟的轉型與升級。而中國大陸政府亦深知《中國製造 2025》主要涵蓋的十個重點發展領域，雖有許多企業戮力研發，且已有初步成效，在相關製造也有一定產業規模，但除航天航太裝備與軌道交通裝備外，大部分的重點產業領域在關鍵零組件的研發製造，以及材料設備的研發，都相對落後美、歐、日、俄等先進工業化國家。

例如，晶圓製造的關鍵技術與機臺設備，主要高端技術與智慧財產權都是美、歐、日的企業所掌控，中國大陸自有企業還沒能力研發與製造，因而每年都需要花費數千億美元購買高端晶片及相關設備，再如發展 C919 大飛機，在引擎發動機的研發與製造上仍未突破，必須購買美國廠商所製造的引擎。故中國大陸政府需透過《中國製造 2025》政策規劃，對相關產業進行大力扶植，期望在各項技術研發有突破性進展，並在產業規模上能有所成長，帶動經濟轉型與成長。

再從歷史的演變來分析中國大陸的工業化歷程，自清末到 1978 年改革開放前的期間，因內部紛爭及帝國主義侵略等眾多問題，使得國家整體發展遲滯。而 1949 年中國共產黨在中國大陸建立政權後，初期因與蘇聯等社會主義國家交好，得到蘇聯協助開啟 156 項工程，使得中國大陸各類工業開始大步的發展，但後因國際局勢與內部因素，使得中國大陸整體工業化腳步趨緩。直到 1978 年改革開放後，中國大陸製造業接軌美國發起的第三次工業革命，才繼續加速開展中國大陸整體工業化進程，使中國大陸製造業發展逐漸茁壯，迄今形成龐大的工業體系。

中國大陸現階段工業化發展，隨著整個世界工業發展同時邁入轉型期，也正是《中國製造 2025》政策規劃，企圖以三十餘年時間，分三步走的發展方向，達成整體工業升級的轉型目標。而從改革開放四十餘年的經濟發展戰略來分析，現階段中國大陸已儲備大量製造業人才，也持續在吸引海外製造業人才，除政府在研發上大量投資外，有許多

企業如華為、中國中車、阿里巴巴、騰訊等，國營與民營企業都在研發上大量投資，於 2019 年中國大陸研究與試驗發展經費支出已達 21,737 億元人民幣，比 2018 年增長 10.5%，佔 2019 年國內生產總值 2.19%，又到 2021 年研究與試驗發展經費支出增長達 27,864 億元人民幣，比 2020 年增長 14.2%，佔國內生產總值之比為 2.44%。顯見，在《中國製造 2025》等一連串政策規劃帶動下，經濟發展將持續逐年增長，未來中國大陸經濟轉型與工業化升級，將有極大成功機會。

▋第三節 國家新型城鎮化

壹、中國大陸城鎮化發展概況

1949 年末，中國大陸共有 132 個城市，其中有 65 個地級以上城市， 67 個縣級市；2,000 個左右的建制鎮。改革開放前，中國大陸城市發展過程整體比較曲折，小城市和小城鎮發展遲緩。1978 年末，中國大陸共有 193 個城市，其中有 101 個地級以上城市，92 個縣級市；2,176 個建制鎮。改革開放後，中國大陸城鎮化建設進入快速通道，大中小城市和小城鎮持續協調發展，城市數量迅速增加。2018 年末，增加達到 672 個城市，其中有 297 個地級以上城市， 375 個縣級市； 21,297 個建制鎮。[432]

1949 年末，中國大陸常住人口城鎮化率只有 10.64％。國民經濟恢復與「一五」時期，出現一批新興工礦業城市，武漢、太原和洛陽等老城市也進行擴建改造，大批農業勞動力轉移到城市工業部門，城市數量和城市人口持續增加。1960 年末，常住人口城鎮化率達到 19.75％，比 1949 年末提高了 9.11％，年均提高 0.83％；城市數達到 199 個，增加了 67 個，年均增加 6 個。進入 1960 年代，國民經濟全面調整，一大批新設置的市退回縣建制，一部分地級市降為縣級市，人口流動受到戶籍政策的嚴格控制，城鎮化進程有所波動。1964 年「三線」建設開始啟動，中西部地區城市數和城鎮人口有所增加，區域協調性有所改善，至 1978 年，常住人口城鎮化率基本保持在 17%～18%之間。[433]

中國大陸自 1978 年 12 月宣布改革開放，伴隨著工業化進程加速，城鎮化經歷了一個起點低、速度快的發展過程。從 1978 到 2013 年間，城鎮常住人口從 1.7 億人增加到 7.3 億人，城鎮化率從 17.9%提升到 53.7%，年均提高 1.02 個百分點；城市數量從 193 個增加到 658 個，建制鎮數量從 2,173 個增加到 20,113 個。京津冀、長江三角洲、珠江三角洲三大城市群，以 2.8%的國土面積集聚 18%的人口，創造 36%的國內生產總值，成為帶動中國大陸經濟快速增長和參與國際經濟合作與競爭的主要平臺。由於城市水、電、路、氣、信息網絡等基礎設施顯著改善，教育、醫療、文化體育、社會保障等公共服務水平明顯提高，人均住宅、公園綠地面積大幅增加。城鎮化的快速推進，吸納了大量農村勞動力轉移就業，提高了城鄉生產要素配置效率，推動了國民經濟持續快速發展，帶來了社會結構深刻變革，促進了城鄉居民生活水平全面提升。[434]

從中國大陸經濟改革開放，將國家經濟發展戰略由重工業發展，回頭補課發展農業與輕工業，由民生必需品發展出商品經濟，促使經濟更加活絡，在經濟發展與城鎮化的過程中，帶動產業逐步由農業轉向民生輕工業後再優化重工業，使得城鎮化的民生消費需求能得到滿足，基礎建設能得以逐步發展，完成初步工業化與初級城鎮化的發展進程。

由於 1978 年中國大陸政府啟動改革開放，城市與農村的人口開始自由流動，雖然中國大陸仍有戶籍遷移管制，但仍不阻礙農村人口隨著務工的需求，自然的往城鎮移動，也因中國大陸的快速工業化，許多工廠林立如深圳、佛山、東莞、義烏等新興工業城市逐步興起，吸納中國大陸各省許多農村人口。中國大陸政府也就順勢推動城鎮化進程，

從 1978 年 193 個城市及 2,173 個建置鎮，增加到 2018 年 672 個城市及 21,297 個建置鎮，使得龐大的農村剩餘勞動人口，能轉化為製造業的勞工，成為中國大陸工業化的助力，使中國大陸整體產業從農業及工業為主的型態，加速向工業及服務業為主的型態轉型。

表5-15　中國大陸城鎮化推動城鎮化因素彙整表

一、現代化的必由之路：

1. 工業革命以來的經濟社會發展史表明，一國要成功實現現代化，在工業化發展的同時，必須注重城鎮化發展。
2. 當今中國，城鎮化與工業化、資訊化和農業現代化同步發展，是現代化建設的核心內容，彼此相輔相成。
3. 工業化處於主導地位，是發展的動力。
4. 農業現代化是重要基礎，是發展的根基。
5. 資訊化具有後發優勢，為發展注入新的活力。
6. 城鎮化是載體和平臺，承載工業化和資訊化發展空間，帶動農業現代化加快發展，發揮著不可替代的融合作用。

二、是保持經濟持續健康發展的強大引擎：

1. 內需是我國經濟發展的根本動力，擴大內需的最大潛力在於城鎮化。
2. 目前我國常住人口城鎮化率為 53.7%，戶籍人口城鎮化率只有 36% 左右，不僅遠低於發達國家 80% 的平均水準，也低於人均收入與我國相近的發展中國家 60% 的平均水準，還有較大的發展空間。
3. 城鎮化水準持續提高，會使更多農民通過轉移就業提高收入，通過轉為市民享受更好的公共服務，從而使城鎮消費群體不斷擴大、消費結構不斷升級、消費潛力不斷釋放，也會帶來城市基礎設施、公共服務設施和住宅建設等巨大投資需求，這將為經濟發展提供持續的動力。

三、是加快產業結構轉型升級的重要抓手：

1. 產業結構轉型升級是轉變經濟發展方式的戰略任務，加快發展服務業是產業結構優化升級的主攻方向。
2. 目前我國服務業增加值占國內生產總值比重僅為 46.1%，與發達國家 74% 的平均水準相距甚遠，與中等收入國家 53% 的平均水準也有較大差距。
3. 城鎮化與服務業發展密切相關，服務業是就業的最大容納器。
4. 城鎮化過程中的人口集聚、生活方式的變革、生活水準的提高，都會擴大生活性服務需求；生產要素的優化配置、三次產業的聯動、社會分工的細化，也會擴大生產性服務需求。
5. 城鎮化帶來的創新要素集聚和知識傳播擴散，有利於增強創新活力，驅動傳統產業升級和新興產業發展。

四、城鎮化是解決農業農村農民問題的重要途徑：

1. 農村人口過多、農業水土資源緊缺，在城鄉二元體制下，土地規模經營難以推

行，傳統生產方式難以改變，這是「三農」問題的根源。

2. 人均耕地僅 0.1 公頃，農戶戶均土地經營規模約 0.6 公頃，遠遠達不到農業規模化經營的門檻。

3. 城鎮化總體上有利於集約節約利用土地，為發展現代農業騰出寶貴空間。

4. 隨著農村人口逐步向城鎮轉移，農民人均資源佔有量相應增加，可以促進農業生產規模化和機械化，提高農業現代化水準和農民生活水準。

5. 城鎮經濟實力提升，會進一步增強以工促農、以城帶鄉能力，加快農村經濟社會發展。

五、城鎮化是推動區域協調發展的有力支撐：

1. 改革開放以來，我國東部沿海地區率先開放發展，形成了京津冀、長江三角洲、珠江三角洲等一批城市群，有力推動了東部地區快速發展，成為國民經濟重要的增長極。

2. 中西部地區發展相對滯後，一個重要原因就是城鎮化發展很不平衡，中西部城市發育明顯不足。

3. 東部地區常住人口城鎮化率達到 62.2%，而中部、西部地區分別只有 48.5%、44.8%。

4. 西部大開發和中部崛起戰略的深入推進，東部沿海地區產業轉移加快，在中西部資源環境承載能力較強地區，加快城鎮化進程，培育形成新的增長極，有利於促進經濟增長和市場空間由東向西、由南向北梯次拓展，推動人口經濟佈局更加合理、區域發展更加協調。

六、城鎮化是促進社會全面進步的必然要求：

1. 城鎮化作為人類文明進步的產物，既能提高生產活動效率，又能富裕農民、造福人民，全面提升生活品質。

2. 隨著城鎮經濟的繁榮，城鎮功能的完善，公共服務水準和生態環境品質的提升，人們的物質生活會更加殷實充裕，精神生活會更加豐富多彩。

3. 隨著城鄉二元體制逐步破除，城市內部二元結構矛盾逐步化解，全體人民將共享現代文明成果。

4. 這既有利於維護社會公平正義、消除社會風險隱患，也有利於促進人的全面發展和社會和諧進步。

資料來源：整理自-《國家新型城鎮化規劃（2014－2020 年）》（北京：人民出版社，2014 年），頁 9～12。

　　從中國大陸政府所公布的城市基礎設施和服務設施變化表，可明確得知僅 2000 年至 2012 年間，用水普及率、燃氣普及率、人均道路面積、汙水處理率、人均公園綠地面積、普通中學、病床數等民生基礎設施均大幅成長，這也對應到現在大陸多數城市在基礎建設嶄新的現狀，由於城市基礎建設不斷完善，亦使中國大陸經濟能穩定增長，也帶動相關民生產業的發展。

表5-16 中國大陸城市（鎮）數量和規模變化表

統計年份	1978 年	2010 年
城市	193 個	658 個
1000 萬以上人口	0 個	6 個
500 萬〜1000 萬以上人口	2 個	10 個
300 萬〜500 萬以上人口	2 個	21 個
100 萬〜300 萬以上人口	25 個	103 個
50 萬〜100 萬以上人口	35 個	138 個
50 萬以下人口	129 個	380 個
建制鎮	2,173 個	19,410 個
註：2010 年數據根據第六次全國人口普查數據整理。		

資料來源：

《國家新型城鎮化規劃（2014－2020 年）》（北京：人民出版社，2014 年），頁 8。

表5-17 中國大陸城市基礎設施和服務設施變化表

指標	2000 年	2012 年
用水普及率	63.9%	97.2%
燃氣普及率	44.6%	93.2%
人均道路面積	6.1 平方米	14.4 平方米
人均住宅建築面積	20.3 平方米	32.9 平方米
汙水處理率	34.3%	87.3%
人均公園綠地面積	3.7 平方米	12.3 平方米
普通中學	14,473 所	17,333 所
病床數	142.6 萬張	273.3 萬張

資料來源：

《國家新型城鎮化規劃（2014－2020 年）》（北京：人民出版社，2014 年），頁 8。

　　中國大陸政府發現城市快速發展，產生大量農業轉移人口難以融入城市社會市民化進程滯後的問題、土地城鎮化快於人口城鎮化建設用地粗放低效的問題、城鎮空間分佈和規模結構不合理與資源環境承載能力不匹配的問題、城市管理服務水準不高城市病問題日益突出的問題、自然歷史文化遺產保護不力城鄉建設缺乏特色的問題、體制機制不健全阻礙了城鎮化健康發展的問題等，因而中國大陸政府對原來推行城鎮化規劃進行改革，推出《國家新型城鎮化規劃》，企圖解決因工業化帶來城市化的龐大問題，並認為國家新型城鎮化可以成為保持經濟持續健康發展強大引擎、可加快產業結構轉型升級、是解決農業農村農民問題的重要途徑、並推動區域協調發展使得大中小城市能有均衡的發展。

表5-18 中國大陸城鎮化主要矛盾與問題彙整表

一、大量農業轉移人口難以融入城市社會市民化進程滯後：
  1.目前農民工已成為我國產業工人的主體，受城鄉分割的戶籍制度影響，被統計為城鎮人口的 2.34 億農民工及其隨遷家屬，未能在教育、就業、醫療、養老、保障性住房等方面享受城鎮居民的基本公共服務，產城融合不緊密，產業集聚與人口集聚不同步，城鎮化滯後於工業化。
  2.城鎮內部出現新的二元矛盾，農村留守兒童、婦女和老人問題日益凸顯，給經濟社會發展帶來諸多風險隱患。

二、「土地城鎮化」快於人口城鎮化建設用地粗放低效：
  1.一些城市「攤大餅」式擴張，過分追求寬馬路、大廣場，新城新區、開發區和工業園區占地過大，建成區人口密度偏低。
  2.自 1996～2012 年，全國建設用地年均增加 724 萬畝，其中城鎮建設用地年均增加 357 萬畝；2010～2012 年，全國建設用地年均增加 953 萬畝，其中城鎮建設用地年均增加 515 萬畝。
  3.自 2000～2011 年，城鎮建成區面積增長 76.4%，遠高於城鎮人口 50.5%的增長速度；農村人口減少 1.33 億人，農村居民點用地卻增加了 3,045 萬畝。
  4.一些地方過度依賴土地出讓收入和土地抵押融資推進城鎮建設，加劇了土地粗放利用，浪費了大量耕地資源，威脅到國家糧食安全和生態安全，也加大了地方政府性債務等財政金融風險。

三、城鎮空間分佈和規模結構不合理與資源環境承載能力不匹配：
  1.東部一些城鎮密集地區資源環境約束趨緊，中西部資源環境承載能力較強地區的城鎮化潛力有待挖掘；
  2.城市群佈局不盡合理，城市群內部分工協作不夠、集群效率不高；部分特大城市主城區人口壓力偏大，與綜合承載能力之間的矛盾加劇；
  3.中小城市集聚產業和人口不足，潛力沒有得到充分發揮；
  4.小城鎮數量多、規模小、服務功能弱，這些都增加了經濟社會和生態環境成本。

四、城市管理服務水準不高「城市病」問題日益突出：
  1.一些城市空間無序開發、人口過度集聚，重經濟發展、輕環境保護，重城市建設、輕管理服務，交通擁堵問題嚴重，公共安全事件頻發，城市污水和垃圾處理能力不足，大氣、水、土壤等環境污染加劇，城市管理運行效率不高，公共服務供給能力不足，城中村和城鄉接合部等外來人口集聚區人居環境較差。

五、自然歷史文化遺產保護不力城鄉建設缺乏特色：
  1.一些城市景觀結構與所處區域的自然地理特徵不協調，部分城市貪大 求洋、照搬照抄，脫離實際建設國際大都市，「建設性」破壞不斷蔓延，城市的自然和文化個性被破壞。

> 2.一些農村地區大拆大建，照搬城市社區模式建設新農村，簡單用城市元素與風格取代傳統民居和田園風光，導致鄉土特色和民俗文化流失。

六、體制機制不健全阻礙了城鎮化健康發展：

> 1.現行城鄉分割的戶籍管理、土地管理、社會保障制度，以及財稅金融、行政管理等制度，固化著已經形成的城鄉利益失衡格局，制約著農業轉移人口市民化，阻礙著城鄉發展一體化。

資料來源：

整理自-《國家新型城鎮化規劃（2014～2020年）》（北京：人民出版社，2014年），頁9～12。

貳、中國大陸城鎮化規劃概述

2001年中國大陸政府發布《中華人民共和國國民經濟和社會發展第十個五年計劃綱要》（下稱：《十五計畫綱要》）於該綱要首次提出「實施城鎮化戰略，促進城鄉共同進步」的城鎮化規劃，明確指出：「提高城鎮化水準，轉移農村人口，有利於農民增收致富，可以為經濟發展提供廣闊的市場和持久的動力，是優化城鄉經濟結構，促進國民經濟良性迴圈和社會協調發展的重大措施。隨著農業生產力水準的提高和工業化進程的加快，我國推進城鎮化的條件已漸成熟，要不失時機地實施城鎮化戰略。」[435]

由於2001年，中國大陸改革開放已歷經二十餘年，整體經濟高速發展，大量農村人口進入大中小城市務工，產生龐大農民工，使得城鄉結構發生巨大改變，因此在《十五計畫綱要》開始提出「城鎮化戰略」，期望走符合中國大陸國情，以大中小城市與小城鎮協調的多樣化城鎮化道路，逐步建立各類城市與城鎮的管理模式，並推動改革戶籍制度，達成實施城鎮化戰略，以促進城鄉共同進步的發展目標。

表5-19 十五計畫綱要：實施城鎮化戰略，促進城鄉共同進步彙整表

一、形成合理的城鎮體系推進城鎮化要遵循客觀規律，與經濟發展水準和市場發育程度相適應，循序漸進，走符合我國國情、大中小城市和小城鎮協調發展的多樣化城鎮化道路，逐步形成合理的城鎮體系。

1.有重點地發展小城鎮，積極發展中小城市，完善區域性中心城市功能，發揮大城市的輻射帶動作用，引導城鎮密集區有序發展。

2.防止盲目擴大城市規模。要大力發展城鎮經濟，提高城鎮吸納就業的能力。

3.加強城鎮基礎設施建設，健全城鎮居住、公共服務和社區服務等功能。以創造良好的人居環境為中心，加強城鎮生態建設和污染綜合治理，改善城鎮環境。

4.加強城鎮規劃、設計、建設及綜合管理，形成各具特色的城市風格，全面提高城鎮管理水準。

二、有重點地發展小城鎮發展小城鎮是推進我國城鎮化的重要途徑。

1. 小城鎮建設要合理佈局，科學規劃，體現特色，規模適度，注重實效。

2. 要把發展重點放到縣城和部分基礎條件好、發展潛力大的建制鎮，使之儘快完善功
   能，集聚人口，發揮農村地域性經濟、文化中心的作用。

3. 發展小城鎮的關鍵在於繁榮小城鎮經濟，把引導農村各類企業合理集聚、完善農村
   市場體系、發展農業產業化經營和社會化服務等與小城鎮建設結合起來。

三、消除城鎮化的體制和政策障礙打破城鄉分割體制，逐步建立市場經濟體制下的
   新型城鄉關係。

1. 改革城鎮戶籍制度，形成城鄉人口有序流動的機制。

2. 取消對農村勞動力進入城鎮就業的不合理限制，引導農村富餘勞動力在城鄉、地區
   間的有序流動。

3. 改革完善城鎮用地制度，調整土地利用結構，盤活土地存量，在保護耕地和保障農
   民合法權益的前提下，妥善解決城鎮建設用地。

4. 廣闢投融資管道，建立城鎮建設投融資新體制，形成投資主體多元化格局。在政府
   引導下主要通過發揮市場機製作用建設小城鎮，鼓勵企業和城鄉居民投資。

5. 科學制定設市、設鎮標準，儘快形成符合市場經濟體制和城鎮化要求的行政管理體
   制。加強政策協調，改進城鎮化的宏觀管理。

資料來源：

整理自-中國人大網，2001，〈 中華人民共和國國民經濟和社會發展第十個五年計劃綱要 〉，http：

//www.npc.gov.cn/wxzl/gongbao/2001-03/19/content_5134505.htm，檢索時間 2019 年 2 月 2 日。

又中國大陸政府 2005 年發布《中華人民共和國國民經濟和社會發展第十一個五年
計劃綱要》（下稱：《十一五計畫綱要》），延續對城鎮化發展的規劃，主要目標為，促進
城鎮化健康發展，除仍堅持大中小城市和小城鎮協調發展，提出以珠江三角洲、長江三
角洲、環渤海地區等城市群的概念，由特大城市與大城市為龍頭，帶動區域內大中小城
市與城鎮的發展，有效分散人口，達到對內地經濟發展的帶動的發展策略。

表5-20 十一五計畫綱要：促進城鎮化健康發展彙整表

一、堅持大中小城市和小城鎮協調發展，提高城鎮綜合承載能力，按照循序漸進、
   節約土地、集約發展、合理佈局的原則，積極穩妥地推進城鎮化。

二、珠江三角洲、長江三角洲、環渤海地區，要繼續發揮對內地經濟發展的帶動和
   輻射作用，加強區內城市的分工協作和優勢互補，增強城市群的整體競爭力。

三、繼續發揮經濟特區、上海浦東新區的作用，推進天津濱海新區等條件較好地區
   的開發開放，帶動區域經濟發展。

四、有條件的區域，以特大城市和大城市為龍頭，通過統籌規劃，形成若干用地少、
   就業多、要素集聚能力強、人口分佈合理的新城市群。

五、人口分散、資源條件較差的區域，重點發展現有城市、縣城和有條件的建制鎮。
   建立健全與城鎮化健康發展相適應的財稅、徵地、行政管理和公共服務等制度，
   完善戶籍和流動人口管理辦法。

> 六、統籌做好區域規劃、城市規劃和土地利用規劃,改善人居環境,保持地方特色,
>   提高城市管理水準。

資料來源:

整理自-中華人民共和國國家發展和改革委員會網站,2001,〈 中華人民共和國國民經濟和社會發展第十一個五年計劃
綱要 〉,http: //ghs.ndrc.gov.cn/zttp/ghjd/quanwen/201403/t20140321_603823.html,檢索時間 2019 年 2 月 2 日。

在中國大陸改革開放經濟高速發展 33 年後,由於中國大陸人口以增長至十三億多人,又因高原、山地及沙漠地形佔國土面積龐大,人口分布極為不平均,亦使整體社會經濟產生區域性的極大差異與不均衡發展,所以中國大陸政府於 2011 年發布《中華人民共和國國民經濟和社會發展第十二個五年計劃綱要》(下稱:《十二五計畫綱要》),提出堅持走中國特色城鎮化道路,科學制定城鎮化發展規劃,促進城鎮化健康發展的思維,以積極穩妥推進城鎮化為目標,著重在構建城市化戰略格局、穩步推進農業轉移人口轉為城鎮居民與增強城鎮綜合承載能力,三個方向的規劃。

從國土與區域發展總體戰略,構築區域經濟優勢互補、空間高效利用、人與自然和諧相處的區域發展格局,逐步實現不同區域基本公共服務均等化,來調整因經濟高速發展所產生的各類民生與社會經濟問題。落實在具體的建設與改革項目上,以城市基礎建設、戶籍改革、城市群發展及新型城鎮化為主要重點,才能改善大城市病所產生如基礎建設跟不上人口成長、人口集中於大城市使該城市無法負荷、中小城市人口不足及基礎設施建設落後等整體發展不均衡的問題。

而中國大陸的城鎮化發展進程,晚於歐美工業化國家近百年,雖有後發優勢可以總結歐美國家城市化發展經驗,但社會經濟發展過程仍無法避免工業化帶來城市病等若干問題,只能總結發展中的成敗經驗,並藉由科技發展更快速地找出解決方案,加快城市化進程發展新興產業,使得中國大陸整體經濟發展能因城鎮化的有效推進再進一步增長。

表5-21 十二五計畫綱要:積極穩妥推進城鎮化彙整表

一、構建城市化戰略格局

1.按照統籌規劃、合理佈局、完善功能、以大帶小的原則,遵循城市發展客觀規律,以大城市為依託,以中小城市為重點,逐步形成輻射作用大的城市群,促進大中小城市和小城鎮協調發展。

2.構建以陸橋通道、沿長江通道為兩條橫軸,以沿海、京哈京廣、包昆通道為三條縱軸,以軸線上若干城市群為依託、其他城市化地區和城市為重要組成部分的城市化戰略格局,促進經濟增長和市場空間由東向西、由南向北拓展。

3.在東部地區逐步打造更具國際競爭力的城市群,在中西部有條件的地區培育壯大若干城市群。

4.科學規劃城市群內各城市功能定位和產業佈局,緩解特大城市中心城區壓力,強化中小城市產業功能,增強小城鎮公共服務和居住功能,推進大中小城市基礎設施一體化建設和網路化發展。積極挖掘現有中小城市發展潛力,優先發展區位優勢明顯、資源環境承載能力較強的中小城市。有重點地發展小城鎮,把有條件的東部地

區中心鎮、中西部地區縣城和重要邊境口岸逐步發展成為中小城市。

二、穩步推進農業轉移人口轉為城鎮居民

1. 把符合落戶條件的農業轉移人口逐步轉為城鎮居民作為推進城鎮化的重要任務。充分尊重農民在進城或留鄉問題上的自主選擇權,切實保護農民承包地、宅基地等合法權益。

2. 堅持因地制宜、分步推進,把有穩定勞動關係並在城鎮居住一定年限的農民工及其家屬逐步轉為城鎮居民。

3. 特大城市要合理控制人口規模,大中城市要加強和改進人口管理,繼續發揮吸納外來人口的重要作用,中小城市和小城鎮要根據實際放寬落戶條件。

4. 鼓勵各地探索相關政策和辦法,合理確定農業轉移人口轉為城鎮居民的規模。

5. 對暫時不具備在城鎮落戶條件的農民工,要改善公共服務,加強權益保護。

6. 以流入地全日制公辦中小學為主,保證農民工隨遷子女平等接受義務教育,並做好與高中階段教育的銜接。

7. 將與企業建立穩定勞動關係的農民工納入城鎮職工基本養老和醫療保險。建立農民工基本培訓補貼制度,推進農民工培訓資金省級統籌。

8. 多管道多形式改善農民工居住條件,鼓勵採取多種方式將符合條件的農民工納入城鎮住房保障體系。

三、增強城鎮綜合承載能力

1. 堅持以人為本、節地節能、生態環保、安全實用、突出特色、保護文化和自然遺產的原則,科學編制城市規劃,健全城鎮建設標準,強化規劃約束力。

2. 合理確定城市開發邊界,規範新城新區建設,提高建成區人口密度,調整優化建設用地結構,防止特大城市面積過度擴張。預防和治理「城市病」。

3. 統籌地上地下市政公用設施建設,全面提升交通、通信、供電、供熱、供氣、供排水、污水垃圾處理等基礎設施水準,增強消防等防災能力。

4. 擴大城市綠化面積和公共活動空間,加快面向大眾的城鎮公共文化、體育設施建設。

5. 推進「城中村」和城鄉結合部改造。加強建築市場監管,規範建築市場秩序。

6. 深化城市建設投融資體制改革,發行市政項目建設債券。

7. 加強城市綜合管理。

8. 推動數位城市建設,提高資訊化和精細化管理服務水準。

9. 注重文化傳承與保護,改善城市人文環境。

資料來源:整理自-中華人民共和國國家發展和改革委員會網 2011< 中華人民共和國國民經濟和社會發展第十二個五年計劃綱要> http://www.ndrc.gov.cn/fzgggz/fzgh/ghwb/gjjh/201109/P020110919592208575015.pdf 檢索時間 2019 年 2 月 2 日。

叁、中國大陸國家新型城鎮化規劃概述

2012 年 11 月,中共總書記胡錦濤在中國共產黨第十八次全國代表大會上的報告,指出:「堅持走中國特色新型工業化、資訊化、城鎮化、農業現代化道路,推動資訊化和

工業化深度融合、工業化和城鎮化良性互動、城鎮化和農業現代化相互協調,促進工業化、資訊化、城鎮化、農業現代化同步發展。」[436]企圖以工業化、資訊化、城鎮化、農業現代化的同步發展戰略,提出發展中國特色的城鎮化發展模式。

2013 年 12 月 12 日,首次中央城鎮化工作會議於北京舉行,該會議指出:「城鎮化是現代化的必由之路,推進城鎮化是解決農業、農村、農民(三農)問題的重要途徑,是推動區域協調發展的有力支撐,是擴大內需和促進產業升級的重要抓手,對全面建成小康社會、加快推進社會主義現代化具有重大現實意義和深遠歷史意義。2012 年中國大陸城鎮人口達到 7.1 億,城鎮化率基本達到世界平均水準。」[437]

中央城鎮化工作會議認為:「我們這樣一個擁有 13 億人口的發展中大國實現城鎮化,在人類發展史上沒有先例。由於城鎮化目標正確、方向對頭,走出一條新路,將有利於釋放內需巨大潛力,有利於提高勞動生產率,有利於破解城鄉二元結構,有利于促進社會公平和共同富裕,而且世界經濟和生態環境也將從中受益。」[438]

因此,得知中國大陸政府發展新型城鎮化,除為解決三農問題外,也為擴大內需和促進產業升級鋪路,從歐美日等國家都市化發展經驗,可知在都市化過程中,都市內各產業可吸收農村剩餘人口就業,並帶動整體產業由農業轉型為工業及服務業,大量降低農業在整體產業的比例,因而中國大陸政府推動具有中國特色的新型城鎮化發展政策。

中央城鎮化工作會議,提出推進城鎮化六項主要任務:「第一,推進農業轉移人口市民化。第二,提高城鎮建設用地利用效率。第三,建立多元可持續的資金保障機制。第四,優化城鎮化布局和形態。第五,提高城鎮建設水平。第六,加強對城鎮化的管理。」[439]且該會議又認為:「城鎮化與工業化一道,是現代化的兩大引擎。走中國特色、科學發展的新型城鎮化道路,核心是以人為本,關鍵是提升質量,與工業化、信息化、農業現代化同步推進,並在該會議討論《國家新型城鎮化規劃》。」[440]此次中央城鎮化工作會議,明確指出中國大陸新型城鎮化目標與戰略方向,開啟中國大陸新型城鎮化的建設與發展步伐。

2014 年 3 月中國大陸國務院正式發佈《國家新型城鎮化規劃(2014～2020 年)》,該規劃前言說明:「根據中國共產黨第十八次全國代表大會報告、《中共中央關於全面深化改革若干重大問題的決定》、中央城鎮化工作會議精神、《中華人民共和國國民經濟和社會發展第十二個五年規劃綱要》和《全國主體功能區規劃》編制,按照走中國特色新型城鎮化道路、全面提高城鎮化品質的新要求,明確未來城鎮化的發展路徑、主要目標和戰略任務,統籌相關領域制度和政策創新,是指導全國城鎮化健康發展的宏觀性、戰略性、基礎性規劃。」[441]

中國大陸開啟由「城鎮化」轉向「新型城鎮化」的新發展模式,並在《國家新型城鎮化規劃(2014～2020 年)》背景中明確指出:「我國已進入全面建成小康社會的決定性階段,正處於經濟轉型升級、加快推進社會主義現代化的重要時期,也處於城鎮化深入發展的關鍵時期,必須深刻認識城鎮化對經濟社會發展的重大意義,牢牢把握城鎮化蘊

含的巨大機遇,準確研判城鎮化發展的新趨勢新特點,妥善應對城鎮化面臨的風險挑戰。」[442]顯示,新型城鎮化是中國大陸經濟發展戰略的一個重要環節,對於中國大陸經濟轉型升級中,質的提升有重要作用,並須更審慎應對,促進中國大陸整體產業由工業向服務業的轉型與發展。

又中國大陸政府對於發展新型城鎮化規劃,期望達成的重要指標,如在 2020 年時城鎮化水平,常住人口城鎮化率達 60%左右,其中戶籍人口城鎮化率達 45%左右。在基本公共服務上,如農民工隨遷子女接受義務教育比率、城鎮失業人員、農民工、新成長勞動力、免費接受基本職業技能培訓覆蓋率、城鎮常住人口基本養老保險覆蓋率、城鎮常住人口基本醫療保險覆蓋率等,均期望能達到 95%以上的比率,而在城鎮常住人口保障性住房覆蓋率,期望達到 23%。又在城鎮基礎設施上,百萬以上人口城市公共交通占機動化出型比率,期望達到 60%。[443]

是故,中國大陸在新型城鎮化規劃的引領下,從中央到地方政府各項社會公共資源如學校、醫院等設施的投入將會加大力度,且城鎮公共交通的投資也將會顯著增加,帶動公共交通如軌道交通、電子付費系統等,相關資訊與製造產業的發展。

在城鎮公共供水普及率、城市汙水處理率、城市生活垃圾無害化處理率,期望達到 90%以上的比率,使得城市基本生活能達到相當高水準,又在城市家庭寬帶接入能力,期望達到 50 Mbps,更有助於互聯網+與未來智慧城市的推動。在城鎮綠色建築占新建建築比重,期望達到 50%以上的比率,亦有助於建築產業的革新發展。

綜上所述,中國大陸新型城鎮化政策,明顯異於過往所推動的城鎮化,中國大陸政府隨著時代的變化與科技的發展,在以人為核心的思維推動新型城鎮化,不再只是重視基礎建設的發展,而是更重視人民生活品質的保障,及未來產業發展的連結性,達到以新型城鎮化促進經濟深化改革與發展的長遠目標。

表5-22 中國大陸重要新型城鎮化政策彙整表

公告年度	發布單位	政策名稱
2010 年	國務院	《關於印發全國主體功能區規劃的通知》
2014 年	中共中央、國務院	《國家新型城鎮化規劃（2014～2020 年）》
2014 年	國務院	《關於進一步推進戶籍制度改革的意見》[444]
2015 年	國務院辦公廳	《關於解決無戶口人員登記戶口問題的意見》
2015 年	國家發展和改革委員會	《國家新型城鎮化綜合試點總體實施方案》
2015 年	國務院	《居住證暫行條例》
2016 年	中共中央、國務院	《關於進一步加強城市規劃建設管理工作的若干意見》
2016 年	國務院	《關於深入推進新型城鎮化建設的若干意見》[445]

2016 年	國務院辦公廳	《推動 1 億非戶籍人口在城市落戶方案》[446]
2018 年	國家發展和改革委員會	《關於實施 2018 年推進新型城鎮化建設重點任務的通知》
2019 年	國家發展和改革委員會	《關於印發 2019 年新型城鎮化建設重點任務的通知》
2019 年	國家發展和改革委員會	《關於培育發展現代化都市圈的指導意見》

整理自-中國政府網。

表5-23 中國大陸新型城鎮化主要指標表

指標	2012 年	2020 年
一、城鎮化水平		
常住人口城鎮化率	52.6%	60%左右
戶籍人口城鎮化率	35.3%	45%左右
二、基本公共服務		
農民工隨遷子女接受義務教育比率	-	≥99%
城鎮失業人員、農民工、新成長勞動力 免費接受基本職業技能培訓覆蓋率	-	≥95%
城鎮常住人口基本養老保險覆蓋率	66.9%	≥90%
城鎮常住人口基本醫療保險覆蓋率	95%	98%
城鎮常住人口保障性住房覆蓋率	12.5%	≥23%
三、基礎設施		
百萬以上人口城市公共交通占機動化出型比率	45%*	60%
城鎮公共供水普及率	81.7%	90%
城市汙水處理率	87.3%	95%
城市生活垃圾無害化處理率	84.8%	95%
城市家庭寬帶接入能力	4 Mbps	≥50 Mbps
城市社區綜合服務設施覆蓋率	72.5%	100%
四、資源環境		
人均城市建設用地	-	≤ 100%
城鎮可再生能源消費比重	8.7%	13%
城鎮綠色建築占新建建築比重	2%	50%
城市建成區綠地率	35.7%	38.9%
地級以上城市空氣質量達到國家標準的比率	40.9%	60%

註：

1. ＊為 2011 年數據。

2. 城鎮常住人口基本養老保險覆蓋率指標中，常住人口不含 16 周歲以下人員和在校學生。

3. 城鎮保障性住房：包括公租房（含廉租房）、政策性商品住房和棚戶區改造安置住房等。

4. 人均城市建設用地：國家《城市用地外類與規劃建設用地標準》規定，人均城市建設用地標準為 65.0～115.0 平方米，新建城市為 85.1～105.0 平方米。

5. 城市空氣品質國家標準：在 1996 年標準基礎上，增設了 PM2.5 濃度限值和臭氧 8 小時平均濃度限值，調整了 PM10、二氧化氮、鉛等濃度限值。

資料來源：

《國家新型城鎮化規劃（2014－2020 年）》（北京：人民出版社，2014 年），頁 20。

肆、中國大陸推動國家新型城鎮化的試點

2014 年 12 月，國家發展改革委員會、中央組織部中央機構編制委員會辦公室、公安部、民政部、財政部、人力資源社會保障部、住房城鄉建設部、農業部、人民銀行、銀監會、國家標準化管理委員會等，11 個部委聯合下發《關於印發國家新型城鎮化綜合試點方案的通知》，將江蘇、安徽兩省和寧波等 62 個城市（鎮）列為國家新型城鎮化綜合試點地區。[447]

並在《國家新型城鎮化綜合試點總體實施方案》中說明試點地區，是綜合考慮申報地區的工作基礎和試點工作方案，兼顧不同區域、不同類型和不同層級城市（鎮），確定在江蘇、安徽兩省和寧波等 62 個城市（鎮）開展試點。而試點時間，於 2014 年底前開始試點，並根據情況不斷完善方案，到 2017 年各試點任務取得階段性成果，形成可複製、可推廣的經驗；2018～2020 年，逐步在全國範圍內推廣試點地區的成功經驗。[448]

而這些試點地區主要任務有，建立農業轉移人口市民化成本分擔機制、建立多元化可持續的城鎮化投融資機制、改革完善農村宅基地制度、探索建立行政管理創新和行政成本降低的新型管理模式、綜合推進體制機制改革創新等[449]，經由試點找探索改革經驗並尋找改革及發展模式，以利新型城鎮化未來在全中國大陸各地有效推展。

然而，新型城鎮化與傳統城鎮化的最大不同，在於新型城鎮化是以人為核心的城鎮化，注重保護農民利益，與農業現代化相輔相成。新型城鎮化不是簡單的城市人口比例增加和規模擴張，而是強調在產業支撐、人居環境、社會保障、生活方式等方面實現由「鄉」到「城」的轉變，實現城鄉統籌和可持續發展，最終實現人的無差別發展。[450]

2016 年 2 月中國大陸政府發布《國務院關於深入推進新型城鎮化建設的若干意見》強調：「新型城鎮化是現代化的必由之路，是最大的內需潛力所在，是經濟發展的重要動力，也是一項重要的民生工程。自《國家新型城鎮化規劃（2014～2020 年）》發布實

施以來，各地區、各部門抓緊行動、改革探索，新型城鎮化各項工作取得了積極進展，但仍然存在農業轉移人口市民化進展緩慢、城鎮化質量不高、對擴大內需的主動力作用沒有得到充分發揮等重要問題。」[451]

因此，必須積極推動下列改革項目：「一、積極推進農業轉移人口市民化（加快落實戶籍制度改革政策、全面實行居住證制度、推進城鎮基本公共服務常住人口全覆蓋、加快建立農業轉移人口市民化激勵機制）。二、全面提升城市功能（加快城鎮棚戶區、城中村和危房改造、加快城市綜合交通網絡建設、實施城市地下管網改造工程、推進海綿城市建設、推動新型城市建設、提升城市公共服務水準）。三、加快培育中小城市和特色小城鎮（提升縣城和重點鎮基礎設施水準、加快拓展特大鎮功能、加快特色鎮發展、培育發展一批中小城市、加快城市群建設）。四、輻射帶動新農村建設（推動基礎設施和公共服務向農村延伸、帶動農村一二三產業融合發展、帶動農村電子商務發展、推進易地扶貧搬遷與新型城鎮化結合）。五、完善土地利用機制（規範推進城鄉建設用地增減掛鉤、建立城鎮低效用地再開發激勵機制、因地制宜推進低丘緩坡地開發、完善土地經營權和宅基地使用權流轉機制）。六、創新投融資機制（深化政府和社會資本合作、加大政府投入力度、強化金融支持）。七、完善城鎮住房制度（建立購租並舉的城鎮住房制度、完善城鎮住房保障體系、加快發展專業化住房租賃市場、健全房地產市場調控機制）。」[452]

綜上可知，新型城鎮化是當前中國大陸政府重要經濟發展戰略之一，政府運用社會資本大力投入各地城鎮基礎建設，期望吸引農業人口進一步轉成城鎮人口，將農村的農業人口轉向城鎮工業及服務業發展，亦帶動當地城鎮周圍的農村變革，城鎮興起居民所需農產品必然增加，農業發展亦有增長，農村與城鎮發展相輔相成，再發展一批特色小鎮，由農村、小城鎮、中小城市、城市群連成一體化發展，成為中國大陸國內經濟轉型的新發展動力。

表5-24 國家新型城鎮化綜合試點地區名單表

省	江蘇省、安徽省。
計畫單列市	寧波市、大連市、青島市。
省會城市	河北省石家莊市、吉林省長春市、黑龍江省哈爾濱市、湖北省武漢市、湖南省長沙市、廣東省廣州市、重慶市主城九區。
地級市（區、縣）	北京市通州區、天津市薊縣、吉林省吉林市、黑龍江省齊齊哈爾市、黑龍江省牡丹江市、上海市金山區、浙江省嘉興市、福建省莆田市、江西省鷹潭市、山東省威海市、山東省德州市、河南省洛陽市、湖北省孝感市、湖南省株洲市、廣東省東莞市、廣東省惠州市、深圳市（光明新區）、廣西壯族自治區柳州市、廣西壯族自治區來賓市、四川省瀘州市、貴州省安順市、雲南省曲靖市、甘肅省金昌市、青海省海東市、寧夏回族自治區固原市。
縣級市（區、	河北省定州市、河北省張北縣、山西省介休市、內蒙古自治區紮

縣）	蘭屯市、遼寧省海城市、吉林省延吉市、浙江省義烏市、福建省晉江市、江西省樟樹市、山東省鄆城縣、河南省禹州市、河南省新鄭市、河南省蘭考縣、湖北省仙桃市、湖北省宜城市、湖南省資興市、海南省儋州市、四川省閬中市、貴州省都勻市、雲南省大理市、西藏自治區日喀則市桑珠孜區、陝西省高陵縣、青海省格爾木市、新疆維吾爾自治區伊寧市、新疆維吾爾自治區阿拉爾市。
建制鎮	浙江省蒼南縣龍港鎮、吉林省安圖縣二道白河鎮。

資料來源：

整理自-國家發展和改革委員會網站，〈國家新型城鎮化綜合試點總體實施方案〉，http：

//www.ndrc.gov.cn/fzgggz/fzgh/zcfg/201502/W020150204333529885819.pdf，檢索時間 2019 年 2 月 4 日。

伍、中國大陸國家新型城鎮化之國家級城市群規劃

中國大陸政府根據土地、水資源、大氣環流特徵和生態環境承載能力，優化城鎮化空間佈局和城鎮規模結構，2010 年中國大陸國務院在《全國主體功能區規劃》確定的城鎮化地區，按照統籌規劃、合理佈局、分工協作、以大帶小的原則，發展集聚效率高、輻射作用大、城鎮體系優、功能互補的城市群，使之成為支撐全國經濟增長、促進區域協調發展、參與國際競爭合作的重要平臺。構建以陸橋通道、沿長江通道為兩條橫軸，以沿海、京哈京廣、包昆通道為三條縱軸，以軸線上城市群和節點城市為依託、其他城鎮化地區為重要組成部分，大中小城市和小城鎮協調發展的「兩橫三縱」城鎮化戰略格局。[453]

在城市群整體佈局規劃上，因中國大陸東部地區城市群，京津冀、長江三角洲和珠江三角洲城市群，該區域是經濟最具活力、開放程度最高、創新能力最強、吸納外來人口最多的地區。要以建設世界級城市群為目標，繼續在制度創新、科技進步、產業升級、綠色發展等方面走在全國前列，加快形成國際競爭新優勢，在更高層次參與國際合作和競爭，發揮其對全國經濟社會發展的重要支撐和引領作用。科學定位各城市功能，增強城市群內中小城市和小城鎮的人口經濟集聚能力，引導人口和產業由特大城市主城區向周邊和其他城鎮疏散轉移。依託河流、湖泊、山巒等自然地理格局建設區域生態網路。[454]

又規劃培育發展中西部地區城市群，中西部城鎮體系比較健全、城鎮經濟比較發達、中心城市輻射帶動作用明顯的重點開發區域，要在嚴格保護生態環境的基礎上，引導有市場、有效益的勞動密集型產業優先向中西部轉移，吸納東部返鄉和就近轉移的農民工，加快產業集群發展和人口集聚，培育發展若干新的城市群，在優化全國城鎮化戰略格局中發揮更加重要作用。加快培育成渝、中原、長江中游、哈長等城市群，使之成為推動國土空間均衡開發、引領區域經濟發展的重要增長極。加大對內對外開放力度，有序承接國際及沿海地區產業轉移，依託優勢資源發展特色產業，加快

新型工業化進程,壯大現代產業體系,完善基礎設施網路,健全功能完備、佈局合理的城鎮體系,強化城市分工合作,提升中心城市輻射帶動能力,形成經濟充滿活力、生活品質優良、生態環境優美的新型城市群。依託陸橋通道上的城市群和節點城市,構建絲綢之路經濟帶,推動形成與中亞乃至整個歐亞大陸的區域大合作。[455]

且中國大陸政府於 2010 年提出《全國主體功能區規劃》方案,對於中國大陸國土空間開發具有戰略性、基礎性和約束性,並對推進形成人口、經濟和資源環境相協調的國土空間開發格局,加快轉變經濟發展方式,促進經濟長期平穩較快發展和社會和諧穩定,實現全面建設小康社會目標和社會主義現代化建設長遠目標,具有重要戰略意義。其中規劃並設立保護自然文化資源的重要區域,珍稀動植物基因資源保護地共1,443 處,總面積約 120 萬平方公里,佔全國陸地國土面積的 12.5%,是中國大陸國家禁止開發區域,且今後新設立的國家級自然保護區、世界文化自然遺產、國家級風景名勝區、國家森林公園、國家地質公園,自動進入國家禁止開發區域名錄,嚴格控制人為因素對自然生態和文化自然遺產原真性、完整性的干擾,嚴禁不符合主體功能定位的各類開發活動,引導人口逐步有序轉移,實現污染物「零排放」,提高環境質量。[456]

綜上,可知中國大陸政府在整體國土空間佈局上,對於不同區域提出適應性的戰略規劃,為中國大陸各類型城市的未來,提出長遠的發展戰略。又在經濟快速發展產生環境破壞的問題後,提出解決環境問題的規劃方案,加以保護各類自然與人文生態環境,期望未來逐步回復良好的環境生態,使中國大陸人民的生活質量能顯著提升,達到與歐美先進發展國家的生活環境水準。

表5-25 中國大陸禁止開發區域基本情況表

類型(數量)	面積及佔陸地國土面積比重(%)
國家級自然保護區 319 個	92.85 萬平方公里(9.67%)
世界文化自然遺產 40 個	3.72 萬平方公里(0.39%)
國家級風景名勝區 208 個	10.17 萬平方公里(1.06%)
國家森林公園 738 個	10.07 萬平方公里(1.05%)
國家地質公園 138 個	8.56 萬平方公里(0.89%)
合計 1,443 個	合計 120 萬平方公里(12.5%)

資料來源:

中國政府網,〈 國務院關於印發全國主體功能區規劃的通知 〉,http:

//big5.gov.cn/gate/big5/www.gov.cn/gongbao/content/2011/content_1884884.htm,檢索時間 2019 年 4 月 18 日。

中國大陸國土面積約 960 萬平方公里,總人口超過 14 億,然因西部地區多沙漠與高原,東部地區多平原與丘陵,故人口分布極為不均衡,再者因工業化與都市化時間較短,雖然 2021 年的城鎮常住人口 9.06 億人,占總人口比重(常住人口城鎮化率)為64.72%,但是仍有 4 億左右的農村人口尚未轉移出農村,成為城鎮及都市人口。

　　觀察歐美等先進工業化國家的發展經驗，主要是因為工業化促使農業人口轉向都市發展，是產業發展逐漸邁向都市化的一個過程，而各個城市又因人口的快速膨脹，才逐步增加各項都市建設，這樣的發展模式易產生各種龐大的社會問題，如公共設施不足、都市的貧民區、犯罪率提升等，只能隨著城市的經濟發展，由政府撥預算來逐步解決問題。

　　而中國大陸自 1978 年改革開放後，沿海經濟發達城市發展快速，內陸多省人民往沿海城市找尋工作機會，形成龐大的農民工進城的都市發展模式，以廣東省深圳市為例，該市原為一個幾十萬人口的小漁村，因改革開放成為經濟特區，使得外來人口大增，逐步發展成為一千多萬人口的世界級大都市。

　　然而人口及社會資源過度集中於少數大城市產生的治安、環境、公共設施不足等各種都市問題，在全世界許多工業化國家或是開發中國家的大都市，都有發生此類的都市問題。因此，中國大陸政府參考國外都市發展經驗，並研究國內城鎮發展問題後，提出規劃適應於中國大陸人口、地理、產業結構等狀況，屬於中國特色的城市群發展模式。

　　2015 年起中國大陸國家發展改革委《關於印發長江中游城市群發展規劃的通知》，2016 年發布《關於印發哈長城市群發展規劃的通知》、《關於印發成渝城市群發展規劃的通知》、《關於印發長江三角洲城市群發展規劃的通知》、《關於印發中原城市群發展規劃的通知》等，2017 年發布《關於印發北部灣城市群發展規劃的通知》，2018 年發布《關於印發關中平原城市群發展規劃的通知》、《關於印發呼包鄂榆城市群發展規劃的通知》、《關於印發蘭州—西寧城市群發展規劃的通知》，2019 年中共中央及國務院印發《粵港澳大灣區發展規劃綱要》，共計已發布 10 個城市群的發展規劃，逐步完善中國大陸未來新型城鎮化的發展，並促使各城市群各自發展合適的產業，進一步完善中國大陸經濟的深化改革與《中國製造 2025》在各省市的產業佈局。

　　又 2019 年中國大陸國家發展與改革委員會發布《關於培育發展現代化都市圈的指導意見》指出：「城市群是新型城鎮化主體形態，是支撐全國經濟增長、促進區域協調發展、參與國際競爭合作的重要平臺。」[457]顯示，中國大陸要以城市群為主體，發展大中小城市與城鎮及鄉村，作為新型城鎮化的發展戰略。

　　又《關於培育發展現代化都市圈的指導意見》並指出：「都市圈是城市群內部以超大特大城市或輻射帶動功能強的大城市為中心、以 1 小時通勤圈為基本範圍的城鎮化空間形態。近年來，都市圈建設呈現較快發展態勢，但城市間交通一體化水準不高、分工協作不夠、低水準同質化競爭嚴重、協同發展體制機制不健全等問題依然突出。」[458]

　　因而，提出七大項，解決問題的方案：1.推進基礎設施一體化（暢通都市圈公路網、打造軌道上的都市圈、提升都市圈物流運行效率、統籌市政和資訊網路建設。）2.強化城市間產業分工協作（促進城市功能互補、推動中心城市產業高端化發展、夯實中小城市製造業基礎。）3.加快建設統一開放市場（加快人力資源市場一體化、推動技術市場一體化、推動金融服務一體化、統一市場准入標準。）4.推進公共服務共建共享（促進

優質公共服務資源分享、加快社會保障接軌銜接、推動政務服務聯通互認、健全跨行政區社會治理體系。）5.強化生態環境共保共治（構建綠色生態網路、推動環境聯防聯治、建立生態環境協同共治機制。）6.率先實現城鄉融合發展（建立健全城鄉融合發展體制機制、搭建城鄉融合發展平臺。）7.構建都市圈一體化發展機制（創新協商合作機制、健全規劃協調機制、強化政策協同機制、完善社會參與機制。）[459]等方案，要求各級政府部門，在加快發展現代化都市圈，必須偕同配合各類軟硬體規劃及建設，使各城市群能發展更趨完善。

表5-26　中國大陸國家級城市群統計表

序號	公告年度	通知與規劃名稱
1	2015 年	國家發展改革委《關於印發長江中游城市群發展規劃的通知》《長江中游城市群發展規劃》
2	2016 年	國家發展改革委《關於印發哈長城市群發展規劃的通知》《哈長城市群發展規劃》
3	2016 年	國家發展改革委《關於印發成渝城市群發展規劃的通知》《成渝城市群發展規劃》
4	2016 年	國家發展改革委《關於印發長江三角洲城市群發展規劃的通知》《長江三角洲城市群發展規劃》
5	2016 年	國家發展改革委《關於印發中原城市群發展規劃的通知》《中原城市群發展規劃》
6	2017 年	國家發展改革委《關於印發北部灣城市群發展規劃的通知》《北部灣城市群發展規劃》
7	2018 年	國家發展改革委《關於印發關中平原城市群發展規劃的通知》《關中平原城市群發展規劃》
8	2018 年	國家發展改革委《關於印發呼包鄂榆城市群發展規劃的通知》《呼包鄂榆城市群發展規劃》
9	2018 年	國家發展改革委《關於印發蘭州—西寧城市群發展規劃的通知》《蘭州—西寧城市群發展規劃》
10	2019 年	中共中央國務院印發《粵港澳大灣區發展規劃綱要》

資料來源：

整理自-中華人民共和國國家發展和改革委員會網站，http：//www.ndrc.gov.cn/。\

表5-27中國大陸國家級城市群（已發布發展規劃）城市群基本資料概述彙整表

一、《長江中游城市群發展規劃》簡介：
1.範圍：長江中游城市群是以武漢城市圈、環長株潭城市群、環鄱陽湖城市群為

主體形成的特大型城市群，規劃範圍包括：湖北省武漢市、黃石市、鄂州市、黃岡市、孝感市、咸寧市、仙桃市、潛江市、天門市、襄陽市、宜昌市、荊州市、荊門市，湖南省長沙市、株洲市、湘潭市、岳陽市、益陽市、常德市、衡陽市、婁底市，江西省南昌市、九江市、景德鎮市、鷹潭市、新餘市、宜春市、萍鄉市、上饒市及撫州市、吉安市的部分縣（區），國土面積約 31.7 萬平方公里，2014 年實現地區生產總值 6 兆元人民幣，年末總人口 1.21 億人。

2. 戰略定位：

（1）中國經濟新增長極，

（2）中西部新型城鎮化先行區，

（3）內陸開放合作示範區，

（4）「兩型」社會建設引領區。

3. 發展目標：

（1）到 2020 年長江中游城市群整體經濟實力明顯增強，轉變經濟發展方式取得實質性進展；交通、能源、資訊等基礎設施全面對接聯網，佈局合理、特色鮮明、分工合作的產業發展格局初步形成；城鎮體系更加完善，中心城市輻射帶動能力明顯增強，城鄉統籌發展和城鄉一體化發展格局基本形成；市場一體化建設取得重大進展，開放型經濟向更廣領域和更高層次邁進；流域生態環境保護取得積極成效，生態環境品質位居全國前列；基本公共服務體系一體化水準穩步提升，社會就業更加充分，人民生活水準不斷提高。

（2）到 2030 年穩步走上科學發展道路，現代市場體系和城鄉發展一體化體制機制更加完善，開放開發水準進一步提升，城鄉、區域發展格局更加優化，經濟社會持續健康發展，城鄉生活和諧宜人，發展成為我國經濟增長與轉型升級的重要引擎和具有一定國際競爭力的現代化城市群。

二、《哈長城市群發展規劃》簡介：

1. 範圍：黑龍江省哈爾濱市、大慶市、齊齊哈爾市、綏化市、牡丹江市，吉林省長春市、吉林市、四平市、遼源市、松原市、延邊朝鮮族自治州。核心區以上述市（州）中主體功能定位為國家級、省級重點開發的區域為主，統籌區域其他地區發展，核心區面積約 5.11 萬平方公里，2015 年末常住人口約 2,000 萬人。

2. 戰略定位：

（1）東北老工業基地振興發展重要增長極。

（2）北方開放重要門戶。

（3）老工業基地體制機制創新先行區。

（4）綠色生態城市群。

3. 發展目標：

（1）到 2020 年城市群整體經濟實力明顯增強，功能完備、佈局合理的城鎮體系基本形成，城鄉區域協調發展格局基本形成。「雙創」發展取得積極成果，交通、能源、資訊等基礎設施基本實現對接互聯，區域分工協作的產

業發展格局初步形成，開放型經濟向更廣領域和更深層次拓展，流域生態保護取得積極成效，環境品質持續改善，初步建成人與自然和諧共處的生態型城市群。

（2）到 2030 年城市群城鎮體系更加完善，改革創新持續深化，對外開放水準進一步提升，形成充分發揮市場配置資源決定性作用、充滿內在活力的體制機制，建成在東北亞區域具有核心競爭力和重要影響力的城市群。

三、《成渝城市群發展規劃》簡介：

1. 範圍：包括重慶市的渝中、萬州、黔江、涪陵、大渡口、江北、沙坪壩、九龍坡、南岸、北碚、綦江、大足、渝北、巴南、長壽、江津、合川、永川、南川、潼南、銅梁、榮昌、璧山、梁平、豐都、墊江、忠縣等 27 個區（縣）以及開縣、雲陽的部分地區，四川省的成都、自貢、瀘州、德陽、綿陽（除北川縣、平武縣）、遂寧、內江、樂山、南充、眉山、宜賓、廣安、達州（除萬源市）、雅安（除天全縣、寶興縣）、資陽等 15 個市。總面積 18.5 萬平方公里，2014 年常住人口 9,094 萬人，地區生產總值 3.76 兆元人民幣。

2. 戰略定位：

（1）全國重要的現代產業基地。

（2）西部創新驅動先導區。

（3）內陸開放型經濟戰略高地。

（4）統籌城鄉發展示範區。

（5）美麗中國的先行區。

3. 發展目標：

（1）到 2020 年基本建成經濟充滿活力、生活品質優良、生態環境優美的國家級城市群。

（2）到 2030 年重慶、成都等國家中心城市的輻射帶動作用明顯增強，城市群一體化發展全面實現，同城化水準顯著提升，創新型現代產業支撐體系更加健全，人口經濟集聚度進一步提升，國際競爭力進一步增強，實現由國家級城市群向世界級城市群的歷史性跨越。

四、《長江三角洲城市群發展規劃》簡介：

1. 範圍：包括上海市，江蘇省的南京、無錫、常州、蘇州、南通、鹽城、揚州、鎮江、泰州，浙江省的杭州、寧波、嘉興、湖州、紹興、金華、舟山、臺州，安徽省的合肥、蕪湖、馬鞍山、銅陵、安慶、滁州、池州、宣城等 26 市，國土面積 21.17 萬平方公里，2014 年地區生產總值 12.67 兆元人民幣，總人口 1.5 億人，

2. 戰略定位：

（1）最具經濟活力的資源配置中心。

（2）具有全球影響力的科技創新高地。

（3）全球重要的現代服務業和先進製造業中心。

（4）亞太地區重要國際門戶。

（5）全國新一輪改革開放排頭兵。

（6）美麗中國建設示範區。

3.發展目標：

（1）到 2020 年基本形成經濟充滿活力、高端人才彙聚、創新能力躍 升、空間利用集約高效的世界級城市群框架，人口和經濟密度進一步提高，在全國 2.2% 的國土空間上集聚 11.8% 的人口和 21% 的地區生產總值。

（2）到 2030 年長三角城市群配置全球資源的樞紐作用更加凸顯，服務全國、輻射亞太的門戶地位更加鞏固，在全球價值鏈和產業分工體系中的位置大幅躍升，國際競爭力和影響力顯著增強，全面建成全球一流品質的世界級城市群。

五、《中原城市群發展規劃》簡介：

1. 範圍：以河南省鄭州市、開封市、洛陽市、平頂山市、新鄉市、焦作市、許昌市、漯河市、濟源市、鶴壁市、商丘市、周口市和山西省晉城市、安徽省亳州市為核心發展區。聯動輻射河南省安陽市、濮陽市、三門峽市、南陽市、信陽市、駐馬店市，河北省邯鄲市、邢臺市，山西省長治市、運城市，安徽省宿州市、阜陽市、淮北市、蚌埠市，山東省聊城市、菏澤市等中原經濟區其他城市。

2.戰略定位：

（1）中國經濟發展新增長極。

（2）全國重要的先進製造業和現代服務業基地。

（3）中西部地區創新創業先行區。

（4）內陸地區雙向開放新高地。

（5）綠色生態發展示範區。

3.發展目標：

（1）到 2020 年中原城市群整體經濟實力明顯增強，佈局合理、功能完善、大中小城市和小城鎮協調發展的現代城鎮體系基本形成，常住人口城鎮化率超過 56%；先進製造業、戰略性新興產業、現代服務業和現代農業加快發展，優勢產業集群不斷發展壯大；交通、資訊、能源、水利等基礎設施共建共享、互聯互通水準顯著提升，多層次、一體化的生態網路基本建成，地級及以上城市空氣品質達標比例、地表水達到或好於III類水體比例均完成國家指標；基本公共服務體系一體化水準穩步提升；多層次、立體化的開放平臺支撐體系基本形成，實際利用外資、對外貿易保持中西部地區領先地位，基本建成經濟發展充滿活力、創新能力大幅提升、基礎設施高效互聯、生態環境持續改善的國家級城市群，區域競爭力和國際影響力明顯提高。

（2）到 2025 年現代基礎設施網路全面形成，城市群一體化發展全面實現，綜合經濟實力和在全國發展大局中的地位快速上升，人口與經濟集聚度進一步提高，帶動全國發展的新增長極地位更加鞏固，參與全球經濟合

作與競爭的能力大幅躍升。

六、《北部灣城市群發展規劃》簡介：

1. 範圍：包括廣西壯族自治區南寧市、北海市、欽州市、防城港市、玉林市、崇左市，廣東省湛江市、茂名市、陽江市和海南省海口市、儋州市、東方市、澄邁縣、臨高縣、昌江縣，陸域面積 11.66 萬平方公里，海岸線 4,234 公里，還包括相應海域。

2. 戰略定位：

（1）面向東盟國際大通道的重要樞紐。

（2）三南開放發展新的戰略支點。

（3）21 世紀海上絲綢之路與絲綢之路經濟帶有機銜接的重要門戶。

（4）全國重要綠色產業基地。

（5）陸海統籌發展示範區。

3. 發展目標：

（1）到 2020 年基本建成生態環境優美、經濟充滿活力、生活品質優良的藍色海灣城市群框架。

（2）到 2030 年城市群建設達到國際一流品質，面向東盟開放合作的戰略高地全面建成，城鎮體系更加完善，城鎮人口總量和經濟密度顯著提升，綠色產業競爭力明顯提高，實現向國家級城市群的戰略性躍升。

七、《關中平原城市群發展規劃》簡介：

1. 範圍：包括陝西省西安、寶雞、咸陽、銅川、渭南 5 個市、楊凌農業高新技術產業示範區及商洛市的商州區、洛南縣、丹鳳縣、柞水縣，山西省運城市（除平陸縣、垣曲縣）、臨汾市堯都區、侯馬市、襄汾縣、霍州市、曲沃縣、翼城縣、洪洞縣、浮山縣，甘肅省天水市及平涼市的崆峒區、華亭縣、涇川縣、崇信縣、靈臺縣和慶陽市區，國土面積 10.71 萬平方公里，2016 年末常住人口 3,863 萬人，地區生產總值 1.59 兆元人民幣，分別占全國的 1.12%、2.79%和 2.14%。

2. 戰略定位：

（1）向西開放的戰略支點。

（2）引領西北地方發展的重要增長極。

（3）以軍民融合為特色的國家創新高地。

（4）傳承中華文化的世界級旅遊目的地。

（5）內陸生態文明建設先行區。

3. 發展目標：

（1）到 2035 年城市群品質得到實質性提升，建成經濟充滿活力、生活品質優良、生態環境優美、彰顯中華文化、具有國際影響力的國家級城市群。

八、《呼包鄂榆城市群發展規劃》簡介：

1. 範圍：包括內蒙古自治區呼和浩特市、包頭市、鄂爾多斯市和陝西省榆林

市，國土面積 17.5 萬平方公里，2016 年常住人口 1,138.4 萬人，地區生產總值 14,230.2 億元人民幣，分別約占全國的 1.8%、0.8%和 1.9%。

2. 戰略定位：

（1）全國高端能源化工基地。

（2）向北向西開放戰略支點。

（3）西北地方生態文明合作共建區。

（4）民族地區城鄉融合發展先行區。

4. 發展目標：

到 2035 年城市群協同發展達到較高水準，整體競爭力和影響力顯著增強。產業分工協作更加合理，邁向中高端水準；基礎設施網路全面建成，能源、通信、水利設施保障能力明顯提升，互聯互通的交通運輸網路基本建成；基本公共服務均等化基本實現，社會文明程度達到新的高度；生態環境品質總體改善，共建共保取得明顯成效；對外對內開放水準全面提升，向北向西開放戰略支點基本形成；以城市群為主體的大中小城市和小城鎮協調發展的城鎮格局基本形成，常住人口城鎮化率穩步提升，協同發展體制機制基本建立，基本實現社會主義現代化

九、《蘭州—西寧城市群發展規劃》簡介：

1. 範圍：包括甘肅省蘭州市，白銀市白銀區、平川區、靖遠縣、景泰縣，定西市安定區、隴西縣、渭源縣、臨洮縣，臨夏回族自治州臨夏市、東鄉族自治縣、永靖縣、積石山保安族東鄉族撒拉族自治縣，青海省西寧市，海東市，海北藏族自治州海晏縣，海南藏族自治州共和縣、貴德縣、貴南縣，黃南藏族自治州同仁縣、尖紮縣。總面積 9.75 萬平方公里，2016 年地區生產總值 4,874 億元人民幣，常住人口 1,193 萬人。

2. 戰略定位：

（1）維護國家生態安全的戰略支撐。

（2）優化國土開發格局的重要平臺。

（3）促進我國向西開放的重要支點。

（4）支撐西北地方發展的重要增長極。

（5）溝通西北西南、連接歐亞大陸的重要樞紐。

3. 發展目標：

到 2035 年，蘭西城市群協同發展格局基本形成，各領域發展取得長足進步，發展品質明顯提升，在全國區域協調發展戰略格局中的地位更加鞏固。

十、《粵港澳大灣區發展規劃綱要》簡介：

1. 範圍：包括香港特別行政區、澳門特別行政區和廣東省廣州市、深圳市、珠海市、佛山市、惠州市、東莞市、中山市、江門市、肇慶市（以下稱珠三角九市），總面積 5.6 萬平方公里，2017 年末總人口約 7,000 萬人，是我國開放程度最高、經濟活力最強的區域之一，在國家發展大局中具有重要戰略地位。

2. 戰略定位：

（1）充滿活力的世界級城市群。

（2）具有全球影響力的國際科技創新中心。

（3）「一帶一路」建設的重要支撐。

（4）內地與港澳深度合作示範區。

（5）宜居宜業宜遊的優質生活圈。

3.發展目標

（1）到 2022 年，粵港澳大灣區綜合實力顯著增強，粵港澳合作更加深入廣泛，區域內生發展動力進一步提升，發展活力充沛、創新能力突出、產業結構優化、要素流動順暢、生態環境優美的國際一流灣區和世界級城市群框架基本形成。

（2）到 2035 年，大灣區形成以創新為主要支撐的經濟體系和發展模式，經濟實力、科技實力大幅躍升，國際競爭力、影響力進一步增強；大灣區內市場高水準互聯互通基本實現，各類資源要素高效便捷流動；區域發展協調性顯著增強，對周邊地區的引領帶動能力進一步提升；人民生活更加富裕；社會文明程度達到新高度，文化軟實力顯著增強，中華文化影響更加廣泛深入，多元文化進一步交流融合；資源節約集約利用水準顯著提高，生態環境得到有效保護，宜居宜業宜遊的國際一流灣區全面建成。

資料來源：整理自-中華人民共和國國家發展和改革委員會網站，http：//www.ndrc.gov.cn/。

陸、中國大陸國家新型城鎮化之基礎建設規劃

2015 年中國大陸國家發展改革委及交通運輸部關於印發《城鎮化地區綜合交通網規劃的通知》指出：「綜合交通網是城鎮化發展的重要支撐，是城鎮化空間形態的重要引導，是城鄉一體化發展的重要前提。為適應城鎮化發展需求，依據《全國主體功能區規劃》、《國家新型城鎮化規劃（2014～2020 年）》，制定《城鎮化地區綜合交通網規劃》（以下簡稱《規劃》）。本規劃範圍包括京津冀、長江三角洲、珠江三角洲、長江中游、成渝、海峽西岸、山東半島、哈長、遼中南、中原、東隴海、關中—天水、北部灣、太原、滇中、黔中、呼包鄂榆、蘭州—西寧、天山北坡、寧夏沿黃、藏中南等，共計 21 個城鎮化地區，涵蓋 215 個城市。目前，人口和 GDP 分別約占全國的 65%、90%。」[460]

中國大陸國家綜合運輸大通道發展目標，為聯通 21 個城鎮化地區，重點加強城鎮化地區，內部綜合交通網絡建設，至 2020 年京津冀、長江三角洲、珠江三角洲三大城市群基本建成城際交通網絡，相鄰核心城市之間、核心城市與周邊節點城市之間實現 1 小時通達，其餘城鎮化地區初步形成城際交通網絡骨架，大部分核心城市之間、核心城市與周邊節點城市之間實現 1～2 小時通達。城際鐵路運營里程達到 3.6 萬公里（其中新建城際鐵路約 8,000 公里），覆蓋 98%的節點城市和近 60%的縣（市）；新建和改擴建國家高速公路約 1.3 萬公里。展望 2030 年，基本建成城鎮化地區城際交通網絡，核心城市之間、核心城市與周邊節點城市之間實現 1 小時通達。」[461]

　　此外，從中國大陸「十二五」末交通基礎設施完成情況表、中國大陸「十三五」綜合交通運輸發展主要指標表，及中國大陸重要基礎建設規劃表分析，可瞭解到中國大陸政府對於公路、鐵路、港口、航空、油氣管及交通資訊化等基礎建設非常重視。目標到2020年，高速鐵路營業里程到預計達3萬公里、民用航空機場預計達260個、城市軌道交通運營里程6,000公里，亦可顯示中國大陸新型城鎮化的推動在基礎建設先行之下，產生初步的發展的成效。

　　以鐵路交通為例，中國大陸消費者，透過中國鐵路12306網站或是手機APP，完成身分證、手機號碼等資料的實名認證後，即可網路訂票及選位，最後透過網路或手機訊息確認購票，消費者進入火車站可刷身分證進站，並可選擇電子資訊站自助取票，或不取票直接搭車。再以航空交通為例，中國大陸消費者透過各航空公司網站、手機APP或是飛豬、攜程等APP，就可以直接購買電子機票，最後透過網路或手機訊息，來確認購票。且在中國大陸各大中小城市，及城鎮多數地方，可藉由手機APP的運用，如滴滴打車APP、美團打車APP等，讓消費者出行更加方便。

　　各大中小城市與城鎮完善的基礎建設，加上交通的便利，使得中國大陸新型城鎮化，得以逐步拓展與完善。然在許多歐美先進國家或是發展中國家，許多人民湧進大都市，除為取得工作機會外，也是因大都市擁有較好的基礎建設，使生活更加便利，而中小都市甚至城鎮基礎設施大多不足或是老舊，顯然是資源分配極為不均衡的結果。

　　而中國大陸政府則是運用國家整體規劃，來突破幾乎由地方政府承擔基礎設施建設，所造成資源分配不均的問題，以基礎建設先行促進大中小城市、城鎮與鄉村振興，間接也使農村扶貧政策產生效益，交通方便使農村產品，便利銷售到城鎮與大中小城市，也使都市的人方便到農村旅遊，成為中國大陸經濟發展再增長的一大動力。

　　因中國大陸幅員龐大，中國大陸為發展新型城鎮化，在跨城市交通運輸上，以高鐵運輸與航空運輸，兩者較為便利及快速。故中國大陸政府除大力發展高鐵外，在民用航空交通上也加速發展，因而中國大陸政府規劃民用運輸機場，到2020年將達260個民用運輸機場，比2015年的207個民用運輸機場增加53個，且2020年旅客運輸量估計達7.2億人，預估將比2015年的4.4億人增加2.8億人，。[462]顯示，中國大陸政府預估在整體經濟發展與新型城鎮化的帶動下，航空旅客運輸量會顯著大增，必須大幅增建機場以配合需求的增長，如此也能帶動中國大陸整體航空運輸產業及航空製造相關產業的發展。

　　然而，高鐵、航空等各類基礎設施的增加，在電力使用上必然大幅成長，從中國大陸十三五電力工業發展主要目標表觀之，中國大陸政府規劃2020年西電東送將達20億千瓦，比2015年15.3億千瓦，增加4.7億千瓦。[463]為控制空氣汙染問題，電力結構上非化石能源消費比重必須增加到15%，在水電、核電、風電、太陽能發電量均大幅增加，並降低煤電裝機比重，顯見對於水電、核電、風電、太陽能需求大增，也帶動相關產業的發展。

　　綜上所述，從中國大陸新型城鎮化等相關規畫，可知基礎建設仍是新型城鎮化發展的根基之一，尤其在交通建設與電力部分需求依然龐大，所以中國大陸未來仍會不斷投入龐大資金在各項基礎建設，除完善交通與電力等基礎建設，更有助於相關產業的不斷提升，也有助於經濟貿易及人員往來，可再形成一波經濟發展的動力，使中國大陸經濟能持續在中高速增長階段。

表5-28　中國大陸「十二五」末交通基礎設施完成情況表

指　標	2010 年	2015 年
鐵路營業里程	9.1 萬公里	12.1 萬公里
其中：高速鐵路	0.51 萬公里	1.9 萬公里
鐵路複綫率	41％	53%
鐵路電氣化率	47％	61％
公路通車里程	400.8 萬公里	458 萬公里
其中：國家高速公路	5.8 萬公里	8.0 萬公里
普通國道二級及以上比重	60％	69.4％
鄉鎮通瀝青（水泥）路率	96.6％	98.6％
建制村通瀝青（水泥）路率	81.7％	94.5％
內河高等級航道里程	1.02 萬公里	1.36 萬公里
油氣管網里程	7.9 萬公里	11.2 萬公里
城市軌道交通運營里程	1,400 公里	3,300 公里
沿海港口萬噸級及以上泊位數	1,774 個	2,207 個
民用運輸機場數	175 個	207 個

資料來源：

中國政府網，《國務院關於印發《十三五現代綜合交通運輸體系發展規劃的通知》

，http：//www.gov.cn/zhengce/content/2017-02/28/content_5171345.htm，檢索時間 2019 年 4 月 14 日。

表5-29　中國大陸十三五綜合交通運輸發展主要指標表

指　標　名　稱	2015 年	2020 年	屬性
一、基礎設施			
鐵路營業里程	12.1 萬公里	15 萬公里	預期性
高速鐵路營業里程	1.9 萬公里	3.0 萬公里	預期性
鐵路複線率	53％	60％	預期性
鐵路電氣化率	61％	70％	預期性
公路通車里程	458 萬公里	500 萬公里	預期性
高速公路建成里程	12.4 萬公里	15 萬公里	預期性
內河高等級航道里程	1.36 萬公里	1.71 萬公里	預期性
沿海港口萬噸級及以上泊位數	2,207 個	2,527 個	預期性
民用運輸機場數	207 個	260 個	預期性

通用機場數	300 個	500 個	預期性
建制村通硬化路率	94.5 %	99 %	約束性
城市軌道交通運營里程	3,300 公里	6,000 公里	預期性
油氣管網里程	11.2 萬公里	16.5 萬公里	預期性
二、運輸服務			
動車組列車承擔鐵路客運量比重	46 %	60 %	預期性
民航航班正常率	67 %	80 %	預期性
建制村通客車率	94 %	99 %	約束性
公路貨運車型標準化率	50 %	80 %	預期性
城區常住人口 100 萬以上城市建成區公交網站 500 米覆蓋率	90 %	100 %	約束性
三、智慧交通			
交通基本要素資訊數位化率	90 %	100 %	預期性
鐵路客運網上售票率	60 %	70 %	預期性
公路客車 ETC 使用率	30 %	50%	預期性

註：

1.硬化路一般指瀝青（水泥）路，對於西部部分建設條件特別困難、高海拔高寒和交通需求小的地區，可擴展到石質、砼預製塊、磚鋪、砂石等路面的公路。

2.通用機場統計含起降點。

資料來源：

中國政府網，《國務院關於印發《十三五現代綜合交通運輸體系發展規劃的通知》

，http：//www.gov.cn/zhengce/content/2017-02/28/content_5171345.htm，檢索時間 2019 年 4 月 14 日。

表5-30 中國大陸十四五綜合交通運輸發展主要指標表

指 標 名 稱	2020 年	2025 年	屬性
一、基礎設施			
鐵路營業里程	14.6 萬公里	16.5 萬公里	預期性
高速鐵路營業里程	3.8 萬公里	5 萬公里	預期性
公路通車里程	519.8 萬公里	550 萬公里	預期性
高速公路建成里程	16.1 萬公里	19 萬公里	預期性
內河高等級航道里程	1.61 萬公里	1.85 萬公里	預期性
民用運輸機場數	241 個	>270 個	預期性
通用機場數	300 個	500 個	預期性
城市軌道交通運營里程	6,600 公里	10,000 公里	預期性
二、銜接融合			
沿海港口重要港區鐵路進港率	59.5 %	>70 %	預期性
樞紐機場軌道交通接入率	68 %	80 %	預期性

集裝箱鐵水聯運量年均增長率	-	15％	預期性
建制村快遞服務通達率	50％	＞90％	預期性
三、智能綠色			
重點領域北斗系統應用率（％）	≧60％	＞95％	預期性
城市新能源公車輛占比（％）	66.2％	72％	預期性

註：

1.樞紐機場軌道交通接入率：指國際樞紐機場和區域樞紐機場中連通軌道交通的機場數量占比。

2.重點領域北斗系統應用率：指重點營運車輛、郵政快遞自有幹線運輸車輛、應安裝具備衛星定位功能船載設備的客船及危險品船等。

3.城市新能源公車輛占比：指按單位運輸周轉量計算的二氧化碳排放。

資料來源：

中國政府網，《國務院關於印發十四五現代綜合交通運輸體系發展規劃的通知》

，http：//www.gov.cn/zhengce/content/2022-01/18/content_5669049.htm，檢索時間 2022 年 3 月 23 日。

表5-31 中國大陸重要基礎建設規劃彙整表

公告	發布單位	規劃名稱
2013 年 06 月	交通運輸部	《國家公路網規劃（2013 年-2030 年)》
2015 年 10 月	國務院	《國務院關於促進快遞業發展的若干意見》
2015 年 11 月	國家發展改革委、交通運輸部	《城鎮化地區綜合交通網規劃的通知》
2016 年 4 月	交通運輸部	《交通運輸資訊化「十三五」發展規劃》
2016 年 5 月	交通運輸部	《水運「十三五」發展規劃》
2016 年 7 月	交通運輸部	《綜合運輸服務「十三五」發展規劃》
2016 年 11 月	國家發展改革委、國家能源局	《電力發展「十三五」規劃（2016-2020 年）》
2016 年 12 月	中國民用航空局	《民航科技發展「十三五」規劃》
2016 年 12 月	中國民用航空局	《通用航空發展「十三五」規劃》
2016 年 12 月	中國民用航空局 國家發展改革委 交通運輸部	《中國民用航空發展十三五規劃》
2016 年 12 月	水利部	《水利改革發展「十三五」規劃》
2016 年 12 月	國家郵政局	《郵政業發展「十三五」規劃》
2017 年 2 月	國務院	《「十三五」現代綜合交通運輸體系發展規劃》
2017 年 11 月	國家發展改革委 交通運輸部	《鐵路「十三五」發展規劃》

公告	發布單位	規劃名稱
	國家鐵路局 中國鐵路總公司	
2021 年 10 月	交通運輸部	《數位交通「十四五」發展規劃》
2021 年 10 月	交通運輸部	《綠色交通「十四五」發展規劃》
2021 年 11 月	交通運輸部 國家鐵路局 中國民用航空局 國家郵政局 中國國家鐵路集團有限公司	《現代綜合交通樞紐體系「十四五」發展規劃》
2021 年 11 月	交通運輸部	《綜合运輸服務「十四五」发展规划》
2021 年 12 月	中國民用航空局、國家發展改革委、交通運輸部	《「十四五」民用航空發展規劃》
2021 年 12 月	國家郵政局	《「十四五」郵政業發展規劃》
2022 年 1 月	國務院	《「十四五」現代綜合交通運輸體系發展規劃的通知》
2022 年 1 月	交通運輸部	《水運「十四五」發展規劃》
2022 年 1 月	交通運輸部	《公路「十四五」發展規劃》
2022 年 1 月	交通運輸部、科學技術部	《交通領域科技創新中長期發展規劃綱要（2021—2035 年）》
2022 年 1 月	交通運輸部、國家標準化管理委員會、國家鐵路局、中國民用航空局、國家郵政局	《交通運輸標準化「十四五」發展規劃》
2022 年 3 月	交通運輸部、科學技術部	《「十四五」交通領域科技創新規劃》

資料來源：

整理自-中國政府網站，http：//www.gov.cn/index.htm，檢索時間 2022 年 4 月 15 日。

柒、中國大陸國家新型城鎮化之戶籍制度改革與社會保險改革

2014 年中共中央及中國大陸國務院發布《國家新型城鎮化規劃（2014～2020 年）》明確指出：「新型城鎮化道路，核心是以人為本。」並指出：「有序推進農業轉移人口市

民化，應按照尊重意願、自主選擇，因地制宜、分步推進，統籌推進戶籍制度改革和基本公共服務均等化。逐步使符合條件的農業轉移人口落戶城鎮，不僅要放開小城鎮落戶限制，也要放寬大中城市落戶條件，逐步解決在城鎮就業居住但未落戶的農業轉移人口，享有城鎮基本公共服務問題。推進人口管理制度改革在加快改革戶籍制度的同時，創新和完善人口服務和管理制度，逐步消除城鄉區域間戶籍壁壘，還原戶籍的人口登記管理功能，促進人口有序流動、合理分佈和社會融合。全面推行流動人口居住證制度，以居住證為載體，建立健全與居住年限等條件相掛鉤的基本公共服務提供機制，並作為申請登記居住地常住戶口的重要依據。」[464]

又 2014 年 7 月 30 日中國大陸人力資源和社會保障部副部長楊志明在介紹《關於進一步推進戶籍制度改革的意見》情況時指出：「這次戶籍制度改革的目標是要有 1 億左右的農業轉移人口及其他常住人口在城鎮落戶，農民工是農業轉移人口的主體，農民工是改革開放以來伴隨著工業化、城鎮化快速發展成長的新型勞動大軍，這一次戶籍制度改革，將對農民工逐步融入城市具有重要作。具有中國特色的農業勞動力轉移道路的顯著特點是就業帶動、保留地權、漸進落戶。到 2013 年底，全中國大陸農民工總量是 2.69 億，其中外出農民工是 1.66 億。截至 2014 年 6 月底，外出農民工已經達到了 1.74 億，比上年同期增加了 307 萬，總量保持穩定增長，增幅有所下降，區域分佈也有新變化，中西部農民工的增量快於東部，從產業分佈上講，主要在製造業、建築業和服務業就業，但服務業的比重近年來逐步上升。」[465]

中國大陸人力資源和社會保障部副部長楊志明強調：「多年的實踐證明，農民工進城務工、經商，穩定就業是逐步融入城市的立足之本。中國大陸政府將從四個方面加大工作力度，促進農民工擴大和穩定就業：1.是實施農民工技能提升計畫，現在農民工已經到了以技能促就業的階段。就中國大陸整體情況來看，大概約 1/3 接受過政府補貼的技能培訓，還有 2/3 沒有接受技能培訓。按照《國家新型城鎮化規劃（2014～2020 年）》要求和國務院農民工工作領導小組的部署，從 2014 年起在全中國大陸啟動實施「農民工職業技能提升計畫」，每年培訓 2,000 萬人以上，由人力資源社會保障部負責的「春潮行動」、農業部負責的「陽光工程」、科技部負責的「星火計劃」、扶貧辦負責的「雨露計畫」等等培訓，對每年新轉移勞動力進行技能培訓，對在崗的農民工技進行提升培訓。到 2020 年，基本上使農民工都能享受一次有政府補貼的技能培訓，進一步提高農村轉移勞動力的就業創業能力，使農民工大部分由普工成長為技工，有條件的成長為高級技工，優秀的還可以成長為技師。2.大力發展農民工就業容量大的第三產業、中小企業和勞動密集型產業，實現農民工就業規模的持續擴大。例如，現在家庭服務業從業人員已經達到了 2,000 萬人，按照中國大陸 15%的家庭需求量來看是 3,000 萬人的需求量，仍然還有 1,000 萬人發展的空間。國際上通常是 30%的家庭有服務業需求，中國大陸約是 15%。3.中小企業是農民工就業的主管道，發展有小則活，收入有小則快，就業有小則多，多管道加強農民工就業服務，努力為農民工辦實事。4.實現農民工就業資訊全國聯網，為農民工提供免費的就業資訊和政策諮詢，為建設中國特色的農業勞動力轉移道路持續作出貢獻。」[466]

　　顯示，中國大陸政府希望逐步運用政策引導將農村人口轉移到城鎮成為都市人口，且考量到農民工進入城鎮就業問題，對農民工實施職業訓練，提升農民工就業與創業能力。由於中國大陸實行戶籍行政管理制度，人口的各項社會福利與保障基本與戶籍掛勾，使得農村人口的城鎮化產生許多問題，中國大陸政府必須透過戶籍管理制度的改革，才能真正落實農村人口移入城鎮的新型城鎮化道路。

　　因而，中國大陸政府陸續於 2014 年發布《國務院關於進一步推進戶籍制度改革的意見》、2015 年發布《國務院辦公廳關於解決無戶口人員登記戶口問題的意見》、2016 年發布《推動 1 億非戶籍人口在城市落戶方案的通知》及 2016 年實行《居住證暫行條例》，逐步改革中國大陸的戶籍行政管理制度，促進農村人口轉化為城鎮人口，使以人為本的新型城鎮化政策得以順利推展。

　　中國大陸政府於 2016 年實行《居住證暫行條例》，該條例規定：「居住證持有人在居住地依法享受勞動就業，參加社會保險，繳存、提取和使用住房公積金的權利。又縣級以上人民政府及其有關部門應當為居住證持有人提供下列基本公共服務：（一）義務教育；（二）基本公共就業服務；（三）基本公共衛生服務和計劃生育服務；（四）公共文化體育服務；（五）法律援助和其他法律服務；（六）國家規定的其他基本公共服務。且居住證持有人在居住地享受下列便利：（一）按照國家有關規定辦理出入境證件；（二）按照國家有關規定換領、補領居民身份證；（三）機動車登記；（四）申領機動車駕駛證；（五）報名參加職業資格考試、申請授予職業資格；（六）辦理生育服務登記和其他計劃生育證明材料；（七）國家規定的其他便利。」[467]

　　中國大陸政府以法律保障，非當地戶籍之都市居民的基本社會保障及居民待遇，以促使農業人口轉移到城鎮，達到新型城鎮化規劃目標。再從 2012 年至 2021 年中國大陸新型城鎮化人口資料統計表可明確得知，中國大陸自 2014 年實行國家新型城鎮化規劃（2014－2020 年）後，常住人口城鎮已從 54.77%提升至 2021 年的 64.72 %，在戶籍人口城鎮化率也上升至 46.7 %，已有初步成效，未來在政策持續推動下，農村人口轉化為城鎮人口比率將逐步提高。

表5-32 2012年至2021年中國大陸新型城鎮化人口資料統計表

年度	2012 年	2013 年	2014 年	2015 年
總人口數	13.54 億	13.60 億	13.67 億	13.74 億
出生人口	1,635 萬	1,640 萬	1,687 萬	1,655 萬
死亡人口	966 萬	972 萬	977 萬	975 萬
人口自然增長率	7.43‰	5.90‰	6.71‰	4.93‰
常住人口城鎮化率	52.6%	53.73%	54.77%	56.10%
戶籍人口	-	-	-	-

城鎮化率				
人戶分離人口數	2.79 億	2.89 億	2.98 億	2.94 億
年度	**2016 年**	**2017 年**	**2018 年**	**2019 年**
總人口數	13.82 億	13.90 億	13.95 億	14.00 億
出生人口	1,786 萬	1,723 萬	1,523 萬	1,465 萬
死亡人口	977 萬	986 萬	993 萬	998 萬
人口自然增長率	6.53‰	5.58‰	3.78‰	3.32‰
常住人口城鎮化率	57.35%	60.24%	61.50%	62.71%
戶籍人口城鎮化率	41.2%	42.35%	43.37%	44.38%
人戶分離人口數	2.92 億	2.91 億	2.86 億	2.80 億
年度	**2020 年**	**2021 年**	**-**	**-**
總人口數	14.12 億	14.12 億	-	-
出生人口	1,200 萬	1,062 萬	-	-
死亡人口	1,036 萬	1,014 萬	-	-
人口自然增長率	1.45‰	0.34‰	-	-
常住人口城鎮化率	63.89%	64.72%	-	-
戶籍人口城鎮化率	45.4%	46.7%	-	-
人戶分離人口數	-	-	-	-

資料來源：

整理自-

1. 中國大陸國家統計局網站，http：//www.stats.gov.cn/tjsj/，檢索時間 2022 年 3 月 10 日。

2. 註：2020 年出生人口數及死亡人口數資料來自，產業信息網，〈2020 年中国人口出生率、人口死亡率及人口自然增長率分析〉，https：//www.chyxx.com/industry/202108/966916.html，檢索時間 2022 年 3 月 23 日。

　　且在中國大陸政府在推動新型城鎮化，同時調整規劃社會保險制度，使得中國大陸社會保險投保人數逐年增加。據中國大陸政府統計 2012 年至 2019 年養老保險總投保人數，從 6.3 億人增加至 9.6 億人，且醫療保險總投保人數 2012 年至 2019 年，從 5.3 億人增加至 13.5 億人，足以顯示中國大陸政府對社會保障政策的執行力相當高。又中國大

陸國務院總理李克強宣示，未來將醫療保險將實現城鄉醫保全覆蓋[468]，拉近城鄉醫療資源的差距，使農村居民得到更多的醫療保障。

再從 2012 年至 2020 年中國大陸社會保險基金收支統計表，可知 2020 年社會保險基金總收入高達 75,512 億元人民幣，社會保險基金總支出也高達 78,611 億元人民幣，較 2012 年社會保險基金的收入與支出均有 2～3 倍左右的增幅。又 2020 年底中國大陸社會保險基金結餘共計 94,378 億元人民幣。這筆龐大的社會保險基金，將可利用在城鎮化建設及相關基礎建設投資，促使中國大陸新型城鎮化能有更好的發展。

表5-33 2012年至2021年中國大陸社會保險投保人數統計表

保險項目	2012 年	2013 年	2014 年	2015 年
養老保險	63,242	81,968	84,232	85,833
醫療保險	53,641	57,073	59,747	66,582
失業保險	15,225	16,417	17,043	17,326
工傷保險	19,010	19,917	20,639	21,432
生育保險	15,249	16,392	17,039	17,771
保險項目	2016 年	2017 年	2018 年	2019 年
養老保險	88,777	91,548	94,240	96,748
醫療保險	74,392	117,681	134,452	135,436
失業保險	18,089	18,784	19,643	20,543
工傷保險	21,889	22,724	23,868	25,474
生育保險	18,451	19,300	20,435	21,432
保險項目	2020 年	2021 年	-	-
養老保險	99,882	102,872	-	-
醫療保險	136,101	136,424	-	-
失業保險	21,689	22,958	-	-
工傷保險	26,770	28,284	-	-
生育保險	23,546	23,851	-	-
單位：萬人				

資料來源：

整理自-

1. 中華人民共和國人力資源和社會保障部網站，《2017 年度人力資源和社會保障事業發展統計公報》，http://www.mohrss.gov.cn/SYrlzyhshbzb/zwgk/szrs/tjgb/201805/W020180521567611022649.pdf，檢索時間 2019 年 4 月 20 日。

2. 中國大陸統計局網站，http://data.stats.gov.cn/，檢索時間 2022 年 3 月 23 日。

表5-34 2012年至2020年中國大陸社會保險基金收支與結餘統計表

項目	2012 年	2013 年	2014 年

基金收入	28,909 億元	35,253 億元	39,828 億元
基金支出	22,182 億元	27,916 億元	33,003 億元
累計結餘	38,106 億元	45,588 億元	52,462 億元
項目	2015 年	2016 年	2017 年
基金收入	46,012 億元	53,563 億元	67,154 億元
基金支出	38,988 億元	46,888 億元	57,145 億元
累計結餘	59,532 億元	66,349 億元	77,312 億元
項目	2018 年	2019 年	2020 年
基金收入	79,254 億元	83,550 億元	75,512 億元
基金支出	67,792 億元	75,346 億元	78,611 億元
累計結餘	89,775 億元	96,977 億元	94,378 億元
單位：人民幣。			
註：社會保險基金指養老保險＋醫療保險＋失業保險＋工傷保險＋生育保險。			

資料來源：

中國大陸統計局網站，http://data.stats.gov.cn/，檢索時間 2022 年 3 月 23 日。

捌、中國大陸國家新型城鎮化形成的電影產業發展

觀察中國大陸新型城鎮化的進展，還可用電影票房及電影銀幕數量來說明發展成效。由於現代化都市人的休閒娛樂，對於進入聲光效果佳的電影院，欣賞各類電影有較大的需求，因此看電影成為都市及城鎮成為許多人的休閒活動，也促使電影院在都市及城鎮的需求增加，故從電影票房及電影銀幕數量，亦可觀察新型城鎮化發展的成效。

且由於科技的快速發展，使得中國大陸現代化電影院設施都非常的先進，加上中國大陸近年來，發展手機行動支付與 4G 高速網路的普及化，在中國大陸電影院欣賞電影比世界多數國家及地區都便利許多。中國大陸消費者可用手機美團等 APP，訂購三天內場次的電影票，並選擇座位後，即可以手機微信或支付寶等錢包付款，確認付款完成後，會收到手機簡訊通知，在電影開演前，到影院取票機器或是櫃臺取票，即可觀賞電影，省去消費者現場購票排隊選位的困擾，亦增加消費者觀賞電影的便利性。

中國大陸絕大多數電影院建於綜合商場，以利民眾購物休閒及娛樂，也有助於帶動城市與城鎮人民消費，對於經濟發展有顯著貢獻。中國大陸電影票房從 2012 年 170.73 億人民幣，至 2019 年大幅增長 2.76 倍，達 642.7 億人民幣。其電影銀幕數，也從 2012 年 13,118 塊銀幕，大幅增加至 2019 年 69,787 塊銀幕，大幅增長 4.32 倍，顯見中國大陸在經濟持續增長下，城鎮居民的收入不斷增長，在休閒活動上對於觀賞電影的需求非常大，才 8 年間使得電影票房及電影銀幕均增長數倍。

2020 年初爆發新冠肺炎疫情，使得當年度電影票房大幅下降，但市場投資者仍看好中國大陸電影市場的發展，在電影市場低迷之際，2020 年電影銀幕數仍比 2019 年增加

5,794 塊，達到 75,581 塊電影銀幕。又 2021 年中國大陸電影總票房為 472.58 億元人民幣，其中大陸的國產電影票房為 399.27 億元，占總票房的 84.49%；城市院線觀影人次 11.67 億。全年新增銀幕 6,667 塊，銀幕總數達到 82,248 塊，全年總票房和銀幕總數繼續保持全球第一。[469]

　　從中國大陸的電影院票房及電影銀幕數量發展分析，得知中國大陸推動新型城鎮化有相當成效，城市與城鎮居民富足有餘，才可能使得電影娛樂休閒產業蓬勃發展，帶動服務與消費的第三產業快速發展，對於中國大陸從製造業邁向服務業轉型，及內需消費的增長均有所助益，亦能成為經濟增長的新動能。

表5-35 2012年至2017年中國大陸電影票房及電影銀幕統計表

年度	2012 年	2013 年	2014 年	2015 年	2016 年
銀幕數	13,118 塊	18,195 塊	23,592 塊	31,627 塊	41,179 塊
電影票房	170.73 億	217.69 億	296.39 億	440.69 億	492.83 億
年度	2017 年	2018 年	2019 年	2020 年	2021 年
銀幕數	50,776 塊	60,079 塊	69,787 塊	75,581 塊	82,248 塊
電影票房	559.11 億	609.8 億	642.7 億	204.17 億	472.58 億
單位：人民幣					

資料來源：

整理自-

1.《2017 年中國居民消費發展報告》（北京：人民出版社，2018 年），頁 78、80。

2.搜狐網站，〈2020 年中國電影市場發展現狀總結及 2021 年前景預測 來源： 中商產業研究院〉，https://www.sohu.com/a/442800241_120067926，檢索時間 2022 年 4 月 22 日。

3.國家電影局網站，〈全年總票房和銀幕總數保持全球第一〉，https://www.chinafilm.gov.cn/chinafilm/contents/142/4075.shtml，檢索時間 2022 年 4 月 22 日。

玖、結論

　　1978 年改革開放初期，中國大陸總人口為 96,259 萬人，其中城鎮人口為 17,245 萬人[470]，占總人口比重約 17.91%。隨著中國大陸經濟的發展與工業化程度增加，中國大陸農村人口逐漸向城鎮轉移，城鎮人口數不斷增加。至 2021 年中國大陸總人口為 141,260 萬人，其中城鎮常住人口為 91,420 萬人，已占總人口比重 64.72%[471]，對於各項民生基礎設施及社會保障需求不斷增加，中國大陸政府為順應民意與保持經濟不斷增長，也推出許多基礎設施政策與民生保障政策。

　　中國大陸政府參照歐、美、日等國家，近幾百年來工業化與都市化的發展經驗，深知中國大陸推動工業化後，經濟發展將逐步產生都市化問題。而中國大陸擁有超過 14 億人口，若集中於北京、上海、廣州、深圳等大都市，將會形成倫敦、紐約、東京等城市病問題，因而先是推出異於歐、美、日等國家都市化模式的城鎮化概念，希望將農村人口分散到各省的大中小城市，避免人口集中到北京、上海、廣州、深圳等大都市，產生

流民及貧民窟等社會問題，如此非常不利這些特大城市的長遠發展。

　　再者，中國大陸政府先規劃公路、鐵路、港口、機場等交通基礎設施，連結大中小城市與城鎮，促進人流與物流，並同步規畫水、電、互聯網等，重要民生及工商業基礎設施，逐步發展中國大陸內部市場經濟。在初步基礎設施的逐步完善後，也隨著城鎮化的改造與建設，拆遷一批原地居民，使城鎮化中部分居民因拆遷補償而致富，並對於大中小城市與城鎮的民生基礎建設與生活機能規劃，做出許多改善，促使中國大陸各大中小城市與城鎮居住品質大幅提升。

　　中國大陸政府在長期推動城鎮化的基礎下，於 2014 年 3 月由中國大陸國務院正式發佈《國家新型城鎮化規劃（2014～2020 年）》，推動具有 14 億龐大人口，中國特色以人為本的新型城鎮化，結合城鎮及大中小城市，發展出具有產業互補型態的經濟體城市群，以利經濟持續增長與發展。並改善戶籍制度，推動居住證住度，重視城鎮居民教育、醫療、養老等各項社會服務需求，使得農民進入城鎮後，能轉化成為城鎮居民，在城鎮裡安居樂業，以利未來達成新型城鎮化的綜合發展目標。

▌第四節 自由貿易試驗區（FTZ）

壹、中國大陸經濟特區簡述

　　中國大陸於改革開放初期，發展深圳、珠海、廈門、汕頭四大經濟特區，就是為吸引境外產業、資金、技術、人才等，以試點的方式來探索經濟改革的方法。而深圳與香港毗鄰；珠海與澳門毗鄰；廈門靠近臺澎金馬地區；汕頭為近代華僑之鄉，各特區均有相當優勢，故吸引大量投資取得相當的發展成果。且由於 1980 年代到 1990 年代初期中國大陸內部對於經濟的改革開放仍爭論不休，中共中央領導人鄧小平、胡耀邦等人，運用遠離北京政治圈的廣東與福建，作為經濟改革的試驗田，以減低中國大陸內部反對改革政治勢力的干擾。

　　從 1978 年開革開放後，中國大陸政府先後於 1980 年廣東省的深圳市、珠海市；1981 年福建省的廈門市；1988 年海南省；2010 年新疆維吾爾自治區的喀什建立經濟特區。經濟特區在實質功能上屬於世界各國發展的自由港區，雖屬於一國的國境之內，但在經濟特區內實行特殊法規，如實行免稅或低稅率措施使得在特區的小區域內與區外，稅制產生極大差異，吸引特殊目的外來投資。經濟特區主要以出口退稅、土地使用、外匯管理、企業經營權、出入境管理等，通過創造良好的投資環境，引進先進技術和科學管理方法，吸引大量境外資金使經濟特區快速發展，成為中國大陸經濟改革開放的模範城市。

　　然而，此種以經濟特區自主開放為試驗的發展模式，逐步成為中國大陸經濟發展的模式之一，透過幾個特定區域的試點可以瞭解該項政策實施的優點與缺點，若該項政策實施後，發現政策優點則擴大區域施行，若該項政策產生缺點部分則檢討改進，如此則可避免某一政策在不知成效前，就全面實施所產生的不良效果與影響。再者，由於中國大陸幅員廣大人口眾多，雖多數屬於漢族，語言與文化相近，但因各區域人才條件經濟發展程度等差異，任何政策在各區域施行效果仍有許多不同。以改革開放初期設立的深圳、珠海、廈門、汕頭四大經濟特區為例，雖只有深圳經濟特區發展一枝獨秀，成為全中國大陸科技中心，並成為人口達上千萬的大都市，其為省級城市，但發展程度可以比上北京、上海、天津、重慶這四大直轄市，而珠海、廈門、汕頭等地經濟特區，也發揮帶動當地經濟發展的火車頭。此外，在房地產價格排名上，中國大陸有所謂第一北京、第二上海、第三深圳、第四廈門之說。顯見，在中國大陸納入經濟特區的地方，對於該區域的經濟能產生特殊的影響。

貳、中國大陸自由貿易試驗區發展概述

　　中國大陸的經濟發展，歷經 1978 年改革開放初期，自主經濟開放階段，與 2001 年加入世界貿易組織，對外談判開放階段，三十餘年來經濟高速發展，到 2014 年間形成一個發展瓶頸，必須深化經濟體制改革，才能使中國大陸的經濟持續發展。

　　故 2014 年 5 月，中國大陸國家主席習近平在河南考察時，提出經濟新常態的概念，後又於 2015 年 11 月，習近平再提出供給側結構性改革，以去產能、去庫存、去杠桿、降成本、補短板，三去一降一補做為經濟改革重點，強調整體經濟結構必須深化改革，促使中國大陸整體經濟進一步轉型與發展。

　　此前，於 2013 年 8 月中國大陸國務院發佈《中國（上海）自由貿易試驗區總體方案》的通知，同年 9 月 29 日上海自由貿易試驗區成立，開啟中國大陸經濟深化改革的一個新的試驗點。中國大陸國務院發佈的《中國（上海）自由貿易試驗區總體方案》前言明確指出：「建立中國（上海）自由貿易試驗區，是黨中央、國務院作出的重大決策，是深入貫徹黨的十八大精神，在新形勢下推進改革開放的重大舉措，對加快政府職能轉變、積極探索管理模式創新、促進貿易和投資便利化，為全面深化改革和擴大開放探索新途徑、積累新經驗，具有重要意義。上海市人民政府要精心組織好《方案》的實施工作。要探索建立投資准入前國民待遇和負面清單管理模式，深化行政審批制度改革，加快轉變政府職能，全面提升事中、事後監管水準。要擴大服務業開放、推進金融領域開放創新，建設具有國際水準的投資貿易便利、監管高效便捷、法制環境規範的自由貿易試驗區，使之成為推進改革和提高開放型經濟水準的「試驗田」，形成可複製、可推廣的經驗，發揮示範帶動、服務全國的積極作用，促進各地區共同發展。有關部門要大力支持，做好協調配合、指導評估等工作。」[472]

　　這是 2013 年 3 月習近平擔任中國大陸國家主席與李克強擔任國務院總理後，中國大陸政府開啟經濟深化改革的一大舉措，期望藉由上海自由貿易試驗區，探索建立投資准入前國民待遇和負面清單管理模式，深化行政審批制度改革，加快轉變政府職能，全面提升事中、事後監管水準，是中國大陸再次自主經濟改革的一個新起點。

　　隨後，又在 2013 年 11 月 12 日中國共產黨第十八屆中央委員會第三次全體會議通過《中共中央關於全面深化改革若干重大問題的決定》指出：「為適應經濟全球化新形勢，必須推動對內對外開放相互促進、引進來和走出去更好結合，促進國際國內要素有序自由流動、資源高效配置、市場深度融合，加快培育參與和引領國際經濟合作競爭新優勢，以開放促改革。建立中國上海自由貿易試驗區是黨中央在新形勢下推進改革開放的重大舉措，要切實建設好、管理好，為全面深化改革和擴大開放探索新途徑、積累新經驗。在推進現有試點基礎上，選擇若干具備條件地方發展自由貿易園（港）區。放寬投資准入。統一內外資法律法規，保持外資政策穩定、透明、可預期。推進金融、教育、文化、醫療等服務業領域有序開放，放開育幼養老、建築設計、會計審計、商貿物流、電子商務等服務業領域外資准入限制，進一步放開一般製造業，加快海關特殊監管區域整合優化。」[473]

　　顯示，中共中央在對於經濟進一步深化改革中，對於運用中國大陸境內自由貿易試驗區，來探索新途徑與積累新經驗的自主經濟深化改革開放，已形成重大決策全黨上下必須戮力執行，故在上海自由貿易試驗區成立一年多之後，於 2015 年 2 月 16 日發布《國務院關於同意建立國務院自由貿易試驗區工作部際聯席會議制度的批復》：「建立由

國務院領導同志牽頭負責的國務院自由貿易試驗區工作部際聯席會議制度,其主要職能為統籌協調全國自由貿易試驗區試點工作,對自由貿易試驗區深化改革試點工作進行宏觀指導;協調解決自由貿易試驗區改革試驗中遇到的重大問題;及時評估、總結自由貿易試驗區改革試點經驗,提出複製推廣意見和建議;完成國務院交辦的其他事項。」[474]

且《國務院關於同意建立國務院自由貿易試驗區工作部際聯席會議制度的批復》要求:「各成員單位要按照職責分工,深入研究自由貿易試驗區工作有關問題,制訂相關配套政策措施或提出政策措施建議,認真落實聯席會議確定的工作任務和議定事項。加強溝通,密切配合,相互支持,形成合力,充分發揮聯席會議作用,形成高效運行的工作機制。」[475]

並由時任中國大陸國務院副總理汪洋當召集人,副召集人包括商務部部長高虎城、國務院副秘書長畢井泉、中央宣傳部副部長孫志軍、發展改革委副主任王曉濤,由中共中央政治局委員及國務院副總理層級擔任召集人,其聯席會議成員由商務部、中央宣傳部、中央財辦、發展改革委、教育部、工業和信息化部、公安部、司法部、財政部、人力資源社會保障部、國土資源部、住房城鄉建設部、交通運輸部、文化部、衛生計生委、人民銀行、海關總署、稅務總局、工商總局、質檢總局、新聞出版廣電總局、智慧財產權局、旅遊局、港澳辦、法制辦、臺辦、銀監會、證監會、保監會、外匯局等,30個部門和單位組成,商務部為牽頭單位。[476]涵蓋中共中央及中國大陸國務院30多個部會與機關單位,顯見中共中央與中國大陸政府,相當重視自由貿易試驗區的建設與發展。

中國大陸成立國務院自由貿易試驗區工作部際聯席會議後,很快接著在2015年4月21日廣東、天津、福建自由貿易三個自由貿易試驗區相繼揭牌,開展中國大陸新一輪的自主經濟改革開放。而此四個自由貿易試驗區的功能,類似1980年代初期深圳、珠海、廈門、汕頭四大經濟特區的功能,都屬中國大陸經濟自主改革開放的試驗區,被賦予經濟改革試驗的重任。

又2015年4月,國務院辦公廳發佈《關於印發自由貿易試驗區外商投資准入特別管理措施(負面清單)的通知》規定:「負面清單列明不符合國民待遇等原則的外商投資准入特別管理措施,適用於上海、廣東、天津、福建四個自由貿易試驗區(以下統稱自貿試驗區),依據《國民經濟行業分類》(GB/T4754—2011)劃分為15個門類、50個條目、122項特別管理措施。清單之外的領域,在自貿試驗區內按照內、外資一致原則實施管理,並由所在地省級人民政府發佈實施指南,做好相關引導工作。」[477]

而「負面清單」改革是「法無禁止皆可為」行政理念的實踐產物,從側面規範了行政權力的使用範圍,為進一步規範行政用權提供一套標準。「證照分離」改革則基於負面清單,從制度和流程的角度對監管市場准入的行政審批權力進行規範,形成開放型經濟體制下的新型市場准入規則,是自貿試驗區行政管理體制的重要組成部分。[478]中國大陸政府對於在自由貿易試驗區內,不論是中國大陸境內或境外投資設立的企業,排除其他法規的限制,以放寬市場准入限制,減少事前審批,允許按照此負面清單規定開放投資,展開在自由貿易試驗區內,自主放寬投資准入的試驗。

據中國大陸國家稅務總局統計，截至 2016 年底，上海、廣東、天津、福建 4 個自貿試驗區，總面積約 480 平方公里，稅收超過了 4,090 億元人民幣。其中，服務業是稅收主力，高端製造業快速增長，外資企業貢獻增長很快。另據中國大陸商務部統計，2016 年上海、廣東、天津、福建 4 個自貿試驗區吸收外資 879.6 億元人民幣，同比增長 81.3%，以十萬分之五的中國大陸國土面積，吸引了中國大陸十分之一的外資。[479]

顯示，中國大陸發展自由貿易試驗區吸引外資的策略已有初步成效，故中國大陸政府進一步拓展至其它適合的省市，並結合城市群的發展與一帶一路規劃，以加速經濟深化改革的步伐。於 2017 年 3 月，中國大陸政府發佈第三波自由貿易試驗區共計 7 個，隨後於 2017 年 4 月 1 日遼寧、浙江、河南、湖北、重慶、四川、陝西等，7 個自由貿易試驗區迅速揭牌成立，中國大陸政府在境內許多省分，擴大施行自由貿易試驗區，加速經濟深化改革的步伐。

於 2017 年 6 月國務院辦公廳發佈《關於印發自由貿易試驗區外商投資准入特別管理措施（負面清單）（2017 年版）的通知》指出：「自 2017 年 7 月 10 日起實施，自由貿易試驗區外商投資准入特別管理措施（負面清單）（2017 年版）。同時廢止，2015 年 4 月 8 日印發的《自由貿易試驗區外商投資准入特別管理措施（負面清單）》。負面清單列明不符合國民待遇等原則的外商投資准入特別管理措施，適用於自由貿易試驗區（以下簡稱自貿試驗區）。依據《國民經濟行業分類》（GB/T 4754—2011）劃分為 15 個門類、40 個條目、95 項特別管理措施，與上一版相比，減少了 10 個條目、27 項措施。其中特別管理措施包括具體行業措施和適用於所有行業的水準措施。」[480]

隔年，2018 年 6 月中國大陸國家發展和改革委員會與商務部發佈《自由貿易試驗區外商投資准入特別管理措施（負面清單）（2018 年版）》，自 2018 年 7 月 30 日起施行。同時廢止，2017 年 6 月 5 日國務院辦公廳印發的《自由貿易試驗區外商投資准入特別管理措施（負面清單）（2017 年版）》指出：「2018 年版自由貿易試驗區負面清單條目由 2017 年版 95 條縮減至 45 條。在放寬市場准入方面，除與全國外資准入負面清單一致的開放措施外，自由貿易試驗區外資准入負面清單在種業、油氣、礦產資源、增值電信、文等重要領域提出了新的舉措，進行更高水準的對外開放。」[481]

中國大陸政府連續兩年在全中國大陸 11 個自由貿易試驗區，自主的大幅度放寬外資准入條件，加速經濟深化改革的步伐，企圖吸引更高層次外資與人才進入大陸市場，促使中國大陸製造業、金融業、服務業、投資業等都能逐步升級，成為整體經濟的新增長點。

2018 年 4 月 13 日中國大陸國家主席習近平在慶祝海南建省辦經濟特區 30 周年大會上鄭重宣佈，黨中央決定支持海南全島建設自由貿易試驗區，支持海南逐步探索、穩步推進中國特色自由貿易港建設，分步驟、分階段建立自由貿易港政策和制度體系。這是黨中央著眼於國際國內發展大局，深入研究、統籌考慮、科學謀劃作出的重大決策，是彰顯中國大陸擴大對外開放、積極推動經濟全球化決心的重大舉措。[482]

並由中共中央及國務院發佈《關於支持海南全面深化改革開放的指導意見》,指出:「在中國特色社會主義進入新時代的大背景下,賦予海南經濟特區改革開放新的使命,是習近平總書記親自謀劃、親自部署、親自推動的重大國家戰略,必將對構建我國改革開放新格局產生重大而深遠影響。支持海南全面深化改革開放有利於探索可複製可推廣的經驗,壓茬拓展改革廣度和深度,完善和發展中國特色社會主義制度;有利於我國主動參與和推動經濟全球化進程,發展更高層次的開放型經濟,加快推動形成全面開放新格局;有利於推動海南加快實現社會主義現代化,打造成新時代中國特色社會主義新亮點,彰顯中國特色社會主義制度優越性,增強中華民族的凝聚力和向心力。」[483]

其後於 2018 年 10 月 16 日中國大陸國務院發佈《中國(海南)自由貿易試驗區總體方案的通知》,指出其戰略定位:「應發揮海南島全島試點的整體優勢,緊緊圍繞建設全面深化改革開放試驗區、國家生態文明試驗區、國際旅遊消費中心和國家重大戰略服務保障區,實行更加積極主動的開放戰略,加快構建開放型經濟新體制,推動形成全面開放新格局,把海南打造成為我國面向太平洋和印度洋的重要對外開放門戶。」[484]

此為中共總書記習近平親自謀劃、親自部署、親自推動的重大國家戰略,其將海南全島由經濟特區,升級為海南全島自由貿易試驗區(港) 面積33,210 平方公里,比其它 11 個自由貿易試驗區,平均面積為 120 平方公里左右,大上 270 倍以上,累積數年 11 個自由貿易試驗區發展經驗,擴大區局部的試驗範圍,用整個海南島來做深化經濟改革的試驗,期望能獲得更多改革試驗的成果。

2019 年 6 月中國大陸國家發展和改革委員會與商務部發佈《自由貿易試驗區外商投資准入特別管理措施(負面清單)(2019 年版)》,自 2019 年 7 月 30 日起施行。同時廢止,2018 年 6 月 30 日國家發展和改革委員會與商務部發佈《自由貿易試驗區外商投資准入特別管理措施(負面清單)(2018 年版)》。[485]該文件將,2019 年版自由貿易試驗區負面清單條目,由 2018 年版 45 條再縮減至 37 條,又再進一步放寬外資在自由貿易試驗區投資的准入條件,逐步推動改革試點。

2019 年 8 月 26 日中國大陸國務院發佈《國務院關於印發 6 個新設自由貿易試驗區總體方案的通知》內容涵蓋《中國(山東)自由貿易試驗區總體方案》、《中國(江蘇)自由貿易試驗區總體方案》、《中國(廣西)自由貿易試驗區總體方案》、《中國(河北)自由貿易試驗區總體方案》、《中國(雲南)自由貿易試驗區總體方案》、《中國(黑龍江)自由貿易試驗區總體方案》等[486],此次再新設 6 個自由貿易試驗區,使中國大陸自由貿易試驗區總數達到 18 個,而中國大陸共有 31 個省市自治區,自由貿易試驗區已涵蓋中國大陸 18 個省市自治區,超過地方省市自治區的半數以上,中國大陸政府必然期望未來將改革擴大到整個中國大陸,達到深化經濟體制改革目的。

2020 年 6 月中國大陸國家發展和改革委員會與商務部發佈《自由貿易試驗區外商投資准入特別管理措施(負面清單)(2020 年版)》,自 2020 年 7 月 23 日起施行。同時廢止,2019 年 6 月國家發展和改革委員會與商務部發佈《自由貿易試驗區外商投資准入特別管理措施(負面清單)(2019 年版)》。[487]該文件 2020 年版自由貿易試驗區負面清

單條目，由 2019 年版 37 條再縮減至 30 條，又再進一步放寬外資在自由貿易試驗區投資的准入條件，逐步推動改革試點。

中國大陸政府指出，制定 2020 年版外商投資准入負面清單，總的方向是實施更大範圍、更寬領域、更深層次的全面開放，以高水準開放推動經濟高品質發展。主要考慮：一是擴大外資市場准入。落實中共中央、國務院部署，積極應對新冠肺炎疫情，提高製造業、服務業、農業開放水準，以開放促改革、促發展。二是推進制度型開放，落實《外商投資法》及其實施條例，完善外商投資准入負面清單規則，全面實施准入前國民待遇加負面清單管理制度。三是負面清單只做減法、不做加法，外商投資准入負面清單修訂，不新增或加嚴對外資的限制，開放的大門越開越大。四是發揮自貿試驗區擴大開放試驗田作用，繼續在自貿試驗區進行擴大開放的壓力測試，在一些領域的開放上先行一步。五是在擴大開放的同時維護國家安全，要按照《外商投資法》要求，做好投資管理工作，統籌兼顧開放與安全。且中國大陸政府亦聲明，中國大陸推動更高水準開放的腳步不會放緩，中國大陸利用外資的政策不會變，中國大陸為各國企業在華投資興業提供更好服務的方向不會變。[488]

2020 年 09 月 21 日中國大陸國務院發布《關於印發北京、湖南、安徽自由貿易試驗區總體方案及浙江自由貿易試驗區擴展區域方案的通知》內容涵蓋《中國（北京）自由貿易試驗區總體方案》、《中國（湖南）自由貿易試驗區總體方案》、《中國（安徽）自由貿易試驗區總體方案》等[489]，此次再新設 3 個自由貿易試驗區，使中國大陸自由貿易試驗區總數達到 21 個，而中國大陸共有 31 個省市自治區，自由貿易試驗區已涵蓋中國大陸 21 個省市自治區，北京、上海、天津及重慶 4 個直轄市均設立自由貿易試驗區，僅剩下 10 個省及自治區尚未設立自由貿易試驗區。

2021 年 12 月中國大陸國家發展和改革委員會與商務部發佈《自由貿易試驗區外商投資准入特別管理措施（負面清單）（2021 年版）》，自 2022 年 1 月 1 日起施行。2020 年 6 月 23 日國家發展改革委、商務部發佈的 2020 年版《自貿試驗區負面清單》自 2022 年 1 月 1 日起廢止。該文件 2021 年版自由貿易試驗區負面清單條目，由 2020 年版 30 條再縮減至 27 條，又再進一步放寬外資在自由貿易試驗區投資的准入條件，中國大陸政府仍是以逐步推動 21 個自由貿易試驗區改革試點，為主要戰略目標。

綜上，可知中國大陸政府運用自由貿易試驗區，逐年放鬆外商投資准入條件，來推進新一代外商投資中國大陸的基本路線不會改變，並藉由外資的進入的競爭性態勢，來促使中國大陸企業的改革與進步。且中國大陸為深化經濟體制改革，必須持續運用自由貿易試驗區的變革，來持續嘗試推動政府體制及市場化改革，將一步一步的改革成功經驗，推廣到全中國大陸各個省市自治區，使自由貿易試驗區呈持續成為中國大陸經濟深化改革有力的試驗田。

表5-36　中國大陸重要自由貿易試驗區政策表

公告年度	發布單位	政策名稱
2013 年	國務院	《關於印發中國（上海）自由貿易試驗區總體方案的通知》
2015 年	國務院	《國務院關於同意建立國務院自由貿易試驗區工作部際聯席會議制度的批復》
2015 年	國務院	《關於印發中國（天津）自由貿易試驗區總體方案的通知》
2015 年	國務院	《關於印發中國（福建）自由貿易試驗區總體方案的通知》
2015 年	國務院	《關於印發中國（廣東）自由貿易試驗區總體方案的通知》
2015 年	國務院	《關於加快實施自由貿易區戰略的若干意見》
2015 年	國務院	《關於加快培育外貿競爭新優勢的若干意見》
2015 年	國務院辦公廳	《關於印發自由貿易試驗區外商投資國家安全審查試行辦法的通知》
2015 年	國務院辦公廳	《關於印發自由貿易試驗區外商投資准入特別管理措施（負面清單）的通知》
2016 年	國務院	《關於促進外貿回穩向好的若干意見》
2016 年	國務院	《關於做好自由貿易試驗區新一批改革試點經驗複製推廣工作的通知》
2017 年	國務院	《關於印發中國（遼寧）自由貿易試驗區總體方案的通知》
2017 年	國務院	《關於印發中國（浙江）自由貿易試驗區總體方案的通知》
2017 年	國務院	《關於印發中國（湖北）自由貿易試驗區總體方案的通知》
2017 年	國務院	《關於印發中國（河南）自由貿易試驗區總體方案的通知》
2017 年	國務院	《關於印發中國（重慶）自由貿易試驗區總體方案的通知》
2017 年	國務院	《關於印發中國（四川）自由貿易試驗區總體方案的通知》
2017 年	國務院	《關於印發中國（陝西）自由貿易試驗區總體方案的通知》
2017 年	國務院	《關於印發全面深化中國（上海）自由貿易試驗區改革開放方案的通知》

公告年度	發布單位	政策名稱
2017 年	國務院	《關於促進外資增長若干措施的通知》
2017 年	國務院	《關於擴大對外開放積極利用外資若干措施的通知》
2017 年	國務院辦公廳	《關於印發自由貿易試驗區 外商投資准入特別管理措施（負面清單）（2017 年版）的通知》
2018 年	國務院	《關於印發中國（海南）自由貿易試驗區總體方案的通知》
2018 年	國務院	《關於支持自由貿易試驗區深化改革創新若干措施的通知》
2018 年	國務院	《國務院關於印發進一步深化中國（天津）自由貿易試驗區改革開放方案的通知》
2018 年	國務院	《國務院關於印發進一步深化中國（福建）自由貿易試驗區改革開放方案的通知》
2018 年	國務院	《國務院關於印發進一步深化中國（廣東）自由貿易試驗區改革開放方案的通知》
2018 年	國家發展改革委、商務部	《關於印發自由貿易試驗區 外商投資准入特別管理措施（負面清單）（2018 年版）的通知》
2018 年	國務院	《關於積極有效利用外資推動經濟高品質發展若干措施的通知》
2018 年	國務院	《關於同意深化服務貿易創新發展試點的批復》
2019 年	國家發展改革委、商務部	《關於印發自由貿易試驗區 外商投資准入特別管理措施（負面清單）（2019 年版）的通知
2019 年	國務院	《國務院關於印發 6 個新設自由貿易試驗區總體方案的通知》
2020 年	國務院	《國務院關於印發北京、湖南、安徽自由貿易試驗區總體方案及浙江自由貿易試驗區擴展區域方案的通知》
2020 年	國家發展改革委、商務部	《自由貿易試驗區外商投資准入特別管理措施（負面清單）（2020 年版）》
2021 年	國務院	《國務院印發《關於推進自由貿易試驗區貿易投資便利化改革創新的若干措施》
2021 年	國家發展改革委、商務部	《自由貿易試驗區外商投資准入特別管理措施（負面清單）（2021 年版）》

筆者整理自-中國政府網

表5-37 中國大陸自由貿易試驗區外商投資准入特別管理措施表
（負面清單）（2021 年版）

一、農、林、牧、漁業

1. 小麥、玉米新品種選育和種子生產的中方股比不低於34%。
2. 禁止投資中國稀有和特有的珍貴優良品種的研發、養殖、種植以及相關繁殖材料的 生產（包括種植業、畜牧業、水產業的優良基因）。
3. 禁止投資農作物、種畜禽、水產苗種轉基因品種選育及其轉基因種子（苗）生產。

二、採礦業

4. 禁止投資稀土、放射性礦產、鎢勘查、開採及選礦。（未經允許，禁止進入稀土礦 區或取得礦山地質資料、礦石樣品及生產工藝技術。）

三、電力、熱力、燃氣及水生產和供應業

5. 核電站的建設、經營須由中方控股。

四、批發和零售業

6. 禁止投資煙葉、捲煙、複烤煙葉及其他煙草製品的批發、零售。

五、交通運輸、倉儲和郵政業

7. 國內水上運輸公司須由中方控股。（且不得經營或租用中國籍船舶或者艙位等方式變相經營國內水路運輸業務及其輔助業務；水路運輸經營者不得使用外國籍船舶經營國內水路運輸業務，但經中國政府批准，在國內沒有能夠滿足所申請運輸要求的中國籍船舶，並且船舶停靠的港口或者水域為對外開放的港口或者水域的情況下，水路運輸經營者可以在中國政府規定的期限或者航次內，臨時使用外國籍船舶經營中國港口之間的海上運輸和拖航。）
8. 公共航空運輸公司須由中方控股，且一家外商及其關聯企業投資比例不得超過 25%，法定代表人須由中國籍公民擔任。通用航空公司的法定代表人須由中國籍公民擔任，其中農、林、漁業通用航空公司限於合資，其他通用航空公司限於中方控股。（只有中國公共航空運輸企業才能經營國內航空服務，並作為中國指定承運人 提供定期和不定期國際航空服務。）
9. 民用機場的建設、經營須由中方相對控股。外方不得參與建設、運營機場塔臺。
10. 禁止投資郵政公司（和經營郵政服務）、信件的國內快遞業務。

六、信息傳輸、軟體和信息技術服務業

11. 電信公司：限於中國入世承諾開放的電信業務，增值電信業務的外資股比不超過 50%（電子商務、國內多方通信、存儲轉發類、呼叫中心除外），基礎電信業務須 由中方控股（且經營者須為依法設立的專門從事基礎電信業務的公司）。上海貿試驗區原有區域〔28.8 平方公里〕試點政策推廣至所有自貿試驗區執行。
12. 禁止投資互聯網新聞資訊服務、網路出版服務、網路視聽節目服務、互聯網文化經營（音樂除外）、互聯網公眾發佈資訊服務（上述服務中，中國入世承諾中已開放的內容除外）。

七、租賃和商務服務業

13. 禁止投資中國法律事務（提供有關中國法律環境影響的資訊除外），不得成為國內律師事務所合夥人。（外國律師事務所只能以代表機構的方式進入中國，且不得聘用中國執業律師，聘用的輔助人員不得為當事人提供法律服務；如在華設立代表機構、派駐代表，須經中國司法行政部門許可。）

14. 廣播電視收聽、收視調查須由中方控股。社會調查中方股比不低於 67%，法定代表人應當具有中國國籍。

八、科學研究和技術服務業

15. 禁止投資人體幹細胞、基因診斷與治療技術開發和應用。

16. 禁止投資人文社會科學研究機構。

17. 禁止投資大地測量、海洋測繪、測繪航空攝影、地面移動測量、行政區域界線測繪，地形圖、世界政區地圖、全國政區地圖、省級及以下政區地圖、全國性教學地 圖、地方性教學地圖、真三維地圖和導航電子地圖編制，區域性的地質填圖、礦產地質、地球物理、地球化學、水文地質、環境地質、地質災害、遙感地質等調查 （礦業權人在其礦業權範圍內開展工作不受此特別管理措施限制）。

九、教育

18. 學前、普通高中和高等教育機構限於中外合作辦學，須由中方主導（校長或者主要 行政負責人應當具有中國國籍（且在中國境內定居），理事會、董事會或者聯合管 理委員會的中方組成人員不得少於 1/2）。（外國教育機構、其他組織或者個人不得單獨設立以中國公民為主要招生對象的學校及其他教育機構（不包括非學制類職業培訓機構、學制類職業教育機構），但是外國教育機構可以同中國教育機構合作舉 辦以中國公民為主要招生對象的教育機構。）

19. 禁止投資義務教育機構、宗教教育機構。

十、衛生和社會工作

20. 醫療機構限於合資。

十一、文化、體育和娛樂業

21. 禁止投資新聞機構（包括但不限於通訊社）。（外國新聞機構在中國境內設立常駐 新聞機構、向中國派遣常駐記者，須經中國政府批准。外國通訊社在中國境內提供新聞的服務業務須由中國政府審批。中外新聞機構業務合作，須中方主導，且須經中國政府批准。）

22. 禁止投資圖書、報紙、期刊、音像製品和電子出版物的編輯、出版、製作業務。 （但經中國政府批准，在確保合作中方的經營主導權和內容終審權並遵守中國政府批復的其他條件下，中外出版單位可進行新聞出版中外合作出版專案。未經中國政府批准，禁止在中國境內提供金融資訊服務。）

23. 禁止投資各級廣播電臺（站）、電視臺（站）、廣播電視頻道（率）、廣播電視傳 輸覆蓋網（發射臺、轉播臺、廣播電視衛星、衛星上行站、衛星收轉站、微波站、監測臺及有線廣播電視傳輸覆蓋網等），禁止從事廣播電視視頻點

播業務和衛星電視廣播地面接收設施安裝服務。(對境外衛星頻道落地實行審批制度。)

24. 禁止投資廣播電視節目製作經營(含引進業務)公司。(引進境外影視劇和以衛星傳送方式引進其他境外電視節目由廣電總局指定的單位申報。對中外合作製作電視劇(含電視動畫片)實行許可制度。)

25. 禁止投資電影製作公司、發行公司、院線公司以及電影引進業務。(但經批准,允許中外企業合作攝製電影。)

26. 禁止投資文物拍賣的拍賣公司、文物商店和國有文物博物館。(禁止不可移動文物及國家禁止出境的文物轉讓、抵押、出租給外國人。禁止設立與經營非物質文化遺產調查機構;境外組織或個人在中國境內進行非物質文化遺產調查和考古調查、勘探、發掘,應採取與中國合作的形式並經專門審批許可。)

27. 文藝表演團體須由中方控股。

資料來源:

中國政府網,《中华人民共和国国家发展和改革委员会 中华人民共和国商务部令 第48号 自由貿易試驗區外商投資准入特別管理措施(負面清單)(2021 年版)》http://www.gov.cn/zhengce/zhengceku/2021-12/28/content_5664887.htm,檢索時間 2022 年 3 月 9 日。

叁、中國大陸自由貿易試驗區制度創新與實踐概述

中國大陸成立自由貿易試驗區的重要目的之一,是為深化經濟體制改革於自貿是驗區內先行先試,積累防控和化解風險的經驗,探索最佳開放模式。在事中事後監管、貿易、金融、投資都形成諸多值得推廣的經驗,因此中國大陸政府陸續發佈相關通知,要求相關部門及單位,複製推廣自由貿易試驗區改革試點成功的經驗。

2015 年 1 月 29 日中國大陸國務院發佈《關於推廣中國(上海)自由貿易試驗區可複製改革試點經驗的通知》指出:「上海自貿試驗區成立一年多來,上海市和有關部門以簡政放權、放管結合的制度創新為核心,加快政府職能轉變,探索體制機制創新,在建立以負面清單管理為核心的外商投資管理制度、以貿易便利化為重點的貿易監管制度、以資本專案可兌換和金融服務業開放為目標的金融創新制度、以政府職能轉變為核心的事中事後監管制度等方面,形成了一批可複製、可推廣的改革創新成果。經黨中央、國務院批准,上海自貿試驗區的可複製改革試點經驗將在全國範圍內推廣。並要求各地區、各部門要深刻認識推廣上海自貿試驗區可複製改革試點經驗的重大意義,將推廣工作作為全面深化改革的重要舉措,積極轉變政府管理理念,以開放促改革,結合本地區、本部門實際情況,著力解決市場體系不完善、政府干預過多和監管不到位等問題,更好地發揮市場在資源配置中的決定性作用和政府作用。要適應經濟全球化的趨勢,逐步構建與我國開放型經濟發展要求相適應的新體制、新模式,釋放改革紅利,促進國際國內要素有序自由流動、資源高效配置、市場深度融合,加快培育參與和引領國際經濟合作競爭的新優勢。」[490]

中國大陸政府將可複製推廣的主要內容分為，一、在全國範圍內複製推廣的改革事項。1.投資管理領域：外商投資廣告企業專案備案制、涉稅事項網上審批備案、稅務登記號碼網上自動賦碼、網上自主辦稅、納稅信用管理的網上信用評級、組織機構代碼即時賦碼、企業標準備案管理制度創新、取消生產許可證委託加工備案、企業設立實行「單一視窗」等。2.貿易便利化領域：全球維修產業檢驗檢疫監管、中轉貨物產地來源證管理、檢驗檢疫通關無紙化、協力廠商檢驗結果採信、出入境生物材料製品風險管理等。3.金融領域：個人其他經常項下人民幣結算業務、外商投資企業外匯資本金意願結匯、銀行辦理大宗商品衍生品櫃檯交易涉及的結售匯業務、直接投資項下外匯登記及變更登記下放銀行辦理等。4.服務業開放領域：允許融資租賃公司兼營與主營業務有關的商業保理業務、允許設立外商投資資信調查公司、允許設立股份制外資投資性公司、融資租賃公司設立子公司不設最低註冊資本限制、允許內外資企業從事遊戲遊藝設備生產和銷售等。5.事中事後監管措施：社會信用體系、資訊共享和綜合執法制度、企業年度報告公示和經營異常名錄製度、社會力量參與市場監督制度，以及各部門的專業監管制度。二、在全國其他海關特殊監管區域複製推廣的改革事項。1.海關監管制度創新：期貨保稅交割海關監管制度、境內外維修海關監管制度、融資租賃海關監管制度等措施。2.檢驗檢疫制度創新：進口貨物預檢驗、分線監督管理制度、動植物及其產品檢疫審批負面清單管理等措施。[491]

這是一年多來，上海自由貿易試驗區改革的成果，中國大陸國務院迅速將推廣於全中國大陸的 29 項改革事務列表公告，並有 28 項改革事務定出時限，要求負責的相關部門於 2015 年 6 月 30 日前完成，另將 6 項各省（區、市）人民政府可借鑒推廣的改革事項也列表發佈，並有 5 項要求 2 至 3 年內必須改革完成，顯示中國大陸對於經濟發展上的行政程序與制度改革相當重視，期望透過深化改革促使經濟進一步發展。

表5-38 2015年國務院有關部門負責複製推廣改革事項任務分工表

序號	改革事項	負責部門	推廣範圍
1	外商投資廣告企業專案備案制	工商總局	全中國大陸
2	涉稅事項網上審批備案	稅務總局	全中國大陸
3	稅務登記號碼網上自動賦碼	稅務總局	全中國大陸
4	網上自主辦稅	稅務總局	全中國大陸
5	納稅信用管理的網上信用評級	稅務總局	全中國大陸
6	組織機構代碼即時賦碼	質檢總局	全中國大陸
7	企業標準備案管理制度創新	質檢總局	全中國大陸
8	取消生產許可證委託加工備案	質檢總局	全中國大陸
9	全球維修產業檢驗檢疫監管	質檢總局	全中國大陸
10	中轉貨物產地來源證管理	質檢總局	全中國大陸
11	檢驗檢疫通關無紙化	質檢總局	全中國大陸
12	協力廠商檢驗結果採信	質檢總局	全中國大陸

序號	改革事項	負責部門	推廣範圍
13	出入境生物材料製品風險管理	質檢總局	全中國大陸
14	個人其他經常項下人民幣結算業務	人民銀行	全中國大陸
15	外商投資企業外匯資本金意願結匯	外匯局	全中國大陸
16	銀行辦理大宗商品衍生品櫃檯交易涉及的結售匯業務	外匯局	全中國大陸
17	直接投資項下外匯登記及變更登記下放銀行辦理	外匯局	全中國大陸
18	允許融資租賃公司兼營與主營業務有關的商業保理業務	商務部	全中國大陸
19	允許設立外商投資資信調查公司	商務部	全中國大陸
20	允許設立股份制外資投資性公司	商務部	全中國大陸
21	融資租賃公司設立子公司不設最低註冊資本限制	商務部	全中國大陸
22	允許內外資企業從事遊戲遊藝設備生產和銷售，經文化部門內容審核後面向國內市場銷售	文化部	全中國大陸
23	期貨保稅交割海關監管制度	海關總署	海關特殊監管區域
24	境內外維修海關監管制度	海關總署	海關特殊監管區域
25	融資租賃海關監管制度	海關總署	海關特殊監管區域
26	進口貨物預檢驗	質檢總局	海關特殊監管區域
27	分線監督管理制度	質檢總局	海關特殊監管區域
28	動植物及其產品檢疫審批負面清單管理	質檢總局	海關特殊監管區域
時限：2015 年 6 月 30 日前			
29	從投資者條件、企業設立程式、業務規則、監督管理、違規處罰等方面明確擴大開放行業具體監管要求，完善專業監管制度	各行業監管部門	在全國借鑒推廣
時限：結合擴大開放情況			

資料來源：中國政府網，〈關於推廣中國（上海）自由貿易試驗區可複製改革試點經驗的通知〉，

www.gov.cn/zhengce/content/2015-01/29/content_9437.htm 1/，檢索時間 2019 年 5 月 7 日。

表5-39 2015年各省（區、市）人民政府借鑒推廣的改革事項任務表

序號	改革事項	主要內容	時限
1	企業設立實行「單一視窗」	企業設立實行「一個視窗」集中受理	2～3年內
2	社會信用體系	建設公共信用資訊服務平臺，完善與信用資訊、信用產品使用有關的系列制度等	2～3年內
3	資訊共享和綜合執法制度	建設資訊服務和共享平臺，實現各管理部門監管資訊的歸集應用和全面共享；建立各部門聯動執法、協調合作機制等	2～3年內
4	企業年度報告公示和經營異常名錄製度	與工商登記制度改革相配套，運用市場化、社會化的方式對企業進行監管	2～3年內
5	社會力量參與市場監督制度	通過扶持引導、購買服務、制定標準等制度安排，支援行業協會和專業服務機構參與市場監督	2～3年內
6	完善專業監管制度	配合行業監管部門完善專業監管制度	結合擴大開放情況

資料來源：

中國政府網，〈關於推廣中國（上海）自由貿易試驗區可複製改革試點經驗的通知〉，www.gov.cn/zhengce/content/2015-01/29/content_9437.htm l/，檢索時間2019年5月7日。

於2015年底，中國大陸國務院自貿試驗區工作部際聯席會議辦公室會同相關部門，總結上海、福建、天津、廣東等四個自貿試驗區，創新性強、市場主體受益多、反映好的 8 個「最佳實踐案例」。這 8 個「最佳實踐案例」，中國大陸商務部通過發文和官網公佈的形式，供中國大陸各地來借鑒和學習。[492]

表5-40 2015年第二批複製推廣8個「最佳實踐案例」明細表

序號	報送單位	事項	類型
1	上海自貿試驗區	國際貿易「單一視窗」	貿易便利化
2	福建自貿試驗區	國際貿易「單一視窗」	貿易便利化
3	天津自貿試驗區	京津冀區域檢驗檢疫一體化新模式	貿易便利化
4	廣東自貿試驗區	跨境電商監管新模式	貿易便利化
5	福建自貿試驗區	投資管理體制改革「四個一」	投資體制改革
6	天津自貿試驗區	以信用風險分類為依託的市場監管制度	事中事後監管
7	廣東自貿試驗區	政府智慧化監管服務模式	事中事後監管

| 8 | 上海自貿試驗區 | 推進信用資訊應用加強社會誠信管理 | 事中事後監管 |

資料來源：

中國（陝西）自由貿易試驗區網站，朱正威、郭雪松，〈自由貿易試驗區國內外比較研究〉，http://www.shaanxiftz.gov.cn/web.files/uploadfile/qaARJv/ue/file/20180515/1526375329489042719.pdf，檢索時間2019年5月7日。

又於2016年11月，中國大陸國務院發佈《關於做好自由貿易試驗區新一批改革試點經驗複製推廣工作的通知》指出：「一年多來，四省市（上海、廣東、天津、福建）和有關部門按照黨中央、國務院部署，以制度創新為核心，簡政放權、放管結合、優化服務，推動自貿試驗區在投資、貿易、金融、事中事後監管等多個方面進行了大膽探索，形成了新一批改革創新成果。經黨中央、國務院批准，自貿試驗區可複製、可推廣的新一批改革試點經驗將在中國大陸範圍內複製推廣。複製推廣的主要內容分為：一、在中國大陸境內複製推廣的改革事項，1.投資管理領域，「負面清單以外領域外商投資企業設立及變更審批改革」、「稅控發票領用網上申請」、「企業簡易註銷」等3項。2.貿易便利化領域，「依託電子口岸公共平臺建設國際貿易單一視窗，推進單一視窗免費申報機制」、「國際海關經認證的經營者（AEO）互認制度」、「出境加工監管」、「企業協調員制度」、「原產地簽證管理改革創新」、「國際航行船舶檢疫監管新模式」、「免除低風險動植物檢疫證書清單制度」等7項。3.事中事後監管措施：「引入仲介機構開展保稅核查、核銷和企業稽查」；「海關企業進出口信用資訊公示制度」等2項。二、在海關特殊監管區域複製推廣的改革事項：包括：「入境維修產品監管新模式」、「一次備案，多次使用」、「委內加工監管」、「倉儲貨物按狀態分類監管」、「大宗商品現貨保稅交易」、「保稅展示交易貨物分線監管、預核對總和登記核銷管理模式」、「海關特殊監管區域間保稅貨物流轉監管模式」等7項。」[493]

這是中國大陸國務院發佈第三批共計19項，自由貿易試驗區改革試點經驗複製推廣工作任務項目表，加速將上海、廣東、天津、福建四個自由貿易試驗區所試點改革獲取的良好經驗，複製到全中國大陸境內各相關政府單位與部門，主動改革行政流程，以簡化行政程序，促進行政效能，使企業經營與貿易往來更加便利。

表5-41 2016年自由貿易試驗區改革試點經驗複製推廣工作任務分工表

序號	改革事項	負責部門	推廣範圍
1	負面清單以外領域外商投資企業設立及變更審批改革	商務部	全中國大陸
2	依託電子口岸公共平臺建設國際貿易單一視窗，推進單一視窗免費申報機制	海關總署	全中國大陸
3	國際海關經認證的經營者（AEO）互	海關總署	全中國大陸

	認制度		
4	出境加工監管	海關總署	全中國大陸
5	企業協調員制度	海關總署	全中國大陸
6	引入仲介機構開展保稅核查、核銷和企業稽查	海關總署	全中國大陸
7	海關企業進出口信用資訊公示制度	海關總署	全中國大陸
8	稅控發票領用網上申請	稅務總局	全中國大陸
9	企業簡易註銷	稅務總局	全中國大陸
10	原產地簽證管理改革創新	質檢總局 海關總署	全中國大陸
11	國際航行船舶檢疫監管新模式	質檢總局	全中國大陸
12	免除低風險動植物檢疫證書清單制度	質檢總局	全中國大陸
13	入境維修產品監管新模式	商務部 海關總署 質檢總局 環境保護部	全國海關特殊監管區域
14	一次備案，多次使用	海關總署	全國海關特殊監管區域
15	委內加工監管	海關總署	全國海關特殊監管區域
16	倉儲貨物按狀態分類監管	海關總署	全國海關特殊監管區域
17	大宗商品現貨保稅交易	海關總署	全國海關特殊監管區域
18	保稅展示交易貨物分線監管、預核對總和登記核銷管理模式	質檢總局	全國海關特殊監管區域
19	海關特殊監管區域間保稅貨物流轉監管模式	海關總署	實行通關一體化的海關特殊監管區域

時限：2016 年 11 月 30 日前

資料來源：

中國政府網，＜國務院關於做好自由貿易試驗區新一批改革試點經驗複製推廣工作的通知＞，http：//www.gov.cn/zhengce/content/2016-11/10/content_5130918.htm，檢索時間 2019 年 5 月 2 日。

2018 年 5 月 23 日，中國大陸國務院發布《國務院關於做好自由貿易試驗區第四批改革試點經驗複製推廣工作的通知》指出：「11 個自貿試驗區所在省市和有關部門結合各自貿試驗區功能定位和特色特點，全力推進制度創新實踐，形成了自貿試驗區第四批改革試點經驗，將在全國範圍內複製推廣。複製推廣的主要內容分為：一、在全國範圍內複製推廣的改革事項。1.服務業開放領域：擴大內地與港澳合夥型聯營律師事務所設

立範圍、國際船舶運輸領域擴大開放、國際船舶管理領域擴大開放、國際船舶代理領域擴大開放、國際海運貨物裝卸、國際海運集裝箱場站和堆場業務擴大開放等 5 項。2.投資管理領域：船舶證書'三合一'並聯辦理、國際船舶登記制度創新、對外貿易經營者備案和原產地企業備案'兩證合一'、低風險生物醫藥特殊物品行政許可審批改革、一般納稅人登記網上辦理、工業產品生產許可證'一企一證'改革等 6 項。3.貿易便利化領域：跨部門一次性聯合檢查、保稅燃料油供應服務船舶准入管理新模式、先放行、後改單作業模式、鐵路運輸方式艙單歸併新模式、海運進境集裝箱空箱檢驗檢疫便利化措施、入境大宗工業品聯動檢驗檢疫新模式、國際航行船舶供水'開放式申報+驗證式監管'、進境保稅金屬礦產品檢驗監管制度、外錨地保稅燃料油受油船舶'申報無疫放行'制度等 9 項。4.事中事後監管措施：企業送達資訊共享機制、邊檢服務掌上直通車、簡化外錨地保稅燃料油加注船舶入出境手續、國內航行內河船舶進出港管理新模式、外錨地保稅燃料油受油船舶便利化海事監管模式、保稅燃料油供油企業信用監管新模式、海關企業註冊及電子口岸入網全程無紙化等 7 項。二、在特定區域複製推廣的改革事項。1. 在海關特殊監管區域複製推廣：海關特殊監管區域'四自一簡' 監管創新、'保稅混礦'監管創新等 2 項。2.在海關特殊監管區域及保稅物流中心（B 型）複製推廣：先出區、後報關。」[494]顯示，中國大陸政府加速經濟體制改革與政府監管制度革新的步伐，不斷再全中國大陸推廣與擴大施行。

表5-42 2018年自由貿易試驗區改革試點經驗複製推廣工作任務分工表

序號	改革事項	負責部門	推廣範圍
1	企業送達資訊共享機制	最高人民法院、國家市場監督管理總局	全中國大陸
2	邊檢服務掌上直通車	公安部	全中國大陸
3	簡化外錨地保稅燃料油加注船舶入出境手續	公安部	全中國大陸
4	擴大內地與港澳合夥型聯營律師事務所設立範圍	司法部	全中國大陸
5	船舶證書「三合一」並聯辦理	交通運輸部	全中國大陸
6	國內航行內河船舶進出港管理新模式	交通運輸部	全中國大陸
7	外錨地保稅燃料油受油船舶便利化海事監管模式	交通運輸部	全中國大陸
8	保稅燃料油供油企業信用監管新模式	交通運輸部	全中國大陸
9	保稅燃料油供應服務船舶准入管理新模式	交通運輸部	全中國大陸
10	國際船舶運輸領域擴大開放	交通運輸部	全中國大陸
11	國際船舶管理領域擴大開放	交通運輸部	全中國大陸

序號	改革事項	負責部門	推廣範圍
12	國際船舶代理領域擴大開放	交通運輸部	全中國大陸
13	國際海運貨物裝卸、國際海運集裝箱場站和堆場業務擴大開放	交通運輸部	全中國大陸
14	國際船舶登記制度創新	交通運輸部	全中國大陸
15	對外貿易經營者備案和原產地企業備案「兩證合一」	商務部、海關總署、中國貿促會	全中國大陸
16	跨部門一次性聯合檢查	海關總署	全中國大陸
17	海關企業註冊及電子口岸入網全程無紙化	海關總署	全中國大陸
18	先放行、後改單作業模式	海關總署	全中國大陸
19	鐵路運輸方式艙單歸併新模式	海關總署	全中國大陸
20	低風險生物醫藥特殊物品行政許可審批改革	海關總署	全中國大陸
21	海運進境集裝箱空箱檢驗檢疫便利化措施	海關總署	全中國大陸
22	入境大宗工業品聯動檢驗檢疫新模式	海關總署	全中國大陸
23	國際航行船舶供水「開放式申報+驗證式監管」	海關總署	全中國大陸
24	進境保稅金屬礦產品檢驗監管制度	海關總署	全中國大陸
25	外錨地保稅燃料油受油船舶「申報無疫放行」制度	海關總署	全中國大陸
26	海關特殊監管區域「四自一簡」監管創新	海關總署	全國海關特殊監管區域
27	先出區、後報關	海關總署	全國海關特殊監管區域及保稅物流中心（B型）
28	「保稅混礦」監管創新	海關總署	全國海關特殊監管區域
29	一般納稅人登記網上辦理	稅務總局	全中國大陸
30	工業產品生產許可證「一企一證」改革	國家市場監督管理總局	全中國大陸

資料來源：

中國政府網，〈國務院關於做好自由貿易試驗區第四批改革試點經驗複製推廣工作的通知〉，http://www.gov.cn/zhengce/content/2018-05/23/content_5292971.htm 1/，檢索時間 2019 年 5 月 2 日。

2019 年 4 月 30 日中國大陸國務院發布《關於做好自由貿易試驗區第五批改革試點經驗複製推廣工作的通知》：一、在全國範圍內複製推廣的改革事項。1.投資管理領域：公證'最多跑一次'、自然人'一人式'稅收檔案、網上辦理跨區域涉稅事項、優化涉稅事項辦理程式，壓縮辦理時限、企業名稱自主申報制度等 5 項。2.貿易便利化領域：海運危險貨物查驗資訊化，船舶載運危險貨物及污染危害性貨物合併申報、國際航行船舶進出境通關全流程'一單多報'、保稅燃料油跨港區供應模式、海關業務預約平臺、生產型出口企業出口退稅服務前置、中歐班列集拼集運模式等 6 項。3.事中事後監管措施：審批告知承諾制、市場主體自我信用承諾及協力廠商信用評價三項信用資訊公示、公共信用資訊'三清單'（數據清單、行為清單、應用清單）編制、實施船舶安全檢查智慧選船機制、進境糧食檢疫全流程監管、優化進口糧食江海聯運檢疫監管措施、優化進境保稅油檢驗監管制度等 6 項。二、在自貿試驗區複製推廣的改革事項。投資管理領域：推進合作制公證機構試點。[495]

表5-43 2019年自由貿易試驗區改革試點經驗複製推廣工作任務分工表

序號	改革事項	主要內容	負責單位	推廣範圍
1	審批告知承諾制、市場主體自我信用承諾及協力廠商信用評價三項信用資訊公示	依託全國信用資訊共享平臺和國家企業信用資訊公示系統，實現與審批平臺和綜合監管平臺的資訊共享和互聯互通，推動審批告知承諾制公示、市場主體自我信用承諾公示及協力廠商信用評價公示。	發展改革委、人民銀行、市場監管總局	全中國大陸
2	公共信用資訊「三清單」（數據清單、行為清單、應用清單）編制	編制數據清單、行為清單、應用清單。根據數據清單對城市公共信用資訊進行目錄化管理，按照目錄歸集數據。在數據清單基礎上，對信息主體監管類行為資訊分級分類，按照統一規範編制形成行為清單。根據應用清單對城市公共信用資訊應用事項進行目錄化管理，包括日常監管、行政審批、行政處罰、政府採購、招標投標、表彰評優、資金支持、錄用晉升等。	發展改革委	全中國大陸
3	公證「最多跑一次」	改革「取證方式」，減少申請材料要求。變群眾提供材料為主	司法部	全中國大陸

序號	改革事項	主要內容	負責單位	推廣範圍
		動收集材料，變書面審核材料為實地調查核實。創新「辦證模式」，變群眾跑路為數據共享。推行網上辦證、遠端辦證、上門辦證模式。提供延時服務、延伸服務、預約服務、加急服務。		
4	實施船舶安全檢查智慧選船機制	將船舶按照安全管理風險進行分類分級，篩選出高風險船舶並予以重點監管，提高船舶現場監督檢查的針對性，提升船舶事中事後現場監管能力。	交通運輸部	全中國大陸
5	海運危險貨物查驗資訊化，船舶載運危險貨物及污染危害性貨物合併申報	對既屬於危險貨物又屬於污染危害性貨物的船載貨物，申報人可採取網上合併申報方式，海事部門實行合併受理，實現船載危險貨物比對功能，通過智慧海事危防資訊系統，將申報或報告資訊與危險貨物名錄進行比對篩選，為執法人員提供決策資訊支援，有效提高審批工作效率。	交通運輸部	全中國大陸
6	國際航行船舶進出境通關全流程「一單多報」	依託國際貿易「單一視窗」國家標準版運輸工具（船舶）申報系統，企業一次性錄入船舶相關資訊，實現國際航行船舶進出境通關全流程「單一視窗」網上申報和電子核放，並實現《船舶出口岸許可證》遠端自助列印功能。除船員出入境證件、臨時入境許可申請名單外，口岸監管部門原則上不再要求企業提交其他紙質材料。	交通運輸部、海關總署、移民局	全中國大陸
7	保稅燃料油跨港區供應模式	在供油企業按規定取得國內水路運輸相關資質後，對跨港區	交通運輸部、海關總	全中國大陸

序號	改革事項	主要內容	負責單位	推廣範圍
		船舶油料供受作業單位備案情況予以互認，即供受作業單位在兩地海事、海關部門進行備案後就可以在兩地範圍內開展保稅燃料油直供作業，建立常態化資訊溝通機制，統一執法標準。	署	
8	海關業務預約平臺	依託國際貿易「單一視窗」開發海關業務預約平臺（含移動端），企業可通過平臺在網上向海關自助預約辦理查驗等業務事項，並查詢預約結果。	海關總署	全中國大陸
9	進境糧食檢疫全流程監管	創新「互聯網+全程監管」工作模式，運用互聯網技術、電子資訊化和視頻監控手段，實現從申報、錨地檢疫到卸船、倉儲、調運的進境糧食檢疫全流程監管。	海關總署	全中國大陸
10	優化進口糧食江海聯運檢疫監管措施	對進口糧食調運船舶開展適載性風險管理，全程定位進江船舶，防範調運環節可能出現的短重、撒漏以及疫情擴散風險。	海關總署	全中國大陸
11	優化進境保稅油檢驗監管制度	在安全、衛生、環保專案監管基礎上實施信用監管，根據企業信用等級實施差別化通關管理措施，對高信用企業簡化數重量鑒定、品質檢驗監管。在數重量檢驗方面，根據貨物流轉方式制定實施差別化通關監管措施，對複出境的保稅油作備案管理，採信進出口商品檢驗鑒定機構的檢驗結果，對轉進口的保稅油按照一般貿易進口實施法定檢驗和數重量鑒定；在品質檢驗方面，對高信用企業的轉進口批次	海關總署	全中國大陸

序號	改革事項	主要內容	負責單位	推廣範圍
		多、間隔短、品質穩定的貨物，降低檢驗頻次。將保稅油儲運企業和報關企業納入海關統一的企業信用管理制度，根據企業信用等級實施差別化海關監管措施，對高信用企業實施通關便利化措施。對高信用企業適用保稅油轉進口「集中檢驗、分批核銷」、現場實驗室快速檢驗、優先辦理通關放行手續等檢驗便利政策。		
12	自然人「一人式」稅收檔案	建立全國自然人「一人式」稅收檔案，依託個稅征管系統按納稅人識別號全面歸集納稅人基礎資訊和扣繳申報、自行申報、信用記錄、第三方涉稅信息。	稅務總局	全中國大陸
13	網上辦理跨區域涉稅事項	實現跨區域涉稅事項報告、跨區域涉稅事項報驗、跨區域涉稅事項信息回饋。跨區域經營納稅人可在經營地設立銀行帳戶，並與經營地稅務機關簽訂三方協議；可在網上實現跨區域預繳稅款。	稅務總局	全中國大陸
14	優化涉稅事項辦理程式，壓縮辦理時限	進一步優化非正常戶解除等事項辦理流程，限辦改即辦。對增值稅專用發票（增值稅稅控系統）最高開票限額（百萬元及以上）審批等事項進一步壓縮辦理時限，提高辦稅效率。	稅務總局	全中國大陸
15	生產型出口企業出口退稅服務前置	稅務機關提前調查企業出口和購貨真實性，將原本在生產型出口企業出口退稅申報後進行的生產經營情況、供貨企業風險、備案單證等核查和服務程式，提至出口退稅申報	稅務總局	全中國大陸

序號	改革事項	主要內容	負責單位	推廣範圍
		前。企業申報後，稅務機關可快速對按規定不需發函調查的疑點給出核查結論，提高辦理效率。在遵循現行出口退稅管理規定、確保風險可控的前提下，對生產型出口企業及其全部供貨企業都歸屬同一主管稅務機關的，可推廣出口退稅服務前置。		
16	企業名稱自主申報制度	推進企業名稱登記管理制度改革，取消企業名稱預先核准，擴大企業名稱自主申報改革試點範圍。	市場監管總局	全中國大陸
17	中歐班列集拼集運模式	支援回程開展以集裝箱為單元的中歐班列內外貿貨物混編運輸業務。建立鐵路部門聯繫機制，聯合制定回程中歐班列集拼集運運輸方案，細化作業流程，針對有加掛需求的集裝箱，配合做好補軸、補貨作業組織，提升作業效率。	中國國家鐵路集團有限公司	全中國大陸
18	推進合作制公證機構試點	制定實施方案，做好合作制公證機構的申報設立、人員安置、清產核資、資產移交、業務承接、檔案管理和法律責任劃分等工作。制定好章程，合作制公證機構建立內部管理規章制度體系。制定合作制公證機構管理辦法，對合作制公證機構設立、合作人、法人治理結構、內部管理等事項作出明確規定。	司法部	自貿試驗區

資料來源：

中國政府網，〈國務院關於做好自由貿易試驗區第五批改革試點經驗複製推廣工作的通知〉，

www.gov.cn/zhengce/content/2019-04/30/content_5387852.htm，檢索時間 2019 年 5 月 5 日。

　　2020 年 7 月 7 日中國大陸國務院發布《關於做好自由貿易試驗區第六批改革試點經驗複製推廣工作的通知》：（一）在全國範圍內複製推廣的改革事項。1.投資管理領域：出版物發行業務許可與網路發行備案聯辦制度、綠色船舶修理企業規範管理、電力工程審批綠色通道、以三維地籍為核心的土地立體化管理模式、不動產登記業務便民模式、增值稅小規模納稅人智慧輔助申報服務、證照'一口受理、並聯辦理'審批服務模式、企業'套餐式'登出服務模式、醫療器械註冊人委託生產模式等 9 項。2.貿易便利化領域：'融資租賃+汽車出口'業務創新、飛機行業內加工貿易保稅貨物便捷調撥監管模式、跨境電商零售進口退貨中心倉模式、進出口商品智慧申報導航服務、冰鮮水產品兩段准入監管模式、貨物貿易'一保多用'管理模式、邊檢行政許可網上辦理等 7 項。3.金融開放創新領域：保理公司接入央行企業征信系統、分散式共享模式實現'銀政互通'、綠色債務融資工具創新、智慧財產權證券化等 4 項。4.事中事後監管措施：'委託公證+政府詢價+異地處置'財產執行雲處置模式、多領域實施包容免罰清單模式、海關公證電子送達系統、商事主體信用修復制度、融資租賃公司風險防控大數據平臺、大型機場運行協調新機制等 6 項。5.人力資源領域：領事業務'一網通辦'、直接采認臺灣地區部分技能人員職業資格、航空維修產業職稱評審、船員遠端電腦終端考試、出入境人員綜合服務'一站式'平臺等 5 項。（二）在特定區域複製推廣的改革事項。1.在自貿試驗區複製推廣建設項目水、電、氣、暖現場一次聯辦模式、股權轉讓登記遠端確認服務、野生動植物進出口行政許可審批事項改革等 3 項。2.在二手車出口業務試點地區複製推廣「二手車出口業務新模式」。3.在保稅監管場所複製推廣「保稅航煤出口品質流量計計量新模式」。4.在成都鐵路局局管範圍內複製推廣「空鐵聯運一單制貨物運輸模式」。[496]

表 5-44 2020 年自由貿易試驗區改革試點經驗複製推廣工作任務分工表

序號	改革事項	主要內容	負責單位	推廣範圍
1	出版物發行業務許可與網路發行備案聯辦制度	將出版物發行業務許可及從事網路發行備案申辦流程由「串聯」改為「並聯」，企業一表填報申請、登記資訊，一次性提交辦理要件，並可線上補充報送資訊。實行「寬進嚴管」、「靶向追蹤」等事中事後協同監管機制，強化部門審批和監管資訊共享。	中央宣傳部	全中國大陸
2	「委託公證+政府詢價+異地處置」財產執行雲處置模式	執行案件申請人可在異地委託財產所在地公證機關對財產實況進行取證後提交指定政府部門，由該部門委託協力廠商評估機構根據有關財產的公證文書及視頻數據直接進行批量式	最高人民法院	全中國大陸

序號	改革事項	主要內容	負責單位	推廣範圍
		書面審查評估，並向法院出具價格認定書，將此作為網上拍賣的底價依據。待網上拍賣成功後，通過人民法院執行指揮管理平臺，委託異地法院完成財產的解封、解押、過戶等交付手續。		
3	領事業務「一網通辦」	全面整合領事業務資訊系統，將 APEC 商務旅行卡、外國人來華邀請和領事認證三個業務系統整合至一個平臺，並與外交部業務系統跨層級共享資訊，實現全流程互聯網不見面審批。	外交部	全中國大陸
4	綠色船舶修理企業規範管理	鼓勵相關行業組織促進船舶修理企業綠色發展，在生產基本條件、品質管制、資源綜合利用、安全生產、職業健康、環境保護、監督管理等方面明確統一標準，引導企業規範發展，加強行業自律。	工業和信息化部、交通運輸部	全中國大陸
5	電力工程審批綠色通道	建立完善電力工程並聯審批制度規範，實行公安（交警）、自然資源、市政、綠化等相關部門「一站式」聯合審批，快速受理審批 10 千伏及以下電力管線的規劃、挖掘、占路等行政許可，統一送達許可證書。	公安部、自然資源部、住房城鄉建設部、國家林草局	全中國大陸
6	多領域實施包容免罰清單模式	對市場主體符合首次違法、非主觀故意並及時糾正、違法行為輕微、沒有造成危害後果的行政違法行為，制定並發佈多個領域的包容免罰清單，明確免除罰款的行政處罰。在規定期限內，動態調整免罰清單。對未在規定期限內整改或整改不到位的市場主體，行政監管部	司法部	全中國大陸

序號	改革事項	主要內容	負責單位	推廣範圍
		門可以依據行政處罰法等予以處罰。		
7	直接采認臺灣地區部分技能人員職業資格	持有臺灣地區「勞動力發展署技能檢定中心」核發的中餐烹調、西餐烹調、美容、女子美髮等職業甲、乙、丙級技術士證書,可直接采認為大陸相對應的職業資格。	人力資源社會保障部、中央臺辦	全中國大陸
8	航空維修產業職稱評審	由航空維修企業對申報人的工作實績和相關資訊進行前置評價和審核把關,作為後續職稱評審工作的重要參考依據。結合航空維修產業特點,建立專門評委會,對參評人員進行綜合評審,開闢航空維修企業職工參與職稱評審快捷通道。	人力資源社會保障部	全中國大陸
9	以三維地籍為核心的土地立體化管理模式	建立三維地籍管理系統,將三維地籍管理理念和技術方法納入土地管理、開發建設和運營管理全過程,在土地立體化管理制度、政策、技術標準、資訊平臺、數據庫等方面進行探索,以三維方式設定立體建設用地使用權。	自然資源部	全中國大陸
10	不動產登記業務便民模式	實行不動產登記「一證一碼」,手機掃描不動產權證二維碼可查詢證書附圖、限制狀態等資訊。個人使用者可使用手機應用程式等,實現名下不動產登記資訊查詢、辦理進度查詢、費用繳納等。	自然資源部	全中國大陸
11	建設項目水、電、氣、暖現場一次聯辦模式	改革建設專案水、電、氣、暖服務申報模式,由向相關市政公用基礎設施單位「多家申報」,改為向政務服務中心「一家申報」。在項目現場實施受理、核查、回饋「一站式」聯合辦理,	住房城鄉建設部	自由貿易試驗區

序號	改革事項	主要內容	負責單位	推廣範圍
		提供「一對一」精準服務。精簡申報材料，明確時限節點，梳理辦理流程，壓縮辦理時限。		
12	船員遠端電腦終端考試	按照統一規範要求，在船員考試業務量較多或偏遠地區建立遠端考場，供船員通過電腦終端參加遠端理論考試。船員可根據需求預約遠端考試，自主選擇證書領取方式（自取或郵寄）。	交通運輸部	全中國大陸
13	空鐵聯運一單制貨物運輸模式	推動航空運輸企業和鐵路運輸企業作為合作承運人與貨運客戶簽訂「空鐵聯運單」，共同負責全程運輸，分別承擔相應運程責任。承運人收攬貨物後，通過鐵路或航空將貨物運至中轉站，進行「班機+班列」的銜接轉運，完成下一運程。	交通運輸部、中國民航局、中國國家鐵路集團有限公司	成都鐵路局局管範圍內
14	「融資租賃+汽車出口」業務創新	支援以融資租賃方式開展汽車出口業務，在商務部汽車出口許可證申請系統中增設相應貿易方式選項，並按照企業實際需求採用合適的許可證簽發方式，便利企業回款。	商務部、銀保監會	全中國大陸
15	二手車出口業務新模式	建立二手車出口服務和監管資訊化平臺，實現車輛全流程資訊來源可溯、去向可查、責任可究。優化通關流程和物流流程，鼓勵企業提前申報。將出口授權管理由「一車一證」改為「一批一證」，推進通關便利化。	商務部、公安部、海關總署	二手車出口業務試點地區
16	保理公司接入央行企業征信系統	對成立時間超過一年、經地方金融監督管理局推薦、通過中國人民銀行派出機構審查的商業保理法人企業，以專線直接接入和互聯網平臺方式接入央行企業征信系統。	人民銀行、銀保監會	全中國大陸

序號	改革事項	主要內容	負責單位	推廣範圍
17	分散式共享模式實現「銀政互通」	通過規範數據介面實現銀行與相關政府部門專線聯通，拓展基於銀政資訊即時共享的服務專案，實現抵押登記、抵押註銷等業務的高效辦理。	人民銀行、自然資源部、銀保監會	全中國大陸
18	綠色債務融資工具創新	在銀行間市場交易商協會和地方金融監督管理局的合作框架下，地方金融監督管理局、主承銷商及發債主體建立專業指導、整體聯動的長效工作機制。建立主承銷商長效溝通機制，推動金融機構加大債券承銷工作力度，重點服務綠色債券發行。加強已發債券事後監督管理，聯合金融機構加強債券市場風險監測，防控信用風險，維護市場穩定。加強綠色債券存續期管理，規範募集資金使用，確保投向節能環保、污染防治、資源節約與迴圈利用等專項領域。	人民銀行	全中國大陸
19	飛機行業內加工貿易保稅貨物便捷調撥監管模式	推行便捷監管模式，允許飛機行業對未經加工的保稅料件以「餘料結轉」的方式在集團內不同企業、不同加工貿易手（賬）冊間自行調撥。實施「電子底賬+企業自核」監管模式，根據飛機行業特點，強化企業申報責任，在海關評估企業誠信守法程度後實施企業自核自管和「主料工作法」。	海關總署、商務部	全中國大陸
20	跨境電商零售進口退貨中心倉模式	在海關特殊監管區域內設置跨境電商零售進口退貨中心倉，將區外的分揀、退貨流程轉移至區內，實行退貨中心倉場所硬體設施監管，海關對電商企業相關設施實地驗核後准予備	海關總署、商務部	全中國大陸

序號	改革事項	主要內容	負責單位	推廣範圍
		案,劃定跨境電商退貨車輛出入區指定路線。實行退貨包裹出入區監管,實施卡口管理、物流監控管理、倉內卸貨管理、複運出區管理。實行合格包裹上架監管,加強單證審核和查驗管理。		
21	海關公證電子送達系統	對不能當場作出行政處罰決定的海關案件,指引當事人快速完成電子送達位址資訊採集。結案後,海關可通過海關公證電子送達平臺或其他電子送達方式,將《處罰告知單》與《處罰決定書》等法律文書送達當事人,並全程電子存證。	海關總署、司法部	全中國大陸
22	出入境人員綜合服務「一站式」平臺	強化海關、移民、外事、科技等涉外部門協同,優化流程,為出入境人員證件辦理、業務預約、線上申報等提供「一站式」綜合服務平臺。全面推進「一網通辦」,提供邀請外國人來華、出入境體檢、外國人工作證辦理、居留證件查詢、隨行子女入學等政務辦理功能,並為來華境外人員及中國公民提供疫苗預約和訂制旅遊等服務,實現政務、綜合服務「一口通辦」。	海關總署、國家移民局、外交部、科技部、國務院港澳辦	全中國大陸
23	進出口商品智慧申報導航服務	使用大數據、人工智慧領域新技術手段,建立智慧申報導航數據庫集群,在「單一視窗」申報端為企業納稅申報提供全面即時準確的個性化智慧導航服務。導航服務過程中不涉及企業具體申報資訊,確保數據使用安全。	海關總署	全中國大陸
24	冰鮮水產品兩段准入監管模	對海關一般信用及以上的冰鮮水產品進口企業實施「附條件	海關總署	全中國大陸

序號	改革事項	主要內容	負責單位	推廣範圍
	式	提離」，企業出具書面承諾，海關抽樣後口岸放行，利用檢測綠色通道實施「合格入市」，企業無需等待檢測結果即可向銷售商配送，但不得上市銷售。檢測結果異常，主動召回；檢測合格，立即上市。海關定期開展監控計畫和食品安全管理核查，企業定期提交配送銷售管理證明資料，海關抽查「附條件提離」落實情況，強化入市前風險監管。		
25	物貿易「一保多用」管理模式	整合進口貨物風險類、稅款類擔保的管理流程和模式，構建以企業為單元的海關擔保資訊化管理模式，實現企業一份擔保文本在不同業務領域、不同業務現場、不同擔保事項間通用，擔保額度自動核扣、返還以及擔保風險智慧防控，進一步降低企業資金成本，提升海關擔保業務管理效能。	海關總署	全中國大陸
26	保稅航煤出口品質流量計計量新模式	保稅航煤出口計量方式由岸罐計重變更為品質流量計計量。將成品航煤通過專用管道輸入機場出口監管罐後，再轉至保稅罐，實現出口檢驗工作與保稅貨物重量鑒定合二為一。	海關總署	保稅監管場所
27	增值稅小規模納稅人智慧輔助申報服務	通過電子稅務局向企業推送預申報資料，智慧輔助增值稅小規模納稅人便捷申報。	稅務總局	全中國大陸
28	證照「一口受理、並聯辦理」審批服務模式	將企業設立聯合審批涉及的市場監管、稅務、公安、社保等多個部門的受理視窗整合為一個視窗，變「多頭受理」為「一口受理」。企業按一份清單要求交齊材料即可申請營業執照和相	市場監管總局	全中國大陸

序號	改革事項	主要內容	負責單位	推廣範圍
		關許可，實現「最多跑一次」。		
29	企業「套餐式」登出服務模式	地方根據許可權範圍確定企業聯合登出營業執照和許可證的清單，在國家企業信用資訊公示系統等企業資訊公示平臺設置「套餐式」登出服務專區，實行「一窗受理、內部流轉、並聯審批」，企業經營範圍涉及前置審批事項、終止有關業務需經批准的，可多項同步註銷。	市場監管總局	全中國大陸
30	商事主體信用修復制度	企業自被列入嚴重違法失信企業名單之日滿 3 年，未再發生相關情形的，可通過國家企業信用資訊公示系統發佈其信用修復公告，公告期 30 日。登記機關將信用修復情況作為商事主體從嚴重違法失信企業名單移出的重要條件。	市場監管總局	全中國大陸
31	股權轉讓登記遠端確認服務	服務物件可依託企業登記資訊遠端核實系統，經人臉識別技術核准，並通過視頻進行基本資訊查詢及意思表示確認後，依法辦理股權轉讓登記。	市場監管總局	自貿試驗區
32	融資租賃公司風險防控大數據平臺	對申請設立融資租賃公司的，利用大數據平臺資訊與所提交材料進行比對，識別評估風險，將異常情況轉至相關部門認定、處理。對已設立的融資租賃公司，通過平臺定期對接監管、公檢法及互聯網等資訊，進行風險動態評估監測。將通過平臺對比、分析形成的需重點關注企業名單，及時與相關部門共享，以採取針對性措施。	銀保監會	全中國大陸
33	邊檢行政許可網上辦理	設立邊檢行政許可網上辦理視窗，實現上下外國船舶許可、搭靠外輪許可的線上申請、審批、	國家移民局	全中國大陸

序號	改革事項	主要內容	負責單位	推廣範圍
		簽發。個人和企業用戶可通過互聯網用戶端等管道,申請辦理人員登輪、船舶搭靠等邊檢許可證件。		
34	野生動植物進出口行政許可審批事項改革	將國家林草局實施的野生動植物行政許可審批事項、國家瀕危物種進出口管理辦公室實施的允許進出口證明書行政許可事項委託自貿試驗區所在地的省級林草主管部門和國家瀕管辦辦事處辦理,優化審批流程,壓縮審批時限。	國家林草局	自貿試驗區
35	大型機場運行協調新機制	建立以機場運管委為組織機構、聯合運控中心為運行載體、機場協同決策(A—CDM)系統為平臺支撐的協同運行體系,實現從管理框架向管理體系的轉變,提升大型機場整體運行協調能力。	中國民航局	全中國大陸
36	醫療器械註冊人委託生產模式	醫療器械註冊人除自行生產產品外,可委託具備相應生產條件的企業生產產品。	國家藥監局	全中國大陸
37	智慧財產權證券化	依託上海、深圳證券交易所構建智慧財產權證券化交易體系。根據智慧財產權數量、公司資產規模、利潤水準、行業領先度等因素選取標的企業。對基礎資產現金流的品質、穩定性、權屬狀況嚴格把關,試行將智慧財產權相關債權資產實現真實出售。	國家智慧財產權局、證監會、銀保監會、國家版權局	全中國大陸

資料來源:

中國政府網,〈 國務院關於做好自由貿易試驗區第六批改革試點經驗複製推廣工作的通知〉,http://www.gov.cn/zhengce/content/2020-07/07/content_5524720.htm,檢索時間 2020 年 7 月 14 日。

　　此外,各省市、地級市和地方政府,還有一大批在管轄範圍自行複製推廣的改革試點經驗。改革經驗主要涉及投資管理、貿易便利化、金融開放創新、服務業擴大開

放、事中事後監管等領域。在多個領域制度創新的推動下，形成了保稅展示、融資租賃、汽車平行進口、跨境電子商務、跨境人民幣結算、全球維修與檢測、國際文化藝術品平臺、國際中轉集拼、智能製造專業貿易平臺、保稅燃料油供應、大宗商品現貨交易平臺、國別貿易中心、國際黃金交易市場、國際能源交易中心-原油期貨交易、聯合產權交易所、保險交易所、國際金融資產交易中心等新模式和新平臺。[497]顯見，中國大陸推動自由貿試驗區的改革與實踐，有效激發企業和市場活力，顯著產生經濟效益，帶動中國大陸新一輪的產業革新。

肆、結論

2015 年 12 月 17 日中國大陸國務院印發《關於加快實施自由貿易區戰略的若干意見》指出：「中國大陸經濟發展進入新常態，外貿發展機遇和挑戰並存，「引進來」、「走出去」正面臨新的發展形勢。加快實施自由貿易區戰略是中國大陸適應經濟全球化新趨勢的客觀要求，是全面深化改革、構建開放型經濟新體制的必然選擇。而上海等自由貿易試驗區是我國主動適應經濟發展新趨勢和國際經貿規則新變化、以開放促改革促發展的試驗田。可把對外自由貿易區談判中具有共性的難點、焦點問題，在上海等自由貿易試驗區內先行先試，通過在局部地區進行壓力測試，積累防控和化解風險的經驗，探索最佳開放模式，為對外談判提供實踐依據。在完善外商投資法律法規上，推動修訂中外合資經營企業法、中外合作經營企業法和外資企業法，研究制訂新的外資基礎性法律，改革外商投資管理體制，實行准入前國民待遇加負面清單的管理模式，完善外商投資國家安全審查制度，保持外資政策穩定、透明、可預期。並在完善事中事後監管的基礎性制度上，按照全面依法治國的要求，以轉變政府職能為核心，在簡政放權的同時，加強事中事後監管，通過推進建立社會信用體系、資訊共享和綜合執法制度、企業年度報告公示和經營異常名錄製度、社會力量參與市場監督制度、外商投資資訊報告制度、外商投資資訊公示平臺、境外追償保障機制等，加強對市場主體「寬進」以後的過程監督和後續管理。」[498]

由於經濟改革容易觸動原有既得利益者的經濟利益，以及影響經濟體本身整體的經濟變動，中共中央及中國大陸政府吸取，歐美經濟學家在前蘇聯及東歐社會主義國家推動休克療法改革模式的錯誤經濟改革經驗，採用鄧小平摸著石頭過河的改革模式，降低改革對整個國家經濟可能帶來的衝擊與影響，亦使各項改革可以因地制宜，避免重大錯誤政策影發國家經濟大震盪，導致整個經濟崩盤的危險。

且中國大陸政府在經濟新常態下，對於進一步深化經濟體制改革上，已有充分研究與相當的認知，藉由上海、廣東、福建、天津等自由貿易試驗區的先試先行，在局部地區進行壓力測試，積累防控和化解風險的經驗，探索最佳開放模式，為對外談判提供實踐依據，並對完善外商投資法律法規與完善事中事後監管的基礎性制度上逐步進行改革，使得中國大陸整體經濟投資環境能進一步升級，擴大吸引中高端具有高端製造與高端資訊、金融、投資服務外資進入中國大陸投資，並期望中國大陸境內企業能通過自由貿易試驗區更開放的政策與外資競爭及學習，進一步走出中國大陸境外開拓市場。

從中國大陸自由貿易試驗區基本資料表，可知自 2013 年至 2021 年，中國大陸成立第一個上海自由貿易試驗區開始，中國大陸已成立 21 個自由貿易試驗區，暫不計後續成立的海南、山東 、江蘇 、廣西、河北 、雲南、黑龍江等自由貿易試驗區。2013 年至 2018 年的五年間，上海自由貿易試驗區累計新增企業數量約 5 萬家。2015 年至 2018 年三年間，廣東自由貿易試驗區累計新增企業數量約 21 萬家；天津自由貿易試驗區累計新增企業數量約 3 萬家；福建自由貿易試驗區累計新增企業數量約 7 萬家。2017 年至 2018 年的一年間，浙江自由貿易試驗區累計新增企業數量約 0.5 萬家；陝西自由貿易試驗區累計新增企業數量約 1.48 萬家；河南自由貿易試驗區累計新增企業數量約 2.99 萬家；湖北自由貿易試驗區累計新增企業數量約 1.06 萬家；遼寧自由貿易試驗區累計新增企業數量約 2.48 萬家；四川自由貿易試驗區累計新增企業數量約 3.4 萬家；重慶自由貿易試驗區累計新增企業數量約 1.31 萬家，總計 11 個貿易試驗區累計新增企業數量約 49.22 萬家。[499]

這些新增企業對於中國大陸人才的吸引與就業市場必有顯著的效益，並能成為經濟持續成長的新動能。總體歸納，自由貿易試驗區制度創新涵蓋七大改革領域（5+2），即「投資體制改革、貿易便利化、金融開放創新、事中事後監管、完善營商環境、科技創新和服務國家戰略」。前五大改革領域是首輪改革的重點，體現以開放促改革，以開放促發展，形成倒逼機制。[500]

顯示，中國大陸運用自由貿易試驗區作為改革試驗田，將各地自貿試驗區的改革成果，由單一自貿試驗區快速推廣到全中國大陸，透過政府部門間資訊整合與行政流程改造等方式進行改革，而中國大陸政府透過互聯網+政策規劃的實行，對於政府行政效率革新產生相當大助益，使得各項改革能逐步推動，不讓經濟改革步伐陷於停滯狀態，有助於引進外資革新市場及促進政府體制改革，使中國大陸經濟的持續增長與社會的不斷進步。

表5-45中國大陸國務院自由貿易試驗區工作部際聯席會議成員名單表

召集人 ：汪　洋	國務院副總理（中共中央政治局委員）	
副召集人：高虎城	商務部部長	
畢井泉	國務院副秘書長	
孫志軍	中央宣傳部副部長	
王曉濤	發展改革委副主任	
成　員：楊偉民	中央財辦副主任	
郝　平	教育部副部長	
毛偉明	工業和信息化部副部長	
孟宏偉	公安部副部長	
趙大程	司法部副部長	
史耀斌	財政部副部長	
湯　濤	人力資源社會保障部副部長	

胡存智	國土資源部副部長
齊　驥	住房城鄉建設部副部長
何建中	交通運輸部副部長
王受文	商務部部長助理
項兆倫	文化部副部長
馬曉偉	衛生計生委副主任
潘功勝	人民銀行副行長
孫毅彪	海關總署副署長
解學智	稅務總局副局長
劉玉亭	工商總局副局長
孫大偉	質檢總局副局長
聶辰席	新聞出版廣電總局副局長
賀　化	智慧財產權局副局長
杜一力	旅遊局副局長
周　波	港澳辦副主任
甘藏春	法制辦副主任
龔清概	臺辦副主任
曹　宇	銀監會副主席
張育軍	證監會主席助理
王祖繼	保監會副主席
李　超	外匯局副局長

資料來源：

中國政府網，〈國務院關於同意建立國務院自由貿易試驗區工作部際聯席會議制度的批復〉，http：

//www.gov.cn/zhengce/content/2015-02/16/content_9486.htm，檢索時間 2019 年 5 月 7 日。

表5-46　中國大陸自由貿易試驗區基本資料表

序號	自由貿易試驗區
1	**上海自由貿易試驗區** 成立時間：2013 年 9 月 29 日 面積：120.72 平方公里（2014 年） 發展目標、戰略與實施範圍： 1. 經過兩至三年的改革試驗加快轉變政府職能，積極推進服務業擴大開放和外商投資管理體制改革，大力發展總部經濟和新型貿易業態，加快探索資本項目可兌換和金融服務業全面開放，探索建立貨物狀態分類監管模式，努力形成促進投資和創新的政策支持體系，著力培育國際化和法治化的營商環境，力爭建設成為具有國際水準的投資貿易便利、貨幣兌換自由、監管高效便捷、法制環境規範的自由貿易試驗區，為我國擴大開放和

序號	自由貿易試驗區
	深化改革探索新思路和新途徑，更好地為全國服務。[501]
	2. 貫徹長江經濟帶發展等國家戰略，在構建開放型經濟新體制、探索區域經濟合作新模式。
	3. 2013 年 9 月 29 日中國（上海）自由貿易試驗區正式成立，面積 28.78 平方公里，涵蓋上海市外高橋保稅區、外高橋保稅物流園區、洋山保稅港區和上海浦東機場綜合保稅區等 4 個海關特殊監管區域。
	4. 2014 年 12 月 28 日全國人大常務委員會授權國務院擴展中國（上海）自由貿易試驗區區域，將面積擴展到 120.72 平方公里。擴展區域包括陸家嘴金融片區、金橋開發片區和張江高科技片區。其中，陸家嘴金融片區，共 34.26 平方公里，東至濟陽路、浦東南路、龍陽路、錦繡路、羅山路，南至中環線，西至黃浦江，北至黃浦江。金橋開發片區，共 20.48 平方公里，東至外環綠帶，南至錦繡東路，西至楊高路，北至巨峰路。張江高科技片區，共 37.2 平方公里，東至外環線、申江路，南至外環線，西至羅山路，北至龍東大道。[502] 2016 年 2 月國家發展改革委、科技部批複同意建設張江綜合性國家科學中心；2017 年 7 月上海市政府正式批複原則同意《張江科學城建設規劃》，總面積約 95 平方公里。[503]
	5. 浦東世博地區區域面積約 25 平方公里，區域內包含世博園區浦東地塊（3.93 平方公里）、耀華地塊（1.8 平方公里）、前灘地塊（2.83 平方公里）等重點地塊以及南碼頭路、周家渡、上鋼新村、東明路等 4 個街道。區域地處上海城市核心濱水區，毗鄰陸家嘴，與徐匯濱江隔江相望。世博地區是上海市、浦東新區重點發展地區，以打造世界級中央公共活動區為目標，大力推動總部商務、新興金融、文化會展、旅遊休閒、生態宜居五大功能。[504]
2	**天津自由貿易試驗區** 成立時間：2015 年 4 月 21 日 面積：119.9 平方公里 發展目標、戰略與實施範圍： 1. 經過三至五年改革探索，將自貿試驗區建設成為貿易自由、投資便利、高端產業集聚、金融服務完善、法制環境規範、監管高效便捷、輻射帶動效應明顯的國際一流自由貿易園區，在京津冀協同發展和我國經濟轉型發展中發揮示範引領作用。 2. 貫徹京津冀協同發展等國家戰略，在構建開放型經濟新體制、探索區域經濟合作新模式。 3. 自貿試驗區的實施範圍 119.9 平方公里，涵蓋三個片區：天津港片區 30 平方公里（含東疆保稅港區 10 平方公里），天津機場片區 43.1 平方公里（含天津港保稅區空港部分 1 平方公里和濱海新區綜合保稅區 1.96 平方公里），濱海新區中心商務片區 46.8 平方公里（含天津港保稅區海港部分

序號	自由貿易試驗區
	和保稅物流園區 4 平方公里）。[505]
3	**福建自由貿易試驗區** 成立時間：2015 年 4 月 21 日 面積：118.04 km² 發展目標、戰略與實施範圍： 1.堅持擴大開放與深化改革相結合、功能培育與制度創新相結合，加快政府職能轉變，建立與國際投資貿易規則相適應的新體制。創新兩岸合作機制，推動貨物、服務、資金、人員等各類要素自由流動，增強閩臺經濟關聯度。加快形成更高水準的對外開放新格局，拓展與 21 世紀海上絲綢之路沿線國家和地區交流合作的深度和廣度。經過三至五年改革探索，力爭建成投資貿易便利、金融創新功能突出、服務體系健全、監管高效便捷、法制環境規範的自由貿易園區。 2.貫徹「一帶一路」建設等國家戰略，在構建開放型經濟新體制、探索閩臺經濟合作新模式。 3.自貿試驗區實施範圍 118.04 平方公里，涵蓋三個片區：平潭片區 43 平方公里，廈門片區 43.78 平方公里（含象嶼保稅區 0.6 平方公里、象嶼保稅物流園區 0.7 平方公里、廈門海滄保稅港區 9.51 平方公里），福州片區 31.26 平方公里（含福州保稅區 0.6 平方公里、福州出口加工區 1.14 平方公里、福州保稅港區 9.26 平方公里）。[506]
4	**廣東自由貿易試驗區** 成立時間：2015 年 4 月 21 日 面積：116.2 平方公里 發展目標、戰略與實施範圍： 1.經過三至五年改革試驗，營造國際化、市場化、法治化營商環境，構建開放型經濟新體制，實現粵港澳深度合作，形成國際經濟合作競爭新優勢，力爭建成符合國際高標準的法制環境規範、投資貿易便利、輻射帶動功能突出、監管安全高效的自由貿易園區。 2. 貫徹「一帶一路」建設等國家戰略，在構建開放型經濟新體制、探索粵港澳經濟合作新模式。 3.自貿試驗區的實施範圍 116.2 平方公里，涵蓋三個片區：廣州南沙新區片區 60 平方公里（含廣州南沙保稅港區 7.06 平方公里），深圳前海蛇口片區 28.2 平方公里（含深圳前海灣保稅港區 3.71 平方公里），珠海橫琴新區片區 28 平方公里。[507]
5	**遼寧自由貿易試驗區** 成立時間：2017 年 4 月 1 日 面積：119.89 平方公里 發展目標、戰略與實施範圍：

序號	自由貿易試驗區
	1.經過三至五年改革探索，形成與國際投資貿易通行規則相銜接的制度創新體系，營造法治化、國際化、便利化的營商環境，鞏固提升對人才、資本等要素的吸引力，努力建成高端產業集聚、投資貿易便利、金融服務完善、監管高效便捷、法治環境規範的高水準高標準自由貿易園區，引領東北地區轉變經濟發展方式、提高經濟發展品質和水準。 2.努力將自貿試驗區建設成為提升東北老工業基地發展整體競爭力和對外開放水準的新引擎。 3.自貿試驗區的實施範圍119.89平方公里，涵蓋三個片區：大連片區59.96平方公里（含大連保稅區1.25平方公里、大連出口加工區2.95平方公里、大連大窯灣保稅港區 6.88 平方公里），瀋陽片區 29.97 平方公里，營口片區29.96 平方公里。[508]
6	**浙江自由貿易試驗區** 成立時間：2017 年 4 月 1 日 面積：119.95 平方公里 發展目標、戰略與實施範圍： 1.經過三年左右有特色的改革探索，基本實現投資貿易便利、高端產業集聚、法治環境規範、金融服務完善、監管高效便捷、輻射帶動作用突出，以油品為核心的大宗商品全球配置能力顯著提升，對接國際標準初步建成自由貿易港區先行區。 2.將自貿試驗區建設成為東部地區重要海上開放門戶示範區、國際大宗商品貿易自由化先導區和具有國際影響力的資源配置基地。 3.自貿試驗區的實施範圍 119.95 平方公里，由陸域和相關海洋錨地組成，涵蓋三個片區：舟山離島片區 78.98 平方公里（含舟山港綜合保稅區區塊二3.02 平方公里），舟山島北部片區 15.62 平方公里（含舟山港綜合保稅區區塊一 2.83 平方公里），舟山島南部片區 25.35 平方公里。[509]
7	**湖北自由貿易試驗區** 成立時間：2017 年 4 月 1 日 面積：119.96 平方公里 發展目標、戰略與實施範圍： 1. 經過三至五年改革探索，對接國際高標準投資貿易規則體系，力爭建成高端產業集聚、創新創業活躍、金融服務完善、監管高效便捷、輻射帶動作用突出的高水準高標準自由貿易園區，在實施中部崛起戰略和推進長江經濟帶發展中發揮示範作用。 2. 努力成為中部有序承接產業轉移示範區、戰略性新興產業和高技術產業集聚區、全面改革開放試驗田和內陸對外開放新高地。 3. 自貿試驗區的實施範圍 119.96 平方公里，涵蓋三個片區：武漢片區 70 平方公里（含武漢東湖綜合保稅區 5.41 平方公里），襄陽片區 21.99 平方公

序號	自由貿易試驗區
	里（含襄陽保稅物流中心〔B 型〕0.281 平方公里），宜昌片區 27.97 平方公里。[510]
8	**河南自由貿易試驗區** 成立時間：2017 年 4 月 1 日 面積：119.77 平方公里 發展目標、戰略與實施範圍： 1.經過三至五年改革探索，形成與國際投資貿易通行規則相銜接的制度創新體系，營造法治化、國際化、便利化的營商環境，努力將自貿試驗區建設成為投資貿易便利、高端產業集聚、交通物流通達、監管高效便捷、輻射帶動作用突出的高水準高標準自由貿易園區，引領內陸經濟轉型發展，推動構建全方位對外開放新格局。 2.將自貿試驗區建設成為服務於「一帶一路」建設的現代綜合交通樞紐、全面改革開放試驗田和內陸開放型經濟示範區。 3.自貿試驗區的實施範圍 119.77 平方公里，涵蓋三個片區：鄭州片區 73.17 平方公里（含河南鄭州出口加工區 A 區 0.89 平方公里、河南保稅物流中心 0.41 平方公里），開封片區 19.94 平方公里，洛陽片區 26.66 平方公里。[511]
9	**重慶自由貿易試驗區** 成立時間：2017 年 4 月 1 日 面積：119.98 km² 發展目標、戰略與實施範圍： 1.經過三至五年改革探索，努力建成投資貿易便利、高端產業集聚、監管高效便捷、金融服務完善、法治環境規範、輻射帶動作用突出的高水準高標準自由貿易園區，努力建成服務於「一帶一路」建設和長江經濟帶發展的國際物流樞紐和口岸高地，推動構建西部地區門戶城市全方位開放新格局，帶動西部大開發戰略深入實施。 2.努力將自貿試驗區建設成為「一帶一路」和長江經濟帶互聯互通重要樞紐、西部大開發戰略重要支點。 3.自貿試驗區的實施範圍 119.98 平方公里，涵蓋 3 個片區：兩江片區 66.29 平方公里（含重慶兩路寸灘保稅港區 8.37 平方公里），西永片區 22.81 平方公里（含重慶西永綜合保稅區 8.8 平方公里、重慶鐵路保稅物流中心〔B 型〕0.15 平方公里），果園港片區 30.88 平方公里。[512]
10	**四川自由貿易試驗區** 成立時間：2017 年 4 月 1 日 面積：119.99 平方公里 發展目標、戰略與實施範圍： 1.經過三至五年改革探索，力爭建成法治環境規範、投資貿易便利、創新要素集聚、監管高效便捷、協同開放效果顯著的高水準高標準自由貿易園區，

序號	自由貿易試驗區
	在打造內陸開放型經濟高地、深入推進西部大開發和長江經濟帶發展中發揮示範作用。 2. 將自貿試驗區建設成為西部門戶城市開發開放引領區、內陸開放戰略支撐帶先導區、國際開放通道樞紐區、內陸開放型經濟新高地、內陸與沿海沿邊沿江協同開放示範區。 3. 自貿試驗區的實施範圍 119.99 平方公里，涵蓋三個片區：成都天府新區片區 90.32 平方公里（含成都高新綜合保稅區區塊四〔雙流園區〕4 平方公里、成都空港保稅物流中心〔B 型〕0.09 平方公里），成都青白江鐵路港片區 9.68 平方公里（含成都鐵路保稅物流中心〔B 型〕0.18 平方公里），川南臨港片區 19.99 平方公里（含瀘州港保稅物流中心〔B 型〕0.21 平方公里）。[513]
11	**陝西自由貿易試驗區** 成立時間：2017 年 4 月 1 日 面積：119.95 平方公里 發展目標、戰略與實施範圍： 1. 經過三至五年改革探索，形成與國際投資貿易通行規則相銜接的制度創新體系，營造法治化、國際化、便利化的營商環境，努力建成投資貿易便利、高端產業聚集、金融服務完善、人文交流深入、監管高效便捷、法治環境規範的高水準高標準自由貿易園區，推動「一帶一路」建設和西部大開發戰略的深入實施。 2. 努力將自貿試驗區建設成為全面改革開放試驗田、內陸型改革開放新高地、「一帶一路」經濟合作和人文交流重要支點。 3. 自貿試驗區的實施範圍 119.95 平方公里，涵蓋三個片區：中心片區 87.76 平方公里（含陝西西安出口加工區 A 區 0.75 平方公里、B 區 0.79 平方公里，西安高新綜合保稅區 3.64 平方公里和陝西西鹹保稅物流中心〔B 型〕0.36 平方公里），西安國際港務區片區 26.43 平方公里（含西安綜合保稅區 6.17 平方公里），楊淩示範區片區 5.76 平方公里。[514]
12	**海南自由貿易試驗區** 成立時間：2018 年 10 月 16 日 面積：海南全島 發展目標、戰略與實施範圍： 1. 對標國際先進規則，持續深化改革探索，以高水準開放推動高品質發展，加快建立開放型生態型服務型產業體系。到 2020 年，自貿試驗區建設取得重要進展，國際開放度顯著提高，努力建成投資貿易便利、法治環境規範、金融服務完善、監管安全高效、生態環境品質一流、輻射帶動作用突出的高標準高品質自貿試驗區，為逐步探索、穩步推進海南自由貿易港建設，分步驟、分階段建立自由貿易港政策體系打好堅實基礎。

序號	自由貿易試驗區
	2. 發揮海南島全島試點的整體優勢，緊緊圍繞建設全面深化改革開放試驗區、國家生態文明試驗區、國際旅遊消費中心和國家重大戰略服務保障區，實行更加積極主動的開放戰略，加快構建開放型經濟新體制，推動形成全面開放新格局，把海南打造成為我國面向太平洋和印度洋的重要對外開放門戶。 3. 自貿試驗區的實施範圍為海南島全島，自貿試驗區土地、海域開發利用須遵守國家法律法規，貫徹生態文明和綠色發展要求，符合海南省「多規合一」總體規劃，並符合節約集約用地用海的有關要求。涉及無居民海島的，須符合《中華人民共和國海島保護法》有關規定。[515]
13	**山東自由貿易試驗區** 成立時間：2019 年 8 月 26 日 面積：119.98 平方公里 發展目標、戰略與實施範圍： 1. 經過三至五年改革探索，對標國際先進規則，形成更多有國際競爭力的制度創新成果，推動經濟發展品質變革、效率變革、動力變革，努力建成貿易投資便利、金融服務完善、監管安全高效、輻射帶動作用突出的高標準高品質自由貿易園區。 2. 以制度創新為核心，以可複製可推廣為基本要求，全面落實中央關於增強經濟社會發展創新力、轉變經濟發展方式、建設海洋強國的要求，加快推進新舊發展動能接續轉換、發展海洋經濟，形成對外開放新高地。 3. 自貿試驗區的實施範圍 119.98 平方公里，涵蓋三個片區：濟南片區 37.99 平方公里，青島片區 52 平方公里（含青島前灣保稅港區 9.12 平方公里、青島西海岸綜合保稅區 2.01 平方公里），煙臺片區 29.99 平方公里（含煙臺保稅港區區塊二 2.26 平方公里）。[516]
14	**江蘇自由貿易試驗區** 成立時間：2019 年 8 月 26 日 面積：119.97 平方公里 發展目標、戰略與實施範圍： 1. 經過三至五年改革探索，對標國際先進規則，形成更多有國際競爭力的制度創新成果，推動經濟發展品質變革、效率變革、動力變革，努力建成貿易投資便利、高端產業集聚、金融服務完善、監管安全高效、輻射帶動作用突出的高標準高品質自由貿易園區。 2. 以制度創新為核心，以可複製可推廣為基本要求，全面落實中央關於深化產業結構調整、深入實施創新驅動發展戰略的要求，推動全方位高水準對外開放，加快「一帶一路」交匯點建設，著力打造開放型經濟發展先行區、實體經濟創新發展和產業轉型升級示範區。 3. 自貿試驗區的實施範圍 119.97 平方公里，涵蓋三個片區：南京片區 39.55 平

序號	自由貿易試驗區
	方公里，蘇州片區 60.15 平方公里（含蘇州工業園綜合保稅區 5.28 平方公里），連雲港片區 20.27 平方公里（含連雲港綜合保稅區 2.44 平方公里）。[517]
15	**廣西自由貿易試驗區** 成立時間：2019 年 8 月 26 日 面積：119.99 平方公里 發展目標、戰略與實施範圍： 1.經過三至五年改革探索，對標國際先進規則，形成更多有國際競爭力的制度創新成果，推動經濟發展品質變革、效率變革、動力變革，努力建成貿易投資便利、金融服務完善、監管安全高效、輻射帶動作用突出、引領中國—東盟開放合作的高標準高品質自由貿易園區。 2.以制度創新為核心，以可複製可推廣為基本要求，全面落實中央關於打造西南中南地區開放發展新的戰略支點的要求，發揮廣西與東盟國家陸海相鄰的獨特優勢，著力建設西南中南西北出海口、面向東盟的國際陸海貿易新通道，形成 21 世紀海上絲綢之路和絲綢之路經濟帶有機銜接的重要門戶。 3.自貿試驗區的實施範圍 119.99 平方公里，涵蓋三個片區：南寧片區 46.8 平方公里（含南寧綜合保稅區 2.37 平方公里），欽州港片區 58.19 平方公里（含欽州保稅港區 8.81 平方公里），崇左片區 15 平方公里（含憑祥綜合保稅區 1.01 平方公里）。[518]
16	**河北自由貿易試驗區** 成立時間：2019 年 8 月 26 日 面積：119.97 平方公里 發展目標、戰略與實施範圍： 1.經過三至五年改革探索，對標國際先進規則，形成更多有國際競爭力的制度創新成果，推動經濟發展品質變革、效率變革、動力變革，努力建成貿易投資自由便利、高端高新產業集聚、金融服務開放創新、政府治理包容審慎、區域發展高度協同的高標準高品質自由貿易園區。 2.以制度創新為核心，以可複製可推廣為基本要求，全面落實中央關於京津冀協同發展戰略和高標準高品質建設雄安新區要求，積極承接北京非首都功能疏解和京津科技成果轉化，著力建設國際商貿物流重要樞紐、新型工業化基地、全球創新高地和開放發展先行區。 3.自貿試驗區的實施範圍 119.97 平方公里，涵蓋四個片區：雄安片區 33.23 平方公里，正定片區 33.29 平方公里（含石家莊綜合保稅區 2.86 平方公里），曹妃甸片區 33.48 平方公里（含曹妃甸綜合保稅區 4.59 平方公里），大興機場片區 19.97 平方公里。[519]
17	**雲南自由貿易試驗區**

序號	自由貿易試驗區
	成立時間：2019 年 8 月 26 日 面積：119.86 平方公里 發展目標、戰略與實施範圍： 1.經過三至五年改革探索，對標國際先進規則，形成更多有國際競爭力的制度創新成果，推動經濟發展品質變革、效率變革、動力變革，努力建成貿易投資便利、交通物流通達、要素流動自由、金融服務創新完善、監管安全高效、生態環境品質一流、輻射帶動作用突出的高標準高品質自由貿易園區。 2.以制度創新為核心，以可複製可推廣為基本要求，全面落實中央關於加快沿邊開放的要求，著力打造「一帶一路」和長江經濟帶互聯互通的重要通道，建設連接南亞東南亞大通道的重要節點，推動形成我國面向南亞東南亞輻射中心、開放前沿。 3.自貿試驗區的實施範圍 119.86 平方公里，涵蓋三個片區：昆明片區 76 平方公里（含昆明綜合保稅區 0.58 平方公里），紅河片區 14.12 平方公里，德宏片區 29.74 平方公里。[520]
18	**黑龍江自由貿易試驗區** 成立時間：2019 年 8 月 26 日 面積：119.85 平方公里 發展目標、戰略與實施範圍： 1.經過三至五年改革探索，對標國際先進規則，形成更多有國際競爭力的制度創新成果，推動經濟發展品質變革、效率變革、動力變革，努力建成營商環境優良、貿易投資便利、高端產業集聚、服務體系完善、監管安全高效的高標準高品質自由貿易園區。 2.以制度創新為核心，以可複製可推廣為基本要求，全面落實中央關於推動東北全面振興全方位振興、建成向北開放重要視窗的要求，著力深化產業結構調整，打造對俄羅斯及東北亞區域合作的中心樞紐。 3.自貿試驗區的實施範圍 119.85 平方公里，涵蓋三個片區：哈爾濱片區 79.86 平方公里，黑河片區 20 平方公里，綏芬河片區 19.99 平方公里（含綏芬河綜合保稅區 1.8 平方公里）。[521]
19	**北京自由貿易試驗區** 成立時間：2020 年 9 月 21 日 面積：119.68 平方公里 發展目標、戰略與實施範圍： 1.經過三至五年改革探索，強化原始創新、技術創新、開放創新、協同創新優勢能力，形成更多有國際競爭力的制度創新成果，為進一步擴大對外開放積累實踐經驗，努力建成貿易投資便利、營商環境優異、創新生態一流、高端產業集聚、金融服務完善、國際經濟交往活躍、監管安全高效、輻射

序號	自由貿易試驗區
	帶動作用突出的高標準高品質自由貿易園區。 2.以制度創新為核心，以可複製可推廣為基本要求，全面落實中央關於深入實施創新驅動發展、推動京津冀協同發展戰略等要求，助力建設具有全球影響力的科技創新中心，加快打造服務業擴大開放先行區、數字經濟試驗區，著力構建京津冀協同發展的高水準對外開放平臺。 3.自貿試驗區的實施範圍 119.68 平方公里，涵蓋三個片區：科技創新片區 31.85 平方公里，國際商務服務片區 48.34 平方公里（含北京天竺綜合保稅區 5.466 平方公里），高端產業片區 39.49 平方公里。[522]
20	**湖南自由貿易試驗區** 成立時間：2020 年 9 月 21 日 面積：119.76 平方公里 發展目標、戰略與實施範圍： 1.經過三至五年改革探索，形成更多有國際競爭力的制度創新成果，為進一步擴大對外開放積累實踐經驗，推動先進製造業高品質發展，提升關鍵領域創新能力和水準，形成中非經貿合作新路徑新機制，努力建成貿易投資便利、產業佈局優化、金融服務完善、監管安全高效、輻射帶動作用突出的高標準高品質自由貿易園區。 2.以制度創新為核心，以可複製可推廣為基本要求，全面落實中央關於加快建設製造強國、實施中部崛起戰略等要求，發揮東部沿海地區和中西部地區過渡帶、長江經濟帶和沿海開放經濟帶結合部的區位優勢，著力打造世界級先進製造業集群、聯通長江經濟帶和粵港澳大灣區的國際投資貿易走廊、中非經貿深度合作先行區和內陸開放新高地。 3.自貿試驗區的實施範圍 119.76 平方公里，涵蓋三個片區：長沙片區 79.98 平方公里（含長沙黃花綜合保稅區 1.99 平方公里），岳陽片區 19.94 平方公里（含岳陽城陵磯綜合保稅區 2.07 平方公里），郴州片區 19.84 平方公里（含郴州綜合保稅區 1.06 平方公里）。[523]
21	**安徽自由貿易試驗區** 成立時間：2020 年 9 月 21 日 面積：119.86 平方公里 發展目標、戰略與實施範圍： 1.經過三至五年改革探索，形成更多有國際競爭力的制度創新成果，為進一步擴大對外開放積累實踐經驗，推動科技創新、產業創新、企業創新、產品創新、市場創新，推進開放大通道大平臺大通關建設，努力建成貿易投資便利、創新活躍強勁、高端產業集聚、金融服務完善、監管安全高效、輻射帶動作用突出的高標準高品質自由貿易園區。 2.以制度創新為核心，以可複製可推廣為基本要求，全面落實中央關於深入實施創新驅動發展、推動長三角區域一體化發展戰略等要求，發揮在推進

序號	自由貿易試驗區
	「一帶一路」建設和長江經濟帶發展中的重要節點作用，推動科技創新和實體經濟發展深度融合，加快推進科技創新策源地建設、先進製造業和戰略性新興產業集聚發展，形成內陸開放新高地。 3. 自貿試驗區的實施範圍 119.86 平方公里，涵蓋三個片區：合肥片區 64.95 平方公里（含合肥經濟技術開發區綜合保稅區 1.4 平方公里），蕪湖片區 35 平方公里（含蕪湖綜合保稅區 2.17 平方公里），蚌埠片區 19.91 平方公里。 524

整理自-中國政府網。

表5-47 中國大陸自由貿易試驗區外商投資准入特別管理措施表（負面清單）（2018年版）

一、農、林、牧、漁業

1、種業

  （1）　小麥、玉米新品種選育和種子生產的中方股比不低於 34%。

  （2）　禁止投資中國稀有和特有的珍貴優良品種的研發、養殖、種植以及相關繁殖材料的生產（包括種植業、畜牧業、水產業的優良基因）。

  （3）　禁止投資農作物、種畜禽、水產苗種轉基因品種選育及其轉基因種子（苗）生產。

2、漁業

  （4）　禁止投資中國管轄海域及內陸水域水產品捕撈

二、採礦業

3、有色金屬礦和非金屬礦采選及開採輔助活動

  （5）　禁止投資鎢、鉬、錫、銻、螢石勘查、開採。

  （6）禁止投資稀土勘查、開採及選礦。（未經允許，禁止進入稀土礦區或取得礦山地質資料、礦石樣品及生產工藝技術。）

  （7）禁止投資放射性礦產勘查、開採及選礦

三、製造業

4、印刷業

  （8）　出版物印刷須由中方控股。

5、中藥飲片加工及中成藥生產

  （9）　禁止投資中藥飲片的蒸、炒、炙、煅等炮製技術的應用及中成藥保密處方產品的生產。

6、汽車製造業

  （10）　除專用車、新能源汽車外，汽車整車製造的中方股比不低於 50%，同一家外商可在國內建立兩家及兩家以下生產同類整車產品的合資企業（2020 年取消商用車製造外資股比限制，2022 年取消乘用車製造外資股比限制以

及同一家外商可在國內建立兩家及兩家以下生產同類整車產品的合資企業的限制）。

7、通信設備製造

（11） 衛星電視廣播地面接收設施及關鍵件生產。

8、其他製造業

（12） 禁止投資宣紙、墨錠生產。

四、電力、熱力、燃氣及水生產和供應業

9、核力發電

（13） 核電站的建設、經營須由中方控股。

10、管網設施

（14） 城市人口 50 萬以上的城市燃氣、熱力和供排水管網的建設、經營須由中方控股。

五、批發和零售業

11、煙草製品

（15）禁止投資煙葉、捲煙、複烤煙葉及其他煙草製品的批發、零售。

六、交通運輸、倉儲和郵政業

12、水上運輸業

（16）國內水上運輸公司須由中方控股。（且不得經營或租用中國籍船舶或者艙位等方式變相經營國內水路運輸業務及其輔助業務；水路運輸經營者不得使用外國籍船舶經營國內水路運輸業務，但經中國政府批准，在國內沒有能夠滿足所申請運輸要求的中國籍船舶，並且船舶停靠的港口或者水域為對外開放的港口或者水域的情況下，水路運輸經營者可以在中國政府規定的期限或者航次內，臨時使用外國籍船舶經營中國港口之間的海上運輸和拖航。）

（17） 國內船舶代理公司須由中方控股。

13、航空客貨運輸

（18）公共航空運輸公司須由中方控股，且一家外商及其關聯企業投資比例不得超過25%，法定代表人須由中國籍公民擔任。（只有中國公共航空運輸企業才能經營國內航空服務，並作為中國指定承運人提供定期和不定期國際航空服務。）

14、通用航空服務

（19）通用航空公司的法定代表人須由中國籍公民擔任，其中農、林、漁業通用航空公司限於合資，其他通用航空公司限於中方控股。

15、機場和空中交通管理

（20）民用機場的建設、經營須由中方相對控股。

（21）禁止投資空中交通管制。

16、郵政業

（22）禁止投資郵政公司（和經營郵政服務）、信件的國內快遞業務。

七、資訊傳輸、軟體和資訊技術服務業

17、電信

（23）電信公司：限於中國入世承諾開放的電信業務，增值電信業務的外資股
比不超過50%（電子商務除外），基礎電信業務須由中方控股（且經營者須
為依法設立的專門從事基礎電信業務的公司）。上海自貿試驗區原有區域
〔28.8平方公里〕試點政策推廣至所有自貿試驗區執行。

18、互聯網和相關服務

（24）禁止投資互聯網新聞資訊服務、網路出版服務、網路視聽節目服務、互聯
網文化經營（音樂除外）、互聯網公眾發佈資訊服務（上述服務中，中國入
世承諾中已開放的內容除外）。

八、金融業

19、資本市場服務

（25）證券公司的外資股比不超過51%，證券投資基金管理公司的外資股比不
超過51%。（2021年取消外資股比限制）

（26）期貨公司的外資股比不超過51%。（2021年取消外資股比限制）

20、保險業

（27）壽險公司的外資股比不超過51%。（2021年取消外資股比限制）

九、租賃和商務服務業

21、法律服務

（28）禁止投資中國法律事務（提供有關中國法律環境影響的資訊除外），不得
成為國內律師事務所合夥人。（外國律師事務所只能以代表機構的方式進入
中國，且不28. 禁止投資中國法律事務（提供有關中國法律環境影響的資訊
除外），不得成為國內律師事務所合夥人。（外國律師事務所只能以代表機構
的方式進入中國，且不得聘用中國執業律師，聘用的輔助人員不得為當事人
提供法律服務；如在華設立代表機構、派駐代表，須經中國司法行政部門許
可。）

22、諮詢與調查

（29）市場調查限於合資、合作，其中廣播電視收聽、收視調查須由中方控股。

（30）禁止投資社會調查。

十、科學研究和技術服務業

23、研究和試驗發展

（31）禁止投資人體幹細胞、基因診斷與治療技術開發和應用。

（32）禁止投資人文社會科學研究機構。

24、專業技術服務業

（33）禁止投資大地測量、海洋測繪、測繪航空攝影、地面移動測量、行政區域
界線測繪，地形圖、世界政區地圖、全國政區地圖、省級及以下政區地圖、
全國性教學地圖、地方性教學地圖、真三維地圖和導航電子地圖編制，區域
性的地質填圖、礦產地質、地球物理、地球化學、水文地質、環境地質、地

質災害、遙感地質等調查。
十一、水利、環境和公共設施管理業
25、野生動植物保護
（34）禁止投資國家保護的原產於中國的野生動植物資源開發。
十二、教育
26、教育
（35）學前、普通高中和高等教育機構限於中外合作辦學，須由中方主導（校長或者主要行政負責人應當具有中國國籍（且在中國境內定居），理事會、董事會或者聯合管理委員會的中方組成人員不得少於 1/2）。（外國教育機構、其他組織或者個人不得單獨設立以中國公民為主要招生對象的學校及其他教育機構（不包括非學制類職業技能培訓），但是外國教育機構可以同中國教育機構合作舉辦以中國公民為主要招生對象的教育機構。）
（36）禁止投資義務教育機構、宗教教育機構。
十三、衛生和社會工作
27、衛生
（37）醫療機構限於合資、合作。
十四、文化、體育和娛樂業
28、新聞出版
（38）禁止投資新聞機構（包括但不限於通訊社）。（外國新聞機構在中國境內設立常駐新聞機構、向中國派遣常駐記者，須經中國政府批准。外國通訊社在中國境內提供新聞的服務業務須由中國政府審批。中外新聞機構業務合作，須中方主導，且須經中國政府批准。）
（39）禁止投資圖書、報紙、期刊、音像製品和電子出版物的編輯、出版、製作業務。（但經中國政府批准，在確保合作中方的經營主導權和內容終審權並遵守中國政府批復的其他條件下，中外出版單位可進行新聞出版中外合作出版專案。未經中國政府批准，禁止在中國境內提供金融資訊服務。）
29、廣播電視播出、傳輸、製作、經營
（40）禁止投資各級廣播電臺（站）、電視臺（站）、廣播電視頻道（率）、廣播電視傳輸覆蓋網（發射臺、轉播臺、廣播電視衛星、衛星上行站、衛星收轉站、微波站、監測臺及有線廣播電視傳輸覆蓋網等），禁止從事廣播電視視頻點播業務和衛星電視廣播地面接收設施安裝服務。（對境外衛星頻道落地實行審批制度。）
（41）禁止投資廣播電視節目製作經營（含引進業務）公司。（引進境外影視劇和以衛星傳送方式引進其他境外電視節目由廣電總局指定的單位申報。對中外合作製作電視劇（含電視動畫片）實行許可制度。）
30、電影製作、發行、放映
（42）電影院建設、經營須由中方控股。（放映電影片，應當符合中國政府規定的國產電影片與進口電影片放映的時間比例。放映單位年放映國產電影片

的時間不得低於年放映電影片時間總和的 2/3。）

　　（43）禁止投資電影製作公司、發行公司、院線公司以及電影引進業務。（但經批准，允許中外企業合作攝製電影。）

31、文物保護

　　（44）禁止投資文物拍賣的拍賣公司、文物商店和國有文物博物館。（禁止不可移動文物及國家禁止出境的文物轉讓、抵押、出租給外國人。禁止設立與經營非物質文化遺產調查機構；境外組織或個人在中國境內進行非物質文化遺產調查和考古調查、勘探、發掘，應採取與中國合作的形式並經專門審批許可。）

32、文化娛樂

　　（45）文藝表演團體須由中方控股。

資料來源：

中華人民共和國商務部網站，〈發展改革委 商務部令2018年第19號 自由貿易試驗區外商投資准入特別管理措施（負面清單）（2018年版）〉www.gov.cn/zhengce/content/2017-06/16/content_5202973.htm 1/，檢索時間2019年5月2日。

**表5-48　中國大陸自由貿易試驗區外商投資准入特別管理措施表
（負面清單）（2019年版）**

一、農、林、牧、漁業
1.小麥、玉米新品種選育和種子生產的中方股比不低於34%。 2.禁止投資中國稀有和特有的珍貴優良品種的研發、養殖、種植以及相關繁殖材料的生產（包括種植業、畜牧業、水產業的優良基因）。 3.禁止投資農作物、種畜禽、水產苗種轉基因品種選育及其轉基因種子（苗）生產。
二、採礦業
4.禁止投資稀土、放射性礦產、鎢勘查、開採及選礦。（未經允許，禁止進入稀土礦區或取得礦山地質資料、礦石樣品及生產工藝技術。）
三、製造業
5.禁止投資中藥飲片的蒸、炒、炙、煅等炮製技術的應用及中成藥保密處方產品的生產。 6.除專用車、新能源汽車外，汽車整車製造的中方股比不低於50%，同一家外商可在國內建立兩家及兩家以下生產同類整車產品的合資企業。（2020年取消商用車製造外資股比限制。2022年取消乘用車製造外資股比限制以及同一家外商可在國內建立兩家及兩家以下生產同類整車產品的合資企業的限制） 7.衛星電視廣播地面接收設施及關鍵件生產。
四、電力、熱力、燃氣及水生產和供應業
8.核電站的建設、經營須由中方控股。

9.城市人口 50 萬以上的城市供排水管網的建設、經營須由中方控股。

五、批發和零售業

10.禁止投資煙葉、捲煙、複烤煙葉及其他煙草製品的批發、零售。

六、交通運輸、倉儲和郵政業

11.國內水上運輸公司須由中方控股。（且不得經營或租用中國籍船舶或者艙位等方式變相經營國內水路運輸業務及其輔助業務；水路運輸經營者不得使用外國籍船舶經營國內水路運輸業務，但經中國政府批准，在國內沒有能夠滿足所申請運輸要求的中國籍船舶，並且船舶停靠的港口或者水域為對外開放的港口或者水域的情況下，水路運輸經營者可以在中國政府規定的期限或者航次內，臨時使用外國籍船舶經營中國港口之間的海上運輸和拖航。）

12.公共航空運輸公司須由中方控股，且一家外商及其關聯企業投資比例不得超過25%，法定代表人須由中國籍公民擔任。（只有中國公共航空運輸企業才能經營國內航空服務，並作為中國指定承運人提供定期和不定期國際航空服務。）

13.通用航空公司的法定代表人須由中國籍公民擔任，其中農、林、漁業通用航空公司限於合資，其他通用航空公司限於中方控股。

14.民用機場的建設、經營須由中方相對控股。

15.禁止投資空中交通管制。

16.禁止投資郵政公司（和經營郵政服務）、信件的國內快遞業務。

七、資訊傳輸、軟體和資訊技術服務業

17.電信公司：限於中國入世承諾開放的電信業務，增值電信業務的外資股比不超過50%（電子商務、國內多方通信、存儲轉發類、呼叫中心除外），基礎電信業務須由中方控股（且經營者須為依法設立的專門從事基礎電信業務的公司）。上海自貿試驗區原有區域〔28.8 平方公里〕試點政策推廣至所有自貿試驗區執行。

18.禁止投資互聯網新聞資訊服務、網路出版服務、網路視聽節目服務、互聯網文化經營（音樂除外）、互聯網公眾發佈資訊服務（上述服務中，中國入世承諾中已開放的內容除外）。

八、金融業

19.證券公司的外資股比不超過51%，證券投資基金管理公司的外資股比不超過51%。（2021 年取消外資股比限制）

20.期貨公司的外資股比不超過51%。（2021 年取消外資股比限制）

21.壽險公司的外資股比不超過51%。（2021 年取消外資股比限制）

九、租賃和商務服務業

22.禁止投資中國法律事務（提供有關中國法律環境影響的資訊除外），不得成為國內律師事務所合夥人。（外國律師事務所只能以代表機構的方式進入中國，且不得聘用中國執業律師，聘用的輔助人員不得為當事人提供法律服

務；如在華設立代表機構、派駐代表，須經中國司法行政部門許可。）

23. 市場調查限於合資、合作，其中廣播電視收聽、收視調查須由中方控股。

24. 禁止投資社會調查。

十、科學研究和技術服務業

25. 禁止投資人體幹細胞、基因診斷與治療技術開發和應用。

26. 禁止投資人文社會科學研究機構。

27. 禁止投資大地測量、海洋測繪、測繪航空攝影、地面移動測量、行政區域界線測繪，地形圖、世界政區地圖、全國政區地圖、省級及以下政區地圖、全國性教學地圖、地方性教學地圖、真三維地圖和導航電子地圖編制，區域性的地質填圖、礦產地質、地球物理、地球化學、水文地質、環境地質、地質災害、遙感地質等調查。

十一、教育

28. 學前、普通高中和高等教育機構限於中外合作辦學，須由中方主導（校長或者主要行政負責人應當具有中國國籍（且在中國境內定居），理事會、董事會或者聯合管理委員會的中方組成人員不得少於1/2）。（外國教育機構、其他組織或者個人不得單獨設立以中國公民為主要招生對象的學校及其他教育機構（不包括非學制類職業技能培訓），但是外國教育機構可以同中國教育機構合作舉辦以中國公民為主要招生對象的教育機構。）

29. 禁止投資義務教育機構、宗教教育機構。

十二、衛生和社會工作

30. 醫療機構限於合資、合作。

十三、文化、體育和娛樂業

31. 禁止投資新聞機構（包括但不限於通訊社）。（外國新聞機構在中國境內設立常駐新聞機構、向中國派遣常駐記者，須經中國政府批准。外國通訊社在中國境內提供新聞的服務業務須由中國政府審批。中外新聞機構業務合作，須中方主導，且須經中國政府批准。）

32. 禁止投資圖書、報紙、期刊、音像製品和電子出版物的編輯、出版、製作業務。（但經中國政府批准，在確保合作中方的經營主導權和內容終審權並遵守中國政府批復的其他條件下，中外出版單位可進行新聞出版中外合作出版專案。未經中國政府批准，禁止在中國境內提供金融資訊服務。）

33. 禁止投資各級廣播電臺（站）、電視臺（站）、廣播電視頻道（率）、廣播電視傳輸覆蓋網（發射臺、轉播臺、廣播電視衛星、衛星上行站、衛星收轉站、微波站、監測臺及有線廣播電視傳輸覆蓋網等），禁止從事廣播電視視頻點播業務和衛星電視廣播地面接收設施安裝服務。（對境外衛星頻道落地實行審批制度。）

34. 禁止投資廣播電視節目製作經營（含引進業務）公司。（引進境外影視劇和以衛星傳送方式引進其他境外電視節目由廣電總局指定的單位申報。對中外合作製作電視劇（含電視動畫片）實行許可制度。）

35. 禁止投資電影製作公司、發行公司、院線公司以及電影引進業務。(但經批准,允許中外企業合作攝製電影。)

36. 禁止投資文物拍賣的拍賣公司、文物商店和國有文物博物館。(禁止不可移動文物及國家禁止出境的文物轉讓、抵押、出租給外國人。禁止設立與經營非物質文化遺產調查機構;境外組織或個人在中國境內進行非物質文化遺產調查和考古調查、勘探、發掘,應採取與中國合作的形式並經專門審批許可。)

37. 文藝表演團體須由中方控股。

資料來源:

中國政府網,<《外商投資准入特別管理措施(負面清單)(2019 年版)》發佈 > http://www.gov.cn/xinwen/2019-06/30/content_5404702.htm / ,檢索時間 2022 年 3 月 9 日。

表5-49 中國大陸自由貿易試驗區外商投資准入特別管理措施表 (負面清單)(2020年版)

一、農、林、牧、漁業

1. 小麥、玉米新品種選育和種子生產的中方股比不低於 34%。

2. 禁止投資中國稀有和特有的珍貴優良品種的研發、養殖、種植以及相關繁殖材料的 生產(包括種植業、畜牧業、水產業的優良基因)。

3. 禁止投資農作物、種畜禽、水產苗種轉基因品種選育及其轉基因種子(苗)生產。

二、採礦業

4. 禁止投資稀土、放射性礦產、鎢勘查、開採及選礦。(未經允許,禁止進入稀土礦 區或取得礦山地質資料、礦石樣品及生產工藝技術。)

三、製造業

5. 製造業

除專用車、新能源汽車、商用車外,汽車整車製造的中方股比不低於 50%,同一家 外商可在國內建立兩家及兩家以下生產同類整車產品的合資企業。(2022 年取消乘 用車製造外資股比限制以及同一家外商可在國內建立兩家及兩家以下生產同類整車 產品的合資企業的限制)

6. 衛星電視廣播地面接收設施及關鍵件生產。

四、電力、熱力、燃氣及水生產和供應業

7. 核電站的建設、經營須由中方控股。

五、批發和零售業

8. 禁止投資煙葉、捲煙、複烤煙葉及其他煙草製品的批發、零售。

六、交通運輸、倉儲和郵政業

9. 國內水上運輸公司須由中方控股。(且不得經營或租用中國籍船舶或者艙位等方式 變相經營國內水路運輸業務及其輔助業務;水路運輸經營者不得使用外國籍船舶經 營國內水路運輸業務,但經中國政府批准,在國內沒有能夠滿

足所申請運輸要求的 中國籍船舶，並且船舶停靠的港口或者水域為對外開放的港口或者水域的情況下，水路運輸經營者可以在中國政府規定的期限或者航次內，臨時使用外國籍船舶經營 中國港口之間的海上運輸和拖航。）

10.公共航空運輸公司須由中方控股，且一家外商及其關聯企業投資比例不得超過 25%，法定代表人須由中國籍公民擔任。通用航空公司的法定代表人須由中國籍公 民擔任，其中農、林、漁業通用航空公司限於合資，其他通用航空公司限於中方控股。（只有中國公共航空運輸企業才能經營國內航空服務，並作為中國指定承運人 提供定期和不定期國際航空服務。）

11.民用機場的建設、經營須由中方相對控股。外方不得參與建設、運營機場塔臺。

12. 禁止投資郵政公司（和經營郵政服務）、信件的國內快遞業務。

七、信息傳輸、軟體和信息技術服務業

13.電信公司：限於中國入世承諾開放的電信業務，增值電信業務的外資股比不超過 50%（電子商務、國內多方通信、存儲轉發類、呼叫中心除外），基礎電信業務須 由中方控股（且經營者須為依法設立的專門從事基礎電信業務的公司）。上海自貿 試驗區原有區域〔28.8 平方公里〕試點政策推廣至所有自貿試驗區執行。

14.禁止投資互聯網新聞資訊服務、網路出版服務、網路視聽節目服務、互聯網文化經 營（音樂除外）、互聯網公眾發佈資訊服務（上述服務中，中國入世承諾中已開放 的內容除外）。

八、租賃和商務服務業

15.禁止投資中國法律事務（提供有關中國法律環境影響的資訊除外），不得成為國內 律師事務所合夥人。（外國律師事務所只能以代表機構的方式進入中國，且不得聘 用中國執業律師，聘用的輔助人員不得為當事人提供法律服務；如在華設立代表機 構、派駐代表，須經中國司法行政部門許可。）

16.市場調查限於合資，其中廣播電視收聽、收視調查須由中方控股。

17.禁止投資社會調查。

九、科學研究和技術服務業

18.禁止投資人體幹細胞、基因診斷與治療技術開發和應用。

19.禁止投資人文社會科學研究機構。

20.禁止投資大地測量、海洋測繪、測繪航空攝影、地面移動測量、行政區域界線測 繪，地形圖、世界政區地圖、全國政區地圖、省級及以下政區地圖、全國性教學地 圖、地方性教學地圖、真三維地圖和導航電子地圖編制，區域性的地質填圖、礦產 地質、地球物理、地球化學、水文地質、環境地質、地質災害、遙感地質等調查 （礦業權人在其礦業權範圍內開展工作不受此特別管理措施限制）。

十、教育

21.學前、普通高中和高等教育機構限於中外合作辦學，須由中方主導（校長或

者主要 行政負責人應當具有中國國籍（且在中國境內定居），理事會、董事會或者聯合管 理委員會的中方組成人員不得少於 1/2）。（外國教育機構、其他組織或者個人不得 單獨設立以中國公民為主要招生對象的學校及其他教育機構（不包括非學制類職業 培訓機構、學制類職業教育機構），但是外國教育機構可以同中國教育機構合作舉 辦以中國公民為主要招生對象的教育機構。） 22. 禁止投資義務教育機構、宗教教育機構。
十一、衛生和社會工作 　23. 醫療機構限於合資。
十二、文化、體育和娛樂業 　24. 禁止投資新聞機構（包括但不限於通訊社）。（外國新聞機構在中國境內設立常駐 新聞機構、向中國派遣常駐記者，須經中國政府批准。外國通訊社在中國境內提供 新聞的服務業務須由中國政府審批。中外新聞機構業務合作，須中方主導，且須經 中國政府批准。） 　25. 禁止投資圖書、報紙、期刊、音像製品和電子出版物的編輯、出版、製作業務。 （但經中國政府批准，在確保合作中方的經營主導權和內容終審權並遵守中國政府 批復的其他條件下，中外出版單位可進行新聞出版中外合作出版專案。未經中國政 府批准，禁止在中國境內提供金融資訊服務。） 　26. 禁止投資各級廣播電臺（站）、電視臺（站）、廣播電視頻道（率）、廣播電視傳 輸覆蓋網（發射臺、轉播臺、廣播電視衛星、衛星上行站、衛星收轉站、微波站、 監測臺及有線廣播電視傳輸覆蓋網等），禁止從事廣播電視視頻點播業務和衛星電 視廣播地面接收設施安裝服務。（對境外衛星頻道落地實行審批制度。） 　27. 禁止投資廣播電視節目製作經營（含引進業務）公司。（引進境外影視劇和以衛星 傳送方式引進其他境外電視節目由廣電總局指定的單位申報。對中外合作製作電視 劇（含電視動畫片）實行許可制度。） 　28. 禁止投資電影製作公司、發行公司、院線公司以及電影引進業務。（但經批准，允 許中外企業合作攝製電影。） 　29. 禁止投資文物拍賣的拍賣公司、文物商店和國有文物博物館。（禁止不可移動文物 及國家禁止出境的文物轉讓、抵押、出租給外國人。禁止設立與經營非物質文化遺 產調查機構；境外組織或個人在中國境內進行非物質文化遺產調查和考古調查、勘 探、發掘，應採取與中國合作的形式並經專門審批許可。） 　30. 文藝表演團體須由中方控股。

資料來源：

中華人民共和國國家發展和改革委員會網站，《國家發展改革委、商務部於 2020 年 6 月 23 日發佈第 33 號令自由貿易試驗區外商投資准入特別管理措施（負面清單）（2020 年版）》https：

//www.ndrc.gov.cn/xwdt/xwfb/202006/t20200624_1231924.html，檢索時間 2020 年 7 月 14 日。

▌第五節 扶貧與鄉村振興

壹、前言

中國大陸現行憲法序言指出：「我國將長期處於社會主義初級階段。國家的根本任務是，沿著中國特色社會主義道路，集中力量進行社會主義現代化建設。」[525]改革開放總設計師鄧小平曾說：「農村、城市都要允許一部分人先富裕起來，勤勞致富是正當的。一部分人先富裕起來，部分地區先富裕起來，是大家都擁護的新辦法，新辦法比老辦法好。」[526]

自 1978 年改革開放後，中國大陸沿海許多城市與農村的經濟發展快速，使得當地人民經濟生活較為富裕，內陸許多農村仍是非常貧困，中國大陸政府為改善經濟發展不平衡的問題，於 1984 年中共中央、國務院發布《關於幫助貧困地區儘快改變面貌通知》，開始重視貧困農村的扶貧工作，然當時中國大陸整體經濟尚未發展起來，僅能以減免農業稅等方式，降低貧困農村的負擔。

其後，於 1986 年 5 月 16 日中國大陸國務院成立「國務院貧困地區經濟開發領導小組」，1993 年 12 月 28 日後改名「國務院扶貧開發領導小組辦公室」專職規劃與處理扶貧相關工作，[527]隨後於 1994 年國務院發布《國家八七扶貧攻堅計畫（1994～2000 年）》，該文件明確指出：「社會主義要消滅貧窮，為進一步解決農村貧困問題，縮小東西部地區差距，實現共同富裕的目標。」[528]

自此開啟中國大陸政府從中央到地方整體規劃的扶貧工作，作為政府長期施政的目標。從 1994 年起中國大陸國務院陸續發布《國家八七扶貧攻堅計畫》（1994～2000 年）、《中國農村扶貧開發綱要（2001～2010 年）》、《中國農村扶貧開發綱要（2011～2020）》、《十三五脫貧攻堅規劃》、《關於打贏脫貧攻堅戰三年行動的指導意見》等重要扶貧政策，逐步推進與完善扶貧工作。

且中共中央提出中國大陸經濟發展的「三步走戰略」，第一步從 1981 年到 1990 年國民生產總值翻一番，解決人民的溫飽問題；第二步從 1991 年到 20 世紀末，國民生產總值再翻一番，人民生活達到小康水準；第三步到 21 世紀中葉，人均國民生產總值達到中等發達國家水準，人民生活比較富裕，基本實現現代化。[529]所以中國大陸政府在改革開放後，依其中國特色社會主義制度，除規劃各類經濟發展政策外，同時也積極規劃扶貧政策，以維持國家整體均衡發展。

2015 年 11 月 29 日中共中央及中國大陸國務院發布《關於打贏脫貧攻堅戰的決定》，指出：「確保到 2000 年農村貧困人口實現脫貧，是全面建成小康社會最艱鉅的任務。」又指明：「中國大陸扶貧開發已進入啃硬骨頭、攻堅拔寨的衝刺期。中西部-些省（自治區、直轄市）貧困人口規模依然較大，剩下的貧困人口貧困程度較深，減貧成本更高，脫貧難度更大。實現到 2020 年讓 7,000 多萬農村貧困人口，擺脫貧困的既定目標，時間十分緊迫、任務相當繁重，必須在現有基礎打贏這場攻堅戰。創新扶貧開發思路和辦法，

堅決扶貧開發事關全面建成小康社會,事關人民福祉,事關鞏固黨的執政基礎,事關國家長治久安,事關中國國際形象。打贏脫貧攻堅戰,是促進全體人民共享改革發展成果,實現共同富裕的重大舉措,是體現中國特色社會主義制度優越性的重要標誌,也是經濟發展新常態下擴大國內需求、促進經濟增長的重要途徑。各級黨委和政府必須把扶貧開發工作作為重大政治任務來抓,切實增強責任感、使命感和緊迫感,切實解決好思想認識不到位、體制機制不健全、工作措施不落實等突出問題,不辱使命、勇於擔當,只爭朝夕、真抓實幹,加快補齊全而建成小康社會中的這塊突出短板,決不讓一個地區、一個民族掉隊,實現《中共中央關於制定國民經濟和社會發展第十三個五年規劃的建議》確定的脫貧攻堅目標。」[530]

顯示,以習近平總書記領導的中共中央,確立要在2020年將剩餘7,000多萬農村貧困人口擺脫貧困,實現中國大陸全面建成小康社會的目標,並表明脫貧全面奔小康的任務是,事關人民福祉,事關鞏固中共的執政基礎,事關國家長治久安,事關中國大陸國際形象。尤其,關乎中國共產黨在中國大陸的執政基礎與國家的長治久安,確立這關乎人民福祉及中國大陸國際形象的全面奔小康的扶貧任務。

自2016年中共中央及中國大陸國務院等,各政府機關不斷出臺與扶貧相關的政策,如《關於加大脫貧攻力度支持革命老區開發建設的指導意見》、《省級黨委和政府扶貧開發工作成效考核辦法》、《關於支持貧困縣開展統籌整合使用財政涉農資金試點的意見》、《關於建立貧困退出機制的意見》、《關於進一步實施交通扶貧脫貧攻堅基礎支撐作用的實施意見》等,對於扶貧重點地區、黨政幹部扶貧考核、扶貧資金運用及扶貧方法等,不斷做出新的政策指示與政策規劃。

又2018年5月21日中國大陸國務院辦公廳發布《國務院辦公廳關於調整國務院扶貧開發領導小組組成人員的通知》(國辦發〔2018〕34號),由國務院副總理(中共中央政治局委員)胡春華擔任組長,副組長:高雨(中共國務院機關黨組成員)、劉永富(國務院扶貧開發領導小組辦公室主任)、李小新(中央組織部部務委員)、韓俊(農業農村部副部長)、(中央農村工作領導小組辦公室副主任)、林念修(國家發展改革委副主任)、唐承沛(民政部副部長)、胡靜林(財政部副部長)、余欣榮(農業農村部副部長)、潘功勝(中國人民銀行副行長)、王建武(中央軍委政治工作部副主任),共有十位副組長,涵蓋中共中央機關及中國大陸國務院多個部會,以利跨部會協調,合力達成扶貧工作目標。

且中國大陸國務院扶貧開發領導小組的小組成員有:郭衛民(中共中央宣傳部部務會議成員)、冉萬祥(中共中央統戰部副部長)、李 勇(中共中央和國家機關工委副書記)、王 超(外交部副部長)、孫 堯(教育部副部長)、徐南平(科技部副部長)、辛國斌(工業和信息化部副部長)、石玉鋼(國家民族事務委員會副主任)、邱小平(人力資源社會保障部副部長)、張德霖(自然資源部黨組成員)、趙英民 (生態環境部副部長)、倪 虹 (住房城鄉建設部副部長)、戴東昌(交通運輸部副部長)、魏山忠(水利部副部長)、李成鋼 (商務部部長助理)、李金早(文化和旅遊部副部

長）、王賀勝（國家衛生健康委員會副主任）、袁　野（審計署副審計長）、徐福順（國務院國資委副主任）、張宏森（國家廣播電視總局副局長）、李曉超（國家統計局副局長）、郭　瑋（國務院研究室黨組成員）、祝樹民（中國銀行保險監督管理委員會副主席）、張慎峰（證券監督管理委員會主席助理）、綦成元（國家能源局副局長）、李春良（國家林業和草原局副局長）、鄒天敬（中華全國供銷合作總社社理事會副主任）、王東海（中央軍委國防動員部副部長）、甄忠義（中國鐵路總公司黨組副書記）、胡懷邦（開發銀行董事長）、解學智（農業發展銀行董事長）、趙　歡（農業銀行行長）、閻京華（全國總工會副主席書記處書記）、汪鴻雁（中國共產主義青年團中央書記處書記）、張曉蘭（中華全國婦女聯合會副主席書記處書記）、程　凱（中國殘疾人聯合會副理事長）、謝經榮（中華全國工商業聯合會副主席）、舒印彪（國家電網有限公司董事長）、李慶奎（中國南方電網有限責任公司董事長）、劉永富（兼任國務院扶貧開發領導小組辦公室主任）（扶貧辦黨組書記）、歐青平（副主任）（扶貧辦黨組成員）、陳志剛　（副主任）（扶貧辦黨組成員）、夏更生（副主任）（扶貧辦黨組成員）。[531]包含 30 多個中共中央、中國大陸國務院各級單位、國企及民間組織，涵蓋之廣更有利於扶貧的執行。

中國大陸國務院扶貧開發領導小組的主要負責任務：1.擬定扶貧開發的法律法規、方針政策和規劃。2.定中央扶貧資金分配。3.組織調查研究和工作考核。4.協調解決扶貧開開工作中的重要問題。5.調查、指導全國的扶貧開發工作。6.做好扶貧開發重大戰略政策措施的頂層設計。[532]

中國大陸國務院扶貧開發領導小組辦公室，成員包含中共中央、國務院各級單位、國企及民間組織等，並從該扶貧開發領導小組主要負責任務，顯見中共中央及中國大陸政府，結合所有國家資源，全力做扶貧工作，期望於 2020 年底完成全面奔小康的目標。

此外，中國大陸各省、直轄市、自治區和地（市）、縣級政府，也必須成立相應的組織機構，負責當地的扶貧開發工作。中國大陸的扶貧開發實行分級負責，以省為主的行政領導扶貧工作責任制。各省、自治區、直轄市，特別是貧困面積較大的省、自治區，都把扶貧開發列入重要議程，根據國家扶貧開發計畫制定本地區的具體實施計畫。中央的各項扶貧資金，在每年的年初一次下達到各省、自治區、直轄市，實行扶貧資金、權力、任務、責任，四個到省、直轄市、自治區。所有到省的扶貧資金，一律由省級人民政府統一安排使用，並由各有關部門規劃和實施專案。[533]

在領導扶貧的黨政人員、政府機關、國營企業及民間團體全面佈署完畢後，隨即於 2018 年 6 月 15 日，中共中央及國務院發布《關於打贏脫貧攻堅戰三年行動的指導意見》，再次宣示並佈署扶貧相關工作，要盡全中國大陸各黨、政府、軍隊、企業、社會組織等一切力量，於 2020 年必須完成全面脫貧達到小康社會的偉大目標。從上述，可知中共中央與中國大陸政府，此種扶貧作法明顯異於歐美國家以社會救助或社會福利等，扶助貧困人群的方式，這也是具有中國特色的全面脫貧模式。

表5-50 中國大陸重要扶貧政策表

公告年度	發布單位	政策名稱
1984 年	中共中央、國務院	《關於幫助貧困地區儘快改變面貌通知》
1994 年	國務院	《國家八七扶貧攻堅計畫》（1994～2000年）》
2001 年	國務院	《中國農村扶貧開發綱要（2001～2010 年）》
2011 年	中共中央、國務院	《中國農村扶貧開發綱要（2011～2020 年）》
2012 年	財政部、國家稅務總局	《關於中國扶貧基金會所屬小額貸款公司享受有關稅收優惠政策的通知》
2012 年	農業部	《關於加強農業行業扶貧工作的指導意見》
2012 年	交通運輸部	《集中連片特困地區交通建設扶貧規劃綱要（2011～2020）》
2013 年	中共中央辦公廳、國務院辦公廳	《關於創新機制扎實推進農村扶貧開發工作的意見》
2013 年	國家能源局	《全面解決無電人口用電問題三年行動計劃》（2013～2015 年）
2013 年	教育部、發展改革委、財政部、扶貧辦、人力資源社會保障部、公安部、農業部	《關於實施教育扶貧工程的意見》
2014 年	中國人民銀行、財政部、銀監會、證監會、保監會、扶貧辦、共青團中央、、	《關於全面做好扶貧開發金融服務工作的指導意見》
2014 年	國務院扶貧開發領導小組辦公室、中央農辦、民政部、人力資源和社會保障部、國家統計局、共青團中央、中國殘聯	《建立精準扶貧工作機制實施方案》
2014 年	國務院辦公廳	《關於進一步動員社會各方面力量參與扶貧開發的意見》
2015 年	最高人民檢察院、國務院扶貧辦	《關於在扶貧開發領域預防職務犯罪工作中加強聯繫配合的意見》
2015 年	中共中央、國務院	《關於打贏脫貧攻堅戰的決定》
2016 年	中共中央辦公廳、	《關於加大脫貧攻力度支持革命老區開發建設

公告年度	發布單位	政策名稱
	國務院辦公廳	的指導意見》
2016 年	中共中央辦公廳、國務院辦公廳	《省級黨委和政府扶貧開發工作成效考核辦法》
2016 年	國務院	《關於進一步健全特困人員救助供養制度的意見》
2016 年	國務院辦公廳	《關於支持貧困縣開展統籌整合使用財政涉農資金試點的意見》
2016 年	中共中央辦公廳、國務院辦公廳	《關於建立貧困退出機制的意見》
2016 年	交通運輸部	《「十三五」交通扶貧規劃》
2016 年	國家發展改革委、交通運輸部、國務院扶貧辦	《關於進一步實施交通扶貧脫貧攻堅基礎支撐作用的實施意見》
2016 年	審計署辦公廳	《關於進一步加強扶貧審計促進精準扶貧精準脫貧政策落實的意見》
2016 年	農業部	《關於加大貧困地區項目資金傾斜支持力度促進特色產業精準扶貧的意見》
2016 年	國務院辦公廳	《貧困地區水電礦產資源開發資產收益扶貧改革試點方案》
2016 年	國務院	《「十三五」脫貧攻堅規劃》
2016 年	中共中央辦公廳、國務院辦公廳	《關於進一步加強東西部扶貧協作工作指導意見》
2016 年	中共中央辦公廳、國務院辦公廳	《脫貧攻堅戰責任實施辦法》
2017 年	財政部、扶貧辦、國家發展改革委、國家民委、農業部、林業局	《中央財政專項扶貧資金管理辦法通知》
2018 年	國務院辦公廳	《關於深入開展消費扶貧助力打贏脫貧攻堅戰的指導意見》
2018 年	中共中央、國務院	《關於打贏脫貧攻堅戰三年行動的指導意見》
2018 年	中共中央、國務院	《鄉村振興戰略規劃（2018～2022）》
2019 年	國務院	《國務院關於促進鄉村產業振興的指導意見》

整理自-中國政府網。

貳、中國大陸重要扶貧規劃概述

中共中央及中國大陸國務院於 1984 年改革開放初期，曾發布《關於幫助貧困地區儘快改變面貌通知》期望對於農村的經濟發展有所助益。直到 1990 年代初期，經濟開始高速增長，中國大陸國務院發布《國家八七扶貧攻堅計畫》（1994～2000 年），明確指出：「社會主義要消滅貧窮，為進一步解決農村貧困問題，縮小東西部地區差距，實現共同富裕的目標，國務院決定：從 1994 到 2000 年，集中人力、物力、財力，動員社會各界力量，力爭用 7 年左右的時間，基本解決目標全國農村 8,000 萬貧困人口的溫問題。」[534]

中國大陸政府對於中國大陸農村較為貧困地區，開展大規模扶貧工作，期望到 2000 年絕大多數貧困戶，年人均純收入達到 500 元人民幣以上，中國大陸國務院提供專項資金、中國農業發展銀行提供扶貧所需資金相關貸款，規劃並要求農業、林業、水利、科技、教育、交通、電力等政府部門配合相關扶貧政策，並開始要求北京、天津、上海等大城市，廣東、江蘇、浙江、山東、遼寧、福建等沿海較為發達的省，要從先富幫後富、實現共同富裕的大局出發，以投入資金、技術、人才等方式，對口幫助一兩個西部的貧困省（區）發展經濟。

其後，於 2001 年中國大陸國務院再提出《中國農村扶貧開發綱要（2001～2010年）》持續對於國家扶貧工作做出重要指示：「緩解和消除貧困，最終實現全國人民的共同富裕，是社會主義的本質要求，是中國共產黨和人民政府義不容辭的歷史責任。」[535]開始要求各省、自治區、直轄市需分別制定本地區的扶貧開發規劃。並要以縣為基本單元、以貧困鄉村為基礎，明確訂出奮鬥目標、建設內容、實施措施、幫扶單位和資金來源，尤其中央財政和省級財政都必須把扶貧開發投入列入年度財政預算，須逐年有所增加，並要進一步擴大以工代賑規模。

然而，2001 年中國大陸加入世界貿易組織後，中國大陸經濟進入高速增長期，沿海與內陸的城市及農村，貧富差距不斷擴大引發許多社會內部矛盾。中共中央及國務院於 2011 年發布《中國農村扶貧開發綱要（2011～2020 年）》訂立目標於 2020 年中國大陸要實現全面小康社會，擴大要求各級政府對其行政區域內扶貧開發工作負總責，把扶貧開發納入經濟社會發展戰略及總體規劃，並實行扶貧開發目標責任制和考核評價制度。

基本要實現扶貧對象不愁吃、不愁穿，保障其義務教育、基本醫療和住房，並對於六盤山區、秦巴山區、武陵山區、烏蒙山區、滇桂黔石漠化區、滇西邊境山區、大興安嶺南麓山區、燕山－太行山區、呂梁山區、大別山區、羅霄山區等區域的連片特別貧困地區，和已明確實施特殊政策的西藏、四省藏區、新疆南疆三地州，作為扶貧攻堅主戰場，中央及當地各級政府均需加大投入和支持力度，加強對跨省片區規劃的指導和協調，集中力量，分批實施。

各地方政府建立健全扶貧對象識別機制，做好建檔立卡工作，實行動態管理，確保扶貧對象得到有效扶持，在各項政策上持續完善，要求各省（自治區、直轄市）要根據

《中國農村扶貧開發綱要（2011－2020年）》，制定具體實施辦法，以達成中共中央及中國大陸政府所定的扶貧目標，即 2020 年要全中國大陸所有貧困人口全數脫貧的目標。

表5-51 國務院關於印發《國家八七扶貧攻堅計畫》（1994～2000年）節錄表

1.總體思路

（1）社會主義要消滅貧窮，為進一步解決農村貧困問題，縮小東西部地區差距，實現共同富裕的目標，國務院決定：從 1994 到 2000 年，集中人力、物力、財力，動員社會各界力量，力爭用 7 年左右的時間，基本解決目標全國農村 8,000 萬貧困人口的溫問題。這是一場難度很大的攻堅戰。為此，國務院制定《國家八七扶貧攻堅計畫》，這是今後 7 年全國扶貧開發工作的綱領，是國民經濟和社會發展計畫的重要組成部分。經過連續名年的艱苦努力，全國農村的貧困問題已明顯沒有完全穩定解決溫飽的貧困人口已到減少到 8,000 萬人。

（2）目前的貧困人口只占全國農村總人口的 8.87%，這些貧困人口主要集中在國家重點扶持的 592 個貧困縣，分佈在中西部的深山區、石山區、荒漠區、高寒山區、黃土高原區、地方病高發區以及水庫庫區，而且多為革命老區和少數民族地區，共同特徵是地域偏遠，交通不便，生態失調，經濟發展緩慢，文化教育落後，人畜飲水困難，生產生活條件極為惡劣。這是扶貧攻堅的主戰場，與前階段扶貧工作比較，解決這些地區群眾的溫飽問題難度更大。

（3）建立社會主義市場經濟體制，貧困地區的發展帶來了前所未有的機遇和更加廣闊的前景，但在這個過程中貧困地區與沿海發達地區的差距也在擴大。在這種新形勢下，抓緊扶貧開發，儘快解決貧困地區群眾的溫飽問題，改變經濟、文化、社會的落後狀態，緩解以至徹底消滅貧困，不僅關係到中西部地區經濟的振興，市場的開拓、資源的開發利用和整個國民經濟的持續、快速、健康發展，而且也關係到社會安定、民族團結、共同富裕以及為全國深化改革創造條件，這是一項具有重大的、深遠的經濟意義和政治意義的偉大事業。因此，各級政府必須遵循鄧小平同志建設有中國特色社會主義理論和黨的基本路線，堅持效率優先、兼顧公平的原則，進一步加強扶貧開發工作。

2.奮鬥目標

（1）到本世紀末解決貧困人口溫飽的標準：

A.絕大多數貧困戶年人均純收入達到 500 元人民幣以上（按 1990 年的不變價格）。

B.扶持貧困戶創造穩定解決溫飽的基礎條件：有條件的地方，人均建成半畝到一畝穩產高產的基本農田；戶均一畝林是園，或一畝經濟作物；戶均向鄉鎮企業或發達地區轉移一個勞動力；戶均一項養殖業，或其他家庭副業。牧區戶均一個圍欄草場，或一個「草庫倉」。與此同時，鞏固和發展現有扶貧成果，減少返貧人口。

（2）加強基礎設施建設：

A.基本解決人畜飲水困難。

B.絕大多數貧困鄉鎮和有集貿市場、商品產地的地方通公路。

C.消滅無電縣，絕大多數貧困鄉用上電。

（3）改變教育文化衛生的落後狀況。

A.基本普及初等教育，積極掃除青壯年文盲。

B.開展成人職業技術教育和技術培訓，使大多數青壯年勞力掌握一到兩門實用技術。

C.改善醫療衛生條件，防治和減少地方病，預防殘疾。

D.嚴格實行計劃生育，將人口自然增長率控制在國家規定的範圍內。

3.方針與途徑

（1）繼續堅持開發式扶貧的方針：

鼓勵貧困地區廣大幹部、群眾發揚自力更生、艱苦奮鬥的精神，在國家扶持下，以市場需求為導向，依靠科技進步，開發利用當地資源，發展商品生產，解決溫飽進而脫貧致富。

（2）扶貧開發的基本途徑：

A.重點發展投資少、見效快、覆蓋廣、效益高、有助於直接解決群眾溫飽問題的種植業、養殖業和相關的加工，運銷業。

B.積極發展能夠充分發揮貧困地區資源優勢、又能大量安排貧困戶勞動力就業的資源開髮型和勞動密集型的鄉鎮企業。

C.通過土地有償租用、轉讓使用權等方式，加快荒地、荒山、荒坡、荒灘、荒水的開發利用。

D.有計劃有組織地發展勞務輸出，積極引導貧困地區勞動力合理、有序地轉移。

E對極少數生存和發展條件特別困難的村莊和農戶，實行開發式移民。

（3）扶貧開發的主要形式：

A.依託資源優勢，按照市場需求，開發有競爭力的名、特、稀、優產品。實行統一規劃，組織千家萬戶連片發展，專業化生產，逐步形成一定規模的商品生產基地或區域性的支柱產業。

B.堅持興辦貿工農一體化，產加銷一條龍的扶貧經濟實體，承包開發專案，外聯市場，內聯農戶，為農民提供產前、產中、產後的系列化服務，帶動群眾脫貧致富。

C.引導尚不具備辦企業條件的貧困鄉村，自願互利，帶資帶勞，到投資環境較好的城鎮和工業社區進行異地開發試點，興辦二、三產業。

D.擴大貧困地區與發達地區的幹部交流和經濟技術合作。

E.在優先解決群眾溫飽問題的同時，幫助貧困縣興辦骨幹企業，改變縣級財政的困難狀況，增強自我發展能力。

F.在發展公有制經濟的同時，放手發展個體經濟、私營經濟和股份合作制經濟。

G.對貧困殘疾人開展康復扶貧。

4.資金的管理使用

（1）為確保本計畫的實施，國家現在用於扶貧的各項財政、信貸資金要繼續安排到 2000 年，適當延長開發週期長的專案的扶貧信貸資金使用期限。

（2）國務院決定：從 1994 年起，再增加 10 億元人民幣以工代賑資金，10 億元人民幣扶貧貼息貸款，執行到 2000 年，各級地方政府也要根據各自的扶貧任務，逐年增加扶貧資金投入確保本計畫的實現。

（3）原來由人民銀行和專業銀行辦理的國家貧困貸款從 1994 年起全部劃歸中國農業發展銀行統辦理。

5.部門任務

（1）內貿和外貿部門：要積極說明貧困地區建立商品生產基地，興建商業設施，開拓 市場，搞活流通，擴大包括邊貿在內的對外貿易。

（2）農、林、水部門：

A.農業部門要繼續在貧困地區組織和實施「溫飽工程」、推廣「豐收計畫」，發展高產 優質高效農業；加強農業技術推廣體系建設，農民技術培訓、實用技術的推廣；搞好農村能 源建設；農業院校應在貧困地區定向招生，定向分配，培養一批穩定的農業技術骨幹；採取 有力措施，加快貧困地區鄉鎮企業發展。

B.林業部門要支援貧困地區發展速生豐產用材林、名特優經濟林以及各種林副產品，協 同有關部門形成以林果種植為主的區域性支柱產業；加快植被建設、防風治沙，降低森林消 耗，改善生態環境。

C.水利部門要配合以工代賑項目的實施，加快貧困地區的基本農田建設和小流域綜合治 理；興修小型水利設施，採用多種形式解決人畜飲水困難；利用山區資源，發展小水電；認 真解決庫區移民和灘區、蓄滯洪區群眾的貧困問題。

（3）科教部門：

A.科技部門要制定科技扶貧的戰略規劃，指導和推動扶貧工作轉到依靠科學技術和提高 農民素質的軌道上來。要加強實施「星火計劃」的扶持強度，動員各方面力量開展多種形式的科技開發和科技服務，認真抓好扶貧開發的科學研究和科技示範。

B.教育部門要積極推進貧困地區農村的教育改革，繼續組織好貧困縣的「燎原計畫」，普及初等教育，做好農村青壯年的掃盲工作，加強成人教育和職業教育。

（4）工交部門：

A.交通部門要配合實施以工代賑計畫，增加投入，加快貧困縣、鄉公路建設；在有條件 的貧困地區擴大水運規模。

B.鐵路部門要根據國家總體計畫，盡可能兼顧貧困地區鐵路建設；要把貧困地區的貨物 運輸優先納入計畫，支持其商品物資流通。

C.電力部門要與有關部門和地方協作，及早消減無電縣；調整地處貧困地區大型電站的留利政策，盡可能照顧當地尤其是水庫移民的利益，幫助發展工農業生產。

D.地礦、煤炭、冶金、建材等部門，要繼續說明貧困地區探明礦產資源，並在

統一規劃 下幫助合理開發和利用。

   E.化工部門要說明貧困地區改造小化肥廠，擴大化肥就地供應量，支持有條件
     的地方發 展其他化工產品。

   F.郵電部門要加快貧困縣程式控制電話的改造進度，努力擴大貧困鄉村通電話、
     通郵政的網絡。

（5）勞動部門要為貧困地區開拓外出就業門路，做好就業服務和技術培訓工作，
    努力 擴大合理有序的勞務輸出規模。

（6）民政部門要加強貧困地區的救災和救濟工作，建立和健全社會保障體系，為
    貧困 人口中優撫、救濟物件創造基本生活條件。

（7）文化衛生和計劃生育部門：

   A.文化部門要為貧困地區安排一定的文化設施建設，堅持採取電影巡迴放映隊、
     文化流 動車等靈活多樣的形式改善群眾文化生活。

   B.廣播電影電視部門要為貧困地區建設電視差轉檯，擴大電視收視率和有線廣播
     覆蓋範圍。

   C.衛生部門要建立和完善地區三級醫療預防保健網；大中專醫學院校要為貧困地
     區培養 定向招生、定向分配的醫務人員，穩定鄉村醫療隊伍，提高鄉村醫生
     服務水準；制定和落實 控制地方病的措施。

   D.計劃生育部門要特別加強貧困地區的計劃生育工作，把實行計劃生育與扶貧結
     合起來，積極開展人口與計劃生育基礎知識教育，提供必要的避孕藥具，努力
     降低過高的人口增長率。

（7）工商、稅務、海關等有關部門，也要根據扶貧任務的要求，結合各自的職能，
    為 貧困地區的經濟發展提供優惠政策和方便條件。

6.社會動員

（1）北京、天津、上海等大城市，廣東、江蘇、浙江、山東、遼寧、福建等沿海
    較為 發達的省，都要從先富幫後富、實現共同富裕的大局出發，把扶貧作為一
    項重要任務，對口幫助一兩個西部的貧困省（區）發展經濟。

（2）動員大中型企業，利用其技術、人才、市場、資訊 、物資等諸方面的優勢，
    通過經濟合作、技術服務、吸收勞務、產品擴散、交流幹部等多種 途徑，發展
    與貧困地區在互惠互利的基礎上的合作。凡到貧困地區興辦開發性企業，當地
    扶貧資金可通過適當形式與之配套，聯合開發。

（3）大專院校、科研單位要充分發揮人才和技術優勢，與貧困地區直接掛鉤，通
    過科 技承包、技術推廣、選派科技副縣長、副鄉長等形式，提高貧困地區科技
    發展水準。

資料來源：

整理自-國務院扶貧開發領導小組辦公室網站，< 國務院關於印發《國家八七扶貧攻堅
計畫》（1994～2000 年） > ，http：//www.cpad.gov.cn/art/2016/7/14/art_343_141.html，
檢索時間 2019 年 2 月 26 日。

表5-52 國務院關於印發《中國農村扶貧開發綱要（2001～2010年）》節錄表

1.總體思路
（1）緩解和消除貧困，最終實現全國人民的共同富裕，是社會主義的本質要求，是中國共產黨和人民政府義不容辭的歷史責任。
（2）扶貧開發是建設有中國特色社會主義偉大事業的一項歷史任務，基本解決農村貧困人口的溫飽問題只是完成這項歷史任務的一個階段性勝利。要充分認識扶貧開發的長期性、複雜性和艱巨性，繼續把扶貧開發放在國民經濟和社會發展的重要位置，為貧困地區脫貧致富做出不懈努力。
（3）黨中央、國務院決定：從2001年到2010年，集中力量，加快貧困地區脫貧致富的進程，把我國扶貧開發事業推向一個新的階段，是全面建設小康社會、實現社會主義現代化建設第三步戰略目標的一項重大舉措。
2.奮鬥目標
（1）我國2001—2010年扶貧開發總的奮鬥目標是：儘快解決少數貧困人口溫飽問題，進一步改善貧困地區的基本生產生活條件，鞏固溫飽成果，提高貧困人口的生活品質和綜合素質，加強貧困鄉村的基礎設施建設，改善生態環境，逐步改變貧困地區經濟、社會、文化的落後狀況，為達到小康水準創造條件。
3.基本方針
（1）堅持開發式扶貧方針：以經濟建設為中心，引導貧困地區群眾在國家必要的幫助和扶持下，以市場為導向，調整經濟結構，開發當地資源，發展商品生產，改善生產條件，走出一條符合實際的、有自己特色的發展道路。通過發展生產力，提高貧困農戶自我積累、自我發展能力。這是貧困地區脫貧致富的根本出路，也是扶貧工作必須長期堅持的基本方針。
（2）堅持綜合開發、全面發展：把扶貧開發納入國民經濟和社會發展計畫，要加強水利、交通、電力、通訊等基礎設施建設，重視科技、教育、衛生、文化事業的發展，改善社區環境，提高生活品質，促進貧困地區經濟、社會的協調發展和全面進步。
（3）堅持可持續發展：扶貧開發必須與資源保護、生態建設相結合，與計劃生育相結合，控制貧困地區人口的過快增長，實現資源、人口和環境的良性循環，提高貧困地區可持續發展的能力。
（4）堅持自力更生、艱苦奮鬥：充分發揮貧困地區廣大幹部群眾的積極性、創造性，自強不息，不等不靠，苦幹實幹，主要依靠自身的力量改變貧窮落後面貌。
（5）堅持政府主導、全社會共同參與：各級黨委和政府要適應發展社會主義市場經濟的要求，加強對扶貧開發工作的領導，不斷加大工作和投入力度。同時，要發揮社會主義的政治優勢，積極動員和組織社會各界，通過多種形式，支援貧困地區的開發建設。
4.對象與重點
（1）扶貧開發的物件：要把貧困地區尚未解決溫飽問題的貧困人口作為扶貧開發的

首要對象；同時，繼續幫助初步解決溫飽問題的貧困人口增加收入，進一步改善生產生活條件，鞏固扶貧成果。

（2）扶貧開發的重點：按照集中連片的原則，國家把貧困人口集中的中西部少數民族地區、革命老區、邊疆地區和特困地區作為扶貧開發的重點，並在上述四類地區確定扶貧開發工作重點縣。東部以及中西部其他地區的貧困鄉、村，主要由地方政府負責扶持。要重視做好殘疾人扶貧工作，把殘疾人扶貧納入扶持範圍，統一組織，同步實施。

（3）制定規劃，落實任務：各有關省、自治區、直轄市要分別制定本地區的扶貧開發規劃。規劃要以縣為基本單元、以貧困鄉村為基礎，明確奮鬥目標、建設內容、實施措施、幫扶單位和資金來源。制定規劃要實事求是、綜合設計、因地制宜、分類指導，要統一評估，統一論證，一次批准，分年實施，分期投入，分期分批地解決問題。

5.內容和途徑

（1）繼續把發展種養業作為扶貧開發的重點：因地制宜發展種養業，是貧困地區增加收入、脫貧致富最有效、最可靠的途徑。要集中力量幫助貧困群眾發展有特色、有市場的種養業項目。

（2）積極推進農業產業化經營：對具有資源優勢和市場需求的農產品生產，要按照產業化發展方向，連片規劃建設，形成有特色的區域性主導產業。

（3）進一步改善貧困地區的基本生產生活條件：以貧困鄉、村為單位，加強基本農田、基礎設施、環境改造和公共服務設施建設。2010年前，基本解決貧困地區人畜飲水困難，力爭做到絕大多數行政村通電、通路、通郵、通電話、通廣播電視。做到大多數貧困鄉有衛生院、貧困村有衛生室，基本控制貧困地區的主要地方病。確保在貧困地區實現九年義務教育，進一步提高適齡兒童入學率。

（4）加大科技扶貧力度：在扶貧開發過程中，必須把科學技術的推廣和應用作為一項重要內容，不斷提高科技扶貧水準。無論是種植業、養殖業、加工業，都必須有先進實用的科學技術作為支持和保證。

（5）努力提高貧困地區群眾的科技文化素質：提高群眾的綜合素質特別是科技文化素質，是增加貧困人口經濟收入的重要措施，也是促進貧困地區脫貧致富的根本途徑，必須把農民科技文化素質培訓作為扶貧開發的重要工作。切實加強基礎教育，普遍提高貧困人口受教育的程度。

（6）積極穩妥地擴大貧困地區勞務輸出：加強貧困地區勞動力的職業技能培訓，組織和引導勞動力健康有序流動。沿海發達地區和大中城市要按照同等優先的原則，積極吸納貧困地區勞動力在本地區就業。

（7）穩步推進自願移民搬遷：對目前極少數居住在生存條件惡劣、自然資源貧乏地區的特困人口，要結合退耕還林還草實行搬遷扶貧。

（8）鼓勵多種所有制經濟組織參與扶貧開發：地方各級政府要創造良好的政策環境和投資條件，吸引多種所有制經濟組織參與貧困地區的經濟開發。

6.政策保障

（1）進一步增加財政扶貧資金：中央財政和省級財政都必須把扶貧開發投入列入年度財政預算，並逐年有所增加。要進一步擴大以工代賑規模。要針對目前貧困地區財政困難的實際情況，加大財政轉移支付的力度。

（2）加強財政扶貧資金的管理，努力提高使用效益：中央財政扶貧資金主要用於扶貧開發工作重點縣，適當支援其他貧困地區。財政扶貧資金（含以工代賑），實行專戶管理。資金分配計畫每年下達到有關省、自治區、直轄市，由地方根據扶貧開發規劃統籌安排使用。中央和地方各級政府投入的財政扶貧資金，必須按照扶貧開發規劃下達，落實到貧困鄉、村，重點用於改變基本生產生活條件和基礎設施建設。

（3）繼續安排並增加扶貧貸款：中國農業銀行要逐年增加扶貧貸款總量，主要用於重點貧困地區，支援能夠帶動貧困人口增加收入的種養業、勞動密集型企業、農產品加工企業、市場流通企業以及基礎設施建設項目。

（4）密切結合西部大開發，促進貧困地區發展：實施西部大開發要注意與扶貧開發相結合，著力帶動貧困地區經濟的發展。西部大開發安排的水利、退耕還林、資源開發專案，在同等條件下要優先在貧困地區佈局。公路建設專案要適當向貧困地區延伸，把貧困地區的縣城與國道、省道幹線連接起來。西部基礎設施建設專案，要儘量使用貧困地區的勞動力，增加貧困人口的現金收入。

（5）繼續開展黨政機關定點扶貧工作：黨政機關定點聯繫、說明貧困地區，對支援貧困地區的開發建設，解決我國的貧困問題，以及轉變機關作風，提高辦事效率，密切黨群關係，培養鍛煉幹部都有重要意義。要把這種做法作為一項制度，長期堅持下去。從中央到地方的各級黨政機關及企事業單位，都要繼續堅持定點聯繫、說明貧困地區或貧困鄉村。有條件有能力的，要結合幹部的培養和鍛煉繼續選派幹部蹲點扶貧，直接幫扶到鄉、到村，努力為貧困地區辦好事、辦實事。

（6）繼續做好沿海發達地區對口幫扶西部貧困地區的東西扶貧協作工作：要認真總結經驗，根據扶貧開發規劃，進一步擴大協作規模，提高工作水準，增強幫扶力度。對口幫扶雙方的政府要積極宣導和組織學校結對幫扶工作；鼓勵和引導各種層次、不同形式的民間交流與合作。特別是要注意在互利互惠的基礎上，推進企業間的相互合作和共同發展。

（7）進一步弘揚中華民族扶貧濟困的優良傳統，動員社會各界說明貧困地區的開發建設：要充分發揮民主黨派和工商聯、群眾團體、大專院校、科研院所、人民解放軍和武警部隊等社會各界在扶貧開發中的重要作用。要積極創造條件，引導非政府組織參與和執行政府扶貧開發專案。企業可以通過捐贈資金，與非政府組織合作，共同參與扶貧開發。捐贈資金可以按照國家有關規定在稅前列支，計入成本。逐步規範非政府組織開展的扶貧開發活動。歡迎海外、境外的華人、華僑及各種社團組織，通過不同形式，支援貧困地區的開發建設。

（8）發展扶貧開發領域的國際交流與合作：繼續爭取國際組織和發達國家援助性扶貧專案。

7.組織領導

（1）切實落實扶貧工作責任制：堅持省負總責，縣抓落實，工作到村，扶貧到戶。扶貧開發工作責任在省，關鍵在縣。要繼續實行扶貧開發工作責任到省、任務到省、資金到省、權力到省的原則。各有關省、自治區、直轄市的黨委和政府都要按照「三個代表」的要求，以高度的責任感和使命感，切實做好扶貧開發工作。扶貧開發工作重點縣，必須把扶貧開發作為黨委和政府的中心任務，以扶貧開發工作統攬全域，負責把扶貧開發的政策措施真正落實到貧困村、貧困戶。要繼續實行扶貧工作黨政「一把手」負責制，把扶貧開發的效果作為考核這些地方黨政主要負責人政績的重要依據。沿海發達省市的各級黨委和政府，也要高度重視扶貧開發工作，積極採取有效措施，幫助當地農村貧困人口增加收入，改善生活。

（2）加強貧困地區幹部隊伍建設：要切實搞好幹部的教育培訓工作，提高貧困地區幹部組織領導扶貧開發工作的水準。採取掛職鍛煉、幹部交流等方式，加強貧困地區的幹部隊伍建設。貧困地區縣級領導幹部和縣以上扶貧部門幹部的培訓要納入各級黨政幹部培訓規劃，由組織、扶貧和財政等有關部門共同組織實施。

（3）切實加強貧困地區的基層組織建設：以貧困村為重點，加強以黨支部為核心的基層組織建設，充分發揮基層黨組織的戰鬥堡壘作用。

（4）強扶貧資金審計：國家審計部門要定期對扶貧資金進行全面嚴格的審計，防止和杜絕擠佔、挪用、貪污，並形成制度，長期堅持。對審計中發現的問題，必須依法嚴肅處理。

（5）加強扶貧開發統計監測工作：為及時瞭解和全面掌握扶貧開發的發展動態，發現和研究新問題，統計部門要認真做好有關資訊的採集、整理、回饋和發佈。要制定科學規範、符合實際的監測方案，採用多種方法，全面、系統、動態地反映貧困人口收入水準和生活品質的變化，以及貧困地區的經濟發展和社會進步情況，為科學決策提供必要的依據。

（6）穩定和加強扶貧開發工作機構：鑑於扶貧開發的長期性、艱巨性、複雜性以及對外交流的需要，要充實和加強各級扶貧開發的工作機構，穩定人員，改善條件，提高素質，增強扶貧開發的組織領導和協調管理能力。

（7）國務院有關部門要根據中央的統一要求，把扶貧開發作為本部門的重要工作，結合各自的職責範圍，認真貫徹落實本綱要。各相關省、自治區、直轄市人民政府要根據綱要提出的目標和總體要求，把扶貧開發工作納入本地區國民經濟和社會發展計畫，統一部署，統籌安排，把具體措施落實到貧困鄉村。

資料來源：

整理自-中國政府網，〈國務院關於印發中國農村扶貧開發綱要（2001～2010年）的通知〉，http：//www.gov.cn/zhengce/content/2016-09/23/content_5111138.htm，檢索時間2019年3月9日。

表5-53 中共中央、國務院關於印發《中國農村扶貧開發綱要（2011～2020年）》節錄表

1.總體思路

（1）堅持以人為本、執政為民的重要體現，是統籌城鄉區域發展、保障和改善民生、縮小發展差距、促進全體人民共享改革發展成果的重大舉措，對於鞏固黨的執政基礎、確保國家長治久安，對於實現全面建設小康社會奮鬥目標、構建社會主義和諧社會，具有重大意義。

（2）各級黨委和政府要進一步提高對扶貧開發工作的認識，切實增強做好扶貧開發工作的緊迫感和自覺性，加強領導，強化責任，堅持開發式扶貧方針，加大投入力度，強化政策措施，堅決打好新一輪扶貧開發攻堅戰。要廣泛深入地開展宣傳活動，形成全黨全社會關心支援扶貧事業的良好氛圍。各地區各部門要結合實際，制定具體實施辦法，採取有力措施，確保把《扶貧開發綱要》提出的各項任務落到實處。

（3）我國扶貧開發已經從以解決溫飽為主要任務的階段轉入鞏固溫飽成果、加快脫貧致富、改善生態環境、提高發展能力、縮小發展差距的新階段。

（4）為進一步加快貧困地區發展，促進共同富裕，實現到 2020 年全面建成小康社會奮鬥目標，特制定本綱要。

2.基本原則

（1）政府主導，分級負責：各級政府對本行政區域內扶貧開發工作負總責，把扶貧開發納入經濟社會發展戰略及總體規劃。實行扶貧開發目標責任制和考核評價制度。

（2）突出重點，分類指導：中央重點支援連片特困地區。加大對革命老區、民族地區、邊疆地區扶持力度。根據不同地區經濟社會發展水準，因地制宜制定扶貧政策，實行有差異的扶持措施。

（3）部門協作，合力推進：各相關部門要根據國家扶貧開發戰略部署，結合各自職能，在制定政策、編制規劃、分配資金、安排專案時向貧困地區傾斜，形成扶貧開發合力。

（4）自力更生，艱苦奮鬥：加強引導，更新觀念，充分發揮貧困地區、扶貧物件的主動性和創造性，尊重扶貧物件的主體地位，提高其自我管理水準和發展能力，立足自身實現脫貧致富。

（5）社會幫扶，共同致富：廣泛動員社會各界參與扶貧開發，完善機制，拓展領域，注重實效，提高水準。強化政策措施，鼓勵先富幫後富，實現共同富裕。

（6）統籌兼顧，科學發展：堅持扶貧開發與推進城鎮化、建設社會主義新農村相結合，與生態建設、環境保護相結合，充分發揮貧困地區資源優勢，發展環境友好型產業，增強防災減災能力，提倡健康科學生活方式，促進經濟社會發展與人口資源環境相協調。

（7）改革創新，擴大開放。適應社會主義市場經濟要求，創新扶貧工作機制。擴大對內對外開放，共享減貧經驗和資源。繼續辦好扶貧改革試驗區，積極探索開放式扶貧新途徑。

3.目標任務

（1）總體目標：到 2020 年，穩定實現扶貧物件不愁吃、不愁穿，保障其義務教育、

基本醫療和住房。貧困地區農民人均純收入增長幅度高於全國平均水準，基本公共服務主要領域指標接近全國平均水準，扭轉發展差距擴大趨勢。

（2）基本農田和農田水利：到 2015 年，貧困地區基本農田和農田水利設施有較大改善，保障人均基本口糧田。到 2020 年，農田基礎設施建設水準明顯提高。

（3）特色優勢產業：到 2015 年，力爭實現 1 戶 1 項增收項目。到 2020 年，初步構建特色支柱產業體系。

（4）飲水安全：到 2015 年，貧困地區農村飲水安全問題基本得到解決。到 2020 年，農村飲水安全保障程度和自來水普及率進一步提高。

（5）生產生活用電：到 2015 年，全面解決貧困地區無電行政村用電問題，大幅度減少西部偏遠地區和民族地區無電人口數量。到 2020 年，全面解決無電人口用電問題。

（6）交通：到 2015 年，提高貧困地區縣城通二級及以上高等級公路比例，除西藏外，西部地區 80％的建制村通瀝青（水泥）路，穩步提高貧困地區農村客運班車通達率。到 2020 年，實現具備條件的建制村通瀝青（水泥）路，推進村莊內道路硬化，實現村村通班車，全面提高農村公路服務水準和防災抗災能力。

（7）農村危房改造：到 2015 年，完成農村困難家庭危房改造 800 萬戶。到 2020 年，貧困地區群眾的居住條件得到顯著改善。

（8）教育：到 2015 年，貧困地區學前三年教育毛入園率有較大提高；鞏固提高九年義務教育水準；高中階段教育毛入學率達到 80％；保持普通高中和中等職業學校招生規模大體相當；提高農村實用技術和勞動力轉移培訓水準；掃除青壯年文盲。到 2020 年，基本普及學前教育，義務教育水準進一步提高，普及高中階段教育，加快發展遠端繼續教育和社區教育。

（9）醫療衛生：到 2015 年，貧困地區縣、鄉、村三級醫療衛生服務網基本健全，縣級醫院的能力和水準明顯提高，每個鄉鎮有 1 所政府舉辦的衛生院，每個行政村有衛生室；新型農村合作醫療參合率穩定在 90％以上，門診統籌全覆蓋基本實現；逐步提高兒童重大疾病的保障水準，重大傳染病和地方病得到有效控制；每個鄉鎮衛生院有 1 名全科醫生。到 2020 年，貧困地區群眾獲得公共衛生和基本醫療服務更加均等。

（10）公共文化：到 2015 年，基本建立廣播影視公共服務體系，實現已通電 20 戶以下自然村廣播電視全覆蓋，基本實現廣播電視戶戶通，力爭實現每個縣擁有 1 家數字電影院，每個行政村每月放映 1 場數字電影；行政村基本通寬頻，自然村和交通沿線通信信號基本覆蓋。到 2020 年，健全完善廣播影視公共服務體系，全面實現廣播電視戶戶通；自然村基本實現通寬頻；健全農村公共文化服務體系，基本實現每個國家扶貧開發工作重點縣（以下簡稱重點縣）有圖書館、文化館，鄉鎮有綜合文化站，行政村有文化活動室。以公共文化建設促進農村廉政文化建設。

（11）社會保障：到 2015 年，農村最低生活保障制度、五保供養制度和臨時救助制度進一步完善，實現新型農村社會養老保險制度全覆蓋。到 2020 年，農村社會保

障和服務水準進一步提升。

（12）人口和計劃生育：到 2015 年，力爭重點縣人口自然增長率控制在 8‰以內，婦女總和生育率在 1.8 左右。到 2020 年，重點縣低生育水準持續穩定，逐步實現人口均衡發展。

（13）林業和生態：到 2015 年，貧困地區森林覆蓋率比 2010 年底增加 1.5 個百分點。到 2020 年，森林覆蓋率比 2010 年底增加 3.5 個百分點。

4.對象範圍

（1）扶貧對象：在扶貧標準以下具備勞動能力的農村人口為扶貧工作主要對象。建立健全扶貧物件識別機制，做好建檔立卡工作，實行動態管理，確保扶貧物件得到有效扶持。逐步提高國家扶貧標準。各省（自治區、直轄市）可根據當地實際制定高於國家扶貧標準的地區扶貧標準。

（2）連片特困地區：六盤山區、秦巴山區、武陵山區、烏蒙山區、滇桂黔石漠化區、滇西邊境山區、大興安嶺南麓山區、燕山─太行山區、呂梁山區、大別山區、羅霄山區等區域的連片特困地區和已明確實施特殊政策的西藏、四省藏區、新疆南疆三地州是扶貧攻堅主戰場。加大投入和支持力度，加強對跨省片區規劃的指導和協調，集中力量，分批實施。各省（自治區、直轄市）對所屬連片特困地區負總責，在國家指導下，以縣為基礎制定和實施扶貧攻堅工程規劃。國務院各部門、地方各級政府要加大統籌協調力度，集中實施一批教育、衛生、文化、就業、社會保障等民生工程，大力改善生產生活條件，培育壯大一批特色優勢產業，加快區域性重要基礎設施建設步伐，加強生態建設和環境保護，著力解決制約發展的瓶頸問題，促進基本公共服務均等化，從根本上改變連片特困地區面貌。各省（自治區、直轄市）可自行確定若干連片特困地區，統籌資源給予重點扶持。

（3）重點縣和貧困村：要做好連片特困地區以外重點縣和貧困村的扶貧工作。原定重點縣支持政策不變。各省（自治區、直轄市）要制定辦法，採取措施，根據實際情況進行調整，實現重點縣數量逐步減少。重點縣減少的省份，國家的支持力度不減。

5.專項扶貧

（1）易地扶貧搬遷：堅持自願原則，對生存條件惡劣地區扶貧物件實行易地扶貧搬遷。引導其他移民搬遷項目優先在符合條件的貧困地區實施，加強與易地扶貧搬遷項目的銜接，共同促進改善貧困群眾的生產生活環境。充分考慮資源條件，因地制宜，有序搬遷，改善生存與發展條件，著力培育和發展後續產業。有條件的地方引導向中小城鎮、工業園區移民，創造就業機會，提高就業能力。加強統籌協調，切實解決搬遷群眾在生產生活等方面的困難和問題，確保搬得出、穩得住、能發展、可致富。

（2）整村推進：結合社會主義新農村建設，自下而上制定整村推進規劃，分期分批實施。發展特色支柱產業，改善生產生活條件，增加集體經濟收入，提高自我發展能力。以縣為平臺，統籌各類涉農資金和社會幫扶資源，集中投入，實施水、電、路、氣、房和環境改善「六到農家」工程，建設公益設施較為完善的農村社

區。加強整村推進後續管理，健全新型社區管理和服務體制，鞏固提高扶貧開發成果。貧困村相對集中的地方，可實行整鄉推進、連片開發。

（3）以工代賑：大力實施以工代賑，有效改善貧困地區耕地（草場）品質，穩步增加有效灌溉面積。加強鄉村（組）道路和人畜飲水工程建設，開展水土保持、小流域治理和片區綜合開發，增強抵禦自然災害能力，夯實發展基礎。

（4）產業扶貧：充分發揮貧困地區生態環境和自然資源優勢，推廣先進實用技術，培植壯大特色支柱產業，大力推進旅遊扶貧。促進產業結構調整，通過扶貧龍頭企業、農民專業合作社和互助資金組織，帶動和説明貧困農戶發展生產。引導和支援企業到貧困地區投資興業，帶動貧困農戶增收。

（5）就業促進：完善雨露計畫。以促進扶貧對象穩定就業為核心，對農村貧困家庭未繼續升學的應屆初、高中畢業生參加勞動預備制培訓，給予一定的生活費補貼；對農村貧困家庭新成長勞動力接受中等職業教育給予生活費、交通費等特殊補貼。對農村貧困勞動力開展實用技術培訓。加大對農村貧困殘疾人就業的扶持力度。

（6）扶貧試點：創新扶貧開發機制，針對特殊情況和問題，積極開展邊境地區扶貧、地方病防治與扶貧開發結合、災後恢復重建以及其他特困區域和群體扶貧試點，擴大互助資金、連片開發、彩票公益金扶貧、科技扶貧等試點。

（7）革命老區建設：國家對貧困地區的革命老區縣給予重點扶持。

6.行業扶貧

（1）發展特色產業：加強農、林、牧、漁產業指導，發展各類專業合作組織，完善農村社會化服務體系。圍繞主導產品、名牌產品、優勢產品，大力扶持建設各類批發市場和邊貿市場。按照全國主體功能區規劃，合理開發當地資源，積極發展新興產業，承接產業轉移，調整產業結構，增強貧困地區發展內生動力。

（2）開展科技扶貧：積極推廣良種良法。圍繞特色產業發展，加大科技攻關和科技成果轉化力度，推動產業升級和結構優化。繼續選派科技扶貧團、科技副縣（市）長和科技副鄉（鎮）長、科技特派員到重點縣工作。

（3）完善基礎設施：推進貧困地區土地整治，加快中低產田改造，開展土地平整，提高耕地品質。推進大中型灌區續建配套與節水改造和小型農田水利建設，發展高效節水灌溉，扶持修建小微型水利設施，抓好病險水庫（閘）除險加固工程和灌溉排水泵站更新改造，加強中小河流治理、山洪地質災害防治及水土流失綜合治理。積極實施農村飲水安全工程。加大牧區遊牧民定居工程實施力度。加快貧困地區通鄉、通村道路建設，積極發展農村配送物流。繼續推進水電新農村電氣化、小水電代燃料工程建設和農村電網改造升級，實現城鄉用電同網同價。普及資訊服務，優先實施重點縣村村通有線電視、電話、互聯網工程。加快農村郵政網路建設，推進電信網、廣電網、互聯網三網融合。

（4）發展教育文化事業：推進邊遠貧困地區適當集中辦學，加快寄宿制學校建設，加大對邊遠貧困地區學前教育的扶持力度，逐步提高農村義務教育家庭經濟困難寄宿生生活補助標準。免除中等職業教育學校家庭經濟困難學生和涉農專業學生

學費，繼續落實國家助學金政策。在民族地區全面推廣國家通用語言文字。推動農村中小學生營養改善工作。關心特殊教育，加大對各級各類殘疾學生扶助力度。繼續實施東部地區對口支援中西部地區高等學校計畫和招生協作計畫。貧困地區勞動力進城務工，輸出地和輸入地要積極開展就業培訓。繼續推進廣播電視村村通、農村電影放映、文化資訊資源分享和農家書屋等重大文化惠民工程建設。加強基層文化隊伍建設。

（5）改善公共衛生和人口服務管理：提高新型農村合作醫療和醫療救助保障水準。進一步健全貧困地區基層醫療衛生服務體系，改善醫療與康復服務設施條件。

（6）完善社會保障制度：逐步提高農村最低生活保障和五保供養水準，切實保障沒有勞動能力和生活常年困難農村人口的基本生活。健全自然災害應急救助體系，完善受災群眾生活救助政策。加快新型農村社會養老保險制度覆蓋進度，支援貧困地區加強社會保障服務體系建設。加快農村養老機構和服務設施建設，支援貧困地區建立健全養老服務體系，解決廣大老年人養老問題。加快貧困地區社區建設。做好村莊規劃，擴大農村危房改造試點，幫助貧困戶解決基本住房安全問題。完善農民工就業、社會保障和戶籍制度改革等政策。

（7）重視能源和生態環境建設：加快貧困地區可再生能源開發利用，因地制宜發展小水電、太陽能、風能、生物質能，推廣應用沼氣、節能灶、固體成型燃料、秸稈氣化集中供氣站等生態能源建設項目，帶動改水、改廚、改廁、改圈和秸稈綜合利用。提高城鎮生活污水和垃圾無害化處理率，加大農村環境綜合整治力度。加強草原保護和建設，加強自然保護區建設和管理，大力支持退牧還草工程。採取禁牧、休牧、輪牧等措施，恢復天然草原植被和生態功能。加大泥石流、山體滑坡、崩塌等地質災害防治力度，重點抓好災害易發區內的監測預警、搬遷避讓、工程治理等綜合防治措施。

7.社會扶貧

（1）加強定點扶貧：中央和國家機關各部門各單位、人民團體、參照公務員法管理的事業單位和國有大型骨幹企業、國有控股金融機構、國家重點科研院校、軍隊和武警部隊，要積極參加定點扶貧，承擔相應的定點扶貧任務。支援各民主黨派中央、全國工商聯參與定點扶貧工作。積極鼓勵、引導、支援和幫助各類非公有制企業、社會組織承擔定點扶貧任務。定點扶貧力爭對重點縣全覆蓋。各定點扶貧單位要制定幫扶規劃，積極籌措資金，定期選派優秀中青年幹部掛職扶貧。地方各級黨政機關和有關單位要切實做好定點扶貧工作，發揮黨政領導定點幫扶的示範效應。

（2）推進東西部扶貧協作：東西部扶貧協作雙方要制定規劃，在資金支援、產業發展、幹部交流、人員培訓以及勞動力轉移就業等方面積極配合，發揮貧困地區自然資源和勞動力資源優勢，做好對口幫扶工作。國家有關部門組織的行業對口幫扶，應與東西部扶貧協作結對關係相銜接。積極推進東中部地區支援西藏、新疆經濟社會發展，繼續完善對口幫扶的制度和措施。各省（自治區、直轄市）要根據實際情況，在當地組織開展區域性結對幫扶工作。

（3）發揮軍隊和武警部隊的作用：堅持把地方扶貧開發所需與部隊所能結合起來。部隊應本著就地就近、量力而行、有所作為的原則，充分發揮組織嚴密、突擊力強和人才、科技、裝備等優勢，積極參與地方扶貧開發，實現軍地優勢互補。

（4）動員企業和社會各界參與扶貧：大力宣導企業社會責任，鼓勵企業採取多種方式，推進集體經濟發展和農民增收。加強規劃引導，鼓勵社會組織和個人通過多種方式參與扶貧開發。積極宣導扶貧志願者行動，構建扶貧志願者服務網路。鼓勵工會、共青團、婦聯、科協、僑聯等群眾組織以及海外華人華僑參與扶貧。

8.政策保障

（1）財稅支持：中央和地方財政逐步增加扶貧開發投入。中央財政扶貧資金的新增部分主要用於連片特困地區。加大中央和省級財政對貧困地區的一般性轉移支付力度。加大中央集中彩票公益金支援扶貧開發事業的力度。對貧困地區屬於國家鼓勵發展的內外資投資專案和中西部地區外商投資優勢產業專案，進口國內不能生產的自用設備，以及按照契約隨設備進口的技術及配件、備件，在規定範圍內免征關稅。企業用於扶貧事業的捐贈，符合稅法規定條件的，可按規定在所得稅稅前扣除。

（2）投資傾斜：加大貧困地區基礎設施建設、生態環境和民生工程等投入力度，加大村級公路建設、農業綜合開發、土地整治、小流域與水土流失治理、農村水電建設等支持力度。國家在貧困地區安排的病險水庫除險加固、生態建設、農村飲水安全、大中型灌區配套改造等公益性建設項目，取消縣以下（含縣）以及西部地區連片特困地區配套資金。各級政府都要加大對連片特困地區的投資支援力度。

（3）金融服務：繼續完善國家扶貧貼息貸款政策。積極推動貧困地區金融產品和服務方式創新，鼓勵開展小額信用貸款，努力滿足扶貧物件發展生產的資金需求。繼續實施殘疾人康復扶貧貸款專案。儘快實現貧困地區金融機構空白鄉鎮的金融服務全覆蓋。引導民間借貸規範發展，多方面拓寬貧困地區融資管道。鼓勵和支援貧困地區縣域法人金融機構將新增可貸資金70%以上留在當地使用。積極發展農村保險事業，鼓勵保險機構在貧困地區建立基層服務網點。完善中央財政農業保險保費補貼政策。針對貧困地區特色主導產業，鼓勵地方發展特色農業保險。加強貧困地區農村信用體系建設。

（4）產業扶持：落實國家西部大開發各項產業政策。國家大型專案、重點工程和新興產業要優先向符合條件的貧困地區安排。引導勞動密集型產業向貧困地區轉移。加強貧困地區市場建設。支援貧困地區資源合理開發利用，完善特色優勢產業支持政策。

（5）土地使用：按照國家耕地保護和農村土地利用管理有關制度規定，新增建設用地指標要優先滿足貧困地區易地扶貧搬遷建房需求，合理安排小城鎮和產業聚集區建設用地。加大土地整治力度，在專案安排上，向有條件的重點縣傾斜。在保護生態環境的前提下支援貧困地區合理有序開發利用礦產資源。

（6）生態建設：在貧困地區繼續實施退耕還林、退牧還草、水土保持、天然林保護、

防護林體系建設和石漠化、荒漠化治理等重點生態修復工程。建立生態補償機制，並重點向貧困地區傾斜。加大重點生態功能區生態補償力度。重視貧困地區的生物多樣性保護。

（7）人才保障：組織教育、科技、文化、衛生等行業人員和志願者到貧困地區服務。制定大專院校、科研院所、醫療機構為貧困地區培養人才的鼓勵政策。引導大中專畢業生到貧困地區就業創業。對長期在貧困地區工作的幹部要制定鼓勵政策，對各類專業技術人員在職務、職稱等方面實行傾斜政策，對定點扶貧和東西部扶貧協作掛職幹部要關心愛護，妥善安排他們的工作、生活，充分發揮他們的作用。發揮創業人才在扶貧開發中的作用。加大貧困地區幹部和農村實用人才的培訓力度。

（8）重點群體：把對少數民族、婦女兒童和殘疾人的扶貧開發納入規劃，統一組織，同步實施，同等條件下優先安排，加大支持力度。繼續開展興邊富民行動，幫助人口較少民族脫貧致富。推動貧困家庭婦女積極參與全國婦女「雙學雙比」活動，關注留守婦女和兒童的貧困問題。制定實施農村殘疾人扶貧開發綱要（2011－2020 年），提高農村殘疾人生存和發展能力。

9.組織領導

（1）強化扶貧開發責任：堅持中央統籌、省負總責、縣抓落實的管理體制，建立片為重點、工作到村、扶貧到戶的工作機制，實行黨政一把手負總責的扶貧開發工作責任制。各級黨委和政府要進一步提高認識，強化扶貧開發領導小組綜合協調職能，加強領導，統一部署，加大省縣統籌、資源整合力度，扎實推進各項工作。進一步完善對有關黨政領導幹部、工作部門和重點縣的扶貧開發工作考核激勵機制，各級組織部門要積極配合。東部地區各省（直轄市）要進一步加大對所屬貧困地區和扶貧物件的扶持力度。鼓勵和支持有條件的地方探索解決城鎮化進程中的貧困問題。

（2）加強基層組織建設：充分發揮貧困地區基層黨組織的戰鬥堡壘作用，把扶貧開發與基層組織建設有機結合起來。選好配強村級領導班子，以強村富民為目標，以強基固本為保證，積極探索發展壯大集體經濟、增加村級集體積累的有效途徑，拓寬群眾增收致富管道。鼓勵和選派思想好、作風正、能力強、願意為群眾服務的優秀年輕幹部、退伍軍人、高校畢業生到貧困村工作，幫助建班子、帶隊伍、抓發展。帶領貧困群眾脫貧致富有突出成績的村幹部，可按有關規定和條件優先考錄為公務員。

（3）加強扶貧機構隊伍建設：各級扶貧開發領導小組要加強對扶貧開發工作的指導，研究制定政策措施，協調落實各項工作。各省（自治區、直轄市）扶貧開發領導小組每年要向國務院扶貧開發領導小組報告工作。要進一步強化各級扶貧機構及其職能，加強隊伍建設，改善工作條件，提高管理水準。貧困程度深的鄉鎮要有專門幹部負責扶貧開發工作。貧困地區縣級領導幹部和縣以上扶貧部門幹部的培訓要納入各級黨政幹部培訓規劃。各級扶貧部門要大力加強思想、作風、廉政和效能建設，提高執行能力。

（4）加強扶貧資金使用管理：財政扶貧資金主要投向連片特困地區、重點縣和貧困村，集中用於培育特色優勢產業、提高扶貧物件發展能力和改善扶貧物件基本生產生活條件，逐步增加直接扶持到戶資金規模。創新扶貧資金到戶扶持機制，採取多種方式，使扶貧物件得到直接有效扶持。使用扶貧資金的基礎設施建設專案，要確保扶貧物件優先受益，產業扶貧專案要建立健全帶動貧困戶脫貧增收的利益聯接機制。完善扶貧資金和專案管理辦法，開展績效考評。建立健全協調統一的扶貧資金管理機制。全面推行扶貧資金項目公告公示制，強化審計監督，拓寬監管管道，堅決查處擠佔挪用、截留和貪污扶貧資金的行為。

（5）加強扶貧研究和宣傳工作：切實加強扶貧理論和政策研究，對扶貧實踐進行系統總結，逐步完善中國特色扶貧理論和政策體系。深入實際調查研究，不斷提高扶貧開發決策水準和實施能力。把扶貧納入基本國情教育範疇，作為各級領導幹部和公務員教育培訓的重要內容、學校教育的參考材料。繼續加大扶貧宣傳力度，廣泛宣傳扶貧開發政策、成就、經驗和典型事蹟，營造全社會參與扶貧的良好氛圍。同時，向國際社會展示我國政府保障人民生存權、發展權的努力與成效。

（6）加強扶貧統計與貧困監測：建立扶貧開發資訊系統，開展對連片特困地區的貧困監測。進一步完善扶貧開發統計與貧困監測制度，不斷規範相關資訊的採集、整理、回饋和發佈工作，更加及時客觀反映貧困狀況、變化趨勢和扶貧開發工作成效，為科學決策提供依據。

（7）加強法制化建設：加快扶貧立法，使扶貧工作儘快走上法制化軌道。

（8）各省（自治區、直轄市）要根據本綱要，制定具體實施辦法。

資料來源：

整理自-中國政府網，〈中共中央、國務院關於印發《中國農村扶貧開發綱要（2011～2020 年)》〉，http：//www.gov.cn/jrzg/2011-12/01/content_2008462.htm，檢索時間 2019 年 3 月 9 日。

叁、中國大陸交通與電力扶貧概述

做好扶貧工作，使中國大陸社會全面奔小康，首重改善交通與電力等基礎設施，中國大陸改革開放後有句民間諺語：「想要富，先修路。」2020 年 12 月中國大陸政府發布《中國交通的可持續發展白皮書》指出：「全面奔小康，關鍵在農村；農村奔小康，交通要先行。將交通扶貧作為服務全面建成小康社會、推進農業農村現代化、人民共享改革發展成果的重要支撐，全力消除制約農村發展的交通瓶頸，為廣大農民脫貧致富奔小康提供堅實保障。」[536]

一、堅決打贏交通扶貧脫貧攻堅戰

把扶貧作為新時代交通運輸發展的重要使命，完善扶貧規劃政策體系，創新扶貧工作模式，做到「扶貧專案優先安排、扶貧資金優先保障、扶貧工作優先對接、扶貧措施優先落實」，以超常規的舉措和力度，助力打贏脫貧攻堅戰。

1.加強交通扶貧規劃設計：完善交通扶貧頂層設計和政策體系，制定交通扶貧規劃、

實施方案、行動計畫,實施《集中連片特困地區交通建設扶貧規劃綱要(2011~2020)》《「十三五」交通扶貧規劃》《關於進一步發揮交通扶貧脫貧攻堅基礎支撐作用的實施意見》等規劃和政策文件,將革命老區、民族地區、邊疆地區、貧困地區1177個縣(市、區)全部納入支援範圍。以深度貧困地區為重點,加快國家高速公路、普通國省道改造建設,打造康莊大道路、幸福小康路、平安放心路、特色致富路,推動交通建設項目儘量向進村入戶傾斜。

2.創新精準交通脫貧模式:加強統籌設計,建立健全五年規劃、三年行動計畫、年度計畫相互銜接的規劃計畫體系,分省細化年度計畫,建立臺賬,壓茬推進。加大「扶志」、「扶智」工作力度,做好對貧困地區幹部群眾的宣傳、教育、培訓、科技推廣,動員鼓勵貧困群眾參與農村公路建設,吸納貧困家庭勞動力參與護路等工作。

3.持續加大交通扶貧資金投入:大幅提高貧困地區交通建設中央投資補助標準,2012年至2020年安排貧困地區公路建設的車購稅資金超過1.46兆元人民幣,占同期全國公路建設車購稅資金的61.3%,帶動全社會投入超過5.13兆元人民幣。國家高速公路、普通國道補助標準分別由「十二五」時期平均占項目總投資的15%、30%,提高到「十三五」時期的30%、50%左右。鄉鎮、建制村通硬化路補助標準提高到平均工程造價的70%以上。通過優化中央預算內投資、車購稅等資金支出結構,統籌加大各級各類資金傾斜力度,確保政策落地、資金到位、專案實施。

4.重點攻克深度貧困堡壘:全面建成小康社會最艱巨最繁重的任務在農村,特別是深度貧困地區。發揮交通在脫貧攻堅中的基礎性、先導性作用,為深度貧困地區脫貧摘帽當好先行、做好支撐。加大對深度貧困地區支援力度,新增資金、新增專案、新增舉措進一步向「三區三州」等深度貧困地區傾斜。2016年至2020年,安排車購稅資金2,746億元支持「三區三州」交通專案建設,其中農村公路資金781億元。

二、「四好農村路」建設推動貧困地區交通高品質發展

道路通,百業興。以建好、管好、護好、運營好農村公路(簡稱「四好農村路」)為牽引,積極推進貧困地區建設外通內聯、通村暢鄉、客車到村、安全便捷的交通運輸網路,大力提升城鄉客貨運輸服務水準,貧困地區交通落後面貌發生根本改變。

1.貧困地區綜合交通網絡加快形成:缺少足夠的交通基礎設施是貧困地區面臨的最大挑戰之一。2016年至2019年,國家支援貧困地區改造建設了國家高速公路1.7萬公里、普通國道5.3萬公里,建成內河航道約2,365公里。貧困地區縣城基本實現了二級及以上公路覆蓋,許多貧困縣通了高速公路,不少地方還通了鐵路、建了機場,干支銜接的高等級內河航道網路不斷完善。貧困地區綜合交通運輸網路加快形成,曾經「山裡山外兩重天」的局面徹底改變。

2.「四好農村路」建設成效顯著:以200個「四好農村路」全國示範縣為引領,推動農村公路高品質發展。落實農村公路建設「七公開」制度,強化貧困地區交通建設管理和品質控制,優化農村公路路網結構,大力推進「路長制」,健全「四好農村路」建設

長效機制。完善和落實省、市、縣、鄉鎮、村五級責任，清晰界定工作職責，結合事業單位和鄉鎮機構改革，完善縣鄉農村公路管理體制。推動農村公路「滿意工程」建設，推廣建養一體化等建設養護模式。結合美麗鄉村建設開展路域環境整治。統籌城鄉客運資源，創新農村客運發展模式，整合交通、郵政、供銷、電商等資源，推進了貧困地區農村物流發展。「四好農村路」建設取得了實實在在的成效，為農村特別是貧困地區帶去了人氣、財氣。

3. 「四好農村路」是新時代中國農村變化和社會變遷的重要標誌：截至 2019 年底農村公路總里程古全國公路總里程的 83.8%，其中等級公路比例達到 93.2%；2019 年農村公路列養率達到 98.8%，優、良、中路率達到 83.0%，建制村通客車率達到 99.8%，支援貧困地區改造建設約 5.9 萬公里資源路、旅遊路、產業路，出行難等長期沒有解決的老大難問題普遍得到解決。「四好農村路」連片成網，極大地縮短了往返城鄉的時空距離，深刻改變了農村的生產生活條件和社會面貌，為偏遠閉塞的鄉村開闢了一條通往現代文明的大道。人流、物流帶動了知識流、資訊流、資金流，促進了貧困地區知識的傳播、思想的開化、文化的交流、風俗的改進，真正使扶貧與扶志、扶智相結合，為廣大農民通過知識文化致富提供了堅實保障。

4.「出行難」得到有效解決：農村公路建設實現跨越式發展，「晴天一身土，雨天一身泥」成為歷史。截至 2019 年底，全國實現了具備條件的鄉鎮和建制村 100%通硬化路；截至 2020 年 9 月，實現了具備條件的鄉鎮和建制村 100%通客車。城鄉道路客運一體化發展水準持續提升，以縣城為中心、鄉鎮為節點、建制村為網點的交通網絡初步形成，鄉村之間、城鄉之間連接更加緊密，6 億農民「出門水泥路，抬腳上客車」的夢想變成了現實。

三、交通助推廣大農民脫貧致富奔小康

交通運輸的快速發展，破解了長期以來制約貧困地區經濟社會發展的瓶頸，為廣大農民脫貧致富奔小康、加快推進農業農村現代化提供了有力支撐，為譜寫新時代鄉村振興新篇章奠定了堅實基礎。

1.農村公路助力廣大農民奔小康：農村公路發展，重點在「建」，目標在「通」。2012 年至 2019 年，中國新改建農村公路 208.6 萬公里（其中貧困地區約 110 萬公里），農村公路總里程達到 420.1 萬公里，貧困地區新增 5.1 萬個建制村通硬化路。2016 年至 2019 年貧困地區建設約 9.6 萬公里通較大人口規模自然村的硬化路，建設 45.8 萬公里農村公路安全生命防護工程，農村公路運行安全條件全面改善。出臺《農村公路建設管理辦法》《農村公路建設品質管制辦法》《農村公路養護管理辦法》，加快推進相關技術標準和規範制修訂工作。出臺《關於深化農村公路管理養護體制改革的意見》及相關配套制度，推進農村公路管理養護體制改革，建立健全農村公路管理養護長效機制。2012 年至 2019 年通行客車的建制村新增 5.4 萬個。加快建設縣鄉村三級農村物流節點體系建設，推進農村物流發展，2019 年農村地區收投快件超 150 億件，工業品下鄉、農產品出村、快遞服務入戶等運輸服務能力不斷提升。

2.鐵路扶貧助力全面小康：持續提升貧困地區鐵路網覆蓋通達水準，加快連接貧困地區鐵路規劃建設，完善貧困地區鐵路網路。截至 2019 年底，國家向 14 個集中連片特困地區、革命老區、少數民族地區、邊疆地區累計投入 3.3 兆元人民幣，占鐵路基建總投資的 78%。新投產鐵路覆蓋了 274 個國家級貧困縣，助力融入「高鐵經濟圈」。運用大數據分析，優化貧困地區旅客列車開行方案，2019 年日均開行途經貧困地區的旅客列車 2,328 列，開行旅遊扶貧專列 594 列，帶動了沿線旅遊、商貿、餐飲等產業發展和消費升級。精準開行農產品「點對點」運輸專列、集裝箱快運班列和高鐵快運等，2018 年以來累計運送貧困地區貨物 17.1 億噸。

「交通+」產業發展成效顯著。積極推動「交通+'旅遊''產業''扶貧'」等發展新模式，推動貧困地區交通與產業深度融合。2012 年至 2019 年貧困地區新改建資源路、旅遊路、產業路約 5.9 萬公里。大力推進「交通+快遞」扶貧工程，整合交通運輸、供銷、商貿、電商、郵政快遞等資源，開展無人機物流配送應用試點，2018 年全國郵政企業累計實現農村電商交易額 1.4 兆元人民幣。「交通+特色農業+電商」、「交通+文化+旅遊」、「交通+就業+公益崗」等扶貧模式不斷創新發展。特色產業因路而起、因路而興，為廣大農民打開一扇脫貧致富的大門。

交通扶貧帶動貧困農村的產業發展，電子商務的普及使得農村生產的農產品得以賣到城鎮與都市，也讓各類民生用品得以銷售到農村，而帶動現代社會經濟必須運用電力，更需建設各類發電設備與電網，以支援農村及貧困地區能源發展，讓所有人都能用上電，是全面建成小康社會的基本條件。實施全面解決無電人口問題三年行動計畫，全面解決無電人口用電，2013 年至 2015 年中國大陸政府安排投資 247.8 億元人民幣，實施無電地區電網延伸工程建設，為 154.5 萬無電人口通電。實施光伏獨立供電工程建設，為 118.5 萬無電人口通電。2015 年底全面解決無電人口用電問題，實現用電人口全覆益。2014 年以來，國家組織編制光伏扶貧規劃，出臺財政金融、價格等政策，加強電網建設和運行服務按照政府出資、企業實施方式，推動多種形式光伏扶貧工程累計建成 2,636 萬千瓦光伏扶貧電站惠及近 6 萬個貧困村、415 萬貧困戶，每年可產生發電收益約 180 億元，相應安置公益崗位 125 萬個。2017 年實施新一輪農網改造升級，小城鎮中心村農網改造升級、農村機井通電和貧困村通動力電全面完成，惠及 7.8 萬個村、1.6 億農村居民；為 160 萬口機井了電惠及 1 萬多個鄉鎮、1.5 億畝農田；為 3.3 萬個自然村通了動力電。2019 年完成新一輪農網改造升級目標，實現農村電網供電可靠率 99.8%，綜合電壓合格率 97.9%，使得全國農村地區基本實現穩定可靠的供電服務全覆蓋。[537]

中國大陸政府精準實施能源扶貧工程，能源不僅是經濟發展的動力，也是扶貧的重要支撐。故高度重視農村電網改造升級，著力補齊農村電網發展短板。實施小城鎮中心村農網改造升級、平原農村地區機井通電和貧困村通動力電專項工程。合理開發利用貧困地區能源資源，積極推進貧困地區重大能源專案建設，提升貧困地區自身「造血」能力，為貧困地區經濟發展增添新動能。在革命老區、民族地區、邊疆地區、貧困地區優先佈局能源開發專案，建設清潔電力外送基地，為所在地區經濟增長作出重要貢獻。在水電開發建設中，形成了水庫移民「搬得出、穩得住、能致富」的可持續發展模式，

讓貧困人口更多分享資源開發收益。加強財政投入和政策扶持，支援貧困地區發展生物質能、風能、太陽能、小水電等清潔能源。推行多種形式的光伏與農業融合發展模式，實施光伏扶貧工程，建成了成千上萬座遍佈貧困農村地區的「陽光銀行」。[538]

　　綜上，可知中國大陸政府在扶貧政策的規劃上，在改革開放初期的 1980 年代已經開始，但因初期改革開放的政策向沿海省份傾斜等因素，造成經區域發展的極不均衡，使得改革開放三十多年後許多農村地區仍相當貧困，中共總書記習近平於 2012 年上臺後，加速農村地區的交通與電力設施的興建，使中國大陸農村的建設與發展大幅度增速，不僅能有效對農村扶貧，更使得都市的經濟發展能與農村對接，發展農村的休閒產業，加速中國大陸農村由第一級農業生產向第二級農產品的製造加工與第三級休閒服務產業的升級，而這都必須先將農村的交通與電力等基礎設施完善，才能吸引各類人才與相關產業進入農村，使中國大陸的農村能有長遠的發展。

肆、中國大陸地方政府對口幫扶案例簡述

　　中國大陸富裕城市對口幫扶貧困地區的扶貧策略，以中國大陸浙江省寧波市對口扶貧貴州為例，2000 年 6 月寧波市黨政代表團由市委副書記鄭傑民任團長、副市長盛昌黎為副團長，第 5 次赴貴州學習考察，在貴州期間，通過深入山村、學校、工廠和醫院，實地考察去年對口幫扶專案的進展情況，並與當地幹部一起就今年的對口幫扶協作項目和今後兩地的合作進行認真研究，簽訂 2000 年幫扶項目 85 項，投入資金 1,189.76 萬元人民幣，其中：農業項目 26 個，資金 267.3 萬元人民幣；希望學校 8 項，資金 260 萬元人民幣；文化衛生 25 項，資金 454 萬元；助學 5 項，資金 10.6 萬元人民幣；培訓 8 項，資金 71 萬元人民幣；其它 12 項，資金 121.8 萬元人民幣。此外，寧波市第一人民醫院及鄞縣人民醫院，將派醫療隊赴州興仁縣與麻江縣進技術幫扶。[539]使得貴州地區的貧困農村得以獲得浙江省寧波市政府的資金人才幫助，改善當地農業、學校、衛生、醫療等，各項經濟環境。

　　又寧波市另一對口扶貧貴州省黔南布依族苗族自治州地區，該區為深山區、石山區，基礎設施建設滯後，生產生活環境相當惡劣。為此，寧波市幫助對口地區建設 500 多所中小學校；幫扶建設 90 多所醫院；幫扶建設農村廣播電視通訊網；幫助 300 多戶極貧戶進行舊房改造，對 5,000 多戶農戶進行「一池三改」（沼氣池、改廁、改廚、改圈），通過這些措施的實施，改善對口地區群眾的生產生活條件，推動對口地區經濟社會發展和新農村建設。[540]

　　然而，要消除貧困，中國大陸政府認為，不能只是基礎設施的改善，必須提高幹部與群眾的素質，所以寧波市以培訓交流為主要途徑積極開展智力幫扶，使對口地區幹部群眾開闊了眼界、更新觀念、拓展思路、提高能力，推動對口地區發展，例如黔東南州南花村支部書記，1999 年到寧波接受培訓後，極大改變了對鄉村發展的認識，回去後辦起苗家村寨民族風情遊，現在南花村已成為貴州省著名的旅遊村寨，家家戶戶都靠旅遊業致富。[541]

　　據統計寧波市 1996 年開展對口幫扶貴州以來，截至 2013 年，已累計在貴州完成幫扶項目 3,592 個，投入資金 9.28 億元人民幣。其中，政府資金 4.59 億元人民幣，幫扶專案 1,969 個，社會資金 4.69 億元人民幣、幫扶專案 1,623 個；對口幫扶貴州西南州專案 1,452 個，資金 4.27 億元人民幣。[542]

　　對口幫扶，使浙江省寧波市達成以下成果：1.是通過全面深入地瞭解西部地區特別是對口地區、少數民族地區的實際情況，加深對黨和國家大政方針的理解和認識，增強大局觀念和發展意識；2.是通過學習貴州人民艱苦奮鬥、自強不息的創業精神，激發幹部的責任意識和工作熱情；3.是通過派出幹部到環境艱苦的對口地區掛職，磨礪了幹部的意志和品格，增強幹部的是非觀和榮辱觀；4.是通過全社會參與幫扶，培育市民愛心和城市精神，促進精神文明建設；5.是通過經濟合作和勞務合作，促進寧波自身經濟的發展。顯然，透過對口幫扶的工作，使浙江省寧波市幹部群體的素質有所成長，也促進兩地的經濟與社會發展。[543]

　　再以上海市對口幫扶雲南省德昂族發展工作為例，雲南德宏州共有德昂族 1.43 萬人，占全州總人口的 1.19%，主要分佈在全州 17 個鄉鎮 31 個行政村 56 個村民小組。由於地處偏遠、社會發育程度低等歷史自然原因，德昂族的經濟和社會發展總體水準相對落後，存在著基礎設施建設嚴重滯後、生產生活條件差、生產力水準低下、貧困面大、貧困程度深、社會發育程度低、社會發展滯後、勞動者素質低、生活習俗落後、思想觀念陳舊、開放意識淡薄等問題。[544]

　　上海市政府及雲南省德宏州政府，按照滬滇合作要求，認真編制《上海市對口幫扶德昂族發展專案五年規劃綱要（2006～2010 年）》、《德宏州人口較少民族德昂族經濟社會發展「十一五」規劃綱要（2007～2010 年）》、《關於對口幫扶德昂族發展的合作協定》等。自 2006 年啟動上海對口幫扶德昂族發展工作，截至 2010 年共投入幫扶資金 5,960.008 萬元人民幣（其中上海投入 2,526.908 萬元人民幣、雲南省民委配套 1,549.5 萬元人民幣、縣級整合資金 217.9 萬元人民幣、群眾投工投勞折算 1,665.7 萬元人民幣），圍繞解決德昂族群眾基本生產、基本生活、基本教育、基本醫療等問題，實施村內道路、人畜飲水、電力、安居工程、農村能源、農田水利、種植、養殖、文化、教育、科技培訓等 422 個專案。[545]

　　在基礎建設上，2006～2010 年間，共建設村內道路 75.2 公里、架設輸電線路 4.5 公里、新建 1,050 口沼氣池及配套圈廁，架設人畜飲水管道 69.15 公里、建蓄水池 20 個、建水利溝渠 18.3 公里、新建 41 間文化活動室、建蓋 606 戶安居房。通過專案實施，受扶持村告別了又黑又暗又矮的茅草房，告別了晴天一身灰、雨天一身泥的土路，實現了居住瓦房化、道路彈石化、能源沼氣化、生活現代化。[546]大力改善貧困農村的生活基礎設施及居住環境，給予貧困農村居民更好的生活環境。

　　在農村產業發展上，2006～2010 年間，共扶持發展茶葉、澳洲堅果、橡膠、八角、竹子等各類經濟作物 1,1693 畝，扶持近 300 戶農戶發展庭院經濟。扶持農戶養殖豬、黃牛及家畜 18,597 頭。通過實施專案，調整了單一的產業結構，培育了支柱產業，增強了

德昂族群眾的商品經濟意識，拓寬了經濟收入管道。據統計，全州 55 個德昂族自然村平均人均純收入由 2005 年 940.5 元人民幣，增加到 2010 年 2,259 元人民幣，德昂族群眾的生產生活得到了跨越式發展。[547]有效發展農村經濟，使得農村居民得以增加收入脫離貧困狀態。

在人才培養上，利用「上海市對口幫扶德昂族農村人才培訓學校」、「上海市對口幫扶德昂族青年就業培訓基地」，開展農村實用技術和德昂族青年就業技能培訓，共有 13,484 人次參加培訓。購置多媒體教學設備開展遠端教育，開展教師、醫務技術骨幹培訓 29 期 1,112 人次。培養 15 名德昂族珠寶玉石加工人才和 42 名三年制中專班學員。[548]使得農村居民能獲得更多的教育與職業訓練，培育農村地區各類人才，亦有效促進農村地區新的經濟與產業發展。

此外，還有幫助德昂族鄉衛生院配置一批價值 22 萬元人民幣的醫療設備。協調解放軍 411 醫院的 16 名專家到德昂族聚居區開展義診活動。接收安排 5 名志願者開展支教支醫工作。進行勞務輸出，組織 117 名德昂族青年到上海、昆明、大理等地打工。兩省市攜手共建德昂族博物館，建蓋和維修學校校舍，這些工作有力地促進了當地文化、教育、衛生事業的發展。[549]

從上述浙江省寧波市對口扶貧貴州與上海市對口幫扶雲南省德昂族來分析，中國大陸政府間對口幫扶基本方式是以先發展的富裕城市，將資金、技術、人才投入貧困地區，先將貧困地區基礎設施完善後，培養及訓練當地人民發展當地特色產業，或是將當地人民經過培訓後以勞務輸出外地，以取得工作機會得以自立更生，不依賴政府的社會救助，相關政策使得扶助城市與受扶助農村相互得利。

再者，這也是中國共產黨與中國大陸政府培養黨政幹部的特色，藉由政府的扶貧工作，使得發達地區與貧困地區的黨政幹部得以相互交流與學習，不僅能開拓視野也能增加實務工作經驗，使富裕地區的幹部能到貧困地區磨練，也使貧困地區的幹部能到富裕發達地區學習新知，經過這樣歷練成長的黨政幹部，在歷經中共地方組織部中央組織部的考核，逐步培養成專業合格的黨政領導幹部。

這是中國大陸政府運用黨政一體的體制訂定對口扶貧政策，使沿海經濟發展較好的城市，運用其資金扶助內陸較貧困的農村地區，並協助貧困農村基礎建設與產業發展，使得貧困地區經濟得以發展，也促進貧困地區產業的升級，並達成共同富裕的理想目標。

伍、十三五脫貧攻堅概述

2015 年 6 月 18 日，中共總書記習近平在貴州召開，部分省區市扶貧攻堅與十三五時期經濟發展座談會上講話，提出扶貧要做到「六個精準」：即「扶貧物件精準、專案安排精準、資金使用精準、措施到戶精準、因村派人精準、脫貧成效精準。」[550]

從中共總書記習近平到貧困大省貴州考察扶貧狀況，可知中共中央已開始為新的扶貧規劃做調查研究與布局。後於 2016 年中國大陸國務院發布《十三五脫貧攻堅規劃的

通知》指出：「消除貧困、改善民生、逐步實現共同富裕，是社會主義的本質要求，是中國共產黨的重要使命。且打贏脫貧攻堅戰，確保到 2020 年現行標準下農村貧困人口實現脫貧，是促進全體人民共享改革發展成果、實現共同富裕的重大舉措，是促進區域協調發展、跨越中等收入陷阱的重要途徑。」[551]

截至 2015 年底，中國大陸還有 5,630 萬農村建檔立卡貧困人口，主要分佈在 832 個國家扶貧開發工作重點縣、集中連片特困地區縣和 12.8 萬個建檔立卡貧困村[552]，因此《十三五脫貧攻堅規劃》詳細制定，如產業發展脫貧方案包含農林產業扶貧、旅遊扶貧、電商扶貧、資產收益扶貧、科技扶貧等；轉移就業脫貧要大力開展職業培訓）；易地搬遷脫貧方案得實施好易地扶貧搬遷工程；教育扶貧方案主要提高貧困人口基本文化素質；健康扶貧方案必須使因病致貧返貧問題得到有效解決，生態保護方案以扶貧提升貧困地區可持續發展能力為重點；社會扶貧方案則以廣泛動員社會力量幫扶、企業社會組織和志願者幫扶，詳細制定脫貧攻堅方案要求中共黨政幹部戮力執行，從中國大陸 2013 年～2020 年中央與各級財政專項扶貧基金統計表可知，中國大陸政府中央到地方各級政府投入大量扶貧的專項資金努力做各項扶貧工作，期望於 2020 年全部實現脫貧。

中共中央及國務院已確立在十三五規劃最後一年，即 2020 年完成全面建成小康社會的脫貧目標，必須實現農村貧困人口「兩不愁、三保障」，即不愁吃、不愁穿，義務教育、基本醫療和住房安全有保障，實現中國共產黨建黨第一個百年奮鬥目標。

因此，於 2018 年中共中央及國務院，再出臺《關於打贏脫貧攻堅戰三年行動的指導意見》指出：「脫貧攻堅任務的艱難，於未來 3 年還有 3,000 萬左右農村貧困人口需要脫貧，其中因病、因殘致貧比例居高不下，特別是西藏、四省藏區、南疆四地州和四川涼山州、雲南怒江州、甘肅臨夏州（以下簡稱「三區三州」）等，深度貧困地區，不僅貧困發生率高、貧困程度深，而且基礎條件薄弱、致貧原因復雜、發展嚴重滯後、公共服務不足，脫貧難度更大。」[553]

《關於打贏脫貧攻堅戰三年行動的指導意見》指出脫貧攻堅工作問題：「有形式主義、官僚主義、弄虛作假、急躁和厭戰情緒以及消極腐敗現象，有的還很嚴重，影響脫貧攻堅有效推進。再次深化與完善一系列扶貧工作，進一步落實脫貧攻堅責任制：中央統籌，重在做好頂層設計，在政策、資金等方面為地方創造條件，加強脫貧效果監管；省負總責，重在把黨中央大政方針轉化為實施方案，加強指導和督導，促進工作落實；市縣抓落實，重在從當地實際出發推動脫貧攻堅各項政策措施落地生根。並實施五級書記遍訪貧困對象行動，省（自治區、直轄市）黨委書記遍訪貧困縣，市（地、州、盟）黨委書記遍訪脫貧攻堅任務重的鄉鎮，縣（市、區、旗）黨委書記遍訪貧困村，鄉鎮黨委書記和村黨組織書記遍訪貧困戶。」[554]

因此，中國大陸地方黨政幹部扶貧工作，在各項績效指標考核下壓力大增，從 2012 年至 2019 年中國大陸減貧統計表人數來看，幾乎以每年減貧人口達 1,000 萬以上的速度在協助貧困人口脫貧，顯然中國大陸政府推動扶貧政策有相當大成效，這對於中國大陸貧困人民的生存權實有相當保障。

表5-54 「十三五」時期貧困地區發展和貧困人口脫貧主要指標表

指標	2015 年	2020 年	屬性
建檔立卡貧困人口	5,630 萬人	實現脫貧	約束性
建檔立卡貧困村	12.8 萬個	實現脫貧	約束性
貧困縣	832 個	實現脫貧	約束性
實施易地扶貧搬遷貧困人口	-	981 萬人	約束性
貧困地區農村集中供水率	75%	≥83%	預期性
建檔立卡貧困戶存量危房改造率	-	近 100	約束性
貧困縣義務教育鞏固率	90%	93%	預期性
建檔立卡貧困戶因病致（返）貧戶數	838.5 萬戶	基本解決	預期性
建檔立卡貧困村村集體經濟年收入	-	≥5 萬元	預期性

資料來源：

整理自-《十三五脫貧攻堅規劃》（北京：人民出版社，2016 年），頁 8-9。

表5-55 中國大陸2012年～2019年農村貧困人口統計表

年度	2012 年	2013 年	2014 年	2015 年
人口	9,899 萬人	8,249 萬人	7,017 萬人	5,575 萬人
年度	2016 年	2017 年	2018 年	2019 年
人口	4,335 萬人	3,046 萬人	1,660 萬人	551 萬人

資料來源：

國家統計局網站，http：//www.stats.gov.cn/，檢索時間 2020 年 6 月 10 日。

表5-56 中國大陸2013年～2020年中央與各級財政專項扶貧基金統計表

年度	2012 年	2013 年	2014 年	2015 年
中央財政專項扶貧基金	381 億	429 億	465 億	665 億
地方財政專項扶貧基金	730 億	870 億	1,000 億	1,700 億
年度	2016 年	2017 年	2018 年	2019 年
中央財政專項扶貧基金	865 億	1,065 億	1,265 億	1,465 億
地方財政專項扶貧基金	2,220 億	2,780 億	3,160 億	3,520 億
單位：人民幣				

資料來源：

中華人民共和國國務院新聞辦公室網站，<《人類減貧的中國實踐白皮書》（全文）>，http：

//www.scio.gov.cn/zfbps/ndhf/44691/Document/1701664/1701664.htm，檢索時間 2022 年 9 月 6 日。

表5-57　國務院關於印發《十三五脫貧攻堅規劃的通知》節錄表

1.總體思路

（1）消除貧困、改善民生、逐步實現共同富裕，是社會主義的本質要求，是中國共產黨的重要使命。

（2）「十三五」時期，是全面建成小康社會、實現第一個百年奮鬥目標的決勝階段，也是打贏脫貧攻堅戰的決勝階段。

（3）「十三五」時期，新型工業化、資訊化、城鎮化、農業現代化同步推進和國家重大區域發展戰略加快實施，為貧困地區發展提供了良好環境和重大機遇，特別是國家綜合實力不斷增強，為打贏脫貧攻堅戰奠定了堅實的物質基礎。

（4）打贏脫貧攻堅戰，確保到 2020 年現行標準下農村貧困人口實現脫貧，是促進全體人民共享改革發展成果、實現共同富裕的重大舉措，是促進區域協調發展、跨越「中等收入陷阱」的重要途徑，是促進民族團結、邊疆穩固的重要保證，是全面建成小康社會的重要內容，是積極回應聯合國 2030 年可持續發展議程的重要行動，事關人民福祉，事關黨的執政基礎和國家長治久安，使命光榮、責任重大。

2.基本原則

（1）堅持精準扶貧、精準脫貧：堅持以「六個精準」統領貧困地區脫貧攻堅工作，精確瞄準、因地制宜、分類施策，大力實施精準扶貧脫貧工程，變「大水漫灌」為「精準滴灌」，做到真扶貧、扶真貧、真脫貧。

（2）堅持全面落實主體責任：充分發揮政治優勢和制度優勢，強化政府在脫貧攻堅中的主體責任，創新扶貧考評體系，加強脫貧成效考核。按照中央統籌、省負總責、市縣抓落實的工作機制，堅持問題導向和目標導向，壓實責任、強力推進。

（3）堅持統籌推進改革創新：脫貧攻堅工作要與經濟社會發展各領域工作相銜接，與新型工業化、資訊化、城鎮化、農業現代化相統籌，充分發揮政府主導和市場機制作用，穩步提高貧困人口增收脫貧能力，逐步解決區域性整體貧困問題。加強改革創新，不斷完善資金籌措、資源整合、利益聯結、監督考評等機制，形成有利於發揮各方面優勢、全社會協同推進的大扶貧開發格局。

（4）堅持綠色協調可持續發展：牢固樹立綠水青山就是金山銀山的理念，把貧困地區生態環境保護擺在更加重要位置，探索生態脫貧有效途徑，推動扶貧開發與資源環境相協調、脫貧致富與可持續發展相促進，使貧困人口從生態保護中得到更多實惠。

（5）堅持激發群眾內生動力活力：堅持群眾主體地位，保障貧困人口平等參與、平等發展權利，充分調動貧困地區廣大幹部群眾積極性、主動性、創造性，發揚自強自立精神，依靠自身努力改變貧困落後面貌，實現光榮脫貧。

3.脫貧目標

（1）到 2020 年，穩定實現現行標準下農村貧困人口不愁吃、不愁穿，義務教育、基本醫療和住房安全有保障（以下稱「兩不愁、三保障」）。

（2）到 2020 年，貧困地區農民人均可支配收入比 2010 年翻一番以上，增長幅度高於全國平均水準，基本公共服務主要領域指標接近全國平均水準。

（3）到 2020 年，確保我國現行標準下農村貧困人口實現脫貧，貧困縣全部摘帽，解決區域性整體貧困。

（4）現行標準下農村建檔立卡貧困人口實現脫貧：貧困戶有穩定收入來源，人均可支配收入穩定超過國家扶貧標準，實現「兩不愁、三保障」。

（5）建檔立卡貧困村有序摘帽：村內基礎設施、基本公共服務設施和人居環境明顯改善，基本農田和農田水利等設施水準明顯提高，特色產業基本形成，集體經濟有一定規模，社區管理能力不斷增強。

（6）貧困縣全部摘帽：縣域內基礎設施明顯改善，基本公共服務能力和水準進一步提升，全面解決出行難、上學難、就醫難等問題，社會保障實現全覆蓋，縣域經濟發展壯大，生態環境有效改善，可持續發展能力不斷增強。

4.重點行動

（1）產業發展脫貧：立足貧困地區資源稟賦，以市場為導向，充分發揮農民合作組織、龍頭企業等市場主體作用，建立健全產業到戶到人的精準扶持機制，每個貧困縣建成一批脫貧帶動能力強的特色產業，每個貧困鄉、村形成特色拳頭產品，貧困人口勞動技能得到提升，貧困戶經營性、財產性收入穩定增加。

A. 農林產業扶貧：優化發展種植業、積極發展養殖業、大力發展林產業、促進產業融合發展、扶持培育新型經營主體、加大農林技術推廣和培訓力度。

B. 旅遊扶貧：因地制宜發展鄉村旅遊、大力發展休閒農業、積極發展特色文化旅遊。

C. 電商扶貧：培育電子商務市場主體、改善農村電子商務發展環境。

D. 資產收益扶貧：組織開展資產收益扶貧工作，鼓勵和引導貧困戶將已確權登記的土地承包經營權入股企業、合作社、家庭農（林）場與新型經營主體形成利益共同體，分享經營收益。

E. 科技扶貧：促進科技成果向貧困地區轉移轉化、提高貧困人口創新創業能力、加強貧困地區創新平臺載體建設。

（2）轉移就業脫貧：加強貧困人口職業技能培訓和就業服務，保障轉移就業貧困人口合法權益，開展勞務協作，推進就地就近轉移就業，促進已就業貧困人口穩定就業和有序實現市民化、有勞動能力和就業意願未就業貧困人口實現轉移就業。

A. 大力開展職業培訓：完善勞動者終身職業技能培訓制度、提高貧困家庭農民工職業技能培訓精準度。

B. 促進穩定就業和轉移就業：加強對轉移就業貧困人口的公共服務、開展地區間勞務協作、推進就地就近轉移就業。

（3）易地搬遷脫貧：組織實施好易地扶貧搬遷工程，確保搬遷群眾住房安全得到保障，飲水安全、出行、用電等基本生活條件得到明顯改善，享有便利可及的教育、醫療等基本公共服務，遷出區生態環境得到有效治理，確保有勞動能力的貧困家庭後續發展有門路、轉移就業有管道、收入水準不斷提高，實現建檔立卡搬遷人口搬得出、穩得住、能脫貧。

A.精準識別搬遷對象：合理確定搬遷範圍和對象確保建檔立卡、貧困人口應搬盡搬。

B.穩妥實施搬遷安置：因地制宜選擇搬遷安置方式、合理確定住房建設標準、配套建設基礎設施和公共服務設施、拓展資金籌措管道。

C.促進搬遷群眾穩定脫貧：大力發展安置區（點）優勢產業、多措並舉促進建檔立卡搬遷戶就業增收、促進搬遷人口融入當地社會。

（4）教育扶貧：以提高貧困人口基本文化素質和貧困家庭勞動力技能為抓手，瞄準教育最薄弱領域，阻斷貧困的代際傳遞。到 2020 年，貧困地區基礎教育能力明顯增強，職業教育體系更加完善，高等教育服務能力明顯提升，教育總體品質顯著提高，基本公共教育服務水準接近全國平均水準。

A.提升基礎教育水準：改善辦學條件、強化教師隊伍建設。

B.降低貧困家庭就學負擔：完善困難學生資助救助政策。

C.加快發展職業教育：強化職業教育資源建設、加大職業教育力度、加大貧困家庭子女職業教育資助力度。

D.提高高等教育服務能力：提高貧困地區高等教育品質，繼續實施高校招生傾斜政策。

（5）健康扶貧：改善貧困地區醫療衛生機構條件，提升服務能力，縮小區域間衛生資源配置差距，基本醫療保障制度進一步完善，建檔立卡貧困人口大病和慢性病得到及時有效救治，就醫費用個人負擔大幅減輕，重大傳染病和地方病得到有效控制，基本公共衛生服務實現均等化，因病致貧返貧問題得到有效解決。

A.提升醫療衛生服務能力：加強醫療衛生服務體系建設、深化醫藥衛生體制改革、強化人才培養培訓、支援中醫藥和民族醫藥事業發展。

B.提高醫療保障水準：降低貧困人口大病、慢性病費用支出、實行貧困人口分類救治。

C.加強疾病預防控制和公共衛生：加大傳染病、地方病、慢性病防控力度。全面提升婦幼健康服務水準。深入開展愛國衛生運動。

（6）生態保護扶貧：處理好生態保護與扶貧開發的關係，加強貧困地區生態環境保護與治理修復，提升貧困地區可持續發展能力。逐步擴大對貧困地區和貧困人口的生態保護補償，增設生態公益崗位，使貧困人口通過參與生態保護實現就業脫貧。

A.加大生態保護修復力度：加強生態保護與建設、開展水土資源保護。

B.建立健全生態保護補償機制：建立穩定生態投入機制、探索多元化生態保護補償方式、設立生態公益崗位。

（7）兜底保障：統籌社會救助體系，促進扶貧開發與社會保障有效銜接，完善農村低保、特困人員救助供養等社會救助制度，健全農村「三留守」人員和殘疾人關愛服務體系，實現社會保障兜底。

A.健全社會救助體系：完善農村最低生活保障制度。統籌社會救助資源。

B.逐步提高貧困地區基本養老保障水準：堅持全覆蓋、保基本、有彈性、可持續的方針，統籌推進城鄉養老保障體系建設，指導貧困地區全面建成制度名稱、政策標

準、管理服務、資訊系統「四統一」的城鄉居民養老保險制度。探索建立適應農村老齡化形勢的養老服務模式。

C.健全「三留守」人員（指留守兒童、留守婦女、留守老人）和殘疾人關愛服務體系：完善「三留守」人員服務體系。完善貧困殘疾人關愛服務體系。

（8）社會扶貧：發揮東西部扶貧協作和中央單位定點幫扶的引領示範作用，凝聚國際國內社會各方面力量，進一步提升貧困人口幫扶精準度和幫扶效果，形成脫貧攻堅強大合力。

A.東西部扶貧協作：開展多層次扶貧協作、拓展扶貧協作有效途徑。

B.定點幫扶：明確定點扶貧目標任務，結合當地脫貧攻堅規劃，制定各單位定點幫扶工作年度計畫，以幫扶物件穩定脫貧為目標，實化幫扶舉措，提升幫扶成效。

C.企業幫扶：強化國有企業幫扶責任、引導民營企業參與扶貧開發。

D.軍隊幫扶：構建整體幫扶體系、發揮部隊幫扶優勢。

E.社會組織和志願者幫扶：廣泛動員社會力量幫扶、進一步發揮社會工作專業人才和志願者扶貧作用、辦好扶貧日系列活動，在每年的 10 月 17 日全國扶貧日期間舉辦專題活動，動員全社會力量參與脫貧攻堅。

F.國際交流合作：堅持「引進來」和「走出去」相結合，加強國際交流合作，引進資金、資訊、技術、智力、理念、經驗等國際資源，服務我國扶貧事業。通過對外援助、專案合作、技術擴散、智庫交流等形式，加強與發展中國家和國際機構在減貧領域的交流合作，加強減貧知識分享，加大南南合作力度，增強國際社會對我國精準扶貧、精準脫貧基本方略的認同，提升國際影響力和話語權。組織實施好世界銀行第六期貸款、中國貧困片區兒童減貧與綜合發展、減貧國際合作等項目，回應聯合國 2030 年可持續發展議程。

（9）提升貧困地區區域發展能力：以革命老區、民族地區、邊疆地區、集中連片特困地區為重點，整體規劃，統籌推進，持續加大對集中連片特困地區的扶貧投入力度，切實加強交通、水利、能源等重大基礎設施建設，加快解決貧困村通路、通水、通電、通網路等問題，貧困地區區域發展環境明顯改善，「造血」能力顯著提升，基本公共服務主要領域指標接近全國平均水準，為 2020 年解決區域性整體貧困問題提供有力支撐。

A.繼續實施集中連片特困地區規劃：統籌推進集中連片特困地區規劃實施、完善片區聯繫協調機制。

B.著力解決區域性整體貧困問題：大力推進革命老區、民族地區、邊疆地區脫貧攻堅。推動脫貧攻堅與新型城鎮化發展相融合。推進貧困地區區域合作與對外開放。

C.加強貧困地區重大基礎設施建設：構建外通內聯交通骨幹通道。著力提升重大水利設施保障能力。優先佈局建設能源工程。

D.加快改善貧困村生產生活條件：全面推進村級道路建設、鞏固提升農村飲水安全水準、多管道解決生活用能、加強貧困村資訊和物流設施建設、繼續實施農村危房改造、加強貧困村人居環境整治、健全貧困村社區服務體系、加強公共文化服務體系建設、著力改善生產條件。

5.保障措施

將脫貧攻堅作為重大政治任務，採取超常規舉措，創新體制機制，加大扶持力度，打好政策組合拳，強化組織實施，為脫貧攻堅提供強有力保障。

（1）創新體制機制：

A.精準扶貧脫貧機制：加強建檔立卡工作，健全貧困人口精準識別與動態調整機制，加強精準扶貧大數據管理應用，定期對貧困戶和貧困人口進行全面核查，按照貧困人口認定、退出標準和程式，實行有進有出的動態管理。

B.扶貧資源動員機制：發揮政府投入主導作用，廣泛動員社會資源，確保扶貧投入力度與脫貧攻堅任務相適應。

C.貧困人口參與機制：充分發揮貧困村黨員幹部的引領作用和致富帶頭人的示範作用，大力弘揚自力更生、艱苦奮鬥精神，激發貧困人口脫貧奔小康的積極性、主動性、創造性，引導其光榮脫貧。

D.資金項目管理機制：對納入統籌整合使用範圍內的財政涉農資金項目，將審批許可權下放到貧困縣，優化財政涉農資金供給機制，支持貧困縣圍繞突出問題，以摘帽銷號為導向，以脫貧攻堅規劃為引領，以重點扶貧專案為平臺，統籌整合使用財政涉農資金。

E.考核問責激勵機制：落實脫貧攻堅責任制，嚴格實施省級黨委和政府扶貧開發工作成效考核辦法，建立扶貧工作責任清單，強化執紀問責。

（2）加大政策支持

A.財政政策：中央財政繼續加大對貧困地區的轉移支付力度，中央財政專項扶貧資金規模實現較大幅度增長，一般性轉移支付資金、各類涉及民生的專項轉移支付資金和中央預算內投資進一步向貧困地區和貧困人口傾斜。

B.投資政策：加大貧困地區基礎設施建設中央投資支持力度。

C.金融政策：。鼓勵和引導各類金融機構加大對扶貧開發的金融支持。

D.土地政策：支援貧困地區根據第二次全國土地調查及最新年度變更調查成果，調整完善土地利用總體規劃。

E.幹部人才政策：加大選派優秀年輕幹部到貧困地區工作的力度，加大中央單位和中西部地區、民族地區、貧困地區之間幹部交流任職的力度，有計劃地選派後備幹部到貧困縣掛職任職。

（3）強化組織實施

A.加強組織領導：在國務院扶貧開發領導小組統一領導下，扶貧開發任務重的省、市、縣、鄉各級黨委和政府要把脫貧攻堅作為中心任務，層層簽訂脫貧攻堅責任書，層層落實責任制。重點抓好縣級黨委和政府脫貧攻堅領導能力建設，改進縣級幹部選拔任用機制，選好配強扶貧任務重的縣黨政班子。脫貧攻堅任務期內，縣級領導班子保持相對穩定，貧困縣黨政正職領導幹部實行不脫貧不調整、不摘帽不調離。加強基層組織建設，強化農村基層黨組織的領導核心地位，充分發揮基層黨組織在脫貧攻堅中的戰鬥堡壘作用和共產黨員的先鋒模範作用。加強對貧困群眾的教育引導，強化貧困群眾的主體責任和進取精神。大力宣導新風正氣和積極健康的生活方

式，逐步扭轉落後習俗和不良生活方式。完善村級組織運轉經費保障機制，健全黨組織領導的村民自治機制，切實提高村委會在脫貧攻堅工作中的組織實施能力。加大駐村幫扶工作力度，提高縣以上機關派出幹部比例，精準選配第一書記，配齊配強駐村工作隊，確保每個貧困村都有駐村工作隊，每個貧困戶都有幫扶責任人。

B.明確責任分工：實行中央統籌、省負總責、市縣抓落實的工作機制。省級黨委和政府對脫貧攻堅負總責，負責組織指導制定省級及以下脫貧攻堅規劃，對規劃實施提供組織保障、政策保障、資金保障和幹部人才保障，並做好監督考核。根據國家關於貧困退出機制的要求，各省（區、市）統籌脫貧進度，制定省級「十三五」脫貧攻堅規劃，明確貧困縣、貧困村和貧困人口年度脫貧目標。縣級黨委和政府負責規劃的組織實施工作，並對規劃實施效果負總責。市（地）黨委和政府做好上下銜接、域內協調和督促檢查等工作。各有關部門按照職責分工，制定扶貧工作行動計畫或實施方案，出臺相關配套支持政策，加強業務指導和推進落實。

C.加強監測評估：國家發展改革委、國務院扶貧辦負責本規劃的組織實施與監測評估等工作。加強扶貧資訊化建設，依託國務院扶貧辦扶貧開發建檔立卡資訊系統和國家統計局貧困監測結果，定期開展規劃實施情況動態監測和評估工作。監測評估結果作為省級黨委和政府扶貧開發工作成效考核的重要依據，及時向國務院報告。

資料來源：

整理自-中國政府網，2016，〈 國務院關於印發「十三五」脫貧攻堅規劃的通知 〉，http：//www.gov.cn/zhengce/content/2015-05/16/content_9771.htm，檢索時間 2018 年 4 月 22 日。

表5-58 中共中央國務院關於《打贏脫貧攻堅戰三年行動的指導意見》節錄表

1.總體思路

（1）黨的十九大明確把精準脫貧作為決勝全面建成小康社會必須打好的三大攻堅戰之一，作出了新的部署。

（2）從脫貧攻堅任務看，未來 3 年，還有 3,000 萬左右農村貧困人口需要脫貧，其中因病、因殘致貧比例居高不下，在剩餘 3 年時間內完成脫貧目標，任務十分艱巨。特別是西藏、四省藏區、南疆四地州和四川涼山州、雲南怒江州、甘肅臨夏州（以下簡稱「三區三州」）等深度貧困地區，不僅貧困發生率高、貧困程度深，而且基礎條件薄弱、致貧原因復雜、發展嚴重滯後、公共服務不足，脫貧難度更大。

（3）從脫貧攻堅工作看，形式主義、官僚主義、弄虛作假、急躁和厭戰情緒以及消極腐敗現象仍然存在，有的還很嚴重，影響脫貧攻堅有效推進。必須清醒地把握打贏脫貧攻堅戰的困難和挑戰，切實增強責任感和緊迫感，一鼓作氣、盡銳出戰、精準施策，以更有力的行動、更扎實的工作，集中力量攻克貧困的難中之難、堅中之堅，確保堅決打贏脫貧這場對如期全面建成小康社會、實現第一個百年奮鬥目標具有決定性意義的攻堅戰。

2.任務目標

（1）到 2020 年，鞏固脫貧成果，通過發展生產脫貧一批，易地搬遷脫貧一批，生態補償脫貧一批，發展教育脫貧一批，社會保障兜底一批，因地制宜綜合施策，確保現行標准下農村貧困人口實現脫貧，消除絕對貧困；確保貧困縣全部摘帽，解決區域性整體貧困。實現貧困地區農民人均可支配收入增長幅度高於全國平均水平。

（2）實現貧困地區基本公共服務主要領域指標接近全國平均水平，主要有：貧困地區具備條件的鄉鎮和建制村通硬化路，貧困村全部實現通動力電，全面解決貧困人口住房和飲水安全問題，貧困村達到人居環境乾淨整潔的基本要求，切實解決義務教育學生因貧失學輟學問題，基本養老保險和基本醫療保險、大病保險實現貧困人口全覆蓋，最低生活保障實現應保盡保。集中連片特困地區和革命老區、民族地區、邊疆地區發展環境明顯改善，深度貧困地區如期完成全面脫貧任務。

3.工作要求

（1）堅持嚴格執行現行扶貧標准，嚴格按照「兩不愁、三保障」要求：

A.確保貧困人口不愁吃、不愁穿。

B.保障貧困家庭孩子接受九年義務教育，確保有學上、上得起學。

C.保障貧困人口基本醫療需求，確保大病和慢性病得到有效救治和保障。

D.保障貧困人口基本居住條件，確保住上安全住房。

（2）堅持精準扶貧精準脫貧基本方略：

做到扶持對象精準、項目安排精準、資金使用精準、措施到戶精準、因村派人（第一書記）精準、脫貧成效精準，因地制宜、從實際出發，解決好扶持誰、誰來扶、怎麼扶、如何退問題，做到扶真貧、真扶貧，脫真貧、真脫貧。

（3）堅持把提高脫貧質量放在首位：牢固樹立正確政績觀，不急功近利，不好高騖遠，更加注重幫扶的長期效果，夯實穩定脫貧、逐步致富的基礎。要合理確定脫貧時序，不搞層層加碼，不趕時間進度、搞衝刺，不搞拖延耽誤，確保脫貧攻堅成果經得起歷史和實踐檢驗。

（4）堅持扶貧同扶志扶智相結合：

正確處理外部幫扶和貧困群眾自身努力的關系，強化脫貧光榮導向，更加注重培養貧困群眾依靠自力更生實現脫貧致富的意識，更加注重提高貧困地區和貧困人口自我發展能力。

（5）堅持開發式扶貧和保障性扶貧相統籌：

把開發式扶貧作為脫貧基本途徑，針對致貧原因和貧困人口結構，加強和完善保障性扶貧措施，造血輸血協同，發揮兩種方式的綜合脫貧效應。

（6）堅持脫貧攻堅與錘煉作風、鍛煉隊伍相統一：

把脫貧攻堅戰場作為培養幹部的重要陣地，強化基層幫扶力量，密切黨同人民群眾血肉聯系，提高幹部幹事創業本領，培養了解國情和農村實際的幹部隊伍。

（7）堅持調動全社會扶貧積極性：

充分發揮政府和社會兩方面力量作用，強化政府責任，引導市場、社會協同發力，

構建專項扶貧、行業扶貧、社會扶貧互為補充的大扶貧格局。

4.集中力量支持深度貧困地區脫貧攻堅

（1）著力改善深度貧困地區發展條件：

A.推進深度貧困地區交通建設攻堅，加快實施深度貧困地區具備條件的建制村通硬化路工程。加快實施深度貧困地區農村飲水安全鞏固提升工程。加快深度貧困地區小型水利工程建設，推進深度貧困地區在建重大水利工程建設進度。

B.推進深度貧困地區農村電網建設攻堅，實現農網動力電全覆蓋。加強「三區三州」電網建設，加快解決網架結構薄弱、供電質量偏低等問題。加大深度貧困地區互聯網基礎設施建設投資力度，加快實現深度貧困地區貧困村網絡全覆蓋。

C.推進深度貧困地區整合資金、統一規劃、統籌實施農村土地綜合整治和高標准農田建設。推進西藏、四省藏區、新疆南疆退耕還林還草、退牧還草工程。加快岩溶地區石漠化綜合治理、西藏生態安全屏障、青海三江源生態保護、祁連山生態保護和綜合治理等重點工程建設。實施貧困村提升工程。

（2）著力解決深度貧困地區群眾特殊困難：

A.全面實施「三區三州」健康扶貧攻堅行動，重點做好包蟲病、艾滋病、大骨節病、結核病等疾病綜合防治。

B.加強禁毒脫貧工作，分級分類落實禁毒脫貧舉措。

C.採取特殊措施和手段推動人口較少民族貧困人口精準脫貧。

D.全面落實邊民補助、住房保障等守邊固邊政策，改善抵邊一線鄉村交通、飲水等條件，啟動實施抵邊村寨電網升級改造攻堅計劃，加快推進邊境村鎮寬帶網絡建設。

E.穩妥推進新疆南疆土地清理再分配改革，建立土地經營與貧困戶直接掛鉤的利益分配機制。

（3）著力加大深度貧困地區政策傾斜力度：

A.中央財政進一步增加對深度貧困地區專項扶貧資金、教育醫療保障等轉移支付，加大重點生態功能區轉移支付、農村危房改造補助資金、中央預算內投資、車購稅收入補助地方資金、縣級基本財力保障機制獎補資金等對深度貧困地區的傾斜力度，增加安排深度貧困地區一般債券限額。

B.規範扶貧領域融資，依法發行地方政府債券，加大深度貧困地區扶貧投入。新增金融資金優先滿足深度貧困地區，新增金融服務優先布局深度貧困地區，對深度貧困地區發放的精準扶貧貸款實行差異化貸款利率。

C.保障深度貧困地區產業發展、基礎設施建設、易地扶貧搬遷、民生發展等用地，對土地利用規劃計劃指標不足部分由中央協同所在省份解決。深度貧困地區開展城鄉建設用地增減掛勾可不受指標規模限制，建立深度貧困地區城鄉建設用地增減掛勾節餘指標跨省域調劑使用機制。深度貧困地區建設用地涉及農用地轉用和土地征收的，依法加快審批。

D.在援藏援疆援青工作中，進一步加大對「三區三州」等深度貧困地區幹部選派

傾斜支持力度。

5.強化到村到戶到人精準幫扶舉措

（1）加大產業扶貧力度：

深入實施貧困地區特色產業提升工程，因地制宜加快發展對貧困戶增收帶動作用明顯的種植養殖業、林草業、農產品加工業、特色手工業、休閒農業和鄉村旅遊，積極培育和推廣有市場、有品牌、有效益的特色產品。

（2）全力推進就業扶貧：

實施就業扶貧行動計劃，推動就業意願、就業技能與就業崗位精準對接，提高勞務組織化程度和就業脫貧覆蓋面。

（3）深入推動易地扶貧搬遷：

A.全面落實國家易地扶貧搬遷政策要求和規範標準，結合推進新型城鎮化，進一步提高集中安置比例，穩妥推進分散安置並強化跟蹤監管，完善安置區配套基礎設施和公共服務設施，嚴守貧困戶住房建設面積和自籌資金底線，統籌各項扶貧和保障措施，確保完成剩餘390萬左右貧困人口搬遷建設任務，確保搬遷一戶、穩定脫貧一戶。

B.按照以崗定搬、以業定遷原則，加強後續產業發展和轉移就業工作，確保貧困搬遷家庭至少1個勞動力實現穩定就業。

C.在自然條件和發展環境異常惡劣地區，結合行政村規劃布局調整，鼓勵實施整村整組搬遷。

（4）加強生態扶貧：

A.創新生態扶貧機制，加大貧困地區生態保護修復力度，實現生態改善和脫貧雙贏。推進生態保護扶貧行動，到2020年在有勞動能力的貧困人口中新增選聘生態護林員、草管員崗位40萬個。

B.加大對貧困地區天然林保護工程建設支持力度。探索天然林、集體公益林托管，推廣「合作社+管護+貧困戶」模式，吸納貧困人口參與管護。

C.建設生態扶貧專業合作社（隊），吸納貧困人口參與防沙治沙、石漠化治理、防護林建設和儲備林營造。

（5）著力實施教育脫貧攻堅行動：

A.以保障義務教育為核心，全面落實教育扶貧政策，進一步降低貧困地區特別是深度貧困地區、民族地區義務教育輟學率，穩步提升貧困地區義務教育質量。

B.強化義務教育控輟保學聯保聯控責任，在輟學高發區「一縣一策」制定工作方案，實施貧困學生臺帳化精準控輟，確保貧困家庭適齡學生不因貧失學輟學。

C.全面推進貧困地區義務教育薄弱學校改造工作，重點加強鄉鎮寄宿制學校和鄉村小規模學校建設，確保所有義務教育學校達到基本辦學條件。

（6）深入實施健康扶貧工程：

A.將貧困人口全部納入城鄉居民基本醫療保險、大病保險和醫療救助保障範圍。落實貧困人口參加城鄉居民基本醫療保險個人繳費財政補貼政策，實施扶貧醫療救助。

B.切實降低貧困人口就醫負擔，在嚴格費用管控、確定診療方案、確定單病種收費標准、規范轉診和集中定點救治的基礎上，對城鄉居民基本醫療保險和大病保險支付後自負費用仍有困難的患者，加大醫療救助和其他保障政策的幫扶力度。

C.全面落實農村貧困人口縣域內定點醫療機構住院治療先診療後付費，在定點醫院設立綜合服務窗口，實現各項醫療保障政策「一站式」信息交換和即時結算。

D.在貧困地區加快推進縣鄉村三級衛生服務標准化建設，確保每個貧困縣建好 1～2 所縣級公立醫院（含中醫院），加強貧困地區鄉鎮衛生院和村衛生室能力建設。

E.深入實施醫院對口幫扶，全國 963 家三級醫院與 832 個貧困縣的 1,180 家縣級醫院結對幫扶，為貧困縣醫院配置遠程醫療設施設備，全面建成從三級醫院到縣醫院互聯互通的遠程醫療服務網絡。

F.貧困地區每個鄉鎮衛生院至少設立 1 個全科醫生特崗。支持地方免費培養農村高職（專科）醫學生，經助理全科醫生培訓合格後，補充到貧困地區村衛生室和鄉鎮衛生院。

（7）加快推進農村危房改造：

允許各省（自治區、直轄市）根據國務院主管部門制定的原則，結合各自實際推廣簡便易行的危房鑒定程序，規範對象認定程序，建立危房臺帳並實施精准管理，改造一戶、銷檔一戶，確保完成建檔立卡貧困戶等 4 類重點對象危房改造任務。

（8）強化綜合保障性扶貧：

統籌各類保障措施，建立以社會保險、社會救助、社會福利制度為主體，以社會幫扶、社工助力為輔助的綜合保障體系，為完全喪失勞動能力和部分喪失勞動能力且無法依靠產業就業幫扶脫貧的貧困人口提供兜底保障。

（9）開展貧困殘疾人脫貧行動：

將符合條件的建檔立卡貧困殘疾人納入農村低保和城鄉醫療救助範圍。完善困難殘疾人生活補貼和重度殘疾人護理補貼制度，有條件的地方逐步擴大政策覆蓋面。深入實施「福康工程」等殘疾人精準康復服務項目，優先為貧困家庭有康復需求的殘疾人提供基本康復服務和輔助器具適配服務。

（10）開展扶貧扶志行動：

A.加強教育引導，開展扶志教育活動，創辦脫貧攻堅「農民夜校」、「講習所」等，加強思想、文化、道德、法律、感恩教育，弘揚自尊、自愛、自強精神，防止政策養懶漢、助長不勞而獲和「等靠要」等不良習氣。

B.加大以工代賑實施力度，動員更多貧困群眾投工投勞。推廣以表現換積分、以積分換物品的「愛心公益超市」等自助式幫扶做法，實現社會愛心捐贈與貧困群眾個性化需求的精準對接。

6.加快補齊貧困地區基礎設施短板

（1）加快實施交通扶貧行動：

在貧困地區加快建成外通內聯、通村暢鄉、客車到村、安全便捷的交通運輸網絡。

盡快實現具備條件的鄉鎮、建制村通硬化路。以示範縣為載體，推進貧困地區「四好農村路」建設。擴大農村客運覆蓋範圍，到 2020 年實現具備條件的建制村通客車目標。

（2）大力推進水利扶貧行動：

加快實施貧困地區農村飲水安全鞏固提升工程，落實工程建設和管護責任，強化水源保護和水質保障，因地制宜加強供水工程建設與改造，顯著提高農村集中供水率、自來水普及率、供水保證率和水質達標率，到 2020 年全面解決貧困人口飲水安全問題。

（3）大力實施電力和網絡扶貧行動：

A.實施貧困地區農網改造升級，加強電力基礎設施建設，建立貧困地區電力普遍服務監測評價體系，引導電網企業做好貧困地區農村電力建設管理和供電服務，到 2020 年實現大電網延伸覆蓋至全部縣城。

B.深入實施網絡扶貧行動，統籌推進網絡覆蓋、農村電商、網絡扶智、信息服務、網絡公益 5 大工程向縱深發展，創新「互聯網+」扶貧模式。完善電信普遍服務補償機制，引導基礎電信企業加大投資力度，實現 90%以上貧困村寬帶網絡覆蓋。

（4）大力推進貧困地區農村人居環境整治：

開展貧困地區農村人居環境整治三年行動，因地制宜確定貧困地區村莊人居環境整治目標，重點推進農村生活垃圾治理、衛生廁所改造。

7.加強精準脫貧攻堅行動支撐保障

（1）強化財政投入保障：

A.堅持增加政府扶貧投入與提高資金使用效益並重，健全與脫貧攻堅任務相適應的投入保障機制，支持貧困地區圍繞現行脫貧目標，盡快補齊脫貧攻堅短板。

B.加大財政專項扶貧資金和教育、醫療保障等轉移支付支持力度。

（2）加大金融扶貧支持力度：

A.加強扶貧再貸款使用管理，優化運用扶貧再貸款發放貸款定價機制，引導金融機構合理合規增加對帶動貧困戶就業的企業和貧困戶生產經營的信貸投放。

B.加強金融精準扶貧服務，支持國家開發銀行和中國農業發展銀行進一步發揮好扶貧金融事業部的作用，支持中國農業銀行、中國郵政儲蓄銀行、農村信用社、村鎮銀行等金融機構增加扶貧信貸投放，推動大中型商業銀行完善普惠金融事業部體制機制。

（3）加強土地政策支持：

A.支持貧困地區編制村級土地利用規劃，挖掘土地優化利用脫貧的潛力。

B.貧困地區建設用地符合土地利用總體規劃修改條件的，按規定及時審查批復。

（4）實施人才和科技扶貧計劃：

A.深入實施邊遠貧困地區、邊疆民族地區、革命老區人才支持計劃，擴大急需緊缺專業技術人才選派培養規模。

B.貧困地區在縣鄉公務員考試錄用中，從大學生村官、「三支一扶」（指支農、支

教、支醫和扶貧工作）等人員中定向招錄公務員，從貧困地區優秀村幹部中招錄鄉鎮公務員。

8.動員全社會力量參與脫貧攻堅

（1）加大東西部扶貧協作和對口支援力度：

 A.把人才支持、市場對接、勞務協作、資金支持等作為協作重點，深化東西部扶貧協作，推進攜手奔小康行動貧困縣全覆蓋，並向貧困村延伸。

 B.實施好「十三五」對口支援新疆、西藏和四省藏區經濟社會發展規劃，嚴格落實中央確定的 80% 以上資金用於保障和改善民生、用於縣及縣以下基層的要求，進一步聚焦脫貧攻堅的重點和難點，確保更多資金、項目和工作精力投向貧困人口。

（2）深入開展定點扶貧工作：

 落實定點扶貧工作責任，把定點扶貧縣脫貧工作納入本單位工作重點，加強工作力量，出臺具體幫扶措施。

（3）扎實做好軍隊幫扶工作：

 A.加強軍地脫貧攻堅工作協調，駐地部隊要積極承擔幫扶任務，參與扶貧行動，廣泛開展扶貧濟困活動。

 B.接續做好「八一愛民學校」援建工作，組織開展多種形式的結對助學活動。

 C.組織軍隊系統醫院對口幫扶貧困縣縣級醫院，深入貧困村送醫送藥、巡診治病。

（4）激勵各類企業、社會組織扶貧：

 A.落實國有企業精準扶貧責任，通過發展產業、對接市場、安置就業等多種方式幫助貧困戶脫貧。

 B.深入推進「萬企幫萬村」精準扶貧行動，引導民營企業積極開展產業扶貧、就業扶貧、公益扶貧，鼓勵有條件的大型民營企業通過設立扶貧產業投資基金等方式參與脫貧攻堅。

 C.支持社會組織參與脫貧攻堅，加快建立社會組織幫扶項目與貧困地區需求信息對接機制，確保貧困人口發展需求與社會幫扶有效對接。

（5）大力開展扶貧志願服務活動：

 動員組織各類志願服務團隊、社會各界愛心人士開展扶貧志願服務。

9.夯實精準扶貧精準脫貧基礎性工作

（1）強化扶貧信息的精準和共享：

 A.進一步加強建檔立卡工作，提高精準識別質量，完善動態管理機制，做到「脫貧即出、返貧即入」。

 B.抓緊完善扶貧開發大數據平臺，通過端口對接、數據交換等方式，實現戶籍、教育、健康、就業、社會保險、住房、銀行、農村低保、殘疾人等信息與貧困人口建檔立卡信息有效對接。

 C.強化扶貧開發大數據平臺共享使用，拓展扶貧數據系統服務功能，為脫貧攻堅決策和工作指導等提供可靠手段和支撐。

（2）健全貧困退出機制：

A.嚴格執行貧困退出標准和程序，規範貧困縣、貧困村、貧困人口退出組織實施工作。

B.改進貧困縣退出專項評估檢查，由各省（自治區、直轄市）統一組織，因地制宜制定符合貧困地區實際的檢查方案，並對退出貧困縣的質量負責。

C.中央結合脫貧攻堅督查巡查工作，對貧困縣退出進行抽查。

D.脫貧攻堅期內扶貧政策保持穩定，貧困縣、貧困村、貧困戶退出後，相關政策保持一段時間。

（3）開展國家脫貧攻堅普查：

A.2020 年至 2021 年年初對脫貧摘帽縣進行一次普查，全面瞭解貧困人口脫貧實現情況。

B.普查工作由國務院統一部署實施，重點圍繞脫貧結果的真實性和準確性，調查貧困人口「兩不愁、三保障」實現情況、獲得幫扶情況、貧困人口參與脫貧攻堅項目情況等。

C.地方各級黨委和政府要認真配合做好普查工作。

10.加強和改善黨對脫貧攻堅工作的領導

（1）進一步落實脫貧攻堅責任制：

A.強化中央統籌、省負總責、市縣抓落實的工作機制。中央統籌，重在做好頂層設計，在政策、資金等方面為地方創造條件，加強脫貧效果監管；省負總責，重在把黨中央大政方針轉化為實施方案，加強指導和督導，促進工作落實；市縣抓落實，重在從當地實際出發推動脫貧攻堅各項政策措施落地生根。

B.健全脫貧攻堅工作機制，脫貧攻堅任務重的省（自治區、直轄市）黨委和政府每季度至少專題研究一次脫貧攻堅工作，貧困縣黨委和政府每月至少專題研究一次脫貧攻堅工作。貧困縣黨政正職每個月至少要有 5 個工作日用於扶貧。

C.實施五級書記遍訪貧困對象行動，省（自治區、直轄市）黨委書記遍訪貧困縣，市（地、州、盟）黨委書記遍訪脫貧攻堅任務重的鄉鎮，縣（市、區、旗）黨委書記遍訪貧困村，鄉鎮黨委書記和村黨組織書記遍訪貧困戶。

D.以遍訪貧困對象行動帶頭轉變作風，接地氣、查實情，了解貧困群體實際需求，掌握第一手資料，發現突出矛盾，解決突出問題。

（2）壓實中央部門扶貧責任：

A.黨中央、國務院各相關部門單位要按照中央脫貧攻堅系列重大決策部署要求制定完善配套政策舉措，實化細化三年行動方案，並抓好組織實施工作。

B.國務院扶貧開發領導小組要分解落實各地區脫貧目標任務，實化細化脫貧具體舉措，分解到年、落實到人。

C.國務院扶貧開發領導小組成員單位每年向中央報告本部門本單位脫貧攻堅工作情況。

D.脫貧攻堅期內，國務院扶貧開發領導小組成員以及部門扶貧幹部、定點扶貧幹部要按政策規定保持穩定，不能勝任的要及時調整。

（3）完善脫貧攻堅考核監督評估機制：

A.進一步完善扶貧考核評估工作，充分體現省負總責原則，切實解決基層疲於迎評迎檢問題。

B.改進對省級黨委和政府扶貧開發工作成效第三方評估方式，縮小範圍，簡化程序，精簡內容，重點評估「兩不愁、三保障」實現情況，提高考核評估質量和水平。

C.改進省市兩級對縣及縣以下扶貧工作考核，原則上每年對縣的考核不超過 2 次，加強對縣委書記的工作考核，注重發揮考核的正向激勵作用。

D.完善監督機制，國務院扶貧開發領導小組每年組織脫貧攻堅督查巡查，紀檢監察機關和審計、扶貧等部門按照職能開展監督工作。

（4）建強貧困村黨組織：

A.深入推進抓黨建促脫貧攻堅，全面強化貧困地區農村基層黨組織領導核心地位，切實提升貧困村黨組織的組織力。

B.防止封建家族勢力、地方黑惡勢力、違法違規宗教活動侵蝕基層政權，干擾破壞村務。大力整頓貧困村軟弱渙散黨組織，以縣為單位組織摸排，逐村分析研判，堅決撤換不勝任、不合格、不盡職的村黨組織書記。

C.重點從外出務工經商創業人員、大學生村官、本村致富能手中選配，本村沒有合適人員的，從縣鄉機關公職人員中派任。建立健全回引本土大學生、高校培養培訓、縣鄉統籌招聘機制，為每個貧困村儲備 1 至 2 名後備幹部。

D.派強用好第一書記和駐村工作隊，從縣以上黨政機關選派過硬的優秀幹部參加駐村幫扶。加強考核和工作指導，對不適應的及時召回調整。

（5）培養鍛煉過硬的脫貧攻堅幹部隊伍：

A.保持貧困縣黨政正職穩定，確需調整的，必須符合中央規定，對於不能勝任的要及時撤換，對於弄虛作假的要堅決問責。

B.實施全國脫貧攻堅全面培訓，落實分級培訓責任，保證貧困地區主要負責同志和扶貧系統幹部輪訓一遍。

C.對縣級以上領導幹部，重點是通過培訓提高思想認識，引導樹立正確政績觀，掌握精準脫貧方法論，提升研究攻堅問題、解決攻堅難題能力。

D.對基層幹部，重點是通過採取案例教學、現場教學等實戰培訓方法，提高實戰能力，增強精準扶貧工作本領。

E.加大對貧困村幹部培訓力度，每年對村黨組織書記集中輪訓一次，突出需求導向和實戰化訓練，著重提高落實黨的扶貧政策、團結帶領貧困群眾脫貧致富的本領。

F.加強對脫貧一線幹部的關愛激勵，注重在脫貧攻堅一線考察識別幹部，對如期完成任務且表現突出的貧困縣黨政正職應予以重用，對在脫貧攻堅中工作出色、表現優秀的扶貧幹部、基層幹部注重提拔使用。

G.對奮戰在脫貧攻堅一線的縣鄉幹部要落實好津補貼、周轉房等政策，改善工作條件。

H.對在脫貧攻堅中因公犧牲的幹部和基層黨員的家屬及時給予撫恤，長期幫扶慰問。

（6）營造良好輿論氛圍：

深入宣傳習近平總書記關於扶貧工作的重要論述，宣傳黨中央關於精準扶貧精準脫貧的重大決策部署，宣傳脫貧攻堅典型經驗，宣傳脫貧攻堅取得的偉大成就，為打贏脫貧攻堅戰注入強大精神動力。

（7）開展扶貧領域腐敗和作風問題專項治理：

A.把作風建設貫穿脫貧攻堅全過程，集中力量解決扶貧領域「四個意識」不強、責任落實不到位、工作措施不精準、資金管理使用不規範、工作作風不扎實、考核評估不嚴不實等突出問題，確保取得明顯成效。

B.改進調查研究，深入基層、深入群眾，多層次、多方位、多渠道調查了解實際情況，注重發現並解決問題，力戒「走過場」。

C.注重工作實效，減輕基層工作負擔，減少村級填表報數，精簡會議文件，讓基層幹部把精力放在辦實事上。

D.嚴格扶貧資金審計，加強扶貧事務公開。嚴肅查處貪污挪用、截留私分、虛報冒領、強佔掠奪等行為。

E.依紀依法堅決查處貫徹黨中央脫貧攻堅決策部署不堅決不到位、弄虛作假問題，主體責任、監督責任和職能部門監管職責不落實問題，堅決糾正脫貧攻堅工作中的形式主義、官僚主義。

F.把扶貧領域腐敗和作風問題作為巡視巡察工作重點。中央巡視機構組織開展扶貧領域專項巡視。加強警示教育工作，集中曝光各級紀檢監察機關查處的扶貧領域典型案例。

（8）做好脫貧攻堅風險防範工作：

防範產業扶貧市場風險，防止產業項目盲目跟風、一刀切導致失敗造成損失，各地要對扶貧主導產業面臨的技術和市場等風險進行評估，制定防範和處置風險的應對措施。

（9）統籌銜接脫貧攻堅與鄉村振興：

脫貧攻堅期內，貧困地區鄉村振興主要任務是脫貧攻堅。

資料來源：

整理自-中國共產黨新聞網，2018，〈中共中央國務院關於打贏脫貧攻堅戰三年行動的指導意見〉，http：//dangjian.people.com.cn/BIG5/n1/2018/0820/c117092-30238388.html，檢索時間 2019 年 3 月 10 日。

陸、中國大陸企業扶貧簡述

中國大陸國營企業中國石化集團有限公司扶貧辦扶貧專案管理處，負責統籌管理中國石化全系統扶貧工作，2018 年承擔 8 個縣 750 個村的扶貧任務，共投入幫扶資金 2.3

億元人民幣，派出扶貧幹部 1,994 人，受益民眾達 38 萬餘人。重點聚焦消費扶貧，發揮龐大的集團優勢，組織 100 餘家直屬企業、60 餘萬員工參與消費扶貧，2018 年購買扶貧產品 968.1 萬元人民幣，幫助銷售超過億元人民幣。以產業扶貧助推消費扶貧，成功打造東鄉黎麥、岳西桑枝木耳等扶貧品牌，中國石化西藏水產業易捷卓鏈，累計銷售 18.1 億元人民幣，帶動就業 800 餘人，納稅近 2 億元人民幣。延伸扶貧產品產業鏈，在貧困地區成立銷售合作社，建立加工車間 20 多座。發揮通路優勢，引入 42 家中央定點扶貧單位，幫扶縣的 1,000 餘種扶貧產品，線上線下共同發力幫助銷售，全年組織扶貧產品展銷會 15 場，推介扶貧產品 300 餘種。[555]

2017 年 12 月，阿里巴巴集團正式啟動「阿里巴巴脫貧基金」，將脫貧工作列為集團戰略業務，未來五年阿里巴巴計畫投入 100 億元人民幣參與脫貧攻堅，達成電商脫貧（貧困地區的優質農產品賣出去）、生態脫貧（讓綠水青山變成金山銀山）、教育脫貧（鄉村教育計畫與職業教育計畫）、女性脫貧（貧困女性保障計畫與困境女性創就業計畫）、健康脫貧（救助一個人撐起一個家）的策略目標。在 2018 年，國家級貧困縣在阿里巴巴平臺網路銷售額超過 630 億元人民幣，共有 200 萬商家、4.2 億用戶通過阿里巴巴公益和螞蟻金服公益，雙平臺進行公益捐贈，累計幫扶貧困人口超過 774 萬人次。且「頂樑柱健康扶貧公益保險項目」，幫助 425 萬人次建檔立卡貧困戶獲得健康保險。又在 2018 年阿里巴巴超過 1,000 名員工投入脫貧業務，實地走訪貧困縣超過 100 個。自阿里巴巴脫貧基金啟動以來，截至 2018 年 12 月，螞蟻金服網商銀行向貧困縣 200 餘萬用戶，提供貸款超過 1,000 億元人民幣。[556]

2018 年 10 月中國大陸商務部流通發展司、中國國際電子商務中心發布《2017～2018 年中國零售行業發展報告》，從中國大陸 2014～2018 年農村電商網路零售額統計可知，農村電商網路銷售額從 2014 年僅 1,800 億元人民幣高速成長至 2017 年的 12,448.8 億人民幣，4 年間成長金額達 10,648.8 億元人民幣，總額成長 5.91 倍。顯示，中國大陸政府對農村電商發展大力支持、物流基礎設施建設不斷完善，網路零售市場結構逐步優化，城鄉、東中西部市場發展更加協調。

《中國零售行業發展報告（2017/2018 年）》指出，2017 年中國大陸中西部網路零售增速，比全國平均水準高出 8.5 個百分點，西部地區交易額增速達到 45.2%，比東部地區高出 12 個百分點，青海、西藏、甘肅等西部省份網店數量增速居前列。2017 年農村網路零售額 12,448.8 億元人民幣，農村網店達 985.6 萬家，較 2016 年增加 169.3 萬家，832 個國家級貧困縣實現網路零售額 1,207.9 億元人民幣。[557]

又《中國零售行業發展報告（2018/2019 年）》指出，商務大數據監測顯示，2018 年全國農村網路零售額達到 1.4 兆元人民幣，同比增長 30.4%；全國農產品網路零售額達到 2,305 億元人民幣，同比增長 33.8%。電子商務扶貧取得新進展。截至 2018 年，電子商務進農村綜合示範縣已達 1,016 個，其中國家級貧困縣 737 個，覆蓋全國貧困縣總數的 88.6%。由商務部指導，29 家電子商務及相關服務企業，成立中國電商扶貧聯盟，幫扶對象覆蓋全國 351 個貧困縣。[558]

2020 年 6 月起為讓貧困地區勞動力實現「家門口」就業脫貧，美團面向貧困縣提供 20 萬個騎手崗位，並優先為全國未摘帽脫貧縣和建檔立卡貧困戶定向對接本省和鄰省城市工作地。截至 2020 年底，累計超過 950 萬名騎手通過美團實現就業增收，其中包括 230 萬名來自脫貧地區的騎手，累計註冊的國家建檔立卡貧困戶騎手 59 萬，2020 年全年新增建檔立卡騎手數 18.9 萬。美團為貧困縣打造「最美鄉聚」旅遊扶貧直播，幫助貧困縣推廣「最美鄉村」、「最美民宿」、「最美家鄉菜」品牌，帶動貧困縣旅遊業長遠發展。美團通過線上推廣、流量扶持等方式，持續推動貧困地區餐飲、旅遊商戶「上網」增收創收，助力貧困縣生活服務業的供給側數位化改造。2020 年前 9 個月，美團為全國 819 個貧困縣近 40.8 萬商家提供線上服務，通過 4.5 億筆訂單，實現近 223.9 億元人民幣線上交易額。美團「新青年追夢計畫」免費為貧困地區餐飲、民宿、農家樂創業者提供就業創業扶貧培訓，開展集中示範的現場教學。關注教育脫貧，援建山區幼稚園運動場等；支持生態扶貧，助力貧困縣申報「青山合作夥伴計畫」。截至 2020 年 9 月底，「新青年追夢計畫」在全國 9 個省市完成 31 場實操培訓，培訓學員近 5,000 人次。[559]

中國大陸政府透過完善農村基礎建設，並透過阿里巴巴企業的協助，大力發展農村電商，使得農民生產的農產品，得以直接銷售給終端消費者，省去給中間商的成本費用，使農民收益增加，而消費者也能取得較低成本的農產品，並促進物流產業的發展。這也是電商扶貧，所使生產者、消費者及物流產業，三方得利的綜合效果。

中共中央與中國大陸國務院在多次發布的扶貧規劃中，除動員各級政府相關部門，開展各項扶貧工作，也要求企業參與扶貧工作。中國大陸著名電商集團阿里巴巴，其透過阿里巴巴扶貧基金與該集團資源，採用電商脫貧、生態脫貧、教育脫貧、女性脫貧、健康脫貧等策略，幫助貧困人口脫貧。從《阿里巴巴脫貧工作報告》觀之，其成效顯然不亞於政府相關單位，所為扶貧施政措施，這也是企業基於其專長，與受扶貧地區實際狀況結合，並配合中國大陸整體國家發展戰略，如互聯網+、生態保護、農村產業振興等，以扶貧達成產業轉型及發展農村小微企業的經濟發展目標。

依據 2019 中國民營企業 500 強調研分析報告統計，2018 年民營企業 500 強企業，已參與「萬企幫萬村」精準扶貧的有 355 家，主要通過產業扶貧、就業扶貧和教育扶貧等方式參與。通過產業扶貧的方式，參與的企業數量為 190 家，通過就業扶貧的方式，參與的企業數量為 185 家，通過教育扶貧的方式參與的企業數量為 150 家。[560]

綜上可知，中國大陸具有相當實力的國有企業及民營企業，在中共中央及中國大陸政府的號召下，紛紛以消費扶貧、產業扶貧、電商扶貧、就業扶貧、教育扶貧等方式，投入中國大陸政府所引領的扶貧工作，使得中國大陸扶貧工作能以更靈活有效的方式開展，有利加速貧困地區人民的脫貧，亦有利於企業的發展與人才培養。

表5-59 中國大陸2014～2018年農村電商網路零售額統計表

年度	2014 年	2015 年	2016 年	2017 年	2018 年
金額	1,800 億	3,530 億	8,945 億	12,448.8 億	14,000 億
單位：人民幣					

資料來源：

1. 商務部流通發展司、中國國際電子商務中心，《中國零售行業發展報告（2017/2018 年）》，2018 年 10 月，頁 6。

2. 商務部流通發展司、中國國際電子商務中心，《中國零售行業發展報告（2018/2019 年）》，2019 年 8 月，頁 5。

柒、中國大陸鄉村振興概述

中國大陸政府在 2020 年底完成扶貧政策達到小康社會的目標前，就開始規劃鄉村振興戰略，以利發展鄉村產業並延續農村扶貧的成果，且中國大陸的農村人口高達 6 億以上，其所形成龐大農業、農村和農民的三農問題，是中國大陸政府必須持續重視的問題。

2017 年中國共產黨第十九次全國代表大會習近平總書記發表《決勝全面建成小康社會 奪取新時代中國特色社會主義偉大勝利》的報告，在實施鄉村振興戰略上提出：「農業農村農民問題是關係國計民生的根本性問題，必須始終把解決好「三農」問題作為全黨工作重中之重。要堅持農業農村優先發展，按照產業興旺、生態宜居、鄉風文明、治理有效、生活富裕的總要求，建立健全城鄉融合發展體制機制和政策體系，加快推進農業農村現代化。鞏固和完善農村基本經營制度，深化農村土地制度改革，完善承包地「三權」分置制度。保持土地承包關係穩定並長久不變，第二輪土地承包到期後再延長三十年。深化農村集體產權制度改革，保障農民財產權益，壯大集體經濟。確保國家糧食安全，把中國人的飯碗牢牢端在自己手中。構建現代農業產業體系、生產體系、經營體系，完善農業支持保護制度，發展多種形式適度規模經營，培育新型農業經營主體，健全農業社會化服務體系，實現小農戶和現代農業發展有機銜接。促進農村一二三產業融合發展，支持和鼓勵農民就業創業，拓寬增收管道。加強農村基層基礎工作，健全自治、法治、德治相結合的鄉村治理體系。培養造就一支懂農業、愛農村、愛農民的「三農」工作隊伍。」

於 2018 年中共中央、國務院發布《鄉村振興戰略規劃（2018～2022 年）》全文共分為十一篇三十七章，在前言中指出：「本規劃以習近平總書記關於「三農」工作的重要論述為指導，按照產業興旺、生態宜居、鄉風文明、治理有效、生活富裕的總要求，對實施鄉村振興戰略作出階段性謀劃，分別明確至 2020 年全面建成小康社會和 2022 年召開黨的二十大時的目標任務，細化實化工作重點和政策措施，部署重大工程、重大計畫、重大行動，確保鄉村振興戰略落實落地，是指導各地區各部門分類有序推進鄉村振興的

重要依據。」並在第一篇規劃背景中強調:「鄉村興則國家興,鄉村衰則國家衰。我國人民日益增長的美好生活需要和不平衡不充分的發展之間的矛盾在鄉村最為突出,我國仍處於並將長期處於社會主義初級階段的特徵很大程度上表現在鄉村。全面建成小康社會和全面建設社會主義現代化強國,最艱巨最繁重的任務在農村,最廣泛最深厚的基礎在農村,最大的潛力和後勁也在農村。實施鄉村振興戰略,是解決新時代我國社會主要矛盾、實現「兩個一百年」奮鬥目標和中華民族偉大復興中國夢的必然要求,具有重大現實意義和深遠歷史意義。」並闡述:「實施鄉村振興戰略是建設現代化經濟體系的重要基礎。農業是國民經濟的基礎,農村經濟是現代化經濟體系的重要組成部分。鄉村振興,產業興旺是重點。實施鄉村振興戰略,深化農業供給側結構性改革,構建現代農業產業體系、生產體系、經營體系,實現農村一二三產業深度融合發展,有利於推動農業從增產導向轉向提質導向,增強我國農業創新力和競爭力,為建設現代化經濟體系奠定堅實基礎。」

基本說明了中國大陸政府推動鄉村振興的歷史因素與經濟發展的必然歷程,提出了鄉村振興的指導方針。並以堅持黨管農村工作、堅持農業農村優先發展、堅持農民主體地位、堅持鄉村全面振興、堅持城鄉融合發展、堅持人與自然和諧共生、堅持改革創新、激發活力的八項基本原則。[561]

訂定了發展規劃到 2020 年,鄉村振興的制度框架和政策體系基本形成,各地區各部門鄉村振興的思路舉措得以確立,全面建成小康社會的目標如期實現。到 2022 年,鄉村振興的制度框架和政策體系初步健全。國家糧食安全保障水準進一步提高,現代農業體系初步構建,農業綠色發展全面推進;農村一二三產業融合發展格局初步形成,鄉村產業加快發展,農民收入水準進一步提高,脫貧攻堅成果得到進一步鞏固;農村基礎設施條件持續改善,城鄉統一的社會保障制度體系基本建立;農村人居環境顯著改善,生態宜居的美麗鄉村建設扎實推進;城鄉融合發展體制機制初步建立,農村基本公共服務水準進一步提升;鄉村優秀傳統文化得以傳承和發展,農民精神文化生活需求基本得到滿足;以黨組織為核心的農村基層組織建設明顯加強,鄉村治理能力進一步提升,現代鄉村治理體系初步構建。探索形成一批各具特色的鄉村振興模式和經驗,鄉村振興取得階段性成果。[562]

以及遠景目標到 2035 年,鄉村振興取得決定性進展,農業農村現代化基本實現。農業結構得到根本性改善,農民就業品質顯著提高,相對貧困進一步緩解,共同富裕邁出堅實步伐;城鄉基本公共服務均等化基本實現,城鄉融合發展體制機制更加完善;鄉風文明達到新高度,鄉村治理體系更加完善;農村生態環境根本好轉,生態宜居的美麗鄉村基本實現。到 2050 年,鄉村全面振興,農業強、農村美、農民富全面實現。[563]

且中國大陸政府於 2021 年 4 月 29 日第十三屆全國人民代表大會常務委員會第二十八次會議通過《中華人民共和國鄉村振興促進法》,並於同年 6 月 1 日施行。該法是一部綜合性法律,是為實施鄉村振興戰略保駕護航的法律。法律確定的「促進」措施是全方位的,包括產業發展、人才支撐、文化繁榮、生態保護、組織建設、城鄉融合等內容,

既是鄉村振興的必然要求,也是鄉村振興的重要組成部分。農業農村部部長唐仁健表示:「鄉村振興促進法明確了各級政府及有關部門推進鄉村振興的職責任務,針對城鄉融合發展、工作責任落實等鄉村振興的重點難點問題提出了一攬子支持舉措,為全面推進鄉村振興破難題、開新局、聚合力提供了有力抓手。」[564]。

又《中華人民共和國鄉村振興促進法》第九章監督檢查部分,第六十八條規定:「國家實行鄉村振興戰略實施目標責任制和考核評價制度。上級人民政府應當對下級人民政府實施鄉村振興戰略的目標完成情況等進行考核,考核結果作為地方人民政府及其負責人綜合考核評價的重要內容。」與第七十一條規定:「地方各級人民政府應當每年向上一級人民政府報告鄉村振興促進工作情況。縣級以上人民政府定期對下一級人民政府鄉村振興促進工作情況開展監督檢查。」用法律方式將鄉村振興戰略與各級政府之負責人的考核掛勾,並要求每年地方政府必須向上級政府報告鄉村戰略的工作情況,以利上級政府監督下集政府對鄉村振興各項事務的工作情形。

中國大陸中央政府為鞏固扶貧成果並推進鄉村振興,於 2021 年中央財政預算安排銜接資金 1,561 億元人民幣[565],並於 2021 年中央財政預算安排銜接推進鄉村振興補助資金 1,650 億元人民幣,較 2021 年增加 84.76 億元人民幣,增長 5.4%。[566]。綜上,鄉村振興略在中共中央與中國大陸國務院的重視下,運用各項法規與政策加上中央政府的專項資金支持下,使得鄉村振興戰略可以有效地持續進行,在可預見的未來中國大陸的鄉村經濟必然成為中國大陸經濟發展的另一重要基石。

表5-60 中國大陸重要鄉村振興政策表

公告年度	發布單位	政策名稱
2018 年	中共中央、國務院	《鄉村振興戰略規劃(2018～2022 年)》
2018 年	農業部	《關於大力實施鄉村振興戰略加快推進農業轉型升級的意見》
2018 年	農業農村部、財政部	《關於深入推進農村一二三產業融合發展開展產業興村強縣示範行動的通知》
2018 年	農業農村部、財政部	《關於開展 2018 年國家現代農業產業園創建工作的通知》
2018 年	農業農村部辦公廳	《鄉村振興科技支撐行動實施方案》的通知
2018 年	文化和旅遊部等 17 部門	《關於促進鄉村旅遊可持續發展的指導意見》的通知
2018 年	財政部	《貫徹落實實施鄉村振興戰略的意見》
2018 年	最高人民法院	《關於為實施鄉村振興戰略提供司法服務和保障的意見》
2019 年	中央農辦、農業農村部等 18 部門	《農村人居環境整治村莊清潔行動方案》的通知
2019 年	中國人民銀行、銀保	《關於金融服務鄉村振興的指導意見》

	監會、證監會、財政部、農業農村部	
2020 年	中共中央、國務院	《關於實現鞏固拓展脫貧攻堅成果同鄉村振興有效銜接的意見》
2021 年	第十三屆全國人民代表大會常務委員會第二十八次會議通過	《中華人民共和國鄉村振興促進法》

整理自-中國政府網。

捌、結論

2012 年 2 月 14 日時任中國大陸國家副主席習近平在美國華盛頓訪問時說：「在人權問題上沒有最好，只有更好。」並指出：「中國人口多、區域差異性大、發展不平衡，在進一步改善民生和人權狀況方面還面臨不少挑戰。中國政府將繼續從本國國情出發，堅持以人為本，始終把人民願望和要求放在心上，採取切實有效的政策措施，大力促進社會公平、正義與和諧，推動中國人權事業不斷取得新的進展。」[567]

又中國大陸政府於 2018 年 12 月所發布的《改革開放 40 年中國人權事業的發展進步》白皮書指出：「2004 年，憲法確立了「國家尊重和保障人權」原則，進一步明確了公民在經濟、政治、文化、社會諸方面全面發展的權利，開創了以憲法原則指引人權事業發展的新格局。」[568]

顯見，中國大陸在人權保障上，經濟層面重於政治層面，與歐美國家及臺灣的認知有極大差異。且中國大陸自 1978 年改革開放後，經濟發展迅速，但貧富差距，也如同歐、美、日等國家，在過去經濟高速發展階段時期一樣不斷擴大，在歷經 1989 年天安門事件及 1990 年代前後，蘇聯與東歐共產黨政權的瓦解，經過中共黨內調整使得中國大陸政府放緩政治上改革的進程，並在 1992 年鄧小平南巡後，加快經濟改革的步伐，形成具有中國特色的發展模式。

中國大陸在經濟改革上加速與歐美國家接軌，在政治改革上仍堅持中國共產黨領導的政治協商制度，不走歐美國家的多黨競爭選舉制度，深入吸取歐、美、日等國家及亞洲四小龍的經濟發展經驗，規劃出中國大陸的經濟發展模式。尤其中國大陸在高速經濟發展時期，政府同時規劃扶貧工作，自年 1978 年改革開放之後，已使超過 7.7 億農村貧困人口脫貧[569]，且在 2012 年至 2020 年的 8 年間，使 9,899 萬人脫貧[570]，這樣的成果顯然不易，世界上難有政府有如此作扶貧工作的成效。

中國大陸人均國內生產總值從 1978 年的 385 元人民幣增至 2020 年的 72,000 元人民幣。2020 年中國大陸居民人均可支配收入達到 32,189 元人民幣，居民消費結構日益優化。2020 年中國大陸居民恩格爾係數為 30.2%，比 1978 年降低 33.7 個百分點。基本居住條件顯著改善。城鎮居民人均住房建築面積從 1978 年的 4.2 平方米增長到 2019 年

的 39.8 平方米；農村居民人均住房建築面積從 1978 年的 8.1 平方米增長到 2019 年的 48.9 平方米。城市人均公園綠地面積從 1981 年的 1.5 平方米增長到 2019 年的 14.36 平方米。[571]

　　現在中共中央與中國大陸政府，宣布已於中國大陸於 2020 年底達到全面小康社會的發展目標，實現全國貧困人口脫貧的目標，加上農林產業扶貧、旅遊扶貧、電商扶貧、資產收益扶貧、科技扶貧等策略，轉變成為鄉村振興，不僅使農村經濟可以不斷持續發展，並使貧困人口逐漸轉為新的消費人口，將使中國大陸經濟產生新的增長動能，能使中國大陸經濟能持續保持中速增長，更是突破中等收入陷阱經濟困境的方法之一，因此扶貧與鄉村振興所投入的基礎建設與農村產業政策，進而帶動中國大陸經濟的增長，亦是扶貧與鄉村振興產生的效益。

第六章 中國大陸對外經濟發展戰略

Chapter 6 China's Foreign Economic Development Strategy

以一帶一路戰略、
國際產能與裝備製造合作、
自由貿易協定(FTA)及人民幣國際化
解析中國大陸對外經濟發展戰略

本章內容重點

■ 前言、中國大陸推動改革開放的戰略布局

■ 第一節 一帶一路戰略規劃

■ 第二節 國際產能與裝備製造合作

■ 第三節 中國大陸自由貿易協定（FTA）

■ 第四節 人民幣國際化

▌前言、中國大陸推動改革開放的戰略布局

　　中國共產黨第十一屆中央委員會第三次全體會議，於 1978 年 12 月 18 日至 22 日在北京舉行，出席會議的中央委員 169 人、候補中央委員 112 人。中國共產黨中央委員會主席華國鋒，副主席葉劍英、鄧小平、李先念、陳雲、汪東興出席會議。中共主席華國鋒主持這次會議，並作重要講話。全會決定，鑒於中央在二中全會以來的工作進展順利，在中國大陸範圍的大規模的揭批林彪、「四人幫」的群眾運動已經基本上勝利完成，全黨工作的著重點應該從 1979 年轉移到社會主義現代化建設上來。中國大陸出現安定團結的政治局面；外交政策得到重大進展。所有這一切，都為全黨把工作著重點轉移到社會主義現代化建設上來準備了良好條件。全會指出，中國大陸在發展國際反霸（註：前蘇聯）統一戰線、發展同世界各國的友好關係方面，取得新的重要成就。中國大陸領導人今年內對朝鮮、羅馬尼亞、南斯拉夫、柬埔寨、伊朗、緬甸、尼泊爾、菲律賓、孟加拉、日本、泰國、馬來西亞、新加坡和亞洲、非洲、拉丁美洲、歐洲一系列國家的訪問，中國大陸與日本和平友好條約的締結，中國大陸與美國兩國關係正常化談判的完成，為亞洲和世界和平作出了重大貢獻。但是戰爭危險仍然嚴重存在，我們必須加強國防，隨時準備擊退來自任何方面的侵略者。全會認為，隨著中國大陸與美國關係正常化，我國神聖領土臺灣回到祖國懷抱、實現統一大業的前景，已經進一步擺在我們的面前。全會歡迎臺灣同胞、港澳同胞、海外僑胞，本著愛國一家的精神，共同為祖國統一和祖國建設的事業繼續作出積極貢獻。[572]

　　而 1972 年中國大陸與日本建交後，兩國遲至 1978 年 8 月 12 日「中日友好和平條約」才於北京簽定，時任中國大陸國務院副總理鄧小平出席簽約儀式，於同年 10 月 22 日鄧小平抵達東京訪問，對日本進行正式訪問，並出席「中日友好和平條約」互換批准書儀式。鄧小平訪日之時，正值中國大陸文革結束後，推動現代化建設時期，所以鄧小平公開表示：「中國人民決心在本世紀內把中國建設成為社會主義的現代化強國，我們的任務是艱鉅的，我們首先要靠的是自己的努力，同時我們也要學習外國一切先進經驗和先進技術，中日兩國是一衣帶水的友好鄰邦，在經濟與技術領域裡存在著廣泛的交流和合作的餘地。」[573]

　　所以鄧小平此次到日本訪問，除政治上必要的會談會見之外，參觀日本現代化企業、與日本企業負責人和資深經濟界人士、技術管理人員接觸交談是整個行程的重點。故安排鄧小平參觀最新式的君津鋼鐵工廠，與松下電器公司的茨木工廠彩色電視機的組裝，並與松下幸之助總裁進行詳細交談，還直接與所參觀企業的技術人員交談。[574]在前往日本文化古城京都訪問時，鄧小平還專門乘坐新幹線列車，在高鐵的列車上，陪同人員問鄧小平的感受，他爽快地回答說：「我就感覺到快，有催人跑的意思，所以我們現在正合適做這種車。」又訪問日本期間，鄧小平說到：「我們向日本學習的地方很多，也會借助日本的科學技術和資金，雙方已經簽訂一個長期貿易協定，但有一個還不行，那是兩百億美金，還要加一倍至兩倍，等到我們發展起來，道路就更廣。」[575]

　　鄧小平在訪問日本期間，回答日本記者有關中國大陸現代化問題時，又讓人們充分

領略他的坦率、務實和開放的風格。他說：「這次到日本來，就是要向日本請教，我們要向一切發達國家請教，向第三世界窮朋友中的好經驗請教，世界在突飛猛進地發展，要達到日本、歐美現在的水平就很不容易，達到 22 年後 20 世紀末的水平就更難。我們清醒地估計困難，但是樹立了雄心壯志，一定要實現現代化，這就要有正確的政策，就是要善於學習，要以現在國際先進的技術、先進的管理方法作為我們發展的起點。首先承認我們的落後，老老實實承認落後，就有希望。再就是善於學習，本著這樣的態度、政策、方針，我們是大有希望的。」[576]

其後，中國大陸政府與美國政府於 1979 年 1 月 1 日建交後，應美國政府的邀請，鄧小平以中國大陸國務院副總理的身份率團，於 1979 年 1 月 28 日至 2 月 5 日對美國進行正式訪問。鄧小平在出發之前說過：「現在我們的方針是，儘量吸收國際先進經驗，引進資金和技術，加速我們的發展。」他的理解是，我們不缺資源只是沒有開發出來，而且他有這樣一個信條，要實現四個現代化（即工業現代化、農業現代化、國防現代化、科學技術現代化），就要善於學習，大量取得國際上的幫助，他當時的意圖是，要引進國際上的先進技術和先進裝備，作為我們發展的起點。[577]

鄧小平率團訪問美國 9 天中，除在華盛頓與美國總統卡特進行三次會晤，並分別代表中國大陸政府與美國政府，簽署「中美科技合作協定和文化協定」，鄧小平又與參眾議會議員見面，還參觀美國國家航空和太空博物館、亞特蘭大福特汽車公司裝配廠、休士頓美國太空總署、華盛頓州波音 747 飛機工廠等進行參觀訪問，並在美國坦普爾大學接受名譽法學博士學位。並曾與媒體提到中國大陸與美國貿易狀況指出：「中國大陸與美國貿易不是幾百萬美元，而是幾十億美元，甚至幾百億美元。」[578]在鄧小平率團訪問美國 9 天時間裡，向世界展示中國大陸改革開放的堅定決心、努力學習美國先進技術和經濟發展的心態，並努力吸引外資的資金與技術前往中國大陸投資，為中國大陸經濟改革增加動力。

綜上所述，可知中國大陸推動改革開放的戰略布局，自 1976 年 9 月毛澤東逝世後，逐漸在黨內醞釀，先剷除四人幫，結束十年文革動亂，安定國內政局後，經過近兩年多中共領導人鄧小平、葉劍英、李先念、陳雲等人在中共黨內及國際上全面佈局，重新調整外交策略，僅 1978 年中國大陸國家領導人出訪亞洲、非洲、拉丁美洲、歐洲十多個國家，而鄧小平從 1978 年 2 月頻頻出國訪問，先後到過尼泊爾、朝鮮、日本、日本、泰國、馬來西亞、新加坡、美國[579]，考察世界各國發展狀況，並向世界各國傳達中國大陸即將改革的情況。

而 1970 年代，美國和日本是歐美資本主義國家第一與第二大經濟體，中共領導人深知要推動經濟改革開放，以當時中國大陸的經濟情況，顯然是需要這兩個國家的幫助，尤其是經濟發展所需的資金與技術，更需要從美日歐等先進工業化國家引進。故中國大陸政府在改革開放前，戮力完成兩個發動最重要的外交工作，即「中日和平友好條約的締結」與「中美兩國關係正常化談判」。在國內外均完成戰略佈局後，旋即召開中國共產黨第十一屆中央委員會第三次全體會議，由該會議決議通過，使中國大陸邁入「改革開

放」的步伐,開啟中國大陸經濟起飛的新時代。從歷史回顧來思索,1978 年及 1979 年中國大陸國家領導人密集的多次出訪,是為著擘劃中國大陸經濟改革,並為引進外資技術與資金推動改革開放,亦成為日後觀察中國大陸經濟外交及引領政策方向的指標。

▌第一節 一帶一路戰略規劃

壹、中國大陸與一帶一路沿線國家外交關係概述

中國大陸外交政策的《和平共處五項原則》，為中國大陸前總理周恩來所提出，其分別於 1954 年 6 月 28 日和 29 日同印度總理尼赫魯（Jawaharlal Nehru，1889～1964）、緬甸總理吳努發表聯合聲明，確認和平共處五項原則即「互相尊重主權和領土完整、互不侵犯、互不干涉內政、平等互利、和平共處」，是指導兩國關係的原則，並共同倡議將五項原則作為指導一般國際關係的原則。[580]此後，成為中國大陸外交政策的最高指導原則。

2014 年 6 月 28 日《和平共處五項原則》，發表 60 周年紀念大會，中國大陸國家主席習近平出席大會，並發表題為《弘揚和平共處五項原則建設合作共贏美好世界》的主旨講話，深刻闡述《和平共處五項原則》的歷史性貢獻和重大現實意義，強調中國大陸將繼續做弘揚《和平共處五項原則》的表率，推動建設新型國際關係和持久和平、共同繁榮的和諧世界。[581]

中國大陸政府在《和平共處五項原則》外交政策指導下，開展對外援助的外交策略。截至 2010 年中國大陸政府，通過提供無償援助、無息貸款和優惠貸款的方式，已使受援國建成 2,100 多個與人民生產和生活息息相關的各類專案：包括援建了 620 多個公共設施專案，包括會議設施、市政設施、體育場館，打井供水，學校、醫院等；220 多個農業生產專案和近 700 個工業領域生產性專案，涉及輕工、紡織、電子、能源等多個行業；440 多個基礎設施專案，包括公路、橋樑、鐵路、電站、船塢、港口、機場、郵電通訊設施等。[582]

以非洲為例，截至 2009 年底中國大陸在非洲援建 500 多個基礎設施專案，較大的專案還有索馬里貝萊特溫—布勞公路、茅利塔尼亞友誼港、突尼斯麥熱爾德—崩角水渠、坦尚尼亞國家體育場等。正在援建非洲聯盟會議中心等一批專案。為支持非洲國家改善基礎設施條件，中國大陸政府提供了大量優惠性質貸款，並支持中國金融機構擴大對非洲商業貸款規模。特別是 2000 年 10 月中非合作論壇成立以來，中國大陸不斷加大對非洲國家融資力度。2007 年至 2009 年，中國大陸向非洲國家提供 50 億美元優惠貸款和優惠出口買方信貸。2010 年至 2012 年，中國大陸計畫向非洲提供 100 億美元優惠性質貸款支援大型專案，包括模里西斯機場、赤道幾內亞馬拉博住宅、迦納布維水電站等。[583]

且自 1950 年代起，中國大陸開始向發展中國家提供，到中國大陸留學的政府獎學金，並為受援國培訓技術人才。截至 2009 年底，中國大陸共向 7 萬多名來自發展中國家的留學生提供政府獎學金，共有 173 個國家和地區的 12 萬人到中國大陸參加培訓，內容包括經濟、管理、農業、醫療衛生等 20 多個領域的 150 多個專業。[584]

以非洲為例，截至 2009 年底，中國大陸提供援助在非洲建成 107 所學校，向 29,465 人次非洲留學生提供政府獎學金。目前，中國大陸政府每年向非洲國家提供 5,000 個左

右獎學金名額。中國大陸還加強與非洲國家在高等教育、職業教育和遠端教育等方面的合作，在非洲建立生物、電腦、分析化學、食品保鮮加工、園藝、土木工程等專業實驗室，為非洲培養大量人才。此外，開展管理和技術培訓，截至 2010 年 6 月，中國大陸為非洲國家培訓各類人員 3 萬多人次，培訓內容涵蓋經濟、公共行政管理、農牧漁業、醫療衛生、科技、環保等 20 多個領域。中國大陸在非洲企業通過建立培訓中心、在職培訓、選派優秀員工赴華培訓等方式，為所在國培訓大批熟練技術人員，以及進行實用技術培訓，中國大陸在許多非洲國家開展種植業、養殖業、漁業、編織、刺繡、皮革加工等實用技術培訓。如中國大陸為賴比瑞亞戰後難民、輟學學生、貧困農民舉辦多期竹藤編技術培訓班，推動當地竹藤產業發展，竹藤編培訓班學員通過出售自製產品，月收入可達 150 美元，有效改善當地人民的生活條件。[585]

另外，中國大陸政府又派遣援外專家和青年志願者，截至 2009 年底中國大陸向 33 個非洲國家，派遣 104 名高級農業技術專家，幫助非洲國家制定農業發展規劃、開展農業技術指導和培訓等。派遣專家指導中國大陸援建專案的生產運營，培訓當地管理人員，幫助非洲國家掌握獨立管理專案的能力。中國大陸還和聯合國糧農組織合作，與茅利塔尼亞、迦納、衣索比亞、加蓬、獅子山、馬里、奈及利亞等國分別簽署《南南合作三方協議》，累計向上述國家派出 600 多名中國大陸農業專家和技術人員。截至 2009 年底，中國大陸向非洲派出青年志願者 312 名，提供漢語教學、醫療衛生、體育教學、電腦培訓、國際救援等方面的志願服務。[586]

近年來中國大陸進一步加大援外投入，一系列務實舉措都意在更加關注扶貧、民生和受援國建設，同受援國在農業種植養殖、文化教育、沼氣、小水電等清潔能源開發等領域開展廣泛的技術合作。重視技術的傳授和轉讓，幫助受援國提高管理和技術水準；不附加任何政治條件提供優惠貸款。截至 2009 年底，中國大陸政府共支持 76 個國家的 325 個項目。[587]

以非洲為例，糧食安全關係到非洲國家的穩定發展和脫貧減困，農業是大部分非洲國家的支柱產業，中國大陸將幫助非洲解決糧食安全問題作為中非農業合作的根本目的，主要領域包括農業基礎設施建設、糧食生產、養殖業、農業實用技術交流和轉讓、農產品加工和儲運等。截至 2009 年底，中國大陸共為非洲援建農業技術試驗站、推廣站、農場等農業專案 142 個，啟動 14 個農業技術示範中心項目，並向非洲國家提供大批農用物資、農業設備。中國大陸政府還鼓勵中國大陸企業到非洲投資農產品加工、農業開發專案。[588]

自 1963 年中國大陸政府，向阿爾及利亞派出首支援外醫療隊，47 年間中國大陸政府共向 69 個發展中國家和地區，派遣援外醫務人員約 2.1 萬人次，累計診治受援國民眾約 2.6 億人次。目前中國大陸共有 54 支醫療隊，約 1,300 名醫務人員在 48 個發展中國家提供服務，累計近 900 名醫療隊員獲得所在國總統授勳的榮譽。[589]

中國大陸政府，又為改善非洲醫療衛生條件，援建醫院、派遣醫療隊、提供藥品和醫療物資援助，是幫助非洲國家改善醫療衛生條件的主要措施。截至 2009 年底，中國

大陸在非洲援建了 54 所醫院，設立 30 個瘧疾防治中心，向 35 個非洲國家，提供價值約 2 億元人民幣的抗瘧疾藥品。自 1963 年起，中國大陸持續向非洲派遣醫療隊，共向 46 個非洲國家派出過 1.8 萬人次援外醫療隊員，累計治療患者 2 億多人次，並為非洲培訓數萬名醫療技術人員。中國大陸醫療隊不僅診治常見病、多發病，還創造條件開展心腦血管疾病治療、斷肢再植、巨大腫瘤切除等高難度手術，挽救眾多生命垂危病人，並填補了受援國多項醫學空白。目前，有 1,000 多名中國大陸醫療隊隊員在 41 個非洲國家提供醫療服務。[590]

從 2000 年起，中國大陸政府先後 5 次宣佈免除有關重債窮國和最不發達國家到期無息貸款債務。迄今已與 50 個國家簽署免債議定書，免除到期債務 380 筆。[591]以非洲為例，為減輕非洲債務負擔，從 2000 年至 2009 年，中國大陸政府已免除 35 個非洲國家的 312 筆債務，總計 189.6 億元人民幣。[592]而世界大國對落後國家減債或免債舉措，不管出於何種目的，類似的對外援助模式，已是國際關係中的常見現象，如俄羅斯免除烏茲別克斯坦 8.65 億美元債務；美國宣佈免除埃及 10 億美元債務，日本免除緬甸約 37.2 億美元債務。[593]

2004 年至 2010 年以來，中國大陸政府已累計開展類似的對外緊急救援近 200 次，在東南亞禽流感、緬甸風災以及近期的巴基斯坦洪災、俄羅斯特大森林火災等，重大自然災害的救援救助行動。[594]

以非洲為例，隨著中國大陸的國力提升，中國大陸政府對非洲的人道主義援助力度不斷加大。2003 年，阿爾及利亞發生 6.8 級地震，中國大陸政府迅速向其提供緊急救援物資並派遣國際救援隊，救災援助總計 536 萬美元。2004 年，中國大陸政府正式建立援外緊急人道主義援助機制，援助行動更加快捷有效，向蘇丹、馬達加斯加、布隆迪、坦尚尼亞、索馬里、衣索比亞、賴索托、辛巴威等國家提供食品、帳篷等緊急物資援助，幫助這些國家增強抵禦災害以及災後重建的能力。自 2004 年以來，中國大陸政府向蘇丹提供近 1.5 億元人民幣無償援助，用於向達爾富爾地區提供人道主義物資和實施打井供水項目。[595]

依據 2014 年 7 月中國大陸政府公佈《中國的對外援助（2014）》白皮書，指出 2010 年至 2012 年，中國大陸對外援助規模持續增長。其中，成套專案建設和物資援助是主要援助方式，技術合作和人力資源開發合作增長顯著。亞洲和非洲是中國大陸對外援助的主要地區。為促進實現千年發展目標，中國大陸政府對外援助資金更多地投向低收入發展中國家。2010 年至 2012 年，中國大陸共向 121 個國家提供了援助，其中亞洲地區 30 國，非洲地區 51 國，大洋洲地區 9 國，拉美和加勒比地區 19 國，歐洲地區 12 國。此外，中國大陸還向非洲聯盟等區域組織提供援助。中國大陸對外援助金額為 893.4 億元人民幣。對外援助資金包括無償援助、無息貸款和優惠貸款三種方式。1.無償援助重點用於幫助受援國建設中小型社會福利專案以及實施人力資源開發合作、技術合作、物資援助和緊急人道主義援助等。三年中，中國大陸對外提供無償援助 323.2 億元人民幣，占對外援助總額的 36.2%。2.無息貸款主要用於幫助受援國建設社會公共設施和民生項

目。三年中，中國大陸對外提供無息貸款 72.6 億元人民幣，占對外援助總額的 8.1%。

3.優惠貸款主要用於幫助受援國建設有經濟社會效益的生產型項目、大中型基礎設施項目，提供較大型成套設備、機電產品等。三年中，中國大陸對外提供優惠貸款 497.6 億元人民幣，占對外援助總額的 55.7%。而援外預算資金由中國大陸財政部按預決算制統一管理，優惠貸款本金由中國進出口銀行通過市場籌措，貸款利率低於中國人民銀行公佈的基準利率，由此產生的利息差額由國家財政補貼。[596]

2010 年至 2012 年，中國大陸對外援助方式主要包括：[597]

1.援建成套專案，共在 80 個國家建設成套項目 580 個，重點集中於基礎設施和農業等領域。

2.提供一般物資，共向 96 個國家和地區提供物資援助 424 批，主要包括辦公用品、機械設備、檢測設備、交通運輸工具、生活用品、藥品以及醫療設備等。

3.開展技術合作，共在 61 個國家和地區完成技術合作專案 170 個，主要涉及工業生產和管理、農業種植養殖、文化教育、體育訓練、醫療衛生、清潔能源開發、規劃諮詢等領域。

4.人力資源開發合作，在國內舉辦 1951 期培訓班，其中包括官員研修班、技術人員培訓班、在職學歷教育專案等，為其他發展中國家培訓人員 49,148 名。

5.派遣援外醫療隊和志願者，向 54 個國家派遣 55 支援外醫療隊，共計 3,600 名醫護人員，開展定點或巡迴醫療服務，診治患者近 700 萬人次。向 60 多個國家派遣青年志願者和漢語教師志願者近 7,000 名。

6.提供緊急人道主義援助，向 30 餘個國家提供緊急人道主義援助，包括物資和現匯援助，價值約 15 億元人民幣。

7.減免受援國債務，免除坦尚尼亞、尚比亞、喀麥隆、赤道幾內亞、馬里、多哥、貝南、象牙海岸、蘇丹等，9 個最不發達國家和重債窮國，共計 16 筆到期無息貸款債務，累計金額達 14.2 億元人民幣。

表6-1 中國大陸2010年至2012年對外援建成套項目領域表

行業	項目數
一、社會公共設施	360 個
1.醫院	80 個
2.學校	85 個
3.民用建築	80 個
4.打井供水	29 個
5.公共設施	86 個
二、經濟基礎設施	156 個

1.交通運輸	72 個
2.廣播電信	62 個
3.電力	22 個
三、農業	49 個
1.農業技術示範中心	26 個
2.農田水利	21 個
3.農業加工	2 個
四、工業	15 個
1.輕工紡織	7 個
2.建材化工	6 個
3.機械電子	2 個
總計：	580 個

資料來源：

中華人民共和國國務院新聞辦公室，《中國的對外援助（2014）》（北京：人民出版社，2014 年），頁 5-6。

　　中國大陸隨著經濟不斷發展，亦穩步提高對外援助資金規模，進一步擴大援助範圍。2013 年至 2018 年，中國大陸共向亞洲、非洲、拉丁美洲和加勒比、大洋洲和歐洲等地區 122 個國家和 20 個國際和區域性多邊組織提供援助。其中，亞洲地區 30 國，非洲地區 53 國，大洋洲地區 9 國，拉丁美洲和加勒比地區 22 國，歐洲地區 8 國。中國大陸對外援助金額為 2,702 億元人民幣，包括無償援助、無息貸款和優惠貸款。其中，提供無償援助 1,278 億元人民幣，占對外援助總額的 47.30%，重點用於幫助其他發展中國家建設中小型社會福利專案以及實施人力資源開發合作、技術合作、物資援助、南南合作援助基金和緊急人道主義援助專案。提供無息貸款 113 億元人民幣，占對外援助總額的 4.18%，主要用於幫助其他發展中國家建設社會公共設施和民生項目。提供援外優惠貸款 1,311 億元人民幣，占對外援助總額的 48.52%，用於幫助其他發展中國家建設有經濟社會效益的生產型項目和大中型基礎設施，提供成套設備、機電產品、技術服務以及其他物資等。[598]

　　中國大陸政府援助實施方式在援建成套專案、提供物資、開展技術合作等的基礎上，新增南南合作援助基金專案，同時不斷創新對外援助方式手段，持續對外援助：[599]

1.援建成套項目：2013 年至 2018 年，中國大陸共建設成套項目 423 個，重點集中於基礎設施、農業等領域。除傳統的「中方代建」援建模式外，在部分有條件的國家試點「受援方自建」方式，即在一些有完備工程建設招投標管理體系、具有組織實施經驗的國家和地區，中國大陸提供資金和技術支援，由有關國家自行負責專案的勘察、設計和建設及過程管理。

2.提供一般物資：2013 年至 2018 年，中國大陸共向 124 個國家和地區提供物資援助 890 批，主要包括機械設備、檢測設備、交通運輸工具、藥品以及醫療設備等。

3.開展技術合作：2013 年至 2018 年，中國大陸共在 95 個國家和地區完成技術合作專案
　414 個，主要涉及工業生產和管理、農業種植養殖、文化教育、體育訓練、醫療衛生、
　清潔能源開發、規劃諮詢等領域。

4.開展人力資源開發合作：中國大陸通過實施官員研修研討、技術人員培訓、在職學歷
　學位教育專案等方式，積極開展援外人力資源開發合作。專案涉及政治外交、公共管
　理、國家發展、農業減貧、醫療衛生、教育科研、文化體育、交通運輸等 17 個領域
　共百餘個專業。2013 年至 2018 年，中國大陸舉辦 7,000 餘期專案，共約 20 萬名人員
　受益。

5.派遣志願者：2013 年至 2018 年，中國大陸向 80 多個國家派遣青年志願者和漢語教師
　志願者 2 萬餘名。

6.提供緊急人道主義援助：2013 年至 2018 年，中國大陸向 60 個國家提供緊急人道主義
　援助，包括提供緊急人道主義援助物資設備，派遣國際救援隊和醫療專家組，搶修受
　損設施。

7.減免有關國家債務：2013 年至 2018 年，中國大陸免除最不發達國家、重債窮國、內
　陸發展中國家和小島嶼發展中國家共計 98 筆到期無息貸款債務，累計金額達 41.84
　億元人民幣。

　　此外，南南合作援助基金部分，截至 2019 年底，中國大陸與聯合國開發計畫署、
世界糧食計畫署、世界衛生組織、聯合國兒童基金會、聯合國人口基金、聯合國難民署、
國際移民組織、國際紅十字會等 14 個國際組織實施專案 82 個，涉及農業發展與糧食安
全、減貧、婦幼健康、衛生回應、教育培訓、災後重建、移民和難民保護、促貿援助等
領域。還派遣援外醫療隊，截至 2019 年底，中國大陸累計向 72 個國家和地區派遣長期
醫療隊，共 1,069 批次 27,484 名醫療隊員，涵蓋內外婦兒、中醫、麻醉、護理、病理、
檢驗、公共衛生等醫療醫學全領域。目前有近千名醫療隊員在非洲、亞洲、大洋洲、美
洲、歐洲 55 個國家的 111 個醫療點開展對外醫療援助工作。[600]

　　2018 年 4 月，中國大陸政府成立國家國際發展合作署，作為國務院直屬機構，專司
國際發展合作事務。這是中國大陸維護世界和平、促進共同發展的重大舉措，有利於加
強國際發展合作的統籌協調，形成工作合力。國家國際發展合作署的成立是中國大陸對
外援助史上的里程碑，標誌著中國大陸對外援助事業踏上了新征程。[601]

　　然而，農業是國家經濟發展和社會穩定的根本。中國大陸政府因地制宜幫助其他發
展中國家加快農業發展，實現糧食自給、保障糧食安全，援助模式包括：[602]

1.增強農業生產能力：截至 2019 年底，共向 37 個亞非國家派遣了 81 個農業技術專家
　組、808 人次，在非洲國家援建 22 個農業技術示範中心，為有關國家試驗並推廣高
　產新品種，指導農民提高生產能力，增強發展信心。援格魯吉亞蔬菜大棚種植技術合
　作專家向農戶推廣日光溫室種植技術，提高了當地農業產量，解決了當地蔬菜難以自

給自足的難題。為吉爾吉斯斯坦、查德等國援助農業灌溉系統改造專案，提供農用機械設備和物資，緩解農業生產物資短缺問題。在老撾、巴基斯坦、衣索比亞、肯亞、烏干達等國遭受蝗災等自然災害時及時援助，幫助快速恢復農業生產。幫助柬埔寨開展現代農業發展規劃，支持柬埔寨芝格楞河水資源發展專案，使灌溉用水保證率達到80%，水稻種植由單季提高到兩季。

2. 培養農業科研和技術人才：農業產業發展升級需要人才支撐。通過援建柬埔寨桔井農業技術學校、中非聯合研究中心等項目，在安地卡及巴布達、多明尼克、格瑞那達等國開展農業技術合作專案，為有關國家培養農業技術力量搭建了平臺。派遣專家赴境外為象牙海岸水稻增產、坦尚尼亞桑吉巴水產養殖、東帝汶咖啡品種改良加工等提供技術培訓，使更多人員掌握了實用適宜技術。開展中非科研機構「10+10」合作，圍繞適用非洲大陸的新品種新技術新裝備開展聯合攻關和研究開發，為非洲農業發展提供科技支撐和服務保障。

3. 支持農業產業鏈發展：中國大陸政府重視農業生產後環節援助，通過援建古巴豬牛屠宰廠、維德角農產品初加工中心、尚比亞玉米粉加工廠、東帝汶糧食加工和倉儲設施等項目，幫助提升糧食倉儲能力，減少糧食產後浪費，提高農產品附加值和農民收入。在東加、薩摩亞等國推廣沼氣技術和「豬－沼－菜」迴圈農業生產技術，以農業技術示範中心為平臺向其示範農業生產、儲存、加工和銷售等全產業鏈發展，分享農業綜合經營經驗，支持農業生態迴圈和可持續生產。積極回應和支援聯合國糧農組織等國際組織的倡議和活動，幫助有關國家提高糧食安全保障水準。

中國大陸政府踐行人民至上、生命至上理念，積極支援其他發展中國家公共衛生體系建設，說明提升醫療衛生服務水準，保障人民生命健康，推動衛生發展，援助模式包括：[603]

1. 助力公共衛生體系建設。為進一步加強非洲地區的公共衛生體系建設，加快推進非洲疾控中心總部建設。中國大陸派出疾控專家，為非洲多次疫情應急指揮、流行病學分析、疾病控制提供了有力支援。在瘧疾、血吸蟲病等傳染性疾病防控方面，實施一系列疾病防控與人群健康改善專案。為坦尚尼亞桑吉巴血吸蟲病防治提供技術援助，說明設計了防治規範，降低了當地感染血吸蟲病的概率；在科摩羅實施的複方青蒿素快速清除瘧疾專案，使當地實現瘧疾零死亡、瘧疾發病人數下降98%。

2. 提升醫療衛生基礎能力。在剛果（布）、盧旺達、辛巴威、柬埔寨、吉爾吉斯斯坦等國建設50餘個醫療衛生基礎設施項目，為保障民眾健康、培養醫學人才發揮了積極作用。向有關國家提供醫用設備器械、藥品及醫用耗材，緩解了醫療資源緊缺狀況。通過醫療機構對口合作，幫助20多個國家建立專業科室能力。幫助千里達和多巴哥組建顯微神經外科和內鏡神經外科、駐多明尼克醫療隊開創微創手術先例，為當地帶去了先進理念，填補了加勒比地區多項醫療技術空白。

3. 增強醫療衛生服務力量。2015年至2019年，中國大陸共派出202批次3,588名援外

醫療隊員，累計診治 1,100 萬名患者，並對當地醫務人員帶教培訓，開展巡迴義診、藥械捐贈等，1,500 多人獲得有關國家頒發的總統勳章等榮譽，1 名醫務工作者為援外醫療工作獻出了寶貴生命。中國大陸還組派短期醫療專家組開展專科行動，在波箭那、厄立特里亞、摩洛哥、迦納、巴哈馬、馬爾地夫、安地卡及巴布達等 25 個國家開展了 42 次白內障手術「光明行」活動，實施 9,752 例手術；在迦納、坦尚尼亞等國實施了 170 臺「愛心行」心臟病手術。

又眾所周知，教育是發展之本，中國大陸政府通過援建學校、培養師資力量、擴大獎學金規模等方式，提升其他發展中國家的教育發展水準，讓民眾享有更優質、更公平的教育機會，援助模式包括：[604]

1.支持基礎教育：「有學上、上好學」是發展中國家青少年的普遍訴求，也是提升人口素質、促進國家發展的重要途徑。中國大陸政府在尼泊爾、亞美尼亞、莫三比克、納米比亞、秘魯、烏拉圭等國修建了一批中小學校，並提供電腦、實驗室設備、文體用品等教學物資，改善發展中國家的基礎教學環境。向南蘇丹提供教育技術援助，為南蘇丹小學量身打造英語、數學、科學三科教材，編印 130 萬冊教材，15 萬名師生受益。為北馬其頓 27 所學校提供的遠端教育設備，提升了當地特別是山區、農村的教育水準，促進了教育資源均衡發展。

2.發展高等教育：中國大陸政府積極幫助有關國家改善高等教育設施、培育高素質人才，援建了瓦努阿圖南太平洋大學埃馬路斯分校、馬拉威科技大學、阿富汗喀布爾大學中文系教學樓、坦尚尼亞沙蘭港大學圖書館、馬里巴馬科大學卡巴拉教學區等項目。在肯亞肯雅塔農業科技大學中援建的中非聯合研究中心，開設生物多樣性保護與利用、資源遙感等專業，幫助提升相應領域的科技水準。繼續提供在職學歷學位教育，2013 年以來，共資助 4,300 餘名發展中國家人員來華攻讀碩士博士學位，並通過開展中非高校間「20+20」合作計畫、設立「原子能獎學金」專案等加強科研合作和師生互訪，聯合培養高水準人才。

3.推動職業教育：職業教育能夠將發展中國家人口資源轉化為人口紅利，是促進就業的重要途徑。中國大陸政府為老撾、柬埔寨、尼泊爾、緬甸、巴基斯坦、阿富汗、盧旺達、烏干達、馬拉威、埃及、蘇丹、賴比瑞亞、赤道幾內亞、瓦努阿圖等國援建了職業技術學校或職業培訓中心，為亞塞拜然、衣索比亞、馬達加斯加等國提供職業技術教育物資，幫助改善職業教育品質。援蘇丹恩圖曼職業培訓中心成為蘇丹全國職業教育師資培養基地。在吉布地、埃及等國設立「魯班工坊」，由中國大陸職業教育學校對口建設，為當地青年提供實用技術培訓。援布吉納法索職業培訓中心技術援助啟動了當地職業教育市場。

中國自古為大國，中國共產黨 1949 年於中國大陸建立政權後，雖當時整體經濟環境困難，但已開始對外援助，主要援助的是同為社會主義國家的北韓與北越。第二次世界大戰後，國際上主要分立以美國與蘇聯為首的兩大集團相互對立，也因此引發不少區域戰爭。1950 年韓戰爆發（中國大陸稱抗美援朝戰爭），中國大陸政府派出數十萬的中

國人民志願軍赴朝鮮半島作戰，並給予北韓政府大量援助。且同時，又對越南反抗法國殖民統治給予大量援助，以支持越南脫離法國獨立，之後又支援越共與美國打數年的越戰。

從前述可知，自 1950 年代起，中國大陸政府開始向發展中國家，提供到中國大陸留學政府獎學金，並為受援國培訓技術人才，足證就算中國大陸經濟環境不佳，對外國的各項援助仍不曾間斷，因而在國際上逐步建立起許多盟邦，也致使 1960 年代後兩岸政府在聯合國會議上，互爭聯合國常任理事國的中國代表權，中國大陸政府能逐步取得優勢，於 1971 年取得聯合國中國代表權（以中華人民共和國取代中華民國）成為聯合國常任理事國。

且中國大陸隨著 1978 年改革開放後，經濟快速發展國力逐漸增強，雖國內經濟環境改善但仍有許多貧困農村需要扶貧，而中國大陸對外援助世界各國發展中國家的援外項目與金額仍不斷增加，使中國大陸逐步在非洲、中亞、南亞等區域建立更多有好盟邦。

其後，於 1990 年代以後，中國大陸逐步發展其與區域間國家的定期峰會或協調組織，如中國大陸與東盟自 1991 年開啟對話進程、1992 年加入大湄公河次區域經濟合作機制、1996 年加入中亞區域經濟合作、1998 年確立中國大陸與歐盟領導人會晤機制、2000 年成立中非合作論壇、2001 年成立上海合作組織、2004 年成立中國大陸—阿拉伯國家合作論壇、2012 年成立中國大陸與中東歐國家合作秘書處，確立中國大陸與中東歐國家領導人定期會晤等，使中國大陸的國際影響力顯著增加，並藉由多邊組織與多邊會談，逐步與世界各國建立政治、經濟與社會文化等合作關係。

而美國自 2001 年及 2003 年，小布希總統（喬治·華克·布希 George Walker Bush）發動阿富汗與伊拉克戰爭，又介入敘利亞內戰，耗費美國數兆美元軍費，並又死傷數萬美軍，更致使上百萬難民流離失所，間接引發歐洲難民潮。而中國大陸外交政策《和平共處五項原則》，其隱含中國兩千多年來歷朝歷代，對外國及藩屬國的王道思想。美國則是繼承歐洲 15 世紀航海時代，葡、西、荷、法、英的軍事霸權爭奪思想，以武力迫使他國承認其霸主地位。然軍人在戰爭環境的壓力下，不免燒殺擄掠，易引起當地老百姓的仇恨，而美國及西歐國家數十年來，多次介入中東與北非的戰爭，致使當地穆斯林發動恐怖襲擊，最著名則為美國 2001 年發生的 911 事件數架民航機遭劫持，並撞毀紐約雙子星大樓。其後，西歐英、法、德、比等國，亦遭恐怖襲擊，各國人民的保護主義思想又再抬頭，掀起排外風潮，不利二戰後美國主導建立的經濟全球化體制。

截至 2019 年 9 月底，中國大陸秉持《和平共處五項原則》的外交政策，逐步與全球 180 國建立正式外交關係，從開展與美、日、韓、東南亞各國等貿易往來外，並與歐盟國家、中亞國家、中東歐 16 國及非洲國家經貿往來日漸頻繁，逐步建立多邊政治、經貿與文化交流。

於 1992 年亞洲開發銀行發起成立大湄公河次區域經濟合作機制（Greater Mekong Subregion Economic Cooperation，GMS）而 GMS 的宗旨是通過加強各成員間的經濟聯

繫，消除貧困，促進次區域的經濟和社會發展。GMS 成員國：包括中國大陸、柬埔寨、老撾、緬甸、泰國、越南 6 國，並逐步形成領導人會議、部長級會議和各領域務實合作的總體合作架構。GMS 成員間合作領域進一步拓寬，涵蓋交通、能源、資訊通信、環境、農業、人力資源開發、旅遊、經濟走廊等。GMS 領導人會議每三年舉行一次，各成員國按字母順序輪流主辦。[605]

2014 年 12 月 19 日至 20 日，GMS 第五次領導人會議在泰國曼谷舉行，主題是「致力於實現大湄公河次區域包容、可持續發展」。會議發表領導人宣言，通過 2014～2018 年區域投資框架執行計畫（RIF-IP），為次區域進一步加強互聯互通描繪出藍圖。2018 年 3 月 30 日至 31 日，GMS 第六次領導人會議在越南河內舉行，主題是「立足 25 周年合作，建設可持續、融合、繁榮的大湄公河次區域」。會議通過《領導人宣言》、《河內行動計畫》和《區域投資框架》，總結 GMS 成立 25 年來成就和經驗，探討下步合作方向，展望長期願景。2021 年 9 月 9 日，GMS 第七次領導人會議以視頻方式舉行，主題是「加強合作，應對新十年的挑戰」。會議發表了《大湄公河次區域經濟合作第七次領導人會議宣言》，通過了《大湄公河次區域經濟合作 2030 戰略框架》和《大湄公河次區域經濟合作應對新冠肺炎疫情和經濟復蘇計畫（2021～2023）》等成果文件。[606]目前已舉行七次領導人會議，中國大陸政府均積極參與。

又於 1996 年由亞洲開發銀行（Asian Development Bank，ADB）發起成立中亞區域經濟合作（CAREC），其宗旨是以合作謀發展，通過開展交通、能源、貿易政策、貿易便利化四大重點領域合作，促進成員國經濟發展和民生改善。CAREC 成員國：包括中國大陸、阿富汗、亞塞拜然、哈薩克、吉爾吉斯斯坦、蒙古國、巴基斯坦、塔吉克斯坦、土庫曼斯坦、烏茲別克斯坦和格魯吉亞等 11 個成員國。CAREC 設有部長會、高官會、行業協調委員會、專門工作組四大工作機制[607]，主要包括政策層面和具體操作層面，在政策層面上，部長級會議負責總體戰略指導和政策抉擇，每年召開一次，自 2002 年起至 2018 年底已舉行 17 次。[608]

中國大陸與東盟自 1991 年開啟對話進程，經過 20 多年共同努力，雙方政治互信明顯增強，各領域務實合作。2002 年，中國大陸與東盟國家簽署《南海各方行為宣言》，就和平解決爭議、共同維護地區穩定、開展南海合作達成共識。2012 年 9 月，中國大陸駐東盟使團成立。2018 年 11 月，中國大陸—東盟自貿區升級議定書全面生效。2018 年 11 月，中國大陸李克強總理在新加坡出席第 21 次中國—東盟領導人會議暨慶祝中國—東盟建立戰略夥伴關係 15 周年紀念峰會，會議發表《中國—東盟戰略夥伴關係 2030 年願景》和《中國—東盟科技創新合作聯合聲明》，宣佈 2019 年為中國—東盟媒體交流年。且各方同意 2019 年內完成「南海行為準則」單一磋商文本草案第一輪審讀。中國大陸堅定支援東盟在東亞合作中的中心地位，雙方在東盟與中日韓（10+3）合作、東亞峰會、東盟地區論壇、亞洲合作對話、亞太經合組織等合作機制下保持良好溝通與合作。[609]

2004 年 1 月 30 日時任中國大陸國家主席胡錦濤，訪問設在埃及開羅的阿拉伯國家

聯盟（下稱「阿盟」）總部，會見阿盟秘書長阿姆魯·馬哈茂德·穆薩（Amr Mahmoud Moussa）和 22 個阿盟成員國代表。會見結束後，中國大陸外交部長李肇星與穆薩秘書長共同宣佈成立「中國大陸—阿拉伯國家合作論壇」，並發表《關於成立「中國—阿拉伯國家合作論壇」的公報》。阿拉伯國家聯盟 22 個成員國包括約旦、阿聯酋、巴林、突尼斯、阿爾及利亞、吉布地、沙烏地阿拉伯、蘇丹、索馬里、伊拉克、阿曼、巴勒斯坦、卡達、科摩羅、科威特、黎巴嫩、利比亞、埃及、摩洛哥、茅利塔尼亞、葉門、敘利亞等國。截至 2018 年 12 月，中國大陸—阿拉伯國家合作論壇，已舉行 8 屆部長級會議、15 次高官會，並召開了 4 次中阿高官級戰略政治對話，其他合作機制有序運行。[610]

於 2001 年 6 月 15 日上海合作組織成立，創始成員國為中國大陸、俄羅斯、哈薩克、吉爾吉斯斯坦、塔吉克斯坦、烏茲別克斯坦。2017 年上海合作組織阿斯坦納峰會，簽署關於給予印度和巴基斯坦成員國地位的決議，上海合作組織成員國由 6 個增至 8 個。現有阿富汗、白俄羅斯、伊朗、蒙古 4 個觀察員國，亞塞拜然、亞美尼亞、柬埔寨、尼泊爾、土耳其、斯裡蘭卡 6 個對話夥伴。成員國元首理事會是上海合作組織最高機構，每年舉行一次例會，由輪值主席國舉辦，就組織內所有重大問題作出決定和指示。政府首腦（總理）理事會每年舉行一次例會，討論本組織框架下多邊合作和優先領域的戰略，決定經濟及其他領域的原則性和重要問題，通過組織預算。兩個常設機構，分別是設在北京的上海合作組織秘書處和設在塔什干的上海合作組織地區反恐怖機構執行委員會。各國為反恐簽署《關於地區反恐怖機構的協定》、《反恐怖主義公約》、《上海合作組織成員國元首關於共同打擊國際恐怖主義的聲明》、《上海合作組織反極端主義公約》、《上海合作組織成員國打擊恐怖主義、分裂主義和極端主義 2019 年至 2022 年合作綱要》等決議[611]，2001 年至 2022 年已舉行 22 次首元理事會。

又為進一步加強中國大陸與非洲國家，在新形勢下的友好合作，共同應對經濟全球化挑戰，謀求共同發展，在中非雙方共同倡議下，中非合作論壇——北京 2000 年部長級會議於 2000 年 10 月 10～12 日在北京召開，中非合作論壇正式成立。成員涵蓋與中國大陸建交的 53 個非洲國家以及非洲聯盟委員會。這 53 個國家分別為：阿爾及利亞、安哥拉、貝南、波札那、布吉納法索、布隆迪、維德角、喀麥隆、中非、查德、科摩羅、剛果（布）、象牙海岸、剛果（金）、吉布地、埃及、赤道幾內亞、厄立特里亞、衣索比亞、加蓬、甘比亞、迦納、幾內亞、幾內亞比索、肯亞、賴索托、賴比瑞亞、利比亞、馬達加斯加、馬拉威、馬里、茅利塔尼亞、模里西斯、摩洛哥、莫三比克、納米比亞、尼日爾、奈及利亞、盧旺達、聖多美及普林西比島、塞內加爾、塞席爾、獅子山、索馬里、南非、南蘇丹、蘇丹、坦尚尼亞、多哥、突尼斯、烏干達、尚比亞、辛巴威。[612]

中非合作論壇第一屆部長級會議上通過的《中非經濟和社會發展合作綱領》規定，中非雙方同意建立後續機制，定期評估後續行動的落實情況。2001 年 7 月，中非合作論壇部長級磋商會在尚比亞首都路沙卡舉行，討論並通過《中非合作論壇後續機制程式》。2002 年 4 月後續機制程式正式生效。中非合作論壇後續機制建立在三個級別上：部長級會議每三年舉行一屆；高官級後續會議及為部長級會議作準備的高官預備會分別在部長級會議前一年及前數日各舉行一次；非洲駐華使節與中方後續行動委員會秘書處每年至

少舉行兩次會議。部長級會議及其高官會輪流在中國和非洲國家舉行。中國大陸和承辦會議的非洲國家擔任共同主席國，共同主持會議並牽頭落實會議成果。此外，隨著中非合作不斷拓展和深化，中非民間論壇、中非青年領導人論壇、中非部長級衛生合作發展研討會、中非媒體合作論壇、中非減貧與發展會議、中非合作論壇—法律論壇、中非地方政府合作論壇、中非智庫論壇等中非合作論壇分論壇陸續成立。2001 年至 2018 年已舉辦過 7 屆的部長級會議，2018 年通過《關於構建更加緊密的中非命運共同體的北京宣言》和《中非合作論壇—北京行動計畫（2019～2021 年）》兩個重要成果文件。[613]

2012 年 9 月中東歐 16 國（阿爾巴尼亞、波黑、保加利亞、克羅埃西亞、捷克、愛沙尼亞、匈牙利、拉脫維亞、立陶宛、馬其頓、黑山、波蘭、羅馬尼亞、塞爾維亞、斯洛維尼亞、斯洛伐克）與中國大陸合作秘書處在北京成立，秘書處發表《中國大陸－中東歐國家合作秘書處成立大會暨首次國家協調員會議紀要》。2012 年簽署《中國大陸關於促進與中東歐國家友好合作的十二項舉措》、2013 年簽署《中國大陸—中東歐國家合作布加勒斯特綱要》、2014 年《中國大陸—中東歐國家合作貝爾格勒綱要》、2015 年簽署《中國大陸—中東歐國家合作蘇州綱要》、《中國大陸—中東歐國家合作中期規劃》、2016 年簽署《中國—中東歐國家合作里加綱要》、2018 年發佈《16+1 銀聯體 2018－2020 合作行動綱領》。[614]中國大陸領導人與中東歐各國領導人，自 2012 年到 2019 年已舉辦過 8 次會晤，成績斐然。

1998 年 4 月中國大陸與歐盟領導人雙方會晤後雙方發表聯合聲明，希望建立面向 21 世紀長期穩定的建設性夥伴關係，並決定每年舉行一次領導人會晤，每年輪流在中國大陸及歐盟國家舉行，2003 年中國大陸政府發表了首份對歐盟政策文件《中國對歐盟政策文件》。歐盟也發表了第五份對華政策文件。雙方決定發展全面戰略夥伴關係。2009 年雙方簽署《中歐清潔能源中心聯合聲明》、《中歐中小企業合作共識文件》、《中歐科技夥伴關係計畫》、《中歐科技合作協定》。2013 年雙方共同制定《中歐合作 2020 戰略規劃》，確定中國大陸與歐盟在和平與安全、繁榮、可持續發展、人文交流等領域，加強合作的共同目標。又宣佈啟動中歐投資協定談判，力爭到 2020 年貿易額達到 1 兆美元。[615]2017 年雙方同意加強「一帶一路」倡議與歐洲投資計畫的對接，歡迎簽署《絲路基金和歐洲投資基金促進共同投資框架諒解備忘錄》，設立中歐共同投資基金。雙方將通過亞投行、歐洲投資銀行、歐洲復興開發銀行等多邊開發機構促進相關合作。自 2009 年 4 月至 2019 年 4 月中國大陸與歐盟領導人會晤總計共第 21 次，使中國大陸與歐盟形成良好合作夥伴。

中國大陸與大湄公河次區域經濟合作、中亞區域經濟合作、東盟、阿拉伯國家聯盟、上海合作組織、中非合作論壇、中東歐國家、歐盟等組織，逐步形成多個多邊合作機制。簽署上百份關於政治、經貿、文化、反恐等合作框架與協議，使得中國大陸在經濟、貿易、科技、文化等因多方交流得到快速發展，逐步建立具有中國特色的經貿外交策略，形成一帶一路戰略發展的堅實基礎。

表6-2 大湄公河次區域經濟合作機制簡表

（**Greater Mekong Subregion Economic Cooperation，簡稱 GMS**）

一、成立緣起： 1992 年亞洲開發銀行發起成立大湄公河次區域經濟合作機制（Greater Mekong Subregion Economic Cooperation，簡稱 GMS），GMS 的宗旨是通過加強各成員間的經濟聯繫，消除貧困，促進次區域的經濟和社會發展。
二、成員國：包括中國大陸、柬埔寨、老撾、緬甸、泰國、越南 6 國。
三、大湄公河次區域經濟合作（GMS）機制： GMS 不斷深入發展，已形成領導人會議、部長級會議和各領域務實合作的總體合作架構。 GMS 成員間合作領域進一步拓寬，涵蓋交通、能源、資訊通信、環境、農業、人力資源開發、旅遊、經濟走廊等，取得了豐碩成果。 GMS 領導人會議每三年舉行一次，各成員國按字母順序輪流主辦，目前已舉行五屆，中國大陸均積極參與。
2002 年 11 月，時任國務院總理朱鎔基出席了在柬埔寨金邊舉行的 GMS 第一次領導人會議。
2005 年 7 月，時任國務院總理溫家寶在中國大陸昆明 GMS 第二次領導人會議。
2008 年 3 月，時任國務院總理溫家寶在老撾萬象出席 GMS 第三次領導人會議。
2011 年 12 月，時任國務委員戴秉國代表溫家寶總理出席了在緬甸內比都舉行的 GMS 第四次領導人會議。
2013 年 12 月，GMS 第 19 次部長級會議上通過 GMS 區域投資框架（2012～2022，RIF）。
2014 年 12 月 19 日至 20 日，GMS 第五次領導人會議在泰國曼谷舉行，主題是「致力於實現大湄公河次區域包容、可持續發展」。會議發表領導人宣言，通過 2014-2018 年區域投資框架執行計畫（RIF-IP），為次區域進一步加強互聯互通描繪出藍圖。中國大陸李克強總理出席了在泰國曼谷舉行的 GMS 第五次領導人會議，並在開幕式發表題為《攜手共創睦鄰友好包容發展新局面》的重要講話。
2018 年 3 月 30 日至 31 日，GMS 第六次領導人會議在越南河內舉行，主題是「立足 25 周年合作，建設可持續、融合、繁榮的大湄公河次區域」。會議通過《領導人宣言》、《河內行動計畫》和《區域投資框架》，總結 GMS 成立 25 年來成就和經驗，探討下步合作方向，展望長期願景。2018 年 3 月 30 日至 31 日，王毅國務委員兼外長出席了在越南河內舉行的 GMS 第六次領導人會議，並發表題為《攜手書寫次區域發展合作新篇章》的重要講話。

資料來源：

整理自-

1、中華人民共和國外交部網站，大湄公河次區域經濟合作，https：

　　//www.fmprc.gov.cn/web/gjhdq_676201/gjhdqzz_681964/lhg_682686/zghgzz_682690/，檢索時間 2019 年 4 月 24 日。

2、中華人民共和國外交部網站，中國大陸同大湄公河次區域經濟合作的關係，https：

　　//www.fmprc.gov.cn/web/gjhdq_676201/gjhdqzz_681964/lhg_682686/zghgzz_682690/，檢索時間 2019 年 4 月 24 日。

表6-3 中亞區域經濟合作（CAREC）機制簡表

一、 成立緣起： 1996 年由亞洲開發銀行發起成立中亞區域經濟合作（CAREC），其宗旨是以合作謀發展，通過開展交通、能源、貿易政策、貿易便利化四大重點領域合作，促進成員國經濟發展和民生改善。
二、 成員國： 包括中國大陸、阿富汗、亞塞拜然、哈薩克、吉爾吉斯斯坦、蒙古國、巴基斯坦、塔吉克斯坦、土庫曼斯坦、烏茲別克斯坦和格魯吉亞等 11 個成員國。
三、 中亞區域經濟合作（CAREC）出資方： 包括亞洲開發銀行、世界銀行、國際貨幣基金組織、歐洲復興開發銀行、伊斯蘭開發銀行等。CAREC 設有部長會、高官會、行業協調委員會、專門工作組四大工作機制，現任輪值主席國為土庫曼斯坦。
四、 中亞區域經濟合作（CAREC）機制： 主要包括政策層面和具體操作層面，在政策層面上，部長級會議負責總體戰略指導和政策抉擇，每年召開一次，自 2002 年起至 2018 年底已舉行 17 次。 在具體操作層面上，高官會議負責籌備部長級會議，落實部長會議的政策指示，指導並監督各行業委員會及論壇的工作，在部長會議和行業委員會之間起承上啟下的作用；行業協調委員會負責各自領域具體項目的設計與實施；工作組負責地區具體專案的評估、提議和執行，並協調與專案相關的捐贈者和機構的關係。 2018 年 11 月 15 日，中亞區域經濟合作（CAREC）第十七次部長級會議在土庫曼斯坦阿什哈巴特舉行，本次部長級會議的主題是「CAREC2030：擴大貿易和促進經濟多元化」。此次會議審議通過，部長聯合聲明和 CAREC 綜合貿易議程 2030，探討了 CAREC2030 戰略的實施進展以及如何通過出口多元化促進經濟增長和宏觀經濟的穩定。中國大陸財政部副部長余蔚平在發言中肯定 CAREC 機制在促進成員國經濟社會發展、提升區域整體競爭力方面發揮的重要作用，對未來合作提出三點建議：一是秉持全球化和多邊主義原則，努力構建開放型區域經濟；二是以綜合貿易議程 2030 的批准為契機，進一步加強貿易和投資領域的合作；三是圍繞綜合貿易議程 2030，不斷拓展新的合作領域。同時，希望亞行與中亞各國共同努力，確保綜合貿易議程 2030 確定的目標如期實現。

資料來源：

整理自-

1、中華人民共和國外交部網站，中亞區域經濟合作，http：

　//yws.mofcom.gov.cn/article/zt_dwyz/subjectll/201008/20100807090503.shtml，檢索時間 2019 年 4 月 24 日。

2、中國社會科學網，亞洲開發銀行與中亞區域經濟合作，http：

　//www.cssn.cn/gj/gj_gjwtyj/gj_elsdozy/201311/t20131101_823068.shtml，檢索時間 2019 年 4 月 24 日。

3、中國政府網，中亞區域經濟合作第十七次部長級會議在土庫曼斯坦阿什哈巴特舉行，http：

　//www.gov.cn/xinwen/2018-11/20/content_5342000.htm，檢索時間 2019 年 4 月 24 日。

表6-4 中國大陸與東盟（10+1）概要表
（China-ASEAN Cooperation）

中國大陸與東盟自 1991 年開啟對話進程，經過 20 多年共同努力，雙方政治互信明顯增強，各領域務實合作。

一、政治上：

2002 年，中國大陸與東盟國家簽署《南海各方行為宣言》，就和平解決爭議、共同維護地區穩定、開展南海合作達成共識。雙方召開了非典型性肺炎特別峰會和防治禽流感特別會議，制定了一系列合作措施。

2003 年，中國大陸作為東盟對話夥伴率先加入《東南亞友好合作條約》，與東盟建立了面向和平與繁榮的戰略夥伴關係。雙方建立了較為完善的對話合作機制，主要包括領導人會議、部長級會議、高官會等。

2005 年，中國大陸為遭受印度洋地震海嘯襲擊的東盟國家提供幫助。

2006 年，中國大陸－東盟建立對話關係 15 周年，雙方在廣西南寧成功舉辦了紀念峰會。

2009 年，中國大陸設立駐東盟大使。

2012 年 9 月，中國大陸駐東盟使團成立。

2011 年 11 月，中國大陸—東盟中心正式成立。

2011 年，是中國大陸－東盟建立對話關係 20 周年和友好交流年，雙方舉行了紀念峰會、領導人互致賀電、紀念招待會等一系列友好交流活動。

2013 年，是中國大陸—東盟建立戰略夥伴關係 10 周年，雙方舉行了中國—東盟特別外長會、互聯互通交通部長特別會議、中國—東盟高層論壇等一系列慶祝活動。

2013 年 10 月，中國大陸習近平主席訪問東南亞國家，倡議攜手建設更為緊密的中國—東盟命運共同體，共同建設 21 世紀「海上絲綢之路」。

2016 年，中國大陸—東盟建立對話關係 25 周年和中國—東盟教育交流年，雙方舉辦了一系列紀念活動。

2017 年，東盟成立 50 周年，中國大陸習近平主席向東盟輪值主席國菲律賓總統杜特爾特致賀電，也是中國大陸—東盟旅遊合作年，中國大陸李克強總理和杜特爾特總統分別向旅遊合作年開幕式致賀詞，雙方舉辦了系列活動。

2017 年 11 月，中國大陸李克強總理在菲律賓馬尼拉舉行的第 20 次中國—東盟領導人會議上提出構建以政治安全、經貿、人文交流三大支柱為主線、多領域合作為支撐的「3+X 合作框架」。

2018 年，中國大陸—東盟建立戰略夥伴關係 15 周年和中國—東盟創新年。李克強總理訪問東盟秘書處，出席中國大陸—東盟建立戰略夥伴關係 15 周年慶祝活動啟動儀式並發表主旨講話。10 月 8 日，中國大陸李克強總理和東盟輪值主席國新加坡總理李顯龍就中國大陸—東盟建立戰略夥伴關係 15 周年互致賀電。

2018 年 11 月，中國大陸李克強總理在新加坡出席第 21 次中國—東盟領導人會議暨慶祝中國—東盟建立戰略夥伴關係 15 周年紀念峰會，會議發表《中國—東盟戰略夥伴關係 2030 年願景》和《中國—東盟科技創新合作聯合聲明》，宣佈 2019 年為中

國—東盟媒體交流年。且各方同意 2019 年內完成「南海行為準則」單一磋商文本草案第一輪審讀。

二、經濟上：

2010 年 1 月，中國大陸—東盟自貿區全面建成。

2014 年 8 月，雙方宣佈啟動中國大陸－東盟自貿區升級談判。

2015 年 11 月，雙方簽署《關於修訂<中國—東盟全面經濟合作框架協定>及項下部分協定的議定書》，標誌著中國大陸—東盟自貿區升級談判正式結束。

2018 年 11 月，中國大陸—東盟自貿區升級議定書全面生效。目前中國大陸是東盟第一大交易夥伴，東盟是中國大陸第三大交易夥伴。2017 年雙方貿易額達 5148.2 億美元，同比增長 13.8%。中國大陸－東盟博覽會暨商務與投資峰會自 2004 年起每年在廣西南寧舉行，已成功舉辦 15 屆，成為中國大陸與東盟國家經濟往來的重要平臺。雙方設立了中大陸國－東盟合作基金和中國大陸—東盟海上合作基金，用於支持具體領域合作專案。東盟 10 國均已成為中國大陸人民出國旅遊目的地，雙方互為主要旅遊客源對象。

三、國際地區事務上：

中國大陸堅定支援東盟在東亞合作中的中心地位，雙方在東盟與中日韓（10+3）合作、東亞峰會、東盟地區論壇、亞洲合作對話、亞太經合組織等合作機制下保持良好溝通與合作。

資料來源：

中華人民共和國外交部網站，中國－東盟關係（10+1），https：

//www.fmprc.gov.cn/web/gjhdq_676201/gjhdqzz_681964/dmldrhy_683911/zgydmgk_683913/，檢索時間 2019 年 4 月 22 日。

表6-5　中國大陸與阿拉伯國家合作論壇概要表
（China-Arab States Cooperation Forum）

一、成立日期： 　　2004 年 1 月 30 日，中國大陸國家主席胡錦濤訪問設在埃及開羅的阿拉伯國家聯盟（下稱「阿盟」）總部，會見了阿盟秘書長阿姆魯·馬哈茂德·穆薩（Amr Mahmoud Moussa）和 22 個阿盟成員國代表。會見結束後，中國大陸李肇星外長與穆薩秘書長共同宣佈成立「中國大陸—阿拉伯國家合作論壇」，並發表了《關於成立「中國—阿拉伯國家合作論壇」的公報》。
二、宗旨： 　　加強對話與合作、促進和平與發展。
三、成員： 　　中國大陸和阿拉伯國家聯盟 22 個成員國：約旦、阿聯酋、巴林、突尼斯、阿爾及利亞、吉布地、沙烏地阿拉伯、蘇丹、索馬裡、伊拉克、阿曼、巴勒斯坦、卡達、科摩羅、科威特、黎巴嫩、利比亞、埃及、摩洛哥、茅利塔尼亞、葉門、敘利亞（2011 年 11 月 16 日，阿盟中止敘利亞成員國資格；2013 年 3 月 26 日，阿盟曾決定將敘利亞在阿盟席位授予敘利亞反對派「全國聯盟」，但迄未落實）。
四、組織機構： （1）部長級會議：為論壇長期機制，由各國外長和阿盟秘書長組成，每兩年在中國大陸或阿拉伯國家聯盟總部或任何一個阿拉伯國家輪流舉行 1 次部長級例會，必要時可以召開非常會議。會議主要討論加強中國大陸和阿拉伯國家在政治、經濟、安全等領域的合作；就共同關心的地區和國際問題、聯合國及其專門機構會議所討論的熱點問題交換意見；回顧論壇行動計畫執行情況；討論雙方共同關心的其他事務。 （2）高官委員會會議：每年召開例會，由中阿雙方輪流承辦，必要時經雙方同意也可隨時開會。負責籌備部長級會議並落實部長級會議的決議和決定，並舉行中阿高官級戰略政治對話。 （3）其他機制：除部長級會議和高官會外，論壇框架下逐步形成了中阿企業家大會暨投資研討會、中阿關係暨中阿文明對話研討會、中阿友好大會、中阿能源合作大會、中阿新聞合作論壇、互辦藝術節、中阿北斗合作論壇等機制。以上活動一般每兩年輪流在中國和阿拉伯國家舉辦 1 次。此外，中阿在環境保護、人力資源培訓、婦女等領域也有著機制性合作。 （4）聯絡組：中國大陸駐埃及大使館為中方聯絡組，阿拉伯駐華使節委員會和阿盟駐華代表處為阿方聯絡方，負責雙方的聯絡並落實部長會和高官會的決議和決定。論壇中方秘書處辦公室設在中國外交部西亞北非司。
五、網址： 　　http：//www.chinaarabcf.org/

六、主要活動：

截至 2018 年 12 月，中國大陸—阿拉伯國家合作論壇已舉行 8 屆部長級會議、15 次高官會，並召開了 4 次中阿高官級戰略政治對話，其他合作機制有序運行。

七、其他重要會議摘要：

2018 年 7 月 10 日，中國—阿拉伯國家合作論壇第八屆部長級會議（The 8th Ministerial Meeting of the CASCF）在北京舉行。習近平主席出席會議開幕式並發表題為《攜手推進新時代中阿戰略夥伴關係》的重要講話，宣佈中阿雙方建立全面合作、共同發展、面向未來的中阿戰略夥伴關係。王毅國務委員兼外交部長同阿方主席、沙特外交大臣朱貝爾共同主持部長會。會議通過並簽署了《中阿合作論壇第八屆部長會北京宣言》（Beijing Declaration of the 8th Ministerial Meeting of the CASCF）、《論壇 2018 年至 2020 年行動執行計畫》（The Execution Plan 2018-2020 of CASCF）和《中阿合作共建「一帶一路」行動宣言》（Declaration of Action on China-Arab States Cooperation under the Belt and Road Initiative）3 份重要成果文件。7 月 9 日，中阿合作論壇第 15 次高官會（The 15th Senior Officials' Meeting of CASCF）和第四次高官級戰略政治對話（The 4th Senior Official Level Strategic Political Dialogue of CASCF）在北京舉行。

2018 年 11 月 5-8 日，第六屆中阿能源合作大會（The 6th Session of the China-Arab Cooperation Conference on Energy）在埃及開羅舉行。會議由中國國家能源局和阿盟共同主辦，主題為「一帶一路的投資機會」，著重探討在「一帶一路」框架下如何進一步推動中阿能源合作。來自中國和阿盟成員國的政府官員、企業家和專家學者與會。會議宣佈將成立中阿清潔能源培訓中心。

2019 年 4 月 1 日至 2 日，第二屆中國—阿拉伯國家北斗合作論壇（The Second China-Arab States BeiDou Cooperation Forum）在突尼斯舉辦，中國衛星導航系統委員會主席王兆耀、中阿合作論壇事務大使李成文、阿盟助理秘書長卡邁勒、突尼斯高教與科研部部長卡爾布斯、阿拉伯資訊通信技術組織秘書長本·阿莫出席開幕式並致辭。中國衛星導航系統管理辦公室與阿拉伯資訊通信技術組織簽署了《第二屆中阿北斗合作論壇聲明》。

2019 年 6 月 18 日，中阿合作論壇第十六次高官會（The 16th Senior Official's Meeting of CASCF）在阿聯酋阿布達比舉行。論壇中方秘書長、外交部西亞北非司司長王鏑和阿聯酋外交與國際合作部政治事務部長助理哈利法（Khalifa Shaheen Al-Marar）共同主持。阿盟助理秘書長哈立德率團與會。來自中國外交部、商務部、文旅部、國新辦、國際發展合作署、貿促會、中國衛星導航系統管理辦公室等單位代表以及 21 個阿拉伯國家外交部、阿盟秘書處主管官員等共 120 餘人與會。會議評估了中阿合作論壇第八屆部長級會議成果文件落實情況，並就共同關心的國際和地區問題舉行了第五次高官級戰略政治對話（The 5th Senior Official Level Strategic Political Dialogue of CASCF）。

2019 年 8 月 16 日，第二屆中阿衛生合作論壇（The Second China-Arab States

Health Cooperation Forum）在京召開。國家衛健委主任馬曉偉、摩洛哥衛生大臣杜卡利、阿盟助理秘書長海法出席開幕式並致辭。本屆論壇以「深化中阿衛生合作、共築健康絲綢之路」為主題，通過了《中國—阿拉伯國家衛生合作 2019 北京倡議》。本屆論壇由國家衛健委與阿拉伯國家聯盟聯合舉辦，阿盟 21 個成員國代表、駐華使節、國際組織等約 180 人參會。

2019 年 9 月 12 日，第三屆中阿技術轉移與創新合作大會（The Third China-Arab States Technology Transfer and Inovation Cooperation Conference）在寧夏舉辦，來自中國、埃及、摩洛哥等國家科技主管部門的政府官員、科研機構代表、技術轉移機構代表、專家學者、企業家等參加，科技部副部長黃衛在會上作主旨講話。

2020 年 4 月 9 日，中國同阿盟舉行新冠肺炎疫情衛生專家視訊會議（The China-Arab Video Conference of Health Expert）。阿盟秘書處和 12 個阿拉伯國家衛生部負責人和專家、世界衛生組織應對新冠肺炎疫情特使等逾百人通過網路線上與會。中方專家結合阿方關切，就疫情流行病學特徵、發展趨勢、防控策略、臨床診療和科研攻關等介紹經驗做法，並回答了外方提出的 50 餘個各類問題。

2020 年 7 月 6 日，中阿合作論壇第九屆部長級會議（The 9th Ministerial Meeting of the CASCF）以視頻方式成功舉行。國家主席習近平向會議致賀信。王毅國務委員兼外交部長同約旦外交與僑務大臣（Minister of Foreign Affairs and Expatriates）埃伊曼·薩法迪（Ayman Safadi）共同主持會議並發表主旨講話。21 個阿盟成員國外長或代表和阿盟秘書長與會。中阿雙方在會上一致同意召開中阿峰會，並就打造中阿命運共同體、在涉及彼此核心利益問題上相互支持、推動共建「一帶一路」、加強抗疫和復工複產合作等達成重要共識，為新形勢下的中阿戰略夥伴關係開闢了更廣闊前景。雙方簽署了《中國和阿拉伯國家團結抗擊新冠肺炎疫情聯合聲明（the China-Arab States Joint Statement on Solidarity against COVID-19）》《中阿合作論壇第九屆部長會議安曼宣言（Amman Declaration of the 9th Ministerial Meeting of CASCF）》和《中阿合作論壇 2020 年至 2022 年行動執行計畫（the Execution Plan 2020-2022 of CASCF）》3 份重要成果文件。

2020 年 9 月 23 日，中國同阿盟舉行「中國應對新冠肺炎疫情對經濟影響經驗」視頻研討會（The China-Arab Video Conference on China's Experience in Reducing the Economic Effects of the Pandemic COVID-19 on the Economic Sectors），阿盟秘書處、阿拉伯勞工組織、阿拉伯農業發展組織、阿拉伯數字經濟聯盟、聯合國貿發會議投資與專案部等機構代表近百人出席。中方專家詳細介紹了中國統籌推進疫情防控和經濟社會發展工作相關經驗，並就中國在就業、貿易、投資、能源、通信、農業、製造業等各領域採取的復工複產舉措回答外方提問。

2021 年 6 月 22 日，中阿合作論壇第十七次高官會（The 17th Senior Official's Meeting of CASCF）和第六次高官級戰略政治對話（The 6th Senior Official Level Strategic Political Dialogue of CASCF）以視頻連線方式舉行。外交部部長助理鄧勵出席會議開幕式並致辭。會議由論壇中方秘書處秘書長、外交部亞非司司長王鏑和阿方主席、卡達駐阿盟代表易卜拉欣共同主持，21 個阿拉伯國家和阿盟秘書處官員及

阿拉伯國家駐華使節與會。會議總結了論壇第九屆部長級會議成果落實進展，討論了中阿峰會籌備及下階段工作計畫，就雙方共同關心的國際和地區問題交換了意見。

2021 年 8 月 19 日，第四屆中阿技術轉移與創新合作大會（The 4th China-Arab States Technology Transformation and Innovative Cooperation Meeting）在寧夏銀川舉辦。科技部部長王志剛通過視頻發表致辭，寧夏自治區政協主席崔波出席，自治區副主席吳秀章出席大會並致辭。會上發佈了十項主推技術成果，簽約 18 項重點合作專案。

2021 年 12 月 8 日，第三屆中阿北斗合作論壇（The Third China-Arab States BeiDou Cooperation Forum）以線上線下結合方式在北京舉行。論壇主題為「應用北斗、共享共贏」，來自中國和 17 個阿拉伯國家的政府部門、企業、高校等單位和阿拉伯國家聯盟等地區組織代表，共計 300 餘人參會。

資料來源：

1. 中華人民共和國外交部網站，中國-阿拉伯國家合作論壇，https：//www.fmprc.gov.cn/web/gjhdq_676201/gjhdqzz_681964/zalt_682806/jbqk_682808/，檢索時間 2019 年 4 月 22 日。

2. 中華人民共和國外交部網站，中國-阿拉伯國家合作論壇，https：//www.fmprc.gov.cn/web/gjhdq_676201/gjhdqzz_681964/zalt_682806/jbqk_682808/，檢索時間 2022 年 9 月 4 日。

表6-6 上海合作組織概要表

一、發展歷程：

上海合作組織（簡稱「上合組織」）成立於 2001 年 6 月 15 日，創始成員國為中國、俄羅斯、哈薩克、吉爾吉斯斯坦、塔吉克斯坦、烏茲別克斯坦。2017 年上海合作組織阿斯坦納峰會簽署了關於給予印度和巴基斯坦成員國地位的決議，上海合作組織成員國由 6 個增至 8 個。現有阿富汗、白俄羅斯、伊朗、蒙古 4 個觀察員國，亞塞拜然、亞美尼亞、柬埔寨、尼泊爾、土耳其、斯里蘭卡、埃及、卡達、沙烏地阿拉伯 9 個對話夥伴。上海合作組織秘書處已經同聯合國、東盟、獨聯體、集安條約組織、亞信、紅十字國際委員會等建立了合作關係。上海合作組織同阿富汗建立了副外長級聯絡組。

二、會議機制：

成員國元首理事會是上海合作組織最高機構，每年舉行一次例會，由輪值主席國舉辦，就組織內所有重大問題作出決定和指示。政府首腦（總理）理事會每年舉行一次例會，討論本組織框架下多邊合作和優先領域的戰略，決定經濟及其他領域的原則性和重要問題，通過組織預算。此外，本組織框架內還設有外交、國防、安全、經貿、文化、衛生、教育、交通、緊急救災、科技、農業、司法、旅遊、國家協調員等會議機制。

三、常設機構：

　　兩個常設機構，分別是設在北京的上海合作組織秘書處和設在塔什干的上海合作組織地區反恐怖機構執行委員會。上海合作組織秘書長和地區反恐怖機構執行委員會主任由成員國元首理事會任命，任期三年。2019 年 1 月 1 日起，諾羅夫（烏茲別克斯坦籍）和吉約索夫（塔吉克斯坦籍）分別擔任上海合作組織秘書長和地區反恐怖機構執行委員會主任。2022 年 1 月 1 日起，張明（中國籍）和米爾紮耶夫（烏茲別克斯坦籍）分別擔任上海合作組織秘書長和地區反恐怖機構執行委員會主任。

四、官方和工作語言：

　　漢語和俄語

五、歷屆峰會情況：

　　2001 年 6 月 15 日，上海合作組織成員國元首理事會首次會議在中國上海舉行。會上，六國元首簽署了《上海合作組織成立宣言》，宣告上海合作組織正式成立。

　　2002 年 6 月 7 日，元首理事會第二次會議在俄羅斯聖彼德堡舉行。六國元首簽署《上海合作組織憲章》《關於地區反恐怖機構的協定》《上海合作組織成員國元首宣言》等三個重要文件，為上海合作組織的機制化和法律化建設奠定了基礎。

　　2003 年 5 月 29 日，元首理事會第三次會議在莫斯科舉行。會上，六國元首討論了在新形勢下如何抓住機遇、應對挑戰、加強協調、擴大合作、促進地區和平與發展等重大問題，並達成廣泛共識。六國元首還簽署了《上海合作組織成員國元首宣言》。

　　2004 年 6 月 17 日，元首理事會第四次會議在烏茲別克斯坦首都塔什干舉行。六國元首正式啟動上海合作組織地區反恐怖機構，簽署、批准了《塔什干宣言》、反毒合作協定等多份重要文件，並決定採取新舉措，推進安全和經濟方面的務實合作，建立成員國外交部間協作機制等。塔什干峰會標誌著成立三年的上海合作組織正式結束初創階段，進入了全面發展的新時期。會上，蒙古國被吸收為上海合作組織觀察員。

　　2005 年 7 月 5 日，元首理事會第五次會議在哈薩克首都阿斯坦納舉行。六國元首簽署了《上海合作組織成員國元首宣言》等重要文件，並決定給予巴基斯坦、伊朗、印度觀察員地位。

　　2006 年 6 月 15 日，元首理事會第六次會議在上海舉行。六國元首圍繞弘揚「上海精神」、深化務實合作、促進和平發展的主題，提出了上海合作組織發展的遠景規劃，簽署了《上海合作組織五周年宣言》等重要文件，為上海合作組織的下一步發展確定了方向和任務。

　　2007 年 8 月 16 日，元首理事會第七次會議在吉爾吉斯斯坦首都比斯凱克舉行。六國元首簽署了《上海合作組織成員國長期睦鄰友好合作條約》，把成員國人民「世代友好、永保和平」的思想以法律形式確定下來。

　　2008 年 8 月 28 日，元首理事會第八次會議在塔吉克斯坦首都杜桑貝舉行。六國元首就上海合作組織發展和合作重點方向、相互關係準則、對外交往基本立場等達成新的重要共識。會議通過了《上海合作組織成員國元首杜桑貝宣言》《上海合作組織對話夥伴條例》等重要文件。

2009 年 6 月 15 日至 16 日，元首理事會第九次會議在俄葉卡捷琳堡舉行。六國元首簽署了《葉卡捷琳堡宣言》和《反恐怖主義公約》等重要文件。會議決定給予斯裡蘭卡和白俄羅斯對話夥伴地位。

2010 年 6 月 11 日，元首理事會第十次會議在烏首都塔什干舉行。會議發表了《上海合作組織成員國元首理事會第十次會議宣言》，批准了《上海合作組織接收新成員條例》和《上海合作組織程式規則》。

2011 年 6 月 15 日，元首理事會第十一次會議在哈首都阿斯坦納舉行。六國元首圍繞回顧過去、展望未來、凝聚共識、鞏固團結的主題，總結了過去的成就和發展經驗，並在深入分析國際和地區形勢發展的基礎上簽署《上海合作組織十周年阿斯坦納宣言》，對上海合作組織未來 10 年的發展方向作出戰略規劃。

2012 年 6 月 6 日至 7 日，元首理事會第十二次會議在北京舉行。國家主席胡錦濤作為主席國元首主持會議。與會領導人就深化成員國友好合作以及重大國際和地區問題深入交換意見，並對上海合作組織未來發展作出規劃，達成新的重要共識。成員國元首簽署了《上海合作組織成員國元首關於構建持久和平、共同繁榮地區的宣言》等 10 個文件。上海合作組織成員國元首一致同意接收阿富汗為上海合作組織觀察員國、土耳其為上海合作組織對話夥伴國。

2013 年 9 月 13 日，元首理事會第十三次會議在吉爾吉斯斯坦比斯凱克舉行。與會元首共同簽署並發表了《上海合作組織成員國元首比斯凱克宣言》。峰會批准《〈上海合作組織成員國長期睦鄰友好合作條約〉實施綱要（2013～2017）》。國家主席習近平發表題為《弘揚「上海精神」促進共同發展》的重要講話。中方在峰會上宣佈已成立上海合作組織睦鄰友好合作委員會。

2014 年 9 月 12 日，元首理事會第十四次會議在塔吉克斯坦杜桑貝舉行。與會各方圍繞進一步完善上海合作組織工作，發展上海合作組織域內長期睦鄰友好關係、維護地區安全、加強務實合作以及當前重大國際和地區問題交換意見。國家主席習近平發表《凝心聚力精誠協作推動上海合作組織再上新臺階》的講話，提出 4 點主張。成員國元首簽署並發表了《杜桑貝宣言》，簽署了《上海合作組織成員國政府間國際道路運輸便利化協定》，批准《給予上海合作組織成員國地位程式》和《關於申請國加入上海合作組織義務的備忘錄範本》修訂案。

2015 年 7 月 10 日，元首理事會第十五次會議在俄羅斯烏法舉行。會議的主題是規劃組織未來發展，就本組織發展及國際和地區重要問題協調立場，東道國俄羅斯總統普京主持會議。國家主席習近平發表題為《團結互助共迎挑戰推動上海合作組織實現新跨越》的重要講話。共同簽署並發表了《烏法宣言》。批准包括《上海合作組織至 2025 年發展戰略》在內的一系列文件，簽署《上海合作組織成員國邊防合作協定》，通過關於啟動接收印度、巴基斯坦加入上海合作組織程式等決議，發表成員國元首關於世界反法西斯戰爭勝利 70 周年的聲明、關於應對毒品問題的聲明以及會議《新聞公報》。

2016 年 6 月 24 日，元首理事會第十六次會議在烏茲別克斯坦塔什干舉行。與會各方就攜手應對地區和國際新挑戰、全面提升上海合作組織各領域合作水準以及

上海合作組織未來發展等問題深入交換意見。習近平主席發表題為《弘揚上海精神，鞏固團結互信，全面深化上海合作組織合作》的重要講話。成員國元首簽署並發表《上海合作組織成立十五周年塔什干宣言》，發表《新聞公報》，批准《〈上海合作組織至 2025 年發展戰略〉2016-2020 年落實行動計畫》等文件，見證簽署印度、巴基斯坦加入上海合作組織義務的備忘錄，有關部門授權代表簽署了《上海合作組織成員國旅遊合作發展綱要》。

2017 年 6 月 9 日，元首理事會第十七次會議在哈薩克阿斯坦納舉行。與會各方圍繞上海合作組織發展現狀、任務和前景，以及國際和地區重大問題等交換意見，達成廣泛共識。習近平主席在會上發表《團結協作，開放包容，建設安全穩定、發展繁榮的共同家園》的重要講話。成員國元首簽署並發表《阿斯坦納宣言》，發表《新聞公報》、《上海合作組織成員國元首關於共同打擊國際恐怖主義的聲明》，簽署《上海合作組織反極端主義公約》，批准給予印度、巴基斯坦上海合作組織成員國地位等 7 份決議。峰會期間，各方授權代表還簽署了《2017～2018 年落實〈上海合作組織成員國旅遊合作發展綱要〉聯合行動計畫》、《上海合作組織秘書處與紅十字國際委員會諒解備忘錄》。此外，本次峰會決定中方擔任 2017～2018 年上海合作組織主席國，習近平主席宣佈中方將於 2018 年 6 月主辦下次峰會。

2018 年 6 月 9 日至 10 日，元首理事會第十八次會議在中國青島舉行。在習近平主席主持下，與會各國領導人就當前重大國際和地區問題及深化上海合作組織各領域合作深入交換意見，達成廣泛共識。習近平主席發表題為《弘揚「上海精神」構建命運共同體》的重要講話。成員國元首簽署並發表《青島宣言》，發表《新聞公報》、《上海合作組織成員國元首致青年共同寄語》、《上海合作組織成員國元首在上海合作組織地區共同應對流行病威脅的聲明》、《上海合作組織成員國元首關於貿易便利化的聯合聲明》，簽署關於批准《〈上海合作組織成員國長期睦鄰友好合作條約〉實施綱要（2018～2022 年）》、《上海合作組織成員國打擊恐怖主義、分裂主義和極端主義 2019 年至 2022 年合作綱要》等 12 份決議。峰會期間，各方授權代表還簽署了《2019～2020 年落實〈上海合作組織成員國旅遊合作發展綱要〉聯合行動計畫》、《上海合作組織成員國經貿部門間促進中小微企業合作的諒解備忘錄》、《上海合作組織成員國海關關於利用莫斯科地區情報聯絡中心案件數據庫執法平臺管道全天候聯絡站開展資訊互助的規程》、《上海合作組織成員國海關關於交換跨境運輸消耗臭氧層物質資訊合作的備忘錄》等文件。此外，本次峰會決定吉爾吉斯共和國接任上海合作組織輪值主席國。上海合作組織成員國元首理事會下次會議將於 2019 年在吉爾吉斯共和國舉行。

2019 年 6 月 13 日至 14 日，元首理事會第十九次會議在吉爾吉斯斯坦比斯凱克舉行。與會各方討論了青島峰會成果落實情況，圍繞當前世界政治經濟形勢下上海合作組織發展狀況和前景及重大國際和地區問題交換意見，達成廣泛共識。習近平主席發表題為《凝心聚力 務實篤行 共創上海合作組織美好明天》的重要講話。成員國元首簽署《比斯凱克宣言》以及關於資訊通信技術、禁毒、地方合作等 13 個合作文件。會議發表了《新聞公報》。此外，本次峰會決定俄羅斯接任上海合作組織輪

值主席國。

2020 年 11 月 10 日，上海合作組織成員國元首理事會第二十次會議以視頻方式舉行，俄羅斯為會議主席國。與會各國領導人圍繞疫情形勢下進一步加強上合組織合作的優先任務以及重大國際和地區問題交換意見。習近平主席在人民大會堂出席會議並發表題為《弘揚「上海精神」深化團結協作 構建更加緊密的命運共同體》的重要講話，首次在上合組織框架內提出構建衛生健康共同體、安全共同體，發展共同體、人文共同體的重大倡議。成員國元首簽署並發表《莫斯科宣言》，發表關於共同應對新冠肺炎疫情、關於第二次世界大戰勝利 75 周年、關於打擊利用互聯網傳播「三股勢力」思想、關於保障國際資訊安全、關於應對毒品威脅、關於開展數字經濟領域合作等 6 份聲明，還批准了涉及醫療衛生、地方發展、對外交往等領域多個合作文件。此外，本次峰會決定塔吉克斯坦接任上海合作組織輪值主席國。

2021 年 9 月 16 至 17 日，上海合作組織成員國元首理事會第二十一次會議在塔吉克斯坦首都杜桑貝舉行。與會各國領導人全面回顧並積極評價上海合作組織成立 20 年來在政治、經濟、安全、人文等領域取得巨大成就，圍繞上合組織發展及重大國際和地區問題交換意見。習近平主席在北京以視頻方式出席會議並發表題為《不忘初心 砥礪前行 開啟上海合作組織發展新征程》的重要講話，強調上合組織應該高舉「上海精神」旗幟，走團結合作之路、安危共擔之路、開放融通之路、互學互鑒之路、公平正義之路，構建更加緊密的上合組織命運共同體。成員國領導人簽署《上海合作組織二十周年杜桑貝宣言》，並批准一系列決議。會議還發表有關科技創新、糧食安全等領域合作的聲明。會議啟動接收伊朗為成員國的程式，吸收沙烏地阿拉伯、埃及、卡達為新的對話夥伴。此外，本次峰會決定烏茲別克斯坦接任上海合作組織輪值主席國。

2022 年 9 月 16 至 17 日，上海合作組織成員國元首理事會第二十二次會議在烏茲別克斯坦撒馬爾罕國際會議中心舉行。上合組織成員國領導人簽署並發表《上海合作組織成員國元首理事會撒馬爾罕宣言》。會議發表了關於維護國際糧食安全、國際能源安全、應對氣候變化、維護供應鏈安全穩定多元化等多份聲明和文件，簽署關於伊朗加入上海合作組織義務的備忘錄，啟動接收白俄羅斯為成員國的程序，批准埃及、沙特、卡達、同意巴林、馬爾地夫、阿聯酋、科威特、緬甸為新的對話夥伴，批准成員國睦鄰友好長期合作條約未來 5 年實施綱要等一系列決議。

資料來源：

1. 中華人民共和國外交部網站，上海合作組織，https：//www.fmprc.gov.cn/web/wjb_673085/zzjg_673183/dozys_673577/dqzzoys_673581/shhz_673583/gk_673585/t528036.shtml，檢索時間 2019 年 4 月 22 日。

2. 中華人民共和國外交部網站，上海合作組織峰會，https：//www.fmprc.gov.cn/web/gjhdq_676201/gjhdqzz_681964/lhg_683094/jbqk_683096/201404/t20140430_9388210.shtml，檢索時間 2022 年 9 月 4 日。

3. 新華網，上合組織成員國元首理事會第二十二次會議取得一系列重要成果，http：//www.news.cn/world/2022-09/16/c_1129009142.htm，檢索時間 2022 年 9 月 19 日。

表6-7 中非合作論壇概要表

(Forum on China-Africa Cooperation — FOCAC)

一、成立日期：

為進一步加強中國大陸與非洲國家在新形勢下的友好合作，共同應對經濟全球化挑戰，謀求共同發展，在中非雙方共同倡議下，中非合作論壇—北京 2000 年部長級會議於 2000 年 10 月 10～12 日在北京召開，中非合作論壇正式成立。

二、宗旨：

平等磋商、增進瞭解、擴大共識、加強友誼、促進合作。

三、成員：

中國大陸與建交的 53 個非洲國家以及非洲聯盟委員會。這 53 個國家分別為：阿爾及利亞、安哥拉、貝南、波札那、布吉納法索、布隆迪、維德角、喀麥隆、中非、查德、科摩羅、剛果（布）、象牙海岸、剛果（金）、吉布地、埃及、赤道幾內亞、厄立特里亞、衣索比亞、加蓬、甘比亞、迦納、幾內亞、幾內亞比索、肯亞、賴索托、賴比瑞亞、利比亞、馬達加斯加、馬拉威、馬里、茅利塔尼亞、模里西斯、摩洛哥、莫三比克、納米比亞、尼日爾、奈及利亞、盧旺達、聖多美及普林西比島、塞內加爾、塞席爾、獅子山、索馬里、南非、南蘇丹、蘇丹、坦尚尼亞、多哥、突尼斯、烏干達、尚比亞、辛巴威。

四、會議機制：

中非合作論壇第一屆部長級會議上通過的《中非經濟和社會發展合作綱領》規定，中非雙方同意建立後續機制，定期評估後續行動的落實情況。2001 年 7 月，中非合作論壇部長級磋商會在尚比亞首都路沙卡舉行，討論並通過了《中非合作論壇後續機制程式》。2002 年 4 月，後續機制程式正式生效。中非合作論壇後續機制建立在三個級別上：部長級會議每三年舉行一屆；高官級後續會議及為部長級會議作準備的高官預備會分別在部長級會議前一年及前數日各舉行一次；非洲駐華使節與中方後續行動委員會秘書處每年至少舉行兩次會議。部長級會議及其高官會輪流在中國和非洲國家舉行。中國大陸和承辦會議的非洲國家擔任共同主席國，共同主持會議並牽頭落實會議成果。部長級會議由外交部長和負責國際經濟合作事務的部長參加，高官會由各國主管部門的司局級或相當級別的官員參加。

此外，隨著中非合作不斷拓展和深化，中非民間論壇、中非青年領導人論壇、中非部長級衛生合作發展研討會、中非媒體合作論壇、中非減貧與發展會議、中非合作論壇—法律論壇、中非地方政府合作論壇、中非智庫論壇等中非合作論壇分論壇陸續成立。

五、中方後續行動委員會：

2000 年 11 月，中非合作論壇中方後續行動委員會成立，目前共有中國大陸 33 個成員單位：外交部、商務部、財政部、文化和旅遊部、中央對外聯絡部、國家發展改革委、教育部、科技部、工業和信息化部、自然資源部、生態環境部、交通運輸部、農業農村部、國家衛生健康委員會、中國人民銀行、海關總署、稅務總局、國家

市場監督管理總局、國家廣播電視總局、國家國際發展合作署、國家新聞出版署、國務院新聞辦、中國民航局、國家藥品監督管理局、國家電影局、國務院扶貧辦、共青團中央、中國貿促會、全國工商聯、國家開發銀行、中國進出口銀行、中國銀行、北京市政府。外交部長和商務部長為委員會兩名譽主席，兩部主管部領導為兩主席。委員會下設秘書處，由中國大陸外交部、商務部、財政部、文化和旅遊部和中聯部有關司局組成，外交部非洲司司長任秘書長。秘書處辦公室設在中國大陸外交部非洲司。

六、部長級會議：

1、第一屆部長級會議（2000 年 10 月 10～12 日）

　　中非合作論壇第一屆部長級會議在北京舉行，中國大陸和 44 個非洲國家的 80 餘名部長、17 個國際和地區組織的代表及部分中非企業界人士出席會議。中國大陸國家主席江澤民和國務院總理朱鎔基分別出席開幕式和閉幕式並發表講話；非洲統一組織（非洲聯盟前身）「三駕馬車」，即前任主席阿爾及利亞總統布特弗利卡、現任主席多哥總統埃亞德馬、候任主席尚比亞總統奇盧巴以及坦尚尼亞總統姆卡帕出席開幕式並講話；非統秘書長薩利姆在閉幕式上致辭。會議兩議題是「面向 21 世紀應如何推動建立國際政治經濟新秩序」和「如何在新形勢下進一步加強中非在經貿領域的合作」。會議通過了《中非合作論壇北京宣言》和《中非經濟和社會發展合作綱領》，為中國大陸與非洲國家發展長期穩定、平等互利的新型夥伴關係確定了方向。中國大陸政府宣佈了減免非洲重債窮國和最不發達國家 100 億元人民幣債務和設立「非洲人力資源開發基金」等舉措。

2、第二屆部長級會議（2003 年 12 月 15～16 日）

　　中非合作論壇第二屆部長級會議在衣索比亞首都阿迪斯阿貝巴舉行，中國大陸和 44 個非洲國家的 70 多名部長及部分國際和地區組織的代表參加會議。中國大陸國務院總理溫家寶和衣索比亞總理梅萊斯以及其他非洲國家的 6 位總統、3 位副總統、2 位總理、1 位議長，非盟委員會主席科納雷、聯合國秘書長代表出席開幕式並發表講話。會議主題為：務實合作、面向行動。會議回顧了第一屆部長級會議後續行動落實情況，通過了《中非合作論壇——阿迪斯阿貝巴行動計畫（2004～2006 年）》。中國大陸政府宣佈在論壇框架下繼續增加對非援助，3 年內為非洲培養 1 萬名各類人才以及給予非洲部分最不發達國家部分輸華商品免關稅待遇等舉措。

3、2006 年北京峰會暨第三屆部長級會議（2006 年 11 月 4～5 日）

　　中非合作論壇北京峰會隆重舉行，會議主題為：友誼、和平、合作、發展。中國大陸國家主席胡錦濤和非洲 35 位國家元首、6 位政府首腦、1 位副總統、6 位高級代表以及非盟委員會主席科納雷出席。會議通過了《中非合作論壇北京峰會宣言》和《中非合作論壇——北京行動計畫（2007～2009 年）》，決定建立和發展政治上平等互信、經濟上合作共贏、文化上交流互鑒的中非新型戰略夥伴關係。中國大陸胡錦濤主席宣佈了旨在加強中非務實合作、支持非洲國家發展的 8 項政策措施，包括增加對非援助、提供優惠貸款和優惠出口買方信貸、設立中非發展基金、援建非盟會議中心、免債、免關稅、建立經貿合作區、加強人力資源開發以及教育、醫療等領域

的合作。中國國務院總理溫家寶與 33 位非洲國家領導人共同出席了與中非工商界代表高層對話會。

此前，中非合作論壇第三屆部長級會議於 2006 年 11 月 3 日在北京召開，為北京峰會召開作最後的準備。中國大陸和 48 個非洲國家的外交部長、負責國際經濟合作事務的部長或代表出席了會議，24 個國際和地區組織的代表作為觀察員列席了會議開幕式。

4、第四屆部長級會議（2009 年 11 月 8～9 日）

中非合作論壇第四屆部長級會議在埃及沙姆沙伊赫舉行。中國大陸國務院總理溫家寶、埃及總統穆巴拉克以及其他非洲國家的 9 位總統、3 位總理、3 位副總統、1 位議長和非盟委員會主席讓·平出席開幕式並發表講話。會議主題是：深化中非新型戰略夥伴關係，謀求可持續發展。會議審議了中國大陸關於論壇北京峰會後續行動落實情況的報告，通過了《中非合作論壇沙姆沙伊赫宣言》和《中非合作論壇——沙姆沙伊赫行動計畫（2010～2012 年）》兩個文件，規劃了此後 3 年中非在政治、經濟、社會、人文等各領域的合作。溫家寶總理在開幕式上代表中國政府宣佈了對非合作新 8 項舉措，涉及農業、環境保護、促進投資、減免債務、擴大市場准入、應對氣候變化、科技合作、醫療、教育、人文交流等方面。

5、第五屆部長級會議（2012 年 7 月 19～20 日）

中非合作論壇第五屆部長級會議在北京舉行。中國大陸國家主席胡錦濤和非洲國家 6 位總統、2 位總理、論壇非方共同主席國埃及總統特使以及聯合國秘書長潘基文出席開幕式。來自中國大陸和 50 個非洲國家的外交部長和負責國際經濟合作事務的部長或代表以及非盟委員會主席讓·平與會，部分國際和非洲地區組織代表分別以嘉賓和觀察員身份列席開幕式和會議。會議主題是：繼往開來，開創中非新型戰略夥伴關係新局面。會議審議了中方關於論壇第四屆部長會後續行動落實情況的報告，通過了《中非合作論壇第五屆部長級會議北京宣言》和《中非合作論壇第五屆部長級會議——北京行動計畫（2013 年至 2015 年）》兩個文件，全面規劃了今後 3 年中非關係的發展方向和中非合作的重點領域。中國大陸胡錦濤主席在開幕式上發表了題為《開創中非新型戰略夥伴關係新局面》的重要講話，代表中國大陸政府宣佈了今後 3 年在投融資、援助、非洲一體化、民間交往以及非洲和平與安全等五大領域支持非洲和平發展、加強中非合作的一系列新舉措。主要包括：向非洲國家提供 200 億美元貸款額度，重點支援非洲基礎設施、農業、製造業和中小企業發展；繼續擴大對非援助，適當增加援非農業技術示範中心，為非洲培訓 3 萬名各類人才，提供政府獎學金名額 18,000 個，並為非洲國家援建文化和職業技術培訓設施，派遣 1,500 名醫療隊員，同時繼續為非洲白內障患者提供相關免費治療，繼續援助打井供水項目；同非方建立非洲跨國跨區域基礎設施建設合作夥伴關係，為專案規劃和可行性研究提供支援，鼓勵有實力的中國企業和金融機構參與非洲跨國跨區域基礎設施建設；倡議開展「中非民間友好行動」，在華設立「中非新聞交流中心」，繼續實施「中非聯合研究交流計畫」，資助雙方學術機構和學者開展 100 個學術研究、交流合作項目；發起「中非和平安全合作夥伴倡議」，深化同非盟和非洲國家在非洲和平安全領

域的合作，為非盟在非開展維和行動、常備軍建設等提供資金支持，增加為非盟培訓和平安全事務官員和維和人員數量。

6、約翰尼斯堡峰會暨第六屆部長級會議（2015 年 12 月 4～5 日）

中非合作論壇約翰尼斯堡峰會隆重舉行，包括 43 位國家元首和政府首腦在內的論壇 52 個成員代表出席。會議由中國大陸習近平主席和南非總統祖馬共同主持。中非領導人緊緊圍繞「中非攜手並進：合作共贏、共同發展」的主題，就深化中非傳統友誼、促進務實合作、謀求共同發展等重大議題進行了富有成果的討論。峰會回顧了論壇成立 15 年來中非友好關係和務實合作取得的成就，審議通過了《中非合作論壇約翰尼斯堡峰會宣言》和《中非合作論壇—約翰尼斯堡行動計畫（2016～2018 年）》，雙方同意將中非新型戰略夥伴關係提升為全面戰略合作夥伴關係，做強和夯實政治上平等互信、經濟上合作共贏、文明上交流互鑒、安全上守望相助、國際事務中團結協作「五大支柱」。習近平主席在峰會開幕式上發表題為《開啟中非合作共贏、共同發展的新時代》的重要講話，宣佈未來三年中方將著力實施工業化、農業現代化、基礎設施、金融、綠色發展、貿易和投資便利化、減貧惠民、公共衛生、人文、和平與安全等「十大合作計畫」。

為確保「十大合作計畫」順利實施，中方決定提供總額 600 億美元的資金支援，包括：提供 50 億美元的無償援助和無息貸款；提供 350 億美元的優惠性質貸款及出口信貸額度，並提高優惠貸款優惠度；為中非發展基金和非洲中小企業發展專項貸款各增資 50 億美元；設立首批資金 100 億美元的「中非產能合作基金」。峰會期間還舉行了中非領導人與工商界代表高層對話會、第五屆中非企業家大會、中非合作論壇 15 周年成果圖片展、中非裝備製造業展、南非「中國年」閉幕式文藝演出等活動，習近平主席、南非總統祖馬和非洲聯盟輪值主席、辛巴威總統穆加貝等與會非洲領導人出席。2016 年 7 月 29 日，中非合作論壇約翰尼斯堡峰會成果落實協調人會議在北京舉行。會議審議並通過了《中非合作論壇約翰尼斯堡峰會成果落實協調人會議聯合聲明》，中非雙方一致同意秉持共同發展、集約發展、綠色發展、安全發展、開放發展五大合作發展理念，為推動落實中非合作論壇約堡峰會成果凝聚了共識。

7、2018 年北京峰會暨第七屆部長級會議（2018 年 9 月 3～4 日）

中非合作論壇北京峰會隆重舉行，中國大陸國家主席習近平同論壇共同主席國南非總統拉馬福薩共同主持峰會。54 個論壇非洲成員代表與會，包括 40 位總統、10 位總理、1 位副總統以及非盟委員會主席等。此外，聯合國秘書長以及 26 個國際和非洲地區組織代表應邀出席。

峰會以「合作共贏，攜手構建更加緊密的中非命運共同體」為主題。中非雙方一致決定攜手構建責任共擔、合作共贏、幸福共享、文化共興、安全共築、和諧共生的中非命運共同體，推進中非共建「一帶一路」合作，將「一帶一路」建設同非盟《2063 年議程》、聯合國 2030 年可持續發展議程、非洲各國發展戰略緊密對接，重點實施「八大行動」，全面加強中非各領域務實合作。峰會重申堅持多邊主義、抵制單邊行徑。峰會通過了《關於構建更加緊密的中非命運共同體的北京宣言》和《中非合作論

壇－北京行動計畫（2019－2021 年）》兩個重要成果文件。論壇各成員一致決定中非合作論壇第八屆部長級會議將於 2021 年在塞內加爾共和國召開，歡迎塞內加爾共和國接任論壇共同主席國。

「八大行動」主要包括：

（1）實施產業促進行動，中國大陸決定在華設立中國大陸—非洲經貿博覽會；鼓勵中國企業擴大對非投資，在非洲新建和升級一批經貿合作區；支持非洲在 2030 年前基本實現糧食安全，同非洲一道制定並實施中非農業現代化合作規劃和行動計畫，實施 50 個農業援助項目，向非洲受災國家提供 10 億元人民幣緊急人道主義糧食援助，向非洲派遣 500 名高級農業專家，培養青年農業科研領軍人才和農民致富帶頭人；支持成立中國在非企業社會責任聯盟；繼續加強和非洲國家本幣結算合作，發揮中非發展基金、中非產能合作基金、非洲中小企業發展專項貸款作用。

（2）實施設施聯通行動，中國大陸決定和非洲聯盟啟動編制《中非基礎設施合作規劃》；支援中國企業以投建營一體化等模式參與非洲基礎設施建設，重點加強能源、交通、資訊通信、跨境水資源等合作，同非方一道實施一批互聯互通重點項目；支援非洲單一航空運輸市場建設，開通更多中非直航航班；為非洲國家及其金融機構來華發行債券提供便利；在遵循多邊規則和程式的前提下，支援非洲國家更好利用亞洲基礎設施投資銀行、新開發銀行、絲路基金等資源。

（3）實施貿易便利行動，中國大陸決定擴大進口非洲商品特別是非資源類產品，支援非洲國家參加中國國際進口博覽會，免除非洲最不發達國家參展費用；繼續加強市場監管及海關方面交流合作，為非洲實施 50 個貿易暢通項目；定期舉辦中非品牌面對面活動；支持非洲大陸自由貿易區建設，繼續同非洲有意願的國家和地區開展自由貿易談判；推動中非電子商務合作，建立電子商務合作機制。

（4）實施綠色發展行動。中國大陸決定為非洲實施 50 個綠色發展和生態環保援助專案，重點加強在應對氣候變化、海洋合作、荒漠化防治、野生動物和植物保護等方面的交流合作；推進中非環境合作中心建設，加強環境政策交流對話和環境問題聯合研究；開展中非綠色使者計畫，在環保管理、污染防治、綠色經濟等領域為非洲培養專業人才；建設中非竹子中心，幫助非洲開發竹藤產業；開展環境保護宣傳教育合作。

（5）實施能力建設行動，中國大陸決定同非洲加強發展經驗交流，支持開展經濟社會發展規劃方面合作；在非洲設立 10 個魯班工坊，向非洲青年提供職業技能培訓；支持設立旨在推動青年創新創業合作的中非創新合作中心；實施頭雁計畫，為非洲培訓 1,000 名精英人才；為非洲提供 5 萬個中國政府獎學金名額，為非洲提供 5 萬個研修培訓名額，邀請 2,000 名非洲青年來華交流。

（6）實施健康衛生行動，中國大陸決定優化升級 50 個醫療衛生援非項目，重點援建非洲疾控中心總部、中非友好醫院等旗艦專案；開展公共衛生交流和資訊合作，實施中非新發再發傳染病、血吸蟲、愛滋病、瘧疾等疾控合作項目；為非洲培養更多專科醫生，繼續派遣並優化援非醫療隊；開展「光明行」、「愛心行」、「微笑行」等醫療巡診活動；實施面向弱勢群體的婦幼心連心工程。

（7）實施人文交流行動，中國大陸決定設立中國非洲研究院，同非方深化文明互鑒；打造中非聯合研究交流計畫增強版；實施 50 個文體旅遊項目，支持非洲國家加入絲綢之路國際劇院、博物館、藝術節等聯盟；打造中非媒體合作網路；繼續推動中非互設文化中心；支持非洲符合條件的教育機構申辦孔子學院；支持更多非洲國家成為中國大陸公民組團出境旅遊目的地。

（8）實施和平安全行動，中國大陸決定設立中非和平安全合作基金，支持中非開展和平安全和維和維穩合作，繼續向非洲聯盟提供無償軍事援助。支援薩赫勒、亞丁灣、幾內亞灣等地區國家維護地區安全和反恐努力；設立中非和平安全論壇，為中非在和平安全領域加強交流提供平臺；在共建「一帶一路」、社會治安、聯合國維和、打擊海盜、反恐等領域推動實施 50 個安全援助專案。

資料來源：

整理自-中非合作論壇網站，https：//www.focac.org/chn/ltjj/ltjz/，檢索時間 2019 年 4 月 22 日。

表6-8　中國大陸－中東歐國家領導人會晤會議表

一、中國大陸與中東歐國家合作秘書處：
2012 年 4 月，中方秘書處的籌建得到了中東歐 16 國（阿爾巴尼亞、波黑、保加利亞、克羅埃西亞、捷克、愛沙尼亞、匈牙利、拉脫維亞、立陶宛、馬其頓、黑山、波蘭、羅馬尼亞、塞爾維亞、斯洛維尼亞、斯洛伐克）的支援，16 國分別指定國家協調員或專門機構負責同秘書處進行工作對接。同年 9 月，中國大陸－中東歐國家合作秘書處在北京成立，秘書處發表了《中國大陸－中東歐國家合作秘書處成立大會暨首次國家協調員會議紀要》。
二、中國大陸－中東歐國家領導人會晤
1.第一次會晤（2012 年 4 月 26 日）
中國大陸與中東歐國家領導人會晤在波蘭首都華沙舉行。中國大陸國務院總理溫家寶和波蘭共和國總理唐納德·圖斯克、波士尼亞赫塞哥維納部長會議主席維耶科斯拉夫·貝萬達、克羅埃西亞共和國總理佐蘭·米拉諾維奇、捷克共和國總理彼得·內恰斯、愛沙尼亞共和國總理安德魯斯·安西普、匈牙利總理歐爾班·維克托、拉脫維亞共和國總理瓦爾季斯•東布羅夫斯基斯、立陶宛共和國總理安德留斯·庫比柳斯、馬其頓共和國總理尼古拉•格魯埃夫斯基、黑山總理伊戈爾·盧克希奇、羅馬尼亞總理米哈伊·溫古雷亞努、塞爾維亞共和國總理米爾科·茨韋特科維奇、斯洛伐克共和國總理羅伯特·菲喬、斯洛維尼亞共和國總理亞內茲·揚沙、阿爾巴尼亞共和國副總理艾德蒙·哈吉納斯托、保加利亞共和國副總理西美昂·迪揚科夫出席會晤。
簽署：2012 年《中國大陸關於促進與中東歐國家友好合作的十二項舉措》
2.第二次會晤（2013 年 11 月 26 日）
中國大陸國務院總理李克強與 16 個中東歐國家領導人會晤在羅馬尼亞首都布加勒斯特舉行，並共同參觀布加勒斯特議會宮展覽廳，舉辦的中國大陸鐵路等基礎設施及裝備製造展，也預示著中國大陸和中東歐國家間巨大的合作潛力。

簽署：2013 年《中國大陸—中東歐國家合作布加勒斯特綱要》

3.第三次會晤（2014 年 12 月 16 日）

　　中國大陸國務院總理李克強在塞爾維亞首都貝爾格勒與中東歐國家領導人會議，中國政府提議建立中國-中東歐國家協同投融資合作框架，以市場化運作為基礎，有機結合中國－中東歐間既有投融資安排，並創新投融資模式.中方鼓勵中東歐國家繼續充分用好「100 億美元專項貸款」，將設立 30 億美元規模投資基金，鼓勵中國企業和金融機構積極參與中東歐國家的公私合營合作和私有化進程，同時將啟動第二期 10 億美元的中國－中東歐投資合作基金，支援對中東歐的投資項目.

簽署：2014 年《中國大陸—中東歐國家合作貝爾格勒綱要》

4.第四次會晤（2015 年 11 月 24 日）

　　中國大陸國務院總理李克強在中國大陸蘇州太湖國際會議中心與中東歐 16 國領導人共同出席第四次中國大陸－中東歐國家領導人會晤。中東歐各國與中國的雙邊關係良好，「16＋1 合作」具有巨大潛力和強勁活力，是中東歐與中國關係的紐帶，為中東歐國家應對共同挑戰，發展經濟，改善民生，深化中東歐與中國、歐中以及中東歐國家間合作提供了有效平臺。中東歐國家願在雙方良好合作基礎上，與中方對接發展戰略，創新合作模式，拓展政治、經濟、人文各領域的互利務實合作，落實陸海互聯互通等合作項目，將「16＋1 合作」水準提高到新高度。

簽署：2015 年《中國大陸—中東歐國家合作蘇州綱要》
　　　　2015 年《中國大陸—中東歐國家合作中期規劃》

5.第五次會晤（2016 年 11 月 5 日）

　　中國大陸—中東歐國家領導人會晤在拉脫維亞首都里加舉行。中國大陸國務院總理李克強和拉脫維亞共和國總理馬里斯·庫欽斯基斯、阿爾巴尼亞共和國總理埃迪·拉馬、波士尼亞赫塞哥維納部長會議主席戴尼斯·茲維茲迪奇、保加利亞共和國總理博伊科·鮑裡索夫、克羅埃西亞共和國總理安德列·普連科維奇、捷克共和國總理博胡斯拉夫·索博特卡、愛沙尼亞共和國總理塔維·羅伊瓦斯、匈牙利總理歐爾班·維克托、立陶宛共和國總理阿爾吉爾達斯·布特克維丘斯、馬其頓共和國總理埃米爾·迪米特裡耶夫、波蘭共和國總理貝婭塔·希德沃、羅馬尼亞總理達奇安·喬洛什、塞爾維亞共和國總理亞歷山大·武契奇、斯洛伐克共和國總理羅伯特·菲佐、斯洛維尼亞共和國總理米羅·采拉爾、黑山副總理兼資訊社會和電信部部長武伊察·拉佐維奇出席會晤。出席會晤的領導人對拉脫維亞作為主辦國為會晤成功所作努力表示讚賞和感謝。奧地利、白俄羅斯、歐洲復興開發銀行、歐盟、希臘、瑞士等應邀派代表作為觀察員與會。

簽署：《中國—中東歐國家合作里加綱要》

6.第六次會晤（2017 年 11 月 27 日）

　　中國大陸國務院總理李克強同中東歐 16 國領導人在匈牙利首都布達佩斯共同出席「16+1 合作」五周年紀念活動並致辭。

中國大陸國務院總李克強表示，五年來，「16+1 合作」取得一系列成果，我們的合作是建立在相互尊重、平等相待基礎上的，是著眼於促進中國大陸和中東歐國家共同發展的，是立足于提升本國和地區廣大民眾福祉的。我們共同規劃的美好願景，正

在實施的多領域合作必將獲得更大的成功。希望中國大陸—中東歐國家的合作與友誼，如陳年的佳釀，歷時越久越芳醇。

當日，李克強還分別同克羅埃西亞總理普連科維奇、斯洛伐克總理菲佐、愛沙尼亞總理拉塔斯、立陶宛總理斯克韋爾內利斯、黑山總理瑪律科維奇、捷克總理索博特卡、保加利亞總理鮑裡索夫等中東歐國家領導人舉行雙邊會見，就雙邊關係和「16+1合作」交換意見。各方一致認為本次領導人會晤取得成功，李克強總理與會發言為「16+1合作」注入了新動力。中國大陸與中東歐國家傳統友誼深厚，是重要的合作夥伴，期待繼續加強對華經貿、人文、互聯互通等合作，攜手開創雙邊關係與「16+1合作」更美好的未來。

7. 第七次會晤（2018 年 7 月 7 日）

中國大陸國務院總理李克強在保加利亞首都索菲亞出席第七次中國—中東歐國家領導人會晤時發表重要講話。

本次會晤以「深化開放務實合作，共促共享繁榮發展」為主題，具有很強的現實性和針對性，將對中國與中東歐國家發揮互補優勢、進一步深化合作發揮引領作用。「16+1合作」是中國與中東歐國家在共同應對金融危機、推動經濟轉型升級的背景下開啟的，雙方同舟共濟、攜手前進，建立了這一聚焦務實合作、共同發展的跨區域合作平臺。

應更加重視「16+1合作」中的產業園區建設，通過共享和優化資源配置，形成規模經濟效應，帶動關聯產業集群式發展。浙江寧波 16+1 經貿合作示範區、河北滄州中小企業合作區、長三角園區 16+1 人文交流基地已啟動運營。中國大陸支持在遼寧等更多省市建立 16+1 經貿合作示範區，為擴大貿易和投資合作搭建更多平臺。

中國大陸願與中東歐國家金融部門和機構加強溝通，深入探討開展人民幣融資及發行綠色金融債券合作，為「16+1合作」開闢更多投融資管道。中方歡迎中國—中東歐國家銀行聯合體首次理事會會議成功舉辦，並發佈《16+1 銀聯體 2018～2020 合作行動綱領》。中國大陸支持設立 16+1 金融科技協調中心，為雙方金融機構跨境合作搭建新平臺。中國大陸歡迎中東歐國家的金融機構來華設立分支機構、開展業務，或投資入股中國大陸金融機構，同時也希望中東歐國家採取有效措施支持中國大陸金融機構在中東歐地區拓展業務。

8. 第八次會晤（2019 年 4 月 12 日）

中國大陸國務院總理李克強在克羅埃西亞杜布羅夫尼克市出席第八次中國—中東歐國家領導人會晤時發表重要講話。

中國大陸與中東歐國家間貿易保持大幅增長，匈塞鐵路、克羅埃西亞佩列沙茨跨海大橋等大專案取得新進展，黑山與中國、馬爾他三方合作的莫祖拉風電項目穩步推進，德國曼海姆開通途經波蘭至重慶的中歐班列新線路。中國大陸公民赴中東歐國家旅遊人數超過 140 萬人次，中東歐國家來中國大陸旅遊達到 35 萬人次。

中國大陸與中東歐國家經貿合作潛力大。去年在全球貿易增速放緩的背景下，中國大陸與中東歐國家經貿合作保持逆勢上揚，雙方貿易額增長 21%、達到 822 億美元。中方不追求順差，重視在擴大貿易規模的同時優化貿易結構，想方設法擴大進口，

以促進貿易平衡。中東歐國家農產品質優價廉，深受中國消費者歡迎。2018 年雙方農產品貿易額超過 12 億美元，其中葡萄酒、乳品比 2014 年分別增長了 37.6%和 85.5%。為更好滿足中國民眾多樣化的消費需求，中國大陸願進口更多中東歐特色優質農產品。中國大陸將進一步加快檢驗檢疫准入程式，為中東歐優質農產品輸華提供便利。

9.第九次會晤（2021 年 2 月 9 日）

習近平主席以視頻方式在北京主持召開中—中東歐國家領導人峰會，並發表題為《凝心聚力，繼往開來 攜手共譜合作新篇章》的主旨講話。習近平主席就新形勢下中—中東歐國家合作發展提出四點建議，一是直面疫情挑戰，堅定共克時艱的合作信心；二是聚焦互聯互通，暢通聯動發展的合作動脈；三是堅持務實導向，擴大互惠互利的合作成果；四是著眼綠色發展，打造面向未來的合作動能。峰會發表了《2021 年中國—中東歐國家合作北京活動計畫》和《中國—中東歐國家領導人峰會成果清單》。

資料來源：整理自-

1、　中華人民共和國外交部網站，中國－中東歐國家領導人會晤，https：
//www.fmprc.gov.cn/web/wjb_673085/zzjg_673183/dozys_673577/dqzzoys_673581/shhz_602834_2/gk_602836/，檢索時間 2019 年 4 月 22 日。

2、　中國—中東歐國家合作秘書處網站，　http：//www.china-ceec.org/chn/，檢索時間 2019 年 4 月 22 日。

3、　新華網，李克強在第七次中國－中東歐國家領導人會晤上的講話（全文），http：//www.xinhuanet.com/world/2018-07/08/c_1123093351.htm，檢索時間 2019 年 4 月 24 日。

4、　新華網，李克強在第八次中國－中東歐國家領導人會晤上的講話（全文），http：//www.xinhuanet.com/2019-04/13/c_1124361009.htm，檢索時間 2019 年 5 月 1 日。

5、　中華人民共和國外交部網站，中國－中東歐國家合作，https：
//www.fmprc.gov.cn/web/gjhdq_676201/gjhdqzz_681964/zgzdogjhz/1206x0_679932/，檢索時間 2022 年 9 月 4 日。

表6-9　中國中東歐國家「16＋1合作」框架下已建或在建的合作機制或平臺表

協調機制或平臺	秘書處所在地	主辦單位	進展情況
16＋1 旅遊促進機構及企業聯合會	匈牙利	匈牙利旅遊公司	已建
16＋1 高校聯合會	輪值	各國教育部	已建
16＋1 投資促進機構聯繫機制	波蘭	波蘭訊息與外國投資局	已建
16＋1 聯合商會	波蘭（執行機構）中國（秘書處）	中國貿促會	已建
16＋1 省州長聯合會	捷克	捷克內務部	已建
16＋1 農業合作促進聯合會	保加利亞	農業與食品部	已建

16＋1 虛擬技術移轉中心	斯洛伐克	斯科技信息中心	已建
16＋1 智庫交流與合作網絡	中國	中國社會科學院	已建
16＋1 交通基礎設施合作聯合會	塞爾維亞	塞爾維亞交通部	已建
16＋1 物流合作聯合會	拉脫維亞	拉脫維亞交通部	已建
16＋1 林業合作聯合會	斯洛文尼亞	斯洛文尼亞農業部	已建
16＋1 衛生合作促進聯合會	中國	國家衛生暨生委	已建
16＋1 能源對話與合作中心	羅馬尼亞	待定	籌建
16＋1 海事和內河航運聯合會	波蘭	波蘭海洋經濟與內河航運部	已建
16＋1 中小企業聯合會	克羅地亞	待定	籌建
16＋1 文化合作協調中心	馬其頓	待定	籌建
16＋1 銀行聯合體	中國（秘書處）匈牙利（協調中心）	國家開發銀行 匈牙利開發銀行	已建
16＋1 獸醫科學合作中心	波黑	待定	籌建
16＋1 環保合作協會	黑山	待定	籌建

資料來源：

中國中東歐國家智庫交流與合作網路，中國—中東歐國家合作五年：成就總結（一），http：//16plus1-thinktank.com/1/20180301/1584.html，檢索時間 2019 年 4 月 24 日。

表6-10中國大陸與歐盟領導人會晤機制表

會晤次數	會晤年月	地點	重要成果
第 1 次	1998 年 4 月	英國倫敦	雙方會晤後雙方發表聯合聲明，希望建立面向 21 世紀長期穩定的建設性夥伴關係，並決定每年舉行一次領導人會晤。
第 2 次	1999 年 12 月	中國大陸北京	雙方應繼續致力於發展長期穩定的建設性夥伴關係，進一步擴大和深化在各個領域的互利合作。
第 3 次	2000 年 10 月	中國大陸北京	雙方就中國大陸加入世貿組織，中歐加強在科技、能源、資訊、教育等領域合作，打擊非法移民，加強人權對話與司法合作等問題交換了意見。
第 4 次	2001 年 9 月	比利時	雙方領導人決定要擴大中歐在經貿、交

會晤次數	會晤年月	地點	重要成果
		布魯塞爾	通、科技和文化等領域的交流和合作，進一步加強中歐政治對話以及雙方在共同打擊非法移民領域的合作，推動中歐全面夥伴關係向前發展。第四次中歐領導人會晤聯合新聞公報
第5次	2002年9月	丹麥首都哥本哈根	雙方發表了聯合新聞公報，強調進一步擴大和深化中歐在各領域的平等互利合作，推動中歐全面夥伴關係向前發展。
第6次	2003年10月	中國大陸北京	中國大陸國務院總理溫家寶就進一步發展中歐關係提出保持高層交往勢頭、深化經貿合作、建立有效的合作機制和消除影響中歐關係健康發展的障礙等四點建議。中國大陸政府發表了首份對歐盟政策文件《中國對歐盟政策文件》。歐盟也發表了第五份對華政策文件。雙方決定發展全面戰略夥伴關係。雙方還簽署《伽利略衛星導航合作協定》，草簽《旅遊目的地國地位諒解備忘錄》，會後發表了聯合新聞公報。
第7次	2004年12月	荷蘭海牙	雙方簽署了中歐關於防擴散和軍備控制問題的聯合聲明、和平利用核能研發合作協定、科學技術合作協定續簽協議、海關合作協定和財政協議等多個合作文件，並發表了聯合聲明。中國與歐盟發表防擴散和軍控聯合聲明。
第8次	2005年9月	中國大陸北京	雙方發表了《第八次中歐領導人會晤聯合聲明》和《中歐氣候變化聯合宣言》，簽署了關於在交通運輸、環境保護、空間開發、北京首都機場建設等領域開展合作的文件。中歐就解決中國輸歐紡織品滯港問題達成一致。
第9次	2006年9月	芬蘭赫爾辛基	雙方發表了《第九次中歐領導人會晤聯合聲明》。同意啟動中歐新夥伴合作協定的相關談判。新協定將涵蓋雙邊關係的全部領域，包括加強政治事務合作。
第10次	2007年11月	中國大陸	雙方一致同意進一步加強各級政治對話

會晤次數	會晤年月	地點	重要成果
		北京	和磋商，繼續就重大國際和地區問題保持磋商與協調，增進政治互信，擴大戰略共識，並同意成立副總理級的中歐經貿高層對話機制。雙方發表了《第十次中歐領導人會晤聯合聲明》。
第 11 次	2009 年 5 月	捷克布拉格	雙方簽署了《中歐清潔能源中心聯合聲明》、《中歐中小企業合作共識文件》、《中歐科技夥伴關係計畫》，發表了聯合新聞公報。
第 12 次	2009 年 11 月	中國大陸北京	雙方簽署了《中歐科技合作協定》以及在節能減排、貿易和投資、環境治理等領域合作文件。雙方發表了聯合聲明，簽署了包括節能減排、貿易和投資、環境治理等領域在內的 6 個合作文件。
第 13 次	2010 年 10 月	比利時布魯塞爾	會晤達成了促進雙邊貿易、消除貿易壁壘的重要共識。雙方發表了聯合新聞公報。
第 14 次	2012 年 2 月	中國大陸北京	中國大陸國務院總理溫家寶總理出席。雙方領導人就深化投資、貿易、科研、創新、能源、環保、城鎮化、人文等領域合作達成了重要共識。雙方發表聯合新聞公報。
第 15 次	2012 年 9 月	比利時布魯塞爾	中國大陸國務院總理溫家寶與歐洲理事會主席范龍佩、歐盟委員會主席巴羅佐共同出席。雙方發表聯合新聞公報。
第 16 次	2013 年 11 月	中國大陸北京	雙方就加強中歐全方位合作達成重要共識，雙方共同制定《中歐合作 2020 戰略規劃》，確定了中歐在和平與安全、繁榮、可持續發展、人文交流等領域加強合作的共同目標。宣佈啟動中歐投資協定談判，力爭到 2020 年貿易額達到 1 兆美元。
第 17 次	2015 年 6 月	比利時布魯塞爾	中國大陸國務院總理李克強同歐洲理事會主席圖斯克、歐盟委員會主席容克共同主持。會晤取得一系列重要務實成果。中歐雙方發表了會晤發表聯合聲明和關於氣候變化的聯合聲明，在科技、智慧財

會晤次數	會晤年月	地點	重要成果
			產權、區域政策、海關等領域簽署多項合作文件，並就廣泛議題達成共識。
第18次	2016年7月	中國大陸北京	中國大陸國務院總理李克強同歐洲理事會主席圖斯克、歐盟委員會主席容克共同主持第十八次中國歐盟領導人會晤。歐方願同中方加強對話磋商，深化貿易投資、創新研發、互聯互通等領域合作，推動雙邊投資協定談判取得進展，在二十國集團等多邊框架內密切協調與合作，不斷推進歐中全面戰略夥伴關係的發展，共同為世界的和平與繁榮作出貢獻。
第19次	2017年6月	比利時布魯塞爾	雙方領導人一致認為，中國與歐盟作為全面戰略夥伴，加強全方位合作更具戰略重要性。將全面落實《中歐合作2020戰略規劃》，加強各自發展戰略對接，深化中歐合作。 雙方同意加強「一帶一路」倡議與歐洲投資計畫的對接，歡迎簽署《絲路基金和歐洲投資基金促進共同投資框架諒解備忘錄》，設立中歐共同投資基金。雙方將通過亞投行、歐洲投資銀行、歐洲復興開發銀行等多邊開發機構促進相關合作。
第20次	2018年7月	中國大陸北京	中國大陸國務院總理李克強同歐洲理事會主席唐納德·圖斯克、歐盟委員會主席讓—克洛德·容克在北京舉行第二十次中國歐盟領導人會晤。李克強總理同容克主席共同出席了第13屆中歐企業家圓桌會。雙方領導人祝賀中國歐盟領導人會晤機制建立20周年和中國歐盟全面戰略夥伴關係建立15周年。這極大提高了中歐關係的水準，在政治、經貿、文化、人文交流等領域取得了豐碩成果。全面落實《中歐合作2020戰略規劃》，繼續深化和平、增長、改革、文明四大夥伴關係。繼續推動中國「一帶一路」倡議與歐盟倡

會晤次數	會晤年月	地點	重要成果
			議對接，包括歐洲投資計畫以及擴大的泛歐運輸網路，並通過相容的海陸空運輸、能源和數位網路促進「硬聯通」和「軟聯通」。雙方強調該領域合作應改善亞歐互聯互通在經濟、社會、財政、金融和環境方面的可持續性。第三屆主席會議、第三次互聯互通專家組會議和投融資合作專家組第三次會議的成功舉辦。雙方將與歐盟成員國和利益攸關方協商，加快實施商定的試點專案。將落實中歐互聯互通平臺第三屆主席會議確定的《中歐互聯互通平雙方將繼續落實《中歐海關協定》（CCMAA）和《中歐海關 2018～2020 年合作戰略框架》，並發揮中歐聯合海關合作委員會（JCCC）作用。臺近期行動方案》，制定年度工作計畫，進一步推進中歐基礎設施互聯互通。
第 21 次	2019 年 4 月	比利時布魯塞爾	中國大陸總理李克強同歐洲理事會主席唐納德·圖斯克、歐盟委員會主席讓—克洛德·容克 4 月 9 日在布魯塞爾舉行第二十一次中國—歐盟領導人會晤雙方歡迎簽署《中歐競爭政策對話框架協議》和《關於在公平競爭審查制度和國家援助控制制度領域建立對話機制的諒解備忘錄》，並將繼續加強務實合作，為包括中歐雙方企業在內的所有國家的經營者營造市場公平競爭環境，促進雙邊和全球經貿關系健康發展。中國和歐盟重申致力於落實 2030 可持續發展議程和《亞的斯亞貝巴行動議程》。雙方將就國際發展合作加強交流，探討與其他伙伴國家合作，共同努力推動落實 2030 可持續發展議程。雙方歡迎成功舉行第四次中歐創新合作對話。雙方確認展期《中歐科技合作協定》的意願。中國和歐盟認識到有責任在支持開放、平衡、包容的全球經濟政

會晤 次數	會晤年月	地點	重要成果
			策發揮示範作用，這將惠及各方並促進貿易投資。雙方堅定支持以規則為基礎、以世界貿易組織為核心的多邊貿易體制，反對單邊主義和保護主義，並致力於遵守世貿組織規則。
自 2009 年 4 月至 2019 年 4 月中國大陸與歐盟領導人會晤總計共第 21 次。			

資料來源：

整理自-

1、新華網，歷年中國—歐盟領導人會晤，http：//news.xinhuanet.com/ziliao/2004-05/08/content_1457067.htm，檢索時間 2016 年 1 月 2 日。

2、中國政府網，李克強與歐洲理事會主席圖斯克、歐盟委員會主席　容克共同主持第十八次中國歐盟領導人會晤，http：//www.gov.cn/premier/2016-07/12/content_5090688.htm，檢索時間 2019 年 4 月 22 日。

3、人民網，第十九次中國—歐盟領導人會晤成果清單，http：//politics.people.com.cn/BIG5/n1/2017/0604/c1024-29316034.html，檢索時間 2019 年 4 月 22 日。

4、人民網，第二十次中國歐盟領導人會晤聯合聲明，http：//cpc.people.com.cn/BIG5/n1/2018/0717/c419242-30151003.html，檢索時間 2019 年 4 月 22 日。

5、人民網，第二十一次中國—歐盟領導人會晤聯合聲明，http：//politics.people.com.cn/BIG5/n1/2019/0410/c1001-31021047.html，檢索時間 2019 年 4 月 22 日。

貳、一帶一路戰略概述

2013 年 9 月和 10 月，中國大陸國家主席習近平在出訪中亞和東南亞國家期間，先後提出共建「絲綢之路經濟帶」和「21 世紀海上絲綢之路」的重大倡議。[616]

其後，於 2013 年 11 月 12 日中國共產黨第 18 屆中央委員會第 3 次全體會議通過《中共中央關於全面深化改革若干重大問題的決定》，關於構建開放型經濟新體制強調：「適應經濟全球化新形勢，必須推動對內對外開放相互促進、引進來和走出去更好結合，促進國際國內要素有序自由流動、資源高效配置、市場深度融合，加快培育參與和引領國際經濟合作競爭新優勢，以開放促改革。」[617]

《中共中央關於全面深化改革若干重大問題的決定》並指出：「加快沿邊開放步伐，允許沿邊重點口岸、邊境城市、經濟合作區在人員往來、加工物流、旅遊等方面實行特殊方式和政策。建立開發性金融機構，加快同周邊國家和區域基礎設施互聯互通建設，推進絲綢之路經濟帶、海上絲綢之路建設，形成全方位開放新格局。」[618]

中國大陸國務院總理李克強，於 2014 年 3 月在中國大陸第 12 屆全國人民代表大會第 2 次會議上，提出的政府工作報告中指出：「我們推動開放向深度拓展，設立中國上

海自由貿易試驗區，探索准入前國民待遇加負面清單的管理模式，提出建設絲綢之路經濟帶、21 世紀海上絲綢之路的構想。」[619]又於 2015 年 3 月在中國大陸第 12 屆全國人民代表大會第 3 次會議上，政府工作報告中再指出：「構建全方位對外開放新格局，推進絲綢之路經濟帶和 21 世紀海上絲綢之路合作建設，加快互聯互通、大通關和國際物流大通道建設，構建中巴、孟中印緬等經濟走廊，擴大內陸和沿邊開放，促進經濟技術開發區創新發展，提高邊境經濟合作區、跨境經濟合作區發展水準。」[620]

顯見，中國大陸在習近平主席與李克強總理主政後，對於適應經濟全球化與面對中國大陸經濟新常態，調整中國大陸經濟發展的方式，就是逐步建構中國大陸新的經濟開放戰略，改變中國大陸以製造業與加工外銷為主體的經濟發展模式，加快企業走出去的步伐，並將中國大陸以基礎建設、加工製造業與貿易為先導的發展模式，推向一帶一路沿線的發展中國家，藉以發展新興國家的基礎工業與市場。

2015 年 3 月 28 日中國大陸國家發展改革委員會、外交部、商務部，三部委聯合發佈《推動共建絲綢之路經濟帶和 21 世紀海上絲綢之路的願景與行動》，在該願景行動之時代背景指出：「共建一帶一路是順應世界多極化、經濟全球化、文化多樣化、社會資訊化的潮流，秉持開放的區域合作精神，致力於維護全球自由貿易體系和開放型世界經濟。旨在促進經濟要素有序自由流動、資源高效配置和市場深度融合，推動沿線各國實現經濟政策協調，開展更大範圍、更高水準、更深層次的區域合作，共同打造開放、包容、均衡、普惠的區域經濟合作架構。」[621]

又《推動共建絲綢之路經濟帶和 21 世紀海上絲綢之路的願景與行動》於前言明確指出：「一帶一路建設是一項系統工程，要堅持共商、共建、共享原則，積極推進沿線國家發展戰略的相互對接，以新的形式使亞、歐、非各國聯繫更加緊密。」[622]

從《推動共建絲綢之路經濟帶和 21 世紀海上絲綢之路的願景與行動》的規劃，可知中國大陸領導層對於 2008 年美國次貸風暴引發全球金融危機，所產生的逆經濟全球化風潮以相當重視，且由於歐洲先進工業化國家，因龐大國家債務經濟出現發展危機，無法引領全球經濟持續發展，中國大陸將順勢接棒，期望藉由推動一帶一路引領新一輪的經濟全球化發展。

中國大陸政府在發布《推動共建絲綢之路經濟帶和 21 世紀海上絲綢之路的願景與行動》後，為大力推動「一帶一路戰略」，2015 年初組建第 1 批「一帶一路戰略」領導班子，由國務院副總理張高麗擔任小組組長，四名副組長分別為中共中央政策研究室主任王滬寧、國務院副總理汪洋、國務委員楊晶和國務委員楊潔篪。智囊出身王滬寧首次從幕後走到臺前，汪洋在國務院主管經貿、農業、扶貧、對外援助等事務；楊晶則從國務院層面協調各個部委以及各個地方的規範與做法；楊潔篪負責外交事務及國內政策與外交政策的對接。[623]

足見，中共中央及中國大陸政府，對於習近平主席提出「一帶一路戰略」規劃非常重視，並由國務院兩位副總理張高麗及汪洋，分別任組長及副組長，有利在國務院執

行層面的規劃與跨部會協調，並由中共中央政策研究室主任王滬寧與國務委員楊晶、楊潔篪，負責黨與政府國內外工作的進行，這也是中共中央及中國大陸政府極少見高層級的安排。

又為推進「一帶一路戰略」，2015 年 10 月 22 日一帶一路建設工作領導小組辦公室發佈《標準聯通一帶一路行動計畫（2015～2017）》、2016 年發佈《中歐班列建設發展規劃（2016—2020 年）》，到 2017 年由國家發展和改革委員會、國家海洋局發佈《一帶一路建設海上合作設想的通知》，有計畫推動一帶一路國家陸上及海上交通的互聯互通。

由上述可知中國大陸政府推動的「一帶一路戰略」，是對一帶一路沿線國家，經濟與外交戰略的頂層規劃，且目標明確要助推中國大陸國務院總理李克強所推出「國際裝備和產能製造合作」這個子計劃。在中國大陸自 1978 年改革開放後，累積三十餘年的基礎建設及重工業與輕工業的發展經驗，這都是一帶一路沿線發展中國家所缺乏，且中國大陸以累積龐大的產業供給能力，可由中國大陸政府發動國有及民營企業，走向一帶一路沿線國家，迅速填補這個產能缺口，並藉龐大的產業供給時機，進一步取得一帶一路沿線發展中國家相關產業標準的制定權，有利於中國大陸深化工業全球化的步伐。

表6-11　一帶一路戰略相關政策彙整表

公告年度	發布單位	計畫名稱
2015 年	國家發展改革委員會、外交部、商務部	《推動共建絲綢之路經濟帶和 21 世紀海上絲綢之路的願景與行動》
2015 年	推進一帶一路建設工作領導小組辦公室	《標準聯通一帶一路行動計畫（2015～2017）》
2015 年	推進一帶一路建設工作領導小組辦公室	《關於加強和規範「一帶一路」對外交流平臺審核工作的通知》
2016 年	推進一帶一路建設工作領導小組辦公室	《中歐班列建設發展規劃（2016～2020 年）》
2017 年	國家發展改革委、國家海洋局	《一帶一路建設海上合作設想的通知》

整理自–中國政府網。

表6-12　《推動共建絲綢之路經濟帶和21世紀海上絲綢之路的願景與行動》概述彙整表

一、 時代背景：
世界多極化、經濟全球化、文化多樣化、社會資訊化，共建「一帶一路」致

力於亞歐非大陸及附近海洋的互聯互通。
二、共建原則： 遵守和平共處五項原則，即尊重各國主權和領土完整、互不侵犯、互不干涉內政、和平共處、平等互利。堅持開放合作、堅持和諧包容、堅持市場運作、堅持互利共贏。
三、框架思路 「一帶一路」貫穿亞歐非大陸，一頭是活躍的東亞經濟圈，一頭是發達的歐洲經濟圈，中間廣大腹地國家經濟發展潛力巨大，陸上依託國際大通道，以沿線中心城市為支撐，以重點經貿產業園區為合作平臺，海上以重點港口為節點，共同建設通暢安全高效的運輸大通道，努力實現區域基礎設施更加完善，安全高效的陸海空通道網路基本形成，互聯互通達到新水準。
四、合作重點： 政策溝通、設施聯通、貿易暢通、資金融通、民心相通。
五、合作機制： 強化多邊合作機制作用，發揮上海合作組織（SCO）、中國－東盟「10+1」、亞太經合組織（APEC）、亞歐會議（ASEM）、亞洲合作對話（ACD）、亞信會議（CICA）、中阿合作論壇、中國－海合會戰略對話、大湄公河次區域（GMS）經濟合作、中亞區域經濟合作（CAREC）等現有多邊合作機制作用。
六、中國大陸各地方開放態勢： 中國大陸將充分發揮國內各地區比較優勢，實行更加積極主動的開放戰略，加強東中西互動合作，全面提升開放型經濟水準。
七、中國大陸積極行動： 高層引領推動、簽署合作框架、推動項目建設、完善政策措施、發揮平臺作用。
八、共創美好未來： 「一帶一路」是一條互尊互信之路，一條合作共贏之路，一條文明互鑒之路。

資料來源：

整理自-《推動共建絲綢之路經濟帶和21世紀海上絲綢之路的願景與行動》（北京：人民出版社，2015）。

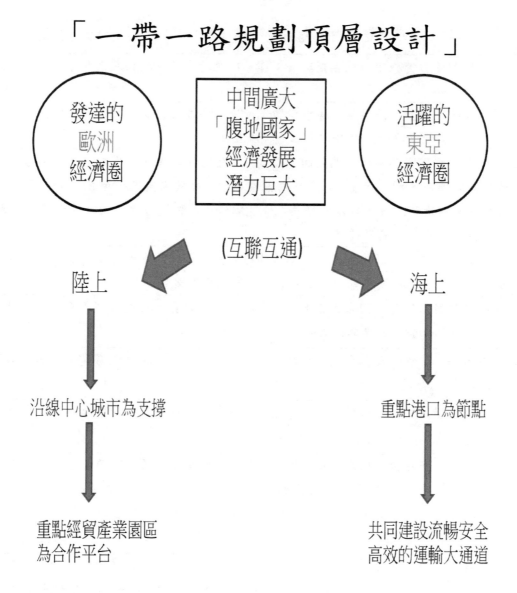

資料來源：

整理自-《推動共建絲綢之路經濟帶和 21 世紀海上絲綢之路的願景與行動》（北京：人民出版社，2015）。

圖 6-1 一帶一路規劃頂層設計

表6-13 標準聯通一帶一路行動計畫（2015～2017）要點彙整表

一、加快制定和實施中國標準走出去工作專項規劃，助推國際裝備和產能製造合作。
二、以東盟、中亞、海灣等沿線重點國家和地區為方向，以中蒙俄等國際經濟走廊為重點，深化標準化互利合作，推進標準互認。
三、聚焦沿線國家共同的重點關切，在電力、鐵路、海洋、航空航太等基礎設施領域，節能環保、新一代資訊技術、智慧交通、高端裝備製造、生物、新能源、新材料等新興產業領域，以及中醫藥、煙花爆竹、茶葉、紡織、制鞋等傳統產業領域，推動共同制定國際標準。
四、在設施聯通、能源資源合作、動植物檢驗檢疫和提升雙邊經濟貿易水準等方面，組織翻譯500項急需的中國國家、行業標準外文版。
五、梳理分析沿線重點國家大宗進出口商品類別，開展大宗進出口商品標準比對分析，加強面向企業的標準化服務。
六、在水稻、甘蔗、茶葉和果蔬等特色農產品領域，逐步開展東盟農業標準化示範區建設。
七、面向東盟、中亞、海灣和非洲等國家，推進與沿線國家和地區標準化專家交流及能力建設，加強標準化文化交流。
八、在電力電子設備、防爆設備、家用電器、數位電視廣播、半導體照明、中醫藥、海洋技術、TD-LTE資訊通信等領域，支援一批由相關行業協會、產業聯盟、科研機構、高等院校和企業等牽頭組織，面向東盟、俄羅斯、中亞、中東歐等重點國家和區域開展的標準化互聯互通項目，研究建立標準化合作溝通機制。
九、加強沿線重點國家和區域標準化研究，組織開展面向阿拉伯國家、中亞、蒙俄、東盟、歐洲、北美等重點國家和區域的標準化法律法規、標準化體系、發展戰略及重點領域相關標準研究，建立「標準化智庫」體系。
十、支援各地發揮地緣優勢、語言文化和特色產業優勢，全方位開展特色標準化合作。

資料來源：

整理自-中華人民共和國國家發展和改革委員會，《標準聯通「一帶一路」行動計劃（2015—2017）》http：//www.ndrc.gov.cn/gzdt/201510/t20151022_755473.html，檢索時間2019年3月12日。

2015 年 11 月中共總書記習近平在關於《中共中央關於制定國民經濟和社會發展第十三個五年規劃的建議》的說明提到：「第六部分講堅持開放發展、著力實現合作共贏，從完善對外開放戰略佈局、形成對外開放新體制、推進「一帶一路」建設、深化內地和港澳以及大陸和臺灣地區合作發展、積極參與全球經濟治理、積極承擔國際責任和義務 6 個方面展開。」[624]

且從中國大陸政府發布，《國民經濟和社會發展第十三個五年規劃綱要》中，提及對外發策略的第 11 篇構建全方位開放新格局，指明：「以一帶一路建設為統領，豐富對外開放內涵，提高對外開放水準，協同推進戰略互信、投資經貿合作、人文交流，努力形成深度融合的互利合作格局，開創對外開放新局面。」[625]

對比中國大陸政府發布，國民經濟和社會發展第十二個五年規劃綱要中，其第 12 篇之互利共贏提高對外開放水準，說明：「適應我國對外開放由出口和吸收外資為主轉向進口和出口、吸收外資和對外投資並重的新形勢，必須實行更加積極主動的開放戰略，不斷拓展新的開放領域和空間，擴大和深化同各方利益的匯合點，完善更加適應發展開放型經濟要求的體制機制，有效防範風險，以開放促發展、促改革、促創新。」[626]

足證「一帶一路」戰略，已成為中國大陸政府對外發展的頂層設計，而且不再只是過往中國大陸政府所說「走出去，引進來」的政策。在「一帶一路」戰略之政策溝通、設施聯通、貿易暢通、資金融通、民心相通，五通引領下，健全一帶一路雙邊和多邊合作機制，使中國大陸逐步成為引領新一輪經濟全球化的領導者。

表6-14　中華人民共和國國民經濟和社會發展第十三個五年規劃綱要
關於「一帶一路戰略」摘要表

第十一篇　構建全方位開放新格局

　　以「一帶一路」建設為統領，豐富對外開放內涵，提高對外開放水準，協同推進戰略互信、投資經貿合作、人文交流，努力形成深度融合的互利合作格局，開創對外開放新局面。

第五十一章　推進「一帶一路」建設

　　秉持親誠惠容，堅持共商共建共享原則，開展與有關國家和地區多領域互利共贏的務實合作，打造陸海內外聯動、東西雙向開放的全面開放新格局。

第一節　健全「一帶一路」合作機制

　　圍繞政策溝通、設施聯通、貿易暢通、資金融通、民心相通，健全「一帶一路」雙邊和多邊合作機制。推動與沿線國家發展規劃、技術標準體系對接，推進沿線國家間的運輸便利化安排，開展沿線大通關合作。建立以企業為主體、以專案為基礎、各類基金引導、企業和機構參與的多元化融資模式。加強同國際組織和金融組織機構合作，積極推進亞洲基礎設施投資銀行、金磚國家新開發銀行建設，發揮絲路基金作用，吸引國際資金共建開放多元共贏的金融合作平臺。充分發揮廣大海外僑胞

和歸僑僑眷的橋樑紐帶作用。

第二節 暢通「一帶一路」經濟走廊

推動中蒙俄、中國－中亞－西亞、中國－中南半島、新亞歐大陸橋、中巴、孟中印緬等國際經濟合作走廊建設，推進與周邊國家基礎設施互聯互通，共同構建連接亞洲各次區域以及亞歐非之間的基礎設施網路。加強能源資源和產業鏈合作，提高就地加工轉化率。支援中歐等國際集裝箱運輸和郵政班列發展。建設上合組織國際物流園和中哈物流合作基地。積極推進「21世紀海上絲綢之路」戰略支點建設，參與沿線重要港口建設與經營，推動共建臨港產業集聚區，暢通海上貿易通道。推進公鐵水及航空多式聯運，構建國際物流大通道，加強重要通道、口岸基礎設施建設。建設新疆絲綢之路經濟帶核心區、福建「21世紀海上絲綢之路」核心區。打造具有國際航運影響力的海上絲綢之路指數。

第三節 共創開放包容的人文交流新局面

辦好「一帶一路」國際高峰論壇，發揮絲綢之路（敦煌）國際文化博覽會等作用。廣泛開展教育、科技、文化、體育、旅遊、環保、衛生及中醫藥等領域合作。構建官民並舉、多方參與的人文交流機制，互辦文化年、藝術節、電影節、博覽會等活動，鼓勵豐富多樣的民間文化交流，發揮媽祖文化等民間文化的積極作用。聯合開發特色旅遊產品，提高旅遊便利化。加強衛生防疫領域交流合作，提高合作處理突發公共衛生事件能力。推動建立智庫聯盟。

資料來源：

整理自-《中華人民共和國國民經濟和社會發展第十三個五年規劃綱要》（北京：人民出版社，2016），頁122、127、128、129。

由於中共中央及中國大陸國務院將「一帶一路」戰略，作為對外經貿發展戰略的頂層規劃，且中國大陸政府發布的《國民經濟和社會發展第十三個五年規劃綱要》，已明確指出其重要性，在黨政一體下，中國大陸各省、市、自治區政府，必然也必須將「一帶一路」納入政府工作項目。

從中國大陸2019年各省、市、自治區政府工作報告關於一帶一路之規劃可知，各地方政府依循「一帶一路」戰略之政策溝通、設施聯通、貿易暢通、資金融通、民心相通之五通，各自依其地方產業及優勢不同，規劃關於國際產能與裝備製造合作、國際經貿合作園區、保稅區、中歐鐵路班列、文化交流等項目，開展與一帶一路國家的各項經濟、貿易、文化交流。

且初步分析，中國大陸各地方政府，對於東亞、南亞、中亞、非洲、中東歐及西歐等地區，規劃不同的連通政策，可以看出各地方政府基於各自的發展與實力評估，繞開屬於美國後院的美洲地區，避免帶來無法解決的各類貿易及產業合作問題。積極配合中共中央及中國大陸國務院，發展「一帶一路」戰略，逐步降低對美國貿易的依賴程度，使得中國大陸經濟發展得以從製造大國與貿易大國，邁向製造強國與貿易強國方向發展。

表6-15 中國大陸2019年各省、市、自治區政府工作報告關於一帶一路之規劃表

省市自治區	政府工作報告摘要
北京	1、發揮國際交往中心資源優勢,主動參與共建「一帶一路」,建設對外交往、科技支撐、人文交流、服務支援4個重點平臺,支援企業「走出去」。 2、實施「一帶一路科技創新北京行動計畫」,鼓勵企業深度參與國際標準制定,不斷增強北京在全球科技競爭中的影響力和話語權。
天津	1、深度融入「一帶一路」建設,推動境外產業園區提檔升級,加快實施津蒙東疆物流園項目,擴大與海外人文交流,高水準完成中央部署的非洲「魯班工坊」建設年度任務。 2、加快跨境電子商務發展,推動外貿轉型升級,辦好第三屆世界智慧大會、國際礦業大會、亞布力論壇等大型國際會議和天津全球推介活動
河北	1、主動融入「一帶一路」建設,堅持共商共建共享,發展一批友好省州、友好城市,鼓勵龍頭企業建立國際經貿合作園區,加快建設中塞友好(河北)工業園。推動裝備、技術、標準、服務走出去,加快形成開放發展大通道。
山西	1、加快融入「一帶一路」建設,提升「山西品牌絲路行」功能,推進綜合物流樞紐建設,力爭中歐(中亞)班列常態化運行。 2、組織參加好第二屆進口博覽會,全面實施准入前國民待遇和負面清單管理制度,擴大利用外資規模,推動更多外商投資專案落地。
內蒙古	1、加大向北開放力度,加快中蒙俄經濟走廊建設,深度融入「一帶一路」,推動形成高水準開放新格局。 2、發展泛口岸經濟,發揮口岸和國際通道的輻射帶動作用,以滿洲里為樞紐,加快建設滿洲里國家開發開放試驗區,輻射自治區東部地區;以二連浩特、集寧為樞紐,加快建設二連浩特國家開發開放試驗區,推動建設集寧物流中心,輻射自治區中部地區;以策克為樞紐,加快建設額濟納自治區開發開放試驗區,輻射自治區西部地區,形成東中西各具特色、功能齊全、產業配套、服務完善的綜合性經濟區域。充分發揮呼和浩特、包頭、鄂爾多斯、赤峰等綜合保稅區、保稅物流中心、內陸港的對外貿易載體平臺作用,拓展對外開放新空間。提升甘其毛都、滿都拉等口岸開放水準,支持建設泛口岸經濟區(帶)和國際產業合作園,把通道經濟變為落地經濟。 3、組織參加第二屆中國國際進口博覽會和北京世界園藝博覽會,辦好中蒙博覽會、阿爾山論壇、內蒙古國際能源大會、中國·包頭稀

省市自治區	政府工作報告摘要
	土產業論壇，提高我區會展品牌影響力，。建設東北亞語言資源數位化平臺。
遼寧	1、加快遼寧「一帶一路」綜合試驗區建設，扎實推進中國-中東歐「16+1」經貿合作示範區各項任務落實，辦好 2019 年中國—中東歐國家地方省州長聯合會工作組會議。 2、深化中日韓俄經貿合作交流，積極參與構建東北亞經濟合作圈。
吉林	1. 加快建設沿邊開發開放經濟帶、沿中蒙俄開發開放經濟帶，深度融入「一帶一路」建設，繼續推進中俄琿春—哈桑跨境經濟合作區相關工作，抓好一批重點項目和重點平臺建設，擴大經貿交流合作，確保有新進展。 2. 加快建設長白通（丹）大通道、長吉琿大通道，構建省際國際大通道，打造暢通內外、多向聯通的交通基礎設施網路。推動「濱海 2 號」琿春至紮魯比諾港鐵路及公路建設改造，擴大「長滿歐」運量班次，及早開通「長琿歐」。
黑龍江	1、加強對俄農業合作，建設境外農業合作示範區。推進哈歐、哈俄班列和哈綏俄亞陸海聯運常態化運營。 2、積極參與第二屆「一帶一路」國際合作高峰論壇。 3、推動哈爾濱跨境電子商務綜合試驗區建設，支援發展對俄跨境國際郵政小包航空物流。 4、舉辦參與好慶祝中俄建交 70 周年和 2019 年中俄地方合作交流年各項活動，主辦好第六屆中俄博覽會暨第三十屆哈洽會。
上海	1、深化自貿試驗區制度創新，加快建立與國際通行規則相銜接的制度體系，進一步拓展自由貿易帳戶、國際貿易「單一視窗」等功能，建設服務「一帶一路」的市場要素配置樞紐。精心辦好第二屆進口博覽會，繼續擴大與「一帶一路」沿線地區的經貿往來。
江蘇	1、以「一帶一路」交匯點建設統攬全省對外開放，擴大向東開放優勢，做好向西開放文章，加強與沿線國家發展戰略對接，大力推動江海聯動、陸海統籌、空港直航，打造海上、陸上、空中、網上四位一體的國際大通道。 2、著力打造連雲港戰略支點，加快中哈物流合作基地、上合組織（連雲港）國際物流園建設，打造中國（連雲港）絲綢之路國際物流博覽會品牌，書寫好新時代的「西遊記」。 3、堅持「走出去」「引進來」相結合，大力推進國際產能合作，著力建好中阿（聯酋）、中東、中埃等境外合作園區。
浙江	1、全面實施打造「一帶一路」樞紐行動計畫，高品質建設十大標誌性專案，深化義甬舟開放大通道建設，加快海港、空港、陸港、資訊港「四港」聯動，全面深化 eWTP 試驗區建設，高標準推進

省市自治區	政府工作報告摘要
	「一帶一路」系列站、境外經貿合作區和國際合作產業園建設。做強「義新歐」班列品牌，加快建設寧波「一帶一路」綜合試驗區、「16+1」經貿合作示範區。 2、推進海關特殊監管區、開發區優化整合，實施擴大進口戰略，培育進口主體，打造義烏、青田等「世界超市」，建設嘉興、湖州高品質外資集聚先行區和紹興、臺州境外並購回歸產業園，提升利用外資品質。
安徽	1、大力開拓「一帶一路」沿線及非洲等新興市場，加大「合新歐」國際貨運班列運行密度和輻射面，推進出海新通道建設，提升重點機場國際航運能力。 2、精心組織參加第二屆中國國際進口博覽會，加強製造裝備和關鍵零部件進口。
福建	1、推動閩港閩澳攜手開拓「一帶一路」市場，深化現代服務業等領域合作，加快建設21世紀海絲核心區，推進與海絲沿線國家和地區互聯互通、經貿合作、海洋合作、人文交流，促進政策溝通、設施聯通、貿易暢通、資金融通、民心相通。 2、用好「9·8」投洽會（中國國際投資貿易洽談會）、東盟博覽會等平臺，擴大經貿交流，探索在海絲沿線重要節點國家和地區設立經貿聯絡處。加強港區、航線和聯運通道建設，推動海絲與陸絲對接。推進古泉州（刺桐）史跡申遺。加強優勢產業領域的國際產能合作，加快建設境外經貿合作園區，打造「絲路明珠」。
江西	1、推動一批標誌性重大外資專案的特色優勢，謀劃實施一批國際產能合作、重大基礎設施和產業園區專案，支援江西製造、產品、技術和品牌「走出去」。 2、推進贛江新區多式聯運中心、向塘鐵路公路物流樞紐和鐵路口岸、贛州無水港二期工程建設，大力發展樞紐經濟，開通或加密南昌至寧波、廣州、深圳和廈門口岸的鐵海聯運班列，推動贛歐班列開行中亞五國、中東歐等國家精品線路。
山東	1、搭建日韓合作「大平臺」。開闢互聯互惠「大通道」，積極融入共建「一帶一路」，做強「齊魯號」歐亞班列品牌，力爭年內開行往返500列，新開闢2條洲際航線，國際航線達到80條以上。
河南	1、深度融入「一帶一路」建設，推動全方位高水準開放，高水準建設中國（河南）自由貿易試驗區，持續深化五大服務體系建設，加快建立與國際貿易投資規則相銜接的制度體系，發揮各類口岸作用，建設海外倉及物流分撥中心，全力拓展「四條絲路」，做大做強鄭州—盧森堡航空「雙樞紐」，提升中歐班列運營水準，支持跨境電商發展，推動EWTO核心功能集聚區建設，拓展海鐵聯運

省市自治區	政府工作報告摘要
	班列線路。
湖北	1、加強對外交流合作，深度參與共建「一帶一路」，持續開展湖北企業「中亞行」、「絲路行」活動，推進中外合作共建高科技產業園、國際教育園，高水準建設中法武漢生態示範城、中德荊州生態示範城、孝感日商產業園。
湖南	1、著力打造內陸開放新高地。精心辦好首屆中國-非洲經貿博覽會。 2、堅持區域聯動，探索建立示範區與轉出地無縫對接的合作機制，加強與東部沿海地區、「一帶一路」沿線國家和地區的產能合作。
廣東	1、制定落實我省參與建設21世紀海上絲綢之路的實施方案，辦好第二屆廣東21世紀海上絲綢之路國際博覽會和做好下一屆中國海洋經濟博覽會籌辦工作，深化與沿線國家經貿文化合作，探索建立沿線港口城市聯盟，推進互聯互通。 2、推動駐境外經貿代表處佈局建設和發揮作用，重點推進與歐美等發達國家和新興市場國家的經貿合作。
廣西	1、深度融入「一帶一路」建設，推動更高水準開放。實施更加積極主動的開放帶動戰略，加快構建「南向、北聯、東融、西合」新格局，務實推進西部陸海新通道建設，加快建設面向東盟的金融開放門戶，推進開放平臺升級發展，發展高水準的開放型經濟。
海南	1、開展「一帶一路」務實合作，鼓勵企業「走出去」，加強與粵港澳大灣區、泛珠三角、北部灣區域合作，與香港、澳門在服務業重點領域合作取得更多突破，落實與上海市、浙江省的戰略合作協定，推動其它自貿試驗區參與省內重點產業園區建設，提升園區發展品質。
重慶	1、積極融入「一帶一路」建設和長江經濟帶發展，推動全方位開放，加快培育內陸開放新優勢。 2、增強通道輻射能力，統籌東西南北四個方向、鐵公水空四種方式，高標準建設出市出海出境大通道，構建內陸國際物流樞紐支撐。 （1）南向加快中新互聯互通項目「陸海新通道」建設，聯動沿線省區打造重慶運營中心、運營平臺和物流樞紐。 （2）西向完善中歐班列（重慶）功能和網路體系，新增一批境內外集結分撥點，增開中亞班列。 （3）東向加密渝甬鐵海聯運班列，推動落實長江黃金水道優先過閘機制。 （4）北向做好「渝滿俄」班列常態化開行。 （5）空中大力發展基地航空，以國際直達為重點優化航線網路，力爭新開通10條國際航線。完善多式聯運體系，促進各類開放通道互聯互通。

省市自治區	政府工作報告摘要
四川	1、深化川港、川澳合作機制，推進與南向東向地區基礎設施共建共享和貿易投資便利化，鼓勵民營企業參與「一帶一路」建設，積極開展國際產能合作，開拓新興市場，參與國際陸海貿易新通道建設，大力發展多式聯運，提升國際班列運營效能。
貴州	1、深入實施推動企業沿著「一帶一路」方向「走出去」行動計畫，圍繞國際陸海貿易新通道建設，建立重點企業庫、重大專案庫和重要產品庫，制定實施支援政策措施，加快完善口岸基礎設施和智慧航空口岸建設。 2、大力推進中瑞（瑞士）產業園等國際合作園區建設。
雲南	1、以更高標準、更大力度推動各項改革走深走實，主動服務和融入「一帶一路」建設，加快建設面向南亞東南亞輻射中心。 2、建成南亞東南亞進口商品展示交易中心，打造「永不落幕的南博會」，探索設立邊境旅遊試驗區和跨境旅遊合作區，積極引進南亞東南亞大型銀行來滇設立分支機構或合資機構，全力建設中國（昆明）跨境電子商務綜合試驗區。
西藏	1、積極參與第二屆「一帶一路」國際合作高峰論壇，辦好環喜馬拉雅合作論壇，推進環喜馬拉雅經濟合作帶建設；以尼泊爾為重點方向，推進基礎設施互聯互通，建設面向南亞開放大通道。實施邊貿恢復增長和一般貿易品質提升行動方案，力爭對外貿易增長10%以上，邊境貿易增長30%以上，以實際行動融入「一帶一路」建設。
陝西	1、加快發展「三個經濟」（指：樞紐經濟、門戶經濟、流動經濟），深度融入「一帶一路」建設。大力支持中歐班列加快發展。積極建設進口商品展示交易分撥中心、跨境電商國際合作中心、加工貿易產業轉移承接中心。 2、用好第五航權，拓展國際航線，打造陝西—吉爾吉斯能化合作聚集區等境外產業園區，建設「海外倉」和陝西商品展示中心。
甘肅	1、持續搶抓「一帶一路」建設最大機遇，堅持「引進來」、「走出去」相結合，努力取得更多務實合作成果。 2、奮力搶佔「一帶一路」建設五個制高點（文化、樞紐、資訊、科技、生態）。制定實施搶佔五個制高點規劃方案，著力打造面向中西亞、南亞、服務國家「一帶一路」建設的文化高地、交通物流集散樞紐、科創中心、資訊彙集中心和生態安全屏障。高水準辦好敦煌文博會、絲綢之路國際旅遊節、公祭伏羲大典暨天水伏羲文化旅遊節等品牌節會，進一步放大節會拉動效應。提高國際貨運班列和航空貨運品質效益，深度融入國際陸海貿易新通道。落實「一帶一路」科技創新行動計畫，加快推動絲綢之路「科技走

省市自治區	政府工作報告摘要
	廊」建設，積極構建科技創新合作平臺。 3、加快絲綢之路「兩港」建設（指建設絲綢之路資訊港、絲綢之路國際智慧財產權港），構建涵蓋智慧財產權全生命週期的全產業鏈。參與共建綠色「絲綢之路」，深化生態環保國際交流合作。 4、提升口岸經濟發展水。推進口岸平臺錯位發展，引進培育運營主體，建設蘭州物流節點樞紐，促進加工產業集聚。加快建成運營汽車整車、糧食、木材等指定口岸，提升蘭州新區綜合保稅區運營水準，推動蘭州跨境電子商務綜合試驗區快速發展，拓展客運航班帶貨業務，培育全貨機國內國際航線，繼續推進敦煌航空口岸建設。 5、加快商貿物流大數據平臺建設，探索建設「一帶一路」特色農產品多語言電子商務平臺，繼續爭取打通陸路邊境口岸，打造邊境特色旅遊小鎮和商貿口岸，謀劃推動與俄白的貿易通道建設。
青海	1、以更積極的姿態融入「一帶一路」，為綠色發展注入動力、激發活力、釋放潛力。 2、用好國際國內兩種資源、兩個市場，打造內陸開放新高地。積極參與中巴、孟中印緬經濟走廊建設，推動空中、陸上、網上、能源絲路「四路」協同，抓緊西寧綜合保稅區、青藏國際陸港等開放平臺建設。支持引導電力、光伏、有色金屬等企業「走出去」開展國際產能合作，支持省內骨幹企業到境外開展對外承包工程。穩定藏毯、民族服飾等傳統優勢產品出口，擴大枸杞、藜麥、牛羊肉、冷水魚等特色農牧產品出口。堅持內外並舉，積極主動融入長江經濟帶，加大與國家部委、中央企業銜接溝通，爭取國家更大支援。 3、積極籌畫清潔能源論壇、首屆國際生態產業博覽會，辦好新中國成立 70 周年青海發展主題展覽、「一帶一路中的青海」展覽會、外交部青海全球推介活動，不斷提高青洽會、環湖賽等展會賽事國際化、市場化水準。
寧夏	1、深度融入「一帶一路」建設，大膽試、勇敢闖，推動內陸開放型經濟試驗區建設取得實質性進展，讓開放的大門越開越大，以全方位開放助推經濟高品質發展。 2、務實辦好 2019 中阿博覽會，提升銀川綜合保稅區、各類開發區綜合功能，推進銀川國際公鐵物流港、石嘴山保稅物流中心、惠農陸路口岸、中衛陸港聯動發展，加快肉類、水果、種苗等進口指定口岸建設。 3、充分發揮中國-中亞-西亞、中蒙俄經濟走廊節點優勢，重點加強西向和北向通道建設，主動對接南向「陸海新通道」，加快構建內

省市自治區	政府工作報告摘要
	暢外聯、通疆達海、多式聯運的貿易物流大通道。推進國際貨運班列場站建設，新開蒙古、俄羅斯班列，實現中亞、中歐班列常態化、品牌化運行。打造西部區域性航空樞紐，開闢銀川至香港、伊斯坦布爾等國際（地區）航線，開通直達所有省會城市航線，加密重點城市航班，航空旅客輸送量力爭突破 1,000 萬人次。大力發展臨空經濟和通航產業。加快建設中阿網上絲綢之路經濟合作試驗區暨寧夏樞紐工程。
新疆	1. 抓好絲綢之路經濟帶核心區建設。堅持「走出去」和「引進來」相結合，著力推進「一港」、「兩區」、「五大中心」、「口岸經濟帶」建設（「一港」即烏魯木齊國際陸港區，「兩區」即喀什和霍爾果斯經濟開發區，「五大中心」即交通樞紐中心、商貿物流中心、文化科教中心、區域金融中心和醫療服務中心，「口岸經濟帶」即依託疆內出口加工區、綜合保稅區和邊境合作區，建設並形成的經濟區域。） 2. 積極參與中巴、中蒙俄等經濟走廊建設，加快發展進出口資源加工企業、特色產業、邊境（跨境）旅遊、邊民互市貿易、電子商務等外向型經濟，推動「通道經濟」向「產業經濟」、「口岸經濟」轉變。 3. 深化與周邊國家產能合作，加強境外經貿合作園區、邊境經濟合作區建設，帶動商品、技術和裝備出口。 4. 繼續推進中哈霍爾果斯國際邊境合作中心跨境人民幣創新業務試點。 5. 辦好 2019（中國）亞歐商品貿易博覽會。

資料來源：

整理自-中國一帶一路網 http：//www.yidaiyilu.gov.cn/xwzx/gnxw/80203.htm，檢索時間 2019 年 4 月 6 日。

叁、一帶一路戰略之政策溝通概述

自中國大陸國家主席習近平，提出《推動共建絲綢之路經濟帶和 21 世紀海上絲綢之路的願景與行動》後，中國大陸外交部就積極與世界各國簽訂有關於一帶一路合作文件，並於 2017 年 5 月 14 日至 15 日在北京舉行「第一屆一帶一路國際合作高峰論壇」。

中國大陸國家主席習近平在「一帶一路」國際合作高峰論壇圓桌峰會上的開幕辭，發表題為「開闢合作新起點，謀求發展新動力」內容的演講，指出：「「一帶一路」建設是我在 2013 年提出的倡議。它的核心內容是促進基礎設施建設和互聯互通，對接各國政策和發展戰略，深化務實合作，促進協調聯動發展，實現共同繁榮。這項倡議源於我對世界形勢的觀察和思考。當今世界正處在大發展大變革大調整之中。新一輪科技和

產業革命正在孕育，新的增長動能不斷積聚，各國利益深度融合，和平、發展、合作、共贏成為時代潮流。與此同時，全球發展中的深層次矛盾長期累積，未能得到有效解決。全球經濟增長基礎不夠牢固，貿易和投資低迷，經濟全球化遇到波折，發展不平衡加劇。戰亂和衝突、恐怖主義、難民移民大規模流動等問題對世界經濟的影響突出。面對挑戰，各國都在探討應對之策，也提出很多很好的發展戰略和合作倡議。但是，在各國彼此依存、全球性挑戰此起彼伏的今天，僅憑單個國家的力量難以獨善其身，也無法解決世界面臨的問題。只有對接各國彼此政策，在全球更大範圍內整合經濟要素和發展資源，才能形成合力，促進世界和平安寧和共同發展。」[627]

2017 年 5 月中國大陸政府所舉辦的「第一屆一帶一路國際合作高峰論壇」，吸引140 多個國家、80 多個國際組織的 1,600 多名代表參加，論壇發佈《「一帶一路」國際合作高峰論壇圓桌峰會聯合公報》和《「一帶一路」國際合作高峰論壇成果清單》。該成果清單涵蓋政策溝通、設施聯通、貿易暢通、資金融通、民心相通 5 大類，共 76 大項、270 多項具體成果。[628]

顯示，中國大陸政府在國家主席習近平於 2013 年提出絲綢之路經濟帶後，就加快一帶一路戰略各項實行計劃，展現其高效的黨政一體化的運作效能，才能在 4 年之後，由中國大陸政府開辦第一屆「一帶一路」國際合作高峰論壇，展現 270 多項的五通成果。

2019 年 4 月 25 日至 27 日，中國大陸政府在北京主辦「第二屆「一帶一路」國際合作高峰論壇」。此前，在 2019 年 3 月，中國大陸政府於一帶一路官網上，公布與世界 125 個國家簽署共建「一帶一路」合作相關文件。[629]並於第二屆「一帶一路」國際合作高峰論壇官方網站指出，首屆高峰論壇以來及本屆高峰論壇期間，各國政府、地方、企業等達成一系列合作共識、重要舉措及務實成果，中國大陸作為東道國，對其中具有代表性的一些成果進行了梳理和匯總，形成第二屆高峰論壇成果清單。清單包括中國大陸提出的舉措或發起的合作倡議、在高峰論壇期間或前夕簽署的多雙邊合作文件、在高峰論壇框架下建立的多邊合作平臺、投資類專案及專案清單、融資類專案、中外地方政府和企業開展的合作專案，共 6 大類 283 項。[630]

中國大陸不斷透過政府領導人與世界各國政府領導人，及國際組織領袖的溝通協調，以「政策溝通」為引領，推動一帶一路戰略，使中國大陸政府能逐步與世界 100 多個國家及組織，簽定各類經濟、貿易、文化、旅遊等的合作計劃，讓中國大陸表現出一個崛起大國的態勢，引領世界各國發展中國大陸所主導的政策協調溝通模式的經濟全球化，異於美國所主導的霸權優先的經濟全球化。

表6-16　中國大陸與世界各國簽署共建「一帶一路」合作資料表

一、 非洲國家：
蘇丹、南非、塞內加爾、獅子山、象牙海岸、索馬裡、喀麥隆、南蘇丹、塞席爾、幾內亞、迦納、尚比亞、莫三比克、加蓬、納米比亞、茅利塔尼亞、安哥拉、吉布地、衣索比亞、肯亞、奈及利亞、查德、剛果布、辛巴威、阿爾及利

	亞、坦尚尼亞、布隆迪、維德角、烏幹達、甘比亞、多哥、盧旺達、摩洛哥、馬達加斯加、突尼斯、利比亞、埃及等 37 國。
二、 亞洲國家：	韓國、蒙古、新加坡、東帝汶、馬來西亞、緬甸、柬埔寨、越南、老撾、汶萊、巴基斯坦、斯里蘭卡、孟加拉、尼泊爾、馬爾地夫、阿聯酋、科威特、土耳其、卡達、卡達、阿曼、黎巴嫩、沙烏地阿拉伯、巴林、伊朗、伊拉克、阿富汗、亞塞拜然、格魯吉亞、亞美尼亞、哈薩克、吉爾吉斯斯坦、塔吉克斯坦、烏茲別克斯坦、泰國、菲律賓等 36 國。
三、 歐洲國家：	俄羅斯、奧地利、希臘、波蘭、塞爾維亞、捷克、保加利亞、斯洛伐克、阿爾巴尼亞、克羅埃西亞、波黑、黑山、愛沙尼亞、立陶宛、斯洛維尼亞、匈牙利、馬其頓、羅馬尼亞、拉脫維亞、烏克蘭、白俄羅斯、莫爾達瓦、馬爾他、葡萄牙、義大利、盧森堡等 26 國。
四、 大洋洲國家：	紐西蘭、巴布亞紐幾內亞、薩摩亞、紐埃、斐濟、密克羅尼西亞聯邦、科克群島、東加、瓦努阿圖等 9 國。
五、 南美洲國家：	智利、圭亞那、玻利維亞、烏拉圭、委內瑞拉、蘇利南、厄瓜多爾等 7 國。
六、 北美洲國家：	哥斯大黎加、巴拿馬、薩爾瓦多、多明尼加、千里達和多巴哥、安地卡及巴布達、多明尼克、格瑞那達、巴貝多、古巴等 10 國。
共計：125 個國家	

資料來源：

整理自-中國一帶一路網 https：//www.yidaiyilu.gov.cn/xwzx/roll/77298.htm，檢索時間 2019 年 4 月 6 日。

表6-17 第一屆「一帶一路」國際合作高峰論壇成果清單彙整表

一、推進戰略對接，密切政策溝通	
1	中國大陸政府與有關國家政府簽署政府間「一帶一路」合作諒解備忘錄，包括蒙古國、巴基斯坦、尼泊爾、克羅埃西亞、黑山、波黑、阿爾巴尼亞、東帝汶、新加坡、緬甸、馬來西亞。
2	中國大陸政府與有關國際組織簽署「一帶一路」合作文件，包括聯合國開發計畫署、聯合國工業發展組織、聯合國人類住區規劃署、聯合國兒童基金會、聯合國人口基金、聯合國貿易與發展會議、世界衛生組織、世界智慧財產權組織、國際刑警組織。
3	中國大陸政府與匈牙利政府簽署關於共同編制中匈合作規劃綱要的諒解備忘錄，與老撾、東埔寨政府簽署共建「一帶一路」政府間雙邊合作規劃。
4	中國大陸政府部門與有關國際組織簽署「一帶一路」合作文件，包括聯合國歐

	洲經濟委員會、世界經濟論壇、國際道路運輸聯盟、國際貿易中心、國際電信聯盟、國際民航組織、聯合國文明聯盟、國際發展法律組織、世界氣象組織、國際海事組織。
5	中國大陸國家發展和改革委員會與希臘經濟發展部簽署《中希重點領域2017－2019年合作計畫》。
6	中國國家發展和改革委員會與捷克工業和貿易部簽署關於共同協調推進「一帶一路」倡議框架下合作規劃及專案實施的諒解備忘錄。
7	中國大陸財政部與相關國家財政部共同核准《「一帶一路」融資指導原則》。
8	中國大陸政府有關部門發佈《共建「一帶一路」：理念、實踐與中國的貢獻》、《推動「一帶一路」能源合作的願景與行動》、《共同推進「一帶一路」建設農業合作的願景與行動》、《關於推進綠色「一帶一路」建設的指導意見》、《「一帶一路」建設海上合作設想》等文件。
9	「一帶一路」國際合作高峰論壇將定期舉辦，並成立論壇諮詢委員會、論壇聯絡辦公室等。
10	中國大陸國家發展和改革委員會成立「一帶一路」建設促進中心，正式開通「一帶一路」官方網站，發佈海上絲路貿易指數。
二、深化專案合作，促進設施聯通	
1	中國大陸政府與烏茲別克斯坦、土耳其、白俄羅斯政府簽署國際運輸及戰略對接協定。
2	中國大陸政府與泰國政府簽署政府間和平利用核能協定。
3	中國大陸政府與馬來西亞政府簽署水資源領域諒解備忘錄。
4	中國大陸國家發展和改革委員會與巴基斯坦規劃發展和改革部簽署關於中巴經濟走廊項下開展巴基斯坦1號鐵路幹線升級改造和新建哈威連陸港專案合作的諒解備忘錄。中國國家鐵路局與巴基斯坦伊斯蘭共和國鐵道部簽署關於實施巴基斯坦1號鐵路幹線升級改造和哈威連陸港專案建設的框架協議。
5	中國大陸商務部與柬埔寨公共工程與運輸部簽署關於加強基礎設施領域合作的諒解備忘錄。
6	中國大陸工業和信息化部與阿富汗通信和資訊技術部簽署《資訊技術合作諒解備忘錄》。
7	中國大陸交通運輸部與柬埔寨、巴基斯坦、緬甸等國有關部門簽署「一帶一路」交通運輸領域合作文件。
8	中國大陸水利部與波蘭環境部簽署水資源領域合作諒解備忘錄。
9	中國大陸國家能源局與瑞士環境、交通、能源和電信部瑞士聯邦能源辦公室簽署能源合作路線圖，與巴基斯坦水電部簽署關於巴沙項目及巴基斯坦北部水電規劃研究路線圖的諒解備忘錄和關於中巴經濟走廊能源專案清單調整的協定。
10	中國大陸國家海洋局與柬埔寨環境部簽署關於建立中柬聯合海洋觀測站的議定書。

11	中國鐵路總公司與有關國家鐵路公司簽署《中國、白俄羅斯、德國、哈薩克、蒙古國、波蘭、俄羅斯鐵路關於深化中歐班列合作協定》。
12	中國國家開發銀行與印尼－中國高鐵有限公司簽署雅萬高鐵專案融資協定，與斯里蘭卡、巴基斯坦、老撾、埃及等國有關機構簽署港口、電力、工業園區等領域基礎設施融資合作協定。
13	中國進出口銀行與塞爾維亞財政部簽署匈塞鐵路貝爾格勒至舊帕佐瓦段貸款協議，與柬埔寨經濟財政部、衣索比亞財政部、哈薩克國家公路公司簽署公路專案貸款協定，與越南財政部簽署輕軌專案貸款協定，與塞爾維亞電信公司簽署電信專案貸款協定，與蒙古國財政部簽署橋樑專案貸款協定，與緬甸仰光機場公司簽署機場擴改建專案貸款協定，與肯亞財政部簽署內陸集裝箱港堆場專案貸款協定。
14	全球能源互聯網發展合作組織與聯合國經濟和社會事務部、聯合國亞洲及太平洋經濟社會委員會、阿拉伯國家聯盟、非洲聯盟、海灣合作委員會互聯電網管理局簽署能源領域合作備忘錄。

三、擴大產業投資，實現貿易暢通

1	中國大陸政府與巴基斯坦、越南、柬埔寨、老撾、菲律賓、印尼、烏茲別克斯坦、白俄羅斯、蒙古國、肯亞、衣索比亞、斐濟、孟加拉、斯里蘭卡、緬甸、馬爾地夫、亞塞拜然、格魯吉亞、亞美尼亞、阿富汗、阿爾巴尼亞、伊拉克、巴勒斯坦、黎巴嫩、波黑、黑山、敘利亞、塔吉克斯坦、尼泊爾、塞爾維亞等30個國家政府簽署經貿合作協定。
2	中國大陸政府與格魯吉亞政府簽署中國－格魯吉亞自貿協定文件。
3	中國大陸政府與斯里蘭卡政府簽署關於促進投資與經濟合作框架協議。
4	中國大陸政府與阿富汗政府簽署關於海關事務的合作與互助協定。
5	中國大陸商務部與60多個國家相關部門及國際組織共同發佈推進「一帶一路」貿易暢通合作倡議。
6	中國大陸商務部與莫爾達瓦經濟部簽署關於結束中國－莫爾達瓦自貿協定聯合可研的諒解備忘錄，與蒙古國對外關係部簽署關於啟動中國－蒙古國自由貿易協定聯合可行性研究諒解備忘錄。
7	中國大陸商務部與尼泊爾工業部簽署關於建設中尼跨境經濟合作區的諒解備忘錄，與緬甸商務部簽署關於建設中緬邊境經濟合作區的諒解備忘錄。
8	中國大陸商務部與斯里蘭卡發展戰略與國際貿易部簽署投資與經濟技術合作發展中長期規劃網要，與蒙古國對外關係部簽署關於加強貿易投資和經濟合作諒解備忘錄，與吉爾吉斯斯坦經濟部簽署關於促進中小企業發展的合作規劃，與捷克工貿部、匈牙利外交與對外經濟部簽署關於中小企業合作的諒解備忘錄，與越南工業貿易部簽署關於電子商務合作的諒解備忘錄。
9	中國大陸國家發展和改革委員會與吉爾吉斯斯坦經濟部簽署關於共同推動產能與投資合作重點專案的諒解備忘錄，與阿聯酋經濟部簽署關於加強產能與投資合作的框架協議。

10	中國大陸農業部與塞爾維亞農業與環境保護部簽署關於制定農業經貿投資行動計畫的備忘錄，與阿根廷農業產業部簽署農業合作戰略行動計畫，與智利農業部簽署關於提升農業合作水準的五年規劃（2017 年～2021 年），與埃及農業和土地改良部簽署農業合作三年行動計畫（2018～2020 年）。
11	中國大陸海關總署與哈薩克、荷蘭、波蘭等國海關部門簽署海關合作文件，深化沿線海關「資訊互換、監管互認、執法互助」合作。
12	中國大陸海關總署與國際道路運輸聯盟簽署促進國際物流大通道建設及實施《國際公路運輸公約》的合作文件。
13	中國大陸國家品質監督檢驗檢疫總局與蒙古國、哈薩克、吉爾吉斯斯坦、烏茲別克斯坦、挪威、愛爾蘭、塞爾維亞、荷蘭、阿根廷、智利、坦尚尼亞等國相關部門簽署檢驗檢疫合作協定，與聯合國工業發展組織、烏克蘭和亞塞拜然相關部門簽署標準、計量、認證認可等國家品質技術基礎領域合作協定，與俄羅斯、白俄羅斯、塞爾維亞、蒙古國、柬埔寨、馬來西亞、哈薩克、衣索比亞、希臘、瑞士、土耳其等國有關部門簽署《關於加強標準合作，助推「一帶一路」建設聯合倡議》。
14	中國進出口銀行與白俄羅斯、柬埔寨、衣索比亞、老撾、肯亞、蒙古國、巴基斯坦財政部門簽署工業園、輸變電、風電、水壩、衛星、液壓器廠等專案貸款協議，與埃及、孟加拉、烏茲別克斯坦、沙特有關企業簽署電網升級改造、燃煤電站、煤礦改造、輪胎廠等專案貸款協定，與菲律賓首都銀行及信託公司簽署融資授信額度戰略合作框架協定。
15	中國大陸國家開發銀行與哈薩克、亞塞拜然、印尼、馬來西亞等國有關機構簽署化工、冶金、石化等領域產能合作融資合作協定。
16	中國大陸將從 2018 年起舉辦中國國際進口博覽會。
四、加強金融合作，促進資金融通	
1	絲路基金新增資金 1,000 億元人民幣。
2	中國鼓勵金融機構開展人民幣海外基金業務，規模初步預計約 3,000 億元人民幣，為「一帶一路」提供資金支持。
3	中國大陸國家發展和改革委員會將設立中俄地區合作發展投資基金，總規模 1,000 億元人民幣，首期 100 億元人民幣，推動中國東北地區與俄羅斯遠東開發合作。
4	中國大陸財政部與亞洲開發銀行、亞洲基礎設施投資銀行、歐洲復興開發銀行、歐洲投資銀行、新開發銀行、世界銀行集團 6 家多邊開發機構簽署關於加強在「一帶一路」倡議下相關領域合作的諒解備忘錄。
5	中國大陸財政部聯合多邊開發銀行將設立多邊開發融資合作中心。
6	中哈產能合作基金投入實際運作，簽署支持中國電信企業參與「數字哈薩克2020」規劃合作框架協議。
7	絲路基金與上海合作組織銀聯體同意簽署關於夥伴關係基礎的備忘錄。絲路基金與烏茲別克斯坦國家對外經濟銀行簽署合作協定。

8	中國國家開發銀行設立「一帶一路」基礎設施專項貸款（1,000億元等值人民幣）、「一帶一路」產能合作專項貸款（1,000億元等值人民幣）、「一帶一路」金融合作專項貸款（500億元等值人民幣）。
9	中國進出口銀行設立「一帶一路」專項貸款額度（1,000億元等值人民幣）、「一帶一路」基礎設施專項貸款額度（300億元等值人民幣）。
10	中國國家開發銀行與法國國家投資銀行共同投資中國－法國中小企業基金（二期），並簽署《股權認購協定》；與義大利存貸款公司簽署《設立中意聯合投資基金諒解備忘錄》；與伊朗商業銀行、埃及銀行、匈牙利開發銀行、菲律賓首都銀行、土耳其農業銀行、奧地利奧合國際銀行、柬埔寨加華銀行、馬來西亞馬來亞銀行開展融資、債券承銷等領域務實合作。
11	中國進出口銀行與馬來西亞進出口銀行、泰國進出口銀行等「亞洲進出口銀行論壇」成員機構簽署授信額度框架協定，開辦轉貸款、貿易融資等領域務實合作。
12	中國出口信用保險公司同白俄羅斯、塞爾維亞、波蘭、斯里蘭卡、埃及等國同業機構簽署合作協定，與埃及投資和國際合作部、老撾財政部、柬埔寨財政部、印尼投資協調委員會、波蘭投資貿易局、肯亞財政部、伊朗中央銀行、伊朗財政與經濟事務部等有關國家政府部門及沙烏地阿拉伯發展基金、土耳其實業銀行、土耳其擔保銀行、巴基斯坦聯合銀行等有關國家金融機構簽署框架合作協定。
13	中國人民銀行與國際貨幣基金組織合作建立基金組織－中國能力建設中心，為「一帶一路」沿線國家提供培訓。
14	中國進出口銀行與聯合國工業發展組織簽署關於促進「一帶一路」沿線國家可持續工業發展有關合作的聯合聲明。
15	亞洲金融合作協會正式成立。
16	中國工商銀行與巴基斯坦、烏茲別克斯坦、奧地利等國家主要銀行共同發起「一帶一路」銀行合作行動計畫，建立「一帶一路」銀行常態化合作交流機制。
五、增強民生投入，深化民心相通	
1	中國大陸政府將加大對沿線發展中國家的援助力度，未來3年總體援助規模不少於600億元人民幣。
2	中國大陸政府將向沿線發展中國家提供20億元人民幣緊急糧食援助。向南南合作援助基金增資10億美元，用於發起中國－聯合國2030年可持續發展議程合作倡議，支持在沿線國家實施100個「幸福家園」、100個「愛心助困」、100個「康復助醫」等專案。向有關國際組織提供10億美元，共同推動落實一批惠及沿線國家的國際合作專案，包括向沿線國家提供100個食品、帳篷、活動板房等難民援助項目，設立難民獎學金，為500名青少年難民提供受教育機會，資助100名難民運動員參加國際和區域賽事活動。
3	中國大陸政府與黎巴嫩政府簽署《中華人民共和國政府和黎巴嫩共和國政府文化協定2017－2020年執行計畫》，與突尼斯政府簽署《中華人民共和國政府和

	突尼斯共和國政府關於互設文化中心的協定》，與土耳其政府簽署《中華人民共和國政府和土耳其共和國政府關於互設文化中心的協定》。
4	中國大陸政府與聯合國教科文組織簽署《中國－聯合國教科文組織合作諒解備忘錄（2017－2020 年)》。
5	中國大陸政府與波蘭政府簽署政府間旅遊合作協定。
6	中國大陸政府倡議啟動《「一帶一路」科技創新合作行動計畫》，實施科技人文交流、共建聯合實驗室、科技園區合作、技術轉移等四項行動。
7	中國大陸政府與世界糧食計畫署、聯合國國際移民組織、聯合國兒童基金會、聯合國難民署、世界衛生組織、紅十字國際委員會、聯合國開發計畫署、聯合國工業發展組織、世界貿易組織、國際民航組織、聯合國人口基金會、聯合國貿易和發展會議、國際貿易中心、聯合國教科文組織等國際組織簽署援助協定。
8	中國大陸教育部與俄羅斯、哈薩克、波黑、愛沙尼亞、老撾等國教育部門簽署教育領域合作文件，與賽普勒斯簽署相互承認高等教育學歷和學位協定，與沿線國家建立音樂教育聯盟。
9	中國大陸科技部與蒙古國教育文化科學體育部簽署關於共同實施中蒙青年科學家交流計畫的諒解備忘錄，與蒙古國教育文化科學體育部簽署關於在蒙古國建立科技園區和創新基礎設施發展合作的諒解備忘錄，與匈牙利國家研發與創新署簽署關於聯合資助中匈科研合作專案的諒解備忘錄。
10	中國大陸環境保護部發佈《「一帶一路」生態環境保護合作規劃》，建設「一帶一路」生態環保大數據服務平臺，與聯合國環境規劃署共同發佈建立「一帶一路」綠色發展國際聯盟的倡議。
11	中國大陸財政部將設立「一帶一路」財經發展研究中心。
12	中國大陸國家衛生和計劃生育委員會與捷克、挪威等國衛生部簽署衛生領域合作文件。
13	中國大陸國家旅遊局與烏茲別克斯坦國家旅遊發展委員會簽署旅遊合作協定，與智利經濟、發展與旅遊部簽署旅遊合作備忘錄，與東埔寨旅遊部簽署旅遊合作備忘錄實施方案。
14	中國大陸國家新聞出版廣電總局與土耳其廣播電視最高委員會、沙烏地阿拉伯視聽管理總局簽署合作文件。中國中央電視臺與有關國家主流媒體成立「一帶一路」新聞合作聯盟。
15	中國大陸國務院新聞辦公室與東埔寨新聞部、汶萊首相府新聞局、阿聯酋國家媒體委員會、巴勒斯坦新聞部、阿爾巴尼亞部長會議傳媒和公民關係局簽署媒體交流合作諒解備忘錄。
16	中國大陸國務院新聞辦公室與東埔寨外交與國際合作部、汶萊外交與貿易部政策與戰略研究所、以色列外交部、巴勒斯坦外交部、阿爾巴尼亞外交部簽署智庫合作促進計畫諒解備忘錄。
17	中國國家開發銀行將舉辦「一帶一路」專項雙多邊交流培訓，設立「一帶一路」專項獎學金。

18	中國大陸民間組織國際交流促進會聯合 80 多家中國民間組織啟動《中國社會組織推動「一帶一路」民心相通行動計畫（2017～2020）》，中國民間組織國際交流促進會和 150 多家中外民間組織共同成立「絲路沿線民間組織合作網路」。「一帶一路」智庫合作聯盟啟動「增進'一帶一路'民心相通國際智庫合作專案」。
19	中國大陸國務院發展研究中心與聯合國工業發展組織簽署關於共建「一帶一路」等合作的諒解備忘錄。絲路國際智庫網路 50 多家國際成員和夥伴與中方共同發佈《絲路國際智庫網路北京共同行動宣言》。
20	中國大陸國際城市發展聯盟與聯合國人類住區規劃署、世界衛生組織、世界城市和地方政府組織亞太區簽署合作意向書。

資料來源：

整理自-一帶一路國際合作高峰論壇網站，「一帶一路」國際合作高峰論壇成果清單（全文），http：

//www.beltandroadforum.org/n100/2017/0516/c24-422.html，檢索時間 2019 年 4 月 6 日。

表6-18　第二屆「一帶一路」國際合作高峰論壇成果清單彙整表

一、中國大陸提出的舉措或發起的合作倡議	
1	發佈《共建「一帶一路」倡議：進展、貢獻與展望》。
2	發佈《「一帶一路」國際合作高峰論壇諮詢委員會政策建議報告》。
3	中國大陸與有關國家、國際組織以及工商界學術界代表共同發起《廉潔絲綢之路北京倡議》。
4	中國大陸政府將實施「一帶一路」人員出入境便利安排。
5	中國大陸發展絲路主題的債券，便利境內外主體利用債券市場融資支持「一帶一路」倡議。
6	中國國家開發銀行、進出口銀行繼續設立「一帶一路」專項貸款。
7	中國大陸科技部與有關國家科技創新主管部門共同發佈《「創新之路」合作倡議》。
8	中國大陸政府將繼續實施綠色絲路使者計畫，未來三年向共建「一帶一路」國家環境部門官員提供 1500 個培訓名額。「一帶一路」生態環保大數據服務平臺網站正式啟動。中國生態環境部成立「一帶一路」環境技術交流與轉移中心。
9	中國大陸國家發展改革委和聯合國開發計畫署、聯合國工業發展組織、聯合國亞洲及太平洋經濟社會委員會共同發起「一帶一路」綠色照明行動倡議，與聯合國工業發展組織、聯合國亞洲及太平洋經濟社會委員會、能源基金會共同發起「一帶一路」綠色高效製冷行動倡議。
10	中國大陸財政部發佈《「一帶一路」債務可持續性分析框架》，與共建「一帶一路」國家共同提高債務管理水準，促進可持續融資，實現可持續、包容性增長。
11	中國大陸海關總署發起設立「一帶一路」海關資訊交換和共享平臺，與智利、巴基斯坦、新加坡、格魯吉亞等國家共建原產地電子聯網，共享專案資訊數據。
12	中國大陸國家標準化管理委員會發起建立「一帶一路」共建國家標準資訊平臺，加強與有關國家間的標準資訊交換和共享。

13	中國大陸政府繼續實施「絲綢之路」中國政府獎學金專案，增加碩士、博士學位獎學金名額。
14	中國科學院宣佈實施「一帶一路」碩士生獎學金計畫。
15	中國大陸將開展「一帶一路」共建國家發展經驗交流項目，未來5年邀請來自共建「一帶一路」國家的政黨、政治組織、政要和智庫、學者、社會組織等1萬名代表來華交流。
16	中國科技部宣佈實施「一帶一路」創新人才交流專案，未來5年支持5000人次中國及其他「一帶一路」共建國家人才開展創新交流合作。
17	中國將與共建「一帶一路」國家共同實施「一帶一路」圖書館合作專案和「一帶一路」版權貿易合作計畫。
18	中國與聯合國教科文組織合作發起並設立「絲綢之路青年學者資助計畫」專案。
19	中國國家發展改革委和聯合國兒童基金會共同發起「一帶一路」沿線國家「關愛兒童、共享發展，促進可持續發展目標實現」合作倡議。
20	中國紅十字會繼續在巴基斯坦推進中巴急救走廊專案。
21	中國將與有關國家共同實施「一帶一路」應對氣候變化南南合作計畫。
22	中國工商銀行發行首支「一帶一路」銀行間常態化合作機制（BRBR）綠色債券，並與歐洲復興開發銀行、法國東方匯理銀行、日本瑞穗銀行等BRBR機制相關成員共同發佈「一帶一路」綠色金融指數，深入推動「一帶一路」綠色金融合作。
23	中國國家漢辦舉辦「一帶一路」共建國家青年學生「漢語橋」夏令營活動。
24	中國將啟動第一屆「一帶一路」法治合作研修項目，與世界銀行合辦企業廉潔合規經營培訓班，舉辦「一帶一路」國家反腐敗研修班。
25	中國財政部所屬上海國家會計學院將與中亞區域經濟合作學院、亞洲開發銀行、英國特許公認會計師公會等機構聯合啟動中國中亞會計精英交流項目。
26	中國2019年將舉辦第二屆中國國際進口博覽會，並於博覽會期間舉辦全球電子商務高峰論壇。
二、在高峰論壇期間或前夕簽署的多雙邊合作文件	
1	中國政府與赤道幾內亞、賴比瑞亞、盧森堡、牙買加、秘魯、義大利、巴貝多、賽普勒斯、葉門等國政府簽署共建「一帶一路」諒解備忘錄。
2	中國政府和塞爾維亞、吉布地、蒙古、莫三比克、衣索比亞、巴布亞紐幾內亞等國政府以及非盟、聯合國人居署、聯合國非洲經濟委員會簽署共建「一帶一路」合作規劃或行動計畫。
3	中國政府將與哈薩克政府簽署《中哈產能與投資合作規劃》。
4	中國政府與肯亞、瑞典、智利政府簽署稅收協定和議定書。
5	中國政府與巴基斯坦、賴比瑞亞、尼泊爾、格魯吉亞、白俄羅斯、亞美尼亞、沙烏地阿拉伯、老撾、哈薩克等國政府簽署交通運輸領域合作文件。
6	中國政府與老撾、保加利亞、拉脫維亞、薩爾瓦多、巴拿馬等國政府簽署科學、

	技術和創新領域的合作協定，與以色列政府簽署創新合作行動計畫。
7	中國政府與尼日爾、巴基斯坦、納米比亞、奈及利亞、模里西斯、幾內亞等 6 國政府簽署文化交流合作文件，將與尼泊爾、羅馬尼亞兩國政府簽署關於防止盜竊、盜掘和非法進出境文化財產的合作文件。
8	中國外交部與聯合國亞洲及太平洋經濟社會委員會簽署關於推進「一帶一路」倡議和 2030 年可持續發展議程的諒解備忘錄。
9	中國國家發展改革委與匈牙利外交與對外經濟部簽署關於在「一帶一路」雙邊合作規劃框架下共同建立中匈合作促進中心的諒解備忘錄，與匈牙利創新和技術部簽署關於開展「數位絲綢之路」合作的雙邊行動計畫。
10	中國國家發展改革委與老撾計畫投資部簽署中老經濟走廊合作文件，與緬甸計畫與財政部簽署中緬經濟走廊合作規劃，與印尼海洋統籌部簽署關於區域綜合經濟走廊建設的合作規劃。
11	中國國家發展改革委與奧地利數位化和經濟事務部，瑞士財政部、經濟教育與科研部簽署關於開展協力廠商市場合作的諒解備忘錄，與新加坡貿易與工業部簽署關於加強協力廠商市場合作實施框架的諒解備忘錄。
12	中國國家發展改革委與歐盟歐委會發佈關於開展中歐基於鐵路的綜合運輸通道研究聯合聲明。
13	中國國家發展改革委與希臘經濟發展部簽署中國-希臘重要領域三年合作計畫（2020 年～2022 年）。
14	中國國家發展改革委（一帶一路建設促進中心）與德國西門子股份公司簽署圍繞共建「一帶一路」加強合作的諒解備忘錄。
15	中國農業農村部與孟加拉農業部、柬埔寨農林漁業部、緬甸農業部、尼泊爾農業部、巴基斯坦食品與農業部、菲律賓農業部、泰國農業部、斯里蘭卡農業部、越南農業和農村發展部發佈《促進「一帶一路」合作 共同推動建立農藥產品品質標準的合作意向聲明》。
16	中國、白俄羅斯、德國、哈薩克、蒙古、波蘭、俄羅斯 7 國鐵路簽署《中歐班列運輸聯合工作組議事規則》。
17	中國交通運輸部與國際勞工組織簽署《關於通過「21 世紀海上絲綢之路」倡議推動<2006 年海事勞工公約>有效實施的合作諒解備忘錄》。中國國家郵政局與伊朗郵政局、匈牙利國際發展部、巴基斯坦郵政局簽署《回應「一帶一路」倡議加強郵政和快遞領域合作的諒解備忘錄》。
18	中國人力資源社會保障部與國際勞工組織簽署「一帶一路」框架下南南合作的諒解備忘錄。
19	中國應急管理部與國際勞工組織簽署關於在「一帶一路」框架下開展安全生產領域南南合作的諒解備忘錄。
20	中國國家監委與菲律賓、泰國反腐敗機構簽署合作諒解備忘錄。
21	中國人民銀行與歐洲復興開發銀行簽署加強協力廠商市場投融資合作諒解備忘錄。

22	中國商務部與聯合國開發計畫署簽署在衣索比亞、斯里蘭卡的可再生能源三方合作專案協定，與越南工貿部簽署關於設立貿易暢通工作組的諒解備忘錄，與捷克工貿部簽署關於相互設立貿易促進機構的備忘錄，與智利外交部簽署關於建立貿易救濟合作機制的諒解備忘錄。
23	中國商務部與緬甸投資和對外經濟關係部簽署關於編制中緬經貿合作五年發展規劃的諒解備忘錄，與越南工貿部簽署關於 2019～2023 年合作計畫的諒解備忘錄。
24	中國財政部與日本國金融廳、日本國註冊會計審計監管委員會，馬來西亞證券監督委員會簽署審計監管合作文件，加強跨境審計監管合作。
25	中國銀保監會與亞美尼亞中央銀行、塞爾維亞國家銀行、格魯吉亞國家銀行、哈薩克阿斯坦納金融服務局、模里西斯銀行、馬來西亞納閩金融服務局等國金融監管當局簽署監管合作諒解備忘錄。
26	中國科技部與奧地利交通、創新和技術部，日本國文部科學省，墨西哥能源部，以色列外交部國際合作署，希臘教育、研究與宗教事務部，紐西蘭商業、創新與就業部簽署科技創新領域的合作文件，與烏茲別克斯坦科學技術署、烏拉圭教育文化部、南非科技部、以色列科技部、馬爾他科學技術理事會、印尼研究技術與高等教育部簽署成立聯合研究中心、聯合實驗室的合作文件。
27	中國工業和信息化部與匈牙利創新和技術部，巴西科技、創新和通信部，智利交通通信部，盧旺達資訊通信技術和創新部簽署工業和信息通信領域的合作文件。
28	中國海關總署與聯合國工業發展組織、柬埔寨海關與消費稅總署簽署海關檢驗檢疫合作文件，與俄羅斯海關署、哈薩克財政部、白俄羅斯國家海關委員會、蒙古海關總局簽署關於「經認證的經營者」（AEO）互認合作相關文件。
29	中國國家能源局與芬蘭經濟事務和就業部、保加利亞能源部簽署能源領域合作文件。
30	中國國家航天局與聯合國外空司簽署關於「一帶一路」空間資訊走廊合作意向的宣言。
31	中國國家開發銀行與安哥拉財政部、白俄羅斯財政部簽署關於開展授信合作的協定文件。
32	中國進出口銀行與國際電信聯盟簽署關於加強「一帶一路」倡議項下數字領域合作以促進聯合國 2030 可持續發展議程的諒解備忘錄。
33	中國進出口銀行與瑞穗銀行、渣打銀行等同業機構簽署「一帶一路」項下協力廠商市場合作協定。
34	中國水利部、國家標準化管理委員會與聯合國工業發展組織簽署關於協同合作推進小水電國際標準的合作諒解備忘錄。
35	中國國家標準化管理委員會與沙烏地阿拉伯國家標準化機構簽署技術合作協定的行動計畫（2019～2021）。中俄民機標準協調工作組共同簽署中俄民機標準互認目錄。中國國家認證認可監督管理委員會與聯合國亞洲及太平洋經濟社會委

	員會、義大利農業機械化委員會簽署協議備忘錄。
36	中國國家廣播電視總局與阿拉伯國家廣播聯盟簽署關於共建「一帶一路」的合作框架協定。
37	中國國務院發展研究中心與絲路國際智庫網路 54 家國際成員和夥伴共同通過《關於推進絲路國際智庫網路發展的三年工作計畫（2019～2021）》。
38	中國民間組織國際交流促進會將發起實施「絲路一家親」行動，未來 2 年將推動沿線國家社會組織建立 500 對合作夥伴關係，在沿線發展中國家開展 200 項民生合作項目。
39	世界旅遊城市聯合會與西非旅遊組織簽署合作框架協定。
40	更新海上絲路指數體系，發佈 16+1 貿易指數（CCTI）和寧波港口指數（NPI）。
41	中國與俄羅斯開展國際鐵路聯運「一單制」金融結算融資規則試點。
42	中國與聯合國南南合作辦公室、南南合作金融中心共同成立「空中絲綢之路南南合作夥伴聯盟」，簽署合作協定。
三、在高峰論壇框架下建立的多邊合作平臺	
1	中國大陸與埃及、斯里蘭卡、阿聯酋、拉脫維亞、斯洛維尼亞、比利時、西班牙、斐濟、義大利、荷蘭、丹麥、羅馬尼亞、新加坡等 13 個國家，33 個來自政府交通和海關等機構，重要港口企業、港務管理局和碼頭運營商的代表共同成立「海上絲綢之路」港口合作機制並發佈《海絲港口合作寧波倡議》。
2	中國大陸與英國、法國、新加坡、巴基斯坦、阿聯酋、中國香港等有關國家和地區主要金融機構共同簽署《「一帶一路」綠色投資原則》。
3	中國大陸財政部聯合亞洲基礎設施投資銀行、亞洲開發銀行、拉美開發銀行、歐洲復興開發銀行、歐洲投資銀行、泛美開發銀行、國際農業發展基金、世界銀行集團成立多邊開發融資合作中心。
4	中國國家發展改革委與聯合國開發計畫署共同發起「一帶一路」創新發展平臺建設專案，授權開發銀行以該專案項下的「一帶一路」創新發展中心名義執行。
5	中國大陸與俄羅斯、巴基斯坦、蒙古、老撾、尼泊爾、紐西蘭、沙烏地阿拉伯、敘利亞、越南等國家會計準則制定機構共同建立「一帶一路」會計準則合作機制並發起《「一帶一路」國家關於加強會計準則合作的倡議》。
6	中國大陸國家稅務總局與哈薩克財政部國家收入委員會等有關國家（地區）稅務主管當局召開首屆「一帶一路」稅收征管合作論壇，簽署《「一帶一路」稅收征管合作機制諒解備忘錄》，建立「一帶一路」稅收征管合作機制。
7	中國生態環境部與安哥拉、亞美尼亞、東埔寨、古巴、愛沙尼亞、衣索比亞、芬蘭、甘比亞、瓜地馬拉、伊朗、以色列、義大利、肯亞、老撾、馬爾地夫、模里西斯、蒙古、緬甸、尼日爾、巴基斯坦、俄羅斯、新加坡、斯洛伐克、多哥、阿聯酋等 25 個國家環境部門，以及聯合國環境署、聯合國工業發展組織、聯合國歐洲經濟委員會等國際組織，研究機構和企業共同啟動「一帶一路」綠色發展國際聯盟。

8	中國國家智慧財產權局與俄羅斯聯邦智慧財產權局、巴基斯坦智慧財產權組織、老撾科技部、新加坡智慧財產權局、波蘭專利局、匈牙利智慧財產權局、馬來西亞智慧財產權局、泰國商務部智慧財產權廳等49個共建「一帶一路」國家的智慧財產權機構共同發佈《關於進一步推進「一帶一路」國家智慧財產權務實合作的聯合聲明》。
9	中國與阿爾及利亞、亞塞拜然、阿富汗、玻利維亞、赤道幾內亞、伊拉克、科威特、老撾、馬爾他、緬甸、尼泊爾、尼日爾、巴基斯坦、蘇丹、塔吉克斯坦、土耳其、委內瑞拉、甘比亞、維德角、剛果（布）、蒙古、蘇利南、東加、柬埔寨、查德、塞爾維亞、吉爾吉斯斯坦、匈牙利等28個國家建立「一帶一路」能源合作夥伴關係。
10	中國國家發展改革委（城市與小城鎮中心）與聯合國人居署、世界衛生組織、世界城市和地方政府在組織亞太區、歐洲城市聯盟、能源基金會等機構共建「一帶一路」可持續城市聯盟。
11	中國國際貿易促進委員會、中國國際商會與歐盟、義大利、新加坡、俄羅斯、比利時、墨西哥、馬來西亞、波蘭、保加利亞、緬甸等30多個國家和地區的商協會、法律服務機構等共同發起成立國際商事爭端預防與解決組織。
12	中國地震局與亞美尼亞、蒙古、俄羅斯、巴基斯坦、哈薩克、亞洲地震委員會、非洲地震委員會等13個國家和國際組織共同成立「一帶一路」地震減災合作機制。
13	中國大陸海關總署倡議實施「海關—鐵路運營商推動中歐班列安全和快速通關夥伴合作計畫（簡稱‘關鐵通’）」。
14	中國國家開發銀行成立中國-拉美開發性金融合作機制。
15	中國聯合國教科文組織全國委員會與聯合國教科文組織合作舉辦「一帶一路」青年創意與遺產論壇，並發佈《長沙倡議》。
16	中國科學院與聯合國教科文組織、比利時皇家海外科學院、保加利亞科學院、智利大學、哈薩克科學院、吉爾吉斯斯坦科學院、奧克蘭大學、巴基斯坦科學院、俄羅斯科學院、斯里蘭卡佩拉德尼亞大學、泰國科技發展署、歐洲科學與藝術院等37家共建「一帶一路」國家的科研機構和國際組織共同發起成立「一帶一路」國際科學組織聯盟。
17	中國國家博物館與俄羅斯、英國、義大利、亞塞拜然、衣索比亞等33個國家和地區的157家博物館或研究所共同成立絲綢之路國際博物館聯盟，並簽署《絲綢之路國際博物館聯盟展覽合作框架協定》。
18	中國國家圖書館與蒙古、新加坡、汶萊、塔吉克斯坦等26個國家和地區的圖書館共同成立絲綢之路國際圖書館聯盟，並通過《絲綢之路國際圖書館聯盟成都倡議》。
19	中國上海國際藝術節與克羅埃西亞、保加利亞、摩洛哥、沙烏地阿拉伯等40個國家和地區的159個藝術節和機構共同成立絲綢之路國際藝術節聯盟並發佈《2018絲綢之路國際藝術節聯盟合作計畫》。

20	中國對外文化集團有限公司與俄羅斯、歐盟、日本、菲律賓等 37 個國家和地區的 106 家劇院、文化機構共同成立絲綢之路國際劇院聯盟並通過《絲綢之路國際劇院聯盟共同發展倡議》。
21	中國美術館與俄羅斯、韓國、希臘、白俄羅斯、哈薩克、越南、斯里蘭卡、烏克蘭、立陶宛、保加利亞、孟加拉、匈牙利、土耳其、莫爾達瓦、亞美尼亞、波蘭等 18 個國家的 21 家美術館和重點美術機構共同成立絲綢之路國際美術館聯盟。
22	中國大陸有關智庫與哈薩克納紮爾巴耶夫大學、印尼戰略與國際問題研究中心、保加利亞「一帶一路」全國聯合會、非洲經濟轉型中心、新加坡國立大學東亞研究所、韓國「一帶一路」研究院、俄羅斯瓦爾代俱樂部、美國哈佛大學艾什中心等智庫共同發起成立「一帶一路」國際智庫合作委員會。
23	中國與有關國家（地區）出版商、學術機構和專業團體共同建立「一帶一路」共建國家出版合作體，與有關國家共同組建「一帶一路」紀錄片學術共同體。人民日報社與有關國家媒體共同建設「一帶一路」新聞合作聯盟，評選國際傳播「絲路」獎。
24	新華社與波蘭通訊社、義大利克拉斯集團、俄羅斯國際文傳電訊社、亞塞拜然通訊社等 32 家機構共同成立「一帶一路」經濟資訊網路。
25	中國大陸與聯合國開發計畫署共同開展「一帶一路」可持續投資促進中心項目，並在衣索比亞等國進行試點。
26	中國科學院啟動實施「絲路環境專項」，與沿線各國科學家攜手研究綠色絲綢之路建設路徑和方案。
27	中國人民銀行與國際貨幣基金組織合作建立的中國-基金組織聯合能力建設中心與歐洲復興開發銀行就共同加強共建「一帶一路」國家貨幣當局能力建設達成共識，雙方於 4 月中旬在基金組織維也納聯合學院舉行首次聯合培訓班。中國工商銀行在「一帶一路」銀行間常態化合作機制下為共建「一帶一路」國家成員機構開展經濟政策培訓。中國銀行開展「一帶一路」國際金融交流合作研修班。
四、投資類專案及專案清單	
1	中國國家發展改革委與哈薩克、埃及、莫三比克、柬埔寨、老撾、菲律賓等國有關部門簽署產能與投資合作重點專案清單，與烏干達有關部門簽署產能合作框架協議。
2	中國國家發展改革委與法國財政總署簽署中法協力廠商市場合作示範清單（第三輪）。
3	中國國家發展改革委與捷克共和國工業和貿易部簽署中捷合作優先推進專案清單（第二輪）。
4	中國國家發展改革委與緬甸計畫與財政部簽署中緬經濟走廊早期收穫專案清單。
5	中國國家發展改革委與泰國交通部、老撾公共工程與運輸部簽署政府間合作建

	設廊開-萬象鐵路連接線的合作備忘錄。
6	中國交通建設集團有限公司與馬來西亞投資促進局簽署關於加強東海岸鐵路產業園、基礎設施、物流中心以及沿線開發合作的諒解備忘錄。
7	中國中鐵股份有限公司向緬甸交通與通信部遞交木姐至曼德勒鐵路項目可行性研究報告（技術部分）。
8	中國絲路基金與沙特國際電力和水務公司、中國長江三峽集團有限公司和國際金融公司、美國通用電氣公司、新加坡盛裕控股集團建立聯合投資平臺。
9	中國絲路基金與歐洲投資基金、法國投資機構 Trial 設立共同投資基金，參與美國 KKR 全球影響力基金、美國華平金融基金、非洲基礎設施投資基金三期。
10	中國絲路基金投資阿聯酋迪拜光熱電站、哈薩克阿斯坦納國際交易所、烏茲別克斯坦撒馬爾罕國際會展文旅專案和油氣合作專案、亞瑪律液化天然氣項目，與亞投行合作開展阿曼寬頻公司貸款項目。
11	中國投資有限責任公司與有關國家和企業共同發起新型雙邊基金，包括中美製造業合作基金、中日產業合作基金、中意產業合作基金、中法產業合作基金。
12	中國光大集團與有關國家金融機構聯合發起設立「一帶一路」綠色投資基金。
13	中國投資有限責任公司投資歐洲物流資產、中東歐夥伴基金第五期、新加坡樟宜機場投資平臺、同江大橋、越南南定電廠、亞太地區可再生能源項目等項目。
14	中國國際金融股份有限公司與莫斯科交易所簽署戰略合作備忘錄，協助哈薩克國家原子能工業公司完成倫交所全球存托憑證發行上市。
15	中國再保險集團與葡萄牙忠誠保險集團簽署服務「一帶一路」建設商業合作諒解備忘錄。
16	中國國家開發銀行與科威特絲綢城和布比延島開發機構簽署《「絲綢城和五島」開發建設諮詢合作的諒解備忘錄》。
17	中國出口信用保險公司與地中海航運公司、法國巴黎銀行簽署戰略合作框架協定。
五、融資類項目	
1	中國國家開發銀行與柬埔寨、哈薩克、土耳其等國有關機構簽署公路、礦產、電力等領域專案貸款協定，與白俄羅斯銀行、智利智定銀行、斯里蘭卡人民銀行簽署融資合作協定。
2	中國中非發展基金與北汽福田汽車股份有限公司等機構簽署福田非洲汽車投資協議。
3	中國進出口銀行與塞爾維亞財政部、柬埔寨經濟財政部、哈薩克國家公路公司簽署公路專案貸款協定，與孟加拉財政部簽署橋樑、管道專案貸款協定，與阿根廷財政部、幾內亞經濟與財政部簽署電力專案貸款協定，與玻利維亞發展規劃部簽署鐵礦鋼鐵廠專案貸款協定，與埃及交通部、奈及利亞財政部簽署鐵路專案貸款協定，與卡達 AL Khalij 商業銀行、巴拿馬環球銀行簽署流動資金專案貸款協定。

4	中國進出口銀行與瑞士信貸銀行合作為奈及利亞 MTN 電信項目提供銀團貸款，與韓國進出口銀行、義大利外貿保險公司、法國貿易信用保險公司等合作為莫三比克液化天然氣項目提供銀團貸款。
	六、中外地方政府和企業開展的合作專案
1	在塞爾維亞投資建設中塞友好工業園區項目。
2	在阿聯酋開展中阿（聯酋）產能合作示範園產業及科技合作項目。
3	在柬埔寨開展西港特區產業升級及社會發展合作項目。
4	在塔吉克斯坦投資建設中泰新絲路塔吉克斯坦農業紡織產業園專案。
5	在塞內加爾建設加穆尼亞久工業園區二期專案。
6	緬甸曼德勒市政交通基礎設施提升改造項目。
7	在阿聯酋投資建設「一帶一路」迪拜站物流商貿綜合體項目。
8	收購印度塔塔鋼鐵公司在新加坡、泰國等東南亞國家工廠項目。
9	在遼寧盤錦與沙特阿美建設精細化工及原料工程項目。
10	在巴基斯坦投資塔爾煤田一區塊煤電一體化項目。
11	在塞爾維亞投資建設年產 1,362 萬條，高性能子午線輪胎專案。
12	在尼泊爾新建年產 150 萬噸，水泥熟料生產線項目。
13	在印尼開展紅土鎳礦，生產電池級鎳化學品（硫酸鎳晶體）（5 萬噸鎳/年）專案。
14	在沙特阿拉伯投資建設石油化工化纖一體化專案。
15	在肯亞開展健康醫療診斷集成項目。
16	在烏茲別克斯坦投資建設中烏（茲別克斯坦）醫藥城專案。

資料來源：

第二屆「一帶一路」國際合作高峰論壇官方網站，「第二屆「一帶一路」國際合作高峰論壇成果清單」，http：

//www.beltandroadforum.org/n100/2019/0427/c24-1310.html，檢索時間 2019 年 4 月 29 日。

肆、一帶一路戰略設施聯通概述

一、絲綢之路中歐班列簡述

　　中國大陸一帶一路戰略中之路上絲綢之路，其設施聯通上最重要以鐵路聯通效能最高，由鐵路運輸可以將大量貨物以低於航空運輸成本，快於海運的運輸時間，快速穿越亞歐大陸達成貿易暢通的目的。

　　中歐班列的開通，是亞洲與歐洲各國一個極重要的合作，這條路線穿越眾多國家，需要各國多部門合作才可能開通。中歐班列（CHINA RAILWAY Express, CR Express）是由中國鐵路總公司規劃，按照固定車次、線路、班期和全程運行時刻開行，運行於中國大陸與歐洲以及一帶一路沿線國家間的集裝箱等，鐵路國際聯運列車，分為中歐班列直達線和中歐班列中轉線。[631]

　　中歐班列直達線，是指內陸主要貨源地節點、沿海重要港口節點與國外城市之間開

行的點對點班列線。中歐班列中轉線，是指經主要鐵路樞紐節點集結本地區及其他城市零散貨源開行的班列線。該班列自 2011 年 3 月 19 日開始運行，首列中歐班列由重慶開往德國杜伊斯堡，當時稱作渝新歐國際鐵路。於 2016 年 6 月 8 日，中國鐵路正式啟用「中歐班列」品牌，按照「六統一」（統一品牌標誌、統一運輸組織、統一全程價格、統一服務標準、統一經營團隊、統一協調平臺）的機制運行，集合各地力量，增強市場競爭力。[632]

目前中國大陸境內開行中歐班列的城市達到 59 個，可到達歐洲 15 個國家的 49 個城市，回程班列數量與去程班列的占比已達到 72%，基本實現「去 4 回 3」，重箱率、計畫兌現率等品質指標也均達到了歷史最好水準。經過多年的運行「中歐班列」依托西伯利亞大陸橋和新亞歐大陸橋，已初步形成西、中、東三條中歐班列運輸通道。[633]使得中國大陸與中亞及歐洲國家貿易的往來，除藉由海運及空運外，還有鐵路運輸的選擇性，使貿易的往來更加便捷。

表6-19　中歐班列三條通道表

一、西通道	1. 由新疆阿拉山口（霍爾果斯）口岸出境，經哈薩克與俄羅斯西伯利亞鐵路相連，途經白俄羅斯、波蘭、德國等，通達歐洲其他各國。 2. 由霍爾果斯（阿拉山口）口岸出境，經哈薩克、土庫曼斯坦、伊朗、土耳其等國，通達歐洲各國；或經哈薩克跨裡海，進入亞塞拜然、格魯吉亞、保加利亞等國，通達歐洲各國。 3. 由吐爾尕特（伊爾克什坦），與規劃中的中吉烏鐵路等連接，通向吉爾吉斯斯坦、烏茲別克斯坦、土庫曼斯坦、伊朗、土耳其等國，通達歐洲各國。 主要貨源吸引區：西北、西南、華中、華南等地區，經隴海、蘭新等鐵路幹線運輸。
二、中通道	內蒙古二連浩特口岸出境，途經蒙古國與俄羅斯西伯利亞鐵路相連，通達歐洲各國。 主要貨源吸引區：華北、華中、華南等地區，經京廣、集二等鐵路幹線運輸。
三、東通道	內蒙古滿洲裡（黑龍江綏芬河）口岸出境，接入俄羅斯西伯利亞鐵路，通達歐洲各國。 主要貨源吸引區：東北、華東、華中等地區，經京滬、哈大等鐵路幹線運輸。

資料來源：

中國一帶一路網，〈中歐班列〉，https://www.yidaiyilu.gov.cn/zchj/rcjd/60645.htm，檢索時間 2019 年 3 月 12 日。

2016 年推進「一帶一路」建設工作領導小組辦公室，印發《中歐班列建設發展規劃（2016～2020）》。在既有的中歐班列基礎下，加速發展中歐班列更多的路線，並以內陸主要貨源節點、主要鐵路樞紐節點、沿海重要港口節點及沿邊陸路口岸節點，為發展重點，涵蓋中國大陸各地重要省會與重要製造、貿易及港口城市，提出七大重點任務包括完善國際貿易通道、加強物流樞紐設施建設、加大資源整合力度、創新運輸服務模式、建立完善價格機制、構建資訊服務平臺、推進便利化大通關，以發展中歐班列運行為起點，加強沿線各國的通關、稅務、檢驗檢疫等合作，以促進產業園區、國際產能與裝備製造合作及北斗衛星定位系統等與沿線國家更密切的發展。

2019 年在中國鐵路烏魯木齊局集團有限公司，協調海關、國檢等部門共建綠色通關通道，全面推行始發站報關、報檢，口岸站直通直放的班列組織模式，口岸通關時間由原來的 12 小時壓縮至 6 小時以內；中國鐵路成都局集團有限公司協調海關優化監管環節，採用光學識別車牌、集裝箱號自動關聯取代紙質核放單驗放手續，進、出區車輛整體通行時間由原來的 30 分鐘、15 分鐘壓縮為 3 秒。隨著，中歐班列規模化發展和運輸組織模式日益完善，中歐班列的運輸時間越來越短、物流成本大幅降低。中歐班列以 1/3 的海運時間、1/5 的空運價格不斷凸顯國際物流服務比較優勢[634]，贏得更多貿易商的青睞。

從中歐班列開行列數統計表顯示，2011 年開始運行時僅開行 17 列次，到 2021 年增加到 15,183 列次，較 2011 年增加 15,166 列次。以 2019 年為例通達歐洲 18 個國家 55 個城市，國際物流品牌愈來愈多，共運送貨物 65.6 萬標箱，同比增長 38%，重箱率達 93.9%，回程和去程的貨物品類日益增多。且中歐班列開行，新增山東省煙臺市至俄羅斯莫斯科、義烏至比利時列日等線路，2019 年有更多的「中國製造」和「中國味道」，經由中歐班列遠銷世界各地。創維電視機、玻璃幕牆、陝西濃縮蘋果汁、新疆番茄醬、匈（牙利）塞（爾維亞）鐵路建設物資等。中歐班列回程貨物品類更多，俄羅斯的木材、德國的廚具、白俄羅斯的肉製品、荷蘭的奶粉等眾多進口商品，為中國大陸消費者提供更多購買選擇。[635]

綜上所述，可知中國大陸與中歐班列沿線國家，海關、檢驗鐵路運輸等部門，相關合作成效顯著，連兩年增加列次平均達 2,000 列次以上，絲綢之路沿線貿易增長量不斷增加，證明中歐班列的運行，有效帶動中國大陸與絲綢之路沿線國家貿易的增長，使中國大陸能逐步擺脫對美國貿易的依賴程度，拓展亞洲內陸及歐洲大陸的貿易市場。

表6-20 中國大陸「中歐班列樞紐節點」表

一、內陸主要貨源地節點：重慶、成都、鄭州、武漢、蘇州、義烏、長沙、合肥、瀋陽、東莞、西安、蘭州。
二、主要鐵路樞紐節點：北京（豐臺西）、天津（南倉）、瀋陽（蘇家屯）、哈爾濱（哈爾濱南）、濟南（濟西）、南京（南京東）、杭州（喬司）、鄭州（鄭州北）、合肥（合肥東）、武漢（武漢北）、長沙（株洲北）、重慶（興隆場）、成都（成都北）、

	西安（新豐鎮）、蘭州（蘭州北）、烏魯木齊（烏西）、烏蘭察布（集寧）。
三、沿海重要港口節點：大連、營口、天津、青島、連雲港、寧波、廈門、廣州、深圳、欽州。	
四、沿邊陸路口岸節點：阿拉山口、霍爾果斯、二連浩特、滿洲里。	

資料來源：

中國一帶一路網，〈中歐班列建設發展規劃（2016—2020 年）〉，　　　https：

//www.yidaiyilu.gov.cn/wcm.files/upload/CMSydylgw/201701/201701100443041.pdf，檢索時間 2019 年 3 月 12 日

表6-21中國大陸「既有中歐鐵路直達班列」路線表

序號	國內發（到）城市	邊境口岸	境外到（發）城市	城市方向
1	重慶	阿拉山口（霍爾果斯）	杜伊斯堡（德國）等	雙向
2		滿州裏	切爾克斯克（俄羅斯）等	去程
3	鄭州	阿拉山口（霍爾果斯）	漢堡（德國）等	雙向
4		二連浩特	漢堡（德國）等	雙向
5	成都	阿拉山口（霍爾果斯）	羅茲（波蘭）等	雙向
6	武漢	阿拉山口（霍爾果斯）	帕爾杜比采（捷克）等	雙向
7	武漢	阿拉山口（霍爾果斯）	漢堡（德國）等	雙向
8		滿洲里	托木斯克（俄羅斯）等	回程
9	蘇州	滿洲里	華沙（波蘭）等	去程
10		滿洲里	布列斯特（白俄羅斯）等	回程
11	義烏	阿拉山口（霍爾果斯）	馬德裏（西班牙）等	雙向
12	瀋陽	滿洲里	漢堡（德國）等	雙向
13	長沙	滿洲里	漢堡（德國）等	去程
14	蘭州	阿拉山口（霍爾果斯）	漢堡（德國）等	雙向
15	北京-天津	二連浩特	烏蘭巴托（蒙古）等	雙向
16	連雲港	阿拉山口（霍爾果斯）	阿拉木圖（哈薩克斯坦）等	雙向
17	營口	滿洲裏	後貝加爾（俄羅斯）等	雙向
18	青島	阿拉山口	阿拉木圖（哈薩克斯坦）	去程

序號	國內發（到）城市	邊境口岸	境外到（發）城市	城市方向
		（霍爾果斯）	等	
19	烏魯木齊	阿拉山口（霍爾果斯）	阿拉木圖（哈薩克斯坦）等	去程
20	西安	阿拉山口（霍爾果斯）	阿拉木圖（哈薩克斯坦）等	雙向
21	合肥	阿拉山口（霍爾果斯）	阿拉木圖（哈薩克斯坦）等	去程
22	濟南	阿拉山口（霍爾果斯）阿拉木圖	（哈薩克斯坦）等	去程
23	東莞	阿拉山口（霍爾果斯）	阿拉木圖（哈薩克斯坦）等	去程

資料來源：

中國一帶一路網，〈 中歐班列建設發展規劃（2016～2020 年）〉，https:

//www.yidaiyilu.gov.cn/wcm.files/upload/CMSydylgw/201701/201701100443041.pdf，檢索時間2019年3月12日。

表6-22　中歐班列開行列數統計表

年度	開行列次	增加列次	年增率
2011 年	17 列次	-	-
2012 年	42 列次	25 列次	147%
2013 年	80 列次	38 列次	90%
2014 年	308 列次	228 列次	285%
2015 年	815 列次	507 列次	164%
2016 年	1,702 列次	887 列次	108%
2017 年	3,673 列次	1,971 列次	115%
2018 年	6,363 列次	2,690 列次	73%
2019 年	8,225 列次	1,862 列次	29%
2020 年	12,406 列次	4,181 列次	50%
2021 年	15,183 列次	2,777 列次	22%

資料來源：

整理自-

1.　中國一帶一路網，〈 中歐班列〉，https：//www.yidaiyilu.gov.cn/zchj/rcjd/60645.htm，檢索時間 2019 年 3 月 12 日。

2.　新華絲路網，〈 中歐班列 2019 年開行資料總結分析〉，https：//www.imsilkroad.com/news/p/397878.html，檢索時間 2020 年 5 月 25 日。

3.　中國政府網，〈 增長 50%！2020 年中歐班列全年開行 12406 列〉，http：//www.gov.cn/xinwen/2021-

01/19/content_5581186.htm，檢索時間 2022 年 3 月 21 日。

4.　中國政府網，〈 5 萬列！中歐班列"跑"出開行"新里程"〉，http：//www.gov.cn/xinwen/2022-
01/29/content_5671192.htm，檢索時間 2022 年 3 月 21 日。

　　中國大陸發展中歐班列，已使陸上絲綢之路經濟帶的規劃得以實現，開通西、東、中三條主要聯通歐亞的陸上通道，讓亞洲與歐洲大陸上的數十個國家能貨暢其流，由設施聯通來實現貿易相通的理想，對於亞洲與歐洲大陸內國家的經濟發展帶來顯著的成效，使得中國大陸對於亞歐大陸各國政治與經濟的影響力也逐漸增強，亦有助於中國大陸經濟全球化戰略的發展。

二、海上絲綢之路港口聯通簡述

　　中國大陸一帶一路戰略中之 21 世紀海上絲綢之路，其設施聯通上必然以港口為最重要的節點，由於海運透過貨輪運輸，貨運量極大，相較鐵路運輸及航空運輸成本為低，自 20 世紀貿易全球化的快速發展，全球海運快速發展，為經濟全球化做出重要貢獻。

　　1949 年中國共產黨建政初期，中國大陸港口貨物輸送量僅 1,000 萬噸。1978 年中國大陸港口貨物輸送量也僅提升為 2.8 億噸[636]。而中國大陸政府在 1978 年改革開放後，就為配合產業發展，積極對國內河港及海港口進行大規模建設，以利發展大規模的進出口貿易。[637]

　　自 2001 年中國大陸加入世界貿易組織後，進出口貿易大幅度成長，經濟發展快速，由於有十多億的龐大人口，對於原物料及各類商品有非常龐大的需求，為支撐龐大的原物料與商品進口與出口，在港口的建設亦產生相當龐大的需求，因而中國大陸政府有計畫的對港口進行大規模建設。

　　從中國大陸國民經濟和社會發展五年計劃分析，《中華人民共和國國民經濟和社會發展第十個五年計劃綱要》（2001 年至 2005 年）時期，是中國大陸水運建設投資高速增長期，在此期間完成投資 1,735 億元人民幣，年均增速為 31.7%；進入《中華人民共和國國民經濟和社會發展第十一個五年規劃綱要》（2006 年至 2010 年）時期，此時期是中國大陸水運建設投資的快速推進期，完成投資 4,974 億元人民幣，年均增速為 11.2%；邁進《中華人民共和國國民經濟和社會發展第十二個五年規劃綱要》（2011 年至 2015 年）時期，是中國大陸水運建設投資結構性調整期，完成投資 7,344 億元人民幣，年均增速為 4.5%（從 2013 年開始，投資增速呈現高位下調態勢）。[638]

　　中國大陸港口經過多年的建設和發展，呈現專業化、大型化、深水化趨勢。中國大陸港口擁有生產用碼頭泊位 23,919 個，在萬噸級以上深水泊位從無到有，截至 2018 年已高達 2,444 個。且中國大陸沿海港口發展也已經形成環渤海、長江三角洲、東南沿海、珠江三角洲和西南沿海 5 大港口群，形成煤炭、石油、鐵礦石、集裝箱、糧食、商品汽車、陸島滾裝和旅客運輸等 8 個運輸系統的佈局。中國大陸內河形成長江幹線、西江航運幹線、京杭運河、長江三角洲高等級航道網、珠江三角洲高等級航道網、18 條主要幹支流高等級航道和 28 個主要港口的佈局。於 2018 年，中國大陸港口完成貨物輸送量

143.51 億噸，並有上海港、深圳港、寧波舟山港、香港港、廣州港、青島港、天津港等，7 大港口躋身全球前 10 大貨物輸送量港口之列。[639]2018 年中國大陸以全年貨物進出口總額 305,050 億元人民幣[640]，蟬聯全世界第一大貨物貿易國。

2013 年 7 月 30 日，中共中央政治局就建設海洋強國進行第八次集體學習。中共總書記習近平指出：「我國既是陸地大國，也是海洋大國，擁有廣泛的海洋戰略利益。經過多年發展，我國海洋事業總體上進入了歷史上最好的發展時期。這些成就為我們建設海洋強國打下了堅實基礎。我們要著眼於中國特色社會主義事業發展全域，統籌國內國際兩個大局，堅持陸海統籌，堅持走依海富國、以海強國、人海和諧、合作共贏的發展道路，通過和平、發展、合作、共贏方式，扎實推進海洋強國建設。」[641]

從全球海洋戰略分析，港口對於貿易品運輸線、能源運輸線及船舶海上安全等，具相當重要功能。早在 2004 年 1 月，中國大陸政府訂定《中華人民共和國港口法》，並於 2015 年再次修正，為中國大陸政府和企業共同參與港口建設，為港口企業「走出去」和中國大陸開展「港口外交」提供法律保障[642]，並促使中國大陸政府與國有企業，對外國港口進行大力投資。

2015 年，中國大陸政府公佈新時期，重點建設的 15 個港口，由北向南分別是：大連、天津、煙臺、青島、上海、寧波、福州、泉州、廈門、汕頭、廣州、深圳、湛江、海口和三亞。且上海港、青島港、深圳港、連雲港等多個港口公司開始通過「友好港口」、合作運營等形式積極在「一帶一路」沿線進行相關合作，召開港口論壇，建立港口合作聯盟，成為中國大陸地方參與海外港口建設與運營、配合中央開展「港口外交」的重要依靠力量。例如，青島與海外 16 家港口建立「友好港」，成為港口外交的地方支撐力量。[643]

中國大陸在建設與發展國內港口之際，也透過政府與國有企業的力量，積極投資國外港口。截至 2016 年年底，在全球 50 大集裝箱港口中，投資其中約 2/3。如作為中國大陸港口企業的先驅，招商局港口（原招商局國際），在海外總投資超過 20 億美元，其投資的 49 個港口分佈在 19 個國家和地區；中遠海運港口（原中遠太平洋），在全球投資近 30 個港口，其中「一帶一路」沿線碼頭共 11 個。[644]

且中國大陸政府為有計畫開展一帶一路戰略中之 21 世紀海上絲綢之路，於 2017 年 6 月 20 日中國大陸國家發展和改革委員會及國家海洋局特制定並發佈《「一帶一路」建設海上合作設想》指出：「推進海上互聯互通，加強國際海運合作，完善沿線國之間的航運服務網路，共建國際和區域性航運中心。通過締結友好港或姐妹港協定、組建港口聯盟等形式加強沿線港口合作，支援中國企業以多種方式參與沿線港口的建設和運營。」[645]

中國大陸改革開放後，吸引外資進入中國大陸投資工廠，發展對外貿易，除了公路的基礎建設外，由於大多數原物料及商品進出口都是依靠貨輪，港口就成為非常重要的建設，隨著 2000 年之後中國大陸走出去戰略的發展，中國大陸中央政府轄下的國有企

業，招商局港口（原招商局國際）中遠海運港口（原中遠太平洋）等企業，成為中國大陸發展海洋運輸業走出去的重要先驅。

中國大陸對於海外港口的發展模式，從最初以基礎設施專案承建，以及港口經營權轉讓、港口股權收購，到碼頭管理經驗的輸出，從中國大陸主要港口與「一帶一路」沿線國家港口聯盟主要案例表、中國大陸主要港口與「一帶一路」沿線「港航聯盟」主要案例表、中國大陸主要港口與「一帶一路」沿線「港鐵聯盟」主要案例表、中國大陸主要港口與「一帶一路」沿線「其他聯盟」主要案例表，均可顯示，中國大陸在港口與海運產業發展趨於成熟，並從自身的貿易產業發展需求，開拓港口建設、海上運輸與陸上運輸等相結合的產業鏈，除可以掌握貿易運輸的航線外，對於個項商品與原物料供應鏈的保障，也產生極大的作用。

中國大陸政府為進一步推進經濟全球化的腳步，強化國內與國際間的交通建設，於2019年9月由中共中央及中國大陸國務院印發《交通強國建設綱要》，將推動交通發展由追求速度規模向更加注重品質效益轉變，由各種交通方式相對獨立發展向更加注重一體化融合發展轉變，由依靠傳統要素驅動向更加注重創新驅動轉變，構建安全、便捷、高效、綠色、經濟的現代化綜合交通體系，其整體推動重點及方向如下：[646]

1、到2020年，完成決勝全面建成小康社會交通建設任務和「十三五」現代綜合交通運輸體系發展規劃各項任務，為交通強國建設奠定堅實基礎。

2、從2021年到本世紀中葉，分兩個階段推進交通強國建設。

（1）基本形成，人民滿意度明顯提高，支撐國家現代化建設能力顯著增強；擁有發達的快速網、完善的幹線網、廣泛的基礎網，城鄉區域交通協調發展達到新高度；基本形成「全國123出行交通圈」（都市區1小時通勤、城市群2小時通達、全國主要城市3小時覆蓋）和「全球123快貨物流圈」（國內1天送達、周邊國家2天送達、全球主要城市3天送達），旅客聯程運輸便捷順暢，貨物多式聯運高效經濟；智慧、平安、綠色、共享交通發展水準明顯提高，城市交通擁堵基本緩解，無障礙出行服務體系基本完善；交通科技創新體系基本建成，交通關鍵裝備先進安全，人才隊伍精良，市場環境優良；基本實現交通治理體系和治理能力現代化；交通國際競爭力和影響力顯著提升。

（2）到本世紀中葉，全面建成人民滿意、保障有力、世界前列的交通強國。基礎設施規模品質、技術裝備、科技創新能力、智慧化與綠色化水準位居世界前列，交通安全水準、治理能力、文明程度、國際競爭力及影響力達到國際先進水準，全面服務和保障社會主義現代化強國建設，人民享有美好交通服務。

2019年9月由中共中央及中國大陸國務院印發《交通強國建設綱要》後，旋即於2019年11月，由中國大陸交通運輸部、發展改革委、財政部、自然資源部、生態環境部、應急部、海關總署、市場監管總局、國家鐵路集團等九個政府及國有企業部門，發布《關於建設世界一流港口的指導意見》，強調港口是綜合交通運輸樞紐，也是經濟社

會發展的戰略資源和重要支撐，以三步走戰略發展港口建設：[647]

1、到 2025 年，世界一流港口建設取得重要進展，主要港口綠色、智慧、安全發展實現重大突破，地區性重要港口和一般港口專業化、規模化水準明顯提升。

2、到 2035 年，全國港口發展水準整體躍升，主要港口總體達到世界一流水準，若干個樞紐港口建成世界一流港口，引領全球港口綠色發展、智慧發展。

3、到 2050 年，全面建成世界一流港口，形成若干個世界級港口群，發展水準位居世界前列。

由於中國大陸政府與企業，已累積數十年國內與國際港口建設及投資的經驗，在這樣的基礎之下，中國大陸政府仍運用龐大的政府力量結合中國大陸國有企業如國家鐵路集團、中國遠洋海運集團、招商局集團、中國交通建設集團等，按規劃革新與加速港口建設。

並為更好服務「一帶一路」建設，將通過設點、連線、成網、佈局，構建完善的海上互聯互通網路，加強港口與中歐班列、西部陸海新通道、中歐陸海快線等銜接，加快建設便捷高效的國際貿易綜合運輸體系，推動形成陸海內外聯動、東西雙向互濟的開放格局。完善港口國際合作機制，加強政策技術交流，促進物流資訊共享和標準互通。優化外商投資港口的發展環境，吸引境外投資；鼓勵中國大陸企業積極參與「一帶一路」沿線港口投資、建設、運營，交流共享港口管理經驗和發展模式，形成若干個世界一流全球碼頭建設和運營商、綜合服務商。推動建設國際港口聯盟，完善海絲港口國際合作論壇等「21 世紀海上絲綢之路」港口合作機制。[648]由上述可知，中國大陸政府將在既有國內與國外港口的基礎，加速及廣泛布局更多國際港口，形成一個高效的運輸體系。

從英國經濟全球化的歷史經驗，以龐大海軍實力先與荷蘭、西班牙、葡萄牙等國爭奪全世界重要港口的控制權，發展殖民地掌握重要海上運輸節點，便能控制世界貿易賺取利益，例如新加坡港扼守歐洲與亞洲交通要道麻六甲海峽、直布羅陀港扼守地中海通往大西洋的通道。

而美國為後起的大國，繼承英國經濟全球化的經驗，大力發展海軍艦隊，在第一次世界大戰後，於 1922 年邀集英國、法國、意大利、日本等，在華盛頓簽訂有關限制海軍軍備的條約的《華盛頓海軍條約》，限制各國海軍軍備的發展，表面上是限制各國軍備競賽，實際上則是維持英國及美國的海上霸權。直到第二次世界大戰後，英國隨著殖民地紛紛獨立，整體國力大減，美國藉由戰爭時期發展世界上最龐大的航空母艦群，並因與蘇聯社會主義陣營的冷戰，順勢在全世界控制許多重要港口，成為新一代海上霸權國家。

中國大陸經濟的崛起，其已遠離英國崛起的海軍殖民地爭奪模式時期，也非美國崛起的世界大戰及冷戰對抗模式，而是在英國與美國推展製造業與貿易經濟全球化成熟後的階段，故中國大陸以自身的經濟與貿易實力和平發展的世界港口建設與經營模式，在

一帶一路戰略的發展下，開拓新時代的中國大陸歐、亞、非三洲，陸運與海運結合的新一代海陸權大國。

表6-23 中國大陸參與建設的海上絲路沿線港口項目表

1.東南亞（共 9 個港口）			
時間	**對象國**	**中國大陸開發公司**	**港口項目**
2015 年	馬來西亞	廣西北部灣國際港務集團	參股馬來西亞關丹港。
2017 年	馬來西亞	中國電建集團	投資約 800 億元人民幣打造皇京深水港。
2017 年	汶萊	廣西北部灣國際港務集團	投資汶萊摩拉港51%股權，合作期限為 60 年。
2016 年	印尼	河北港口集團	印尼占碑鋼鐵工業園綜合性國際港口。
2017 年	印尼	寧波舟山港	契約金額 5.9 億美元，擴建印尼最大貨運港丹戎不碌港。
2016 年	柬埔寨	中國一冶集團	承建泰國灣某港口，契約金額 28 億美元，租期 99 年；同年紅豆集團參與建設西哈努克港的西港特區。
2013 年	柬埔寨	中鐵	中鐵建設連接東北部柏威夏省鋼鐵廠與南部國公島港口，鐵路與港口造價 96 億美元，總投資 112 億美元。
2014 年	緬甸	中石油	皎漂港（馬德島）。
2016 年	新加坡	中遠太平洋	中遠太平洋與新加坡港務集團簽署投資新加坡大型集裝箱碼頭的合作協議，在巴西班讓港區經營 3 個泊位，租期 35 年。
2.南亞（共 4 個港口）			
時間	**對象國**	**中國大陸開發公司**	**港口項目**
2008 年	斯里蘭卡	招商局港口、中國港灣	漢班托特港二期集裝箱碼頭。
2014 年	斯里蘭卡	中國港灣	可倫坡南港集裝箱碼頭。
2015 年	孟加拉	中國交建	吉大港，擬 2019 年完工。
2015 年	巴基斯坦	中國海外港口等	巴方將 2281 畝瓜達爾港土地使用權移交給中企，租期 43 年。

3.海灣（共 2 個港口）			
時間	對象國	中國大陸開發公司	港口項目
2016 年	阿聯酋	中遠海運港口	中遠海運阿布達比公司與阿聯酋阿布達比港務局簽署哈裡發港二期集裝箱碼頭特許協議。
2016 年	伊朗	中石油	中石油與伊朗就格什姆島石油碼頭建設簽署 5.5 億美元的契約。

4.紅海（共 5 個港口）			
時間	對象國	中國大陸開發公司	港口項目
1998 年至今	紅海	蘇丹	中國港灣蘇丹港建設與運營。
2014 年	吉布地	招商局港口	吉布地港。
2007 年	沙特	中國港灣	建設吉達港，契約額 2.3 億美元。
2012 年	沙特	中國港灣	吉達防洪工程四個標段，契約金額 5 億美元。
2017 年	沙特	中國交建	中國交建參與延布多功能物流樞紐等項目的投資、設計、建設和運營；沙特皇家委員會將協助中國交建參與園區、港口、公路等建設。

5.地中海（共 10 個港口）			
時間	對象國	中國大陸開發公司	港口項目
2014 年	以色列	招商局港口	阿什杜德南部港。
2015 年	以色列	上港集團	海法新港 25 年碼頭經營權。
2007 年	埃及	中海碼頭、中國港灣	達米埃塔港。
2012 年	埃及	中遠集團	塞得港（ 蘇伊士運河港 ）。
2015 年	埃及	中國港灣	艾因蘇赫納港。
2016 年	土耳其	中遠集團、招商局港口、中投公司	建設昆波特港碼頭，集裝箱吞吐能力從 184 萬標準箱提升至 350 萬標準箱。
2017 年	西班牙	中遠海運港口	中遠海運港口以 2 億歐元收購諾塔姆港口公司（Noatum）51%股權。
2016 年	希臘	中遠海運港口	建設比雷埃夫斯港 1 號、2 號、3 號碼頭，獲碼頭 35 年經營權。
2016 年	義大利	青島港國際	青島港國際與馬士基碼頭就購買瓦多港 9.9%權益達成協議。
2013 年	義大利	中遠海運港口	那不勒斯港集裝箱碼頭。

6.非洲（共10個港口）			
時間	對象國	中國大陸開發公司	港口項目
2013 年	肯亞	中國路橋	蒙巴薩港 19 號泊位。
2013 年	坦尚尼亞	招商局港口	建設巴加莫約港，契約額 100 億美元。
2016 年	阿爾及利亞	招商局港口	哈姆達尼耶港。
2008 年至今	摩洛哥	招商局港口	坦吉爾港和卡薩布蘭卡港。
2014 年	茅利塔尼亞	中國路橋	友誼港 4 號和 5 號泊位擴建。
2016 年	安哥拉	中國路橋	卡賓達港（Port Cabinda）。
2010 年	奈及利亞	招商局港口	拉各斯庭堪島港口碼頭 B。
2012 年	多哥	招商局港口	建設西非第二大碼頭，洛美集裝箱碼頭。
2015 年	聖多美及普林西比島	中國港灣	聖多美深水港。
2016 年	幾內亞	中國港灣	中國港灣工程公司與幾內亞政府簽署 7 億美元的契約，更新西非最大港，首都柯那克里港口。
7.北大西洋（共3個港口）			
時間	對象國	中國大陸開發公司	港口項目
2016 年	荷蘭	中遠海運港口	鹿特丹歐凱科斯（EUROMAX）集裝箱碼頭。
2016 年	比利時	中遠海運港口	參股安特衛普碼頭，中遠海運港口占股 20%。
2014 年	比利時	中遠海運港口、上港集團	收購澤布呂赫碼頭。
共計：43 個港口。			

資料來源：

孫德剛，〈中國港口外交的理論與實踐〉，世界經濟與政治，2018 年第 5 期，頁 21～25。

表6-24 中國大陸主要港口與「一帶一路」沿線國家港口聯盟主要案例彙整表

1.山東省青島港			
時間	港口	合作形式	合作內容
2014 年	巴西馬德拉港、比利時安特衛普港、韓國仁川港。	友好港協議或合作協定。	共涉及港口開發建設、運營管理、流程優化、效率提升、現代物流、
2015 年	東埔寨西哈努克港、巴基	友好港協定、合作	

時間	港口	合作形式	合作內容
	斯坦瓜達爾港、馬來西亞關丹港、斯裡蘭卡可倫坡港、法國布列斯特港。	協定或深化合作協定。	智慧港口、綠色低碳、專業知識、員工培訓、資訊共享與專案合作等多個領域。
2016 年	漢堡港務局、馬來西亞巴生港、德國威廉港、波蘭格但斯克港、邁阿密－戴德港務局、孟加拉吉達港。	友好港協定、合作協定或深化合作協定。	
2017 年	俄羅斯聖彼德堡港	友好港協定	

2.山東省煙臺港

時間	港口	合作形式	合作內容
2015 年	幾內亞博凱內港碼頭。	合資企業。	航線建設、碼頭建設、鋁土礦以及礦山開發、海上物流通道建設、港口業務經營。

3.上海市上海港

時間	港口	合作形式	合作內容
2015 年	以色列海法灣新港。	合作協定。	共涉及港口運營承建、港口、航運服務與金融等領域。
2017 年	希臘比雷埃夫斯港。		

4.天津市天津港

時間	港口	合作形式	合作內容
2017 年	俄羅斯符拉迪沃斯托克商貿港。	合作備忘錄。	裝卸、海鐵聯運、設施建設。

5.廣東省廣州港

時間	港口	合作形式	合作內容
2014 年	西班牙塔拉戈納港。	友好港協定。	共涉及港口設施建設、經營管理、管理技術、現代物流、綠色港口、智慧港口、人員培訓與經驗交流等業務領域。
2015 年	泰國林查班港、比利時安特衛普港、馬來西亞巴生港。	友好港協議或合作專案。	
2016 年	德國漢堡港、波蘭格但斯克港。	友好港協議或合作備忘錄。	
2017 年	馬來西亞麻六甲港。	友好港協定。	

6.廣東省深圳港

時間	港口	合作形式	合作內容
2015 年	馬來西亞巴生港。	友好港協定。	共涉及港口規劃建設、經營管理、港口鏈合作、
2016 年	安特衛普港、巴賽隆納	《深圳宣言》。	

| | | | 港、哥本哈根— 瑪律默港、漢堡港、哈利法克斯港、仁川港。 | | 環境保護、智慧港、綠色港建設、資訊技術、人員培訓及港口保安等領域。 |

7.浙江省寧波舟山港

時間	港口	合作形式	合作內容
2016 年	德國漢堡港、威廉港。	分別簽訂合作協定、合作諒解備忘錄、姐妹港協議、友好合作協定。	共涉及港口設施建設、航線開通、海鐵聯運建設、內陸轉運、技術、管理經驗和人才培養培訓交流等領域。
2016 年	韓國麗水光陽港。		
2016 年	馬來西亞巴生港。		
2017 年	羅馬尼亞康斯坦薩港、斯洛維尼亞科佩爾港、克羅埃西亞里耶卡港和波蘭格但斯克港。	達成合作共識。	

8.海南省海口港

時間	港口	合作形式	合作內容
2015 年	馬來西亞巴生港。	合作諒解備忘錄。	涉及港口項目研究、運輸往來、員工培訓、資訊與技術交流。

9.福建省福州港

時間	港口	合作形式	合作內容
2015 年	馬來西亞巴生港。	友好港合作備忘錄。	共涉及港口項目研究、運輸往來、運營管理、港口安全、業務培訓、技術與信息交流等領域。
2017 年	馬來西亞麻六甲港。		

10.福建省廈門港

時間	港口	合作形式	合作內容
2014 年	義大利德里亞斯特港。	友好合作意向書。	共涉及航運物流、郵輪產業、船舶運輸、員工培訓、資訊交流、運輸往來及自貿區建設等領域。
2014 年	土耳其伊茲密爾港。		
2017 年	書愛爾蘭科克港。	友好港協定。	

資料來源：

王珍珍、甘雨嬌，〈中國與「一帶一路」沿線國家港口聯盟機制研究〉，《東南學術》2018 年第 1 期，頁 180～181。

表6-25 中國大陸主要港口與「一帶一路」沿線「港航聯盟」主要案例彙整表

時間	中國大陸企業	主要合作企業	合作內容	合作形式	合作區域
2015 年	青島港	馬士基碼頭公司	碼頭建設和運營管理	合資企業	東南亞、地中海
2015 年	青島港	馬士基拖輪公司	港作拖輪業務運營管理	合資企業	東南亞、地中海
2015 年	上海國際港務集團	比利時澤布呂赫碼頭公司	收購碼頭公司 25% 股份，參與日常運作	股權參與	中東
2015 年	煙臺港	魏橋集團、新加坡韋立集團、幾內亞博凱礦業公司	幾內亞博凱內港碼頭專案運營管理，鋁礬土供應鏈體系完善	合資企業	非洲
2015 年	中遠海運集團	土耳其伊斯坦布爾 Kumport 碼頭	收購該碼頭 65% 股權，加強中國大陸與土耳其以及黑海國家的貿易往來	股權參與	西亞
2016 年	中遠海運集團	荷蘭鹿特丹港	收購 EUROMAX 集裝箱碼頭 35% 股權並參與運營管理	股權參與	歐洲
2016 年	中遠海運集團	希臘比雷埃夫斯港港務局	收購該港 67% 股權，建設中歐陸海快線與打通中歐、巴爾幹地區的物流分撥中心	股權參與	歐洲
2016 年	中遠海運集團	新加坡港務集團	共同投資新加坡大型集裝箱碼頭	合資企業	東南亞

時間	中國大陸企業	主要合作企業	合作內容	合作形式	合作區域
2016 年	中遠海運集團	阿聯酋阿布達比港務局	共同合資經營其二期集裝箱碼頭	簽訂協定	西亞

資料來源：

王珍珍、甘雨嬌，〈中國與「一帶一路」沿線國家港口聯盟機制研究〉，《東南學術》2018 年第 1 期，頁 181。

表6-26 中國大陸主要港口與「一帶一路」沿線「港鐵聯盟」主要案例彙整表

時間	中國大陸企業	主要合作企業	合作內容	合作形式	合作區域
2016 年	大連港	俄羅斯鐵路集裝箱股份公司	建設首列中俄全程冷藏集裝箱過境班列	戰略合作	亞洲、歐洲
2016 年	湛江港集團	南寧鐵路局	建設東南亞—湛江—貴州集裝箱海鐵聯運專列	戰略合作	東南亞
2016 年	天津港（集團）有限公司	北京鐵路局	建設「美國—中國—蒙古國」海鐵聯運	合資企業	中亞、歐洲
2017 年	寧波舟山港集團有限公司	俄羅斯鐵路股份公司	物流平臺合作專案建設	簽訂協定	亞洲、歐洲

資料來源：

王珍珍、甘雨嬌，〈中國與「一帶一路」沿線國家港口聯盟機制研究〉，《東南學術》2018 年第 1 期，頁 182。

表6-27 中國大陸主要港口與「一帶一路」沿線「其他聯盟」主要案例彙整表

時間	中國大陸企業	主要合作企業	合作內容	合作形式	合作區域
2015 年	青島港	巴西淡水河谷礦產品有限公司	擴大港口配礦等相關業務	戰略合作	西亞
2016 年	青島港	土耳其阿卡斯控股集團	相關物流、投資業務的合作	戰略合作	亞洲
2016 年	青島港	中非發展基金、國家開發銀行青島分行	支持開發非洲港口、投資	戰略合作	中非

			相關基礎設施專案		

資料來源：

王珍珍、甘雨嬌，〈中國與「一帶一路」沿線國家港口聯盟機制研究〉，《東南學術》2018 年第 1 期，頁 182。

伍、一帶一路戰略之貿易暢通概述

　　中國大陸發展一帶一路戰略，除著重與一帶一路國家間基礎建設的互聯互通外，其次就是要發展與一帶一路國家間的貿易，且原規劃一帶一路範圍主要在亞、非、歐大陸國家，後又延伸到大洋洲及拉丁美洲，依據中國大陸統計公布，2017 年 「一帶一路」國家有 71 個，GDP 總和預測為 14.5 兆美元，占全球 GDP 的 18.4%；人口總數預測為 34.4 億人，占全球人口的 47.6%；對外貿易總額為 9.3 兆美元，占全球貿易總額的 27.8%，在全球貿易版圖中佔據重要地位，[649]若中國大陸與「一帶一路」國家貿易能持續增長，亦可降低對於美國貿易的依賴程度。

表6-28　一帶一路區域及國家劃分表

1.亞洲大洋洲地區	包括蒙古國、韓國、紐西蘭、東帝汶和東盟 10 國（新加坡、馬來西亞、泰國、印尼、菲律賓、汶萊、柬埔寨、緬甸、老撾即寮國、越南），共 14 個國家。
2.中亞地區	包括哈薩克、烏茲別克斯坦、土庫曼斯坦、塔吉克斯坦和吉爾吉斯斯坦，共 5 個國家。
3.西亞地區	包括格魯吉亞、亞塞拜然、亞美尼亞、伊朗、伊拉克、土耳其、敘利亞、約旦、黎巴嫩、以色列、巴勒斯坦、沙烏地阿拉伯、葉門、阿曼、阿聯酋、卡達、科威特和巴林，共 18 個國家。
4. 南亞地區	包括印度、巴基斯坦、孟加拉、阿富汗、斯里蘭卡、馬爾地夫、尼泊爾和不丹，共 8 個國家。
5. 東歐地區	包括俄羅斯、烏克蘭、白俄羅斯、莫爾達瓦、波蘭、立陶宛、愛沙尼亞、拉脫維亞、捷克、斯洛伐克、匈牙利、斯洛維尼亞、克羅埃西亞、波黑、黑山、塞爾維亞、阿爾巴尼亞、羅馬尼亞、保加利亞和馬其頓，共 20 個國家。
6. 非洲及拉美地區	包括南非、摩洛哥、衣索比亞、馬達加斯加、巴拿馬和埃及，共 6 個國家。
共 7 個地區，71 個一帶一路國家，2017 年 GDP 之和預測為 14.5 兆美元，人口總數預測為 34.4 億人，對外貿易總額為 9.3 兆美元國家。	

資料來源：

國家信息中心、一帶一路大數據中心、大連瀚聞資訊公司，《一帶一路貿易合作大數據報告（2018）》，頁 IX、2。

　　為使孔子學院在全世界各地有效運作，於孔子學院總部設立理事會，由主席、副主席、常務理事和理事組成。其中，主席 1 名，副主席和常務理事若干名，具體人選，由中國大陸國務院教育行政部門提出建議，報中國大陸國務院批准。理事 15 名，其中 10 名由海外孔子學院的理事長擔任，第一屆理事由總部聘任，以後選舉產生或按孔子學院成立時間順序輪流擔任；其餘 5 名由中方合作機構代表擔任，由總部直接聘任。理事任期為兩年，可連任一次。理事會成員任職期間，不從孔子學院總部獲取任何報酬。理事會設立總幹事、副總幹事。總幹事為總部法人代表，由常務理事擔任。[725]

　　值得注意的是，國家漢辦是由中國大陸國務院 12 名部委組成的領導小組，而非兩三個部會執行該工作，顯示中國大陸與世界各國大學合辦孔子學院，將漢語及中華文化推到全世界，是中國大陸政府重要工作之一。因此，中國大陸政府整合國務院轄下 12 名部委的廣泛資源，大力推動孔子學院在世界各地廣泛設立，使得孔子學院得以在十餘年間，迅速發展到全世界五大洲 158 國家（地區）。

　　又《孔子學院章程》明確規定，孔子學院作為非營利性教育機構，其宗旨是增進世界人民對中國語言和文化的瞭解，發展中國大陸與外國的友好關係，促進世界多元文化發展，為構建和諧世界貢獻力量。從第一所孔子學院誕生之日起，堅持中外合作辦學，且孔子學院的申辦、審批嚴格遵守《孔子學院章程》規定，具體方式為，首先由外方自願提出申請，中外雙方在充分協商的基礎上簽署合作協定，其主要職能是：面向社會各界人士，開展漢語教學；培訓漢語教師；開展漢語考試和漢語教師資格認證業務；提供中國大陸教育、文化、經濟及社會等資訊諮詢；開展當代中國大陸研究。[726]

　　且孔子學院也並非中國大陸政府的派出單位，屬於中國大陸與大陸境外地區或國外大學等，合辦的漢語及中華文化推廣機構，且在實際運作上，也是由中國大陸各大學或單位招聘或派遣師資，到境外地區及國家的大學，教授漢語及中國文化等課程。

　　孔子學院所有課程均由中國大陸各大學或單位，與境外地區國家的大學以簽署合作協定方式合開課程，中國大陸政府並無權規定，任何合作學校必須開設何種課程，若合作雙方終止合作協定，則該地的孔子學院也會停止運作，這是屬於雙方間的契約關係，非中國大陸政府與外國政府間的政府關係。且由於中國大陸政府運用民間組織的合作發展模式，推動孔子學院的廣泛設立，使得孔子學院在全世界發展上，得到相當成果。

三、孔子學院的發展規劃

　　於 2004 年中國大陸國務院批准《「漢語橋」工程—2003 年至 2007 年工作規劃》，以組織實施「漢語橋」工程為中心，[727]目標是將漢語推廣到全世界。在經過數年時間，將孔子學院推展到世界各地的試點經驗後，中國大陸政府進一步再發布孔子學院發展規劃（2012～2020 年），該規劃明確指出：「隨著中國大陸經濟社會快速發展、國際地位大幅提升，世界各國更加重視發展與中國大陸的友好合作關係，漢語在國際交流中的作用日益凸顯。孔子學院主動適應這一形勢需要，以加快漢語走向世界為使命，努力構建漢語言文化傳播網路，辦學規模迅速擴大，辦學品質日益提高，品牌專案廣受歡迎，創造中

外合作開展語言文化交流的新模式，走出一條中華文化走向世界的新途徑，實現了跨越式發展，成為中國大陸對外教育文化交流與合作的典範，為推動漢語走向世界、促進中外文化交流、增進中國大陸與各國人民之間的友誼作出了重要貢獻。截至 2011 年底，已在 105 個國家建立 358 所孔子學院和 500 個中小學孔子課堂，註冊學員達到 50 萬人。」[728]

中國大陸政府於孔子學院發展規劃（2012～2020 年），制定兩步走發展目標，第一步是到 2015 年，全球孔子學院達到 500 所，中小學孔子課堂達到 1,000 個，學員達到 150 萬人，其中孔子學院（課堂）面授學員 100 萬人，網路孔子學院註冊學員 50 萬人。專兼職合格教師達到 5 萬人，中國大陸派出 2 萬人，各國本土聘用 3 萬人，大力發展網路、廣播、電視孔子學院。第二步是到 2020 年，基本完成孔子學院全球佈局，做到統一品質標準、統一考試認證、統一選派和培訓教師。基本建成一支品質合格、適應需要的中外專兼職教師隊伍。基本實現國際漢語教材多語種、廣覆蓋。基本建成功能較全、覆蓋廣泛的中國語言文化全球傳播體系。國內國際、政府民間共同推動的體制機制進一步完善，漢語成為外國人廣泛學習使用的語言之一。[729]

又制定孔子學院發展規劃（2012～2020 年）重點項目為，建設教師培養培訓基地、建立志願者人才庫、實施國際漢語教材工程、加強網路孔子學院建設、開展「孔子新漢學計畫」、建設示範孔子學院、實施孔子學院品牌工程，規劃在 2012～2020 年的 9 年中，逐步完善孔子學院人才與教材等的軟體建設。

顯示，中國大陸政府對於孔子學院的發展有極為明確與完整的規劃，尤其在國際漢語的教學與認證上，形成完整及系統的模式，使外國人在學習漢語能如同學習美語類似的考核機制。

過去兩三百年來，英國及美國在推動經濟全球化的過程中，逐步使英語及美語也全球化，成為世界通用的主要語言之一，在中國大陸政府推動新一波經濟全球化，逐步使漢語拓展成為國際上具有影響力的語言，也是中國大陸經濟全球化的重要戰略之一。

四、孔子學院的課程

由於孔子學院的最高的指導機關為中國大陸教育部，並由其轄下的國家漢辦負責推動學院業務，為快速使孔子學院在全世界開展，中國大陸教育部透過其管理的 2,000 多所大專院校，培養及考核出適當教學人才，成為派出到世界各地孔子學院的師資。

且世界各地孔子學院的設立模式，主要是以中國大陸大學與世界各地大學合作開設的方式設立，由合作設立孔子學院的中國大陸大學與外國大學簽立協議，各自提供資源合作辦學，中國大陸大學主要提供各類課程所需師資及教材，外國大學則主要提供教室等場地資源及協助招生，使有興趣學習漢語及中華文化課程的大學生加入課程。

2018 年美國有孔子學院 106 所與孔子課堂 538 個，總計 644 個，是全世界設立孔子學院及孔子學堂最多的國家。且美國孔院註冊學生近 30 萬，成為中國大陸與美國人

文交流的重要平臺。至 2018 年，已有約 40 萬名美國學生在學習漢語。在 2009～2016 年間，國家漢辦已向美國孔子學院派出 3,400 名漢語教師和 3,200 名漢語教師志願者。730

從美國密西根大學與中央廣播電大、紐約州立大學石溪分校與中南財經政法大學、喬治梅森大學北京語言大學等，美國 8 所孔子學院漢語課程設置表，其 2017 年第二學期（8～12 月）課程，可知孔子學院主要為教授漢語課程，再者為學習中國文化課程如中國歷史、地理；京劇、鋼琴、三弦、少林拳、剪紙、空竹、舞獅表演、中文歌曲、剪紙、民俗畫、面塑、太極拳、二胡等課程非常多元，使得參與課程人數逐年不斷增長。

表6-39 美國8所孔子學院漢語課程設置表
2017 年第二學期（8～12 月）

學院名稱	合作學校	漢語語言課程	中國文化課程	個性化課程
密西根大學孔子學院	中央廣播電大		講座、電影放映、表演、展覽、文化工作坊（書法、美食烹飪、太極、茶藝、聲樂）	
紐約州立大學石溪分校孔子學院	中南財經政法大學	初級漢語（1、2）中級漢語高級漢語	講座、文化工坊（書法、剪紙）、表演電影放映	
喬治梅森大學孔子學院	北京語言大學	漢語（1、2、3、4）商務漢語：語言文化	太極、書法、中國畫、中國遊戲、餃子制作、手工藝品製作	
德克薩斯大學達拉斯分校孔子學院	東南大學	初級漢語（1、2）中級漢語高級漢語（1、2）商務漢語	講座、中國文化課（中國水墨畫、中國書法、中國剪紙、太極健身課）	音樂學院漢語
南佛羅里達大學孔子學院	青島大學	基礎漢語當代漢語（1、2、3、4）	中國文化課（中國歷史、中國文化和景點、中國的宗教信仰、茶藝、手工藝工作坊體驗）	

學院名稱	合作學校	漢語語言課程	中國文化課程	個性化課程
德克薩斯州南方大學孔子學院	北京交通大學	初級漢語（1、2）中級漢語（1、2）	商務漢語講座、中國歷史課、烹飪課、繪畫、武術、象棋、折紙手工	
紐約州立大學商務孔子學院	南京財經大學	商務漢語交際（1、2）	週末強化課（餐桌禮儀、當代中國人的價值觀、商務禮儀）	
喬治華盛頓大學孔子學院	南京大學	初級漢語中級漢語（1、2、3）高級漢語（1、2）漢字書寫漢語作文商務漢語	剪紙、書法、中國畫中國茶文化、辯論	

資料來源：

梁吉平、楊佳宇，〈海外孔子學院課程設置研究—以美國15所孔子學院為例〉，雲南師範大學學報（對外漢語教學與研究版），2019年3月第17卷第2期，頁77。

五、孔子學院及孔子課堂的發展成果

　　2014年中國大陸國家主席習近平，致信祝賀全球孔子學院建立十周年暨首個全球「孔子學院日」指出：「世界各國人民創造的燦爛文化，是人類共同的寶貴財富。我們應該通過交流互鑒和創造性發展，使之在當今世界煥發出新的生命力。孔子學院屬於中國，也屬於世界。中國政府和人民將一如既往支持孔子學院發展。」[731]在2015年訪問英國時又說：「語言是瞭解一個國家最好的鑰匙，孔子學院是世界認識中國的一個重要平臺。」[732]都顯示中國大陸政府要將漢語及中華文化推廣到全世界的決心。

　　2015年3月中國大陸政府發布所發布《推動共建絲綢之路經濟帶和21世紀海上絲綢之路的願景與行動》，其「五通」之一「民心相通」，指出要：「擴大相互間留學生規模，開展合作辦學，中國大陸每年向沿線國家提供一萬個政府獎學金名額。」[733]然要達到民心相通，首要必先語言能通，而拓展漢語及中國文化的學習與吸引留學生到中國大陸學習，是中國大陸政府不斷持續的重點工作之一，如此才能達成一帶一路戰略之民心相通的遠大目標。

　　從中國大陸政府公布的孔子學院及孔子課堂統計數據資料，可知2018年孔子學院共548所及孔子課堂共1,193個，遍佈全球154個國家及地區，形成一個弘揚中華文化

的場所，也有效拓展中國大陸的軟實力。在漢語及中國文化教學的教材與漢語考試認證上，其孔子學院總部主幹教材資源庫達 80 個語種，852 套，6,691 冊/件。「國際漢語教材編寫指南」註冊使用者達 10.5 萬人，總流覽量 161 萬人次，取得各類教材編寫成果 6 萬餘件。截至目前，共有 109 個國家的 435 所孔子學院（課堂）開發了適應當地教學大綱和考試標準的本土教材 2,615 冊。[734]

截至 2017 年底，在全球 130 個國家（地區）設立 1,100 個考點（目前「一帶一路」沿線國家考點 245 個，孔子學院/獨立孔子課堂考點 475 個）。提供網考服務的考點 417 個，網考覆蓋率達 38%。全年各類漢語考試考生人數達 650 萬人（其中，HSK/HSKK/YCT/BCT 收費考試考生總計 77 萬人；網考考生共計 11.72 萬人；「國際漢語教師證書」考試報名人數達 2.2 萬人）。繼續擴大漢語考試服務網使用者，全網累計註冊人數已超過 374 萬，年訪問量 273 萬人。繼續深化考教結合、搭建課程體系、為考試提供全方位教材教輔資源，教材出版在原有基礎上新增 HSK 考試大綱解析系列（含語法點及詞彙學習手冊）、YCT 標準教程配套練習冊、國際漢語教師證書考試經典案例分析等，共計出版考試類教材 175 冊。繼續支持教材本土化、當地化，與日本、韓國、印尼、越南等國出版社進行圖書版權貿易，新開發日語版 HSK 真題集（2018 版）、韓語版 YCT 真題集、越南語版 YCT 大綱及標準教程系列。[735]

又於 2009 年創辦《孔子學院》院刊，由孔子學院總部/國家漢辦主辦，當時任中國大陸國務院副總理、孔子學院總部理事會主席劉延東發表創刊詞，歐陽中石先生題寫中文刊名。目前有中英、中西、中法、中俄、中泰、中韓、中日、中阿、中德、中葡、中意 11 個雙語對照版，是擁有標準國際連續出版物號（ISSN）和中國國內統一刊號（CN）的正式出版物，公開發行到 140 多個國家和地區，讀者超過 100 萬人，多次亮相法蘭克福書展、巴黎語言展、摩洛哥國際語言節等國際一流展會。[736]

另從 2012 年～2017 年孔子總部對各國孔子學院與孔子課堂支出統計表可知，中國大陸政府對孔子學院（課堂）啟動、孔子學院（課堂）運營、孔子學院院長、教師（含志願者）培訓、孔子學院獎學金等十餘個項目補助，從 2012 年 196,330,000 元美金增加到 2016 年 314,116,000 元美金，再加上各類考試報名收入與合作學校的相應補助，以及中國大陸國務院辦公廳、教育部、財政部、國務院僑務辦公室、外交部、國家發展和改革委員會、商務部等 10 多個部委通力合作，再加上中國大陸境內各大學與各地孔子學院一對一合作辦學，使孔子學院可以拓展快速。十多年來，孔子學院已成為世界各國人民學習漢語和瞭解中華文化的園地，中外文化交流的平臺，加強中國大陸人民與世界各國人民友誼合作的橋樑。各地孔子學院充分利用自身優勢，開展豐富多彩的教學和文化活動，逐步形成各具特色的辦學模式，成為各國學習漢語言文化、瞭解當代中國大陸的重要場所。[737]

2018 年孔子學院與孔子課堂面授學員已高達 187 萬人，其網路孔子學院主要提供全球孔子學院慕課及相關服務，課程包括漢語學習、國際漢語教師培訓、中國概況、中國傳統文化等；為海外孔子學院提供網站建設服務，目前已建成 199 家孔子學院網站，

網路註冊學員也高達 81 萬人。[738]

　　綜上，可知中國大陸政府發展孔子學院及孔子課堂，間接帶動全世界各國學習漢語及中國文化的潮流，隨著中國大陸經濟發展逐漸全球化，世界各國家與中國大陸貿易日漸頻繁，世界各國人民對於學習漢語及中國文化的需求非常龐大，孔子學院及孔子課堂也正符合如此需求，也因中國大陸政府有計畫的推動，使得學習漢語及中國文化所需的師資與各類教材都能開速孕育而生，十餘年間快速形成一套漢語學習及考核體系，使得中國大陸文化軟實力得以輸出全世界，加速中國大陸經濟全球化進程。

表6-40 2014年～2018年孔子學院與孔子課堂發展統計表

類別	2014 年	2015 年	2016 年	2017 年	2018 年
覆蓋的國家和地區（個）	126	137	140	146	154
開設孔子學院數量（所）	475	502	511	525	548
開設孔子課堂數量（個）	851	1,013	1,073	1,113	1,193
中外專兼職教師數量（萬人）	3.3	4.4	4.6	4.6	4.67
面授學員（萬人）	111	140	155	170	187
網路註冊學員（萬人）	-	50	59.7	62.1	81
各類漢語考生（萬人次）	542	600	600	650	680

資料來源：

1、黃毅村，〈2018 年孔子學院相關報導和文獻分析〉，文化學刊，2019 年 3 月第 3 期，頁 108。

2、孔子學院總部/國家漢辦網站，http：//www.hanban.org/，檢索時間 2019 年 11 月 27 日。

表6-41 孔子學院及孔子課堂統計表

國家及地區	孔子學院	孔子課堂
1. 亞洲 39 國及地區	135 所	115 個
2. 非洲 46 國	61 所	48 個
3. 歐洲 43 國及地區	184 所	346 個
4. 美洲 27 國	143 所	560 個
5. 大洋洲 7 國	20 所	101 個
共計	541 所	1,170 個
註：截至 2020 年 7 月 15 日止，統計全球已有 162 國家（地區）設立孔子學院和孔子課堂。		

資料來源：

國家漢辦網站，〈關於孔子學院/孔子課堂〉，http：//www.hanban.edu.cn/confuciousinstitutes/node_10961.htm，檢索時間 2020 年 7 月 15 日。

表6-42 2012年～2016年孔子總部對各國孔子學院與孔子課堂支出統計表

項目	2012 年	2013 年	2014 年	2015 年	2016 年
孔子學院（課堂）啟動	9,652	11,002	7,501	6,727	242,850
孔子學院（課堂）運營	63,788	88,684	220,484	228,979	
中方院長和教師（含志願者）工資	72,728	105,459			
孔子學院院長、教師（含志願者）培訓	4,148	5,516	5,161	5,837	6,054
孔子學院獎學金	25,996	33,829	33,666	34,680	37,797
網路孔子學院運營	5,776	7,984	7,941	6,131	5,045
中外專家巡演、巡展、巡講	6,857	2,067	3,269	4,620	4,325
教材開發與配送	3,809	4,980	3,269	3,080	2,883
中外專家現場督導	1,551	1,294	964	909	598
多語種《孔子學院》院刊	2,025	2,204	2,616	2,943	3,099
示範孔子學院		15,352	12,125	12,328	7,140
孔子學院日			3,269		
孔子新漢學計劃				4,620	4,325
合計	196,330	278,371	300,265	310,854	314,116

註：千美元。

資料來源：

國家漢辦網站，http：//www.hanban.org/，檢索時間 2019 年 4 月 27 日。

六、孔子學院的延伸功能

據統計 2005 年全球到中國大陸留學生 141,087 人，其中獎學金人數 7,218 人，占總人數比例 5.1%，「一帶一路」 沿線國家到中國大陸留學生總人數 37,748 人，獎學金人數 2,965 人，占總人數比例 7.9%；2015 年，全球到中國大陸留學生人數 397,635 人，其中獎學金留學生 40,600 人，占比 10.2%，「一帶一路」沿線國家到中國大陸留學生 182,825 人，獎學金人數 25,619 人，占比 14.0%。「一帶一路」沿線國家到中國大陸獎學金留學生人數，在比例和增幅上均高於世界平均水準。[739]

又中國大陸政府為使世界各國能深入瞭解中國大陸與中華文化，並促進孔子學院可持續發展繁榮漢學研究，於 2014 年在孔子學院總部新設立「孔子新漢學計畫」，該計畫

專業領域為人文學科和社會科學，包含中外合作培養博士項目、來華攻讀博士學位專案、理解中國訪問學者專案、青年領袖專案、國際會議項目、出版資助專案等六個專案，提供龐大資金與資源讓外國籍學生、學者與優秀人才到中國大陸學習與參訪。增加世界各國深入瞭解中國大陸的發展狀態，並可培養更多具有漢語研究能力的外國人才，推展漢語的影響力。據統計 2017 年在中國大陸各類孔子學院獎學金留學生 9,625 名，共有 135 所中國大陸大學，錄取 119 個國家 4,883 名的新生，其中漢語國際教育專業碩士 570 人、漢語國際教育本科（含南亞師資班）439 人，以及漢語國際教育、漢語言 +中國家庭體驗、漢語言文學、中國歷史、中國哲學與中醫、外國大學漢語師範專業、「漢語橋」比賽獎項等各類項目有 3,874 名研修生。[740]

　　中國大陸政府透過境內各大學、政府機關、企業與境外各地孔子學院合作辦學，由中國大陸境內各大學、政府機關、企業派遣相關師資，培養當地人才具備一定漢語的聽說讀寫能力，使他們能達到一定程度與標準，申請獎學金到中國大陸留學，使世界各國人才能到中國大陸交流與學習，當這些熟讀漢語及瞭解中華文化的留學生回國後，必將漢語及中華文化傳回其國內，如此交流的正向循環，有效拓展中國大陸整體全球化的步伐。

表6-43 2014年孔子新漢學計畫項目表

一、中外合作培養博士項目：

1.專案內容

　資助在外國大學註冊的博士生來華學習、開展研究及撰寫博士論文，達到相關要求的，由外國大學單獨或中外大學同時授予博士學位。

2.項目時間：6 個月至 2 年

3.申請資格

• 非中國公民；

• 漢語水準考試（HSK）成績須達到 3 級，同等條件下漢語水準優異者優先；

• 孔子學院所在大學或孔子學院學員優先；

• 正在享受中國政府獎學金者不能同時申請本專案。

4.申請材料

• 在讀博士生證明；

•2 封本領域專家推薦信；

• 漢語水準考試（HSK）成績單；

• 碩士論文摘要或其他研究成果；

• 博士論文摘要；

• 在華期間研究計畫；

• 有孔子學院推薦信者優先。

5.申請辦法

　　登陸 ccsp.chinese.cn 下載並填寫《申請表》，簽字後掃描發送到 ccsp@hanban.org，並將原件及其它全部申請材料（中英文版本）寄至孔子學院總部。

6.評審

「孔子新漢學計畫」專家委員會將對申請材料進行評審和面試。

7. 資助內容

- 生活津貼及住宿費 8 萬元人民幣/年；
- 課題調研費 2 萬元人民幣/年（按實際費用報銷）；
- 國際往返旅費（經濟艙，按實際費用報銷）；
- 學費；
- 中方大學培養費；
- 外方導師赴華研究費用；
- 在華期間醫療和意外保險費；
- 集體活動與文化體驗。

二、來華攻讀博士學位專案：

1.專案內容

資助外國學生來華攻讀博士學位，一般為 3-4 年。

2.申請資格

- 非中國公民；
- 漢語水準考試（HSK）須達到 5 級，同等條件下漢語水準優異者優先；
- 孔子學院所在大學或孔子學院學員優先；
- 正在享受中國政府獎學金者不得同時申請本專案。

3. 申請材料

- 經公證的大學本科、碩士學習期間成績單、學位證書及中文譯本各一份；
- 2 封本領域專家推薦信；
- 漢語水準考試（HSK）成績單；
- 碩士論文摘要及其他研究成果；
- 博士研究計畫；
- 有孔子學院推薦信者優先。

4.申請辦法

　　登陸 ccsp.chinese.cn 下載並填寫《申請表》，簽字後掃描發送到 ccsp@hanban.org，並將原件及其它全部申請材料（中英文版本）寄至孔子學院總部。

5.評審

「孔子新漢學計畫」專家委員會將對申請材料進行評審和面試。

6.資助內容

- 生活津貼及住宿費 8 萬元人民幣/年；
- 課題調研費 2 萬元人民幣/年；
- 每年 1 次國際往返旅費（經濟艙，按實際費用報銷）；
- 學費；

- 中方大學培養費；
- 在華期間醫療和意外保險費；
- 集體活動與文化體驗。

三、理解中國訪問學者專案：

1.來華訪問學者專案

（1）專案內容與申請資質

　　資助相當於外國大學和研究機構助理教授資歷以上的教師、研究人員、博士後等來華訪學研修，與中方聯合開展中國研究課題。

申請者為非中國公民。

（2）來華時間：2周至6個月。

（3）申請材料

- 中方院校邀請信（名單見附件4）。
- 已經取得的研究成果。
- 具體來華計畫。
- 個人護照資訊。
- 有所在國孔子學院或中國駐當地使領館推薦信者優先。

（4）申請辦法

　　登陸 ccsp.chinese.cn 下載並填寫《申請表》，簽字後掃描發送到 ccsp@hanban.org，並將原件及其它全部申請材料（包括中文版本）寄至孔子學院總部。

（5）評審

　　「孔子新漢學計畫」專家委員會將對申請材料進行評審。

（6）資助內容

- 每人每月 10,000 元人民幣；
- 國際往返旅費（經濟艙，按實際費用報銷）；
- 在華期間醫療和意外保險費。

2. 短期來華項目

（1）專案內容與物件：資助政府、商業金融、教育文化類非政府組織等各界中高層管理人員來華訪問。

（2）項目時間：2周至2個月。

（3）申請材料

- 所取得的成就和獎勵。
- 具體來華計畫。
- 有所在國孔子學院或中國駐當地使領館推薦信者優先。

（4）申請辦法

　　登陸 ccsp.chinese.cn 下載並填寫《申請表》，簽字後掃描發送到 ccsp@hanban.org，並將原件及其它全部申請材料（中英文版本）寄至孔子學院總部。

（5）評審

　　「孔子新漢學計畫」專家委員會將對申請材料進行評審。

（6）資助內容

•在華期間的食宿、考察費用；

•國際往返旅費（經濟艙，按實際費用報銷）；

•在華期間醫療和意外保險費。

3.中國學者赴外講學專案

（1）專案內容和申請資質：赴國外大學開設中國經濟、金融、法律、文化等領域學
　　分課程；在外期間，赴所在國或臨近國其他孔院巡講若干次。

（2）項目時間：6個月至1年，可根據外方需要和工作考評結果延長。

（3）申請材料

•高級學者赴外講學專案申請表。

•學分課程詳細說明。

（4）申請和審批辦法

•登陸 ccsp.chinese.cn 下載並填寫《申請表》，簽字後掃描發送到 ccsp@hanban.org，
並將原件及其它全部申請材料（中英文版本）寄至孔子學院總部。

•總部根據要求從專家庫中推薦或重新招募。

•經孔子學院及所在大學同意後派出。

（5）資助內容

•高級學者赴外講學人員待遇按公派教師標準。

•支持中外合作開展研究費用。

四、青年領袖專案：

1.專案內容

（1）資助外國政治、經濟、金融、法律、教育、文化、藝術、媒體等領域本科以上
　　學位、已擔任一定職務的優秀青年來華考察訪學。

（2）來華訪問方案有兩種：一是總部制定並公開招募人選；二是由申請者自行提出。

（3）資助外國大學中擔任學生團體職務的高年級本科生和碩士生來華訪問。

2.項目時間：2周至6個月。

3.申請資格

•非中國公民；

•年齡一般在40歲以下；

•關心公共事務，有志于為中外友好交流與合作做出積極貢獻。

4.申請材料

•申請表；

•所在機構推薦信1封，其他人員推薦信2封；

•來華考察訪學計畫；

•有所在國孔子學院或中國駐當地使領館推薦信者優先。

5.申請辦法

　　登陸 ccsp.chinese.cn 下載並填寫《申請表》，簽字後掃描發送到 ccsp@hanban.org，
並將原件及其它全部申請材料（中英文版本）寄至孔子學院總部。

6.評審

「孔子新漢學計畫」專家委員會將對申請材料進行評審。

7.資助內容

• 在華期間訪問和食宿費用；

• 國際往返旅費（經濟艙，按實際費用報銷）；

• 在華期間醫療和意外保險費等。

五、國際會議項目：

1.專案內容

　　資助各國孔子學院、大學、研究機構和人員舉辦或參加有關中國研究的國際會議。

2.申請辦法和提交材料

•登陸 ccsp.chinese.cn 下載並填寫《申請表》，簽字後掃描發送到 ccsp@hanban.org，並將原件及其它全部申請材料（中英文版本）寄至孔子學院總部。

•舉辦會議者提交申請材料，包括會議主題、規模和經費預算等。

•參加會議者須提交舉辦方邀請信、會議發言提綱以及食宿、交通、學術註冊費等預算內容。

3.評審

「孔子新漢學計畫」專家委員會將對申請材料進行評審。

4.資助內容

•會議發言人食宿、交通費用；

•學術註冊費；

•會議論文編輯出版。

六、出版資助專案：

1.專案內容與申請資質

　　資助外國學者出版或翻譯相關學術著作、博士論文，支持創辦相關學術刊物。申請者需為非中國公民。

2.申請材料

•關於出版專案內容和範圍的描述，以及作品對該領域的重要意義；

•至少30頁的中文樣稿；

•出版預算；

•2名以上相關領域學者推薦信；

•外國出版機構開具的出版協議或意向書。

3.申請辦法

　　登陸 ccsp.chinese.cn 下載並填寫《申請表》，簽字後掃描發送到 ccsp@hanban.org，並將原件及其它全部申請材料（中英文版本）寄至孔子學院總部。

4.資助內容

資助範圍包括編輯、翻譯、出版、發行、宣傳等費用，具體金額根據申請予以批復。

資料來源：

七、孔子學院發展的阻力

近來美國、加拿大有些大學，抵制或宣布停辦「孔子學院」。諸如：2013 年 7 月加拿大麥克馬斯特大學宣布停辦「孔子學院」。2014 年 6 月美國芝加哥大學有 108 名教授連署，要求校方合約 9 月到期後，不再續約。他們並控訴芝加哥大學「孔子學院」的教師在聘用、教學以及研究計劃資金等方面，主要由「漢辦」掌控。[741]

而事實上，從多數資料顯示，孔子學院及孔子課堂主要課程為漢語學習與中國文化課程，而漢語教師在聘用、教學以及研究計劃資金，則各地孔子學院及孔子課堂，均由兩校合作協商運作，而「漢辦」僅能影響中國大陸的大學，對於外國合作大學顯無影響能力，若有一方因故不願繼續合作，終止合作關係也應視為正常的合作終止，這應屬於合作任一方的法律權力。

然美國、加拿大等國家，學界派系林立，親中國大陸、反中國大陸、親猶太、反猶太、親伊斯蘭、反伊斯蘭等各有立場，若孔子學院及孔子課堂，無全面遭該國政府強制關閉，則顯示該國家的孔子學院及孔子課堂未牴觸該國法規，若有學校停辦孔子學院及孔子課堂，則應視為當地特殊因素。

再依孔子學院總部/國家漢辦網站，公布 2010 年～2018 年美國及加拿大孔子學院及孔子課堂資料列表統計，加拿大與美國的孔子學院與孔子課堂，總數仍持續增加。直到 2019 年美國的孔子學院下降至 88 所，孔子課堂快速下降至 13 個，加拿大僅剩孔子學院 12 所，孔子課堂則下降至 0 個，顯然是與美國全面向中國大陸開打經濟戰有相當關係。但美國政府並未關掉所有孔子學院與孔子課堂，且加拿大政府並未關掉所有孔子學院，除其國內仍有大量學習漢語及中國文化的需求外，也因孔子學院與孔子課堂，並非為少數人指控是中國大陸教育部管轄機構，故加拿大與美國的孔子學院及孔子課堂，未牴觸該國法律規範，不致遭全數關閉。

中國大陸政府於 2020 年 6 月孔子學院總部更名為教育部中外語言交流合作中心，不再負責孔子學院事務。[742]同時，由北京大學、北京師範大學、北京外國語大學、北京語言大學、大連外國語大學、對外經濟貿易大學、復旦大學、故宮博物院、國家博物館、漢考國際教育科技（北京）有限公司、杭州師範大學阿里商學院、華東師範大學、南京大學、南開大學、廈門大學、山東大學、上海外國語大學、世界漢語教學學會、天津師範大學、天津外國語大學、外語教學與研究出版社、語言文字應用研究所、浙江師範大學、中國教育出版傳媒股份有限公司、中國教育發展基金會、中國教育國際交流協會、中國人民大學等 27 家高校、企業和社會組織聯合發起，註冊成立中國國際中文教育基金會，獲得孔子學院商標的獨佔使用許可，開始以品牌授權模式運作孔子學院。中國國際中文教育基金會設立主旨在通過支持世界範圍內的中文教育項目，促進人文交流，增進國際理解，為推動世界多元文明交流互鑒、共同構建人類命運共同體貢獻力量。[743]

如此使得孔子學院脫離中國大陸教育部直接管轄，獨立成為中國國際中文教育基金會運作的單位，但從該基金會發起的 27 家高校、企業和社會組織分析，可知中國國際中文教育基金會結合孔子學院發展及運作所需的各項資源，從師資、出版、傳媒及交流協會等樣樣俱全，未來孔子學院將邁向一個新的發展階段。

表6-44 2010年～2019年美國孔子學院及孔子課堂數量統計表

年度	孔子學院	孔子課堂	合計
2010 年	72 所	215 個	287
2011 年	75 所	299 個	374
2012 年	90 所	315 個	405
2013 年	100 所	3 個	456
2014 年	107 所	435 個	542
2015 年	109 所	494 個	603
2016 年	110 所	501 個	611
2017 年	110 所	519 個	629
2018 年	106 所	538 個	644
2019 年	88 所	13 個	101

資料來源：

筆者整理自-孔子學院總部/國家漢辦網站，http：//www.hanban.org/，檢索時間 2019 年 11 月 27 日。

表6-45 2010年～2019年加拿大孔子學院及孔子課堂數量統計表

年度	孔子學院	孔子課堂	合計
2010 年	9 所	16 個	25
2011 年	13 所	15 個	28
2012 年	14 所	15 個	29
2013 年	13 所	18 個	31
2014 年	12 所	29 個	41
2015 年	12 所	32 個	44
2016 年	12 所	35 個	47
2017 年	12 所	35 個	47
2018 年	12 所	36 個	48
2019 年	12 所	0 個	12

資料來源：

整理自-孔子學院總部/國家漢辦網站，http：//www.hanban.org/，檢索時間 2019 年 11 月 27 日。

八、小結

從2014～2018年孔子學院發展統計表及2020年孔子學院及孔子課堂統計表分析，2014年孔子學院與孔子課堂覆蓋的國家和地區為126個，孔子學院475所，孔子課堂851個，到2020年孔子學院與孔子課堂覆蓋的國家及地區為162個遍及五大洲，其中孔子學院為541所，孔子課堂為1,170個，數量及規模與全世界的法國文化協會及英國文化協會相比，已在伯仲之間，顯然學習漢語及中國文化，在全世界已漸漸成為一種趨勢。

而2019年隨著美國全面向中國大陸開打經濟戰，歐、美等屬於美國傳統盟友國家的孔子學院與孔子課堂，其規模總量有明顯下降，但除歐、美國家外的區域，孔子學院與孔子課堂仍不斷發展。顯示，全世界多數人學習中華文化與國家間政治及貿易上的對抗，未有顯著的關聯性，僅有少數國家藉由意識形態的對抗，使孔子學院與孔子課堂大量關閉，顯然與其主張崇尚自由主義思想有違。

而現今世界總人口數約七十多億人，中國大陸人口佔十四多億人，雖全世界學習漢語人口比例約五分之一，但漢語在世界上作為政治、經濟及文化上交流的影響力仍比英語小得多，因此中國大陸政府為擴大文化軟實力，使漢語在國際上能更普遍使用，對於孔子學院的發展非常重視。探究歐美工業化國家發展歷程，在國家工業與貿易的經濟實力發展後，必須拓展文化影響力，才能獲得國際上普遍的認同，隨著中國大陸經濟實力的逐步發展，這也使得中國大陸政府為達到中華民族偉大復興的理想，更戮力在全世界拓展漢語及中國文化，期望中國文化能隨著中國大陸經濟全球化不斷發揚光大。

捌、結論

自2015年3月中國大陸政府發布《推動共建絲綢之路經濟帶和21世紀海上絲綢之路的願景與行動》後，整個國家依照「一帶一路戰略」所提出的五通（即政策溝通、設施聯通、貿易暢通、資金融通、民心相通），快速開展其戰略佈局。即是將中國大陸外交政策和平共處五原則，結合製造業全球化、貿易全球化、投資全球化、貨幣全球化及文化全球化，展開有計畫性的推動中國大陸經濟全球化進程，使得當今擁有世界經濟霸權的美國，感到震驚與恐慌，以中國威脅論及債務陷阱等陰謀論之詞，展開一系列的政治與媒體攻勢，極力詆毀中國大陸一帶一路戰略，期望確保美國世界經濟霸權的地位。

一帶一路官網（https：//www.yidaiyilu.gov.cn/）於2017年3月上線運行，並於2017年5月14日、15日，在北京召開第一屆「一帶一路國際合作高峰論壇」，中國大陸國家主席習近平在該論壇開幕式，並發表題為《攜手推進一帶一路建設》的主旨演講指出：「一是政策溝通不斷深化：一帶一路建設旨在實現戰略對接、優勢互補，同有關國家協調政策對接規劃，同四十多個國家和國際組織簽署了合作協定，同三十多個國家開展機制化產能合作。二是設施聯通不斷加強：以中巴、中蒙俄、新亞歐大陸橋等經濟走廊為引領，以陸海空通道和資訊高速路為骨架，以鐵路、港口、管網等重大工程為依託，一個複合型的基礎設施網路正在形成。三是貿易暢通不斷提升：2014年至2016年，中國大陸同一帶一路沿線國家貿易總額超過3兆美元，中國大陸對一帶一路沿線國家投資累

計超過 500 億美元，中國企業已經在二十多個國家建設 56 個經貿合作區，為有關國家創造近 11 億美元稅收和 18 萬個就業崗位。四是資金融通不斷擴大：中國大陸同參與國和組織開展了多種形式的金融合作，這些新型金融機制同世界銀行等傳統多邊金融機構各有側重、互為補充，形成層次清晰、初具規模的一帶一路金融合作網路。五是民心相通不斷促進：參與國開展智力絲綢之路、健康絲綢之路等建設，在科學、教育、文化、衛生、民間交往等各領域廣泛開展合作。」[744]

中國大陸政府發布《推動共建絲綢之路經濟帶和 21 世紀海上絲綢之路的願景與行動》，分別於舉辦 2017 年及 2019 年舉辦兩次「一帶一路國際合作高峰論壇」，吸引全世界上百個國家、組織及企業參與，如此盛大的一帶一路高峰論壇，可比每年冬季於瑞士舉行的世界經濟論壇（World Economic Forum，WEF）的規模及影響力，也彰顯中國大陸龐大的經濟實力，向全世界展現「一帶一路戰略」初步的成果，並逐步開創一帶一路戰略在全世界的經濟影響力。

2020 年初英國的路孚特公司（Refinitiv）發布《「一帶一路」背後的數字》報告指出：「目前在建的近 3,000 個「一帶一路」項目總價值約 4 兆美元，所涉企業達 2,630 家。」[745]據路孚特公司（Refinitiv）研究顯示，截至 2020 年第 1 季度末，「一帶一路」受資國排行榜，居首位是俄羅斯有 126 個簽約項目及簽約總金額 2,960 億美元；居第 2 位是沙烏地阿拉伯有 111 個簽約項目及簽約總金額 1,850 億美元；居第 3 位是馬來西亞有 57 個簽約項目及簽約總金額 1,460 億美元；居第 4 位是英國有 13 個在建項目及簽約總金額 1,390 億美元，涉及電力和水力、交通運輸與房地產行業。[746]

綜觀，中國大陸對外發展的一帶一路經濟戰略，在製造業全球化、貿易全球化、投資全球化、市場全球化、貨幣全球化及文化全球化等領域，大多是參考英國及美國經濟全球化的許多路徑。而在頂層的政治層面上，則是異於英國的殖民霸權模式及美國軍事霸權模式，採用的是傳統中國的王道模式，以不干涉他國內政為主軸，獲得世界超過百餘國的信任及參與，這將對於未來數十年的世界經濟格局變化，產生重大的影響。

▌第二節 國際產能與裝備製造合作

壹、前言

自從 18 世紀中葉，英國人詹姆斯·瓦特（James Watt）改良蒸汽機之後，從手工業開始逐步轉變成機器生產的時代，引發歷史上第一次工業革命，隨著科學技術的發展到 19 世紀中葉，歐美等工業化國家產生第二次工業革命，然而工業革命所帶來的最大影響就是使用機器製造的產品，由於機器生產效率較人工生產為高，使工業產品大量生產，若無龐大市場消化產能，就易使產品因生產過剩而堆積。

現代化工業製造因大量生產，所以需要龐大的原物料以及龐大的市場，致使歐美工業化國家為取得工業製造的原料以及龐大市場，自 19 世紀起在全世界各地相互爭奪殖民地，致使全世界各地許多未工業化國家，淪為歐美工業化國家的殖民地，其中以亞洲、非洲、南美洲等地國家受害最深。而日本因為 19 世紀末的明治維新搭上第二次工業革命的列車，成為亞洲第一個工業化國家，在奪取工業原物料及產品市場的推力下，也學習歐美工業化國家逐步變成殖民國家。

由於歐、美、日等工業化國家為爭奪資源與市場，彼此間相互爭奪殖民地，在世界各地引發許多戰爭，最終導致於 20 世紀上半葉，引爆兩次世界大戰，使全世界數億人捲入戰爭，造成全世界數千萬人因戰爭喪生或殘廢。於第二次大戰後，世界有數十個國家合力組成聯合國，期望能由國際組織來協調國家間糾紛，減少戰爭的發生，並使歐、美、日等工業化國家佔領的殖民地，能逐步脫離殖民統治而獨立，因此二次大戰後掀起一波殖民地的獨立風潮。

歐、美、日等工業化國家，由於工業化大量的生產，衍生兩個重大的經濟問題，一個是生產國製造業的產能過剩，另一個是國家與國家間貿易問題，為避免再次因經濟利益爭奪而爆發大規模戰爭，並解決該二重大問題，由歐、美工業化國家主導，世界上二十多個國家於 1948 年共同簽署關稅暨貿易總協定（General Agreement on Tariffs and Trade，GATT），使世界各國逐步降低關稅，以促進世界貿易發展。

然從歐、美工業化國家，向外進行產業轉移的歷史來看，在 1815 年拿破崙戰爭結束後到 1850 年代，英國紡織品的 50%～70% 都需要向海外銷售，這是英國執行自由貿易政策的根基所在。隨著歐洲市場成熟，英國大力推動向拉丁美洲出售紡織品，形成了所謂的「自由貿易帝國主義」。19 世紀後期工業化的主導產業是鋼鐵，其相關行業還包括鐵路和造船，由於鋼鐵的資本密集屬性，它需要比紡織業動員更為強大的資本，對於後發工業化國家而言，國家介入產業發展就顯得很重要。當英國將鋼鐵業轉移到歐洲時，歐洲大陸的鐵路建設進入飽和狀態，大量的北美穀物運輸至歐洲，導致歐洲價格暴跌，對 1873—1896 年的大蕭條產生了負面影響。此外，英國等國家解決鋼鐵產業過剩的一個方法是發展海軍，由此推動 19 世紀後期海軍軍備競賽，並延續至 20 世紀上半期的大規模軍備採購。[747]

美國也因 19 世紀下半葉，第二次工業革命使冶煉技術取得了重大進步，在此期間原鋼冶煉成本下降了 80%～90%，每噸鋼軌的價格也從 1865 年的 165 美元下降到 1898 年的 18 美元。鋼鐵冶煉技術突飛猛進，使得美國鋼鐵工業生產力出現爆炸性增長，1870 年美國鋼材總量還不足 7 萬噸，到 1910 年就達到驚人的 2,609.5 萬噸，40 年時間增長了 372 倍，年均增長率達到了 15.9%。[748]使得美國 20 世紀初崛起的主導產業成為汽車工業，汽車產業興盛後，發展軍工就不再是解決鋼鐵產能過剩的首選，而歐洲國家的汽車工業因遭受二次大戰的重大破壞，直到 1970 年代才達到美國 1930 年代的水準，但其他地區仍然落後。[749]顯示，歐美工業化國家，由第二次工業革命引爆龐大的工業生產能力，在整體經濟發展上，超越全世界其他未工業化國家。

再從單一國家的製造業產能過剩來探討，除國際貿易方法解決外，就是得運用產能移轉的模式來解決產能過剩問題，以美國與日本的鋼鐵產業為例，在工業化進程中也曾面臨過金屬產業（鋼鐵）結構性矛盾的問題，通過推行國際產能轉移戰略，美、日兩國有效地化解了這一問題，並形成兩種典型的國際產能轉移模式：基於產品生命週期理論的「比較優勢」產業轉移模式和基於邊際擴張理論的「邊際產業轉移模式」。[750]

1950 年代，伴隨著美國基本完成工業化，其國內鋼鐵需求下降，加之第二次世界大戰結束德、日等戰敗國，面臨著大量基礎設施重建，因此在當時美國鋼鐵產業向日本、德國進行了大規模國際產能轉移，這些國家雖然在地理位置上與美國相距甚遠，但它們工業基礎好，且戰後重建對鋼鐵需求大。美國是基於「比較優勢」理論的轉移模式，只有其產品相比其他國家，具有質量上的比較優勢，其他國家與美國相比，具有勞動力成本的比較優勢，轉移才能發生，轉出國必須具備持續不斷的創新能力。然而，一旦產能承接國掌握了先進技術，亦或是美國缺乏持續不斷的技術創新，這種轉移即會終止。美國鋼鐵產能轉移的目的一方面有效化解國內過剩的產能，另一方面通過技術優勢獲取壟斷利潤。[751]顯然，這就是美國的國際產能移轉模式，將國內中低階鋼鐵製造業產能移往德、日等工業化國家，自身再創新發展高階鋼鐵產業，不斷在工業技術上獲取壟斷利潤。

第二次世界大戰後，日本工業化的快速發展，走出了一條與美國截然不同的產能轉移道路。1970 年代，日本開始致力於發展高附加值、低能耗的技術密集型產業，此時「重、厚、長、大」型的鋼鐵產業在日本國內已處在比較劣勢的地位。為回避產業劣勢，集中精力發展新興產業，從 1972 年開始，日本的鋼鐵產業逐步向中國大陸及其他東南亞國家轉移，這些國家工業基礎差，但在地理位置上與日本接近。恰逢此時被稱為亞洲「四小龍」的新興工業經濟體，正在發展重化工業，它們除積極承接來自日本的鋼鐵產能外，還將本國（地區）勞動密集型的產業轉移到一些東南亞國家，由此形成了產業的梯次轉移結構。[752]

日本鋼鐵產能轉移的目的與美國也截然不同，主要是尋求更豐富的自然資源和更低廉的生產成本。其基於「邊際理論」的產業轉移模式的前提是轉移的產業在轉出國應屬於處於比較劣勢的「邊際產業」，相反該產業在產能的承接國應屬於比較優勢順序前端的產業，形成產業的梯次轉移。同樣的，隨著鋼鐵產能的承接國工業化進入中後期，鋼

鐵產業逐漸淪為其「邊際產業」，它就不會在承接其它發達國家的過剩產能，反之，它會選擇工業化相對落後的國家，成為它自己過剩產能的承接國。日本作為一個資源相對匱乏的國家，其轉移具有明顯的資源導向，「邊際產業」轉移模式不僅有效地避免了產業劣勢，也獲得了更低的資源消耗和生產成本。[753]

　　美、日兩國推動的國際產能轉移，雖然是截然不同的兩種模式，但卻可以總結出三條共性規律：[754]

1.基本完成工業化進程是金屬產業產能轉移的前提條件。美國鋼鐵產能轉移發生在 20 世紀中期，事實上，早在 19 世紀末 20 世紀初，美國就已基本完成工業化。然而由於當時正值兩次世界大戰，這一特殊歷史時期致使美國直到第二次世界大戰結束後，其鋼鐵工業才開始逐步向德國、日本轉移。同樣日本在 1970 年代完成工業化後，鋼鐵工業開始向中國大陸和韓國轉移。

2.金屬產能位居世界前列是產能轉移的基礎。1910～1970 年，美國鋼鐵產量始終佔據世界第一的位置，其鋼鐵產業進行大規模國際轉移就發生在 1950 年。同樣的日本在 1970—1996 年鋼鐵產量位列全球第一，從其鋼鐵產能達到頂峰開始，日本就對其國內鋼鐵產業進行大規模轉移。

3.特殊歷史事件是產能轉移的推手，美國的鋼鐵產能轉移發生在第二次世界大戰之後，大多數國家都面臨大規模的戰後重建，鋼鐵的需求量發生了井噴式的增長。日本的鋼鐵產能轉移發生在 1970—1980 年代，此時新興國家正在加快工業化進程，對鋼鐵的需求也在不斷增加。

　　此外，在推動鋼鐵國際產能轉移的過程中，美國及日本還有三點值得學習的經驗：[755]

1.　美國及日本均充分利用有利的國際政治背景，美國利用戰勝國優勢向戰後需要重建國（戰敗國）　輸入技術與資本，轉移過剩產能，轉移的目標國涵蓋歐亞大陸。日本則利用地緣政治和中國大陸等，東南亞新興工業化國家開始加速工業化的機遇。

2.　採用「資本輸入+ 技術輸入」的方式帶動產能的梯度轉移，美國及日本在轉移其鋼鐵產能時，都同時具有資本和技術的優勢，採用以跨國公司為主導的模式，通過對東道國的直接投資建廠，將具有比較優勢的鋼鐵產品，迅速打入本地市場，有效地輸出了國內的過剩產能。

3.　國際產能轉移過程中堅持「退而不衰」的戰略，美國及日本等發達國家完成工業化進程後，鋼鐵消費量從頂峰滑落，但受龐大國內生產總值（GDP）、較高人均年收入和較強居民消費的支撐，鋼鐵消費量仍然維持在較高水準，美國及日本依舊是世界鋼鐵強國，其原因在於鋼鐵作為工業的基礎，在國民經濟發展和國防建設中都發揮著至關重要的作用。

　　因而，美國及日本兩國雖將中低端的鋼鐵製造輸出，但其國內仍保有較高端的特殊鋼鐵製造產業，使其在航空、航太等飛行器以及飛彈、軍艦、潛水艇等高端與軍用產品

製造上，依然具有特殊地位與國際競爭力，致使美國軍事工業產品在全世界仍首屈一指銷量第一，而日本特殊鋼材及軍工產品的製造與出口在國際市場上也具有強大競爭力。

然國際產能合作是由中國大陸政府和學術界，率先提出的一個新概念，和西方學術界中的跨國投資、跨國併購、國際經濟合作等概念均有所交叉，但又不完全一致。依據中國大陸國務院 2015 年 5 月 16 日發佈《關於推進國際產能和裝備製造合作的指導意見》的論述，國際產能和裝備製造合作涉及鋼鐵、有色、建材、鐵路、電力、化工、輕紡、汽車、通信、工程機械、船舶和海工裝備十二大重點領域，且在各個領域的合作重心也有所差異。[756]

《關於推進國際產能和裝備製造合作的指導意見》在鋼鐵、有色行業，的重心在於建設冶煉深加工基地，並帶動相關裝備出口；在鐵路領域，則強調實施重點區域鐵路網路建設和高速鐵路專案；在輕工紡織領域，更為強調建立輕紡產品加工基地；在工程機械等領域，關鍵在於通過融資租賃等方式擴大出口以及在發達國家設立研發中心等。因此，國際產能合作的範圍涵蓋貿易、投資、工程承包等，傳統國際經濟合作議題下的多個領域，單獨用任何一個傳統的範式分析國際產能合作均是不全面的。[757]

國際產能合作的內涵必須由學術界根據文件的概括予以制定。國際產能合作的內涵在於三個關鍵詞：國際、產能和合作。國際，意味著這種合作是跨境的，必須有兩個或兩個以上的經濟體參與；產能，指生產能力，意味著這種合作必然要和生產能力相關；合作意味著需要雙方共同的參與。因此，立足於《關於推進國際產能和裝備製造合作的指導意見》中的各個領域，可以將國際產能合作定義為中國大陸和其他經濟體在境外直接或間接有助於形成新的生產能力的合作模式的總稱。[758]

顯見，中國大陸所提出的國際產能與裝備製造合作政策與美日等國的產能移轉模式，雖有產能移轉的相似之處，但推動的主體不同亦有合作方法上的差異，美國及日本鋼鐵產業主要均為民營企業，隨著其生產成本考量及產能過剩等因素，在產能移轉與產業升級的考量下，自然外移到其他國家或地區生產。

而中國大陸則是先因企業投資與發展需要，向國外進行國際產能和裝備製造合作後，中國大陸智庫及政府相關單位經過深入調查研究推出政策，改由政府在政治與經濟雙重考量下，主導推動國際產能和裝備製造合作的政策，而仔細探究該政策的形成亦是屬於中國大陸經濟新常態下，推動供給側結構性改革的一個重要環節，由中國大陸政府主導將國內過剩的中低端產能，對外輸出以化解過剩產能，亦將國內中高端設備對外輸出，以利搶占國外高端設備市場份額，並在未來奪取歐、美、日等國家，在製造業上制定標準的話語權。

貳、中國大陸國際產能和裝備製造合作概述

中共中央及中國大陸政府 2001 年在制定《中華人民共和國國民經濟和社會發展第十個五年計劃綱要》的時候，正式提出「走出去」戰略，在繼續「引進來」的同時，強

調「走出去」的必要性。隨著全球化深入發展，中國大陸深度融入全球體系，政府對「走出去」戰略的重視程度不斷提高，政策也日趨積極。「十五計劃」對這一戰略的官方表述為「積極穩妥地走出去」，「十一五規劃」提出「進一步走出去」，「十二五規劃」則明確指出要「加快實施走出去戰略」，[759]「十三五規劃」則提出戰略規劃要「構健全方位開放新格局」。

　　2015 年 3 月中國大陸政府發布《推動共建絲綢之路經濟帶和 21 世紀海上絲綢之路的願景與行動》在對外合作重點上指出：「根據「一帶一路」走向，陸上依託國際大通道，以沿線中心城市為支撐，以重點經貿產業園區為合作平臺，共同打造新亞歐大陸橋、中蒙俄、中國－中亞－西亞、中國－中南半島等國際經濟合作走廊；海上以重點港口為節點，共同建設通暢安全高效的運輸大通道。應拓展相互投資領域，開展農林牧漁業、農機及農產品生產加工等領域深度合作，積極推進海水養殖、遠洋漁業、水產品加工、海水淡化、海洋生物製藥、海洋工程技術、環保產業和海上旅遊等領域合作。加大煤炭、油氣、金屬礦產等傳統能源資源勘探開發合作，積極推動水電、核電、風電、太陽能等清潔、可再生能源合作，推進能源資源就地就近加工轉化合作，形成能源資源合作上下游一體化產業鏈。加強能源資源深加工技術、裝備與工程服務合作。推動新興產業合作，按照優勢互補、互利共贏的原則，促進沿線國家加強在新一代資訊技術、生物、新能源、新材料等新興產業領域的深入合作，推動建立創業投資合作機制。優化產業鏈分工佈局，推動上下游產業鏈和關聯產業協同發展，鼓勵建立研發、生產和行銷體系，提升區域產業配套能力和綜合競爭力。擴大服務業相互開放，推動區域服務業加快發展。探索投資合作新模式，鼓勵合作建設境外經貿合作區、跨境經濟合作區等各類產業園區，促進產業集群發展。」[760]

　　又 2015 年 5 月 16 日中國大陸國務院發佈《關於推進國際產能和裝備製造合作的指導意見》，前言明確指出：「近年來，中國大陸裝備製造業持續快速發展，產業規模、技術水平和國際競爭力大幅提升，在世界上具有重要地位，國際產能和裝備製造合作初見成效。當前，全球產業結構加速調整，基礎設施建設方興未艾，發展中國家大力推進工業化、城鎮化進程，為推進國際產能和裝備製造合作提供了重要機遇。為抓住有利時機，推進國際產能和裝備製造合作，實現中國大陸經濟提質增效升級，現提出以下意見。」並指出該指導意見有以下三個重大意義：[761]

1. 推進國際產能和裝備製造合作，是保持中國大陸經濟中高速增長和邁向中高端水平的重大舉措：當前，中國大陸經濟發展進入新常態，對轉變發展方式、調整經濟結構提出了新要求。積極推進國際產能和裝備製造合作，有利於促進優勢產能對外合作，形成中國大陸新的經濟增長點，有利于促進企業不斷提升技術、質量和服務水平，增強整體素質和核心競爭力，推動經濟結構調整和產業轉型升級，實現從產品輸出向產業輸出的提升。

2. 推進國際產能和裝備製造合作，是推動新一輪高水平對外開放、增強國際競爭優勢的重要內容：當前，中國大陸對外開放已經進入新階段，加快鐵路、電力等國際產能和

裝備製造合作，有利於統籌國內國際兩個大局，提升開放型經濟發展水平，有利於實施「一帶一路」、中非「三網一化」（高速鐵路網、高速公路網、區域航空網、工業化）合作等重大戰略。

3.推進國際產能和裝備製造合作，是開展互利合作的重要抓手：當前，全球基礎設施建設掀起新熱潮，發展中國家工業化、城鎮化進程加快，積極開展境外基礎設施建設和產能投資合作，有利於深化我國與有關國家的互利合作，促進當地經濟和社會發展。

近年來，中國大陸裝備製造業持續快速發展，產業規模、技術水平和國際競爭力大幅提升，在世界上具有重要地位，國際產能和裝備製造合作初見成效。當前，全球產業結構加速調整，基礎設施建設方興未艾，發展中國家大力推進工業化、城鎮化進程，爲推進國際產能和裝備製造合作提供了重要機遇。[762]

2016 年 3 月中國大陸政府發布《中華人民共和國國民經濟和社會發展第十三個五年規劃綱》在第十一篇構建全方位開放新格局中指出：「加強內陸沿邊地區口岸和基礎設施建設，開闢跨境多式聯運交通走廊。發展外向型產業集群，形成各有側重的對外開放基地。加快海關特殊監管區域整合優化升級，提高邊境經濟合作區、跨境經濟合作區發展水平。提升經濟技術開發區的對外合作水平。深入推進國際產能和裝備製造合作以鋼鐵、有色、建材、鐵路、電力、化工、輕紡、汽車、通信、工程機械、航空航天、船舶和海洋工程等行業為重點，採用境外投資、工程承包、技術合作、裝備出口等方式，開展國際產能和裝備製造合作，推動裝備、技術、標準、服務走出去。建立產能合作項目庫，推動重大示範項目建設。引導企業集群式走出去，因地制宜建設境外產業集聚區。加快拓展多雙邊產能合作機制，積極與發達國家合作共同開拓第三方市場，建立企業、金融機構、地方政府、商協會等共同參與的統籌協調和對接機制，完善財稅、金融、保險、投融資平臺、風險評估等服務支撐體系。」[763]

當前，中國大陸開展國際產能合作堅持「一核兩軸三片區」的空間布局和總體思路，逐步形成「核心驅動、軸線聯動、片區拉動」的動力模式。「一核」，覆蓋周邊重點國家，是中國大陸與其開展國際產能合作的優先國家，主要包括俄羅斯、巴基斯坦、緬甸、越南、柬埔寨、老撾、泰國、哈薩克等周邊經濟體。這是中國大陸推進國際產能合作的戰略核心區域。「兩軸」覆蓋中亞、中東歐、南亞、西亞、北非等參與「一帶一路」沿線重點地區，是中國大陸與其開展國際產能合作的重點對象。主要包括「帶軸」和「路軸」兩大軸線，其中「帶軸」上主要有蒙古、土庫曼斯坦、烏茲別克斯坦、伊朗、土耳其、烏克蘭、白俄羅斯、波蘭、捷克、塞爾維亞等為主要支點的國家，「路軸」上主要有馬來西亞、印尼、新加坡、印度、斯里蘭卡、阿拉伯聯合大公國、埃及等為主要支點的國家。這些區域是中國大陸開展國際產能合作的戰略支撐區域。「三片區」覆蓋參與「一帶一路」沿線以外的國家和地區，是中國大陸開展國際產能合作的拓展延伸對象。主要包括：西歐和非洲部分片區、美洲和拉美片區、日韓和澳洲片區為主體的板塊型經濟片區。[764]

這是中國大陸開展國際產能合作的戰略拓展延伸區域。「一核兩軸三片區」的合作思路在空間佈局上依次延展，在功能上逐次分佈，在動力模式上梯次配置。其中，「一

核」是構築以中國大陸為中心的國際生產網路和塑造「領頭羊」模式的核心載體,「兩軸」是對接深耕「一帶一路」戰略和輻射涓滴沿線各經濟體的基礎平臺,「三片區」是拓展中國大陸國際產能合作空間強化「領頭羊」模式功能的重要抓手。[765]

由上述可知,中國大陸政府評估當前國內外的經濟情勢,將國際產能和裝備製造合作的規劃,做為應對國內經濟「新常態」下,發展新的經濟增長點,在「一帶一路」戰略的引領之下,有利於統籌國內國際兩個經濟大局,以過去中國大陸經濟發展經驗為思考,協助亞、非、拉丁美洲等開發中國家建立基礎設施,並協助這些國家開發與利用當地資源,如此有利於中國大陸的裝備與設備輸出國外,並有利於亞、非、拉丁美洲等開發中國家基礎建設與經濟發展。

然 2015 年 5 月 8 日中國大陸國務院發佈《中國製造 2025》,其發展十大重點領域:包括新一代資訊技術(集成電路及專用裝備;資訊通訊設備;操作系統及工業軟體)、高端數控機床和機器人、航空航太裝備、海洋工程裝備及高技術船舶、先進軌道交通裝備、節能與新能源汽車、電力裝備、新材料、生物醫藥及高性能醫療器械、農業機械裝備等,許多產業發展領域,與 2015 年 5 月 16 日中國大陸國務院發佈《關於推進國際產能和裝備製造合作的指導意見》中,所涉及鋼鐵、有色、建材、鐵路、電力、化工、輕紡、汽車、通信、工程機械、船舶和海工裝備十二大重點領域,有許多產業相互重疊。

顯示,中國大陸政府對重要工業產業的展策略,也是運用引進來與走出去的發展模式,其策略重點在於深化國內與國際之間的「產業研發」及「產業合作」,且科技研發與產品製造同時並進,使中國大陸製造產業,能由中低端走向中高端,並由國內走向國際進而成長壯大。

例如,中國大陸與法國在核能工業上,1982 年法國原子能委員會(CEA,現法國原子能和替代能源委員會)與中國大陸核工業部,簽署了第一個核能合作議定書,中國大陸引進法國技術建設大亞灣和嶺澳核電站,當中 4 臺機組分別於 1994 年至 2003 年投入商業運行。且中國大陸在建的 20 多臺機組,均採用翻版加改進的法國技術,兩國核電工業合作與研發合作並行,中國大陸工程和研究人員有 500 多名,在法國原委會(CEA)研究中心接受培訓,法國原子能委員會與中國大陸研究設計院已建立多個協作實驗室。又在核安全領域,法國核安全局(ASN)和輻射防護與核安全研究院(IRSN)與中國大陸國家核安全局(NNSA)和核與輻射安全中心(NSC)積極開展核安全合作。2009 年12 月,法國總理法蘭索瓦·費雍訪問中國大陸,兩國政府發表了關於在中國大陸建設乏燃料後處理/再迴圈工廠的聯合聲明;中山大學與法國 5 所高等院校組成的教學聯盟,簽署了加強中法合作夥伴關係的協定,並在兩國核電企業的支援下,2010 年 9 月中山大學中法核工程與技術學院招收第一屆新生,合作培養核電技術人才。[766]

2016 年,中廣核與法國電力集團、英國政府,簽署了英國新建核電專案一攬子協定,協定中的專案包括欣克利角 C 專案、賽茲韋爾 C 項目、布拉德維爾 B 項目,其中布拉德維爾 B 項目將使用擁有中國自主智慧財產權的三代核電技術「華龍一號」。[767]

從 1982 年中國大陸透過與法國合作深入發展核電工業,兩國合作培養合電人才,促使中國大陸核電工業快速進步,於 2016 年中國大陸與法國,共同承建英國的核能發電廠,並將高端和電設備輸出英國,成為中國大陸國際產能和裝備製造合作的一項典範。

再就,歐、美各國與中國大陸的經濟發展經驗可知,經濟要能加速發展必須有良好的基礎建設,尤其是良好的公路、鐵路、機場、港口、水、電及網路等基礎設施,如此對於原物料及產品的生產與進出口,或是對於國內外廠商的投資,才具有足夠吸引力。

以中國大陸改革開放三十多年來為例,各地方政府為招商引資把大筆資金投入造橋、鋪路建電廠、建水壩、設立工業園區等基礎建設,除可改善人民基本生活條件外,由政府基礎建設與政策開放所帶動的民間與外商投資,更是中國大陸經濟高速發展的基石。

表6-46 中國大陸國務院發佈《關於推進國際產能和裝備製造合作的指導意見》概要表

一、總體思路
當前,適應經濟全球化新形勢,著眼全球經濟發展新格局,把握國際經濟合作新方向,將我國產業優勢和資金優勢與國外需求相結合,以企業為主體,以市場為導向,加強政府統籌協調,創新對外合作機制,加大政策支援力度,健全服務保障體系,大力推進國際產能和裝備製造合作,有力促進國內經濟發展、產業轉型升級,拓展產業發展新空間,打造經濟增長新動力,開創對外開放新局面。且全球產業結構加速調整,基礎設施建設方興未艾,發展中國家大力推進工業化、城鎮化進程,為推進國際產能和裝備製造合作提供了重要機遇,為抓住有利時機,推進國際產能和裝備製造合作,實現中國大陸經濟提質增效升級,推進國際產能和裝備製造合作可以:
1、保持我國經濟中高速增長和邁向中高端水準的重大舉措,當前,我國經濟發展進入新常態,對轉變發展方式、調整經濟結構提出了新要求。積極推進國際產能和裝備製造合作,有利於促進優勢產能對外合作,形成我國新的經濟增長點,有利於促進企業不斷提升技術、品質和服務水準,增強整體素質和核心競爭力,推動經濟結構調整和產業轉型升級,實現從產品輸出向產業輸出的提升。
2、推動新一輪高水準對外開放、增強國際競爭優勢的重要內容。當前,我國對外開放已經進入新階段,加快鐵路、電力等國際產能和裝備製造合作,有利於統籌國內國際兩個大局,提升開放型經濟發展水準,有利於實施「一帶一路」、中非「三網一化」合作等重大戰略。
3、開展互利合作的重要抓手,當前,全球基礎設施建設掀起新熱潮,發展中國家工業化、城鎮化進程加快,積極開展境外基礎設施建設和產能投資合作,有利於深化我國與有關國家的互利合作,促進當地經濟和社會發展。
二、基本原則
1、堅持企業主導、政府推動:以企業為主體、市場為導向,按照國際慣例和商業原

則開展國際產能和裝備製造合作，企業自主決策、自負盈虧、自擔風險。政府加強統籌協調，制定發展規劃，改革管理方式，提高便利化水準，完善支持政策，營造良好環境，為企業「走出去」創造有利條件。

2、堅持突出重點、有序推進：國際產能和裝備製造合作要選擇製造能力強、技術水準高、國際競爭優勢明顯、國際市場有需求的領域為重點，近期以亞洲周邊國家和非洲國家為主要方向，根據不同國家和行業的特點，有針對性地採用貿易、承包工程、投資等多種方式有序推進。

3、堅持注重實效、互利共贏：推動裝備、技術、標準和服務「走出去」，促進國內經濟發展和產業轉型升級。踐行正確義利觀，充分考慮所在國國情和實際需求，注重與當地政府和企業互利合作，創造良好的經濟和社會效益，實現互利共贏、共同發展。

4、堅持積極穩妥、防控風險：根據國家經濟外交整體戰略，進一步強化我國比較優勢，在充分掌握和論證相關國家政治、經濟和社會情況基礎上，積極謀劃、合理佈局，有力有序有效地向前推進，防止一哄而起、盲目而上、惡性競爭，切實防控風險，提高國際產能和裝備製造合作的效用和水準。

三、主要目標

力爭到 2020 年達成：

1、與重點國家產能合作機制基本建立，一批重點產能合作專案取得明顯進展，形成若干境外產能合作示範基地。

2、推進國際產能和裝備製造合作的體制機制進一步完善，支援政策更加有效，服務保障能力全面提升。

3、形成一批有國際競爭力和市場開拓能力的骨幹企業。

4、國際產能和裝備製造合作的經濟和社會效益進一步提升，對國內經濟發展和產業轉型升級的促進作用明顯增強。

四、主要任務

將與中國大陸裝備和產能契合度高、合作願望強烈、合作條件和基礎好的發展中國家作為重點國別，並積極開拓發達國家市場，以點帶面，逐步擴展。將鋼鐵、有色、建材、鐵路、電力、化工、輕紡、汽車、通信、工程機械、航空航太、船舶和海洋工程等作為重點行業，分類實施，有序推進：

1、立足國內優勢，推動鋼鐵、有色行業對外產能合作：

結合國內鋼鐵行業結構調整，以成套設備出口、投資、收購、承包工程等方式，在資源條件好、配套能力強、市場潛力大的重點國家建設煉鐵、煉鋼、鋼材等鋼鐵生產基地，帶動鋼鐵裝備對外輸出。結合境外礦產資源開發，延伸下游產業鏈，開展銅、鋁、鉛、鋅等有色金屬冶煉和深加工，帶動成套設備出口。

2、結合當地市場需求，開展建材行業優勢產能國際合作：

根據國內產業結構調整的需要，發揮國內行業骨幹企業、工程建設企業的作用，在有市場需求、生產能力不足的發展中國家，以投資方式為主，結合設計、工程建設、設備供應等多種方式，建設水泥、平板玻璃、建築衛生陶瓷、新型建材、

新型房屋等生產線，提高所在國工業生產能力，增加當地市場供應。

3、加快鐵路「走出去」步伐，拓展軌道交通裝備國際市場：

　　以推動和實施周邊鐵路互聯互通、非洲鐵路重點區域網路建設及高速鐵路專案為重點，發揮我在鐵路設計、施工、裝備供應、運營維護及融資等方面的綜合優勢，積極開展一攬子合作。積極開發和實施城市軌道交通專案，擴大城市軌道交通車輛國際合作。在有條件的重點國家建立裝配、維修基地和研發中心。加快軌道交通裝備企業整合，提升骨幹企業國際經營能力和綜合實力。

4、大力開發和實施境外電力項目，提升國際市場競爭力：

　　加大電力「走出去」力度，積極開拓有關國家火電和水電市場，鼓勵以多種方式參與重大電力專案合作，擴大國產火電、水電裝備和技術出口規模。積極與有關國家開展核電領域交流與磋商，推進重點專案合作，帶動核電成套裝備和技術出口。積極參與有關國家風電、太陽能光伏專案的投資和建設，帶動風電、光伏發電國際產能和裝備製造合作。積極開展境外電網項目投資、建設和運營，帶動輸變電設備出口。

5、加強境外資源開發，推動化工重點領域境外投資：

　　充分發揮國內技術和產能優勢，在市場需求大、資源條件好的發展中國家，加強資源開發和產業投資，建設石化、化肥、農藥、輪胎、煤化工等生產線。以滿足當地市場需求為重點，開展化工下游精深加工，延伸產業鏈，建設綠色生產基地，帶動國內成套設備出口。

6、發揮競爭優勢，提高輕工紡織行業國際合作水準：

　　發揮輕紡行業較強的國際競爭優勢，在有條件的國家，依託當地農產品、畜牧業資源建立加工廠，在勞動力資源豐富、生產成本低、靠近目標市場的國家投資建設棉紡、化纖、家電、食品加工等輕紡行業項目，帶動相關行業裝備出口。在境外條件較好的工業園區，形成上下游配套、集群式發展的輕紡產品加工基地。把握好合作節奏和尺度，推動國際合作與國內產業轉型升級良性互動。

7、通過境外設廠等方式，加快自主品牌汽車走向國際市場：

　　積極開拓發展中國家汽車市場，推動國產大型客車、載重汽車、小型客車、輕型客車出口。在市場潛力大、產業配套強的國家設立汽車生產廠和組裝廠，建立當地分銷網路和維修維護中心，帶動自主品牌汽車整車及零部件出口，提升品牌影響力。鼓勵汽車企業在歐美發達國家設立汽車技術和工程研發中心，同國外技術實力強的企業開展合作，提高自主品牌汽車的研發和製造技術水準。

8、推動創新升級，提高資訊通信行業國際競爭力：

　　發揮大型通信和網路設備製造企業的國際競爭優勢，鞏固傳統優勢市場，開拓發達國家市場，以用戶為核心，以市場為導向，加強與當地運營商、集團用戶的合作，強化設計研發、技術支援、運營維護、資訊安全的體系建設，提高在全球通信和網路設備市場的競爭力。鼓勵電信運營企業、互聯網企業採取兼併收購、投資建設、設施運營等方式「走出去」，在海外建設運營資訊網路、數據中心等基礎設施，與通信和網路製造企業合作。鼓勵企業在海外設立研發機構，利用全球

智力資源，加強新一代資訊技術的研發。

9、整合優勢資源，推動工程機械等製造企業完善全球業務網路：

加大工程機械、農業機械、石油裝備、機床工具等製造企業的市場開拓力度，積極開展融資租賃等業務，結合境外重大建設專案的實施，擴大出口。鼓勵企業在有條件的國家投資建廠，完善運營維護服務網路建設，提高綜合競爭能力。支持企業同具有品牌、技術和市場優勢的國外企業合作，鼓勵在發達國家設立研發中心，提高機械製造企業產品的品牌影響力和技術水準。

10、加強對外合作，推動航空航太裝備對外輸出：

大力開拓發展中國家航空市場，在亞洲、非洲條件較好的國家探索設立合資航空運營企業，建設後勤保障基地，逐步形成區域航空運輸網，打造若干個輻射周邊國家的區域航空中心，加快與有關國家開展航空合作，帶動國產飛機出口。積極開拓發達國家航空市場，推動通用飛機出口。支援優勢航空企業投資國際先進製造和研發企業，建立海外研發中心，提高國產飛機的品質和水準。加強與發展中國家航太合作，積極推進對外發射服務。加強與發達國家在衛星設計、零部件製造、有效載荷研製等方面的合作，支持有條件的企業投資國外特色優勢企業。

11、提升產品和服務水準，開拓船舶和海洋工程裝備高端市場：

發揮船舶產能優勢，在鞏固中低端船舶市場的同時，大力開拓高端船舶和海洋工程裝備市場，支援有實力的企業投資建廠、建立海外研發中心及銷售服務基地，提高船舶高端產品的研發和製造能力，提升深海半潛式鑽井平臺、浮式生產儲卸裝置、海洋工程船舶、液化天然氣船等產品國際競爭力。

資料來源：

中國政府網，〈國務院關於推進國際產能和裝備製造合作的指導意見〉，http：//www.gov.cn/zhengce/content/2015-05/16/content_9771.htm，檢索時間 2019 年 4 月 20 日。

叁、中國大陸國際產能和裝備製造合作推展方式以境外經濟貿易合作園區為例

一、中國大陸境外經濟貿易合作園區的試點

自 1990 年代末，中國大陸企業就開始自發探索境外經濟貿易合作園區，如 1998 年，福建華僑實業公司在古巴創辦合資企業，2000 年該公司在古巴投資占地面積 6 萬平方米的境外加工貿易區；2000 年 3 月海爾美國工業園設立；2004 年 6 月天津市保稅區投資公司，在美國南卡州設立天津美國商貿工業園，這個階段的境外開發區主要是為開發企業自身服務。2005 年底，中國大陸商務部提出建立境外經貿合作區的對外投資合作舉措，並相繼出臺多項配套政策措施，鼓勵企業抱團到境外建設經濟貿易合作區。[768]

2006 年 6 月，中國大陸商務部公佈《境外中國經濟貿易合作區的基本要求和申辦程式》，宣佈建立 50 個「國家級境外經貿合作區」，鼓勵企業在境外建設或參與建設各類

經濟貿易合作區，如開發區、工業園區、物流園區、自由貿易區、自由港、工業新城以及經濟特區等，由中國大陸政府為中國大陸企業對外投資搭建平臺，提供經濟可靠的海外發展場所，形成貼近市場的產業鏈和產業集群，降低企業投資成本和經營風險。[769]

在 2006 年 11 月舉行的中非合作論壇北京峰會上，時任中國大陸國家主席胡錦濤代表政府作出承諾：今後 3 年內在非洲國家建立 3 至 5 個境外經濟貿易合作園區。自 2007 年 2 月中國有色礦業集團在尚比亞設立第 1 個經貿合作區起，已在尚比亞、埃及、模里西斯、奈及利亞、衣索比亞五個國家，建立 6 個經貿合作區，隨著經貿合作區的不斷發展，有力促進了當地經濟的發展。截至 2011 年底，6 個經貿合作區基礎設施建設投資達到 3.68 億美元，已有 149 家中國大陸企業入駐園區，累計實現總產值 45.2 億美元，上繳東道國稅費 1.43 億美元，雇傭外籍員工 11,761 名，為提升當地工業發展水準和就業發揮了積極作用。且中非境外經貿合作區開創中非合作的新模式，其做法是由中國大陸商務部牽頭，與政治穩定且同中國大陸關係較好的國家政府達成一致，然後以國內審批通過的企業為建設經營主體，由該企業與國外政府簽約，在國外建設經貿合作區，再由該企業開展對外招商，吸引國內外相關企業入駐。[770]通過雙邊途徑，有關部門將就合作區的土地政策、稅收政策、勞工政策、基礎設施配套以及貿易投資便利化措施等加強與駐在國政府的磋商，為合作區建設提供支援。切實維護好中國大陸企業和人員的合法權益，保障投資和人員安全。[771]

2010 年 6 月中國大陸商務部和中國出口信用保險公司聯合發佈《關於加強境外經濟貿易合作區風險防範工作有關問題的通知》，雙方共同建立合作區風險防範機制。商務部依據合作區建設的統一部署，全面促進和監督合作區的風險防範工作。中國出口信用保險公司則積極履行國家賦予的職責，為合作區提供風險分析、風險管理建議以及保險等風險保障服務。[772]

2010 年 8 月中國大陸商務部合作司發佈「中國境外經貿合作區概念及業務指南」，對境外經濟貿易合作區（亦稱境外產業園區，OETCZ）的界定為：指在中國大陸境內（不含香港特區、澳門特區和臺灣地區）註冊且具有獨立法人資格的中資控股企業，在境外投資建設的基礎設施完備、主導產業明確、公共服務功能健全、具有集聚和輻射效應的產業園區。園區建設流程是由商務部制定並公佈合作區建設標準，在企業在達標後提出出入園申請，最後再經商務部組織專家考核、驗收成立。[773]

2013 年 12 月商務部、國家開發銀行共同發佈《關於支持境外經濟貿易合作區建設發展有關問題的通知》，其中明確指出：國家開發銀行將在市場化運作、有效防範風險的前提下，重點優先支持已通過《境外經濟貿易合作區確認考核和年度考核管理辦法》確認考核的合作區專案；有選擇地支持我國與合作區東道國政府共同關注的在建合作區專案；同時該文件還指出，除依託境內股東信用提供貸款模式外，將積極探討依託境外金融機構信用、專案自身及其他資產抵質押、土地出讓應收賬款質押等模式，為合作區實施企業提供融資支持。另外，該通知也提出，國家開發銀行將通過與東道國有實力的金融機構合作，以轉貸款、銀團貸款等方式，為入園企業提供融資服務等。合作區在符

合商務部、財政部關於《境外經貿合作區資金管理辦法》、《境外經貿合作區考核辦法》的前提下，可享受合作區發展資金的支持。總體來看，該考核辦法包括確認考核和年度考核，確認考核是根據規定要求對合作區建設和運營成效是否符合確認條件進行認定；年度考核則是根據規定要求對合作區的年度建設和運營效果進行評審。考核辦法還對於不同類型的境外經貿合作區提出具體量化的考核標準。通過確認考核後，合作區可申請年度考核，通過確認考核或年度考核的合作區，可申請中央財政專項資金資助。[774]

綜上可知中國大陸自 1978 年實行改革開放後，引進境外資本與技術，發展加工出口區貿易，至 1990 年代末已累積許多經驗，且此時期中國大陸政府正與世界各國談判加入世界貿易組織，中國大陸部份企業開始探索走出去的可能性，並藉由過去中國大陸境內經貿園區的發展經驗，在境外設立經濟貿易合作園區逐步探索發展國際市場，經過十餘年的累積，已初步形成一個由中國大陸政府引領，國營及民營企業跟隨的境外經濟貿易合作園區發展模式，中國大陸政府在政策、資金、保險等給予加入境外經濟貿易合作園區企業支持，使許多企業更願意走出境外投資，加快中國大陸走出去戰略的發展。

二、中國大陸境外經濟貿易合作園區的推進模式

2015 年 5 月 16 日中國大陸國務院發佈《關於推進國際產能和裝備製造合作的指導意見》指出：「創新商業運作模式，積極參與境外產業集聚區、經貿合作區、工業園區、經濟特區等合作園區建設，營造基礎設施相對完善、法律政策配套的具有集聚和輻射效應的良好區域投資環境，引導國內企業抱團出海、集群式「走出去」。」[775]

2015 年 8 月，為進一步做好境外經貿合作區建設工作，推動合作區做大做強，發揮其境外產業集聚和平臺效應，中國大陸商務部制定《境外經貿合作區服務指南範本》。其中，對境外經貿合作區從資訊諮詢服務、運營管理服務、物業管理服務、突發事件應急服務四個方面提出內容要求。比如，在運營管理服務中，明確提出了服務入區企業範圍宜包括註冊、財稅事務、海關申報、人力資源、金融服務、物流服務等環節。[776]

以中埃蘇伊士經貿合作區為例，作為中國大陸「一帶一路」倡議和埃及「蘇伊士運河走廊」開發計畫交匯點上的重要專案，由中國大陸與埃及雙方共同建造，天津泰達投資控股有限公司、天津開發區蘇伊士國際合作有限公司和埃及埃中合營公司共同出資，由中非泰達投資股份有限公司運營，主要產業為紡織服裝、石油裝備、高低壓電器、新型建材及精細化工。目前，蘇伊士經貿合作區的起步區 1.34 平方公里已全部建成，總投資為 1 億美元，為埃及當地創造了 2,000 多個就業崗位；蘇伊士經貿的擴展區於 2016 年初揭牌，擴展區占地 6 平方公里，計畫投資 2.3 億美元，建成後預計吸引 150～180 家企業，提供就業機會約 4 萬個。截至 2016 年底，該合作區共吸引企業近 70 家，其中 90% 是中資企業，協定投資金額近 10 億美元，年銷售額 1.8 億美元，進出口總額 2.4 億美元。[777]

此外，境外經貿合作區能夠充分利用東道國優勢，通過產業集聚效應帶動區域內主

導企業與相關配套企業合作，形成完整產業鏈優勢，同時圍繞合作區內的主導產業，中國大陸相關聯的產業或者上下游產業鏈的中方企業也得以尋找和利用商機，運用產業集群的規模效應延伸產業鏈，在一定程度上降低國內企業境外投資經營的風險和籌建成本，從根本上增加自身綜合實力和競爭優勢，推進企業「走出去」參與國際合作與競爭。例如，中國大陸在非洲建立的首個境外經貿合作區尚比亞中國經貿合作區，是以資源開發產業鏈為主，其帶頭企業中國有色集團充分利用尚比亞的資源優勢，形成有色金屬礦冶產業群，被譽為中國大陸「發展最好」的合作區之一。合作區在產業發展上都是圍繞有色金屬礦產進行開採、加工等形成的產業鏈，在園區內能夠很好的形成產業集聚效應，依托尚比亞豐富的礦產資源，建立了以有色金屬資源開發為核心的完善產業鏈。[778]還有巴基斯坦的魯巴經濟區，牽頭企業是家喻戶曉的家電企業「海爾集團」，在其帶動作用下吸引了大批國內知名家電品牌入駐園區，促進了中國大陸家電業產業鏈的形成。[779]

從 2014 年開始，中國大陸商務部開始執行新的管理辦法，不再通過中標確定園區，建區企業可據此自查申報，通過年度考核，即可被確認為「國家級境外經貿合作區」。[780]中國大陸政府為支持有實力的企業，到境外開展多種形式的互利合作，以促進與東道國的共同發展。截至 2019 年 5 月 11 日，由中國大陸投資主體在境外設立並通過商務部確認考核的合作區，有柬埔寨西哈努克港經濟特區泰國泰中羅勇工業園 越南龍江工業園 巴基斯坦海爾-魯巴經濟區等 20 個園區，分布在「一帶一路」及非洲國家，成為中國大陸企業參與「一帶一路」及中非工業化合作戰略和對外投資的重要平臺。為進一步推動合作區建設發展，發揮行業商協會在合作區招商促進中的作用，中國大陸機電商會進出口商會「中國境外合作區投資促進工作機制」於 2015 年 6 月正式成立，工作機制設立辦公室位於中國機電產品進出口商會投資促進部，工作機制通過舉辦各類活動，擴大合作區宣傳力度，為中國大陸企業開展境外投資和國際產能合作做出應有貢獻。[781]

表6-47 中國大陸國家級境外經濟貿易合作園區統計表（通過確認考核）

序號	合作區名稱	境內實施企業名稱	主要產業
1	柬埔寨西哈努克港經濟特區	江蘇太湖柬埔寨國際經濟合作區投資有限公司	紡織服裝、五金機械、輕工家電
2	泰國泰中羅勇工業園	華立產業集團有限公司	汽配、機械、家電
3	越南龍江工業園	前江投資管理有限責任公司	電子、電器類產品、機械、木製品、輕工業、建材、生物製藥業、農林產品加工、橡膠、新材料

序號	合作區名稱	境內實施企業名稱	主要產業
4	巴基斯坦海爾-魯巴經濟區	海爾集團電器產業有限公司	電、汽車、紡織、建材、化工等
5	尚比亞中國經濟貿易合作區	中國有色礦業集團有限公司	謙比希園區以銅鈷冶煉為核心的有色金屬礦冶產業；路沙卡園區以商貿、物流、加工、房地產業為主
6	埃及蘇伊士經貿合作區	中非泰達投資股份有限公司	新型建材、紡織服裝、電器設備、石油裝備產業等
7	奈及利亞萊基自由貿易區（中尼經貿合作區）	中非萊基投資有限公司	生產製造業、倉儲物流業
8	俄羅斯烏蘇裡斯克經貿合作區	康吉國際投資有限公司	木材、建材、皮具
9	俄羅斯中俄托木斯克木材工貿合作區	中航林業有限公司	木材、建材
10	衣索比亞東方工業園	江蘇永元投資有限公司	紡織、皮革、農產品加工、冶金、建材、機電產業
11	中俄（濱海邊疆區）農業產業合作區	黑龍江東甯華信經濟貿易有限責任公司	種植業、養殖業、加工業、倉儲物流
12	俄羅斯龍躍林業經貿合作區	黑龍江省牡丹江龍躍經貿有限公司	木材精深加工
13	匈牙利中歐商貿物流園	山東帝豪國際投資有限公司	會展、倉儲、商貿物流
14	吉爾吉斯斯坦亞洲之星農業產業合作區	河南貴友實業集團有限公司	農業種植、農產品加工、物流倉儲、農機配件等
15	老撾萬象賽色塔綜合開發區	雲南省海外投資有限公司	能源化工、農畜產品加工、電力產品製造、飼料加工、煙草加工、建材科技、物流倉儲等
16	烏茲別克斯坦「鵬盛」工業園	溫州市金盛貿易有限公司	建材、皮具、電機電器、農用機械、紡織業
17	中匈寶思德經貿合作區	煙臺新益投資有限公司	化工、生物化工
18	中國·印尼經貿合	廣西農墾集團有限責	汽車裝配、機械製造、家用

序號	合作區名稱	境內實施企業名稱	主要產業
	作區	任公司	電器、精紅化工及新材料
19	中國印尼綜合產業園區青山園區	上海鼎信投資（集團）有限公司	鎳鉻鐵礦開採、冶煉及遊板材加工、鋼管製造等
20	中國·印尼聚龍農業產業合作區	天津聚龍集團	油棕種植開發、精細加工、倉儲物流等

資料來源：

1、 中華人民共和國商務部對外投資和經濟合作司網站，< 通過確認考核的境外經貿合作區名錄 >，http：

//fec.mofcom.gov.cn/article/jwjmhzq/article01.shtml，檢索時間 2019 年 5 月 11 日。

2、 朱妮娜、範丹，< 中國境外經貿合作區研究 >，《北方經貿》，2017 年第 11 期，頁 15。

表6-48 中國大陸境外經濟貿易合作園區類型表

類型	產業特色
一、加工製造型	1、以加工製造業市場為主的尋求主導型境外園區建設的主要目的是積極實施「走出去」戰略，吸引中國企業到東道國投資建廠，轉移國內過剩產能，同時規避貿易摩擦和擴大出口創匯，產業定位主要是家電、紡織、機械、電子、冶金、建材等產業。 2、例如：巴基斯坦海爾家電工業區，以輕紡服裝、機械電子等為主導產業的東埔寨太湖國際經濟合作區，以電子資訊和服裝加工為主導產業的越南中國（深圳）經濟貿易合作區，以冶金、建材、機械為主的衣索比亞東方工業園等。
二、資源利用型	1、資源能源開發主導型境外經貿合作園區的建設是以開發當地富集的資源和能源為導向，產業定位主要是礦產、新能源開發等國內相對緊缺的資源能源。 2、例如：中國有色礦業集團在尚比亞設立的尚比亞中國經貿合作區，以有色金屬、型材加工、倉儲、物流為主導產業。浙江國貿新能源投資股份有限公司在羅馬尼亞投資設立的 S.C 太陽能園區也屬於此類型。
三、農業開發型	1、農業產業開發主導型境外合作園區是以當地特色農業產業開發為主要導向，利用穀物和經濟作物等生態資源，開發適合當地環境的農業產業。 2、例如：黑龍江農墾北大荒商貿集團設在澳門的北大荒綠色食品產業園，杭州順升農業開發有限公司在泰國設立的泰國浙江中泰農業示範園區。
四、商貿物流型	1、物流服務主導型境外合作園區是以提供商貿物流等綜合服務為主導，通常集商品展示、貨物分撥、物流、倉儲、資訊服務等配套功能於一體的現代化物流園區。

類型	產業特色
	2、例如：山東帝豪國際投資有限公司在匈牙利設立的中歐商貿物流合作園區，商貿物流體系遍佈匈牙利、奧地利、斯洛伐克、烏克蘭、羅馬尼亞、德國、波蘭等 27 個國家和地區，成為臨沂商城在歐洲展示商品、行銷接單、物流配送等多功能為一體的商品推廣管道和歐洲分銷中心。
五、技術研發型	1、技術研發主導型境外合作園區以境外技術研發為主導，屬於高科技園區，主要目地在於利用國外發達的技術創新網路和豐富的技術創新資源， 緊跟世界前沿技術動態，提高自主創新能力。 2、例如：北京昭衍新藥研究中心股份有限公司設在美國三藩市的昭衍美國（三藩市）科技園區，還有大連華興企業集團有限公司設在韓國平澤的韓中科技產業園區等。

資料來源：

新華絲路網站，〈行業研究：境外經貿合作區的發展實踐探索〉，https://www.imsilkroad.com/news/p/31305.html，檢索時間 2019 年 5 月 11 日。

三、小結

　　中國大陸政府為鼓勵企業走出去，以類似 1994 年新加坡在江蘇省蘇州市，以政府對政府合作模式創設蘇州工業園區，由蘇州政府與新加坡政府合作開發工業園，以吸引外資設廠帶動當地經濟發展。此模式在 10 餘年後，因中國大陸政府為引導境內企業到境外投資，促進與國外貿易、物流、技術合作、資源開發等，轉變成由中國大陸政府主動與外國政府提議合作開發經濟貿易合作區，由中國大陸企業將園區基礎設施建設完成，以利中國大陸企業、園區所在國企業及外國企業入園設廠投資，並連續多年出臺許多措施為企業走出去擴大服務項目，包括資金融通、註冊、財稅事務、海關申報、人力資源、物流服務、保險等，以利企業到境外投資，促進經濟共同發展。

　　中國大陸境外經貿合作區，主要涵蓋加工製造型、資源利用型、農業開發型、商貿物流型、技術研發型等類型。截至 2015 年 9 月底，中國大陸企業正在建設的具有境外經貿合作區性質的專案共有 69 個，分佈在 33 個國家。這 69 個境外經貿合作區，企業累計完成投資 67.6 億美元，其中基礎設施投資 34.2 億美元，實際平整土地 376.6 平方公里；入區企業 1,088 家，其中屬中資控股企業 688 家，累計實際投資 99.2 億美元；境外經貿合作區累計總產值 402.1 億美元，繳納東道國稅費 12.9 億美元；解決當地就業 14.9 萬人。以上的境外經貿合作區中，在「一帶一路」沿線國家建設的境外經貿合作區有 48 個，分佈在 18 個國家。截至 2015 年 9 月底，這 48 個境外經貿合作區建區企業累計完成投資 51 億美元，繳納東道國稅費 7.7 億美元；解決當地就業 12.8 萬人。[782]

　　統計截至 2017 年末，中國大陸企業共在 44 個國家建設初具規模的境外經貿合作區

99 家，累計投資 307 億美元，入區企業 4,364 家，上繳東道國稅費 24.2 億美元，為當地創造就業崗位 25.8 萬個。[783]以上的境外經貿合作區中，在「一帶一路」沿線國家建設 82 個境外經貿合作區，累計投資額為 289 億美元，為「一帶一路」沿線國家創造 24.4 萬個就業崗位。[784]

然而，中國大陸發展 99 個境外經貿合作區，多數設立於發展中國家，也存在許多風險與問題，一、是存在安全問題，一些境外園區所在地的安全形勢不容樂觀，存在恐怖主義威脅、國家主權領土邊界糾紛、種族和宗教衝突、反政府武裝威脅等安全風險，尤其是非洲一些國家恐怖主義、疾病、社會治安等安全風險總體較高。二、是營商環境有待改善，境外園區所在國外貿、投資、稅收、勞工、海關、外匯、保險等方面的法律法規不規範不完善，且存在法律和政策執行不力、優惠政策不配套、政府服務滯後等問題。一些非洲國家政黨輪替、政府更迭頻繁，政策缺乏穩定性和延續性，給我國建設境外園區帶來較大不確定性。三、是融資難度較大，境外園區建設需要一攬子投資，涉及面廣，資金規模大，建設週期長，由於金融機構「外保內貸」等服務不足，境外園區開發企業融資難度較大。四、是缺乏精通當地語言、政策法規、經濟運行規律、園區運行管理的綜合性人才。[785]

當前中國大陸面臨部分行業產業嚴重過剩問題，尤其以紡織、家電等製造業為主，國內市場嚴重飽和，後金融危機時期中國大陸出口面臨下行壓力，但許多產品的生產設備和技術水準已達到或接近國際水準，這對部分欠發達國家與地區而言具有較強的比較優勢和吸引力。境外合作區已成為中國大陸企業在境外開展優勢產業合作的集聚式發展平臺，可以實現國際產業調整轉移目的。通過境外經貿合作區把部分過剩產能轉移到有需要的國家，為中國大陸過剩產能提供更為廣闊的消費市場，可以緩解國內市場競爭的壓力，推動中國大陸產業結構優化重組。同時，中國大陸可以利用東道國資源、成本、政策各方面優勢，同時也可以繞過一些貿易壁壘進入發達國家市場，規避貿易摩擦。此外，境外經貿合作區建設有力地推動了東道國工業化進程和相關產業發展，特別是中國大陸優勢產業的發展和升級。如中國大陸在埃塞俄比亞建立了合作區，打破了非洲國家不能工業化的神話，園區還承接了中國大陸大量輕工業的轉移，通過境外經貿合作區把相關行業的最新技術以及國內富足的產能轉移到埃塞俄比亞，對雙方調整經濟結構具有非常重大的意義。[786]

綜上可知，自 2006 年起中國大陸與外國政府共同開發的境外經濟貿易合作園區，不僅是中國大陸企業走去出發展的海外據點，更是中國大陸企業與外國企業或政府的產能合作及製造合作的試點，促使 2015 年 3 月中國大陸政府發布《推動共建絲綢之路經濟帶和 21 世紀海上絲綢之路的願景與行動》、中國大陸政府 2015 年 5 月發佈《關於推進國際產能和裝備製造合作的指導意見》、2016 年 3 月中國大陸政府發布《中華人民共和國國民經濟和社會發展第十三個五年規劃綱》三大重要政策，均重視中國大陸境外經濟貿易合作園區的拓展使其做為對外的合作平臺，促使中國大陸相關政府部門更著重於境外經濟貿易合作園區相關政策的推動，期望逐步在對外經貿發展上能拓展更多開發中國家，避免在貿易上過度依賴直接對美、日、歐等國家與地區的進口與出口，開展屬於

中國特色的經貿合作策略。

肆、中國大陸國際產能和裝備製造合作推展方式以高鐵建設為例

中國大陸第一條高速鐵路秦皇島到瀋陽（瀋秦）客運專線，全長 404 公里，設計時速 200 公里，於 1999 年 8 月 16 日開建，2003 年 10 月 12 日建成通車，是中國大陸第一條標準意義上的高速鐵路，其後於 2008 年 8 月 1 日，北京奧運會開幕前，中國大陸第一條時速 350 公里的高速鐵路，京津城際高鐵正式投入運營。2011 年 6 月 12 日，京津城際鐵路試行網路訂票，拉開了中國大陸高鐵網上售票的大幕，到 2011 年底網上訂票已經覆蓋中國大陸所有高鐵車次，現今中國大陸高鐵全部車次亦可由手機 APP 網路訂票。[787]

2019 年中國國家鐵路集團有限公司，預計全年將投產 50 個項目、新線超過 7,000 公里，其中高鐵 20 個專案、新線突破 4,000 公里。全中國大陸鐵路營業里程將達 13.9 萬公里，其中高鐵 3.5 萬公里，穩居世界第一。[788]使得中國大陸鐵路全產業鏈迅速發展，在國際市場上已具備四大競爭優勢：1.是擁有世界上最完整的技術體系，形成了全系列裝備製造平臺，具有勘察設計、工程施工、裝備製造、運營管理、安全防護等的綜合優勢，在品質、造價、工期等方面具有較好的性價比；2.是通過引進、消化、吸收、再創造，較好地掌握了鐵路，尤其是高鐵的先進技術，具備了多種標準體系的生產能力；3.是積累了應對嚴寒、沙漠、山區、高溫、潮濕等複雜多樣環境變化的豐富經驗。[789]4.在建造價格上，中國大陸高鐵建設，其時速 350 公里的單位建設成本，為每公里 1,700～2,100 萬美元，而歐洲單位建設成本在 2,500～3,900 萬美元，顯見中國大陸建設成本具有競爭力。[790]

2015 年 5 月 16 日中國大陸國務院發佈《關於推進國際產能和裝備製造合作的指導意見》指出：「加快鐵路「走出去」步伐，拓展軌道交通裝備國際市場。以推動和實施周邊鐵路互聯互通、非洲鐵路重點區域網路建設及高速鐵路專案為重點，發揮我在鐵路設計、施工、裝備供應、運營維護及融資等方面的綜合優勢，積極開展一攬子合作。」[791]

《關於推進國際產能和裝備製造合作的指導意見》在拓展對外合作方式強調：「在繼續發揮傳統工程承包優勢的同時，充分發揮我資金、技術優勢，積極開展「工程承包+融資」、「工程承包+融資+運營」等合作，有條件的項目鼓勵採用 BOT、PPP 等方式，大力開拓國際市場，開展裝備製造合作。與具備條件的國家合作，形成合力，共同開發協力廠商市場。國際產能合作要根據所在國的實際和特點，靈活採取投資、工程建設、技術合作、技術援助等多種方式，與所在國政府和企業開展合作。」[792]

中國大陸高鐵軌道交通全產業鏈「走出去」，是在「一帶一路」戰略和基礎設施互聯互通的大背景下，打破中國大陸企業在海外投資建設的傳統方式，如工程承包、裝備出口等，開闢一條集技術標準、勘察設計、工程施工、裝備製造、物資供應到運營管理、人才培訓、沿線開發等全方位的全產業鏈化道路，實現成套中國大陸鐵路標準踏出國門，在世界其他國家承建中國大陸標準的鐵路，這也是中國大陸在國際產能合作上創造新的

模式。[793]據統計現階段有巴西、伊朗、印度、阿拉伯聯盟等多個國家與地區，規劃與建設超過4萬公里以上的高速鐵路，這都是中國大陸高鐵軌道交通全產業鏈走出國門發展的機會。

表6-49 世界各國家和地區高速鐵路建設規劃表

國家和地區	時間	金額	里程數	規劃專案內容
巴西	2018～2020 年	165 億美元	501 公里	聖保羅—里約熱內盧高鐵
伊朗	2011～2030 年	130 億美元	—	庫姆—伊斯法罕鐵路項目
印度	2010～2020 年	540 億美元	1,754 公里	德里欽奈高鐵走廊
阿拉伯聯盟	2011～2031 年	—	3.3 萬公里	18 條線路，連接 21 個國家
東盟	2014～2030 年	—	—	泛亞、新馬、泰國高鐵等
歐盟及俄羅斯	2011～2020 年	2,000 億美元	9,000 公里	俄羅斯高鐵，波蘭高鐵等

資料來源：

賀正楚、曹德、吳豔，〈中國高鐵全產業鏈「走出去」戰略研究〉，《東莞理工學院學報》，2018 年 4 月第 25 卷第 2 期，頁 59。

　　2015 年 3 月底印尼總統佐科·維多多，在訪問中國大陸期間，由中國大陸國家發展改革委員會與印尼國有企業部簽署《中印尼雅加達—萬隆高鐵合作諒解備忘錄》，中國大陸與印尼高鐵合作開始起步。同年 10 月 16 日，由中國鐵路總公司牽頭成立的中國企業聯合體與由印尼維卡公司（WIKA）牽頭成立的印尼國企聯合體（PSBI），簽署協定正式組建中印尼雅萬高鐵合資公司（KCIC），負責雅加達—萬隆高速鐵路（雅萬高鐵）的建設、管理和運營。2016 年 1 月 21 日，雅萬高鐵開工啟動。2017 年 4 月 4 日，中印尼雙方在雅加達正式簽署雅萬高鐵總承包（EPC）契約。雅萬高鐵的開工建設，標誌著中國大陸高鐵正式落地印尼。雅萬高鐵是印尼國內，也是東南亞地區興建的第一條高速鐵路。該項目將全面採用中國大陸標準、中國大陸技術、中國大陸裝備，中方將參與勘察、設計、建設、運營、管理全過程，是真正實現全產業鏈輸出海外的中國大陸高鐵第一單，取得了中國大陸高鐵「走出去」的歷史性突破。雅萬高鐵全長 142 公里，連接印尼首都雅加達和第 4 大城市萬隆。設計時速 250-300 公里，計畫用時三年建成通車。作為雅加達—萬隆—井裡汶—泗水高速鐵路的第一期項目，雅萬高鐵未來還計畫延伸到泗水。借助建設雅萬高鐵，中國不僅可以深耕印尼高鐵市場，而且還可以立足印尼，進軍東南亞市場，帶動中國與東盟國家進行更多的高鐵合作。[794]

　　然中國大陸中標雅萬高鐵專案的關鍵在於，針對印尼政府在融資、建設和運營等方面的特殊要求，結合印尼國情。且中國大陸提出的高鐵建造整體方案比日本所提出的方案，明顯具有性價比更高、融資條件更好、開發配套更全面等優勢從而贏得了印尼政府的肯定。中國大陸與印尼的雅萬高鐵新型合作模式，主要包含以下四個要素：1.是政府引領和推動，在雅萬高鐵專案達成和建設過程中，兩國領導人自始至終都十分重視，相關部門的官員也多次進行溝通。2.是政府引導下的融資，雅萬高鐵的工程造價預計51.35億美元，其中的四分之三由中國國家開發銀行貸款，並且無需印尼政府提供擔保，剩餘四分之一由印尼企業承擔。3.是技術開放與轉移，中國大陸承諾工程在用人用料方面，儘量實現本地化供給，並向印尼轉移相關高鐵技術。4.是共建共管共營，實現互惠互利雙贏。在印尼—中國高鐵公司中，印尼國企聯合體占60%股權，中國大陸企業聯合體占40%股權。該項目由中印尼雙方合作建設和共同經營，不僅將在總體上保證盈利，而且還將產生巨大的經濟拉動效應，帶動沿線地區冶煉、製造、基建、電力、電子、服務、物流等配套產業的發展，使這一專案真正成為兩國間產能和裝備製造合作的一個典範。[795]

　　雅萬高鐵是中國大陸「一帶一路」倡議和印尼「海洋支點戰略」的銜接，是印尼的國家戰略項目。建成通車後，雅加達到萬隆的出行時間將由現在的3個多小時縮短至40分鐘，將極大方便當地民眾出行，有力促進印尼經濟社會發展，對深化中國大陸與印尼兩國經貿合作和人文交流、促進「一帶一路」合作等都具有十分重要的意義。目前，全線土建工程完成量占土建總量的91.2%，其中路基挖方累計完成97.8%，填方累計完成85.2%。橋樑工程下部結構基本完成，全線38聯連續樑中的30聯全部合龍，13座隧道已貫通10座，車站站房、鋪軌、站後四電工程等正穩步推進。[796]

　　此前，2009年中國大陸國企中國中鐵公司曾投資興建委內瑞拉高鐵，但因該項目資金、徵地、電力供應等問題，工程迄今（2022年6月）一直無法順利進行。這次中國大陸與印尼合作興建雅萬高鐵，雙方雖盡最大努力，但仍在高鐵使用土地的徵收上遇到困難，以致於預定興建期三年的雅萬高鐵迄今（2022年6月）仍未完工通車，顯見高鐵整體建設對中國大陸企業而言並無問題，而建設高鐵的所在國土地徵收問題，則是中國大陸高鐵走出去的最大難題。

伍、中國大陸國際產能和裝備製造合作推展方式以國家合作為例

　　根據中國大陸自1978年改革開放後的經濟發展經驗，國家擁有道路、橋樑、鐵路、水電站等基礎設施，是經濟發展的根本基礎，眾所周知在廣大的陸地上，道路是互聯互通的基礎，因而迄今中國大陸流傳一句話：「想要富，先修路。」有了道路等公共基礎設施，經濟才有機會發展。

　　又2015年5月16日中國大陸國務院發佈《關於推進國際產能和裝備製造合作的指導意見》指出：「推進國際產能和裝備製造合作，是開展互利合作的重要抓手：當前，全球基礎設施建設掀起新熱潮，發展中國家工業化、城鎮化進程加快，積極開展境外基

礎設施建設和產能投資合作，有利於深化我國與有關國家的互利合作，促進當地經濟和社會發展。」[797]

許多資料顯示，中國大陸早在發佈國務院《關於推進國際產能和裝備製造合作的指導意見》此政策文件前，就已大量在其亞洲與非洲的友好邦交國，進行援外基礎工建設程及投標基礎工程建設，累積相當多成功與失敗經驗。中國大陸政府在總結相關經驗後，提出《國務院關於推進國際產能和裝備製造合作的指導意見》，期望透過政府各相關部門的整合，推動國際產能和裝備製造合作，達到促進國內經濟發展、產業轉型升級，拓展產業發展新空間，打造經濟增長新動力，開創對外開放新局面的整體戰略目標。

一、中國大陸與巴基斯坦的國際產能和裝備製造合作

巴基斯坦與中國大陸領土相連，國土面積約 79.6 萬平方公里（不包括巴控喀什米爾地區），人口近 2 億是南亞大國，人民大多信仰伊斯蘭教。1947 年 8 月 14 日巴基斯坦宣告獨立，正式脫離英國殖民地的身分，1949 年 10 月 1 日中共在中國大陸建政，隨後於 1951 年中國大陸與巴基斯坦建交。由於巴基斯坦與印度有種族及邊界問題，曾與印度發生過多次戰爭，中國大陸與印度在邊界上也有爭端，1962 年也與印度發生邊界戰爭，在南亞地區的地緣政治博弈上，中國大陸與巴基斯坦在面對都是領土爭議的國家印度，因而產生許多合作空間。

2013 年 5 月中國大陸國務院總理李克強總理出訪巴基斯坦時，提出建設中巴經濟走廊。2013 年 7 月巴基斯坦總理米安·穆罕默德·納瓦茲·夏立夫（Mian Muhammad Nawaz Sharif）訪問中國大陸，雙方同意儘快啟動「中巴經濟走廊」遠景規劃相關工作。2015 年 4 月，中國大陸國家主席習近平訪問巴基斯坦，提出以交通基礎設施建設、能源合作、產業園區合作、瓜達爾港建設為重點，大力推進中巴經濟走廊建設。為此，中國大陸與巴基斯坦簽署 51 項合作協定和備忘錄，其中超過 30 項涉及中巴經濟走廊建設。兩國為加快推進中巴經濟走廊建設，設立「中巴經濟走廊遠景規劃聯合合作委員會」，共同制定《中巴經濟走廊建設遠景規劃》，到 2015 年已召開 5 次會議，達成了許多共識，其項目包括早期收穫項目和中長期項目，兩國實現互利雙贏。[798]

推進中巴經濟走廊建設，加快雙方產能合作，對於改善連接中國大陸與巴基斯坦的交通運輸條件、促進沿線資源開發和經濟發展、加強邊疆穩定和民族團結、改善巴投資環境等方面具有十分重要的意義，並可以實現互利雙贏。[799]

中國大陸與巴基斯坦在 1960～1970 年代，雙方簽訂貿易協定，根據該協定，中國大陸援建巴基斯坦重型機械廠、中巴喀喇昆侖公路等項目。1982 年兩國成立了經濟、貿易和科技合作聯合委員會，但相互投資少，貿易發展也較慢。21 世紀以來，中國大陸與巴基斯坦經貿合作領域日益拓展，除貿易規模從 2000 年的 11.62 億美元，上升到 2015 年的 189.3 億美元外，相互投資合作規模也不斷擴大。雙方合作主要分為以下幾個部分：[800]

1.在農業方面：中國大陸袁隆平農業高科技股份有限公司與巴基斯坦嘎德公司，自 1999

年起就在信德省、俾路支省和旁遮普省推廣雜交水稻種植，到 2008 年時巴雜交水稻種植面積達 30 萬公頃。同時，雙方還建立合資公司進行新品種研發。而另外一些企業已在巴基斯坦設立了農機、化肥、食品加工及包裝等工廠。

2.在工業方面：2000 年中冶成立山達克資源開發公司。2003 年中冶集團與巴基斯坦礦業開發公司，在北京簽訂《巴基斯坦俾路支省杜達鉛鋅礦專案開發協議》，同年，中國神華集團有限公司與巴基斯坦政府，簽訂合作開發巴基斯坦塔爾露天煤田和建設火力發電站的協議。2007 年中國振華石油控股有限公司獲得巴斯卡和東巴哈瓦普爾兩個區塊的 100% 石油天然氣開採權。2014 年 5 月 6 日，由中國電建承建的凱西姆港燃煤電站在巴基斯坦卡拉奇舉行奠基儀式。2015 年 7 月，中國華能集團山東如意公司承建的旁遮普省薩希瓦爾燃煤電站項目（2×66 萬千瓦）開工。2016 年 1 月，中國三峽集團承建的卡洛特水電（72 萬千瓦）開工建設。2016 年 8 月，中國電力國際有限公司和巴基斯坦胡布電力公司共同投資的卡拉奇胡布燃煤電站（2×66 萬千瓦）開工建設。由中國機械設備工程股份有限公司等承建的塔爾煤電一體化項目，包括塔爾煤礦二期 650 萬噸煤礦開採及 4 × 33 萬千瓦發電站，已於 2015 年 12 月簽署融資協定。中國葛洲壩集團則在推進蘇克拉瑞水電站（87 萬千瓦）、吉姆普爾風電項目（50 萬千瓦）、尼勒姆·傑勒姆水電站等建設。中國大陸國家電網等企業則參與了巴輸變電建設項目。另外，中國水電顧問集團國際工程有限公司承建的大沃 5 萬千瓦風電專案、中國特變電工新疆新能源承建的旁遮普省真納太陽能園區 10 萬千瓦太陽能光伏電站專案、東方聯合能源集團承建的信德省吉姆普爾 10 萬千瓦風電專案（一期）、中國電建承建的薩恰 5 萬千瓦風電項目等也相繼開工建設。

3.在服務業方面：中興、華為、中國工商銀行、國家開發銀行等企業都在巴基斯坦進行投資。1998 年中興通訊以 9,500 萬美元獲得巴基斯坦數位程式控制交換機項目。2000 年 4 月，中興通訊在巴基斯坦伊斯蘭堡設立的工廠建成投產。2004 年中興通訊建設了第一張覆蓋巴基斯坦全國的 NGN 網路。2006 年 11 月，中國大陸國家開發銀行和巴基斯坦財政部各自出資 1 億美元設立中巴聯合投資公司，為兩國投資合作項目提供資金支持。

目前，中國大陸對巴基斯坦投資十分廣泛，已涉及通信、電力、資源開發、輕紡、機械等行業。據中國大陸駐巴基斯坦經參處資料，截至 2015 年 6 月，中國大陸在巴基斯坦投資的企業有 65 家，其中通訊類企業 6 家、工程建設類企業 8 家、水電開發類企業 10 家、資源開採類企業 9 家、機械製造類企業 5 家。到 2015 年底，中國大陸企業在巴基斯坦累計簽訂的承包工程契約額達 454.48 億美元，營業額達 330.79 億美元；中國大陸對巴基斯坦非金融類直接投資存量達 39.47 億美元，巴基斯坦累計對中國大陸直接投資項目 510 個，金額為 1.11 億美元；中國大陸在巴基斯坦各類勞務人員 9,515 人。已經完成的項目有中巴友誼中心（上海建工）、曼格拉大壩（中水對外）等，在建的項目有尼勒姆·傑勒姆水電站（葛洲壩集團）、喀喇昆侖公路升級改（中國路橋）、伊斯蘭馬巴德新機場航站樓（中建）、古杜聯合迴圈電站（哈電）、真納水電站（東方電氣）、南迪普聯合迴圈電站（東方電氣）、M－4 高速公路項目（中水對外）、卡拉奇港防波提項目（中

港）等。這有力地促進了巴基斯坦經濟發展，隨著中巴經濟走廊建設的推進，中國大陸企業將會進一步加大對巴基斯坦投資力度。[801]

中國大陸政府與巴基斯坦政府雙方自 1960 年代開始，陸續展開經貿與基礎建設合作，其後在軍事設備上也有許多合作，數十年來建立深厚的信任基礎。因此，對於中國大陸在 2001 年推動走出去戰略，及 2015 年推動國際產能和裝備製造合作，有著指標性的意義，且中國大陸與巴基斯坦數十年來累積數十項的經貿合作經驗，也成為中國大陸探索對外經貿合作的試金石。

二、中國大陸與哈薩克的國際產能和裝備製造合作

哈薩克位於中亞與中國大陸領土相連，人口約一千八百多萬人，國土面積 2,727,300 平方公里，是全世界最大的內陸國家，相對於其他中亞國家，其政治與經濟等條件較為穩定，國民年收入所得為 24,700 美元。據瑞士洛桑國際管理發展學院（International Institute for Management Development，IMD）所公布的 2015 年全球競爭力排名，哈薩克排名第 34 位，遠超過中亞其他國家，是歐亞交界地區較為強大的核心國家。[802]

2013 年 9 月 7 日，中國大陸國家主席習近平，在哈薩克納紮爾巴耶夫大學發表演講時提出建設「絲綢之路經濟帶」構想，中國大陸與哈薩克自此開始探討產能合作。2014 年 11 月 11 日，哈薩克總統努爾蘇丹·阿比舍維奇·納扎爾巴耶夫發佈國情咨文，推出「光明之路」新經濟計畫，該計畫旨在通過一系列投資促進哈薩克斯坦經濟結構轉型，實現經濟增長。中國大陸的「一帶一路」構想與哈薩克的「光明之路」新經濟計畫均是各自國家適應世界經濟發展新趨勢和面對經濟全球化不確定性所作出的戰略性部署就「一帶一路」和「光明之路」兩個發展規劃而言，在產能合作方面存在戰略對接的多重互補性。[803]

中國大陸與哈薩克在產業分工和資源稟賦上存在極大互補性，製造業是中國大陸的比較優勢，佔據全球製造業的 1/5。中國大陸工業競爭力指數在 136 個國家中排名第 7 位，製造業淨出口居世界第 1 位，鋼鐵、水泥、汽車等二百二十多種工業品產量居世界第 1 位。中國大陸作為製造業大國，也是能源和資源消費大國，恰恰又是能源和資源相對缺乏的國家，石油的對外依存度已突破 60%。[804]且中國大陸許多國營企業，在各類基礎建設上都富有相當經驗，建設規劃與施工效率也非常高，中國大陸與哈薩克雙方在基礎建設的合作上顯然相互得利。

而哈薩克被稱為「世界能源和原材料基地」，其中已探明的石油儲量 39 億噸，位居全球第 12 位，天然氣儲量 1.3 兆立方米，居世界第 20 位。用於核燃料和製造核武器的鈾的產量世界第一，被稱為「鈾庫」。且哈薩克金屬礦藏十分豐富，已探明的礦藏有 90 多種，鎢的儲量居世界第一，銅、鉛、鋅、鉬和磷的儲量占亞洲第 1 位，鉻和磷礦石居世界第 2 位。能源合作過去相當長時期一直是支撐中國大陸與哈薩克經濟合作的基礎，哈薩克原油管道對中國大陸每年輸油量超過 1,000 萬噸，是哈薩克第二大石油出口國。[805]

　　雖然哈薩克擁有地理樞紐位置及豐富的天然資源，但因哈薩克為內陸國，其對外的經濟貿易往來皆受制於他國，特別是俄羅斯。除中國大陸與哈薩克合作的能源管線外，哈薩克的能源出口運輸大多須借助俄羅斯管線，造成出口通道及輸出配額受限制，制約哈薩克的經濟發展。因此，尋求能源出口多元化與能源安全輸出是哈薩克首要的經濟發展策略，此亦為中國大陸可將哈薩克納入其能源戰略資產之重要因素。除了石油、天然氣、礦產、煤等天然資源外，哈薩克的經濟亦以農牧業為主，為世界前 10 個主要的穀物出口國與麵粉出口國之一，但其加工業及輕工業則相對落後，大部分日常消費品仰賴進口。[806]因此，中國大陸可進口哈薩克的礦產資源與農牧產品，哈薩克則進口中國大陸生產的生活日用品，雙方形成明顯的產業互補。

　　此外，中國大陸與哈薩克斯坦在基礎設施建設及加工製造業方面的產能合作具有巨大潛力。中國大陸多年來一直是拉動世界經濟的最大引擎，目前同樣面臨經濟下行壓力和產能過剩的挑戰：1.是國內基礎設施建設基本飽和，鋼鐵、水泥、電力、電解鋁等大宗產品及機電產品均出現產能過剩問題，根據國際貨幣基金組織的測算，中國大陸全部產業產能利用率不超過 65%，而健康且具有創利能力的產業，其產能利用率一般都在85%以上。2.是製造業成本不斷攀升，具體表現為勞動力工資快速上漲，人口老齡化問題嚴重，土地使用成本居高不下。而對於哈薩克來說，中國大陸的富餘產能中大都屬於性價比較高的產能，哈薩克資源蘊藏豐富，勞動力相對充足，通過與中國大陸的產能合作來實現產業結構的升級，從而提升經濟增長空間和拓展發展潛力。中國大陸性價比優勢的產能如鋼鐵、水泥、玻璃等基礎設施建設的能力，在哈薩克有著大量需求中國大陸企業到哈薩克投資建設鋼鐵廠、水泥廠、平板玻璃廠，1.則可以就地消化哈薩克的石油、天然氣等優質清潔能源，降低生產成本；2.是可以滿足哈薩克內市場需求，減少進口，增加出口，提高哈經濟競爭力；3.是發展製造業有利於哈增加就業，改善民生。[807]

　　中國大陸與哈薩克斯坦，兩國在產業與資源各有優勢，又有相互經濟需求下，於 2014年 12 月，中國大陸國務院總理李克強訪問哈薩克期間，兩國簽署價值 140 億美元的合作文件，還就 180 億美元的《中哈合作框架協議》達成共識。2014 年 12 月 26 日，中國大陸與哈薩克產能合作第一次對話簽署《會議紀要》，兩國初步確定 16 個早期收穫專案和 63 個前景專案清單，涉及水泥、鋼鐵、平板玻璃、礦業、化工、能源、電力等領域。2015 年 3 月 27 日，中國大陸與哈薩克簽署《加強產能與投資合作備忘錄》，共簽署鋼鐵、煉油、水電、汽車、有色金屬、平板玻璃等產能合作 33 份文件，總金額達到 236億美元。現有的中哈產能合作專案，推動著兩國的經濟發展，中國大陸成為哈薩克對外直接投資的最大來源國。[808]

　　2015 年 5 月 16 日中國大陸國務院發佈《關於推進國際產能和裝備製造合作的指導意見》後，旋即 2015 年 8 月 31 日，中國大陸與哈薩克簽署《加強產能與投資合作政府間框架協定》，這是中國大陸與外國簽訂的首個產能合作協議，為保證協議落實，中國大陸還建立部門間工作機制，同時設立中哈產能合作基金，其中確定的 52 個早期收穫中，汽車組裝、聚丙烯項目、阿斯坦納市輕軌項目已於 2015 年底開工，鋼鐵、冶煉、水泥等領域十餘個專案正在啟動或即將啟動。又中國大陸與哈薩克 2015 年 12 月簽署關於

產能、能源、海關、質檢、金融、旅遊等領域十餘個雙邊合作協議。哈薩克政府 2015 年起推動「2015～2019 年工業與創新發展計畫」，決定將 200 多億美元的政府撥款中的 90%用於基礎設施建設，其餘用於中小企業發展；同時計畫啟動一系列經濟特區建設、節能技術設備的推廣、基礎設施建設等，並建立 4,000 多公里的公路、東西南北貫通的鐵路幹線，連接中國西部與哈薩克。[809]

2016 年 9 月簽署《中哈關於「絲綢之路經濟帶」建設與「光明之路」新經濟政策對接合作規劃》，這對於中國大陸推動一帶一路戰略及國際產能和裝備製造合作，都將有非常大的助益。因而，中國大陸政府在習近平主政後，非常重視與哈薩克的關係，近年來兩國簽署多項經貿合作協議，中國大陸對哈薩克的投資快速增加，成為哈薩克的最大投資國，這是繼巴基斯坦後，成為中國大陸推動國際產能和裝備製造合作較為成功的國家。

陸、中國大陸國際產能和裝備製造合作推展方式以企業合作為例

一、中國大陸國內企業合作模式

2003 年中國大陸企業，中國中信集團的控股子公司中信建設有限責任公司，創造性地制訂以投資、融資和為業主前期服務，取得工程總承包，用此模式帶動相關產業發展的差異化經營戰略，打造「中信聯合艦隊」的商業模式，探索並形成工程、金融、資源、實業「四位一體」的業務架構。逐步從單一的「工程承包商」轉向成為集諮詢、投融資、工程承包、運營為一體的「國際大型綜合服務商」的角色。[810]

於 2005 年中國大陸企業，中國中信集團的控股子公司中信建設有限責任公司，成功獲得非洲安哥拉首都凱蘭巴凱亞西 2 萬套社會住房項目，該項目總建築面積為 330 萬平方米，總金額 40 億美元，是當時安哥拉最大的住房項目，而該住房項目主要可以歸結為以下幾個特點：[811]

（一）多方合作為業主提供全方位服務：1.中信建設通過提供項目前期策劃和可行性研究，幫助安哥拉政府進行專案立項，提供綜合服務，進入專案研發與規劃、可行性研究等上游，贏得政府和業主信任，獲得市場先機。2.中信建設通過為業主提供投、融資安排，利用「資源預融資」等方式，將所在國資源未來收益提前使用，提升所在國基礎設施建設速度和規模，為國家獲得長期穩定的資源供給。3.通過獲得的工程總承包專案，搭建合作共贏平臺，帶動國內相關產業「走出去」，推動設計、施工和運營企業的聯合和互補，為業主提供最優的服務，從而實現佔有更多市場份額。

（二）創新商業模式，打造工程「聯合艦隊」：在以往的若干重大專案實施過程中，中信建設就已逐步整合國內外優質資源，打造工程項目「聯合艦隊」的模式。在安哥拉市場上，中信建設依然發揮旗艦作用，搭建了中外企業合作共贏的平臺「中信聯合艦隊」，中信建設領導和控制重要環節和關鍵資源，各合作夥伴發揮各自優勢具體實施項目。艦隊成員包括中國建築設計院、中國規劃設計院等設計單位，中國鐵建、

中國十五冶、北京建工等施工單位，以及三一重工、中聯重科、富豪、中國建材等設備材料供應商，還有中外運等物流企業。

然中信建設為保證「聯合艦隊」模式的成功運作，建立卓有成效的管理體系，運用下列方法：[812]

1. 中信建設通過在國內外公開招標，選擇有實力的專業公司進入艦隊，統一指揮、統一標準、統一管理。

2. 採取國際通行的管理模式和先進的技術手段，對項目全過程進行嚴格管控，保證項目實施與國際接軌。

3. 發揮中信建設在商務、契約、財務、稅務、資金、融資、採購、法律、公共關係、國際化人才等方面的綜合優勢，與合作夥伴的施工能力形成優勢互補。

4. 為了解決在項目實施過程中遇到的當地配套匱乏、生產生活環境艱苦等問題，中信建設投資、組織、掌控專案所需的關鍵資源，具體措施有：自行購置專案主要施工設備，在當地投資建設項目所需的各類建材工廠、構件加工廠、專業試驗室、醫療站、苗圃等場站，實現自給自足與自我保障。

5. 創新「大物流」體系，統一採購、統一運輸、統一清關、統一倉儲，為聯合艦隊的成員單位，掃清了施工過程中遇到的障礙。

6. 保證專案快速穩步推進，設立各合作夥伴一把手參加的高層領導海外現場辦公聯系會議制度，定期召開會議溝通專案建設，關鍵問題即時決策。

7. 在提供精品工程的同時，積極履行企業社會責任，解決專案國民生問題的同時，帶動當地技術、管理水準的提升，通過創建中信百年職校等方式融入當地社會，與當地政府和人民結下深厚友誼，為項目實施創造了良好的外部環境。

中國大陸的經濟結構調整，需要對外轉移過剩產能，引進更多的海外資源，中信建設在安哥拉的做法，能夠將中國大陸在建材、家電等領域的過剩產能在海外予以有效利用，同時為引進礦產、糧食等資源提供條件，有利於實現「引進來」和「走出去」更好結合。且中信建設以「聯合艦隊」的模式，整合中國大陸企業資源，形成覆蓋全產業鏈的超大型工程交付能力，從而實現與國際領先承包商抗衡的競爭優勢，通過制定合作新規則，將利益與制度綁定，有利於避免惡性競爭，促進中國大陸企業有序「走出去」，有效維護國家利益，提升中國大陸企業的海外形象，培育參與和引領國際經濟合作新優勢。此外，中國大陸企業用抱團式走出去能夠充分利用各相關企業的自身特點，形成優勢互補，很大提升工程服務能力，能夠為專案發包方提供從諮詢、規劃、建設、採購、製造、管理、運營等全產業鏈的一條龍服務，從而提升承包商的整體服務能力。[813]

2001年中國大陸政府提出走出去戰略，2005年中信建設有限責任公司就以工程、金融、資源、實業「四位一體」的業務架構，獲得非洲安哥拉首都凱蘭巴凱亞西，2萬

套社會住房，總金額高達 40 億美元項目，顯見中國大陸已有大型企業在改革開放後，歷經 20 餘年的成長及市場的磨練，形成具國際競爭力，並具備有效整合國內企業相關資源，在國際上獲得大型建設標案的企業。

二、中國大陸企業與外國企業合作模式

（一）非洲喀麥隆深水港建設與營運

　　2016 年 9 月 26 日，非洲喀麥隆總理菲勒蒙·揚簽署總理府公告，正式將克里比深水港集裝箱泊位的特許經營授予中國港灣、法國博洛雷（BOLLORé LOGISTICS）、法國達飛海運集團 CMA CGM）聯合運營體和喀麥隆當地企業。2018 年 3 月 2 日，喀麥隆的克里比深水港集裝箱碼頭開港運營。[814]

　　中國港灣公司（全名：中國港灣工程有限責任公司，英文縮寫 CHEC）是中國交通建設股份有限公司的全資子公司，業務主要集中在交通基礎設施建設領域，涵蓋全球 70 多個國家和地區。克里比深水港集裝箱碼頭專案，2011 年 6 月開工，2014 年 6 月竣工，契約金額約為 4.98 億美元，由中國港灣公司通過工程總承包（Engineering Procurement Construction，EPC）模式建設。2014 年 1 月 28 日，中國港灣公司與喀麥隆政府在簽署克里比深水港二期 EPC 總承包商務契約，同時還簽署中國港灣參與專案部分投資及運營的合作框架協議，喀麥隆政府在克里比深水港二期項目的國際招標文件中明確訂立條款：「任何運營商獲得喀麥隆政府授標，都必須與中國港灣公司建成聯營體，共同運營」。[815]

　　然而，會有此特殊條款，主因是中國港灣公司缺乏港口運營的經驗，無能力單獨從事運營業務，必須尋找合適的合作夥伴，然選擇法國博洛雷公司和法國達飛海運集團為合作夥伴，是基於考量下列因素：[816]

1.這兩家法國公司在非洲已經營很長時間，有豐富的管理經驗，尤其是和當地人打交道的經驗，值得中國港灣公司學習。

2.這兩家企業都是港口運營價值鏈中的世界級公司，法國達飛海運集團是世界排名第三的集裝箱全球承運公司，法國博洛雷公司是全球最大的物流公司，在 46 個非洲國家設有 250 家辦事處，擁有 280 座倉庫，是業界在非洲擁有最龐大的綜合性物流網路的公司。

3.喀麥隆政府希望中國港灣公司與博洛雷公司合作。

　　2014 年 9 月 1 日，中國港灣公司與法國博洛雷和法國達飛海運集團組成的聯合體，中標克里比深水港集裝箱泊位 25 年特許經營權。據初步觀察，中國大陸中央企業與外國企業，合作開發協力廠商市場的戰略行動具有以下共性：一方面外國企業大多數是全球領先的歐美跨國公司，多年來它們一直是中國大陸企業的學習標杆，今後將在「一帶一路」建設，使中國大陸企業與它們建立起合作夥伴關係。且在「一帶一路」倡議提出之前，中國大陸企業早已與今天的合作夥伴有過交流、學習和合作關係，但不同的是之

前的目標市場主要在中國大陸，今天的目標市場主要在第三國。[817]

　　中國大陸中國港灣公司藉由與法國達飛海運集團及法國博洛雷公司的合作，共同經營非洲喀麥隆的克里比深水港集裝箱碼頭，使中國港灣公司從港口建設有機會參與並學習港口運營，對於中國港灣公司未來在國際上拓展港口建設或是港口經營業務，將會非常有助益。

（二）非洲幾內亞鋁土礦開發與營運

　　2014 年由中國大陸山東魏橋創業集團旗下的中國宏橋集團、中國煙臺港集團、新加坡韋立國際集團（WINNINGINTERNATION AL GROUP）、幾內亞 （UMS United Mining Supply）4 家企業組成「幾內亞贏聯盟」（SMB WINNING CONSORTIUM），在幾內亞博凱礦區成立。[818]

　　「幾內亞贏聯盟」（SMB WINNING CONSORTIUM），這 4 家成員企業各自擁有不同的優勢：[819]

1.中國宏橋集團，是中國大陸最大的民營鋁電集團，集熱電、氧化鋁、液態鋁合金、鋁合金錠、鋁合金鑄縈產品、鋁母線、高精鋁板帶箔、新材料於一體的鋁全產業鏈企業。

2.中國煙臺港集團擁有中國大陸主要大型港口、鋁土礦接卸港口，位於渤海灣山東半島北岸，地理位置優越。

3.新加坡韋立國際集團是一家總部設在新加坡，專注於提供海運、物流方案，為中國有色金屬等行業，提供專業化服務的海運企業。

4.幾內亞 UMS 公司，全稱「聯合礦業供應公司」，其創始人和總裁瓦茲尼先生（Mr.Fadi WAZNI）是幾內亞知名的企業家，2016 年 10 月底曾作為隨行企業家代表團成員，陪同幾內亞阿爾法·孔戴總統訪問中國大陸。

　　這 4 家企業是鋁產業鏈上重要環節的關鍵企業，幾內亞 UMS 公司是鋁土礦開採企業，韋立國際集團是鋁土礦石專業運輸企業，煙臺港是鋁土礦專業碼頭運營企業，宏橋集團是中國大陸最大的鋁土礦用戶企業。且它們分別屬於不同發展階段的國家，幾內亞 UMS 公司雖為幾內亞企業，但其股東來自法國，韋立國際集團來自新加坡，與中國有色金屬企業有多年的合作關係。宏橋集團與煙臺港同為中國大陸企業，前者為民營企業，後者為國有企業。因此，這 4 家企業組成「幾內亞贏聯盟」，堪稱完美的組合，為開展經營活動，按照幾內亞共和國的法律規定，遵照企業法和礦業法，在幾內亞註冊成立兩家幾內亞法人企業，分別為：贏聯盟博凱礦業公司（Société Minières de Boké，SMB）和贏聯盟非洲港口公司（Winning Africa Port WAP），分別承擔起礦山開採建設、港口建設運營以及社區建設管理工作。[820]

　　2015 年 7 月 20 日，經過 100 天的建設，幾內亞的卡徒古瑪港口（Koutougouma）

投產運營，贏聯盟舉行盛大的幾內亞鋁土礦首裝船儀式。SMB 的鋁土礦，經由陸路運輸，從礦山運送到碼頭堆場，用拐手裝船機裝運到駁船，沿著諾尼茲河由拖輪拖帶到博凱外海錨地，用浮吊 BOKE WINNING STAR 號，裝上韋立信心（WINNING CONFIDENCE）輪。2015 年 9 月 25 日，韋立信心輪載運首船 18 萬噸幾內亞鋁土礦離開博凱港，於 11 月 14 日抵達煙臺港。2015 年和 2016 年，贏聯盟的幾內亞鋁土礦裝運量分別在 100 萬噸和 1,100 萬噸左右。2017 年達到 3,200 萬噸，2018 年計畫供應 4,000 萬噸，並開始向市場銷 500～800 噸鋁土礦。[821]

「幾內亞贏聯盟」短短三年的經營，就有效地實現了多方共同發展，對於幾內亞社會經濟發展的貢獻主要表現在以下多個方面：[822]

1.示範帶動作用，贏聯盟是在埃博拉疫情肆虐的 2014 年進入幾內亞的，並在 2015 年開始建設，此時多數外資企業撤離幾內亞，外部投資望而卻步，贏聯盟的進入，給幾內亞國家和人民帶來了希望，起到了無可比擬的領頭羊作用。

2.贏聯盟礦業、港口及物流項目的成功運營，給幾內亞國家創造稅收來源，依法繳納礦業資源稅，每年為幾內亞上繳巨額美元稅費。

3.贏聯盟礦業項目帶動幾內亞國內生產總值（GDP）的增長，根據國際貨幣組織的估計，對幾內亞國內生產總值（GDP）的貢獻率達 5%。

4.贏聯盟項目帶動直接和間接就業 10,000 人，根據幾內亞政府部門的評估，一個在贏聯盟就業的幾內亞人，可以支撐起 10 至 15 個幾內亞人的生計，因此，贏聯盟項目 10-15 萬幾內亞人提供了生活保障，是幾內亞最大的勞動就業項目之一。

5.贏聯盟創造的穩定的美元稅收，改善了幾內亞的外匯收支狀況，拉升了幾內亞貨幣幾郎的幣值，增強了國際組織對於幾內亞經濟和外匯收入的信心。

6.贏聯盟的成功，吸引和帶動更多企業和投資者進入幾內亞，從事礦業、基礎設施建設、農業等領域，為幾內亞經濟發展注入了動力。

此外，贏聯盟專案對於中國大陸有色金屬行業的發展也具有重大的意義，這主要表現在：[823]

1.開闢新的鋁土礦資源供應，實現了鋁土礦資源供應的多樣化，擺脫了對於少數資源富有國家的過度依賴，具有戰略性意義。

2.搭建起雙向物流通道，為中國大陸企業進入幾內亞提供便利的物流運輸服務，贏聯盟已經在為中水電、澳信、河南國際等中資企業的大型項目提供物流服務，為在幾內亞經商的中國大陸企業提供一般商品海運物流服務。

3.贏聯盟是個三國四方的合作項目，它的成功也為不同國家、不同所有制、不同行業的企業，不同國籍的人士在經濟不發達國家的合作，探索出一種新的模式，而這種國際合作模式正是「一帶一路」倡議所需要的。

從中國宏橋集團、中國煙臺港集團、新加坡韋立國際集團
（WINNINGINTERNATION AL GROUP）、幾內亞 （UMS United Mining Supply）組成
「幾內亞贏聯盟」（SMB WINNING CONSORTIUM），4 家企業擁有不同專業技術，在
幾內亞註冊成立贏聯盟博凱礦業公司（Société Minières de Boké ,SMB）承擔起礦山開
採建設，並在幾內亞註冊成立贏聯盟非洲港口公司（Winning Africa Port WAP），承擔
起港口建設運營，共同開發與營運非洲幾內亞鋁土礦，使得幾內亞企業、中國大陸企
業及新加坡企業，能共同合作獲取利益，擺脫過去由殖民宗祖國企業單獨採礦及運
營，獨自獲取利益的模式，實現《關於推進國際產能和裝備製造合作的指導意見》所
期望之互利共贏、共同發展的目標。

（三）英國曼徹斯特機場城專案開發與營運

2013 年底，英國財政大臣喬治·吉迪恩·奧利佛·奧斯本（George Gideon Oliver Osborne）
訪問中國大陸期間，向中國大陸重點推介曼徹斯特機場城專案，位於曼徹斯特機場附近，
是英國的第一個空港城，專案計畫面積 116 公頃，預計未來 10 至 15 年內建成。中國大
陸北京建工集團宣佈投資 1,200 萬英鎊，與曼徹斯特機場集團 MAG、英國建築公司
Carillion 以及大曼徹斯特養老基金成立合資企業，合資企業將開發價值 8 億英鎊的曼徹
斯特機場城項目，這個規劃 450 萬平方英尺，包括寫字樓、酒店、先進製造業、物流和
倉儲的商務區具有長期投資前景。這是中國大陸企業在英國基礎設施投資領域的第一個
股權投資。其中，北京建工集團在合資企業中佔有 20% 的股權，曼徹斯特機場集團占
50% Carillion 占 20% 曼徹斯特養老金占 10% 。同時，除股權投資外，北京建工集團和
Carillion 聯合獲得整個機場城 10 至 15 年開發計畫的承包契約，以各自占 50% 股權的
比例共同進行專案的工程施工。這一安排充分利用了各方優勢，並有效降低了北京建工
的投資風險。[824]

此外，由於專案投資採用分批分期投資的模式，根據專案的商業計畫書，所有空港
城建設專案，都將在專案已銷售或出租協定簽署後才正式啟動，並在充分考慮客戶和入
駐企業要求的基礎上進行具體的工程設計和施工交付。這種模式的好處是，大幅降低企
業的首次投資金額，減輕企業的現金流壓力，並可提前做好各項風險分析、風險管理和
應對安排，確保每個具體專案順利實施，最終確保項目整體平穩順利進行。[825]

在貸款融資部分，2013 年 9 月，英國《金融時報》就報導中國工商銀行將對專案進
行 6.5 億英鎊資金支援，且中國工商銀行具體的安排將作為北京建工集團投資的一部分。
中國工商銀行作為首先與曼徹斯特機場集團進行接洽的中資企業，在對項目進行了充分
評估後，決定參與該專案，並作為中間人引進了北京建工集團。

企業應抓住工程項目管理特點，發揮主觀能動性，做好資源配置工作，充分發揮各
方優勢、形成優勢互補、風險共擔、利益共享的良好發展局面。且承包商作為投資方全
程參與專案的規劃、建設、運營已經越來越多地成為工程項目的常用模式，也是未來中
國大陸承包工程轉型升級的重要方向，在通過多方合作的方式參與專案建設，能夠有效
地降低參與方的風險，實現專案的順利運轉。[826]

　　中國大陸北京建工集團與曼徹斯特機場集團 MAG、英國建築公司 Carillion 以及大曼徹斯特養老基金成立合資企業，共同投資建設英國曼徹斯特機場城，且該項目貸款融資 6.5 億英鎊資金部分，由中國工商銀行承辦，使得中國大陸具有基礎建設專業公司得以進軍西方已開發國家，打破以往中國大陸基建企業多在亞洲及非洲等開發中國家建設的傳統印象，也使中國工商銀行在工程案的融資上能更熟悉英國的操作模式，有利未來在英國基礎建設融資業務的拓展。

（四）中國大陸三一重工與奧地利帕爾菲格集團交叉持股的合作模式

　　1994 年中國大陸三一集團投資創建三一重工，現為全球裝備製造業領先企業之一，其主要產品包括混凝土機械、挖掘機械、起重機械、樁工機械、築路機械、建築裝配式預製結構構件，其中泵車、拖泵、挖掘機、履帶起重機、旋挖鑽機、路面成套設備等主導產品已成為中國第一品牌，混凝土輸送泵車、混凝土輸送泵和全液壓壓路機市場佔有率居國內首位，泵車產量居世界首位。[827]

　　1932 年帕爾菲格成立於奧地利薩爾茨堡，擁有 0.9 噸米到 116 噸米共 150 餘款隨車起重機產品，在全球 11 個國家擁有 15 家工廠，在超過 180 個國家擁有超過 1,500 個銷售和服務網點，年產能達 30,000 臺。核心產品折疊式隨車起重機在全球市場佔有率超過 30%，是世界領先的液壓起重、裝載、搬運設備製造商，是液壓折臂起重機技術的領導者。[828]

　　於 2012 年 2 月 28 日，三一重工下屬全資子公司三一汽車起重機械有限公司（以下簡稱「三一汽重」）與奧地利帕爾菲格集團（Palfinger AG）子公司帕爾菲格亞太（Palfinger Asia Pacific Pte. Ltd）簽訂合資協定，雙方共同出資，各持有 50% 的股份，分別在中國大陸成立「三一帕爾菲格特種車輛裝備有限公司」（以下簡稱「三一帕爾菲格」），三一帕爾菲格註冊資本為 30,000 萬元人民幣，總部設在中國大陸湖南省的省會長沙市，針對中國大陸和全球市場研發、生產和銷售隨車起重機等特種車輛裝備。及在匈牙利成立「帕爾菲格三一汽車起重機國際銷售公司」（以下簡稱「帕爾菲格三一」），而帕爾菲格三一總部設則設在奧地利薩爾茨堡，在歐洲、獨聯體國家及美洲分銷三一輪式起重機。[829]

　　此外，再運用母公司交叉持股：三一重工通過直接或間接全資子公司將持有帕爾菲格 10% 的股份，帕爾菲格將通過其全資子公司間接持有三一起重 10% 的股份，這種合作模式與單向持股相比，交叉持股具有以下優勢：[830]

1.合作雙方的地位更為平等，在平等級基礎上，雙方的共商將會更加公平和富有效率。

2.通常與合資企業、價值鏈環節的戰略聯盟（聯合研發、合作製造、聯合行銷等）結合在一起，並互派董事，進而有利於各種形式的戰略聯盟的發展。

　　中國大陸三一重工股份有限公司與奧地利帕爾菲格集團的合作模式，正是運用走出去與引進來相結合的模式，兩家都是研發、生產和銷售隨車起重機等特種車輛裝備的企業，雙方合資成立子公司並交叉持股，運用兩家公司既有的在地優勢，共同研發並拓展

市場，實行《關於推進國際產能和裝備製造合作的指導意見》推動：「支持企業同具有品牌、技術和市場優勢的國外企業合作，鼓勵在發達國家設立研發中心，提高機械製造企業產品的品牌影響力和技術水準。」[831]成為國際產能與裝備製造合作的良好實例之一。

柒、中國大陸國際產能和裝備製造合作推展方式以各項對外承包工程為例

中國大陸走出去戰略以投資合作的境外經濟貿易合作區及企業各類直接投資為主要模式，但由於中國大陸擁有龐大的國有企業，並累積數十年的基礎設施建設經驗，這對於承包工程走出去具有相當大的國際競爭力。因此，中國大陸政府非常鼓勵企業能走出國門，到世界各地承包工程，加速企業走出去，進入國境市場加速國際化與磨練競爭力，有效推進國際產能和裝備製造合作，亦能藉由相關工程的人民幣融資，推進人民幣國際化進程。

在 2017 年，中國大陸企業新簽契約額 10 億美元以上的項目共 41 個，較上年增加 8 個，新簽契約額 1 億美元和 5,000 萬美元以上的項目數量也逐年增加，集中在鐵路建設、一般建築、石油化工、電力工程等領域。一批基礎設施互聯互通和國際產能合作重點專案成為對外承包工程業務標杆：蒙內鐵路正式建成通車運營，中老鐵路首條隧道全線貫通，中泰鐵路一期工程開工建設，匈塞鐵路、巴基斯坦 PKM 高速公路等專案建設持續進行，眾多區域互聯互通專案積極推進。[832]

從 2017 年中國大陸對外承包工程新簽契約額前三大為馬來西亞東部沿海鐵路一期工程設計施工總承包專案、印尼加達衛星城專案、香港地區綜合廢物管理設施第 1 期專案；對外承包工程金額前三大國家為馬來西亞 248.5 億美元、印度尼西亞 172.0 億美元、尼日利亞 114.8 億美元；對外承包工程業務完成契約金額前三大國家為巴基斯坦 113.4 億美元、馬來西亞 81.5 億美元、阿爾及利亞 78.5 億美元，均為亞洲與非洲國家。顯示，中國大陸在一帶一路戰略與國際產能與裝備製造合作推動上，中國大陸各項對外承包工程，對於亞洲與非洲國家的基礎建設有相當助益。

表6-50 中國大陸2017 年對外承包工程新簽契約額前10 大項目表

序號	國別（地區）	項目	名稱簽約企業
1	馬來西亞	東部沿海鐵路一期工程設計施工總承包專案	中國交通建設股份有限公司
2	印尼	美加達衛星城項目	中國建築集團有限公司
3	中國香港	綜合廢物管理設施第 1 期專案	中國港灣工程有限責任公司
4	肯亞	納瓦沙至基蘇木標軌鐵路項目	中國路橋工程有限責任公

			司
5	俄羅斯聯邦	阿莫爾天然氣處理廠建設專案	中國石油工程建設有限公司
6	奈及利亞	蒙貝拉 3050 兆瓦水電站項目	中國水電建設集團國際工程有限公司
7	越南	沿海二期燃煤電廠項目	中國華電科工集團有限公司
8	老撾	中老鐵路磨丁至萬象工程	中國中鐵股份有限公司
9	奈及利亞	阿布加城鐵項目	中國土木工程集團有限公司
10	約旦	阿塔拉特 2 臺 277 兆瓦燃油葉岩電站 EPC 項目	中國能源建設集團廣東火電工程有限公司

資料來源：

《2017-2018 中國對外承包工程發展報告》（北京： 中華人民共和國商務部、中國對外承包工程商會，2018），頁 16。

表6-51 中國大陸2017 年對外承包工程業務新簽契約前10 大國別（地區）市場統計表

排名	國別（地區）	金額	占比
1	馬來西亞	248.5 億美元	9.4%
2	印度尼西亞	172.0 億美元	6.5%
3	尼日利亞	114.8 億美元	4.3%
4	巴基斯坦	107.5 億美元	4.1%
5	孟加拉	104.2 億美元	3.9%
6	肯尼亞	100.8 億美元	3.8%
7	中國香港	89.2 億美元	3.4%
8	安哥拉	85.8 億美元	3.2%
9	俄羅斯聯邦	77.5 億美元	2.9%
10	埃塞俄比亞	70.6 億美元	2.7%
合計		1171.1 億美元	44.1%

資料來源：

《2017-2018 中國對外承包工程發展報告》（北京： 中華人民共和國商務部、中國對外承包工程商會，2018），頁 5-6。

表6-52 中國大陸2017 年對外承包工程業務完成契約前10 大國別（地區）市場統計表

排名	國別（地區）	金額	占比
1	巴基斯坦	113.4 億美元	6.7%
2	馬來西亞	81.5 億美元	4.8%

3	阿爾及利亞	78.5 億美元	4.7%
4	安哥拉	66.9 億美元	4.0%
5	沙烏地阿拉伯	63.4 億美元	3.8%
6	印度尼西亞	55.6 億美元	3.3%
7	中國香港	55.5 億美元	3.3%
8	埃塞俄比亞	55.2 億美元	3.3%
9	老撾（寮國）	42.3 億美元	2.5%
10	肯尼亞	37.3 億美元	2.2%
合計		649.6 億美元	38.5%

資料來源：

《2017-2018 中國對外承包工程發展報告》（北京： 中華人民共和國商務部、中國對外承包工程商會，2018），頁 5-6。

　　在 2018 年，在全球經濟增長緩慢、貿易保護主義抬頭、國際工程市場總體承受下行壓力的形勢下，中國大陸對外承包工程行業在共建「一帶一路」倡議引領下，以基礎設施等重大項目建設和國際產能合作為重點，不斷探索培育行業新的發展優勢和競爭力，行業總體發展從快速發展向穩中求進轉變。中國大陸對外承包工程新簽契約額 2,418.0 億美元，同比下降 8.8%；完成營業額 1,690.4 億美元，同比增長 0.3%。截至 2018 年底，對外承包工程業務累計簽訂契約額 2.3 兆美元，完成營業額 1.6 兆美元。[833]

　　而 2018 年對外承包工程在各地區市場業務份額雖有波動，但總體保持穩定。中國大陸在亞洲市場對外承包工程業務，於近兩年高速增長後出現回檔，新簽契約額 1,193.5 億美元，同比下降 16.9%，占全球總額的 49.4%；完成營業額 906.9 億美元，同比增長 2.7%，占全球總額的 53.7%。總體來看，東南亞、南亞地區市場經濟增長強勁，電力、交通需求旺盛，城市化進程催生房屋建設需求，電力工程建設、交通運輸建設和一般建築為重點合作領域。但目前部分亞洲國家政府更迭，不斷調整對外政策，對推動部分專案合作產生了不利影響。[834]

　　中國大陸在非洲市場對外承包工程新簽契約額 784.3 億美元，同比增長 2.5%，占全球總額的 32.4%；完成營業額 488.4 億美元，同比下降 4.6%。在中非合作論壇北京峰會等利好舉措的推動下，合作雙方均在探索新的發展模式，「建營一體化」業務逐漸增多。從業務領域來看，交通運輸建設和工業建設領域業務實現增長。企業在北非和西非市場均實現了業務增長，特別是奈及利亞、埃及等市場項目簽約出現了一個小高峰。[835]

　　中國大陸在拉丁美洲市場對外承包工程新簽契約額 182.3 億美元，同比增長 14.9%，完成營業額 119.7 億美元，同比下降 7.3%。其中，在巴西、委內瑞拉、巴拿馬、阿根廷等市場業務均有較好表現。歐洲市場新簽契約額 143.3 億美元，同比下降 16.8%，完成營業額 100.2 億美元，同比增長 7.5%。得益於波黑、克羅埃西亞和馬其頓等市場新簽約高速公路項目，中東歐市場業務同比實現增長。大洋洲市場業務規模繼續穩步擴大，新簽契約額 85.7 億美元，完成營業額 50.7 億美元，同比均實現了增長，分別占總額的 3.5%

和 3.0%。北美洲市場以美國市場為主，總體業務規模較小，新簽契約額與完成營業額分別占總額的 1.2%和 1.4%。[836]

從 2018 年，中國大陸對外承包工程新簽契約額前三大奈及利亞 尼鐵現代化專案（拉各斯至卡諾）第 4 號補充實施協議伊巴丹至卡杜納段含奧遜伯至阿杜- 埃基蒂支線、埃及新首都 2 期建設項目、阿拉伯聯合大公國迪拜太陽能發電園區四期 700 兆瓦光熱電站項目；對外承包工程金額前三大國家為奈及利亞 170.1 億美元、印度尼西亞 114.0 億美元、馬來西亞 93.5 億美元；對外承包工程業務完成契約金額前三大國家為巴基斯坦 112.7 億美元、馬來西亞 79.6 億美元、阿爾及利亞 75.2 億美元，均為亞洲與非洲國家。顯示，中國大陸在一帶一路戰略與國際產能與裝備製造合作推動上，中國大陸各項對外承包工程，符合亞洲與非洲國家的對基礎建設的龐大需求。

表6-53 中國大陸2018年對外承包工程新簽契約額前10 大項目表

序號	國別（地區）	項目	名稱簽約企業
1	奈及利亞	尼鐵現代化專案（拉各斯至卡諾）第 4 號補充實施協議伊巴丹至卡杜納段含奧遜伯至阿杜- 埃基蒂支線	中國土木工程集團有限公司
2	埃及	新首都 2 期建設項目	中國建築集團有限公司
3	阿拉伯聯合大公國	迪拜太陽能發電園區四期 700 兆瓦光熱電站項目	上海電氣集團股份有限公司
4	奈及利亞	蒙貝拉水電站項目	中國葛洲壩集團股份有限公司
5	埃及	蘇赫納零燃料油煉油廠項目	中國水電建設集團國際工程有限公司
6	哈薩克	阿斯坦納輕軌專案一期工程	中鐵亞歐建設投資有限公司
7	澳大利亞	墨爾本西門隧道前期工程	中國交通建設股份有限公司
8	馬來西亞	文安鋼鐵（馬來西亞）有限公司 Samalaju 聯合鋼廠工程總承包	中冶賽迪工程技術股份有限公司
9	迦納	西非沿海高速- 阿克拉外環線項目	中國水電建設集團國際工程有限公司
10	剛果（金）	金夏沙省基礎設施建設成套 EPC 項目	中國化學工程第七建設有限公司

資料來源：

《2018-2019 中國對外承包工程發展報告》（北京： 中華人民共和國商務部、中國對外承包工程商會，2019），頁 6～7。

表6-54 中國大陸2018年對外承包工程業務新簽契約前10 大國別（地區）市場統計表

排名	國別（地區）	金額	同比
1	奈及利亞	170.1	48.2%
2	印尼	114.0	-33.7%
3	馬來西亞	93.5	-62.4%
4	孟加拉	91.1	-12.6%
5	中國香港	90.2	1.0%
6	埃及	79.5	395.2%
7	阿拉伯聯合大公國	76.4	53.0%
8	澳大利亞	72.8	46.3%
9	伊朗	67.5	35.8%
10	沙烏地阿拉伯	67.3	129.7%

資料來源：

《2018-2019 中國對外承包工程發展報告》（北京： 中華人民共和國商務部、中國對外承包工程商會，2019），頁 5。

表6-55 中國大陸2018 年對外承包工程業務完成契約前10 大國別（地區）市場統計表

排名	國別（地區）	金額	同比
1	巴基斯坦	112.7	-0.6%
2	馬來西亞	79.6	-2.2%
3	阿爾及利亞	75.2	-4.2%
4	印尼	61.0	9.6%
5	中國香港	59.3	6.9%
6	寮國	52.6	24.5%
7	沙烏地阿拉伯	52.2	-17.6%
8	安哥拉	45.4	-32.1%
9	肯亞	43.5	16.7%
10	孟加拉	43.2	37.4%

資料來源：

《2018-2019 中國對外承包工程發展報告》（北京： 中華人民共和國商務部、中國對外承包工程商會，2019），頁 5。

近年來，中國大陸兩位重要領導人在國際間出訪時，國家主席習近平大力推動一帶一路戰略，國務院總理李克強則是大力推動國際產能與裝備製造合作，兩者則是中國大陸走出去戰略上相輔相成的重大規劃。且由中國大陸商務部與中國對外承包工程商會所發布的《2017～2018 中國對外承包工程發展報告》、《2018～2019 中國對外承包工程發展報告》的相關資料，顯示，中國大陸在國際產能與裝備製造合作各項對外承包工程

的推動上，在亞洲與非洲國家基礎建設較差，且對基礎建設較有需求的國家，較其他美洲與歐洲等地，取得較大的對外工程承包成果。

2019 年，中國大陸對外承包工程新簽契約總份數 11,932 份，新簽契約額 2,602.5 億美元，同比增長 7.6%，在經歷 2018 年業務下滑後，業務增速再次恢復；完成營業額 1,729 億美元，同比增長 2.3%。截至 2019 年底，對外承包工程業務已累計實現完成營業額 1.76 兆美元，新簽契約額 2.58 兆美元。[837]此外，2019 年，中國大陸企業在「一帶一路」沿線 62 個國家新簽對外承包工程項目契約 6,944 份，新簽契約額 1,548.9 億美元，占同期中國大陸對外承包工程新簽契約額的 59.5%，同比增長 23.1%；完成營業額 979.8 億美元，占同期總額的 56.7%，同比增長 9.7%。[838]

2019 年中國大陸企業對外承包工程，新簽契約額在 5,000 萬美元以上的項目 894 個，較上年增加 47 個，合計 2,195.1 億美元，占新簽契約總額的 84.3%。其中上億美元專案 506 個，較上年增加 39 個，大型和綜合性項目影響增加，特別是在石油化工、地鐵、鐵路、電站建設等項目中表現更為突出。[839]

2019 年中國大陸企業對外承包工程，一批標誌性專案取得實質性進展。肯亞內馬鐵路項目一期正式通車並投入運營；孟加拉帕德瑪大橋鐵路連接線專案設計工作取得突破，現場施工穩步推進；印尼雅萬高鐵項目建設取得階段性進展；斯里蘭卡首條新建設計時速 120 公里的現代化內燃牽引單線寬軌鐵路- 南部鐵路延長線一期項目正式通車；中國大陸企業承建的首個莫斯科地鐵專案 9 條隧道全部貫通。斯里蘭卡可倫坡港口城項目已完成填海造地，中巴經濟走廊最大交通基礎設施項目—巴基斯坦 PKM 高速公路項目（蘇庫爾- 木爾坦段）提前完工；北非重要航空樞紐阿爾及爾新機場項目正式投入運營；埃及新首都中央商務區建設工作有序推進，部分單體進入主體結構標準層施工。[840]

2020 年 12 月 3 日中寮鐵路通車，這是中國大陸「一帶一路」倡議與寮國「變陸鎖國為陸聯國」戰略對接的重要項目，也是「一帶一路」倡議提出後首條以中國大陸為主投資建設全線採用中國標準、使用中國設備並與中國鐵路網直接連接的國際鐵路，北起中國大陸昆明市向南經玉溪市、普洱市、西雙版納傣族自治州，至寮國首都萬象全長 1,000 多公里，設計時速 160 公里為電氣化客貨混運鐵路工程，於 2016 年 12 月全面開工，共設 43 個車站，國內段新設 11 個車站分別為峨山站、化念站、元江站、墨江站、寧洱站、普洱站、野象穀站、西雙版納站、橄欖壩站、猛臘站和磨憨站，全線隧道 167 座，總長達 590 多公里占全線總長度的 63%施工任務繁重，中國大陸國內段 500 餘公里，共有 93 座隧道橋隧比高達 87%，10 公里以上隧道 15 座，軟弱圍岩占比達 87%修建難度極大。中寮鐵路通車後至寮國萬象有望實現當日通達，未來還有望與中南半島其他國家相連成為泛亞鐵路的關鍵起承段，拉動沿線旅遊、農業、物流等產業發展和對經濟特區、綜合開發區、城市化建設，有巨大促進作用。[841]

從上述資料顯示，中國大陸政府持續推動國內企業對外承包工程，將國內各項建設的經驗持續向外輸出，如此不但可以使得中國大陸企業維持各工程團隊的持續運作，累積各工程團隊的施工及建造經驗，更能將中國大陸的技術與各項工程規格向外

輸出，也能藉此賺取許多外匯收入，有利於推動中國大陸經濟全球化的進程。

表6-56　中國大陸2019年對外承包工程新簽契約額前10 大項目表

序號	國別（地區）	項目	名稱簽約企業
1	俄羅斯聯邦	波羅的海化工綜合體專案	中國化學工程第七建設有限公司
2	哥倫比亞	波哥大地鐵一號線專案	中國港灣工程有限責任公司
3	孟加拉	普爾巴里 2x1000MW 超超臨界燃煤電站二期	中國水電建設集團國際工程有限公司
4	奈及利亞	阿布加- 巴羅- 阿賈奧庫塔中線鐵路項目和朱庫垃- 洛克賈支線鐵路	中國鐵建國際集團有限公司
5	緬甸	MPT JO 運維服務產品競標專案	中興通訊股份有限公司
6	伊朗	TPPH5000MW 聯合迴圈電站專案	中國能源建設集團國際工程有限公司
7	沙烏地阿拉伯	薩拉曼國王國際綜合港務設施 A&B、C 及 D 區（3 個包）	中國電建集團山東電力建設有限公司
8	馬來西亞	東海岸鐵路連結線專案	中國港灣工程有限責任公司
9	奈及利亞奈及利亞	新月島填海造地和高架橋梁工程項目	中國水電建設集團國際工程有限公司
10	孟加拉	博杜阿卡利 1320（2×660）MW 燃煤電站項目	北方國際合作股份有限公司

資料來源：

《2019-2020 中國對外承包工程發展報告》（北京： 中華人民共和國商務部、中國對外承包工程商會，2020），頁 7。

捌、結論

　　近十餘年來，中國大陸「走出去」戰略已取得相當成果。截至 2017 年底，中國大陸 2.55 萬家境內投資者，在國（境）外共設立對外直接投資企業 3.92 萬家，分佈在全球 189 個國家和地區，境外企業資產總額達 6 兆美元，對外直接投資存量達 18,090.4 億美元。[842]

　　又據統計截至 2020 年底，中國大陸 2.8 萬家境內投資者在國（境）外共設立對外直接投資企業 4.5 萬家（境外企業），分佈在全球 189 個國家及地區），年末境外企業資產總額 7.9 兆美元。對外直接投資累計淨額（以下簡稱存量）25,806.6 億美元，其中：股權投資 14,777.3 億美元，占 57.3%；收益再投資 78,604 億美元，占 30.4%，債務工具投資 31,689 億美元，占 12.3%。[843]

　　由 2003～2020 年中國大陸對外直接投資流量表，可知中國大陸 2003 年對外投資金額僅 28.5 億美元，經過 17 年的發展，到 2020 年以對外投資金額 1,537.1 億美元，首次位居全球第 1 位。[844]自 2003 年中國大陸正式發佈對外直接投資年度資料以來，中國大陸已連續第 7 年對外直接投資流量位列全球前三，連續第 3 年在全球對外直接投資流量中的比重超過 10%[845]

　　而對外投資存量規模美國以 77,217.1 億美元位列全球第一，荷蘭以 25,652.9 億美元位列全球第二位，中國大陸則是以 21,988.8 億美元，位居全球第 3 位，占全球比重 6.4%。[846]

表6-57 2003年～2020年中國大陸對外直接投資流量表

年度	2003 年	2004 年	2005 年
金額	28.5 億美元	55 億美元	122.6 億美元
年度	2006 年	2007 年	2008 年
金額	211.6 億美元	265.1 億美元	559.1 億美元
年度	2009 年	2010 年	2011 年
金額	565.3 億美元	688.1 億美元	746.5 億美元
年度	2012 年	2013 年	2014 年
金額	878 億美元	1,078.4 億美元	1,231.2 億美元
年度	2015 年	2016 年	2017 年
金額	1,456.7 億美元	1,961.5 億美元	1,582.9 億美元
年度	2018 年	2019 年	2020 年
金額	1,430.4 億美元	1,369.1 億美元	1,537.1 億美元

資料來源：

整理自-

1.《2018 中國對外投資發展報告》（北京： 中華人民共和國商務部，2019），頁 4。

2.《2019 中國對外投資發展報告》（北京： 中華人民共和國商務部，2020），頁 4。

3.《2020 中國對外投資發展報告》（北京： 中華人民共和國商務部，2021），頁 4。

4.中華人民共和國商務部、國家統計局、國家外匯管理局，《2020 年度中國對外直接投資統計公報》（北京：中國商務出版社，2021），頁 4。

　　從 2011 年至 2019 年中國大陸對外直接投資流量分區統計資料表，可以瞭解到中國大陸企業對外投資以亞洲為首選直接投資金額最高，其次為拉丁美洲直接投資金額次之，歐洲及北美洲直接投資金額再次之，而非洲及大洋洲直接投資金額最少。

　　再由 2018 年中國大陸對外直接投資各洲存量排名前三國家或地區統計表，可知中國大陸對外直接投資存量前 5 名的國家或地區，分別為香港地區 11,003.9 億美元、開曼群島 2,592.2 億美元、英屬維京群島 1,305.0 億美元、新加坡 500.9 億美元、美國 755.1 億美元。及 2019 年中國大陸對外直接投資各洲存量排名前三國家或地區統計表，可知

中國大陸對外直接投資存量前 5 名的國家或地區，分別為香港地區 12,753.6 億美元、開曼群島 2,761.5 億美元、英屬維京群島 1,418.8 億美元、新加坡 526.4 億美元、美國 778 億美元。

此外，對照 2018 年中國大陸對外直接投資各洲存量排名前三產業統計表，得知中國大陸對外直接投資存量在前 5 名的區域及產業為亞洲區租賃和商務服務業 5,571.3 億美元、拉丁美洲區資訊傳輸、軟體和資訊技術服務業 1,559.6 億美元、亞洲區批發和零售業 1,583.3 億美元、亞洲區金融業 1,532.5 億美元、拉丁美洲區租賃和商務服務業 886.7 億美元。及 2019 年中國大陸對外直接投資各洲存量排名前三產業統計表，得知中國大陸對外直接投資存量在前 5 名的區域及產業為亞洲區租賃和商務服務業 6,059.4 億美元、拉丁美洲區資訊傳輸及軟體和資訊技術服務業 1,561 億美元、亞洲區批發和零售業 1,583.3 億美元、亞洲區金融業 1,864.6 億美元、拉丁美洲區租賃和商務服務業 991.5 億美元。

顯然，除美國之外，中國大陸對外直接投資香港地區、開曼群島、英屬維京群島、新加坡等地區及國家，大都是世界著名的紙上公司註冊地或是資金自由進出地，應為中國大陸對外直接投資的資金中轉地。如同臺商投資中國大陸，許多資金並非由臺灣直接匯往中國大陸投資設立公司，而是透過第三地設立公司後再投資中國大陸。由此分析，可知中國大陸企業已熟悉國際間的轉投資模式，資金藉由第三地中轉，來取得更有優勢的投資地位。

從 2018～2019 年中國大陸對外直接投資各洲存量排名前三產業統計表，仍然能看出中國大陸對外直接投資在非洲、歐洲、北美洲及大洋洲，對於採礦業、製造業的投資金額存量均達百億美元以上，顯示中國大陸部分企業對外直接投資仍重視國際產能與裝備製造上，較有相關性的採礦業與製造業。

中國大陸利用 2001 年加入世界貿易組織（WTO）的有利時機，開啟走出去戰略，主動參與國際經濟技術合作與競爭，統籌內外兩個市場，優化資源配置，促進經濟快速發展，密切與世界各國的聯繫，經歷近二十年的發展，中國大陸綜合國力與國際影響力均大幅提升，[847]從國內生產總值（GDP）來評斷中國大陸於 2010 年已成為世界第二大經濟體，到 2019 年中國大陸對外投資金額 1,369.1 億美元，位列全球第 2 位，對外直接投資存量高達 21,988.8 億美元，也位居全球第 3 位。由此可知，中國大陸已成為世界具有龐大經濟影響力的經濟大國。

綜上所述，2015 年中國大陸國務院所提出《關於推進國際產能和裝備製造合作的指導意見》，是將此前中國大陸企業在境外投資與合作之各類別的商業行為模式，經過整合與規劃成為由中國大陸國務院推動的一項明確行動方案，並期望藉由一帶一路戰略大力推動，進一步促使更多中國大陸企業能走向境外進行投資與合作，不但可以開拓市場，亦可以獲得礦產及技術等各項經濟資源，帶動中國大陸對外貿易持續發展，使得中國大陸經濟能升級與轉型，亦屬中國大陸推動供給側結構性改革的一環，並促使中國大陸經濟更加融入全球經濟產生良性循環，展開新一輪中國大陸經濟全球化的步伐。

表6-58 2010年～2019年中國大陸對外直接投資流量分區統計表

年度	2010 年	2011 年	2012 年	2013 年	2014 年
亞洲	448.9	454.9	647.8	756.0	849.9
非洲	21.1	31.7	25.2	33.7	32
歐洲	67.6	82.5	70.4	59.5	108.4
北美洲	26.2	24.8	48.8	49.0	92.1
大洋洲	18.9	33.2	24.2	36.6	43.4
拉丁美洲	105.4	119.4	61.7	143.6	105.5
年度	2015 年	2016 年	2017 年	2018 年	2019 年
亞洲	1,083.7	1,302.7	1,100.4	1,055.1	1,108.4
非洲	29.8	24.0	41.1	53.9	27.1
歐洲	71.2	106.9	184.6	65.9	105.2
北美洲	107.2	203.5	65.0	87.2	43.7
大洋洲	38.7	52.1	51.1	22.2	20.8
拉丁美洲	126.1	272.3	140.8	146.1	63.9

單位：億美元

資料來源：

整理自-《2019 中國對外投資發展報告》（北京：中華人民共和國商務部，2020），頁 65、頁 72、頁 79、頁 85、頁 91、頁 96。

表6-59 2018年中國大陸對外直接投資各洲存量排名前三國家或地區統計表

洲別	排名	國家或地區	直接投資存量金額
亞洲	1	香港地區	11,003.9 億美元
	2	新加坡	500.9 億美元
	3	印度尼西亞	128.1 億美元
非洲	1	南非	65.3 億美元
	2	剛果（金）	44.4 億美元
	3	贊比亞	53.2 億美元
歐洲	1	英國	198.8 億美元
	2	荷蘭	194.3 億美元
	3	盧森堡	153.9 億美元
北美洲	1	美國	755.1 億美元
	2	加拿大	125.2 億美元
	3	百慕達群島	83.2 億美元
大洋洲	1	澳洲	383.8 億美元
	2	紐西蘭	25.9 億美元
	3	新幾內亞	20.4 億美元

拉丁美洲	1	開曼群島	2,592.2 億美元
	2	英屬維京群島	1,305.0 億美元
	3	巴西	38.1 億美元

資料來源：

整理自-《2019 中國對外投資發展報告》（北京：中華人民共和國商務部，2020），頁 67、頁 73、頁 80、頁 86、頁 92、頁 97。

表6-60 2019年中國大陸對外直接投資各洲存量排名前三國家或地區統計表

洲別	排名	國家或地區	直接投資存量金額
亞洲	1	香港地區	12,753.6 億美元
	2	新加坡	526.4 億美元
	3	印度尼西亞	151.3 億美元
非洲	1	南非	61.5 億美元
	2	剛果（金）	56.0 億美元
	3	安哥拉	28.9 億美元
歐洲	1	荷蘭	238.5 億美元
	2	英國	171.4 億美元
	3	德國	142.3 億美元
北美洲	1	美國	778.0 億美元
	2	加拿大	140.9 億美元
	3	百慕達群島	83.4 億美元
大洋洲	1	澳洲	380.7 億美元
	2	紐西蘭	24.6 億美元
	3	新幾內亞	19.2 億美元
拉丁美洲	1	開曼群島	2,761.5 億美元
	2	英屬維京群島	1,418.8 億美元
	3	巴西	44.3 億美元

資料來源：

整理自-《2020 中國對外投資發展報告》（北京：中華人民共和國商務部，2021），頁 65、頁 72、頁 78、頁 85、頁 90、頁 95。

表6-61 2018年中國大陸對外直接投資各洲存量排名前三產業統計表

洲別	排名	產業	直接投資存量金額
亞洲	1	租賃和商務服務業	5,571.3 億美元
	2	批發和零售業	1,583.3 億美元
	3	金融業	1,532.5 億美元
非洲	1	建築業	147.6 億美元
	2	採礦業	104.8 億美元

	3	製造業	59.7 億美元
歐洲	1	製造業	334.3 億美元
	2	採礦業	228.2 億美元
	3	金融業	175.8 億美元
北美洲	1	製造業	203.6 億美元
	2	採礦業	170.8 億美元
	3	金融業	131.6 億美元
大洋洲	1	採礦業	212.7 億美元
	2	房地產業	43.5 億美元
	3	租賃和商務服務業	40.8 億美元
拉丁美洲	1	資訊傳輸及軟體和資訊技術服務業	1,559.6 億美元
	2	租賃和商務服務業	886.7 億美元
	3	批發和零售業	593 億美元

資料來源：

整理自-《2019 中國對外投資發展報告》（北京：中華人民共和國商務部，2020），頁 67、頁 74、頁 81、頁 87、頁 93、頁 98。

表6-62 2019年中國大陸對外直接投資各洲存量排名前三產業統計表

洲別	排名	產業	直接投資存量金額
亞洲	1	租賃和商務服務業	6,059.4 億美元
	2	批發和零售業	2,197.5 億美元
	3	金融業	1,864.6 億美元
非洲	1	建築業	135.9 億美元
	2	採礦業	110.2 億美元
	3	製造業	55.9 億美元
歐洲	1	製造業	378 億美元
	2	採礦業	211.8 億美元
	3	金融業	172.7 億美元
北美洲	1	製造業	214.5 億美元
	2	採礦業	185.8 億美元
	3	金融業	142.3 億美元
大洋洲	1	採礦業	209.3 億美元
	2	金融業	46.8 億美元
	3	租賃和商務服務業	42.1 億美元
拉丁美洲	1	資訊傳輸及軟體和資訊技術服務業	1,561 億美元
	2	租賃和商務服務業	991.5 億美元

	3	批發和零售業	606.3 億美元

資料來源：

整理自-《2020 中國對外投資發展報告》（北京：中華人民共和國商務部，2021），頁 65、頁 73、頁 79、頁 86、頁 91、頁 96。

第三節 中國大陸自由貿易協定（FTA）

壹、中國大陸加入世界貿易組織概述

19 世紀末第二次工業革命後，歐、美、日等工業化國家因生產力大增，造成產能過剩，但因其各國內需市場已無力在消費，且各工業化國家築起關稅壁壘，使得 1930 年代世界各工業化國家發生經濟大蕭條，歐、美、日等工業化國家失業率大增，各國發生嚴重經濟問題，遂開始以對外侵略作為解決經濟問題的方式之一。日本於 1931 年 9 月 18 日侵略中國大陸東北發生九一八事變，1935 年 10 月 3 日義大利入侵衣索比亞後，將衣索比亞領土併入義大利，1936 年德國跟進派兵進駐萊因河東岸不設防區，之後又出兵佔領奧地利、捷克、波蘭等國，逐步引發第二次世界大戰。

於 1945 年第二次大戰結束後，歐美各國為解決貿易與關稅問題，在美國的主導下於 1948 年協議成立「關稅暨貿易總協定」（General Agreement on Tariffs and Trade，GATT）的國際貿易多邊機制。世界各國經歷多次貿易談判後，於 1995 年 1 月 1 日正式成立世界貿易組織（World Trade Organization，WTO），其主要職能有三：1.制定並監督執行國際經貿規則、2.組織各成員進行開放市場的談判、3.建立成員間的爭端解決機制，因而被喻為「經濟聯合國」。[848]

在 2001 年世界貿易組織 142 個成員間的貿易總額，已占世界貿易總額的 95%，其投資額占全球跨國投資總量 80%，獲得世界貿易組織的一個席位，等於拿到了國際市場的多張通行證。[849]而中國大陸在諸多領域已具備了參與國際分工與競爭的能力，但因長期被排斥在世界多邊貿易體系之外，不得不主要依靠雙邊磋商和協議來協調對外經貿關係，使企業和產品在進入國際市場時，受到了許多歧視性或不公正待遇。

而在經濟全球化的客觀環境下，中國大陸政府意識到必須加入世界貿易組織，然中國大陸內部各界對於是否要加入世界貿易組織卻是爭議不斷，反對者害怕加入世界貿易組織後，中國大陸各產業將無法與境外廠商競爭，使境外產品大舉進入中國大陸市場造成產業的及大破壞。贊成加入世界貿易組織者，則是認為中國大陸整體經濟可以開放倒逼改革，不斷提高政府管理水準，切實調整和優化整體產業結構，實行科技創新，藉由外來競爭不斷強化企業的國際競爭力。

中國大陸為加入世界貿易組織，經歷 10 餘年與世界各國的貿易談判，其談判最為艱難的是與美國及歐盟的貿易談判，中國大陸與美國進行 25 輪談判，另與歐盟進行 15 輪談判。且中國大陸與美國貿易談判上，因所談範圍廣、內容多、難度大，美國又憑藉經濟實力，要價非常高，立場非常強硬，時任中國大陸國務院總理朱鎔基，在最後一輪中美談判親臨現場，雙方經過 6 天 6 夜的艱苦談判，終於 1999 年 11 月 15 日簽署了雙邊協定，從而使中國大陸加入世界貿易組織談判取得突破性進展。後於 2000 年 5 月 18 日，中國大陸與歐盟談判幾經周折後，也正式達成雙邊協議。[850]中國大陸在與世界兩大重要經濟體，談定加入世界貿易組織協議後，也就鋪平加入世界貿易組織的道路。

於 2001 年 12 月 11 日中國大陸終於以開發中國家的身分加入世界貿易組織，但也對於某些貿易事項妥協，付出相當大的代價。一、是長達 15 年的「非市場經濟地位（Non-Market Economy Status）」，《中國加入世界貿易組織議定書》第 15 條「有關確定補貼和傾銷時的價格可比性內容的 15 年特殊過渡期措施」和第 16 條「有關特定產品的 12 年過渡性安全保障措施」，以及《中國加入世界貿易組織工作組報告書》第 242 段「有關紡織品的截至 2008 年 12 月 31 日的單獨過渡性安全措施」常常將中國大陸產品在國際市場的開拓置於不安全的境地。二、是宣示性的發展中國家身份，中國大陸雖然是以發展中國家的身份加入 WTO 但是從整體上看，中國大陸沒有能夠享受到多少 WTO 給予發展中國家的優惠和靈活性，而在市場准入水準上中國大陸已經接近、甚至超過了某些發達國家。比如，在補貼方面是否按發展中國家標準對待中國大陸成為談判焦點時，中國大陸最終同意將國內補貼（農業補貼）的比例設定為，發達國家與發展中國家之間的中間比例 8.5%以內。三、是遭到諸如薩爾瓦多等個別國家採取的 GATT 第 35 條「互不適用條款」。中國大陸在很多方面以超 WTO 義務加入世界貿易組織，目的是贏得廣闊而穩定的國際市場，但同時也確實為中國大陸享受應得的利益帶來了不確定性，甚至可能使中國大陸喪失對競爭對手的比較優勢。[851]這些都是中國大陸政府當年與世界各國談判加入 WTO，所必須付出的代價，才得以換取加入世界貿易組織的機會。

所謂市場經濟地位（Market Economy Status，MES），是反傾銷調查確定傾銷幅度時使用的一個重要概念。反傾銷案發起國如果認定被調查商品的出口國為「市場經濟」國家，那麼在進行反傾銷調查時，就必須根據該產品在生產國的實際成本和價格來計算其正常價格；如果認定被調查商品的出口國為「非市場經濟」國家，將引用與出口國經濟發展水準大致相當的市場經濟國家（即替代國）的成本資料來計算所謂的正常價值，並進而確定銷幅度，而不使用出口國的原始資料。如 1990 年代，歐盟對中國大陸的彩色電視機實施反傾銷制裁，就是將新加坡作為替代國來計算機彩色電視機的生產成本，當時新加坡勞動力成本高出中國大陸二十多倍，中國大陸的產品自然被計算成傾銷。[852]因此，近年來中國大陸極力向各貿易國家爭取「市場經濟」國家的地位，以擺脫與它國貿易上受到反傾銷案等不公平的調查與對待。

貳、中國大陸實施自由貿易協定概述

自由貿易協定（Free Trade Agreement，FTA）這一術語源自於 1948 年對《關稅與貿易總協定》的第一次修改，在第 24 條中增加了「自由貿易協定」，與「關稅同盟」並列。1947 年 10 月 30 日簽署的《關稅與貿易總協定》第 24 條僅包括「關稅同盟」這一種形式和制度。因此，是關稅與貿易總協定創造了自由貿易協定；相對於關稅與貿易總協定和現在的世界貿易組織協定來說，自由貿易協定是內生的，而非外生的。自由貿易協定與世界貿易組織協定，為代表的多邊貿易制度之間不是異質的對立關係，而是包容的共生關係。[853]

根據世界貿易組織秘書處的統計，在世界貿易組織成立之前的近半個世紀，向關稅與貿易總協定通知的區域貿易協定僅 124 個，而世界貿易組織成立後的二十年間則達到

四百多個,並且還有無數個正在談判中。造成自由貿易協定迅猛發展的原因是多方面的,包括政治的、經濟的,國際的、國內的,戰略的、策略的等等。可以說,自由貿易協定已成為 21 世紀國際經貿關係、國際政治關係不可忽視且優先處理的重大問題。從亞洲到美洲、大洋洲,從歐洲到非洲,從大經濟體到小經濟體,幾乎每一個經濟體都參與了這一遊戲。[854]

自由貿易協定(FTA)的傳統含義,是締約各方之間相互取消貨物貿易關稅和非關稅貿易壁壘。但是,最近幾年的 FTA 出現了新的變化,其內容不僅包括貨物貿易自由化,而且涉及服務貿易、投資、政府採購、智慧財產權保護、標準化等更多領域的相互承諾。為了突出這種新變化,以及締約各方之間更緊密的經濟合作與安排、FTA 便有了其他稱呼。例如,澳大利亞與紐西蘭簽署的 CER (Closer Economic Partnership,進一步密切經濟關係)、紐西蘭與泰國簽署的 CEPA (Closer Economic Partnership Agreement,進一步密切經濟關系協定)、印度和新加坡簽署的 CECA (Comprehensive Economic Cooperation Agreement,經濟全面合作協定)、日本和泰國簽署的 EPA (Economic Partnership Agreement,經濟夥伴關係協定)、歐盟與阿爾及利亞簽署的 AA(Association Agreement,聯繫協定)等[855],均屬於自由貿易協定的範疇。

而中國大陸幾乎是在加入世界貿易組織(WTO)的同時,開始自由貿易協定(FTA)建設實踐經驗的探索,於 2006 年中國大陸商務部才開始提出將自由貿易協定,提高到國家戰略的構想,並陸續展開相關研究。自由貿易協定(FTA)的達成是以關稅與貿易總協定/世界貿易組織(GATT/WTO)的相關規則為基礎的,也就是說自由貿易協定(FTA)能夠在關稅與貿易總協定/世界貿易組織(GATT/WTO)體制之內存在。這些相關規則主要是 GATT 1947/1994 第 24 條和根據烏拉圭回合確定的「服務貿易總協定」(GATS)第 5 條。但是有一些全部由發展中國家組成的自由貿易協定,是依據東京回合中通過於 1979 年生效的「授權條款」(Enabling Clause)建立,比如中國─東盟自由貿易區。根據這些規則,自由貿易協定在 1.並不提高對區域外的貿易障礙,2.區域內成員相互之間取消所有貿易障礙,3.全部談判 10 年內完成等條件下,可以作為最惠國待遇原則(Most Favored Nation treatment,MFN)的例外成立,但是如果由於自由貿易協定(FTA)的成立,使針對區域外的貿易障礙有所提高,則視為違反關稅與貿易總協定/世界貿易組織(GATT/WTO)規則。[856]可知,自由貿易協定(FTA)在不違反世界貿易組織(WTO)規則的條件下,可加深各經濟體之間經貿的往來,成為世界許多經濟體,發展經濟的利器。

2007 年 10 月,中共總書記胡錦濤在中國共產黨第十七次全國代表大會報告第一次明確提出要「實施自由貿易區戰略」,將自由貿易區戰略提升為國家戰略層級,其與主要貿易夥伴洽簽自由貿易協定,更邁入全面快速進展的貿易談判。2012 年,中國共產黨的十八大更是要求,「統籌雙邊、多邊、區域次區域開放合作,加快實施自由貿易區戰略,推動同周邊國家互聯互通」。2013 年 10 月,中國大陸國家主席習近平在周邊外交工作座談會上又強調,「要以周邊為基礎加快實施自由貿易區戰略」,「讓命運共同體意識在周邊國家落地生根」。同時,習近平主席在 2013 年 9 月和 10 月分別提出建設「新絲

綢之路經濟帶」和「21 世紀海上絲綢之路」（即「一帶一路」）的戰略構想。[857]

2013 年 11 月 12 日中國共產黨第十八屆中央委員會第三次全體會議通過，中共中央《關於全面深化改革若干重大問題的決定》指出：「加快自由貿易區建設。堅持世界貿易體制規則，堅持雙邊、多邊、區域次區域開放合作，擴大同各國各地區利益匯合點，以周邊為基礎加快實施自由貿易區戰略。改革市場准入、海關監管、檢驗檢疫等管理體制，加快環境保護、投資保護、政府採購、電子商務等新議題談判，形成面向全球的高標準自由貿易區網路。」[858]

2014 年 12 月中共總書記習近平，在中共中央政治局就加快自由貿易區建設進行第十九次集體學習時，再次強調要「逐步構築起立足周邊、輻射帶路面向全球的自由貿易區網路，積極與帶路沿線國家和地區商建自由貿易區，使我國與沿線國家合作更加緊密、往來更加便利、利益更加融合」。[859]

2015 年 12 月，中國大陸國務院發佈《關於加快實施自由貿易區戰略的若干意見》的戰略性文件，對中國大陸自由貿易區建設做出了「頂層設計」，由周邊國家及經濟體逐步拓展至全球的戰略，分三步走 1.加快構建周邊自由貿易區，力爭與所有毗鄰國家和地區建立自由貿易區，不斷深化經貿關係，構建合作共贏的周邊大市場。2.積極推進「一帶一路」沿線自由貿易區，結合周邊自由貿易區建設和推進國際產能合作，積極同「一帶一路」沿線國家商建自由貿易區，形成「一帶一路」大市場，將「一帶一路」打造成暢通之路、商貿之路、開放之路。3.逐步形成全球自由貿易區網路，爭取同大部分新興經濟體、發展中大國、主要區域經濟集團和部分發達國家建立自由貿易區，構建金磚國家大市場、新興經濟體大市場和發展中國家大市場等。[860]

2001 年以來，在全球多邊貿易談判步履維艱，以及主要大國積極推進 FTA 談判的形勢下，中國大陸在積極參與和維護全球多邊貿易體制同時，也加快了區域經濟合作步伐。中國大陸加入世界貿易組織（WTO）至今的十多年間，中國大陸與其他國家及經濟體間的自由貿易協定從無到有，初步形成了東西呼應，遍佈全球的格局，成為中國大陸開展區域經濟合作的重要形式。截至 2021 年 12 月中國大陸與全球 181 個國家建立正式外交關係[861]，並已簽署並實施的自貿協定的地區及國家有香港特別行政區、澳門特別行政區、智利、巴基斯坦、新西蘭、新加坡、秘魯、臺灣地區、哥斯大黎加、冰島、瑞士、韓國、澳大利亞、格魯吉亞、模里西斯、柬埔寨、馬爾代夫共和國、《區域全面經濟夥伴關係協定》（包含汶萊、柬埔寨、老撾、新加坡、泰國、越南等 6 個東盟成員國和中國、日本、紐西蘭、澳大利亞等 4 個非東盟成員國）等共 19 個，自貿夥伴遍及亞洲、拉美、大洋洲、歐洲等地區。中國大陸正在談判的自貿協定 10 個，分別是海灣合作委員會（GCC）、斯里蘭卡、以色列、挪威、摩爾多瓦、巴拿馬、巴勒斯坦的自貿協定，以及中、日、韓自貿協定、中國大陸-韓國自貿協定第二階段談判以及中國大陸和秘魯自貿協定升級談判。[862]

又中國大陸正在與哥倫比亞等 8 國，開展自由貿易區可行性研究。顯示，中國大陸政府積極與各國家與地區推動自由貿易協定，以建立雙邊或多邊的自由貿易區，不斷增

加與各國家及地區緊密的貿易聯繫，擴大貿易的規模，以利中國大陸加速經濟全球化的進程。

表6-63 中國大陸已簽署並實施的自由貿易協定的國家或地區統計表

序號	實施日期	國家或地區	名稱
1	2004 年 1 月	香港特別行政區	《內地與香港關於建立更緊密經貿關係的安排》（英文為 Closer Economic Partnership Arrangement，簡稱 CEPA）。
2	2004 年 1 月	澳門特別行政區	《內地與澳門關於建立更緊密經貿關係的安排》（Closer Economic Partnership Arrangement，簡稱 CEPA）。
3	2006 年 7 月	智利	《中華人民共和國政府和智利共和國政府自由貿易協定》。
4	2007 年 7 月	巴基斯坦	《中華人民共和國政府和巴基斯坦伊斯蘭共和國政府自由貿易協定》。
5	2008 年 10 月	新西蘭	《中華人民共和國政府和新西蘭政府自由貿易協定》。
6	2009 年 1 月	新加坡	《中華人民共和國政府和新加坡共和國政府自由貿易協定》。
7	2010 年 1 月	東盟	《中華人民共和國政府與東南亞國家聯盟成員國政府全面經濟合作框架協議服務貿易協議》。
8	2010 年 3 月	秘魯	《中華人民共和國政府和秘魯共和國政府自由貿易協定》。
9	2010 年 9 月	臺澎金馬個別關稅領域	海峽兩岸經濟合作框架協定（Economic Cooperation Framework Agreement，簡稱 ECFA；臺灣方面的繁體版本稱為（海峽兩岸經濟合作架構協定）。
10	2011 年 8 月	哥斯大黎加	《中華人民共和國政府和哥斯達黎加共和國政府自由貿易協定》。
11	2014 年 7 月	冰島	《中華人民共和國政府和冰島政府自由貿易協定》。
12	2014 年 7 月	瑞士	《中華人民共和國政府和瑞士聯邦政府自由貿易協定》。
13	2015 年 12 月	韓國	《中華人民共和國政府和大韓民國政府自由貿易協定》。
14	2015 年 12 月	澳大利亞	《中華人民共和國政府和澳大利亞政府自由貿易協定》。

序號	實施日期	國家或地區	名稱
15	2018 年 1 月	格魯吉亞	《中華人民共和國政府和格魯吉亞政府自由貿易協定》。
16	2021 年 1 月	模里西斯	《中華人民共和國政府和模里西斯共和國政府自由貿易協定》。
17	2022 年 1 月	汶萊、柬埔寨、老撾、新加坡、泰國、越南等6個東盟成員國和中國、日本、紐西蘭、澳大利亞等4個非東盟成員國。	《區域全面經濟夥伴關係協定》（RCEP）。
18	2022 年 1 月	柬埔寨	《中華人民共和國政府和柬埔寨王國政府自由貿易協定》
19	尚未實行	馬爾代夫共和國	《中華人民共和國政府與馬爾代夫共和國政府自由貿易協定》

資料來源：

1. 中國自由貿易區服務網，http：//fta.mofcom.gov.cn/，檢索時間 2019 年 5 月 7 日。

2. 中國自由貿易區服務網，http：//fta.mofcom.gov.cn/，檢索時間 2022 年 3 月 8 日。

表6-64 中國大陸正在推進自貿區談判的國家或地區統計表

序號	國家或地區
1	中國—海灣合作委員會
2	中、日、韓
3	中國—斯里蘭卡
4	中國-以色列
5	中國—挪威
6	中國-摩爾多瓦
7	中國-巴拿馬
8	中國-韓國自貿協定第二階段談判
9	中國-巴勒斯坦
10	中國-秘魯自貿協定升級談判

資料來源：

中國自由貿易區服務網，http：//fta.mofcom.gov.cn/，檢索時間 2022 年 3 月 8 日。

表6-65 中國大陸正在研究自貿區談判的國家或地區統計表

序號	國家或地區

1	中國－哥倫比亞
2	中國－斐濟
3	中國－尼泊爾
4	中國－巴布亞紐幾內亞
5	中國－加拿大
6	中國－孟加拉
7	中國－蒙古國
8	中國－瑞士自貿協定升級聯合研究

資料來源：

中國自由貿易區服務網，http：//fta.mofcom.gov.cn/，檢索時間 2019 年 5 月 7 日。

　　此外，中國大陸於 2001 年 5 月加入《亞洲—太平洋貿易協定》簡稱《亞太貿易協定》，其前身為《曼谷協定》是 1975 年在聯合國亞太經濟社會委員會（簡稱，亞太經社會）主持下，於發展中國家之間達成的一項優惠貿易安排，2005 年 11 月 2 日，《曼谷協定》第一屆部長級理事會決定將《曼谷協定》更名為《亞太貿易協定》。2016 年 8 月，現有成員國為中國大陸、孟加拉、印度、寮國、韓國和斯里蘭卡等 6 個成員國代表，共同簽署了第四輪關稅減讓談判成果文件《亞太貿易協定第二修正案》，並將於 2018 年 7 月 1 日正式實施，同時發佈了《部長宣言》，決定成立《亞太貿易協定》工商協會，宣佈啟動《亞太貿易協定》項下貿易便利化、投資和服務貿易領域實質性談判。[863]

　　此次減讓的稅目合計 10,312 個，比第三輪增長 2.5 倍，平均降稅稅目比例超過 28%，平均降稅幅度為 33%。降稅產品品種多樣，包羅萬象，有魚類、蔬菜、油籽、茶葉等動植物產品、礦產品、化工製品、皮革製品、橡膠製品、紡織服裝、賤金屬製品、鋼鐵製品、機動車零部件、機械電子及儀器儀錶等，成員間貿易自由化程度進一步提升，成員國內市場將進一步豐富。[864]

　　根據世界貿易組織秘書處初步統計資料，2013 年中國大陸已成為世界第一貨物貿易大國。2013 年，中國大陸貨物進出口總額為 4.16 兆美元，其中出口額 2.21 兆美元，進口額 1.95 兆美元。時任中國大陸商務部新聞發言人姚堅就此發表談話時說，作為發展中國家，中國大陸躍居世界第一貨物貿易大國，是對外貿易發展道路上新的里程碑，是中國大陸堅持改革開放和參與經濟全球化的重大成果。[865]

　　中國大陸自 1978 年改革開放後，特別是加入世貿組織以來，進出口貿易實現跨越式發展，有力推動了中國大陸經濟發展，也為世界經濟作出了重要貢獻。2013 年中國大陸已經是 120 多個國家和地區最大的交易夥伴，每年進口近 2 兆美元商品，為全球交易夥伴創造了大量就業崗位和投資機會。儘管中國大陸已經成為世界貿易大國，但要成為貿易強國仍然任重道遠，中國大陸出口產品附加值較低，擁有自主品牌較少，行銷網路不健全，出口產品品質不高的現象仍然存在，統籌兩個市場、兩種資源的能力需要進一步提高。當前中國大陸對外開放面臨新的形勢和挑戰，我們要積極推進轉方式、調結構，

培育參與經濟全球化的新優勢，加強與交易夥伴的務實合作，努力實現互利共贏和共同發展。[866]

從中國大陸商務部官員的發言可知，中國大陸政府深知中國大陸服務業及製造業，均處於世界製造業處於中低端水準，因此生產的產品附加價值不高，又缺乏自有知名品牌，雖然貿易總額為世界第一，但獲利相對歐、美、日等服務業及製造業強國都為低，必須藉由先進國家貿易發展經驗，將中國大陸由貿易大國發展為貿易強國。

中國大陸學者李富有、何娟，對美國的自由貿易協定戰略進行剖析，認為美國與它國簽定自由貿易協定（FTA）有下列多種目的：[867]

其一，促進多邊談判競爭機制的形成。根據美國貿易代表羅伯特·佐立克（Robert B. Zoellick）的說法，在幾方面同時出擊進行談判，將創造出一種「自由化競賽」的局面，這將增強美國推動全球性開放市場的槓桿作用。另外，美國在五大洲選擇有代表性的國家結成自由貿易協定，將促使其他國家加入自由貿易協定，這最終會刺激歐盟和日本簽署杜哈回合協定。可見，美國的目的是極為明確的，通過建立經濟紐帶來加強國與國之間的政治聯繫，進而提高本國在世貿組織多邊談判中的地位，再利用雙邊自由貿易協定作為跳板來脅迫其他國家或地區達成宏大的區域和全球貿易協定。

其二，推進地區政治、經濟發展戰略，美國為了達到控制全球的目的，積極地推進地區政治、經濟發展。通常先確定地區總的自由貿易協定發展目標，然後有計劃、分階段、分步驟地推進。在每個地區先確定重點發展物件，最後再將這些雙邊自由貿易協定融合成為區域性自由貿易區。例如，美國在美洲自由貿易區、中東自由貿易計畫以及東盟談判計畫中都是這樣做的。

其三，實行強大的外交政策。從美國和約旦、摩洛哥、智利、新加坡簽訂的協定可以看出，有些協定對貿易無足輕重，而主要是追求重大外交政策目標。這 4 個國家與美國的貿易，加起來每年不到 600 億美元，只占美國對外貿易總額的 3％。美國只想通過雙邊貿易談判達到自己的政治和外交政策目的。911 事件特別是伊拉克戰爭之後，美國希望更多的國家支持其打擊恐怖主義、消除大規模殺傷性武器。締結自由貿易協定（FTA）有助於美國強化與其他國家的經濟聯合，鞏固和擴大美國的戰略同盟，從而有利於實現美國的外交政策目標。另外，美國通過利用簽訂自由貿易協定的槓桿作用，冷落、分化、孤立歐洲、日本等國，希望使他們在多邊貿易談判中做出更多讓步。

其四，提高其在世界貿易體系與規則制定中的領導地位，希望通過 FTA 談判為世界建立可供借鑒的美國模式，從而強化其在貿易規則制定中的主導權。

在近代，中國大陸工業與貿易發展，均落後於歐美日等先發展國家，但可藉由研究先發展國家的腳步，獲取其優點修正其缺點，而產生後發展優勢，且中國大陸屬於後發世界經濟大國，擁有 14 億人口的龐大市場，在對外貿易戰略佈局上，對於同屬世界經濟大國的美國經驗是較值得參考，因為從大國角度來思考，與他國簽訂貿易協定不只是貿易往來的數額，其所考量更重視國際政治上的影響與貿易規則的主導權。

2015 年 12 月 17 日中國大陸國務院發布《關於加快實施自由貿易區戰略的若干意見》之文件明確指出：「中國共產黨的十八大提出加快實施自由貿易區戰略，十八屆三中、五中全會進一步要求以周邊為基礎加快實施自由貿易區戰略，形成面向全球的高標準自由貿易區網路。當前，全球範圍內自由貿易區的數量不斷增加，自由貿易區談判涵蓋議題快速拓展，自由化水準顯著提高。中國大陸經濟發展進入新常態，外貿發展機遇和挑戰並存，引進來、走出去，正面臨新的發展形勢。加快實施自由貿易區戰略，是我國適應經濟全球化新趨勢的客觀要求，是全面深化改革、構建開放型經濟新體制的必然選擇。堅持使市場在資源配置中起決定性作用和更好發揮政府作用，堅持統籌考慮和綜合運用國際國內兩個市場、兩種資源，堅持與推進共建「一帶一路」和國家對外戰略緊密銜接，堅持把握開放主動和維護國家安全，逐步構築起立足周邊、輻射「一帶一路」、面向全球的高標準自由貿易區網路。」[868]

《關於加快實施自由貿易區戰略的若干意見》主要推動重點包括以下三項：[869]

一、擴大服務業對外開放：通過自由貿易區等途徑實施開放帶動戰略，充分發揮服務業和服務貿易對我國調整經濟結構、轉變經濟發展方式和帶動就業的促進作用。推進金融、教育、文化、醫療等服務業領域有序開放，放開育幼養老、建築設計、會計審計、商貿物流、電子商務等服務業領域外資准入限制。

二、放寬投資准入：大力推進投資市場開放和外資管理體制改革，進一步優化外商投資環境。加快自由貿易區投資領域談判，有序推進以准入前國民待遇加負面清單模式開展談判。在維護好我國作為投資東道國利益和監管權的前提下，為我國投資者走出去營造更好的市場准入和投資保護條件，實質性改善我國與自由交易夥伴雙向投資准入。在自由貿易區內積極穩妥推進人民幣資本專案可兌換的各項試點，便利境內外主體跨境投融資。加強與自由交易夥伴貨幣合作，促進貿易投資便利化。

三、推進規則談判：結合全面深化改革和全面依法治國的要求，對符合我國社會主義市場經濟體制建設和經濟社會穩定發展需要的規則議題，在自由貿易區談判中積極參與。參照國際通行規則及其發展趨勢，結合我國發展水準和治理能力，加快推進智慧財產權保護、環境保護、電子商務、競爭政策、政府採購等新議題談判。

中國大陸吸收外資金額占全球跨國直接投資總額的比重，從 2015 年的 6.7%提升至 2020 年的 14.9%，2017 年至 2020 年連續四年保持全球第二大外資流入國地位。截至 2020 年底，累計設立外商投資企業超過 104 萬家，累計實際使用外資超過 2.4 兆美元。[870]2020 年中國大陸貨物與服務貿易總額躍升至全球首位，交易夥伴擴展至 230 多個國家和地區。貨物貿易總額從 2015 年 3.95 兆美元增至 2020 年 4.65 兆美元，年均增長 3.3%，國際市場份額從 13.8%提升至 14.7%，2017 年起連續保持貨物貿易第一大國地位，服務貿易總額從 6,542 億美元增至 6617 億美元，穩居全球第二，服務出口年均增速達 5.1%。[871]2020 年克服新冠肺炎疫情影響，中國大陸服務進出口 6,617.2 億美元，全球占比提升至 6.9%。其中，服務出口 2,806.3 億美元，比 2015 年增長 28.4%，年均增速 5.1%，高於全球 5.3 個百分點；服務進口 3,810.9 億美元，比 2015 年下降 12.5%；

服務貿易逆差 1,004.6 億美元，比 2015 年下降 53.7%。[872]

　　顯見，中國大陸在加入世界貿易組織後，十多年來從招商引資及對外貿易獲得極大利益，因而累計 3.1 兆美元的外匯存底，並與許多國家與地區簽定 19 個貿易協定，且中國大陸在與許多國家與地區簽訂貿易協定的談判經驗，已逐步摸索出自己發展的道路。此外，世界各國家與地區之間簽立貿易協定，彼此開放市場促進貿易發展，仍是未來的世界經濟發展趨勢，也是中國大陸推動經濟持續發展的道路。

　　美國前總統歐巴馬（Barack Obama）在其任內推動跨太平洋夥伴關係協定（The Trans-Pacific Partnership，TPP）與跨大西洋貿易及投資夥伴協議（Transatlantic Trade and Investment Partnership，TTIP），均排除中國大陸參加，中國大陸政府為避免美國拉攏許多國家與地區形成貿易圍堵戰略，故加快實施自由貿易區戰略，對內採用自主開放的自由貿易試驗區模式，對外則與許多國家與地區簽定自由貿易協定，擴大國內貿易與國外貿易兩大市場，逐步縮小對美國市場的貿易依賴程度。

參、結論

　　中國大陸在加入世界貿易組織後，除了逐步與世界個國家與地區談判自由貿易協定外，爭取世貿成員國儘早承認中國大陸市場經濟地位，成為一段時期經濟外交政策優先目標之一。[873]冰島是第一個承認中國大陸完全市場經濟地位的北歐國家[874]、瑞士則是第一個承認中國大陸完全市場經濟地位的歐陸國家，並據中國大陸學者統計自 2004 年至 2011 年 11 月共有紐西蘭、尼泊爾、吉爾吉斯斯坦、剛果、貝南、多哥、南非、莫爾達瓦、吉布地、印尼、馬來西亞、泰國、新加坡、汶萊、菲律賓、越南、老撾、柬埔寨、緬甸、格魯吉亞、奈及利亞、俄羅斯、亞美尼亞、巴貝多、圭亞那、安地卡及巴布達、巴西、阿根廷、智利、秘魯、巴基斯坦、委內瑞拉、韓國、澳大利亞、以色列、哈薩克、烏克蘭、白俄羅斯、冰島、安巴、聖露西亞、多明尼克、蘇利南、牙買加、阿爾及利亞、蘇丹、中非、獅子山、埃及、馬里、加蓬、挪威、瑞士、尚比亞、挪威、敘利亞、維德角、幾內亞等，共計 81 個國家承認中國大陸市場經濟地位。[875]

　　且中國大陸經過十多年在世界貿易組織中的歷練，其與各國家與地區談判貿易協定的經驗，在自由貿易協定談判的經驗和手段上，逐漸趨於成熟和完善，並可由下列幾個重點來分析，一、是中國大陸自由貿易協定的談判方式由單向度的「貿易─服務─投資」的三項逐級遞進方式到三項多維度的一攬子方式發展，最終使得中國─紐西蘭自由貿易協定成為中國大陸與其他國家和地區簽署的第一個「全面」的自貿協定，之後簽署的各個自由貿易協定都將是「一攬子」自貿協定。二、是中國大陸也會在自由貿易協定談判過程中彌補自身經驗的不足，並照顧到對方的感受，創造性地提出了「早期收穫計畫」，快慢兼顧，穩中求進，實現與各方利益的「雙贏」與「多贏」。三、是中國大陸自由貿易協定談判對象的層次在不斷提高（比如由發展中國家到發達國家），其影響範圍也在不斷地擴大。四、是以中國-東盟自貿區升級談判為標誌，中國大陸開始加快各個已簽署生效自由貿易協定的升級談判。這一切都標誌著中國大陸自由貿易區戰略在順利地推進。

876

綜上，可知現在中國大陸雖為世界貿易大國，但由於 1978 年才開始邁開經濟改革開放的步伐，更因與歐、美、日等國家數十回合的談判，遲至 2001 年才得以加入世界貿易組織。而國際間的貿易規則，早已由美國及歐盟等國家所商議制定，再加上中國大陸國有企業的特殊制度，及中國大陸內部對於國際貿易法規人才培養不足等問題，使得中國大陸在對歐、美多數工業化國家的貿易談判較為艱辛。

因此，中國大陸發展自由貿易協定（FTA），只能先以周邊貿易往來較頻繁的國家及政治上較友好國家，進行自由貿易協定的談判，取得經驗及較好的談判成果，藉此逐步瞭解美國及歐盟等國家所制定的貿易規則，並快速拓展中國大陸與世界各國的貿易，期望在未來可以制定符合中國大陸思維的貿易規則與架構，避免再遭受美國與歐盟等國在貿易規則上的掣肘。

▊ 第四節 人民幣國際化

壹、前言

　　2008 年美國發生次貸風暴，引發全球金融海嘯，美國實施量化寬鬆貨幣政策，使得持有大量美元外匯與美元債券的中國大陸政府，發覺做為世界第一大貨幣的美元並不可靠。並自 2009 年 1 月起開始與香港、馬來西亞、白俄羅斯、印尼、阿根廷、韓國等地區及國家，簽訂雙方本幣互換協議，以利穩定雙方匯率及降低雙方貿易成本，並開始逐步拓展人民幣國際化。

　　2009 年 3 月，時任中國人民銀行行長周小川，發表一篇題為「關於改革國際貨幣體系的思考」，提出國際儲備貨幣的幣值，首先應有一個穩定的基準和明確的發行規則以保證供給的有序；其次，其供給總量還可及時、靈活地根據需求的變化進行增減調節；第三，這種調節必須是超脫於任何一國的經濟狀況和利益。[877]

　　顯然，中國人民銀行行長周小川，是對於世界各國最主要儲備貨幣美元，造成的問題提出示警，並在文章中建議國際間能使用，國際貨幣基金組織於 1969 年創設之特別提款權（SDR），以緩解主權貨幣作為儲備貨幣的內在風險。而美國在國際貨幣基金會擁有一票否決權，為維護其美元霸權，對於這樣具有前瞻性的改革建議，顯然是不會予以理會。

　　中國大陸自 1978 年改革開放後，因外資投資及加工及出口貿易等因素，中國大陸政府逐漸累積龐大的黃金、美債、美元、歐元、日元等，各類外匯資產。2021 年底，以美元計價累計共有 32,502 億美元。[878]而中國大陸政府持有的各類外匯資產中，又以美國債券在外匯儲備中佔比最高，使得美元匯率的升貶成為中國大陸外匯儲備的重要問題，如果能使人民幣成為國際上通用的交易、投資及儲存的貨幣，在外匯儲備上就能不必大量持有美元資產，並有利中國大陸與世界各國與地區的貿易及投資。

貳、人民幣國際化路徑簡述

　　主權貨幣國際化，從理論上講，需要有四個條件：一是經濟規模必須夠大；二是國際貿易地位必須舉足輕重；三是金融市場規模、流動性需到一定發達程度；四是貨幣價格穩定的公信力。[879]

　　然而，中國大陸在 2010 年 GDP 總量超越日本，成為世界第二大經濟體，對世界各國家及地區貿易量也相當龐大，但在金融市場及貨幣價格穩定的公信力上，尚未取得國際上的認可。從世界各國使用人民幣做為儲備貨幣，及外國人持有人民幣，佔國際主要貨幣如美元、歐元、英鎊、日圓等比率上來評斷，就可知人民幣的國際化，還有很長一段路要走。

　　現任中國人民銀行副行長陳雨露指出：「從英鎊、美元、歐元、馬克以及日幣等大

國貨幣的國際化歷程來看，貨幣的國際化大致需要經歷三個階段：一是從國內支付手段或交易貨幣上升為區域貿易和國際結算貨幣；二是從貿易結算貨幣上升為金融交易和國際大宗商品計價貨幣；三是從金融交易貨幣提升為主要國際儲備貨幣。英鎊成為國際主要儲備貨幣用了 55 年，美元成為國際主要儲備貨幣也用了 50 年。」[880]

根據歷史經驗，人民幣國際化將是一個漸進而長遠的過程，陳雨露又認為：「人民幣要國際化，可能經歷兩個三步走的發展路徑。首先，在人民幣的使用範圍上，第一個十年是「周邊化」，即完成人民幣在周邊國家和地區的使用；第二個十年是「區域化」，即完成人民幣在整個亞洲地區使用；第三個十年是「國際化」，使人民幣成為全球的關鍵貨幣。其次，在人民幣的充當世界貨幣的功能上，第一個十年是「貿易結算化」，即是人民幣在貿易結算中充當國際結算貨幣；第二個十年是「金融投資化」，即是人民幣拓展到國際金融交易和投資領域；第三個十年是「國際儲備化」，即人民幣成為國際最重要的儲備貨幣之一[881]，逐步的實現人民幣國際化。然而，陳雨露曾為中國人民大學金融學教授，於 2015 年任中國人民銀行中共黨委委員及副行長，顯然學而優則仕為中共培養的黨政人才，其所提出的人民幣國際化框架，可用來檢視未來人民幣國際化的進程。

2015 年 3 月中國大陸國家發展改革委員會、外交部、商務部聯合發佈《推動共建絲綢之路經濟帶和 21 世紀海上絲綢之路的願景與行動》，指出：「資金融通是「一帶一路」建設的重要支撐，深化金融合作，推進亞洲貨幣穩定體系、投融資體系和信用體系建設。擴大沿線國家雙邊本幣互換、結算的範圍和規模。推動亞洲債券市場的開放和發展。共同推進亞洲基礎設施投資銀行、金磚國家開發銀行籌建，有關各方就建立上海合作組織融資機構開展磋商。加快絲路基金組建運營。深化中國－東盟銀行聯合體、上合組織銀行聯合體務實合作，以銀團貸款、銀行授信等方式開展多邊金融合作。支援沿線國家政府和信用等級較高的企業以及金融機構在中國境內發行人民幣債券。符合條件的中國境內金融機構和企業可以在境外發行人民幣債券和外幣債券，鼓勵在沿線國家使用所籌資金。」[882]

從一帶一路戰略資金融通規劃，可知中國大陸政府藉由一帶一路沿線國家，使人民幣能實現從國內支付交易貨幣，上升為區域貿易結算貨幣，及金融交易和國際大宗商品計價貨幣，完成人民幣在周邊國家和地區的使用，及人民幣在整個亞洲地區使用的佈局。

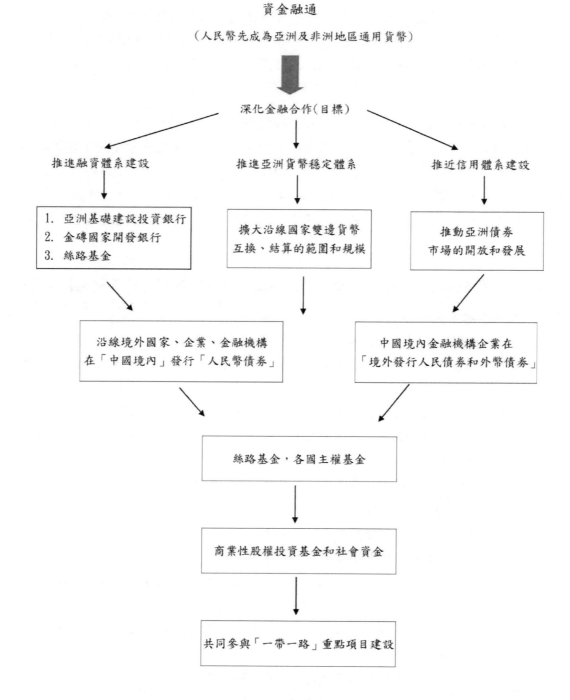

圖 6-2 資金融通

資料來源：

整理自-

《推動共建絲綢之路經濟帶和 21 世紀海上絲綢之路的願景與行動》（北京：人民出版社，2015），頁 11～12。

2015 年 5 月中共中央及中國大陸國務院發布《關於構建開放型經濟新體制的若干意見》提出:「構建開放安全的金融體系,指出要提升金融業開放水準,穩步推進人民幣國際化,擴大人民幣跨境使用範圍、方式和規模,加快實現人民幣資本項目可兌換。並提出擴大金融業開放、推動資本市場雙向有序開放、建立走出去金融支持體系、擴大人民幣跨境使用、完善匯率形成機制和外匯管理制度等五大框架。」[883]

強調穩步推展人民幣國際化進程,逐步擴大人民幣在中國大陸境外的使用範圍,以避免 1985 年日圓及德國馬克走向國際化時,遭受美國以廣場協議,實施打擊日圓及德國馬克,所產生的經濟與金融問題。且日本因日圓被迫大幅升值後,造成日本股市與房地產泡沫化,日本製造產業也因日幣升值大幅外移,到 1990 年代初,日本股市及房地產也因而大幅度崩跌,使日本整體經濟產生巨大問題,自此之後日本經濟再也難以處於穩定增長的狀態。

表6-66 中共中央國務院發布《關於構建開放型經濟新體制的若干意見》摘要表

一、擴大金融業開放:
1、在持續評估、完善審慎監管和有效管控風險的基礎上,有序放寬證券業股比限制,有序推進銀行業對外開放,形成公平、有序、良性的金融生態環境。
2、提升金融機構國際化經營水準,鼓勵金融機構審慎開展跨境並購,完善境外分支機構網路,提升金融服務水準,加強在支付與市場基礎設施領域的國際合作。
3、建立健全支援科技創新發展的國際金融合作機制。
二、推動資本市場雙向有序開放:
1、積極穩妥推進人民幣資本專案可兌換。
2、便利境內外主體跨境投融資。
3、擴大期貨市場對外開放,允許符合規定條件的境外機構從事特定品種的期貨交易。
4、研究境內銀行、證券公司等金融機構和企業在有真實貿易和投資背景的前提下,參與境外金融衍生品市場。
5、在風險可控的前提下,研究逐步開放金融衍生品市場。
三、建立走出去金融支持體系:
1、構建政策性金融和商業性金融相結合的境外投資金融支持體系,推動金融資本和產業資本聯合走出去。
2、完善境外投融資機制,探索建立境外股權資產的境內交易融資平臺,為企業提供「外保內貸」的融資方式。
3、發展多種形式的境外投資基金,推進絲路基金、亞洲基礎設施投資銀行、金磚國家新開發銀行設立和有效運作,構建上海合作組織融資機構。
4、用好投融資國際合作機制,選准重點,積極推進與「一帶一路」沿線國家

合作。

四、擴大人民幣跨境使用：
   1、推進亞洲貨幣穩定體系、投融資體系和信用體系建設。
   2、推進本幣互換合作，進一步擴大經常專案人民幣結算規模，支援跨國企業集團開展人民幣資金集中運營業務。
   3、在涉外經濟管理、核算和統計中使用人民幣作為主要計價貨幣。
   4、加快人民幣跨境支付系統建設，進一步完善人民幣全球清算體系。
   5、進一步拓寬人民幣輸出管道，鼓勵使用人民幣向境外進行貸款和投資。
   6、建設區域性人民幣債券市場，進一步便利境外機構投資境內債券市場，支持境外機構在境內發行人民幣債務融資工具，穩妥推進境內金融機構和企業赴境外發行人民幣債券。
   7、支援離岸市場人民幣計價金融產品的創新，加快人民幣離岸市場建設，擴大人民幣的境外迴圈。

五、完善匯率形成機制和外匯管理制度：
   1、有序擴大人民幣匯率浮動區間，增強人民幣匯率雙向浮動彈性。
   2、深化外匯管理體制改革，進一步便利市場主體用匯，按照負面清單原則推進外商投資企業外匯資本金結匯管理改革。
   3、創新國家外匯儲備使用方式，拓寬多元化運用管道。

資料來源：

中國政府網，《中共中央 國務院關於構建開放型經濟新體制的若干意見 》http：//www.gov.cn/xinwen/2015-09/17/content_2934172.htm，檢索時間 2019 年 4 月 9 日。

叁、中國大陸境外人民幣業務清算協議

    2001 年中國大陸加入世界貿易組織（WTO）後，對外貿易大幅快速成長。中國人民銀行先後，於 2003 年 12 月與中國銀行（香港）有限公司，及 2004 年 9 月與中國銀行澳門分行，分別簽署《關於人民幣業務的清算協議》，透過中國大陸政府擁有的中國銀行，逐步開始實施人民幣跨境的試點。

    隨著中國大陸經濟騰飛，對全世界貿易量大幅成長，2008 年臺灣地區在馬英九上臺執政後，兩岸開啟直接三通，人民幣相關業務也逐步開放，因而臺灣地區對人民幣需求成長快速。於 2012 年 12 月，中國人民銀行與中國銀行臺北分行簽訂《關於人民幣業務的清算協議》後，為兩岸經貿與投資往來增加許多的便利性。

    2010 年歐洲主權債務危機逐步爆發，歐洲許多國家陷入債務困境，與此同時中國大陸 GDP 總量超越日本，成為世界第二大經濟體，當年度中國大陸已擁有 28,473.38 億美元的龐大外匯儲備，位居世界第一。中國大陸政府藉此時機,購買歐洲各國政府的債券、加大對歐洲區進行直接投資收購不少歐洲企業、增加歐洲的商品進口，使得中國大陸與歐盟各國經濟與貿易及投資往來更加密切。

　　2014 年之後，中國人民銀行先後與中國工商銀行新加坡分行、中國建設銀行（倫敦）有限公司、中國銀行法蘭克福分行、交通銀行首爾分行、中國銀行巴黎分行、中國工商銀行盧森堡分行等，分別簽訂《關於人民幣業務的清算協議》。由於簽訂協議各銀行，分布於亞洲、歐洲金融中心，可知亞洲、歐洲多國因經貿及投資等因素，對於人民幣的需求大增，必須簽訂《關於人民幣業務的清算協議》，獲得大量人民幣的供給，以供應市場的龐大人民幣需求。

　　2018 年，中國人民銀行先後與中國銀行臺北分行、中國工商銀行新加坡分行續簽《關於人民幣業務的清算協議》，並授權美國摩根大通銀行，擔任美國人民幣業務清算行。截至 2018 年 6 月底，人民幣清算的業務，覆蓋 23 個國家和地區，遍佈東南亞、歐洲、美洲、大洋洲和非洲。境外人民幣清算行共開立帳戶 1,126 家，清算量超過 285.6 兆元人民幣。[884] 又 2020 年，境外人民幣清算行人民幣清算量合計為 369.49 兆元人民幣，同比增長 6.1%，其中代客清算 37.63 兆元人民幣，同比增長 15.0%；銀行同業清算 331.86 兆元人民幣，同比增長 5.2%。截至 2020 年末，在境外清算行開立清算帳戶的參加行及其他機構數達到 907 個。[885]

　　據中國人民銀行發布《2021 年人民幣國際化報告》資料公告，目前共有 27 家人民幣清算行，位於亞太地區有 13 家，參加行及其他機構開立了清算帳戶合計為 612 家，占在清算行開立清算帳戶的參加行及其他機構總數的 67.5%。其中，香港特區和新加坡清算行占主導地位，2020 年人民幣清算量合計為 336.42 兆元人民幣，占亞太地區清算行人民幣清算總量的 95.0%。其次為歐洲，目前共有 7 家人民幣清算行，參加行及其他機構開立了清算帳戶合計為 225 家，2020 年人民幣清算量合計為 15.02 兆元人民幣，顯示境外人民幣清算行主要集中於亞太地區，其次為歐洲。[886] 上述足證，隨著中國大陸貿易及投資實力不斷增強，人民幣匯率維持穩定，使人民幣的使用不斷擴大，致使人民幣清算業務從亞太地區逐步擴展到歐洲地區，逐漸成為國際上重要支付、投資、融資及儲備貨幣。

表6-67　中國大陸境外人民幣業務清算行分佈表

序號	國家和地區	時　間	清算行
1	香港特區	2003 年 12 月	中國銀行（香港）有限公司
2	澳門特區	2004 年 9 月	中國銀行澳門分行
3	臺灣地區	2012 年 12 月	中國銀行臺北分行
4	新加坡	2013 年 2 月	中國工商銀行新加坡分行
5	英國	2014 年 6 月	中國建設銀行（倫敦）有限公司
6	德國	2014 年 6 月	中國銀行法蘭克福分行
7	韓國	2014 年 7 月	交通銀行首爾分行
8	法國	2014 年 9 月	中國銀行巴黎分行
9	盧森堡	2014 年 9 月	中國工商銀行盧森堡分行
10	卡達	2014 年 11 月	中國工商銀行杜哈分行

11	加拿大	2014 年 11 月	中國工商銀行（加拿大）有限公司
12	澳大利亞	2014 年 11 月	中國銀行悉尼分行
13	馬來西亞	2015 年 1 月	中國銀行（馬來西亞）有限公司
14	泰國	2015 年 1 月	中國工商銀行（泰國）有限公司
15	智利	2015 年 5 月	中國建設銀行智利分行
16	匈牙利	2015 年 6 月	匈牙利中國銀行
17	南非	2015 年 7 月	中國銀行約翰尼斯堡分行
18	阿根廷	2015 年 9 月	中國工商銀行（阿根廷）股份有限公司
19	尚比亞	2015 年 9 月	尚比亞中國銀行
20	瑞士	2015 年 11 月	中國建設銀行蘇黎世分行
21	美國	2016 年 9 月	中國銀行紐約分行
22	俄羅斯	2016 年 9 月	中國工商銀行（莫斯科）有限公司
23	阿聯酋	2016 年 12 月	中國農業銀行迪拜分行
24	美國	2018 年 2 月	美國摩根大通銀行
25	日本	2018 年 10 月	中國銀行東京分行
26	日本	2019 年 5 月	日本三菱日聯銀行
27	菲律賓	2019 年 9 月	中國銀行馬尼拉分行擔任

資料來源：

1. 中國人民銀行，《2018 年人民幣國際化報告》，頁 17。

2. 中國人民銀行，《2021 年人民幣國際化報告》，頁 72。

肆、人民幣的雙邊本幣互換協議

　　2008 年美國次級貸款風暴引發全球金融危機，港幣和美元聯繫匯率制度匯價幾乎是「釘住美元」，對於港幣產生相當風險。2009 年 1 月 20 日中國人民銀行與香港金融管理局，簽署規模為 2,000 億元人民幣/2,270 億港元的雙邊本幣互換協議。其後，中國人民銀行陸續又與馬來西亞國家銀行、白俄羅斯共和國國家銀行、白俄羅斯共和國國家銀行、阿根廷中央銀行、韓國銀行、冰島中央銀行等國家或地區央行或貨幣當局續簽雙邊本幣互換協議。[887]

　　2010 年 7 月 23 日中國人民銀行與新加坡金融管理局簽署，規模為 1,500 億元人民幣/300 億新加坡元的雙邊本幣互換協議。又於 2013 年 6 月 22 日中國人民銀行與英格蘭銀行簽署，規模為 2,000 億元人民幣/200 億英鎊的雙邊本幣互換協議。隨後，2013 年 10 月 8 日中國人民銀行與歐洲中央銀行簽署，規模為 3,500 億元人民幣/450 億歐元的雙邊本幣互換協議。隔年，2014 年 7 月 21 日中國人民銀行與瑞士國家銀行簽署，規模為 1,500 億元人民幣/210 億瑞士法郎的雙邊本幣互換協議，截至 2018 年中，有效協議 30 份，總金額約 30,310 億元人民幣。[888] 又截至 2020 年末，中國人民銀行共與 40 個國家和地區的中央銀行或貨幣當局簽署雙邊本幣互換協定，互換總金額超過 3.99 兆元人民幣。

　　雙邊本幣互換協議，以中國人民銀行與香港金管局，2020 年 11 月 23 日中國人民銀行與香港金融管理局簽署雙邊本幣互換修訂協定將互換規模擴大為 5,000 億元人民幣/5,900 億港幣，最為龐大。其次為，2020 年 10 月 11 日中國人民銀行與韓國銀行簽署雙邊本幣互換展期與修訂協定將互換規模擴大為 4,000 億元人民幣/70 兆韓元，顯見中國大陸與香港特區及韓國在貿易與投資上的往來對於雙邊貨幣非常龐大，不斷修改雙邊本幣互換協定以增加貨幣需求的額度。

　　此外，2018 年 10 月 13 日中國人民銀行與英格蘭銀行續簽規模為 3,500 億元人民幣/400 億英鎊的雙邊本幣互換協議。又 2019 年 5 月 10 日中國人民銀行與新加坡金融管理局續簽規模為 3,000 億元人民幣/610 億新加坡元的雙邊本幣互換協議。以及 2019 年 10 月 8 日中國人民銀行與歐洲中央銀行續簽規模為 3,500 億元人民幣/450 億歐元的雙邊本幣互換協議。也都是超過 3,000 億元人民幣龐大規模的雙邊本幣互換協議，足見中國大陸與英國、歐洲及東南亞三大區域的貿易與金融往來非常頻繁，才需要續簽如此龐大的雙邊本幣互換協議來規避美元轉換的貨幣風險。

　　然而，中國人民銀行與亞洲及歐洲主要金融中心，如新加坡金融管理局、英格蘭銀行、歐洲中央銀行、瑞士國家銀行等，簽雙邊本幣互換協議，則對於人民幣成為世界重要貿易及投資結算貨幣，具有實質重要意義。

　　綜上可知近十餘年來，中國大陸由於貿易與投資等經濟實力不斷的增強，先後與世界各國家或地區的銀行或是金融管理當局，簽定雙邊本幣互換協議及續簽更大額度的雙邊本幣互換協議，達到逐步達成去美元中介功能，提升人民幣在國際上貨幣的使用地位，也為人民幣的國際化進程打下相當的基礎。

表6-68 2009年至2021年中國人民銀行與各國家及地區簽署雙邊本幣互換協議表

日期	雙邊本幣互換協議
2009 年 1 月 20 日	中國人民銀行與香港金融管理局簽署了規模為 2,000 億元人民幣/2,270 億港元的雙邊本幣互換協議。
2009 年 2 月 8 日	中國人民銀行與馬來西亞國家銀行簽署了規模為 800 億元人民幣/400 億林吉特的雙邊本幣互換協議。
2009 年 3 月 11 日	中國人民銀行與白俄羅斯共和國國家銀行簽署了規模為 200 億元人民幣/8 兆白俄羅斯盧布的雙邊本幣互換協議。
2009 年 3 月 23 日	中國人民銀行與印尼銀行簽署了規模為 1,000 億元人民幣/175 兆印尼盧比的雙邊本幣互換協議。
2009 年 4 月 2 日	中國人民銀行與阿根廷中央銀行簽署了規模為 700 億元人民幣/380 億阿根廷比索的雙邊本幣互換協議。
2009 年 4 月 20 日	中國人民銀行與韓國銀行簽署了規模為 1,800 億元人民幣/38 兆韓圓的雙邊本幣互換協議。

日　期	雙邊本幣互換協議
2010 年 6 月 9 日	中國人民銀行與冰島中央銀行簽署了規模為 35 億元人民幣/660 億冰島克朗的雙邊本幣互換協議。
2010 年 7 月 23 日	中國人民銀行與新加坡金融管理局簽署了規模為 1,500 億元人民幣/300 億新加坡元的雙邊本幣互換協議。
2011 年 4 月 18 日	中國人民銀行與紐西蘭儲備銀行簽署了規模為 250 億元人民幣/50 億紐西蘭元的雙邊本幣互換協議。
2011 年 4 月 19 日	中國人民銀行與烏茲別克斯坦共和國中央銀行簽署了規模為 7 億元人民幣/1,670 億烏茲別克斯坦蘇姆的雙邊本幣互換協議。
2011 年 5 月 6 日	中國人民銀行與蒙古國銀行簽署了規模為 50 億元人民幣/1 兆蒙古圖格裡克的雙邊本幣互換協議。
2011 年 6 月 13 日	中國人民銀行與哈薩克國家銀行簽署了規模為 70 億元人民幣/1,500 億堅戈的雙邊本幣互換協議。
2011 年 10 月 26 日	中國人民銀行與韓國銀行續簽雙邊本幣互換協定,互換規模由原來的 1,800 億元人民幣/38 兆韓圓,擴大至 3,600 億元人民幣/64 兆韓圓。
2011 年 11 月 22 日	中國人民銀行與香港金融管理局續簽雙邊本幣互換協定,互換規模由原來的 2,000 億元人民幣/2,270 億港元擴大至 4,000 億元人民幣/4,900 億港元。
2011 年 12 月 22 日	中國人民銀行與泰國銀行簽署了中泰雙邊本幣互換協定,互換規模為 700 億元人民幣/3,200 億泰銖。
2011 年 12 月 23 日	中國人民銀行與巴基斯坦國家銀行簽署了中巴雙邊本幣互換協定,互換規模為 100 億元人民幣/1,400 億盧比的雙邊本幣互換協議。
2012 年 1 月 17 日	中國人民銀行與阿聯酋中央銀行在迪拜簽署了規模為 350 億元人民幣/200 億迪拉姆的雙邊本幣互換協議。
2012 年 2 月 8 日	中國人民銀行與馬來西亞國家銀行續簽了中馬雙邊本幣互換協定,互換規模由原來的 800 億元人民幣/400 億林吉特擴大至 1,800 億元人民幣/900 億林吉特。
2012 年 2 月 21 日	中國人民銀行與土耳其中央銀行簽署了規模為 100 億元人民幣/30 億土耳其里拉的雙邊本幣互換協議。
2012 年 3 月 20 日	中國人民銀行與蒙古銀行簽署了中蒙雙邊本幣互換補充協定,互換規模由原來的 50 億元人民幣/1 兆圖格裡克擴大至 100 億元人民幣/2 兆圖格裡克。
2012 年 3 月 22 日	中國人民銀行與澳大利亞儲備銀行簽署了規模為 2,000 億元人民幣/300 億澳大利亞元的雙邊本幣互換協議。
2012 年 6 月 26 日	中國人民銀行與烏克蘭國家銀行簽署了規模為 150 億元人民

日期	雙邊本幣互換協議
	幣/190 億格里夫納的雙邊本幣互換協議。
2013 年 3 月 7 日	中國人民銀行與新加坡金融管理局續簽了規模為 3,000 億元人民幣/600 億新加坡元的雙邊本幣互換協議。
2013 年 3 月 26 日	中國人民銀行與巴西中央銀行簽署了規模為 1,900 億元人民幣/600 億巴西雷亞爾的雙邊本幣互換協議。
2013 年 6 月 22 日	中國人民銀行與英格蘭銀行簽署了規模為 2,000 億元人民幣/200 億英鎊的雙邊本幣互換協議。
2013 年 9 月 9 日	中國人民銀行與匈牙利中央銀行簽署了規模為 100 億元人民幣/3,750 億匈牙利福林的雙邊本幣互換協議。
2013 年 9 月 11 日	中國人民銀行與冰島中央銀行續簽了規模為 35 億元人民幣/660 億冰島克朗的雙邊本幣互換協議。
2013 年 9 月 12 日	中國人民銀行與阿爾巴尼亞銀行簽署了規模為 20 億元人民幣/358 億阿爾巴尼亞列克的雙邊本幣互換協議。
2013 年 10 月 1 日	中國人民銀行與印尼銀行續簽了規模為 1,000 億元人民幣/175 兆印尼盧比的雙邊本幣互換協議。
2013 年 10 月 8 日	中國人民銀行與歐洲中央銀行簽署了規模為 3,500 億元人民幣/450 億歐元的雙邊本幣互換協議。
2014 年 4 月 25 日	中國人民銀行與紐西蘭中央銀行續簽了規模為 250 億元人民幣/50 億紐西蘭元的雙邊本幣互換協議。
2014 年 7 月 18 日	，中國人民銀行與阿根廷中央銀行續簽了規模為 700 億元人民幣/900 億阿根廷比索的雙邊本幣互換協議。
2014 年 7 月 21 日	中國人民銀行與瑞士國家銀行簽署了規模為 1,500 億元人民幣/210 億瑞士法郎的雙邊本幣互換協議。
2014 年 8 月 21 日	中國人民銀行與蒙古銀行續簽了規模為 150 億元人民幣/4.5 兆蒙古圖格裡克的雙邊本幣互換協議。
2014 年 9 月 16 日	中國人民銀行與斯里蘭卡中央銀行簽署了規模為 100 億元人民幣/2,250 億斯里蘭卡盧比的雙邊本幣互換協議。
2014 年 10 月 11 日	中國人民銀行與韓國銀行續簽了規模為 3,600 億元人民幣/64 兆韓圓的雙邊本幣互換協議。
2014 年 10 月 13 日	中國人民銀行與俄羅斯聯邦中央銀行簽署了規模為 1,500 億元人民幣/8,150 億盧布的雙邊本幣互換協議。
2014 年 11 月 3 日	中國人民銀行與卡達中央銀行簽署了在杜哈建立人民幣清算安排的合作備忘錄，簽署了規模為 350 億元人民幣/208 億裡亞爾的雙邊本幣互換協議
2014 年 11 月 8 日	中國人民銀行與加拿大銀行簽署了在加拿大建立人民幣清算安排的合作備忘錄，簽署了規模為 2,000 億元人民幣/300 億加

日期	雙邊本幣互換協議
	元的雙邊本幣互換協議
2014 年 11 月 22 日	中國人民銀行與香港金融管理局續簽了規模為 4,000 億元人民幣/5,050 億港元的貨幣互換協議。
2014 年 12 月 14 日	中國人民銀行與哈薩克國家銀行續簽了規模為 70 億元人民幣/2,000 億哈薩克堅戈的雙邊本幣互換協議。
2014 年 12 月 22 日	中國人民銀行與泰國銀行續簽了規模為 700 億元人民幣/3,700 億泰銖的雙邊本幣互換協議。
2014 年 12 月 23 日	中國人民銀行與巴基斯坦國家銀行續簽了規模為 100 億元人民幣/1,650 億巴基斯坦盧比的雙邊本幣互換協議。
2015 年 3 月 18 日	中國人民銀行與蘇利南中央銀行簽署了規模為 10 億元人民幣/5.2 億蘇利南元的雙邊本幣互換協議。
2015 年 3 月 25 日	中國人民銀行與亞美尼亞中央銀行簽署了規模為 10 億元人民幣/770 億亞美尼亞德拉姆的雙邊本幣互換協議。
2015 年 3 月 30 日	中國人民銀行與澳大利亞儲備銀行續簽了規模為 2,000 億元人民幣/400 億澳大利亞元的雙邊本幣互換協議。
2015 年 4 月 10 日	中國人民銀行與南非儲備銀行簽署了規模為 300 億元人民幣/540 億南非蘭特的雙邊本幣互換協議。
2015 年 4 月 17 日	中國人民銀行與馬來西亞國家銀行續簽了規模為 1,800 億元人民幣/900 億馬來西亞林吉特的雙邊本幣互換協議。
2015 年 5 月 10 日	中國人民銀行與白俄羅斯共和國國家銀行續簽了規模為 70 億元人民幣/16 兆白俄羅斯盧布的雙邊本幣互換協議。
2015 年 5 月 15 日	中國人民銀行與烏克蘭國家銀行續簽了規模為 150 億元人民幣/540 億烏克蘭格裡夫納的雙邊本幣互換協議。
2015 年 5 月 25 日	中國人民銀行與智利中央銀行簽署並簽署了規模為 220 億元人民幣/2.2 兆智利比索的雙邊本幣互換協議。
2015 年 9 月 3 日	中國人民銀行與塔吉克斯坦中央銀行簽署了規模為 30 億元人民幣/30 億索摩尼的雙邊本幣互換協議
2015 年 9 月 26 日	中國人民銀行與土耳其中央銀行續簽了規模為 120 億元人民幣/50 億土耳其里拉的雙邊本幣互換協議。
2015 年 10 月 20 日	中國人民銀行與英格蘭銀行續簽了規模為 3,500 億元人民幣/350 億英鎊的雙邊本幣互換協議。
2015 年 12 月 14 日	中國人民銀行與阿聯酋中央銀行續簽了規模為 350 億元人民幣/200 億阿聯酋迪拉姆的雙邊本幣互換協議。
2016 年 9 月 27 日	中國人民銀行與歐洲中央銀行簽署補充協議，決定將雙邊本幣互換協議有效期延長三年至 2019 年 10 月 8 日。互換規模仍為 3,500 億元人民幣/450 億歐元。

日期	雙邊本幣互換協議
2017 年 5 月 19 日	中國人民銀行與紐西蘭央行續簽雙邊本幣互換協定,協定規模為 250 億元人民幣/50 億紐西蘭元,有效期為 3 年。
2017 年 7 月 6 日	中國人民銀行與蒙古國中央銀行續簽雙邊本幣互換協定,協定規模為 150 億元人民幣/5.4 兆蒙古國圖格里克,有效期為 3 年。
2017 年 7 月 18 日	中國人民銀行與阿根廷央行續簽雙邊本幣互換協定,規模為 700 億元人民幣/1,750 億阿根廷比索,有效期為 3 年。
2017 年 7 月 21 日	中國人民銀行與瑞士中央銀行續簽雙邊本幣互換協定,協定規模為 1,500 億元人民幣/210 億瑞士法郎,有效期為 3 年。
2017 年 10 月 11 日	中國人民銀行與韓國央行續簽雙邊本幣互換協定,協定規模為 3,600 億元人民幣/64 兆韓圓,有效期為 3 年。
2017 年 11 月 2 日	中國人民銀行與卡達央行續簽雙邊本幣互換協定,協定規模為 350 億元人民幣/208 億裡亞爾,有效期為 3 年。
2017 年 11 月 8 日	中國人民銀行與加拿大央行續簽雙邊本幣互換協定,協定規模為 2,000 億元人民幣/300 億加元,有效期為 3 年。
2017 年 11 月 22 日	中國人民銀行與香港金管局續簽雙邊本幣互換協定,協定規模為 4,000 億元人民幣/4,700 億港元,有效期為 3 年。
2017 年 11 月 22 日	中國人民銀行與俄羅斯央行續簽雙邊本幣互換協定,協定規模為 1,500 億元人民幣/13,250 億盧布,有效期為 3 年。
2017 年 12 月 22 日	中國人民銀行與泰國央行續簽雙邊本幣互換協定,協定規模為 700 億元人民幣/3,700 億泰銖,有效期為 3 年。
2018 年 3 月 30 日	中國人民銀行與澳大利亞儲備銀行續簽規模為 2,000 億元人民幣/400 億澳元的雙邊本幣互換協議。
2018 年 4 月 3 日	中國人民銀行與阿爾巴尼亞中央銀行續簽規模為 20 億元人民幣/342 億阿爾巴尼亞列克的雙邊本幣互換協議。
2018 年 4 月 11 日	中國人民銀行與南非中央銀行續簽規模為 300 億元人民幣/540 億南非蘭特的雙邊本幣互換協議。
2018 年 4 月 27 日	中國人民銀行與奈及利亞中央銀行簽署規模為 150 億元人民幣/7,200 億奈拉的雙邊本幣互換協議。
2018 年 5 月 10 日	中國人民銀行與白俄羅斯中央銀行續簽規模為 70 億元人民幣/22.2 億白俄羅斯盧布的雙邊本幣互換協議。
2018 年 5 月 23 日	中國人民銀行與巴基斯坦中央銀行續簽規模為 200 億元人民幣/3,510 億巴基斯坦盧比的雙邊本幣互換協議。
2018 年 5 月 25 日	中國人民銀行與智利中央銀行續簽規模為 220 億元人民幣/22,000 億智利比索的雙邊本幣互換協議。
2018 年 5 月 28 日	中國人民銀行與哈薩克中央銀行續簽規模為 70 億元人民幣/3,500 億哈薩克堅戈的雙邊本幣互換協議。

日期	雙邊本幣互換協議
2018 年 8 月 20 日	中國人民銀行與馬來西亞中央銀行續簽規模為 1,800 億元人民幣/1,100 億馬來西亞林吉特的雙邊本幣互換協議。
2018 年 10 月 13 日	中國人民銀行與英格蘭銀行續簽規模為 3,500 億元人民幣/400 億英鎊的雙邊本幣互換協議。
2018 年 10 月 26 日	中國人民銀行與日本銀行簽署規模為 2,000 億元人民幣/34,000 億日元的雙邊本幣互換協議。
2018 年 11 月 16 日	中國人民銀行與印尼中央銀行續簽規模為 2,000 億元人民幣/440 兆印尼盧比的雙邊本幣互換協議。
2018 年 12 月 10 日	中國人民銀行與烏克蘭中央銀行續簽規模為 150 億元人民幣/620 億烏克蘭格里夫納的雙邊本幣互換協議。
2019 年 2 月 11 日	中國人民銀行與蘇利南中央銀行續簽規模為 10 億元人民幣/11 億蘇里南元的雙邊本幣互換協議。
2019 年 5 月 10 日	中國人民銀行與新加坡金融管理局續簽規模為 3,000 億元人民幣/610 億新加坡元的雙邊本幣互換協議。
2019 年 5 月 30 日	中國人民銀行與土耳其中央銀行續簽規模為 120 億元人民幣/109 億土耳其里拉的雙邊本幣互換協議。
2019 年 10 月 8 日	中國人民銀行與歐洲中央銀行續簽規模為 3,500 億元人民幣/450 億歐元的雙邊本幣互換協議。
2019 年 12 月 5 日	中國人民銀行與澳門金融管理局簽署規模為 300 億元人民幣/350 億澳門元的雙邊本幣互換協議。
2019 年 12 月 10 日	中國人民銀行與匈牙利中央銀行續簽規模為 200 億元人民幣/8,640 億匈牙利福林的雙邊本幣互換協議。
2020 年 2 月 10 日	中國人民銀行與埃及中央銀行續簽規模為 180 億元人民幣/410 億埃及鎊的雙邊本幣互換協議。
2020 年 5 月 20 日	中國人民銀行與老撾銀行簽署規模為 60 億元人民幣/7.6 兆老撾基普的雙邊本幣互換協議。
2020 年 7 月 31 日	中國人民銀行與巴基斯坦國家銀行簽署雙邊本幣互換修訂協定將互換規模擴大為 300 億元人民幣/7,200 億巴基斯坦盧比。
2020 年 7 月 31 日	中國人民銀行與智利中央銀行簽署雙邊本幣互換修訂協定將互換規模擴大為 500 億元人民幣/56,000 億智利比索。
2020 年 7 月 31 日	中國人民銀行與蒙古銀行續簽規模為 150 億元人民幣/6 兆蒙古圖格里克的雙邊本幣互換協議。
2020 年 8 月 6 日	中國人民銀行與阿根廷中央銀行續簽規模為 700 億元人民幣/7,300 億阿根廷比索的雙邊本幣互換議，同時簽署規模為 600 億元人民幣的雙邊本幣互換補充協議。
2020 年 8 月 22 日	中國人民銀行與紐西蘭儲備銀行續簽規模為 250 億元人民幣

日期	雙邊本幣互換協議
	（紐西蘭元互換規模按即期匯率計算）的雙邊本幣互換協議。
2020 年 9 月 17 日	中國人民銀行與匈牙利中央銀行簽署規模為 400 億元人民幣的雙邊本幣互換補充協議。
2020 年 10 月 11 日	中國人民銀行與韓國銀行簽署雙邊本幣互換展期與修訂協定將互換規模擴大為 4,000 億元人民幣/70 兆韓元。
2020 年 10 月 19 日	中國人民銀行與冰島中央銀行續簽規模為 35 億元人民幣/700 億冰島克朗的雙邊本幣互換協議。
2020 年 11 月 23 日	中國人民銀行與俄羅斯聯邦中央銀行續簽規模為 1,500 億元人民幣/17,500 億俄羅斯盧布的雙邊本幣互換協議。
2020 年 11 月 23 日	中國人民銀行與香港金融管理局簽署雙邊本幣互換修訂協定將互換規模擴大為 5,000 億元人民幣/5900 億港幣。
2020 年 12 月 2 日	中國人民銀行與泰國銀行續簽規模為 700 億元人民幣/3,700 億泰銖的雙邊本幣互換協議。
2021 年 1 月 6 日	中國人民銀行與卡達中央銀行續簽規模為 350 億元人民幣/208 億裡亞爾的雙邊本幣互換協議。
2021 年 1 月 7 日	中國人民銀行與加拿大銀行續簽規模為 2,000 億元人民幣（加拿大元互換規模按即期匯率計算）的雙邊本幣互換協議。
2021 年 3 月 19	中國人民銀行與斯里蘭卡中央銀行續簽規模為 100 億元人民幣/3,000 億斯里蘭卡盧比的雙邊本幣互換協議。
2021 年 6 月 2 日	中國人民銀行與土耳其共和國中央銀行簽署雙邊本幣互換修訂協定將互換規模擴大為 350 億元人民幣/460 億土耳其里拉。
2021 年 6 月 9 日	中國人民銀行與奈及利亞中央銀行續簽規模為 150 億元人民幣/9,670 億奈及利亞奈拉的雙邊本幣互換協議。
2021 年 7 月 6 日	中國人民銀行與澳大利亞儲備銀行續簽規模為 2,000 億元人民幣/410 億澳大利亞元的雙邊本幣互換協議。
2021 年 7 月 12 日	中國人民銀行與馬來西亞銀行續簽規模為 1,800 億元人民幣/1,100 億馬來西亞林吉特的雙邊本幣互換協議。
2021 年 7 月 13 日	中國人民銀行與巴基斯坦國家銀行續簽規模為 300 億元人民幣/7,300 億巴基斯坦盧比的雙邊本幣互換協議。
2021 年 8 月 20 日	中國人民銀行與智利中央銀行續簽規模為 500 億元人民幣/60,000 億智利比索的雙邊本幣互換協議。

資料來源：

整理自-

1.中國人民銀行，《2018 年人民幣國際化報告》，頁 37～54。

2.中國人民銀行，《2019 年人民幣國際化報告》，頁 65～66。

3.中國人民銀行，《2021 年人民幣國際化報告》，頁 71～77。

伍、人民幣的跨境支付系統

　　隨著中國大陸整體經濟與貿易實力大增，國際間使用人民幣逐步增加，且中國大陸政府相關跨境人民幣業務各項政策相繼出臺，人民幣跨境支付結算需求迅速增長，對金融基礎設施的要求越來越高。為滿足人民幣跨境使用的需求，進一步整合現有人民幣跨境支付結算渠道和資源，提高人民幣跨境支付結算效率，2012 年初，中國人民銀行決定組建人民幣跨境支付系統（Cross-Border Interbank Payment System，CIPS），滿足全球各主要時區人民幣業務發展的需要。[890]

　　2015 年 7 月 31 日跨境銀行間支付清算有限責任公司（China International Payment Service Corp.）在上海市黃浦區正式註冊成立，受中國人民銀行的監督和指導，是人民幣跨境支付系統（CIPS）的運營機構。為中國大陸境內外金融機構提供人民幣跨境支付清算服務、數據處理服務、資訊技術服務以及經人民銀行批准的其他相關業務及服務。[891]

　　人民幣跨境支付系統（CIPS）主要功能：是便利跨境人民幣業務處理，支持跨境貨物貿易和服務貿易結算、跨境直接投資、跨境融資和跨境個人匯款等業務。人民幣跨境支付系統（CIPS）分兩期建設：第一期主要採用實施全額結算方式，為跨境貿易、跨境投融資和其他跨境人民幣業務提供清算、結算服務；第二期將採用更為節約流動性的混合結算方式，提高人民幣跨境和離岸資金的清算、結算效率。2015 年 10 月 8 日，人民幣跨境支付系統（一期）成功上綫運行，CIPS 首批直接參與機構包括工商銀行、農業銀行、中國銀行、建設銀行、交通銀行、華夏銀行、民生銀行、招商銀行、銀行、平安銀行、浦發銀行、匯豐銀行（中國）、花旗銀行（中國）、渣打銀行（中國）、星展銀行（中國）、德意志銀行（中國）、法國巴黎銀行（中國）、澳大利亞和新西蘭銀行（中國）和東亞銀行（中國）等 19 家境內中外資銀行。[892]

　　2015 年 10 月人民幣跨境支付系統（CIPS）同步上線的有 19 家直接參與者和 176 家間接參與者，參與者範圍覆蓋 6 大洲 50 個國家和地區，CIPS 的建成運行是中國大陸金融市場基礎設施建設的又一里程碑事件，標誌著人民幣國內支付和國際支付統籌兼顧的現代化支付體系建設取得重要進展。[893]

　　2018 年 3 月 26 日，人民幣跨境支付系統（CIPS）（二期）成功試運行，工商銀行、農業銀行、中國銀行、建設銀行、交通銀行、興業銀行、滙豐銀行（中國）、花旗銀行（中國）、渣打銀行（中國）、德意志銀行（中國）共 10 家直接參與者同步上線。2018 年 5 月 2 日，人民幣跨境支付系統（CIPS）（二期）全面上線，符合要求的直接參與者同步上線。CIPS 執行時間由 5×12 小時延長至 5×24 小時+4 小時，實現對全球各時區金融市場的全覆蓋，支持全球的支付與金融市場業務，滿足全球用戶的人民幣業務需求。[894]

表6-69 CIPS（一期） 主要特點彙整表

1.人民幣跨境支付系統（CIPS）（一期）採用實時全額結算方式處理客戶匯款和金融機構匯款兩類業務。
2.直接參與者一點介入，集中清算業務，縮短清算路徑，提高清算效率。
3.採用國際通用 ISO20022 報文標準，采納統一規範的中文四角碼，支持中英文傳輸，在名稱、地址、收費等欄位置上更有利于人民幣業務的自動處理。CIPS 報文設計充分考慮了與現行 SWIFT MT 報文的轉換要求，便於跨境業務直通處理幷支持未來業務發展需求。
4.運行時間覆蓋亞洲、歐洲、非洲、大洋洲等人民幣業務主要時區。
5.爲境內直接參與者提供專綫接入方式。

資料來源：

網易財經網，一文讀懂人民幣跨境支付系統 14 個要點，2015 年 10 月 8 日，http：//money.163.com/15/1008/09/B5D5NFQC00252G50.html，檢索時間 2018 年 4 月 22 日。

表6-70 CIPS（二期）主要特點彙整表

1.豐富結算模式，在即時全額結算模式基礎上引入定時淨額結算機制，實現流動性更為節約的混合結算機制，滿足參與者的差異化需求。
2.支援金融市場業務，根據不同金融交易的資金結算需要，系統能夠支援人民幣付款、付款交割（DvP）結算、人民幣對外幣同步交收（PvP）、中央對手集中清算和其他跨境人民幣交易結算等業務。
3.延長系統對外服務時間，系統執行時間由 5×12 小時延長至 5×24 小時+4 小時，全面覆蓋全球各時區的金融市場，充分考慮境外參與者和其客戶的當地人民幣業務需求，支持當日結算。
4.拓展直接參與者類型，引入金融市場基礎設施類直接參與者，明確不同類型參與者的准入條件，為引入更多境外直接參與者做好制度和業務準備。
5.進一步完善報文設計，增加報文類型和可擴展性，優化報文欄位定義，便利參與者和相關部門進行合規管理。
6.建成人民幣跨境支付系統（CIPS）備份系統，實現上海主系統向無錫備份系統的即時數據複製，提高了 CIPS 的業務連續運行能力。

資料來源：

跨境銀行間支付清算有限責任公司網站，< CIPS >， http：//www.cips.com.cn/cips/_2664/_2708/index.html，檢索時間 2019 年 4 月 10 日。

自人民幣跨境支付系統（CIPS）上線以來，涉及「一帶一路」沿線國家和地區的參與者數量逐步攀升，沿線國家金融機構通過 CIPS 開展人民幣跨境支付業務的積極性不斷提高。截至 2018 年 6 月底，CIPS 參與者已覆蓋「一帶一路」沿線 41 個國家和地

區（含中國大陸和港澳臺地區），業務實際覆蓋「一帶一路」沿線 60 個國家和地區（含中國大陸和港澳臺地區）的 1,356 家法人金融機構。CIPS 為沿線國家和地區提供高效、便捷、安全的支付結算服務，有助於推動中國大陸與「一帶一路」沿線國家、地區的經貿往來，擴大人民幣使用規模與範圍，對「一帶一路」的倡議實施起到重要支撐作用。此外，CIPS 營運至 2018 年 6 月底，直接參與者數量從上線時的 19 家增至 31 家，間接參與者從 176 家增至 738 家，覆蓋全球 6 大洲 87 個國家和地區，CIPS 實際業務覆蓋 155 個國家和地區的 2,395 家法人金融機構。[895]

2019 年人民幣跨境支付系統（CIPS），累計處理跨境人民幣業務 188.4 萬筆，金額 33.9 兆元人民幣，同比分別增長 31% 和 28%；日均處理業務 7,537 筆，金額 1,357 億元人民幣。其中客戶匯款業務 140.4 萬筆，金額 5.6 兆元人民幣；金融機構匯款業務 42.8 萬筆，金額 25.7 兆元人民幣；批量客戶匯款業務 2.6 萬筆，金額 1.1 億元人民幣；雙邊業務 2.7 萬筆，金額 2.7 兆元人民幣；清算機構借貸業務 59 筆，金額 0.3 億元人民幣。[896]

2020 年人民幣跨境支付系統（CIPS），累計處理跨境人民幣業務 220.49 萬筆，金額 45.27 兆元人民幣，同比分別增長 17.0%和 33.4%；日均處理業務 8,855 筆，金額 1818.15 億元人民幣。其中，客戶匯款業務 166.83 萬筆，金額 7.81 兆元人民幣；金融機構匯款業務 45.19 萬筆，金額 32.66 兆元人民幣；批量客戶匯款業務 2.68 萬筆，金額 1.25 億元人民幣；雙邊業務 5.77 萬筆，金額 4.80 兆元人民幣；清算機構借貸業務 250 筆，金額 1.09 億元人民幣。[897]

自 2015 年上線運行以來，人民幣跨境支付系統（CIPS）保持安全穩定運行，境內外接入機構數量增多，類型更為豐富，系統的網路覆蓋面持續擴大，業務量逐步提升，截至 2020 年末，共有境內外 1,092 家機構通過直接或間接方式接入 CIPS，其中直接參與 42 家，較 2015 年 10 月上線初期增加 23 家；間接參與 1,050 家，較 2015 年上線初期增加了約 5 倍。從機構類型看，CIPS 42 家直接參與包括境內外銀行 37 家（其中 5 家是境外人民幣清算行）、金融市場基礎設施 5 家。1,050 家間參覆蓋全球 99 個國家和地區，境內境外間接參與數量占比大體相當。通過直接參與和間接參與機構，CIPS 實際業務可觸達全球 171 個國家和地區的 3,300 多家法人銀行機構，其中 1,000 多家機構來自「一帶一路」沿線國家（不含中國大陸及港澳臺地區）。自上線至 2020 年末，CIPS 累計為各類參與者處理業務 751.35 萬筆，金額 125.04 兆元人民幣。[898]

又截至 2022 年 3 月底，人民幣跨境支付系統（CIPS）共有 1,304 家參加者，其中直接參加者 76 家，間接參加者 1,228 家。間接參加者中，亞洲 946 家 （中國大陸境內 542 家 ）、歐洲 169 家、非洲 44 家、北美洲 29 家、大洋洲 23 家、南美洲 17 家，覆蓋全球 104 個國家和地區。[899]

另依據環球銀行金融電信協會（SWIFT）統計，至 2018 年 3 月末，全球超過 34.9 萬家企業和 386 家銀行開展人民幣跨境業務，境外 137 個國家（地區）的銀行在中國大陸境內開立同業往來帳戶 5,028 個。[900]且截至 2018 年末，人民幣為全球第五大支付貨

幣，占全球所有貨幣支付金額比重為 2.07%，較 2017 年同期 1.61%有所上升，排名僅次於美元、歐元、英鎊及日元。離岸市場 79%的收付發生在香港地區。[901]

2018 年人民幣跨境收付金額合計 15.85 兆元人民幣，同比增長 46.3%。其中收款 8 兆元人民幣，同比增長 51.6%，付款 7.85 兆元人民幣，同比增長 41.3%，收付比為 1:0.98。2018 年淨流入 1,544 億元人民幣，2017 年為淨流出 2,765 億元人民幣。人民幣跨境收付，占同期本外幣跨境收付總金額的比重為 32.6%，創歷史新高，較 2017 年提高約 7%，人民幣已連續 8 年成為中國大陸的第二大國際支付貨幣。[902]

2018 年中國大陸境內人民幣跨境收付量的前三位之占比，分別為上海 45.8%、北京 14.1%、深圳 10.3%，而 2018 年中國大陸境外人民幣跨境收付量的前三位之占比，分別為香港特區 40.5%、新加坡 9%、德國 4.2%。[903]

2019 年，人民幣跨境收付金額合計 19.67 兆元人民幣，同比增長 24.1%。其中收款 10.02 兆元人民幣，同比增長 25.1%，付款 9.65 兆元人民幣，同比增長 23%，收付比為 1：0.96，淨流入 3,606 億元人民幣，2018 年為淨流入 1,544 億元人民幣。人民幣跨境收付占同期本外幣跨境收付總金額的比重為 38.1%，創歷史新高，較上年提高 5.5 個百分點。[904]

2019 年中國大陸境內人民幣跨境收付量的前三位之占比，分別為上海 50.1%、北京 14.3%、深圳 8.6%，而 2019 年中國大陸境外人民幣跨境收付量的前三位之占比，分別為香港特區 44.9%、新加坡 10.3%、德國 3.4%。[905]

2020 年，人民幣跨境收付金額合計為 28.39 兆元人民幣，同比增長 44.3%。其中，實收 14.10 兆元人民幣，同比增長 40.8%；實付 14.29 兆元人民幣，同比增長 48.0%，收付比為 1：1.01，淨流出 1,857.86 億元人民幣，上年同期為淨流入 3,605.28 億元。人民幣跨境收付占到同期本外幣跨境收付總額的 46.2%，為歷史新高，較 2019 年全年提高 8 個百分點。[906]

2020 年中國大陸境內人民幣跨境收付量的前三位之占比，分別為上海 51.5%、北京 18.2%、深圳 8.7%，而 2020 年中國大陸境外人民幣跨境收付量的前三位之占比，分別為香港特區 46%、新加坡 12.9%、英國 5.4%。

綜上，可知 2018 年～2020 年上海、北京、深圳三個城市，是中國大陸境內前三大的對外經貿城市，而 2018 年～2020 年香港特區則因中國大陸外貿不斷增加以及對外開放各類投資，成為人民幣跨境收付量最大的地區，而新加坡則因中國大陸持續擴大與東南亞的貿易與投資往來，故其成為人民幣跨境收付量最大的國家。此外，由於英國利用其倫敦的國際金融市場優勢，大力發展離岸人民幣交易，到 2020 年取代德國成為人民幣跨境收付量最大的歐洲國家。

表6-71 2018年中國大陸人民幣跨境收付情況表

序　號	地　區	經常項目	資本和金融項目	合　計	占　比（%）
1	上海	11,333.0	61,320.6	72,653.6	45.8%
2	北京	6,973.6	15,339.9	22,313.4	14.1%
3	深圳	6,775.9	9,627.1	16,403.0	10.3%
4	廣東（不含深圳）	7,717.6	7,562.0	15,279.6	9.6%
5	江蘇	4,004.8	2,255.4	6,260.2	3.9%
6	浙江	3,252.4	2,025.6	5,278.0	3.3%
7	福建	532.3	1,840.4	2,372.7	1.5%
8	其他地區	10,479.2	7,495.1	17,974.2	11.3%
9	合計	51,068.7	107,466.2	158,534.9	100%
單位：億元人民幣。					

資料來源：

中國人民銀行，《2019 年人民幣國際化報告》，頁 7。

表6-72 2019年中國大陸人民幣跨境收付情況表

序　號	地　區	經常項目	資本和金融項目	合　計	占　比（%）
1	上海	13,532.2	85,044.5	98,576.7	50.1%
2	北京	7,010.9	21,132.2	28,143.1	14.3%
3	深圳	9,159.6	7,695.5	16,855.1	8.6%
4	廣東廣東（不含深圳）	9,672.7	6,091.6	15,764.3	8.0%
5	江蘇	4,633.8	2,703.9	7,337.7	3.7%
6	浙江	4,051.9	2,804.8	6,856.7	3.5%
7	山東	1,437.6	1,357.5	2,795.2	1.4%
8	其他地區	10,875.8	9,497.7	20,373.4	10.4%
9	合計	60,374.5	136,327.7	196,702.2	100%
單位：億元人民幣。					

資料來源：中國人民銀行，《2020 年人民幣國際化報告》，頁 3。

表6-73 2020年中國大陸人民幣跨境收付情況表

序號	地 區	經常項目	資本項目	合 計	占比（%）
1	上海	15,427.86	130,879.87	146,307.74	51.5%
2	北京	8,377.16	43,396.99	51,774.14	18.2%
3	深圳	10,625.93	13,984.68	24,610.61	8.7%
4	廣東廣東（不含深圳）	9,157.97	7,390.97	16,548.94	5.8%
5	江蘇	5,815.83	3,640.76	9,456.58	3.3%
6	浙江	4,314.08	3,573.22	7,887.30	2.8%
7	山東	1,526.42	1,545.81	3,072.23	1.1%
8	福建	658.74	2,273.66	2,932.41	1.0%
9	天津	1295.61	852.96	2,148.58	0.8%
10	其他地區	10,474.39	8,661.35	19,135.74	6.8%
11	合計	67,674.00	216,200.27	28,3874.27	100%

單位：億元人民幣。

資料來源：中國人民銀行，《2020年人民幣國際化報告》，頁8。

　　而人民幣在中國大陸的本外幣跨境收付總額，已逐步增加到三成以上，且人民幣在國際間的交易與支付也逐步增加，也增強人民幣在國際上的影響力。在2018年人民幣國際使用呈現主要特點：1.經常專案收付金額同比回升，貨物貿易匯出淨額收窄，服務貿易收付金額增幅較大，服務貿易和收益匯出淨額擴大；2.金融市場開放不斷加深，資本項目收付金額首次達到經常項目收付金額的兩倍，其中證券投資增長顯著，直接投資銀行間債券市場（CIBM）吸引外資淨流入金額居首位；3.離岸人民幣市場保持平穩發展，在岸人民幣匯率對離岸人民幣匯率引領作用明顯，離岸與在岸市場聯動性逐步增強，廣度和深度繼續拓展。[907]

　　2019年人民幣跨境使用逆勢快速增長，全年銀行代客人民幣跨境收付金額合計19.67兆元人民幣，同比增長24.1%，人民幣跨境收支總體平衡，淨流入3,606億元人民幣，人民幣在國際貨幣基金組織成員國持有儲備資產的幣種構成中排名第5名，市場份額為1.95%。人民幣國際化發展總體呈現以下特點：1.是貿易和直接投資跨境人民幣結算逆勢增長；2.是證券投資業務大幅增長，成為推動人民幣跨境使用增長的主要力量；3.是人民幣跨境使用政策不斷優化，先後推出一系列更高水準貿易投資便利化試點；4.是人民幣國際化基礎設施進一步完善，人民幣清算行體系持續拓展，CIPS成為人民幣跨境結算的主管道；5.是雙邊貨幣合作持續深化，不斷消除境外人民幣使用障礙。[908]

　　2020 年，人民幣跨境收付金額合計為 28.39 兆元人民幣，同比增長 44.3%。其中，實收 14.10 兆元人民幣，同比增長 40.8%；實付 14.29 兆元人民幣，同比增長 48.0%，收付比為 1：1.01，淨流出 1,857.86 億元人民幣，上年同期為淨流入 3,605.28 億元人民幣。人民幣跨境收付占到同期本外幣跨境收付總額的 46.2%，為歷史新高，較 2019 年全年提高 8%。[909]

　　綜上，可知由於中國大陸經濟實力不斷增強，對全球不斷開放貿易與投資，使得人民幣跨境收付金額不斷上升，且人民幣已於 2016 年納入為國際貨幣基金組織特別提款權（SDR）籃子的五種貨幣，分別為人民幣、美元、歐元、日元和英鎊，籃子裡每一種國際貨幣都有各自使用的算系統，美元全球清算的兩個分別為 Fedwire 系統和 CHIPS 系統，歐元通過大額支付系統 TARGET2 處理跨境支付業務，日本銀行金融網路資金轉賬系統為 BOJ—NET FTS，英國清算所自動支付系統為 CHAPS，中國大陸也在 2016 年 10 月 1 日正式納入國際貨幣基金組織特別提款權（special drawing right，SDR）籃子前，啟用人民幣跨境支付系統（CIPS），直接處理人民幣所有的跨境業務，建立起屬於中國大陸政府能掌握的支付系統，使世界各國家或地區在使用人民幣上能更加便利，為人民幣更進一步的國際化打下根基，這亦是人民幣跨境收付金額不斷上升的因素之一。

陸、人民幣納入國際貨幣基金組織特別提款權（SDR）

　　1960 年代以後，美元連續爆發危機，引起資本主義國際貨幣體系的動盪不寧。創設特別提款權的方案，最初是由美國於 1965 年在國際貨幣基金組織裡提出。於 1969 年 9 月，在國際貨幣基金組織第 24 屆年會上，通過特別提款權的方案，並決定於 1970 年 1 月正式開始發行。[910]

　　特別提款權（special drawing right，SDR）是國際貨幣基金組織，根據各會員國上年年底繳納份額的比例，分配給各會員國「普通提款權」以外的一種用來補充現有儲備資產的手段。其用途主要有三個方面：1.會員國發生國際收支逆差時，可動用特別提款權，向基金組織指定的其它會員國換取外匯，償付逆差。2.會員國與其它會員國可通過達成協定，用特別提款權換回對方持有的本國貨幣。3.會員國還可用特別提款權，歸還向國際貨幣基金組織的貸款，和支付應付基金組織的利息費用。但是，特別提款權只是會員國在國際貨幣基金組織「特別提款帳戶」上的一種帳面資產，雖然它可與黃金、外匯並列，作為一種補充的儲備手段，但它並不能兌換黃金，也不是一種現實的貨幣，不能直接作為國際支付手段，也不能用於貿易或非貿易支付。不過，相對於普通提款權，特別提款權既無需償還，又代表著無條件支配可兌換貨幣的權力。因此，對分配到特別提款權的會員國來說，它屬於一種額外的資金來源或儲備資產的補充。[911]由此可知，特別提款權現僅能使用在國際貨幣基金組織及其的成員之間，且特別提款權非貨幣，也不能在國際上作為貿易或投資工具。

　　2015 年 11 月，國際貨幣基金組織執行董事會決定，從 2016 年 10 月 1 日起，中國大陸的人民幣將納入特別提款權籃子。依國際貨幣基金組織規定，執行董事會每五年或

情況變化，可提前時對特別提款權籃子的定值方法進行審查。該審查的目的，是確保特別提款權籃子反映主要貨幣在世界貿易和金融體系中的相對重要性，以提高特別提款權作爲儲備資產的吸引力。[912]

　　依國際貨幣基金組織認定，人民幣符合加入特別提款權籃子的標準，中國大陸作爲世界第三大出口國（按照過去五年出口衡量），中國大陸符合第一項加入標準。國際貨幣基金組織還決定，人民幣從 2016 年 10 月 1 日起，將被認定爲可自由使用貨幣，從而達到加入籃子的第二項標準，根據《基金組織協定》，如果基金組織認定一個成員國的貨幣事實上廣泛用於國際交易支付，並且在主要外匯市場上廣泛交易，那麼該貨幣被定義為「可自由使用貨幣」，又可自由使用貨幣的概念關注貨幣的實際國際使用和交易，不同於某種貨幣是否自由浮動或完全可兌換。中國大陸政府已經採取一系列廣泛的措施促進人民幣業務，因此，國際貨幣基金組織及其成員國和特別提款權的其他使用方，目前有充分渠道進入在岸市場，開展與國際貨幣基金組織有關的交易和儲備管理交易，不存在顯著障礙。2016 年 10 月 1 日人民幣加入特別提款權籃子後，中國大陸國債三個月基準利率，將成爲特別提款權利率籃子中的人民幣計值工具。[913]

　　中國大陸自 2001 年加入世界貿易組織後，進入以美、歐經濟發達國家所主導的經貿框架，加入全球化的分工體系，對外貿易進入高速成長時期，整體經貿實力大增，並自 2010 年成為世界第二大經濟體，至 2015 年底外匯儲備達 33,303.62 億美元，居世界第一，中國大陸的經貿實力使得人民幣的影響力大增。

　　而美國經歷 2008 年次貸風暴、歐洲 2010 年又爆發主權債務危機，歐美經濟發達國家均陷入金融困境，從前述境外人民幣業務清算協議與人民幣的雙邊本幣互換協議成效來看，人民幣藉由中國大陸的經濟與貿易實力，已經踏出穩定的腳步，由中國大陸境內市場邁向國際市場。

　　因此，國際貨幣基金組織已無任何理由，不納入人民幣做為其特別提款權（SDR）之權重貨幣之一，故 2015 年 11 月 30 日國際貨幣基金執行董事會議決，調整美元、歐元、日元和英鎊特別提款權（SDR）的權重，自 2016 年 10 月 1 日起將中國大陸的人民幣，作爲第五種貨幣加入特別提款權籃子。故微降低美元權重，從 41.9% 降至 41.73%（僅降低 0.17% 權重），大幅調降歐元權重從 37.4% 降至 30.93%（大降 6.47% 權重），並調降日元 1.07% 權重及英鎊 3.21% 權重。將美元、歐元、日元、英鎊調降後的權重，用於納入人民幣特別提款權（SDR）的權重，且人民幣初納入就以 10.92% 的權重排名第三，僅次於美元權重的 41.73% 及歐元權重的 30.93%，高於日元權重的 8.33% 與英鎊權重的 8.09%。顯示，人民幣將在未來逐步於國際經濟、貿易與投資發生更大影響力。

　　2022 年 5 月 11 日國際貨幣基金執行董事會完成 5 年一次的特別提款權（SDR）定值審查議決，自 2022 年 8 月 1 日起，符合特別提款權（SDR）定值籃子貨幣選擇標準的五種貨幣，將按其在國際貿易和金融中的作用分配以下權重：美元 43.38%；歐元 29.31%；人民幣 12.28%；日元 7.59%；英鎊 7.44%，分別調漲美元與人民幣在特別提款權（SDR）的權重，降低歐元、日元、英鎊在 SDR 的權重，國際貨幣基金執行董們普遍

對中國金融市場改革的進展予以認可，同時呼籲中方採取更多措施，進一步放開和深化在岸人民幣市場。[914]

綜上所述，可知近幾年來中國大陸政府在貿易的拓展與市場的准入上不斷提升，使得人民幣在國際上貿易、金融、儲備的地位逐步提升，也促使人民幣在 2016 年 10 月 1 日加入國際貨幣基金組織的特別提款權（SDR）後，能於 2022 年調升特別提款權（SDR）的權重，相比之下日元及英鎊則是緩步在調降，這從整體製造業的實力上很容易看出端倪，美國及歐元國家在中高端製造業的實力相當堅強，而中國大陸則是在中低端製造業的基礎下，逐步發展中高端製造業，將與美國競爭高端製造業的主導權，可預見的未來數十年間，將維持美元、歐元及人民幣的三強鼎立，而日元及英鎊將會不斷在弱化。

表6-74 國際貨幣基金組織特別提款權（SDR）分配表

2010 年特別提款權（SDR）權重	
美元	41.9%
歐元	37.4%
日元	9.4%
英鎊	11.3%
合計	100%
2016 年 10 月 1 日特別提款權（SDR）權重	
美元	41.73%
歐元	30.93%
人民幣	10.92%
日元	8.33%
英鎊	8.09%
合計	100%
2022 年 8 月 1 日生效特別提款權（SDR）權重	
美元	43.38%
歐元	29.31%
人民幣	12.28%
日元	7.59%
英鎊	7.44%
合計	100%

資料來源：

1.國際貨幣基金官網，〈特別提款權（SDR）貨幣籃子的審查〉，http：

//www.imf.org/external/np/exr/facts/chi/sdrcbc.pdf，檢索時間 2018 年 4 月 22 日。

2.國際貨幣基金官網，〈IMF 執董會完成五年一次的 SDR 定值審查 並決定新的 SDR 定值籃子貨幣權重〉，https：

//www.imf.org/zh/News/Articles/2022/05/14/pr22153-imf-board-concludes-sdr-valuation-review，檢索時間 2022 年 5 月 27

日。

柒、人民幣成為投資、融資與國際儲備貨幣概況簡述

　　近十餘年來，中國大陸政府陸續通過滬港通、深港通、債券通、合格境外機構投資者（QFII）、人民幣合格境外機構投資者（RQFII）、合格境內機構投資者（QDII）、人民幣合格境內機構投資者（RQDII）、熊貓債、基金互認等措施，實現境內外金融市場互聯互通，為資本項目可兌換打下堅實的基礎。眾多境外投資者進入中國大陸市場，有助於優化投資者結構和改善市場流動性。中國人民銀行將完善相關制度規則、基礎設施安排及配套設施，加強國際合作，有序推進資本項目可兌換，促進跨境投資和交易便利化、自由化，為推動形成中國大陸金融市場全面開放新格局，提升金融市場服務實體經濟的能力和國際競爭力作出積極貢獻。[915]

　　尤其以開放人民幣合格境外機構投資者（RQFII）的准入，為觀察中國大陸資本市場開放的重要指標，從 2012 年 4 月 3 日中國大陸國務院批准，香港地區人民幣合格境外機構投資者（RQFII），試點額度 500 億元人民幣開始，截至 2017 年末，共有 18 個國家和地區，獲得 RQFII 投資額度 1.74 兆元人民幣，196 家境外機構備案或申請投資額度 6,050.6 億元人民幣。至 2017 年末，境外主體投資境內股票市值合計 1.17 兆元人民幣，約占市場的 2%。[916]又截至 2018 年末，共有 19 個國家和地區，獲得 RQFII 投資額度合計 1.94 兆元人民幣，205 家境外機構備案或申請投資額度合計 6,467 億元人民幣。2018 年，RQFII 資金流入總金額 1,388 億元人民幣，流出總金額 1,203 億元人民幣，淨流入 185 億元。[917]顯示，中國大陸漸進式經濟改革仍深受外資信任，雖 2018 年美國與中國大陸開始全面經濟戰，亦未影響外資逐步流入中國大陸資本市場的趨勢。

　　2017 年 6 月，美國指數編制公司摩根士丹利國際資本（Morgan Stanley Capital International Index，MSCI）宣佈從 2018 年 5 月底開始，按 5%的納入因數分兩階段按相同比例將 A 股納入旗下的新興市場指數。2018 年 3 月，彭博宣佈從 2019 年 4 月起，分 20 個月將中國大陸國債和政策性銀行債券納入彭博巴克萊全球綜合指數，中國大陸債券將成為繼美元、歐元、日元之後的第四大計價貨幣債券。這是中國大陸 A 股與人民幣債券首次納入重要國際指數，順應國際投資者的需求，體現了國際社會對中國大陸金融市場的認可，對中國大陸金融市場融入全球金融市場具有重要意義。[918]

　　從過去日本、韓國與臺灣地區等市場的開放經驗來判斷，摩根士丹利國際資本（MSCI）將中國大陸 A 股納入旗下的新興市場指數，及彭博公司將中國大陸債券納入彭博巴克萊全球綜合指數，對於外資持續流入中國大陸資本市場，將有非常大的引導作用。

　　於 2018 年 3 月，以人民幣計價的原油期貨在上海期貨交易所子公司—上海國際能源交易中心掛牌交易，中國大陸原油期貨上市，有助於人民幣成為大宗商品定價貨幣，交易品種包括國內和國外原油品種，主要是中質含硫原油，包括杜拜原油、上紮庫姆原油、阿曼原油、卡達海洋油、葉門馬西拉原油、伊拉克巴士拉輕油，以及中國大陸國產的勝利原油 7 個可交割油種。交易單位與國際主流一致，捨棄中國大陸常用的「噸」為

單位，確定為 1,000 桶/手。交割方式採用在能源中心指定的交割地點進行現貨交割，主
要包括中國石化集團石油商業儲備有限公司、中石油燃料油有限公司等 6 個指定交割倉
庫，8 個存放點，交割倉庫根據原油期貨交易上市後的實際情況可進行增加。交易時間
主要是 9：00～11：30、13：30～15：00。與境外市場接軌，原油期貨也開展連續交易，
為 21：00 到第二天 2：30，這一安排方便了境外投資者參與投資。中國大陸原油期貨採
用人民幣作為計價單位，引入境內外交易者參與，包括跨國石油公司、原油貿易商、投
資銀行等，有利於形成反映中國大陸和亞太地區原油市場供求關係的基準價格，推動人
民幣作為大宗商品的計價結算貨幣。[919]

　　而中國大陸為全世界最大原油進口國，在原油進口上仍多數採用美元計價，美元匯
率的升貶成為其購買原油相當不利的因素，因此推動人民幣成為原油計價貨幣勢在必行，
適時推出以人民幣計價的原油期貨對於未來中國大陸擴大使用人民幣進口原油有相當
助益，且美國由於大量開採頁岩油與頁岩氣，亦逐漸減少原油進口，未來更可能成為原
油及天然氣的主要出口國之一，使得中國大陸人民幣有機會在原油交易市場上崛起，成
為原油交易與計價貨幣，有利促進人民幣國際化。

表6-75 中國大陸授予合格境外機構投資者（RQFII）國家或地區資料表

日期	中國大陸給予合格境外機構投資者（RQFII）額度
2012 年 4 月 3 日	中國大陸國務院批准，香港地區人民幣合格境外機構投資者（RQFII）試點額度 500 億元人民幣。
2012 年 11 月 13 日	中國大陸國務院批准，香港地區人民幣合格境外機構投資者（RQFII）試點額度擴大 2,000 億元人民幣。
2013 年 10 月 15 日	第五次中國大陸與英國經濟財金對話宣佈給予英國 800 億元人民幣合格境外機構投資者（RQFII）額度。
2013 年 10 月 22 日	中新雙邊合作聯合委員會第十次會議宣佈給予新加坡 500 億元人民幣合格境外機構投資者（RQFII）額度。
2014 年 3 月 26 日	中法聯合聲明宣佈給予法國 800 億元人民幣合格境外機構投資者（RQFII）額度。
2014 年 7 月 3 日	中國大陸給予韓國 800 億元人民幣合格境外機構投資者（RQFII）額度。
2014 年 7 月 7 日	在德國總理默克爾來華訪問期間，李克強總理宣佈給予德國 800 億元人民幣合格境外機構投資者（RQFII）額度。
2014 年 11 月 3 日	中國大陸給予卡達 300 億元人民幣合格境外機構投資者（RQFII）額度。
2014 年 11 月 8 日	中國大陸給予加拿大 500 億元人民幣合格境外機構投資者（RQFII）額度。
2014 年 11 月 17 日	中國大陸給予澳大利亞 500 億元人民幣合格境外機構投資者（RQFII）額度。

日期	中國大陸給予合格境外機構投資者（RQFII）額度
2015 年 1 月 21 日	中國大陸給予瑞士 500 億元人民幣合格境外機構投資者（RQFII）額度。
2015 年 4 月 29 日	中國大陸將人民幣合格境外機構投資者（RQFII）試點地區擴大至盧森堡，初始投資額度為 500 億元人民幣。
2015 年 5 月 25 日	中國大陸給予智利 500 億元人民幣合格境外機構投資者（RQFII）額度。
2015 年 6 月 27 日	中國大陸給予匈牙利 500 億元人民幣合格境外機構投資者（RQFII）額度。
2015 年 11 月 23 日	中國大陸將人民幣合格境外機構投資者（RQFII）試點地區擴大至馬來西亞，投資額度為 500 億元人民幣。
2015 年 12 月 14 日	中國大陸將人民幣合格境外機構投資者（RQFII）試點地區擴大至阿聯酋，投資額度為 500 億元人民幣。
2015 年 12 月 17 日	中國大陸將人民幣合格境外機構投資者（RQFII）試點地區擴大至泰國，投資額度為 500 億元人民幣。
2016 年 6 月 7 日	中國大陸給予美國 2,500 億元人民幣合格境外機構投資者（RQFII）額度。
2017 年 7 月 4 日	中國大陸國務院批准，香港 RQFII 額度擴大至 5,000 億元人民幣。
2018 年 5 月 9 日	中國大陸將人民幣合格境外機構投資者（RQFII）試點地區擴大至日本，投資額度為 2,000 億元。
2019 年 6 月 5 日	中國大陸將人民幣合格境外機構投資者（RQFII）試點地區擴大至荷蘭，投資額度為 500 億元人民幣。
2019 年 9 月 10 日	中國大陸外匯局公告取消合格境外機構投資者（QFII）和人民幣合格境外機構投資者投資額度限制。
2020 年 5 月 7 日	中國人民銀行與外匯局共同發佈《境外機構投資者境內證券期貨投資資金管理規定》（中國人民銀行外匯局公告〔2020〕第 2 號）
2020 年 9 月 25 日	中國大陸證監會、中國人民銀行、外匯局聯合發佈《合格境外機構投資者和人民幣合格境外機構投資者境內證券期貨投資管理辦法》（證監會中國人民銀行外匯局令第 176 號）。

資料來源：

整理自-

1.中國人民銀行，《2018 年人民幣國際化報告》，頁 37～54。

2.中國人民銀行，《2021 年人民幣國際化報告》，頁 72～74。

　　從中國大陸非居民持有境內人民幣金融資產表統計，可知中國大陸非居民持有境內人民幣股票資產從 2014 年 12 月僅持有 5,555 億元人民幣，僅 6 年間至 2020 年 12 月

持有大增至 34,065.56 億元人民幣,中國大陸非居民持有境內人民幣股票資產增加高達 28,510.56 億元人民幣,增幅高達 5.13 倍。中國大陸非居民持有境內人民幣債券資產增加 26,634.78 億元人民幣,從 2014 年 12 月僅持有 6,716 億元人民幣,僅 6 年間至 2020 年 12 月持有大增至 33,350.78 億元人民幣,中國大陸非居民持有境內人民幣債券資產增加高達 26,634.78 億元人民幣,增幅高達 3.97 倍。至 2020 年 12 月中國大陸非居民,持有境內人民幣金融資產已高達 89,849.86 億元人民幣。

雖然自 2018 年起美國政府對中國大陸大打經濟戰,2019 年 9 月 10 日中國大陸外匯局公告取消合格境外機構投資者(QFII)和人民幣合格境外機構投資者投資額度限制後,中國大陸非居民及外資法人機構,對持有中國大陸境內人民幣股票、債券、貸款等金融資產急速增加,顯見中國大陸非居民及外資法人機構,對於未來中國大陸經濟持續發展,相當的有信心。

表6-76 中國大陸非居民持有境內人民幣金融資產表

項目	2014 年 12 月	2015 年 12 月	2016 年 12 月	2017 年 12 月
股票	5,555	5,986.7	6,491.9	11,746.7
債券	6,716	7,517.1	8,526.2	11,988.3
貸款	8,190	8,515.6	6,164.4	7,390.0
存款	23,722	15,380.7	9,154.7	11,734.7
合計	44,183	37,400.1	30,337.2	42,859.7
項目	2018 年 12 月	2019 年 12 月	2020 年 12 月	-
股票	11,517.4	21,018.75	34,065.56	-
債券	17,115.9	22,629.32	33,350.78	-
貸款	9,246.5	8,331.64	9,630.19	-
存款	10,591.6	1,2148.67	12,803.33	-
合計	48,471.4	64,128.38	89,849.86	-
單位:億元人民幣				

資料來源:

整理自-

1. 中國人民銀行,《2015 年人民幣國際化報告》,頁 11。

2. 中國人民銀行,《2017 年人民幣國際化報告》,頁 12。

3. 中國人民銀行,《2018 年人民幣國際化報告》,頁 14。

4. 中國人民銀行,《2019 年人民幣國際化報告》,頁 18。

4. 中國人民銀行,《2021 年人民幣國際化報告》,頁 19。

表6-77世界各國官方外匯儲備人民幣統計表

日期	2017 年 12 月	2018 年 12 月	2019 年 12 月	2021 年 3 月
金額	1,226	2,027.9	2.176.7	2,874.64
單位：億美元				

資料來源：

筆者整理自-

1.中國人民銀行，《2018 年人民幣國際化報告》，頁 14。

2.中國人民銀行，《2019 年人民幣國際化報告》，頁 21。

3.中國人民銀行，《2020 年人民幣國際化報告》，頁 16。

4.中國人民銀行，《2021 年人民幣國際化報告》，頁 21。

　　根據國際貨幣基金組織（IMF）官方外匯儲備貨幣構成（COFER）資料，截至
2021 年一季度末，人民幣儲備規模為 2,874.64 億美元，占標明幣種構成外匯儲備總額
的 2.5%，居世界第 5 位，是 IMF 自 2016 年開始公佈人民幣儲備資產以來的最高水
準。據不完全統計，目前全球有 70 多個央行或貨幣當局將人民幣納入外匯儲備。[920]

　　以統計數據分析世界各國官方外匯儲備人民幣在 2017 年 12 月僅有 1,226 億美元，
到 2021 年 3 月已有 2,874.64 億美元，等於各國官方外匯儲備已超過 1 兆人民幣，近年
來由於美國政府不斷實施量化寬鬆（Quantitative easing，QE）政策，加上美國政府對伊
朗及俄羅斯等石油輸出國家經濟制裁，使得許多國家走向去美元化的趨勢，中國大陸的
經濟發展穩定，且又是伊朗及俄羅斯的石油及天然氣大買家之一，在這樣的世界經濟格
局下，讓人民幣逐漸成為許多國家官方外匯儲備幣之一，此亦有助於中國大陸政府推動
人民幣國際化的進程。

　　再從國際貨幣基金組織（IMF）統計各國家與地區官方外匯儲備幣種構成表可知，
美元在世界各國家與地區官方外匯儲備貨幣的佔比 2021 年第 3 季度較 2016 年第 4 季度
下降 10.14%，而人民幣、日元、英鎊、加元等貨幣都有提升。顯見，美國在川普政府上
臺後，推行美國優先政策與世界各國大打貿易戰，以及美國政府在新冠肺炎發生後不斷
擴大舉債規模，影響到許多國家對美元的信心，而人民幣雖未能因此快速提升為世界各
國家與地區官方外匯儲備，但在未來隨著一帶一路戰略資金融通的策略應用下，應能逐
步提升人民幣做為各國家與地區官方外匯儲備的佔比，使人民幣逐漸成為世界各國重要
的外匯儲備貨幣。

表6-78 國際貨幣基金組織（IMF）統計各國家與地區官方外匯儲備幣種構成表

幣別	2016 年第 4 季	2017 年第 4 季	2018 年第 4 季
美元	65.34 %	62.70 %	61.74 %
歐元	19.13 %	20.15 %	20.67 %
人民幣	1.08 %	1.23 %	1.89 %

幣別	2019 年第 4 季	2020 年第 4 季	2021 年第 4 季
日元	3.95 %	4.89 %	5.20 %
英鎊	4.43 %	4.45 %	4.42 %
澳元	1.69 %	1.80 %	1.62 %
加元	1.94 %	2.02 %	1.84 %
瑞士法郎	0.16 %	0.18 %	0.14 %
其他貨幣	2.37 %	2.50 %	2.47 %
幣別	**2019 年第 4 季**	**2020 年第 4 季**	**2021 年第 4 季**
美元	60.89 %	55.02 %	54.89 %
歐元	20.54 %	19.88 %	19.20 %
人民幣	1.96 %	2.14 %	2.61 %
日元	5.70 %	5.63 %	5.14 %
英鎊	4.62 %	4.42 %	4.48 %
澳元	1.70 %	1.71 %	1.71 %
加元	1.88 %	1.94 %	2.02 %
瑞士法郎	0.15 %	0.16 %	0.16 %
其他貨幣	2.56 %	2.48 %	2.84 %

資料來源：

整理自-

1. 中國人民銀行，《2018 年人民幣國際化報告》，頁 15。

2. 國際貨幣基金官網，https：//www.imf.org/external/index.htm，檢索時間 2020 年 6 月 10 日。

3. 國際貨幣基金官網，https：//www.imf.org/external/index.htm，檢索時間 2021 年 3 月 7 日。

4. 國際貨幣基金官網，https：//www.imf.org/external/index.htm，檢索時間 2022 年 9 月 1 日。

捌、結論

　　人民幣作為中國大陸的主權貨幣，其所扮演的角色也和體制的變遷與發展息息相關。1978 年以前，中國大陸外匯管理體制是國家壟斷下的外匯統收統支的計畫體制，人民幣匯率只是內部核算的工具，由中國大陸政府計畫決定，不具有真正意義的外匯市場。1979 年 12 月中國大陸宣布改革開放後，創匯企業被允許部分使用外匯，產生調劑外匯餘缺的需求，遂逐步發展出外匯調劑市場。由於中國大陸政府官價和外匯調劑市場差距大且不穩定，造成中國大陸政府宏觀調控的困難。1994 年中國大陸政府將兩種匯率併軌，實行人民幣有管理的浮動匯率機制，實施銀行結售匯制，同時建立銀行間外匯市場。至此，中國大陸才算進入一個單一匯率、具市場配置資源的初級外匯市場。[921]

　　1990 年代後期，亞洲金融風暴造成相關國家匯率驟貶，中國大陸政府則以人民幣不貶值的政策，使金融風暴不致擴大。2001 年，中國大陸加入世界貿易組織（WTO），透過對外開放的機會遇，倒逼內部加快開放與改革的步伐。而穩定的人民幣匯率，加速中國大陸外貿的快速增加，外匯存底也出現穩定上升的趨勢。原來人民幣盯住美元的匯率

穩定政策，遭致國外要求人民幣匯率升值的壓力愈來愈大。2005 年 7 月 21 日，中國大陸政府啟動人民幣匯率制度改革，開始實施以市場供求為基礎、參考一籃子貨幣調節的有管理的浮動匯率制度，人民幣呈現出穩步升值的態勢；周邊東南亞各國先後放棄實行多年的盯住美元的匯率制度，轉而實施有管理的獨立的浮動匯率制度。[922]

　　2009 年以來，經中國大陸國務院批准，中國人民銀行逐步取消人民幣用於跨境交易計價結算的限制，基本建立人民幣國際使用的政策框架，有力地促進貿易投資便利化。[923]這也顯示中國大陸政府在放鬆對人民幣的管制，且有計劃的逐步推進人民幣國際化。

表6-79　人民幣國際使用的政策框架彙整表

一、經常項目跨境人民幣業務政策：

　　2009 年 7 月，跨境貿易人民幣結算試點從上海市和廣東省四城市（廣州、深圳、珠海、東莞）起步。經 2010 年 6 月和 2011 年 8 月兩次擴大試點，跨境貿易人民幣結算境內地域範圍擴大至全國，業務範圍涵蓋貨物貿易、服務貿易和其他經常項目，境外地域範圍沒有限制。2012 年 6 月起，境內所有從事貨物貿易、服務貿易及其他經常項目的企業均可選擇以人民幣進行計價結算。2014 年 6 月，在全國範圍內開展個人貨物貿易、服務貿易跨境人民幣結算業務，支持銀行業金融機構與支付機構合作開展跨境人民幣結算業務。2014 年 11 月，跨國企業集團開展經常項目跨境人民幣集中收付業務。

二、資本項目跨境人民幣業務政策：

1、直接投資人民幣結算：2011 年 1 月，境內機構可以使用人民幣進行對外直接投資。2011 年 10 月，境外投資者可以使用人民幣到境內開展直接投資。2013 年 9 月，境外投資者可以使用人民幣在境內設立、幷購和參股金融機構。2014 年 6 月，直接投資跨境人民幣結算業務辦理流程進一步簡化。2014 年 11 月，符合一定條件的跨國企業集團可以開展跨境雙向人民幣資金池業務。

2、人民幣跨境融資：2011 年 10 月，境內銀行可以開展境外項目人民幣貸款業務。2013 年 7 月，境內銀行可以開展跨境人民幣貿易融資資產跨境轉讓業務，境內非金融機構可以開展人民幣境外放款業務和對外提供人民幣擔保，放寬境內代理行對境外參加行的人民幣帳戶融資期限和限額。2014 年 9 月，明確境外非金融企業在境內銀行間債券市場發行人民幣債務融資工具的跨境人民幣結算政策。

3、人民幣證券投資：2010 年 8 月，境外中央銀行或貨幣當局、境外人民幣清算行和境外參加行等境外機構可以進入銀行間債券市場投資。2011 年 12 月，出臺人民幣合格境外機構投資者（RQFII）制度，符合一定條件的境內基金管理公司和證券公司的香港子公司可以運用其在香港募集的人民幣資金在經批准的投資額度內開展境內證券投資業務。2013 年 3 月，人民銀行、證監會、外匯局修訂 RQFII 試點辦法，擴大試點機構範圍，放寬投資比例限

> 制。2014 年 11 月，出臺人民幣合格境內機構投資者（RQDII）制度，合格
> 的境內機構投資者可以運用來自境內的人民幣資金投資境外金融市場的人
> 民幣計價產品。同月，滬港股票市場交易互聯互通機制正式啟動，兩地投資
> 者可以買賣在對方交易所上市的股票。2015 年 5 月，已獲准進入銀行間債
> 券市場的境外人民幣清算行和境外參加行可以開展債券回購交易。

資料來源：

中國人民銀行，《人民幣國際化報告 2015》，頁 8。

　　綜上所述，可以明確得知中國大陸政府在推動人民幣在國際化的進程中，有其既定的政策方向與發展模式，且中國大陸政府與智庫持續研究及探討，1970 年代至 1980 年代日元國際化過程中，曾歷經美國政府出手打壓的困境，及日本自身經濟轉型使日元國際化面臨升值的問題。

　　1985 年初，日本政府在迫於美國政府的壓力下，於簽訂廣場協議後，履行協議內容，開始與美國一起大規模干預日元匯市，日元對美元匯率隨之急劇攀升，很快從 1985 年 2 月的 236 日元兌換 1 美元，到 1985 年底的 200 日元兌換 1 美元，1987 年初再突破 150 日元兌換 1 美元，到 1988 年初，已接近 120 日元兌換 1 美元，這意味著在不到兩年半的時間裡，日元兌美元已整整升值 1 倍。貨幣如此快速的升值，對一個國家的經濟發展與貨幣信用產生非常大的危機，日元被迫大幅升值，所產生的直接後果就是嚴重摧殘主導日本經濟的出口產業，使日本的對外貿易受到嚴重打擊，以致嚴重依賴對外貿易的日本經濟，很快陷入一場「日元升值蕭條」。[924]

　　1986 年度，日本的出口總額減少 15.4 ％，實際 GDP 增長率下降 1%，工礦業生產指數出現 0.2 ％負增長，失業率也破二次大戰後的最高紀錄。為擺脫日元升值蕭條，日本採取一系列措施。其中之一，就是推出二次大戰後空前的「金融緩和」政策，即以調降利率等寬鬆的貨幣政策，來維持國內經濟的景氣。從 1986 年起，日本銀行通過連續 5 次下調利率，一舉將官定利率降至 2.5 ％的「超低」水平，導致的大批過剩資金紛紛湧向股市和房地產市場，結果是以股價和地價攀升為中心的經濟泡沫急劇膨脹。與此同時，由於日元升值，日本汽車、鋼鐵、家電、造船等傳統產業大量借機到海外投資，但由於日本國內以資訊、生化等為代表的高技術產業，還沒有形成規模產業填補傳統行業出走後所形成的空白，於是就形成了日本國內所謂的「產業空洞化」現象，破壞日本經濟結構的順利轉軌。到 1990 年代初，日元升值引發的經濟泡沫突然破滅，日本經濟由此陷入空前嚴重的衰退之中，迄今仍未能從衰退中徹底走出。[925]

　　所以中國大陸政府在推進人民幣的國際化過程中，非常的謹慎小心且步步為營，美國政府多次逼迫人民幣大幅升值，中國大陸仍依循其國家政策，在經濟成長的動能主導下緩步升值。又從前述 2015 年 5 月，中共中央國務院發布《關於構建開放型經濟新體制的若干意見》，提出構建開放安全的金融體系：1.以擴大金融業開放、2.推動資本市場雙向有序開放、3.建立走出去金融支持體系、4.擴大人民幣跨境使用、5.完善匯率形成機

制和外匯管理制度等五大框架，並比對人民幣國際使用的政策框架表，可知中國大陸政府有序地透過貨幣清算協議、雙邊本幣互換協議、資本市場等逐步開放，並建立人民幣跨境支付系統（CIPS）便利跨境人民幣業務處理，支持跨境貨物貿易和服務貿易結算、跨境直接投資、跨境融資和跨境個人匯款等業務，以確實掌控人民幣跨境的流動資訊，避免人民幣遭受國外勢力的不當操控，維持人民幣的穩定與信用，使人民幣逐步成為得以信賴的國際貨幣。

於 2016 年 10 月 1 日，人民幣順利納入國際貨幣基金組織特別提款權（SDR），成為特別提款權（SDR）的計算權重貨幣之一，人民幣雖未成為世界前三大的交易易、計價、儲存等貨幣，但人民幣已成為由國際貨幣基金組織認定的五大貨幣，即美元、歐元、人民幣、日元、英鎊外，其權重排名第三僅次於美元及歐元，這是人民幣國際化重要的里程碑，擁有國際貨幣基金組織特別提款權（SDR）的認證，使人民幣程逐步能從國際交易貨幣，邁向國際計價貨幣，最後達到國際儲存貨幣的人民幣國際化進程。

第七章 結論：中國大陸經濟全球化戰略路徑、實踐與挑戰

Chapter 7 Conclusion: Strategic Path, Practice and Challenges of Economic Globalization in China

提出人才、資訊網路、製造、貿易、投資、市場、
貨幣、文化等八大全球化戰略
形成的世界經濟強權發展的模式，
說明中國大陸經濟全球化戰略路徑、實踐與挑戰，
並對未來中國大陸經濟全球化及全球經濟趨勢判斷

本章內容重點

■ 第一節 中國大陸經濟全球化路徑與實踐方法
■ 第二節 中國大陸經濟全球化的阻力、挑戰及未來走向

▌第一節 中國大陸經濟全球化路徑與實踐方法

壹、中國大陸經濟崛起概述

1945年第二次世界大戰後，旋即進入以美國資本主義國家陣營與蘇聯社會主義國家陣營，相互對抗的冷戰時代，由於雙方意識形態差異，形成決然不同的政治與經濟體制差異，雙方為拉攏更多國家加入自己陣營，陸續在中國大陸、朝鮮半島、越南等地，用不同方式發生區域型戰爭。

又因美國與蘇聯政治與經濟體制顯著差異，其所屬兩陣營又大打經濟戰，形成貿易壁壘，直到1991年蘇聯解體後，逐步又轉變為美國聯合歐盟，對俄羅斯的經濟戰，迄今雙方仍未停歇。中國大陸作為後崛起的大國，過去曾經是美國與蘇聯拉攏對象，現今則成為美國最大的競爭對手，所以成為美國打壓的重點國家。

1949年中國共產黨在中國大陸建立政權後，由於朝鮮半島戰爭爆發等國際局勢因素，於1950年代採取一面倒政策向蘇聯傾斜，蘇聯對中國大陸援建156項工業建設項目，使中國大陸建立相當的工業基礎。1960年前後，中國大陸與蘇聯陷入社會主義路線之爭的矛盾與領土糾紛，雙方於1969年3月間，在珍寶島上發生小規模武裝衝突，而雙方均為核彈大國都非常克制，並未引發更大規模戰爭。

其後，美國為拉攏中國大陸對抗蘇聯，遂想改善與中國大陸關係，透過巴基斯坦與中國大陸聯繫，於1971年7月美國總統國家安全事務助理的亨利·阿佛列·季辛吉（Henry Alfred Kissinger）在訪問巴基斯坦期間，突然飛往北京密訪中國大陸，與時任中國大陸國務院總理周恩來進行會談。1971年10月聯合國決議由中華人民共和國取得中國代表權，1972年2月美國總統尼克森訪問中國大陸，並發表「上海公報」，1973年5月美國政府在北京設立聯絡辦事處，中國大陸與美國關係逐步邁入談判建交的過程。

1978年12月中國共產黨召開第十一屆中央委員會第三次全體會議，確立中國大陸的改革開放。旋即1979年1月1日中國大陸與美國正式建交，於1979年1月底，時任中國大陸國務院副總理鄧小平正式訪問美國，兩國在政治、經濟、科技、文化等領域展開合作，美國、英國、法國等國的外資企業，也逐步進入中國大陸投資，開啟中國大陸經濟發展的新時代。

1979年2月至3月間，中國大陸短暫打一場對越南的「對越自衛反擊戰」，而此時越南與蘇聯早已簽訂《蘇越友好合作條約》，自此中國大陸在國際政治與經濟上開展與過去不同的道路，形成中國大陸與美國聯合對抗蘇聯的時期。中國大陸與美國建交後，美國加強與中國大陸經濟合作，有利美資企業快速進入中國大陸市場，也促使中國大陸在經濟上加速改革與開放，1980年初期建立深圳、珠海、汕頭和廈門四個經濟特區，運用低廉土地與勞動力對外進行招商引資，開啟中國大陸經濟高速增長的步伐。

中國大陸國內經濟，在歷經20餘年的高速發展後，2001年3月中國大陸政府公佈國

民經濟和社會發展第十個五年計劃綱要，提出：「實施「走出去」戰略，鼓勵能夠發揮我國比較優勢的對外投資，擴大國際經濟技術合作的領域、途徑和方式。繼續發展對外承包工程和勞務合作，鼓勵有競爭優勢的企業開展境外加工貿易，帶動產品、服務和技術出口。支援到境外合作開發國內短缺資源，促進國內產業結構調整和資源置換。鼓勵企業利用國外智力資源，在境外設立研究開發機構和設計中心。支援有實力的企業跨國經營，實現國際化發展。健全對境外投資的服務體系，在金融、保險、外匯、財稅、人才、法律、資訊服務、出入境管理等方面，為實施「走出去」戰略創造條件。完善境外投資企業的法人治理結構和內部約束機制，規範對外投資的監管。」[926]

又中國大陸在2001年11月加入世界貿易組織，擴大經濟的對外開放，政策上同時重視資金、技術、人才的「引進來，與走出去」，促使中國大陸邁入改革開放的新一階段。從2002年～2020年中國大陸對外直接投資統計表可知，自2002年中國大陸統計對外投資金額，由每年僅數十億美元，逐年快速增長，經過12年的發展，至2013年起突破1,000億美元，達1078.4億美元，僅次於美國與日本成為當年全球對外投資國流量金額的第三名，到2020年以1,537.1億美元為列當年度全球對外投資流量第一名。

又從2004年～2020年中國大陸對外直接投資併購金額統計表，可知2013年起中國大陸對外併購金額突破500億美元，達到529.0億美元。僅3年後，於2016年中國大陸對外併購金額突破1,000億美元，高達1,353.3億美元。累積至2020年中國大陸對外投資存量金額高達25,806.6億美元，排名全球第三僅次於美國及荷蘭。

2019年中國大陸對外直接投資淨額（流量）為1,369.1億美元。其中，新增股權投資483.5億美元，占35.3%，當期收益再投資606.2億美元，占44.3%，債務工具投資279.4億美元，占20.4%。截至2019年底，中國大陸2.75萬家境內投資者在國（境）外，共設立對外直接投資企業（境外企業）4.4萬家，分佈在全球188個國家（地區），2019年末中國大陸境外企業資產總額7.2兆美元。對外直接投資累計淨額（存量）達21,988.8億美元，其中，股權投資1,209.7億美元，占55%；收益再投資6,866.4億美元，占31.2%；債務工具投資3,025.7億美元，占13.8%。[927]

2020年中國大陸對外直接投資淨額（流量）為1,537.1億美 同比增長12.3%其中：新增股權投資630.3億美元，占41%，當期收益再投資716.4億美元占46.6%，債務工具投資190.4億美元，占12.4%截至2020年底中國2.8萬家境內投資者在國（境）外，共設立對外直接投資企業（境外企業）4.5萬家，分佈在全球189個國家（地區）。2020年末境外企業資產總額7.9兆美元，對外直接投資累計淨額（存量）25,806.6億美元，其中，股權投資14,777.3億美元，占57.3%，收益再投資7,860.4億美元，占30.4%，債務工具投資3,168.9億美元，占12.3%。[928]

自 2013 年以來，中國大陸每年對外持續 1,000 億美元以上的投資，從 2008 年中國大陸境內投資機構對外投資僅 8,500 家，分佈國家及地區 174 個，直接投資境外企業 12,000 家，境外企業資產總額超過 1 兆美元，累積至 2020 年達到中國大陸境內投資機構對外投資 2.8 萬家，分佈國家及地區 189 個，直接投資境外企業 4.5 萬家，境外企業

資產總額 7.9 兆美元，使得中國大陸與全球各國經濟更為緊密，也從全世界各國獲取更多的技術與人才，持續開展製造、貿易、投資、貨幣及人才的全球化，有效積累中國大陸的綜合國力。

　　2008年美國發生次貸風暴引發全球經融危機，歐美許多國家興起貿易保護主義。於2010年中國大陸國內生產總值，超越日本成為世界第二大經濟體，整體經濟實力大增。2013年9月和10月，中國大陸國家主席習近平在出訪中亞和東南亞國家期間，先後提出共建「絲綢之路經濟帶」和「21世紀海上絲綢之路」的重大倡議，[929]以五通即政策溝通、設施聯通、貿易暢通、資金融通、民心相通，作為政策指導原則，開展中國大陸新一波國際化道路。

表7-1 2002年～2020年中國大陸對外直接投資統計表

年份	對外直接投資流量金額	全球位次	對外直接投資存量金額	全球位次
2002 年	27.0 億美元	26	299.0 億美元	25
2003 年	28.5 億美元	21	332.0 億美元	25
2004 年	55.0 億美元	20	448.0 億美元	27
2005 年	122.6 億美元	17	572.0 億美元	24
2006 年	211.6 億美元	13	906.3 億美元	23
2007 年	265.1 億美元	17	1,179.1 億美元	22
2008 年	559.1 億美元	12	1,839.7 億美元	18
2009 年	565.3 億美元	5	2,457.5 億美元	16
2010 年	688.1 億美元	5	3,172.1 億美元	17
2011 年	746.5 億美元	6	4,247.8 億美元	13
2012 年	878.0 億美元	3	3,519.4 億美元	13
2013 年	1,078.4 億美元	3	6,604.8 億美元	11
2014 年	1,231.2 億美元	3	8,826.4 億美元	8
2015 年	1,456.7 億美元	2	10,978.6 億美元	8
2016 年	1,961.5 億美元	2	13,573.9 億美元	6
2017 年	1,582.9 億美元	3	18,090.4 億美元	2
2018 年	1,430.4 億美元	2	19,822.7 億美元	3
2019 年	1,369.1 億美元	2	21,988.8 億美元	3
2020 年	1,537.1 億美元	1	25,806.6 億美元	3

資料來源：
中華人民共和國商務部、國家統計局、國家外匯管理局，《2020 年度中國對外直接投資統計公報》（北京：中國商務出版社，2021），頁 6。

表7-2 2004年～2020年中國大陸對外直接投資併購金額統計表

年份	流量金額	併購金額	併購比重
2004 年	55.0 億美元	30.0 億美元	54.5%
2005 年	122.6 億美元	65.0 億美元	53.0%
2006 年	211.6 億美元	82.5 億美元	39.0%
2007 年	265.1 億美元	63.0 億美元	23.8%
2008 年	559.1 億美元	302.0 億美元	54.0%
2009 年	565.3 億美元	192.0 億美元	34.0%
2010 年	688.1 億美元	297.0 億美元	43.2%
2011 年	746.5 億美元	272.0 億美元	36.4%
2012 年	878.0 億美元	434.0 億美元	31.4%
2013 年	1,078.4 億美元	529.0 億美元	31.3%
2014 年	1,231.2 億美元	569.0 億美元	46.2%
2015 年	1,456.7 億美元	544.4 億美元	37.3%
2016 年	1,961.5 億美元	1,353.3 億美元	68.9%
2017 年	1,582.9 億美元	1,196.2 億美元	75.5%
2018 年	1,430.4 億美元	742.3 億美元	51.9%
2019 年	1,369.1 億美元	342.8 億美元	12.6%
2020 年	1,537.1 億美元	282.0 億美元	10.7%

資料來源：

整理自-《2020 年度中國對外直接投資統計公報》（北京： 中華人民共和國商務部、國家統計局、國家外匯管理局，2021），頁 6、10。

表7-3 2017年與2018年全球主要對外投資國家（地區）存量表

2017 年				2018 年			
位次	國家或地區	對外投資存量金額	存量佔比	位次	國家或地區	對外投資存量金額	存量佔比
1	美國	77,990	25.3%	1	美國	64,747	20.9%
2	中國大陸	18,090	5.9%	2	荷蘭	24,273	7.8%
3	香港特區	18,042	5.9%	3	中國大陸	19,823	6.4%
4	德國	16,074	5.2%	4	香港特區	18,701	6.0%
5	荷蘭	16,049	5.2%	5	英國	16,965	5.5%
6	英國	15,317	5.0%	6	日本	16,652	5.4%
7	日本	15,200	4.9%	7	德國	16,454	5.3%
8	加拿大	14,871	4.8%	8	法國	15,708	4.9%
9	法國	14,517	4.7%	9	加拿大	13,250	4.3%
10	瑞士	12,718	4.1%	10	瑞士	12,634	4.1%
合計		218,867	71.0%	合計		218,577	70.6%
單位：億美元							

資料來源：

整理自-

1.《2017 年度中國對外直接投資統計公報》（北京： 中華人民共和國商務部、國家統計局、國家外匯管理局，2018），頁 19。

2.《2018 年度中國對外直接投資統計公報》（北京： 中華人民共和國商務部、國家統計局、國家外匯管理局，2019），頁 21。

表7-4 2019年與2020年全球主要對外投資國家（地區）存量表

2019 年				2020 年			
位次	國家或地區	對外投資存量金額	存量佔比	位次	國家或地區	對外投資存量金額	存量佔比
1	美國	77,217	22.3%	1	美國	81,285	20.7%
2	荷蘭	25,635	7.4%	2	荷蘭	37,976	9.7%
3	中國大陸	21,989	6.4%	3	中國大陸	25,807	6.6%
4	英國	19,494	5.6%	4	英國	20,554	5.2%
5	日本	18,181	5.3%	5	日本	19,821	5.1%
6	香港特區	17,940	5.2%	6	德國	19,772	5.0%
7	德國	17,194	5.0%	7	加拿大	19,644	5.0%
8	加拿大	16,525	4.8%	8	香港特區	19,539	5.0%
9	法國	15,328	4.4%	9	法國	17,218	4.3%
10	瑞士	15,262	4.4%	10	瑞士	16,289	4.2%
合計		244,83	70.8%	合計		277,905	70.9%
單位：億美元							

資料來源：

整理自-

1. 中華人民共和國商務部、國家統計局、國家外匯管理局，《2019 年度中國對外直接投資統計公報》（北京： 中國商務出版社，2020），頁 21。

2. 中華人民共和國商務部、國家統計局、國家外匯管理局，《2020 年度中國對外直接投資統計公報》（北京： 中國商務出版社，2021），頁 21。

表7-5 2007年～2020年中國大陸境內機構對外直接投資統計表

年度	境內投資機構有對外投資者	分佈國家及地區	直接投資境外企業	境外企業資產總額
2007 年	近 7,000 家	173 個	超過 1 萬家	-
2008 年	8,500 家	174 個	12,000 家	超過 1 兆美元
2009 年	12,000 家	177 個	1.3 萬家	超過 1 兆美元
2010 年	1.6 萬家	178 個	13,000 多家	1.5 兆美元
2011 年	13,500 多家	177 個	1.8 萬家	近 2 兆美元
2012 年	1.6 萬家	179 個	近 2.2 萬家	超過 2.3 兆美元
2013 年	1.53 萬家	184 個	2.54 萬家	近 3 兆美元
2014 年	1.85 萬家	186 個	2.97 萬家	3.1 兆美元
2015 年	2.2 萬家	188 個	3.08 萬家	4.37 兆美元
2016 年	2.44 萬家	190 個	3.72 萬家	5 兆美元
2017 年	2.55 萬家	189 個	3.92 萬家	6 兆美元
2018 年	2.7 萬家	188 個	4.3 萬家	6.6 兆美元
2019 年	2.75 萬家	188 個	4.4 萬家	7.2 兆美元
2020 年	2.8 萬家	189 個	4.5 萬家	7.9 兆美元

資料來源：

整理自-

1.《2007 年度中國對外直接投資統計公報》（北京： 中華人民共和國商務部、國家統計局、國家外匯管理局），頁 2。

2.《2008 年度中國對外直接投資統計公報》（北京： 中華人民共和國商務部、國家統計局、國家外匯管理局），頁 2。

3.《2009 年度中國對外直接投資統計公報》（北京： 中華人民共和國商務部、國家統計局、國家外匯管理局），頁 2。

4.《2010 年度中國對外直接投資統計公報》（北京： 中華人民共和國商務部、國家統計局、國家外匯管理局），頁 2。

5.《2011 年度中國對外直接投資統計公報》（北京： 中華人民共和國商務部、國家統計局、國家外匯管理局，2012），頁 3。

6.《2012 年度中國對外直接投資統計公報》（北京： 中華人民共和國商務部、國家統計局、國家外匯管理局，2013），頁 3。

7.《2013 年度中國對外直接投資統計公報》（北京： 中華人民共和國商務部、國家統計局、國家外匯管理局，2014），頁 3。

8.《2014 年度中國對外直接投資統計公報》（北京： 中華人民共和國商務部、國家統計局、國家外匯管理局，2015），頁 3。

9.《2015 年度中國對外直接投資統計公報》（北京： 中華人民共和國商務部、國家統計局、國家外匯管理局，2016），頁 3。

10.《2016 年度中國對外直接投資統計公報》（北京： 中華人民共和國商務部、國家統計局、國家外匯管理局，2017），頁 3。

11.《2017 年度中國對外直接投資統計公報》（北京： 中華人民共和國商務部、國家統計局、國家外匯管理局，2018），頁 3。

12. 《2018 年度中國對外直接投資統計公報》（北京： 中華人民共和國商務部、國家統計局、國家外匯管理局，
2019），頁 4。

13. 中華人民共和國商務部、國家統計局、國家外匯管理局，《2019 年度中國對外直接投資統計公報》（北京： 中國
商務出版社，2020），頁 4。

14. 中華人民共和國商務部、國家統計局、國家外匯管理局，《2020 年度中國對外直接投資統計公報》（北京： 中國
商務出版社，2021），頁 4。

中國大陸擁有近 14 億人口的超大市場，自 1978 年改革開放後持續吸引外資投資，使中國大陸經濟不斷成長，自 2010 年起每年均超過 1,100 億美元的外資流入，2000 年～2017 年實際使用外資金額累計高達 17,033 億美元。再根據中國大陸海關統計，2000 年～2017 年中國大陸外商直接投資企業，累計進出口 223,328.8 億美元，占全國總額 50.3%；累計出口 120,667.8 億美元，占全國總額 49.9%，顯示外商投資企業，仍是中國大陸外貿發展的重要推動力量。

2017 年中國大陸進出口總值 41,045 億美元，其中外商投資企業進出口總值 18,391.4 億美元，占當年中國大陸進出口總值 44.8%。2017 年中國大陸出口總值 2,635.2 億美元，外商投資企業出口總值 9,775.6 億美元，占當年中國大陸出口總值 43.2%，外商投資在中國大陸高技術製造和高技術服務領域投資的迅猛增長，有效改善中國大陸對外貿易的品質和效益。[930]

此外，再從全球外商直接投資（Foreign direct Investment，FDI）流入量前 10 位國家與地區統計分析，得知 2017 年與 2018 年全球 FDI 流入量前 3 位，均是美國、中國大陸及香港地區。再詳細觀察 2018 年，美國仍是吸引外資流入最高的國家，外資流入高達 2,518.1 億美元，第 2 名中國大陸外資流入 1,383.1 億美元，第 3 名香港地區外資流入 1,156.6 億美元。顯示，美國、中國大陸及香港地區，是全世界外資對外直接投資最喜愛的國家及地區。

自 2010 年起，外資以每年 1,000 多億美元的龐大金額，持續投資中國大陸，顯示外資對中國大陸經濟發展仍是非常有信心，也證明近年來中國大陸經濟深化改革的各項政策，如自由貿易試驗區、新型城鎮化、中國製造 2025、扶貧與鄉村振興等政策，推動製造業升級與消費升級等政策，持續不斷的改革與開放，獲得外資的肯定。

從中國大陸 2000 年～2018 年外資在中國大陸國際收支平衡的收入比重表分析，自 2010 年起中國大陸國際收支表合計收入，每年均超過 11,000 億美元以上，且自 2009 年起實際使用外資金額，佔比降至 10%以下，也顯示中國大陸內部經濟實力，已有顯著提升。

再從中國大陸實施「引進來與走出去」的經濟戰略做總體分析，中國大陸 2000 年～2018 年實際使用外資金額，累計高達 18,423.5 億美元，同時期對外投資累計存量金額，也高達 19,822.7 億美元。

2019 年中國大陸新設立外商投資企業 40,910 家，同比下降 32.4%，實際使用外資金額 1,412.3 億美元，同比增長 2.1%，規模居全球第 2 位，占 2019 年全球 FDI 總量的 9.2%。[931]2019 年中國大陸進出口商品總值達 45,753 億美元，同比下降 1%，其中外商投資企業進出口商品總值 18,239 億美元，同比下降 7.3%，占全國比重為 39.9%。中國大陸進口商品總值 20,769 億美元，同比下降 2.8%，其中外商投資企業進口商品總值 8,578 億美元，同比下降 8%，占全國比重為 41.3%。中國大陸出口商品總值 24,984.1 億美元，同比增長 0.4%，其中外商投資企業出口商品總值 9,661 億美元，同比下降 6.7%，占全國比重為 38.7%。[932]

2020 年面對新冠肺炎疫情嚴峻挑戰，中共中央、中國大陸國務院作出穩住外貿外資基本盤決策部署，把穩外資作為「六穩」、「六保」重要內容，出臺一系列穩外資新政策，完成穩外資目標，全年新設外商投資企業 38,578 家，同比下降 57%；實際使用外資 1,493.4 億美元，同比增長 5%，在全球 FDI 大幅下降的情況下，實現了逆勢增長。[933]2020 年中國大陸進出口商品總值達 46,462.6 億美元，同比增長 1.5%，其中外商投資企業進出口商品總值 17,975.9 億美元，同比下降 1.4%，佔全國比重為 38.7%。中國大陸進口商品總值 20,556.1 億美元，同比下降 1.1%，其中外商投資企業進口商品總值 8,653.2 億美元，同比增長 0.9%，占全國比重為 42.1%。中國大陸出口商品總值 25,906.5 億美元，同比增長 3.6%，其中外商投資企業出口商品總值 9,322.7 億美元，同比下降 3.5%，佔全國比重為 36%。[934]

從 2016 年～2021 年全球與世界前五大貿易值國家排名統計表，可知自 2017 年中國大陸再度超越美國成為世界第一大貿易進出國，迄 2021 年美國仍無法超越中國大陸成為世界第一大貿易進出國，且中國大陸出口貿易額不斷攀升，以 2021 年為例中國大陸出口金額為 33,640 億美元，而美國出口金額僅為 17,550 億美元，中國大陸出口金額比美國出口金額還多 16,090 億美元，幾乎快要比美國出口額還多 1 倍，顯見中國大陸整體製造業的生產能力是相當的龐大。

又中國大陸是一百二十多個國家的第一大交易夥伴，七十多個國家的第二大交易夥伴。這意味著對世界上 90% 的國家來說，中國不是它們的第一大交易夥伴就是第二大交易夥伴。[935]多年以來東盟、歐盟、美國、日本和韓國為中國大陸前五大交易夥伴，且從 2015 年～2020 年中國大陸前五大貨物交易夥伴貿易金額統計表可知，2015 年～2019 年歐盟一直穩居中國大陸第一大交易夥伴地位，但 2020 年英國脫歐，因此中國大陸在 2020 年統計與歐盟貨物進出口額時剔除了英國，而 2020 年中國大陸對東盟貨物進出口額再創新高達 47,357 億元人民幣，東盟超過歐盟成為中國大陸第一大貿易交易夥伴。[936]

2021 年中國大陸前五大貿易夥伴，進出口額依次為 1.東盟 5.67 兆元人民幣，年增長 19.7%；2.歐盟 5.35 兆元人民幣，年增長 19.1%；3.美國 4.88 兆元人民幣，年增長 20.2%；4.日本 2.4 兆元人民幣，年增長 9.4%；5.韓國 2.34 兆元人民幣，年增長 18.4%。[937]中國大陸對前五大貿易夥伴進出口額不斷增長，貿易相互依存度也不斷增加，

綜上，可知外資不僅是長期投資中國大陸深具信心，在 2020 年全球新冠肺炎疫情

爆發後，實際使用外資 1,493.4 億美元，比 2019 年增長 5%，對比美國 2019 年吸引外資高達 2,462.2 億美元，到 2020 年卻吸引外資 1,563.2 億美元，降幅高達 36.51%，顯示中國大陸政府對於國家的治理，深獲外資的肯定，因此資金才會源源不斷地流入中國大陸進行投資，因此也促進中國大陸對外貿易進出口額的不斷增長，連美國政府企圖以各種貿易及關稅政策抵制中國大陸，仍持續對中國大陸增加進出口額，產生嚴重的貿易依賴程度。此外，中國大陸的國內資本亦有相當實力，對世界各國進行投資，也證明中國大陸經濟已高度與世界經濟融合。

表7-6 2000年～2018年中國大陸實際使用外資金額與外商投資企業進出口統計表

年度	實際使用外資金額	中國大陸進出口總金額	外商投資企業進出口總金額	中國大陸出口總金額	外商投資企業出口總金額	外商出口佔比
2000	407.2	4,743.0	2,367.1	2,492.0	1,194.4	47.9%
2001	468.8	5,096.5	2,591.0	2,661.0	1,332.4	50.1%
2002	527.4	6,207.7	3,302.2	3,256.0	1,699.4	52.2%
2003	535.1	8,509.9	4,722.6	4,382.3	2,403.4	54.8%
2004	606.3	11,545.5	6,631.6	5,933.3	3,386.1	57.1%
2005	724.1	14,219.1	8,317.2	7,619.5	4,442.1	58.3%
2006	727.2	17,604.4	10,364.4	9,689.8	5,638.3	58.2%
2007	835.2	21,761.8	12,568.5	12,200.6	6,959.0	57.0%
2008	1,083.1	25,632.6	14,105.8	14,306.9	7,906.2	55.3%
2009	940.7	22,075.4	12,174.4	12,016.1	6,722.3	55.9%
2010	1,147.3	29,740.0	16,003.1	15,777.5	8,623.1	54.7%
2011	1,147.3	36,418.6	18,601.6	18,983.8	9,953.3	52.4%
2012	1,210.7	38,671.2	18,940.0	20,487.1	10,227.5	49.9%
2013	1,239.1	41,589.9	19,190.9	22,090.0	10,442.7	47.3%
2014	1,285.0	43,015.3	19,840.0	23,422.9	10,747.0	45.9%
2015	1,355.8	39,530.3	18,346.0	22,734.7	10,047.0	44.2%
2016	1,337.1	36,855.6	16,871.0	20,976.3	9,168.0	43.7%
2017	1,363.2	41,044.8	18,392.0	22,634.9	9,776.0	43.2%
2018	1,390.4	46,230.0	19,681.0	24,874.0	10,360.0	41.7%
總計	18,423.5	490,542.1	243,010.4	266,565.9	131,028.0	49.2%
單位：億美元						

資料來源：

整理自-

1.《2018 年中國外商投資報告》，（北京：中華人民共和國商務部，2018），頁 21、22。

2.《2019年中國外商投資報告》，（北京：中華人民共和國商務部，2019），頁21。

表7-7 2000年～2018年外資在中國大陸國際收支平衡的收入比重表

年度	經常項目收入	資本帳戶	金融帳戶	國際收支表合計收入	實際使用外資金額	外資占收入比重
2000年	2,725	0	-666	2,059	407.2	19.8%
2001年	2,906	0	-541	2,365	468.8	19.8%
2002年	3,551	0	-932	2,619	527.4	20.1%
2003年	4,825	0	-1,212	3,613	535.1	14.8%
2004年	6,522	0	-1,916	4,606	606.3	13.2%
2005年	8,403	42	-3,352	5,093	724.1	14.2%
2006年	10,779	41	-4,519	6,301	727.2	11.5%
2007年	13,842	33	-6,371	7,504	835.2	11.1%
2008年	16,622	33	-6,087	10,568	1,083.1	10.3%
2009年	14,136	42	-4,283	9,895	940.7	9.5%
2010年	18,484	48	-6,536	11,996	1,147.3	9.6%
2011年	22,087	56	-6,136	16,007	1,239.9	7.8%
2012年	23,933	45	-3,996	19,982	1,210.7	6.1%
2013年	25,927	45	-6,517	19,455	1,239.1	6.4%
2014年	27,434	19	-5,806	21,647	1,285.0	5.9%
2015年	26,193	5	95	26,293	1,355.8	5.2%
2016年	24,546	3	-2,174	22,375	1,337.1	6.0%
2017年	27,089	2	-3,782	23,309	1,363.2	5.9%
2018年	29,136	3	-3,721	25,418	1,390.4	5.5%
合計	309,140	414	-68,452	241,105	18,423.5	7.6%

單位：億美元

資料來源：

整理自-

1.《2018年中國外商投資報告》，（北京：中華人民共和國商務部，2018），頁23。

2.《2019年中國外商投資報告》，（北京：中華人民共和國商務部，2019），頁18。

表7-8 2015年與2016年全球FDI流入量前10位元國家與地區統計表

2015年		2016年	
國別/地區	金額	國別/地區	金額
美國	2,999.69 億美元	美國	3,911.04 億美元
日本	1,286.54 億美元	英國	2,538.26 億美元
中國大陸	1,275.60 億美元	中國大陸	1,337.11 億美元
荷蘭	1,134.29 億美元	香港特區	1,081.26 億美元
愛爾蘭	1,016.16 億美元	荷蘭	919.56 億美元
德國	943.13 億美元	新加坡	615.97 億美元
瑞士	702.77 億美元	巴西	586.80 億美元
加拿大	671.82 億美元	澳大利亞	481.90 億美元
香港特區	551.43 億美元	印度	444.86 億美元
盧森堡	393.71 億美元	俄羅斯	376.68 億美元
合計	10,975.14 億美元	合計	12,293.43 億美元

資料來源：

整理自-

1.《2016中國外資統計》，（北京： 中華人民共和國商務部，2015），頁26。

2.《2017 中國外資統計》，（北京： 中華人民共和國商務部，2016），頁 26。

表7-9 2017年與2018年全球FDI流入量前10位國家與地區統計表

2017年		2018年	
國別/地區	金額	國別/地區	金額
世界	14,298.1億美元	世界	12,971.5 億美元
美國	2,753.8 億美元	美國	2,518.1 億美元
中國大陸	1,363.2 億美元	中國大陸	1,383.1 億美元
香港特區	1,043.3 億美元	香港特區	1,156.6 億美元
巴西	627.1 億美元	新加坡	776.5 億美元
新加坡	620.1 億美元	荷蘭	696.6 億美元
荷蘭	579.6 億美元	英國	644.9 億美元
法國	498.0 億美元	巴西	612.2 億美元
澳大利亞	463.7 億美元	澳大利亞	604.4 億美元
瑞士	409.9 億美元	開曼群島	573.8 億美元
印度	399.2 億美元	英屬維京群島	442.4 億美元

資料來源：整理自-

1.《2018年度中國外資統計公報》，（北京：中華人民共和國商務部，2018），頁23。

2.《2019年度中國外資統計公報》，（北京：中華人民共和國商務部，2019），頁23。

表7-10 2019年與2020年全球FDI流入量前10位國家與地區統計表

2019年		2020年	
國別/地區	金額	國別/地區	金額
世界	15,398.8億美元	世界	9,988.9 億美元
美國	2,462.2 億美元	美國	1,563.2 億美元
中國大陸	1,412.3 億美元	中國大陸	1,493.4 億美元
新加坡	920.8 億美元	香特地區	1,192.3 億美元
荷蘭	842.2 億美元	新加坡	905.6 億美元
愛爾蘭	782.3 億美元	印度	640.6 億美元
巴西	719.9 億美元	盧森堡	621.5 億美元
香港特區	683.8 億美元	英屬維京群島	396.2 億美元
英國	591.4 億美元	德國	356.5 億美元
英屬維京群島	580.0 億美元	愛爾蘭	334.2 億美元
印度	505.5 億美元	墨西哥	290.8 億美元

資料來源：整理自-

1.《2020年度中國外資統計公報》，（北京： 中華人民共和國商務部，2020），頁22。

2.《2021年度中國外資統計公報》，（北京： 中華人民共和國商務部，2021），頁23。

表7-11 2016年～2021年全球與世界前五大貿易值國家排名統計表

年度	2016 年					
項目	貿易總值		項目	貿易總值		貿易總值
類別	國別	類別	國別	類別	國別	類別
排名	全世界	排名	全世界	排名	全世界	排名
1	美國	1	美國	1	美國	1
2	中國大陸	2	中國大陸	2	中國大陸	2
3	德國	3	德國	3	德國	3
4	日本	4	日本	4	日本	4
5	荷蘭	5	荷蘭	5	荷蘭	5
年度	2017 年					
項目	貿易總值		項目	貿易總值		貿易總值
類別	國別	類別	國別	類別	國別	類別
排名	全世界	排名	全世界	排名	全世界	排名
1	中國大陸	1	中國大陸	1	中國大陸	1
2	美國	2	美國	2	美國	2
3	德國	3	德國	3	德國	3
4	日本	4	日本	4	日本	4

5	荷蘭	5	荷蘭	5	荷蘭	5
年度	2018 年					
項目	貿易總值			項目	貿易總值	
類別	國別	類別	國別	類別	國別	類別
排名	全世界	排名	全世界	排名	全世界	排名
1	中國大陸	1	中國大陸	1	中國大陸	1
2	美國	2	美國	2	美國	2
3	德國	3	德國	3	德國	3
4	日本	4	日本	4	日本	4
5	荷蘭	5	荷蘭	5	荷蘭	5
年度	2019 年					
項目	貿易總值			項目	貿易總值	
類別	國別	類別	國別	類別	國別	類別
排名	全世界	排名	全世界	排名	全世界	排名
1	中國大陸	1	中國大陸	1	中國大陸	1
2	美國	2	美國	2	美國	2
3	德國	3	德國	3	德國	3
4	日本	4	日本	4	日本	4
5	荷蘭	5	荷蘭	5	荷蘭	5
年度	2020 年					
項目	貿易總值			項目	貿易總值	
類別	國別	類別	國別	類別	國別	類別
排名	全世界	排名	全世界	排名	全世界	排名
1	中國大陸	1	中國大陸	1	中國大陸	1
2	美國	2	美國	2	美國	2
3	德國	3	德國	3	德國	3
4	日本	4	日本	4	日本	4
5	荷蘭	5	荷蘭	5	荷蘭	5
年度	2021 年					
項目	貿易總值			項目	貿易總值	
類別	國別	類別	國別	類別	國別	類別
排名	全世界	排名	全世界	排名	全世界	排名
1	中國大陸	1	中國大陸	1	中國大陸	1
2	美國	2	美國	2	美國	2
3	德國	3	德國	3	德國	3
4	荷蘭	4	荷蘭	4	荷蘭	4
5	日本	5	日本	5	日本	5

單位：億美元

資料來源：

整理自-

財政部網站，〈世界各主要國家貿易值排名 - WTO公布（90-110年）〉，https：//www.mof.gov.tw/singlehtml/278？cntId=57465，檢索時間2022年4月19日。

表7-12 2015年～2020年中國大陸前五大貨物交易夥伴貿易金額統計表

排名	2015 年		2016 年		2017 年	
1	歐盟	35,081	歐盟	36,116	歐盟	41,742
2	美國	34,663	美國	34,302	美國	39,532
3	東盟	29,318	東盟	29,872	東盟	34,844
4	日本	17,306	日本	18,154	日本	20,505
5	韓國	17,137	韓國	16,681	韓國	18,978
排名	2018 年		2019 年		2020 年	
1	歐盟	45,041	歐盟	48,626	東盟	47,357
2	美國	41,798	東盟	44,252	歐盟	44,958
3	東盟	38,788	美國	37,319	美國	40,598
4	日本	21,615	日本	21,712	日本	21,973
5	韓國	20,669	韓國	19,608	韓國	19,745
單位：億美元						

資料來源：

《2020年中國對外貿易全景分析報告》，（前瞻產業研究院，2021）。

　　2015年5月中共中央與中國大陸國務院提出《關於構建開放型經濟新體制的若干意見》指出：「對外開放是我國的基本國策。當前，世界多極化、經濟全球化進一步發展，國際政治經濟環境深刻變化，創新引領發展的趨勢更加明顯。我國改革開放正站在新的起點上，經濟結構深度調整，各項改革全面推進，經濟發展進入新常態。面對新形勢新挑戰新任務，要統籌開放型經濟頂層設計，加快構建開放型經濟新體制，進一步破除體制機制障礙，使對內對外開放相互促進，引進來與走出去更好結合，以對外開放的主動贏得經濟發展和國際競爭的主動，以開放促改革、促發展、促創新，建設開放型經濟強國，為實現兩個一百年奮鬥目標和中華民族偉大復興的中國夢打下堅實基礎。」[938]

　　《關於構建開放型經濟新體制的若干意見》在拓展國際經濟合作新空間要求必須：「鞏固和加強多邊貿易體制，加快實施自由貿易區戰略，積極參與全球經濟治理，做國際經貿規則的參與者、引領者，擴大國際合作與交流，努力形成深度交融的互利合作網路。」[939]

　　中國大陸從1978年改革開放後，招商引資使經濟獲得高速增長，又於2001年加入

世界貿易組織，與此同時實行「走出去與引進來」的經濟戰略，將中國大陸經濟深度與全球經濟融合，使中國大陸經濟持續高速增長，更讓中國大陸堅持走經濟全球化道路，並擴大推動一帶一路戰略，外交上主張「和平共處五項原則」，強調互不干涉內政，企圖建立以經濟合作為核心的全球化體制，強化五通即政策溝通、設施聯通、貿易暢通、資金融通、民心相通，異於美國以政治與經濟控制為核心的全球化體制，期望獲得世界多數國家的認同與合作。

中國大陸是繼英國、美國、德國、日本等先進工業化國家，崛起的世界經濟大國，在中國共產黨 1949 年建立政權後，歷經內部實行社會主義總路線，推動「農村人民公社」和「城市人民公社」，期望農業與工業的生產能大躍進失敗後，中共總結經驗後，開始大幅改革中國大陸整體國家經濟發展戰略。

1978 年 12 月，中國共產黨第十一屆三中全會宣布實施改革開放，後於 1979 年 1 月 1 日中國大陸正式與美國建立外交關係互派大使，加入美國所主導的全球化經濟體系。美國、日本、香港、歐洲、臺灣、韓國等經濟體，陸續將中低階工廠，轉移到中國大陸生產，利用便宜的勞動力與廉價土地等，降低生產成本，並大幅度擴增產能，將產品銷售全世界，也使得中國大陸製造業在政策與外資的雙重引導下，融入美國所主導的全球分工生產體系，逐步將中國大陸發展成為世界工廠。

而中國大陸自 1978 年改革開放以來，經濟增長與世界經濟發展的相關性不斷增強，具體來說主要體現在四個方面：1、是出口市場不斷推動中國大陸經濟的增長。2、是外來資本不斷加大對中國大陸經濟增長的支援。3、是外來技術推動中國大陸產業結構的優化與升級。4、是人民幣匯率的變化影響中國大陸國內經濟的發展。[940]

這也是因第二次世界大戰後，以美國所主導的經濟全球化，產生全球產業分工效應，由於中國大陸的政治體制在開發中國家相對穩定，土地與勞動力成本低，人民努力勤奮，政府大力發展基礎建設，使得外資不斷加大對中國大陸的投資。於 2001 年中國大陸這個世界人口最多的經濟體，加入世界貿易組織，加速工業化進程，進一步融入全球貿易體系，更對全球經濟與產業鏈的變化產生極大影響。

中國大陸也與歐洲、美國、日本、韓國等工業化國家，產生難以分割的產業供應鏈關係，更是與世界各國市場產生難以切割的供給關係，形成屬於世界的中國工廠，也由於中國大陸正逐步開放國內市場，其超過 3 億的中產階級，更是世界各國要爭取的龐大市場。

中國大陸參與經濟全球化，促進中國大陸經濟迅速發展，使得中國大陸經濟與世界經濟之間的關係更加緊密。首先，經濟全球化進程逐步促進中國大陸經濟的增長，而中國大陸經濟的增長也加快經濟全球化的進程。中國大陸充分利用國內外市場資源，實現外貿外資長期高額雙順差，對外貿易成為拉動中國經濟增長的強勁動力。其次，隨著中國大陸大量勞動密集型產品的輸出，中國大陸承擔世界上部分傳統製造業產品的生產分工，中國製造已經成為世界市場上常見的商品標誌，取得一定的效益與實績，但是中國

大陸在國際產業鏈上仍舊處於底端位置，這也是國際產業結構調整與轉移的結果。中國大陸正確處理經濟全球化與獨立自主的關係，實現中國大陸經濟發展與世界經濟穩定增長的良性互動。[941]

　　由於美國是現今經濟全球化模式的制定者，掌有製造、貿易、貨幣及金融等規則的頂層設計，且擁有世界第一的經濟實力，中國大陸在製造、貿易、貨幣及金融等發展上，不斷受到美國的限制及掣肘。在製造業發展上，受限於美國科技製造的專利框架，中國大陸企業被告上美國法院，時常付出的天價的賠償，或運用301條款等國內法，恫嚇或制裁中國大陸企業。在貿易發展上，美國又時常不理世界貿易組織規則，強調美國優先原則，以其政府行政手段發動關稅或非關稅壁壘，使中國大陸企業無故受到損害。在貨幣上，美元是世界最強勢貨幣，美國聯邦準備理事會時常因國內經濟因素，調整利率或實行量化寬鬆（Quantitative easing,QE），間接影響全世界美元的流動，卻又時常指責中國大陸為匯率操縱國，然若美國能為國內經濟操縱美元，中國大陸為國內經濟應對美元與人民幣間波動，顯然並非匯率操縱，確切來說此舉應是避免中國大陸經濟遭受美元波動傷害，何況日圓受到「廣場協議」的殺傷，致使日本近三十年來經濟停滯不前，此例殷鑑不遠，又美國金融業利用美元擁有的獨特的貿易、儲存、結算的世界貨幣地位，設計各類金融工具如引發2008年金融風暴的次級貸款債券，利用美元的在全世界自由流動的功能在全世界收割賺錢。

　　因此，中國大陸政府為發展獨立自主的經濟全球化道路，實行「引進來與走出去」並重戰略，實施人才戰略培養國內人才亦廣納世界人才，運用互聯網+政策使中國大陸與全世界各產業互聯互通，並以「中華人民共和國國民經濟和社會發展第十三個五年規劃綱要（以下簡稱：十三五規劃）」及「中華人民共和國國民經濟和社會發展第十四個五年規劃綱要（以下簡稱：十四五規劃）」為主軸，以「中國製造2025」、「自由貿易試驗區（FTZ）」、「國家新型城鎮化規劃」與「扶貧與鄉村振興」等四項，發展國內的製造、貿易、投資、市場與世界接軌，使中國大陸國內經濟結構能升級轉型，走向自主創新，進一步突破中等收入陷阱的問題。

　　同時，中國大陸政府運用「絲綢之路經濟帶和21世紀海上絲綢之路的願景與行動（以下簡稱：一帶一路戰略）」為主軸，以「國際產能與裝備製造合作」、「自由貿易協定（FTA）」、「人民幣國際化」等三項，開展世界製造、貿易、市場、貨幣與中國大陸內部的製造、貿易、投資、市場、貨幣作連結，使中國大陸能發展出異於美國「單邊主義」政策思維模式，即中國大陸國家主席習近平所言：「構建人類命運共同體。」政策思維，結合中國文化的「大同思想」，以發展具有中國特色的經濟全球化道路。

貳、中國大陸經濟全球化路徑

　　本文期望研究中國大陸在進入「經濟新常態」後，如何發展經濟全球化戰略，並藉由林毅夫教授提出的「新結構經濟學」理論，分析中國大陸對內及對外經濟戰略發展模式。

林毅夫教授指出：「經濟發展是一個動態的結構變遷過程，需要依靠"有效的市場"來形成能夠反映要素稀缺的價格體系，以誘導企業按此比較優勢來選擇產業、技術從而形成競爭優勢，也要有"有為的政府"來解決結構變遷過程中必然出現的外部性問題和軟硬基礎設施完善的協調問題，一個國家只有同時用好市場和政府兩隻手才能實現快速、包容、可持續的增長。」942

從本文研究發現，現今中國大陸經濟戰略發展模式，主要是借鑑英國、美國、德國、日本等先進工業化國家發展模式，以修正 1978 年改革開放前所學習蘇聯經濟發展模式的弊端。1949 年中國共產黨建立政權後，在蘇聯專家的協助下，學習蘇聯經濟發展模式開展工業化進程，並逐步將民間企業全部收歸國有，完全由政府計劃模式發展，初期有集中力量快速發展的優勢，但因沒有市場的比較與競爭，無法維持長期經濟發展。

1978 年改革開放後，中國大陸經濟發展借鑒英國、美國、德國、日本的經濟發展經驗，並加以融合運用。美國與英國初期的發展是民間自主發展，之後政府職能擴大再進行策略性主導，而德國與日本則是由政府主導發展，民間企業則是跟隨政府規劃方向戮力發展。兩個成功模式都是政府與民間企業的合作模式，並藉由市場做調節，促進經濟長期的循環發展。使中國大陸經濟發展逐步走向，林毅夫教授所言的有為的政府與有效的市場模式運作。

中國大陸經濟改革以漸進推展模式，用摸著石頭過河的試點方式，例如改革開放初期，中國大陸中央政府發布政策，建立深圳、珠海、汕頭、廈門四大經濟特區，測試經濟改革方法，尋找招商引資的模式。再將四大經濟特區試驗具有可發展的模式，逐步推展到全中國大陸各省、市、自治區。此時，就是各省、市、自治區各自訂定招商引資條件，產生地方政府間的市場化競爭，從許多實例可知各地方政府為吸引外資到當地投資，紛紛開出土地、稅賦等優惠，甚至包含修建當地基礎設施建設的配套方案，以爭取外資到當地投資設廠發展經濟，再藉由外資帶動內資發展整體產業鏈，拓展各個產業鏈的大規模發展。

中國大陸各級政府的功能，主要在制定合適的經濟發展政策，並修建電力、水利、道路、公路、鐵路、港口、機場等必要的基礎設施，以吸國內外的企業進入投資，使得人民獲得就業機會，人民有收入就能開展消費發展國內消費市場，產品能大量出口就能開拓國外市場，因此「有為的政府」與「有效的市場」必然是相輔相成，才能使經濟持續增長與發展。

然而，中國大陸自 1978 年改革開放後，經歷國有企業改革及土地制度改革的兩大市場化變革。並於 2001 年加入世界貿易組織（WTO），加速中國大陸境內的市場化改革，整體經濟不斷高速增長。在 2010 年國內生產總值（GDP）超越日本成為世界第二大經濟體。此前，2008 年美國次級貸款問題引發全球金融危機，也凸顯出美國經濟發展模式的弊病，美國雖其國內仍有許多科技、國防、生物、醫療等高端製造業，但過度仰賴金融業及過度的金融投機操作，對整體經濟易產生重大不良影響。使得中國大陸的領導層與知識界，開始調整中國大陸經濟發展模式，加強控制其境內金融業的發展，並逐

步將改革開放 30 多年的經驗作總結，對中國大陸經濟與產業的轉型提出未來性的前瞻規劃。

　　本研究亦發現，中國大陸經濟全球化大量吸取英國及美國經濟全球化的經驗，自 15 世紀大航海時代以來，英國是第一個發展為全球化的世界第一經濟大國，美國則是繼英國後崛起的第二個發展為全球化的世界第一經濟大國。因此，研究及改革美國與英國經濟全球化戰略模式，對於中國大陸極其重要，再從中國大陸歷屆領導人如鄧小平、江澤民、胡錦濤、習近平等人的發言，可知中國大陸的經濟發展，以學習歐美日等先進工業化國家模式為主軸，但絕不照搬照抄，在瞭解他國的經濟發展模式後，必須加以研究改革成適合中國大陸經濟發展模式，如此可以去蕪存菁，雖無法跳脫環境汙染及部分官員的貪腐問題，但也可以少走彎路，減少照搬照抄所產生的經濟危機。

　　第二次世界大戰後，在美國建立的世界經濟規則下，逐步推動美國模式的經濟全球化，使德國及日本逐步崛起為世界經濟大國，在製造全球化、貿易全球化、投資全球化、市場全球化、貨幣全球化等的融合，都有相當的成效，也使德國的貨幣馬克及日本的貨幣日圓，都納入國際貨幣基金組織（IMF）的一籃子貨幣權重，在全世界佔有相當的地位。然而，英國、美國、德國及日本，這 4 個國家在經濟發展上，幾乎能達成製造全球化、貿易全球化、投資全球化、市場全球化、貨幣全球化等，五個全球化逐步融合的歷程。

　　但是，最終能成為世界經濟第一大國的也只有英國與美國兩國，原因在於英國與美國能使人才全球化，即搜羅世界各國人才為其所用。英國的經濟全球化根基在於其擁有分布全球各地的殖民地，但殖民地的治理不可能不容納當地人才，全由英國人管理，因此英國在殖民地的高階管理人才，除英國本土所派出外，多數為殖民地曾留學英國人才所組成，形成英國人才的全球化。美國則擁有廣大的領土，較少的人口，優良的生活環境，以及較好的經濟發展機會，成為全世界移民的最優選擇地，吸引全世界人才聚集。

　　且美國在 21 世紀中葉，逐步開始發展全球化的資訊化網際網路，使得美國迄今仍可以站穩世界經濟第一大國。中國大陸為後起經濟大國，也深知掌握資訊網路全球化，對其經濟發展的重要性，因而在通訊與互聯網相結合的研發投資，以及相關基礎建設的投資，總是大量投資與超前建設，企圖追趕上美國。

　　然而，美國是繼英國之後崛起的世界經濟強權，在北美十三州時期也是屬於英國的殖民地，同屬英語系國家，使得美國在承接英國成為世界經濟霸主後，取得英語及基督新教思想，已普及全世界的文化全球化優勢。因此，美國透過語言與思想的快速傳播，將美國思維藉由英語、電影、網際網路等工具，快速的傳播並影響全世界，且由於美國加州洛杉磯的好萊塢（Hollywood），有效運用科技形成獨特的美國電影工業，美國藉由電影及電視劇在全世界傳播美國思想及美式文化，形成美國推動的經濟全球化產生美國的文化全球化。

　　此外，1980 年代後，隨著科技發展使個人電腦、手機、網際網路，逐漸普及全世界，

而相關應用的軟體與硬體製造，大都是使用英語做為主要媒介，更使英語的使用遍及全世界大多數的知識份子，且美國是全世界吸引留學生最多的國家，多數留學生終將返回自己的祖國，使得美國文化全球化也伴隨美國的人才全球化不斷擴散，使得美國能有效掌握世界的話語權。

故中國大陸政府亦學習美國文化全球化的經驗，於 2004 年成立非營利機構的孔子學院，在全世界推展漢語及中國文化，且扶植電視電影產業，製播各類精緻電視劇及電影，逐步向世界拓展中國文化，走出中國特色的文化全球化道路，為中國大陸經濟全球化戰略的實行再開啟另一扇大門。

綜上，可知美國在第二次世界大戰後推動的經濟全球化戰略涵蓋，人才全球化、資訊網路全球化、製造全球化、貿易全球化、投資全球化、市場全球化、貨幣全球化、文化全球化的相互融合，形成美國經濟全球化模式。而中國大陸是繼英國、美國、德國、日本等，後崛起的世界經濟大國，在崛起的過程中，必將研究先發展國家的發展經驗做為借鏡。

故本文認為，中國大陸經濟全球化戰略將會以美國經濟全球化的發展模式為借鏡，整體經濟發展著重在人才全球化、資訊網路全球化、製造全球化、貿易全球化、投資全球化、市場全球化、貨幣全球化、文化全球化的相互結合，開展中國大陸經濟全球化的發展道路。

但是，由於美國是資本主義國家又是兩黨型態的普遍選舉制，中國大陸則是社會主義國家又是中國共產黨一黨領導的黨政合一體制，在人才全球化、資訊網路全球化、製造全球化、貿易全球化、投資全球化、市場全球化、貨幣全球化、文化全球化等，相互融合的運作方法上，會有些許差異性，美國偏向著重於市場為主而政府為輔的模式，中國大陸則偏向著重政府為引領而市場為輔的模式，但兩國的經濟全球化模式，都還是離不開政府的強力介入運作，若無政府的強力後盾介入，單一國家難以成為主導經濟全球化的世界的經濟強權，僅能如日本及德國成為美國主導經濟全球化下的世界經濟大國。

參、中國大陸經濟全球化的實踐方法

本文研究發現，中國大陸在深入研究英國、美國、德國、日本的經濟全球化，並總結中國大陸 1978 年改革開放後的發展經驗。在 2012 年習近平接任中共總書記後，中國共產黨中央與中國大陸政府，除延續三十多年來的經濟發展政策，也逐步規劃具有中國特色的經濟全球化戰略。

一、首重人才發展

本文認為，中國特色的經濟全球化戰略以「人才戰略」為主軸，21 世紀初中國大陸中央電視臺曾製作一部重要的歷史紀錄片「大國崛起」，記錄葡萄牙、西班牙、荷蘭、英國、法國、德國、日本、俄羅斯、美國等九個世界大國相繼崛起與被取代的過程。

　　這些國家之所以能興起，是因施行「人才戰略」，不論是從國家內部培養人才，或是招募外國人才，將人才為國家所用，實現當下國家發展目標。以發現美洲大陸的哥倫布為例，其是義大利人並非西班牙人，但其海上探險計劃，是在西班牙伊莎貝拉一世的贊助下，才得以組織船隊進行航海探險，最終發現美洲大陸，使西班牙王室獲得龐大利益，也促使整個歐洲大航海時代的興起。且為因應遠洋的需求，許多航海所需的各項技術也就孕育而生，亦使西方國家逐漸進入科學革命與工業革命的大發展期。

　　而主導中國大陸改革開放的領導人鄧小平，其本身有留學法國與俄國的背景，深知中國大陸要發展，想「超英趕美」，不能只靠土法煉鋼的模式，必須學習外國的知識與技術。故在 1978 年改革開放後，中國大陸就開展其「人才戰略」，派遣留學生出國深造，並開放自費出國留學的管道，使得大量中國大陸人民得以出國學習。

　　於 1990 年代後中國大陸政府制定《百人計劃》、《國家傑出青年科學基金》、《春暉計畫學術休假專案》、《長江學者獎勵計畫》、《面向 21 世紀教育振興行動計畫》、《海外智力為國服務行動計畫》等，吸引海外留學人才回中國大陸服務及培養國內人才，且在黨政一體化下，大力吸收高知識份子入黨，並持續以各項黨政企工作歷練與黨校學習等方式，培養中共黨內幹部，為國家發展所運用。

　　因此，中國大陸蓄積數千萬各類人才，對於國家社會各層面與經濟發展，均產生龐大的發展動能，也是中國大陸在 1978 年改革開放後，經濟能高速發展 40 餘年的重要因素之一。未來，中國大陸將在提升整體國民素質及不斷蓄積與培養人才的戰略下，使整體經濟持續發展。

二、融合製造、貿易、投資、市場、貨幣循環的發展

　　再者，本文研究並發現，中國大陸從研究英國、美國、德國、日本的經濟全球化路徑，得知中國大陸經濟發展，若要走向全球化，必須逐步發展製造、貿易、投資、市場、貨幣等，5 大經濟重要環節，使各個環節，依序發展及擴張，緊密相融，共同推進邁向全球化。

　　以美國為例，在 19 世紀中葉，第二次工業革命後大力發展製造業，形成世界製造大國。在 19 世紀末，美國的國內生產總值（GDP），就超越英國成為世界第一大經濟體，持續吸引歐洲各國投資，並發展對外貿易。且因第一次世界大戰歐洲各交戰國向美國借大筆外債，使美國由淨債務國轉變成淨債權國，美元也因而成為國際主要交易貨幣之一。又因第二次世界大戰成為盟國的製造後勤基地，將美國的經濟實力完全展現，且戰爭未波及美國本土，而歐洲、亞洲及非洲多地遭戰爭破壞，二戰後的美國一躍成世界經濟強國，主導世界主要國家簽署《布雷頓森林協定》，倡議建立世界銀行、國際貨幣基金組織、關稅暨貿易總協定（現為世界貿易組織）等國際經濟組織。此外，美國為與蘇聯社會主義陣營對抗，推動上百億美元的馬歇爾計畫協助歐洲重建，亦協助其亞洲盟國如日本、韓國等地重建，使美元使用更加擴大，奠定美元逐步取代英鎊，成為世界第一大貨幣的基礎。

　　本研究認為，中國大陸為後崛起的經濟大國，研究美國所經歷的經濟全球化路徑與方法，業已形成其經濟全球化的參考模式。然而，美國的經濟全球化快速崛起於第一次世界大戰及第二次世界大戰的歷史因素，中國大陸不可能發起大戰來促使其發展經濟全球化，就必須從發展製造全球化、發展投資與貿易全球化、發展市場全球化、發展貨幣全球化等方法進行：

1.　發展製造全球化，即「中國製造 2025」結合「國際產能與裝備製造合作」，推動中國大陸製造業轉型升級，並使中國大陸製造業走向國際合作，開拓市場並逐步爭取製造業的標準制定權。

2.　發展投資與貿易全球化，即「自由貿易試驗區（FTZ）」結合「自由貿易協定（FTZ）」，持續推動中國大陸經濟改革與深化開放領域，使外資高科技與金融等產業能投資中國大陸，成為中國大陸經濟發展新動能，同時中國大陸內資也加速到境外布局，進一步融合國內外貿易的各項規定，未來逐步爭取國際間貿易規定的制定權。

3.　發展市場全球化，即「國家新型城鎮化」結合「扶貧與鄉村振興」，中國大陸在 2001 年加入世界貿易組織（WTO）後，以逐步成為世界工廠，但中國大陸境內擁有近 14 億人口，尚未如同美國與歐洲，發展為具有世界影響力的龐大市場，將近 10 億人口有續規劃進入城市群及大中小城市發展二三級產業，並發展新世代農業提升約 6 億多的農村人口收入，使中國大陸整體進入小康社會，未來將發展成為世界市場，成為世界第一大消費國。

4.　發展貨幣全球化，即「人民幣國際化」，從英國與美國等經濟全球化的發展路徑，可知中國大陸要推動人民幣成為世界主要通用貨幣之一，即成為國際結算貨幣、國際投資貨幣、國際儲備貨幣，必須先發展製造全球化、貿易全球化、投資全球化、市場全球化，成為世界上最重要的經濟強國之一，未來才可能使人民幣成為與美元相抗衡的國際通用貨幣。

三、從互聯網+邁向物聯網的發展

　　在 20 世紀中葉第三次工業革命後，逐步進入資訊工業的網路時代，互聯網的發展從軍事進入到商業及一般人的生活，影響整個人類未來的發展。而中國大陸政府深知互聯網，對整體國家經濟發展的影響力，故非常重視整個中國大陸的網路基礎建設，也積極運用政策扶持如騰訊、百度、阿里巴巴、拚多多等，網路相關企業。

　　然而，中國大陸在互聯網發展上，政府主要功能在於互聯網政策的制定，以及資訊網路的基礎建設的大力發展，至於互聯網公司發展部分，則是任由市場與資本合作的野蠻生長，從中國大陸二十多年來互聯網發展，可知境內與境外，資本與技術的大量投入，才得以孕育龐大且多種類的中國大陸互聯網生態。

　　現今在中國大陸只要有一支手機加上網路，幾乎可以解決許多生活上的事。而這擁有 960 萬平方公里土地與 14 億人口的大國，要完成這樣的成果，若是要單靠企業力量

或是政府力量，都將是難以完成。而中國大陸以政府與企業分工模式，政府以政策與基礎建設，來扶持企業做大市場，在此相輔相成之下，發展成世界上最大規模的互聯網經濟體。

中國大陸擁有十多年互聯網經濟的發展經驗，加上中國大陸政府在互聯網與物聯網政策上的扶持，未來將進入 5G 時代，高速的網路連結，使得全球化物聯網的發展將成為現實。而中國大陸所發展的製造、貿易、投資、市場、貨幣 5 大經濟重要環節，必須透過「互聯網+」串聯，使其相互間運作，成為一個強而有力，相互連結的經濟循環，進一步提升國家綜合經濟實力，才能發展具有中國特色經濟全球化模式。

四、中國文化的推廣與復興

中國大陸在 1960 年代到 1970 年代，曾經歷 10 年文化大革命的破壞，在經濟及文化上都受到極大的影響。然兩千多年前春秋時期，齊國政治家管仲曾言：「衣食足而後知榮辱，倉廩時而後知禮義。」這是中國古人早已深知，極為務實的國家治理思維。

從研究美國經濟全球化發展模式可知，發展製造業的經濟硬實力很重要，但要取得經濟領域的制高點，必須要發展文化的全球化，使得製造硬實力與文化軟實力能相結合，讓經濟發展與文化能融合，成為人類生活不可分割的一部分。而美國在經濟領域的影響力從製造、貿易、投資、市場、貨幣、人才、資訊網路等，逐步走向經濟與文化結合的全球影響力，英語的全球普及使得美國獲得語言的優勢地位，世界各國留學生到美國留學將美國文化帶回祖國，且美國藉由好萊塢（Hollywood）的電影及電視劇影響全世界，再加上微軟（Microsoft）及谷歌（Google）、蘋果公司（Apple Inc.）在電腦、手機及網路無遠弗屆的影響力，使全球人類在經濟社會的運行下，思想與行為上都受到一定程度的制約，讓美國在世界經濟有著難以撼動的領導地位。

1978 年中國大陸推動改革開放後，優先發展經濟，首重製造業的發展，這也是從歐、美、日等工業化國家發展模式所總結的經驗，發展經濟累積硬實力。中國大陸於 2001 年加入世界貿易組織（WTO），順勢推動走出去戰略，除了中國大陸企業走到世界各地投資與設廠外，中國文化走出去也非常重要。

於 2004 年中國大陸政府開始在全世界推廣設立孔子學院及孔子課堂，由中國大陸的大學院校與世界各國大學及高中簽約合作，由中國大陸派遣師資及製作教材，海外當地大學及高中則提供設備及場地，大力推廣漢語及中國文化，讓漢語能普及全世界，並推動漢語考試認證，運用通過漢語高等級考核到中國大陸留學的制度，吸引世界各國人才使用漢語學習及用漢語做學術研究，作為漢語全球化的第一步。若能使全世界更多人使用漢語並喜愛中國文化，未來中國大陸的電影、電視劇更能走向世界各地，甚至在未來電腦軟體、手機軟體的程式，若可以使用漢語來開發程式，走向中國文化全球化的步伐。

中國大陸經濟在歷經三十多年的高速發展，在 2010 年國民生產總值（GDP）超越日本成為第二大經濟體，整體國家經濟已有相當實力。2012 年中共總書記習近平上臺

後，開始推展中國大陸進一步深化體制改革的步伐，於 2013 年 12 月中共中央辦公廳印發《關於培育和踐行社會主義核心價值觀的意見》，該意見指出：「富強、民主、文明、和諧是國家層面的價值目標，自由、平等、公正、法治是社會層面的價值取向，愛國、敬業、誠信、友善是公民個人層面的價值準則。」且該意見又指出：「富強、民主、文明、和諧，自由、平等、公正、法治，愛國、敬業、誠信、友善這 24 個字與中國特色社會主義發展要求相契合，與中華優秀傳統文化和人類文明優秀成果相承接。」[943]

顯示，中國大陸政府在社會整體經濟發展到一定程度後，開始對於思想文化程面進行改革，並對經濟發展中社會瀰漫向財富看的標準，作出扭轉與導正措施。將傳統中國文化思想觀念結合歐美國家的思想觀念做一整體的調和，透過各級學校、電視、網路媒體、廣播、廣告看版等，運用各種方式在全中國大陸廣泛推廣，企圖提升整體人民的文化素質。

此外，中國大陸政府恢復在陝西黃帝陵的祭祀、山東曲阜祭孔大典，並對於春節、元宵節、端午節、中秋節等傳統節日均較以往更為重視，更致力於古蹟與中國文化的保護與推廣，各地方省、市所管轄的博物館，大力推行免費參觀的政策，使得更多全世界更多人，得以接觸中國文化及瞭解中國文化。

五、中國大陸內部經濟的轉型與發展

中國大陸歷經三十多年經濟的高速增長，整體經濟走向中高速增長的新常態，然中國大陸擁有 14 億龐大人口的經濟體，加上國土面積廣大，高山高原沙漠佔地廣，人口分佈及不平均，在這天然地理環境影響下，各區域發展及不均衡，使中國大陸政府在進入經濟新常態時期，實施供給側結構性改革，企圖全面調整中國大陸經濟與產業結構。

2012 年 12 月中共總書記習近平於中國共產黨第十八次全國代表大會後，第一次到廣東調研，指出：「中國改革經過三十多年，已進入深水區，可以說，容易的、皆大歡喜的改革已經完成了，好吃的肉都吃掉了，剩下的都是難啃的硬骨頭。這其中，有的牽涉複雜的部門利益，有的在思想認識上難以統一，有的要觸動一些人的"乳酪"，有的需要多方面配合、多措施並舉。矛盾越大，問題越多，越要攻堅克難、勇往直前。必須一鼓作氣、堅定不移，必須堅定信心、增強勇氣，敢於啃硬骨頭，敢於涉險灘，敢於向積存多年的頑瘴痼疾開刀，堅決打好全面深化改革這場攻堅戰。」[944]

顯示，中共總書記習近平於上任之初，就十分清楚中國大陸將面臨經濟轉型的重大難題，故運用十三五規劃為主軸，在中國製造 2025、自由貿易試驗區（FTZ）、國家新型城鎮化規劃、扶貧等重大政策上，對於中國大陸整體經濟在製造、貿易、消費、擴大內需等整體做轉型升級的結構性調整。

本研究發現，中國大陸政府實行中國製造 2025、自由貿易試驗區（FTZ）、國家新型城鎮化規劃、扶貧策等，國內經濟發展戰略有下列成果：

第一，在「中國製造 2025」產業政策的發展，也促使中國大陸更深入學習歐美日等

工業化國家發展經驗，在智能製造的研發投入與專利申請均大幅增加，致使美國川普政府以貿易限制、人才交流管制等方式打壓中國製造 2025，甚至在第 5 代通訊系統上以舉國之力及施壓歐盟、日本、加拿大、澳洲、紐西蘭等盟國，要求不得使用中國大陸華為公司相關產品，企圖全面封鎖華為公司 5G 系統相關產品，從美國政府的打擊力度，就可反推知中國大陸在中國製造 2025 的發展以令美國政府感到恐懼。

美國稱霸科技產業數十年來，美國政府對付他國產業，一般會使用反托拉斯法或是其他司法手段，以違反美國國內法為調查迫使外國企業妥協與屈服，但不料此次在未發現中國大陸華為公司的 5G 系統，有任何後門程式的情形之下，美國政府卻幾乎傾其政府之內政、外交、國防等手段，全面打壓中國大陸華為公司。

顯示，美國政府對於中國大陸科技實力的崛起予以打壓，可能引發全面的科技冷戰，如同二戰後美蘇在科技上角力的對決，美國政府將從人才交流與設備上更進一步管制進入中國大陸。但畢竟這已是個經濟與科技全球化的時代，全球已工業化及資訊化的國家，人流、物流、資訊流已是網網相互交流，不再是一紙法令可以禁運或禁流。因而，美國政府政客們反全球化的行為，也觸及其國內支持全球化人群的利益，且歐盟許多國家在衡量未來發展與現實的發展利益下，多數國家亦不可能配合美國政府，抵制中國大陸華為公司的 5G 系統設備，至使未來可能形成兩套類似的 5G 系統同時運行。

第二，中國大陸在自由貿易試驗區（FTZ）的發展上，都已有初步的實行成效，在已成立的上海、天津、廣東、福建等 21 個自由貿易試驗區以自主開放的模式，吸引新一批的外資進入中國大陸投資，加速中國大陸經濟的轉型與發展。美商特斯拉以製造電動車聞名全世界，2018 年特斯拉（上海）有限公司設立於上海自由貿易試驗區臨港新片區，對中國大陸吸引新一代高科技產業的外資，產生引領作用

第三，國家新型城鎮化以城市群為頂層設計，將中國大陸個區域城市區分為特大城市、大城市、中等城市、小城鎮等，有效分散人口的聚集程度，使絕大多數人口不至於往特大城市與大城市集中，農村人口若想得到較好的社會與醫療等服務，可以就近遷移至中等城市或是小城鎮，如此中國大陸政府可在不同規模的城市做好社會資源的配置，使人民可以獲得較好的社會福利，並可以在各城市及城鎮建立各類製造及服務產業，拓展更多二三級產業，形成龐大的都市及城鎮市場。

第四，農村貧困人口因中國大陸政府扶貧政策逐漸小康，在「兩不愁」（不愁吃、不愁穿）；「三保障」（保障義務教育、基本醫療和住房安全）的基礎下，開展鄉村振興，也就可能有財富的累積，形成新的消費動能，逐步發展農畜漁牧業結合休閒旅遊業，成為新的鄉村市場，對於中國大陸的鄉村振興，發展新的經濟增長動能，都有顯著的效益。

從本文可知，中國大陸在國家主席習近平與國務院總理李克強的領導下，國民生產總值從 2012 年 540,367.4 億元人民幣，增長到 2021 年 1,143,670 億元人民幣，10 年間總額增長 603,302.6 億元人民幣，增長率高達 111.65%，經濟轉型發展已有初步成效，未來在各項政策使經濟持續深化改革，預期中國大陸經濟將能緩步增長，人民生活水準還

會持續優化。

六、中國大陸走向經濟全球化的轉型與發展

　　中國大陸其外交策略，有著中國傳統「王道思想」淵源，以《和平共處五項原則》為主軸，並以「互不干涉內政」為前提的外交策略，異於西方英、美、法、德、俄等基督宗教思想國家以「干涉他國內政」為主的外交策略。

　　近十餘年來，美國、英國、法國及俄國，在伊拉克、敘利亞及烏克蘭等地，均因動用軍事力量，干涉他國內政，而發生許多戰爭與衝突。而中國大陸則是在國力不斷發展中，擴大對外國援助金額及項目與派出軍隊參加聯合國維和部隊，加強中國大陸與國際社會的連結。在歐美軍事干涉模式與中國大陸和平模式，兩者強烈對比之下，使發展中的各國家更樂於與中國大陸往來，因為基於實際利益的選擇，對於經濟往來與軍事干涉，發展中的各國更愛的是經濟往來，不會是軍事干涉。

　　依《和平共處五項原則》外交策略，中國大陸以「一帶一路」頂層設計，為經濟對外發展戰略，結合近二十多年來所建立上海合作組織（SCO）、中國－東盟「10+1」、亞太經合組織（APEC）、亞歐會議（ASEM）、亞洲合作對話（ACD）、亞信會議（CICA）、中阿合作論壇、中國－海合會戰略對話、大湄公河次區域（GMS）經濟合作、中亞區域經濟合作（CAREC）等多邊合作機制，推動更深入的政府合作機制。

　　從中國大陸以「一帶一路」頂層設計強調「五通」，即「政策溝通」透過與各國政府民間的溝通將一帶一路等計畫推展出去，由「設施聯通」闡述國際產能與裝備製造合作的規劃，「貿易暢通」闡述與各國建立自由貿易區（FTA）的重要性，「資金融通」則說明人民幣國際化的進程之方法與途徑，「民心相通」則是希望上述四通進行後，在文化與旅遊上能促進中國大陸與世界各國人民更為瞭解，故可由中國大陸以「一帶一路」頂層設計的發展戰略，深入瞭解中國大陸經濟全球化的發展布局。

　　中國大陸『一帶一路戰略』，陸路部分的絲綢之路經濟帶，必須經過中亞、中東歐，最後終點為西歐。而中國大陸自 1978 年改革開放後，逐步運用政治與經濟實力擴大經營與中亞、中東歐及西歐各國外交與經貿關係，尤其對中亞與中東歐經濟發展較落後國家，中國大陸複製『非洲經驗』，透過基礎建設貸款、援助與經貿及文化往來模式，促成雙方政治、經濟、科技、文化、國防等全方面交流，逐步建立上海合作組織、中國-中東歐國家領導人會晤、中國-歐盟國家領導人會晤等高層教流機制。

　　歐盟及中歐各國，由於歷經第二次世界大戰後七十多年的發展，經濟成長日漸趨緩，且因人口老化造成社會福利支出負擔過重，使各國負債嚴重，而各國基礎設施也逐漸老化，並無足夠資金更新與建設。歐盟各國企業亦需要開拓更龐大的市場，以利經濟進一步發展，而中國大陸現階段需要進一步的產業轉型與發展，缺乏更高端的製造技術，致使中國大陸與歐盟國家在經濟發展上，彼此相互需要，成為互補關係。現在中國大陸經濟發展面臨轉型，而中亞、中東歐及西歐的經濟發展也必須轉型，在此機遇與基礎上，中國大陸開展絲綢之路經濟帶。

　　再加上，東南亞與非洲等地，多數國家為經濟發展中國家，缺乏水利、電力、道路、鐵路、港口、機場等基礎設施，對於經濟發展非常不利。此外，當地亦缺乏外資大規模的設廠投資，以帶動當地經濟發展，這也使中國大陸政府得以順勢推動 21 世紀海上絲綢之路。

　　由於中國大陸政府，對外推動「國際產能和裝備製造合作」，對內推動「中國製造2025」，兩大製造業發展政策相結合，使中國大陸各產業裝備製造的發展方向，能達到國內與國外發展相互結合的發展模式。中國大陸製造業高度發展，鋼鐵、機械、玻璃、塑膠等許多產業產能過剩，而許多經濟發展中國家擁有金、銀、銅、鐵、石油等原物料，卻大量缺乏這些工業產品，中國大陸不僅以貿易模式輸出許多工業產品，更協助部分產業適度向國外轉移部份產能，使得國內產能去化不至於再引發大規模失業問題，將部分專業技術人才派往國外堆動「國際產能和裝備製造合作」，使中國大陸製造業，不會像歐美日等工業化國家大量外移，造成產業空洞化與失業率攀高等問題，並藉此協助許多開發中國家建設與發展基礎工業，更可推動「中國製造2025」，邁向各類製造產業規則及規格制定的遠程目標。

　　中國大陸政府在推動「國際產能和裝備製造合作」上，運用許多境外產業園區，將各類成套工業設備出口及原物料進口，促進中國大陸製造業與各國製造業的合作，再配合推動「自由貿易協定」（FTA），使許多中國大陸的半成品與製成品，可藉此銷售到更多國家擴大貿易的發展，也使中國大陸的進出口能更為分散，增加對於其他國家貿易的比例，避免貿易過度集中於歐美日等工業化國家的問題，並創造中國大陸境內及合作的發展中國家人民更多就業機會。

　　中國大陸由 2013 年開始由上海推動「自由貿易試驗區」，逐步分七批開展，至 2020 年 9 月全中國大陸 31 個省市自治區，已有 21 個自由貿易試驗區。然自由貿易試驗區模式，也是吸取改革開放初期深圳，珠海，廈門，汕頭四個經濟特區發展模式，先由少數城市試點新經濟改革方法及更發放的經濟模式，總結經驗後去蕪存菁，加以推廣深化中國大陸的經濟改革，也吸引新一波擁有電子、醫療、生物、金融等外資進入，使新的製造、貿易、市場、貨幣等循環，能在自由貿易試驗區中進行小規模測試，為經濟深化改革提出更多發展措施。

　　「資金融通」，則是製造與貿易發展的動能，更是不可或缺與工具，在「國際產能和裝備製造合作」與「自由貿易協定」政策的發展上，中國大陸開始大量鋪開使用人民幣，要讓人民幣可以在國際上達到計價、貿易、投資、儲存的功能，必須先推動人民幣成為亞洲重要貨幣，才能進一步才能達到世界貨幣的層次。且中國大陸在製造與貿易並重的策略下，未來應可使人民幣的資本帳與經常帳，能逐漸達到相對平衡的態勢，可避免人民幣國際化之後產生的特里芬難題（Triffin Dilemma）。

　　中國大陸近幾十年的經濟發展，已與世界上多數國家，逐步建立起互信的製造與貿易投資經濟合作關係，形成與相關國家合作成立「新開發銀行」、「亞洲基礎設施投資銀行」的基礎，加上「中非發展基金」、「絲路基金」、「中國-中東歐基金」的相繼設

立，促使中國大陸進一步推動「人民幣國際化」，使人民幣逐漸成為國際上計價、貿易、投資、儲存的貨幣。

肆、中國大陸邁向全球經濟治理概述

中國大陸的國家戰略、外交戰略、外交政策主要體現在中國共產黨的全國代表大會、全國人大的政府工作報告、主要領導人的講話和文稿、黨報黨刊的重要文章等中。迄今中國大陸雖然沒有正式發布國家戰略，但它體現在中國共產黨和國家制定的一系列總方針、總政策之中，如 1980 年代鄧小平同志提出的三大戰略任務和社會主義建設時期黨的基本路線，都是中國大陸國家戰略的重要內容。中國大陸國家戰略是對中國大陸生存與發展戰略全域的總體籌劃，規定中國大陸最根本的國家利益，為維護國家安全、促進國家發展、實現中華民族復興與騰飛的戰略。[945]

而「戰略是一個過程，一種不斷的調整，以便在一個偶然性、不確定性和含糊性占優勢的世界上適應變動的條件和環境。」戰略締造是個既涉及內部政治影響和個人行為特質，又涉及外部事態和威脅的壓力的過程。所謂戰略變化，指根據客觀形勢的變化的要求對戰略所作的重大改變。[946]

中國大陸在歷經十年文化大革命後，歷經兩年多的調整期，於 1978 年 12 月召開的中國共產黨第十一屆三中全會，重新確立解放思想、實事求是的思想路線，果斷地停止使用「以階級鬥爭為綱」的錯誤口號，把黨和工作重點轉移到社會主義現代化建設上來，並作出實行改革開放的戰略決策。而進行社會主義現代化建設，不僅需要一個穩定的國內環境，也需要一個和平的國際環境。進入改革開放新時期，中國大陸決策層根據現代化建設的需要、國際形勢的新變化和中外關係的新發展，進行了外交戰略大調整出了一整套外交戰略。[947]

中國共產黨在第十一屆三中全會指出，中國大陸在發展國際反霸統一戰線、發展同世界各國的友好關係方面，取得了新的重要成就。中國大陸領導人今年內對朝鮮、羅馬尼亞、南斯拉夫、柬埔寨、伊朗、緬甸、尼泊爾、菲律賓、孟加拉、日本、泰國、馬來西亞、新加坡和亞洲、非洲、拉丁美洲、歐洲一系列國家的訪問，中日和平友好條約的締結，中美兩國關係正常化談判的完成。[948]在中國大陸確立改革開放後，使得中國大陸得以與美國及其歐日等盟國開展更多的經貿交流與合作，逐步融入以美國為主導的經濟全球化體系。

又於 1982 年 9 月中共中央總書記胡耀邦在中國共產黨第十二次全國代表大會上的報告指出：「在全面開創新局面的各項任務中，首要的任務是把社會主義現代化經濟建設繼續推向前進。為此，黨實事求是地確定了我國經濟建設的戰略目標、戰略重點、戰略步驟和一系列正確方針。從 1981 年到本世紀末的二十年，我國經濟建設總的奮鬥目標是，在不斷提高經濟效益的前提下，力爭使全國工農業的年總產值翻兩番，即由 1980 年的 7,100 億元人民幣，增加到 2000 年的 28,000 億元人民幣左右。實現了這個目標，我國國民收入總額和主要工農業產品的產量將居於世界前列，整個國民經濟的現代化過

程將取得重大進展，城鄉人民的收入將成倍增長，人民的物質文化生活可以達到小康水平。到那個時候，我國按人口平均的國民收入還比較低，但同現在相比，經濟實力和國防實力將大爲增強。只要我們積極奮鬥，扎扎實實地做好工作，進一步發揮社會主義制度的優越性，這個宏偉的戰略目標是能够達到的。實行對外開放，按照平等互利的原則擴大對外經濟技術交流，是我國堅定不移的戰略方針。我們要促進國內產品進入國際市場，大力擴展對外貿易。要盡可能地多利用一些可以利用的外國資金進行建設，爲此必須做好各種必要的準備工作，安排好必不可少的國內資金和各種配套措施。要積極引進一些適合我國情況的先進技術，特別是有助於企業技術改造的先進技術，努力加以消化和發展，以促進我國的生產建設事業。我們進行社會主義現代化建設，必須立足於自力更生，主要靠自己艱苦奮鬥。這是絕對不能動搖的。」[949]

顯示，中共中央在改革開放初期，已確立中國大陸的經濟發展戰略，主要是以壯大國內經濟實力為目的，大力發展農業工業生產力，運用境外的資金與技術快速發展經濟，並依靠自身努力加速經濟成長，使整體綜合國力能逐漸茁壯，人民的生活能達到小康。

自 1978 年改革開放後，中國大陸經濟高速發展二十餘年經濟改革頗具成效，於 2004 年 5 月由美國高盛公司顧問、清華大學客座教授雷默（Joshua Cooper Ramo）提出「北京共識」（Beijing Consensus）的觀點，內容包含三項：第一是創新的價值，以利減少改革摩擦所造成的損失；第二是永續發展與公平是首要考慮，重要性超過繁華；第三是自決，運用桿槓作用，藉以排除強權對自己的影響。前兩項是關於解決國內發展所面臨的問題，第三項則是提出排除國際社會可能對發展所造成的負面影響。另外，雷默指出「北京共識」的特點，是同時重視經濟與社會發展，用經濟與管理的手段來改善社會，這樣的目標是 1990 年代盛行的「華盛頓共識」所忽略的。至於提出北京共識的動機，雷默表示「北京共識」是中國大陸權力與發展的模式，該模式可作為世界上其他試圖發展且要融入國際社會，並仍想維持獨立自主生活方式與政治選擇之國家的參考。[950]

從華盛頓共識到北京共識的產生，全球經濟治理不再完全由美國所主導，中國大陸經過三十多年，逐步參與國際貨幣基金組織、世界銀行、世界貿易組織、G20 等部長級會議或元首會議，累積大量人才與經驗。使中國大陸國家主席習近平得以提出一帶一路戰略，開展設立亞洲基礎設施投資銀行、絲路基金有限責任公司、新開發銀行（又稱金磚開發銀行）、中非發展基金等，建立以中國大陸為引領的新國際經濟組織。

讓全世界各國在經濟發展模式上，除美國模式外，有其他模式可以參考與借鑑，在各項經濟建設或是基礎建設的貸款，有更多的選擇性，正因如此使中國大陸為推動一帶一路戰略，設立的亞洲基礎設施投資銀行，遭受到美國政府以各種方式抵制，並一再呼籲世界國不要參與其中，但全世界多數國家並未響應美國號召，使美國的抵制徒勞無功。

此外，美國在川普政府上臺後，積極推動單邊主義，強調美國優先，與世界各國大打貿易戰與經濟戰，反而使世界許多國家，更積極參與中國大陸的一帶一路倡議，也促使更多國家與經濟體，加入亞洲基礎設施投資銀行，使中國大陸在全球經濟治理的影響力大增，這或許是現今美國政府始料未及的結果。

　　且 2018 年 5 月美國總統川普宣佈，美國退出伊朗核協議[951]，受到英國、法國、中國大陸、俄羅斯、德國的反對，美國仍不改變其退出伊朗核協議的決策，又單邊恢復對伊朗的經濟制裁。美國政府與法院能施以長臂管轄，也迫使環球銀行金融電信協會（Society for Worldwide Interbank Financial Telecommunication,SWIFT）遵守美國二級制裁規定，暫時禁止某些伊朗銀行使用環球銀行金融電信協會（SWIFT）跨境支付網路，這意味著即使一些歐盟企業希望繼續與伊朗開展業務，也無法獲得正常業務往來必須的金融支援服務。[952]

　　歐洲許多企業依賴伊朗石油資源，也在伊朗有大量投資，如果切斷相關交易，損失巨大。2018 年，歐盟與伊朗的國際貿易集中在能源領域，占歐盟從伊朗進口商品總額的87.8%，僅石油一項的進口總額就高達 82.5 億歐元；其餘為進口農產品（4.1 億歐元）、食品（3.2 億歐元）以及藥品（0.3 億歐元），分別占進口總額的 4.3%、3.3%和 0.3%。歐盟向伊朗出口的主要是製造業產品，占總額的 90.1%，其中交通工具、通信設施、汽車產品等占比較大，這些都屬於美國制裁行業。因此，2019 年 1 月，德、法、英為維護國家利益與歐洲企業的利益，三國合作設立「支持貿易往來工具」（Instrument for Supporting TradeExchanges, INSTEX）的結算機制，與伊朗繼續進行商業貿易往來。INSTEX 結算機制結算不使用美元，而是通過以物易物的模式，讓伊朗繼續出售商品並進口歐洲國家的產品或服務。而後，比利時、丹麥等 6 國也加入這一結算機制[953]，顯示許多國家都在企圖擺脫美國經濟霸權的控制，也使中國大陸提出的多邊主義全球治理思維，得到許多國家的認同。

　　2019 年 4 月，中國大陸國家主席習近平，以題為「齊心開創共建「一帶一路」美好未來」，在第二屆「一帶一路」國際合作高峰論壇開幕式上的主旨演講提出：「共建「一帶一路」倡議同聯合國、東盟、非盟、歐盟、歐亞經濟聯盟等國際和地區組織的發展和合作規劃對接，同各國發展戰略對接。從亞歐大陸到非洲、美洲、大洋洲，共建「一帶一路」為世界經濟增長開闢了新空間，為國際貿易和投資搭建了新平臺，為完善全球經濟治理拓展了新實踐，為增進各國民生福祉作出了新貢獻，成為共同的機遇之路、繁榮之路。我們要秉持共商共建共享原則，宣導多邊主義，大家的事大家商量著辦，推動各方各施所長、各盡所能，通過雙邊合作、三方合作、多邊合作等各種形式，把大家的優勢和潛能充分發揮出來，聚沙成塔、積水成淵。」[954]

　　顯示，中國大陸提出多邊主義為架構，並以共商、共建、共享為號召，為全球經濟治理開闢一條異於美國單邊主義的新道路，使現在美國的川普政府頗感壓力，對中國大陸由關稅戰、貿易戰、科技戰，升級為全面中美經濟戰，企圖遏制中國大陸崛起。

　　中國大陸第二代領導人鄧小平在 1989 年 9 月退休前，對當下國際局勢及中國大陸應對策略指出：「國際形勢有一個戰爭問題。美蘇兩家打不起來，就沒有世界大戰。小的戰爭不可避免，現在不發達國家之間的戰爭，實際上是發達國家的需要。發達國家欺侮落後國家的政策沒有變。中國自己要穩住陣腳，否則，人家就要打我們的主意。世界上希望我們好起來的人很多，想整我們的人也有的是。我們自己要保持警惕，放鬆不得。

要維護我們獨立自主、不信邪、不怕鬼的形象。我們絕不能示弱。你越怕，越示弱，人家勁頭就越大，並不因爲你軟了人家就對你好一些，反倒是你軟了人家看不起你，我們怕什麼？戰爭我們並不怕。我們分析世界大戰打不起來，真打起來也不怕。誰敢來打我們，他們進得來出不去，中國有抵禦外敵入侵的豐富經驗，打垮了侵略者，我們再來建設。」[955]又說到：「總之，對於國際局勢，概括起來就是三句話：第一句話，冷靜觀察；第二句話，穩住陣腳；第三句話，沉著應付，不要急，也急不得。要冷靜、冷靜、再冷靜，埋頭實幹，做好一件事，我們自己的事。」[956]

　　觀察中國大陸改革開放 40 年，中國大陸經濟發展戰略在鄧小平推動改革開放期間大體確定，以摸著石頭過河的自主改革與自主開放爲策略。在政治上仍維持中國共產黨一黨領導，並不受外國勢力與理論干擾，堅持以經濟建設爲中心，發展中國特色社會主義。除吸取世界各國的經濟發展經驗，並特別重視美國與日本的產業發展模式，作爲中國大陸經濟改革與發展的參考路徑，又側重研究美國與日本經濟發展缺陷，避免陷入美國與日本的因金融危機所產生的經濟困境，也企圖避免中國大陸遭受類似日本產業，被美國經濟霸權發動金融戰擊潰的問題，充分利用後發優勢，堅持走中國特色的發展道路。

■ 第二節 中國大陸經濟全球化的阻力、挑戰 及未來走向

壹、中國大陸經濟全球化的阻力與挑戰

一、中國大陸內部的阻力

自 1978 年改革開放後,「開放倒逼改革」例如設立經濟特區、自由貿易試驗區,成為中國大陸的經濟發展的一種模式。但是,這只能屬於初級與中級階段的經濟改革模式,要深入的經濟改革必須運用教育模式,將整體的經濟改革深入影響每個人民的思維與工作,否則無法改革經濟體制深層的問題,就是絕大多數的人民無法跟上科技帶動經濟發展的變革,導致反經濟全球化思維與行動的產生,這在歐美工業化國家都有慘痛案例。

1991 年鄧小平曾對中共中央提出兩點建議:「一個總結經驗,一個使用人才」[957]而中國大陸總人口高達 14 億,各省、市及自治區的發展並不均衡,其中重要的原因在於人才分布極為不均等。從 1978 年改革開放以後,擁有礦產資源較多的遼寧省、吉林省、黑龍江省等,東北三省的經濟發展,因人才不斷流出發展較差,而上海市、江蘇省、浙江省、深圳市、廣東省、福建省,因人才不斷流入所以經濟發展較東北三省快速。

此外,再論及海南省的經濟發展情況,雖然海南在 1988 年脫離廣東省,升格建省及成立經濟省級特區,但是三十餘年的發展,仍未有上海市、江蘇省、浙江省、深圳市、廣東省、福建省的經濟發展快速,也是在於海南省沒有大量的人才流入,可知人才是屬於經濟發展的重要稀缺資源。

且中國大陸在教育資源得分配上,除了受高等教育人口能分配到許多資源外,經濟較發達的省、市,相較於經濟較不發達的省及自治區,所擁有的資源差異也相當大。以政府預算金額、教師數量、家庭教育支出金額等為例,經濟較發達的省、市就能獲得相較經濟不發達的省及自治區,更多的政府預算與更多的教師數量以及更高的家庭教育支出。

由此,可知中國大陸各省、市及自治區的人口素質差異頗大,各地的經濟發展狀況,則會因各省市的人才多寡,以及人口素質的差異,有龐大的落差。而中國大陸發展經濟全球化,整體人民素質就是極大的關鍵因素,除了內部培養更多大專院校以上高素質人才,及吸引世界人才為中國大陸所用外,更需要將普遍人民的整體素質大力提升,才能因應中國大陸發展經濟全球化的挑戰。

從歐、美、日等工業現代化國家的經濟發展過程,可知經濟發展的根基在於製造業,而製造業發展的根基在於人力素質。聯合國將所有的工業,總共分為 41 個工業大類,207 個中類,666 個小類,而中國大陸是目前全世界唯一的一個國家,擁有聯合國產業分類中全部工業門類的國家[958],即 666 個工業小類,都可以在中國大陸找到製造工廠。簡而言之,如果不論產品的製造精密程度,中國大陸可以不透過進口任何一個零件,在

國內製造任何一項工業產品。

但是，中國大陸擁有聯合國產業分類的 41 個工業大類，207 個中類，666 個小類，只是經濟發展的中級階段，要邁向工業再次升級，必須全面提升工業人才素質，就算是產線的工人，也不能只是組裝流水線的一個工具人。必須提升工人們的素質，透過定期的職業教育訓練，使工人們能逐步瞭解所組裝產品的架構、產線及工廠的安全知識，甚至需要將身體健康及環境清潔教育納入職業教育訓練，可以有效預防任何傳染疾病的產生，而導致工廠大規模停工的損失。再者，中國大陸必須發展大規模且務實的職業教育體系，建立職業證照制度，提升各產業工人的社會地位，培養高素質的各類別產業工人，加速製造業由中低端往中高端邁進，否則擁有大量低質量的工人，在快速進入機械化的生產時代，會導致工人的高失業率，產生類似歐美工業化國家，反經濟全球化的逆潮。

此外，對於貿易及市場人才也需要再升級，法治是維持貿易與市場交易秩序與安全的根本，要提升經濟發展質量就必須從法治教育著手，避免使貿易及市場的發展上，產生不必要的糾紛，增加許多糾紛的處理成本。且從經濟全球化的角度思維，拓展全球貿易及市場，首要的是法治觀念，對於各國的進出口規範及產品規則都必須瞭解，因而相關的職業教育就更加重要，提高相關人力素質，對於提升全球化的貿易及市場才能成長，否則只會帶來更多的貿易與是場糾紛。

中國大陸高達 14 億的人口，是發展成為世界市場的很大力量，但是普遍人口素質尚未提升及人口老化的雙重人口問題，也是成為中國大陸發展經濟全球化的一大包袱，若這兩大人口問題不解決，中國大陸內部易落入所謂中等收入陷阱的經濟問題。中國大陸藉由國家新型城鎮化及扶貧與鄉村振興兩大政策，在政府投入大量基礎設施建設改善城鄉差距的帶動下，逐步發展形成廣大的城市與鄉村市場，這對於休閒旅遊產業及老年健康照護產業的發展相當有利。

且由於社會快速變遷，許多從業人員是由其他產業轉職，對於從事休閒旅遊產業及老年健康照護產業的人員，必須重視在職訓練，逐步提升服務品質。而發展休閒旅遊產業及老年健康照護產業，除可以推進中國大陸內部旅遊及健康照護市場外，更可吸引世界各國的人到中國大陸旅遊，發展入境旅遊經濟。因此，中國大陸政府必須在改善交通及衛生等基礎建設，同時快速提高人口素質，以因應對人的各項服務質量提升，使各類服務產業能升級與發展。

21 世紀的經濟全球化，不再只是著重貨物貿易市場的全球化，而是的人才、資訊網路、製造、貿易、投資、市場、貨幣、文化各環節所結合的經濟全球化，全世界便利的海、陸、空交通，加深全世界各國人民快速在世界各國流動，形成龐大的服務貿易市場。

因此，為因應 21 世紀經濟全球化需求，中國大陸政府必須建立新世代的職業培訓、社區大學等，較為完整的社會基層教育網絡，使中國大陸全體人民能獲得終身學習思維與受終身教育的管道，改善整個社會的人力素質與人力資源結構，並逐步改變中國大陸

現行的產業結構，優化農業、製造業及服務業。以避免中國大陸推動經濟全球化的過程中，內部經濟與世界各國經濟，因中低端製造業的過度競爭，產生重大矛盾問題，形成反經濟全球化的問題。

二、美國的挑戰

美國在第二次世界大戰後，主導成立國際貨幣基金組織、世界銀行、關稅暨貿易總協定（現為世界貿易組織）、巴黎統籌委員會、環球銀行金融電信協會及《瓦森納協議》等，各類性質國際性經濟組織與經濟架構，使得美國能逐步推動經濟全球化戰略。由於這些國際性經濟組織與經濟架構是美國主導成立，使得美國擁有異於世界各國的優勢經濟地位，得以利用美元收取全世界各國的鑄幣稅，美國前財政部長康利（John Connally）曾說：「美元是我們的貨幣，但問題是你們的。」如此言語，也足以印證美國的經濟霸權地位。

再者，美國大戰略是以美國倡導的意識形態和價值觀為基礎。從某種角度看，這是美國的一種戰略優勢、戰略資源，認定美國價值觀便是普世價值，用它來判斷國際事務和他國內部事務的是非曲直。[959]然從美國政府在其國內實行其所謂的普世價值民主與人權來觀察，自美國立國兩百多年來，白人對於黑人及其他有色人種的歧視問題仍未解決，尤以每年美國的黑人遭白人警察槍殺的人數總是居各類人種之冠，美國政府卻無法有效解決黑人遭白人警察槍殺的重要人權問題。但美國政府仍時常以所謂民主與人權，作為干涉敵對國家內政的藉口，若是友好國家或盟國，便無所謂民主及人權問題。

以沙烏地阿拉伯為例，其為君主專制國家，並無民主選舉制度，婦女及孩童受到許多行動自由的限制，美國官方資助的非政府組織自由之家（Freedom House），公布「2020年全球自由度調查報告」（Freedom in the World 2020）給予沙烏地阿拉伯僅 7 分，高於北韓的 3 分、南蘇丹的 2 分及敘利亞的 0 分[960]，但是美國政府卻未對沙烏地阿拉伯，有任何的經濟及軍事制裁，反而是不斷出售武器，賺取大額軍火出售利益，不談所謂美國的普世價值民主與人權，顯然是以利益為重的外交政策。

美國在歐巴馬政府執政後，對於中國大陸在 2010 年國內生產總值（GDP），超越日本成為世界大經濟體，再次提起所謂中國威脅論的論調，這與 1980 年代美國對日本大打經濟戰的攻勢及為相似，都是運用美國握有全球強勢的媒體話語權，開展戰略攻勢。2012 年 3 月美國布魯金斯學會及北京大學國際戰略研究中心，出版了英文版及中文版的《中美戰略互疑》一書，明確指出：「戰略互疑，是指雙方在長遠意圖方面的互不信任，這一問題已經成為中美關係的核心關切。」由此顯示，中國大陸自 1978 年改革開放後與美國的經濟共同發展模式，即將走到盡頭了。

美國政府逐步以各種政治與經濟手段，企圖壓制中國大陸的經濟發展，包括加速組成新經濟夥伴，跨大西洋貿易及投資夥伴協議（Transatlantic Trade and Investment Partnership，TTIP）及跨太平洋夥伴關係協定（The Trans-Pacific Partnership，TPP）。但美國卻在川普政府執政後，因國內保護主義大舉興起，使得美國政府對於推動 TTIP 與

TPP 產生巨大變化，政策上轉變為重視美國利益，即「美國優先」的單邊主義政策，2017年1月美國總統川普宣布美國退出跨太平洋夥伴關係協定（TPP），對於跨大西洋貿易及投資夥伴協議（TTIP）的談判也是意興闌珊。2021 年美國拜登總統拜登上臺後仍未重返跨太平洋夥伴關係協定（TPP），對於川普政府時期逆經濟全球化的作法並未大幅度調整。

因此，美國政府不僅企圖運用單邊主義政策，壓制中國大陸經濟全球化的發展，又對於加拿大、墨西哥、歐盟、日本、韓國、印度等，對美國貿易有大額順差的經濟體，均加以施壓，企圖分別訂立新的雙邊貿易協定，改變全球經濟貿易規則，取代其當年所成立的世界貿易組織，形成的多邊協議的架構，如此美國政府逆經濟全球化的政策，使許多國家產生疑義，更轉向與中國大陸達成更緊密的經濟合作。

但由於美國近百年來已累積龐大的經濟實力，又是國際貨幣基金組織、世界銀行、關稅暨貿易總協定（現為世界貿易組織）、環球銀行金融電信協會等，經濟組織的重要成員，若是美國政府大力推動反經濟全球化的政策，將會使現行全球化的經濟發展模式，產生極大的變革。

自 1978 年改革開放後，中國大陸從世界經濟弱國，已逐步發展為世界經濟大國，在美國所主導的國際貨幣基金組織、世界銀行、關稅暨貿易總協定（現為世界貿易組織）等組織，均積極派人員深入參與，數十年來深入研究已習得相關規則制定與爭端解決技巧，成為經濟全球化的擁護者。且由於近十多年來，中國大陸經濟高速發展，得益於中國大陸加入世界貿易組織，使得中國大陸的經濟全球化戰略，仍是依循世界貿易組織的架構，以多邊協議為主軸的模式發展。

美國在川普總統上臺後，在國內石油集團與軍工集團勢力的支持下，逐步開展對中國大陸的關稅戰、貿易戰及科技戰，其主要目標在打擊中國大陸的製造產業，尤其是高端科技製造業，對於中國大陸政府所規劃的中國製造 2025 相關產業，進行強力的封鎖與制裁。首先美國政府以中國大陸電子資訊科技產業為打擊對象，對掌握許多 5G 專利的中興通訊公司施以美國法律的長臂管轄，2016 年先將中興通訊公司列入「實體清單」進行出口管制，2017 年又以違反美國制裁伊朗之理由，罰款中興通訊公司超過 10 億美元，使得中興通訊董事會成員全體辭職，公司管理階層大幅改組。

隨後美國政府打擊的中國大陸科技公司，是掌握更多 5G 專利、5G 手機製造及 5G 設備製造的華為公司，美國政府仍是使用美國法律的長臂管轄，於 2018 年 12 月利用加拿大司法機關，逮捕過境加拿大的華為公司財務長孟晚舟。而按照正當法律程序對於非現行犯，司法機關應先傳訊被告，若被告傳訊未到，應對被告發布通緝令。然而，美國政府卻完全跳過此項程序，直接以華為公司財務長孟晚舟違反美國制裁伊朗的相關法律為理由，透過美國與加拿大司法互助程序，使加拿大警方在孟晚舟於溫哥華轉機時在機場實施逮捕。此外，美國政府積極遊說世界各國，要求各國禁止使用華為製造的第 5 代通訊設備，並用運用美國政府的法律長臂管轄發布許多禁止令，要求美國及全世界許多科技廠商，在美國政府的相關規範下，停止提供有美國技術含量的高端晶片與高端製造設備給華為公司。顯示，美國政府企圖以其經濟霸權的力量，大規模封鎖華為公司，使

華為公司無法繼續經營，迫使華為公司退出高端的科技製造與服務市場。

　　且由於英語是許多國家首選的第一外國語，美國繼承英國擁有英語系優勢的文化傳播地位，加上美國亦擁有普林斯頓大學（Princeton University）、哈佛大學（Harvard University）、麻省理工學院（Massachusetts Institute of Technology）、耶魯大學（Yale University）等數十所世界著名大學，吸引全世界各國留學生前往美國留學。又因美國擁有世界第一的經濟地位與龐大的內需市場，使得許多優秀的留學生在畢業後，留在美國當地創業實現美國夢。而中國大陸也有大批的優秀生前往美國留學，美國川普政府對中國大陸學生及學者，到美國學習與交流關於量子計算、大數據、半導體、5G、先進核子技術、航太技術和人工智慧等技術進行管制，企圖切斷中國大陸與美國在尖端科技上的交流。

　　如此政策將可能迫使許多中國大陸留美學生或專業技術人員返國，使美國大學及科技研發單位所培養的許多專業人才，回歸中國大陸科研單位及科技公司由於中國大陸政府正悶聲大力發展中國製造2025及規劃中國標準2035，這些留美學生或專業技術人員返回中國大陸，將會獲得更多的發展機會，美國政府此舉將可能為中國大陸培育更多錢學森等級的科技研發人才，這將是美國政府始料未及的結果。

　　現今美國由於發展人才全球化、資訊網路全球化、製造業全球化、貿易全球化、投資全球化、市場全球化、貨幣全球化、文化全球化等，佔領全世界至高的經濟地位，才得以擁有英特爾（Intel）、微軟（Microsoft）、谷歌（Google）等，獨佔全世界資通訊網路的超級公司，因而藉此可以監控全世界。2013年，美國中央情報局（CIA）職員，愛德華·約瑟夫·史諾登（Edward Joseph Snowden）將美國國家安全局關於稜鏡計劃監聽專案的秘密文件，披露給英國《衛報》和美國《華盛頓郵報》，使美國政府監控全世界的計畫曝光。若是美國在科技製造業的領先地位，被中國大陸取代或是形成與美國能抗衡的優勢地位，美國將無法操控與監視全世界，這也是美國政府極力打擊中國大陸華為公司的原因之一。

　　再從美國立國兩百多年的經濟與政治發展歷程歸納，可知美國是高度發展的資本主義社會，亦形成公民票選的兩黨政治體制，資本家可藉由政治獻金、智庫及公關公司來影響各級民意代表與民選官員，且美國商界人士可以由總統提名成為各部會官員或是駐外大使，因此美國的軍事工業財團、金融財團、石油工業財團、電子科技工業財團等四大資本財團，可以透過許多方式左右歷屆美國政府的決策，以前任美國總統唐納·約翰·川普（Donald John Trump）所任命的國務卿、財政部長及國防部長為例：兩任國務卿為雷克斯·韋恩·蒂勒森（Rex Wayne Tillerson）及麥克·龐培歐（Mike Pompeo）都曾任職石油工業財團的高階經理人職務，財政部長史蒂芬·特納·梅努欽（Steven Terner Mnuchin）則曾任職金融財團的高階經理人，國防部長馬克·艾斯培（Mark Esper）則曾任職軍事工業集團高階管理人，各自代表不同財團利益。在川普政府對中國大陸企業大打關稅貿易戰與科技戰，因經濟全球化獲得龐大利益的電子科技工業財團及金融財團都曾派人在美國國會表示反對，但以美國本土為主的製造業軍事工業財團與石油工業財團則非經濟

全球化為獲利主要來源力主強硬與中國大陸對抗傾向逆經濟全球化，顯見美國內部不同財團在經濟全球化領域及中國大陸所獲得利益也有相當大的差異，由於各個財團對美國聯邦政府的影響力有極大差異，亦使得美國聯邦政府做出的決策導向也有相當大不同。

然因中國大陸經濟已深度融入世界經濟，未來中國大陸經濟若要持續發展，必然仰賴經濟全球化，中國大陸政府應避免遭受美國逆全球化的行徑，對其國內經濟的傷害，對於美國透過各個世界經濟組織及長臂管轄等方式，阻礙中國大陸經濟全球化，必須有更積極的應對模式，不應僅是透過政府實施經濟上的反制裁，更應透過全世界媒體的發聲，逐步取得與美國等量的話語權，使世界各國瞭解美國經濟霸權的各種危害手段，並推動更公平的世界經濟與貿易規則，贏得世界各國對於中國大陸推動經濟全球化的支持。

在美國政府反經濟全球化及單邊主義的壓力下，中國大陸必須依靠自身的經濟發展，優先幫助發展中國家開展經濟建設，再使歐洲、日本、韓國等工業化國家，願意參與中國大陸所推動的經濟全球化組織與經濟架構。再藉由中國大陸自身的深化改革與逐步開放政策，戮力發展人才全球化、資訊網路全球化、製造業全球化、貿易全球化、投資全球化、市場全球化、貨幣全球化、文化全球化等，使世界經濟融入開放的中國元素，逐步形成屬於中國大陸所主導新的經濟全球化模式，才能走出一條屬於中國大陸的經濟全球化發展道路。

貳、對未來中國大陸經濟全球化及全球經濟趨勢判斷

本研究發現，自 1978 年中共中央決定實行改革開放，就有其一套整體戰略佈局，先是與世界多數國家發展友好外交，再與世界重要國家發展更緊密外交，以簽訂重要經濟、貿易、文化規劃或聲明為目的，為的是在經濟發展上進行各項的策略合作，以達到中國大陸經濟發展的戰略目標。

中國大陸在 1978 年改革開放初期，外交上重點國家為美國及日本，目的以取得該二國家大量的資金與技術的輸入，促進經濟改革與發展。而現階段面臨經濟轉型，加上美國政府對中國大陸崛起的敵視，外交上重點國家為德國及英國，目的以取得德國工業技術的移轉與英國金融技術的學習，使中國大陸經濟轉型成高度工業化國家，並使人民幣金融市場上的運用多元化，進一步推展人民幣國際化進程，以擺脫美國政府所發動經濟戰的困境。

因此，在經濟新常態下，中國大陸政府為加速推動經濟轉型與全球化的發展，加速推動「人才戰略」，也就是更龐大的吸納全世界各地的人才及培養國內人才，並不斷增修外國人及境外人士，在中國大陸境內就學、就業、創業的法律規定，方便各類人才進入中國大陸，協助中國大陸經濟的轉型與發展。

且在各項人才的引領下，由「互聯網+」的高速帶動下，對內經濟發展與轉型的「十三五規劃」與「十四五規劃」，及其「中國製造 2025」、「國家新型城鎮化規劃」、「自由貿易試驗區」、「扶貧與鄉村振興」，與對外經濟發展與轉型的「一帶一路」戰略，及其

「國際產能與裝備製造合作」、「自由貿易區」、「人民幣國際化」，都是在中國大陸在經濟新常態下，為使經濟質量效率集約增長、產業結構向中高端水平轉換、增長動力向創新驅動轉換、資源配置由市場起決定性作用轉換、經濟福祉向包容共享行轉換的重大經濟規劃與戰略。

顯示，國家整個經濟體在轉型與升級，不可能只靠單一規劃或是幾項經濟政策，就能使國家整個經濟體做轉型與升級，必須要有整體戰略布局與明確目標設定，使國家整個經濟體做轉型與升級結合世界經濟的發展趨勢，融入經濟全球化體系，才有達成的可能性。

且由於中國大陸與英國、歐盟國家及中歐國家，在地理位置上相隔遙遠，除清朝末年與民國初年外，雙方多數國家之間，數千年來並無大規模戰爭，故無太多民族仇恨及太多利益衝突。不像中國大陸與日本間，歷史上曾發生中日午戰爭、八年抗戰，與現階段的釣魚臺爭端 ; 而中國大陸與美國間，曾有國共內戰、韓戰（中國大陸稱抗美援朝戰爭）、越戰等糾葛，及持續不斷的臺灣軍售及亞太爭端等相關問題。

近十多年來，美國的盟邦英國、法國、德國等西歐國家，因美國在中東發動阿富汗與伊拉克等戰爭，造成歐盟國家與伊斯蘭國家衝突不斷，恐怖組織的攻擊矛頭原為美國，如今又加上歐盟國家，致使歐盟國家陷入恐怖攻擊、難民與經濟困境。故由於地緣政治與大國博弈，在 21 世紀的新國際局勢的型態上，促使中國大陸與歐盟國家間，較易在經濟與政治上逐步達成合作，使雙方互蒙其利，也可讓歐盟國家能進一步擺脫美國霸權的干涉。

近年來，美國孤立主義再次興起，美國川普政府顧及選舉及國家利益，不斷退出許多國際組織或國際協議，如中程導彈協議、伊朗核協議、聯合國巴黎氣候協定、聯合國人權理事會、聯合國教科文組織、跨太平洋經濟夥伴協議（TPP）等，使得世界各國對於美國只顧自身國家利益的質疑不斷加深，已逐步影響美國的世界領導地位。

此外，2022 年 2 月俄羅斯發動特別軍事行動大舉發兵烏克蘭，美國政府聯合其盟國對俄羅斯發動涵蓋面廣泛的政治與經濟制裁，不但凍結俄羅斯在美國的外匯存底，且將俄羅斯多家銀行逐出環球銀行金融電信協會（SWIFT）系統，並迫使歐美許多國家企業退出俄羅斯市場，各類制裁項目達數千項，企圖以癱瘓俄羅斯經濟的方式迫使俄羅斯屈服，致使俄羅斯政府在經濟與外交上逐步向中國大陸傾斜，在俄烏戰爭後俄羅斯受到歐美國家經濟制裁後，要求世界各國買俄羅斯的原油改用盧布付款，卻同意中國大陸購買俄羅斯原油可用人民幣付款，促使人民幣與石油等大宗原物料有更多連結，間接促進了人民幣的國際化進程。

中國大陸第一代領導人毛澤東，於 1965 年 4 月在與外賓會談講到革命戰爭勝利的經驗時，把自己一生用兵打仗的韜略概括為「你打你的，我打我的；打得贏就打，打不贏就走。」而「打得贏就打，打不贏就走」是指靈活機動；「你打你的，我打我的」則是指力爭主動、力避被動。[961]在毛澤東思想戰略的引領下，中國大陸政府則是異於美國政

府逆全球化的做法，以「你打你的，我打我的」主動大幅度的開展經濟全球化戰略。

　　2013 年中國大陸國家主席習近平提出『一帶一路戰略』，並非只是外界初淺認知的「消化過剩產能的計畫」，而是『中國崛起的大戰略』。中國大陸「五通」政策溝通、設施聯通、貿易暢通、資金融通、民心相通的發展戰略，顯異於英、美等國的「殖民主義」與「霸權主義」發展戰略，也可以證明中國大陸其所稱「走和平發展道路」的大國崛起戰略。

　　中國大陸藉由一帶一路戰略規劃，透過大規模的現代化陸（鐵路、公路）、海（港口）、空（機場）建設為基礎，促進政治、經濟、貿易、文化交流，使亞、歐、非三塊大陸連結為一體，企圖聚合超過全世界 2/3 以上人口，世界第一大經濟體歐盟與世界第三大經濟體中國大陸的政治與經濟力量，運用歐洲的高端工業基礎與發達金融技術，加上中國的基礎建設能力與網路創新技巧，期望逐步將亞、歐、非建立成一龐大的經濟圈與共同市場。

　　複製中國大陸基礎建設先行佈署的經濟發展模式，由亞、歐、非國家基礎建設的連結做起，以鐵路、公路、機場與自由貿易園區等，基礎建設與貨物貿易往來先行策略，促使亞、歐、非各國的經濟發展能進一步成長，帶動亞、歐、非上百個國家間的經濟與貿易的融合。

　　並由中國大陸主導成立亞洲基礎設施投資銀行、新開發銀行、中非發展基金、絲路基金、中國-中東歐基金等，對亞、歐、非國家的融資，推動人民幣做為各項基礎建設投資與貿易往來的資金鍊作用，帶動人民幣在亞、歐、非大陸的經濟上逐步扮演融資與貿易的關鍵角色，促使人民幣得以順勢崛起，形成繼英鎊、美元、歐元後另一個世界的強勢貨幣，進一步使人民幣能達到真正國際化程度。

　　中國大陸企圖結合歐盟國家，創造新時代的亞歐陸權時代，終結五百年來的海權時代的發展。在科技與工業上，中國大陸與歐盟先進工業國家結合制訂新一代的技術標準，削弱美國科技與工業技術產業在標準制定上的影響力，如此可提升中國大陸在科技與工業技術上的水準與影響力。在金融上，運用歐元與人民幣的金融力量，在經濟上相對弱化美元的影響力。

　　中國大陸的『一帶一路戰略』運用經濟戰術與歐盟國家建立經濟盟友關係，逐步分化歐盟與美國在政治、經濟、軍事上堅實盟友關係，形成『新三國博弈關係』。在此『新三國博弈關係』的運作下，中國大陸在經濟上與歐盟廣泛合作各取所需成為經濟盟國，美國未來難以要求歐盟如同俄羅斯般的對中國大陸發動經濟制裁，且中國大陸發展陸上絲綢之路經濟帶，也可避免美國於麻六甲海峽實行封鎖使石油等原物料無法進口，迫使必須與美國霸權在軍事上正面對決的難題。

　　中國大陸現階段經濟發展戰略，對內發展綜合國力，實現富民強國目標；對外持續提倡經濟全球化，以發展更強大的經濟影響力，期望達成中華民族偉大復興的理想。為此，中國大陸政府已開始建立中國大陸各行業及領域的標準化體系，企圖突破美國於第

二次世界大戰後，所建立經濟全球化的頂層設計，形成新一代中國大陸所主導的經濟全球化體系，避免美國的干涉與掣肘，以達成經濟領域獨立自主。

　　中國大陸政府志在先完成第一個百年目標，即 2020 年達到小康社會，並逐步實踐 2049 年中國夢的第二個百年目標，使中國建成富強、民主、文明、和諧的社會主義現代化國家。

註 釋

1 人民網，〈 關於建國以來黨的若干歷史問題的決議(1981 年 6 月 27 日中國共產黨第十一屆中央委員會第六次全體會議通過) 〉，http://cpc.people.com.cn/BIG5/64162/71380/71387/71588/4854598.html，檢索時間 2018 年 10 月 29 日。

2 人民網，〈 中國共產黨第十一屆中央委員會第三次全體會議公報（一九七八年十二月二十二日通過）〉，http://cpc.people.com.cn/BIG5/64162/64168/64563/65371/4441902.html，檢索時間 2018 年 10 月 29 日。

3 張卓元著，《中國改革頂層設計》(北京：中信出版社，2014 年 7 月)，頁 33。

4 譚崇臺主編，《發展經濟學概論》(武漢：武漢大學出版社，20015 年 8 月)，頁 1。

5 譚崇臺主編，《發展經濟學概論》(武漢：武漢大學出版社，20015 年 8 月)，頁 2。

6 林毅夫著/蘇劍譯，《新結構經濟學》，增訂版(北京：北京大學出版社，2014 年 9 月)，頁 7。

7 林毅夫著/蘇劍譯，《新結構經濟學》，增訂版(北京：北京大學出版社，2014 年 9 月)，頁 8。

8 林毅夫，〈 新結構經濟學——發展經濟學的反思與重構〉，《人民網》，2013 年 11 月 10 日。http://theory.people.com.cn/BIG5/n/2013/1110/c40531-23490476-2.html，檢索時間 2018 年 9 月 30 日。

9 林毅夫，〈 新結構經濟學——發展經濟學的反思與重構 〉，人民網，2013 年 11 月 10 日。http://theory.people.com.cn/BIG5/n/2013/1110/c40531-23490476-2.html，檢索時間 2018 年 9 月 30 日。

10 中國人民政治協商會議全國委員會網站，李克強，〈 政府工作報告 ——2018 年 3 月 5 日在第十三屆全國人民代表大會第一次會議 〉，http://www.cppcc.gov.cn/zxww/2018/03/23/ARTI1521774834125783.shtml，檢索時間 2018 年 10 月 2 日。

11 中華人民共和國國家統計局網站，〈 中華人民共和國 2020 年國民經濟和社會發展統計公報 〉，http://www.stats.gov.cn/tjsj/zxfb/202102/t20210227_1814154.html，檢索時間 2021 年 7 月 19 日。

12 中國共產黨新聞網，趙紫陽，〈 沿著有中國特色的社會主義道路前進——在中國共產黨第十三次全國代表大會上的報告（一九八七年十月二十五日）〉， 2008 年 9 月 23 日。http://cpc.people.com.cn/BIG5/64162/134902/8092174.html，檢索時間 2018 年 10 月 2 日。

13 余博，〈 文化全球化語境下我國文化產業的轉型升級 〉，《北京印刷學院學報》，2014 年 6 月，第 22 卷第 3 期，頁 37。

14 王述祖，《經濟全球化與發展中大國的經濟發展戰略》， (北京：中國財政經濟出版社，2003 年 9 月)，頁 1。

15 張誼浩、陳柳欽，〈 當代西方經濟全球化理論研究綜述及其反思 〉，《山東經濟》，2005 年 1 月，總 126 期第 1 期，頁 12。

16 王述祖，《經濟全球化與發展中大國的經濟發展戰略》， (北京：中國財政經濟出版社，2003 年 9 月)，頁 1。

17 郭萬超，《當代中國經濟發展戰略》(北京:首都師範大學出版社，2007 年 12 月)，頁 17。

18 郭萬超，《當代中國經濟發展戰略》(北京:首都師範大學出版社，2007 年 12 月)，頁 32。

19 宋效峰、黃家亮，〈 國際金融視角下的英美權力轉移及其啟示 〉，《江南社會學院學報》，2018 年 3 月，第 20 卷第 1 期，頁 53。

20 韓青、高先民、張愷華編著，《貿易戰爭:500 年全球貿易進化史》(臺北:聯經出版社，2011 年 8 月)，頁 76。

21 宋效峰、黃家亮，〈 國際金融視角下的英美權力轉移及其啟示 〉，《江南社會學院學報》，2018 年 3 月，第 20 卷第 1 期，頁 54。

22 中文馬克思主義文庫網，毛澤東，〈 論人民民主專政 〉，https://www.marxists.org/chinese/maozedong/marxist.org-chinese-mao-19490630.htm，檢索時間 2019 年 10 月 27 日。

23 王奇，〈 156 項工程與 20 世紀 50 年代中蘇關係評析 〉，《當代中國史研究》，2003 年 3 月，第 10 卷第 2 期，頁 110-111。

24 王奇，〈 156 項工程與 20 世紀 50 年代中蘇關係評析 〉，《當代中國史研究》，2003 年 3 月，第 10 卷第 2 期，頁 111。

25 岳從欣，〈 中國共產黨關於"四個現代化"提法之歷史考察 〉，《思想理論教育導刊》，2010 年 05 期，頁 51。

26 中文馬克思主義文庫網，毛澤東，〈 論十大關係 〉，https://www.marxists.org/chinese/maozedong/marxist.org-chinese-mao-19560425.htm，檢索時間 2019 年 10 月 27 日。

27 陳立旭，〈 毛澤東與我國的三線建設———紀念毛澤東誕辰 110 周年 〉，《探索》，2003 年第 6 期，頁 10。

28 陳立旭，〈 毛澤東與我國的三線建設———紀念毛澤東誕辰 110 周年 〉，《探索》，2003 年第 6 期，頁 12。

29 天津先鋒網，〈 改革開放前的西歐五國行 〉，http://www.tjzzb.gov.cn/dsbl/201711/t20171113_34219.html，檢索時間 2019 年 10 月 27 日。

30 岳從欣，〈 中國共產黨關於"四個現代化"提法之歷史考察 〉，《思想理論教育導刊》，2010 年 05 期，頁 51。

31 國家行政學院經濟教研部合著，《中國經濟新常態》(北京:人民出版社，2015 年 1 月)，頁 5。

32 鄧小平，〈各項工作都要有助於建設有中國特色的社會主義〉，一九八三年一月十二日；見中共中央文獻編輯委員會編，《鄧小平文選》，第三卷 (北京：人民出版社，1993 年 10 月)，頁 23。

33 韓青、高先民、張愷華，《貿易戰爭：500 年全球貿易進化史》(臺北:聯經出版社，2011 年 8 月)，頁 81。

34 韓青、高先民、張愷華，《貿易戰爭：500 年全球貿易進化史》(臺北:聯經出版社，2011 年 8 月)，頁 81~82。

35 中國社會科學網，王志軍，〈 美國近百年來的對外負債 〉，http://www.cssn.cn/gj/gj_gjwtyj/gj_mg/201310/t20131026_593607.shtml，檢索時間 2019 年 6 月 2 日。

36 韓青、高先民、張愷華，《貿易戰爭：500 年全球貿易進化史》(臺北:聯經出版社，2011 年 8 月)，頁 83~84。

37 韓青、高先民、張愷華，《貿易戰爭：500 年全球貿易進化史》(臺北:聯經出版社，2011 年 8 月)，頁 103。

38 嚴佳佳，〈 人民幣國際化進程中特裏芬難題的辨析與求解———基於國際貨幣循環模式的分析〉，《福州大學學報(哲學社會科學版)》，2016 年第2期，頁29、30。

39 高海紅， 〈 布列敦森林遺產與國際金融體系重建 〉，世界經濟與政治，2015 年 3 期，頁 5。

40 李雲帆，< 英鎊國際化背後的海洋霸權 >，《福建論壇 (社科教育版)》，2011 年第 10 期，頁 35、36。

41 王芳， < 蘇聯對納粹德國火箭技術的爭奪(1944～1945) > ，《自然科學史研究》，2013 年第 32 卷第 4 期 ，頁 533。

42 楊彥君， < 掩蓋與交易:二戰後美軍對石井四郎的調查 > ，《抗日戰爭研究》，2013 年 02 期，頁 107。

43 高海紅， < 布列敦森林遺產與國際金融體系重建 > ，《世界經濟與政治》，2015 年 3 期，頁 6。

44 何亮、崔坤宇、王立娜，<"石油美元"淵源及現狀研究 > ，《科技和產業》，2018 年 7 月第 18 卷 第 7 期，頁 6。

45 張帥，<"石油美元"的歷史透視與前景展望 > ，《國際石油經濟》，2017 年 01 期，頁 52。

46 宋晨，< 石油美元綜述 > ，《西安電子科技大學學報(社會科學版)》，2014 年 7 月第 24 卷第 3 期，頁 72。

47 于永達，< 美日貿易摩擦及各自的對策 > ，《當代亞太》(，1999 年第 10 期，頁 52。

48 韓青、高先民、張愷華，《貿易戰爭：500 年全球貿易進化史》(臺北:聯經出版社，2011 年 8 月)，頁 140~141。

49 韓青、高先民、張愷華，《貿易戰爭：500 年全球貿易進化史》(臺北:聯經出版社，2011 年 8 月)，頁 140。

50 于永達，< 美日貿易摩擦及各自的對策 > ，《當代亞太》，1999 年第 10 期，頁 50。

51 于永達，< 美日貿易摩擦及各自的對策 > ，《當代亞太》，1999 年第 10 期，頁 52。

52 韓青、高先民、張愷華，《貿易戰爭：500 年全球貿易進化史》(臺北:聯經出版社，2011 年 8 月)，頁 132~134。

53 杜婷婷，< 美日貿易摩擦的歷史回顧及經驗教訓 > ，《金融綜橫》，2018 年 8 月，頁 96。

54 韓青、高先民、張愷華，《貿易戰爭：500 年全球貿易進化史》(臺北:聯經出版社，2011 年 8 月)，頁 134。

55 臺灣經濟研究院網站，劉佩真，< 近期美中貿易戰談判 牽動全球半導體之情勢 > ，https://www.tier.org.tw/comment/pec1010.aspx?GUID=34d26f74-42b8-43fd-8b02-cbf80c1f4217 ，檢索時間 2020 年 2 月 26 日。

56 洪淑芬，< 美日貿易爭端與日本開放市場 > ，《問題與研究》，1995 年 4 月，頁 33~36。

57 韓青、高先民、張愷華，《貿易戰爭：500 年全球貿易進化史》(臺北:聯經出版社，2011 年 8 月)，頁 134。

58 東盟法律網，白光，蘇佳斌，< 限制出口違反關貿總協定：歐洲共同體訴日本半導體貿易案 > ，http://www.zgdmlaw.com/more_index_show.asp?news_Id=2558 ，檢索時間 2019 年 2 月 26 日。

59 韓青、高先民、張愷華，《貿易戰爭：500 年全球貿易進化史》(臺北:聯經出版社，2011 年 8 月)，頁 134。

60 韓青、高先民、張愷華，《貿易戰爭：500 年全球貿易進化史》(臺北:聯經出版社，2011 年 8 月)，頁 138。

61 韓青、高先民、張愷華，《貿易戰爭：500 年全球貿易進化史》(臺北:聯經出版社，2011 年 8 月)，頁 140。

62 韓青、高先民、張愷華，《貿易戰爭：500 年全球貿易進化史》(臺北:聯經出版社，2011 年 8 月)，頁 141。

63 韓青、高先民、張愷華，《貿易戰爭：500 年全球貿易進化史》(臺北:聯經出版社，2011 年 8 月)，頁 144。

64 韓青、高先民、張愷華，《貿易戰爭：500 年全球貿易進化史》(臺北:聯經出版社，2011 年 8 月)，頁 145。

65 鄧若冰、吳福象，< 全球經濟治理制度變遷與演進路徑 > ，《河北學刊》，2016 年 1 月第 36 卷第 1 期，頁 110。

66 郭熙保、習明明，< 發展經濟學研究的最新進展 > ，《山東大學學報(哲學社會科學版)》，2010 年第 3 期，頁 3。

67 潘蔚娟，< 軍工複合體與冷戰後的美國對華決策 > ，《中國圖書評論》，第 7 期，頁 25。

68 劉恩東，< 軍事工業利益集團影響美國的外交決策 > ，《當代世界》，2006 年 07 期，頁 18。

69 斯德哥爾摩國際和平研究所，《SIPRI 年鑒2020 軍備、裁軍和國際安全》(英國:牛津大學出版社，2020 年)，頁 186。

70 侯红育，< 瓦森納安排的緣起與發展 > ，《國際論壇》，2005 年 04 期，頁 1。

71 侯红育，< 瓦森納安排的緣起與發展 > ，《國際論壇》，2005 年 04 期，頁 1。

72 許曄、孟弘，< 瓦森納協議對我國高技術的出口限制 > ，《科技管理研究》，2012 年第 24 期，頁 25。

73 中華人民共和國商務部網站，< 瓦瑟納爾協定 > ，http://zys.mofcom.gov.cn/article/cp/200708/20070805032054.shtml，檢索時間 2020 年 4 月 1 日。

74 瓦森納協議官方網站，< 瓦森納協議介紹 > ，https://www.wassenaar.org/about-us/，檢索時間 2020 年 4 月 1 日。

75 許曄、孟弘，< 瓦森納協議對我國高技術的出口限制 > ，《科技管理研究》，2012 年第 24 期，頁 27。

76 許曄、孟弘，< 瓦森納協議對我國高技術的出口限制 > ，《科技管理研究》，2012 年第 24 期，頁 27。

77 環球銀行金融電信協會官方網站，< SWIFT 歷史 > ，https://www.swift.com/about-us/history，檢索時間 2020 年 4 月 7 日。

78 環球銀行金融電信協會官方網站，< SWIFT 歷史 > ，https://www.swift.com/about-us/history，檢索時間 2022 年 4 月 6 日。

79 中央銀行，< 央行理監事會後記者會參考資料 > ，2022 年 3 月 17 日，頁 90。

80 許文鴻，< SWIFT 系統:美俄金融戰的博弈點 > ，《俄羅斯東歐中亞研究》，2019 年 06 期，頁 19。

81 中央銀行，< 央行理監事會後記者會參考資料 > ，2022 年 3 月 17 日，頁 91。

82 孫立昕，< 美國制裁伊朗的現狀、效果及影響 > ，《當代世界》，2014 年 05 期，頁 49。

83 馬鑫、許釗穎，< 美國對俄羅斯的金融制裁 > ，《美國研究》， 2015 年第 5 期，頁 40。

84 馬鑫、許釗穎，< 美國對俄羅斯的金融制裁 > ，《美國研究》， 2015 年第 5 期，頁 41。

85 許文鴻，< SWIFT 系統:美俄金融戰的博弈點 > ，《俄羅斯東歐中亞研究》，2019 年 06 期，頁 24。

86 蔡寧偉，< 美國反洗錢"長臂管轄"的淵源與演變 > ，《金融監管研究》，2019 年第 11 期，頁 98。

87 蔡寧偉，< 美國反洗錢"長臂管轄"的淵源與演變 > ，《金融監管研究》，2019 年第 11 期，頁 99。

88 鐘燕慧、王一棟，< 美國"長臂管轄"制度下中國企業面臨的新型法律風險與應對措施 > ，《國際貿易》，2019 年第 3 期，頁 92。

89 李旻，< 從保護性管轄原則審視美國的長臂管轄權—以孟晚舟案為例 > ，《河北青年管理幹部學院學報》，2020 年 3 月，第 32 卷第 2 期，頁 74。

90 鐘燕慧、王一棟，< 美國"長臂管轄"制度下中國企業面臨的新型法律風險與應對措施 > ，《國際貿易》，2019 年第 3 期，頁 92。

91 大衛·范恩(David Vine)，《基地帝國的真相》(臺北:八旗文化出版社，2019 年 6 月)，頁 8、9。

92 中國共產黨新聞網，趙紫陽，< 沿著有中國特色的社會主義道路前進 > ，http://cpc.people.com.cn/GB/64162/134902/8092174.html，檢索時間 2019 年 2 月 2 日。

93 麥朝成、伍忠賢，《中國大陸經濟》(臺北：五南圖書出版股份有限公司，2013 年)，頁 25。

94 國家行政學院經濟教研部編著，《中國經濟新常態》(北京:人民出版社，2015)，頁 3~4。

95 國家行政學院經濟教研部編著，《中國經濟新常態》(北京:人民出版社，2015)，頁 4~5。

96 李由，〈 關於後危機時代的 G20 轉型問題 〉《理論探索》，2017 年第 1 期，頁 87。

97 陳文玲、顏少君，〈 當前世界經濟發展的新趨勢與新特徵 〉，《南京社會科學》，2016 年 05 期，頁 1。

98 陳文玲、顏少君，〈 當前世界經濟發展的新趨勢與新特徵 〉，《南京社會科學》，2016 年 05 期，頁 1~2。

99 國家行政學院經濟教研部編著，《中國經濟新常態》(北京:人民出版社，2015 年 1 月)，頁 18。

100 國家行政學院經濟教研部編著，《中國經濟新常態》(北京:人民出版社，2015 年 1 月)，頁 18~19。

101 國家行政學院經濟教研部編著，《中國經濟新常態》(北京:人民出版社，2015 年 1 月)，頁 19。

102 國家行政學院經濟教研部編著，《中國經濟新常態》(北京:人民出版社，2015 年 1 月)，頁 19。

103 國家行政學院經濟教研部編著，《中國經濟新常態》(北京:人民出版社，2015 年 1 月)，頁 19~20。

104 陳江生、龐博、邱丁，〈 當前的世界經濟格局及其前瞻〉，《中共中央黨校學報》，2013 年 8 月第 17 卷第 4 期，頁 69。

105 陳江生、龐博、邱丁，〈 當前的世界經濟格局及其前瞻〉，《中共中央黨校學報》，2013 年 8 月第 17 卷第 4 期，頁 70。

106 國家行政學院經濟教研部編著，《中國經濟新常態》(北京:人民出版社，2015 年 1 月)，頁 19。

107 國家行政學院經濟教研部編著，《中國經濟新常態》(北京:人民出版社，2015 年 1 月)，頁 20。

108 陳江生、龐博、邱丁，〈 當前的世界經濟格局及其前瞻 〉，《中共中央黨校學報》，2013 年 8 月第 17 卷第 4 期，頁 70~71。

109 國家行政學院經濟教研部編著，《中國經濟新常態》(北京:人民出版社，2015 年 1 月)，頁 3。

110 張國，〈 中國經濟新常態的問題、挑戰和對策研究綜述 〉，《財經科學》，2015 年 5 月總第 326 期，頁 77。

111 中國共產黨新聞網，2014 年 11 月 10 日，〈 習近平在亞太經合組織工商領導人峰會開幕式上的演講，主題：謀求持久發展，共築亞太夢想 〉，http://cpc.people.com.cn/BIG5/n/2014/1110/c64094-26001014.html，檢索時間 2019 年 3 月 20 日。

112 國家行政學院經濟教研部編著，《中國經濟新常態》(北京:人民出版社，2015 年 1 月)，頁 3~5。

113 「路易斯拐點」(Lewis turning point)，指經濟發展中國家的二、三級產業不發達，農村存在大量剩餘勞動力，務農收入低，但是城鎮工作的收入略高於務農收入，因而大批農民湧入城鎮，而在農村勞動力耗盡後，城市勞動市場需要大幅加薪，才可能請到新工人。

114 國家行政學院經濟教研部編著，《中國經濟新常態》(北京:人民出版社，2015 年 1 月)，頁 28~31。

115 國家行政學院經濟教研部編著，《中國經濟新常態》(北京:人民出版社，2015 年 1 月)，頁 31~32。

116 國家行政學院經濟教研部編著，《中國經濟新常態》(北京:人民出版社，2015 年 1 月)，頁 6~8。

117 國家行政學院經濟教研部編著，《中國經濟新常態》(北京:人民出版社，2015 年 1 月)，頁 32~33。

118 國家行政學院經濟教研部編著，《中國供給側結構性改革》(北京:人民出版社，2016 年)，頁 3。

119 國家行政學院經濟教研部編著，《中國供給側結構性改革》(北京:人民出版社，2016 年)，頁 3。

120 國家行政學院經濟教研部編著，《中國供給側結構性改革》(北京:人民出版社，2016 年)，頁 3~4。

121 國家行政學院經濟教研部編著，《中國供給側結構性改革》(北京:人民出版社，2016 年)，頁 20。

122 賈康、徐林、李萬壽、姚余棟、黃劍輝、劉培林、李宏瑾，〈 中國需要構建和發展以改革為核心的新供給經濟學 〉，《財政研究》，2013 年第 1 期，頁 9~10。

123 賈康、徐林、李萬壽、姚余棟、黃劍輝、劉培林、李宏瑾，〈 中國需要構建和發展以改革為核心的新供給經濟學 〉，《財政研究》，2013 年第 1 期，頁 11。

124 國家行政學院經濟教研部編著，《中國供給側結構性改革》(北京:人民出版社，2016 年)，頁 20。

125 賈康、徐林、李萬壽、姚余棟、黃劍輝、劉培林、李宏瑾，〈 中國需要構建和發展以改革為核心的新供給經濟學 〉，《財政研究》，2013 年第 1 期，頁 15。

126 國家行政學院經濟教研部編著，《中國供給側結構性改革》(北京:人民出版社，2016 年)，頁 22。

127 國家行政學院經濟教研部編著，《中國供給側結構性改革》(北京:人民出版社，2016 年)，頁 1。

128 人民網，2019，〈 習近平這樣部署供給側結構性改革 〉，http://politics.people.com.cn/BIG5/n1/2019/0227/c1001-30905220.html，檢索時間 2019 年 3 月 21 日。

129 人民網，2019，毛強，〈 以供给侧结构性改革引領經濟新常態 〉，http://theory.people.com.cn/BIG5/n1/2017/0707/c40531-29389293.html，檢索時間 2019 年 3 月 21 日。

130 國家行政學院經濟教研部編著，《中國供給側結構性改革》(北京:人民出版社，2016 年)，頁 12。

131 中文馬克思主義文庫，2007，〈 關於共產黨在無產階級革命中的作用 〉，https://www.marxists.org/chinese/communist-international/2-192007-08/003.htm，檢索時間 2018 年 11 月 5 日。

132 辛向陽，〈 民主集中制與政黨現代化 〉，《探索》，2011 年第 1 期，頁 24。

133 人民網，〈 黨管幹部原則 〉，http://dangshi.people.com.cn/GB/165617/173273/10415257.html，檢索時間 2019 年 3 月 24 日。

134 文匯網，〈 中組部解密 全球最大的 HR 如何工作 〉，news.wenweipo.com/2014/09/05/IN1409050038.htm，檢索時間 2019 年 12 月 24 日。

135 桂宏誠，〈 中國大陸黨管幹部原則下的公務員體制 〉，《中國大陸研究》，2013 年 3 月第 56 卷第 1 期，頁 64~65。

136 文匯網，〈 中組部解密 全球最大的 HR 如何工作 〉，news.wenweipo.com/2014/09/05/IN1409050038.htm，檢索時間 2019 年 12 月 24 日。

137 桂宏誠，〈 中國大陸黨管幹部原則下的公務員體制 〉，《中國大陸研究》，2013 年 3 月第 56 卷第 1 期，頁 65。

138 文匯網，〈 中組部解密 全球最大的 HR 如何工作 〉，news.wenweipo.com/2014/09/05/IN1409050038.htm，檢索時間 2019 年 12 月 24 日。

139 文匯網，〈 中組部解密 全球最大的 HR 如何工作 〉，news.wenweipo.com/2014/09/05/IN1409050038.htm，檢索時間 2019 年 12 月 24 日。

140 文匯網，〈 中組部解密 全球最大的 HR 如何工作 〉，news.wenweipo.com/2014/09/05/IN1409050038.htm，檢索時間 2019 年 12 月 24 日。

141 文匯網，〈 中組部解密 全球最大的 HR 如何工作 〉，news.wenweipo.com/2014/09/05/IN1409050038.htm，檢索時間

2019 年 12 月 24 日。

142 文匯網,〈 中組部解密 全球最大的 HR 如何工作 〉,news.wenweipo.com/2014/09/05/IN1409050038.htm,檢索時間 2019 年 12 月 24 日。

143 文匯網,〈 中組部解密 全球最大的 HR 如何工作 〉,news.wenweipo.com/2014/09/05/IN1409050038.htm,檢索時間 2019 年 12 月 24 日。

144 文匯網,〈 中組部解密 全球最大的 HR 如何工作 〉,news.wenweipo.com/2014/09/05/IN1409050038.htm,檢索時間 2019 年 12 月 24 日。

145 中國政府網,2013,〈 中共中央關於全面深化改革若干重大問題的決定(2013 年 11 月 12 日中國共產黨第十八屆中央委員會第三次全體會議通過) 〉,http://www.gov.cn/jrzg/2013-11/15/content_2528179.htm,檢索時間 2018 年 10 月 16 日。

146 中國政府網,2013,〈 中共中央關於全面深化改革若干重大問題的決定(2013 年 11 月 12 日中國共產黨第十八屆中央委員會第三次全體會議通過) 〉,http://www.gov.cn/jrzg/2013-11/15/content_2528179.htm,檢索時間 2018 年 10 月 16 日。

147 文匯網,〈 中組部解密 全球最大的 HR 如何工作 〉,news.wenweipo.com/2014/09/05/IN1409050038.htm,檢索時間 2019 年 12 月 24 日。

148 中國政府網,2013,〈 中共中央關於全面深化改革若干重大問題的決定(2013 年 11 月 12 日中國共產黨第十八屆中央委員會第三次全體會議通過) 〉,http://www.gov.cn/jrzg/2013-11/15/content_2528179.htm,檢索時間 2018 年 10 月 16 日。

149 中華人民共和國國家統計局網站,〈 中華人民共和國 2019 年國民經濟和社會發展統計公報 〉,http://www.stats.gov.cn/tjsj/zxfb/202002/t20200228_1728913.html,檢索時間 2020 年 7 月 7 日。

150 共產黨員網,〈 中國共產黨章程 〉,(http://www.12371.cn/special/zggcdzc/zggcdzcqw/),檢索時間 2019 年 3 月 21 日。

151 共產黨員網,〈 中華人民共和國憲法 〉,http://news.12371.cn/2018/03/22/ARTI1521673331685307.shtml,檢索時間 2019 年 3 月 22 日。

152 人民網,〈 黨政領導幹部選拔任用工作暫行條例 〉,http://www.peopledaily.com.cn/GB/channel1/11/20000804/172987.html,檢索時間 2019 年 9 月 25 日。

153 人民網,〈 黨政領導幹部選拔任用工作暫行條例 〉,http://www.peopledaily.com.cn/GB/channel1/11/20000804/172987.html,檢索時間 2019 年 9 月 25 日。

154 人民網,〈 黨政領導幹部選拔任用工作暫行條例 〉,http://www.peopledaily.com.cn/GB/channel1/11/20000804/172987.html,檢索時間 2019 年 9 月 25 日。

155 人民網,〈 黨政領導幹部選拔任用工作暫行條例 〉,http://www.peopledaily.com.cn/GB/channel1/11/20000804/172987.html,檢索時間 2019 年 9 月 25 日。

156 人民網,〈 黨政領導幹部選拔任用工作暫行條例 〉,http://www.peopledaily.com.cn/GB/channel1/11/20000804/172987.html,檢索時間 2019 年 9 月 25 日。

157 人民網,〈 黨政領導幹部選拔任用工作暫行條例 〉,http://www.peopledaily.com.cn/GB/channel1/11/20000804/172987.html,檢索時間 2019 年 9 月 25 日。

158 人民網,〈 黨政領導幹部選拔任用工作暫行條例 〉,http://www.peopledaily.com.cn/GB/channel1/11/20000804/172987.html,檢索時間 2019 年 9 月 25 日。

159 共產黨員網,〈 中共中央印發黨政領導幹部選拔任用工作條例 〉,http://www.12371.cn/2019/03/17/ARTI1552825567208273.shtml,檢索時間 2019 年 3 月 24 日。

160 胡鞍鋼著,《中國集體領導體制》(北京:中國人民大學出版社,2014 年),頁 1。

161 胡鞍鋼著,《中國集體領導體制》(北京:中國人民大學出版社,2014 年),頁 2。

162 胡鞍鋼著,《中國集體領導體制》(北京:中國人民大學出版社,2014 年),頁 17。

163 共產黨員網,〈 中國共產黨章程 〉,http://www.12371.cn/special/zggcdzc/zggcdzcqw/,檢索時間 2019 年 3 月 21 日。

164 胡鞍鋼著,《中國集體領導體制》(北京:中國人民大學出版社,2014 年),頁 2。

165 鄧小平,〈尊重知識,尊重人才〉,一九七七年五月二十四日;見中共中央文獻編輯委員會編,《鄧小平文選》,第二卷 (北京:人民出版社,1994),頁 40。

166 鄧小平,〈尊重知識,尊重人才〉,一九七七年五月二十四日;見中共中央文獻編輯委員會編,《鄧小平文選》,第二卷 (北京:人民出版社,1994),頁 40~41。

167 鄧小平,〈尊重知識,尊重人才〉,一九七七年五月二十四日;見中共中央文獻編輯委員會編,《鄧小平文選》,第二卷 (北京:人民出版社,1994),頁 40。

168 中國檔案資訊網,2014,〈 國務院批轉關於教育部 1977 年高等學校招生工作的意見 〉,http://www.zgdazxw.com.cn/dagb/2014-10/16/content_70181.htm,檢索時間 2018 年 10 月 10 日。

169 鄧小平,〈在武昌、深圳、珠海、上海等地的談話要點〉,一九九二年一月十八日~二月二十一日;見中共中央文獻編輯委員會編,《鄧小平文選》,第三卷 (北京:人民出版社,1994),頁 370~371。

170 王輝耀,《國家戰略-人才改變世界》(北京:人民出版社,2010),頁 4。

171 王輝耀,《國家戰略-人才改變世界》(北京:人民出版社,2010),頁 3。

172 王輝耀,《國家戰略-人才改變世界》(北京:人民出版社,2010),頁 4。

173 中華人民共和國教育部網站,〈 《中國留學回國就業藍皮書 2015》情況介紹 〉,http://www.moe.edu.cn/jyb_xwfb/xw_fbh/moe_2069/xwfbh_2016n/xwfb_160325_01/160325_sfcl01/201603/t20160325_235214.html,檢索時間 2019 年 3 月 25 日。

174 中華人民共和國教育部網站,〈 《中國留學回國就業藍皮書 2015》情況介紹 〉,http://www.moe.edu.cn/jyb_xwfb/xw_fbh/moe_2069/xwfbh_2016n/xwfb_160325_01/160325_sfcl01/201603/t20160325_235214.html,檢索時間 2019 年 3 月 25 日。

175 中國政府網站,〈中國去年出國留學人數首破 60 萬〉,http://www.gov.cn/xinwen/2018-04/01/content_5278951.htm,檢索時間 2019 年 3 月 26 日。

176 中華人民共和國教育部網站,〈2018 年度我國出國留學人員情況統計〉,http://www.moe.gov.cn/jyb_xwfb/gzdt_gzdt/s5987/201903/t20190327_375704.html,檢索時間 2020 年 7 月 7 日。

177 中華人民共和國教育部網站,〈2019 年度我國出國留學人員情況統計〉,http://www.moe.gov.cn/jyb_xwfb/gzdt_gzdt/s5987/202012/t20201214_505447.html,檢索時間 2021 年 7 月 20 日。

178 中華人民共和國教育部網站,〈2019 年度我國出國留學人員情況統計〉,http://www.moe.gov.cn/jyb_xwfb/gzdt_gzdt/s5987/202012/t20201214_505447.html,檢索時間 2021 年 7 月 20 日。

179 李蘭、哈巍,〈"百人計畫"對中科院科研生產力的影響(1993 — 2004)〉,《清華大學教育研究》第 5 期,2017 年 10 月,頁 27。

180 李蘭、哈巍,〈"百人計畫"對中科院科研生產力的影響(1993 — 2004)〉,《清華大學教育研究》第 5 期,2017 年 10 月,頁 29、31。

181 李蘭、哈巍,〈"百人計畫"對中科院科研生產力的影響(1993 — 2004)〉,《清華大學教育研究》第 5 期,2017 年 10 月,頁 27~28。

182 千人計劃網,〈中科院百人計畫〉,http://www.1000plan.org/qrjh/channel/7,檢索時間 2019 年 2 月 22 日。

183 學術橋網,〈千人計畫〉,http: ://www.acabridge.cn/acabridge/aca_web/rc-jcqn/index.shtml,檢索時間 2019 年 2 月 22 日。

184 中華人民共和國教育部,〈"春暉計畫"學術休假專案〉,http://www.moe.gov.cn/s78/A20/gjs_left/moe_851/tnull_8550.html,檢索時間 2019 年 2 月 24 日。

185 千人計劃網,〈"長江學者獎勵計畫"〉,http://www.1000plan.org/qrjh/channel/5,檢索時間 2019 年 2 月 24 日。

186 中華人民共和國教育部,〈面向 21 世紀教育振興行動計畫〉,http://old.moe.gov.cn/publicfiles/business/htmlfiles/moe/moe_177/200407/2487.html,檢索時間 2019 年 2 月 24 日。

187 中國科學技術協會,〈海智概覽〉,http://hzb.cast.org.cn/n11131980/n11132085/n11132100/11135315.html,檢索時間 2019 年 2 月 24 日。

188 中華人民共和國教育部,〈教育部關於印發《高等學校"高層次創造性人才計畫"實施方案》和有關實施辦法的通知〉,http://www.moe.gov.cn/s78/A04/rss_left/moe_931/s8132/201006/t20100602_169952.html,檢索時間 2019 年 2 月 24 日。

189 中華人民共和國教育部,〈教育部國家外國專家局關於高等學校學科創新引智計畫"十一五"規劃的通知〉,http://old.moe.gov.cn//publicfiles/business/htmlfiles/moe/moe_1123/200601/13634.html,檢索時間 2019 年 2 月 24 日。

190 學術橋網,〈國家傑出青年科學基金項目〉,http://www.acabridge.cn/acabridge/aca_web/rc-qrjh/index.shtml,檢索時間 2019 年 2 月 24 日。

191 中華人民共和國人力資源和社會保障部網站,〈人力資源社會保障部關於實施海外赤子為國服務行動計畫的通知〉,http://www.mohrss.gov.cn/gkml/zcfg/gfxwj/201407/t20140717_136310.html,檢索時間 2019 年 2 月 24 日。

192 中國政府網,〈國家中長期人才發展規劃綱要(2010-2020 年)發佈〉http://www.gov.cn/jrzg/2010-06/06/content_1621777.htm,檢索時間 2019 年 2 月 26 日。

193 中國人才網,〈關於印發《專業技術人才隊伍建設中長期規劃(2010—2020 年)》的通知〉,http://cpc.people.com.cn/n/2013/0129/c244819-20363507.html,檢索時間 2019 年 2 月 24 日。

194 中國人才網,〈關於印發《國家高層次人才特殊支持計畫》的通知〉,http://cpc.people.com.cn/n/2013/0129/c355107-20361611.html,檢索時間 2019 年 2 月 24 日。

195 中國人才網,〈「萬人計劃」與「千人計劃」啥關係內外兼顧 併行實施 協同推進〉,http://rencai.people.com.cn/n/2013/1114/c244800-23535026.html,檢索時間 2018 年 4 月 22 日。

196 千人計劃網,〈千人計劃介紹〉,http://www.1000plan.org/qrjh/section/2?m=rcrd,檢索時間 2018 年 4 月 22 日。

197 趙學文、韓宇、張香平、劉容光、湯錫芳、計承宜、趙亞輝、晏燕、張蕾、楊寧,〈國家傑出青年科學基金實施 10 周年調研報告〉,《中國科學基金》第 6 期,2004 年,頁 353。

198 趙學文、韓宇、張香平、劉容光、湯錫芳、計承宜、趙亞輝、晏燕、張蕾、楊寧,〈國家傑出青年科學基金實施 10 周年調研報告〉,《中國科學基金》第 6 期,2004 年,頁 353。

199 趙學文、韓宇、張香平、劉容光、湯錫芳、計承宜、趙亞輝、晏燕、張蕾、楊寧,〈國家傑出青年科學基金實施 10 周年調研報告〉,《中國科學基金》第 6 期,2004 年,頁 354。

200 趙學文、韓宇、張香平、劉容光、湯錫芳、計承宜、趙亞輝、晏燕、張蕾、楊寧,〈國家傑出青年科學基金實施 10 周年調研報告〉,《中國科學基金》第 6 期,2004 年,頁 355。

201 丁一,〈十年築就"春暉"橋——"春暉計劃"十周年綜述〉,《神州學人》,2007 年第 1 期,頁 5。

202 丁一,〈十年築就"春暉"橋——"春暉計劃"十周年綜述〉,《神州學人》,2007 年第 1 期,頁 5~6。

203 丁一,〈十年築就"春暉"橋——"春暉計劃"十周年綜述〉,《神州學人》,2007 年第 1 期,頁 6。

204 熊丙奇,〈長江學者對我國學術發展究竟有多大貢獻?〉,《博覽群書》,2013 年 08 期,頁 5~6。

205 〈創新人才推進計畫〉,《科學中國人》,2017 年,25 期,頁 72~73。

206 中國政府網,2010,〈國家中長期人才發展規劃綱要(2010-2020 年)〉,http://www.gov.cn/jrzg/2010-06/06/content_1621777.htm,檢索時間 2018 年 10 月 15 日。

207 中國政府網,2010,〈國家中長期人才發展規劃綱要(2010-2020 年)〉,http://www.gov.cn/jrzg/2010-06/06/content_1621777.htm,檢索時間 2018 年 10 月 15 日。

208 馬化騰等,《互聯網+》(北京:中信出版集團股份有限公司,2015),頁 418。

209 馬化騰等,《互聯網+》(北京:中信出版集團股份有限公司,2015),頁 419~421。

210 馬化騰等,《互聯網+》(北京:中信出版集團股份有限公司,2015),頁 421~422。

211 馬化騰等,《互聯網+》(北京:中信出版集團股份有限公司,2015),頁 424。

212 《國務院關於積極推進「互聯網+」行動的指導意見》(北京:人民出版社,2015),頁 1。

213 《國務院關於積極推進「互聯網+」行動的指導意見》(北京:人民出版社,2015),頁 1。

214 《國務院關於積極推進「互聯網+」行動的指導意見》(北京:人民出版社,2015),頁 2。

215 中國政府網，2017，〈 國家發展改革委關於印發"十三五"國家政務信息化工程建設規劃的通知 〉，
http://www.gov.cn/xinwen/2017-08/24/5220193/files/5b93e49d526041be9f1a7978d5c78eb1.pdf，檢索時間 2019 年 4 月 8
日。

216 中國政府網，〈 2019 年通信業統計公報 〉，
http://www.miit.gov.cn/n1146312/n1146904/n1648372/c7696411/content.html，檢索時間 2020 年 8 月 6 日。

217 中國政府網，〈 2020 年通信業統計公報 〉，http://www.gov.cn/xinwen/2021-01/26/content_5582523.htm，檢索時間
2022 年 4 月 8 日。

218 中華人民共和國工業和信息化部網站，〈 2021 年通信業統計公報 〉，
https://www.miit.gov.cn/gxsj/tjfx/txy/art/2022/art_e2c784268cc74ba0bb19d9d7eeb398bc.html，檢索時間 2022 年 4 月 8
日。

219 《2020 中國共享經濟發展報告》，（國家資訊中心分享經濟研究中心，2020 年），頁 1。

220 《2020 中國共享經濟發展報告》，（國家資訊中心分享經濟研究中心，2020 年），頁 1。

221 《2019 中國共享經濟發展年度報告》，（國家資訊中心分享經濟研究中心，2019 年），頁 8。

222 《2021 中國共享經濟發展報告》，（國家資訊中心分享經濟研究中心，2021 年），頁 1。

223 《2021 中國共享經濟發展報告》，（國家資訊中心分享經濟研究中心，2021 年），頁 1。

224 《2022 中國共享經濟發展報告》，（國家資訊中心分享經濟研究中心，2022 年），頁 2。

225 《2022 中國共享經濟發展報告》，（國家資訊中心分享經濟研究中心，2022 年），頁 8。

226 《2022 中國共享經濟發展報告》，（國家資訊中心分享經濟研究中心，2022 年），頁 3。

227 《中國分享經濟發展報告 2017》，（國家資訊中心分享經濟研究中心，2017 年），頁 1。

228 《2021 中國共享經濟發展報告》，（國家資訊中心分享經濟研究中心，2021 年），頁 1。

229 《2019 中國共享經濟發展年度報告》，（國家資訊中心分享經濟研究中心，2019 年），頁 8。

230 《2020 中國共享經濟發展報告》，（國家資訊中心分享經濟研究中心，2020 年），頁 8。

231 《2019 中國共享經濟發展年度報告》，（國家資訊中心分享經濟研究中心，2019 年），頁 22。

232 《2021 中國共享經濟發展報告》，（國家資訊中心分享經濟研究中心，2021 年），頁 12。

233 《2019 中國共享經濟發展年度報告》，（國家資訊中心分享經濟研究中心，2019 年），頁 39。

234 《2019 中國共享經濟發展年度報告》，（國家資訊中心分享經濟研究中心，2019 年），頁 39。

235 《2020 中國共享經濟發展報告》，（國家資訊中心分享經濟研究中心，2020 年），頁 40。

236 《2020 中國共享經濟發展報告》，（國家資訊中心分享經濟研究中心，2020 年），頁 41。

237 《2022 中國共享經濟發展年度報告》，（國家資訊中心分享經濟研究中心，2022 年），頁 20、21。

238 中華人民共和國交通運輸部網站，《網約車監管平臺發佈 2021 年 12 月行業運行情況 9 個城市訂單合規率超
80%》，https://www.mot.gov.cn/jiaotongyaowen/202201/t20220113_3636192.html，檢索時間 2022 年 4 月 8 日。

239 《2019 中國共享經濟發展年度報告》，（國家資訊中心分享經濟研究中心，2019 年），頁 42。

240 《2019 中國共享經濟發展年度報告》，（國家資訊中心分享經濟研究中心，2019 年），頁 42、43。

241 《2020 中國共享經濟發展報告》，（國家資訊中心分享經濟研究中心，2020 年），頁 44、45。

242 《2021 中國共享經濟發展報告》，（國家資訊中心分享經濟研究中心，2021 年），頁 43。

243 《2021 中國共享經濟發展報告》，（國家資訊中心分享經濟研究中心，2021 年），頁 42。

244 《2019 中國享用經濟發展年度報告》，（國家資訊中心分享經濟研究中心，2019 年），頁 44。

245 《美團 2018 年企業社會責任報告》，（美團，2019 年），頁 6。

246 《2020 中國共享經濟發展報告》，（國家資訊中心分享經濟研究中心，2020 年），頁 45。

247 《美團 2018 年企業社會責任報告》，（美團，2019 年），頁 40、41。

248 《美團 2020 年企業社會責任報告》，（美團，2021 年），頁 58。

249 《美團 2018 年企業社會責任報告》，（美團，2019 年），頁 42。

250 《2019 中國共享經濟發展年度報告》，（國家資訊中心分享經濟研究中心，2019 年），頁 44、45。

251 《美團 2020 年企業社會責任報告》，（美團，2021 年），頁 12。

252 《2019 中國共享經濟發展年度報告》，（國家資訊中心分享經濟研究中心，2019 年），頁 45。

253 《2020 中國共享經濟發展報告》，（國家資訊中心分享經濟研究中心，2020 年），頁 45。

254 《美團 2020 年企業社會責任報告》，（美團，2021 年），頁 69。

255 《美團 2020 年企業社會責任報告》，（美團，2021 年），頁 56。

256 《美團 2020 年企業社會責任報告》，（美團，2021 年），頁 47。

257 《美團 2019 年企業社會責任報告》，（美團，2020 年），頁 36。

258 《美團 2019 年企業社會責任報告》，（美團，2020 年），頁 54。

259 《美團 2020 年企業社會責任報告》，（美團，2021 年），頁 39。

260 《美團 2020 年企業社會責任報告》，（美團，2021 年），頁 26。

261 《美團 2019 年企業社會責任報告》，（美團，2020 年），頁 40。

262 《美團 2020 年企業社會責任報告》，（美團，2021 年），頁 50。

263 《美團 2019 年企業社會責任報告》，（美團，2020 年），頁 50。

264 《美團 2020 年企業社會責任報告》，（美團，2021 年），頁 36。

265 《美團 2020 年企業社會責任報告》，（美團，2021 年），頁 26。

266 《2020 中國共享經濟發展報告》，（國家資訊中心分享經濟研究中心，2020 年），頁 46。

267 《美團 2020 年企業社會責任報告》，（美團，2021 年），頁 40。

268 《美團 2020 年企業社會責任報告》，（美團，2021 年），頁 43。

269 《美團 2020 年企業社會責任報告》，（美團，2021 年），頁 28、29。

270 《美團 2020 年企業社會責任報告》，（美團，2021 年），頁 29。

271 《美團 2020 年企業社會責任報告》，（美團，2021 年），頁 10。

272 《美團 2020 年企業社會責任報告》，（美團，2021 年），頁 10。

273 李永欣、樊重俊，〈 共享經濟背景下共享醫療發展分析 〉，《現代營銷》，2020 年第 5 期，頁 150。

[274] 中國政府網，《關於促進"互聯網+醫療健康"發展的意見》，http://www.gov.cn/zhengce/content/2018-04/28/content_5286645.htm，檢索時間 2020 年 7 月 12 日。

[275] 于鳳霞、高太山、李紅升，〈共享經濟與中國服務業轉型發展研究〉，《東北財經大學學報》，2019 年第 6 期，頁 90。

[276] 李永欣、樊重俊，〈共享經濟背景下共享醫療發展分析〉，《現代營銷》，2020 年第 5 期，頁 151。

[277] 《中國醫療分享發展報告 2017》，（國家資訊中心分享經濟研究中心，2017 年），頁 5、6。

[278] 《中國醫療分享發展報告 2017》，（國家資訊中心分享經濟研究中心，2017 年），頁 4、5。

[279] 邴程程，〈共享醫療在中國的發展現狀研究〉，《信息系統工程》，2020 年第 4 期，頁 92。

[280] 《中國醫療分享發展報告 2017》，（國家資訊中心分享經濟研究中心，2017 年），頁 7。

[281] 《中國醫療分享發展報告 2017》，（國家資訊中心分享經濟研究中心，2017 年），頁 16。

[282] 《中國醫療分享發展報告 2017》，（國家資訊中心分享經濟研究中心，2017 年），頁 17。

[283] 《中國製造業產能共享發展年度報告 2018》，（國家資訊中心分享經濟研究中心，2018 年），頁 2。

[284] 《中國製造業產能共享發展年度報告 2018》，（國家資訊中心分享經濟研究中心，2018 年），頁 II。

[285] 《中國製造業產能共享發展年度報告 2018》，（國家資訊中心分享經濟研究中心，2018 年），頁 10。

[286] 《中國製造業產能共享發展年度報告 2018》，（國家資訊中心分享經濟研究中心，2018 年），頁 12。

[287] 《中國製造業產能共享發展年度報告 2018》，（國家資訊中心分享經濟研究中心，2018 年），頁 15。

[288] 《中國製造業產能共享發展年度報告 2018》，（國家資訊中心分享經濟研究中心，2018 年），頁 17、18。

[289] 《工業互聯網平臺新模式新業態白皮書》，（中國電子信息產業發展研究院，2020 年），頁 51、52。

[290] 《中國製造業產能共享發展年度報告 2018》，（國家資訊中心分享經濟研究中心，2018 年），頁 II。

[291] 《2019 中國共享經濟發展年度報告》，（國家資訊中心分享經濟研究中心，2019 年），頁 7、10、11。

[292] 《2019 中國共享經濟發展年度報告》，（國家資訊中心分享經濟研究中心，2019 年），頁 7、10、11。

[293] 中華人民共和國工業和信息化部網站，《關於加快培育共享製造新模式新業態促進製造業高品質發展的指導意見》，http://www.miit.gov.cn/n1146295/n1652858/n1652930/n3757016/c7491294/content.html，檢索時間 2020 年 7 月 11 日。

[294] 中華人民共和國工業和信息化部網站，《關於加快培育共享製造新模式新業態促進製造業高品質發展的指導意見》，http://www.miit.gov.cn/n1146295/n1652858/n1652930/n3757016/c7491294/content.html，檢索時間 2020 年 7 月 11 日。

[295] 中華人民共和國工業和信息化部網站，《關於加快培育共享製造新模式新業態促進製造業高品質發展的指導意見》解讀，http://www.miit.gov.cn/n1146295/n7281315/c7491339/content.html，檢索時間 2020 年 7 月 11 日。

[296] 王孟昭，〈共享製造廣域覆蓋應用研究——以百川創新創業平臺為例〉，《品牌研究》，2020 年 2 期，頁 90。

[297] 王孟昭，〈共享製造廣域覆蓋應用研究——以百川創新創業平臺為例〉，《品牌研究》，2020 年 2 期，頁 27。

[298] 《2022 中國共享經濟發展年度報告》，（國家資訊中心分享經濟研究中心，2022 年），頁 10。

[299] 《2021 中國共享經濟發展年度報告》，（國家資訊中心分享經濟研究中心，2021 年），頁 19、20。

[300] 《2021 年年度報告》，（華為投資控股有限公司，2022 年），頁 8。

[301] 《2021 年年度報告》，（華為投資控股有限公司，2022 年），頁 5。

[302] 《工業互聯網平臺新模式新業態白皮書》，（中國電子信息產業發展研究院，2020 年），頁 47、48。

[303] 《2021 中國共享經濟發展年度報告》，（國家資訊中心分享經濟研究中心，2021 年），頁 20、21。

[304] 《2022 中國共享經濟發展年度報告》，（國家資訊中心分享經濟研究中心，2022 年），頁 10。

[305] 《2019 中國共享經濟發展年度報告》，（國家資訊中心分享經濟研究中心，2019 年），頁 15。

[306] 《2019 中國共享經濟發展年度報告》，（國家資訊中心分享經濟研究中心，2019 年），頁 15、16。

[307] 《2019 中國共享經濟發展年度報告》，（國家資訊中心分享經濟研究中心，2019 年），頁 17。

[308] 《2020 中國共享經濟發展報告》，（國家資訊中心分享經濟研究中心，2020 年），頁 20。

[309] 《2020 中國共享經濟發展報告》，（國家資訊中心分享經濟研究中心，2020 年），頁 20。

[310] 《2021 中國共享經濟發展年度報告》，（國家資訊中心分享經濟研究中心，2021 年），頁 26。

[311] 《2021 中國共享經濟發展年度報告》，（國家資訊中心分享經濟研究中心，2021 年），頁 27。

[312] 《2021 中國共享經濟發展年度報告》，（國家資訊中心分享經濟研究中心，2021 年），頁 35、36。

[313] 《2022 中國共享經濟發展年度報告》，（國家資訊中心分享經濟研究中心，2022 年），頁 30。

[314] 《2022 中國共享經濟發展年度報告》，（國家資訊中心分享經濟研究中心，2022 年），頁 23。

[315] 《2022 中國共享經濟發展年度報告》，（國家資訊中心分享經濟研究中心，2022 年），頁 24。

[316] 《2022 中國共享經濟發展年度報告》，（國家資訊中心分享經濟研究中心，2022 年），頁 23。

[317] 中國支付清算協會網站，〈協會簡介〉，http://www.pcac.org.cn/index.php/window/w_page/id/8/topicid/1.html，檢索時間 2019 年 3 月 15 日。

[318] 中國支付清算協會網站，〈協會簡介〉，http://www.pcac.org.cn/index.php/window/w_page/id/8/topicid/1.html，檢索時間 2019 年 3 月 15 日。

[319] 中國支付清算協會，《2018 中國支付清算行業社會責任報告》，http://114.247.60.64/Upload/Files/20181026/5bd2c4d793fb4.pdf，檢索時間 2019 年 3 月 15 日。

[320] 國家發展和改革委員會，《2017 年中國居民消費發展報告》(北京:人民出版社，2018 年)，頁 14。

[321] 新華網，《微信支付寶已在境外近 40 個國家和地區落地》，http://www.xinhuanet.com/fortune/2018-02/28/c_1122467214.htm，檢索時間 2019 年 4 月 16 日。

[322] 《2019 中國共享經濟發展年度報告》，（國家資訊中心分享經濟研究中心，2019 年），頁 40。

[323] 《2019 中國共享經濟發展年度報告》，（國家資訊中心分享經濟研究中心，2019 年），頁 46。

[324] 《"十四五"電子商務發展規劃》，（商務部、中央網信辦、國家發展和改革委員會，2021 年），頁 5。

[325] 《"十四五"電子商務發展規劃》，（商務部、中央網信辦、國家發展和改革委員會，2021 年），頁 5、6。

[326] 《"十四五"電子商務發展規劃》，（商務部、中央網信辦、國家發展和改革委員會，2021 年），頁 7、8。

[327] 王紹光、鄢一龍《大智興邦—中國如何制定五年規劃》(北京:中國人民大學出版社，2015 年)，頁 9。

[328] 王紹光、鄢一龍《大智興邦—中國如何制定五年規劃》(北京:中國人民大學出版社，2015 年)，頁 2。

[329] 王紹光、鄢一龍《大智興邦—中國如何制定五年規劃》(北京:中國人民大學出版社，2015 年)，2~3 頁。

[330] 王紹光、鄢一龍《大智興邦—中國如何制定五年規劃》(北京:中國人民大學出版社，2015 年)，頁 2。

331 王紹光、鄢一龍《大智興邦—中國如何制定五年規劃》(北京:中國人民大學出版社，2015 年)，2~5 頁。

332 《中華人民共和國國民經濟和社會發展第十三個五年規劃綱要》(北京:人民出版社，2016 年)，頁 1。

333 《中華人民共和國國民經濟和社會發展第十三個五年規劃綱要》(北京:人民出版社，2016 年)，頁 1。

334 《中華人民共和國國民經濟和社會發展第十三個五年規劃綱要》(北京:人民出版社，2016 年)，頁 5。

335 《中華人民共和國國民經濟和社會發展第十三個五年規劃綱要》(北京:人民出版社，2016 年)，頁 6。

336 《中華人民共和國國民經濟和社會發展第十三個五年規劃綱要》(北京:人民出版社，2016 年)，頁 6、7。

337 《中華人民共和國國民經濟和社會發展第十三個五年規劃綱要》(北京:人民出版社，2016 年)，頁 7。

338 《中華人民共和國國民經濟和社會發展第十三個五年規劃綱要》(北京:人民出版社，2016 年)，頁 15~16。

339 中國人大網，《中國大陸國民經濟和社會發展第十四個五年規劃和 2035 年遠景目標綱要》，
http://www.npc.gov.cn/npc/kgfb/202103/bf13037b5d2d4a398652ed253cea8eb1.shtml，檢索時間 2021 年 8 月 13 日。

340 中國人大網，《中國大陸國民經濟和社會發展第十四個五年規劃和 2035 年遠景目標綱要》，
http://www.npc.gov.cn/npc/kgfb/202103/bf13037b5d2d4a398652ed253cea8eb1.shtml，檢索時間 2021 年 8 月 13 日。

341 中國人大網，《中國大陸國民經濟和社會發展第十四個五年規劃和 2035 年遠景目標綱要》，
http://www.npc.gov.cn/npc/kgfb/202103/bf13037b5d2d4a398652ed253cea8eb1.shtml，檢索時間 2021 年 8 月 13 日。

342 中國人大網，《中國大陸國民經濟和社會發展第十四個五年規劃和 2035 年遠景目標綱要》，
http://www.npc.gov.cn/npc/kgfb/202103/bf13037b5d2d4a398652ed253cea8eb1.shtml，檢索時間 2021 年 8 月 13 日。

343 中國人大網，《中國大陸國民經濟和社會發展第十四個五年規劃和 2035 年遠景目標綱要》，
http://www.npc.gov.cn/npc/kgfb/202103/bf13037b5d2d4a398652ed253cea8eb1.shtml，檢索時間 2021 年 8 月 13 日。

344 中國人大網，《中國大陸國民經濟和社會發展第十四個五年規劃和 2035 年遠景目標綱要》，
http://www.npc.gov.cn/npc/kgfb/202103/bf13037b5d2d4a398652ed253cea8eb1.shtml，檢索時間 2021 年 8 月 13 日。

345 中國人大網，《中國大陸國民經濟和社會發展第十四個五年規劃和 2035 年遠景目標綱要》，
http://www.npc.gov.cn/npc/kgfb/202103/bf13037b5d2d4a398652ed253cea8eb1.shtml，檢索時間 2021 年 8 月 13 日。

346 陳立旭，<毛澤東與我的三線建設———紀念毛澤東誕辰 110 周年>，《探索》，2003 年第 6 期，頁 12。

347 陳立旭，<毛澤東與我的三線建設———紀念毛澤東誕辰 110 周年>，《探索》，2003 年第 6 期，頁 12。

348 辛國斌主編，《圖解中國製造 2025》(北京：人民郵電出版社，2017)，頁 7。

349 中華人民共和國國務院新聞辦公室網站，<《2018 關於中美經貿摩擦的事實與中方立場》白皮書>，
http://www.scio.gov.cn/zfbps/32832/Document/1638292/1638292.htm，檢索時間 2019 年 3 月 17 日。

350 中華人民共和國國務院新聞辦公室網站，<《2019 關於中美經貿摩擦的事實與中方立場》白皮書>，
http://www.scio.gov.cn/zfbps/ndhf/39911/Document/1655914/1655914.htm，檢索時間 2019 年 3 月 17 日。

351 中國政府網，<國家中長期科學和技術發展規劃綱要（2006—2020 年）>，
http://big5.www.gov.cn/gate/big5/www.gov.cn/gongbao/content/2006/content_240244.htm，檢索時間 2020 年 1 月 1 日。

352 中國政府網，<國家中長期科學和技術發展規劃綱要（2006—2020 年）>，
http://big5.www.gov.cn/gate/big5/www.gov.cn/gongbao/content/2006/content_240244.htm，檢索時間 2020 年 1 月 1 日。

353 中國政府網，<國務院關於印發中國製造 2025 的通知>，http://www.gov.cn/zhengce/content/2015-05/19/content_9784.htm，檢索時間 2019 年 4 月 20 日。

354 中國政府網，<國務院關於印發中國製造 2025 的通知>，http://www.gov.cn/zhengce/content/2015-05/19/content_9784.htm，檢索時間 2019 年 4 月 20 日。

355 中國政府網，2015，<國務院關於印發《中國製造 2025》的通知>，http://www.gov.cn/zhengce/content/2015-05/19/content_9784.htm，檢索時間 2018 年 4 月 22 日。

356 兩化融合：指資訊化與工業化融合。(2013 年工業和信息化部發布關於印發資訊化和工業化深度融合專項行動計畫（2013-2018 年）的通知，http://www.cesi.cn/lhrh/201704/2305.html，檢索時間 2019 年 4 月 22 日。

357 工業和信息化部網站，<國務院辦公廳關於成立國家製造強國建設領導小組的通知>，
http://www.miit.gov.cn/n973401/n1234620/n1234622/c3299021/content.html，檢索時間 2019 年 3 月 17 日。

358 工業和信息化部網站，<國務院辦公廳關於成立國家製造強國建設領導小組的通知>，
http://www.miit.gov.cn/n973401/n1234620/n1234622/c3299021/content.html，檢索時間 2019 年 3 月 17 日。

359 中華人民共和國工業和信息化部網站，<《中國製造 2025》"1+X"規劃體系全部發佈>，
http://www.miit.gov.cn/n1146295/n1146562/n1146650/c5483427/content.html，檢索時間 2019 年 4 月 22 日。

360 中華人民共和國工業和信息化部網站，<《中國製造 2025》"1+X"規劃體系文本連結>，
http://www.miit.gov.cn/n973401/n1234620/n1234623/c5542102/content.html，檢索時間 2019 年 4 月 22 日。

361 中華人民共和國工業和信息化部網站，<《中國製造 2025》"1+X"規劃體系全部發佈>，
http://www.miit.gov.cn/n1146295/n1146562/n1146650/c5483427/content.html，檢索時間 2019 年 4 月 22 日。

362 中華人民共和國工業和信息化部網站，<《中國製造 2025》"1+X"規劃體系全部發佈>，
http://www.miit.gov.cn/n1146295/n1146562/n1146650/c5483427/content.html，檢索時間 2019 年 4 月 22 日。

363 國家航天局網站，《中國的航天》白皮書(2000 年版)》，
http://www.cnsa.gov.cn/n6758824/n6758845/c6772480/content.html，檢索時間 2019 年 12 月 30 日。

364 國家航天局網站，《2006 年中國的航天》白皮書》，www.cnsa.gov.cn/n6758824/n6758845/c6772479/content.html，檢索時間 2019 年 12 月 30 日。

365 中國政府網，2015，<國務院關於印發《中國製造 2025》的通知>，http://www.gov.cn/zhengce/content/2015-05/19/content_9784.htm，檢索時間 2018 年 4 月 22 日。

366 中華人民共和國國務院新聞辦公室網站，《20016 年中國的航天》，
http://www.scio.gov.cn/zfbps/ndhf/34120/Document/1537008/1537008.htm，檢索時間 2019 年 3 月 17 日。

367 中國衛星導航系統管理辦公室編制，《北斗衛星導航系統發展報告（3.0 版）》（北京：中國衛星導航系統管理辦公室，2018)，頁 3。

368 中國衛星導航系統管理辦公室編制，《北斗衛星導航系統發展報告（3.0 版）》（北京：中國衛星導航系統管理辦公室，2018)，頁 3~4。

369 中華人民共和國國務院新聞辦公室網站，<《國家衛星導航產業中長期發展規劃》>，

https://www.scio.gov.cn/xwfbh/xwbfbh/wqfbh/35861/37517/xgzc37523/Document/1614278/1614278.htm，檢索時間 2019 年 3 月 17 日。

[370] 中華人民共和國國務院新聞辦公室網站，<《國家衛星導航產業中長期發展規劃》>，
https://www.scio.gov.cn/xwfbh/xwbfbh/wqfbh/35861/37517/xgzc37523/Document/1614278/1614278.htm，檢索時間 2019 年 3 月 17 日。

[371] 中華人民共和國國務院新聞辦公室網站，<《中國北斗衛星導航系統》白皮書>，
http://www.scio.gov.cn/zfbps/ndhf/34120/Document/1480602/1480602.htm，檢索時間 2019 年 3 月 17 日。

[372] 中華人民共和國國務院新聞辦公室網站，<《中國北斗衛星導航系統》白皮書>，
http://www.scio.gov.cn/zfbps/ndhf/34120/Document/1480602/1480602.htm，檢索時間 2019 年 3 月 17 日。

[373] 中國衛星導航系統管理辦公室編制，《北斗衛星導航系統發展報告（3.0 版）》（北京：中國衛星導航系統管理辦公室，2018），頁 6。

[374] 國衛星導航系統管理辦公室編制，《北斗衛星導航系統發展報告（3.0 版）》（北京：中國衛星導航系統管理辦公室，2018），頁 9。

[375] 註：信號頻點：
1.北斗二號在 B1、B2 和 B3 三個頻段提供 B1I、B2I 和 B3I 三個公開服務信號。其中，B1 頻段的中心頻率為 1561.098MHz，B2 為 1207.140MHz，B3 為 1268.520MHz。
2.北斗三號在 B1、B2 和 B3 三個頻段提供 B1I、B1C、B2a 和 B3I 四個公開服務信號。其中 B1 頻段的中心頻率為 1575.420MHz，B2 為 1176.450MHz，B3 為 1268.520MHz。
3. UHF（超高頻）300 至 3000 MHz。

[376] 註：1. Geostationary orbit，GEO：地球靜止軌道。
　　　2. Inclined Geosynchronous orbit，IGSO：傾斜地球同步軌道。
　　　3. Medium Earth Orbit，MEO：中圓地球軌道。

[377] 中國衛星導航系統管理辦公室編制，《北斗衛星導航系統應用案例》（北京：中國衛星導航系統管理辦公室，2018），頁 1。

[378] 新華網，<中國北斗怎樣服務全球>，http://www.xinhuanet.com/tech/2018-12/28/c_1123916174.htm，檢索時間 2019 年 3 月 17 日。

[379] 國家製造強國建設戰略諮詢委員會編著，《中國製造 2025 藍皮書 2017》（北京：電子工業出版社，2017），頁 95。

[380] 國家製造強國建設戰略諮詢委員會編著，《中國製造 2025 藍皮書 2017》（北京：電子工業出版社，2017），頁 95。

[381] 中國衛星導航定位協會諮詢中心編制，《2018 中國衛星導航與位置服務產業發展白皮書》（北京：中國衛星導航定位協會，2018），頁 29。

[382] 國家國防科技工業局網站，<巡天遙看中國衛星>，
http://www.sastind.gov.cn/n152/n6759718/n6759724/c6801190/content.html，檢索時間 2019 年 5 月 1 日。

[383] 中華人民共和國國務院新聞辦公室網站，<《2016 中國的航天》白皮書（全文）>，
http://www.scio.gov.cn/wz/Document/1537090/1537090.htm，檢索時間 2019 年 3 月 17 日。

[384] 中國衛星導航系統管理辦公室編制，《北斗衛星導航系統發展報告（3.0 版）》（北京：中國衛星導航系統管理辦公室，2018），頁 13。

[385] 北斗衛星導航系統網站，<國際發聲｜楊長風總設計師：進入全球服務新時代的北斗系統>，
http://www.beidou.gov.cn/yw/xwzx/202201/t20220122_23613.html，檢索時間 2022 年 4 月 14 日。

[386] 北斗衛星導航系統網站，<國際發聲｜楊長風總設計師：進入全球服務新時代的北斗系統>，
http://www.beidou.gov.cn/yw/xwzx/202201/t20220122_23613.html，檢索時間 2022 年 4 月 14 日。

[387] 中國載人航太工程官方網站，<中國載人航太工程簡介>，http://www.cmse.gov.cn/art/2011/4/23/art_24_1054.html，檢索時間 2020 年 1 月 1 日。

[388] 國家航天局網站，《中國的航天》白皮書(2000 年版)》，
http://www.cnsa.gov.cn/n6758824/n6758845/c6772480/content.html，檢索時間 2019 年 12 月 30 日。

[389] 國家航天局網站，《2006 年中國的航天》白皮書》，www.cnsa.gov.cn/n6758824/n6758845/c6772479/content.html，檢索時間 2019 年 12 月 30 日。

[390] 國家航天局網站，《20011 年中國的航天》白皮書》，
http://www.cnsa.gov.cn/n6758824/n6758845/c6772478/content.html，檢索時間 2019 年 12 月 30 日。

[391] 國家航天局網站，《20011 年中國的航天》白皮書》，
http://www.cnsa.gov.cn/n6758824/n6758845/c6772478/content.html，檢索時間 2019 年 12 月 30 日。

[392] 國家航天局網站，《2016 年中國的航天》白皮書》，
http://www.cnsa.gov.cn/n6758824/n6758845/c6772477/content.html，檢索時間 2019 年 12 月 30 日。

[393] 國家航天局網站，《2016 年中國的航天》白皮書》，
http://www.cnsa.gov.cn/n6758824/n6758845/c6772477/content.html，檢索時間 2019 年 12 月 30 日。

[394] 國家航天局網站，《謝謝你!天宮二號》，
http://www.cnsa.gov.cn/n6758824/n6759009/n6759042/n6759070/c6806849/content.html，檢索時間 2020 年 1 月 1 日。

[395] 國家統計局網站，《中華人民共和國 2021 年國民經濟和社會發展統計公報》，
http://www.stats.gov.cn/tjsj/zxfb/202202/t20220227_1827960.html，檢索時間 2022 年 3 月 9 日。

[396] 國家航天局網站，《2021 年中國的航天》白皮書》，
http://www.cnsa.gov.cn/n6758823/n6758838/c6813086/content.html，檢索時間 2022 年 3 月 9 日。

[397] 國家航天局網站，<中國探月工程的總體規劃>，
www.cnsa.gov.cn/n6758824/n6759009/n6759040/c6780422/content.html，檢索時間 2019 年 12 月 30 日。

[398] 環球網，<揭曉了！嫦娥四號月球車命名"玉兔二號">，https://world.huanqiu.com/article/9CaKrnKgC8Y，檢索時

間 2020 年 1 月 1 日。

399 國家航天局網站,《2021 年中國的航天》白皮書》,
http://www.cnsa.gov.cn/n6758823/n6758838/c6813086/content.html,檢索時間 2022 年 3 月 9 日。

400 國家航天局網站,< 首次火星探測任務 >,
http://www.cnsa.gov.cn/n6758824/n6759009/n6760412/c6840460/content.html,檢索時間 2022 年 9 月 4 日。

401 中國航天報,< 中國載人火星探測"三步走"設想 >, https://mp.weixin.qq.com/s/5DoNKpOQyXaFiq3DcuEC2A,檢索時間 2022 年 9 月 4 日。

402 知乎網中國航天科技集團,< 重磅!《中國航天科技活動藍皮書（2021 年）》全文發佈 >,
https://zhuanlan.zhihu.com/p/465420247,檢索時間 2022 年 2 月 14 日。

403 國家製造強國建設戰略諮詢委員會編著,《中國製造 2025 藍皮書 2017》（北京：電子工業出版社,2017）,頁 111。

404 人民鐵道網,< 2018 年全國鐵路固定資產投資完成 8028 億元投產新線 4683 公里>,
http://www.peoplerail.com/rail/show-456-396326-1.html,檢索時間 2019 年 4 月 22 日。

405 中國國家鐵路集團有限公司網站,< 這一年,你的家鄉有高鐵網在延伸 >, http://wap.china-railway.com.cn/xwzx/ywsl/201912/t20191223_98163.html,檢索時間 2019 年 12 月 24 日。

406 中國國家鐵路集團有限公司網站,< 國鐵集團圓滿完成二〇二一年全國兩會建議提案辦理工作 >,
http://www.china-railway.com.cn/xwzx/ywsl/202203/t20220304_120558.html,檢索時間 2022 年 3 月 9 日。

407 中華人民共和國交通運輸部網站,< 國務院關於印發"十四五"現代綜合交通運輸體系發展規劃的通知>,
https://xxgk.mot.gov.cn/2020/jigou/zhghs/202201/t20220119_3637245.html,檢索時間 2022 年 3 月 9 日。

408 中國城市軌道交通協會,《城市軌道交通 2018 年統計和分析報告》,頁 1-5。

409 中國城市軌道交通協會網站,< 2019 年中國內地城軌交通路線概況>,
http://www.camet.org.cn/index.php?m=content&c=index&a=show&catid=43&id=19329,檢索時間 2020 年 1 月 2 日。

410 中國城市軌道交通協會,《城市軌道交通 2018 年統計和分析報告》,頁 1。

411 中國城市軌道交通協會網站,< 2019 年中國內地城軌交通路線概況>,
http://www.camet.org.cn/index.php?m=content&c=index&a=show&catid=43&id=19329,檢索時間 2020 年 1 月 2 日。

412 中國城市軌道交通協會網站,< 2019 年中國內地城軌交通路線概況>,
http://www.camet.org.cn/index.php?m=content&c=index&a=show&catid=43&id=19329,檢索時間 2020 年 1 月 2 日。

413 地鐵圖網站,< 城市軌道交通 2020 年度統計和分析報告 >,https://www.ditietu.com/down/2020metro.pdf,檢索時間 2022 年 3 月 9 日。

414 中國城市軌道交通協會網站,< 2021 年中國內地城軌交通線路概況>,https://www.camet.org.cn/xxfb/9283,檢索時間 2022 年 4 月 14 日。

415 中國中車股份有限公司,《2018 年年度報告》,頁 10。

416 中國中車股份有限公司,《2018 年年度報告》,頁 6。

417 中國中車股份有限公司,《2018 年年度報告》,頁 17。

418 中國中車股份有限公司,《2018 年年度報告》,頁 17。

419 中國中車股份有限公司,《2019 年年度報告》,頁 16。

420 中國中車股份有限公司,《2019 年年度報告》,頁 17。

421 中國中車股份有限公司,《2019 年年度報告》,頁 18。

422 中國中車股份有限公司,《2019 年年度報告》,頁 15。

423 中國中車股份有限公司,《2018 年年度報告》,頁 10。

424 中國中車股份有限公司,《2018 年年度報告》,頁 11。

425 中國中車股份有限公司,《2018 年年度報告》,頁 13、19。

426 中國國家鐵路集團有限公司網站,< 世界首列時速 350 公里智能型複興號穿越長城 >, http://www.china-railway.com.cn/xwzx/ywsl/201912/t20191231_98400.html,檢索時間 2020 年 1 月 1 日。

427 中國中車股份有限公司,《2020 年年度報告》,頁 21。

428 國家製造強國建設戰略諮詢委員會編著,《中國製造 2025 藍皮書 2017》（北京：電子工業出版社,2017）,頁 114。

429 國家製造強國建設戰略諮詢委員會編著,《中國製造 2025 藍皮書 2017》（北京：電子工業出版社,2017）,頁 114。

430 《推動共建絲綢之路經濟帶和 21 世紀海上絲綢之路的願景與行動》(北京:人民出版社,2015),頁 2。

431 中國中車股份有限公司,《2021 年年度報告》,頁 7、11、16。

432 中國政府網站,< 城鎮化水準不斷提升 城市發展闊步前進——新中國成立 70 周年經濟社會發展成就系列報告之十七 >,http://www.gov.cn/xinwen/2019-08/15/content_5421382.htm,檢索時間 2022 年 3 月 23 日。

433 中國政府網站,< 城鎮化水準不斷提升 城市發展闊步前進——新中國成立 70 周年經濟社會發展成就系列報告之十七 >,http://www.gov.cn/xinwen/2019-08/15/content_5421382.htm,檢索時間 2022 年 3 月 23 日。

434 《國家新型城鎮化規劃（2014－2020 年）》(北京:人民出版社,2014年),頁 6~8。

435 中國人大網,2001,< 中華人民共和國國民經濟和社會發展第十個五年計劃綱要 >,
http://www.npc.gov.cn/wxzl/gongbao/2001-03/19/content_5134505.htm,檢索時間 2019 年 2 月 2 日。

436 共產黨員網,2012,< 胡錦濤在中國共產黨第十八次全國代表大會上的報告 >,
http://www.12371.cn/2012/11/17/ARTI1353154601465336_4.shtml,檢索時間 2019 年 2 月 4 日。

437 中國政府網,2013,< 中央城鎮化工作會議舉行 習近平、李克強作重要講話 >,http://www.gov.cn/ldhd/2013-12/14/content_2547880.htm,檢索時間 2018 年 4 月 28 日。

438 中國政府網,2013,< 中央城鎮化工作會議舉行 習近平、李克強作重要講話 >,http://www.gov.cn/ldhd/2013-12/14/content_2547880.htm,檢索時間 2018 年 4 月 28 日。

439 中國政府網,2013,< 中央城鎮化工作會議舉行 習近平、李克強作重要講話 >,http://www.gov.cn/ldhd/2013-12/14/content_2547880.htm,檢索時間 2018 年 4 月 28 日。

440 中國政府網，2013，〈 中央城鎮化工作會議舉行　習近平、李克強作重要講話 〉，http://www.gov.cn/ldhd/2013-12/14/content_2547880.htm，檢索時間 2018 年 4 月 28 日。

441 《國家新型城鎮化規劃（2014－2020 年）》(北京：人民出版社，2014 年)，頁 1。

442 《國家新型城鎮化規劃（2014－2020 年）》(北京：人民出版社，2014 年)，頁 2。

443 《國家新型城鎮化規劃（2014－2020 年）》(北京：人民出版社，2014 年)，頁 20。

444 中國政府網，2016，〈 《國務院關於進一步推進戶籍制度改革的意見》 〉，http://www.gov.cn/zhengce/content/2014-07/30/content_8944.htm，檢索時間 2019 年 3 月 14 日。

445 中國政府網，2016，〈 《國務院關於深入推進新型城鎮化建設的若干意見》 〉，http://www.gov.cn/zhengce/content/2016-02/06/content_5039947.htm，檢索時間 2019 年 3 月 14 日。

446 中國政府網，2016，〈 《國務院辦公廳關於印發推動 1 億非戶籍人口在城市落戶方案的通知》 〉，http://www.gov.cn/zhengce/content/2016-10/11/content_5117442.htm，檢索時間 2019 年 3 月 14 日。

447 國家發展和改革委員會網站，〈 關於印發國家新型城鎮化綜合試點方案的通知 〉，http://www.ndrc.gov.cn/fzgggz/fzgh/zcfg/201502/t20150204_663086.html，檢索時間 2019 年 2 月 4 日。

448 國家發展和改革委員會網站，〈 國家新型城鎮化綜合試點總體實施方案 〉，http://www.ndrc.gov.cn/fzgggz/fzgh/zcfg/201502/W020150204333529885819.pdf，檢索時間 2019 年 2 月 4 日。

449 國家發展和改革委員會網站，〈 國家新型城鎮化綜合試點總體實施方案 〉，http://www.ndrc.gov.cn/fzgggz/fzgh/zcfg/201502/W020150204333529885819.pdf，檢索時間 2019 年 2 月 4 日。

450 中國政府網，2013，吳定平，〈 新華網評：新型城鎮化是貪大求快的剋星 〉，http://www.gov.cn/jrzg/2013-06/30/content_2437510.htm，檢索時間 2019 年 2 月 2 日。

451 中國政府網，，〈 國務院關於深入推進新型城鎮化建設的若干意見 〉，http://www.gov.cn/gongbao/content/2016/content_5045946.htm，檢索時間 2018 年 4 月 22 日。

452 中國政府網，，〈 國務院關於深入推進新型城鎮化建設的若干意見 〉，http://www.gov.cn/gongbao/content/2016/content_5045946.htm，檢索時間 2018 年 4 月 22 日。

453 《國家新型城鎮化規劃（2014－2020 年）》(北京：人民出版社，2014 年)，頁 30。

454 《國家新型城鎮化規劃（2014－2020 年）》(北京：人民出版社，2014 年)，頁 31~32。

455 《國家新型城鎮化規劃（2014－2020 年）》(北京：人民出版社，2014 年)，頁 32~33。

456 中國政府網，〈 國務院關於印發全國主體功能區規劃的通知 〉，http://big5.gov.cn/gate/big5/www.gov.cn/gongbao/content/2011/content_1884884.htm，檢索時間 2019 年 4 月 18 日。

457 中華人民共和國國家發展與改革委員會網站，〈 國家發展改革委關於培育發展現代化都市圈的指導意見 〉，http://www.ndrc.gov.cn/zcfb/zcfbtz/201902/t20190221_928319.html，檢索時間 2019 年 4 月 18 日。

458 中華人民共和國國家發展與改革委員會網站，〈 國家發展改革委關於培育發展現代化都市圈的指導意見 〉，http://www.ndrc.gov.cn/zcfb/zcfbtz/201902/t20190221_928319.html，檢索時間 2019 年 4 月 18 日。

459 中華人民共和國國家發展與改革委員會網站，〈 國家發展改革委關於培育發展現代化都市圈的指導意見 〉，http://www.ndrc.gov.cn/zcfb/zcfbtz/201902/t20190221_928319.html，檢索時間 2019 年 4 月 18 日。

460 中國政府網，〈 城鎮化地區綜合交通網規劃 〉，http://www.ndrc.gov.cn/zcfb/zcfbghwb/201512/W020151209607858201884.pdf，檢索時間 2018 年 4 月 22 日。

461 中國政府網，〈 城鎮化地區綜合交通網規劃 〉，http://www.ndrc.gov.cn/zcfb/zcfbghwb/201512/W020151209607858201884.pdf，檢索時間 2018 年 4 月 22 日。

462 中國民航網，中國民用航空局、國家發展和改革委員會、交通運輸部《中國民用航空發展十三五規劃》，http://www.caacnews.com.cn/1/1/201702/W020170216567988597101.pdf，檢索時間 2019 年 4 月 19 日。

463 國家發展和改革委員會網站，國家發展和改革委員會、國家能源局《電力發展“十三五”規劃》，http://www.ndrc.gov.cn/zcfb/zcfbghwb/201612/P020161222570036010274.pdf，檢索時間 2019 年 4 月 19 日。

464 《國家新型城鎮化規劃（2014－2020 年）》(北京：人民出版社，2014 年)，頁 21、23、70。

465 中國政府網，《本次戶籍制度改革將對農民工逐步融入城市具有重要作用》，http://www.gov.cn/2014-07/30/content_2726913.htm，檢索時間 2019 年 4 月 25 日。

466 中國政府網，《本次戶籍制度改革將對農民工逐步融入城市具有重要作用》，http://www.gov.cn/2014-07/30/content_2726913.htm，檢索時間 2019 年 4 月 25 日。

467 中國政府網，《居住證暫行條例》，http://www.gov.cn/zhengce/content/2015-12/12/content_10398.htm，檢索時間 2019 年 4 月 19 日。

468 中國政府網，〈 李克強為何力推醫保全覆蓋？〉，http://www.gov.cn/xinwen/2017-02/28/content_5171731.htm，檢索時間 2019 年 10 月 9 日。

469 國家電影局網站，〈 全年總票房和銀幕總數保持全球第一 〉，https://www.chinafilm.gov.cn/chinafilm/contents/142/4075.shtml，檢索時間 2022 年 4 月 22 日。

470 中國大陸國家統計局網站，http://data.stats.gov.cn/，檢索時間 2019 年 10 月 9 日。

471 中國大陸國家統計局網站，《2021 年國民經濟和社會統計公報》http://www.stats.gov.cn/tjsj/zxfb/202202/t20220227_1827960.html，檢索時間 2022 年 3 月 23 日。

472 中國政府網，〈 國務院關於印發中國（上海）自由貿易試驗區總體方案的通知〉，http://www.gov.cn/zwgk/2013-09/27/content_2496147.htm，檢索時間 2019 年 5 月 2 日。

473 中國政府網，〈 中共中央關於全面深化改革若干重大問題的決定〉，http://www.gov.cn/jrzg/2013-11/15/content_2528179.htm，檢索時間 2019 年 5 月 2 日。

474 中國政府網，《國務院關於同意建立國務院自由貿易試驗區工作部際聯席會議制度的批復》，http://www.gov.cn/zhengce/content/2015-02/16/content_9486.htm，檢索時間 2019 年 5 月 7 日。

475 中國政府網，《國務院關於同意建立國務院自由貿易試驗區工作部際聯席會議制度的批復》，http://www.gov.cn/zhengce/content/2015-02/16/content_9486.htm，檢索時間 2019 年 5 月 7 日。

476 中國政府網，《國務院關於同意建立國務院自由貿易試驗區工作部際聯席會議制度的批復》，http://www.gov.cn/zhengce/content/2015-02/16/content_9486.htm，檢索時間 2019 年 5 月 7 日。

477 中國政府網，<國務院辦公廳關於印發自由貿易試驗區外商投資准入特別管理措施（負面清單）的通知>，
http://www.gov.cn/zhengce/content/2015-04/20/content_9627.htm，檢索時間 2019 年 5 月 2 日。

478 中國（陝西）自由貿易試驗區網站，朱正威、郭雪松，<自由貿易試驗區國內外比較研究>，
http://www.shaanxiftz.gov.cn/web.files/uploadfile/qaARJv/ue/file/20180515/1526375329489042719.pdf，檢索時間 2019 年
5 月 7 日。

479 孫元欣主編，《2019 中國自由貿易試驗區發展研究報告》(上海:格致出版社，2019)，頁 6。

480 中國政府網，<國務院辦公廳關於印發自由貿易試驗區外商投資准入特別管理措施（負面清單）（2017 年版）的通
知》> www.gov.cn/zhengce/content/2017-06/16/content_5202973.htm 1/，檢索時間 2019 年 5 月 2 日。

481 中華人民共和國商務部網站，<發展改革委 商務部令 2018 年第 19 號 自由貿易試驗區外商投資准入特別管理措施
（負面清單）（2018 年版）> www.gov.cn/zhengce/content/2017-06/16/content_5202973.htm 1/，檢索時間 2019 年 5 月 2
日。

482 新華網，<習近平在慶祝海南建省辦經濟特區 30 周年大會上發表重要講話>，
http://www.xinhuanet.com/politics/2018-04/13/c_1122680106.htm，檢索時間 2019 年 5 月 2 日。

483 海南省人民政府網，<中共中央 國務院關於支持海南全面深化改革開放的指導意見>，
www.hainan.gov.cn/hainan/ztzc/201804/b4ab3dab89f94d93ac1cfd244f7b1ac1.shtml，檢索時間 2019 年 5 月 2 日。

484 中國政府網，<國務院關於印發中國（海南）自由貿易試驗區總體方案的通知>，www.gov.cn/zhengce/content/2018-
10/16/content_5331180.htm，檢索時間 2019 年 5 月 2 日。

485 中華人民共和國國家發展和改革委員會網站，《發展改革委 商務部令 2019 年第 26 號 自由貿易試驗區外商投資准
入特別管理措施（負面清單）（2019 年版）》http://www.ndrc.gov.cn/gzdt/201906/t20190628_940550.html，檢索時間
2019 年 10 月 23 日。

486 中國政府網，《國務院關於印發 6 個新設自由貿易試驗區總體方案的通知》，http://www.gov.cn/zhengce/content/2019-
08/26/content_5424522.htm，檢索時間 2019 年 10 月 23 日。

487 中華人民共和國國家發展和改革委員會網站，《國家發展改革委、商務部於 2020 年 6 月 23 日發佈第 33 號令自由貿
易試驗區外商投資准入特別管理措施（負面清單）（2020 年版）》
https://www.ndrc.gov.cn/xwdt/xwfb/202006/t20200624_1231924.html，檢索時間 2020 年 7 月 14 日。

488 中華人民共和國國家發展和改革委員會網站，《推進更高水準對外開放 以開放促改革促發展——國家發展改革委有
關負責人就 2020 年版外商投資准入負面清單答記者問》
https://www.ndrc.gov.cn/xwdt/xwfb/202006/t20200624_1231928.html，檢索時間 2020 年 7 月 14 日。

489 中國政府網，2020，<國務院關於印發北京、湖南、安徽自由貿易試驗區總體方案及浙江自由貿易試驗區擴展區域
方案的通知>，http://www.gov.cn/zhengce/content/2020-09/21/content_5544926.htm，檢索時間 2022 年 3 月 9 日。

490 中國政府網，<關於推廣中國（上海）自由貿易試驗區可複製改革試點經驗的通知>，
www.gov.cn/zhengce/content/2015-01/29/content_9437.htm 1/，檢索時間 2019 年 5 月 7 日。

491 中國政府網，<關於推廣中國（上海）自由貿易試驗區可複製改革試點經驗的通知>，
www.gov.cn/zhengce/content/2015-01/29/content_9437.htm，檢索時間 2019 年 5 月 7 日。

492 中國（陝西）自由貿易試驗區網站，朱正威、郭雪松，<自由貿易試驗區國內外比較研究>，
http://www.shaanxiftz.gov.cn/web.files/uploadfile/qaARJv/ue/file/20180515/1526375329489042719.pdf，檢索時間 2019 年
5 月 7 日。

493 中國政府網，<國務院關於做好自由貿易試驗區新一批改革試點經驗複製推廣工作的通知>，
http://www.gov.cn/zhengce/content/2016-11/10/content_5130918.htm，檢索時間 2019 年 5 月 2 日。

494 中國政府網，<國務院關於做好自由貿易試驗區第四批改革試點經驗複製推廣工作的通知>，
http://www.gov.cn/zhengce/content/2018-05/23/content_5292971.htm 1/，檢索時間 2019 年 5 月 2 日。

495 中國政府網，<國務院關於做好自由貿易試驗區第五批改革試點經驗複製推廣工作的通知>，
www.gov.cn/zhengce/content/2019-04/30/content_5387852.htm，檢索時間 2019 年 5 月 5 日。

496 中國政府網，<國務院關於做好自由貿易試驗區第六批改革試點經驗複製推廣工作的通知>，
http://www.gov.cn/zhengce/content/2020-07/07/content_5524720.htm，檢索時間 2020 年 7 月 14 日。

497 孫元欣主編，《2019 中國自由貿易試驗區發展研究報告》(上海:格致出版社，2019)，頁 6。

498 中國政府網，<國務院印發《關於加快實施自由貿易區戰略的若干意見》>，
http://www.gov.cn/zhengce/content/2015-12/17/content_10424.htm，檢索時間 2019 年 5 月 2 日。

499 孫元欣主編，《2019 中國自由貿易試驗區發展研究報告》(上海:格致出版社，2019)，頁 7。

500 孫元欣主編，《2019 中國自由貿易試驗區發展研究報告》(上海:格致出版社，2019)，頁 3~4。

501 中國政府網，<國務院關於印發中國（上海）自由貿易試驗區總體方案的通知>，http://www.gov.cn/zwgk/2013-
09/27/content_2496147.htm，檢索時間 2019 年 3 月 17 日。

502 上海市人民政府網站，<中國（上海）自由貿易試驗區>，
http://www.shanghai.gov.cn/nw2/nw2314/nw39309/nw39342/index.html，檢索時間 2019 年 5 月 2 日。

503 中國（上海）自由貿易試驗區管理委員會張江管理局網站，<張江科學城概況>，
https://www.pudong.gov.cn/023004001/，檢索時間 2022 年 4 月 22 日。

504 上海市浦東新區世博地區管理委員會網站，<整體概況>，https://www.pudong.gov.cn/023001001001/index.html，檢
索時間 2022 年 4 月 22 日。

505 中國政府網，2015，<國務院關於印發中國（天津）自由貿易試驗區總體方案的通知>，
http://www.scio.gov.cn/xwfbh/xwbfbh/wqfbh/37601/38357/xgzc38363/Document/1629836/1629836.htm，檢索時間 2019
年 3 月 17 日。

506 中國政府網，2015，<國務院關於印發中國（福建）自由貿易試驗區總體方案的通知>，
http://www.gov.cn/zhengce/content/2015-04/20/content_9633.htm，檢索時間 2019 年 3 月 17 日。

507 中國政府網，2015，<國務院關於印發中國（廣東）自由貿易試驗區總體方案的通知>，
http://www.scio.gov.cn/xwfbh/xwbfbh/wqfbh/35861/36443/xgzc36449/Document/1546631/1546631.htm，檢索時間 2019
年 3 月 17 日。

508 中國政府網，2015，〈 國務院關於印發中國（遼寧）自由貿易試驗區總體方案的通知〉，
http://www.scio.gov.cn/xwfbh/xwbfbh/wqfbh/35861/36443/xgzc36449/Document/1546802/1546802.htm，檢索時間 2019
年 3 月 17 日。

509 中國政府網，2015，〈 國務院關於印發中國（浙江）自由貿易試驗區總體方案的通知〉，
http://www.scio.gov.cn/xwfbh/xwbfbh/wqfbh/35861/36443/xgzc36449/Document/1546801/1546801.htm，檢索時間 2019
年 3 月 17 日。

510 中國政府網，2015，〈 國務院關於印發中國（湖北）自由貿易試驗區總體方案的通知〉，
http://www.scio.gov.cn/xwfbh/xwbfbh/wqfbh/35861/36443/xgzc36449/Document/1546799/1546799.htm，檢索時間 2019
年 3 月 17 日。

511 中國政府網，2015，〈 國務院關於印發中國（河南）自由貿易試驗區總體方案的通知〉，
http://www.scio.gov.cn/xwfbh/xwbfbh/wqfbh/35861/36443/xgzc36449/Document/1546800/1546800.htm，檢索時間 2019
年 3 月 17 日。

512 中國政府網，2015，〈 國務院關於印發中國（重慶）自由貿易試驗區總體方案的通知〉，
http://www.scio.gov.cn/xwfbh/xwbfbh/wqfbh/35861/36443/xgzc36449/Document/1546797/1546797.htm，檢索時間 2019
年 3 月 17 日。

513 中國政府網，2015，〈 國務院關於印發中國（四川）自由貿易試驗區總體方案的通知〉，
http://www.scio.gov.cn/xwfbh/xwbfbh/wqfbh/35861/36443/xgzc36449/Document/1546795/1546795.htm，檢索時間 2019
年 3 月 17 日。

514 中國政府網，2015，〈 國務院關於印發中國（陝西）自由貿易試驗區總體方案的通知〉，
http://www.scio.gov.cn/xwfbh/xwbfbh/wqfbh/35861/36443/xgzc36449/Document/1546794/1546794.htm，檢索時間 2019
年 3 月 17 日。

515 中國政府網，2018，〈 國務院關於印發中國（海南）自由貿易試驗區總體方案的通知 〉，
http://www.gov.cn/zhengce/content/2018-10/16/content_5331180.htm，檢索時間 2019 年 3 月 17 日。

516 中國政府網，2019，〈 國務院關於印發 6 個新設自由貿易試驗區總體方案的通知 〉，
http://www.gov.cn/zhengce/content/2019-08/26/content_5424522.htm，檢索時間 2022 年 3 月 9 日。

517 中國政府網，2019，〈 國務院關於印發 6 個新設自由貿易試驗區總體方案的通知 〉，
http://www.gov.cn/zhengce/content/2019-08/26/content_5424522.htm，檢索時間 2022 年 3 月 9 日。

518 中國政府網，2019，〈 國務院關於印發 6 個新設自由貿易試驗區總體方案的通知 〉，
http://www.gov.cn/zhengce/content/2019-08/26/content_5424522.htm，檢索時間 2022 年 3 月 9 日。

519 中國政府網，2019，〈 國務院關於印發 6 個新設自由貿易試驗區總體方案的通知 〉，
http://www.gov.cn/zhengce/content/2019-08/26/content_5424522.htm，檢索時間 2022 年 3 月 9 日。

520 中國政府網，2019，〈 國務院關於印發 6 個新設自由貿易試驗區總體方案的通知 〉，
http://www.gov.cn/zhengce/content/2019-08/26/content_5424522.htm，檢索時間 2022 年 3 月 9 日。

521 中國政府網，2019，〈 國務院關於印發 6 個新設自由貿易試驗區總體方案的通知 〉，
http://www.gov.cn/zhengce/content/2019-08/26/content_5424522.htm，檢索時間 2022 年 3 月 9 日。

522 中國政府網，2020，〈 國務院關於印發北京、湖南、安徽自由貿易試驗區總體方案及浙江自由貿易試驗區擴展區域
方案的通知 〉，http://www.gov.cn/zhengce/content/2020-09/21/content_5544926.htm，檢索時間 2022 年 3 月 9 日。

523 中國政府網，2020，〈 國務院關於印發北京、湖南、安徽自由貿易試驗區總體方案及浙江自由貿易試驗區擴展區域
方案的通知 〉，http://www.gov.cn/zhengce/content/2020-09/21/content_5544926.htm，檢索時間 2022 年 3 月 9 日。

524 中國政府網，2020，〈 國務院關於印發北京、湖南、安徽自由貿易試驗區總體方案及浙江自由貿易試驗區擴展區域
方案的通知 〉，http://www.gov.cn/zhengce/content/2020-09/21/content_5544926.htm，檢索時間 2022 年 3 月 9 日。

525 中國人大網，《中華人民共和國憲法》，http://www.npc.gov.cn/npc/xinwen/2018-03/22/content_2052489.htm，檢索時間
2019 年 3 月 9 日。

526 鄧小平，《鄧小平文選第三卷，各項工作都要有助於建設有中國特色的社會主義(一九八三年一月十二日)》，（北
京人民出版社，1993 年），頁 23。

527 國務院扶貧開發領導小組網，〈 國務院扶貧開發領導小組領導辦公室機構職能〉，
http://www.cpad.gov.cn/col/col282/index.html，檢索時間 2019 年 3 月 9 日。

528 國務院扶貧開發領導小組辦公室網站，〈 國務院關於印發《國家八七扶貧攻堅計畫》(1994—2000 年) 〉，
http://www.cpad.gov.cn/art/2016/7/14/art_343_141.html，檢索時間 2019 年 2 月 26 日。

529 中國共產黨新聞網，〈 三步走戰略〉，http://cpc.people.com.cn/GB/64156/64157/4509545.html，檢索時間 2019 年 3 月
9 日。

530 楊同柱、黃春紅、王奇雪，《扶貧幹部案頭書》，（法律出版社，2017 年)，頁 10。

531 中國政府網站，〈 國務院辦公廳關於調整國務院扶貧開發領導小組組成人員的通知國辦發〔2018〕34 号 〉，
http://www.gov.cn/zhengce/content/2018-05/21/content_5292430.htm，檢索時間 2019 年 2 月 26 日。

532 國務院扶貧開發領導小組網，〈 國務院扶貧開發領導小組領導辦公室機構職能 〉，
http://www.cpad.gov.cn/col/col282/index.html，檢索時間 2019 年 3 月 9 日。

533 國務院扶貧開發領導小組網，〈 國務院扶貧開發領導小組領導辦公室機構職能 〉，
http://www.cpad.gov.cn/col/col282/index.html，檢索時間 2019 年 3 月 9 日。

534 中國殘疾人聯合會網站，《國家八七扶貧攻堅計畫(1994-2000 年) 》，
http://www.cdpf.org.cn/ywzz/jyjyb/fp_241/zcwj_250/200711/t20071123_74845.shtml，檢索時間 2019 年 3 月 8 日。

535 中國政府網站，《國務院關於印發中國農村扶貧開發綱要（2001—2010 年）的通知 》，
http://www.gov.cn/zhengce/content/2016-09/23/content_5111138.htm，檢索時間 2019 年 3 月 8 日。

536 中華人民共和國國務院新聞辦公室網站，《中國交通的可持續發展白皮書（全文)》，
http://www.scio.gov.cn/zfbps/32832/Document/1695297/1695297.htm，檢索時間 2022 年 9 月 1 日。

537 中國政府網，《新時代的中國能源發展白皮書》，http://www.gov.cn/zhengce/2020-12/21/content_5571916.htm，檢索時
間 2022 年 9 月 1 日。

538 中國政府網,《新時代的中國能源發展白皮書》,http://www.gov.cn/zhengce/2020-12/21/content_5571916.htm,檢索時間 2022 年 9 月 1 日。

539 仇忠平,〈寧波貴州對口幫扶取得新進展〉,中國貧困地區,2000 年,頁 23。

540 郭正偉,〈山海攜手 共建和諧——寫在寧波對口幫扶貴州 10 周年之際〉,今日浙江,2006 年,頁 48。

541 郭正偉,〈山海攜手 共建和諧——寫在寧波對口幫扶貴州 10 周年之際〉,今日浙江,2006 年,頁 48。

542 王建社,〈深化合作 互利共贏——寧波市黨政代表團赴貴州學習考察散記〉,寧波通訊,2014 年,頁 33。

543 郭正偉,〈山海攜手 共建和諧——寫在寧波對口幫扶貴州 10 周年之際〉,今日浙江,2006 年,頁 48。

544 德宏州民族宗教事務局,〈"十一五"上海對口幫扶德宏州德昂族發展工作成效顯著〉,今日民族,2011 年,頁 48。

545 德宏州民族宗教事務局,〈"十一五"上海對口幫扶德宏州德昂族發展工作成效顯著〉,今日民族,2011 年,頁 48~49。

546 德宏州民族宗教事務局,〈"十一五"上海對口幫扶德宏州德昂族發展工作成效顯著〉,今日民族,2011 年,頁 49。

547 德宏州民族宗教事務局,〈"十一五"上海對口幫扶德宏州德昂族發展工作成效顯著〉,今日民族,2011 年,頁 49。

548 德宏州民族宗教事務局,〈"十一五"上海對口幫扶德宏州德昂族發展工作成效顯著〉,今日民族,2011 年,頁 49。

549 德宏州民族宗教事務局,〈"十一五"上海對口幫扶德宏州德昂族發展工作成效顯著〉,今日民族,2011 年,頁 49。

550 中共中央黨史和文獻研究院編,《習近平扶貧論述摘編》,(中央文獻出版社,2018 年),頁 58。

551 中國政府網站,《國務院關於印發十三五脫貧攻堅規劃的通知》,http://www.gov.cn/zhengce/content/2016-12/02/content_5142197.htm,檢索時間 2019 年 2 月 10 日。

552 中國政府網站,《國務院關於印發十三五脫貧攻堅規劃的通知》,http://www.gov.cn/zhengce/content/2016-12/02/content_5142197.htm,檢索時間 2019 年 2 月 10 日。

553 中國共產黨新聞網,《關於打贏脫貧攻堅戰三年行動的指導意見》,http://dangjian.people.com.cn/BIG5/n1/2018/0820/c117092-30238388.html 29/,檢索時間 2019 年 3 月 9 日。

554 中國共產黨新聞網,《關於打贏脫貧攻堅戰三年行動的指導意見》,http://dangjian.people.com.cn/BIG5/n1/2018/0820/c117092-30238388.html 29/,檢索時間 2019 年 3 月 9 日。

555 國務院扶貧開發領導小組辦公室網站,〈中國石化集團有限公司扶貧辦扶貧專案管理處〉,http://www.cpad.gov.cn/art/2019/10/11/art_2991_104594.html,檢索時間 2019 年 10 月 17 日。

556 阿里巴巴脫貧基金,《阿里巴巴脫貧工作報告》,2018 年。

557 商務部流通發展司、中國國際電子商務中心,《中國零售業發展報告(2017/2018 年)》,2018 年 10 月,頁 5。

558 商務部流通發展司、中國國際電子商務中心,《中國零售業發展報告(2018/2019 年)》,2019 年 8 月,頁 5。

559 《美團 2020 年企業社會責任報告》,(美團,2021 年),頁 45。

560 全國工商聯經濟部,《2019 中國民營企業 500 強調研分析報告》,2019 年 8 月,頁 83。

561 中華人民共和國國務院新聞辦公室網站,〈中共中央國務院印發《鄉村振興戰略規劃(2018-2022 年)》〉,http://www.scio.gov.cn/xwfbh/xwbfbh/wqfbh/39595/40784/xgzc40790/Document/1657666/1657666.htm,檢索時間 2022 年 8 月 31 日。

562 中華人民共和國國務院新聞辦公室網站,〈中共中央國務院印發《鄉村振興戰略規劃(2018-2022 年)》〉,http://www.scio.gov.cn/xwfbh/xwbfbh/wqfbh/39595/40784/xgzc40790/Document/1657666/1657666.htm,檢索時間 2022 年 8 月 31 日。

563 中華人民共和國國務院新聞辦公室網站,〈中共中央國務院印發《鄉村振興戰略規劃(2018-2022 年)》〉,http://www.scio.gov.cn/xwfbh/xwbfbh/wqfbh/39595/40784/xgzc40790/Document/1657666/1657666.htm,檢索時間 2022 年 8 月 31 日。

564 中國共產黨新聞網,〈鄉村振興戰略邁入有法可依新階段〉,http://cpc.people.com.cn/BIG5/n1/2021/0601/c64387-32118805.html,檢索時間 2022 年 8 月 31 日。

565 中國務政府網,〈1500 多億元鄉村振興資金怎麼花?六部門聯合發文了〉,http://www.gov.cn/xinwen/2021-03/31/content_5597066.htm,檢索時間 2022 年 8 月 31 日。

566 中國務政府網,〈中央財政安排鄉村振興補助資金 1650 億元 同口徑較去年增長 5.4%〉,http://www.gov.cn/xinwen/2022-03/22/content_5680378.htm,檢索時間 2022 年 8 月 31 日。

567 人民網,〈習近平:在人權問題上沒有最好,只有更好〉,http://politics.people.com.cn/GB/1024/17122097.html,檢索時間 2019 年 3 月 9 日。

568 國務院新聞辦公室網站,《改革開放 40 年中國人權事業的發展進步白皮書》,http://www.scio.gov.cn/zfbps/32832/Document/1643346/1643346.htm,檢索時間 2019 年 3 月 9 日。

569 國務院新聞辦公室網站,《全面建成小康社會:中國人權事業發展的光輝篇章白皮書(全文)》,http://www.scio.gov.cn/zfbps/ndhf/44691/Document/1710614/1710614.htm,檢索時間 2022 年 9 月 1 日。

570 國家統計局網站,《中華人民共和國 2020 年國民經濟和社會發展統計公報》,http://www.stats.gov.cn/tjsj/zxfb/202102/t20210227_1814154.html,檢索時間 2022 年 9 月 1 日。

571 國務院新聞辦公室網站,《全面建成小康社會:中國人權事業發展的光輝篇章白皮書(全文)》,http://www.scio.gov.cn/zfbps/ndhf/44691/Document/1710614/1710614.htm,檢索時間 2022 年 9 月 1 日。

572 人民網,(中國共產黨第十一屆中央委員會第三次全體會議公報(一九七八年十二月二十二日通過)http://cpc.people.com.cn/GB/64162/64168/64563/65371/4441902.html,檢索時間 2019 年 4 月 22 日。

573 劉金田,《走出國門的領袖鄧小平》(北京:臺海出版社,2011),頁 172。

574 中國共產黨歷史網,2014,《江培柱,中日締結和平友好條約談判和鄧小平訪日》_ http://www.zgdsw.org.cn/BIG5/n/2014/0805/c244516-25405735.html,檢索時間 2019 年 4 月 22 日。

575 劉金田,《走出國門的領袖鄧小平》(北京:臺海出版社,2011 年),頁 174。

576 中國共產黨歷史網,2014,《江培柱,中日締結和平友好條約談判和鄧小平訪日》

http://www.zgdsw.org.cn/BIG5/n/2014/0805/c244516-25405735.html，檢索時間 2019 年 4 月 22 日。

577 陳天璇，《鄧小平訪美那九天》(北京：新華出版社，2011 年)，頁 7。

578 陳天璇，《鄧小平訪美那九天》(北京：新華出版社，2011 年)，頁 239。

579 陳天璇，《鄧小平訪美那九天》(北京：新華出版社，2011 年)，頁 332。

580 中華人民共和國外交部，中國倡導和平共處五項原則，2000 年 11 月 7 日，
http://www.fmprc.gov.cn/web/ziliao_674904/wjs_674919/2159_674923/t8987.shtml，檢索時間 2019 年 4 月 22 日。

581 新華網，習近平出席和平共處五項原則發表 60 周年紀念大會並發表主旨講話，2014 年 6 月 28 日，
http://news.xinhuanet.com/politics/2014-06/28/c_1111364117.htm，檢索時間 2019 年 4 月 22 日。

582 新華網，真誠相助 共謀發展——中國對外援助 60 周年綜述，2010 年 8 月 19 日，
http://yws.mofcom.gov.cn/article/zt_dwyz/subjectll/201008/20100807090503.shtml，檢索時間 2019 年 4 月 24 日。

583 國務院新聞辦公室網站，2010 年 12 月 23 日，< 《中國與非洲的經貿合作》白皮書>，
http://www.scio.gov.cn/zfbps/ndhf/2010/Document/832287/832287_3.htm，檢索時間 2019 年 4 月 24 日。

584 新華網，< 真誠相助 共謀發展——中國對外援助 60 周年綜述>，2010 年 8 月 19 日，
http://yws.mofcom.gov.cn/article/zt_dwyz/subjectll/201008/20100807090503.shtml，檢索時間 2019 年 4 月 24 日。

585 國務院新聞辦公室網站，2010 年 12 月 23 日，< 《中國與非洲的經貿合作》白皮書>，
http://www.scio.gov.cn/zfbps/ndhf/2010/Document/832287/832287_4.htm，檢索時間 2019 年 4 月 24 日。

586 國務院新聞辦公室網站，2010 年 12 月 23 日，< 《中國與非洲的經貿合作》白皮書>，
http://www.scio.gov.cn/zfbps/ndhf/2010/Document/832287/832287_4.htm，檢索時間 2019 年 4 月 24 日。

587 新華網，< 真誠相助 共謀發展——中國對外援助 60 周年綜述>，2010 年 8 月 19 日，
http://yws.mofcom.gov.cn/article/zt_dwyz/subjectll/201008/20100807090503.shtml，檢索時間 2019 年 4 月 24 日。

588 國務院新聞辦公室網站，2010 年 12 月 23 日，< 《中國與非洲的經貿合作》白皮書>，
http://www.scio.gov.cn/zfbps/ndhf/2010/Document/832287/832287_5.htm，檢索時間 2019 年 4 月 24 日。

589 新華網，< 真誠相助 共謀發展——中國對外援助 60 周年綜述>，2010 年 8 月 19 日，
http://yws.mofcom.gov.cn/article/zt_dwyz/subjectll/201008/20100807090503.shtml，檢索時間 2019 年 4 月 24 日。

590 國務院新聞辦公室網站，2010 年 12 月 23 日，< 《中國與非洲的經貿合作》白皮書>，
http://www.scio.gov.cn/zfbps/ndhf/2010/Document/832287/832287_5.htm，檢索時間 2019 年 4 月 24 日。

591 新華網，< 真誠相助 共謀發展——中國對外援助 60 周年綜述>，2010 年 8 月 19 日，
http://yws.mofcom.gov.cn/article/zt_dwyz/subjectll/201008/20100807090503.shtml，檢索時間 2019 年 4 月 24 日。

592 國務院新聞辦公室網站，2010 年 12 月 23 日，< 《中國與非洲的經貿合作》白皮書>，
http://www.scio.gov.cn/zfbps/ndhf/2010/Document/832287/832287_5.htm，檢索時間 2019 年 4 月 24 日。

593 新華網，< 中國免除外債是"窮大方"？ 5 事實你需要知道>，2015 年 09 月 28 日，
http://www.xinhuanet.com/politics/2015-09/28/c_128273050.htm，檢索時間 2019 年 4 月 24 日。

594 新華網，< 真誠相助 共謀發展——中國對外援助 60 周年綜述>，2010 年 8 月 19 日，
http://yws.mofcom.gov.cn/article/zt_dwyz/subjectll/201008/20100807090503.shtml，檢索時間 2019 年 4 月 24 日。

595 國務院新聞辦公室網站，2010 年 12 月 23 日，< 《中國與非洲的經貿合作》白皮書>，
http://www.scio.gov.cn/zfbps/ndhf/2010/Document/832287/832287_5.htm，檢索時間 2019 年 4 月 24 日。

596 中華人民共和國國務院新聞辦公室，《中國的對外援助（2014）》(北京：人民出版社，2014 年)，頁 2-4。

597 中華人民共和國國務院新聞辦公室，《中國的對外援助（2014）》(北京：人民出版社，2014 年)，頁 5-7。

598 中華人民共和國國務院新聞辦公室網站，《新時代的中國國際發展合作》白皮書，
http://www.scio.gov.cn/zfbps/32832/Document/1696685/1696685.htm，檢索時間 2022 年 3 月 16 日。

599 中華人民共和國國務院新聞辦公室網站，《新時代的中國國際發展合作》白皮書，
http://www.scio.gov.cn/zfbps/32832/Document/1696685/1696685.htm，檢索時間 2022 年 3 月 16 日。

600 中華人民共和國國務院新聞辦公室網站，《新時代的中國國際發展合作》白皮書，
http://www.scio.gov.cn/zfbps/32832/Document/1696685/1696685.htm，檢索時間 2022 年 3 月 16 日。

601 中華人民共和國國務院新聞辦公室網站，《新時代的中國國際發展合作》白皮書，
http://www.scio.gov.cn/zfbps/32832/Document/1696685/1696685.htm，檢索時間 2022 年 3 月 16 日。

602 中華人民共和國國務院新聞辦公室網站，《新時代的中國國際發展合作》白皮書，
http://www.scio.gov.cn/zfbps/32832/Document/1696685/1696685.htm，檢索時間 2022 年 3 月 16 日。

603 中華人民共和國國務院新聞辦公室網站，《新時代的中國國際發展合作》白皮書，
http://www.scio.gov.cn/zfbps/32832/Document/1696685/1696685.htm，檢索時間 2022 年 3 月 16 日。

604 中華人民共和國國務院新聞辦公室網站，《新時代的中國國際發展合作》白皮書，
http://www.scio.gov.cn/zfbps/32832/Document/1696685/1696685.htm，檢索時間 2022 年 3 月 16 日。

605 中華人民共和國外交部網站，大湄公河次區域經濟合作，
https://www.fmprc.gov.cn/web/gjhdq_676201/gjhdqzz_681964/lhg_682686/jbqk_682688/，檢索時間 2019 年 4 月 24 日。

606 中華人民共和國外交部網站，大湄公河次區域經濟合作，
https://www.fmprc.gov.cn/web/gjhdq_676201/gjhdqzz_681964/lhg_682686/jbqk_682688/，檢索時間 2022 年 9 月 4 日。

607 中華人民共和國外交部網站，中亞區域經濟合作，
https://www.fmprc.gov.cn/web/wjb_673085/zzjg_673183/dozys_673577/dqzzoys_673581/zyqyjjhz_688932/gk_688934/，檢索時間 2019 年 4 月 24 日。

608 中國政府網，中亞區域經濟合作第十七次部長級會議在土庫曼斯坦阿什哈巴特舉行，http://www.gov.cn/xinwen/2018-11/20/content_5342000.htm，檢索時間 2019 年 4 月 24 日。

609 中華人民共和國外交部，中國－東盟關係（10+1），
https://www.fmprc.gov.cn/web/gjhdq_676201/gjhdqzz_681964/dmldrhy_683911/zgydmgk_683913/，檢索時間 2019 年 4 月 22 日。

610 中華人民共和國外交部，中國-阿拉伯國家合作論壇，
https://www.fmprc.gov.cn/web/gjhdq_676201/gjhdqzz_681964/zalt_682806/jbqk_682808/，檢索時間 2019 年 4 月 22 日。

611 中華人民共和國外交部，上海合作組織，
https://www.fmprc.gov.cn/web/wjb_673085/zzjg_673183/dozys_673577/dqzzoys_673581/shhz_673583/gk_673585/t528036.shtml，檢索時間 2019 年 4 月 22 日。

612 中非合作論壇網站，https://www.focac.org/chn/ltjj/ltjz/，檢索時間 2019 年 4 月 22 日。

613 中非合作論壇網站，https://www.focac.org/chn/ltjj/ltjz/，檢索時間 2019 年 4 月 22 日。

614 中華人民共和國外交部，中國－中東歐國家領導人會晤，
https://www.fmprc.gov.cn/web/wjb_673085/zzjg_673183/dozys_673577/dqzzoys_673581/shhz_602834_2/gk_602836/，檢索時間 2019 年 4 月 22 日。

615 新華網，歷年中國—歐盟領導人會晤，http://news.xinhuanet.com/ziliao/2004-05/08/content_1457067.htm，檢索時間 2016 年 1 月 2 日。

616 《推動共建絲綢之路經濟帶和 21 世紀海上絲綢之路的願景與行動》(北京:人民出版社，2015)，頁 2。

617 中國政府網，《中共中央關於全面深化改革若干重大問題的決定》，http://www.gov.cn/jrzg/2013-11/15/content_2528179.htm，檢索時間 2019 年 3 月 12 日。

618 中國政府網，《中共中央關於全面深化改革若干重大問題的決定》，http://www.gov.cn/jrzg/2013-11/15/content_2528179.htm，檢索時間 2019 年 3 月 12 日。

619 中國政府網，《李克強代表國務院在十二屆全國人大二次會議上作政府工作報告》，
http://www.gov.cn/guowuyuan/2014-03/14/content_2638989.htm，檢索時間 2019 年 3 月 12 日。

620 中國政府網，《李克強代表國務院在十二屆全國人大三次會議上作政府工作報告》，
http://www.gov.cn/guowuyuan/2015-03/16/content_2835101.htm，檢索時間 2019 年 3 月 12 日。

621 《推動共建絲綢之路經濟帶和 21 世紀海上絲綢之路的願景與行動》(北京:人民出版社，2015)，頁 3。

622 《推動共建絲綢之路經濟帶和 21 世紀海上絲綢之路的願景與行動》(北京:人民出版社，2015)，頁 2。

623 中國評論新聞網，《一帶一路領導班子"一正四副"名單首曝光》，
http://hk.crntt.com/doc/1036/9/7/7/103697743.html?coluid=7&kindid=0&docid=103697743&mdate=0406091629，檢索時間 2019 年 3 月 12 日。

624 新華網，習近平:關於《中共中央關於制定國民經濟和社會發展第十三個五年規劃的建議》的說明，
http://www.xinhuanet.com//politics/2015-11/03/c_1117029621_2.htm，檢索時間 2019 年 3 月 12 日。

625 《中華人民共和國國民經濟和社會發展第十三個五年規劃綱要》(北京:人民出版社，2016) ，頁 122。

626 國家發展和改革委員會網站，《中華人民共和國國民經濟和社會發展第十二個五年規劃綱要》，
http://www.ndrc.gov.cn/fzgggz/fzgh/ghwb/gjjh/201109/P020110919592208575015.pdf，檢索時間 2019 年 4 月 6 日。

627 一帶一路國際合作高峰論壇網站，「開闢合作新起點，謀求發展新動力」，
http://www.beltandroadforum.org/n100/2017/0515/c24-415.html，檢索時間 2019 年 4 月 6 日。

628 中華人民共和國外交部網站，「"一帶一路"國際合作高峰論壇」，
https://www.fmprc.gov.cn/web/wjb_673085/zzjg_673183/gjjjs_674249/gjzzyhygk_674253/ydylfh_692140/gk_692142/，檢索時間 2019 年 4 月 6 日。

629 中國一帶一路網 https://www.yidaiyilu.gov.cn/xwzx/roll/77298.htm，檢索時間 2019 年 4 月 6 日。

630 第二屆"一帶一路"國際合作高峰論壇官方網站，「第二屆"一帶一路"國際合作高峰論壇成果清單」，
http://www.beltandroadforum.org/n100/2019/0427/c24-1310.html，檢索時間 2019 年 4 月 29 日。

631 中國一帶一路網，2018 年 7 月 20 日，<中歐班列>，https://www.yidaiyilu.gov.cn/zchj/rcjd/60645.htm，檢索時間 2019 年 3 月 12 日。

632 中國一帶一路網，2018 年 7 月 20 日，<中歐班列>，https://www.yidaiyilu.gov.cn/zchj/rcjd/60645.htm，檢索時間 2019 年 3 月 12 日。

633 中國一帶一路網，2018 年 7 月 20 日，<中歐班列>，https://www.yidaiyilu.gov.cn/zchj/rcjd/60645.htm，檢索時間 2019 年 3 月 12 日。

634 中國國家鐵路集團有限公司網站，<這一年，你的生活有中歐班列在服務>，http://wap.china-railway.com.cn/xwzx/ywsl/201912/t20191224_98194.html，檢索時間 2019 年 12 月 24 日。

635 中國國家鐵路集團有限公司網站，<這一年，你的生活有中歐班列在服務>，http://wap.china-railway.com.cn/xwzx/ywsl/201912/t20191224_98194.html，檢索時間 2019 年 12 月 24 日。

636 陳英明，<中國港口現狀及未來走勢>，中國水運，2019 年 6 月，頁 7。

637 劉長儉、王蕊，<"十五"規劃以來我國水運建設投資回顧及"十三五"規劃期預測>，水運管理第 39 卷第 6 期，2017 年 6 月，頁 1。

638 劉長儉、王蕊，<"十五"規劃以來我國水運建設投資回顧及"十三五"規劃期預測>，水運管理第 39 卷第 6 期，2017 年 6 月，頁 1。

639 陳英明，<中國港口現狀及未來走勢>，中國水運，2019 年 6 月，頁 7。

640 中國大陸國家統計局網站，<2018 年國民經濟和社會發展統計公報>，
http://www.stats.gov.cn/tjsj/zxfb/201902/t20190228_1651265.html，檢索時間 2020 年 1 月 30 日。

641 中國共產黨新聞網，<習近平:進一步關心海洋認識海洋經略海洋 推動海洋強國建設不斷取得新成就>，
http://cpc.people.com.cn/n/2013/0801/c64094-22402107.html，檢索時間 2020 年 1 月 30 日。

642 孫德剛，<中國港口外交的理論與實踐>，世界經濟與政治，2018 年第 5 期，頁 14。

643 孫德剛，<中國港口外交的理論與實踐>，世界經濟與政治，2018 年第 5 期，頁 16。

644 孫德剛，<中國港口外交的理論與實踐>，世界經濟與政治，2018 年第 5 期，頁 5。

645 中國共產黨新聞網，<"一帶一路"建設海上合作設想>，http://cpc.people.com.cn/n1/2017/0620/c64387-29351311.html，檢索時間 2020 年 1 月 30 日。

646 中國政府網，<中共中央 國務院印發《交通強國建設綱要》>，http://www.gov.cn/zhengce/2019-09/19/content_5431432.htm，檢索時間 2020 年 3 月 6 日。

647 中國政府網，<九部門關於建設世界一流港口的指導意見>，http://www.gov.cn/xinwen/2019-11/13/content_5451577.htm，檢索時間 2020 年 3 月 6 日。

[648] 中國政府網，< 九部門關於建設世界一流港口的指導意見 >， http://www.gov.cn/xinwen/2019-11/13/content_5451577.htm，檢索時間 2020 年 3 月 6 日。

[649] 中國大陸國家信息中心一帶一路大數據中心、大連瀚聞資訊公司，《一帶一路貿易合作大數據報告（2018）》，頁 1。

[650] 中國大陸國家信息中心一帶一路大數據中心、大連瀚聞資訊公司，《一帶一路貿易合作大數據報告（2018）》，頁 2。

[651] 中國大陸國家信息中心一帶一路大數據中心、大連瀚聞資訊公司，《一帶一路貿易合作大數據報告（2018）》，頁 20。

[652] 中國大陸國家信息中心一帶一路大數據中心、大連瀚聞資訊公司，《一帶一路貿易合作大數據報告（2018）》，頁 23。

[653] 中國大陸國家信息中心一帶一路大數據中心、大連瀚聞資訊公司，《一帶一路貿易合作大數據報告（2018）》，頁 28。

[654] 趙繼臣，< 金磚銀行與人民幣國際化的機遇>，《國際觀察》，2015 年第 2 期，頁 44~45。

[655] 朱杰進，< 金磚新開發銀行制度建設的政治邏輯>，《當代世界》，2018 年月 8，頁 24。

[656] 趙繼臣，< 金磚銀行與人民幣國際化的機遇>，《國際觀察》，2015 年第 2 期，頁 44。

[657] 新開發銀行官網，< 新開發銀行概況 >，https://www.ndb.int/about-us/essence/history/，檢索時間 2019 年 4 月 29 日。

[658] 新開發銀行官網，< 新開發銀行概況 >，https://www.ndb.int/about-us/essence/history/，檢索時間 2019 年 4 月 29 日。

[659] 查曉剛、葉玉，< 金磚銀行的發展及其對非洲的影響>，《國際經濟合作》，2017 年第 8 期，頁 27。

[660] 查曉剛、葉玉，< 金磚銀行的發展及其對非洲的影響>，《國際經濟合作》，2017 年第 8 期，頁 27~28。

[661] 朱杰進，< 金磚新開發銀行制度建設的政治邏輯>，《當代世界》，2018 年月 8，頁 25。

[662] 新開發銀行網站，< 新開發銀行 2020 年年度報告>，https://www.ndb.int/wp-content/uploads/2021/07/NDB-AR-2020_complete_v3.pdf，檢索時間 2022 年 3 月 21 日。

[663] 趙繼臣，< 金磚銀行與人民幣國際化的機遇>，《國際觀察》，2015 年第 2 期，頁 48。

[664] 北京國際經濟貿易資料中心網站，< 亞洲基礎設施投資銀行（Asian Infrastructure Investment Bank，AIIB） >，http://www.bjicet.cn/html/2104/304.html，檢索時間 2019 年 4 月 29 日。

[665] 中國大陸一帶一路網，< 樓繼偉解讀《亞投行協定》：亞投行未來運營"根本大法"> ，https://www.yidaiyilu.gov.cn/zchj/xzcjd/7803.htm，檢索時間 2019 年 4 月 29 日。

[666] 亞洲基礎設施投資銀行網站，https://www.aiib.org/en/index.html，檢索時間 2019 年 4 月 29 日。

[667] 亞洲基礎設施投資銀行網站，https://www.aiib.org/en/index.html，檢索時間 2019 年 4 月 29 日。

[668] 亞洲基礎設施投資銀行網站，https://www.aiib.org/en/index.html，檢索時間 2019 年 12 月 6 日。

[669] 北京國際經濟貿易資料中心網站，< 亞洲基礎設施投資銀行（Asian Infrastructure Investment Bank，AIIB） >，https://www.ndb.int/about-us/essence/history/，檢索時間 2019 年 4 月 29 日。

[670] 北京國際經濟貿易資料中心網站，< 亞洲基礎設施投資銀行（Asian Infrastructure Investment Bank，AIIB） >，https://www.ndb.int/about-us/essence/history/，檢索時間 2019 年 4 月 29 日。

[671] 亞洲基礎設施投資銀行網站，< 亞投行介紹 >，https://www.aiib.org/en/about-aiib/index.html，檢索時間 2022 年 3 月 21 日。

[672] 新華網，< 習近平在亞洲基礎設施投資銀行開業儀式上的致辭（全文） >，http://www.xinhuanet.com//politics/2016-01/16/c_1117796389.htm，檢索時間 2019 年 4 月 29 日。

[673] 亞洲基礎設施投資銀行網站，https://www.aiib.org/en/index.html，檢索時間 2022 年 3 月 21 日。

[674] 新華網，< 習近平在"加強互聯互通夥伴關係"東道主夥伴對話會上的講話 >，http://www.xinhuanet.com//politics/2014-11/08/c_127192119.htm，檢索時間 2019 年 12 月 7 日。

[675] 絲路基金網，< 絲路基金有限責任公司概況 >，http://www.silkroadfund.com.cn/cnweb/19854/19858/index.html，檢索時間 2019 年 4 月 30 日。

[676] 絲路基金網，< 絲路基金有限責任公司概況 >，http://www.silkroadfund.com.cn/cnweb/19854/19858/index.html，檢索時間 2019 年 4 月 30 日。

[677] 絲路基金網，< 絲路基金有限責任公司概況 >，http://www.silkroadfund.com.cn/cnweb/19854/19874/index.html，檢索時間 2019 年 4 月 30 日。

[678] 絲路基金網，< 絲路基金有限責任公司概況 >，http://www.silkroadfund.com.cn/cnweb/19854/19874/index.html，檢索時間 2019 年 4 月 30 日。

[679] 絲路基金網，< 絲路基金有限責任公司概況 >，http://www.silkroadfund.com.cn/cnweb/19854/19874/index.html，檢索時間 2019 年 4 月 30 日。

[680] 絲路基金網，< 絲路基金有限責任公司概況 >，http://www.silkroadfund.com.cn/cnweb/19854/19874/index.html，檢索時間 2019 年 4 月 30 日。

[681] 楊捷漢，< 絲路基金對推進"一帶一路"建設的作用 >，《區域金融研究》，2017 年第 7 期，頁 9。

[682] 楊捷漢，< 絲路基金對推進"一帶一路"建設的作用 >，《區域金融研究》，2017 年第 7 期，頁 9~10。

[683] 絲路基金網，< 絲路基金有限責任公司概況 >，http://www.silkroadfund.com.cn/cnweb/19854/19874/index.html，檢索時間 2019 年 4 月 30 日。

[684] 楊捷漢，< 絲路基金對推進"一帶一路"建設的作用 >，《區域金融研究》，2017 年第 7 期，頁 10。

[685] 周月秋、殷紅、宋瑋，<"16+1 合作"機制下中東歐機遇風險分析及我行對策研究>，中國工商銀行研究報告，2018 年第 16 期，頁 7。

[686] 中國—中東歐投資合作基金網，http://china-ceefund.com/CH/index_30.html，檢索時間 2019 年 4 月 30 日。

[687] 中國—中東歐投資合作基金網，http://china-ceefund.com/CH/index_30.html，檢索時間 2019 年 4 月 30 日。

[688] 一帶一路能源合作網，< 中國-中東歐投資基金>，http://obor.nea.gov.cn/v_finance/toFinancialDetails.html?countryId=206&status=2，檢索時間 2019 年 4 月 30 日。

689 中國—中東歐國家合作秘書處網站,< 工商銀行牽頭設立 100 億歐元:中國—中東歐基金>, http://www.china-ceec.org/chn/zdogjhz/t1414658.htm,檢索時間 2019 年 4 月 30 日。

690 劉作奎,< 新形勢下中國對中東歐國家投資問題分析>,國際問題研究,2013 年第 1 期,頁 112-113。

691 中非發展基金網站,< 基金簡介>, http://www.cadfund.com/Column/1/0.htm,檢索時間 2020 年 3 月 19 日。

692 曹牧天,< 中非發展基金有限公司在京開業>,國際融資,2007 年 07 期,頁 78。

693 石紀楊,< 中非投資與產能合作 >,觀察思考,2016 年第 11 期,頁 78。

694 艾亞,< 中非發展基金投資中國企業非洲項目 >,國際融資,2008 年 12 期,頁 12。

695 艾亞,< 中非發展基金投資中國企業非洲項目 >,國際融資,2008 年 12 期,頁 14。

696 中非發展基金網站,< 基金簡介>, http://www.cadfund.com/Column/1/0.htm,檢索時間 2020 年 3 月 19 日。

697 楊寶華,< 投資合作助力構建命運共同體 >,中國外匯,2018 年 16 期,頁 47。

698 楊寶華,< 投資合作助力構建命運共同體 >,中國外匯,2018 年 16 期,頁 46。

699 遲建新,< 中非發展基金助力中非產能合作 >,西亞非洲,2016 年第 4 期,頁 41。

700 遲建新,< 中非發展基金助力中非產能合作 >,西亞非洲,2016 年第 4 期,頁 38。

701 楊寶華,< 投資合作助力構建命運共同體 >,中國外匯,2018 年 16 期,頁 47。

702 武海峰,< 中國進出口銀行立法的構想 >,《商場現代化》,2006 年 5 月,頁 226。

703 國家外匯管理局網站,< 基本職能 >, https://www.safe.gov.cn/big5/big5/www.safe.gov.cn:443/safe/jbzn/index.html,檢索時間 2020 年 7 月 22 日。

704 中央匯金投資有限責任公司網站,< 公司簡介 >, http://www.huijin-inv.cn/huijin-inv/About_Us/index.shtml,檢索時間 2020 年 7 月 22 日。

705 胡海岩,< 中央匯金公司金融版圖揭秘 >,《中國企業家》,2005 年 13 期,頁 85。

706 國家外匯管理局網站,< 歷史沿革 >, https://www.safe.gov.cn/big5/big5/www.safe.gov.cn:443/safe/lsyg/index.html,檢索時間 2020 年 7 月 22 日。

707 孫銘,< 解密中央匯金公司 >,《雲南金融》,2004 年 3 期,頁 50。

708 熊惠平,< 匯金公司角色定位和發展路徑取向 >,《金融教學與研究》,2005 年第 1 期,頁 23。

709 《中國投資責任有限公司 2017 年度報告報》,2018 年,頁 7。

710 《中國投資責任有限公司 2017 年度報告報》,2018 年,頁 55。

711 中央匯金投資有限責任公司網站,< 公司簡介 >, http://www.huijin-inv.cn/huijin-inv/About_Us/index.shtml,檢索時間 2020 年 7 月 22 日。

712 銀峰,< 組建中國進出口銀行 >,《廣西金融研究》,1994 年 06 期,頁 54。

713 耿毅,< 國家開發銀行改革發展管理戰略分析 >,《財經問題研究》,2013 年 5 月,第 5 期,頁 36~37。

714 耿毅,< 國家開發銀行改革發展管理戰略分析 >,《財經問題研究》,2013 年 5 月,第 5 期,頁 37~38。

715 武海峰,< 中國進出口銀行立法的構想 >,《商場現代化》,2006 年 5 月,頁 226。

716 武海峰,< 中國進出口銀行立法的構想 >,《商場現代化》,2006 年 5 月,頁 227。

717 銀峰,< 組建中國進出口銀行 >,《廣西金融研究》,1994 年 06 期,頁 54、55。

718 靳宣,< 中國進出口銀行:十年征程不尋常 >,《中國金融家》,2004 年 08 期,頁 95。

719 張松濤,< 中國進出口銀行:政策性金融全力推進"一帶一路"建設 >,《海外投資與出口信貸》,2018 年第 4 期,頁 5~6。

720 國家漢辦網站,< 關於孔子學院/孔子課堂>, http://www.hanban.edu.cn/confuciousinstitutes/node_10961.htm,檢索時間 2019 年 3 月 2 日。

721 孔子學院總部/國家漢辦網站,< 關於我們-國家漢辦>, http://www.hanban.org/hb/,檢索時間 2019 年 4 月 25 日。

722 國家漢辦網站,< 關於孔子學院/孔子課堂>, http://www.hanban.edu.cn/confuciousinstitutes/node_10961.htm,檢索時間 2019 年 3 月 2 日。

723 廖箴,< 兩岸海外漢學推廣的競與合:以「孔子學院」及「臺灣書院」為例>,國家圖書館館刊, 2012 年 12 月第 2 期,頁 116。

724 廖箴,< 兩岸海外漢學推廣的競與合:以「孔子學院」及「臺灣書院」為例>,國家圖書館館刊, 2012 年 12 月第 2 期,頁 119。

725 孔子學院總部/國家漢辦網站,< 孔子學院章程>, http://www.hanban.edu.cn/confuciousinstitutes/node_10961.htm,檢索時間 2019 年 4 月 27 日。

726 孔子學院總部/國家漢辦網站,< 關於孔子學院/孔子課堂>, http://www.hanban.org/confuciousinstitutes/node_7537.htm,檢索時間 2019 年 3 月 2 日。

727 中華人民共和國教育部網站,< 對外合作與交流>, www.moe.gov.cn/jyb_sjzl/moe_364/moe_1172/moe_1192/tnull_16182.html,檢索時間 2019 年 4 月 25 日。

728 孔子學院網站,< 孔子學院發展規劃（2012—2020 年）正式發佈>, http://chinese.cn/college/newsexpress/article/2013-02/28/content_486184.htm,檢索時間 2019 年 4 月 25 日。

729 孔子學院網站,< 孔子學院發展規劃（2012—2020 年）正式發佈>, http://chinese.cn/college/newsexpress/article/2013-02/28/content_486184.htm,檢索時間 2019 年 4 月 25 日。

730 梁吉平、楊佳宇,< 海外孔子學院課程設置研究—以美國 15 所孔子學院為例>,雲南師範大學學報（對外漢語教學與研究版）,2019 年 3 月第 17 卷第 2 期,頁 76。

731 新華網,< 習近平:孔子學院屬於中國 也屬於世界>, http://www.xinhuanet.com//politics/2014-09/27/c_1112652079.htm,檢索時間 2019 年 4 月 27 日。

732 人民網,< 盤點：2015 年習近平對各國年輕人說了些啥>, http://politics.people.com.cn/n/2015/1130/c1001-27872696.html,檢索時間 2019 年 4 月 27 日。

733 《推動共建絲綢之路經濟帶和 21 世紀海上絲綢之路的願景與行動》(北京:人民出版社,2015),頁 13。

734 孔子學院總部/國家漢辦網站,< 孔子學院 2017 年度發展報告>, http://www.hanban.org/report/2017.pdf,檢索時間 2019 年 4 月 26 日。

735 孔子學院總部/國家漢辦網站，〈孔子學院2017年度發展報告〉，http://www.hanban.org/report/2017.pdf，檢索時間2019年4月26日。

736 孔子學院總部/國家漢辦網站，〈孔子學院2017年度發展報告〉，http://www.hanban.org/report/2017.pdf，檢索時間2019年4月26日。

737 孔子學院總部/國家漢辦網站，〈關於孔子學院/孔子課堂〉，http://www.hanban.edu.cn/confuciousinstitutes/node_10961.htm，檢索時間2019年3月2日。

738 孔子學院總部/國家漢辦網站，〈孔子學院2017年度發展報告〉，http://www.hanban.org/report/2017.pdf，檢索時間2019年4月26日。

739 張春勝、溫敏真，〈"一帶一路"沿線國家來華留學生教育探討———兼論中國企業"走出去"人才本土化實現路徑〉，黨政幹部學刊，2018年第9期，頁52。

740 孔子學院總部/國家漢辦網站，〈孔子學院2017年度發展報告〉，http://www.hanban.org/report/2017.pdf，檢索時間2019年4月26日。

741 徐蕙萍，〈自文化間傳播視角探論中共推展「孔子學院」的問題與因應作法〉，復興崗學報106期，2015年6月，頁151。

742 孔子學院網站，〈發展歷程〉，http://ci.cn/#/bottomDetail/Process，檢索時間2022年3月21日。

743 中國國際中文教育基金會網站，〈簡介〉，https://www.cief.org.cn/jj，檢索時間2022年3月21日。

744 Refinitiv網站，〈"一帶一路"背景下的企業新機遇與風險管理〉，https://www.refinitiv.cn/blog/market-insights/belt-and-road-manage-risks-with-new-opportunities/，檢索時間2020年7月27日。

745 一帶一路國際合作高峰論壇官方網站，〈習近平出席一帶一路國際合作高峰論壇開幕式並發表《攜手推進"一帶一路"建設》的主旨演講〉，http://www.beltandroadforum.org/n100/2017/0514/c24-397.html，檢索時間2019年4月6日。

746 一帶一路網站，〈"一帶一路"專案總金額超4兆美元〉，http://ydyl.china.com.cn/2020-07/27/content_76315307.htm，檢索時間2020年7月27日。

747 鐘飛騰，〈"一帶一路"產能合作的國際政治經濟學分析〉，《山東社會科學》，2015年第8期，頁48。

748 黃健柏、劉京星，〈"一帶一路"戰略背景下金屬產業國際產能合作研究〉，《中國人口·資源與環境》，2017年第27卷第7期，頁3。

749 鐘飛騰，〈"一帶一路"產能合作的國際政治經濟學分析〉，《山東社會科學》，2015年第8期，頁48。

750 黃健柏、劉京星，〈"一帶一路"戰略背景下金屬產業國際產能合作研究〉，《中國人口·資源與環境》，2017年第27卷第7期，頁3。

751 黃健柏、劉京星，〈"一帶一路"戰略背景下金屬產業國際產能合作研究〉，《中國人口·資源與環境》，2017年第27卷第7期，頁3。

752 黃健柏、劉京星，〈"一帶一路"戰略背景下金屬產業國際產能合作研究〉，《中國人口·資源與環境》，2017年第27卷第7期，頁3-4。

753 黃健柏、劉京星，〈"一帶一路"戰略背景下金屬產業國際產能合作研究〉，《中國人口·資源與環境》，2017年第27卷第7期，頁4。

754 黃健柏、劉京星，〈"一帶一路"戰略背景下金屬產業國際產能合作研究〉，《中國人口·資源與環境》，2017年第27卷第7期，頁4。

755 黃健柏、劉京星，〈"一帶一路"戰略背景下金屬產業國際產能合作研究〉，《中國人口·資源與環境》，2017年第27卷第7期，頁4。

756 吳澗升等著，《國際產能合作的思路、重點及對策研究》，(北京:經濟科學出版社，2017)，頁47。

757 吳澗升等著，《國際產能合作的思路、重點及對策研究》，(北京:經濟科學出版社，2017)，頁47。

758 吳澗升等著，《國際產能合作的思路、重點及對策研究》，(北京:經濟科學出版社，2017)，頁47。

759 金燦榮，〈"走出去"戰略十年回顧:成就與挑戰〉，《現代國際關係》，2011年第8期，頁2-3。

760 《推動共建絲綢之路經濟帶和21世紀海上絲綢之路的願景與行動》(北京:人民出版社，2015)，頁6、10-11。

761 中國政府網，《國務院關於推進國際產能和裝備製造合作的指導意見》，http://www.gov.cn/zhengce/content/2015-05/16/content_9771.htm，檢索時間2018年4月22日。

762 中國政府網，2015，〈國務院關於推進國際產能和裝備製造合作的指導意見〉，http://www.gov.cn/zhengce/content/2015-05/16/content_9771.htm，檢索時間2018年4月22日。

763 《中華人民共和國國民經濟和社會發展第十三個五年規劃綱要》(北京:人民出版社，2016年)，頁122~123。

764 吳澗升等著，《國際產能合作的思路、重點及對策研究》，(北京:經濟科學出版社，2017)，頁23-24。

765 吳澗升等著，《國際產能合作的思路、重點及對策研究》，(北京:經濟科學出版社，2017)，頁24。

766 法國駐華使館及總領事館官方門戶網站，〈中法核能合作〉，https://cn.ambafrance.org/%E4%B8%AD%E6%B3%95%E6%A0%B8%E8%83%BD%E5%90%88%E4%BD%9C，檢索時間2019年5月11日。

767 新華網，〈財經觀察：從師徒到戰略合作夥伴——中法核能合作40年回眸〉，http://www.xinhuanet.com/world/2019-04/01/c_1124309586.htm，檢索時間2019年5月11日。

768 新華絲路網站，〈行業研究:境外經貿合作區的發展實踐探索〉，https://www.imsilkroad.com/news/p/31305.html，檢索時間2019年5月11日。

769 沈銘輝 張中元，〈中國境外經貿合作區："一帶一路"上的產能合作平臺〉，《新視野·國際政治與經濟》，2016年3月，頁110。

770 喬慧娟，〈中非經貿合作區：對非投資合作新模式〉，《海外投資與出口信貸》，2015年第5期，頁28。

771 新華絲路網站，〈行業研究:境外經貿合作區的發展實踐探索〉，https://www.imsilkroad.com/news/p/31305.html，檢索時間2019年5月11日。

772 新華絲路網站，〈行業研究:境外經貿合作區的發展實踐探索〉，https://www.imsilkroad.com/news/p/31305.html，檢索時間2019年5月11日。

773 朱妮娜、範丹，〈中國境外經貿合作區研究〉，《北方經貿》，2017年第11期，頁11。

774 新華絲路網站，〈 行業研究:境外經貿合作區的發展實踐探索 〉，https://www.imsilkroad.com/news/p/31305.html，檢索時間 2019 年 5 月 11 日。

775 中國政府網，《國務院關於推進國際產能和裝備製造合作的指導意見》，http://www.gov.cn/zhengce/content/2015-05/16/content_9771.htm，檢索時間 2018 年 4 月 22 日。

776 新華絲路網站，〈 行業研究:境外經貿合作區的發展實踐探索 〉，https://www.imsilkroad.com/news/p/31305.html，檢索時間 2019 年 5 月 11 日。

777 楊莉，〈 "一帶一路"視角下我國境外園區建設的發展分析 〉，《海外投資與出口信貸》，2018 年第 2 期，頁 18。

778 朱妮娜、範丹，〈 中國境外經貿合作區研究 〉，《北方經貿》，2017 年第 11 期，頁 16。

779 朱妮娜、範丹，〈 中國境外經貿合作區研究 〉，《北方經貿》，2017 年第 11 期，頁 13。

780 沈銘輝 張中元，〈 中國境外經貿合作區 :"一帶一路"上的產能合作平臺〉，《新視野 · 國際政治與經濟》，2016 年 3 月，頁 111。

781 中國境外經貿合作區網站，〈 中國境外經貿合作區投資促進工作機制 〉，http://www.cocz.org/news/content-243519.aspx，檢索時間 2019 年 5 月 11 日。

782 新華絲路網站，〈 行業研究:境外經貿合作區的發展實踐探索 〉，https://www.imsilkroad.com/news/p/31305.html，檢索時間 2019 年 5 月 11 日。

783 《2017-2018 中國對外承包工程發展報告》(北京: 中華人民共和國商務部、中國對外承包工程商會，2018)，頁 8。

784 全毅、高軍行，〈 中國在東盟境外經貿合作園區建設狀況的調研報告〉，《東南亞縱橫》，2018 年 6 月，頁 54。

785 楊莉，〈 "一帶一路"視角下我國境外園區建設的發展分析 〉，《海外投資與出口信貸》，2018 年第 2 期，頁 18。

786 朱妮娜、範丹，〈 中國境外經貿合作區研究 〉，《北方經貿》，2017 年第 11 期，頁 15-16。

787 熙文，〈 中國高鐵中的"第一" 〉，《交通與運輸》，2017 年 4 月，頁 80。

788 中國國家鐵路集團有限公司網站，〈 這一年，你的家鄉有高鐵網在延伸 〉， http://wap.china-railway.com.cn/xwzx/ywsl/201912/t20191223_98163.html，檢索時間 2019 年 12 月 24 日。

789 郭岱喬，〈 淺談中國高鐵的出口現狀及展望 〉，《黑龍江科技資訊》，2017 年 17 期，頁 334。

790 沉鈞，〈 中國高鐵創多個世界第一 〉，《交通與運輸》，2017 年 2 月，頁 44。

791 中國政府網，《國務院關於推進國際產能和裝備製造合作的指導意見》，http://www.gov.cn/zhengce/content/2015-05/16/content_9771.htm，檢索時間 2018 年 4 月 22 日。

792 中國政府網，《國務院關於推進國際產能和裝備製造合作的指導意見》，http://www.gov.cn/zhengce/content/2015-05/16/content_9771.htm，檢索時間 2018 年 4 月 22 日。

793 賀正楚、曹德、吳豔，〈 中國高鐵全產業鏈"走出去"戰略研究 〉，《東莞理工學院學報》，2018 年 4 月第 25 卷第 2 期，頁 57。

794 賈都強，〈 中國高鐵落地印尼：機遇、模式與挑戰 〉，《當代世界》，2017 年 05 期，頁 44-45。

795 賈都強，〈 中國高鐵落地印尼：機遇、模式與挑戰 〉，《當代世界》，2017 年 05 期，頁 46。

796 人民網，《印尼總統佐科視察雅萬高鐵專案》，http://world.people.com.cn/n1/2022/0117/c1002-32333471.html，檢索時間 2022 年 3 月 16 日。

797 中國政府網，《國務院關於推進國際產能和裝備製造合作的指導意見》，http://www.gov.cn/zhengce/content/2015-05/16/content_9771.htm，檢索時間 2018 年 4 月 22 日。

798 陳利君、劉曼，〈 中巴經濟走廊建設背景下的產能合作〉，《雲南社會科學》，2017 年第 2 期，頁 70-71。

799 陳利君、劉曼，〈 中巴經濟走廊建設背景下的產能合作〉，《雲南社會科學》，2017 年第 2 期，頁 72。

800 陳利君、劉曼，〈 中巴經濟走廊建設背景下的產能合作〉，《雲南社會科學》，2017 年第 2 期，頁 72-73。

801 陳利君、劉曼，〈 中巴經濟走廊建設背景下的產能合作〉，《雲南社會科學》，2017 年第 2 期，頁 73。

802 吳雪鳳，〈 哈薩克對中國地緣戰略與能源安全之意涵〉，《遠景基金會季刊》，2016 年 7 月第十七卷第三期，頁 124。

803 王志民，〈 "一帶一路"背景下中哈產能合作及其溢出效應〉，《大陸橋視野》，2017 年 02 期，頁 59。

804 王志民，〈 "一帶一路"背景下中哈產能合作及其溢出效應〉，《大陸橋視野》，2017 年 02 期，頁 59。

805 王志民，〈 "一帶一路"背景下中哈產能合作及其溢出效應〉，《大陸橋視野》，2017 年 02 期，頁 59。

806 吳雪鳳，〈 哈薩克對中國地緣戰略與能源安全之意涵〉，《遠景基金會季刊》，2016 年 7 月第十七卷第三期，頁 123-124。

807 王志民，〈 "一帶一路"背景下中哈產能合作及其溢出效應〉，《大陸橋視野》，2017 年 02 期，頁 60。

808 王志民，〈 "一帶一路"背景下中哈產能合作及其溢出效應〉，《大陸橋視野》，2017 年 02 期，頁 60-61。

809 王志民，〈 "一帶一路"背景下中哈產能合作及其溢出效應〉，《大陸橋視野》，2017 年 02 期，頁 60-61。

810 《2017 中國對外投資發展報告》(北京: 中華人民共和國商務部，2017)，頁 243。

811 《2017 中國對外投資發展報告》(北京: 中華人民共和國商務部，2017)，頁 243~244。

812 《2017 中國對外投資發展報告》(北京: 中華人民共和國商務部，2017)，頁 244。

813 《2017 中國對外投資合作發展報告》(北京: 中華人民共和國商務部，2017)，頁 245。

814 《2018 中國對外投資發展報告》(北京: 中華人民共和國商務部，2018)，頁 196。

815 《2018 中國對外投資發展報告》(北京: 中華人民共和國商務部，2018)，頁 196。

816 《2018 中國對外投資發展報告》(北京: 中華人民共和國商務部，2018)，頁 196-197。

817 《2018 中國對外投資發展報告》(北京: 中華人民共和國商務部，2018)，頁 196-197。

818 《2018 中國對外投資發展報告》(北京: 中華人民共和國商務部，2018)，頁 197。

819 《2018 中國對外投資發展報告》(北京: 中華人民共和國商務部，2018)，頁 197-198。

820 《2018 中國對外投資發展報告》(北京: 中華人民共和國商務部，2018)，頁 197-198。

821 《2018 中國對外投資發展報告》(北京: 中華人民共和國商務部，2018)，頁 198。

822 《2018 中國對外投資發展報告》(北京: 中華人民共和國商務部，2018)，頁 198-199。

823 《2018 中國對外投資發展報告》(北京: 中華人民共和國商務部，2018)，頁 199。

824 《2017 中國對外投資發展報告》(北京: 中華人民共和國商務部，2017)，頁 242。

825 《2017 中國對外投資發展報告》(北京: 中華人民共和國商務部，2017)，頁 242。

826　《2017 中國對外投資發展報告》(北京：中華人民共和國商務部，2017)，頁 243。

827　《2018 中國對外投資發展報告》(北京：中華人民共和國商務部，2018)，頁 194。

828　《2018 中國對外投資發展報告》(北京：中華人民共和國商務部，2018)，頁 194。

829　《2018 中國對外投資發展報告》(北京：中華人民共和國商務部，2018)，頁 194。

830　《2018 中國對外投資發展報告》(北京：中華人民共和國商務部，2018)，頁 195。

831　中國政府網，《關於推進國際產能和裝備製造合作的指導意見》，http://www.gov.cn/zhengce/content/2015-05/16/content_9771.htm，檢索時間 2018 年 4 月 22 日。

832　《2017-2018 中國對外承包工程發展報告》(北京：中華人民共和國商務部、中國對外承包工程商會，2018)，頁 16。

833　《2018-2019 中國對外承包工程發展報告》(北京：中華人民共和國商務部、中國對外承包工程商會，2018)，頁 3。

834　《2018-2019 中國對外承包工程發展報告》(北京：中華人民共和國商務部、中國對外承包工程商會，2018)，頁 3。

835　《2018-2019 中國對外承包工程發展報告》(北京：中華人民共和國商務部、中國對外承包工程商會，2018)，頁 3~4。

836　《2018-2019 中國對外承包工程發展報告》(北京：中華人民共和國商務部、中國對外承包工程商會，2018)，頁 4。

837　《2019-2020 中國對外承包工程發展報告》(北京：中華人民共和國商務部、中國對外承包工程商會，2020)，頁 3。

838　《2019-2020 中國對外承包工程發展報告》(北京：中華人民共和國商務部、中國對外承包工程商會，2020)，頁 6。

839　《2019-2020 中國對外承包工程發展報告》(北京：中華人民共和國商務部、中國對外承包工程商會，2020)，頁 6。

840　《2019-2020 中國對外承包工程發展報告》(北京：中華人民共和國商務部、中國對外承包工程商會，2020)，頁 7。

841　新華網，《激動！中寮鐵路，正式通車！》，http://www.news.cn/world/2021-12/03/c_1128129113.htm，檢索時間 2022 年 3 月 16。

842　《2018 中國對外投資發展報告》(北京：中華人民共和國商務部，2019)，頁 3。

843　中華人民共和國商務部、國家統計局、國家外匯管理局，《2020 年度中國對外直接投資統計公報》(北京：中國商務出版社，2021)，頁 4。

844　中華人民共和國商務部、國家統計局、國家外匯管理局，《2020 年度中國對外直接投資統計公報》(北京：中國商務出版社，2021)，頁 3。

845　《2019 中國對外投資發展報告》(北京：中華人民共和國商務部，2020)，頁 4。

846　《2020 中國對外投資合作發展報告》(北京：中華人民共和國商務部，2021)，頁 5。

847　金燦榮，<“走出去”戰略十年回顧:成就與挑戰>，《現代國際關係》，2011 年第 8 期，頁 3。

848　人民網，< 讓歷史銘記這十五年——中國入世談判備忘錄>，http://www.people.com.cn/GB/jinji/222/6755/6757/20011111/602478.html，檢索時間 2019 年 5 月 8 日。

849　人民網，< 讓歷史銘記這十五年——中國入世談判備忘錄>，http://www.people.com.cn/GB/jinji/222/6755/6757/20011111/602478.html，檢索時間 2019 年 5 月 8 日。

850　人民網，< 讓歷史銘記這十五年——中國入世談判備忘錄>，http://www.people.com.cn/GB/jinji/222/6755/6757/20011111/602478.html，檢索時間 2019 年 5 月 8 日。

851　張義明著，《 中國自由貿區戰略與周邊國家安全》(北京:社會科學文獻出版社，2016)，頁 148~149。

852　張義明著，《 中國自由貿區戰略與周邊國家安全》(北京:社會科學文獻出版社，2016)，頁 148。

853　韓立余，< 自由貿易協定基本關係論>，吉林大學社會科學學報，第 55 卷第 5 期，2015 年 9 月，頁 58。

854　韓立余，< 自由貿易協定基本關係論>，吉林大學社會科學學報，第 55 卷第 5 期，2015 年 9 月，頁 57。

855　張義明著，《 中國自由貿區戰略與周邊國家安全》(北京:社會科學文獻出版社，2016)，頁 152~153。

856　張義明著，《 中國自由貿區戰略與周邊國家安全》(北京:社會科學文獻出版社，2016)，頁 151~152。

857　張義明著，《 中國自由貿區戰略與周邊國家安全》(北京:社會科學文獻出版社，2016)，頁 1~2。

858　中國政府網，< 關於全面深化改革若干重大問題的決定> ，http://www.gov.cn/jrzg/2013-11/15/content_2528179.htm，檢索時間 2019 年 5 月 2 日。

859　張義明著，《 中國自由貿區戰略與周邊國家安全》(北京:社會科學文獻出版社，2016)，頁 1~2。

860　中國政府網，< 國務院關於加快實施自由貿易區戰略的若干意見> ，http://www.gov.cn/zhengce/content/2015-12/17/content_10424.htm，檢索時間 2022 年 3 月 8 日。

861　中華人民共和國外交部網站，< 中華人民共和國與各國建立外交關係日期簡表> ，https://www.mfa.gov.cn/web/ziliao_674904/2193_674977/200812/t20081221_9284708.shtml，檢索時間 2022 年 3 月 8 日。

862　中國自由貿易區服務網，http://fta.mofcom.gov.cn/ ，檢索時間 2022 年 3 月 8 日。

863　中華人民共和國商務部網站，< 推進貿易投資自由化與便利化>，http://history.mofcom.gov.cn/?newchina=%E6%8E%A8%E8%BF%9B%E8%B4%B8%E6%98%93%E6%8A%95%E8%B5%84%E8%87%AA%E7%94%B1%E5%8C%96%E4%B8%8E%E4%BE%BF%E5%88%A9%E5%8C%96-2，檢索時間 2019 年 5 月 2 日。

864　中華人民共和國海關總署網站，< 《亞太貿易協定》第四輪降稅自 7 月 1 日起實施>，http://www.customs.gov.cn/customs/302249/302270/302272/1906810/index.html，檢索時間 2019 年 5 月 8 日。

865　人民網，< 中國 2013 年成為世界第一貨物貿易大國> ，http://politics.people.com.cn/n/2014/0301/c70731-24501402.html，檢索時間 2019 年 5 月 2 日。

866　人民網，< 中國 2013 年成為世界第一貨物貿易大國> ，http://politics.people.com.cn/n/2014/0301/c70731-24501402.html，檢索時間 2019 年 5 月 2 日。

867　李富有、何娟，< 美國自由貿易協定戰略及中國的應對措施> ，西安財經學院學報，第 20 卷第 3 期，2007 年 5 月，頁 67。

868　中國政府網，《關於加快實施自由貿易區戰略的若干意見》，http://www.gov.cn/zhengce/content/2015-12/17/content_10424.htm，檢索時間 2018 年 4 月 22 日。

869　中國政府網，《關於加快實施自由貿易區戰略的若干意見》，http://www.gov.cn/zhengce/content/2015-12/17/content_10424.htm，檢索時間 2018 年 4 月 22 日。

870　中華人民共和國商務部網站，《“十四五”利用外資發展規劃》，

http://images.mofcom.gov.cn/wzs/202110/20211022094012249.pdf，檢索時間 2022 年 3 月 8 日。

871 中華人民共和國商務部網站，《"十四五"對外貿易高品質發展規劃》，
http://images.mofcom.gov.cn/wms/202111/20211123170359494.pdf，檢索時間 2022 年 3 月 8 日。

872 中華人民共和國商務部網站，《"十四五服務貿易發展規劃》，
http://images.mofcom.gov.cn/fms/202110/20211019171846831.pdf，檢索時間 2022 年 3 月 8 日。

873 盧鋒、李雙雙，<中國"市場經濟地位問題"備忘錄——入世"日落條款"爭論緣起、前景與啟示>，
http://www.nsd.pku.edu.cn/attachments/30197e67954d4f7cb19301cbbf825ffc.pdf，檢索時間 2019 年 5 月 10 日。

874 張義明著，《中國自由貿區戰略與周邊國家安全》(北京:社會科學文獻出版社，2016)，頁 74。

875 盧鋒、李雙雙，<中國"市場經濟地位問題"備忘錄——入世"日落條款"爭論緣起、前景與啟示>，
http://www.nsd.pku.edu.cn/attachments/30197e67954d4f7cb19301cbbf825ffc.pdf，檢索時間 2019 年 5 月 10 日。

876 張義明著，《中國自由貿易區戰略與周邊國家安全》(北京:社會科學文獻出版社，2016)，頁 85。

877 中華人民共和國常駐聯合國代表團網站，《周小川：關於改革國際貨幣體系的思考》http://www.china-un.org/chn/xw/t554936.htm，檢索時間 2019 年 4 月 9 日。

878 中國國家統計局網站，http://www.stats.gov.cn/tjsj/，檢索時間 2020 年 6 月 10 日。

879 曹遠征等著，《人民幣國際化戰略》(海南:學習出版社、海南出版社，2013)，頁 84。

880 陳雨露著，《人民幣國際化-走向世界之路》(香港:三聯書店，2017)，頁 150。

881 陳雨露著，《人民幣國際化-走向世界之路》(香港:三聯書店，2017)，頁 150~151。

882 《推動共建絲綢之路經濟帶和 21 世紀海上絲綢之路的願景與行動》(北京:人民出版社，2015)，頁 11~12。

883 中國政府網，《中共中央 國務院關於構建開放型經濟新體制的若干意見》http://www.gov.cn/xinwen/2015-09/17/content_2934172.htm，檢索時間 2019 年 4 月 9 日。

884 中國人民銀行，《2018 年人民幣國際化報告》，頁 17。

885 中國人民銀行，《2021 年人民幣國際化報告》，頁 37~38。

886 中國人民銀行，《2021 年人民幣國際化報告》，頁 24~25。

887 中國人民銀行，《2018 年人民幣國際化報告》，頁 37~54。

888 中國人民銀行，《2018 年人民幣國際化報告》，頁 37~54。

889 中國人民銀行，《2021 年人民幣國際化報告》，頁 24。

890 網易財經網，<一文讀懂人民幣跨境支付系統 14 個要點>，2015 年 10 月 8 日，
http://money.163.com/15/1008/09/B5D5NFQC00252G50.html，檢索時間 019 年 4 月 10 日。

891 跨境銀行間支付清算有限責任公司網站，<公司概況>，http://www.cips.com.cn/cips/_2664/_2696/index.html，檢索時間 2019 年 4 月 10 日。

892 網易財經網，一文讀懂人民幣跨境支付系統 14 個要點，2015 年 10 月 8 日，
http://money.163.com/15/1008/09/B5D5NFQC00252G50.html，檢索時間 2018 年 4 月 22 日。

893 跨境銀行間支付清算有限責任公司網站，<CIPS>，http://www.cips.com.cn/cips/_2664/_2708/index.html，檢索時間 2019 年 4 月 10 日。

894 跨境銀行間支付清算有限責任公司網站，<CIPS>，http://www.cips.com.cn/cips/_2664/_2708/index.html，檢索時間 2019 年 4 月 10 日。

895 跨境銀行間支付清算有限責任公司網站，<CIPS>，http://www.cips.com.cn/cips/_2664/_2708/index.html，檢索時間 2019 年 4 月 10 日。

896 中國人民銀行，《2020 年人民幣國際化報告》，頁 17。

897 中國人民銀行，《2021 年人民幣國際化報告》，頁 22。

898 中國人民銀行，《2021 年人民幣國際化報告》，頁 23。

899 跨境銀行間支付清算有限責任公司網站，<CIPS 系統參與者公告（第七十五期）>，
https://www.cips.com.cn/cips/ywfw/cyzgg/57099/index.html，檢索時間 2022 年 4 月 6 日。

900 中國人民銀行貨幣政策分析小組，《中國貨幣政策執行報告二〇一八年第一季度》，頁 9。

901 中國人民銀行，《2019 年人民幣國際化報告》，頁 5。

902 中國人民銀行，《2019 年人民幣國際化報告》，頁 5。

903 中國人民銀行，《2019 年人民幣國際化報告》，頁 8。

904 中國人民銀行，《2020 年人民幣國際化報告》，頁 2。

905 中國人民銀行，《2020 年人民幣國際化報告》，頁 3~4。

906 中國人民銀行，《2021 年人民幣國際化報告》，頁 6。

907 中國人民銀行，《2019 年人民幣國際化報告》，頁 5。

908 中國人民銀行，《2020 年人民幣國際化報告》，頁 1。

909 中國人民銀行，《2020 年人民幣國際化報告》，頁 6。

910 唐海燕，<特別提款權與國際貨幣體系改革>，《世界經濟文匯》，1990 年 06 期，頁 9。

911 唐海燕，<特別提款權與國際貨幣體系改革>，《世界經濟文匯》，1990 年 06 期，頁 9。

912 國際貨幣基金官網，<特別提款權（SDR）貨幣籃子的審查>，
http://www.imf.org/external/np/exr/facts/chi/sdrcbc.pdf，檢索時間 2018 年 4 月 22 日。

913 國際貨幣基金官網，<特別提款權（SDR）貨幣籃子的審查>，
http://www.imf.org/external/np/exr/facts/chi/sdrcbc.pdf，檢索時間 2018 年 4 月 22 日。

914 國際貨幣基金官網，<IMF 執董會完成五年一次的 SDR 定值審查 並決定新的 SDR 定值籃子貨幣權重>，
https://www.imf.org/zh/News/Articles/2022/05/14/pr22153-imf-board-concludes-sdr-valuation-review，檢索時間 2022 年 5 月 27 日。

915 中國人民銀行，《2018 年人民幣國際化報告》，頁 13。

916 中國人民銀行，《2018 年人民幣國際化報告》，頁 12。

917 中國人民銀行，《2019 年人民幣國際化報告》，頁 17。

918 中國人民銀行，《2018 年人民幣國際化報告》，頁 13。

919 中國人民銀行，《2018 年人民幣國際化報告》，頁 22。
920 中國人民銀行，《2021 年人民幣國際化報告》，頁 21。
921 傅豐誠，＜人民幣國際化的過去、現在與未來＞，《展望與探索》，2017 年 1 月第 15 卷第 1 期，頁 45。
922 傅豐誠，＜人民幣國際化的過去、現在與未來＞，《展望與探索》，2017 年 1 月第 15 卷第 1 期，頁 45。
923 中國人民銀行，《人民幣國際化報告 2015》，頁 8。
924 楊洪亮，＜「廣場協議」及日本鼓噪人民幣升值的圖謀＞，《國際關係學院學報》，2004 年第 3 期，頁 23。
925 楊洪亮，＜「廣場協議」及日本鼓噪人民幣升值的圖謀＞，《國際關係學院學報》，2004 年第 3 期，頁 23。
926 人民網，＜國民經濟和社會發展第十個五年計劃綱要（2001 年 3 月 15 日第九屆全國人民代表大會第四次會議批准＞，http://www.people.com.cn/GB/shizheng/16/20010318/419582.html，檢索時間 2019 年 6 月 2 日。
927 《2019 年度中國對外直接投資統計公報》(北京：中華人民共和國商務部、國家統計局、國家外匯管理局，2020)，頁 3、4。
928 《2020 年度中國對外直接投資統計公報》(北京：中華人民共和國商務部、國家統計局、國家外匯管理局，2021)，頁 3、4。
929 《推動共建絲綢之路經濟帶和 21 世紀海上絲綢之路的願景與行動》(北京：人民出版社，2015)，頁 2。
930 《2018 年度中國外商投資報告》，(北京：中華人民共和國商務部，2018)，頁 21。
931 《2020 中國外資統計公報》，(北京：中華人民共和國商務部，2020)，頁 1。
932 《2020 中國外資統計公報》，(北京：中華人民共和國商務部，2020)，頁 5。
933 《2021 中國外資統計公報》，(北京：中華人民共和國商務部，2021)，頁 1。
934 《2021 中國外資統計公報》，(北京：中華人民共和國商務部，2021)，頁 18。
935 北京大學新結構經濟學研究院網站，＜專訪林毅夫：如何理解全球變局的邏輯與中國經濟的定力＞，https://www.nse.pku.edu.cn/sylm/xwsd/519775.htm，檢索時間 2022 年 4 月 19 日。
936 《2020 年中國對外貿易全景分析報告》，(前瞻產業研究院，2021)。
937 中華人民共和國海關總署網站，＜海關總署 2021 年全年進出口情況新聞發佈會＞，http://www.customs.gov.cn/customs/xwfb34/302330/4124672/index.html，檢索時間 2022 年 4 月 15 日。
938 新華網，＜中共中央國務院關於構建開放型經濟新體制的若干意見＞，http://www.xinhuanet.com/politics/2015-09/17/c_1116598050.htm，檢索時間 2019 年 6 月 5 日。
939 新華網，＜中共中央國務院關於構建開放型經濟新體制的若干意見＞，http://www.xinhuanet.com//politics/2015-09/17/c_1116598050_4.htm，檢索時間 2019 年 6 月 5 日。
940 解凡斐，＜中國經濟發展和世界經濟相關性研究＞，《當代經濟》，2016 年 3 月第 7 期，頁 5。
941 解凡斐，＜中國經濟發展和世界經濟相關性研究＞，《當代經濟》，2016 年 3 月第 7 期，頁 5。
942 林毅夫著/蘇劍譯，《新結構經濟學》，增訂版(北京：北京大學出版社，2014 年 9 月)，頁 8。
943 人民網，＜中共中央辦公廳印發《關於培育和踐行社會主義核心價值觀的意見》＞，http://politics.people.com.cn/n/2013/1224/c1001-23925470.html，檢索時間 2020 年 7 月 2 日。
944 中共中央宣傳部，〈敢於啃硬骨頭 敢於涉險灘——關於全面深化改革〉，《習近平總書記系列重要講話讀本》，(北京：學習出版社、人民出版社，2014 年 6 月)，頁 41。
945 鐘龍彪著，《構建新型國際關係:改革開放以來的中國國際關係研究》(天津：天津人民版社，2016)，頁 19。
946 鐘龍彪著，《構建新型國際關係:改革開放以來的中國國際關係研究》(天津：天津人民版社，2016)，頁 21。
947 鐘龍彪著，《構建新型國際關係:改革開放以來的中國國際關係研究》(天津：天津人民版社，2016)，頁 51、52。
948 人民網，1997＜中國共產黨第十一屆中央委員會第三次全體會議公報（1987 年 12 月 22 日通過），http://cpc.people.com.cn/GB/64162/64168/64563/65371/4441902.html，檢索時間 2018 年 10 月 5 日。
949 中國政府網，2007，＜全面開創社會主義現代化建設的新局面-胡耀邦在中國共產黨第十二次全國代表大會上的報告 1982.09.08＞，http://www.gov.cn/test/2007-08/28/content_729792.htm，檢索時間 2018 年 10 月 5 日。
950 李雲帆，＜開發中國家的發展模式選擇：華盛頓共識、北京共識或其他共識＞，《亞太研究通訊)》，2012 年 7 月第 10 期，頁 81。
951 2015 年 7 月 14 日，為解決伊朗核問題，由美國、英國、法國、中國大陸、俄羅斯、德國等 6 國與伊朗簽署的《聯合全面行動計畫》(Joint Comprehensive Plan of Action，簡稱伊朗核協議 Iran nuclear deal)。
952 王柏蒼、鄒蘊涵、張安、靳燁，＜歐盟－伊朗支付系統 INSTEX 結算機制影響分析及建議＞，《國際石油經濟》，2020 年 01 期，頁 60。
953 王柏蒼、鄒蘊涵、張安、靳燁，＜歐盟－伊朗支付系統 INSTEX 結算機制影響分析及建議＞，《國際石油經濟》，2020 年 01 期，頁 60。
954 新華網，＜齊心開創共建"一帶一路"美好未來＞，http://www.xinhuanet.com/silkroad/2019-04/26/c_1124420187.htm，檢索時間 2019 年 6 月 5 日。
955 鄧小平，〈改革開放政策穩定，中國大有希望〉，1989 年 9 月 4 日；見中共中央文獻編輯委員會編，《鄧小平文選》，第三卷 (北京：人民出版社，1993)，頁 319、320。
956 鄧小平，〈改革開放政策穩定，中國大有希望〉，1989 年 9 月 4 日；見中共中央文獻編輯委員會編，《鄧小平文選》，第三卷 (北京：人民出版社，1993)，頁 321。
957 鄧小平，〈總結經驗，使用人才〉，1991 年 8 月 20 日;見中共中央文獻編輯委員會編《鄧小平文選》，第三卷 (北京：人民出版社，1993)，頁 369。
958 新華網，＜我國是全世界唯一擁有全部工業門類的國家＞，http://www.xinhuanet.com/politics/2019-09/20/c_1125020250.htm，檢索時間 2020 年 8 月 11 日。
959 王緝思著，《大國戰略》(北京：中信出版社，2016)，頁 61。
960 FreedomHouse，＜FREEDOM IN THE WORLD 2020＞，http://www.xinhuanet.com/politics/2019-09/20/c_1125020250.htm，檢索時間 2020 年 7 月 31 日。
961 張治宇，＜你打你的,我打我的——人民軍隊戰略戰術發展探源＞，黨史縱覽，2018 年 10 期，頁 22。

國家圖書館出版品預行編目(CIP)資料

21 世紀新中國 ： 中國大陸經濟全球化戰略 / 楊白全作.
-- 初版. -- 新北市 ： 白氏興業有限公司, 2022.12
面 ； 公分
ISBN 978-626-96788-0-8(平裝)
1.CST: 經濟發展 2.CST: 國際經濟關係 3.CST: 中國
552.2 111017769

21 世紀新中國：中國大陸經濟全球化戰略

作　　者：楊白全

封面設計：李韻芳

出 版 者：白氏興業有限公司

地　　址：242 新北市新莊區福營路 163 號 4 樓

電子郵件：baishichina2016@gmail.com

印　　刷：印藝製版印刷有限公司

代理經銷：白象文化事業有限公司

地　　址：401 台中市東區和平街 228 巷 44 號

電　　話：(04)2220-8589

傳　　真：(04)2220-8505

初版一刷：2022 年 12 月

定　　價：新台幣 600 元